지난 십 년간 독자들이 남겨 주신 리뷰 중에서
가장 많이 언급한 단어순으로 강조해서 표현했습니다.

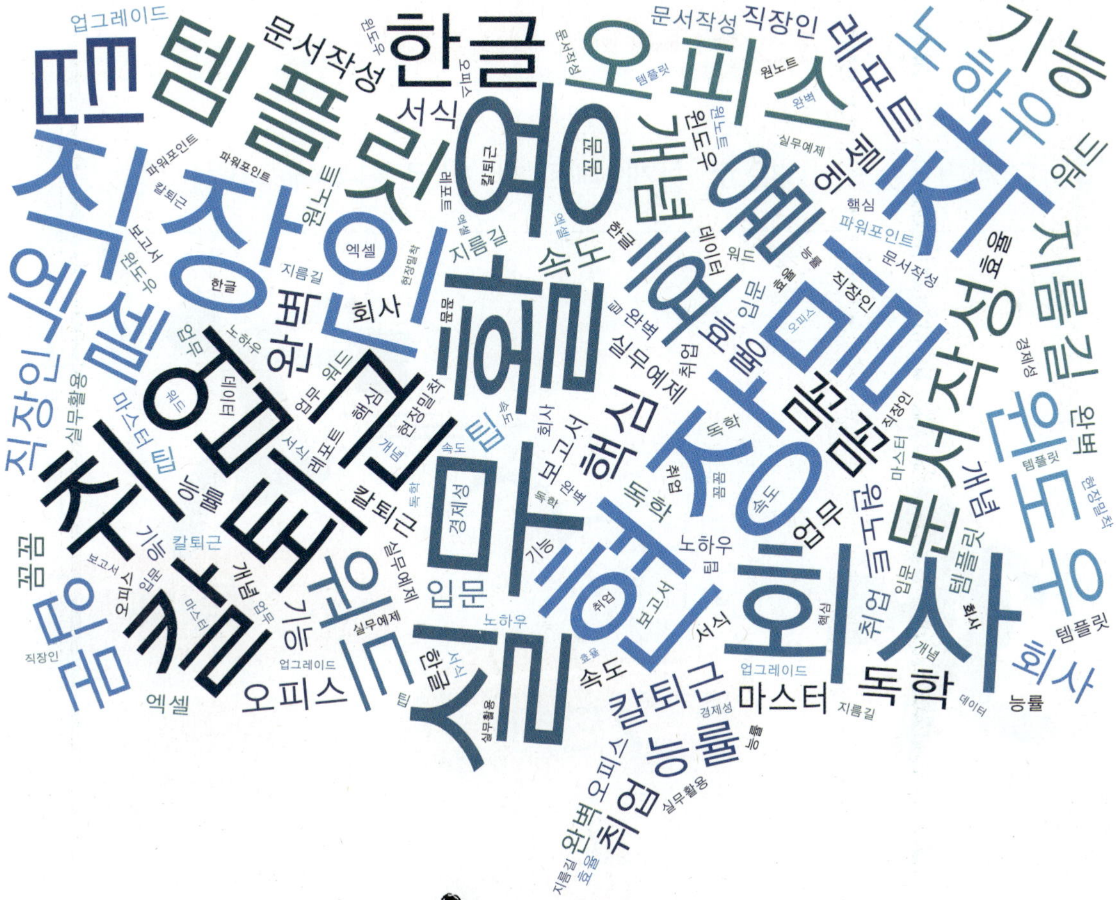

과연 회사에서 바로 통하더라!

회사통 시리즈는
직장인을 위한 '현장밀착형 입문(활용)서'이며
한빛미디어(주)의 대표 브랜드입니다.

회사에서 통하는
단 하나의 해결책

1 단계별 학습 전략으로 쉽게, 빠르게, 바로 실무에 써먹는다

2단계

3단계

1단계

실무는
바로

기능은
빠르게

개념은
쉽게

 실무활용노트

실무에서 자주 부딪히는
문제를 빠르고 쉽게
해결할 수 있도록 돕습니다.
실무 활용 능력을
업그레이드해 보세요.

 핵심기능실습

친절한 설명,
꼼꼼한 따라 하기 화면,
적재적소에 비치한 팁이
준비되어 있습니다.
핵심기능을 막힘없이
속 시원히 실습할 수 있도록
안내해 드립니다.

 한눈에 보기

아무 생각 없이
따라해 보는 것만으로는 제대로
기능을 이해하기 어렵습니다.
어떤 개념에서 어떤 방식으로
작동하는지 친절하게
설명해 드립니다.

2 10년간 쌓아온 현장밀착형 절대 비급을 확보하라!

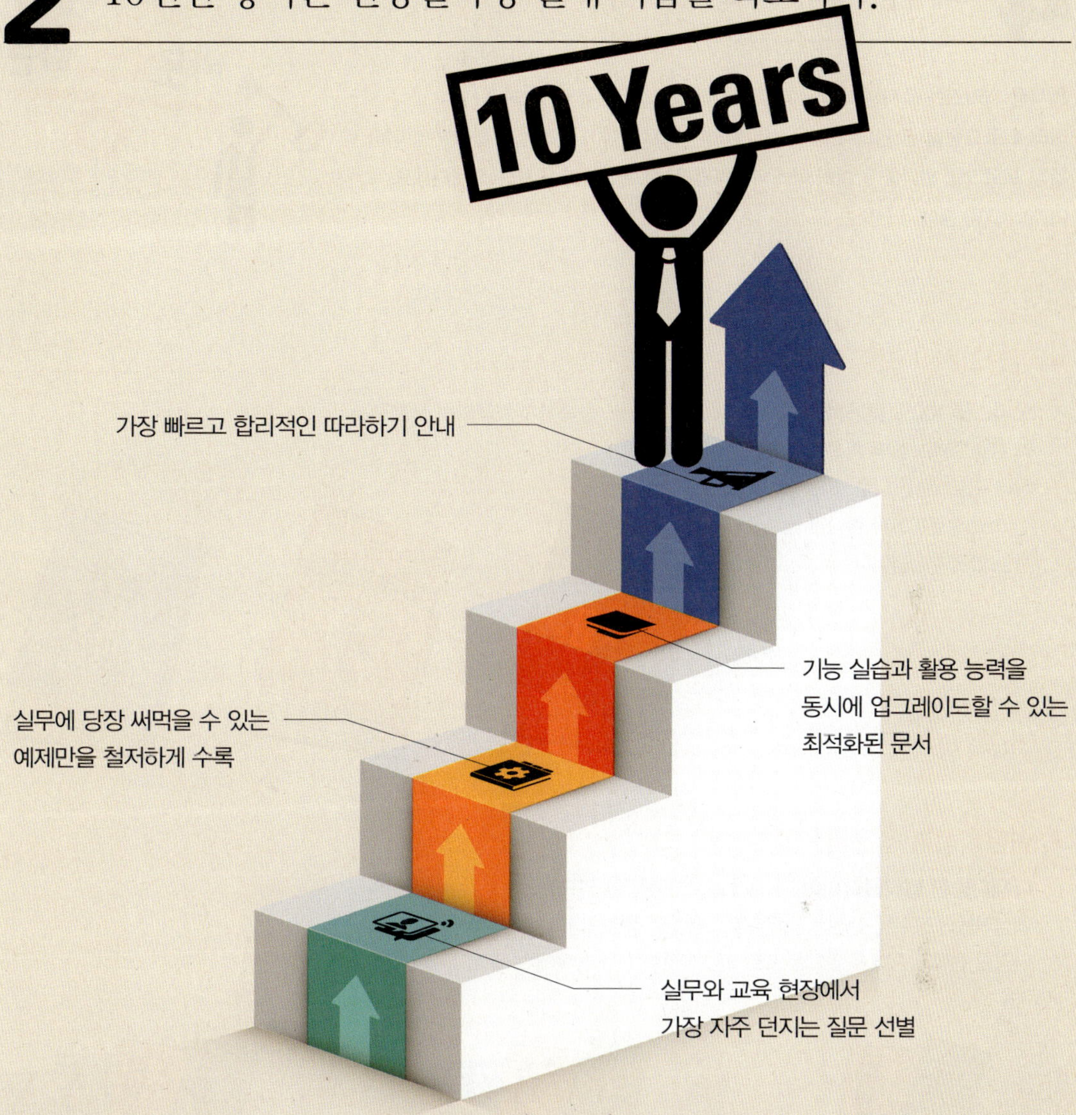

10 Years

가장 빠르고 합리적인 따라하기 안내

기능 실습과 활용 능력을
동시에 업그레이드할 수 있는
최적화된 문서

실무에 당장 써먹을 수 있는
예제만을 철저하게 수록

실무와 교육 현장에서
가장 자주 던지는 질문 선별

3 일과 삶의 균형을 잡으세요!

■ 칼퇴근 　　　　■ 오피스의 신 　　　　■ 연봉 레벨 업

4 회사통 시리즈 도서 소개

회사통 시리즈는 독자들의 필요에 따라 여러 권으로 분류돼 있습니다.
여러 프로그램을 한 권으로 배우려면 원하는 프로그램이 담긴 합본을 추천합니다.
특정 프로그램 하나를 확실히 마스터하려면 각 프로그램별 도서를 선택하세요.
아래의 그림 중에서 원하는 도서를 찾아보세요.

■ 현장밀착형 입문서 – 단권

오피스를 100% 활용하는 마스터 ⋯▸ 실무 문서도 능숙하게 처리하는 직장인

각 프로그램의 실무 지식을 한 권에 담았습니다.
여러 프로그램을 다룰 필요 없이 한 프로그램만
깊이 있게 살피고자 한다면
자신 있게 추천합니다.

■ 현장밀착형 입문서 – 합본

다재다능한 멀티플레이어 ⋯▸ 여러 프로그램을 한 권으로!

핵심기능의 정수를 걸러내 각종 프로그램별로 묶었습니다.
다양한 선택지 중에서 필요한 프로그램에 맞춰 책을 선택해 보세요.

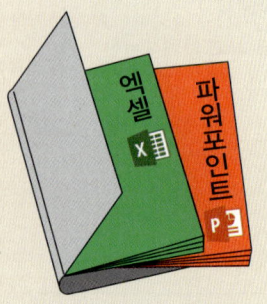

실무에서 가장 많이 사용하는
프로그램별 최우선 핵심기능을 소개합니다.

실무에서 가장 많이 사용하는
최우선 핵심기능 TOP 20을 쉽고 빠르게 학습하세요.

엑셀

파워포인트

워드/한글

회사에서 바로 통하는

엑셀 파워포인트 워드2016 한글NEO +원노트

전미진 · 이화진 · 신면철 지음

HB 한빛미디어
Hanbit Media, Inc.

지은이 전미진 (smileimp@naver.com)

삼성전자, 삼성항공, 삼성코닝, 삼성멀티캠퍼스, 삼성석유화학, 대우건설, 서울통신, 지역난방공사, 농협대학, 한양대학, 유니텔캠퍼스, 효성그룹, 대우증권, 대우기술원, 국민건강보험공단 등에서 업무 개선을 위한 엑셀과 파워포인트, 프로그래밍 관련 강의를 진행했습니다. 현재 한화토탈, 인키움, 경기중소기업센터 등에서 강의하고 있으며, 저서로는 《회사에서 바로 통하는 엑셀 실무 강의》(한빛미디어, 2016), 《회사에서 바로 통하는 엑셀+파워포인트+워드 2013&한글 2014&윈도우 10》(한빛미디어, 2016), 《회사에서 바로 통하는 엑셀+파워포인트+워드 2013&한글 2014》(한빛미디어, 2015), 《회사에서 바로 통하는 엑셀+파워포인트+워드 2013(개정판)》(한빛미디어, 2014) 등이 있습니다.

지은이 이화진 (hwajin@kkummolda.com)

삼성물산, 삼성증권, 삼성생명, KT, 현대자동차, 농협, 마이크로소프트, 아모레퍼시픽, 유한킴벌리, 국민건강보험공단, 한국MSD, 해양경찰청, 환경부, 중앙선거관리위원회, 경희대학교, 인하대학교 등에서 프레젠테이션 제작 및 강의를 진행했습니다. 현재 꿈몰다 대표, 나다운스타일연구소 대표, 오피스튜터 프레젠테이션 강사, 극동대학교 외래 교수로 활동하고 있습니다. 저서로는 《회사에서 바로 통하는 엑셀+파워포인트+워드 2016》(한빛미디어, 2016), 《회사에서 바로 통하는 엑셀+파워포인트+워드 2013》(한빛미디어, 2013), 《131가지 핵심 포인트로 끝내는 오피스 2010》(정보문화사, 2010), 《파워포인트 2007 프레젠테이션 디자인 실무》(교학사, 2009) 등이 있습니다.

지은이 신면철 (bavo@paran.com)

(주)익스터디 대표이사, 두목넷 사무자동화 부분 대표 강사로 IT 자격증 분야에서 '왕두목'이라는 애칭으로 활발히 활동하고 있습니다. 경기공업대학 외래 교수, 철도대학 특강 교수로 강의했습니다. 저서로는 《회사에서 바로 통하는 엑셀+파워포인트+워드 2016》(한빛미디어, 2016), 《회사에서 바로 통하는 엑셀+파워포인트+워드 2013》(한빛미디어, 2013), 《족보집 정보처리기사 실기》(한빛미디어, 2010), 《이기적 정보처리기사 필기/실기》(영진닷컴, 2016) 등이 있습니다.

회사에서 바로 통하는
엑셀 파워포인트 워드 2016 + 한글 NEO / 원노트

초판발행 2016년 10월 30일
4쇄발행 2017년 10월 20일

지은이 전미진, 이화진, 신면철 / **펴낸이** 김태헌
펴낸곳 한빛미디어(주) / **주소** 서울시 마포구 양화로 7길 83 한빛미디어(주) 실용출판부
전화 02-336-7129 / **팩스** 02-336-7124
등록 1999년 6월 24일 제10-1779호 / **ISBN** 978-89-6848-488-9 13000

총괄 임규근 / **책임편집** 전정아 / **진행** 김진한
디자인 표지 오필민, 면지 서채홍, 내지 김연정
영업 김형진, 김진불, 조유미 / **마케팅** 박상용, 송경석, 조승모, 변지영 / **제작** 박성우, 김정우

이 책에 대한 의견이나 오탈자 및 잘못된 내용에 대한 수정 정보는 한빛미디어(주)의 홈페이지나 아래 이메일로
알려주십시오. 잘못된 책은 구입하신 서점에서 교환해 드립니다. 책값은 뒤표지에 표시되어 있습니다.
한빛미디어 홈페이지 www.hanbit.co.kr / **이메일** ask@hanbit.co.kr

지금 하지 않으면 할 수 없는 일이 있습니다.
책으로 펴내고 싶은 아이디어나 원고를 메일(writer@hanbit.co.kr)**로 보내주세요.**
한빛미디어(주)는 여러분의 소중한 경험과 지식을 기다리고 있습니다.

엑셀, 회사에서 바로 통하는 실무 예제로 시작하자!

이 책의 엑셀 편은 기업에서 많이 사용하는 실무 예제를 중심으로 바쁜 직장인들이 필요한 기능을 바로 찾아 쓸 수 있도록 핵심 기능을 모아 구성했습니다. 간단한 엑셀 문서 작업에도 몇 시간이 걸리고, 문서가 조금만 변형되어도 어디서부터 손대야 할지 몰라 막막했던 경험이 있다면 이 책으로 쉽게 엑셀 2016의 기능을 익혀 실무에 활용할 수 있을 것입니다. 집필하는 동안 여러모로 힘이 되어준 가족과 책이 완성되기까지 애써주신 한빛미디어㈜ 관계자 분들에게 감사의 말씀을 드립니다. 이 책이 엑셀을 사용하는 모든 분들의 기본서로 학습 및 업무 효율성 향상에 도움이 되기를 바랍니다.

전미진

파워포인트, 메시지를 시각화하여 상대를 납득시켜라!

프레젠테이션에서 메시지를 좀 더 효과적으로 표현하기 위해서 많은 사람들이 파워포인트를 활용합니다. 저 또한 파워포인트를 많이 활용하는데 무엇보다 사용 방법이 쉽고 다른 사람들과 파일을 공유하는 것도 편리하기 때문입니다. 이 책에는 프레젠테이션 제작 및 강의를 통해 쌓아온 저의 오랜 경험과 노하우를 바탕으로 파워포인트 2016의 핵심적인 내용을 담았습니다. 특히 실무에서 바로 활용할 수 있는 디자인 요소들로 실습 예제를 구성했습니다. 저의 경험과 노하우가 여러분의 성공 프레젠테이션 제작을 위한 밑거름이 되길 기도합니다.

이화진

워드와 한글, 실무 문서를 능숙하게 작성하자!

워드와 한글은 일상 업무에서 문서를 작성할 때 많이 사용되는 프로그램입니다. 이 책에서는 다양한 문서를 작성해야 하는 실무 담당자를 위해 주요 기능을 바로 찾아 사용할 수 있도록 구성했습니다. 특히 직장에서 사용할 수 있는 실무 문서뿐만 아니라 일상적인 문서 작업에도 활용할 수 있는 예제를 폭넓게 다뤘습니다. 두 프로그램에서는 간단한 기능만으로도 세련되고 깔끔한 문서 작성이 가능합니다. 몇 분이면 해결할 문제들을 이리저리 인터넷으로 검색하며 골머리 썩인 경험이 있다면 이 책으로 그 답답함을 한번에 해결할 수 있을 것입니다. 이 책이 워드 2016과 한글 NEO의 기능을 익히고 활용하는 데 도움이 되기를 바랍니다.

신면철

자신의 수준과 학습 우선순위, 여유 시간에 따라
단계별 학습 전략으로 업무의 달인을 꿈꾸다!

아무리 해도 안 된다면, 시간이 없다면
회사에서 자주 쓰고, 꼭 필요한 기본 기능으로 시작하세요.

"왕초보라도 괜찮아!"

스텝
01

프로그램을 다루는 데
필요한 기본 기능
익히기

현장에서 늘 사용하며
완성도 높은 실무 예제로 익혀서 지금 당장 써먹으세요.

"오피스에 친숙한 직장인"

스텝
02

프로그램을
깊이 있게 다루는 데
필요한 기능 익히기

실무에서 자주 부딪히는 문제를
빠르고 쉽게 해결해 응용 능력을 업그레이드하세요.

"업무의 달인"

스텝
03

업무의 효율성을
높이는
실전 문서 만들기

회사에서 바로 통하는 오피스 2016 단계별 학습 전략

개념은 **쉽게** · 기능은 **빠르게** · 실무는 **바로**

오피스활용능력	엑셀	파워포인트	워드	한글
기본기 다지기 기초부터 착실하게 문서 작성의 기본을 배워 봅니다.	CHAPTER 01 문서 작성하기	CHAPTER 01 기본 프레젠테이션 만들기 CHAPTER 02 프레젠테이션 슬라이드 배경 서식 만들기 CHAPTER 03 프레젠테이션 내용 작성 및 서식 지정하기	CHAPTER 01 워드 2013 기본기 다지기 CHAPTER 02 입력 및 기본 편집하기	CHAPTER 01 한글 NEO 기본기 다지기 CHAPTER 02 입력 및 기본 편집하기
포지션 획득하기 엑셀의 수식이나 함수 등을 이용한 문서 자동화, 파워포인트의 슬라이드, 워드의 문서 꾸미기를 살펴봅니다.	CHAPTER 02 문서 편집 및 인쇄하기 CHAPTER 03 수식 작성 및 함수 활용하기 CHAPTER 04 차트 만들기	CHAPTER 04 프레젠테이션 시각화 및 서식 지정하기 CHAPTER 05 프레젠테이션 멀티미디어 삽입 및 서식 지정하기	CHAPTER 03 글꼴 꾸미기 CHAPTER 04 단락 꾸미기 CHAPTER 05 도형 및 개체 활용하기 CHAPTER 06 표 꾸미기	CHAPTER 03 문서 편집과 글꼴 꾸미기 CHAPTER 04 문단 꾸미기 CHAPTER 05 쪽 꾸미기
파워 유저로 거듭나기 엄청난 데이터 관리와 분석도 엑셀로 척척! 청중을 사로잡는 프레젠테이션 문서를 만들고 업무에 필요한 문서도 워드로 한번에 작성할 수 있습니다.	CHAPTER 05 데이터베이스 관리/분석 및 자동화하기	CHAPTER 06 프레젠테이션 슬라이드 정리 및 저장하기 CHAPTER 07 프레젠테이션 발표 준비 및 발표하기	CHAPTER 07 페이지 관리하기 CHAPTER 08 출력 기능 알아보기	CHAPTER 06 도형 및 개체 활용하기 CHAPTER 07 표 꾸미기

절대 비급
1

최우선 핵심기능 TOP 20 + 실습 동영상

PC에서 동영상 보기

PC에서 동영상 보기   모바일에서 동영상 보기

(본문의 QR 코드를 이용해 언제 어디서나 동영상으로 확인하세요.)

더 빠르고 편한 도우미 텔미

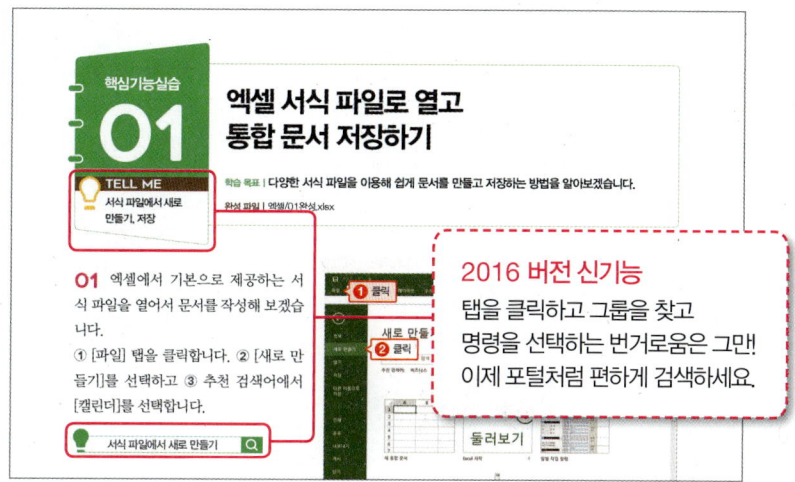

학습에 사용한 예제를 실무에서 템플릿으로 활용하라!

개인고객정보표	도서목록표	신용평가표	재고관리대장
거래명세서	매출실적표	실적분석표	제품목록표
거래처판매현황표	비품목록표	실적현황표	주간일정표
견적서	사원명부	업무추진비	직무교육표
경력증명서	상품목록표	예산집계표	참가명단
교육관리대장	생산현황표	이메일주소록	청구서
교통비지불증	설문조사서	인사고과표	출석부
달력	세금계산서	인사평가표	퇴직금정산표
대출금관리대장	수출입추이표	입출고현황표	판매일보

예제 파일과 함께 제공하는 템플릿으로 실제 이 책의 예제로 사용됩니다.

핵심 기능을 살펴본 뒤 바로 실무에 적용해 사용해 보세요.

이 책의 구성

핵심기능실습

프로그램을 다룰 때 반드시 알아야 할 기본 기능과 활용 방법을 소개합니다. 핵심 기능을 따라 하면서 기본 기능을 충실히 익힐 수 있습니다.

QR코드

최우선 핵심기능을 동영상으로 제공합니다. 언제 어디서나 간편하게 확인하세요.

학습목표

핵심기능실습에서 다룰 학습 내용과 목표를 살펴볼 수 있습니다.

한눈에 보기

학습할 기능의 개념과 프로그램의 작동 원리 등에 대해 간략하게 살펴봅니다.

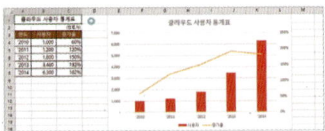

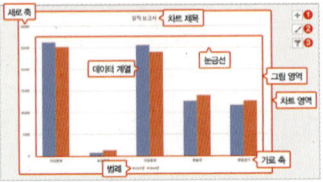

바로 통하는 TIP
예제 실습 중 헷갈리기 쉬운 부분을
정리해 줍니다.

텔미
오피스 2016 버전에서 새롭게 추가된 기능입니
다. 작업에 필요한 키워드나 설명을 입력하면 관
련 프로그램의 기능, 도움말, 스마트 조회 창을
엽니다. 각종 메뉴를 빠르게 실행할 수 있습니다.

바로 통하는 TIP 텍스트 창이 사라졌을 때
SmartArt를 선택한 상태에서 [SmartArt 도
구]-[디자인] 탭-[그래픽 만들기] 그룹-[텍스트
창]을 클릭하면 SmartArt 텍스트 창이 활성화됩
니다.

03 SmartArt 색상 변경하기
① SmartArt 테두리를 클릭합니다.
② [SmartArt 도구]-[디자인] 탭-
[SmartArt 스타일] 그룹-[색 변경]을
클릭하고 ③ [색상형]-[색상형 범위-
강조색 3 또는 4]를 선택합니다.

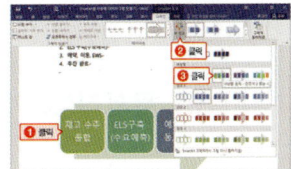

04 SmartArt 스타일 변경하기
① SmartArt 테두리를 선택한 상태에
서 [SmartArt 도구]-[디자인] 탭-
[SmartArt 스타일] 그룹-[자세히▼]를
클릭합니다. ② 스타일 목록에서 [3차
원]-[벽돌]을 선택합니다.

3차원 형식의 SmartArt

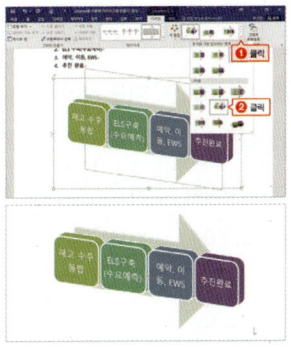

회사에서 바로 통 하는 X 실무활용노트

**엑셀 핵심기능으로
실무 문서 완성하기**

엑셀에는 데이터 입력, 서식, 인쇄, 수식, 함수, 데이터베이스, 매크로 등의 다양
한 기능이 있습니다. 각각의 기능은 책을 통해 습득할 수 있지만 실무에서는 복
합적으로 여러 가지 기능을 사용하여 문서를 작성해야 할 때가 많습니다. 이런
작업을 하다 보면 어디서부터 손을 대야 할지 막막할 뿐만 아니라 시간도 많이
걸립니다. 엑셀의 여러 기능을 실무 문서에 적용하여 완성하는 과정에 대해서
알아보겠습니다.

실습 파일 : 엑셀/실무활용노트_사원DB.xlsx 완성 파일 : 엑셀/실무활용노트/완성.xlsx

[제1작업] 근속연수와 근속수당 구하기 및 정렬하기
[사원명부] 시트에서 DATEDIF, DATE, IF 함수를 사용하여 근속연수와 근속수당을 구합니다.

	조건 설명	기능
조건 1	근속연수는 기준일(2016-03-01)과 입사일 사이의 연수를 구함	DATEDIF, DATE
조건 2	근속연수를 기준으로 근속수당을 구함 조건 : 5년 이상 10년 미만 근속 : 50,000원 10년 이상 15년 미만 근속 : 80,000원 15년 이상 20년 미만 근속 : 100,000원 20년 이상 근속 : 120,000원	IF 중첩
조건 3	부서, 직급 순서로 정렬 부서 : 오름차순, 직급 : 부장, 차장, 과장, 대리, 사원 순서로 정렬	정렬

**01 조건1. DATEDIF 함수로 근무연
수 계산하기**
① [J4] 셀에 =DATEDIF(B4,DATE(2016,3,
1),"y")를 입력하고 Enter를 누릅니다. 입
사일([B4] 셀)과 기준일(2016-3-1) 사
이의 경과 연수가 계산됩니다. ② [J4]
셀의 채우기 핸들을 더블클릭해서 수식
을 복사합니다.

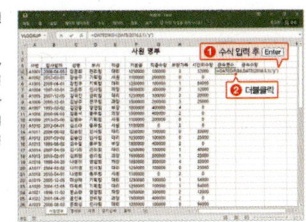

실무활용노트
핵심기능실습을 활용해 업무에서 유용하게 쓰
이는 나만의 실무 템플릿을 만들어 볼 수 있습니
다. 차근차근 따라 하다 보면 오피스 활용 실무
노하우를 얻을 수 있습니다.

차례

차례

차례

차례

PART 03　　워드 2016

차례

차례

PART 04 한글 NEO

차례

부록

원노트로 한 걸음 더

01

엑셀
2016

회사에서 바로 통하는 오피스 2016

01

문서 작성하기

엑셀과 빨리 친숙해지려면 구성 요소를 잘 다뤄야 합니다. 그런 후에 문서 작성의 기본인 데이터를 효율적으로 입력하는 방법을 익혀야 전체 작업 시간을 줄일 수 있습니다.

엑셀의 기본 화면을 살펴보고 각 구성 요소를 익숙하게 다루는 방법과 데이터를 입력하여 통합 문서를 작성하는 방법을 알아보겠습니다.

EXCEL 2016

들어가기전에

엑셀 2016의 기본 화면 구성 살펴보기

학습 목표 | 엑셀 2016의 인터페이스는 2013 버전에 비해 좀 더 업그레이드되었습니다. 메뉴가 아이콘 형식으로 구성되어 쉽게 명령을 실행할 수 있으며, 메뉴가 탭 형식으로 배치되어 빠르게 필요한 명령을 찾아 사용할 수 있습니다.

기본 화면 구성

엑셀을 실행하면 나타나는 기본 화면입니다. 크게 ① 리본 메뉴, ② 워크시트, ③ 상태 표시줄로 구성됩니다.

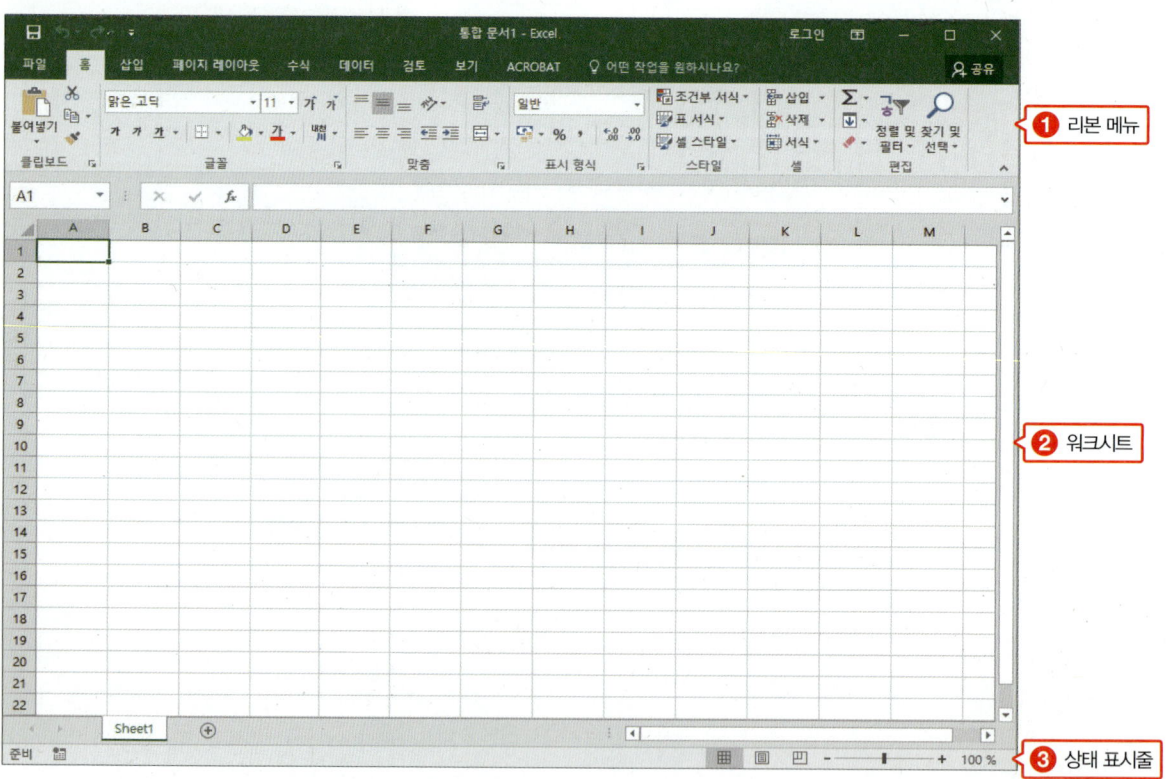

━ 리본 메뉴

리본 메뉴는 화면 상단에 텍스트 형태의 메뉴와 아이콘 형태의 명령을 모아 놓은 부분입니다.

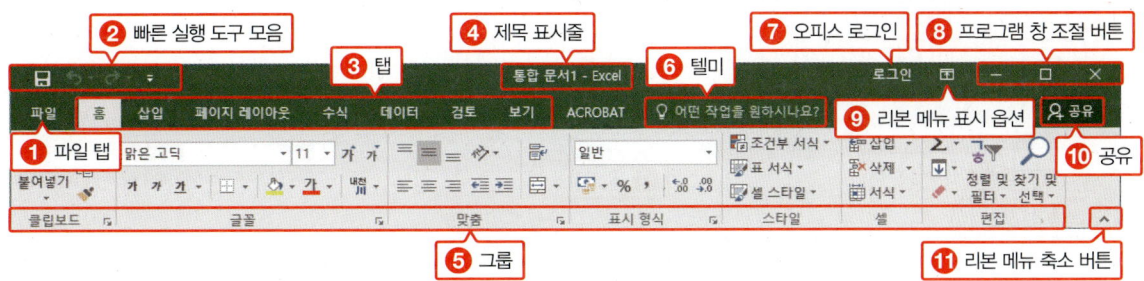

① **파일 탭** : 파일을 관리하는 메뉴가 모여 있으며 개인 정보를 설정하고 저장, 공유, 인쇄 및 옵션 관련 설정을 수행할 수 있습니다.

② **빠른 실행 도구 모음** : 자주 사용하는 기능을 추가하여 빠르게 실행할 수 있습니다.

③ **탭** : 비슷한 종류의 명령을 그룹별로 모아 놓은 메뉴 부분입니다. 기본적으로 파일, 홈, 삽입, 페이지 레이아웃, 수식, 데이터, 검토, 보기로 구성되어 있습니다.

④ **제목 표시줄** : 프로그램 이름과 현재 작업 중인 파일 이름이 표시되며 작업 상태에 따라 [읽기 전용], [호환 모드], [공유], [그룹]이 표시됩니다.

⑤ **그룹** : 각각의 탭에서 관련 있는 기능을 세부적으로 구분해 놓았습니다.

⑥ **텔미** [Q 어떤 작업을 원하시나요?] : 작업에 필요한 키워드나 설명을 입력하면 관련 엑셀 기능, 도움말, 스마트 조회 창을 엽니다.

⑦ **오피스 로그인** [로그인] : 마이크로소프트 계정으로 로그인하여 웹 클라우드인 원드라이브(OneDrive)에 오피스 문서를 온라인으로 [업로드], [열기], [공유]할 수 있습니다.

⑧ **프로그램 창 조절 버튼** : 엑셀 창을 최소화/최대화하거나 닫을 때 사용합니다.

⑨ **리본 메뉴 표시 옵션** [🗗] : 리본 메뉴를 [자동 숨기기], [탭 표시], [탭 및 명령 표시]로 선택해 작업 영역의 넓이를 조절할 수 있습니다.

⑩ **공유** : 온라인(웹 클라우드)에 저장한 오피스 문서를 다른 사용자와 공유합니다. 공유할 사용자를 추가하거나 보기, 편집 링크를 통해 공동으로 작업할 수 있습니다.

⑪ **리본 메뉴 축소 버튼** [⌃] : 리본 메뉴를 축소하여 리본 메뉴 탭만 표시합니다.

워크시트(작업 영역)

워크시트는 격자 형태의 모눈종이처럼 보이는 공간입니다.

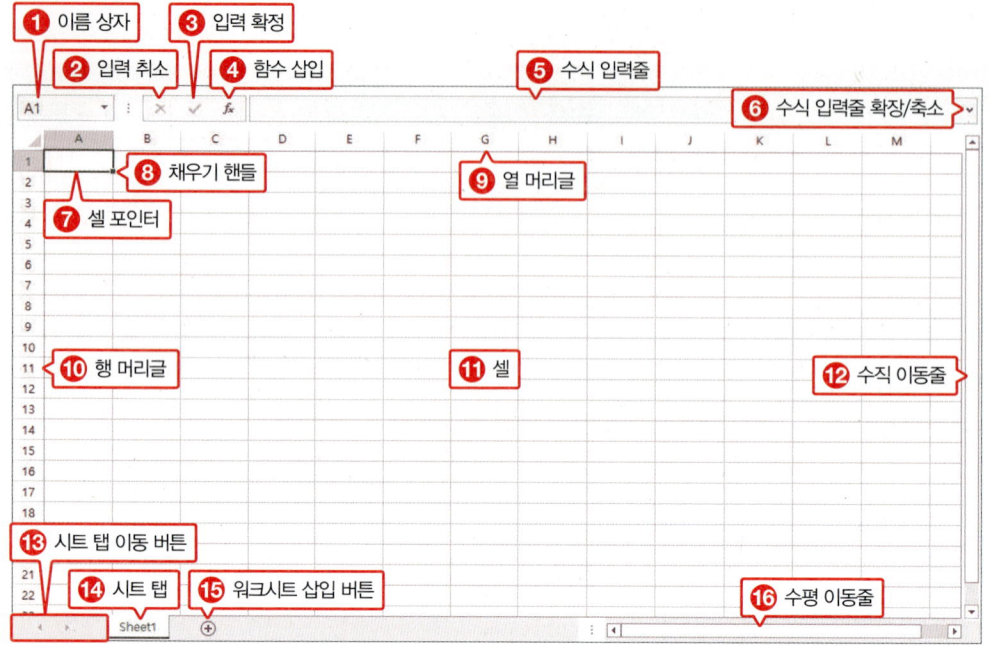

① **이름 상자** : 셀 주소와 정보 또는 수식이나 함수 목록이 나타납니다.

② **입력 취소** : 셀에 입력한 내용을 취소합니다. ESC 를 누르는 것과 같습니다.

③ **입력 확정** : 셀에 입력한 내용을 확정합니다. Enter 를 누르는 것과 같습니다.

④ **함수 삽입** : 함수 마법사를 실행하여 함수를 삽입합니다.

⑤ **수식 입력줄** : 선택한 셀에 입력한 내용이나 수식이 나타나며 셀 내용을 직접 입력하거나 수정할 수 있습니다.

⑥ **수식 입력줄 확장/축소** : 수식 입력줄을 확장/축소합니다.

⑦ **셀 포인터** : 셀이 선택되었다는 표시로 굵은 테두리가 셀 주위에 표시됩니다.

⑧ **채우기 핸들** : 셀 포인터 오른쪽 아래의 검은 점입니다. 채우기 핸들을 드래그하면 셀 내용을 연속적으로 채울 수 있습니다.

⑨ **열 머리글** : 열 이름이 표시되는 곳으로 A열부터 XFD열까지 16,384개의 열이 있습니다.

⑩ **행 머리글** : 행 번호가 표시되는 곳으로 1행부터 1,048,576행까지 있습니다.

⑪ **셀** : 행과 열이 만나는 격자 형태의 사각형 영역으로 데이터나 수식 등을 입력할 수 있습니다.

⑫ **수직 이동줄** : 화면을 위/아래로 옮기면서 볼 수 있습니다.

⑬ **시트 탭 이동 버튼** : 시트 개수가 많아 가려진 시트 탭이 있을 경우 원하는 시트 탭으로 이동할 수 있습니다.

⑭ **시트 탭** : 현재 통합 문서에 있는 시트의 이름이 표시됩니다.

⑮ **워크시트 삽입 버튼** : 새 워크시트를 삽입할 수 있습니다.

⑯ **수평 이동줄** : 화면을 왼쪽/오른쪽로 옮기면서 볼 수 있습니다.

● 상태 표시줄

상태 표시줄에서는 현재의 작업 상태를 확인할 수 있습니다.

① **셀 모드** : 준비, 입력, 편집 등의 셀 작업 상태를 표시합니다.

② **표시 영역** : 키보드 기능키의 선택 상태를 표시하며, 숫자가 입력된 셀 범위를 지정하면 자동 계산 결과를 표시합니다.

③ **보기 바로 가기** : 기본, 페이지 레이아웃, 페이지 나누기 미리 보기 등 워크시트 보기 상태를 선택합니다.

④ **확대/축소 슬라이드** : 확대/축소 버튼을 클릭하여 10% 단위로 확대/축소하거나, 조절 바를 드래그하여 확대/축소할 수 있습니다.

⑤ **확대/축소 비율** : [확대/축소]를 지정하는 대화상자를 열어 원하는 배율을 지정합니다.

엑셀 빠르게 시작하기

엑셀 2016을 시작하면 [엑셀 빠르게 시작하기] 화면이 나타납니다. [최근 항목], [다른 통합 문서 열기], [새 통합 문서], [둘러보기], [서식 통합 문서] 중에서 사용자가 선택하여 엑셀을 시작할 수 있습니다.

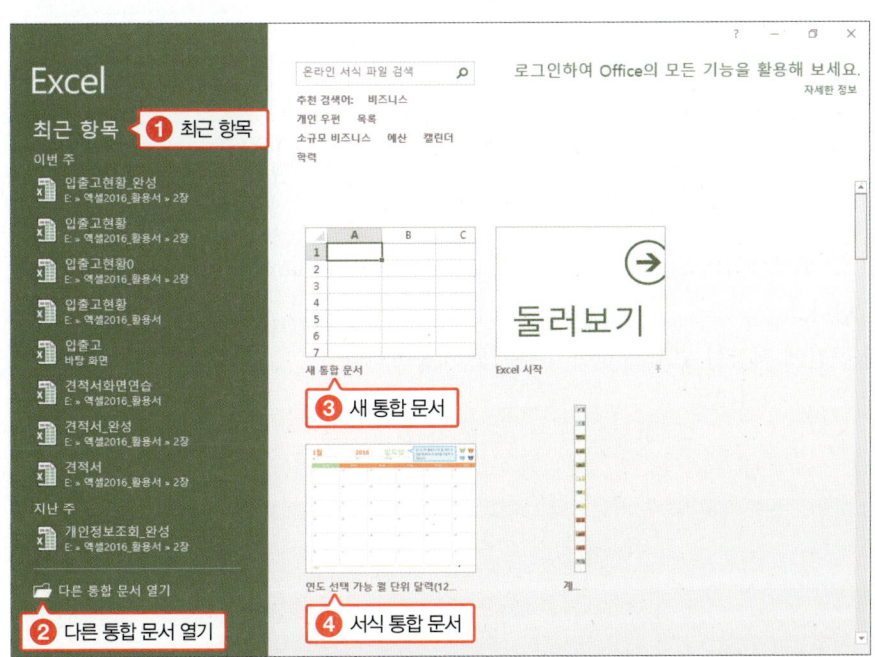

① **최근 항목** : 최근에 작업한 통합 문서 목록에서 통합 문서를 불러옵니다.

② **다른 통합 문서 열기** : 기존에 작업했던 통합 문서를 온/오프 저장 공간(원드라이브/컴퓨터 등)에서 찾아옵니다.

③ **새 통합 문서** : 새로운 통합 문서를 열어 데이터 입력, 편집, 서식 적용 등을 할 수 있습니다.

④ **서식 통합 문서** : 자주 사용하는 엑셀 문서의 서식 파일을 열어 빠르게 문서 작업을 할 수 있습니다.

엑셀 저장하기

작업한 엑셀 문서를 컴퓨터 또는 클라우드에 저장합니다.

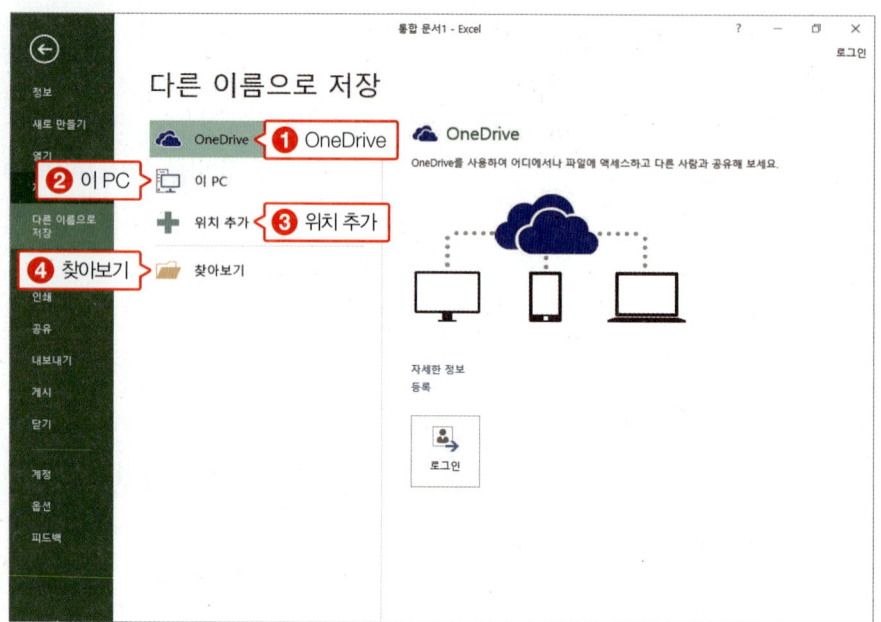

① **OneDrive** : 원드라이브에 오피스 문서를 저장합니다.

② **이 PC** : 컴퓨터의 최근(오늘, 어제, 지난 주) 또는 이전(오래된 항목)에 작업했던 폴더에 오피스 문서를 저장합니다.

③ **위치 추가** : 온라인 위치를 추가하여 오피스 문서를 클라우드(Office 365 SharePoint, OneDrive)에 간편하게 저장할 수 있습니다.

④ **찾아보기** : 컴퓨터 저장 공간에 저장할 위치를 찾아서 문서를 저장합니다.

작업 영역의 기본 구조 살펴보기

엑셀은 통합 문서, 워크시트(Worksheet), 셀(Cell)로 이루어져 있습니다. 기본 구조를 살펴보면 엑셀의 동작 원리와 용도를 명확하게 알 수 있습니다. 회계 장부와 비교하면 간편합니다.

셀이 모여 워크시트, 워크시트가 모여 통합 문서

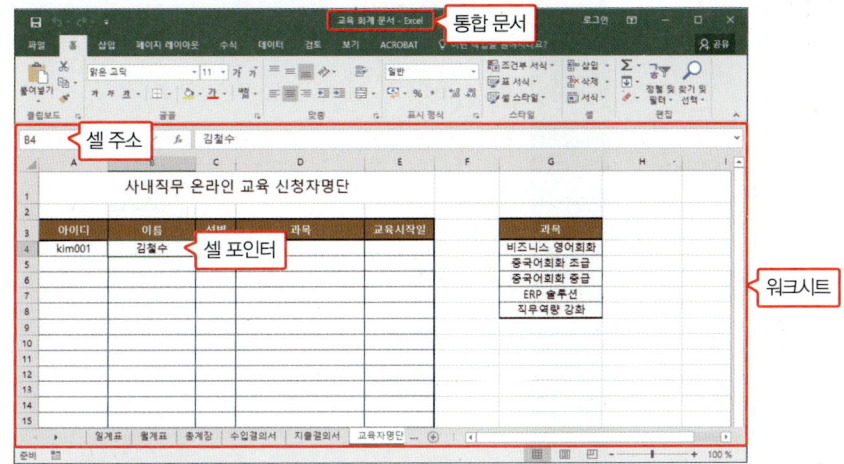

워크시트를 한꺼번에 관리하는 통합 문서

통합 문서는 한 권의 책에 해당합니다. 개별 문서에 해당하는 워크시트를 묶어서 관리하는 셈입니다. 엑셀에서는 통합 문서 단위로 저장하므로 관련 있는 내용을 하나로 묶어서 관리하면 편리합니다. 예를 들어 교육 회계 문서라고 한다면 일계표, 월계표, 총계장, 수입결의서, 지출결의서, 교육자 명단 등의 문서를 한 통합 문서 안에서 작업할 수 있어야 합니다.

데이터를 편집하는 공간, 워크시트

워크시트는 1,048,576행과 16,384열의 셀이 모여 문서를 만들고 편집하는 공간입니다. 처음 실행하면 기본으로 [Sheet1] 워크시트 하나가 생성되며 총 255개까지 삽입할 수 있습니다. 장부에 견출지를 붙이는 것처럼 각 워크시트 또한 이름이나 색으로 구분할 수 있습니다.

모든 작업의 시작, 셀과 셀 주소

엑셀의 작업 영역은 가로 행과 세로 열이 교차하여 격자 모양의 모눈종이처럼 직사각형을 이루고 있습니다. 이 직사각형 하나를 셀(Cell)이라 부릅니다. 데이터를 입력(저장)하는 공간으로, 각 셀에는 고유한 주소(셀 주소)가 부여되는데 열 머리글과 행 머리글을 조합해서 만듭니다.

엑셀 서식 파일로 열고
통합 문서 저장하기

학습 목표 | 다양한 서식 파일을 이용해 쉽게 문서를 만들고 저장하는 방법을 알아보겠습니다.

완성 파일 | 엑셀/01완성.xlsx

01 엑셀에서 기본으로 제공하는 서식 파일을 열어서 문서를 작성해 보겠습니다.

① [파일] 탭을 클릭합니다. ② [새로 만들기]를 선택하고 ③ 추천 검색어에서 [캘린더]를 선택합니다.

서식 파일에서 새로 만들기

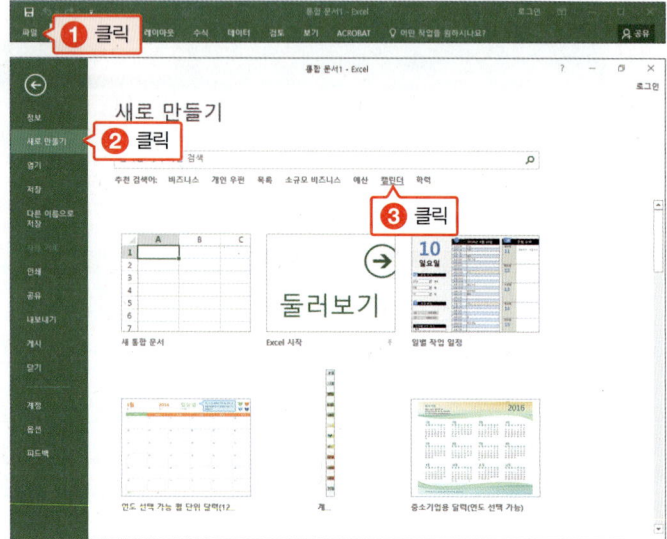

02 캘린더와 관련된 서식 파일 목록이 나타납니다. [전체 연도 글로벌 달력]을 더블클릭합니다.

바로 통하는 TIP Office.com 온라인에서 다운로드한 후 파일이 열리므로 인터넷에 연결되어 있어야 합니다.

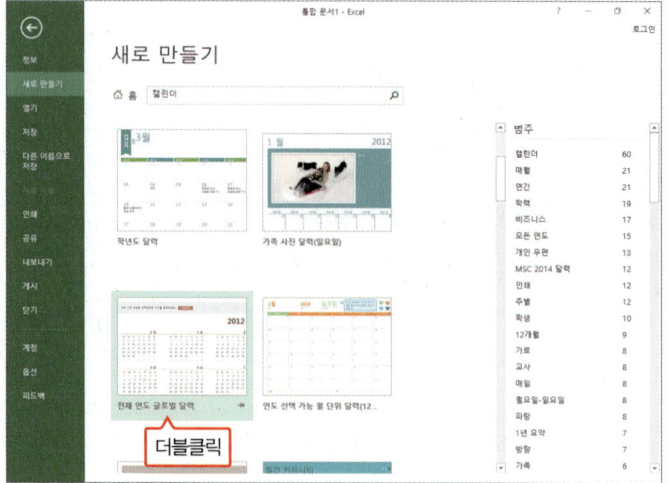

03 ① **연도**를 입력하고 ② 시작 요일을 변경한 다음 ③ **빠른 실행 도구 모음**에서 [저장📇]을 클릭합니다.

저장 🔍

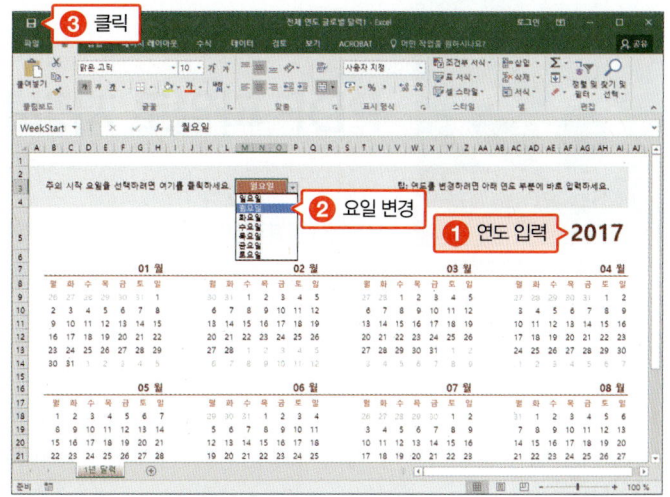

04 [다른 이름으로 저장]에서 [찾아보기]를 선택합니다.

[다른 이름으로 저장] 대화상자가 활성화됩니다. 설정에 따라 이 과정이 생략될 수 있습니다.

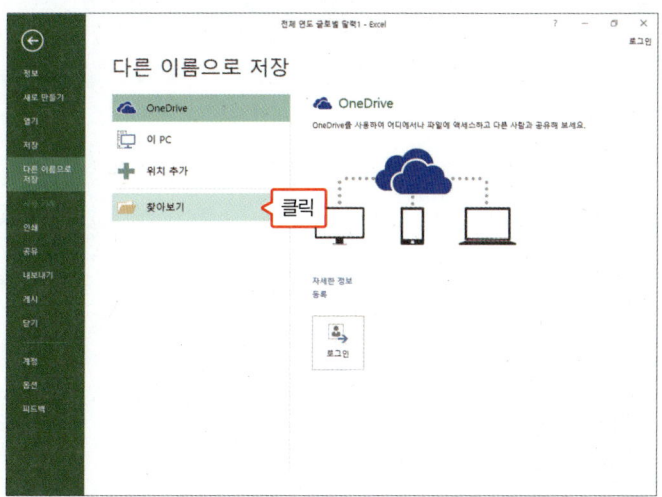

05 ① [다른 이름으로 저장] 대화상자에서 [파일 이름]에 **2017년 달력**을 입력한 다음 ② [저장]을 클릭해서 통합 문서를 저장합니다.

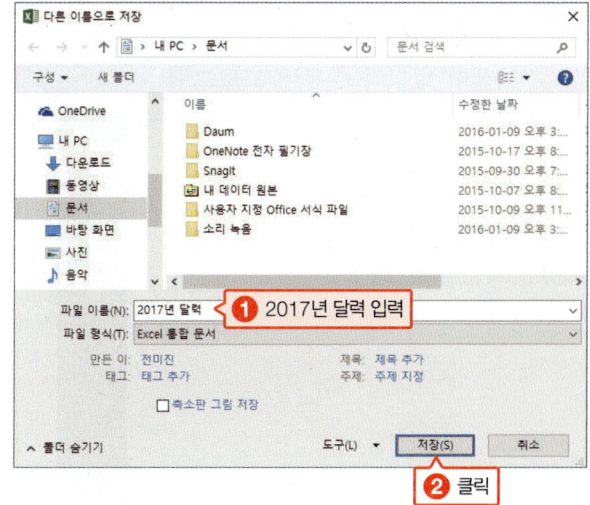

핵심기능실습

02

TELL ME

다른 형식으로 저장 >
PDF/XPS 만들기

PDF 파일로 저장하기

학습 목표 | 엑셀 문서를 전자 문서로 저장해 형식과 데이터를 유지하며 간편하게 공유해 보겠습니다.

실습 파일 | 엑셀/02_저장_견적서.xlsx   **완성 파일 |** 엑셀/02완성.PDF

01 엑셀이 설치되지 않은 컴퓨터에서도 견적서를 확인할 수 있도록 PDF 형식으로 저장해 보겠습니다. ① [파일] 탭을 클릭합니다. ② [내보내기]를 선택하여 ③ [PDF/XPS 문서 만들기]를 선택하고 ④ [PDF/XPS 만들기]를 클릭합니다. ⑤ **저장_견적서**를 입력한 후 ⑥ [게시]를 클릭합니다.

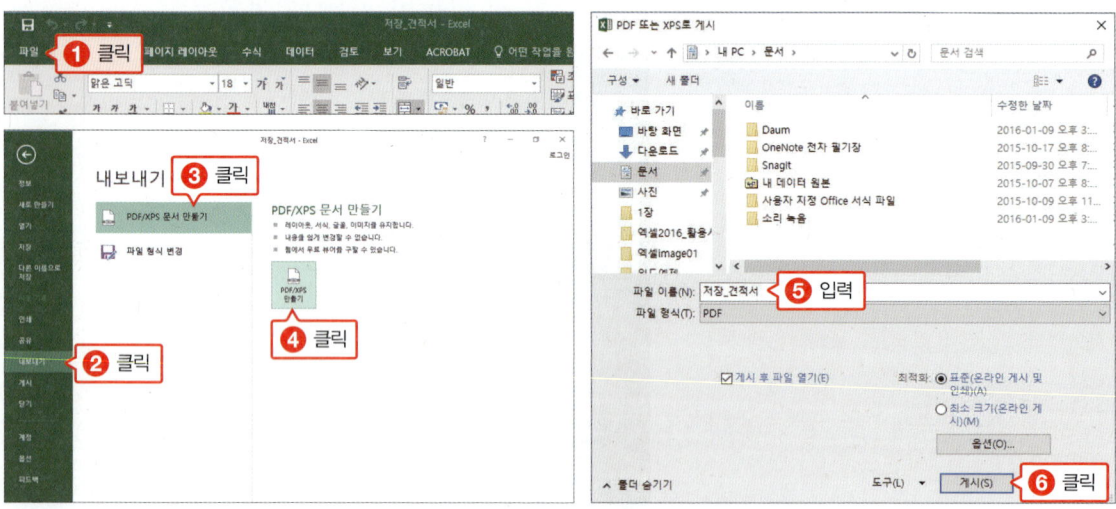

바로 통하는 TIP PDF나 XPS 형식으로 저장할 때 인쇄 품질을 높이려면 최적화 항목에서 [표준(온라인 게시 및 인쇄)]을 선택하고 파일 크기를 줄이려면 [최소 크기(온라인 게시)]를 선택합니다. 그밖에 파일의 옵션을 설정하려면 [옵션]을 클릭합니다.

02 엑셀이 없더라도 뷰어 프로그램 (PDF Reader)을 통해 저장한 PDF 문서를 확인할 수 있습니다.

바로 통하는 TIP PDF Reader가 설치되어 있지 않으면 PDF 파일을 볼 수 없습니다.

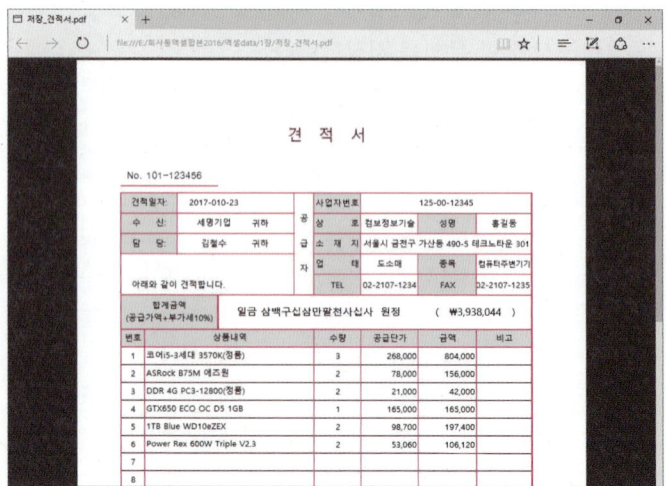

핵심기능실습 03

TELL ME 눈금선 표시

화면 구성 요소 보이기/숨기기

학습 목표 | 문서를 작성할 때 거슬리지 않도록 화면 구성 요소를 설정해 보겠습니다.

실습 파일 | 엑셀/03_화면구성_경력증명서.xlsx

01 눈금선 숨기기

[보기] 탭–[표시] 그룹–[눈금선]을 클릭하여 체크 표시를 해제합니다. 완성된 경력증명서를 확인할 때 눈금선처럼 불필요한 요소를 숨기면 편리합니다.

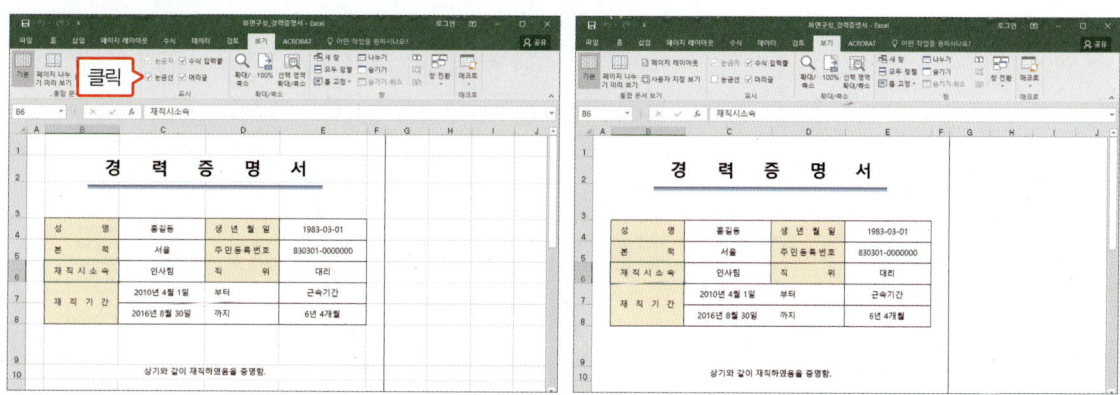

바로 통하는 TIP 눈금선 외에 수식 입력줄, 머리글 등의 요소도 같은 방법으로 숨길 수 있습니다.

02 리본 메뉴 축소하기

① [리본 메뉴 축소▲]를 클릭하면 리본 메뉴가 축소되면서 작업 창의 문서 내용을 좀 더 넓은 영역에서 볼 수 있습니다. ② [리본 메뉴 표시 옵션⊞]을 클릭하고 ③ [탭 및 명령 표시]를 클릭하면 다시 원상태로 돌아갑니다.

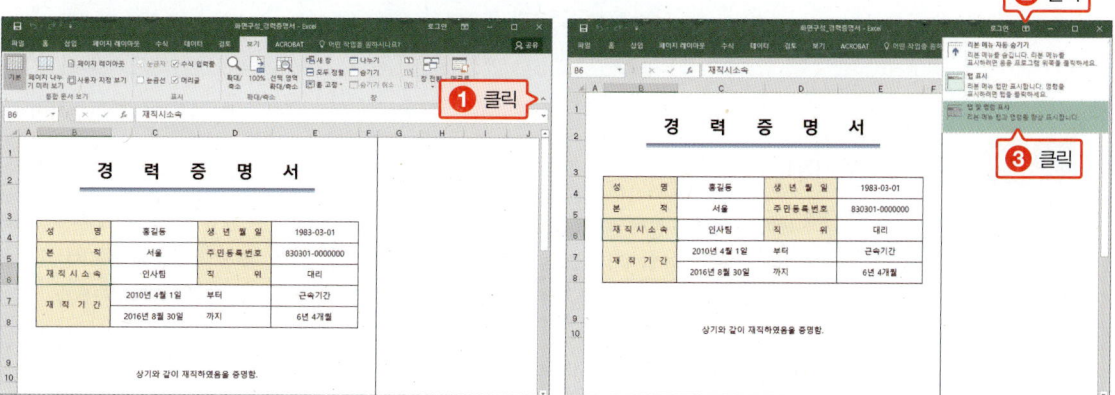

바로 통하는 TIP 임의의 리본 탭을 더블클릭하거나 단축키 Ctrl+F1을 눌러도 리본 메뉴를 축소/확장할 수 있습니다.

핵심기능실습

키보드로 셀 범위 지정하기

학습 목표 | 키보드로 간편하게 하나의 셀 또는 여러 셀을 범위로 지정해 보겠습니다.

실습 파일 | 엑셀/04_셀범위_거래처판매현황.xlsx

01 행 범위 지정하기

① [A3] 셀을 클릭하고 ② Ctrl + Shift + ↓를 누르면 [A3:A83] 셀까지 범위가 지정됩니다.

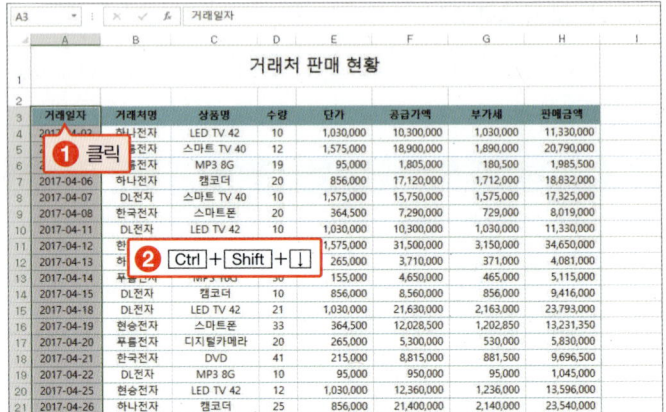

02 전체 데이터 범위 지정하기

데이터 목록에서 임의의 셀을 선택한 다음 Ctrl + A를 누르면 데이터가 입력된 전체 범위가 선택됩니다.

바로 통하는 TIP 워크시트 전체를 선택할 때는 [A1] 셀 왼쪽 위에 있는 [전체 선택▦]을 클릭합니다.

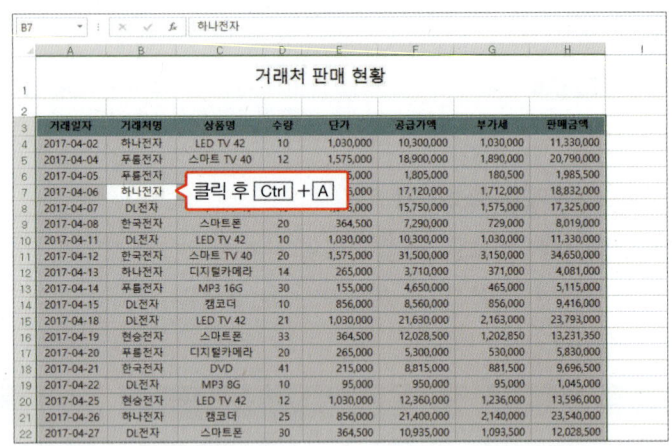

바로 통하는 TIP 키보드로 범위 지정하기

Ctrl + Shift + ↑/↓/←/→	데이터가 입력된 현재 셀에서 열의 첫 행 또는 마지막 행, 첫 열 또는 마지막 열까지 범위를 지정합니다. 단 데이터가 입력되지 않았을 때는 현재 열/행의 처음 또는 마지막 셀까지 범위가 지정됩니다.
Ctrl + Shift + *	데이터가 입력된 전체 범위를 지정합니다. 단 데이터가 입력되지 않았을 때는 범위 지정이 되지 않습니다.
Ctrl + A	데이터가 입력된 전체 범위 지정합니다. 단 데이터가 입력되지 않았을 때는 현재 워크시트 전체 셀 범위가 지정됩니다.

핵심기능실습 05
이름 정의로 셀 범위 지정하기

학습 목표 | 셀이나 선택 범위에 이름을 정의함으로써 셀을 잘못 지정해서 생기는 오류를 줄입니다.

실습 파일 | 엑셀/05_셀범위_거래처판매현황.xlsx   **완성 파일** | 엑셀/05완성.xlsx

01 셀 범위 이름으로 정의하기

셀이나 셀 범위를 선택한 후 [이름 상자]에 이름을 입력하고 Enter 를 누르면 이름을 정의할 수 있습니다.

① [A4:H24] 셀을 드래그해서 범위로 지정합니다. ② [이름 상자]에 **거래_4월**을 입력한 후 Enter 를 누릅니다.

[A4:H24] 셀 범위가 '거래_4월'이란 이름으로 정의되었습니다.

02 ① 임의의 셀을 선택합니다. ② [이름 상자 목록▼]을 클릭하고 ③ 앞서 정의한 범위 이름에서 거래_4월을 선택합니다.

[A4:H24] 셀에 해당하는 4월 판매 데이터 범위가 선택됩니다.

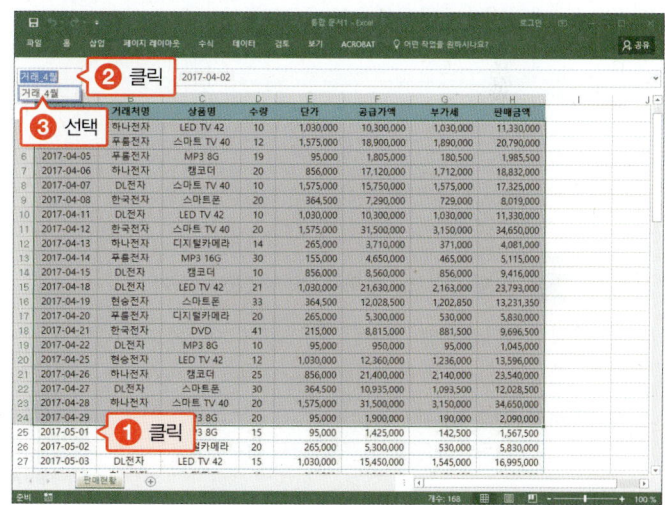

03 선택 영역에서 이름 만들기

[선택 영역에서 만들기]를 이용하면 제목에 해당하는 [첫 행]이나 [왼쪽 열], [끝 행]이나 [오른쪽 열]은 매번 범위를 지정하지 않고도 한번에 셀 이름을 지정할 수 있습니다.

① 전체 데이터를 선택하기 위해 [A3] 셀을 클릭한 후 Ctrl + Shift + *를 누릅니다. ② [수식] 탭-[정의된 이름] 그룹-[선택 영역에서 만들기]를 클릭합니다. ③ [선택 영역에서 이름 만들기] 대화상자에서 [첫 행]에 체크 표시하고 ④ [확인]을 클릭합니다.

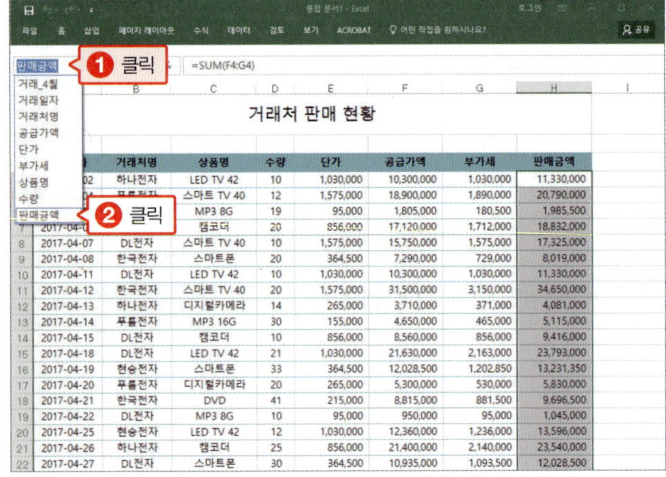

04

앞서 '첫 행'을 셀 이름으로 정의하였으므로 [이름 상자] 목록에는 '거래일자', '거래처명', '상품명', '수량', '단가', '공급가액', '부가세', '판매금액'이 추가됩니다. ① [이름 상자 목록▼]을 클릭하고 ② 앞서 정의한 범위 이름 중에 [판매금액]을 선택하면 [판매금액] 열이 선택됩니다.

바로 통하는 TIP 이름 관리자로 셀 이름 정의/수정/삭제하기

정의한 셀 이름은 [수식] 탭-[정의된 이름] 그룹-[이름 관리자]에서 확인할 수 있습니다. [이름 관리자] 대화상자에서는 이름을 수정, 삭제하거나 새로 정의할 수도 있습니다.

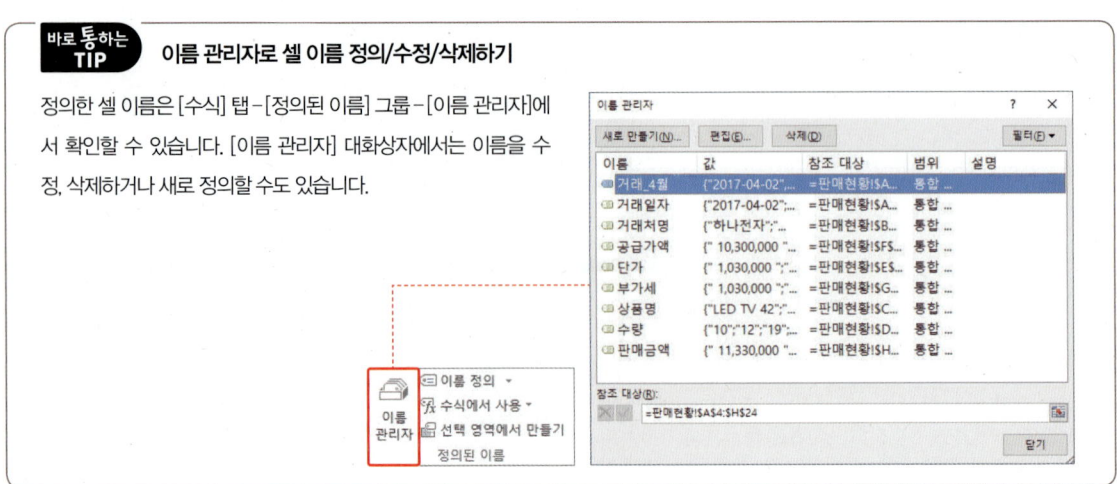

핵심기능실습

06

행과 열 너비 조정하기

학습 목표 | 입력한 데이터에 맞춰 행의 높이와 열의 너비를 빠르게 편집합니다.

실습 파일 | 엑셀/06_행열너비_청구서.xlsx   완성 파일 | 엑셀/06완성.xlsx

01 행 높이 조절하기

① 2행 머리글을 선택하고 행 머리글에서 마우스 오른쪽 버튼을 클릭합니다. ② [행 높이]를 선택하고 ③ [행 높이] 대화상자에 50을 입력한 후 ④ [확인]을 클릭합니다. 선택한 행의 높이가 50으로 바뀝니다. ⑤ 4~21행 머리글을 드래그하여 범위를 지정합니다. ⑥ 5행 머리글 경계선에 마우스 포인터를 위치시키고 아래쪽으로 드래그합니다. 드래그해서 조절한 5행의 높이만큼 선택한 나머지 행의 높이도 일괄적으로 변경됩니다.

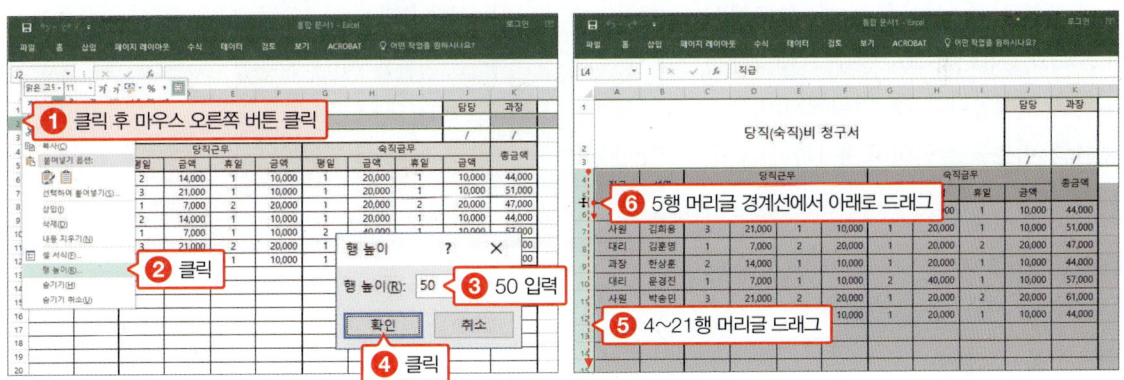

02 열 너비 조절하기

① C열 머리글을 선택하고 ② Ctrl 을 누른 상태에서 E, G, I열을 클릭합니다. ③ 선택한 임의의 열 머리글 사이 경계선에 마우스 포인터를 위치시키고 더블클릭합니다. 선택한 범위의 데이터 너비만큼 열 너비가 일괄적으로 자동 조절됩니다.

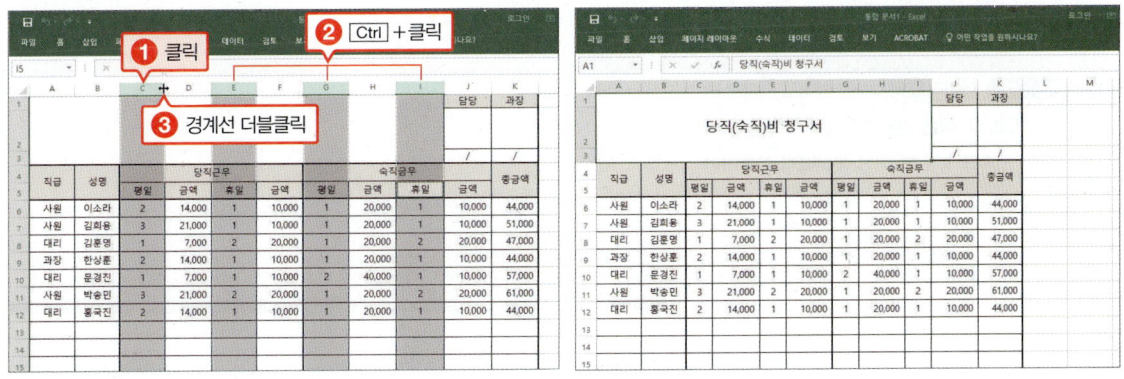

바로 통하는 TIP 행/열 머리글에서 행의 아래쪽 및 열의 오른쪽 경계선을 더블클릭하면 행/열의 너비가 자동으로 조절됩니다.

너비를 유지하여 붙여넣기 및 선택하여 붙여넣기

학습 목표 | 셀 수식, 값, 서식뿐만 아니라 연산 기능 등도 선택해서 붙여 넣을 수 있습니다.

실습 파일 | 엑셀/07_복사_개인고객정보.xlsx   **완성 파일 |** 엑셀/07완성.xlsx

01 너비를 유지하여 붙여넣기

[고객정보] 시트의 카드번호, 이름, 사용한도 항목을 [한도조회] 시트에 열 너비를 유지한 채 붙여 넣어 보겠습니다.

① [고객정보] 시트의 [B3:B26] 셀을 드래그하고 ② Ctrl 을 누른 상태에서 [D3:D26], [G3:G26] 셀을 드래그해서 범위를 지정합니다. ③ 범위에서 마우스 오른쪽 버튼을 클릭하고 ④ [복사]를 선택합니다.

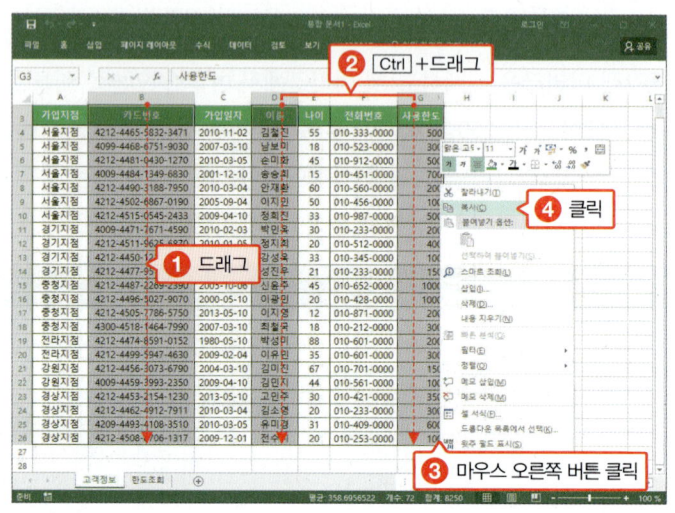

바로 통하는 TIP 복사의 단축키는 Ctrl + C, 잘라내기는 Ctrl + X, 붙여넣기는 Ctrl + V입니다.

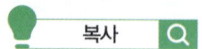

02

① [한도조회] 시트를 클릭합니다. ② [A3] 셀에서 마우스 오른쪽 버튼을 클릭하고 ③ [선택하여 붙여넣기]에서 [원본 열 너비 유지🗋]를 선택한 후 ESC 를 눌러 복사 모드를 해제합니다.

바로 통하는 TIP 데이터를 복사하면 범위로 지정한 테두리가 깜빡거립니다. 이는 원본 데이터를 계속 붙여 넣을 수 있다는 의미입니다. 더 이상 붙여넣지 않으려면 ESC 를 누릅니다.

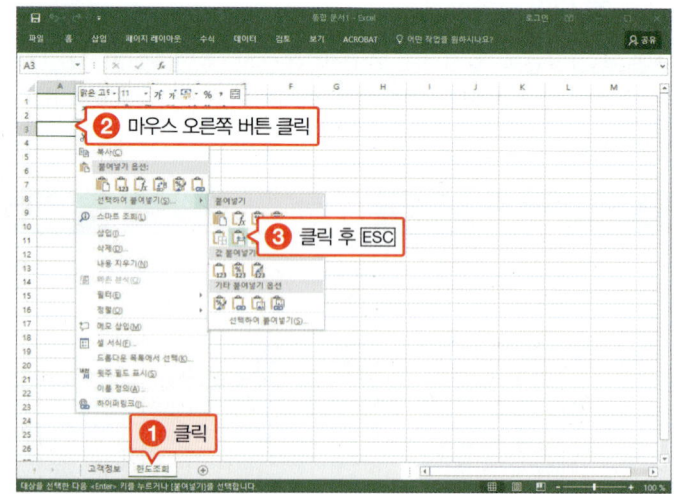

03 곱하여 붙여넣기

사용한도 금액은 10000단위가 절사되어 있습니다. [선택하여 붙여넣기] 기능을 이용해 사용한도 금액에 10000을 곱해서 표시해 보겠습니다.

① [F3] 셀에 **10000**을 입력하고 [Enter]를 누릅니다. ② [F3] 셀을 선택한 후 [Ctrl]+[C]를 누릅니다.

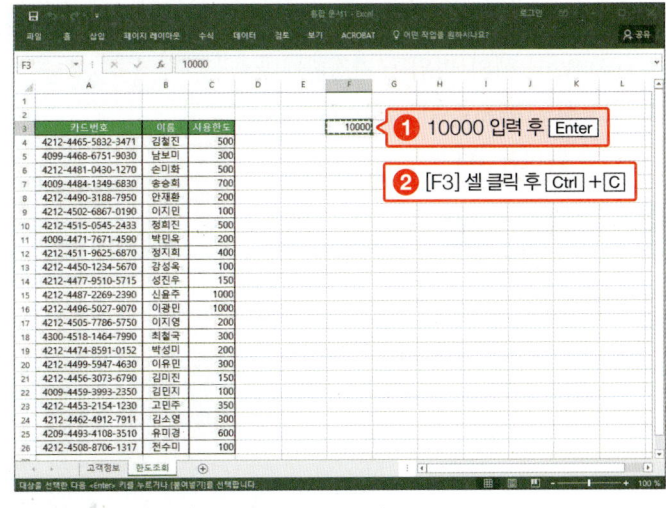

04 ① [C4:C26] 셀을 드래그하여 범위를 지정하고 ② 마우스 오른쪽 버튼을 클릭합니다. ③ [선택하여 붙여넣기]에서 [선택하여 붙여넣기]를 선택합니다.

바로 통하는 TIP [선택하여 붙여넣기]의 단축키는 [Ctrl]+[Alt]+[V]입니다.

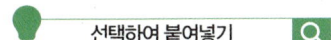

선택하여 붙여넣기

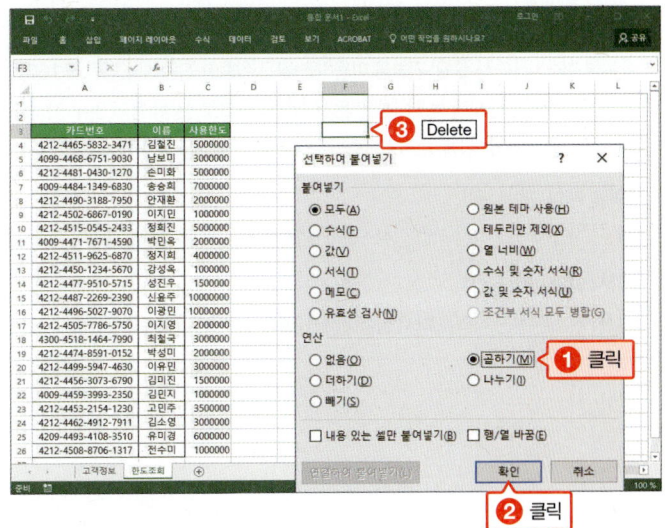

05 ① [선택하여 붙여넣기] 대화상자에서 [곱하기]를 선택하고 ② [확인]을 클릭합니다. ③ [사용한도] 열의 값이 10000을 곱한 값으로 바뀌면 [F3] 셀에서 [Delete]를 눌러 값을 삭제합니다.

06 [이름] 열의 서식만 복사하기

① [B4:B26] 셀의 범위를 지정합니다.

② [홈] 탭-[클립보드] 그룹-[서식 복사 💌]를 클릭합니다.

💡 서식 복사 🔍

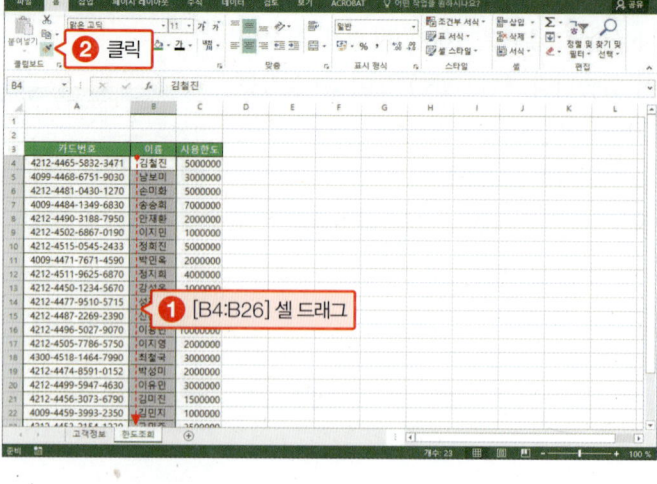

07 마우스 포인터가 🕂🖌 모양으로 변경됩니다. [C4] 셀을 클릭하면 [이름] 열의 서식이 [사용한도] 열로 복사됩니다.

바로 통하는 TIP [서식 복사 💌]를 더블클릭하면 동일한 서식을 여러 군데에 반복해서 복사할 수 있습니다. 서식 복사를 중단하고 싶을 때는 ESC 를 누릅니다.

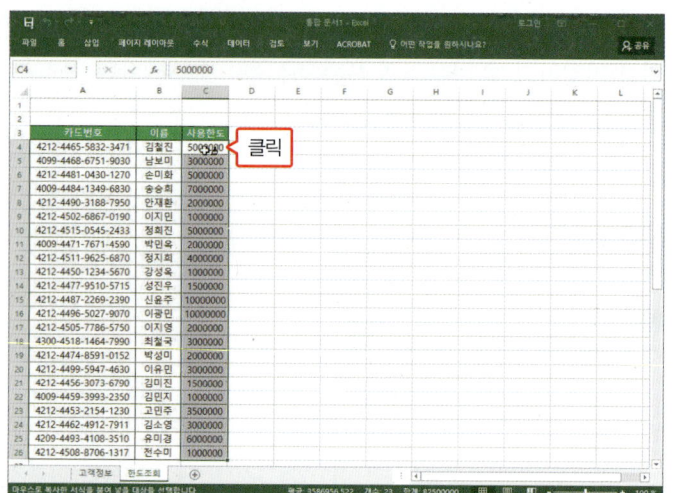

바로 통하는 TIP 실행 취소와 다시 실행

[실행 취소]나 [다시 실행] 기능을 이용하면 잘못 실행한 작업이나 명령을 100단계까지 취소하거나 다시 실행할 수 있습니다. 단 [메뉴] 탭을 선택하거나 [시트 보호], [통합 문서 저장], [매크로 실행] 등의 일부 작업은 취소할 수 없습니다. [실행 취소]와 [다시 실행] 명령은 [빠른 실행 도구 모음]에 있으며 단축키는 Ctrl + Z 와 Ctrl + Y 입니다.

실행 취소(Ctrl+Z)

최근 작업이나 그 이전 작업을 취소하고 싶을 때에는 [빠른 실행 도구 모음]에서 [실행 취소 ↺▾]를 클릭합니다.

다시 실행(Ctrl+Y)

실행 취소한 최근 작업을 다시 실행하려면 [빠른 실행 도구 모음]에서 [다시 실행 ↻▾]을 클릭합니다.

그림으로 연결하여 붙여넣기

학습 목표 | 그림으로 연결하여 붙여넣기 기능을 이용해 열 너비에 관계없이 여러 종류의 표를 한곳
에 편리하게 모아 보겠습니다.

실습 파일 | 엑셀/08_복사_인사평가표.xlsx   **완성 파일 |** 엑셀/08완성.xlsx

O1 평가정보 복사하기

[평가정보] 시트의 표를 복사하여 [평가
표] 시트에 그림으로 붙여 넣어 보겠습
니다. 각 시트에 작성된 표의 열 너비는
서로 다릅니다.

① [평가정보] 시트를 선택합니다. ② [A3:
I5] 셀까지 드래그한 후 Ctrl+C를 눌
러 복사합니다.

바로 통하는 TIP 그림으로 붙여 넣을 때 표뿐만 아니
라 눈금선도 복사되므로 복사하기 전에 [보기] 탭-[표
시] 그룹-[눈금선]의 체크 표시를 해제합니다.

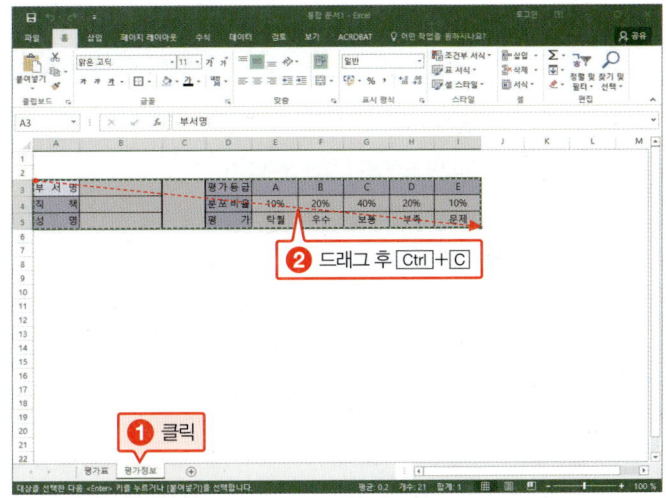

O2 그림으로 붙여넣기

① [평가표] 시트를 선택합니다. ② [A2]
셀에서 마우스 오른쪽 버튼을 클릭하
여 ③ [선택하여 붙여넣기]-[기타 붙여
넣기 옵션]에서 [연결된 그림🖼]을 클릭
한 후 ESC를 눌러 복사 모드를 해제합
니다.

바로 통하는 TIP [연결된 그림]을 사용하면 원본 데이
터에 따라 연결된 데이터가 자동으로 수정됩니다. 원본
데이터의 영향을 받지 않으려면 [그림🖼]을 선택합니다.

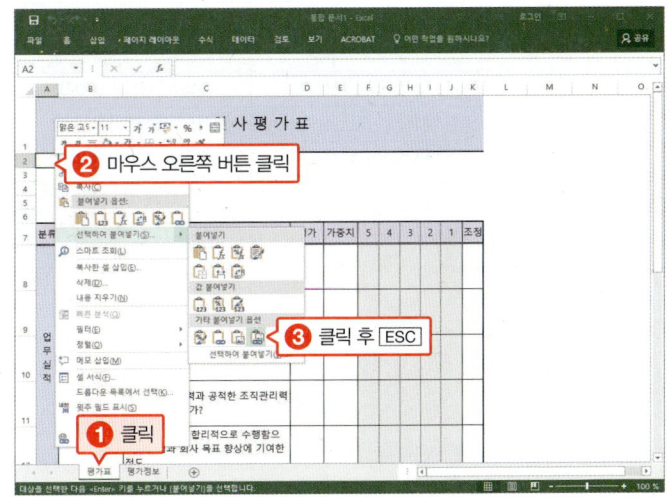

O3 붙여넣은 그림 개체를 선택하고 조절점을 드래그하여 크기를 조절합니다.

바로 통하는 TIP 개체를 선택한 후 방향키([←], [↑], [→], [↓])를 눌러 위치를 옮길 수 있습니다.

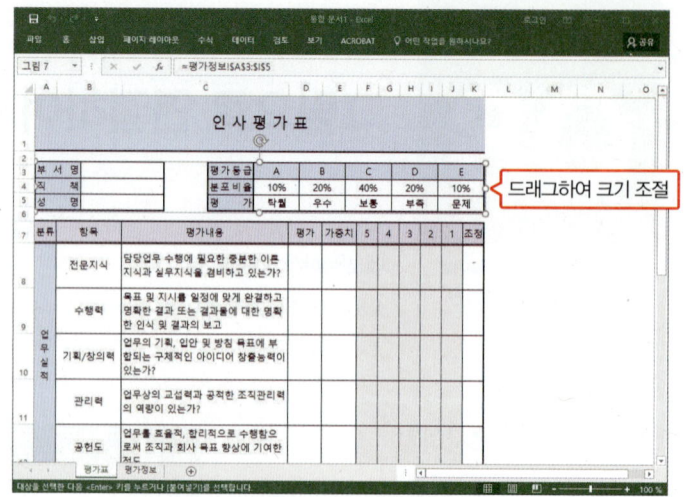

드래그하여 크기 조절

바로 통하는 TIP **선택하여 붙여넣기 옵션 살펴보기**

마우스 오른쪽 버튼을 클릭할 때 나타나는 메뉴는 붙여넣기 옵션을 아이콘으로 제공합니다. 이 메뉴를 이용하면 좀 더 쉽고 다양하게 붙여넣기 옵션을 지정할 수 있습니다.

붙여넣기 옵션		설명
붙여넣기	🗐 : 붙여넣기	모든 셀 내용과 수식 및 서식 붙여넣기
	🗐 : 수식	수식 입력줄에 입력한 대로 수식만 붙여넣기
	🗐 : 수식 및 숫자 서식	수식 입력줄에 입력한 대로 수식과 숫자 서식을 붙여넣기
	🗐 : 원본 서식 유지	원본 서식을 유지하면서 셀 내용과 수식을 붙여넣기
	🗐 : 테두리 없음	테두리 없이 셀 내용과 서식 및 수식을 붙여넣기
	🗐 : 원본 열 너비 유지	원본 열 너비를 유지하면서 셀 내용과 서식, 수식을 붙여넣기
	🗐 : 바꾸기	행과 열을 바꿔서 셀 내용과 서식, 수식을 붙여넣기
값 붙여넣기	🗐 : 값	셀 내용만 붙여넣기
	🗐 : 값 및 숫자 서식	셀 내용과 숫자 서식만 붙여넣기
	🗐 : 값 및 원본 서식	셀 내용과 서식을 붙여넣기
기타 붙여넣기	🗐 : 서식	셀 서식만 붙여넣기
	🗐 : 연결하여 붙여넣기	셀 내용만 연결하여 붙여넣기
	🗐 : 그림	원본과 연결하지 않고 그림으로 붙여넣기
	🗐 : 연결된 그림	원본과 연결하여 그림으로 붙여넣기

핵심기능실습

워크시트 이름 변경 및 탭 색 변경하기

학습 목표 | 여러 파일을 관리할 때 쉽게 구분할 수 있도록 워크시트의 이름을 정의하거나 시트 탭의 색을 수정해 보겠습니다.

실습 파일 | 엑셀/09_시트_실적현황1.xlsx   **완성 파일 |** 엑셀/09완성.xlsx

01 ① [Sheet1] 시트 탭을 더블클릭하고 이름으로 **1주**를 입력합니다. ② 같은 방법으로 [Sheet2]와 [Sheet3] 시트 탭에 각각 **2주, 3주**를 입력합니다.

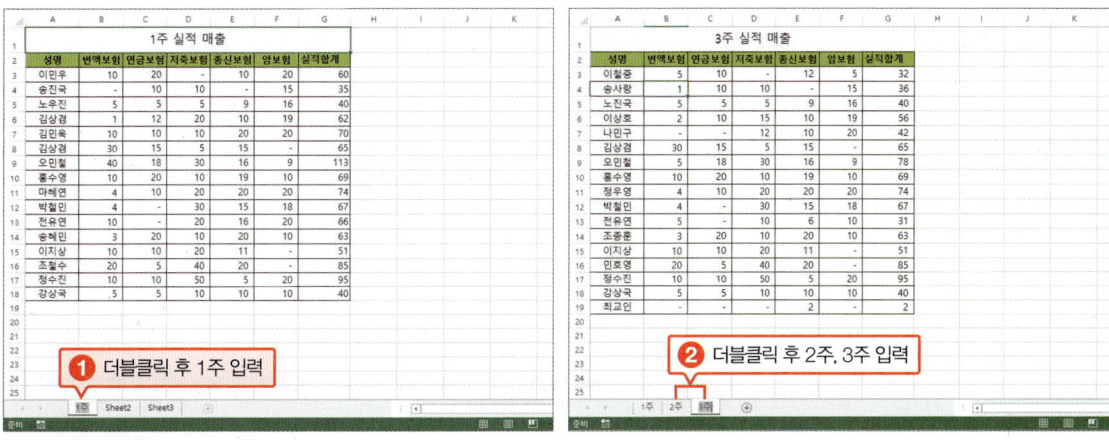

바로 통하는 TIP 시트 탭에서 마우스 오른쪽 버튼을 클릭합니다. [이름 바꾸기]를 선택해 이름을 바꾸거나 [탭 색]을 선택해 탭을 원하는 색으로 바꿀 수 있습니다. 워크시트 이름은 31자를 넘지 않아야 하며 ₩ / ? * [ ] '를 포함하지 않아야 합니다.

02 ① [1주] 시트 탭을 선택하고 마우스 오른쪽 버튼을 클릭하여 ② [탭 색]에서 [바다색, 강조 1]을 선택합니다. ③ 같은 방법으로 [2주]와 [3주] 시트 탭의 색을 [녹색, 강조 2], [황금색, 강조 5]로 변경합니다.

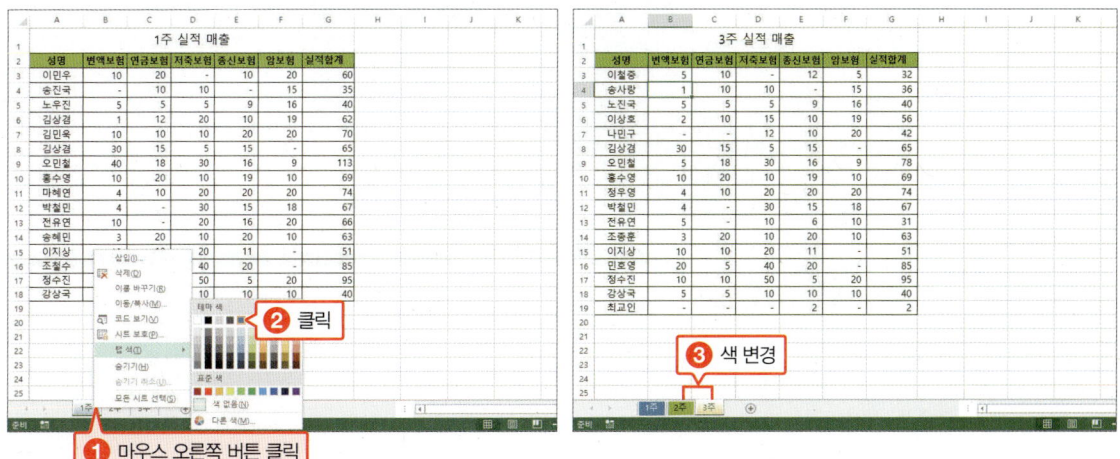

워크시트 이동/복사/삭제하기

학습 목표 | 필요에 따라 효과적으로 데이터를 관리하기 위해 워크시트를 이동, 복사, 삭제하는 방법을 알아보겠습니다.

실습 파일 | 엑셀/10_시트_실적현황2.xlsx   **완성 파일 |** 엑셀/10완성.xlsx

01 워크시트 복사하기

4주간의 매출 실적을 각각의 시트에 기록하려고 합니다. [3주] 시트 탭을 복사한 후 4주로 이름을 바꿔 보겠습니다.
① [3주] 시트 탭을 클릭합니다. ② Ctrl을 누른 상태에서 시트 탭을 오른쪽으로 드래그합니다.

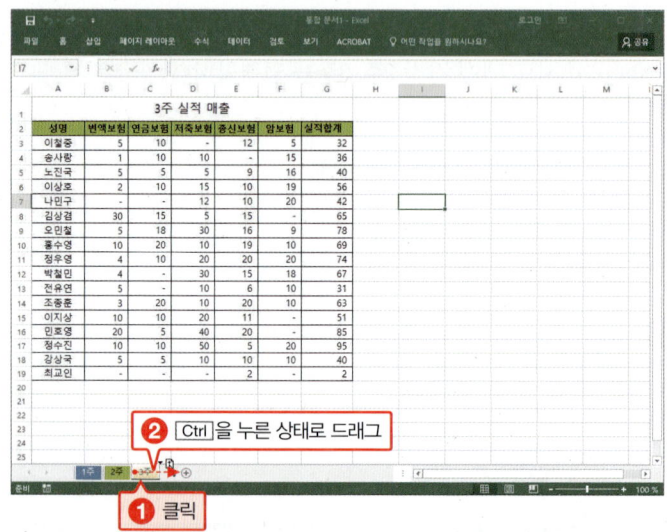

02 워크시트 이름 바꾸기

복제된 시트 탭을 더블클릭하고 **4주**를 입력합니다.

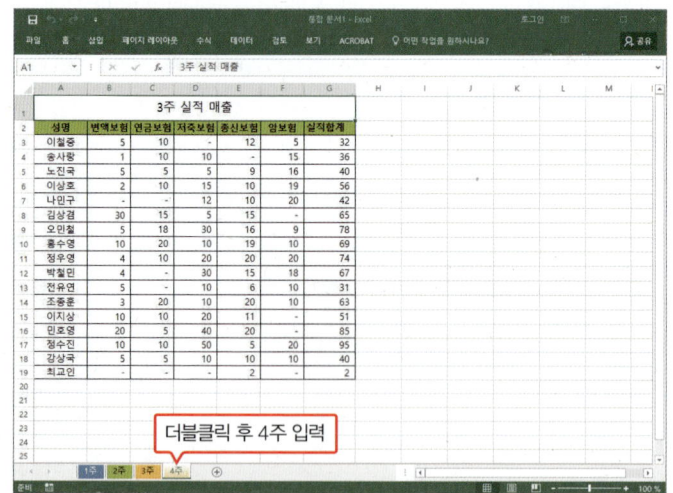

03 워크시트 삽입 및 이동하기

① [새 시트⊕]를 클릭합니다. ② 새로운 시트 탭을 더블클릭하고 ③ **월간시트**를 입력하고 Enter 를 누릅니다. ④ [월간시트] 시트 탭을 드래그하여 [1주] 시트 탭 왼쪽으로 옮깁니다.

바로통하는TIP 통합 문서를 새로 열면 기본적으로 시트가 하나만 있습니다. 시트 개수를 조정하려면 [파일] 탭에서 [옵션]을 선택합니다. [옵션] 대화상자가 나타나면 [일반] 항목의 [포함할 시트 수]에 1~255 사이의 값을 입력합니다.

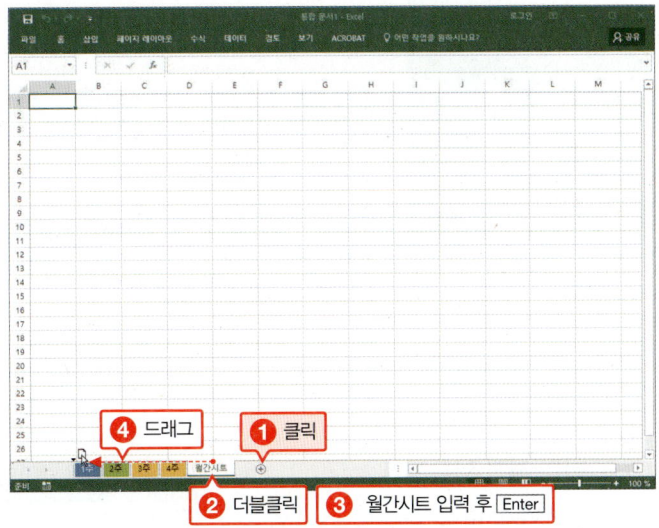

04 워크시트 삭제하기

앞서 추가한 [4주] 시트를 삭제해 보겠습니다.

① [4주] 시트 탭을 클릭하고 마우스 오른쪽 버튼을 클릭한 후 ② [삭제]를 선택합니다. ③ 삭제하려는 시트에서 데이터를 삭제해도 되는지 물어보는 대화상자가 나타나면 [삭제]를 클릭합니다.

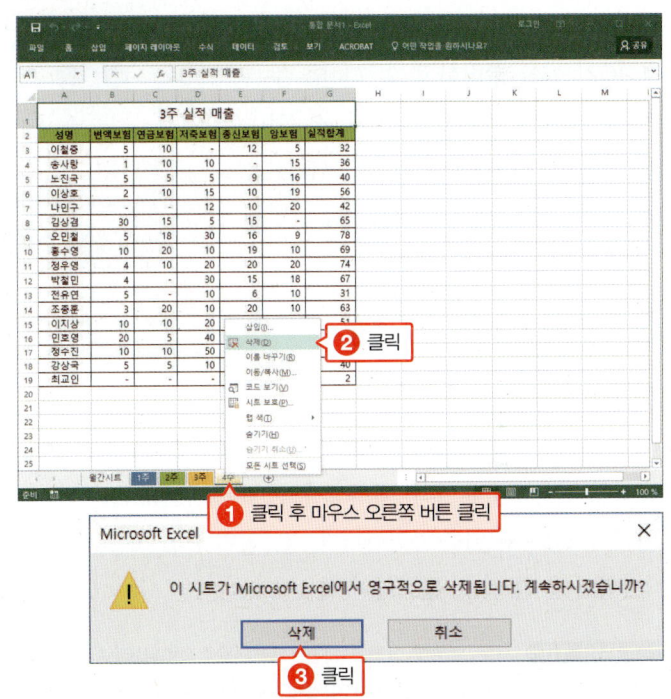

바로통하는TIP 여러 개의 워크시트를 한 번에 선택할 때는 Shift 와 Ctrl 을 이용합니다. Shift 를 누른 상태에서 워크시트를 클릭하면 처음 선택한 워크시트와 마지막 선택한 워크시트 사이의 모든 워크시트가 선택됩니다. Ctrl 을 누른 상태에서 워크시트를 클릭하면 클릭한 워크시트만 선택됩니다.

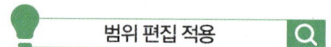

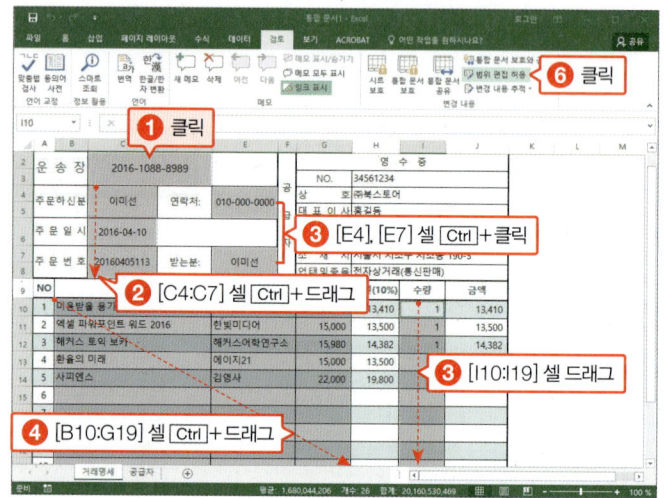

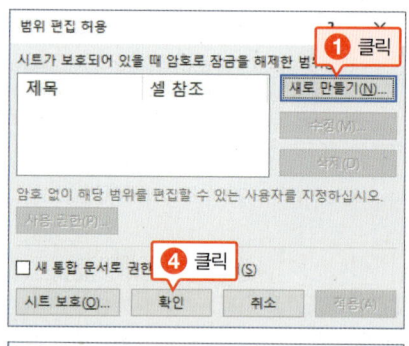

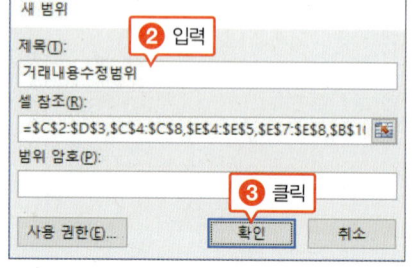

워크시트 보호하기

학습 목표 | 시트 보호하기를 설정하면 편집 허용 범위에서만 편집할 수 있으므로 문서의 변형을 막고 데이터를 보호할 수 있습니다. 이 기능은 범위 편집 허용과 시트 보호하기 기능을 순차적으로 실행해야 효과를 발휘합니다.

실습 파일 | 엑셀/11_시트_실적현황2.xlsx   **완성 파일** | 엑셀/11완성.xlsx

01 범위 편집 허용하기

문서의 지정한 범위 외에는 수정할 수 없도록 편집 허용 범위를 설정해 보겠습니다.

① [C2] 셀을 클릭하고 ② Ctrl 을 누른 상태로 [C4:C7], ③ [E4], [E7], ④ [B10:G19], ⑤ [I10:I19] 셀을 드래그합니다. ⑥ [검토] 탭-[변경 내용] 그룹-[범위 편집 허용]을 선택합니다.

범위 편집 적용

02

① [범위 편집 허용] 대화상자가 나타나면 [새로 만들기]를 클릭합니다. ② [새 범위] 대화상자의 [제목]에 **거래내용수정범위**를 입력하고 ③ [확인]을 클릭합니다. ④ [범위 편집 허용] 대화상자의 [확인]을 한 번 더 클릭합니다.

바로 통하는 TIP 시트 보호를 마치고 나면 [거래내용수정범위]로 지정한 [C2], [C4:C7], [E4], [E7], [B10:G19], [I10:I19] 셀만 수정할 수 있습니다.

03 시트 보호하기

데이터와 서식 내용이 변경되지 않도록 시트 보호하기를 설정해 보겠습니다. ① 임의의 셀을 클릭하고 ② [검토] 탭-[변경 내용] 그룹-[시트 보호]를 클릭합니다. ③ [시트 보호] 대화상자에서 [확인]을 클릭합니다.

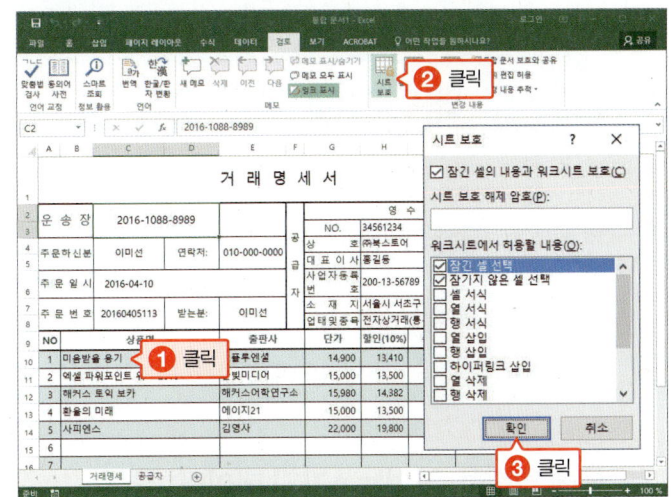

바로 통하는 TIP [시트 보호 해제 암호]를 입력하면 시트 보호를 해제하려고 할 때 반드시 암호를 입력해야 합니다. 이 경우에는 암호를 잊어버리지 않도록 주의합니다.

바로 통하는 TIP **[검토] 탭의 [변경 내용] 그룹 살펴보기**

개인 사용자나 공유된 문서를 사용하는 여러 사용자가 실수나 고의로 워크시트 또는 통합 문서의 중요한 데이터를 변경, 이동, 삭제할 수 없도록 암호를 설정하여 워크시트나 통합 문서의 요소를 보호할 수 있습니다.

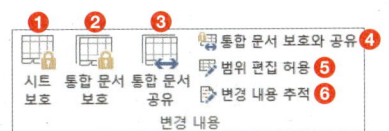

① **시트 보호** : 데이터 수정, 서식 변경, 행과 열 삽입/삭제 등 워크시트에서 허용할 요소와 보호할 내용을 선택하고 보호를 해제할 수 없도록 암호를 설정하여 시트를 보호합니다. .

② **통합 문서 보호** : 시트의 이동, 삭제, 추가 등 문서의 구조를 보호하고 해제할 수 없도록 암호를 설정하여 통합 문서를 보호합니다.

③ **통합 문서 공유** : 통합 문서를 네트워크나 원드라이브(OneDrive)에 저장한 경우 동시에 여러 사용자가 같은 문서에서 작업할 수 있도록 통합 문서를 공유합니다.

④ **통합 문서 보호와 공유** : 통합 문서를 공유하면서 다른 사용자가 [변경 내용 추적]을 해제할 수 없도록 암호를 설정하여 문서를 보호합니다.

⑤ **범위 편집 허용** : 시트를 보호할 경우 편집을 허용할 범위를 설정합니다.

⑥ **변경 내용 추적** : 여러 사용자가 작업할 경우 변경된 내용을 추적 표시하고, 변경된 내용을 적용할지 취소할지 선택합니다.

04

편집 범위를 허용한 운송장, 주문하신분, 연락처, 주문일시, 주문번호, 받는분, 상품명, 출판사, 단가, 수량 이외의 셀에 있는 데이터를 수정하려고 하면 경고 메시지가 나타납니다.

바로 통하는 TIP 시트 보호를 해제하려면 [검토] 탭-[변경 내용] 그룹-[시트 보호 해제]를 클릭합니다.

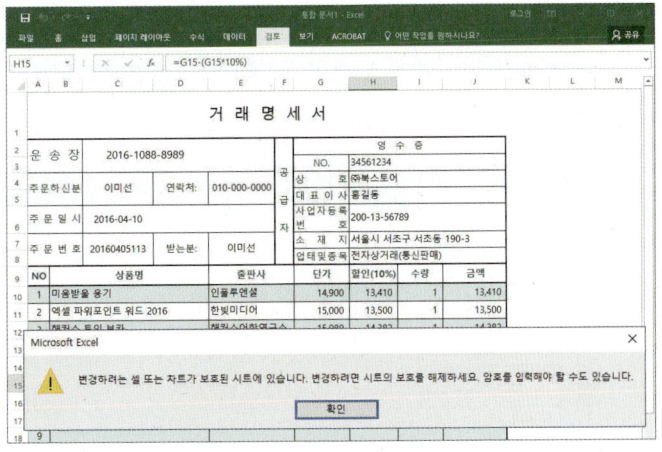

데이터에 관한 모든 것

엑셀에서는 하나의 고유 값이 셀에 입력되며 이 기본 데이터로 계산 및 통계가 이루어집니다. 하지만 셀에 입력하는 데이터의 종류와 셀 서식에 따라 값은 다른 형태로 나타날 수 있습니다. 데이터 형식이 잘못되면 계산과 통계 결과가 잘못되거나 오류가 생기기도 합니다. 가장 기본이자 중심인 엑셀의 데이터와 이를 입력하고 수정하는 방법에 대해 살펴보겠습니다.

셀에 입력할 수 있는 4가지 데이터

① **숫자** : 계산 및 통계에 사용되는 가장 기본적인 데이터입니다. 숫자, 통화를 비롯해 분수, 지수까지 다양하게 입력할 수 있습니다.

② **문자** : 한글, 한자, 일본어, 특수문자 등 계산할 수 없는 데이터입니다. 숫자와 수식을 제외한 모든 데이터가 문자열에 해당합니다.

③ **날짜/시간** : 정해진 형식에 맞춰 입력해 날짜와 시간을 표시하거나 계산하는 데이터입니다.

④ **수식/함수** : 계산과 통계를 쉽고 정밀하게 도와주는 기능으로 등호(=)로 시작하는 데이터입니다.

	A	B	C
1	표시 형식	❶ 숫자	
2	숫자	1234567	
3	통화	₩1,234,567	
4	회계	₩ 1,234,567	
5			
6	표시 형식	❷ 문자	
7	한글	김영수	
8	영문	Excel study	
9			
10	표시 형식	❸ 날짜/시간	
11	간단한 날짜	2016-07-02	
12	자세한 날짜	2016년 12월 31일 토요일	
13	시간	오전 7:13:00	
14			
15		❹ 수식/함수	
16	더하기 수식	6	=1+2+3
17	함수 수식	₩2,469,134	=SUM(B2+B3)
18			
19			
20			
21			
22			

데이터를 간편하고 확실하게 입력/수정하는 3가지 방법

셀에 직접 입력하거나 수식 입력줄 이용하기

셀을 더블클릭하거나 F2를 눌러 편집 상태로 만든 후 내용을 입력 또는 수정합니다. 데이터를 지울 때는 Delete를 누르거나 [홈] 탭-[편집] 그룹-[지우기 🧹지우기▾]를 클릭합니다. 수식 입력줄에서도 마찬가지로 데이터를 입력/수정할 수 있습니다.

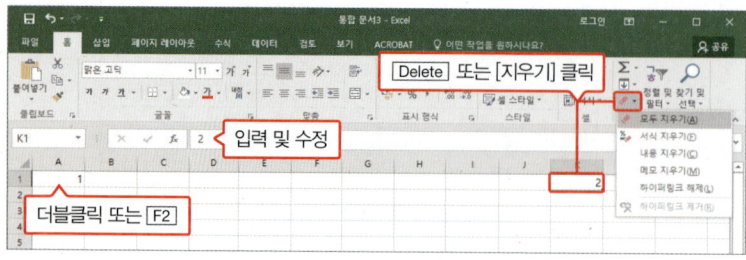

채우기 핸들 이용하기

연속적인 데이터나 일정한 규칙이 있는 데이터는 채우기 핸들로 입력합니다. 셀 포인터 오른쪽 아래에 나타나는 점을 '채우기 핸들(□)'이라고 부릅니다. 마우스 포인터를 채우기 핸들로 가져가면 십자가 모양(┼)으로 바뀌며, 이때 채우기 핸들을 드래그하면 데이터를 채울 수 있습니다. 문자 데이터는 같은 내용으로, 문자와 숫자가 혼합된 데이터는 숫자만 1씩 증가하며 채워집니다. 또 숫자 데이터 두 셀을 범위로 지정하고 드래그하면 두 셀의 차이만큼 데이터가 증감합니다. 필요에 따라 사용자 지정 목록을 사용할 수도 있습니다.

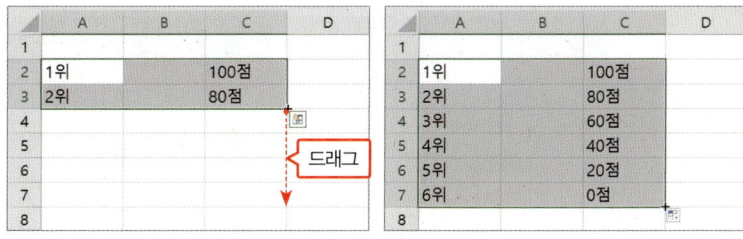

빠른 채우기와 데이터 유효성 검사

빠른 채우기는 사용자가 입력하는 패턴을 인식할 때 작동하며 그에 따라 나머지 데이터를 채웁니다. 한 셀에 있는 데이터를 여러 개의 열로 분할해야 할 때 편리하게 사용할 수 있습니다. 데이터 유효성 검사는 데이터의 입력 오류를 줄이고 유효한 데이터만 입력하도록 설정해 줍니다. 사용자에게 입력 방법에 대한 도움말을 제공하거나 경고 메시지를 표시해서 데이터 입력 오류를 줄일 수 있습니다.

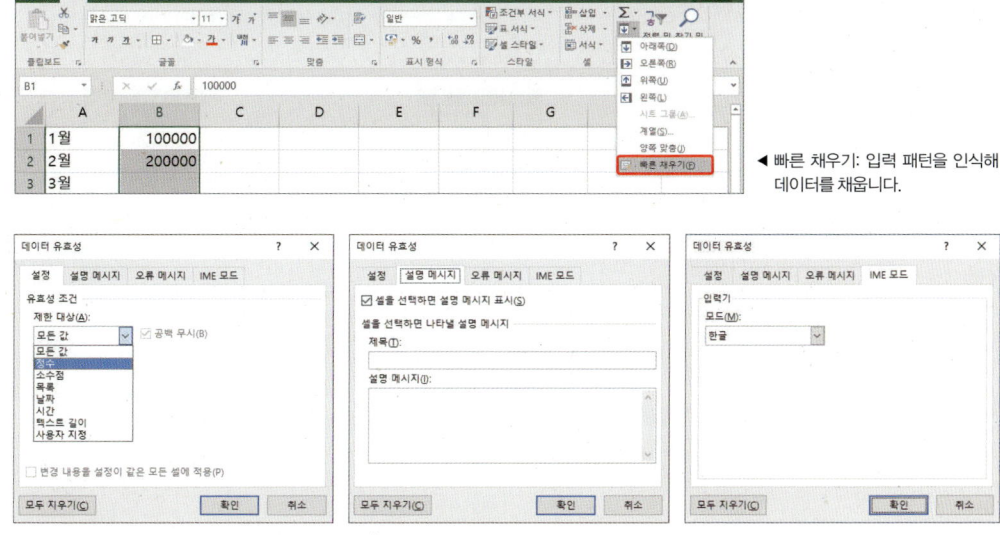

◀ 빠른 채우기: 입력 패턴을 인식해 데이터를 채웁니다.

▲ 데이터 유효성 검사: 유효한 조건을 설정해 데이터 입력 오류를 줄입니다.

문자/숫자 데이터 입력하기

학습 목표 | 한글, 한자, 일본어, 특수문자 등 계산할 수 없는 문자 데이터와 숫자, 날짜, 시간처럼 계산할 수 있는 숫자 데이터를 입력해 보겠습니다.

실습 파일 | 엑셀/12_데이터입력.xlsx [문자], [숫자]시트   **완성 파일** | 엑셀/12완성.xlsx

O1 문자 데이터 입력하기

① [문자] 시트에서 [C4] 셀을 선택하고 **분기별 매출**을 입력한 후 Enter 를 누릅니다. ② [C5] 셀에 **2016년**을 입력하고 Alt + Enter 를 누른 후 ③ **매출 보고서**를 입력하고 Enter 를 누릅니다. 2016년 매출 보고서가 두 줄로 입력됩니다.

바로 통하는TIP 문자 데이터는 입력했을 때 셀 내에서 왼쪽으로 정렬되며 숫자 데이터는 오른쪽으로 정렬됩니다.

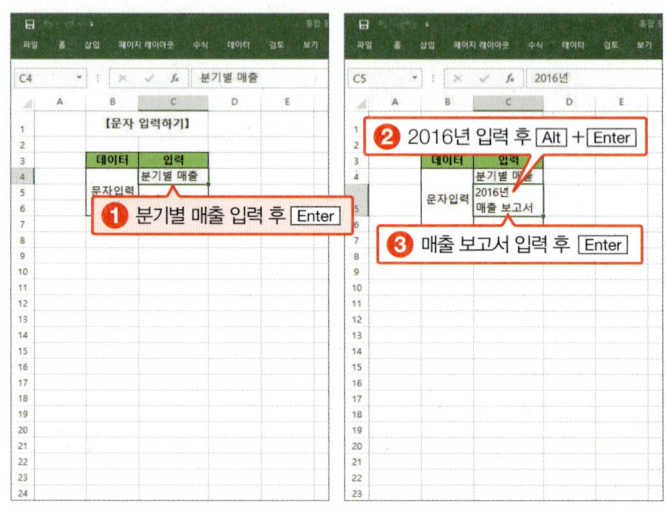

O2 ① [C6] 셀에 '**2017**을 입력하고 Enter 를 누릅니다. ② [C6] 셀 옆에 있는 [오류 표시 ◈]를 클릭하고 ③ [오류 무시]를 선택해서 오류 표시를 지웁니다.

바로 통하는TIP 숫자 데이터에 아포스트로피(')가 붙어 있으면 엑셀은 이를 문자 데이터로 인식합니다. 따라서 숫자에 아포스트로피를 붙여 입력한 데이터로는 계산할 수 없습니다.

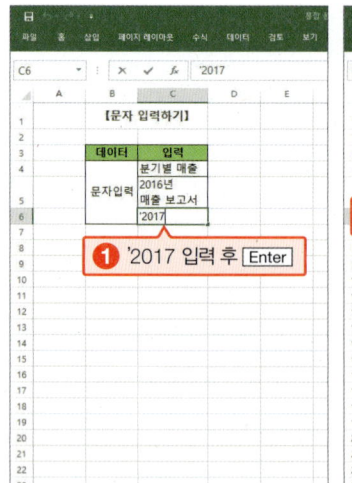
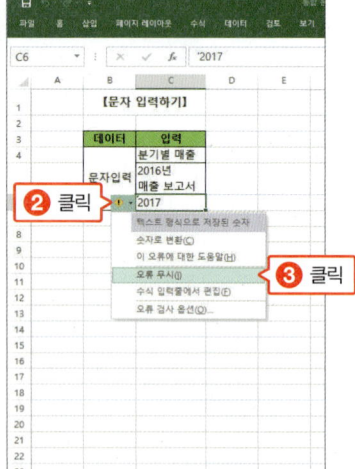

03 숫자 데이터 입력하기

① [숫자] 시트에서 [C4] 셀에 **6400**을 입력한 후 Enter 를 누릅니다. ② [C5] 셀에 **123456789012**를 입력한 후 Enter 를 누릅니다.

숫자 데이터는 셀 너비가 좁거나 12자리 이상이면 지수 형태로 표시됩니다.

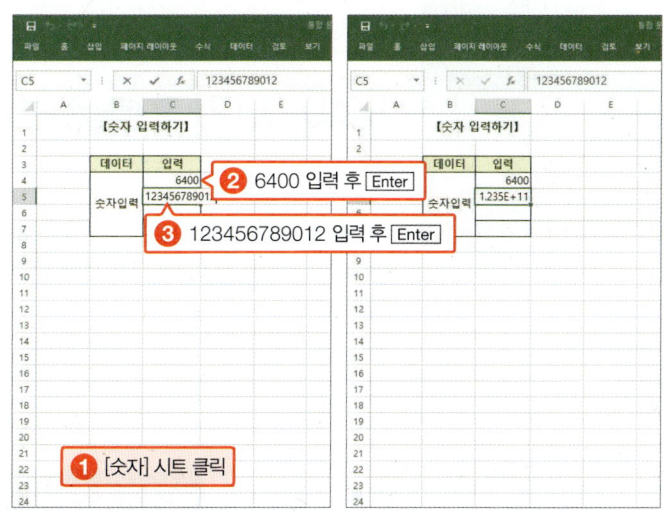

04 [C6] 셀에 **123,456,789,123**을 입력한 후 Enter 를 누릅니다.

숫자 데이터의 자릿수에 비해 셀 너비가 좁으면 ####으로 표시됩니다.

바로 통하는 TIP C열 머리글의 경계를 오른쪽으로 드래그하여 셀 너비를 조정하면 '123,456,789,123' 값이 나타납니다. 셀 너비를 데이터 너비에 맞춰 자동으로 조절하려면 C열 머리글의 오른쪽 영역을 더블클릭합니다.

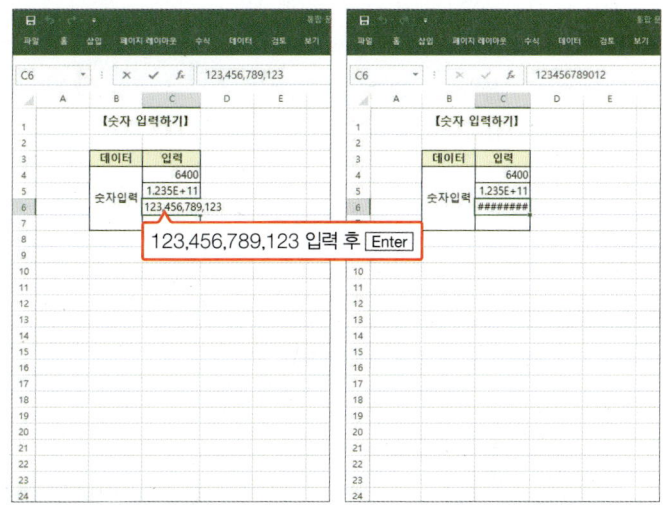

05 [C7] 셀에 **0 1/4**을 입력한 후 Enter 를 누르면 분수로 입력됩니다.

'0 1/4'라고 입력하면 셀에는 '1/4'로 표시되고 수식 입력줄에는 '0.25'로 나타납니다.

바로 통하는 TIP 숫자 데이터 중 분수를 표현하려면 0 이상의 숫자를 입력한 후 한 칸 띄고 분자/분모 값을 입력합니다.

날짜/시간 입력하기

학습 목표 | 날짜를 입력할 때는 슬래시(/)나 하이픈(－)을 구분 기호로 사용하고(년－월－일 또는 년/월/일), 시간은 콜론(:)을 구분 기호로 입력합니다(시:분:초). 날짜와 시간을 입력하는 형식을 알아보겠습니다.

실습 파일 | 엑셀/13_데이터입력.xlsx [날짜시간]시트   **완성 파일** | 엑셀/13완성.xlsx

---

01 날짜 입력하기

① [날짜 시간] 시트에서 [C4] 셀에 **5-15**를 입력한 후 Enter 를 누르면 올해 년도를 기준으로 5월 15일이 입력됩니다. ② [C5] 셀을 선택하고 **2013/4/5**를 입력한 후 Enter 를 누릅니다.

2013/4/5라고 입력하면 년－월－일로 인식해 2013－04－05라고 표시됩니다.

바로 통하는 TIP 현재 날짜를 입력하려면 Ctrl + ; 을 누릅니다. 컴퓨터에 설정된 오늘 날짜가 자동으로 입력됩니다.

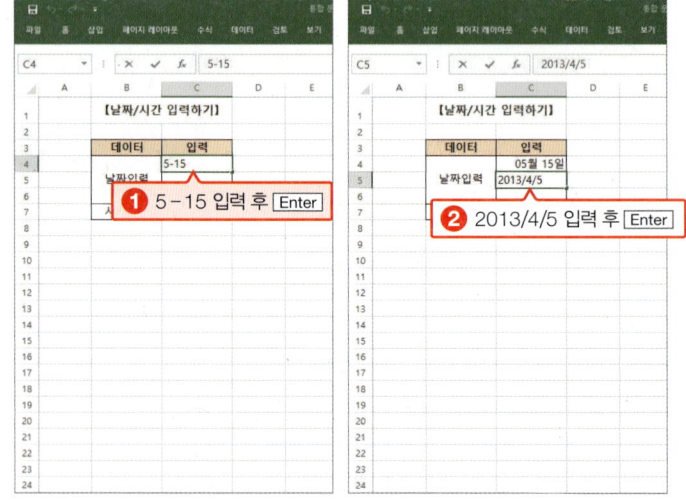

---

02 시간 입력하기

① [C6] 셀에 **7:10:35**를 입력한 후 Enter 를 누릅니다. ② [C5] 셀에 **20:10:30**을 입력한 후 Enter 를 누릅니다.

[C6] 셀, [C7] 셀을 클릭하면 수식 입력줄에 각각 7:10:35 AM, 8:10:30 PM이 표시됩니다.

바로 통하는 TIP 현재 시간을 입력하려면 Ctrl + Shift + ; 을 누릅니다. 컴퓨터에 설정된 현재 시간이 자동으로 입력됩니다. 또 시간을 입력한 후 한 칸을 띄우고 AM이나 PM을 입력하면 12시간제로 표시되고 입력하지 않으면 24시간제로 표시됩니다.

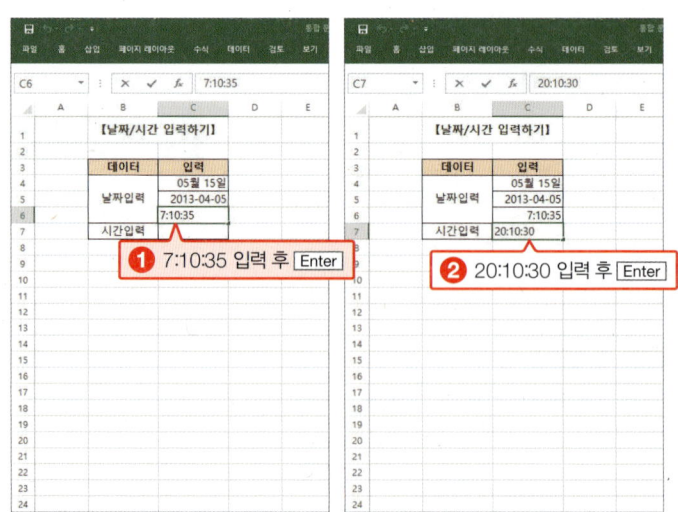

핵심기능실습

14

TELL ME

한글/한자 변환, 기호

한자/기호 입력하기

학습 목표 | 한글을 입력한 후 한자로 바꾸거나 반대로 한자를 한글로 바꾸는 방법을 알아보겠습니다. 기호 기능을 이용해 특수문자도 자유롭게 입력해 보겠습니다.

실습 파일 | 엑셀/14_데이터입력_설문조사.xlsx　**완성 파일** | 엑셀/14완성.xlsx

01 한자로 바꿀 범위 지정하기

문서에서 한자로 바꿀 범위를 지정한 후 한글을 한자로 바꿔 보겠습니다.

① [J4] 셀을 클릭하고 ② [Ctrl]을 누른 상태로 [B8:K8] 셀의 범위를 선택합니다. ③ [검토] 탭 – [언어] 그룹 – [한글/한자 변환]을 클릭합니다.

한글/한자 변환 🔍

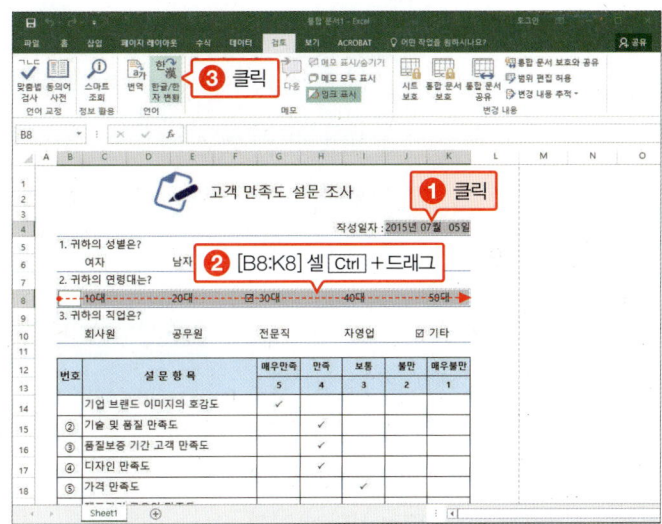

02 한자로 바꾸기

① [한글/한자 변환] 대화상자에서 年(년)을 선택합니다. ② [변환]을 클릭하여 한자를 변환합니다.

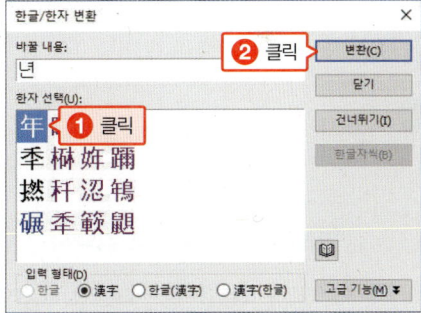

03 ①②③④⑤⑥ 月(월), 日(일), 代(대)를 순서대로 변환합니다. 한자 변환이 모두 끝났다는 메시지 창이 나타나면 [확인]을 클릭해서 변환을 마칩니다.

바로 통하는TIP 문자를 입력하면서 한 글자씩 한자로 변환하려면 키보드의 한자를 눌러 변경합니다.

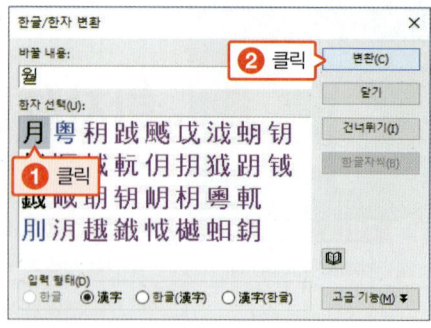

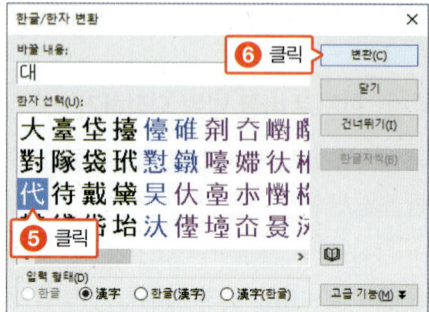

04 기호 입력하기

① [D6] 셀을 클릭하고 ② [삽입] 탭-[기호Ω] 그룹-[기호]를 클릭합니다. ③ [기호] 대화상자에서 [글꼴]의 [목록▽]을 클릭하여 [Wingdings2]를 선택하고 ④ [체크☑]를 더블클릭합니다. ⑤ [닫기]를 클릭한 후 Enter를 누릅니다.

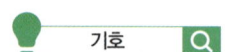

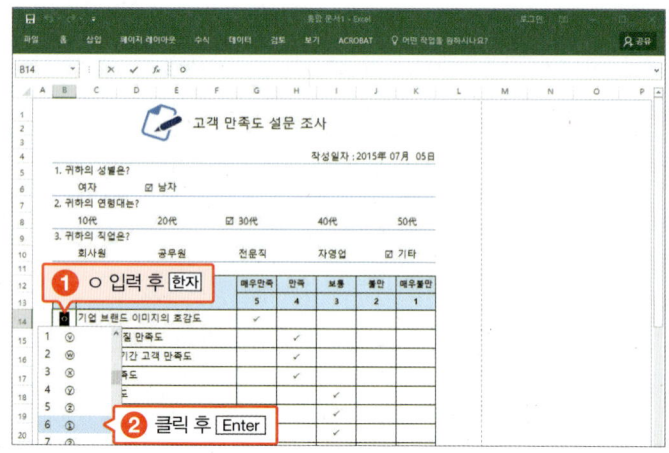

05 한자를 이용하여 기호 입력하기

① [B14] 셀에 ㅇ을 입력한 후 한자를 누릅니다. ② 목록에서 [①]을 선택한 후 Enter를 누릅니다.

바로 통하는 TIP | 한자|를 이용해서 특수문자 입력하기

한글 자음을 입력한 후 |한자|를 눌러서 특수문자를 입력할 수 있습니다. 자음을 입력한 후 |한자|를 누르면 특수문자 목록이 나타나고 여기서 원하는 특수문자를 선택하거나 특수문자 옆에 있는 숫자를 입력합니다.

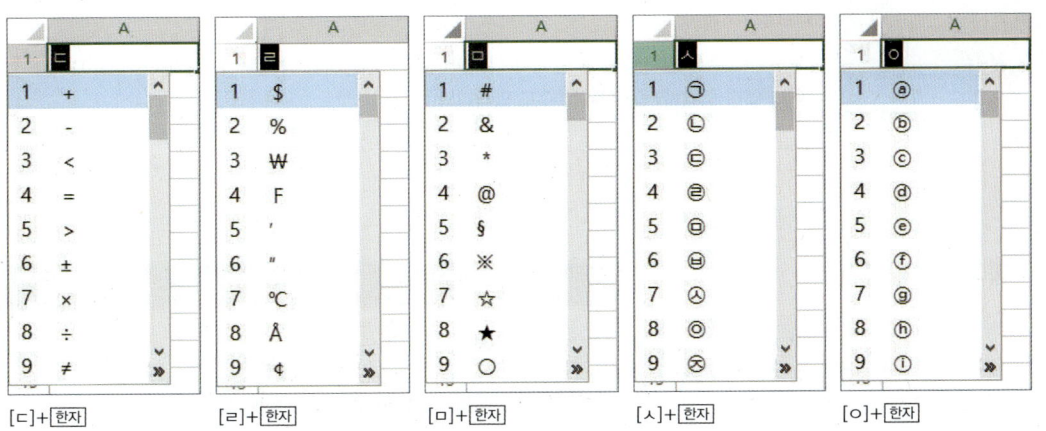

A ㄷ	A ㄹ	A ㅁ	A ㅅ	A ㅇ
1 +	1 $	1 #	1 ㉠	1 ⓐ
2 -	2 %	2 &	2 ㉡	2 ⓑ
3 <	3 ₩	3 *	3 ㉢	3 ⓒ
4 =	4 F	4 @	4 ㉣	4 ⓓ
5 >	5 '	5 §	5 ㉤	5 ⓔ
6 ±	6 "	6 ※	6 ㉥	6 ⓕ
7 ×	7 ℃	7 ☆	7 ㉦	7 ⓖ
8 ÷	8 Å	8 ★	8 ㉧	8 ⓗ
9 ≠	9 ¢	9 ○	9 ㉨	9 ①

[ㄷ]+|한자| [ㄹ]+|한자| [ㅁ]+|한자| [ㅅ]+|한자| [ㅇ]+|한자|

데이터 수정 및 행 삽입/삭제하기

학습 목표 | 수식 입력줄 또는 셀에서 직접 데이터를 수정하고 삭제해 보겠습니다. 필요에 따라 행이나 열을 삽입하거나 삭제할 수도 있습니다.

실습 파일 | 엑셀/15_수정_대출금.xlsx   **완성 파일 |** 엑셀/15완성.xlsx

01 데이터 수정하기

셀을 더블클릭하여 데이터를 수정할 수 있습니다. [F1] 셀을 더블클릭하여 **4.3**으로 수정한 후 Enter를 누릅니다.

연이율에는 백분율 서식이 지정되어 있어 '%'가 자동으로 입력됩니다.

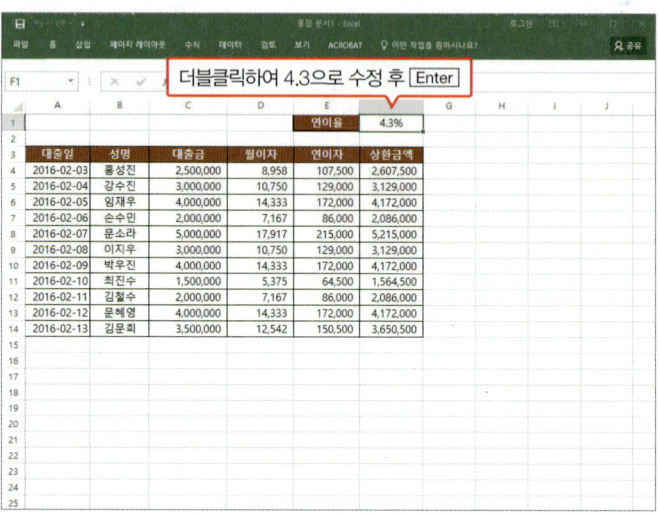

02

F2를 누르면 셀을 편집 상태로 만들어 데이터를 수정할 수 있습니다. ① [A3] 셀을 클릭한 후 F2를 눌러 **대출연도**로 수정합니다. ② [A4:A14] 셀을 범위 지정합니다. ③ 수식 입력줄에서 **2016**이라고 입력한 후 Ctrl+Enter를 눌러 지정한 범위에 같은 값을 넣습니다.

대출연도 열에는 날짜 서식이 지정되어 있습니다.

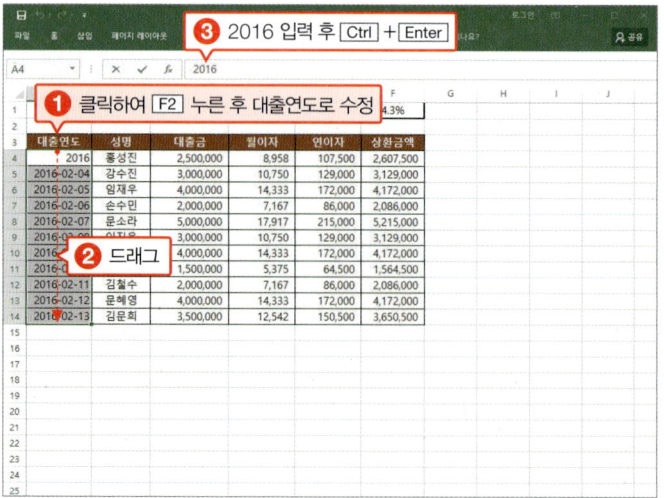

03 서식 지우기

셀에 지정된 서식을 지워 보겠습니다.
① [A4:A14] 셀을 드래그하여 범위를 지
정합니다. ② [홈] 탭-[편집] 그룹-[지
우기 ✎ 지우기▾]를 클릭하고 ③ [서식 지우
기]를 선택합니다. 범위에 적용된 날짜
서식이 지워져서 '2016'이라는 숫자만
나타납니다.

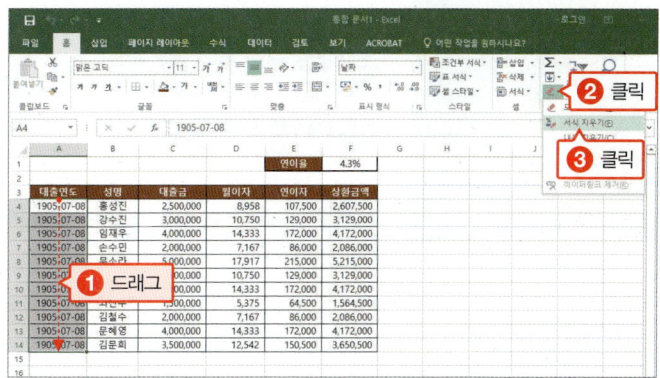

바로 통하는 TIP [지우기]에는 4가지 옵션이 있습니다. [모두 지우기]는 셀에 입력된 서식, 내용, 메모를 모두 지웁니다. [서식 지우기]는 셀에 입력
된 내용은 남기고 서식만 지웁니다. [내용 지우기]는 셀에 입력된 서식은 남기고 내용만 지웁니다. [메모 지우기]는 셀에 입력된 메모만 지웁니다.

04 행 삽입하기

① 1행 머리글을 선택하고 마우스 오른쪽 버튼을 클릭한 후 ② [삽입]을 선택하여 행을 삽입합니다. ③ [삽
입 옵션 ✎]을 클릭하고 ④ [서식 지우기]를 선택합니다.

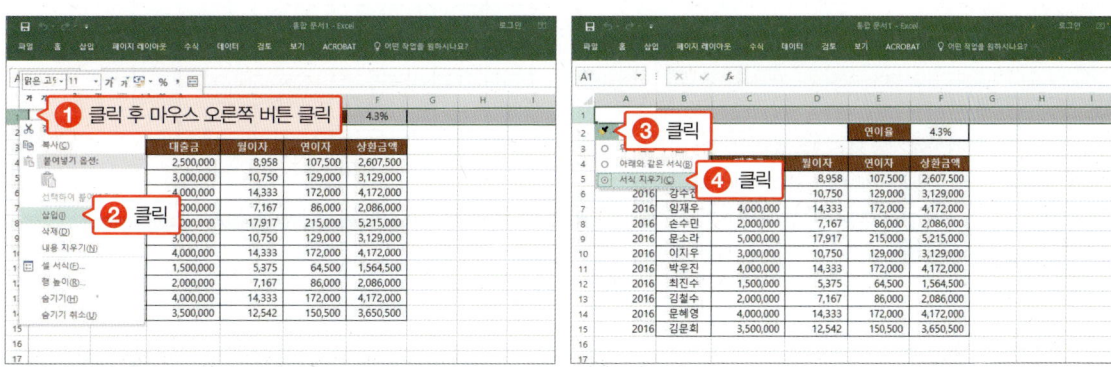

바로 통하는 TIP 행을 삽입하는 단축키는 Ctrl + Shift + + 입니다.

바로 통하는 TIP 서식이 지정되어 있는 행을 선택하고 행을 삽입하면 [삽입 옵션]이 나타납니다. [삽입 옵션]에서 [위와 같은 서식], [아래와 같은 서
식], [서식 지우기] 옵션을 선택할 수 있습니다. [삽입 옵션 ✎]은 다른 셀을 편집하면 바로 사라집니다.

05 행 삭제하기

① [A1] 셀에 **2016년 대출금과 상환금**을 입
력합니다. ② 12행 머리글을 선택한 후
마우스 오른쪽 버튼을 클릭하고 ③ [삭
제]를 눌러서 행을 삭제합니다.

바로 통하는 TIP 행을 삭제하는 단축키는 Ctrl + -
입니다.

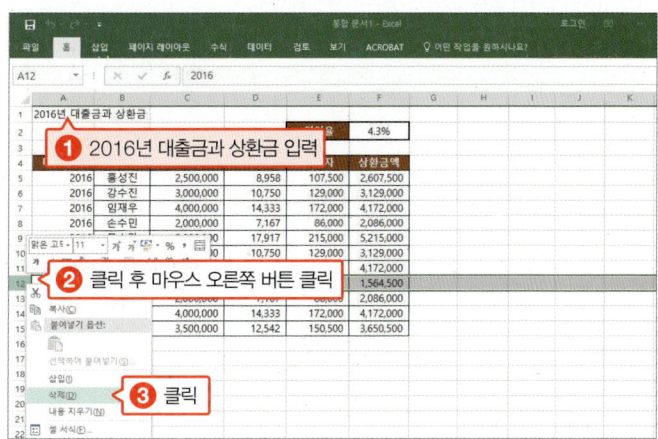

채우기 핸들을 이용해 데이터 채우기

학습 목표 | 연속적인 데이터나 일정한 규칙이 있는 데이터를 채우기 핸들을 이용해 간편하게 입력해 보겠습니다.

실습 파일 | 엑셀/16_채우기_생산현황.xlsx   **완성 파일 |** 엑셀/16완성.xlsx

01 같은 내용으로 채우기

문서에서 제품 및 생산 공장에 해당하는 내용을 채우기 핸들을 이용해 채워 넣어 보겠습니다.

① [A4] 셀을 클릭합니다. ② [채우기 핸들]을 [A12] 셀까지 드래그하면 데이터가 채워집니다.

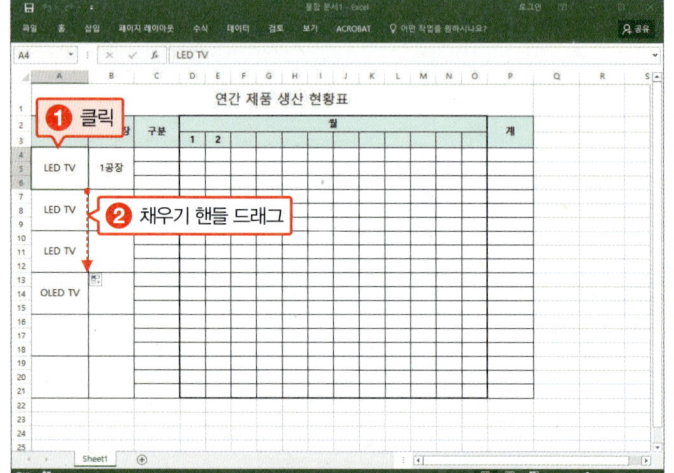

> **바로 통하는 TIP** 채우기 핸들을 드래그해서 값을 채우고 나면 마지막 셀 아래쪽에 자동 채우기 옵션(▦)이 나타납니다. 채우기 옵션을 이용하면 셀 복사, 연속 데이터 채우기, 서식만 채우기, 서식 없이 채우기 중 하나를 선택하여 데이터를 채울 수 있습니다.

02 ① [A13] 셀을 클릭하고 ② 채우기 핸들을 [A21] 셀까지 드래그하면 데이터가 채워집니다.

> **바로 통하는 TIP** 문자 데이터를 채우기 핸들로 드래그하면 내용이 변하지 않고 동일한 내용으로 복제됩니다.

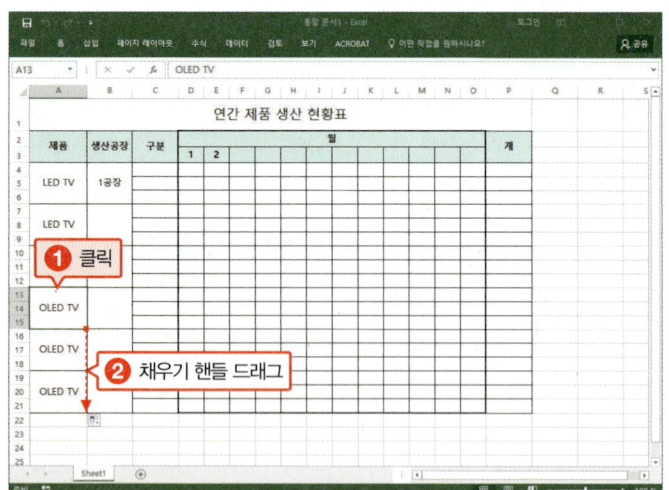

03 숫자만 바꾸면서 채우기

① [B4] 셀을 클릭하고 ② 채우기 핸들을 [B12] 셀까지 드래그합니다.

문자와 숫자가 혼합된 데이터에서 채우기 핸들을 드래그하면 문자는 그대인 채 숫자만 1씩 증가하므로 1공장, 2공장, 3공장 순서로 채워집니다.

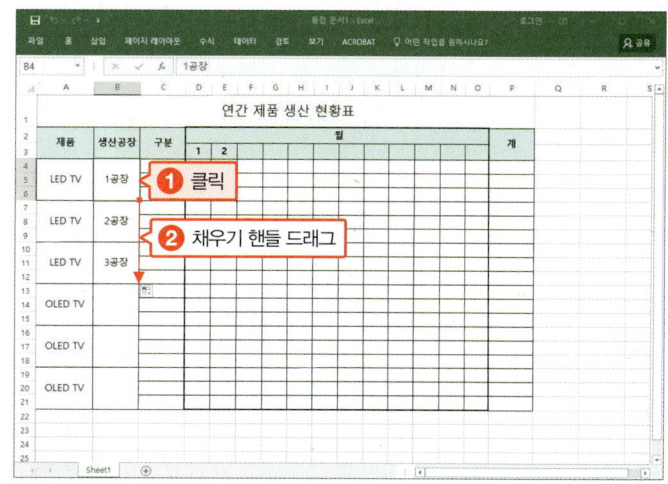

04

① [B4:B12] 셀까지 드래그하여 범위를 지정하고 ② Ctrl 을 누른 상태로 채우기 핸들을 [B21] 셀까지 드래그합니다. 지정한 범위 안의 내용이 반복해서 채워집니다.

바로 통하는 TIP Ctrl 을 누른 상태에서 채우기 핸들을 드래그하면 숫자 데이터가 증가하지 않고 동일한 내용이 복제됩니다.

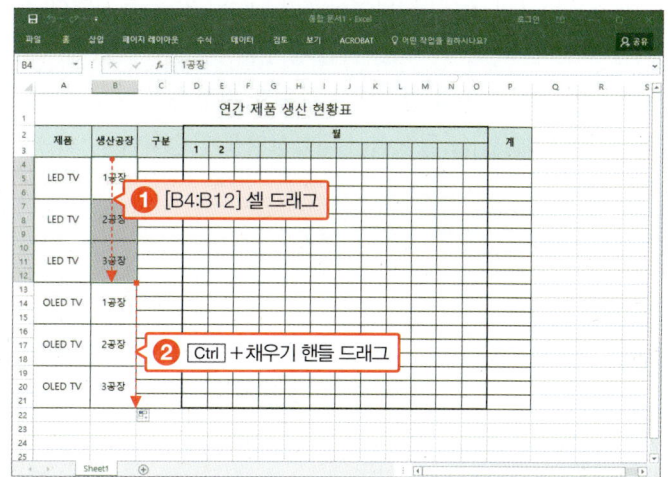

05 숫자 1씩 증가하면서 채우기

월에 해당하는 항목에 12월까지 숫자를 채워 보겠습니다.

① [D3:E3] 셀까지 드래그하여 범위를 지정합니다. ② 채우기 핸들을 [O3] 셀까지 드래그한 후 ③ [자동 채우기 옵션 🔳]을 클릭하고 ④ [서식 없이 채우기]를 선택합니다. 서식은 그대로 유지되고, 숫자가 1씩 증가하여 번호가 채워집니다.

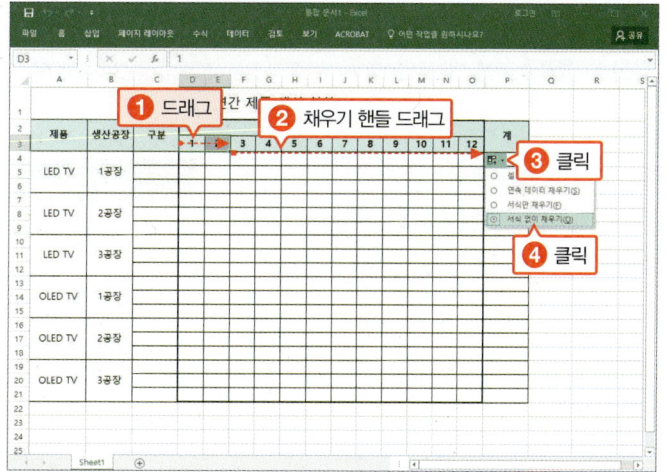

바로 통하는 TIP 숫자 데이터인 두 셀을 범위로 지정하고 채우기 핸들을 드래그하면 두 셀 값의 차이만큼 데이터가 증감하면서 채워집니다. 이때 두 셀의 차이에 관계없이 1씩 증가하면서 채우고 싶을 때는 Ctrl 을 누른 상태에서 채우기 핸들을 드래그합니다.

06 사용자가 지정한 목록으로 채우기

① [파일] 탭을 클릭하고 ② [옵션]을 선택합니다.

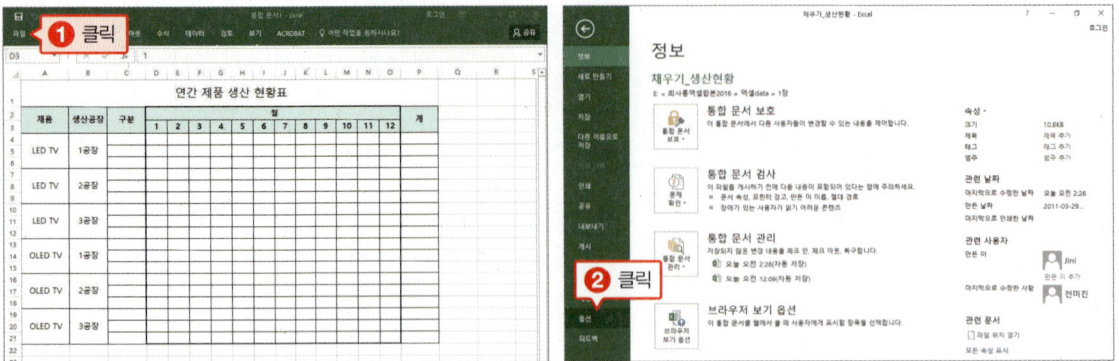

07 ① [Excel 옵션] 대화상자에서 [고급] 항목을 선택하고 ② [일반]에서 [사용자 지정 목록 편집]을 클릭합니다. ③ [사용자 지정 목록] 대화상자의 [목록 항목]에 **목표, 생산, 불량**을 Enter 를 눌러 구분하면서 입력합니다. ④ [추가]를 클릭해서 사용자 지정 목록에 등록합니다. ⑤ [확인]을 클릭하고 ⑥ [Excel 옵션] 대화상자에서 [확인]을 클릭해서 대화상자를 닫습니다.

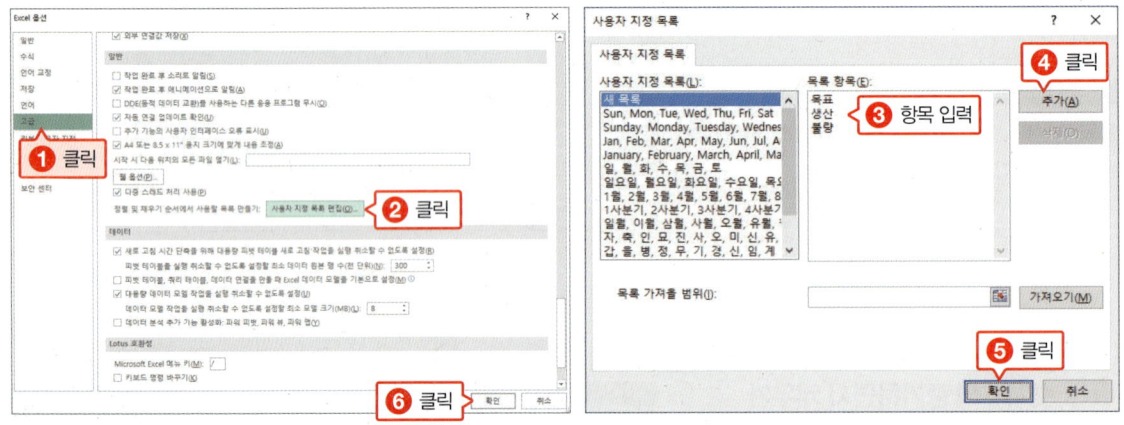

바로 통하는 TIP 목록 항목을 입력할 때 각 항목과 항목 사이는 Enter 나 콤마(,)로 구분합니다.

08 ① [C4] 셀에 **목표**를 입력하고 ② [C4] 셀의 채우기 핸들을 [C21] 셀까지 드래그합니다.

사용자 지정 목록에 추가한 목표, 생산, 불량 순서대로 셀이 채워집니다.

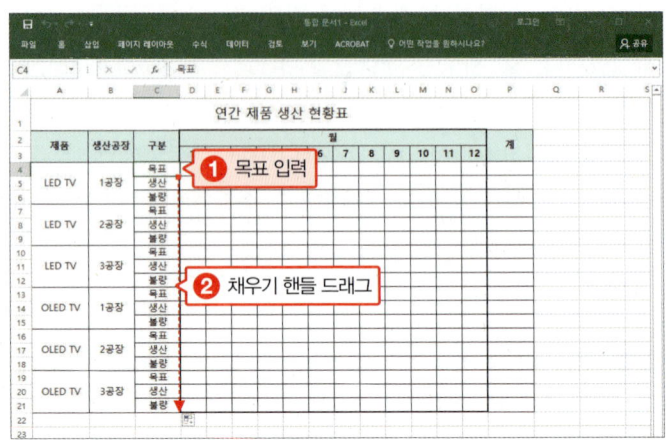

핵심기능실습

17

TELL ME
빠른 채우기

빠른 채우기로 신속하게 데이터 열 채우기

학습 목표 | 엑셀은 사용자가 입력하는 패턴을 인식합니다. 이를 이용해 나머지 데이터를 손쉽게 채워 보겠습니다.

실습 파일 | 엑셀/17_채우기_제품목록.xlsx　**완성 파일** | 엑셀/17완성.xlsx

---

01 빠른 채우기로 같은 패턴의 분할 데이터 입력하고 채우기

① [B4] 셀에 **LEDTV**를 입력합니다. ② [B4:B44] 셀까지 드래그하여 범위를 지정하고 ③ [홈] 탭-[편집] 그룹-[채우기]를 클릭하고 ④ [빠른 채우기]를 선택합니다.

바로 통하는 TIP 빠른 채우기 기능이 항상 데이터를 채우는 것은 아닙니다. 데이터에 일관성이 있는 경우에 가장 적합합니다. 여기에서는 제품명에 입력된 데이터의 패턴을 분석하여 '제품 공백 용량'으로 입력된 항목에서 제품 이름만 빠른 채우기로 채운 것입니다.

빠른 채우기　🔍

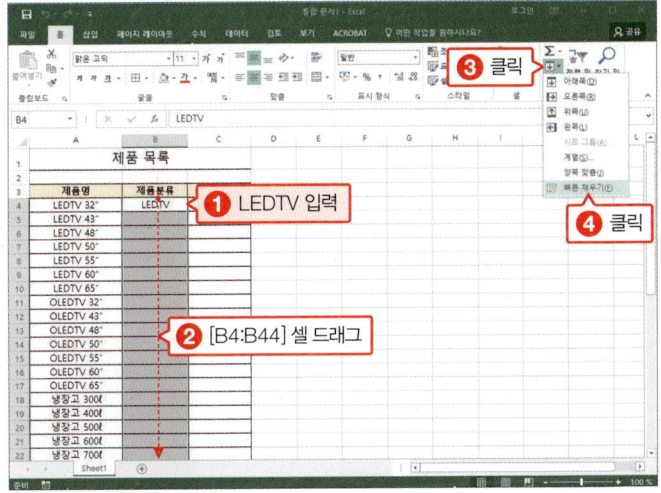

---

02 ① [C4] 셀에 **32**를 입력합니다.
② [C5] 셀에 **4**를 입력하면 빠른 데이터 채우기가 제안한 목록이 나타납니다. Enter를 눌러 빠르게 데이터를 채웁니다. 제품 용량이 반복해서 채워집니다.

바로 통하는 TIP 빠른 채우기에서 제안한 목록으로 채우지 않으려면 끝까지 데이터 값을 입력하거나 ESC를 누릅니다.

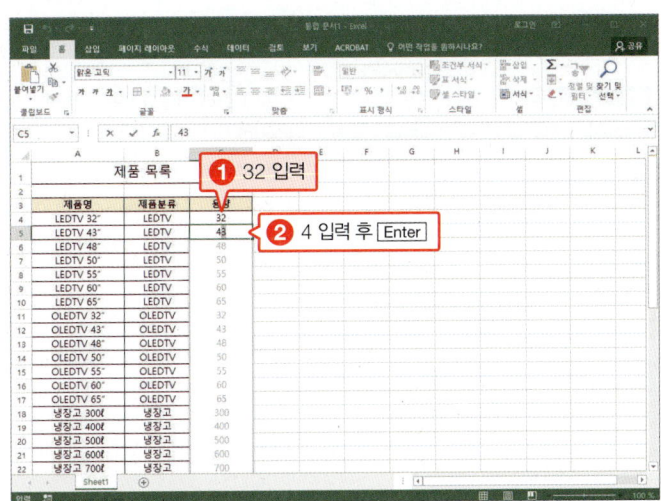

데이터 유효성 검사로
한글/영문 모드 설정하기

학습 목표 | 데이터 입력 오류를 줄이고 유효한 데이터만 입력할 수 있도록 설정하는 방법을 알아보겠습니다.

실습 파일 | 엑셀/18_유효성_직무교육1.xlsx   **완성 파일** | 엑셀/18완성.xlsx

01 아이디에 데이터 유효성 검사 설정하기

데이터 유효성 검사를 설정하여 아이디 항목에는 영문만 입력할 수 있도록 변경해 보겠습니다.

① [A4:A24] 셀을 드래그하여 범위로 지정합니다. ② [데이터] 탭-[데이터 도구] 그룹-[데이터 유효성 검사]를 클릭합니다.

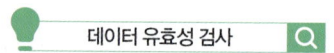
데이터 유효성 검사

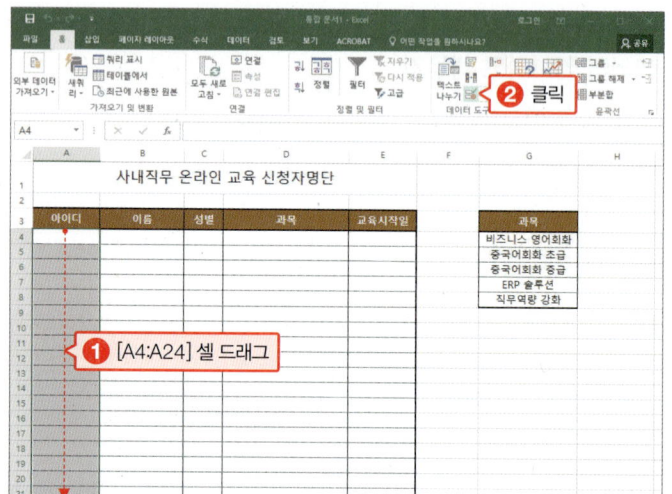

02 ① [데이터 유효성 검사] 대화상자에서 [IME 모드] 탭을 클릭하고 ② [입력기]에서 [모드]를 클릭하여 [영문]을 선택한 후 ③ [확인]을 클릭합니다.

바로 통하는 TIP 입력기 모드를 적용한 셀은 한/영 을 눌러 한글과 영문을 바꾸지 않아도 설정한 형식으로 데이터를 입력할 수 있습니다.

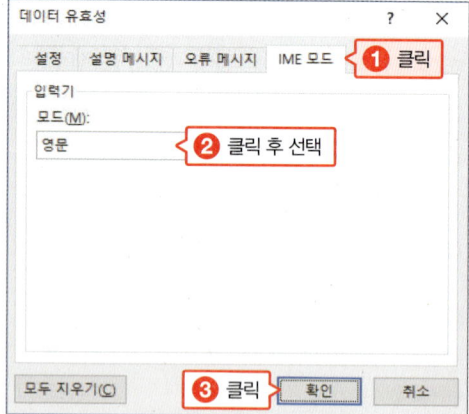

03 이름에 데이터 유효성 검사 설정하기

데이터 유효성 검사를 설정하여 이름 항목에는 한글만 입력할 수 있도록 변경해 보겠습니다.

① [B4:B24] 셀을 드래그하여 범위를 지정합니다. ② [데이터] 탭 – [데이터 도구] 그룹 – [데이터 유효성 검사📋]를 클릭합니다.

 데이터 유효성 검사 🔍

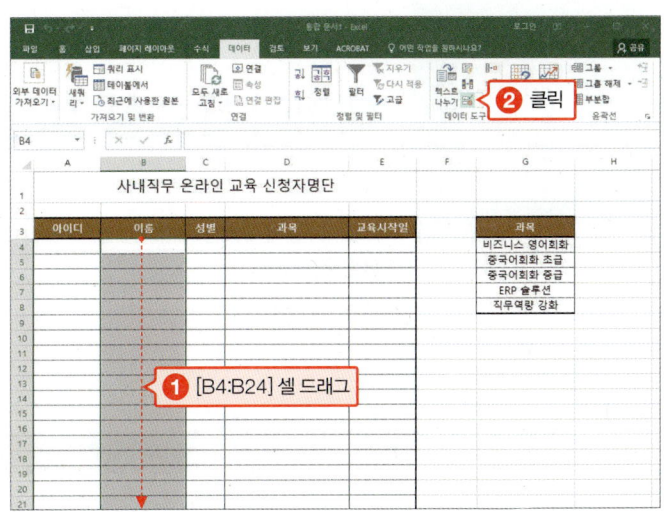

---

04 ① [데이터 유효성 검사] 대화상자에서 [IME 모드] 탭을 클릭합니다. ② [입력기]에서 [모드]를 클릭하여 [한글]을 선택한 후 ③ [확인]을 클릭합니다.

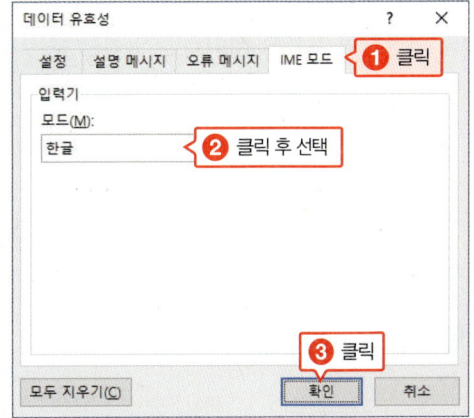

---

05 ① [A4] 셀에 kim001을 입력하고 Tab을 누릅니다. ② [B4] 셀에 **김철수**를 입력합니다.

바로 통하는 TIP [IME 모드]에서 [한글] 또는 [영문] 모드를 설정하면 한/영을 눌러 한글과 영문을 바꾸지 않아도 설정한 형식으로 데이터를 입력할 수 있습니다.

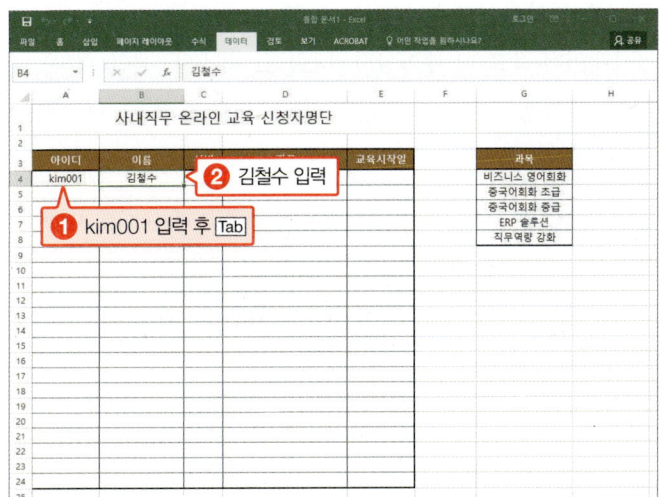

데이터 유효성 검사로 목록 설정하기

학습 목표 | 셀에 유효한 데이터만 입력되도록 설정하고 입력 방법에 대한 도움말을 제공해 입력 오류를 줄입니다.

실습 파일 | 엑셀/19_유효성_직무교육2.xlsx　**완성 파일 |** 엑셀/19완성.xlsx

01 성별에 데이터 유효성 검사 설정하기

데이터를 입력하기 전에 성별, 과목, 교육시작일 입력 셀에 데이터 유효성 검사를 설정하여 유효한 데이터만 입력할 수 있도록 만들어 보겠습니다.

① [C4:C24] 셀을 드래그해서 범위로 지정하고 ② [데이터] 탭 – [데이터 도구] 그룹 – [데이터 유효성 검사📋]를 클릭합니다.

데이터 유효성 검사

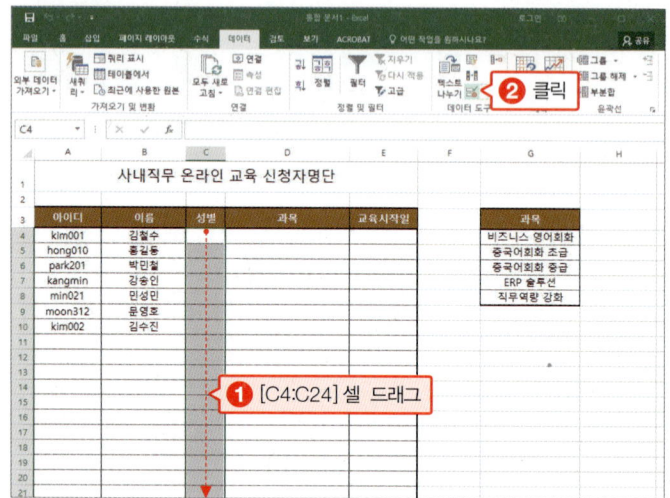

02 성별 셀을 클릭했을 때 목록에서 남, 여를 고를 수 있도록 설정해 보겠습니다.

① [데이터 유효성] 대화상자의 [설정] 탭에서 [제한 대상]으로 [목록]을 선택하고 ② [원본]에 **남,여**를 입력합니다. ③ [확인]을 클릭합니다.

바로 통하는 TIP 원본 항목에 입력되는 데이터는 콤마(,)로 각 데이터를 구분합니다.

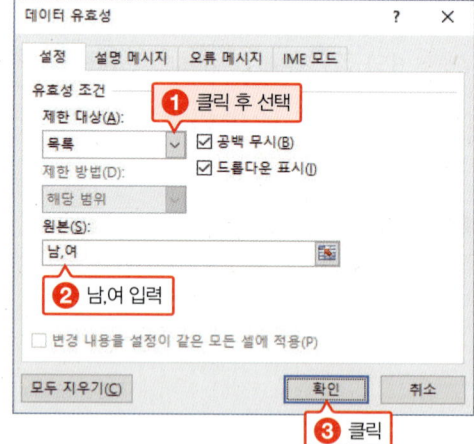

03 과목에 데이터 유효성 검사 설정하기

과목 셀은 G열에 입력되어 있는 데이터 범위에서만 값을 고를 수 있도록 설정해 보겠습니다.
① [D4:D24] 셀을 드래그해서 범위로 지정하고 ② [데이터] 탭-[데이터 도구] 그룹-[데이터 유효성 검사]를 클릭합니다. ③ [데이터 유효성] 대화상자의 [설정] 탭에서 [제한 대상]으로 [목록]을 선택합니다. ④ [원본]을 클릭하고 ⑤ [원본] 내용을 채우기 위해 [G4:G8] 셀을 드래그한 후 ⑥ [확인]을 클릭합니다.

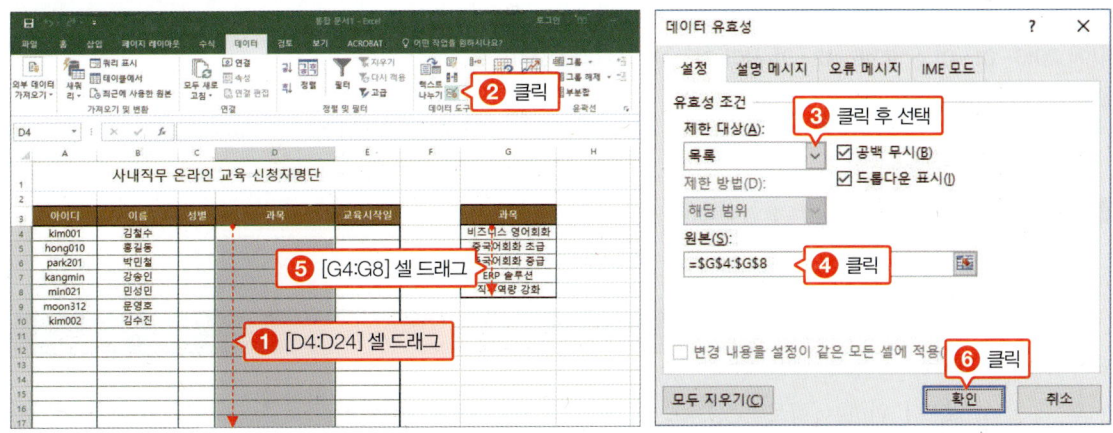

바로 통하는 TIP [설정] 탭에서 설정한 사항은 입력할 데이터에 대한 제한 조건이며 각 셀마다 서로 다른 조건을 설정할 수 있습니다.

04 교육시작일에 데이터 유효성 검사 설정하기

특정 날짜 범위에서만 교육시작일을 표시할 수 있도록 설정해 보겠습니다.
① [E4:E24] 셀을 드래그해서 범위로 지정하고 ② [데이터] 탭-[데이터 도구] 그룹-[데이터 유효성 검사]를 클릭합니다.

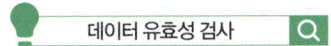
데이터 유효성 검사

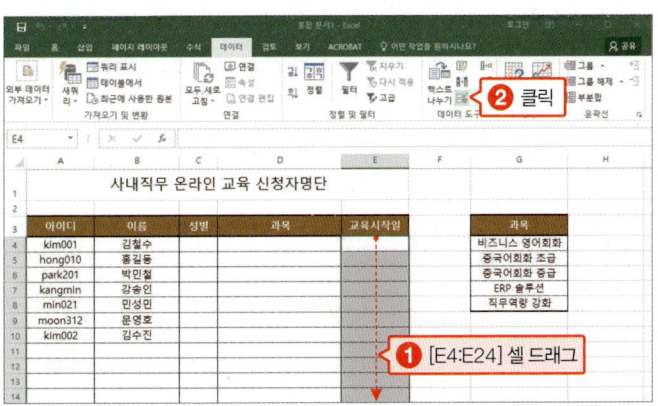

05 ① [데이터 유효성] 대화상자의 [설정] 탭에서 [제한 대상]으로 [날짜]를 선택합니다. ② [시작 날짜]에 2016-1-1을 ③ [끝 날짜]에는 2016-12-31을 입력합니다.

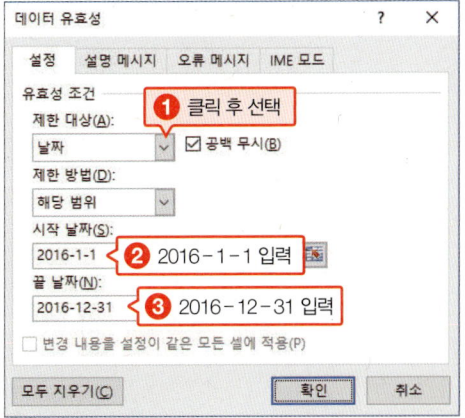

06 날짜에 유효한 데이터 값을 설명하기 위한 메시지 입력하기

데이터 유효성 검사에서 설정한 유효 값 이외의 값을 입력했을 때 보여줄 오류 대화상자 내용을 입력해 보겠습니다. ① [데이터 유효성] 대화상자에서 [설명 메시지] 탭을 클릭합니다. ② [제목]에 **교육시작일**을 입력하고 ③ [설명 메시지]에 **2016-01-01 ~ 2016-12-31 사이 기간**을 입력하고 ④ [확인]을 클릭합니다.

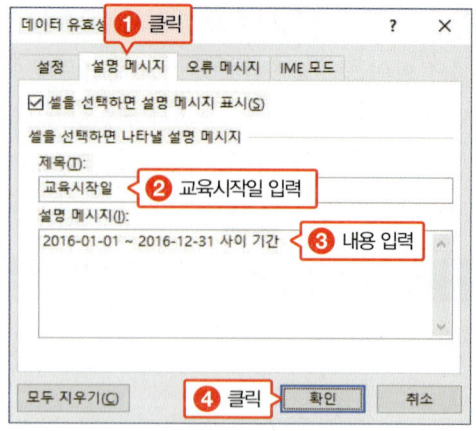

바로 통하는TIP 유효성 검사에서 설정한 유효 값 이외의 값을 입력했을 때 나타나는 오류 메시지는 [오류 메시지] 탭에 입력합니다.

07

유효성 검사를 모두 설정했습니다. [성별]과 [과목] 열에서 셀을 클릭한 후 목록 상자에서 원하는 항목을 선택하거나 목록에 있는 내용을 직접 입력합니다. 교육시작일에는 2016-01-01~2016-12-31 사이의 날짜를 입력할 수 있고 잘못 입력하면 오류 메시지가 나타납니다.

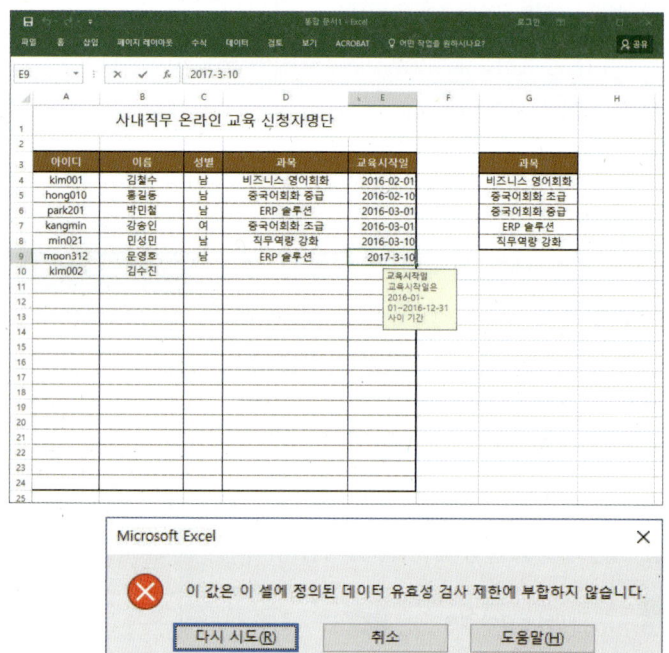

문서 편집 및 인쇄하기

문서를 구체적이고 명확하게 볼 수 있도록 깔끔하고 보기 좋게 만들려면 셀 서식을 잘 다루어 편집할 수 있어야 합니다. 또한 인쇄 미리 보기를 통해 인쇄될 문서의 모양을 확인하고 다양한 인쇄 옵션을 설정하면 용지 낭비를 줄일 수 있습니다. 여기에서는 엑셀 문서 내의 셀 스타일, 표 서식, 글꼴, 맞춤, 표시 형식, 조건부 등의 서식을 꾸며 문서를 완성해 보겠습니다. 또 이 문서의 용지, 여백, 배율, 제목, 페이지를 나누고 미리 보기로 확인한 후 인쇄하는 방법에 대해서 알아보겠습니다.

EXCEL 2016

표와 데이터를 일목요연하게 꾸미기

엑셀은 기본적으로 표와 숫자로 구성되며 셀과 워크시트도 모두 격자로 이루어져 있습니다. 그러다 보니 계산과 통계에는 효율적이지만 직관적으로 데이터를 보기에는 어려움이 있습니다. 엑셀에서 제공하는 여러 디자인 도구(셀과 표 스타일 또는 각종 서식 도구 등)를 사용하면 데이터를 훨씬 더 잘 보이도록 깔끔하고 예쁘게 꾸밀 수 있습니다.

표와 데이터를 시각적으로 꾸미는 디자인 도구

표 서식과 셀 스타일

표 서식과 셀 스타일을 적용해 제목과 내용, 열을 쉽게 구분할 수 있도록 표현했습니다. 표 디자인은 [표 도구]−[디자인] 탭−[표 스타일] 그룹−[자세히]를 클릭한 뒤 간단하게 바꿀 수 있습니다.

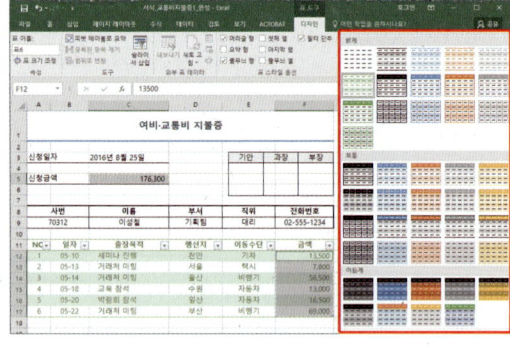

▲ 일반 표

▲ 서식과 스타일을 적용한 표

빠른 분석 도구

표 서식과 셀 스타일이 표 자체를 좀 더 보기 좋게 꾸민다면 빠른 분석 도구는 표의 데이터를 이용해 간편하게 자료를 시각화하는 도구입니다. 서식 변경은 물론 차트, 스파크라인을 만들어 주거나 합계 또는 피벗테이블까지 바로 제공합니다.

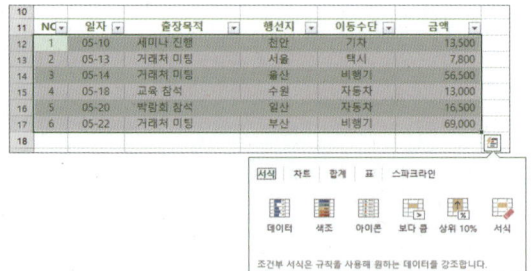

표를 꾸미는 다양한 방법

이 외에도 데이터의 목적과 성격에 맞춰 선택할 수 있는 방법은 다음과 같습니다. 글꼴의 크기와 색을 변경하고 셀에 맞춰 배치하기, 데이터의 성격(숫자, 통화, 회계 등)에 맞춰 표시 형식 통일하기, 셀 강조/색조/아이콘/막대 등을 이용해 데이터를 시각적으로 표현하기 등입니다.

표 서식 스타일과 셀 스타일 적용하기

학습 목표 | 일일이 서식을 지정할 필요 없이 깔끔한 디자인으로 문서 서식을 지정해 꾸미는 방법을 살펴보겠습니다.

실습 파일 | 엑셀/20_서식_교통비지불증1.xlsx **완성 파일** | 엑셀/20완성.xlsx

O1 표 서식 적용하기

표 서식과 셀 스타일을 이용해 문서를 빠르게 꾸며 보겠습니다.
① [A11] 셀을 클릭합니다. ② [홈] 탭 - [스타일] 그룹 - [표 서식]을 클릭합니다.
③ [밝게] 영역의 [표 스타일 밝게 7]을 선택합니다.

바로 통하는 TIP 표 서식을 적용할 범위에 병합된 셀이 있으면 자동으로 병합이 해제됩니다.

표 서식 🔍

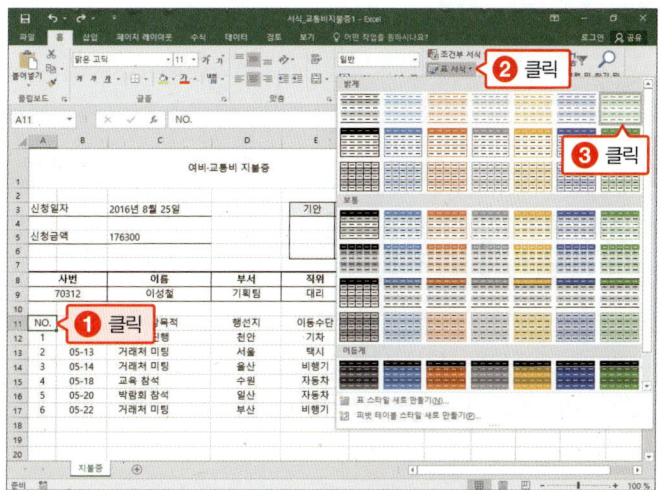

O2 [표 서식] 대화상자가 나타나면 표에 사용할 데이터를 범위로 지정합니다.
① [A11:F17] 셀까지 드래그해서 범위로 지정하고 ② [머리글 포함]에 체크 표시한 후 ③ [확인]을 클릭해서 서식을 적용합니다.

표 서식을 적용하면 열 머리글에는 필터 단추가 나타납니다. 이를 사용하면 데이터를 빠르게 필터링하고 정렬할 수 있습니다.

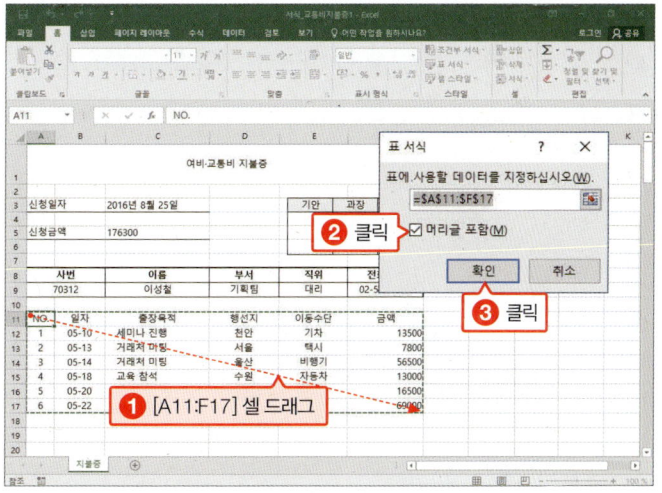

바로 통하는 TIP 표 서식의 첫째 행이 제목 행일 경우 [머리글 포함]에 체크 표시합니다. 체크 표시하지 않으면 선택 범위 맨 위에 열1, 열2, 열3,… 순으로 임시 제목 행이 삽입됩니다.

03 셀 스타일 적용하기

① [A1] 셀을 클릭합니다. ② [홈] 탭-
[스타일] 그룹-[셀 스타일]을 클릭한 후
③ [제목 및 머리글] 영역의 [제목1]을 선
택해서 스타일을 변경합니다.

바로 통하는TIP 셀 스타일에서 [표준]을 선택하면 셀
무늬나 글자 색, 데이터 형식 등이 모두 표준 표시 형식으
로 변경됩니다.

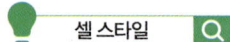
셀 스타일

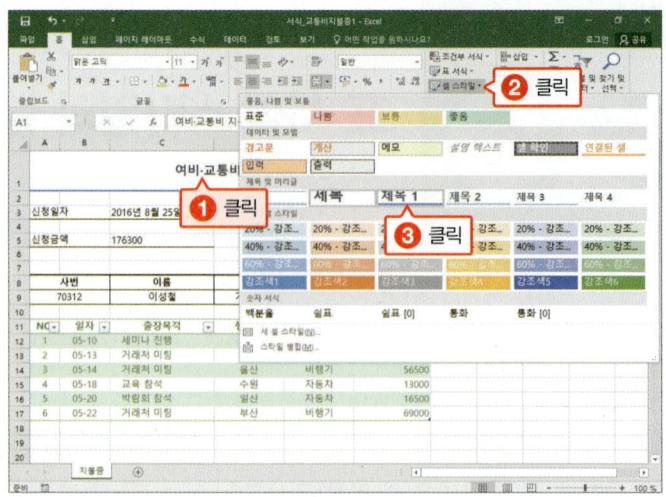

04 숫자 서식 셀 스타일 적용하기

① [C5] 셀을 클릭하고 ② Ctrl 을 누른
채 [F12:F17] 셀을 드래그합니다. ③
[홈] 탭-[스타일] 그룹-[셀 스타일]을
클릭하고 ④ [숫자 서식] 영역에서 [쉼표
[0]]을 선택합니다. 숫자에 천 단위로 쉼
표가 표시됩니다.

바로 통하는TIP 숫자 서식에서 [쉼표]와 [쉼표[0]]은
둘 다 천 단위로 쉼표를 표시합니다. 그러나 [쉼표]는 소
수 둘째 자리까지 표시하고 [쉼표[0]]은 정수로 표시합
니다.

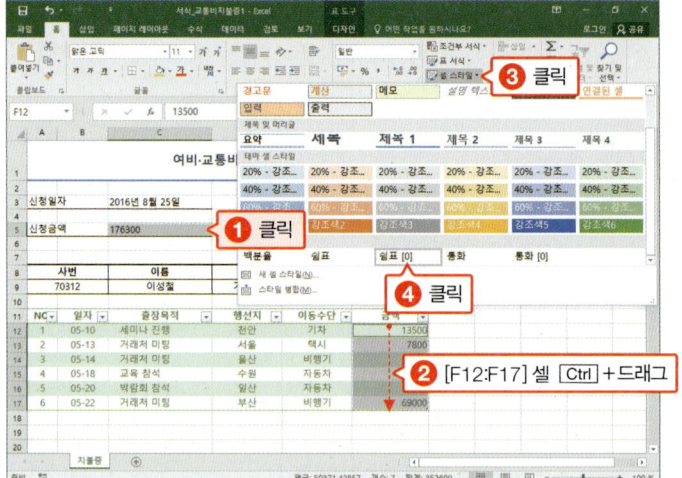

핵심기능실습

21

TELL ME
표 서식, 범위로 변환

표 디자인 변경 및 범위로 변환하기

학습 목표 | 표 서식이 적용된 디자인을 얼마든지 다른 스타일로 변경할 수 있습니다. 또 일부 셀을 삭제, 병합하거나 디자인이 마음에 들지 않을 때는 표를 데이터 범위로 돌려놓아 보겠습니다.

실습 파일 | 엑셀/21_서식_교통비지불증2.xlsx　**완성 파일 |** 엑셀/21완성.xlsx

01 표 스타일 적용하기

① 표 영역에서 임의의 셀을 선택합니다. ② [표 도구]-[디자인] 탭-[표 스타일 옵션] 그룹에서 [첫째 열], [마지막 열]에 추가로 체크 표시하여 스타일 옵션을 변경합니다. ③ [표 스타일] 그룹에서 [자세히⬇]를 클릭한 후 ④ [보통] 영역의 [표 스타일 보통 9]를 선택합니다. 표 스타일이 변경됩니다.

[표 스타일 9] 서식이 적용됩니다. 첫째 열과 마지막 열이 굵게 처리되어 데이터를 쉽게 구분할 수 있습니다.

02 그림과 같이 [A18:F18] 셀에 7, 5-23, 직무 교육, 기흥, 자동차, 14000을 각각 입력합니다. 표 서식이 자동으로 확장됩니다.

여비·교통비 지불증의 데이터 범위에 표 서식을 적용해 두었기 때문에 사용자가 내용을 입력할 때마다 표 서식이 자동으로 확장됩니다.

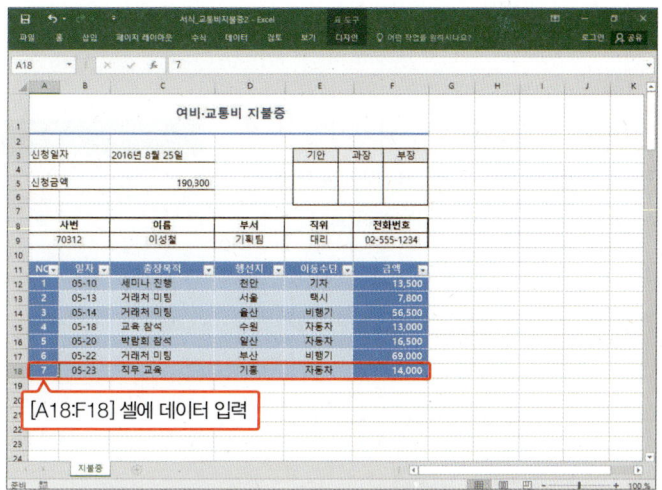

[A18:F18] 셀에 데이터 입력

03 표 서식을 범위로 변환하기

① 표 영역의 임의의 셀을 선택합니다.
② [표 도구]-[디자인] 탭-[표 스타일] 그룹에서 [자세히 ⬝]를 클릭합니다.

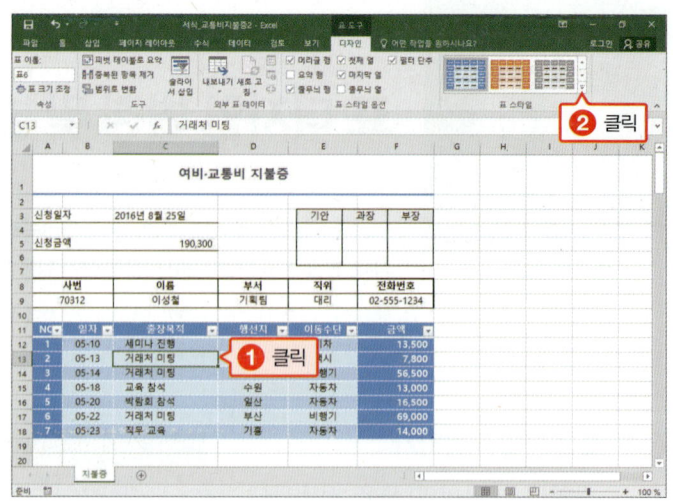

04 [밝게] 영역의 [없음]을 선택합니다.

표 스타일이 [없음]으로 변경됩니다.

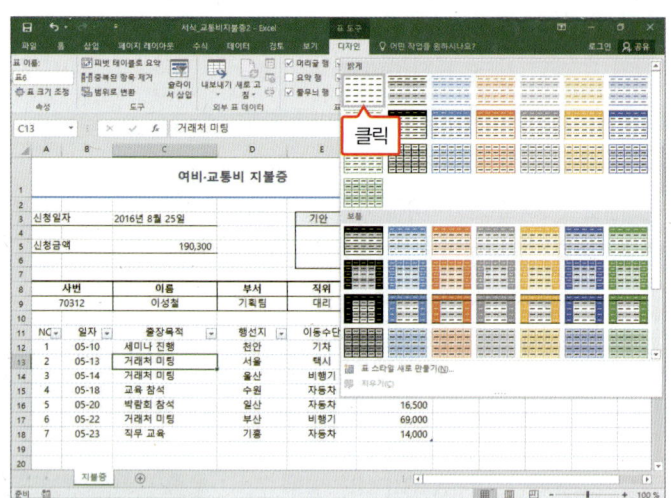

05 표 스타일은 변경되었지만 아직 표 서식이 적용되어 있습니다. 표 범위를 일반 데이터 범위로 변경해 보겠습니다.
① [표 도구]-[디자인] 탭-[도구] 그룹-[범위로 변환]을 클릭합니다. ② 나타난 대화상자에서 [예]를 클릭합니다. 표가 데이터 범위로 바뀝니다.

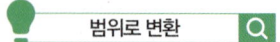

범위로 변환

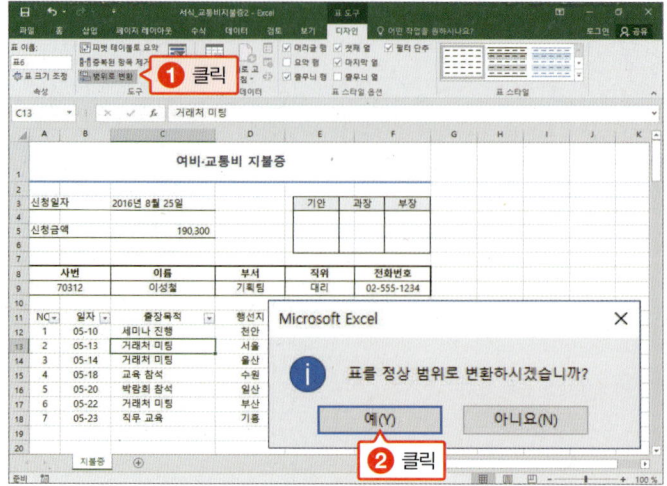

핵심기능실습
22
TELL ME
셀 서식, 테두리

글꼴 그룹에서 서식 지정하기

학습 목표 | 일부 마음에 들지 않는 서식이 있다면 사용자가 직접 지정할 수 있습니다. 글꼴, 크기, 테두리, 색 등 서식을 지정하는 방법에 대해 알아보겠습니다.

실습 파일 | 엑셀/22_서식_세금계산서.xlsx   완성 파일 | 엑셀/22완성.xlsx

O1 글꼴 지정하기

표 서식과 셀 스타일을 이용해 계산서 양식을 완성해 보겠습니다.
① [셀 전체 선택 ▣] 버튼을 클릭하고 ②③ [홈] 탭-[글꼴] 그룹-[맑은 고딕]을 선택합니다.

워크시트 전체가 범위로 지정되고 글꼴이 [맑은 고딕]으로 변경됩니다.

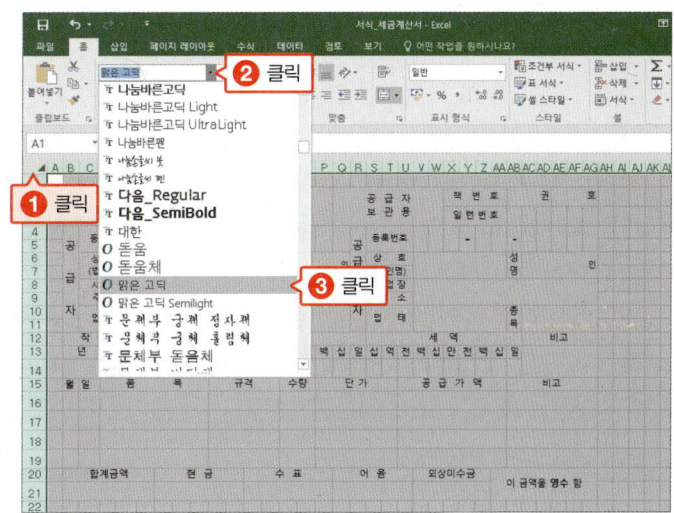

O2 글꼴 크기 지정하기

표 서식과 셀 스타일을 이용해 계산서 양식을 완성해 보겠습니다.
① [B2] 셀을 클릭합니다. ② [홈] 탭-[글꼴] 그룹에서 글꼴 크기를 [22]로 선택하고 ③ [굵게 가]를 클릭해서 글꼴 크기를 키우고 굵게 표시합니다.

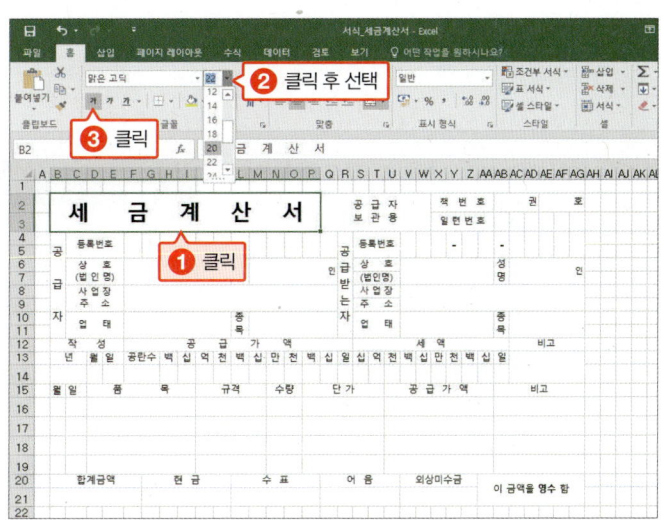

03 테두리 설정하기

① [B2:AG21] 셀을 드래그해서 범위로 지정합니다. ② [홈] 탭-[글꼴] 그룹-[테두리⊞⁻]를 클릭하고 ③ [다른 테두리]를 선택합니다.

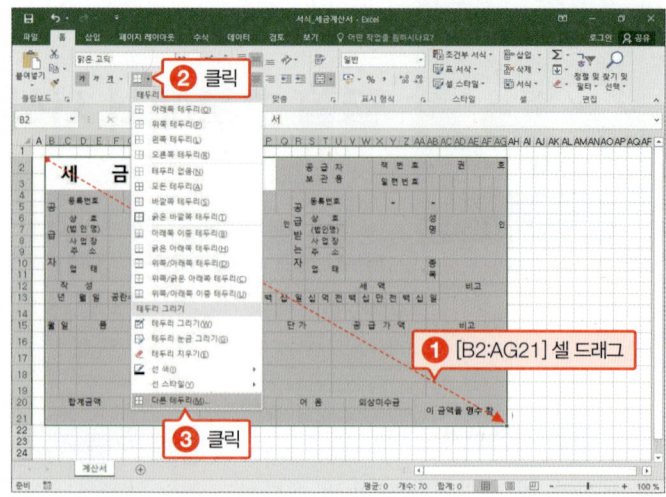

04

① [색]은 [파랑], ② [선 스타일]은 [중간 굵기], ③ [미리 설정]에서 [윤곽선]을 클릭합니다. ④ 다시 [선 스타일]은 [실선], ⑤ [미리 설정]에서 [안쪽]을 클릭한 후 ⑥ [확인]을 클릭합니다.

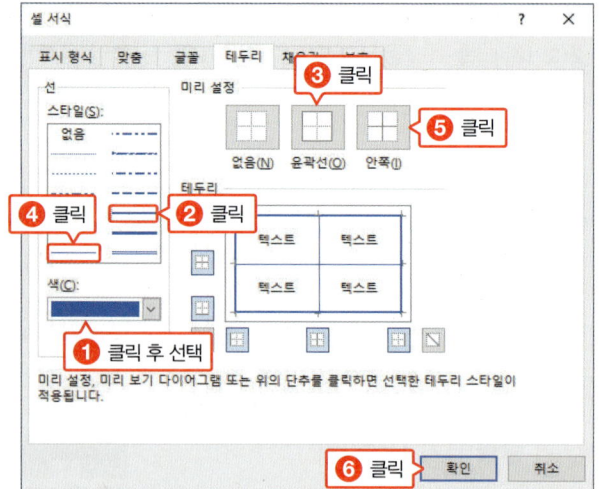

05

① [F4:M6] 셀을 드래그하고 ② Ctrl을 누른 채 [V4:AG4] 셀, ③ [B12:AG14] 셀을 드래그하여 범위로 지정합니다.

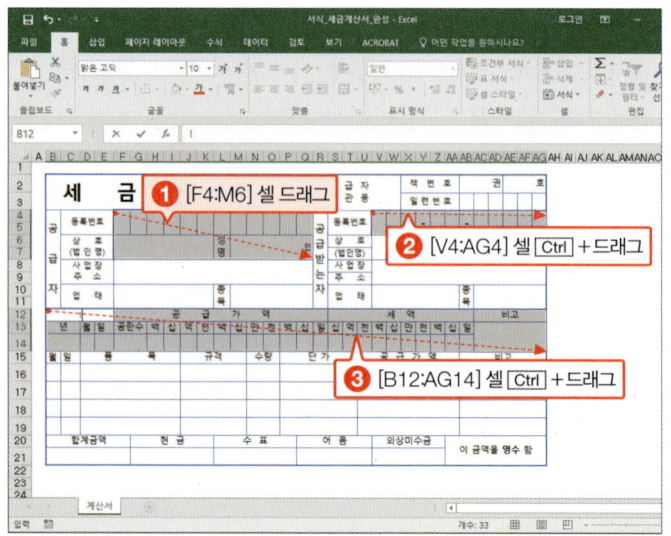

06 ① [홈] 탭 – [글꼴] 그룹 – [테두리 ⊞▾]를 클릭한 뒤 ② [선 색]을 선택하고 [파랑]을 클릭합니다. ③ 다시 [글꼴] 그룹 – [테두리 ⊞▾]를 클릭하고 ④ [굵은 바깥쪽 테두리]를 선택해서 각 선택 영역의 윤곽선을 그립니다.

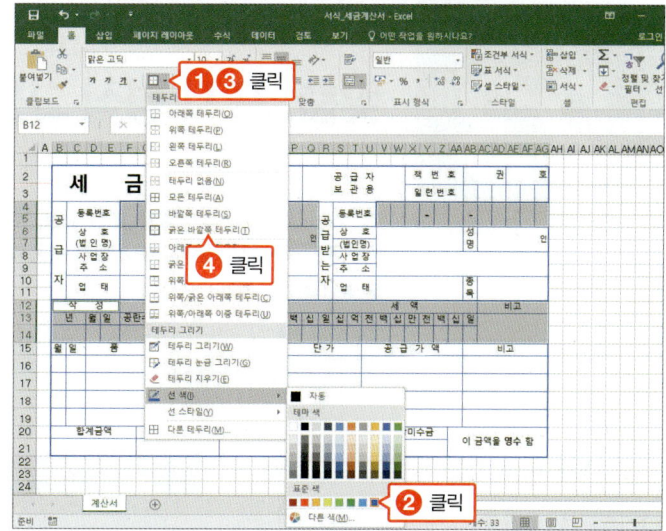

바로 통하는 TIP 테두리 그리기 항목 ☑ 테두리 그리기(W) 에서는 마우스로 드래그한 범위의 바깥쪽 가로/세로 선만 그릴 수 있으며 테두리 눈금 그리기 ⊞ 테두리 눈금 그리기(G) 는 드래그한 범위의 안쪽 가로/세로 선까지 그릴 수 있습니다. 테두리를 그린 다음에는 ESC 를 눌러 테두리 그리기를 해제합니다.

07 채우기 색 지정하기

① [B4] 셀을 클릭하고 ② Ctrl 을 누른 채 [R4] 셀, ③ [B15:AG15] 셀을 드래그하여 범위로 지정합니다. ④ [홈] 탭 – [글꼴] 그룹 – [채우기 색 🎨▾]을 클릭합니다. ⑤ [테마 색]에서 [파랑, 강조 1, 80% 더 밝게]를 선택해서 셀에 색을 채웁니다.

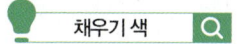
💡 채우기 색 🔍

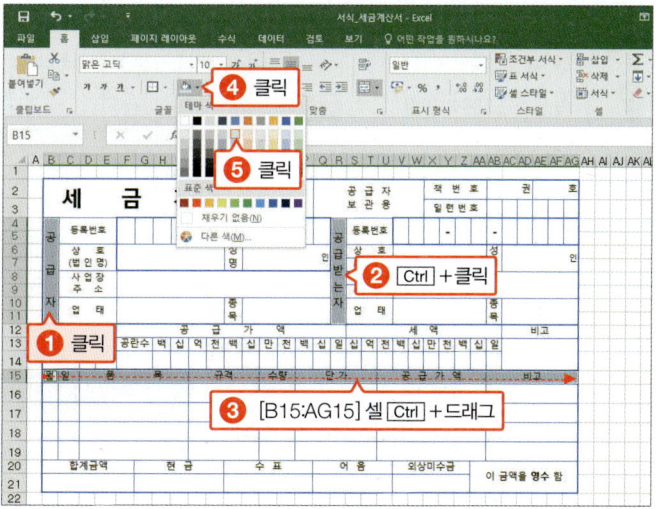

23

맞춤, 텍스트 줄 바꿈,
표시 형식

맞춤, 표시 형식 그룹에서 서식 지정하기

학습 목표 | 데이터의 쓰기 방향, 회전 방향, 병합 줄 바꿈 등을 맞춤 서식으로 지정해 보겠습니다.
또 숫자, 통화, 회계, 날짜, 시간, 문자 사용자 정의 등 문자와 수치 데이터를 표시하는 여러 형식
을 살펴보겠습니다.

실습 파일 | 엑셀/23_서식_실적분석.xlsx **완성 파일** | 엑셀/23완성.xlsx

01 병합하고 가운데 맞춤 지정하기

① [A1:H1] 셀을 드래그하여 범위를 지
정합니다. ② [홈] 탭-[맞춤] 그룹-[병
합하고 가운데 맞춤]을 클릭합니다.

지정한 셀들이 하나로 병합되고 텍스트는 가운데 정
렬됩니다.

병합하고 가운데 맞춤

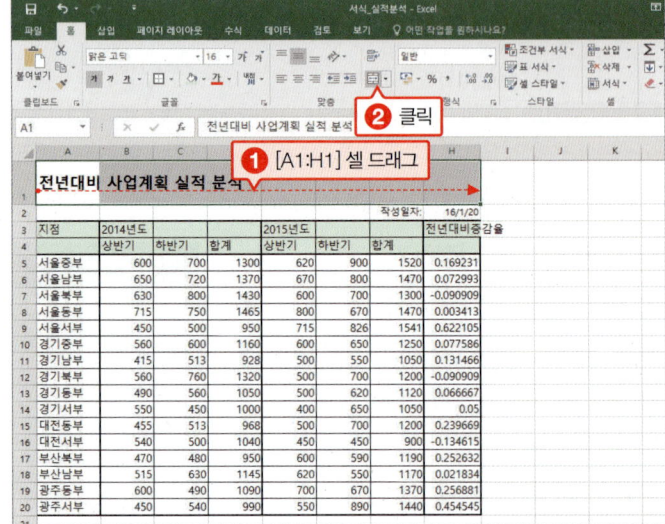

02

병합하고 가운데 맞춤할 범위가
떨어져 있는 경우에는 Ctrl 을 누른 상태
에서 각각의 범위를 지정해 한번에 맞춤
기능을 적용할 수 있습니다.

① [A3:A4] 셀을 드래그하고 ② Ctrl 을
누르고 [B3:D3], [E3:G3], [H3:H4] 셀
을 범위로 지정합니다. ③ [홈] 탭-[맞
춤] 그룹-[병합하고 가운데 맞춤]을 클
릭합니다.

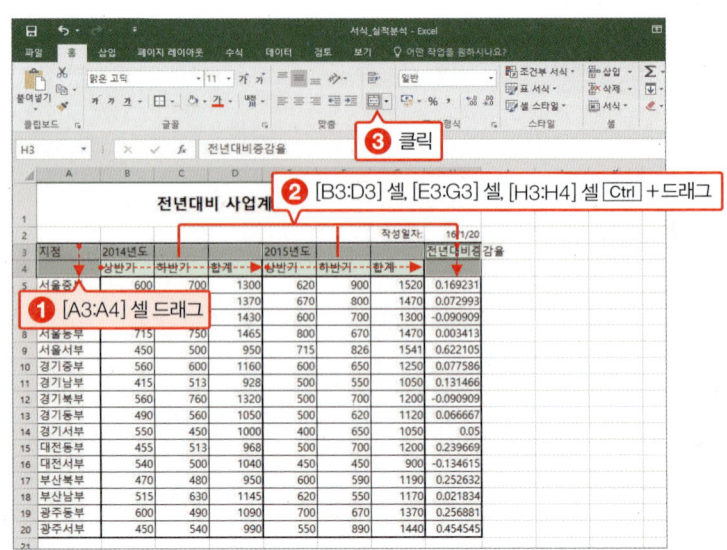

03 '전년대비증감율'이 표시된 [H3] 셀은 데이터의 길이가 길어 텍스트 전체가 다 보이지 않습니다. 텍스트를 줄 바꿈하여 데이터가 한 셀에 모두 표시되도록 수정해 보겠습니다.

① [H3] 셀을 클릭하고 ② [홈] 탭-[맞춤] 그룹-[텍스트 줄 바꿈 🖹]을 클릭합니다.

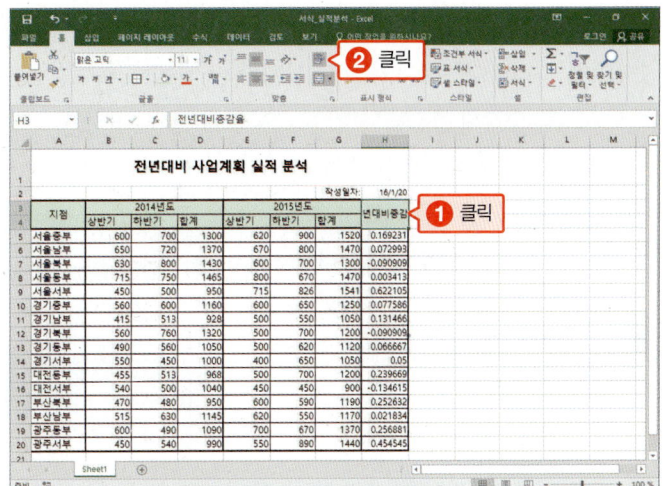

바로 통하는 TIP 데이터를 입력할 때 Alt + Enter 를 눌러 텍스트의 줄을 바꿀 수도 있습니다.

---

04 ① [셀 전체 선택 ◢]을 클릭합니다. ② [홈] 탭-[맞춤] 그룹-[가운데 맞춤 ≡]을 클릭합니다.

문서 전체의 텍스트가 셀을 기준으로 가운데 정렬됩니다.

바로 통하는 TIP 맞춤 옵션을 상세하게 지정하려면 [맞춤 설정] 표시 아이콘을 클릭해서 [셀 서식] 대화상자를 불러옵니다.

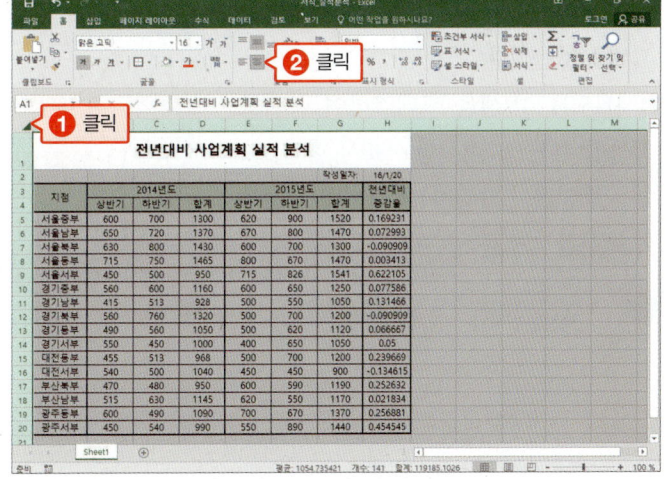

---

05 **날짜 형식 표시하기**

'작성일자'를 년-월-일 형태로 표시해 보겠습니다.

① [H2] 셀을 클릭합니다. ② [홈] 탭-[표시 형식] 그룹-[표시 형식 목록 ⌄]을 클릭하고 ③ [간단한 날짜]를 선택해서 날짜 형식을 년-월-일 형태로 바꿉니다.

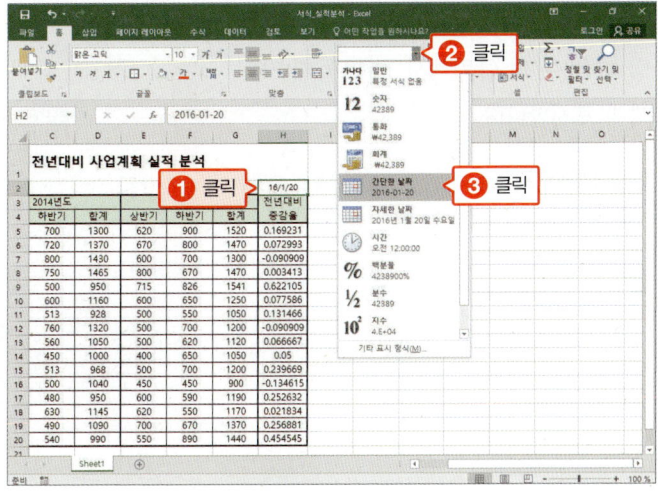

06 숫자 세 자리마다 쉼표 넣기

숫자 세 자리마다 구분 기호로 쉼표가
표시되도록 수정해 보겠습니다.

① [B5:G20] 셀을 드래그하여 범위를
지정합니다. ② [홈] 탭-[표시 형식] 그
룹-[쉼표 스타일[,]]을 클릭합니다.

쉼표 스타일

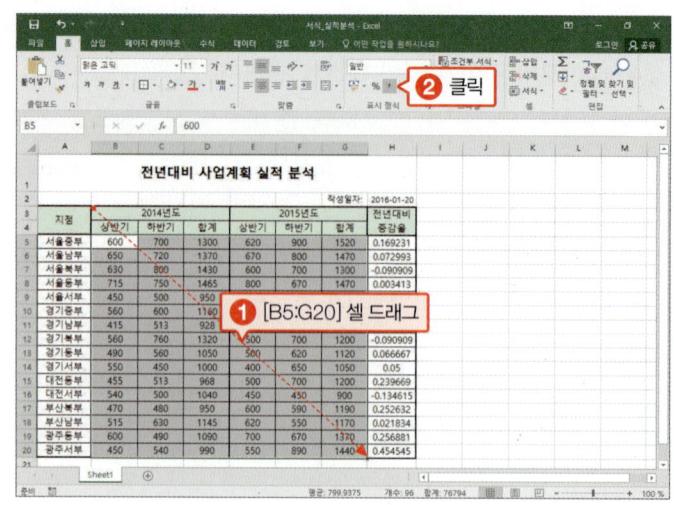

07 백분율 기호 넣기

'전년대비증감율'을 백분율 형식으로 표
시해 보겠습니다.

① [H5:H20] 셀을 드래그하여 범위를
지정합니다. ② [홈] 탭-[표시 형식] 그
룹-[백분율 스타일[%]]을 클릭해서 숫자
에 백분율 기호를 넣습니다.

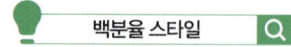
백분율 스타일

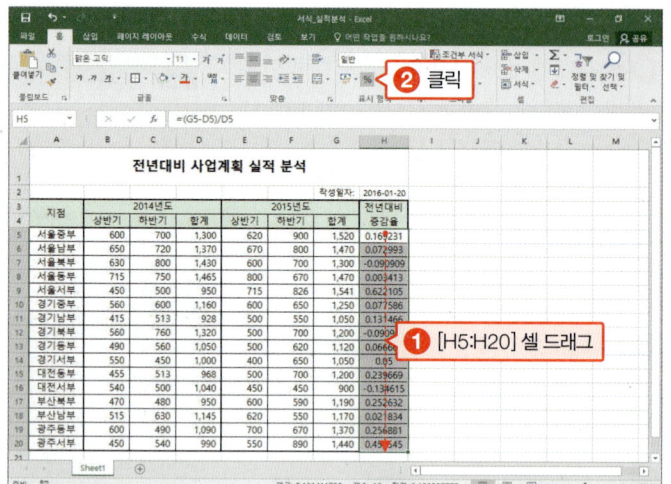

08 소수 자릿수 늘리기

[홈] 탭-[표시 형식] 그룹-[자릿수 늘
림[.00]]을 두 번 클릭해서 소수 둘째 자리
까지 표시합니다.

바로 통하는 TIP 소수 자릿수를 줄이려면 줄일 자릿수
만큼 [자릿수 줄임[.00]]을 클릭합니다.

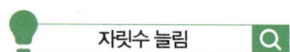
자릿수 늘림

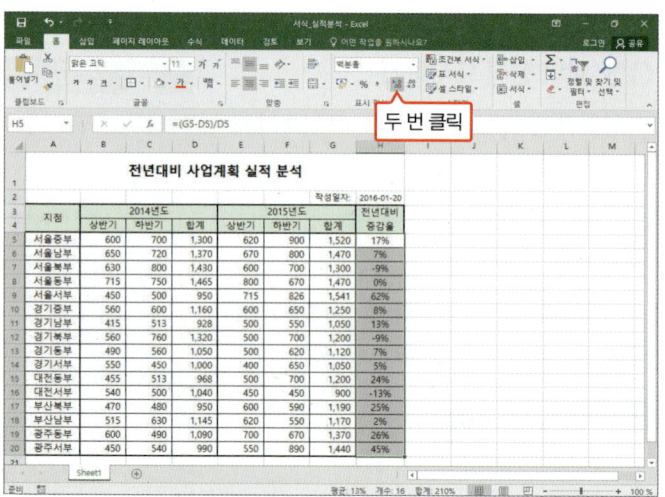

핵심기능실습 24

TELL ME
셀 서식

문자, 숫자 데이터 표시 형식 사용자 지정하기

학습 목표 | 사용자 지정 표시 형식은 데이터의 형식별로 약속된 기호를 사용합니다. 문자는 @, 숫자는 #, 0 등의 기호로 직접 표시 형식을 지정해 보겠습니다.

실습 파일 | 엑셀/24_서식_표시형식.xlsx [견적서]시트   **완성 파일** | 엑셀/24완성.xlsx

01 문자 표시 형식 사용자 지정하기

고객 명단이나 세미나 참석자 명단, 수신인 등을 표시할 경우 이름 뒤에 '님'이나 '귀하'를 붙이기도 합니다. 문자 사용자 코드인 @를 사용해 이름 뒤에 반복되는 문자를 표시할 수 있습니다.
① [G7] 셀을 클릭합니다. ② [홈] 탭-[표시 형식] 그룹-[표시 형식 🔲] 표시 아이콘을 클릭합니다.

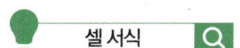
셀 서식

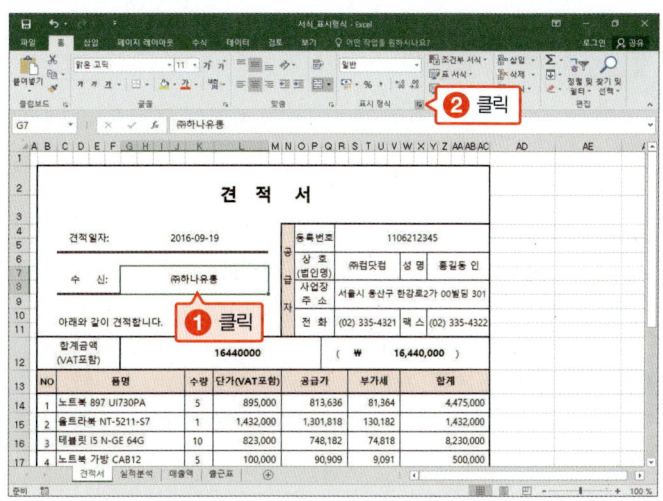

02
① [셀 서식] 대화상자에서 [표시 형식] 탭-[범주] 목록에서 [사용자 지정]을 선택합니다. ② [형식] 입력란에 **@ 귀하**를 입력하고 ③ [확인]을 클릭합니다.

서식이 적용되어 셀에 입력한 내용에 귀하가 자동으로 표시됩니다.

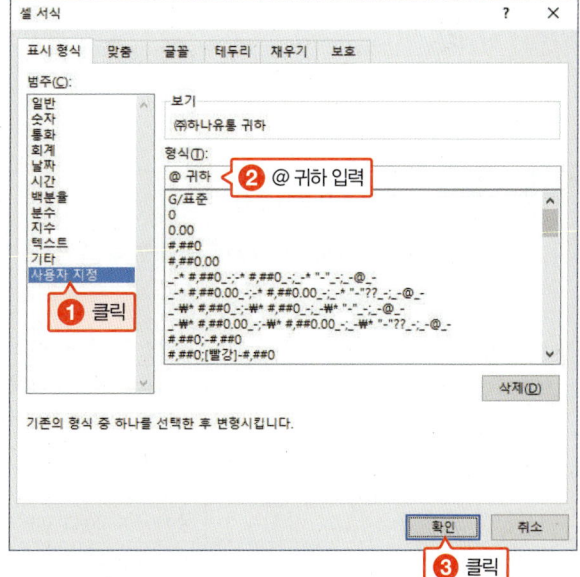

03 숫자 표시 형식 사용자 지정하기

계좌번호나 사업자 등록번호, 신용카드 일련번호 등 숫자의 자릿수를 맞춰 표시해야 하는 경우가 있습니다. 사업자 등록번호 10자리를 3자리-2자리-5자리 형식으로 표시해 보겠습니다.

① [R4] 셀을 클릭하고 ② [홈] 탭-[표시 형식] 그룹-[표시 형식 💬] 표시 아이콘을 클릭합니다.

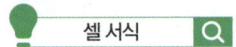

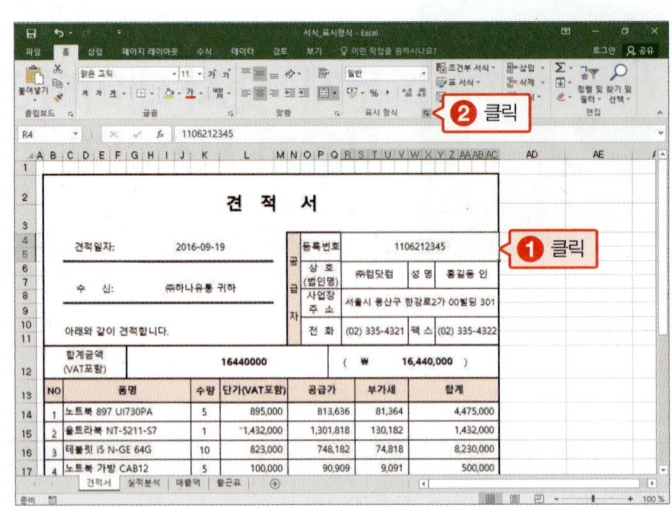

04

① [셀 서식] 대화상자에서 [표시 형식] 탭-[범주] 목록에서 [사용자 지정]을 선택합니다. ② [형식] 입력란에 **000-00-00000**을 입력하고 ③ [확인]을 클릭해서 서식을 적용합니다.

바로 통하는 TIP 0은 유효한 자릿수가 아니더라도 숫자의 자릿수를 맞추는 기호로, 000-00-00000은 사업자 등록 번호를 3자-2자-5자 형식으로 표시합니다.

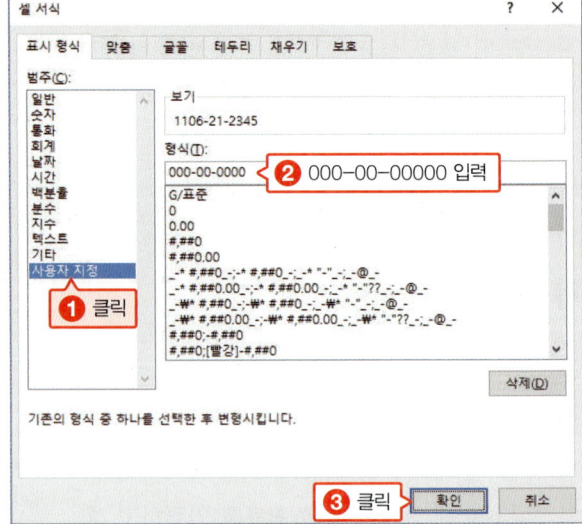

바로 통하는 TIP 사용자 지정 표시 형식

사용자 지정 형식을 만들 때는 다음과 같이 데이터 형식별로 약속된 기호가 있습니다.

데이터 형식	서식 기호	기능
숫자	#	유효한 숫자를 표시하는 기호(무효한 0은 표시 안 함)입니다.
	0	숫자를 표시하는 기호(무효한 0을 표시하여 자릿수를 맞춤)입니다.
	?	숫자를 표시하는 기호(무효한 0을 공백으로 표시하여 자릿수를 맞춤)입니다.
	%	백분율을 표시합니다.
	.	소수점을 표시합니다.
	,	숫자 세 자리마다 구분 기호를 표시합니다.
	₩, $, ¥	통화 유형 기호를 표시합니다.
문자	@	문자를 대표하는 형식으로 문자에 특정 문자를 표시하고 싶을 때 사용합니다.

숫자를 한글로 표시하는 서식 지정하기

학습 목표 | 숫자 데이터가 커질수록 값을 잘못 읽어 오해할 가능성이 높아집니다. 숫자를 한글이나 한자로 병기해 직관적으로 표시하면 오류를 줄일 수 있습니다.

실습 파일 | 엑셀/25_서식_표시형식.xlsx [견적서]시트   **완성 파일 |** 엑셀/25완성.xlsx

01 합계금액을 한글로 표시하는 사용자 지정하기

견적서의 '합계금액'이 너무 커서 직관적으로 읽기 어렵습니다. 숫자를 정확히 읽을 수 있도록 한글로 바꿔 표시해 보겠습니다

① [I12] 셀을 클릭하고 ② Ctrl + 1을 누릅니다.

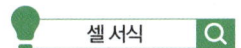

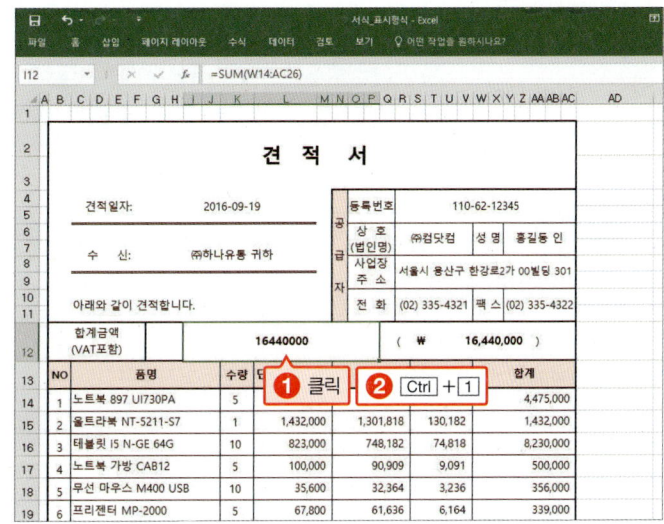

02 [셀 서식] 대화상자가 나타나면 ① [표시형식] 탭 – [범주] 목록에서 [기타]를 선택합니다. ② [형식]에서 [숫자(한글)]을 선택합니다.

바로 통하는 TIP 숫자(한글) 서식은 숫자를 입력하면 한글로 표시해 주는 서식으로 [형식] 목록에 숫자(한글)이 없다면 [로캘(위치)]를 [한국어]로 변경합니다.

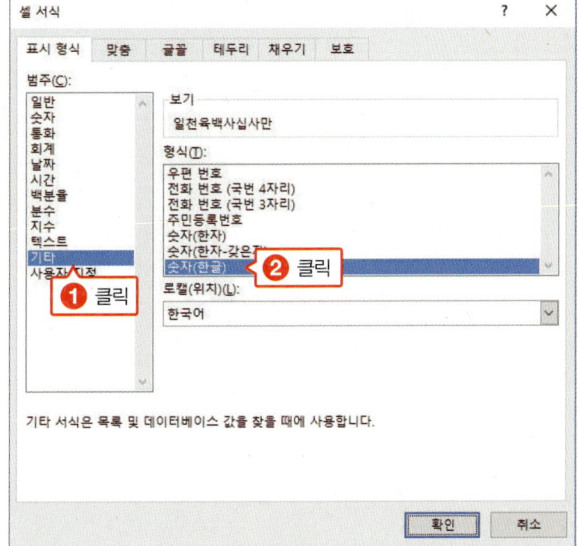

03 ① [범주] 목록에서 [사용자 지정]을 선택합니다. ② [형식]에 입력되어 있는 서식 코드 맨 앞에 **일금**을, ③ 맨 뒤에 **원정**을 입력합니다. ④ [확인]을 클릭해서 숫자(한글) 서식을 수정해서 적용합니다. 숫자가 한글로 표기되며 앞에 '일금', 뒤에 '원정'이 붙습니다.

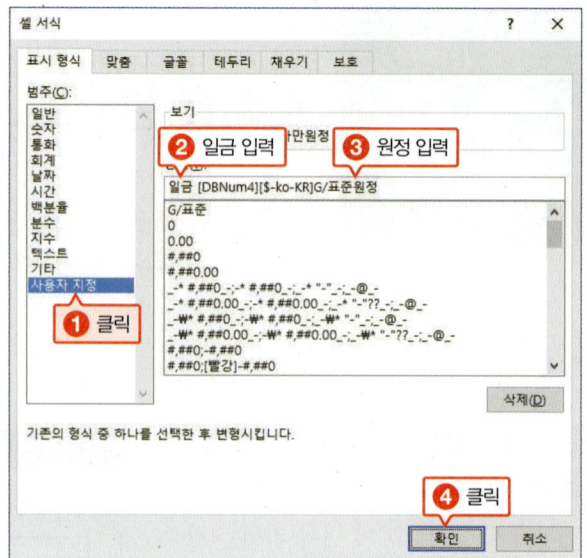

바로 통하는 TIP **숫자를 한글, 한자로 표시하는 형식 코드**

형식 코드	설명	표시 형식
[DBNum1][$-412]G/표준	한자로 표시	一千二百五十万
[DBNum2][$-412]G/표준	한자 갖은자 표시	壹阡貳百伍拾萬
[DBNum3][$-412]G/표준	단위만 한자로 표시	千2百5十万
[DBNum4][$-412]G/표준	한글로 표시	일천이백오십만

핵심기능실습

26

TELL ME

셀 서식

숫자 데이터 표시 형식
양수/음수/0의 서식 지정하기

학습 목표 | 한 번에 4개까지, 세미콜론(;)을 구분 기호로 사용해 사용자 지정 형식을 표시해 봅니다.

실습 파일 | 엑셀/26_서식_표시형식.xlsx [실적분석]시트　**완성 파일** | 엑셀/26완성.xlsx

01 양수, 음수, 0의 형식 지정하기

전년대비 실적이 증가했을 때와 하락했을 때, 0인 경우를 구분하여 셀에 표시해 보겠습니다.

① [실적분석] 시트를 클릭합니다. ② [H5: H20] 셀을 드래그한 후 Ctrl + 1 을 눌러 [셀 서식] 대화상자를 띄웁니다. ③ [표시 형식] 탭-[범주] 목록에서 [사용자 지정]을 선택합니다. ④ [형식] 입력란에 서식 코드 [파랑]▲0.00%;[빨강]▼0.00%;#을 입력한 후 ⑤ [확인]을 클릭합니다.

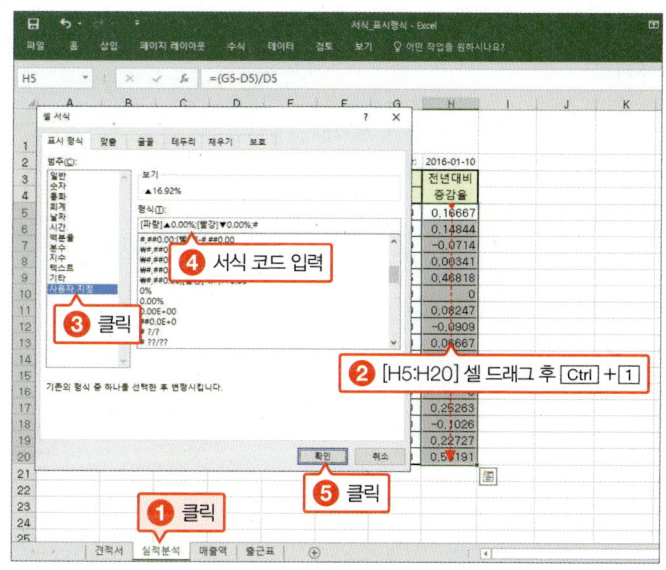

바로 통하는 TIP 서식 설명 : [색]양수의 형식;[색]음수의 형식;0의 형식

[파랑]▲#,##0;[빨강]▼#,##0;#

지정한 범위의 숫자가 양수이면 파랑색에 ▲가 표시되고, 음수이면 빨간색에 ▼가 표시됩니다. 0일 때는 0을 셀에 표시하지 않습니다. 색상은 [검정], [파랑], [녹청], [녹색], [자홍], [빨강], [흰색], [노랑]으로 8가지입니다. (기본적으로 0보다 크면 양수, 0보다 작으면 음수, 0이면 0, 문자면 문자 형식으로 표현합니다.)

02 증감율 범위에 양수, 음수, 0의 서식이 적용되어 나타납니다.

	A	B	C	D	E	F	G	H	I	J	K
1				전년대비 사업계획 실적 분석							
2							작성일자:	2016-01-10			
3	지점		2014년도			2015년도		전년대비			
4		상반기	하반기	합계	상반기	하반기	합계	증감율			
5	서울중부	500	700	1,200	500	900	1,400	▲16.67%			
6	서울남부	580	700	1,280	670	800	1,470	▲14.84%			
7	서울북부	600	800	1,400	600	700	1,300	▼7.14%			
8	서울동부	715	750	1,465	800	670	1,470	▲0.34%			
9	서울서부	500	600	1,100	715	900	1,615	▲46.82%			
10	경기중부	560	600	1,160	600	560	1,160				
11	경기남부	450	520	970	500	550	1,050	▲8.25%			
12	경기북부	560	760	1,320	500	700	1,200	▼9.09%			
13	경기동부	490	560	1,050	500	620	1,120	▲6.67%			
14	경기서부	550	450	1,000	400	500	900	▼10.00%			
15	대전동부	455	500	955	500	700	1,200	▲25.65%			
16	대전서부	540	500	1,040	540	500	1,040				
17	부산남부	470	480	950	600	590	1,190	▲25.26%			
18	부산남부	540	630	1,170	500	550	1,050	▼10.26%			
19	광주동부	600	500	1,100	700	650	1,350	▲22.73%			
20	광주서부	400	540	940	550	890	1,440	▲53.19%			
21											
22											

숫자 백만 단위 이하 자르기/
만 단위에 쉼표 표시하기

학습 목표 | 숫자의 자릿수가 커지면 셀 공간을 많이 차지하고 읽기에도 불편합니다. 숫자를 세 자리씩 자르거나, 네 자리마다 콤마를 붙여 만, 억 단위로 표시해 보겠습니다.

실습 파일 | 엑셀/27_서식_표시형식.xlsx [매출액]시트　**완성 파일 |** 엑셀/27완성.xlsx

01 백만 단위 이하는 잘라서 표시하기

자릿수가 큰 매출 목표의 숫자를 백만원 단위로 잘라서 간단하게 표시해 보겠습니다.

① [매출액] 시트를 클릭합니다. ② [C4:C9] 셀을 드래그한 다음 Ctrl + 1 을 누릅니다.

셀 서식

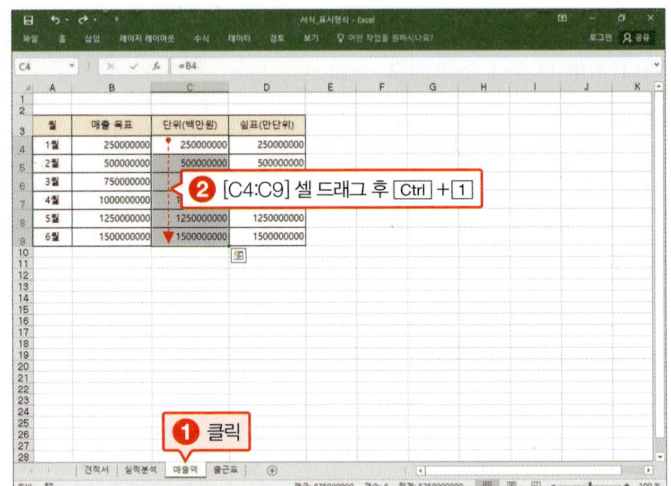

02 ① [셀 서식] 대화상자의 [표시 형식] 탭 - [범주] 목록에서 [사용자 지정]을 선택합니다. ② [형식] 입력란에 **#,##0,,**을 입력한 후 ③ [확인]을 클릭합니다.

바로 통하는 TIP 천 단위 또는 백만 단위로 표시하기

사용자 형식 코드 단위(천 원) : #,##0,

사용자 형식 코드 단위(백만 원) : #,##0,,

쉼표(,)는 세 자리마다 콤마를 표시하는 형식과 세 자릿수가 잘려 표시되는 쉼표(,) 형식이 있습니다.

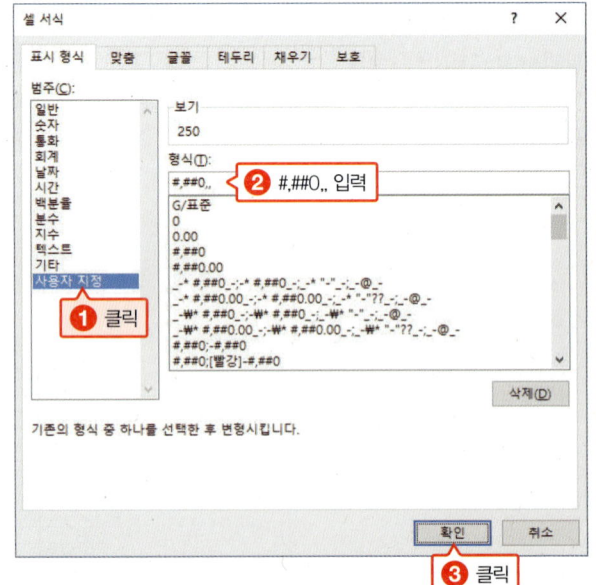

03 네 자리마다 쉼표로 표시하기

숫자 네 자리마다 쉼표를 표시해 만 단위, 억 단위로 읽을 수 있도록 수정해 보겠습니다.

[D4:D9] 셀을 드래그한 후 Ctrl + 1 을 누릅니다.

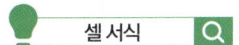 셀 서식

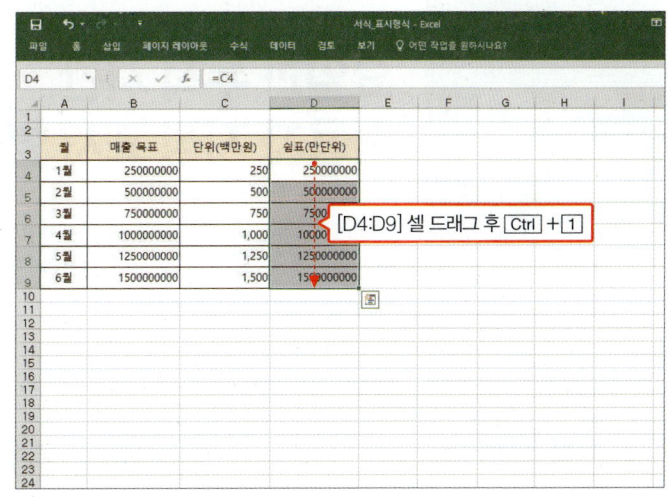

[D4:D9] 셀 드래그 후 Ctrl + 1

04

① [표시 형식] 탭 – [범주] 목록에서 [사용자 지정]을 선택합니다. ② [형식] 입력란에 [>99999999]####","####","####;####","#### 을 입력한 후 ③ [확인]을 클릭합니다.

바로 통하는 TIP 서식 설명

[조건]서식1;서식2

조건을 만족하면 서식1을 적용하고, 조건을 만족하지 않으면 서식2를 적용합니다.

[>99999999]####","####","####;####","####

자릿수가 12자리일 경우와 8자리일 경우에 따라 쉼표(,)가 찍혀야 할 자릿수가 달라지므로 8자리를 초과하면 ####","####","#### 서식을 적용하고, 8자리 이하이면 ####","#### 서식을 적용합니다.

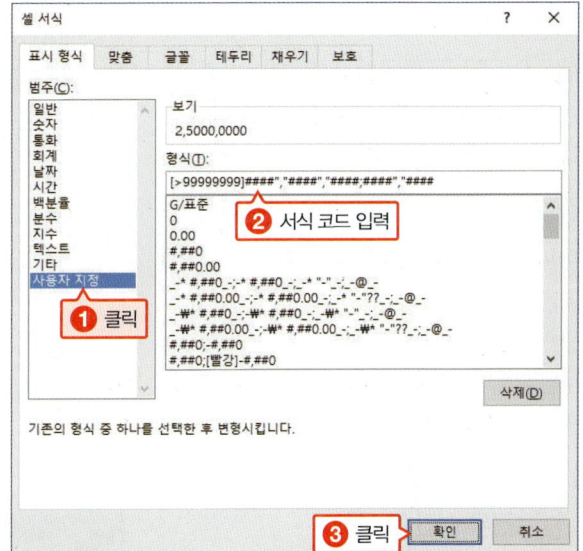

② 서식 코드 입력

① 클릭

③ 클릭

05

매출액에 네 자리마다 쉼표가 표시됩니다.

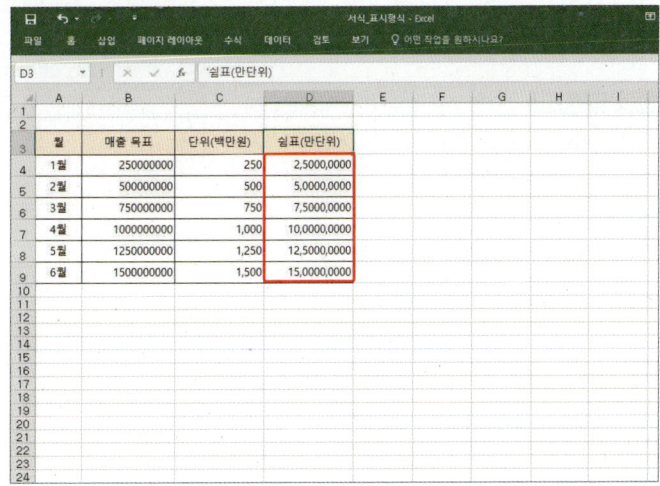

요일과 누적 시간
사용자 지정 표시 형식 설정하기

학습 목표 | 날짜는 년－월－일인 yyyy－mm－dd 형식를, 시간은 주로 시:분:초인 h:m:s 형식을 사용하며 요일은 표시 형식에 따라 aaa, aaaa, ddd, dddd 기호를 사용합니다.

실습 파일 | 엑셀/28_서식_표시형식.xlsx [출근표]시트   **완성 파일** | 엑셀/28완성.xlsx

01 요일 표시하기

① [출근표] 시트에서 [A3:A11] 셀을 드래그한 후 Ctrl + 1 을 눌러 [셀 서식] 대화상자를 불러옵니다. ② [표시 형식] 탭 - [범주] 목록에서 [사용자 지정]을 선택합니다. ③ [형식] 입력란에 **yyyy-mm-dd(aaa)** 를 입력합니다. ④ [확인]을 클릭해서 셀에 입력한 내용에 요일이 나타나도록 서식을 적용합니다.

'2016-05-13(금)'처럼 연도와 월, 일이 각각 4자리-2자리-2자리로 표시되고 괄호 안에 요일이 한글 1자리로 표시됩니다.

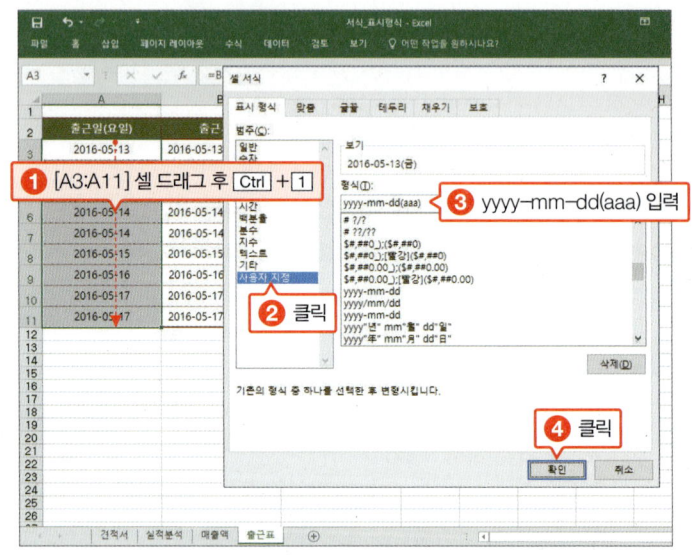

02 근무 시간 표시하기

[D3:D11] 셀을 드래그한 후 Ctrl + 1 을 눌러 [셀 서식] 대화상자를 불러옵니다.

바로 통하는 TIP 1일은 24시간입니다. 엑셀에서 24시간은 24를 24로 나눈 값인 숫자 1로 표시합니다. 1시간은 1을 24로 나눈 값인 숫자 0.041667입니다.

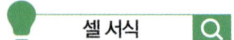
셀 서식

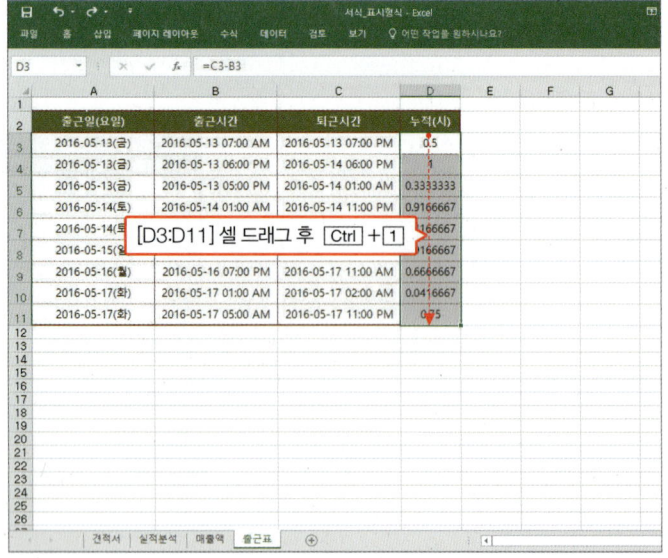

O3 ① [표시 형식] 탭 – [범주] 목록에서 [사용자 지정]을 선택하고 ② [형식] 입력란에 **[h]**를 입력한 뒤 ③ [확인]을 클릭합니다.

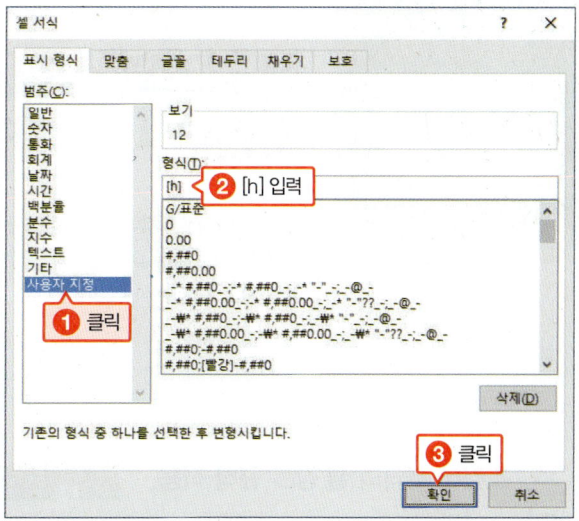

O4 출근 시간부터 퇴근 시간까지 걸린 시간(=퇴근 시간 – 출근 시간)이 표시되도록 서식이 적용되었습니다.

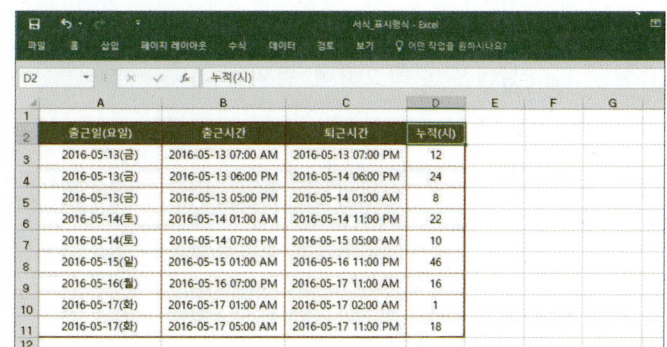

바로 통하는 TIP　날짜/시간 사용자 지정 형식에 사용되는 기호 살펴보기

날짜 형식은 주로 년 – 월 – 일 형태의 표시 형식을 사용합니다.

데이터 형식	서식 기호	기능
날짜	yy/yyyy	년도를 2자리 또는 4자리로 표시합니다.
	m/mm	월을 1~12 또는 01~12로 표시합니다.
	mmm/mmmm	월을 영문 3자리 또는 영문으로 표시(예 : Jan 또는 January)합니다.
	d/dd	일을 1~31 또는 01~31로 표시합니다.
	ddd/dddd	요일을 영문 3자리 또는 영문으로 표시(예 : Mon 또는 Monday)합니다.
	aaa/aaaa	요일을 한글 1자리 또는 한글로 표시(예 : 월 또는 월요일)합니다.

시간, 형식은 주로 시:분:초 형태의 h:m:s 표시 형식을 사용합니다. 시간 형식에서 24시간이 넘어서는 누적 시간을 표시해야 할 때는 대괄호[ ]와 함께 h, m, s 기호를 사용합니다.

데이터 형식	서식 기호	기능
시간	h/hh	시간을 0~23 또는 00~23으로 표시합니다.
	m/mm	분을 0~59 또는 00~59로 표시합니다.
	s/ss	초를 0~59 또는 00~59로 표시합니다.

셀 강조와 상위/하위 규칙으로 조건부 서식 지정하기

학습 목표 | 조건부 서식 중 셀 강조 규칙은 지정한 데이터 범위에서 비교 연산자를 기준으로 조건에 맞는 셀을 찾아 이뤄집니다. 상위/하위 규칙은 데이터 범위에서 셀 값을 기준으로 그 값을 찾아 지정한 서식을 적용합니다.

실습 파일 | 엑셀/29_서식_실적현황.xlsx　　**완성 파일 |** 엑셀/29완성.xlsx

01 조건부 서식의 셀 강조 규칙 적용하기

목표 달성에서 '달성'이 포함된 셀을 강조해 보겠습니다.

① [G4:G65] 셀을 드래그하여 범위를 지정합니다. ② [홈] 탭-[스타일] 그룹-[조건부 서식]을 클릭하고 ③ [셀 강조 규칙]을 선택하고 ④ [같음]을 클릭합니다.

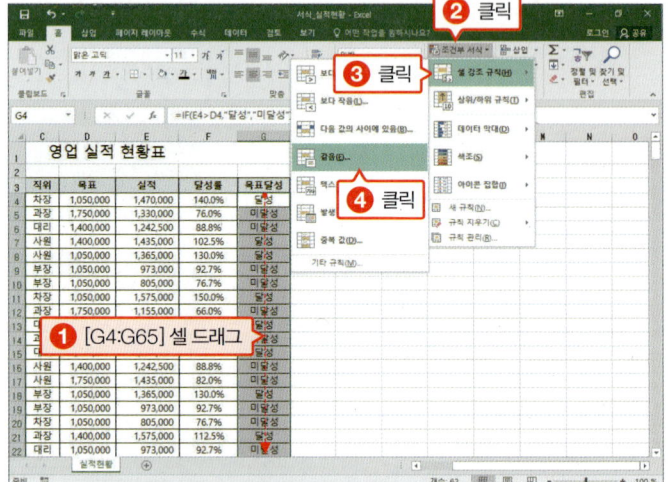

바로 통하는 TIP 조건부 서식을 수정 또는 삭제하려면 [스타일] 그룹에서 [조건부 서식]-[규칙 관리]를 선택합니다. [조건부 서식 규칙 관리자] 대화상자가 나타나면 규칙을 수정 또는 삭제합니다.

02 ① [같음] 대화상자의 서식을 지정할 셀 값에 **달성**을 입력합니다. ② [적용할 서식] 목록에서 [진한 노랑 텍스트가 있는 노랑 채우기]를 선택하고 ③ [확인]을 클릭해서 달성과 같은 셀에 서식을 적용합니다.

O3 조건부 서식의 상위/하위 규칙 적용하기

실적을 기준으로 상위 10개 목록에 포함되는 셀의 경우 글꼴을 굵게, 빨간색으로 표시해 보겠습니다.

① [E4:E65] 셀을 드래그하여 범위를 지정합니다. ② [홈] 탭-[스타일] 그룹-[조건부 서식]을 클릭하고 ③ [상위/하위 규칙]을 선택하고 ④ [상위 10개 항목]을 선택합니다. ⑤ [상위 10개 항목] 대화상자의 [적용할 서식]에서 [사용자 지정 서식]을 선택합니다.

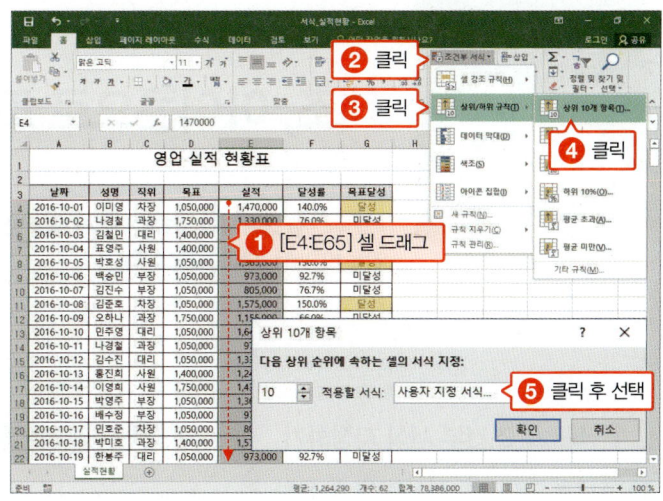

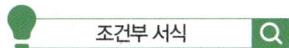

O4 ① [셀 서식] 대화상자의 [글꼴] 탭을 클릭하고 ② [글꼴 스타일]은 [굵게], ③ [색]은 [빨강, 강조 2]를 선택합니다. ④ [확인]을 클릭해서 대화상자를 닫습니다.

전체 실적 데이터에서 상위 10개에 포함되는 셀에 서식이 적용됩니다.

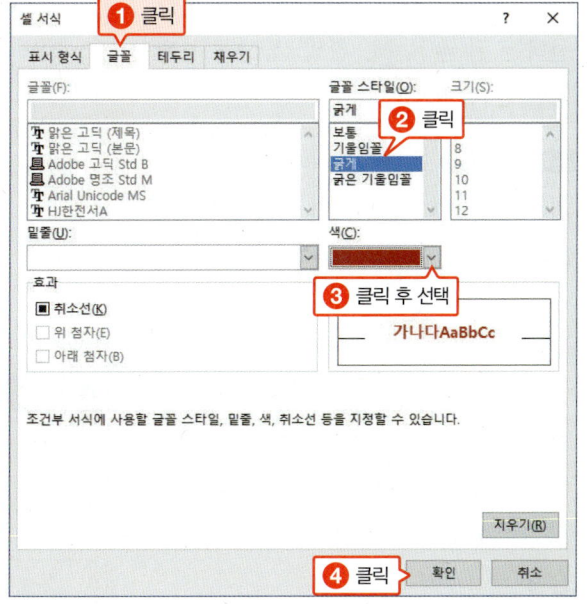

핵심기능실습

30

TELL ME
조건부 서식

색조, 아이콘으로 조건부 서식 지정하기

학습 목표 | 셀 값에 따라 색조를 나누어 셀을 강조하거나 아이콘의 형태를 달리해 지정한 데이터의 값을 비교해 나타내 보겠습니다.

실습 파일 | 엑셀/30_서식_예산집계표1.xlsx   **완성 파일** | 엑셀/30완성.xlsx

01 색조로 조건부 서식 지정하기

2014년과 2015년 예산액을 녹색과 흰색 2가지 색조로 표시한 후 비교해 보겠습니다.

① [H5:I15] 셀을 드래그하여 범위를 지정합니다. ② [홈] 탭-[스타일] 그룹-[조건부 서식]을 클릭하고 ③ [색조]를 선택한 뒤 ④ [녹색, 흰색 색조]를 선택합니다.

바로 통하는 TIP 값이 클수록 녹색에, 작을수록 흰색에 가깝게 표현됩니다.

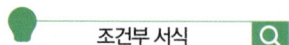
조건부 서식

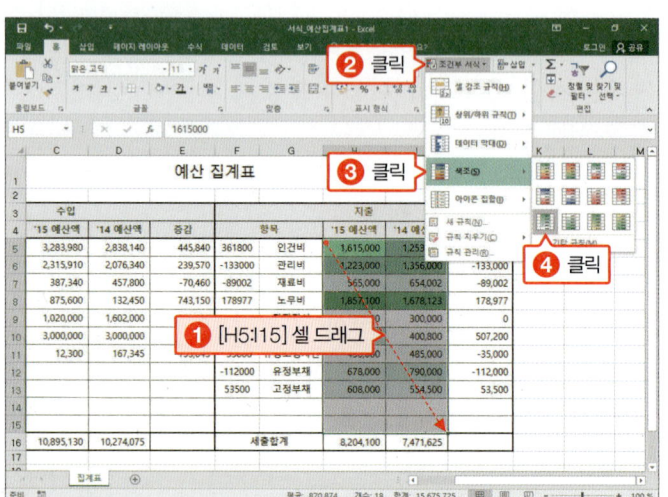

02 아이콘으로 조건부 서식 지정하기

2014년 대비 2015년의 수입이나 지출이 증가했을 때, 감소했을 때, 그대로일 경우를 비교해 아이콘으로 표시해 보겠습니다.

① [A5:A15] 셀을 드래그하고 ② Ctrl을 누르고 [F5:F15] 셀을 드래그하여 범위를 지정합니다. ③ [홈] 탭-[스타일] 그룹-[조건부 서식]을 클릭하고 ④ [아이콘 집합]을 선택한 뒤 ⑤ [기타 규칙]을 선택합니다.

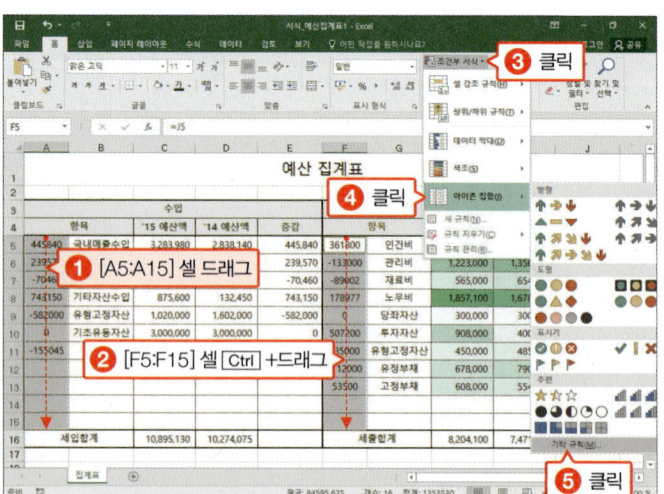

03 ① [새 서식 규칙] 대화상자에서 [아이콘 스타일]은 [삼각형 3개 ▼━▲]를 선택하고 ② [아이콘만 표시]에 체크 표시합니다. ③ [다음 규칙에 따라 아이콘 표시] 영역에서 [▲] 값에 [>,0, 숫자]를 지정하고 ④ [━] 값에 [>=, 0, 숫자]를 지정합니다. ⑤ [확인]을 클릭하여 대화상자를 닫습니다.

바로 통하는 TIP 셀 값을 기준으로 백분율, 숫자, 백분위수, 수식으로 변경할 수 있습니다. 백분율과 백분위수는 0~100 사이 값을 입력합니다.

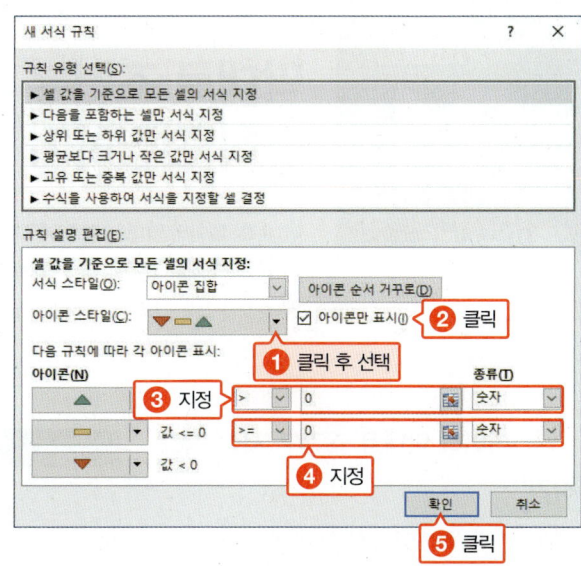

04 셀 값이 0 초과이면 ▲, 0이면 ━, 0 미만이면 ▼ 아이콘이 표시됩니다. 아이콘에 맞춰서 A열과 F열의 너비를 적당히 조절합니다.

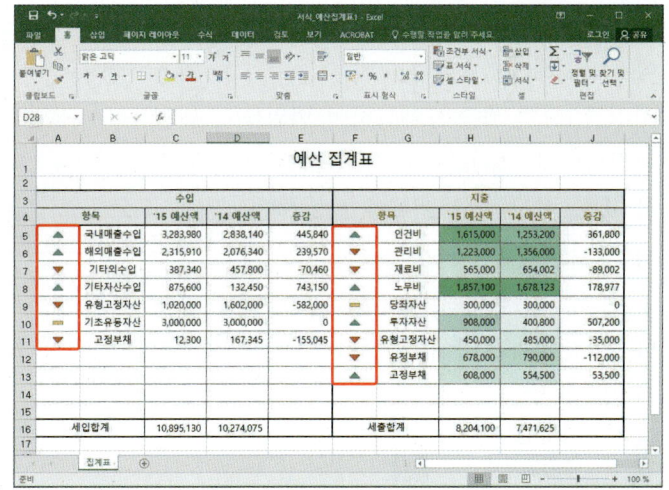

막대로 조건부 서식 지정 및 규칙 편집하기

학습 목표 | 데이터 막대는 셀 값에 따라 막대의 길이를 표시해 시각화합니다. 데이터를 시각화하면 전체적인 추세를 한눈에 볼 수 있습니다.

실습 파일 | 엑셀/31_서식_예산집계표2.xlsx   **완성 파일** | 엑셀/31완성.xlsx

O1 데이터 막대로 조건부 서식 지정하기

2014년과 2015년 예산액에 해당하는 각 셀 값을 전체 셀 값과 비교했을 때 예산액이 차지하는 비율을 데이터 막대 길이로 표시해 보겠습니다.

① [C5:D15] 셀을 드래그하여 범위를 지정합니다. ② [홈] 탭-[스타일] 그룹-[조건부 서식]을 클릭하고 ③ [데이터 막대]를 선택한 뒤 ④ [그라데이션 채우기]-[주황 데이터 막대]를 선택합니다. 셀 값에 따라 막대 길이가 다르게 표시됩니다.

조건부 서식

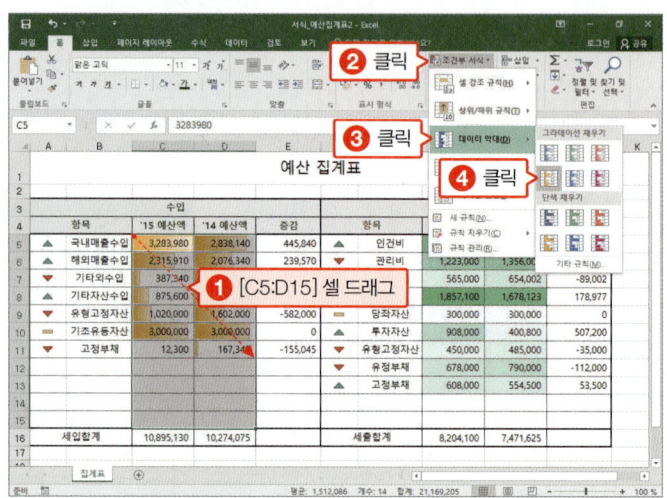

O2 2015년 대비 2016년의 수입이나 지출이 증가했을 때, 감소했을 때, 그대로일 경우를 비교해 데이터 막대로 표시해 보겠습니다.

① [E5:E15] 셀을 드래그한 뒤 ② Ctrl 을 누르고 [J5:J15] 셀을 드래그하여 범위를 지정합니다.

바로 통하는 TIP 예산액이 증가한 경우 파란색 데이터 막대가 오른쪽으로 표시되고, 감소한 경우 빨간색 데이터 막대가 왼쪽으로 표시됩니다.

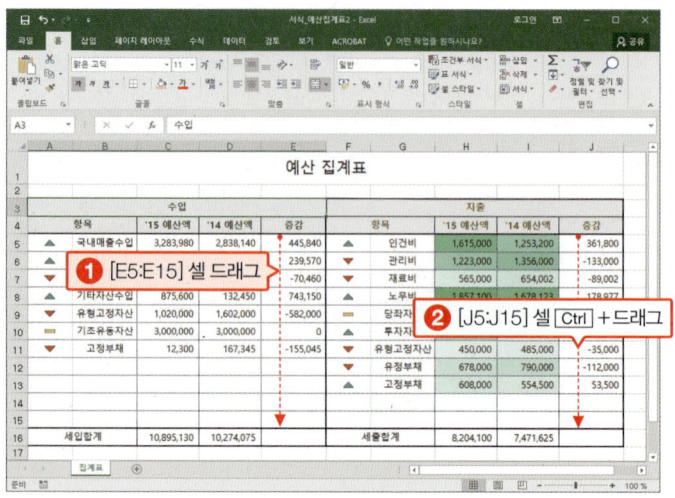

03 ① [홈] 탭-[스타일] 그룹-[조건부 서식]을 클릭하고 ② [데이터 막대]를 선택하고 ③ [단색 채우기]-[파랑 데이터 막대]를 선택합니다. 셀 값에 따라 음수와 양수 막대로 표시됩니다.

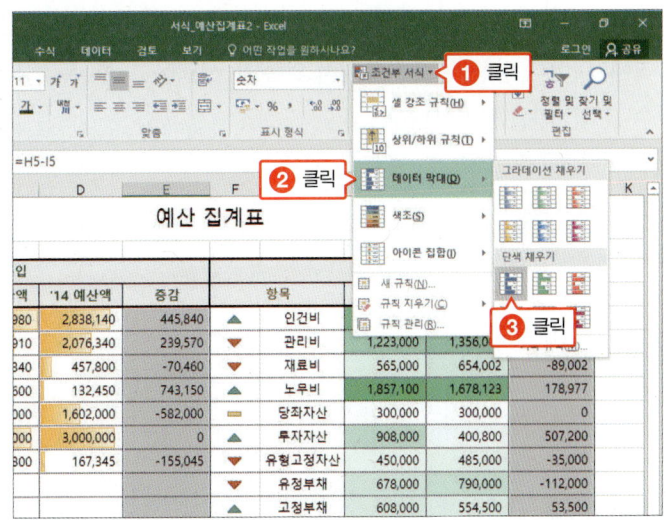

04 음수와 양수의 막대를 반대 방향으로 표시하기

예산액 증감이 표시된 데이터 막대의 방향을 바꿔 보겠습니다.
① 범위를 지정한 상태에서 [홈] 탭-[스타일] 그룹-[조건부 서식]을 클릭합니다. ② [규칙 관리]를 선택합니다.

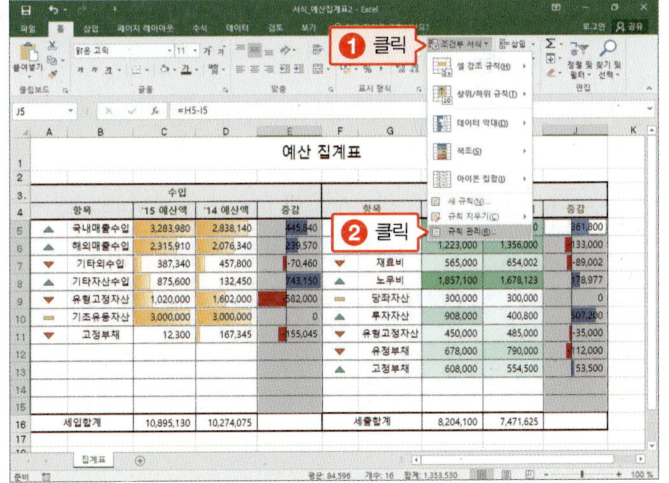

05 ① [조건부 서식 규칙 관리자] 대화상자에서 [데이터 막대] 규칙을 선택하고 ② [규칙 편집]을 클릭합니다.

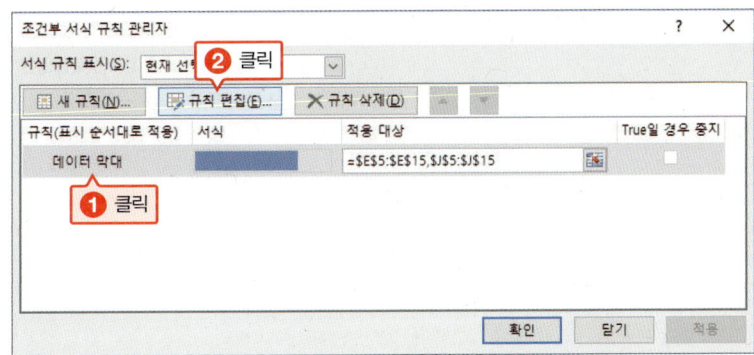

06 ① [서식 규칙 편집] 대화상자의 [규칙 설명 편집] 영역에서 [막대 방향]-[오른쪽에서 왼쪽]을 선택하고 ② [음수 값 및 축]을 클릭합니다.

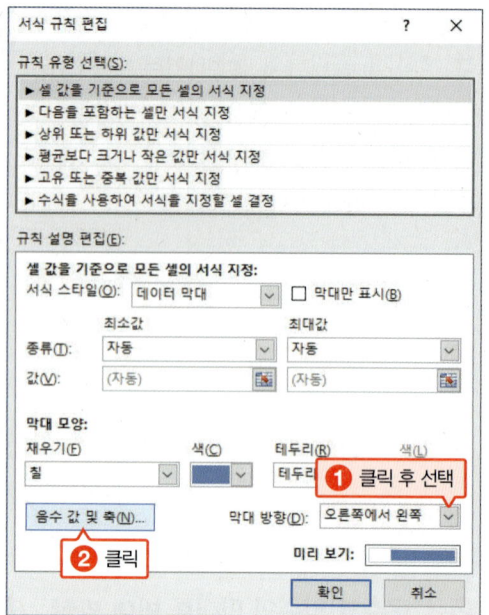

07 예산액 증감이 표시된 데이터 막대의 중심축을 셀 가운데로 바꿔 보겠습니다.
① [음수 값 및 축 설정] 대화상자의 [축 설정]에서 [셀 중간점]을 선택합니다. ② [확인]을 클릭하고 대화상자를 모두 닫습니다.

막대의 방향이 오른쪽에서 왼쪽으로 변경되고 중심축이 셀 중간으로 변경됩니다.

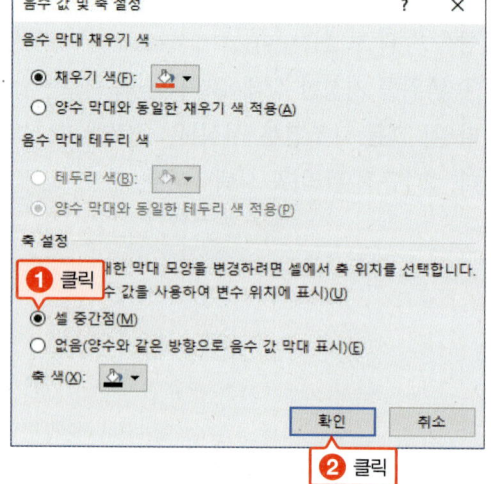

수식으로 조건부 서식 지정하기

학습 목표 | 조건부 서식 외에도 함수나 논리 수식 등을 사용하면 조건을 보다 다양하게 지정해 행 전체를 강조할 수 있습니다.

실습 파일 | 엑셀/32_서식_신용평가.xlsx   **완성 파일** | 엑셀/32완성.xlsx

01 수식으로 조건부 서식 지정하기

위험도 평가에서 워크아웃 대상 기업인 경우 해당 행을 연한 노란색으로 채워 보겠습니다.

① [A4:E35] 셀을 드래그하여 범위로 지정합니다. ② [홈] 탭-[스타일] 그룹-[조건부 서식]을 클릭하고 ③ [새 규칙]을 선택합니다.

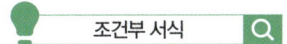

조건부 서식

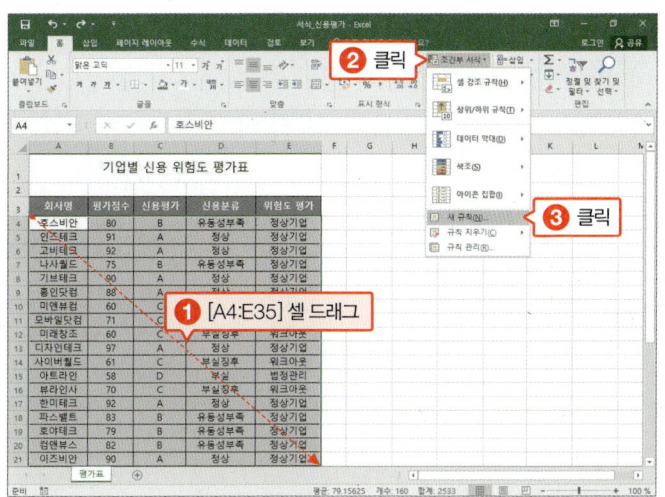

02
① [새 서식 규칙] 대화상자의 [규칙 유형 선택]에서 [수식을 사용하여 서식을 지정할 셀 결정]을 선택합니다. ② 목표를 달성한 행 전체에 서식을 적용하기 위해 수식 입력란에 **=$E4="워크아웃"**을 입력하고 ③ [서식]을 클릭합니다. ④ [셀 서식] 대화상자에서 [채우기] 탭을 클릭하고 ⑤ [연한 노랑]을 선택합니다. ⑥ [확인]을 클릭해서 서식을 적용합니다.

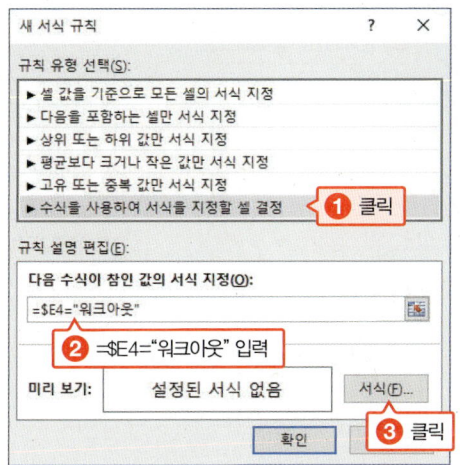

빠른 분석 도구로
표, 조건부 서식 지정하기

학습 목표 | 빠른 분석 도구를 이용하면 한두 단계만으로 데이터를 표나 차트로 변환할 수 있으며 조건부 서식, 스파크라인 등을 간단히 적용할 수 있습니다.

실습 파일 | 엑셀/33_서식_수출입추이.xlsx   **완성 파일** | 엑셀/33완성.xlsx

01 표 서식 지정하기

데이터 범위를 지정했을 때 범위 끝에 자동으로 표시되는 빠른 분석 도구를 이용해 표 서식을 지정해 보겠습니다

① [A3:E19] 셀을 드래그하여 범위를 지정합니다. ② 표의 오른쪽 아래 나타나는 [빠른 분석🔳]을 클릭합니다. ③ [표]를 선택하고 ④ 다시 [표]를 선택하여 지정한 범위에 표 서식을 적용합니다.

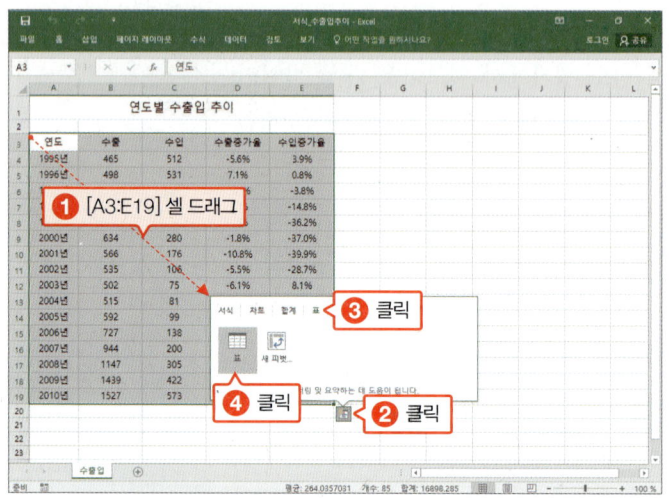

표 스타일이 적용되고 머리글 행에 필터 단추가 나타납니다.

02 색조로 조건부 서식 지정하기

수출증가율이 클 때와 낮을 때를 비교하여 색조로 표시해 보겠습니다.

① [D4:D19] 셀을 드래그하여 범위를 지정합니다. ② [빠른 분석🔳]을 클릭합니다. ③ [서식]을 선택하고 ④ [색조]를 선택하여 3가지 색조([녹색 – 흰색 – 빨강])로 서식을 적용합니다.

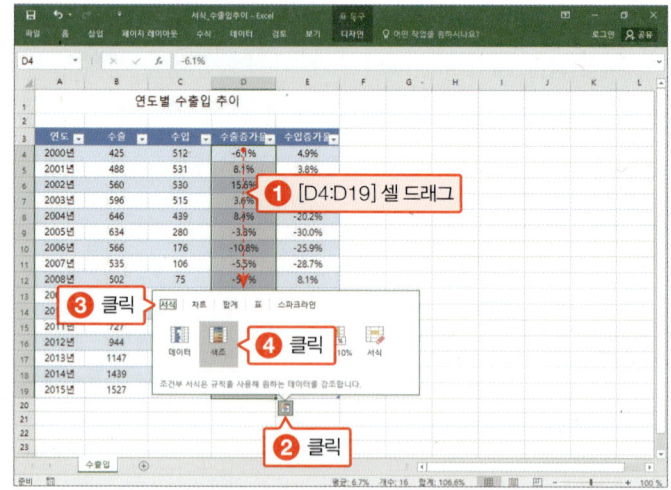

선택한 3가지 색조가 범위에 적용됩니다.

03 막대로 조건부 서식 지정하기

① [E4:E19] 셀을 드래그하여 범위를 지정합니다. ② [빠른 분석]을 클릭합니다. ③ [서식]을 선택하고 ④ [데이터]를 선택하여 데이터 막대 서식을 적용합니다.

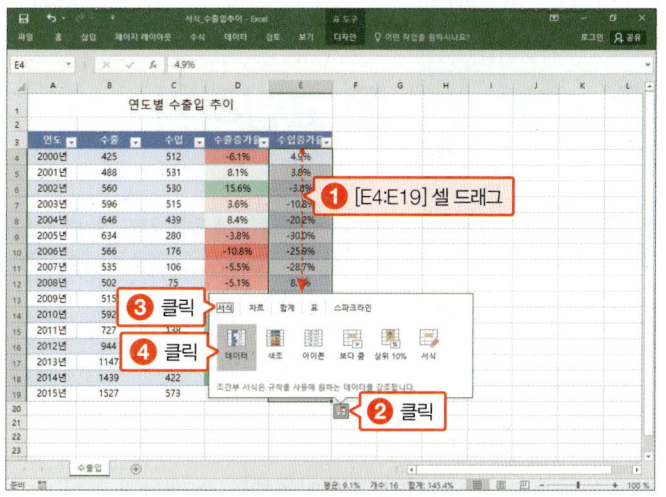

04 음수는 빨간색, 양수는 파란색 데이터 막대로 표시됩니다.

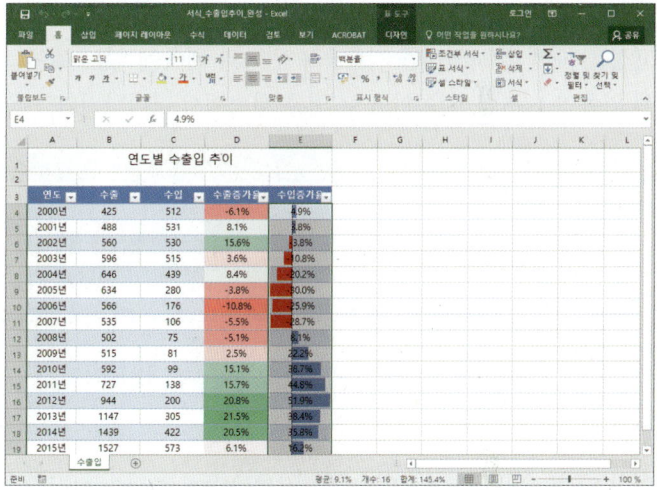

핵심기능실습

34

TELL ME
틀 고정

틀 고정하기

학습 목표 | 워크시트에 많은 양의 데이터가 입력되어 있다면 제목 행이나 제목 열과 같은 특정 셀을 고정시켜 두는 것이 편리합니다. [틀 고정] 기능으로 특정 셀을 고정해 보겠습니다.

실습 파일 | 엑셀/34_틀고정_매출표.xlsx

01 틀 고정하기

하반기 상품 매출표에서 화면을 이동해도 표 제목과 항목 이름, 연번과 일자, 담당자가 계속해서 보이도록 특정 셀을 고정해 보겠습니다.

① [D4] 셀을 클릭합니다. ② [보기] 탭-[창] 그룹-[틀 고정]을 클릭하고 ③ [틀 고정]을 선택합니다. 틀 고정을 하면 셀 포인터를 기준으로 위쪽과 왼쪽에 있는 셀이 고정됩니다. 그러므로 화면을 이동해도 [D4] 셀 위쪽인 1~3행, 왼쪽인 A~C열은 계속해서 나타납니다.

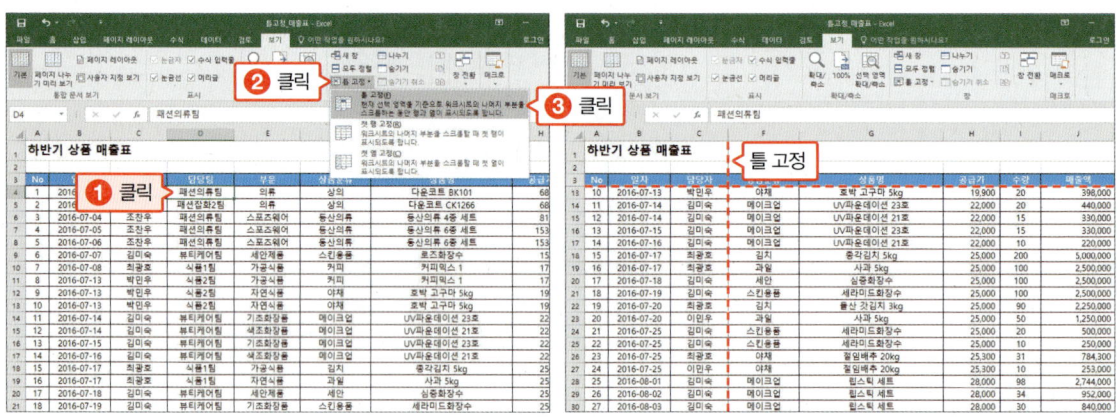

02 틀 고정 취소하기

① 임의의 셀을 클릭합니다. ② [보기] 탭-[창] 그룹-[틀 고정]을 클릭하고 ③ [틀 고정 취소]를 선택합니다.

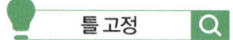

틀 고정 🔍

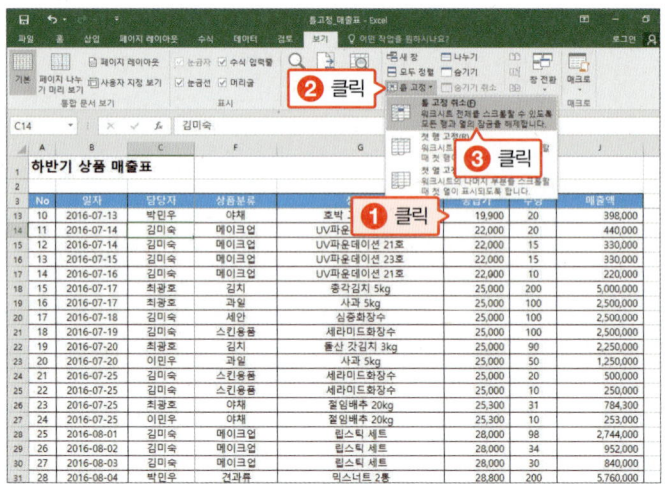

핵심기능실습

35

TELL ME
모두 정렬

문서를 바둑판식으로 정렬해서 작업하기

학습 목표 | 여러 개의 엑셀 문서를 띄워 놓고 작업할 때 다양한 형태의 화면 보기 방법이나 창 정렬 기능을 이용해 보다 편하게 작업할 수 있습니다.

실습 파일 | 엑셀/35_창_매출실적.xlsx

01 바둑판식으로 창 정렬하기

매출 실적 파일에 있는 [2014년]과 [2015년] 시트를 한 화면에 표시해 보겠습니다. 엑셀 창을 추가로 열고 원하는 시트를 선택한 후 창을 정렬하면 됩니다.

① 작업 중인 문서를 새 창에 띄우기 위해 [보기] 탭-[창] 그룹-[새 창]을 클릭합니다. ② [보기] 탭-[창] 그룹-[모두 정렬]을 클릭합니다. ③ [창 정렬] 대화상자에서 [바둑판식]을 선택한 후 ④ [확인]을 클릭합니다. 작업 창 두 개가 바둑판식으로 정렬됩니다.

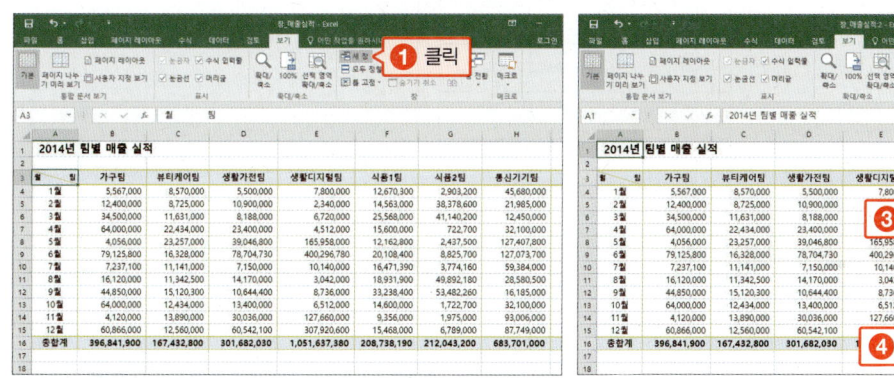

바로 통하는 TIP [보기] 탭-[창] 그룹에서 [창 전환]을 클릭하면 '창_매출실적.xlsx:1', '창_매출실적.xlsx:2' 두 개의 문서가 열려 있는 것을 확인할 수 있습니다. 현재 열려 있는 문서를 새 창에서 한 번 더 열었다는 의미입니다.

02 창 나란히 비교하기

오른쪽 창에서 [2015년] 시트 탭을 클릭해서 [2014년] 시트와 [2015년] 시트를 비교하면서 작업합니다.

바로 통하는 TIP 작업이 모두 끝난 뒤에는 작업 창 중 하나에서 [닫기 ✕]를 클릭하여 새 작업 창을 닫습니다.

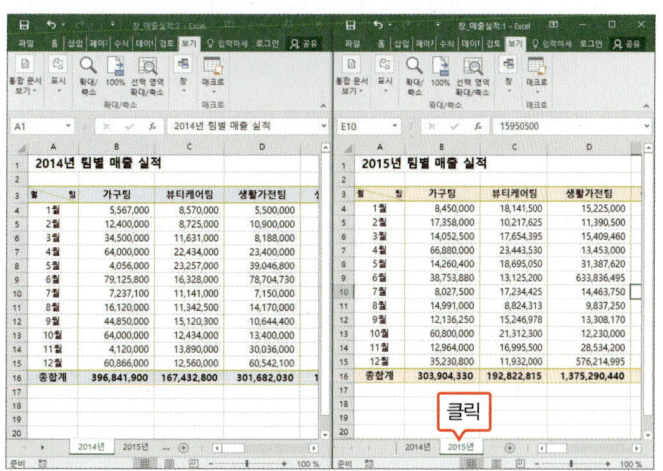

A4 한 장에 딱 맞추는 인쇄 노하우

인쇄 영역 또는 프린트 설정에 대한 문의는 매우 빈번하게 언급됩니다. 한눈에 비교해야 할 데이터들이 여기저기 나뉘어 인쇄되는가 하면 배율이 제멋대로 반영되기도 합니다. 종이 낭비에 시간 낭비까지 업무를 더디게 하는 걸림돌이 아닐 수 없습니다. [파일]을 클릭할 때 나오는 오피스 백스테이지의 [인쇄] 탭에서 인쇄와 관련된 작업과 메뉴를 살펴보겠습니다.

파일에 따라 상황이 달라지겠지만 다음과 같은 절차에 따라 인쇄 환경을 설정하면 시행착오를 줄일 수 있습니다. ① 인쇄할 시트를 지정합니다. 활성 시트, 전체 통합 문서, 또는 선택 영역만 인쇄할 수 있습니다. ② 용지를 세로로 할지 가로로 할지 결정합니다. ③ 작업한 문서에 맞는 용지 규격을 지정합니다. ④ 미리 보기 화면을 확인하면서 용지의 여백을 지정합니다.

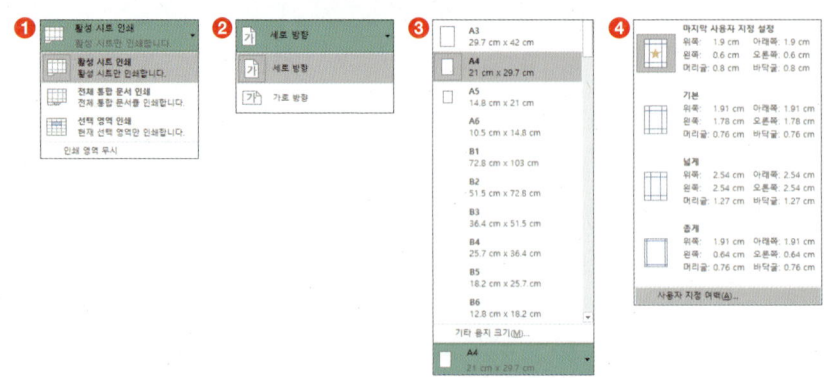

핵심기능실습 36

TELL ME
미리 보기 및 인쇄

인쇄 미리 보기에서
인쇄 선택 영역 및 여백 설정하기

학습 목표 | 인쇄 선택 영역과 여백 설정 등을 인쇄 미리 보기에서 확인하면 인쇄 오류나 종이의 낭비를 줄일 수 있습니다.

실습 파일 | 엑셀/36_인쇄_주간일정표.xlsx   **완성 파일** | 엑셀/36완성.xlsx

01 인쇄 영역 설정하기

① [1주] 시트 탭을 클릭하고 ② Shift를 누른 채 [4주] 시트 탭을 클릭합니다. ③ 인쇄 영역을 지정하기 위해 [A2:D38] 셀을 드래그하고 ④ [파일] 탭을 클릭합니다.

바로 통하는 TIP Shift는 '~부터 ~까지'라는 개념이고, Ctrl은 'A와 B'라는 개념입니다. 따라서 Shift를 누르면 처음 선택한 워크시트부터 마지막 워크시트까지 선택되고 Ctrl을 누르면 처음 선택한 워크시트와 각각 선택한 워크시트만 선택됩니다.

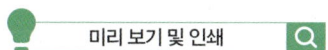

미리 보기 및 인쇄

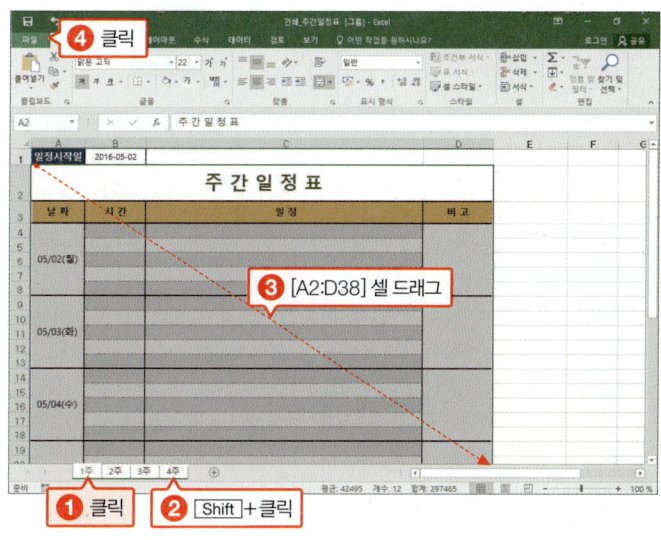

02

① [인쇄]를 선택하면 오피스 백스테이지에 인쇄 관련 메뉴와 미리 보기가 나타납니다. ② [인쇄 대상]을 클릭하고 ③ [선택 영역 인쇄]를 선택합니다.

[1주]~[4주] 시트에서 [A2:D38] 셀의 범위가 인쇄 영역으로 설정됩니다.

바로 통하는 TIP 편집 화면에서 단축키 Ctrl+P를 누르면 인쇄 미리 보기가 바로 실행됩니다.

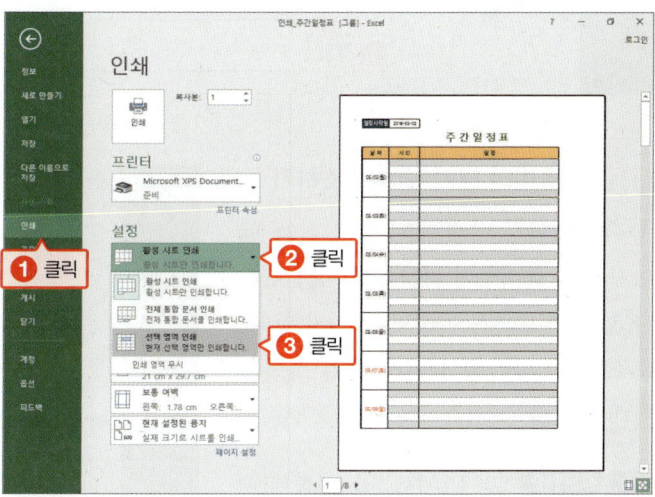

03 용지 여백 설정하기

용지 여백을 설정해 보겠습니다.
① 백스테이지 미리 보기에서 [여백 표시▦]를 클릭합니다. ② 여백이 너무 넓으므로 [여백 설정]을 클릭하고 ③ [좁게]를 선택하여 여백을 조절합니다.

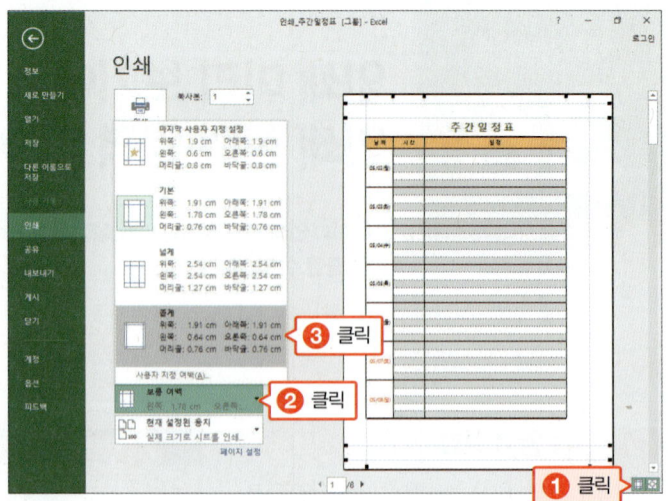

04

① [페이지 설정]을 클릭하고 ② [페이지 설정] 대화상자에서 [여백] 탭을 클릭합니다. ③ [페이지 가운데 맞춤]에서 [가로], [세로]에 체크 표시하고 ④ [확인]을 클릭하여 문서 내용을 페이지 가운데 정렬합니다.

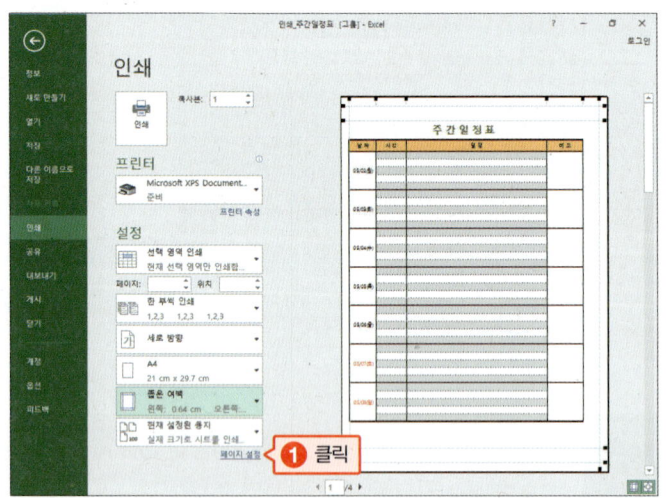
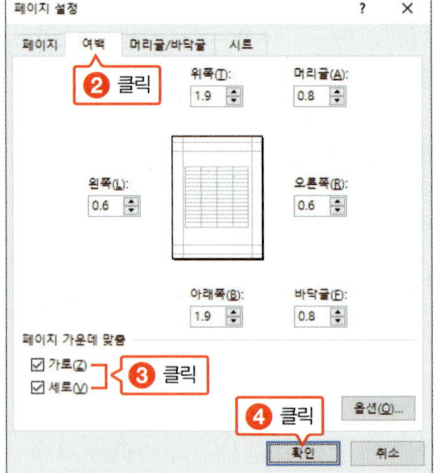

05 인쇄 미리 보기 확대/축소하기

① 백스테이지 미리 보기에서 [다음 페이지▶]을 클릭하여 다른 페이지를 보거나 ② 화면 오른쪽 아래의 [페이지 확대/축소▣]를 클릭해서 미리 보기 화면을 확대/축소할 수 있습니다.

바로 통하는 TIP 인쇄 작업 후에 그룹 시트를 해제하려면 [1주]~[4주]의 시트 중에서 임의의 시트를 선택합니다.

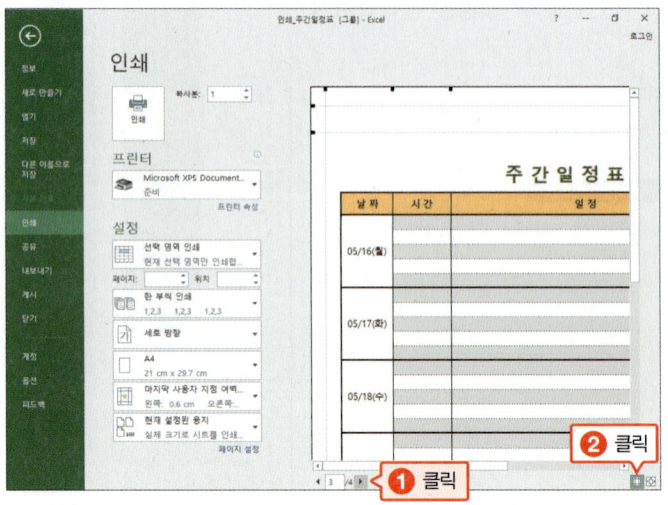

핵심기능실습

37

TELL ME
미리 보기 및 인쇄

반복 인쇄할 제목 행 지정하기

학습 목표 | 인쇄할 페이지 수가 많을 경우에는 첫 페이지에 표시되는 제목 행과 열을 반복하여 다음 페이지에 인쇄되도록 제목을 지정할 수 있습니다.

실습 파일 | 엑셀/37_인쇄_업무추진비1.xlsx   **완성 파일 |** 엑셀/37완성.xlsx

O1 페이지마다 제목 행이 반복 인쇄되도록 설정하기

① 상태 표시줄에서 [페이지 레이아웃▦]을 클릭합니다. ② [페이지 레이아웃] 탭 – [페이지 설정] 그룹 – [인쇄 제목]을 클릭합니다. ③ [페이지 설정] 대화상자의 [반복할 행] 입력란을 클릭하고 ④ 3행 머리글을 클릭하면 반복할 행이 선택됩니다. ⑤ [확인]을 클릭합니다.

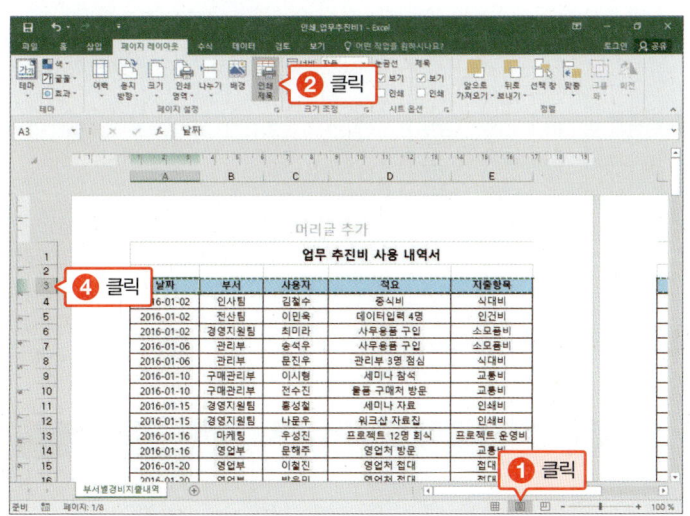

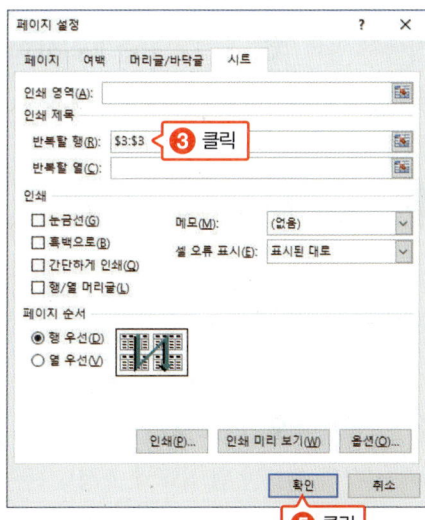

O2 각 페이지로 이동하면서 살펴보면 제목이 반복되어 나타납니다.

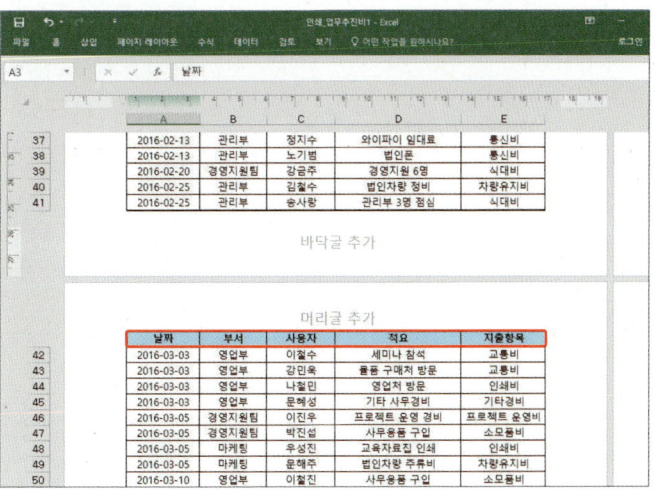

페이지 나누기 미리 보기 및
인쇄 배율 지정하기

학습 목표 | 페이지 나누기 미리 보기를 사용하면 인쇄할 문서 영역을 페이지 구분선으로 나눠 볼 수 있습니다. 특히 용지 방향, 인쇄 배율 등을 변경했을 때 자동 페이지 나누기에 어떤 영향이 있는지 직접 확인할 수 있습니다.

실습 파일 | 엑셀/38_인쇄_업무추진비2.xlsx **완성 파일** | 엑셀/38완성.xlsx

01 페이지 나누기 미리 보기 모드로 변경하기

상태 표시줄에서 [페이지 나누기 미리 보기]를 클릭합니다. 페이지 나누기 창에서 인쇄 영역 전체는 파란색 실선으로, 자동으로 나눠진 페이지 구분선은 파랑 점선으로 표시됩니다.

페이지 나누기 미리 보기

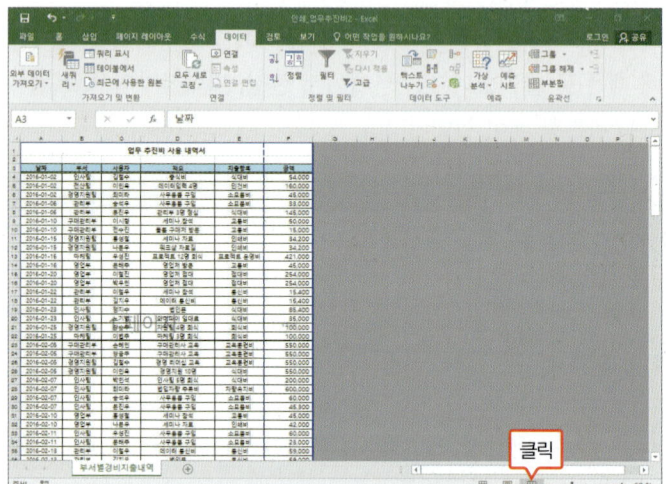

02 인쇄 배율 조정하기

[페이지 레이아웃] 탭-[크기 조정] 그룹에서 [너비]를 [1페이지]로 선택합니다.

인쇄 가로 배율이 [89%]로 조정되었습니다.

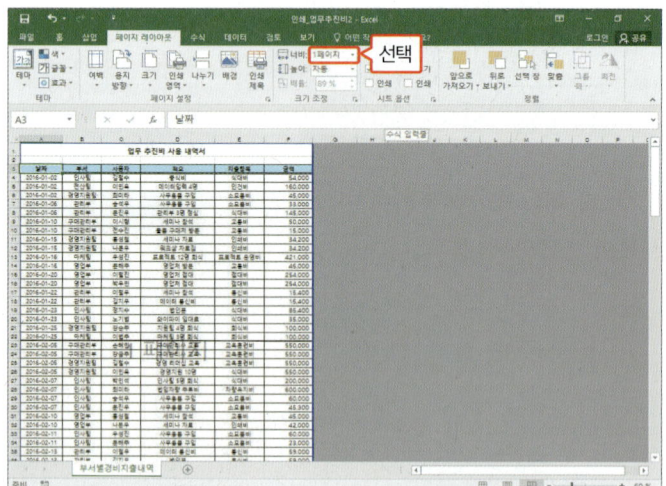

핵심기능실습 39

페이지 나누기 구분선 수정하기

학습 목표 | 페이지 나누기를 이용하면 자동으로 설정된 페이지 영역을 임의로 수정해 사용자가 원하는 페이지 영역으로 구분할 수 있습니다. 마우스로 페이지 구분선을 드래그해 한 페이지에 인쇄할 내용을 조절한 뒤 페이지 수를 정확히 맞춰 인쇄해 보세요.

실습 파일 | 엑셀/39_인쇄_업무추진비3.xlsx **완성 파일** | 엑셀/39완성.xlsx

01 1~6월까지 매출 보고 실적 데이터를 월별로 나누겠습니다. ① 1페이지 나누기 구분선을 41행 위치로 드래그합니다. ② 2페이지 나누기 구분선을 89행 위치로 드래그합니다.

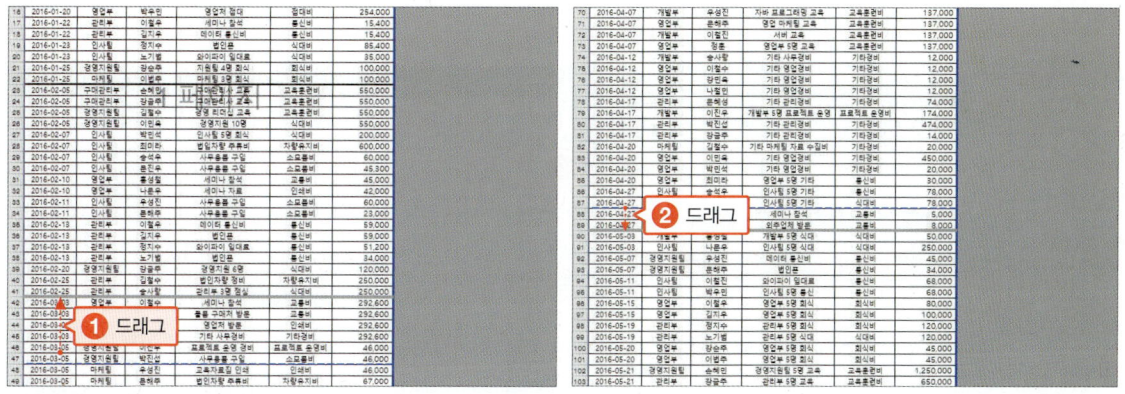

바로 통하는 TIP 페이지 나누기 구분선으로 영역을 나누려면 [페이지 레이아웃] 탭-[크기 조정] 탭에서 [너비]와 [높이]를 [자동]으로 설정합니다.

02 3페이지 나누기 구분선을 117행 위치로 드래그합니다. 월별로 매출 보고 실적 데이터의 페이지가 나눠졌습니다.

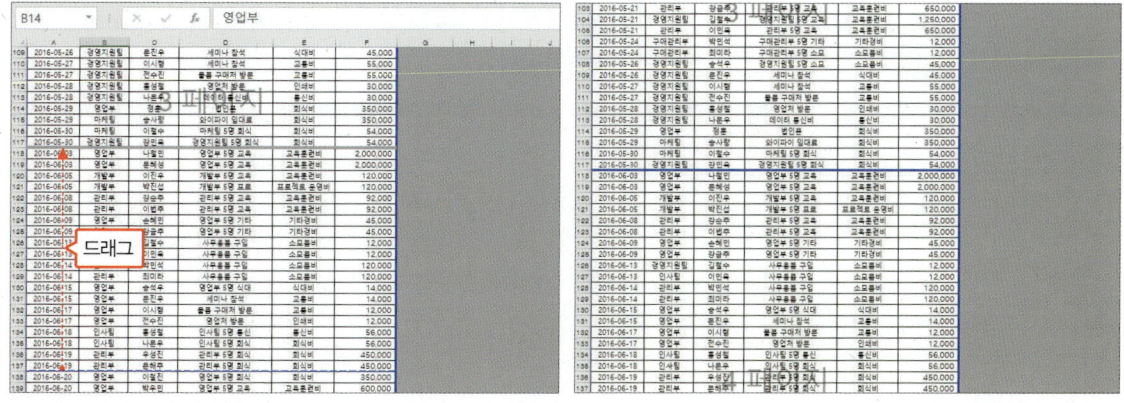

바로 통하는 TIP [페이지 레이아웃] 탭-[페이지 설정] 그룹-[나누기]를 클릭하여 [페이지 나누기 삽입], [페이지 나누기 제거]나 [페이지 나누기 모두 원래대로]를 선택하여 페이지 나누기를 수정할 수 있습니다.

페이지 레이아웃 보기에서 머리글/바닥글 설정하기

학습 목표 | 각 페이지의 상단이나 하단에 머리글/바닥글을 설정하여 날짜, 페이지 번호, 파일 이름 등을 표시할 수 있습니다.

실습 파일 | 엑셀/40_인쇄_업무추진비4.xlsx   **완성 파일 |** 엑셀/40완성.xlsx

O1 머리글에 현재 날짜 입력하기

① 상태 표시줄에서 [페이지 레이아웃 보기 ▦]를 클릭합니다. ② [머리글 추가] 영역 오른쪽 빈 칸을 클릭해서 ③ **작성일자 :** 를 입력합니다. ④ [머리글/바닥글 도구] – [디자인] 탭 – [머리글/바닥글 요소] 그룹에서 [현재 날짜]를 클릭해서 날짜를 표기합니다.

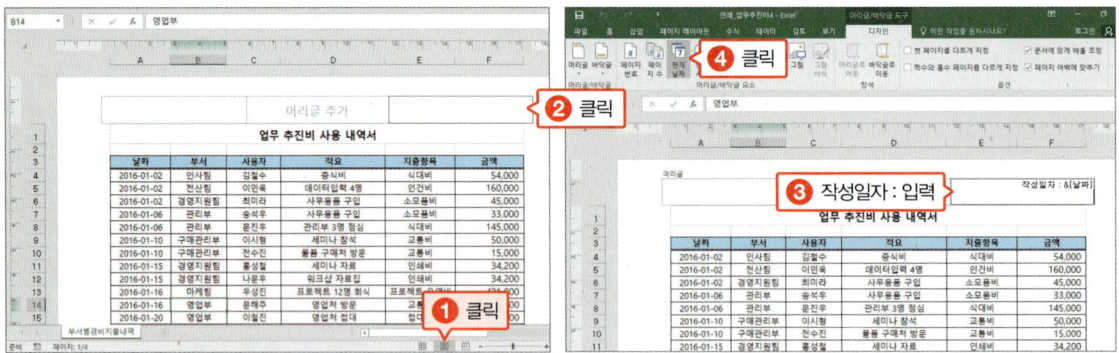

O2 바닥글에 페이지 번호를 입력하기

① [머리글/바닥글 도구] – [디자인] 탭 – [탐색] 그룹에서 [바닥글로 이동]을 클릭해서 바닥글로 이동합니다. ② 바닥글 가운데 영역을 클릭하고 ③ [머리글/바닥글 도구] – [디자인] 탭 – [머리글/바닥글 요소] 그룹 – [페이지 번호]를 클릭합니다. ④ /를 입력한 후 ⑤ [페이지 수]를 클릭합니다. ⑥ 임의의 셀을 클릭하면 바닥글이 페이지 번호/전체 페이지 수 형식으로 표기됩니다.

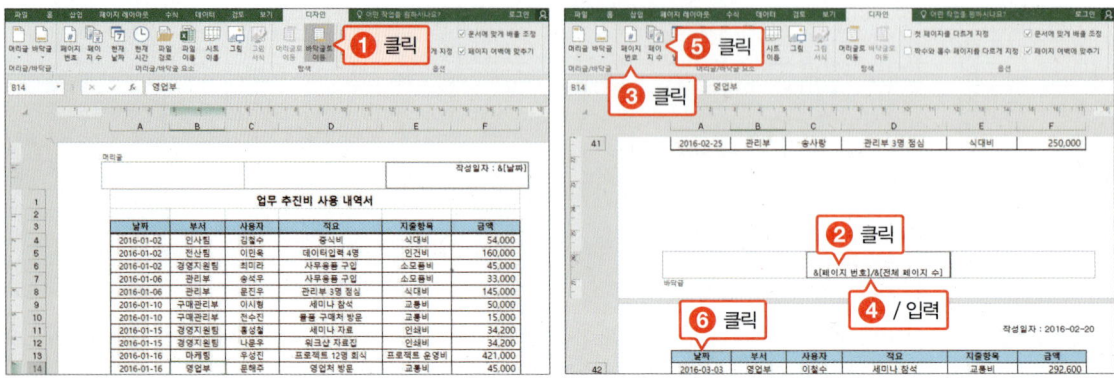

바로 통하는 TIP 머리글/바닥글 도구] – [디자인] 탭은 머리글 또는 바닥글 영역을 클릭한 상태에서만 나타납니다.

배경 그림 삽입하기

학습 목표 | 머리글/바닥글 영역에 그림을 배경으로 삽입하여 각 페이지마다 배경 그림을 표시할 수 있습니다.

실습 파일 | 엑셀/41_인쇄_경력증명서.xlsx   **완성 파일 |** 엑셀/41완성.xlsx

01 배경 그림 삽입하기

① [머리글 추가] 영역의 가운데 빈칸을 클릭합니다. ② [머리글/바닥글 도구]-[디자인] 탭-[머리글/바닥글 요소] 그룹-[그림]을 클릭합니다.

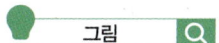

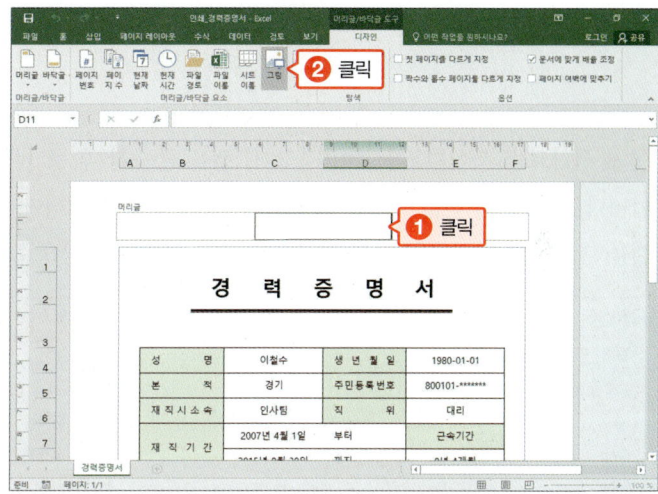

02
① [그림 삽입] 창에서 [찾아보기]를 클릭한 다음 ② [그림 삽입] 대화상자가 나타나면 엑셀 폴더에서 logo.png를 선택하고 ③ [삽입]을 클릭합니다.

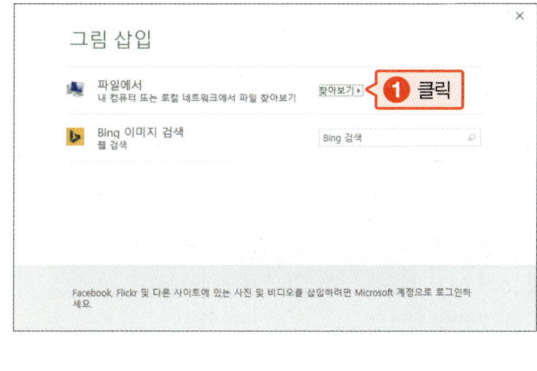

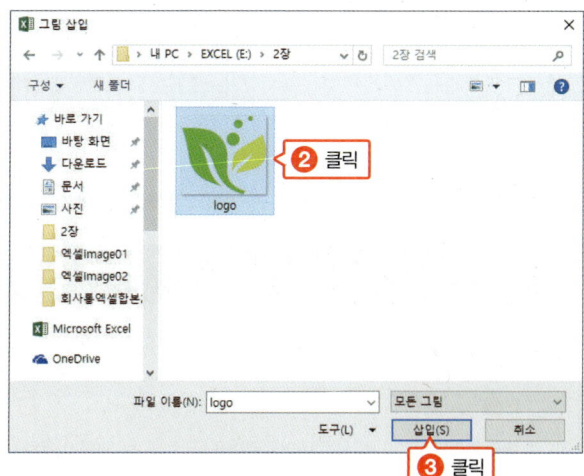

03 배경 그림 서식 지정하기

① 그림을 가운데 배치하기 위해 &[그림] 앞에 커서를 두고 Enter를 여러 번 누릅니다. ② [머리글/바닥글 도구] - [디자인] 탭 - [머리글/바닥글 요소] 그룹 - [그림 서식]을 클릭합니다.

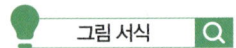

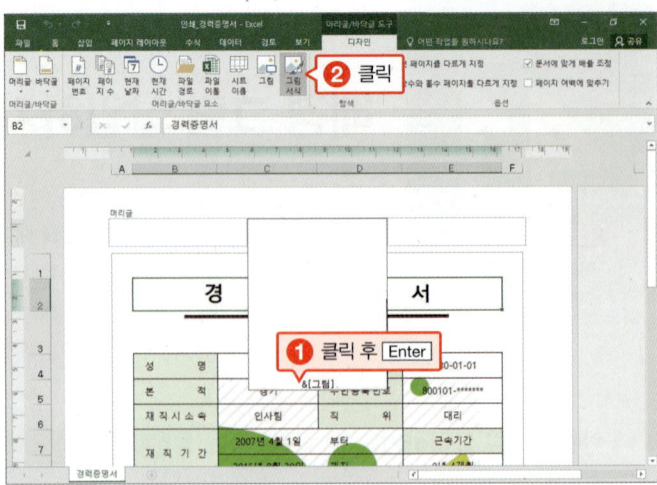

04 ① [그림 서식] 대화상자의 [크기] 탭을 클릭한 후 ② [배율]에서 [높이]와 [너비]에 각각 **80%**를 입력합니다. ③ [그림] 탭을 클릭한 후 ④ [색] 목록에서 [희미하게]를 선택하고 ⑤ [확인]을 클릭합니다. 임의의 셀을 클릭하면 머리글의 가운데 영역에 로고 그림이 배경으로 희미하게 삽입됩니다.

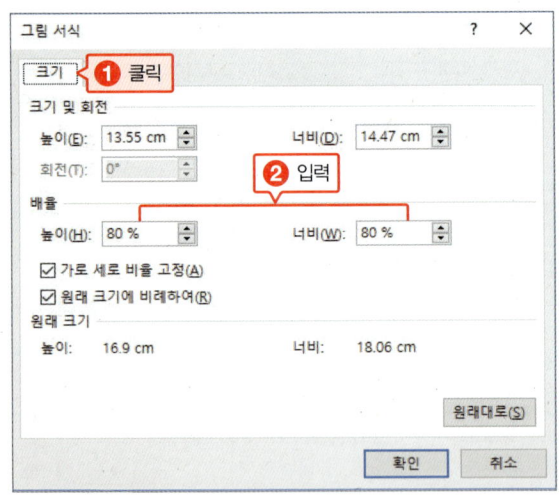

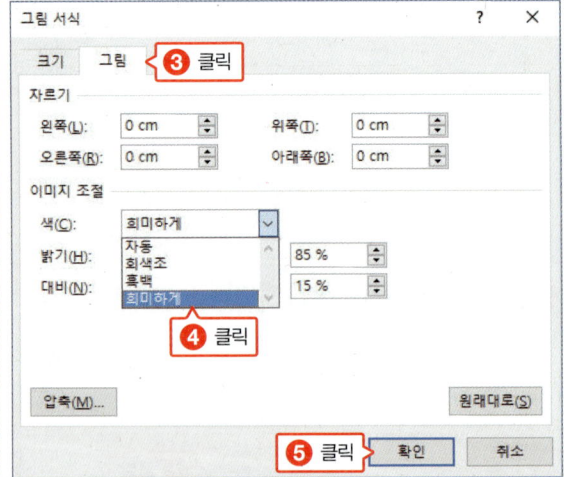

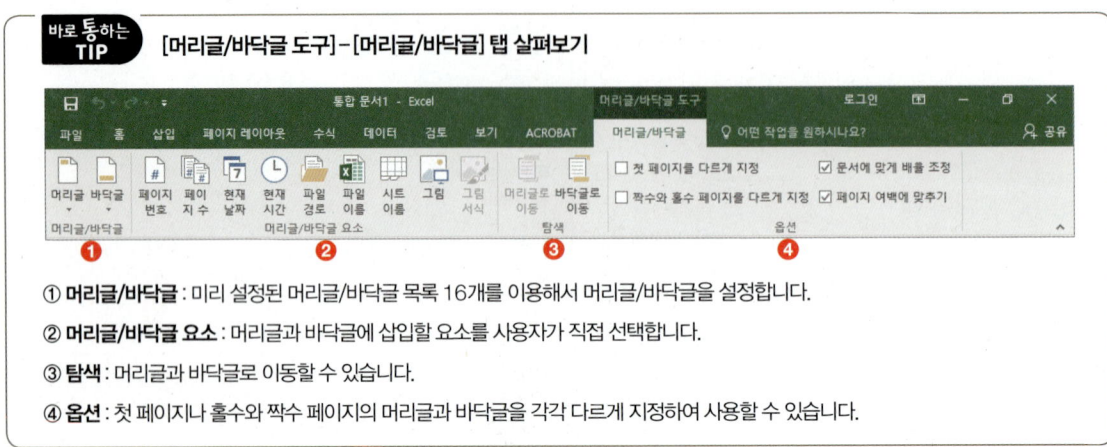

[머리글/바닥글 도구] - [머리글/바닥글] 탭 살펴보기

① **머리글/바닥글** : 미리 설정된 머리글/바닥글 목록 16개를 이용해서 머리글/바닥글을 설정합니다.

② **머리글/바닥글 요소** : 머리글과 바닥글에 삽입할 요소를 사용자가 직접 선택합니다.

③ **탐색** : 머리글과 바닥글로 이동할 수 있습니다.

④ **옵션** : 첫 페이지나 홀수와 짝수 페이지의 머리글과 바닥글을 각각 다르게 지정하여 사용할 수 있습니다.

수식 작성 및
함수 활용하기

엑셀을 사용하는 가장 큰 이유는 복잡한 계산을 쉽고 빠르게 끝내며, 복잡하고 반복되는 수식도 함수를 사용해 간단하게 해결할 수 있기 때문입니다. 여기에서는 수식과 함수의 구조를 이해하고, 상대 참조/절대 참조/혼합 참조를 이용해 수식을 만들어 보겠습니다. 실무에서 자주 쓰는 활용도 높은 함수의 사용법도 살펴보겠습니다.

수식에서 사용하는 참조 유형 알아보기

수식 계산은 엑셀의 막강한 기능 중 하나로 일일이 해야 할 작업을 간단하게 해결해 줍니다. 더 큰 장점은 이미 셀에 데이터가 입력돼 있다면 계산기처럼 값을 하나하나 다시 입력하지 않아도 참조해서 계산할 수 있다는 점입니다. 따라서 셀을 참조하는 유형을 알아야 수식의 연산자를 활용해 엑셀의 기능을 원활하게 사용할 수 있습니다.

기본적인 참조 유형

	A	B	C	D	E	F	G	H	I
1		❶ 상대 참조					❷ 절대 참조		
2	값1	값2	합계	수식		달러가	원화	수식	환율
3	1	2	3	=A3+B3		$11.00	₩12,386	=F3*$I$3	₩1,126
4	10	20	30	=A4+B4		$23.00	₩25,898	=F4*$I$3	
5	100	200	300	=A5+B5		$8.00	₩9,008	=F5*$I$3	
6									

❶ **상대 참조** : 가장 일반적으로 사용하는 참조 유형입니다. 1+2이라는 수식은 1과 2처럼 직접 값을 사용해 계산하는데 엑셀에서는 값이 입력된 셀을 사용하기도 합니다. [A3] 셀에 1이 입력돼 있고 [B3] 셀에 2가 입력돼 있다면 =A3+B3이라고 수식을 작성해도 1+2와 같은 결과가 나타납니다. 이처럼 [A1], [B2]와 같이 일반적인 셀 주소 형식으로 수식을 입력하는 방식을 상대 참조라고 합니다. 수식을 복제하면 셀 위치에 따라 참조한 셀 주소도 바뀌기 때문에 엑셀에서 셀을 참조하여 수식을 만드는 방법으로 가장 많이 사용합니다.

❷ **절대 참조** : 상대 참조를 사용하면 번거로운 중복 작업을 한번에 처리할 수 있습니다. 하지만 위의 환율 계산처럼 정해진([I3] 셀) 곳의 셀 값을 참조해야 할 경우가 있습니다. 이를 절대 참조라고 하며 [$A$1] 또는 [$B$2] 형태로 열 머리글과 행 머리글 앞에 $를 붙여 입력하는 방식입니다. 수식을 복제해 셀 위치가 바뀌어도 이와 관계없이 참조한 셀 주소가 변하지 않고 고정됩니다.

❸ **혼합 참조** : [A$1] 또는 [$B2]의 형태로 열 또는 행 중에서 하나에만 $를 붙여 입력하는 방식입니다. 혼합 참조 수식을 입력한 후 복제하면 셀 위치에 따라 $가 붙은 행(열)은 고정되고 열(행)만 바꿔 참조합니다.

다양한 참조 방법으로 수식 만들기

이름으로 수식 만들기

셀이나 선택 범위를 특정 이름으로 정의한 뒤 수식에 사용할 수 있습니다. 셀 주소를 이름으로 지정하면 수식을 작성할 때 오류가 줄어들고 직관적으로 확인할 수 있습니다.

일반 수식	=C7*(1–B3)*B7	=D7*B4
이름으로 만든 수식	=C7*(1–할인율)*B7	=D7*세율

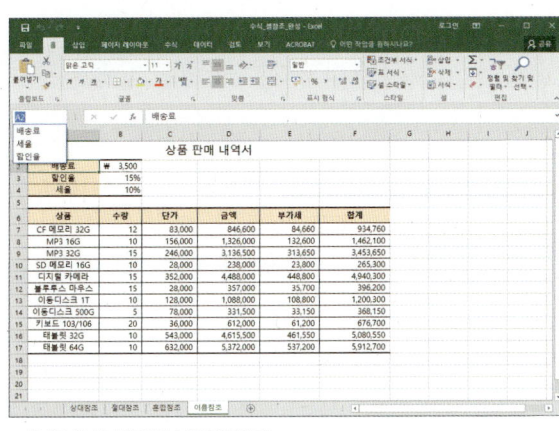

▲ [이름 상자]에서 직접 이름 정의하기

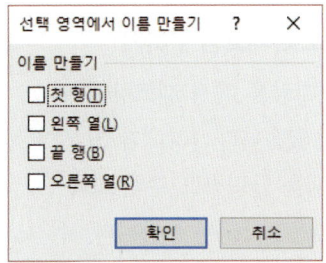

▲ [선택 영역에서 이름 만들기] 대화상자에서 이름 정의하기

자동 합계 기능으로 수식 계산하기

자주 사용하는 수식은 버튼으로 만들어 계산할 수 있습니다. 합계, 평균, 최대값, 최소값 등의 함수를 이용한 수식을 버튼 클릭 한 번으로 실행합니다.

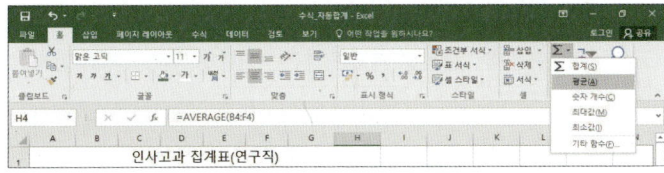

구조적 참조를 이용해 한번에 수식 계산하기

표 안의 데이터는 구조적 참조 방식으로 사용할 수 있습니다. 그러면 표 안의 데이터가 수정, 추가, 삭제되더라도 자동으로 셀 참조가 조정되기 때문에 일반 셀 참조에 비해 유용합니다.

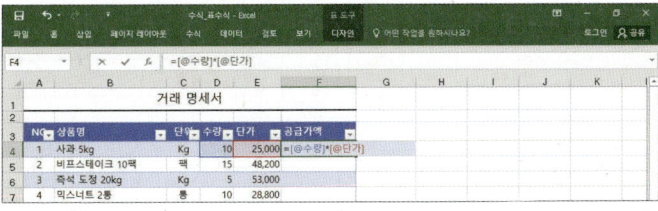

◀ 표의 구조적 수식에서 [열 머리글]은 열 전체, 즉 [수량]은 [D4:D13] 셀까지를 의미합니다. [@열 머리글]은 열 전체 중 현재 셀이 위치하는 행, 즉 [@수량]은 [D4], [D5], …를 의미합니다.

42

상대 참조로 수식 만들기

학습 목표 | 상대 참조는 [A1], [B2]와 같은 일반적인 셀 주소 형식으로 수식을 입력하는 방식입니다. 수식을 복제하면 셀 위치에 따라 참조한 셀 주소도 바뀝니다.

실습 파일 | 엑셀/42_수식_셀참조.xlsx [상대참조]시트   **완성 파일 |** 엑셀/42완성.xlsx

01 상대 참조로 재고량 구하기

생산량에서 판매량을 빼서 재고량([D4] 셀)을 구할 수 있습니다. [상대참조] 시트에서 [D4] 셀을 클릭하고 수식 **=B4-C4**를 입력한 다음 **Enter**를 누릅니다. 수식이 완성됩니다.

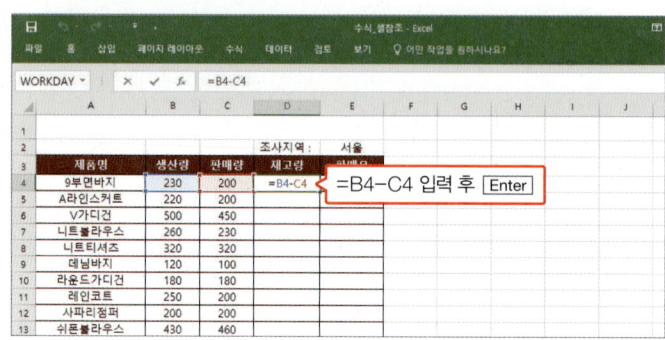

02 상대 참조로 판매율 구하기

판매율([E4] 셀)은 생산량에서 판매량을 나누어 구합니다. [E4] 셀에 **=C4/B4**를 입력하고 **Enter**를 누릅니다.

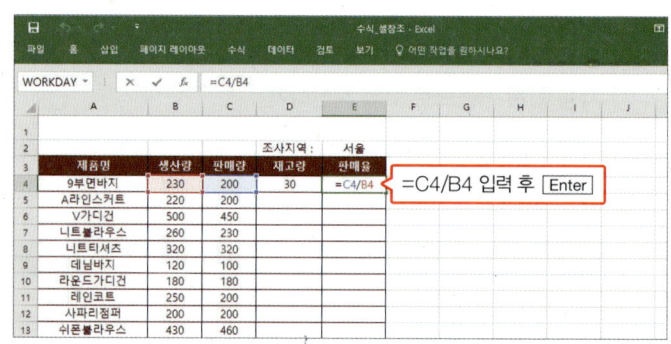

03 수식 복사하기

재고량과 판매율의 수식을 복사해 각 셀에 결과 값을 표시해 보겠습니다.
① [D4:E4] 셀을 드래그해 범위를 지정합니다. ② 채우기 핸들을 [E16] 셀까지 드래그해 수식을 복사합니다. 셀 위치에 따라 재고량과 판매율이 바뀝니다.

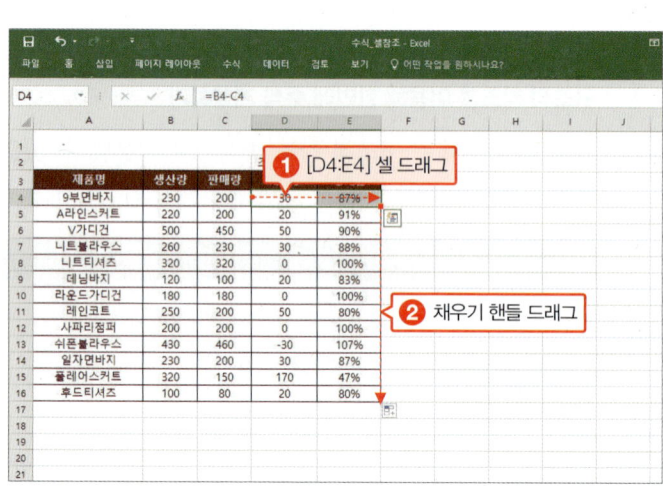

재고량과 판매율의 각 셀을 클릭해 수식 입력줄을 살펴보면 셀 위치에 따라 수식에서 참조한 셀 주소가 바뀌었음을 알 수 있습니다.

04 문자 연산자로 제목 표시하기

제목([A1] 셀)은 '조사지역'과 '생산/판매/재고량' 문자를 합쳐서 제목을 표시합니다. [A1] 셀에 **=E2&"지역 생산/판매/재고량"**을 입력하고 Enter를 누릅니다.

바로 통하는 TIP 문자와 문자를 합칠 때는 문자 연결 연산자(&)를 사용합니다.

바로 통하는 TIP **수식의 구조**

수식은 등호(=)를 처음 입력하고 연산자, 피연산자, 함수 등을 조합하여 만듭니다. 피연산자는 숫자일 수도 있지만 셀 주소가 될 수도 있습니다. 연산자는 데이터를 계산하라는 명령 기호입니다.

=	피연산자	연산자	피연산자
❶ 등호	❷ 숫자 또는 셀 주소	❸ 산술, 문자, 비교 연산자 등	❹ 숫자 또는 셀 주소

연산자 종류와 우선순위

연산자는 산술, 비교, 문자, 참조 연산자가 있습니다. 산술, 문자, 참조 연산자는 수식에 직접 사용하지만 비교 연산자는 True, False 값을 결과로 표시하기 때문에 함수식에 주로 쓰입니다.

① **산술 연산자** : 더하기, 빼기, 곱하기와 같은 기본적인 수학 연산을 수행합니다.

기능	백분율	거듭제곱	곱하기	나누기	더하기	빼기
연산자	%	^	*	/	+	−

② **비교 연산자** : 두 값을 비교하여 참 또는 거짓으로 결과 값이 나타납니다.

기능	같다	크다	크거나 같다	작다	작거나 같다	같지 않다
연산자	=	>	>=	<	<=	<>

③ **문자 연결 연산자** : 문자열을 여러 개 연결해서 하나로 만듭니다.

기능	연결
연산자	&

각 연산자 사이의 우선순위는 다음과 같습니다.

1순위 : 산술 연산자(−(음수), %, ^, *, /, +, −)

2순위 : 문자 연결 연산자(&)

3순위 : 비교 연산자(=, <, >, <=, >=, < >)

우선순위가 같은 연산자는 왼쪽에 있는 연산자를 먼저 계산합니다. 연산자의 우선순위를 바꾸려면 괄호( )를 씁니다. 괄호 연산자 안에 있는 수식을 가장 먼저 계산합니다.

절대 참조로 수식 만들기

학습 목표 | 절대 참조는 [$A$1] 또는 [$B$2] 형태로 열 머리글과 행 머리글 앞에 $ 기호를 붙여 만듭니다. 그러면 수식을 복제해서 셀 위치가 바뀌어도 이와 관계없이 참조한 셀 주소가 변하지 않고 고정됩니다.

실습 파일 | 엑셀/43_수식_셀참조.xlsx [절대참조]시트 **완성 파일** | 엑셀/43완성.xlsx

01 절대 참조로 금액 구하기

생두의 단가를 원화로 환산하고 중량을 곱하여 금액([D5] 셀)을 구합니다.
① [절대참조] 시트에서 [D5] 셀에 수식 **=B5*D2**를 입력한 다음 ② F4 를 눌러 [D2] 셀을 절대 참조로 바꿉니다.

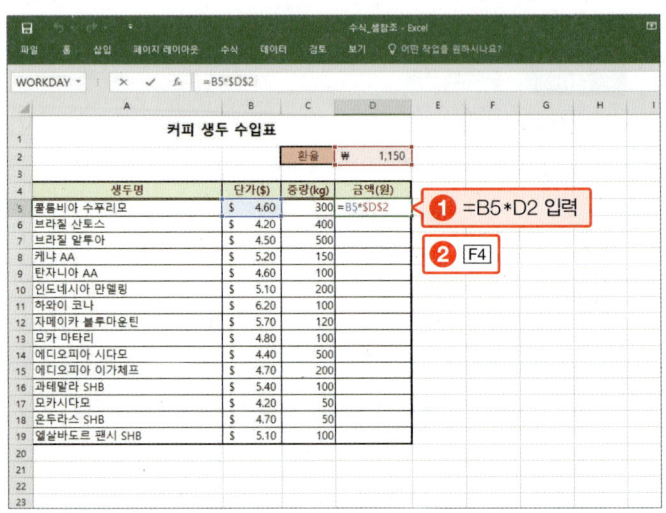

02 계속해서 ***C5**를 입력하고 Enter 를 눌러 =B5*$D$2*C5 수식을 완성합니다.

바로 통하는 TIP 완성 수식 : 금액 = 단가 * 환율 * 중량

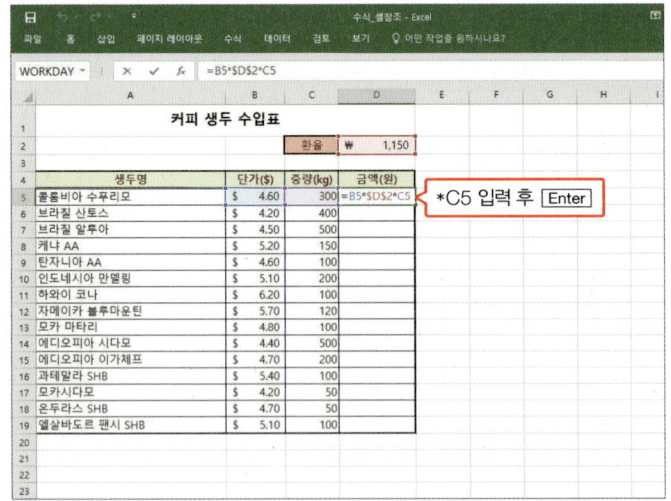

03 서식 없이 수식 자동 채우기

완성된 수식을 [D19] 셀까지 채워 보겠습니다.

① [D5] 셀을 클릭한 후 채우기 핸들을 [D19] 셀까지 드래그합니다. ② [자동 채우기 옵션🔲]을 클릭하고 ③ [서식 없이 채우기]를 선택하여 미리 지정되어 있는 서식을 유지합니다

[D19] 셀까지 금액이 계산됩니다. 셀 주소를 고정할 때는 절대 참조를 사용합니다.

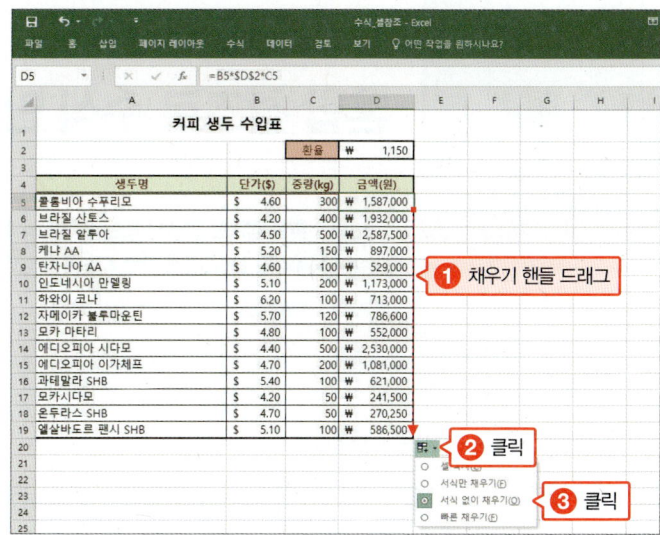

바로 동하는TIP 상대, 절대, 혼합 참조의 유형을 빠르게 변경하기

참조 영역을 고정할 때는 $ 기호를 직접 입력할 수도 있지만 F4 를 눌러 참조 유형을 빠르게 변경할 수 있습니다. 상대 참조 → 절대 참조 → 혼합 참조 순서로 바뀝니다.

혼합 참조로 수식 만들기

학습 목표 | 혼합 참조는 [A$1] 또는 [$B2]의 형태로 열 또는 행 중에서 하나에만 $를 붙입니다.
수식을 복제하면 셀 위치에 따라 $가 붙은 행(열)은 고정되고 열(행)만 바뀝니다.

실습 파일 | 엑셀/44_수식_셀참조.xlsx [혼합참조]시트 **완성 파일** | 엑셀/44완성.xlsx

01 혼합 참조로 운임료 구하기

지역에 따른 운임을 기준으로 2016년 인상 운임([C5] 셀)을 구합니다.

① [혼합참조] 시트에서 [C5] 셀을 클릭한 후 수식 **=B5+(B5*C4)**를 입력합니다. ② 수식 내의 B5를 각각 범위 지정한 후 **F4**를 세 번 눌러 **$B5**로 모두 변경합니다. ③ C4를 범위 지정한 후 **F4**를 두 번 눌러 C$4로 변경하고 **Enter**를 누릅니다. **=$B5+($B5*C$4)** 수식을 완성합니다.

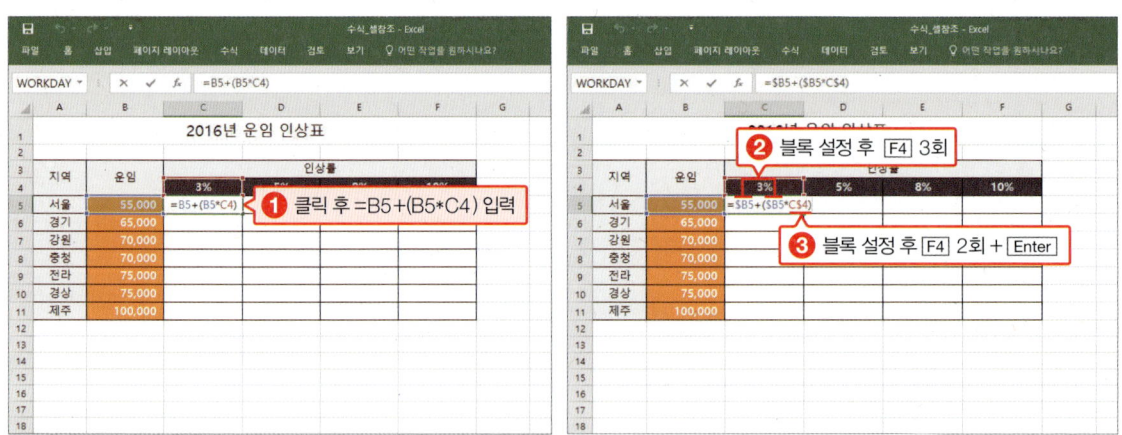

바로 통하는 TIP [C5] 셀의 수식을 복사해도 B열과 4행은 고정되어야 하므로 B와 4행 앞에 $ 기호를 붙여 각각 $B5와 C$4로 변환했습니다.

02
① [C5] 셀을 클릭하고 채우기 핸들을 [C11] 셀까지 드래그합니다. ② [C5: C11] 셀 범위를 지정한 상태에서 [C11] 셀의 채우기 핸들을 [F11] 셀까지 드래그하여 수식을 복사합니다.

바로 통하는 TIP 수식을 복사해도 B열과 4행은 변하지 않고 $ 기호가 붙지 않은 부분의 값만 변하는 혼합 참조 형태의 수식이 복사됩니다.

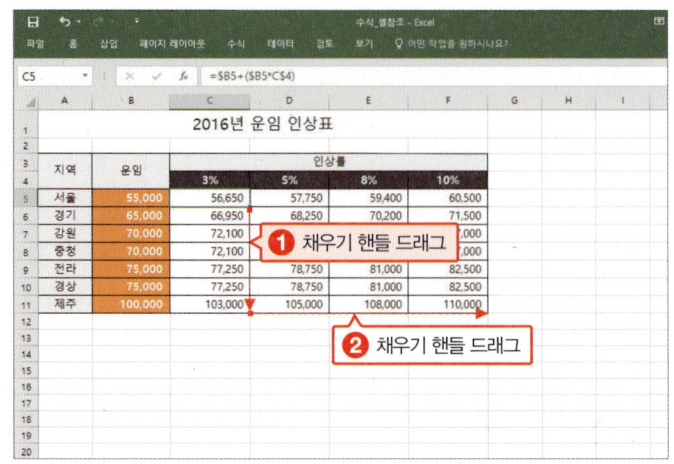

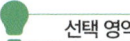
핵심기능실습
45
TELL ME
선택 영역에서 이름 만들기

이름으로 수식 만들기

학습 목표 | 셀이나 선택 범위를 이름으로 정의하면 수식을 작성할 때 오류를 줄이고 직관적으로 만들 수 있습니다.

실습 파일 | 엑셀/45_수식_셀참조.xlsx [이름참조]시트   **완성 파일** | 엑셀/45완성.xlsx

O1 선택 영역에서 이름 정의하기

셀 이름을 정의할 때마다 매번 범위를 지정할 필요 없이 데이터의 첫 행(제목 행)이나 왼쪽 열(제목 열)의 이름을 한번에 셀 이름으로 지정할 수 있습니다.

① [이름참조] 시트에서 [A2:B4] 셀을 드래그하고 범위를 지정합니다. ② [수식] 탭-[정의된 이름] 그룹-[선택 영역에서 만들기]를 클릭합니다. ③ [선택 영역에서 이름 만들기] 대화상자에서 [왼쪽 열]에 체크 표시한 다음 ④ [확인]을 클릭합니다.

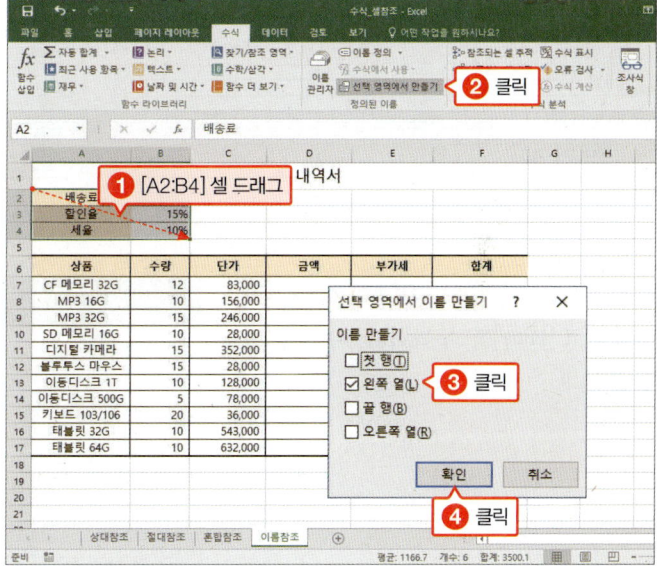

지정된 범위에서 왼쪽 열 이름인 배송료, 할인율, 세율이 오른쪽 셀 범위의 이름으로 정의되었습니다.

💡 선택 영역에서 이름 만들기 🔍

O2 [이름 상자 목록▼]을 클릭하면 정의된 이름이 표시됩니다.

바로 통하는 TIP [수식] 탭-[정의된 이름] 그룹-[이름 관리자]를 클릭하면 정의된 이름을 수정 및 삭제할 수 있습니다.

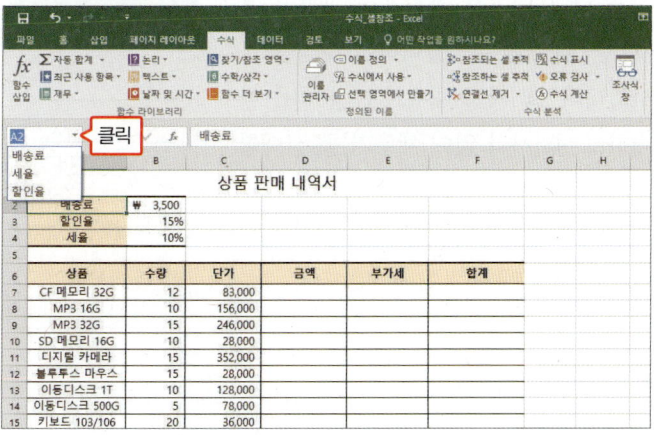

03 정의한 이름으로 수식 만들기

정의한 이름으로 수식을 만들면 좀 더 직관적으로 이해할 수 있습니다.

① [D7] 셀에 수식 **=C7*(1-할인율)*B7**을 입력하고 Enter 를 누릅니다. ② [E7] 셀에 수식 **=D7*세율**을 입력하고 Enter 를 누릅니다.

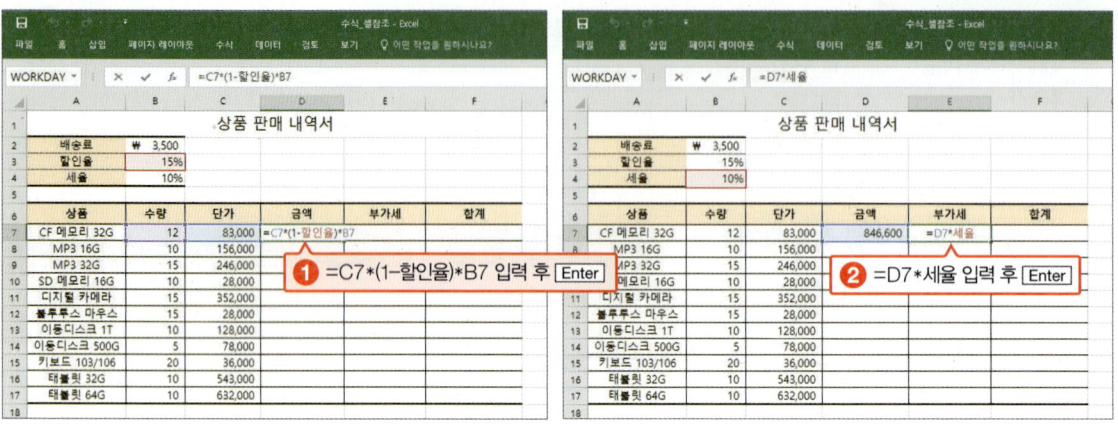

04 [F7] 셀에 수식 **=D7+E7+배송료**를 입력하고 Enter 를 누릅니다. 수식이 완성됩니다.

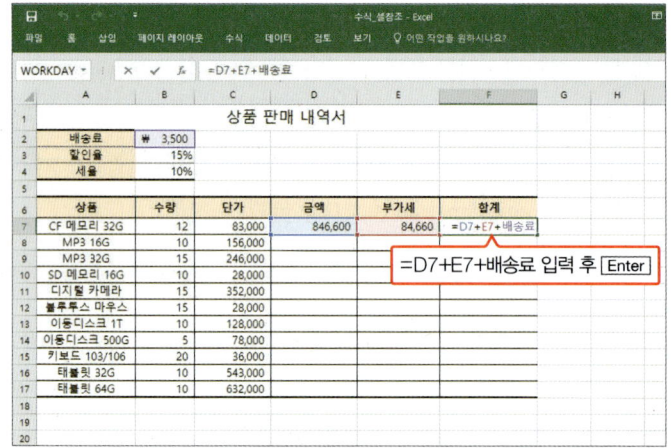

05 ① [D7:F7] 셀을 드래그하고 ② 채우기 핸들을 더블클릭하여 수식을 복사합니다. ③ [자동 채우기 옵션 □]을 클릭하고 ④ [서식 없이 채우기]를 선택합니다.

전 상품의 금액, 부가세, 합계가 구해집니다.

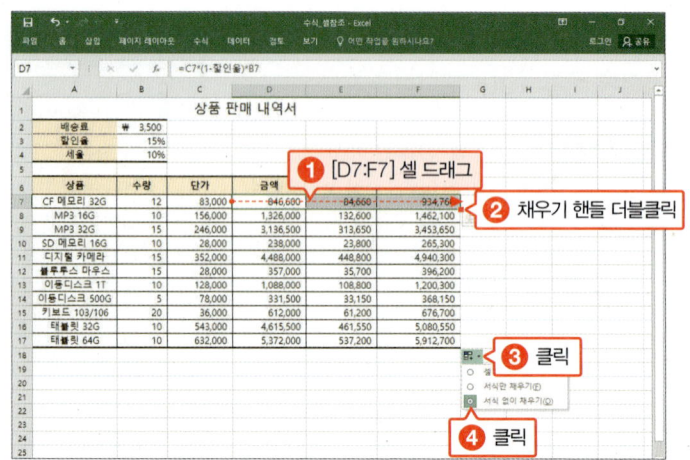

자동 합계 기능으로 수식 계산하기

학습 목표 | 합계, 평균, 개수와 최대값, 최소값 등의 함수를 이용한 수식은 자동 합계 기능을 사용하면 클릭 한 번으로 간편하게 값을 구할 수 있습니다.

실습 파일 | 엑셀/46_수식_자동합계.xlsx   **완성 파일** | 엑셀/46완성.xlsx

01 합 구하기

인사고과 집계표에서 평가 항목별 총점의 합계를 구해 보겠습니다.

① [G4:G17] 셀을 드래그하고 범위로 지정한 다음 ② [홈] 탭-[편집] 그룹-[자동 합계 Σ]를 클릭합니다.

행 방향으로 개인별 고과 점수 합계가 계산됩니다.

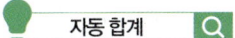

자동 합계

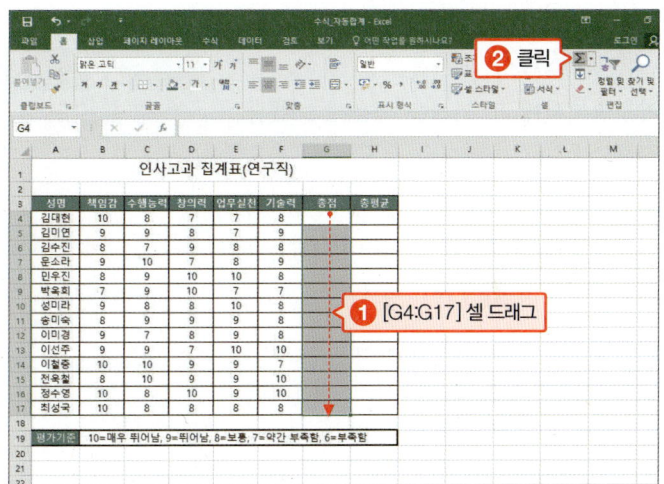

02 평균 구하기

다음은 평가 항목별 점수의 평균을 구해 보겠습니다.

① [H4] 셀을 클릭합니다. ② [합계 목록 Σ ·]을 클릭하고 ③ [평균]을 선택한 후 ④ [B4:F4] 셀을 드래그하고 Enter를 눌러 평균을 구합니다. ⑤ [H4] 셀의 채우기 핸들을 더블클릭하여 수식을 복사합니다.

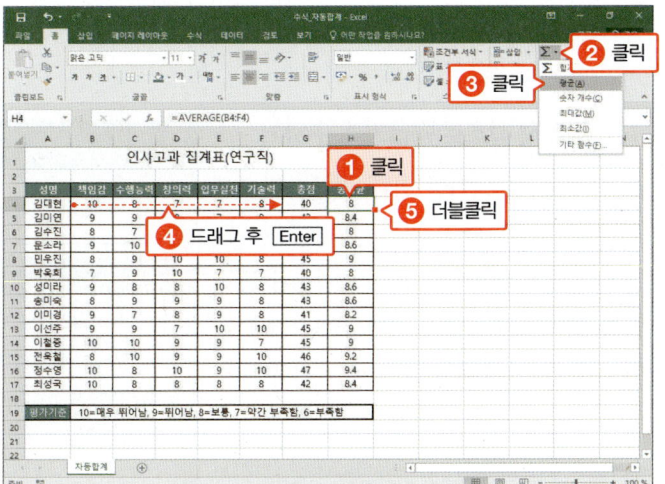

표에서 구조적 참조를 이용해 한번에 수식 계산하기

학습 목표 | 표 안의 데이터를 참조해 만든 수식은 대괄호([ ])와 열 머리글을 사용하는 구조적 참조 방식을 사용합니다. 표 안의 데이터를 수정, 추가, 삭제하더라도 자동으로 셀 참조가 조정되므로 일반 셀 참조에 비해 매우 유용합니다.

실습 파일 | 엑셀/47_수식_표수식.xlsx [표수식1]시트   **완성 파일 |** 엑셀/47완성.xlsx

01 표 만들기

거래명세서에 표 서식을 적용해 보겠습니다.

① [표수식1] 시트에서 임의의 데이터 셀을 클릭합니다. ② [삽입] 탭-[표] 그룹-[표]를 클릭합니다. ③ [표 만들기] 대화상자에서 표에 사용할 데이터 범위로 [A3:F13] 셀을 드래그하고 ④ [머리글 포함]에 체크 표시합니다. ⑤ [확인]을 클릭합니다.

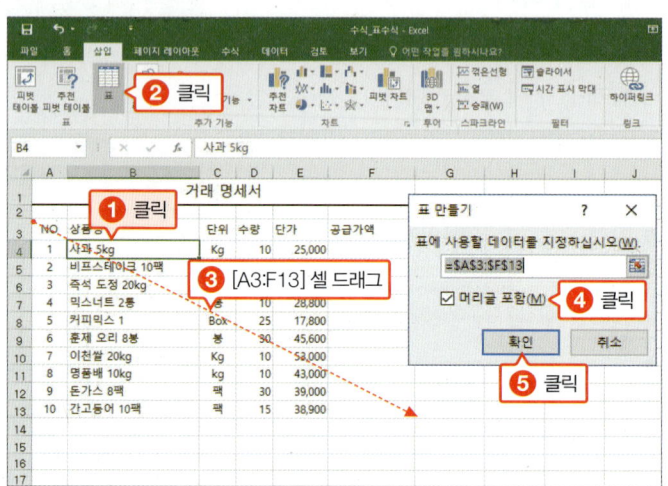

바로 통하는 TIP 서식을 적용할 범위에 병합된 셀이 있으면 자동으로 병합이 해제됩니다. 표에 사용할 데이터로 지정한 범위의 첫째 행이 제목 행일 경우 [머리글 포함]에 체크합니다. 체크하지 않으면 선택 범위 맨 위에 열1, 열2, 열3,… 순으로 임시 제목 행이 삽입됩니다.

02 구조적 참조로 공급가액 구하기

상품의 수량과 단가를 곱해 공급가액을 계산해 보겠습니다.

① [F4] 셀에 =를 입력한 후 ② [D4] 셀을 클릭하고 ③ *를 입력한 후 ④ [E4] 셀을 클릭하면 =[@수량]*[@단가]로 수식이 자동 입력됩니다. ⑤ [Enter]를 누릅니다. 표의 구조적 수식으로 공급가액 전체가 계산됩니다.

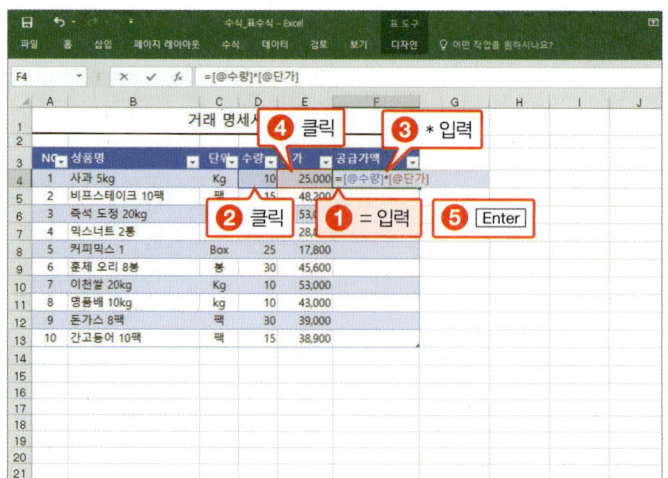

바로 통하는 TIP 표의 구조적 수식에서 [열 머리글]은 열 전체의 범위를 의미하고, [@열 머리글]은 열 전체 중에서 현재 셀이 위치하는 행을 의미합니다. 즉 [수량]이면 [D4:D13] 셀까지의 범위를 의미하고, [@수량]이면 각각의 [D4], [D5], … [D13] 셀을 의미합니다.

03 세액 열 추가하기

[G3] 셀에 **세액**을 입력한 후 [Enter]를 누릅니다. 자동으로 표 구조가 오른쪽으로 확장됩니다.

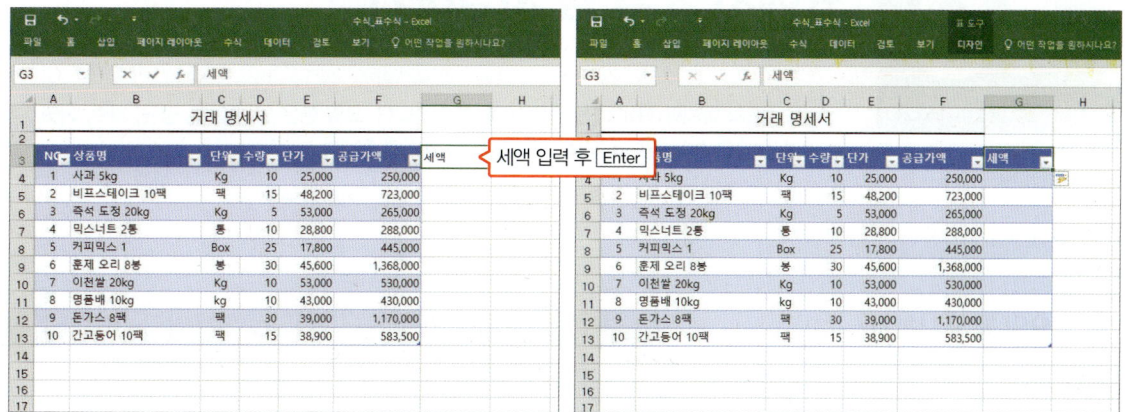

04 구조적 참조로 세액 구하기

① [G4] 셀에 **=**를 입력하고 ② [F4] 셀을 클릭한 후 ③ ***10%**를 입력합니다. =[@공급가액]*10%로 수식이 자동 입력됩니다. [Enter]를 눌러 세액 전체를 구합니다.

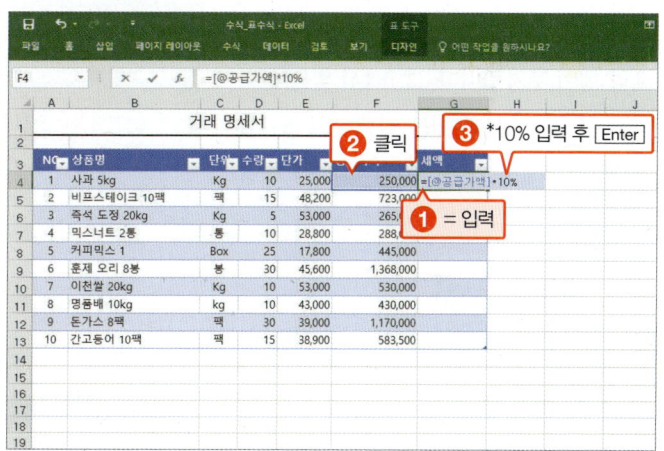

바로 통하는 TIP **표의 구조적 참조**

구조적 참조는 일반적으로 사용하는 [A1], [B$1], [$A$2] 등의 셀 참조를 수식에서 사용하지 않는 대신에 표 이름과 행, 열 머리글을 참조하는 방식입니다.

구조적 참조	일반 셀 참조
=[@수량]*[@단가]	=D4*E4
거래명세서의 [표1]의 수량*단가	거래명세서의 수량*단가
=SUM(표1[공급가액])	=SUM(F4:F13)
거래명세서의 [표1]의 공급가액 열의 합계를 계산	거래명세서의 [F4]~[F13] 셀 합계를 계산

48

표에서 요약 행 지정하기

학습 목표 | 표의 마지막 행에 계산 값을 넣을 수 있습니다. 요약 행은 열의 합계, 평균, 개수, 최댓값, 최솟값 등을 선택했을 때 자동으로 데이터를 요약해 줍니다.

실습 파일 | 엑셀/48_수식_표수식.xlsx [표수식2] 시트   **완성 파일** | 엑셀/48완성.xlsx

01 요약 행 표시하기

① [표수식2] 시트에서 표 안에 있는 임의의 데이터 셀을 클릭합니다. ② [표 도구]-[디자인] 탭-[표 스타일 옵션] 그룹-[요약 행]에 체크 표시합니다. 표에 요약 행이 추가됩니다. ③ [F14] 셀을 클릭하고 ④ [요약 목록▼]을 클릭하고 ⑤ [합계]를 선택해서 공급가액의 합계를 구합니다.

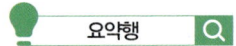

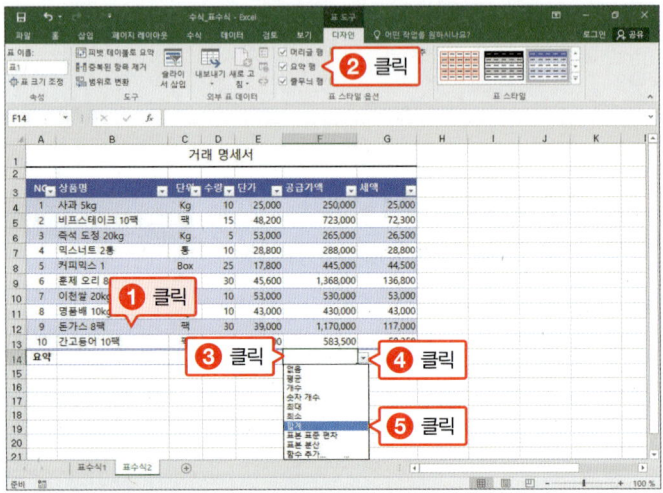

02 ① 같은 방법으로 [D14] 셀을 클릭하고 ② [요약 목록▼]을 클릭합니다. ③ [합계]를 선택하여 수량의 합계를 구합니다.

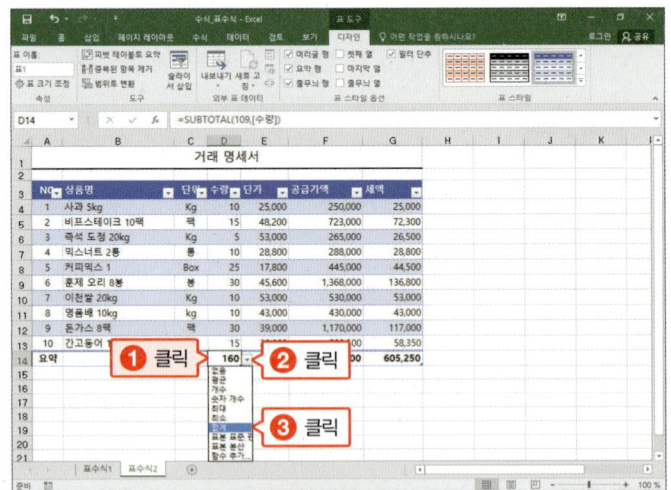

03 데이터 입력하기

표 범위에서 데이터의 마지막 셀인
[G13] 셀을 클릭하고 Tab을 누르면 자
동으로 행이 추가됩니다.

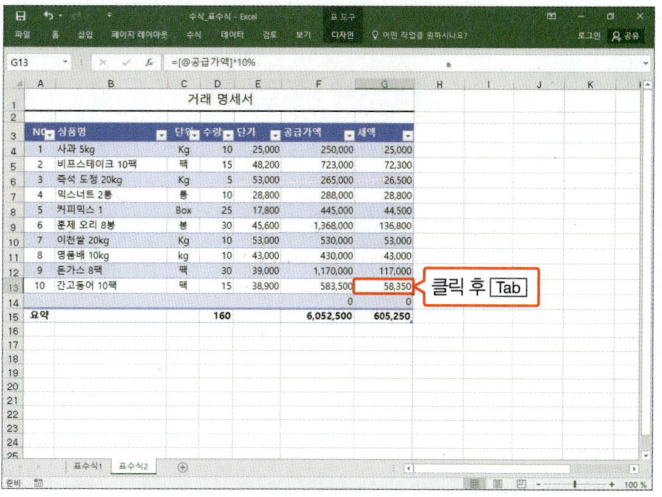

04 추가된 [A14:E14] 셀에 **11, 불고기
10팩, 팩, 10, 59900**을 각각 입력하면 '공
급가액'과 '세액'이 자동으로 계산됩니
다.

자동으로 표 스타일이 적용되면서 요약 행에는 합계
가 계산됩니다.

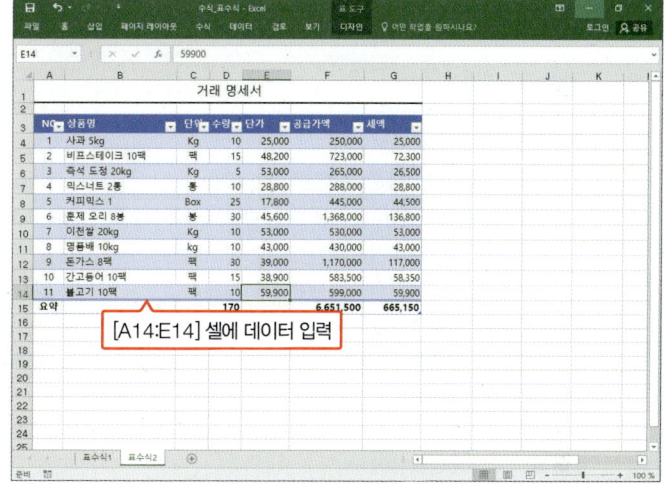

함수의 종류와 사용법 알아보기

함수는 엑셀에서 미리 만들어 놓은 수식으로 필요한 값을 입력하면 복잡한 연산을 빠르고 정확하게 계산해 줍니다. 함수의 전체 수는 몇백 개에 달하고 범주만 해도 10가지 이상으로 분류됩니다. 다만 실제 회사에서 자주 사용하는 함수는 날짜 및 시간, 재무, 논리, 찾기, 통계, 텍스트 함수 등에 속한 40개 정도이므로 미리부터 겁먹을 필요는 없습니다. 차근차근 함수의 종류와 사용법에 대해 알아보겠습니다.

함수의 종류

	이름	설명
통계 함수	MAX(숫자1,숫자2,…숫자255)	숫자 중에서 최대값을 구합니다.
	LARGE(범위,K번째)	범위에서 K번째로 큰 값을 구합니다.
	COUNTA(인수1,인수2,…인수255)	인수 중에서 빈 칸이 아닌 모든 인수의 개수를 구합니다.
	COUNTBLANK(범위)	범위 중 비어 있는 셀의 개수를 구합니다.
	COUNTIF(개수를 세고 싶은 범위, 조건)	조건에 맞는 셀의 개수를 구합니다.
	COUNTIFS(개수를 세고 싶은 범위1,조건1, 개수를 세고 싶은 범위2,조건2,…)	다중 조건에 만족하는 셀의 개수를 구합니다.
	FREQUENCY(데이터 배열,분포 구간)	대상 자료의 구간별 분포를 구합니다.
수학 및 삼각 함수	INT(숫자)	소수점 아래를 버리고 가장 가까운 정수로 내림합니다.
	ROUND(숫자,반올림할 자릿수)	인수를 지정한 자릿수로 반올림합니다.
	QUOTIENT(피제수,제수)	피제수(나뉘는 수)에서 제수(나누는 수)를 나눈 몫의 정수 부분을 구합니다.
	MOD(피제수,제수)	피제수(나뉘는 수)에서 제수(나누는 수)를 나눠 나머지를 구합니다.
	SUMIF(조건을 검사할 범위,조건,합계를 계산할 범위)	조건에 만족하는 셀의 합계를 구합니다.
	SUMIFS(합계를 계산할 범위,조건을 검사할 범위1, 조건1,조건을 검사할 범위2, 조건2,…)	다중 조건에 만족하는 셀의 합계를 구합니다.
	SUBTOTAL(함수번호,범위1,범위2,…)	현재 표시되는 데이터의 목록을 가지고 부분합(평균, 개수, 합계 등)을 계산하며 주로 자동 필터나 고급 필터에서 자주 사용합니다.
찾기 및 참조 함수	ROW(셀)	현재 셀이나 특정 셀의 행 번호를 표시합니다.
	SUMPRODUCT	배열 또는 범위의 대응하는 값끼리 곱하고 더해 줍니다.
	CHOOSE(인덱스 번호,값1,값2,…)	인덱스 번호(1~254)에 따른 위치의 목록(값1, 값2…)을 찾아 줍니다.
	INDEX(배열, 행 위치, 열 위치)	특정 범위에서 행 번호와 열 번호에 해당하는 셀 값을 찾아 줍니다.
호환성 함수	RANK(순위를 구하려는 수,범위,순위 결정 방법)	범위에서 지정한 수의 순위를 구합니다. 순위가 같으면 동순위로 표시합니다(엑셀 2010 이후 버전).
	RANK.EQ(순위를 구하려는 수,범위,순위 결정 방법)	
	RANK.AVG(순위를 구하려는 수,범위,순위 결정 방법)	동순위가 나오면 순위의 구간 평균값을 표시합니다(엑셀 2010 이후 버전).

논리 함수	IF(조건식,참값,거짓값)	조건식에 따라 참 또는 거짓으로 구분합니다.
	AND(조건1,조건2,…)	여러 항목의 조건을 비교해 모두 만족할 경우 참 값을 반환합니다.
	OR(조건1,조건2,…)	여러 항목의 조건을 비교해 일부의 조건을 만족할 경우 참 값을 반환합니다.
	IFERROR(오류를 검사할 셀,오류일 때 표시할 값)	수식이나 셀의 오류를 검사하고 오류가 있다면 이를 처리합니다.
텍스트 함수	MID(문자열,추출할 시작 위치,나머지 추출할 문자의 수)	문자열의 중간에 있는 글자의 일부를 추출합니다. n번째 글자부터 x개만큼을 추출합니다.
	LEFT(문자열,왼쪽으로부터 추출할 문자의 수)	문자열의 왼쪽으로부터 글자 수를 추출합니다.
	FIND(찾을 문자,문자열,시작 위치)	문자열에서 글자 일부의 시작 위치를 찾아 숫자로 나타냅니다.
	SUBSTITUTE(문자열,대상 문자,바꿀 문자,시작 위치)	문자열에서 일부 글자를 다른 글자로 대치하고자 할 때 사용합니다.
날짜 및 시간 함수	DATE(년,월,일)	입력된 연, 월, 일의 날짜를 나타냅니다.
	DATEDIF(시작일,종료일,옵션)	두 날짜 사이의 년, 월, 일 간격을 계산합니다.
	EOMONTH(개월 수를 계산하기 위한 시작일,전이나 후의 개월 수)	지정한 날짜의 전이나 후 마지막 날짜를 계산하여 일련번호를 반환합니다.
조회 및 참조 함수	VLOOKUP(찾을 값,데이터를 검색하고 참조할 범위,범위에서 추출할 열 번호,옵션)	목록 범위의 첫 번째 열에서 세로(Vertical) 방향으로 검색하면서 원하는 값을 추출합니다.
	HLOOKUP(찾을 값,데이터를 검색하고 참조할 범위,범위에서 추출할 열 번호,옵션)	목록 범위의 첫 번째 행에서 가로(Horizontal) 방향으로 검색하면서 원하는 값을 추출합니다.
	MATCH(행 또는 열 번호 찾으려는 값,배열 행 또는 열 범위,Match_type)	특정 범위 내에서 지정된 값과 일치하는 항목의 상대 위치를 찾아 번호를 반환합니다.

함수의 구조

= SUM (A1:E5)

① **등호** : 함수는 수식과 마찬가지로 등호로 시작합니다. 입력하는 데이터가 문자열이 아닌 함수 명령임을 알려주는 기호로 등호가 없으면 함수로 인식하지 못하니 주의해야 합니다.

② **함수** : 위의 표에서 살펴본 함수 중에 원하는 계산을 위한 함수를 골라서 사용합니다.

③ **인수** : 미리 만들어 놓은 수식에 따라 계산할 때 사용하는 데이터를 말합니다. 인수는 괄호로 묶어서 사용해야 합니다.

함수의 사용법

(함수마다 조금씩 차이가 있으므로 자세한 사항은 본문을 참고하세요.)

① **수식 입력** : 직접 타이핑하거나 [함수 삽입] 메뉴, 또는 단축키 Shift + F3 을 사용해 입력합니다.

② 원하는 계산을 위한 함수를 선택합니다.

③ 수식에 필요한 인수를 선택합니다.

MAX, LARGE 함수로 최댓값 구하기
(함수 라이브러리와 수식 자동 완성 이용하기)

학습 목표 | 함수는 계산에 필요한 값을 미리 만들어 놓은 수식에 수치를 대입하여 계산한 결과 값을 반환해 줍니다. 직접 입력하거나 라이브러리의 범주에서 함수를 찾은 다음 [함수 인수] 대화 상자에 값을 입력해 사용해 보겠습니다.

실습 파일 | 엑셀/49_함수_Max_인사고과.xlsx   **완성 파일** | 엑셀/49완성.xlsx

01 인사 고과 평가 항목의 최대 점수 구하기

함수명은 알고 있지만 어떤 인수를 사용해야 할지 헷갈릴 때는 함수 라이브러리 범주에서 함수를 삽입하는 것이 편리합니다. 인사 고과의 평가 항목 중 업적, 능력, 태도의 최고 점수를 구해 보겠습니다. ① [J4] 셀을 클릭합니다. ② [수식] 탭-[함수 라이브러리] 그룹-[함수 더 보기]를 클릭하고 ③ [통계]를 선택하고 ④ [MAX]를 선택합니다.

바로 통하는 TIP Max 함수는 최댓값을 구할 때 사용합니다.

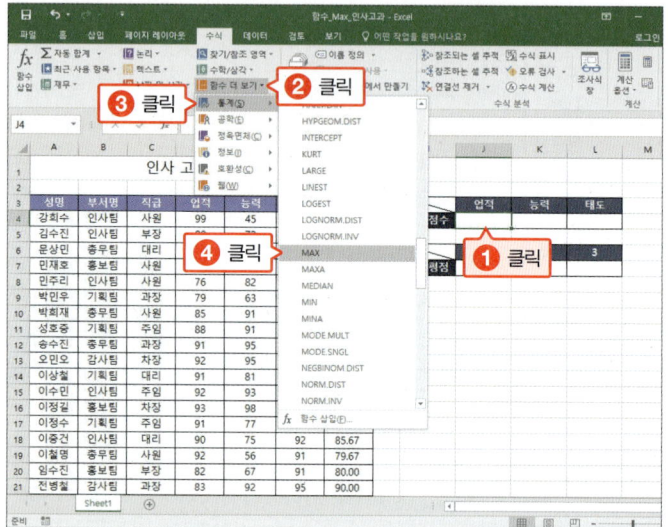

02 MAX 함수 인수 입력하기

① [함수 인수] 대화상자의 [Number1]에 **D4:D27**을 입력하고 ② [확인]을 클릭합니다.

바로 통하는 TIP 셀과 셀 사이에 콜론(:)을 입력하면 '앞에 있는 셀부터 뒤에 있는 셀까지의 범위'를 의미합니다. 완성 수식은 =MAX(D4:D27)입니다.

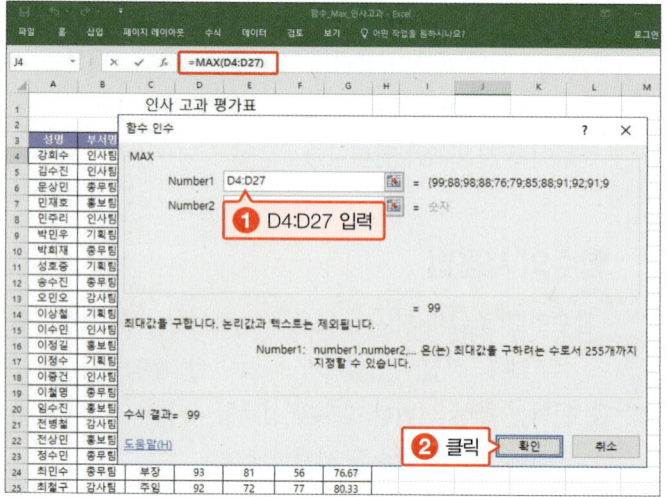

03 MAX 함수 인수 입력하기

[J4] 셀의 채우기 핸들을 [L4] 셀까지 드래그해서 수식을 복사합니다.

업적, 능력, 태도 항목에서 가장 높은 점수가 기록됩니다.

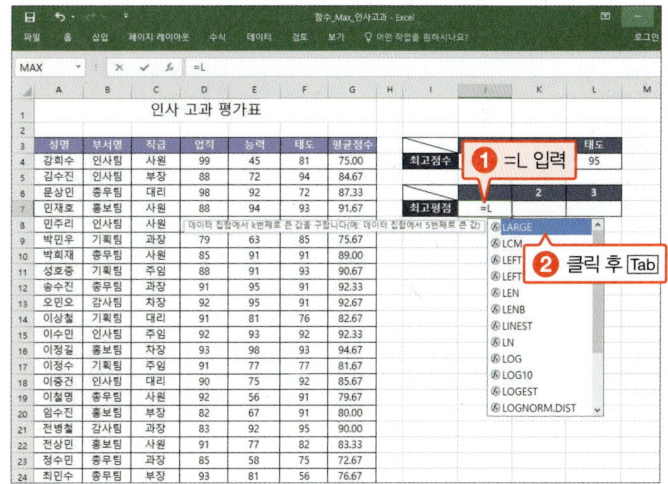

---

04 고과 점수 평점에서 첫 번째~세 번째 큰 값을 구하기

인사 고과 평균 중 가장 높은 순서로 상위 3개 점수를 구해 보겠습니다.
① [J7] 셀에 =L을 입력한 후 ② 수식 자동 완성 목록 상자에서 LARGE를 선택하고 Tab 을 누릅니다.

---

05 LARGE 함수 인수 입력하기

① [G4:G27] 셀을 드래그한 후 F4 를 눌러 범위를 고정합니다. ② ,를 입력하고 ③ [J6] 셀을 클릭하고 ④)를 입력해서 수식을 완성하고 Enter 를 눌러 첫 번째로 큰 값을 구합니다.

바로 통하는TIP LARGE 함수는 범위 내에서 몇 번째로 큰 값을 구할 때 사용합니다. 따라서 두 번째 인수에 몇 번째로 큰 값을 구할 것인지 순번을 입력해야 합니다. 여기에서는 1을 직접 입력하는 대신 1 값이 입력된 [J6] 셀을 지정했습니다. 완성 수식은 =LARGE($G$4:$G$27,J6)입니다.

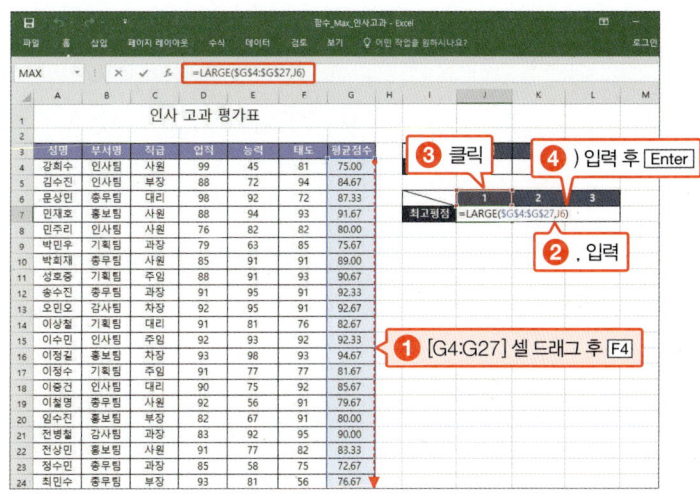

06 [J7] 셀의 채우기 핸들을 [L7] 셀까지 드래그해서 수식을 복사합니다.

[J7] 셀을 오른쪽 방향으로 드래그해서 수식을 복사하면 두 번째 인수 값이 자동으로 2, 3으로 변하면서 두 번째, 세 번째로 큰 평균 점수가 구해집니다.

바로 통하는 TIP 함수식 수정

함수식은 수식 입력줄에서 [함수 삽입]을 클릭하여 [함수 인수] 대화상자에서 수정할 수 있습니다. 직접 수정하려면 수식 입력줄을 클릭하거나 F2 를 눌러 함수식을 수정합니다.

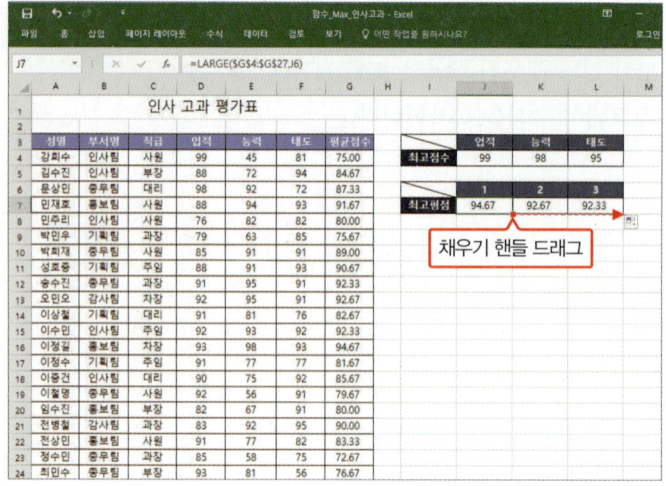

COUNTBLANK, COUNTA 함수로 인원수 구하기

학습 목표 | 일정 범위에서 공백을 제외한 셀의 개수를 세는 COUNTA 함수와 빈 셀의 개수를 세는 COUNTBLANK 함수에 대해 살펴보겠습니다.

실습 파일 | 엑셀/50_함수_COUNTA_출석부.xlsx　　**완성 파일** | 엑셀/50완성.xlsx

01 출석일수 구하기

1~5일까지 기간 중 어학 교육에 출석한 출석일을 구해 보겠습니다

① [H3] 셀을 클릭합니다. ② [수식] 탭-[함수 라이브러리] 그룹-[함수 더 보기]를 클릭하고 ③ [통계]를 선택하고 ④ [COUNTA]를 선택합니다.

바로 통하는 TIP COUNTA는 공백을 제외한 셀의 개수를 구하는 함수입니다.

02 COUNTA 함수 인수 입력하기

① [함수 인수] 대화상자의 [Value1]에 **C3:G3**을 입력하고 ② [확인]을 클릭합니다.

입력한 범위에서 공백을 제외한 셀의 개수, 즉 출석일이 구해집니다.

바로 통하는 TIP 완성 수식은 =COUNTA(C3:G3) 입니다.

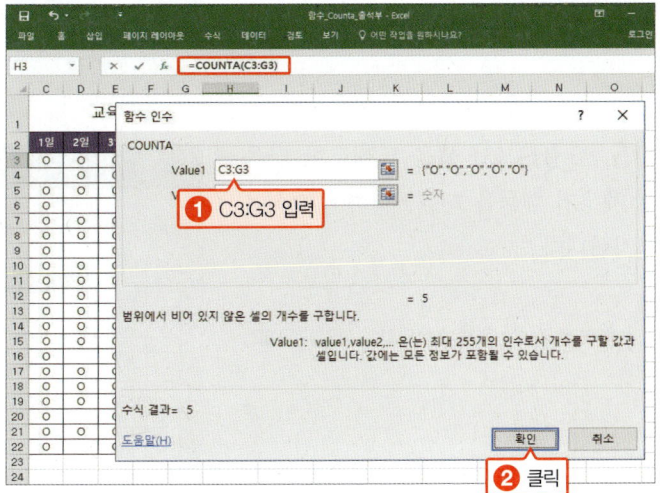

03 결석일수 구하기

다음은 1~5일까지 기간 중 결석일을 구해 보겠습니다.

① [I3] 셀을 클릭합니다. ② [수식] 탭-[함수 라이브러리] 그룹-[함수 더 보기]를 클릭하고 ③ [통계]를 선택하고 ④ [COUNTBLANK]를 선택합니다.

바로 통하는 TIP COUNTBLANK는 공백 셀의 개수를 구하는 함수입니다.

04 COUNTBLANK 함수 인수 입력하기

① [함수 인수] 대화상자의 [Range]에 **C3:G3**을 입력하고 ② [확인]을 클릭합니다.

입력한 범위에서 빈 셀의 개수, 즉 결석일이 구해집니다.

바로 통하는 TIP 완성 수식은 =COUNTBLANK(C3:G3)입니다.

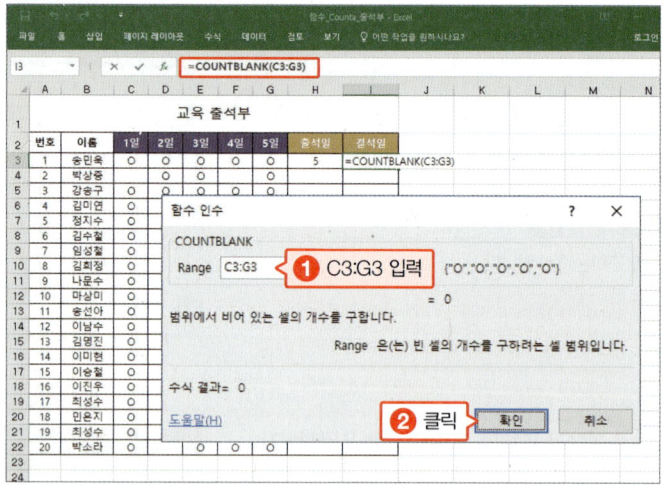

05 ① [H3:I3] 셀을 드래그한 다음 ② 채우기 핸들을 더블클릭하여 수식을 복사합니다.

교육 출석 수강생의 전체 출석일과 결석일이 구해집니다.

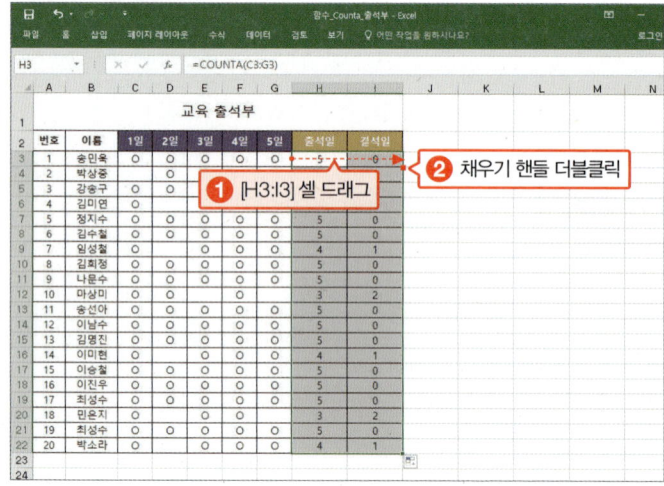

INT, ROUND 함수로 내림과 반올림 표시하기

학습 목표 | INT 함수는 소수 부분을 버리고 가장 가까운 정수로 내림합니다. ROUND 함수는 반올림하는 함수로, 지정된 자릿수가 5이상이면 올리고, 4이하면 아래 값을 버립니다.

실습 파일 | 엑셀/51_함수_ROUND_제안비.xlsx   **완성 파일 |** 엑셀/51완성.xlsx

01 평균제안건수를 정수로 표시하기

부서별 평균제안건수에서 정수로 내림해 값을 표시해 보겠습니다

① [H5] 셀을 클릭합니다. ② [수식] 탭-[함수 라이브러리] 그룹-[수학/삼각]을 클릭하고 ③ [INT]를 선택합니다.

바로 통하는TIP INT 함수는 소수 부분을 버리고 가장 가까운 정수로 내림합니다.

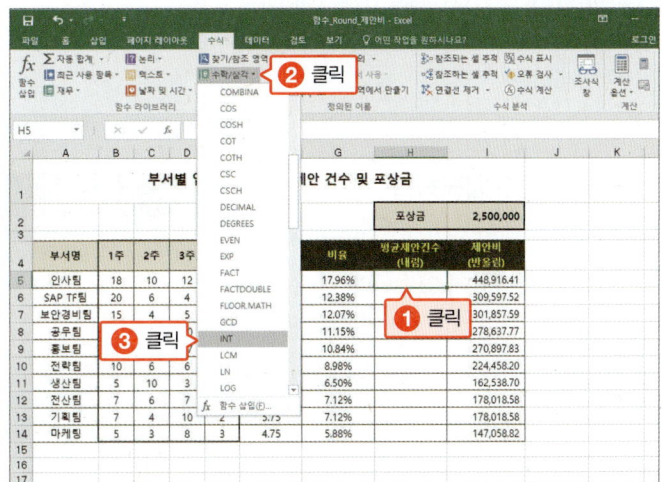

02 INT 함수 인수 입력하기

① [함수 인수] 대화상자의 [Number]에 **F5**를 입력하고 ② [확인]을 클릭합니다. 수식 =INT(F5)가 완성됩니다. ③ [H5] 셀의 채우기 핸들을 더블클릭해서 수식을 복사합니다. 평균제안건수를 소수 첫째 자리에서 내림해서 정수로 표시합니다.

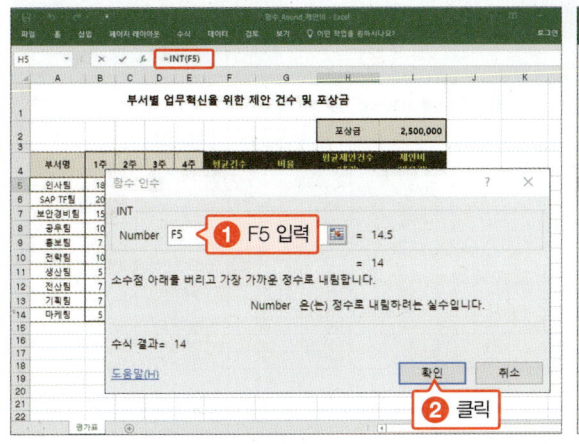

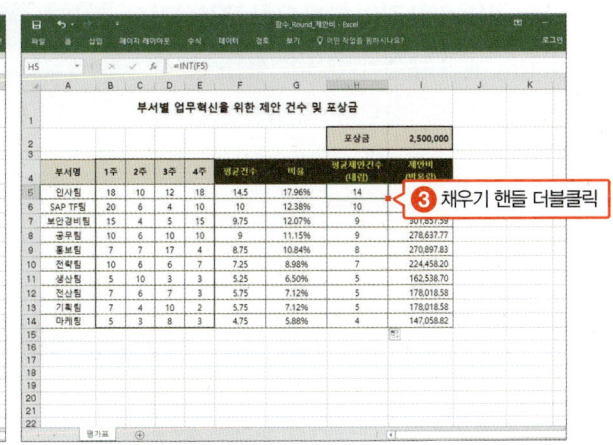

03 제안비를 반올림하여 천의 자리까지 표시하기

각 부서별 제안 비율에 따른 제안비(포상금*비율)를 백의 자리에서 반올림해서 천의 자리로 값을 표시해 보겠습니다. ① [I6] 셀을 클릭합니다. ② 수식 입력줄에서 =뒤를 클릭하고 **ROUND(**를 입력하고 ③ [함수 삽입 *fx*]을 클릭합니다.

바로 통하는 TIP ROUND 함수는 지정한 자릿수가 5 이상이면 올림하고, 4 이하면 내림합니다. Round 함수는 [수학/삼각] 범주에 속합니다.

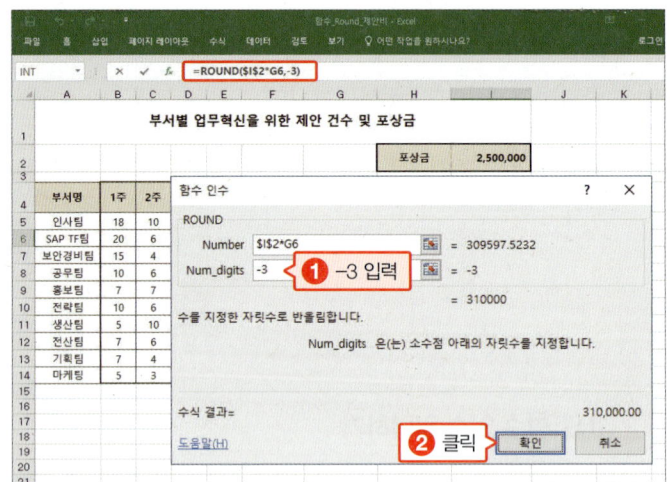

04 함수 인수 입력하기

[함수 인수] 대화상자의 [Number]에 $I$2*G6이 입력되어 있습니다. ① [Num _digits]에 **-3**을 입력하고 ② [확인]을 클릭합니다. 수식 =ROUND($I$2* G6,-3)가 완성됩니다.

바로 통하는 TIP 자릿수는 0을 기준으로 1, 2, 3,…처럼 양수를 지정하면 소수 이하로 자릿수를 조정하고, -1, -2, -3,…처럼 음수를 지정하면 소수점 이상으로 자릿수를 조정합니다. 여기에서는 제안비(포상금*비율)를 백의 자리(-3)에서 반올림해서 천의 자리로 표시했습니다.

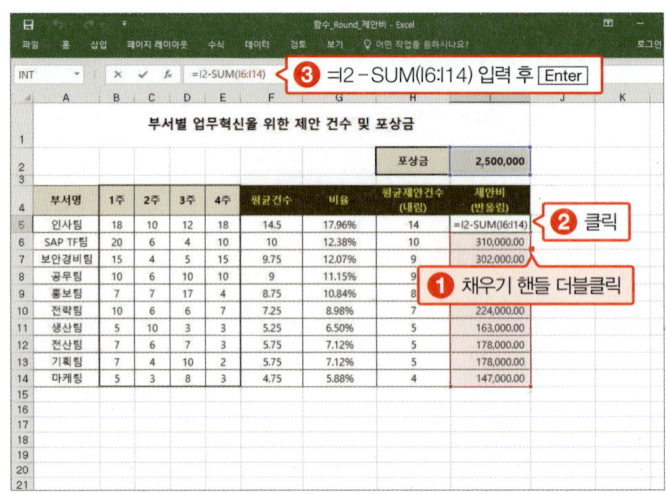

05 반올림한 값의 합계 오차 해결하기

① [I6] 셀의 채우기 핸들을 더블클릭하여 수식을 복사합니다. ② [I5] 셀을 클릭하고 ③ 수식 **=I2-SUM(I6:I14)**를 입력하고 Enter를 누릅니다.

제안비를 반올림하면 합계(포상금)에 오차가 생기므로 첫 번째 제안비는 포상금([I2])에서 제안비의 합계([I6:I14])를 빼줍니다.

바로 통하는 TIP ROUND 함수는 제안비를 반올림하기 때문에 실제 값이 바뀌므로 주의합니다.

06 ① [I5:I14] 셀을 드래그하여 범위를 지정합니다. ② [홈] 탭-[표시 형식] 그룹-[자릿수 줄임]을 두 번 클릭하여 정수로 표시합니다.

바로 통하는 TIP [표시 형식] 그룹에 있는 [자릿수 늘림]과 [자릿수 줄임]은 실제 값이 바뀌는 것이 아니라 화면에만 자릿수를 늘리거나 줄여서 반올림으로 표시합니다.

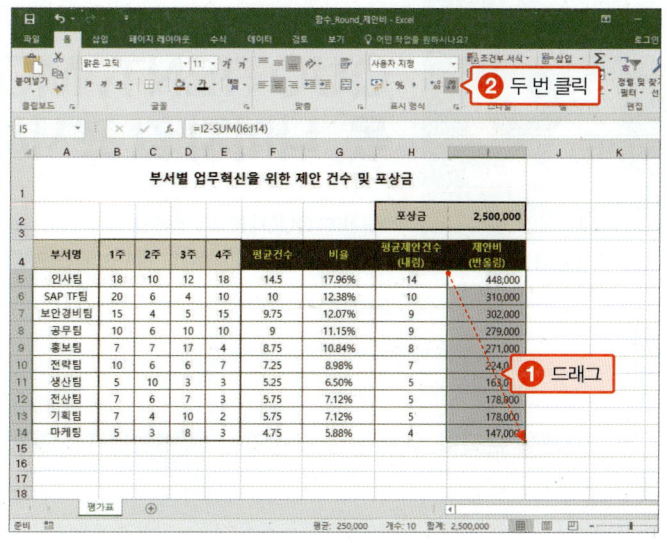

QUOTIENT, MOD 함수로
몫, 나머지 값 표시하기

학습 목표 | QUOTIENT 함수는 피제수(나뉘는 수)에서 제수(나누는 수)를 나눠 몫의 정수 부분을 구할 때 사용합니다. MOD 함수는 같은 방법으로 나머지를 구할 때 사용합니다.

실습 파일 | 엑셀/52_함수_Quotient_포장재.xlsx **완성 파일** | 엑셀/52완성.xlsx

O1 50개를 포장할 수 있는 포장재의 개수 구하기

생산라인의 생산량에 따라 50개를 포장할 수 있는 포장재의 개수를 구해 보겠습니다.

① [C3] 셀을 클릭합니다. ② [수식] 탭- [함수 라이브러리] 그룹-[수학/삼각]을 클릭하고 ③ [QUOTIENT]를 선택합니다.

바로 통하는 TIP QUOTIENT 함수는 나눗셈을 한 후 몫의 정수 부분을 구합니다.

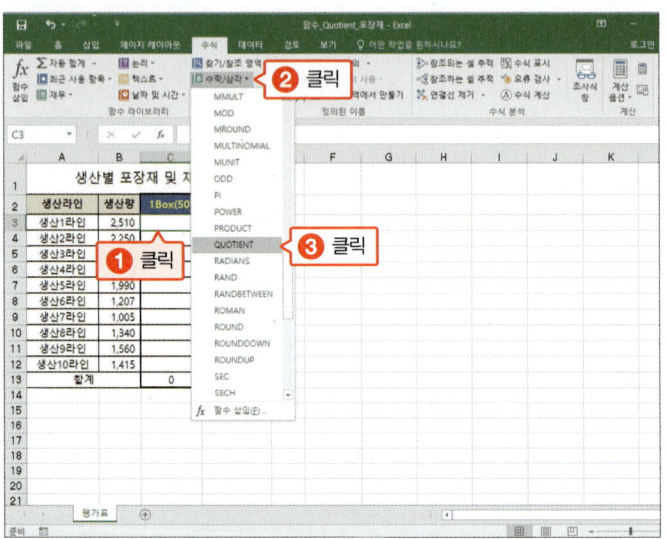

O2 QUOTIENT 함수 인수 입력하기

① [함수 인수] 대화상자의 [Numerator]에 **B3**을 입력하고 ② [Denominator]에 **50**을 입력한 후 ③ [확인]을 클릭합니다. 수식 =QUOTIENT(B3,50)가 완성됩니다.

생산량에서 50개를 포장할 수 있는 포장재의 개수가 구해집니다.

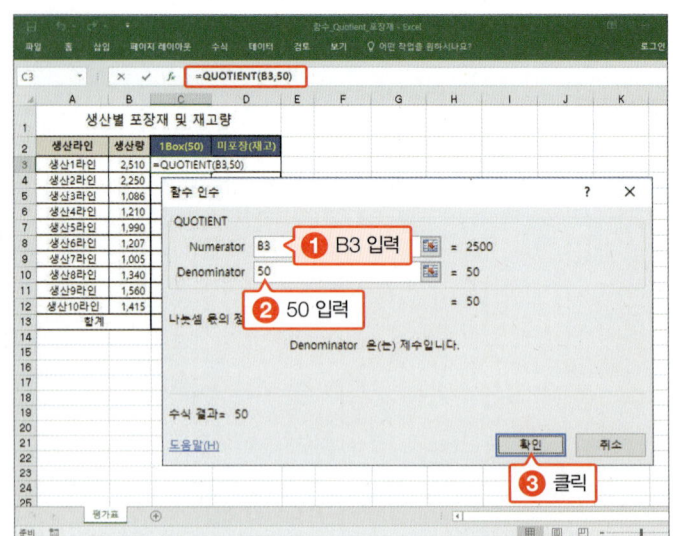

03 미포장한 재고량 구하기

생산량을 50개 단위로 포장하고 남은 미
포장 재고의 수량을 구해 보겠습니다.
① [D3] 셀을 클릭합니다. ② [수식] 탭-
[함수 라이브러리] 그룹-[수학/삼각]을
클릭하고 ③ [MOD]를 선택합니다.

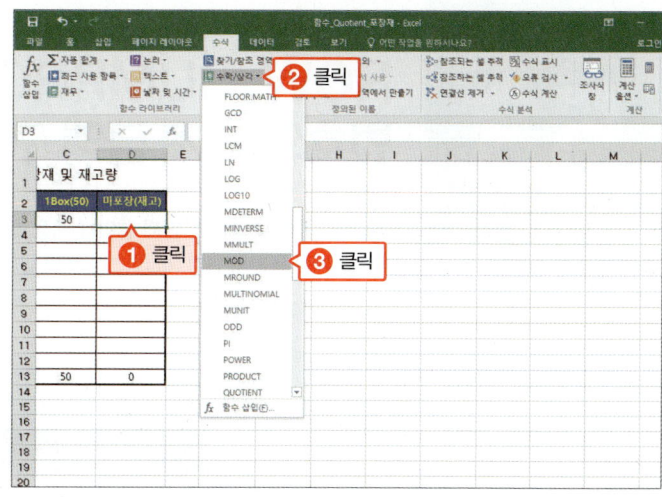

04 MOD 함수 인수 입력하기

① [함수 인수] 대화상자의 [Number]
에 **B3**을 입력하고 ② [Divisor]에 **50**을
입력하고 ③ [확인]을 클릭합니다. 수식
=MOD(B3,50)가 완성됩니다.

생산량에서 포장하지 못한 미포장(재고)의 수량이 구
해집니다.

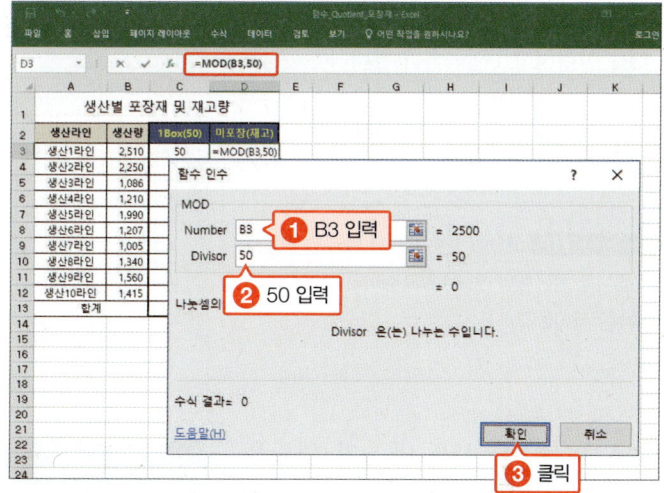

05 ① [C3:D3] 셀을 드래그하고 ②
채우기 핸들을 더블클릭해서 수식을 복
사합니다.

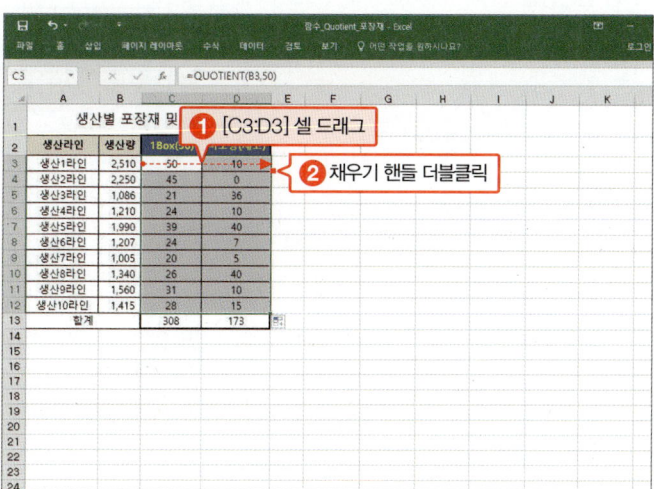

53

ROW, SUMPRODUCT 함수로 번호와 합계 금액 구하기

학습 목표 | ROW 함수는 현재 셀이나 특정 셀의 번호를 구할 때 사용하고 SUMPRODUCT 함수는 배열 또는 범위의 대응하는 값끼리 곱하고 더할 때 사용합니다.

실습 파일 | 엑셀/53_함수_ROW_견적서.xlsx **완성 파일 |** 엑셀/53완성.xlsx

01 행 번호를 구하기

견적서에서 품명의 행 번호를 구해 보겠습니다.

① [B14] 셀을 클릭합니다. ② **=ROW( ) –13**을 입력하고 Enter를 누릅니다.

[B14] 셀의 현재 행 번호는 14이므로 ROW 함수에서 13을 빼서 1을 표시했습니다.

바로 통하는 TIP ROW 함수는 현재 셀의 행 번호를 알려줍니다. 특정 셀의 번호를 알고 싶다면 인수에 셀 주소를 넣어서 사용합니다.

02 ① [B14] 셀의 채우기 핸들을 [B27] 셀까지 드래그한 후 ② [자동 채우기 옵션]을 클릭하고 ③ [서식 없이 채우기]를 선택합니다.

[B27] 셀까지 행 번호가 채워집니다.

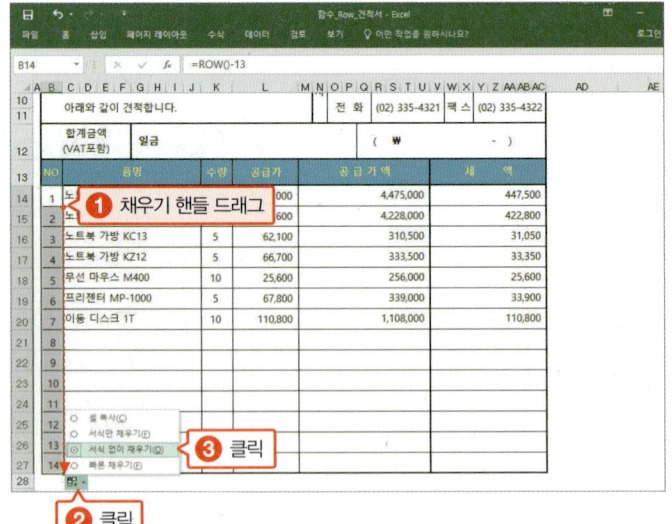

03 합계 구하기

수량과 공급가를 곱하고 더하여 합계 금액을 구합니다.

① [I12] 셀을 클릭합니다. ② [수식] 탭-[함수 라이브러리] 그룹-[수학/삼각]을 클릭하고 ③ [SUMPRODUCT]를 선택합니다.

바로 통하는 TIP SUMPRODUCT 함수는 범위에서 대응되는 같은 행의 값끼리 곱하고 더해 줍니다.

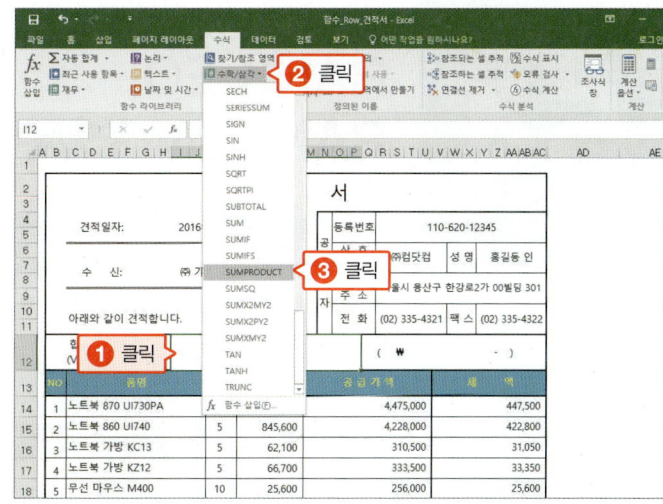

04 SUMPRODUCT 함수 인수 입력하기

① [함수 인수] 대화상자에서 [Array1] (대응하여 곱할 범위1)에 **K14:K27**을 입력하고 ② [Array2](대응하여 곱할 범위2)에 **L14:L27**을 입력하고 ③ [확인]을 클릭합니다. 수식 =SUMPRODUCT (K14:K27,L14:L27)이 완성됩니다.

범위의 수량과 공급가를 곱한 후 모두 더한 값이 구해집니다.

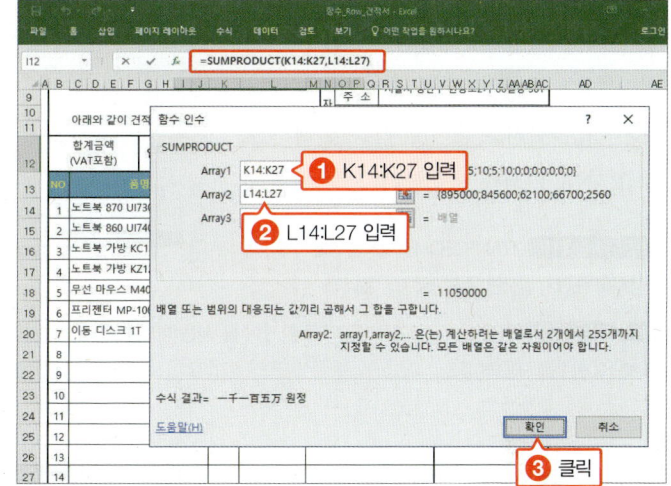

05 부가세 10%를 포함한 합계 금액 구하기

① [I12] 셀을 클릭합니다. ② 수식 입력줄에서 수식의 마지막에 *1.1을 추가로 입력한 후 Enter 를 누릅니다. 수식 =SUMPRODUCT(K14:K27,L14: L27)*1.1이 완성됩니다.

공급가액에 10%가 추가되어 합계 금액이 구해집니다.

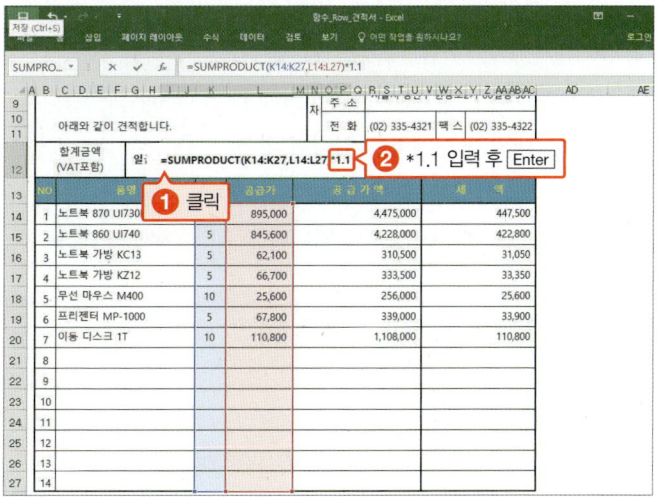

RANK.EQ, RANK.AVG 함수로 순위 구하기

학습 목표 | RANK.EQ 함수는 데이터의 순위를 구할 때 사용하며 동순위가 나오면 이를 표시합니다. RANK.AVG 함수는 동순위가 나올 경우 순위의 구간 평균값을 표시합니다.

실습 파일 | 엑셀/54_함수_RANK_보험계약.xlsx   완성 파일 | 엑셀/54완성.xlsx

01 합계를 기준으로 순위 구하기

개인별 전체 계약 건수 중 보험 종류별로 가장 많이 계약된 보험의 순위를 알아보겠습니다.

① [B15] 셀을 클릭합니다. ② [수식] 탭-[함수 라이브러리] 그룹-[함수 더 보기]를 클릭하고 ③ [통계]를 선택하고 ④ [RANK.EQ]를 선택합니다.

바로 통하는TIP RANK.EQ 함수는 순위를 구할 때 사용하며 순위가 같으면 동순위로 표시합니다.

바로 통하는TIP 엑셀 2007 이전 버전의 호환 함수를 사용하려면 [수식] 탭-[함수 라이브러리] 그룹-[함수 더 보기]-[통계]-[호환성]-[RANK] 함수를 사용합니다.

02 RANK.EQ 함수 인수 입력하기

① [함수 인수] 대화상자에서 [Number](순위를 구할 셀)에 B14를 입력하고 ② [Ref](순위를 구할 때 참조할 범위)에 $B$14:$E$14를 입력한 후 ③ [Order](오름차순/내림차순)에 0을 입력하고 ④ [확인]을 클릭합니다. 수식 =RANK.EQ(B14,$B$14:$E$14,0)가 완성됩니다.

특정 셀([B14])이 범위([B14]~[E14] 셀)에서 몇 위인지 내림차순(0)으로 순위를 구합니다.

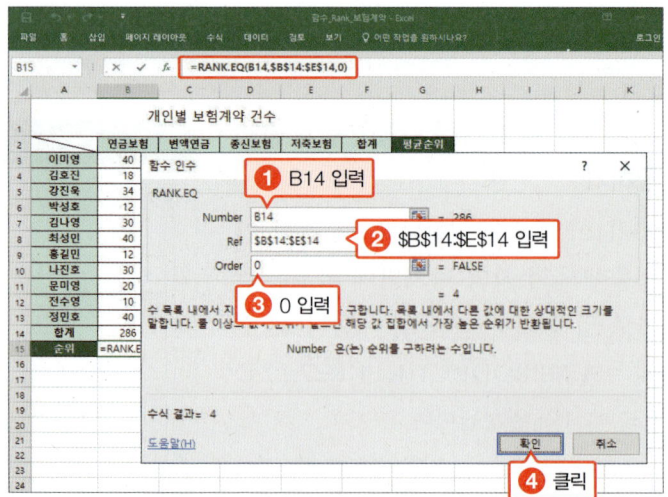

바로 통하는TIP 순위를 계산할 때 큰 값에서 작은 값 순이면 내림차순, 작은 값에서 큰 값 순이면 오름차순입니다. 순위 결정 방법에 0을 입력하거나 생략하면 내림차순으로, 1을 입력하면 오름차순으로 순위를 구합니다.

03 [B15] 셀의 채우기 핸들을 [E15] 셀까지 드래그해서 수식을 복사합니다.

가장 계약 건수가 많은 보험 순서대로 순위가 표시됩니다.

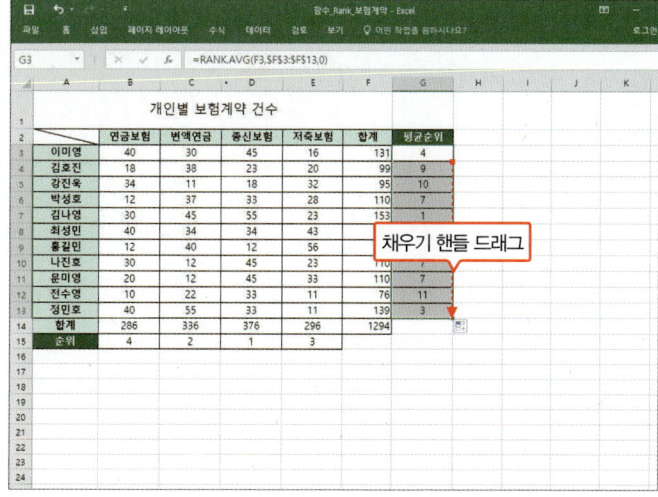

04 RANK.AVG 함수로 합계의 평균 순위 구하기

보험 계약 건수가 많은 서울 지역의 지점별 순위를 알아보겠습니다.

[G3] 셀에 **=RANK.AVG(F3,$F$3:$F$13, 0)**을 입력하고 Enter 를 누릅니다.

바로 통하는 TIP RANK.AVG 함수는 순위를 구하는 함수로 동순위가 나올 경우 순위의 구간 평균값을 순위로 나타냅니다.

05 [G3] 셀의 채우기 핸들을 [G13] 셀까지 드래그해서 수식을 복사합니다.

범위([F3:F11] 셀)에서 계약 건수의 합계 '110'이 3명으로 동순위입니다. 따라서 6위, 7위, 8위의 구간 평균값인 7위로 순위가 표시됩니다.

IF 함수로 과정 수료자와 교육점수 구하기

학습 목표 | IF 함수는 조건식에 따라 참 또는 거짓으로 구분할 때 사용합니다. 가장 많이 사용하는 함수 중에 하나이며 쓰임새 또한 다양하므로 잘 알아두는 것이 좋습니다.

실습 파일 | 엑셀/55_함수_IF_과정수료.xlsx   **완성 파일 |** 엑셀/55완성.xlsx

01 출석일수에 따라 수료와 미수료를 표시하기

출석일수의 80%(4일) 이상 교육에 참여한 경우에는 '수료'를, 그렇지 않은 경우에는 '미수료'를 표시해 보겠습니다. ① [I4] 셀을 클릭합니다. ② [수식] 탭- [함수 라이브러리] 그룹-[논리]를 클릭하고 ③ [IF]를 선택합니다.

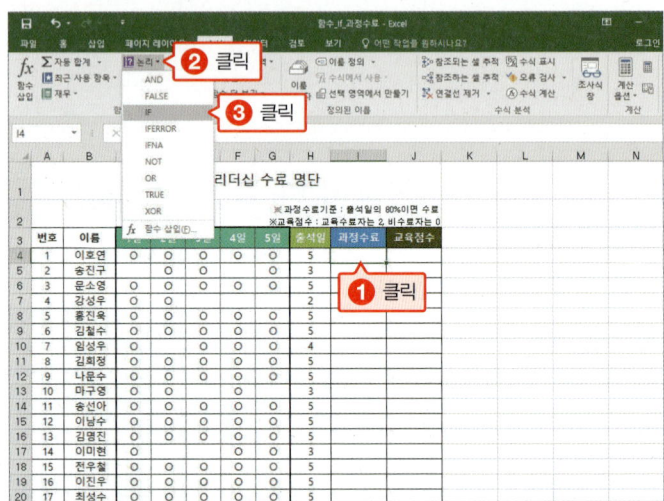

02 IF의 [함수 인수] 대화상자에서 ① [Logical_test](조건)에 **H4>=4**를 입력하고 ② [Value_if_true](참 값)에 **수료**를 입력하고 ③ [Value_if_false](거짓 값)에 **미수료**를 입력한 뒤 ④ [확인]을 클릭합니다. 수식 =IF(H4>=4,"수료","미수료")가 완성됩니다.

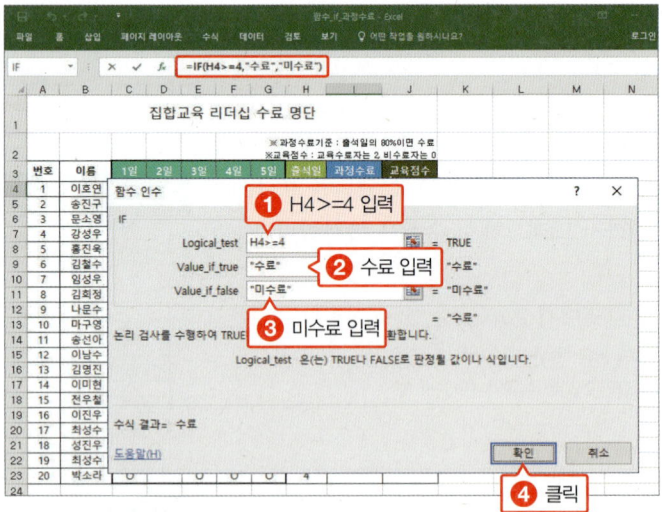

03 교육점수에 수료면 2, 미수료면 0을 표시하기

교육을 수료한 경우에는 교육점수에 '2'를, 미수료한 경우에는 '0'을 표시해 보겠습니다. [J4] 셀에 **=IF(I4="수료",2,0)**를 입력하고 Enter 를 누릅니다.

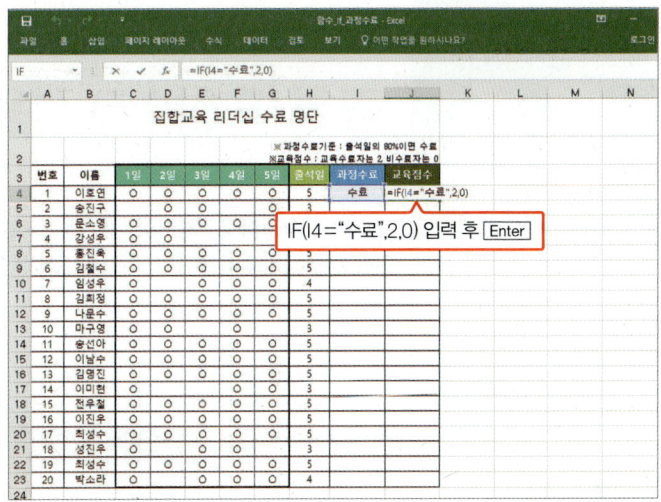

IF(I4="수료",2,0) 입력 후 Enter

04 ① [I4:J4] 셀을 드래그하고 ② 채우기 핸들을 더블클릭해서 수식을 복사합니다.

수강생의 교육과정 수료 여부 및 인사고과에 반영될 교육점수가 표시됩니다.

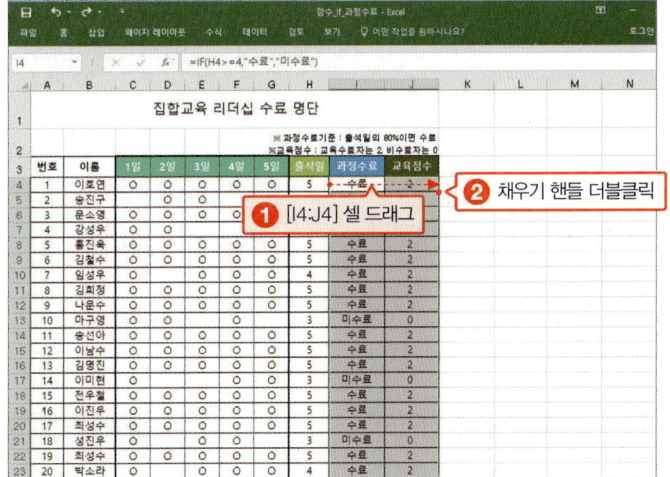

❶ [I4:J4] 셀 드래그

❷ 채우기 핸들 더블클릭

중첩 IF 함수로 신용평가등급 구하기

학습 목표 | 다수의 조건을 비교해야 할 경우 IF 함수를 64개까지 중첩하여 사용할 수 있습니다. 여러 조건을 비교할 때 쓸 수 있는 IF 함수의 중첩에 대해서 알아보겠습니다.

실습 파일 | 엑셀/56_함수_IF중첩_신용평가.xlsx   **완성 파일** | 엑셀/56완성.xlsx

01 중첩 IF 함수로 신용평가등급 표시하기

신용평가등급에 신용 점수가 90점 이상이면 A, 80점 이상이면 B, 70점 이상이면 C, 70점 미만이면 D를 표시해 보겠습니다.

① 신용평가등급을 표시할 [C4] 셀을 클릭합니다. ② [수식] 탭-[함수 라이브러리] 그룹-[논리]를 클릭하고 ③ [IF]를 선택합니다.

02 IF 함수 인수 입력하기

① [함수 인수] 대화상자에서 [Logical_test]에 **B4>=90**을 입력하고 ② [Value_if_true]에 **A**를 입력하고 ③ [Value_if_false]란을 클릭한 후 ④ [이름 상자]의 [IF]를 클릭합니다.

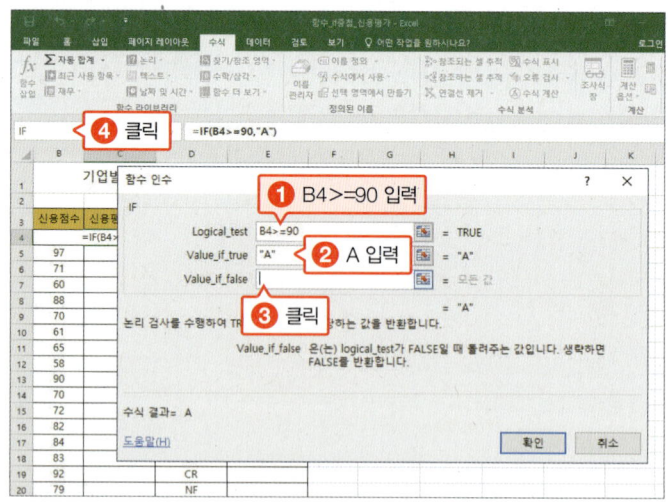

바로 통하는 TIP Logical_test(조건식) : 신용평가점수가 90 이상인지를 판단하는 조건식으로 B4>=90을 입력합니다.

Value_if_true(참 값) : 점수가 90 이상이면 신용등급 A를 입력합니다.

Value_if_false(거짓 값) : 첫 번째 조건이 거짓인 경우 두 번째 조건으로 IF 함수를 중첩하기 위해 이름상자에서 [IF]를 클릭합니다.

03 ① 새로운 [함수 인수] 대화상자에서 [Logical_test]에 **B4>=80**을 입력하고 ② [Value_if_true]에 **B**를 입력하고 ③ [Value_if_false]란을 클릭한 후 ④ [이름 상자]의 [IF]를 클릭합니다.

바로 통하는 TIP Logical_test : 신용점수가 80 이상인지를 판단하는 조건식으로 B4>=80을 입력합니다.
Value_if_true : 점수가 80 이상이면 신용등급 B를 입력합니다.
Value_if_false : 두 번째 조건이 거짓인 경우 세 번째 조건으로 IF 함수를 중첩하기 위해 [이름 상자]에서 [IF]를 클릭합니다.

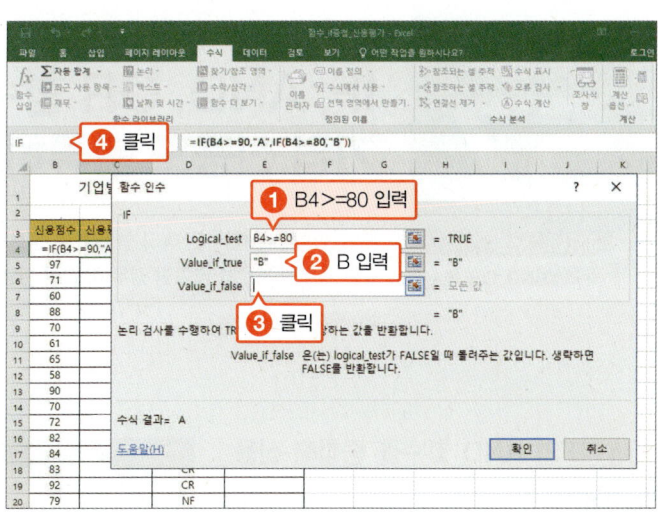

04 ① 새로운 [함수 인수] 대화상자의 [Logical_test]에 **B4>=70**을 입력하고 ② [Value_if_true]에 **C**를 입력하고 ③ [Value_if_false]에 **D**를 입력합니다. ④ [확인]을 클릭해서 수식 =IF(B4>=90,"A",IF(B4>=80,"B",IF(B4>=70,"C","D")))를 완성합니다.

바로 통하는 TIP Logical_test : 신용점수가 70 이상인지를 판단하는 조건식으로 B4>=70을 입력합니다.
Value_if_true : 점수가 70 이상이면 신용등급 C를 입력합니다.
Value_if_false : 점수가 70 미만이면 신용등급 D를 입력합니다.

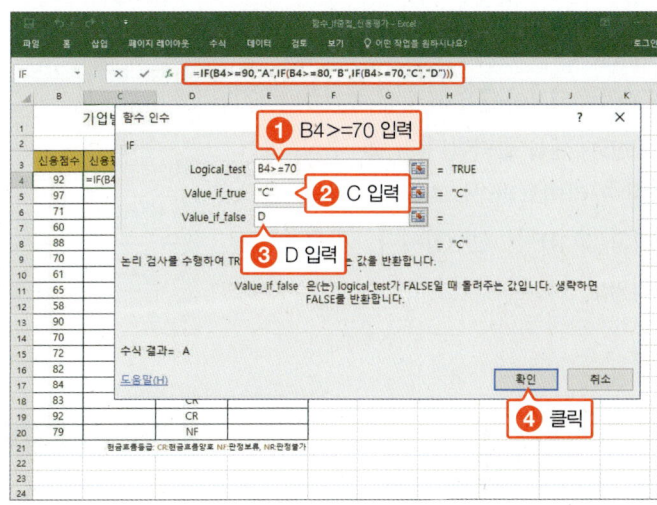

05 [C4] 셀의 채우기 핸들을 [C20] 셀까지 드래그해서 나머지 셀에 수식을 복사합니다.

중첩 IF 함수에서 지정한 조건에 따라 신용평가등급이 표시됩니다.

바로 통하는 TIP 중첩 IF 함수는 [함수 인수] 대화상자를 이용하면 쉽게 수식을 완성할 수 있습니다. 하지만 여러 함수를 중첩하는 경우가 많으므로 직접 수식을 입력해 보는 것도 좋습니다. 함수를 중첩해서 사용할 때는 중첩한 함수의 개수만큼 수식의 마지막 괄호의 개수를 맞춰야 합니다.

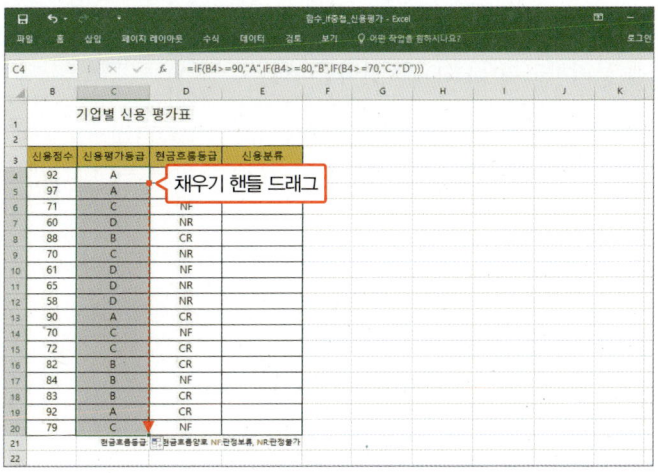

핵심기능실습

57

TELL ME

논리 〉 AND, OR, IF

IF, AND, OR 함수로
기업 신용도 분류하기

학습 목표 | AND 함수는 여러 항목의 조건을 비교해 모두 만족할 경우 참 값을 반환하고, OR 함수는 일부의 조건을 만족할 경우 참 값을 반환합니다. 조건은 255개까지 지정할 수 있습니다.

실습 파일 | 엑셀/57_함수_IF_AND_신용평가.xlsx **완성 파일** | 엑셀/57완성.xlsx

O1 IF와 AND 함수를 중첩해 신용도 분류하기

기업별 신용 평가표에서 신용평가등급이 A나 B고 현금흐름등급이 CR일 때는 신용분류에 '정상기업'을, 그렇지 않은 경우에는 '워크아웃'을 표시해 보겠습니다. ① [E4] 셀을 클릭합니다. ② [수식] 탭-[함수 라이브러리] 그룹-[논리]를 선택하고 ③ [IF]를 선택합니다. [함수 인수] 대화상자가 활성화됩니다.

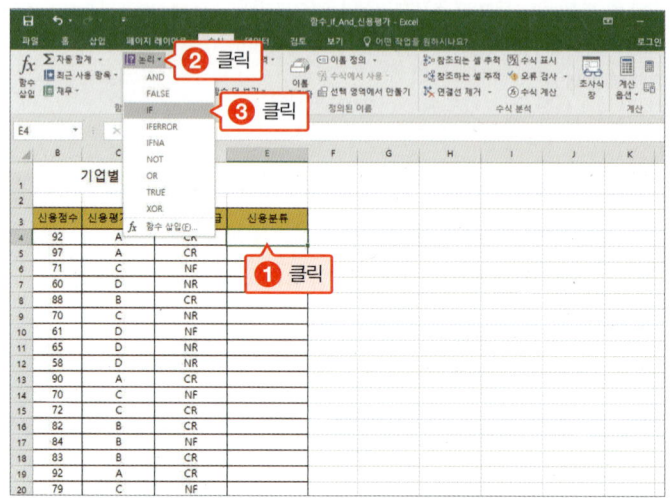

O2 신용평가등급과 현금흐름등급의 두 가지 조건을 모두 만족해야 하므로 조건식에 AND 함수를 중첩시킵니다.
① 수식 입력줄에서 [함수 삽입 *fx*]을 클릭하여 [함수 인수] 대화상자를 닫습니다. ② [함수 라이브러리] 그룹-[논리]를 클릭하고 ③ [AND]를 선택합니다.

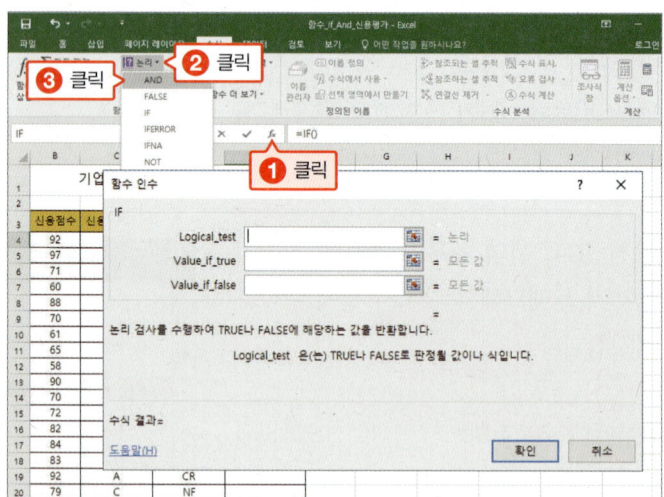

03 AND 함수 인수 입력하기

① [함수 인수] 대화상자에서 [Logical1]에 D4=
"CR"을 입력하고 ② [Logical2]란을 클릭합니다.

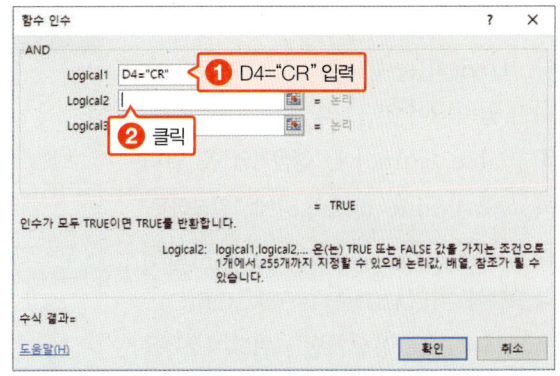

04 OR 함수 중첩하기

신용평가등급이 A나 B인 경우 조건을
만족하므로 OR 함수를 중첩시킵니다.
① 수식 입력줄에서 [함수 삽입 fx]을 클
릭하여 [함수 인수] 대화상자를 닫습니
다. ② [함수 라이브러리] 그룹-[논리]
를 클릭하고 ③ [OR]을 선택합니다.

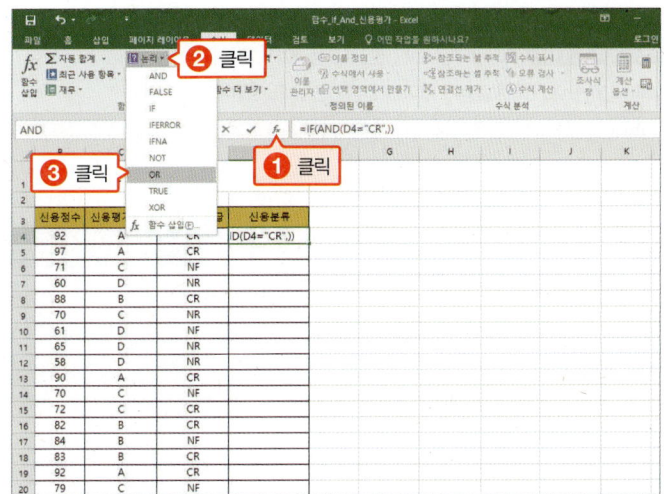

05 OR 함수 인수 입력하기

① [함수 인수] 대화상자에서 [Logical1]에
C4="A"를 입력하고 ② [Logical2]에 C4=
"B"를 입력하고 ③ [IF 함수 인수] 대화상
자로 돌아가기 위해 수식 입력줄에서 IF
를 클릭합니다.

바로 통하는 TIP Logical1(조건1) : 신용평가등급이
"A"인지를 판단하는 조건입니다.
Logical2(조건2) : 신용평가등급이 "B"인지를 판단하
는 조건입니다.

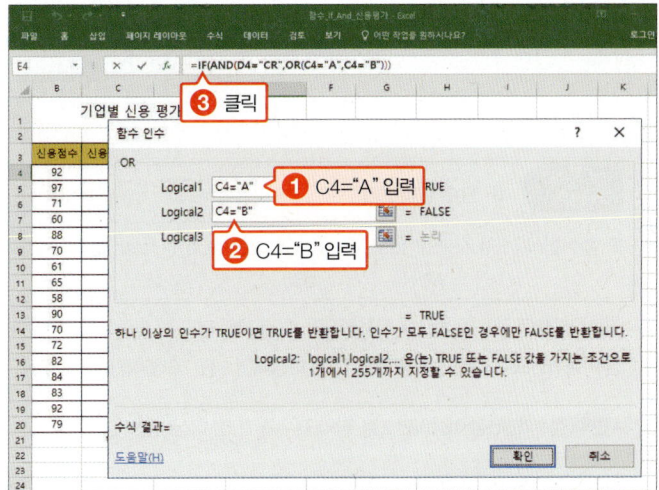

06 [함수 인수] 대화상자가 나타납니다. [Logical_test]에 AND, OR 함수 수식이 입력되어 있습니다.

① [Value_if_true]에 **"정상기업"**을 입력하고 ② [Value_if_false]에 **"워크아웃"**을 입력한 다음 ③ [확인]을 클릭합니다. 수식 =IF(AND(D4="CR",OR(C4="A",C4="B")),"정상기업","워크아웃")을 완성합니다.

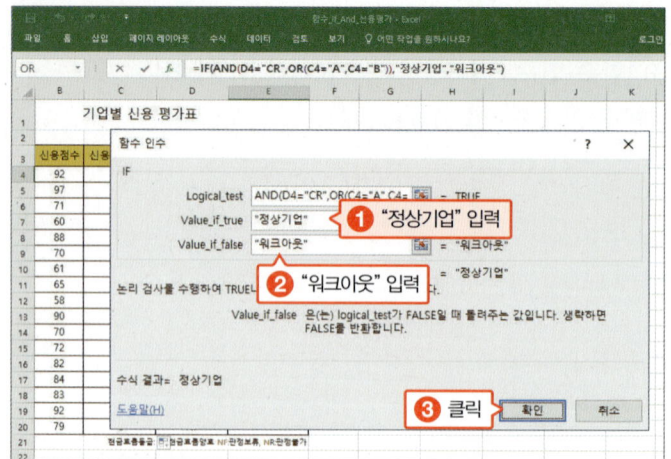

바로 통하는 TIP Logical_test : 현금흐름등급이 "CR"이고, 신용평가등급이 "A"이거나 "B"인 조건입니다.

Value_if_true : 조건 결과가 참이면 '정상기업'을 표기합니다.

Value_if_false : 조건 결과가 거짓이면 '워크아웃'을 표기합니다.

07 [E4] 셀의 채우기 핸들을 더블클릭하여 나머지 셀에 수식을 복사합니다.

중첩한 IF, AND, OR 함수의 조건에 따라 '정상기업'과 '워크아웃'으로 신용분류가 표시됩니다.

신용점수	신용평가등급	현금흐름등급	신용분류
92	A	CR	정상기업
97	A	CR	정상기업
71	C	NF	워크아웃
60	D	NR	워크아웃
88	B	CR	정상기업
70	C	NR	워크아웃
61	D	NF	워크아웃
65	D	NR	워크아웃
58	D	NR	워크아웃
90	A	CR	정상기업
70	C	NF	워크아웃
72	C	CR	워크아웃
82	B	CR	정상기업
84	B	NF	워크아웃
83	B	CR	정상기업
92	A	CR	정상기업
79	C	NF	워크아웃

채우기 핸들 더블클릭

현금흐름등급 CR:현금흐름양호 NF:판정보류, NR:판정불가

바로 통하는 TIP   IF 함수 살펴보기

IF 함수 형식은 IF(Logical_test, Value_if_true, Value_if_false)입니다.
조건식   참값   거짓값

기본적으로 조건이 하나일 때 사용하지만, 여러 개일 때도 IF 함수 안에 IF 함수를 중첩하여 쓸 수 있습니다. 예를 들어 평가점수가 90점 이상이면 교육 이수 점수를 2점, 70점 이상이면 1점, 70점 미만이면 0점을 주는 경우를 다음과 같이 쓸 수 있습니다.

=만약(점수가 90점 이상이면 2점, 만약(점수가 70점 이상이면 1점, 70점 미만이면 0점을 준다.))

이것을 함수식으로 표현하면 다음과 같습니다. 교육 점수에는 교육 점수가 담긴 셀 주소를 입력하면 됩니다.

조건 ②   참값 ②   거짓값 ②

=IF(교육 점수>=90, 2, IF(교육 점수>=70, 1, 0))
조건식 ① 참값 ①   거짓값 ①

COUNTIF, COUNTIFS 함수로 조건을 만족하는 인원수 구하기

학습 목표 | 전체 셀의 개수나, 조건을 지정해 만족하는 셀의 개수를 셀 수 있습니다. COUNTIF 함수는 조건에 만족하는 셀의 개수를, COUNTIFS 함수는 다중 조건에 만족하는 셀의 개수를 계산해 줍니다.

실습 파일 | 엑셀/58_함수_COUNTIF_참가명단.xlsx **완성 파일** | 엑셀/58완성.xlsx

01 참석 인원수 구하기

참석 여부에 따라 명부에 '참석', 또는 공란이 표시되어 있습니다. 참석한 인원수를 세어 보겠습니다.

① [H5] 셀을 클릭합니다. ② [수식] 탭-[함수 라이브러리] 그룹-[함수 더보기]를 클릭하고 ③ [통계]를 선택하고 ④ [COUNTIF]를 선택합니다.

바로 통하는 TIP COUNTIF 함수는 조건에 만족하는 셀의 개수를 구합니다.

02 COUNTIF 함수 인수 입력하기

① [함수 인수] 대화상자의 [Range]에 **E4:E26**을 입력한 후 ② [Criteria]에 **=참석**을 입력합니다. ③ [확인]을 클릭합니다.

범위([E4:E26] 셀)에서 조건(참석)에 만족하는 셀의 개수, 즉 참석한 인원수가 표시됩니다.

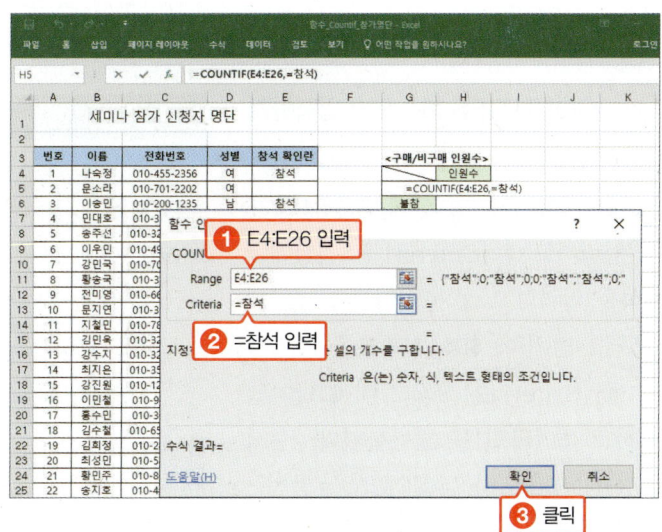

03 불참 인원수 구하기

신청자 명단에 공란으로 표시된 셀의 개수를 세어 보겠습니다.

[H6] 셀에 =COUNTIF(E4:E26,"")을 입력하고 Enter를 누릅니다.

범위([E4:E26] 셀)에서 조건(공란)에 만족하는 셀의 개수, 즉 불참한 인원수가 표시됩니다.

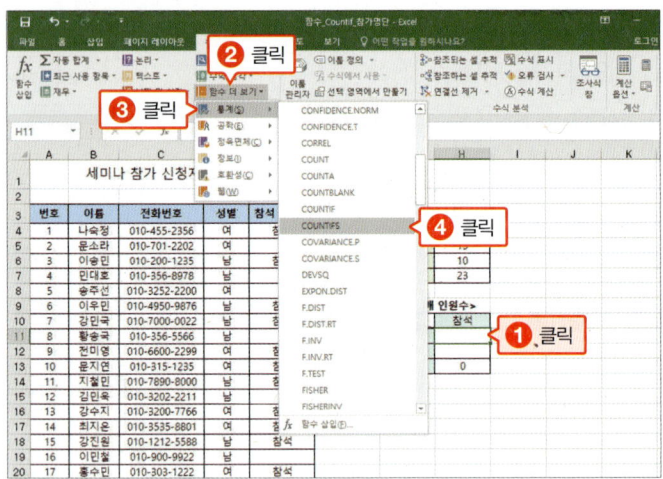

04 성별 참석 인원수 구하기

구매한 인원 중 성별에 따라 남, 여의 인원수를 세어 보겠습니다.
① [H11] 셀을 클릭합니다. ② [수식] 탭 - [함수 라이브러리] 그룹 - [함수 더 보기]를 클릭하고 ③ [통계]를 선택하고 ④ [COUNTIFS]를 선택합니다.

바로 통하는 TIP COUNTIFS 함수는 여러 개의 조건을 만족하는 셀을 개수를 구합니다.

05 COUNTIFS 함수 인수 입력하기

① [함수 인수] 대화상자에서 [Criteria_range1](조건1 범위)에 **$E$4:$E$26**을 입력하고 ② [Criteria1](조건1)에 **=참석**을 입력하고 ③ [Criteria_range2](조건2 범위)에 **$D$4:$D$26**을 입력하고 ④ [Criteria2](조건2)에 **G11**을 입력하고 ⑤ [확인]을 클릭합니다. 수식 =COUNTIFS($E$4:$E$26,"=참석", $D$4:$D$26,G11)이 완성됩니다.

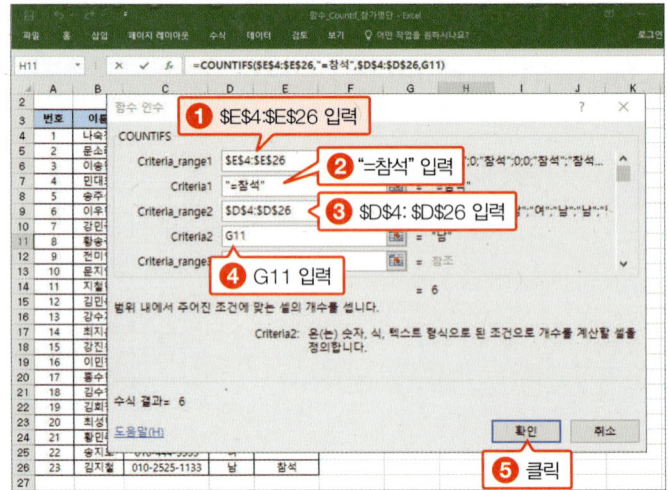

06 [H11] 셀의 채우기 핸들을 [H12] 셀까지 드래그해서 수식을 복사합니다.

참석한 인원 중 남, 여 인원수가 표시됩니다.

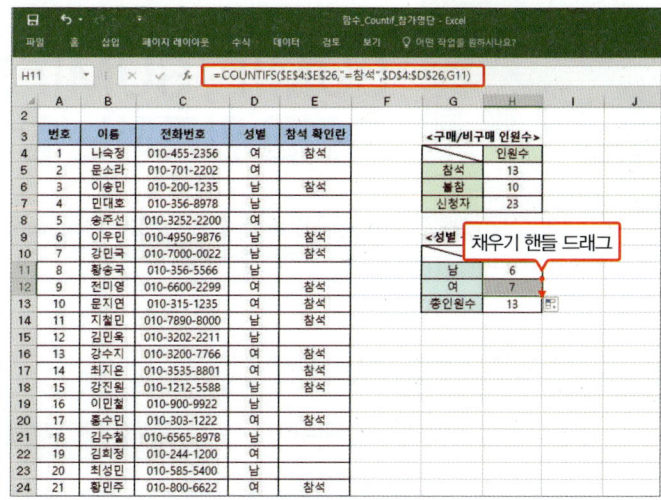

SUMIF, SUMIFS 함수로
조건을 만족하는 합계 계산하기

학습 목표 | SUMIF 함수는 조건에 만족하는 셀의 합계를, SUMIFS 함수는 다중 조건에 만족하는 셀의 합계를 계산해 줍니다.

실습 파일 | 엑셀/59_함수_SUMIF_입금대장.xlsx   **완성 파일** | 엑셀/59완성.xlsx

01 입금방법별 금액의 합계 구하기

주간 입금 대장에서 금액을 입금한 방법에 따른 입금액의 합계를 구해 보겠습니다.

① [I5] 셀을 클릭합니다. ② [수식] 탭-[함수 라이브러리] 그룹-[수학/삼각]을 클릭하고 ③ [SUMIF]를 선택합니다.

바로 통하는 TIP SUMIF는 조건에 만족하는 셀의 합계를 구하는 함수입니다.

02 SUMIF 함수 인수 입력하기

① [함수 인수] 대화상자에서 [Range](범위)에 **$F$4:$F$28**을 입력하고 ② [Criteria](조건)에 **H5**를 입력하고 ③ [Sum_range](합계 범위)에 **$E$4:$E$28**을 입력합니다. ④ [확인]을 클릭하여 수식 =SUMIF($F$4:$F$28,H5,$E$4:$E$28)을 완성합니다. ⑤ [I5] 셀의 채우기 핸들을 더블클릭하여 수식을 복사합니다.

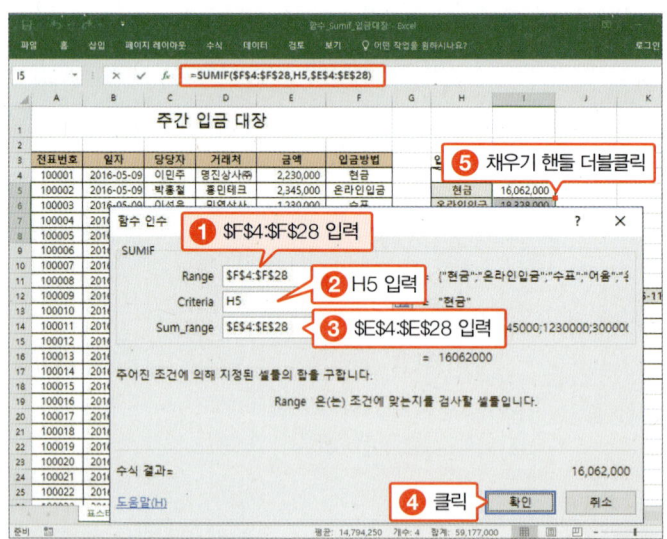

전체 입금 대장에서 [H5] 셀에 해당하는 '현금'으로 입금한 금액의 합계가 구해집니다.

바로 통하는 TIP Criteria(조건)에 "=현금"을 입력하면 수식을 복사할 때 조건이 변하지 않고 고정됩니다. 따라서 [H5] 셀을 지정하여 조건이 바뀌도록 합니다.

03 일자별 입금방법을 조건으로 한 금액의 합계 구하기

일자별로 입금한 방법에 따른 금액의 합계를 구해 보겠습니다.

① [I13] 셀을 클릭하고 ② [수식] 탭-[함수 라이브러리] 그룹-[수학/삼각]을 클릭하고 ③ [SUMIFS]를 선택합니다.

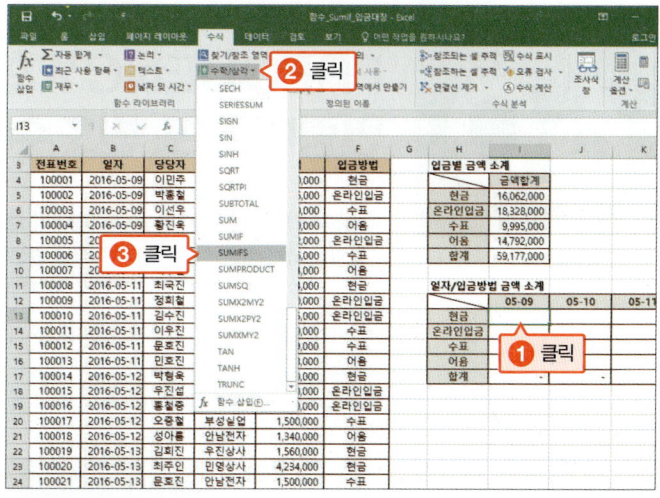

04

① [함수 인수] 대화상자의 [Sum_range](합계 범위)에 **$E$4:$E$28**을 입력하고 ② [Criteria_range1](조건1 범위)에 **$B$4:$B$28**을 입력하고 ③ [Criteria1](조건1)에 **I$12**를 입력하고 ④ [Criteria_range2](조건2 범위)에 **$F$4:$F$28**을 입력하고 ⑤ [Criteria2](조건2)에 **$H13**을 입력합니다. ⑥ [확인]을 클릭해서 수식 =SUMIFS($E$4:$E$28,$B$4:$B$28,I$12,$F$4:$F$28,$H13)를 완성합니다.

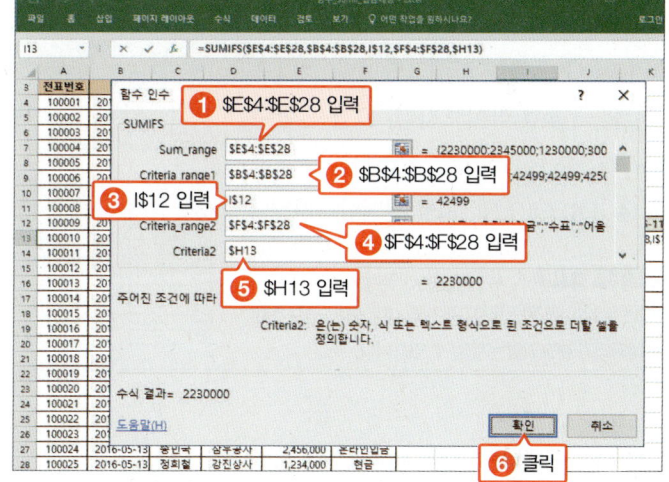

05

① [I13] 셀의 채우기 핸들을 [I16] 셀까지 드래그합니다. ② [I13:I16] 셀 범위의 채우기 핸들을 [M16] 셀까지 드래그해서 수식을 복사합니다.

일자와 입금방법에 따른 금액의 합계가 구해집니다.

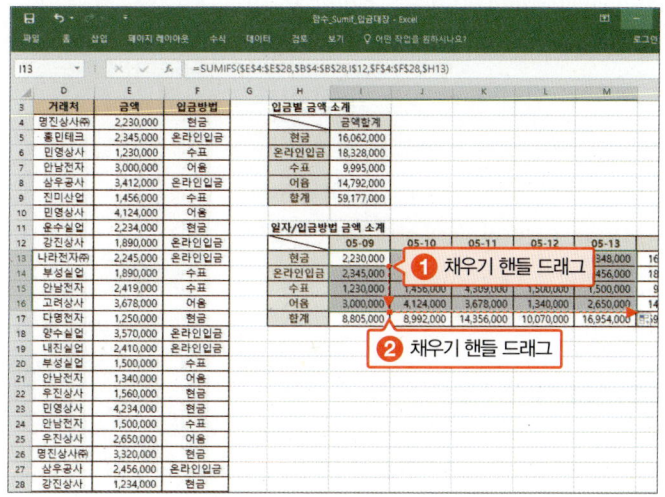

핵심기능실습 60

TELL ME

함수 삽입 〉
FREQUENCY

FREQUENCY 함수로
연령대 분포 빈도수 구하기

학습 목표 | FREQUENCY 함수는 데이터 범위 안에서 구간별 분포 빈도수를 구하는데 셀의 범위를 비교하는 배열 수식입니다. 수식을 완성한 후 Ctrl + Shift + Enter 를 누르면 수식 앞뒤로 중괄호({ })가 나타나면서 일반 수식과 구분됩니다.

실습 파일 | 엑셀/60_함수_FREQUENCY_빈도수.xlsx   **완성 파일 |** 엑셀/60완성.xlsx

01 건강검진 대상자의 연령대 분포 빈도수 구하기

검진 대상자의 연령대가 어떻게 분포되어 있는지 연령대별로 표시해 보겠습니다. ① [G4:G9] 셀을 드래그합니다. ② [수식] 탭 - [함수 라이브러리] 그룹 - [함수 더 보기]를 클릭하고 ③ [통계]를 선택하고 ④ [FREQUENCY]를 선택합니다.

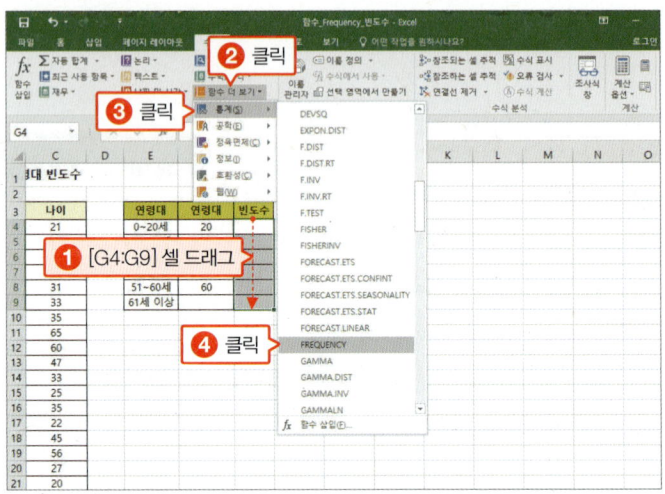

바로 통하는 TIP FREQUENCY 함수는 구간별로 해당하는 데이터가 몇 건인지 세어 줍니다. 어느 구간에 많은 데이터가 분포되었는지 알 수 있습니다.

02 FREQUENCY 함수 인수 입력하기

① [Data_array](빈도수를 계산할 범위)에 **C4:C44**를 입력하고 ② [Bins_array](빈도수 구간 범위)에 **F4:F9**를 입력하고 ③ Ctrl + Shift 를 함께 누른 상태에서 [확인]을 클릭합니다. 수식 {=FREQUENCY (C4:C44,F4:F9)}가 완성되면서 연령대별로 범위 안에 데이터가 몇 건인지 표시됩니다.

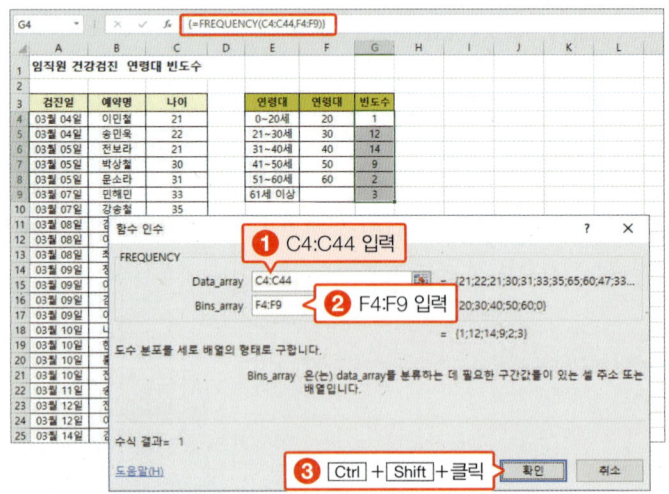

바로 통하는 TIP 인수 설명

Data_array : 연령대의 빈도수를 계산하기 위한 나이의 전체 범위(C4:C44)입니다.

Bins_array : 연령대의 빈도수를 계산하기 위한 구간 범위(F4:F9)로 [20 : 0~20세], [30 : 21~30세], [40 : 31~40세], [50 : 41~50세], [60 : 51~60세], [61 이상 : 공백]으로 표기합니다.

핵심기능실습

61

TELL ME

찾기/참조 영역 〉
CHOOSE, 텍스트
기능 〉 MID

CHOOSE, MID 함수로 성별 구하기

학습 목표 | CHOOSE 함수는 인덱스 번호(색인 값)에 따라 원하는 목록을 찾아 줍니다. 인덱스 번호는 반드시 1부터 254 사이의 숫자로 입력하고 목록 개수도 인덱스 번호와 일치해야 합니다. MID 함수는 문자열 중간에 있는 글자 일부를 추출할 때 사용합니다.

실습 파일 | 엑셀/61_함수_CHOOSE_사원명부.xlsx　**완성 파일 |** 엑셀/61완성.xlsx

01 CHOOSE와 MID 함수를 중첩하여 성별을 표시하기

사원의 주민번호를 확인하여 8번째 자리의 숫자가 1이나 3이면 성별에 '남'을, 2나 4면 '여'를 표시해 보겠습니다.
① [F4] 셀을 클릭합니다. ② [수식] 탭-[함수 라이브러리] 그룹-[찾기/참조 영역]을 클릭하고 ③ [CHOOSE]를 선택합니다.

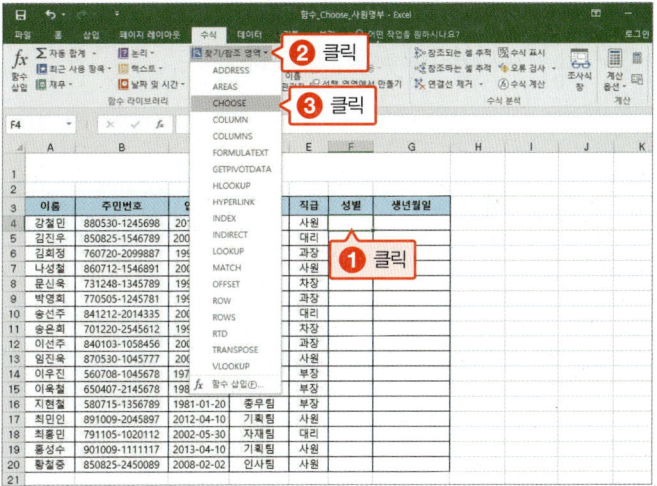

바로 통하는 TIP CHOOSE 함수는 [Index_num]에서 지정하는 수식이나 셀 값에 따라 인덱스 번호에서 지정한 값을 나타냅니다.

02 ① CHOOSE 함수의 [함수 인수] 대화상자의 [Index_num]에 MID( )를 입력하고 ② MID 함수의 인수를 입력하기 위해 수식 입력줄에서 MID( )를 클릭합니다.

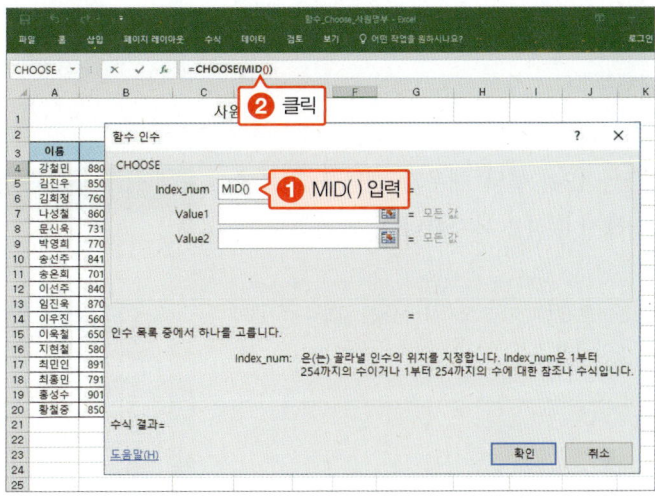

바로 통하는 TIP MID 함수는 문자열의 중간에 있는 글자의 일부를 추출할 때 사용합니다.

03 MID 함수 인수 입력하기

① MID 함수의 [인수 대화상자]에서 [Text]에 **B4**를 입력하고 ② [Start_num]에 **8**을 입력하고 ③ [Num_chars]에 **1**을 입력합니다. ④ 수식 입력줄에서 CHOOSE를 클릭해서 CHOOSE 함수의 [함수 인수] 대화상자로 돌아갑니다.

바로 통하는 TIP 인수 설명

Text : 주민번호가 있는 셀 주소를 지정합니다.
Start_num : 주민번호에서 추출한 시작 위치를 입력합니다.
Num_chars : 시작 위치로부터 추출할 문자 개수를 입력합니다.

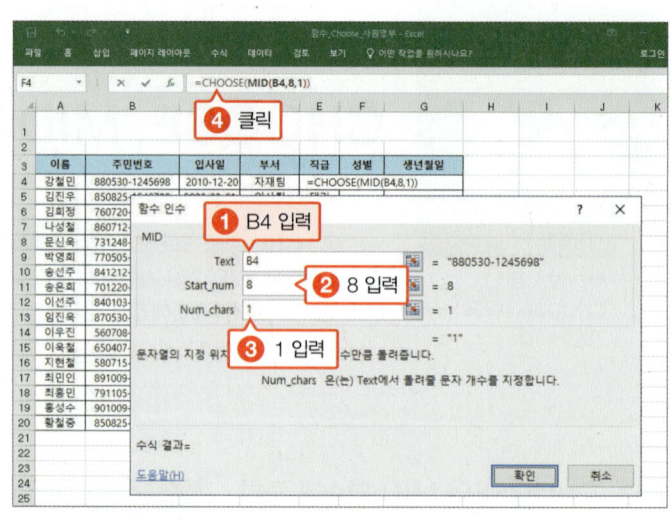

04 CHOOSE 함수 인수 입력하기

① [Value1]에 **남**을 입력하고 ② [Value2]에 **여**를 입력하고 ③ [Value3]에 **남**을 입력하고, ④ [Value4]에 **여**를 입력합니다. ⑤ [확인]을 클릭해서 수식 =CHOOSE(MID(B4,8,1),"남","여","남","여")를 완성합니다.

바로 통하는 TIP 주민등록번호의 8번째 자리에 따라 1900년대 출생자 중 1이면 남자, 2면 여자, 2000년대 출생자 중 3이면 남자, 4면 여자이므로 주민등록 성별 구분 번호(1~4)에 따라 순서대로 "남", "여", "남", "여"를 반환합니다.

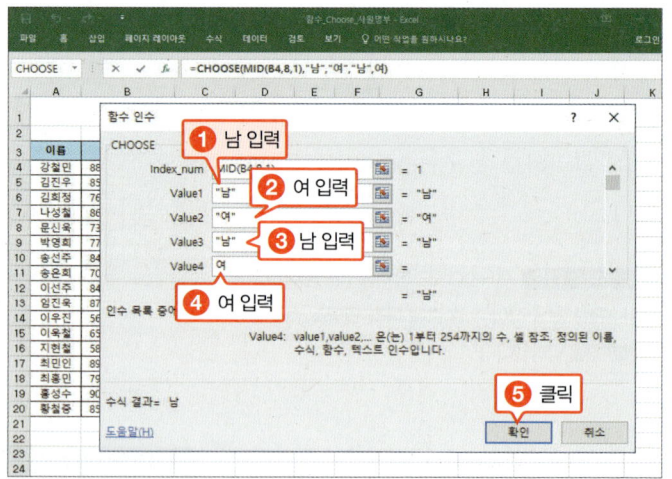

05 [F4] 셀의 채우기 핸들을 더블클릭해서 수식을 복사합니다.

주민번호 8번째 자리 숫자를 추출해 알게 된 사원의 성별이 표시됩니다.

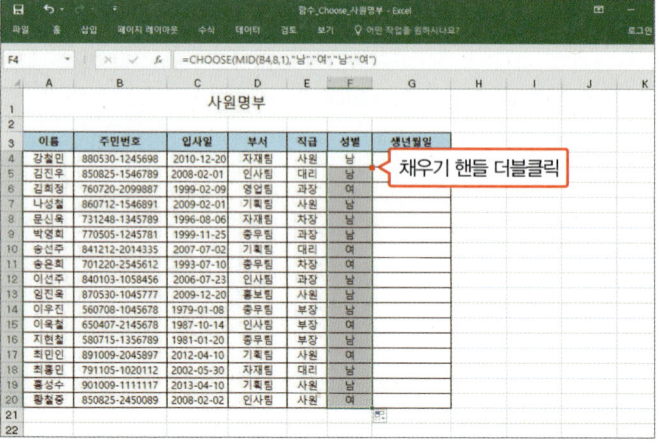

DATE, LEFT, MID 함수로
생년월일 계산하기

학습 목표 | DATE 함수는 년, 월, 일 형태로 날짜 형식을 변경해 줍니다. LEFT 함수는 왼쪽부터
몇 글자를 추출할 때, MID 함수는 중간에 있는 글자 일부를 추출할 때 사용합니다.

실습 파일 | 엑셀/62_함수_DATE_사원명부.xlsx   **완성 파일 |** 엑셀/62완성.xlsx

01 생년월일 구하기

주민등록번호의 앞부분 6자리는 두 자
리씩 년도, 월, 일을 나타내므로 LEFT,
MID 함수로 각각 추출하고, 추출한 문
자를 DATE 함수를 사용하여 날짜 속성
으로 바꿔 보겠습니다.

① [G4] 셀을 클릭합니다. ② [수식] 탭–
[함수 라이브러리] 그룹–[날짜 및 시간]
을 클릭하고 ③ [DATE]를 선택합니다.

바로 통하는 TIP DATE 함수는 DATE(연, 월, 일) 형
태로 날짜를 입력합니다.

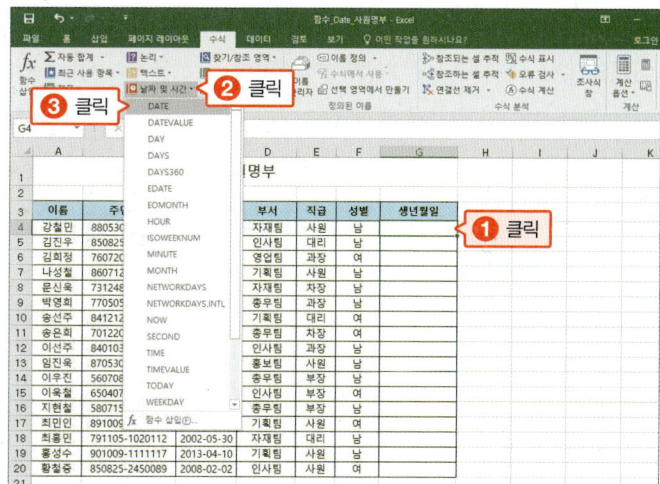

02 DATE 함수 인수 입력하기

① [함수 인수] 대화상자에서 [Year]에 **LEFT(B4,2)**를 입력하고 ② [Month]에 **MID(B4,3,2)**를 입력하고
③ [Day]에 **MID(B4,5,2)**를 입력합니다. ④ [확인]을 클릭해서 수식 =DATE(LEFT(B4,2),MID(B4,3,2),MID
(B4,5,2))를 완성합니다. ⑤ [G4] 셀의 채우기 핸들을 더블클릭해서 수식을 복사합니다.

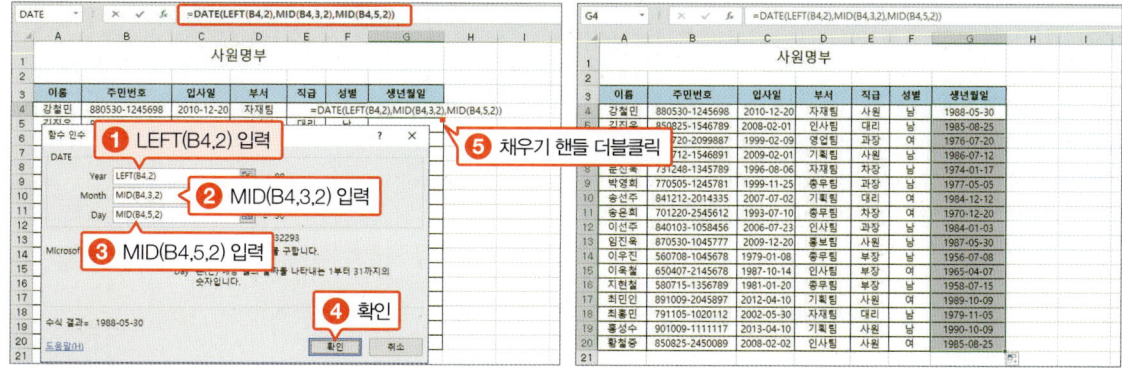

바로 통하는 TIP 인수 설명

Year : 주민번호의 왼쪽에서 두 글자를 가져와 연도를 지정합니다. / **Month :** 주민번호의 세 번째 글자부터 두 글자를 가져와 월로 지정합니다.
Day : 주민번호의 다섯 번째 글자부터 두 글자를 가져와 일로 지정합니다.

LEFT, FIND, SUBSTITUTE 함수로
아이디와 이메일 주소 수정하기

학습 목표 | FIND 함수는 문자열에서 찾고자 하는 문자의 위치를 숫자로 알려줍니다.
SUBSTITUTE 함수는 문자열에서 일부 글자를 다른 글자로 대치하고자 할 때 사용합니다.

실습 파일 | 엑셀/63_함수_FIND_이메일주소록.xlsx   완성 파일 | 엑셀/63완성.xlsx

01 이메일 주소에서 아이디 추출하기

이메일 주소에서 @ 기호 앞부분에 위치
한 사원별 아이디를 추출해 보겠습니다.
① [C4] 셀을 클릭합니다. ② [수식] 탭-
[함수 라이브러리] 그룹-[텍스트]를 클
릭하고 ③ [LEFT]를 선택합니다.

바로 통하는 TIP   LEFT 함수는 문자열의 왼쪽으로부
터 몇 글자를 추출할 때 사용합니다.

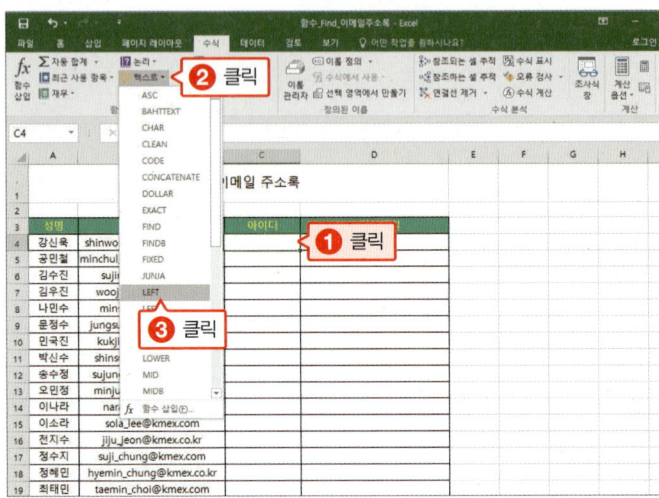

02 LEFT, FIND 함수 인수 입력하기

① [함수 인수] 대화상자의 [Text]에 **B4**
를 입력하고 ② [Num_chars]에 **FIND**
("@",B4)-1을 입력합니다. ③ [확인]을
클릭해서 수식 =LEFT(B4,FIND("@",
B4)-1)을 완성합니다.

바로 통하는 TIP   인수 설명

Text : 아이디를 추출할 이메일 주소(B4)를 지정합니다.
Num_chars : 이메일 주소에서 "@" 기호(FIND("@",
B4))의 위치를 구하고, "@" 위치 전까지만 추출해야 하
므로 "-1"을 입력합니다.

바로 통하는 TIP   FIND 함수는 문자열에서 특정 문자
를 찾아 문자의 위치를 숫자로 나타냅니다.

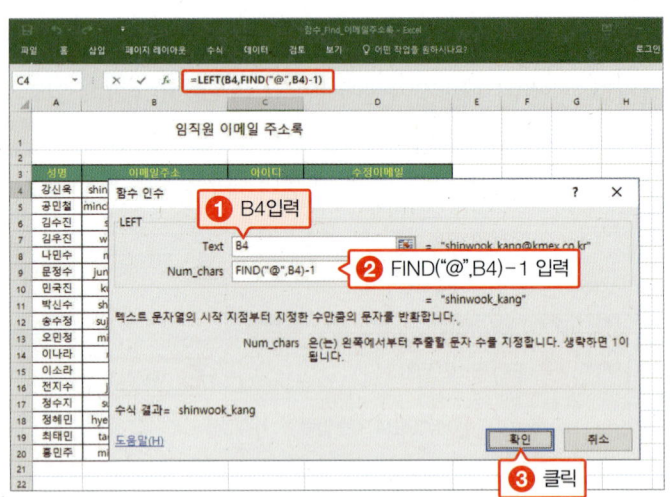

03 이메일 주소에서 수정하기

이메일 주소에서 'co.kr'을 'com'으로 수정해 보겠습니다.

① [D4] 셀을 클릭합니다. ② [수식] 탭-[함수 라이브러리] 그룹-[텍스트]를 클릭하고 ③ [SUBSTITUTE]를 선택합니다.

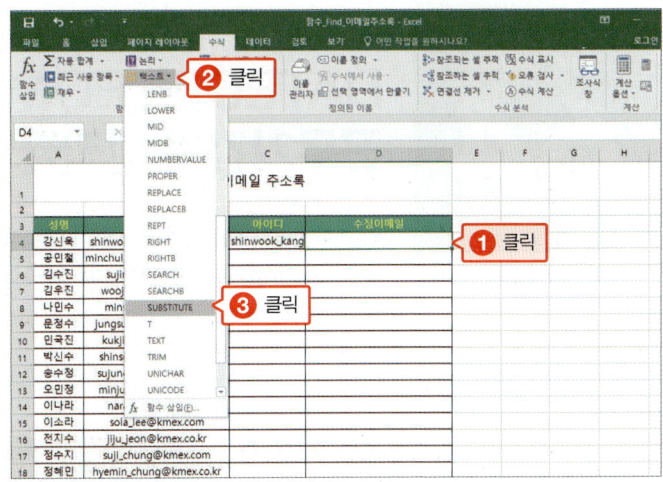

04 SUBSTITUTE 함수 인수 입력하기

① [함수 인수] 대화상자의 [Text]에 B4를 입력하고 ② [Old_text]에 co.kr을 입력하고 ③ [New_text]에 com을 입력합니다. ④ [확인]을 클릭해서 수식 =SUBSTITUTE (B4,"co.kr","com")을 완성합니다.

바로 통하는 TIP 인수 설명

Text : 이메일 주소([B4] 셀)를 지정합니다.

Old_text : 바꾸고자 하는 문자열을 찾기 위해 'co.kr'을 입력합니다.

New_text : 새롭게 바꿀 문자열 'com'을 입력합니다.

05

① [C4:D4] 셀을 드래그하고 ② 채우기 핸들을 더블클릭해서 수식을 복사합니다.

핵심기능실습

64

TELL ME

날짜 및 시간〉
EOMONTH

DATEDIF, EOMONTH 함수로
근무기간과 퇴직금 지급일 구하기

학습 목표 | DATEDIF 함수를 사용하면 두 날짜 사이의 년, 월, 일 간격을 간단하게 계산할 수 있습니다. EOMONTH 함수는 지정한 날짜 전, 후 개월의 마지막 날짜를 반환합니다.

실습 파일 | 엑셀/64_함수_DATEDIF_퇴직금.xlsx   완성 파일 | 엑셀/64완성.xlsx

01 DATEDIF 함수로 근무기간 계산하기

퇴직금 정산 목록의 입사일과 퇴사일을 비교해 근무기간을 계산해 보겠습니다. [F4] 셀에 **=DATEDIF(D4,E4,"Y")&"년"**을 입력하고 Enter 를 누릅니다.

入사일([D4] 셀)과 퇴사일([E4] 셀) 사이의 경과 연수가 계산됩니다.

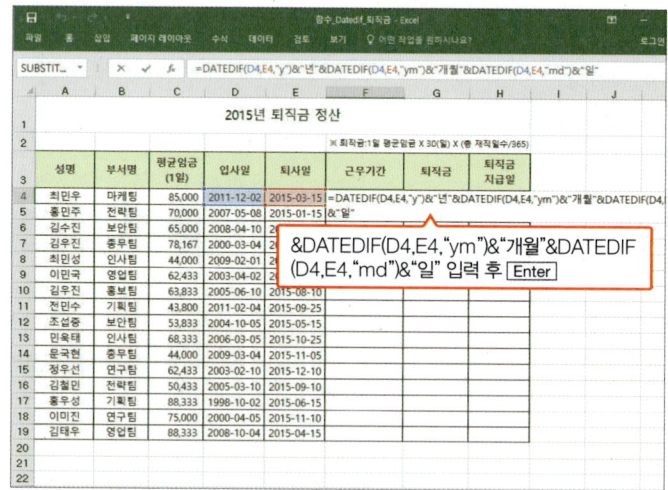

02
[F4] 셀을 클릭하고 수식 입력줄에 입력되어 있는 =DATEDIF(D4,E4, "Y")&"년"에 이어서 **&DATEDIF(D4,E4,"ym") &"개월"&DATEDIF(D4,E4,"md")&"일"**을 입력하고 Enter 를 눌러 근무 기간을 계산합니다.

바로 통하는 TIP 수식 설명

DATEDIF(D4,E4,"y")&"년" : 입사일([D4] 셀)로부터 퇴직일([E4] 셀)까지의 경과 년도("Y")를 구한 후 "년"과 연결합니다.

&DATEDIF(D4,E4,"ym")&"개월" : 입사일([D4] 셀)로부터 퇴직일([E4] 셀)까지의 경과 년도를 제외한 개월 수("YM")를 구한 다음 "개월"과 연결합니다.

&DATEDIF(D4,E4,"md")&"일" : 입사일([D4] 셀)로부터 퇴직일([E4] 셀)까지의 경과 개월 수를 제외한 일 수("MD")를 구한 다음 "일"과 연결합니다.

DATEDIF 함수는 함수 마법사나 수식 자동 완성 목록, 도움말이 따로 없기 때문에 직접 입력하여 수식을 만들어야 합니다.

함수 범주	날짜 및 시간 함수	
함수 형식	DATEDIF(시작일, 종료일, 옵션)	
	옵션	**설명**
	y	두 날짜 사이 경과된 년 수
	m	두 날짜 사이 경과된 개월 수
	d	두 날짜 사이 경과된 일 수
	ym	두 날짜 사이 경과 년도를 제외한 나머지 개월 수
	yd	두 날짜 사이 경과 년도를 제외한 나머지 일 수
	md	두 날짜 사이 경과 년도와 개월 수를 제외한 나머지 일 수

O3 퇴직금 지급 일자 구하기

퇴직금은 퇴사일로부터 2개월이 경과한 후 그달의 마지막 날짜에 지급합니다. 퇴직금 지급일을 계산해 보겠습니다. ① [H4] 셀을 클릭합니다. ② [수식] 탭-[함수 라이브러리] 그룹-[날짜 및 시간]을 클릭하고 ③ [EOMONTH]를 선택합니다.

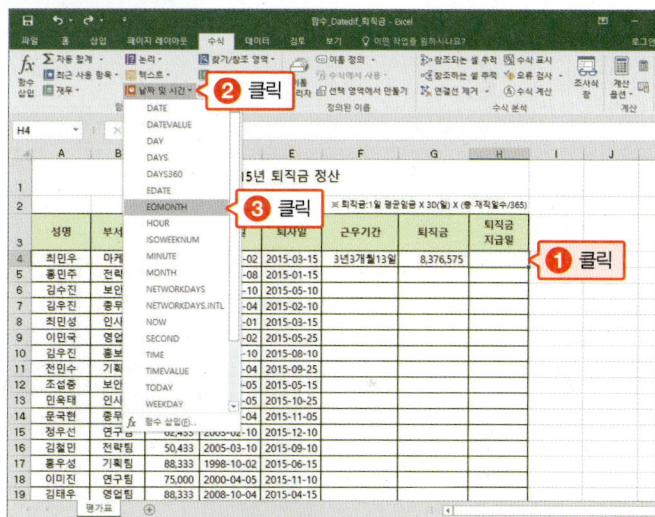

바로 통하는 TIP EOMONTH 함수는 지정한 날짜의 전이나 후의 마지막 날짜를 계산합니다. EOMONTH 함수는 결과 값을 일련번호로 반환하기 때문에 날짜로 표시하려면 표시 형식을 날짜 형식으로 지정해야 합니다. [H4:H19] 셀에는 날짜 형식으로 표시 형식이 지정되어 있습니다.

04 EOMONTH 함수 인수 입력하기

① [함수 인수] 대화상자의 [Start_date]
(시작일)에 **E4**를 입력하고 ② [Months]
(개월 수)에 **2**를 입력합니다. ③ [확인]을
클릭해서 수식 =EOMONTH(E4,2)를
완성합니다.

바로 통하는 TIP 인수 설명

Start_date : 시작일입니다. 여기서는 퇴직일([E4] 셀)
을 입력합니다.

Months : 개월 수입니다. 시작일로부터 2개월 후에 마
지막 날짜를 표시하기 위해 '2'를 입력합니다.

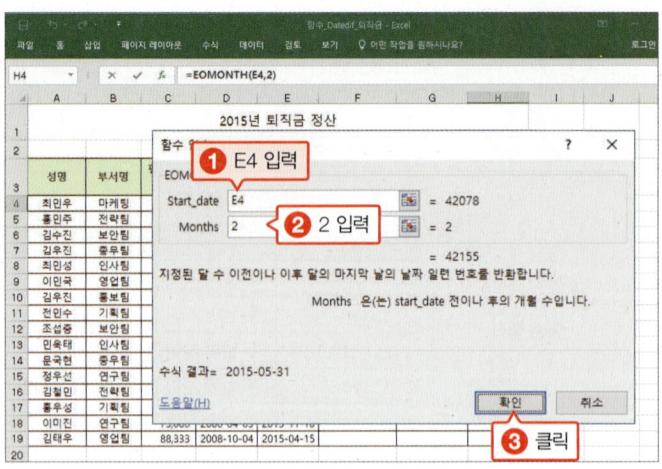

05 ① [F4:H4] 셀을 드래그하고 ② 채
우기 핸들을 더블클릭하여 수식을 복사
합니다.

근무기간이 계산되면서 이에 따른 퇴직금 및 지급일
이 표시됩니다.

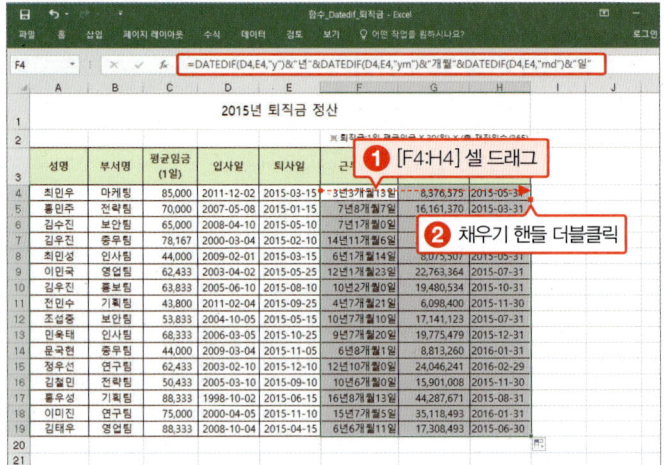

핵심기능실습 65

TELL ME
찾기/참조 영역
> HLOOKUP,
VLOOKUP

HLOOKUP, VLOOKUP 함수로 제품명, 단가, 할인율 표시하기

학습 목표 | HLOOKUP 함수는 목록 범위의 첫 번째 행에서 가로(Horizontal) 방향으로 검색하면서 원하는 값을 추출합니다. VLOOKUP 함수는 목록 범위의 첫 번째 열에서 세로(Vertical) 방향으로 검색하면서 원하는 값을 추출합니다.

실습 파일 | 엑셀/65_함수_VHlookup_판매일보.xlsx   완성 파일 | 엑셀/65완성.xlsx

01 VLOOKUP 함수를 이용하여 상품명 입력하기

코드표에 입력된 코드를 참조하여 판매일보에 상품명을 기록해 보겠습니다. ① [C3] 셀을 클릭합니다. ② [수식] 탭-[함수 라이브러리] 그룹-[찾기/참조영역]을 클릭하고 ③ [VLOOKUP]을 선택합니다.

바로 통하는 TIP VLOOKUP 함수는 목록에서 원하는 값을 세로 방향으로 찾을 때 사용합니다.

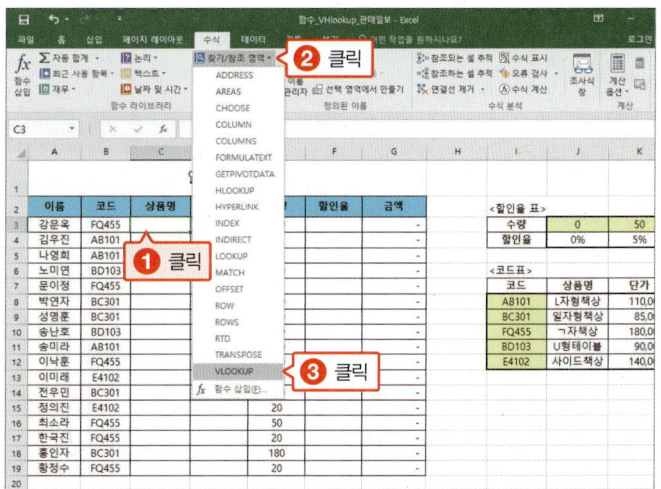

02 VLOOKUP 함수 인수 입력하기

① [함수 인수] 대화상자의 [Lookup_value](찾을 값)에 **B3**을 입력하고 ② [Table_array](범위)에 **$I$8:$K$12**를 입력하고 ③ [Col_Index_num](추출할 열)에 **2**를 입력하고 ④ [Range_lookup](옵션)에 **FALSE**를 입력합니다. ⑤ [확인]을 클릭해 수식 =VLOOKUP(B3,$I$8:$K$12,2,FALSE)를 완성합니다.

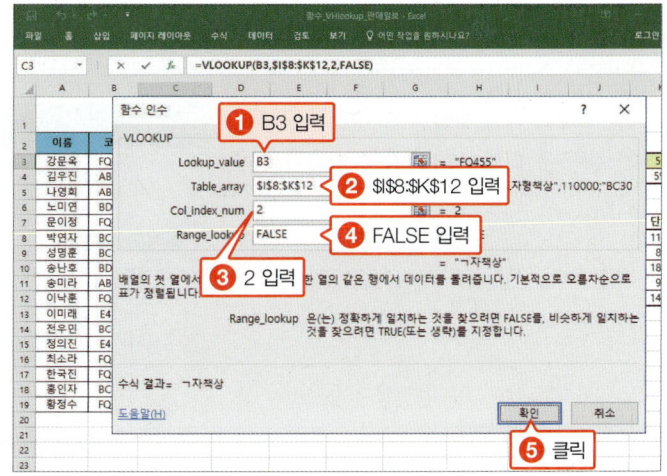

바로 통하는 TIP 인수 설명

Lookup_value : 상품 코드를 찾아 상품명을 입력해야 하므로 [B3] 셀을 입력합니다.
Table_array : [B3] 셀의 값을 찾을 범위로 코드표의 범위를 지정합니다. [I8:K12] 셀입니다.
Col_index_num : 상품 코드별 코드표 범위에서 [B3] 셀 값을 찾아 상품명을 반영할 열 번호입니다.
Range_lookup : 찾는 값을 정확하게 일치시켜 찾을 때는 FALSE 또는 0을 입력합니다.

03 VLOOKUP 함수를 이용하여 단가 입력하기

코드표에 입력된 단가를 참조하여 해당 상품의 단가를 기록해 보겠습니다. [D3] 셀에 **=VLOOKUP**을 입력한 후 Ctrl + A를 누릅니다.

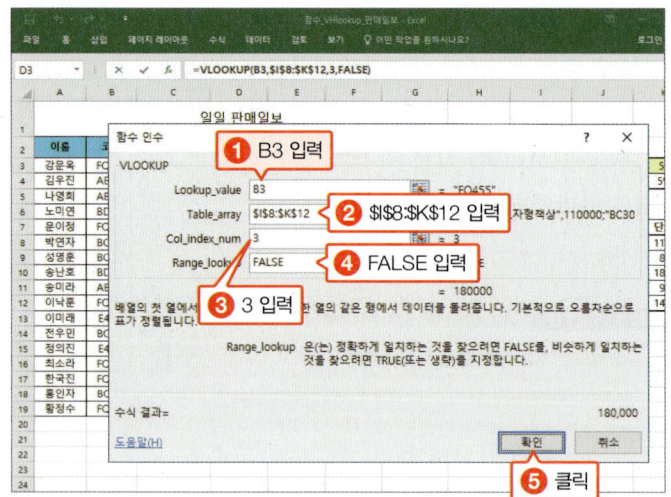

04

① [Lookup_value](찾을 값)에 **B3**을 입력하고 ② [Table_array](범위)에 **$I$8:$K$12**를 입력하고 ③ [Col_Index_num](추출할 열)에 **3**을 입력하고 ④ [Range_lookup](옵션)에 **FALSE**를 입력합니다. ⑤ [확인]을 클릭해서 수식 =VLOOKUP(B3,$I$8:$K$12,3, FALSE)를 완성합니다.

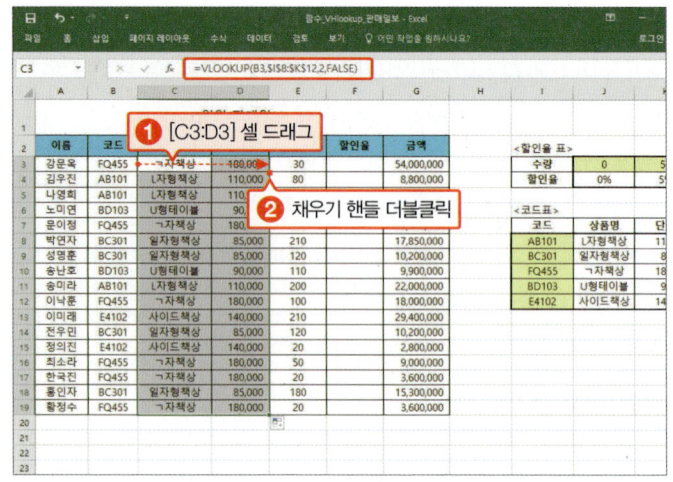

05

① [C3:D3] 셀을 드래그하고 ② 채우기 핸들을 더블클릭하여 수식을 복사합니다.

06 HLOOKUP 함수를 이용하여 할인율 입력하기

할인율 표에 입력된 수량별 할인율을 참조하여 해당 상품의 할인율을 기록해 보겠습니다. [F3] 셀에 **=HLOOKUP**을 입력한 후 Ctrl + A 를 누릅니다.

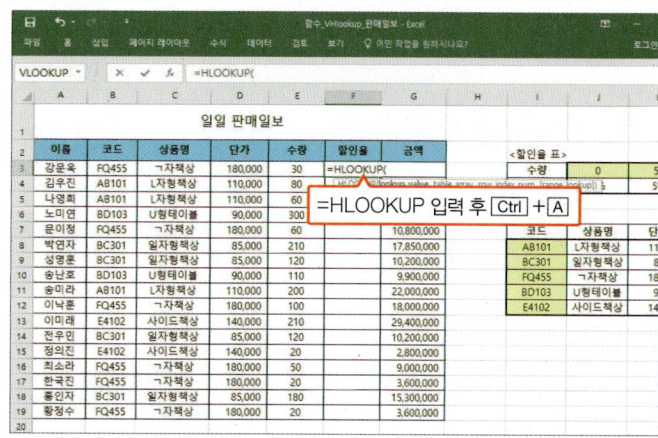

07

① [함수 인수] 대화상자의 [Lookup _value]에 **E3**을 입력하고 ② [Table_ array]에 **$J$3:$M$4**를 입력하고 ③ [Row_Index_num]에 **2**를 입력하고 ④ [Range_lookup]에 **TRUE**를 입력합니다. ⑤ [확인]을 클릭하여 수식 =HLOOKUP(E3,$J$3:$M$4,2,TRUE)를 완성합니다.

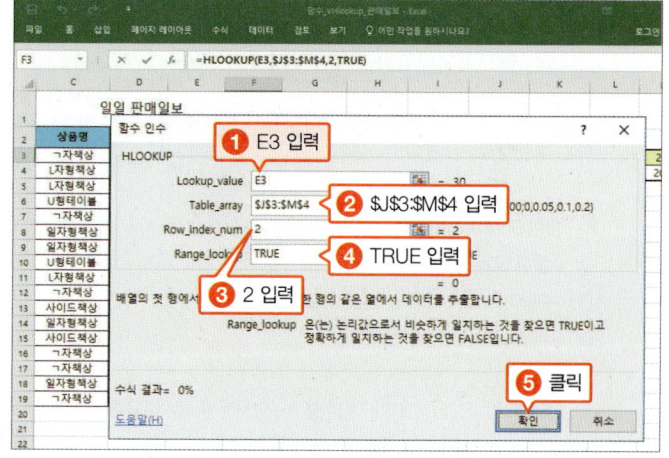

바로 통하는 TIP 인수 설명

Lookup_value : 수량을 찾아 할인율을 입력해야 하므로 [E3] 셀을 입력합니다.
Table_array : [B3] 셀 값을 찾을 범위로 할인율 표의 범위 [J3:M4] 셀입니다.
Row_index_num: 할인율 표 범위에서 [E3] 셀 값을 찾아 할인율을 반영할 행 번호입니다.
Range_lookup : 찾는 값의 근삿값을 찾을 때는 TRUE 또는 1을 입력합니다.

08

[F3] 셀의 채우기 핸들을 더블클릭하여 수식을 복사합니다.

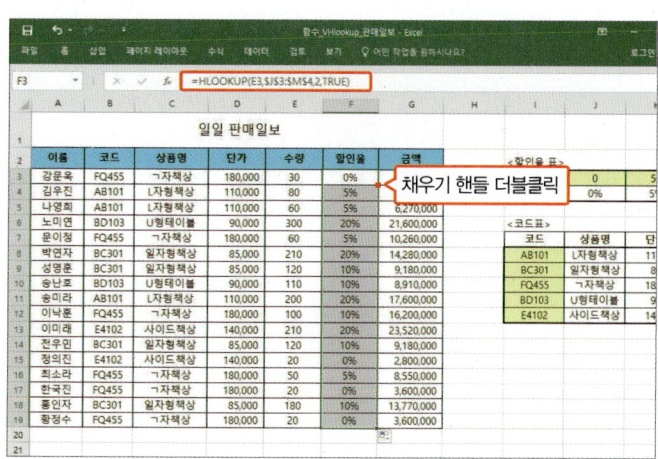

VLOOKUP과 HLOOKUP은 사용법과 기능이 유사합니다. VLOOKUP은 첫 행에서 원하는 값을 찾아 지정한 열에 있는 값을 반환하고 HLOOKUP은 첫 열에서 원하는 값을 찾아 지정한 행에 있는 값을 반환합니다.

① 찾는 값(Lookup_value)은 반드시 Table_array의 첫 번째 행(열)에 있어야 합니다. 예를 들어 VLOOKUP 함수를 이용하여 상품 코드를 찾아서 단가를 반환하려고 한다면 Table_array는 [B3:C7]을 범위로 지정해야 합니다. [A3:C7]을 범위로 지정하면 안 됩니다.

	A	B	C
1	<코드표>		
2	상품명	코드	단가
3	L자형책상	AB101	110,000
4	일자형책상	BC301	85,000
5	ㄱ자책상	FQ455	180,000
6	U형테이블	BD103	90,000
7	사이드책상	E4102	140,000

→ [B3:C7] 범위를 참조하여 단가를 찾음 →

	A	B
8		
9	코드	단가
10	FQ455	180,000
11	AB101	110,000
12	AB101	110,000
13	BD103	90,000
14	AB101	110,000

② Table_array의 첫 번째 열(행)에서 근삿값을 찾을 경우에는 반드시 오름차순으로 정렬되어 있어야 합니다.

	A	B	C	D	E
1	<할인율 표>				
2	수량	0	50	100	200
3	할인율	0%	5%	10%	20%

→ [B2:E3] 범위를 참조하여 할인율을 찾음 →

	A	B
4		
5	수량	할인율
6	100	10%
7	55	5%
8	155	10%
9	210	20%

0 : 수량이 0~49 사이는 0%

50 : 수량이 50~99 사이는 5%

100 : 수량이 100~199 사이는 10%

200 : 수량이 200 이상이면 20%

③ VLOOKUP이나 HLOOKUP 함수를 사용할 때 원하는 값을 찾지 못하면 해당 셀에 #N/A 오류가 나타납니다.

코드	상품명	단가
AB101	L자형책상	110,000
AB1	#N/A	#N/A
BD103	U형테이블	90,000
FQ4	#N/A	#N/A

IFERROR 함수로 오류 처리하기

학습 목표 | IFERROR 함수는 수식이나 셀의 오류를 검사하고 오류가 있다면 이를 처리합니다. 수식에서 오류가 발생하면 사용자가 지정한 값을, 그렇지 않으면 수식 결과를 반환합니다.

실습 파일 | 엑셀/66_함수_Iferror_판매일보.xlsx **완성 파일** | 엑셀/66완성.xlsx

01 상품명에 '#N/A' 오류 발생 시 '코드입력오류' 표시하기

상품명에 "#N/A" 오류가 발생한 경우 셀에 '코드입력오류'라고 표시해 보겠습니다. ① [C3] 셀을 클릭합니다. ② 수식 입력줄에서 = 뒤에 마우스 포인터를 위치시키고 **IFERROR(**를 입력한 뒤 ③ 수식 입력줄의 IFERROR를 클릭하고 ④ [함수 삽입]을 클릭해 [함수 인수] 대화상자를 불러옵니다.

바로 통하는 TIP IFERROR 함수는 셀이나 수식에 오류가 있는지 검사합니다.

02 IFERROR 함수 인수 입력하기

① [함수 인수] 대화상자의 [Value]에 **VLOOKUP(B3,$I$8:$K$12,2,FALSE)**를 입력하고 ② [Value_if_error]에 **코드입력오류**를 입력합니다. ③ [확인]을 클릭해 수식 **=IFERROR(VLOOKUP(B3,$I$8:$K$12,2,FALSE),"코드입력오류")**를 완성합니다.

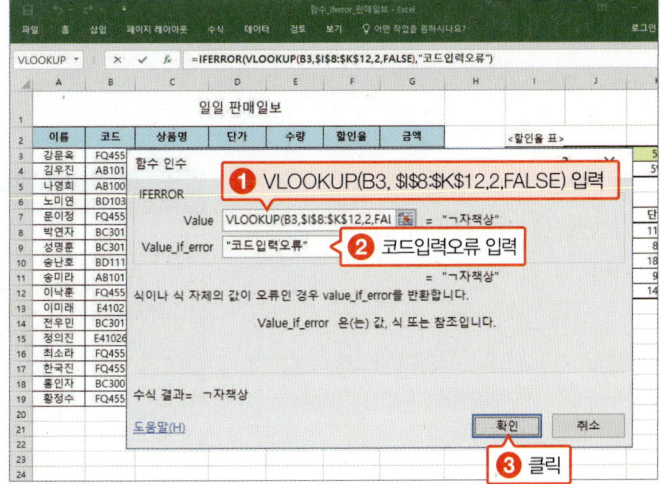

바로 통하는 TIP 인수 설명

Value : [C3] 셀에 오류(#N/A, #VALUE!, #REF!, #DIV/0!, #NUM!, #NAME?, #NULL!)가 있는지 검사합니다.

Value_if_error : 수식에서 오류(#N/A)가 발생하면 반환할 값을 '코드입력오류'으로 지정합니다.

03 단가에 '#N/A' 오류 발생 시 '0'으로 표시하기

단가에 '#N/A' 오류가 발생한 경우 셀에 '0'을 표시해 보겠습니다.

① [D3] 셀을 클릭합니다. ② 수식 입력 줄에서 = 뒤에 마우스 포인터를 위치시키고 **IFERROR(**를 입력한 뒤 ③ 수식 입력 줄의 IFERROR를 클릭하고 ④ [함수 삽입]을 클릭해 [함수 인수] 대화상자를 불러옵니다.

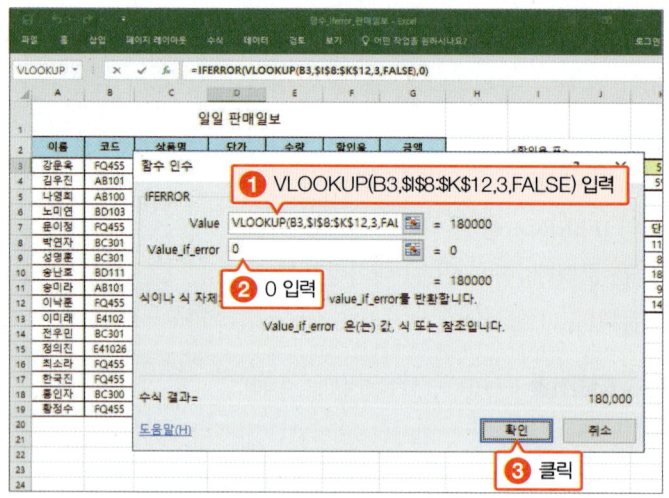

04 IFERROR 함수 인수 입력하기

① [함수 인수] 대화상자의 [Value]에 **VLOOKUP(B3,\$I\$8:\$K\$12,3,FALSE)**를 입력하고 ② [Value_if_error]에 **0**을 입력하고 ③ [확인]을 클릭해 수식 =IFERROR(VLOOKUP(B3,\$I\$8:\$K\$12,3,FALSE),0)를 완성합니다.

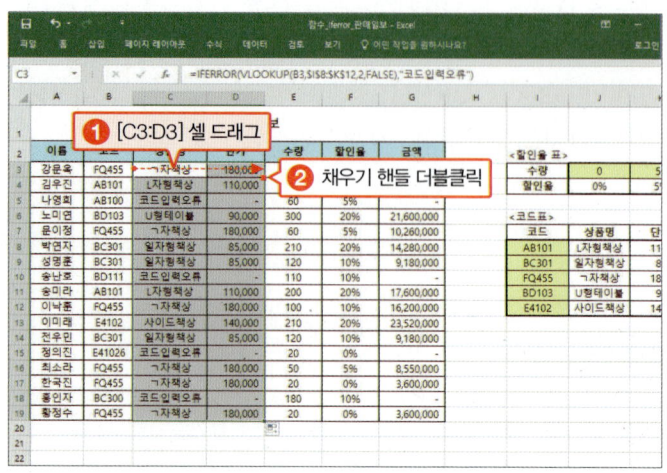

바로 통하는 TIP 인수 설명

Value : [D3] 셀에 오류(#N/A, #VALUE!, #REF!, #DIV/0!, #NUM!, #NAME?, #NULL!)가 있는지 검사합니다.
Value_if_error : 수식에서 오류(#N/A)가 발생하면 반환할 값을 '0'으로 지정합니다.

05 ① [C3:D3] 셀을 드래그하고 ② 채우기 핸들을 더블클릭하여 수식을 복사합니다.

상품명의 '#N/A' 오류는 '코드입력오류'로, 단가의 '#N/A' 오류는 '0'으로 표시됩니다.

INDEX, MATCH 함수로 최저가 업체 선정하기

학습 목표 | INDEX 함수는 특정 범위에서 행 번호와 열 번호에 해당하는 셀 값을 찾아 줍니다. MATCH 함수는 행/열 범위에서 찾으려고 하는 값이 몇 번째 행/열에 위치하는지 행/열 번호를 찾아 줍니다.

실습 파일 | 엑셀/67_함수_INDEX_업체선정.xlsx **완성 파일** | 엑셀/67완성.xlsx

01 업체별 최저가 열의 위치(번호) 찾기

최저가를 기록한 업체가 몇 번째 열에 위치하는지 찾아서 번호로 표시해 보겠습니다.

① [K4] 셀을 클릭합니다. ② [수식] 탭-[함수 라이브러리] 그룹-[찾기/참조 영역]을 클릭하고 ③ [MATCH]를 선택합니다.

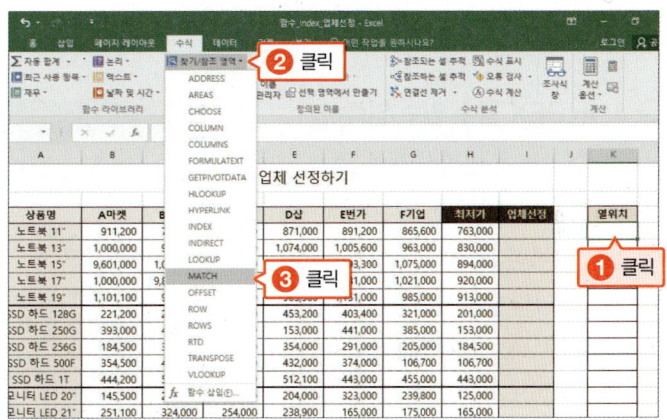

> **바로 통하는 TIP** MATCH 함수는 찾고자 하는 값이 행 방향 또는 열 방향의 범위 내에서 몇 번째 위치에 있는지 찾아 번호를 반환합니다.

02 MATCH 함수 인수 입력하기

① [함수 인수] 대화상자의 [Lookup_value](찾을 값)에 **H4**를 입력하고 ② [Lookup_array](범위)에 **B4:G4**를 입력하고 ③ Match_type(찾을 방법)에 **0**을 입력합니다. ④ [확인]을 클릭해서 수식 =MATCH (H4,B4:G4,0)를 완성합니다. ⑤ [K4] 셀의 채우기 핸들을 [K18] 셀까지 드래그하여 수식을 복사합니다.

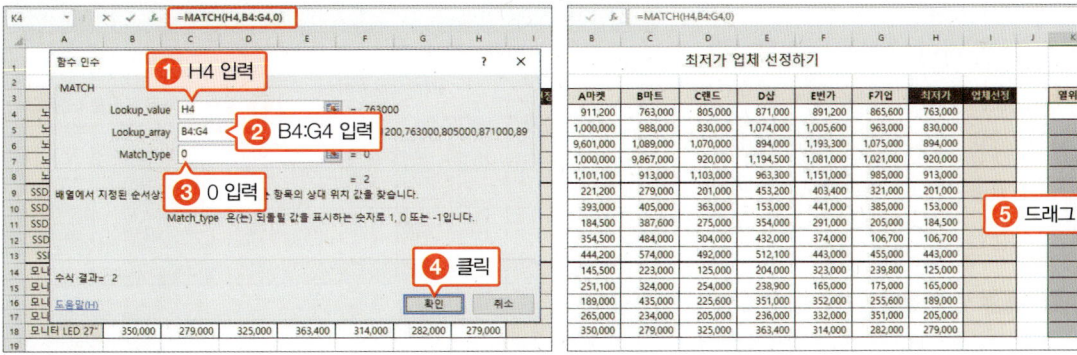

> **바로 통하는 TIP** 인수 설명
> **Lookup_value** : 최저가의 열 번호를 찾기 위해 최저가 [H4] 셀을 입력합니다. / **Lookup_array** : [H4] 셀 값이 포함된 열의 위치를 찾기 위한 업체별 상품 가격의 범위로 [B4:G4] 셀을 지정합니다. / **Match_type** : 정확하게 찾고 싶은 첫 번째 위치의 값을 검색해야 하므로 0을 입력합니다.

03 상품별로 최저가인 업체 찾기

상품별로 최저가인 업체를 업체선정란에 표시해 보겠습니다.
① [I4] 셀에 =INDEX를 입력한 후 Ctrl +A를 눌러 [인수 선택] 대화상자를 불러옵니다. ② [인수]에서 첫 번째 항목인 [array_row_num, column_num]을 선택하고 ③ [확인]을 클릭합니다.

바로 통하는 TIP INDEX 함수는 특정 범위 내에서 행과 열을 번호로 지정하여 필요한 데이터를 찾습니다.

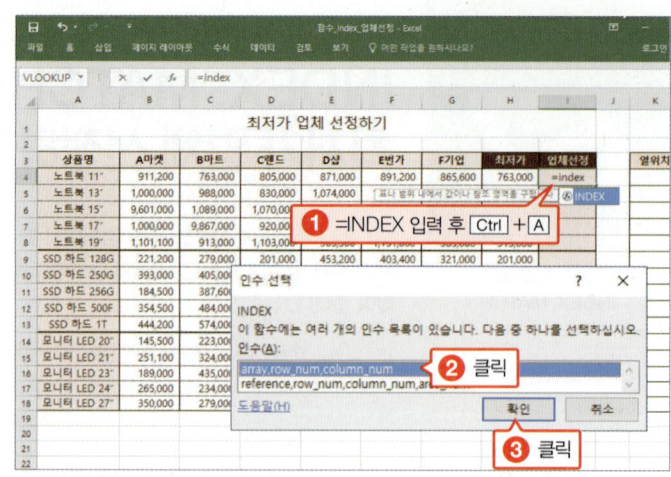

04 INDEX 함수 인수 입력하기

① [함수 인수] 대화상자의 [Array]에 $B$3:$G$3을 입력하고 ② [Row_num]에 1을 입력하고 ③ [Column_num]에 K4를 입력한 다음 ④ [확인]을 클릭해 수식 =INDEX($B$3:$G$3,1,K4)를 완성합니다.

바로 통하는 TIP 인수 설명
Array : 행 번호와 열 번호를 사용해서 검색할 기업 목록의 전체 범위([B$3:$G$3] 셀)를 지정합니다.
Row_num : 행 번호를 지정하는 곳으로 1을 지정합니다.
Column_num : 열 번호를 지정하는 곳으로 [K4] 셀을 지정합니다.

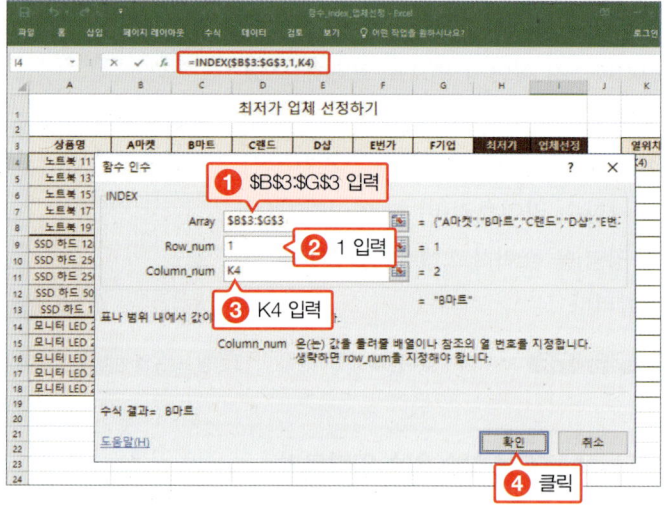

05

① [I4] 셀을 클릭한 후 채우기 핸들을 더블클릭하여 수식을 복사합니다. ② [자동 채우기 옵션📋]을 클릭한 다음 ③ [서식 없이 채우기]를 선택하여 미리 지정되어 있는 서식을 유지합니다. 상품별로 최저가인 업체명이 표시됩니다.

바로 통하는 TIP 업체선정을 한 뒤에 열 위치를 숨기려면 K열 머리글을 클릭하고 마우스 오른쪽 버튼을 클릭하여 [숨기기]를 선택합니다.

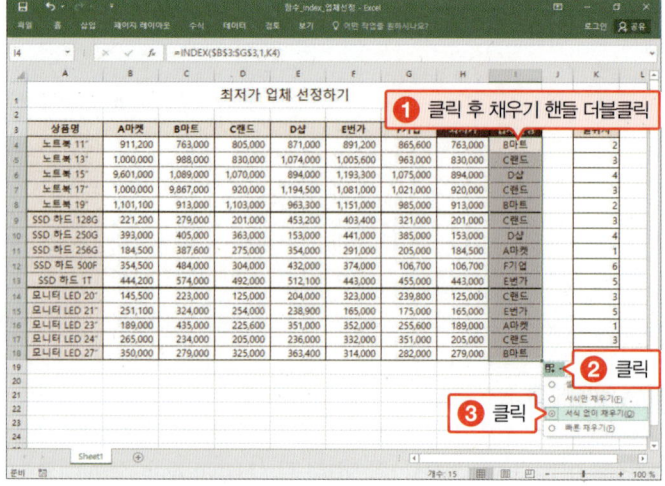

Chapter

04

차트 만들기

차트는 표 형태의 자료를 효과적으로 분석해서 데이터의 변화와 추이를 시각적으로 보여줍니다. 따라서 데이터 흐름을 한눈에 파악할 때 사용하면 좋습니다. 여기에서는 차트 구성 요소를 익히고 막대, 원형, 혼합 등의 다양한 차트를 살펴보겠습니다. 또 셀에 데이터의 추이를 확인할 수 있는 스파크라인 차트를 만들어 보겠습니다.

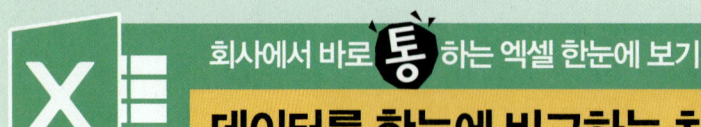
데이터를 한눈에 비교하는 차트의 기술

차트는 일반 텍스트나 표에 비해 데이터 추세나 유형을 한눈에 비교할 수 있습니다. 차트의 구성 요소를 살펴보고 빠르게 차트를 변경하거나 추천 기능을 이용해 작성해 보겠습니다. 레이아웃과 색, 스타일, 필터링을 적용하고 눈금 간격을 비롯해 레이블과 범례 표시도 자유롭게 선택할 수 있습니다. 특정 목적에 따라 사용할 수 있는 차트의 종류에 대해서도 살펴보겠습니다.

차트가 필요한 이유

클라우드 사용자 통계표와 차트입니다. 한눈에 봐도 알 수 있듯이 텍스트와 숫자로 이루어진 표에 비해 시각적으로 표현된 차트가 정보를 비교, 파악하기에 훨씬 유리합니다. 특히 프레젠테이션 자료를 만들거나 정보를 빠르게 전달하고자 한다면 반드시 필요한 요소라 하겠습니다.

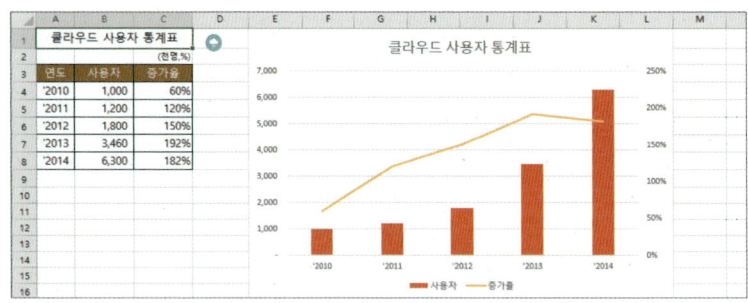

차트의 구성 요소 살펴보기

차트의 각 구성 요소들은 차트 안에서 각각 독립적으로 이동, 크기 조절, 수정, 삭제 등을 할 수 있습니다. 차트를 제대로 만들려면 각 구성 요소를 잘 이해해야 합니다.

① **차트 요소(⊞)**: 축 제목, 데이터 레이블 등의 요소를 추가하거나 숨깁니다.
② **차트 스타일(🖊)**: 차트 스타일 및 색 구성표 등의 디자인을 지정합니다.
③ **차트 필터(▽)**: 차트에 표시된 데이터 요소 및 이름을 변경합니다.

특정 목적에 따라 사용하는 차트의 종류

원형 차트 : 전체를 구성하는 비율을 하나의 차트로 나타내고자 할 때 사용합니다. 전체 계열에서 어느 한 요소의 비율, 또는 구성비를 파악하는 데 용이합니다.

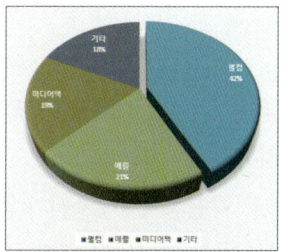

선버스트 차트 : 2016 버전에서 새롭게 추가된 차트입니다. 조각난 각각의 원호를 부챗살처럼 펼쳐 데이터의 계층 구조를 표현합니다. 하나의 원호 또는 고리가 계층의 각 수준을 나타내며 가장 안쪽이 가장 높은 수준을 나타냅니다.

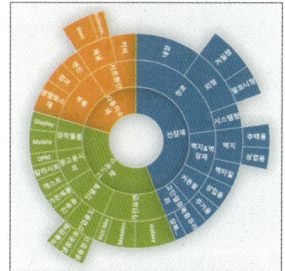

콤보 차트 : 두 종류 이상의 차트를 사용해 다른 유형의 데이터 값 또는 그 값의 차이를 표현합니다. 데이터가 광범위하게 변하거나 그 형식이 혼합되어 있는 경우 보조 축을 이용해 나타냅니다. 세로 막대형 차트와 꺾은선형 차트의 조합을 혼합하면 더욱 효과적입니다.

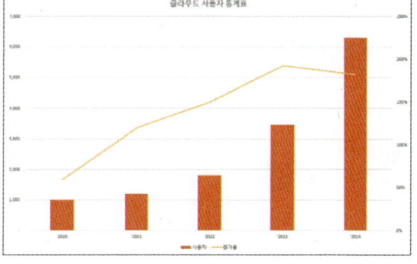

스파크라인 차트 : 셀 하나에 작은 추세 차트(꺾은선형, 열, 승패)를 삽입해 데이터를 강조하고 비교합니다. 차트가 너무 복잡하고 부담스러울 때 가볍게 사용하기에 적합합니다.

04/04	04/05	04/06	04/07	04/08	추이
1,085.50	1,095.30	1,097.50	1,100.10	1,098.30	
1,467.60	1,430.20	1,427.60	1,490.60	1,487.20	
1,172.25	1,142.13	1,173.25	1,202.25	1,189.11	
174.29	167.19	170.51	173.30	175.10	
139.99	145.00	148.19	149.10	159.81	

▲ 꺾은선형

		매매기준
04/07	04/08	추이
1,100.10	1,098.30	
1,490.60	1,487.20	
1,202.25	1,189.11	
173.30	175.10	
149.10	159.81	
36.50	37.00	
1,140.12	1,142.66	
1,723.55	1,720.00	

▲ 열

		매매기준
04/07	04/08	추이
1,100.10	1,098.30	
1,490.60	1,487.20	
1,202.25	1,189.11	
173.30	175.10	
149.10	159.81	
36.50	37.00	
1,140.12	1,142.66	
1,723.55	1,720.00	

▲ 승패

데이터에 적합한 차트 만들고
차트 종류 변경하기

학습 목표 | 어떤 차트를 선택할지 고민된다면 데이터에 알맞은 차트를 추천하는 기능을 참고해 빠르게 차트를 만들 수 있습니다.

실습 파일 | 엑셀/68_차트_기본1.xlsx   **완성 파일** | 엑셀/68완성.xlsx

01 추천 차트로 데이터에 적합한 차트 삽입하기

연도별로 자산총계~매출원가를 기록한 데이터를 차트로 만들어 보겠습니다. [추천 차트]를 이용하면 선택한 데이터의 특징에 맞는 차트 종류를 추천합니다.

① [기본차트] 시트에서 차트로 만들 데이터인 [B3:E8] 셀을 드래그하여 범위로 지정합니다. ② [삽입] 탭-[차트] 그룹-[추천 차트]를 클릭합니다. ③ [추천 차트] 탭에서 사용자의 데이터에 추천하는 차트 목록에서 [누적 가로 막대형]을 선택하고 ④ [확인]을 클릭합니다.

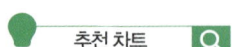

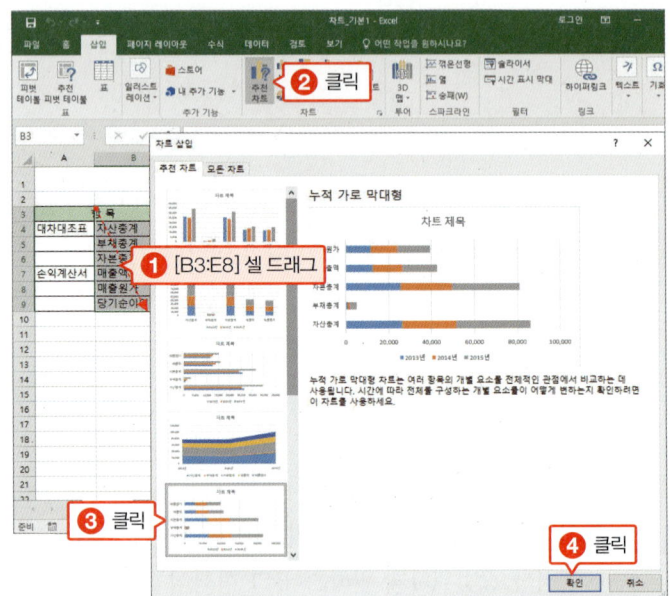

02 차트 위치와 크기 조절하기

① [A11] 셀을 기준으로 배치하기 위해 삽입한 차트를 드래그합니다. ② 차트 조절점을 드래그해서 적당한 크기로 조절합니다.

바로 통하는 TIP 차트를 선택하고 [Delete]를 누르면 삭제할 수 있습니다.

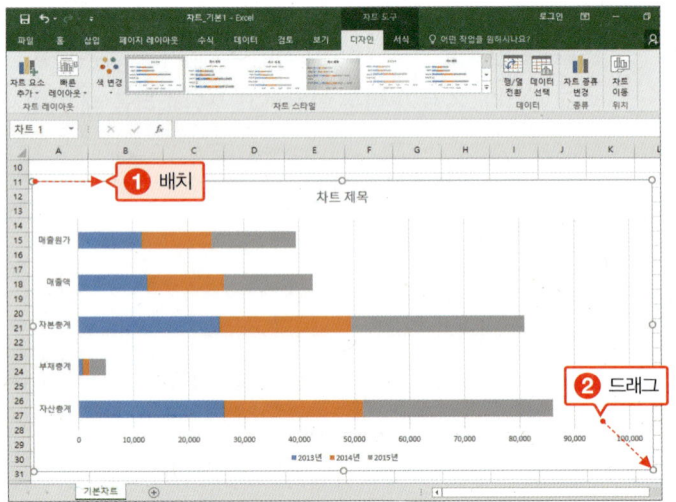

O3 차트 종류 변경하기

삽입된 차트의 종류를 변경해 보겠습니다.

① 차트 영역을 클릭합니다. ② [차트 도구] – [디자인] 탭 – [종류] 그룹 – [차트 종류 변경]을 클릭합니다. ③ [차트 종류 변경] 대화상자의 [모든 차트] 탭에서 [가로 막대형]을 선택하고 ④ [3차원 묶은 가로 막대형]을 선택한 뒤 ⑤ [확인]을 클릭합니다.

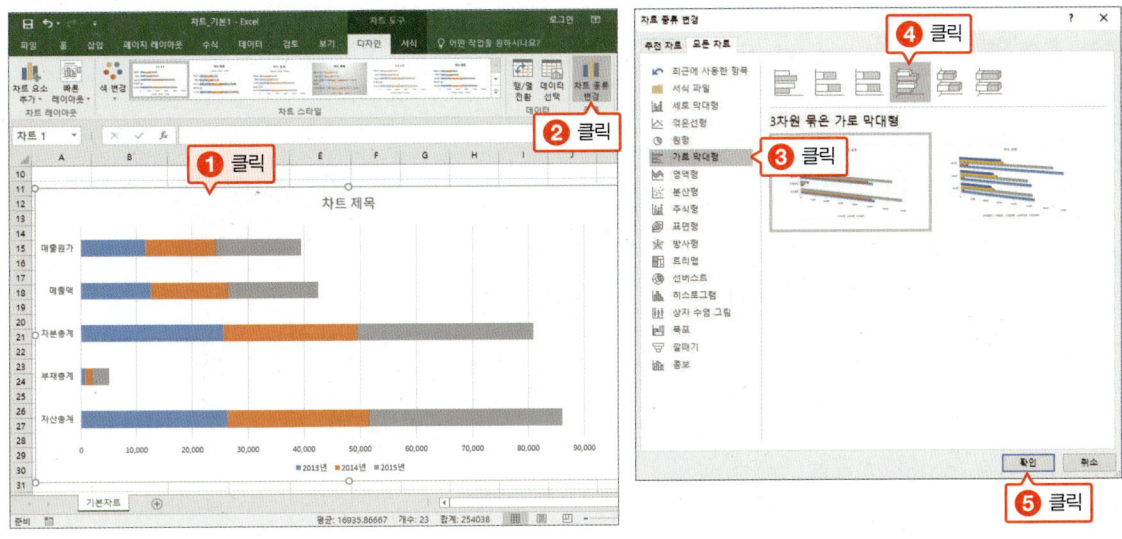

O4 새 시트로 차트 이동하기

새 시트를 만들어 현재 삽입되어 있는 차트를 이동해 보겠습니다.

① 차트 영역을 선택한 상태에서 [차트 도구] – [디자인] 탭 – [위치] 그룹 – [차트 이동]을 클릭합니다. ② [차트 이동] 대화 상자에서 [새 시트]를 선택하고 ③ **실적보고차트**를 입력한 다음 ④ [확인]을 클릭합니다.

[실적보고차트] 시트가 삽입되면서 차트가 이동합니다.

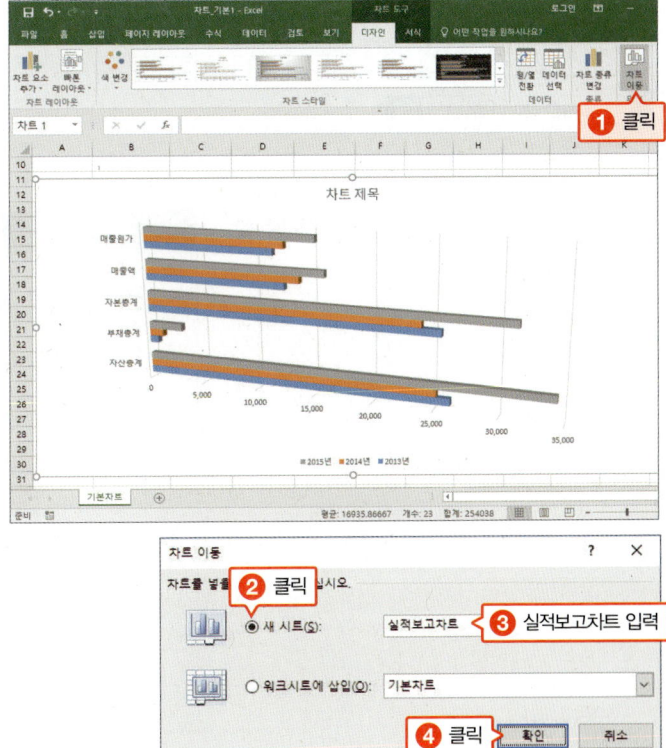

차트 레이아웃, 색, 스타일, 필터링하기

학습 목표 | 차트의 구성 요소를 선택한 뒤 각 요소별로 서식을 지정할 수 있습니다. 레이아웃과 색, 스타일 등 다양하게 제공하는 차트 서식으로 빠르게 변경해 보세요.

실습 파일 | 엑셀/69_차트_기본2.xlsx [실적보고차트] 시트   완성 파일 | 엑셀/69완성.xlsx

01 차트 레이아웃 변경하기

[빠른 레이아웃]을 이용하면 미리 구성된 차트 서식을 바로 적용할 수 있습니다. 차트 레이아웃을 변경해 보겠습니다.
① [실적보고차트] 시트에서 차트 영역을 클릭합니다. ② [차트 도구] – [디자인] 탭 – [차트 레이아웃] 그룹 – [빠른 레이아웃]을 클릭하고 ③ [레이아웃 5]를 선택합니다.

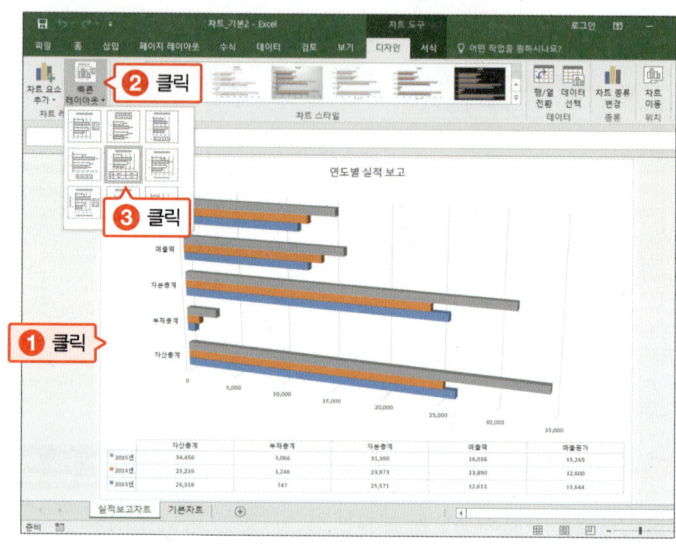

데이터 표가 차트 하단에 삽입되었습니다.

빠른 레이아웃

02 [차트 제목]을 클릭하고 **연도별 실적 보고**를 입력합니다.

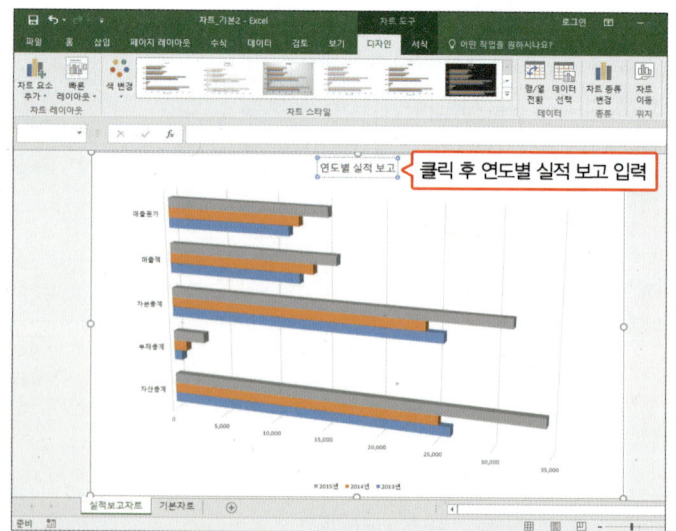

03 색 변경하기

[색 변경]을 이용하면 미리 구성된 차트 색 배합을 빠르게 적용할 수 있습니다. 차트 색을 변경해 보겠습니다.

① 차트 영역이 선택되어 있는 상태에서 [차트 도구]-[디자인] 탭-[차트 스타일] 그룹-[색 변경]을 클릭하고 ② [색 3]을 선택합니다.

빠른 차트 색

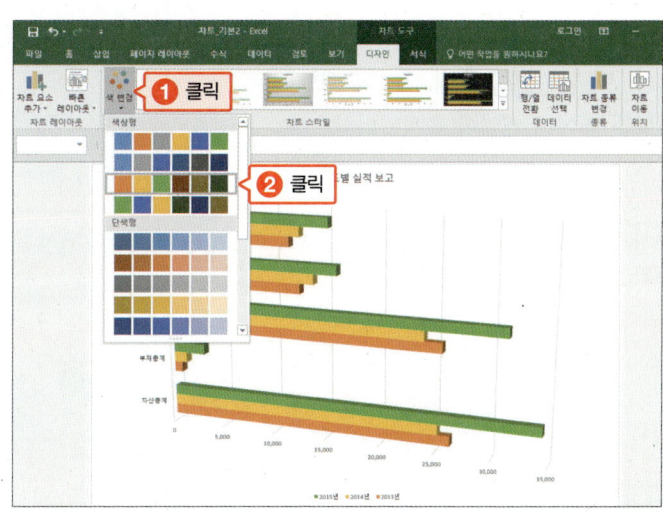

04 차트 스타일 변경하기

차트 스타일을 변경해 보겠습니다.

① 차트 영역을 선택한 상태에서 [차트 도구]-[디자인] 탭-[차트 스타일] 그룹-[차트 스타일 자세히▼]를 클릭하고 ② [스타일 3]을 선택합니다.

바로 통하는 TIP 차트 스타일 및 색 변경은 차트 내의 [차트 스타일☑]을 클릭해서 변경할 수도 있습니다.

차트 빠른 스타일

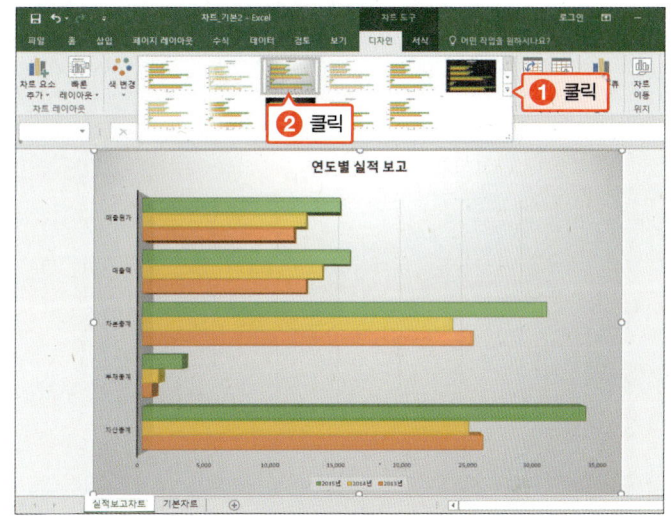

05 차트 데이터 필터링하기

[차트 필터]를 이용해 연도(2013년)와 자산총계를 제외하고 나머지 계열과 범주를 표시해 보겠습니다.

① 차트 영역을 선택한 상태에서 [차트 필터▼]를 클릭하고 ② [계열]에서 [2013], [범주]에서 [자산총계]의 체크 표시를 해제하고 ③ [적용]을 클릭합니다. ④ [차트 필터▼]를 다시 클릭하여 차트 필터를 마칩니다.

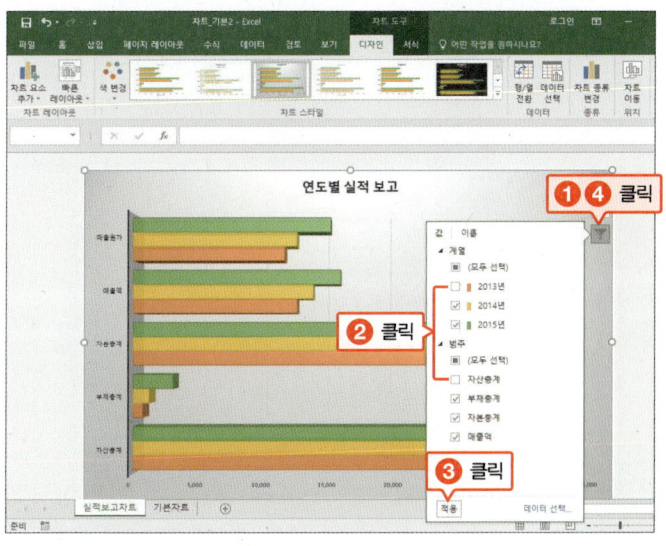

06 연도별(2014년, 2015년) 매출원가, 매출액, 자본총계, 부채총계로 필터링된 데이터 계열이 표시됩니다.

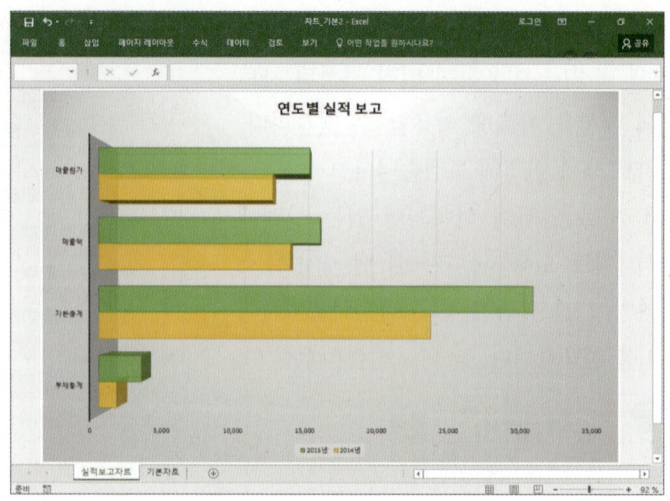

차트의 눈금 간격 조절 및 레이블, 범례 표시하기

학습 목표 | 차트의 데이터 계열 축의 눈금 간격을 조절하고 레이블을 표시하여 데이터 계열의 값을 명확하게 보여줄 수 있습니다.

실습 파일 | 엑셀/70_차트_기본3.xlsx [실적보고차트] 시트 **완성 파일** | 엑셀/70완성.xlsx

01 주 눈금 조정하기

세로축의 주 단위 눈금 간격을 조정해 보겠습니다.

① [실적보고차트] 시트에서 차트 영역을 클릭합니다. ② [차트 요소 ➕]를 클릭하고 ③ [축 ▶]을 클릭한 뒤 ④ [기타 옵션]을 선택합니다.

차트 요소 🔍

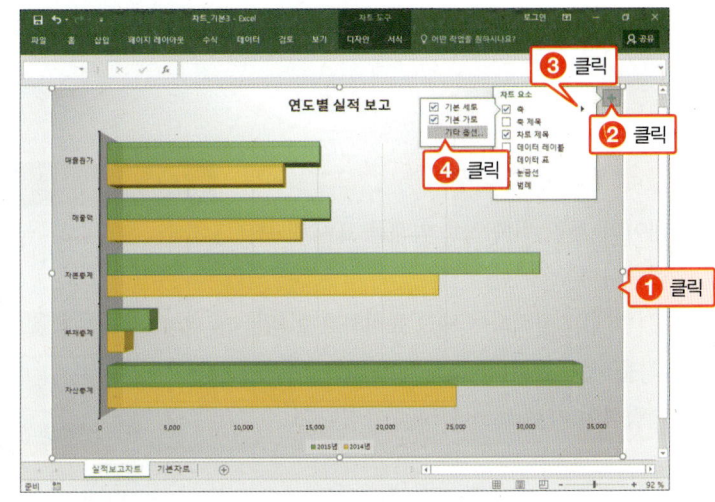

02
① [축 서식] 창이 나타나면 [축 옵션 ▥]을 클릭하고 ② [경계]의 [최대값]에 **40000**을, ③ [단위]의 [기본]에 **10000**을 입력하고 ④ [창 닫기 ✖]를 클릭하여 [축 서식] 창을 닫습니다.

축의 주 단위 눈금이 0~40000까지 표시되고 10000단위로 나눠 구분됩니다.

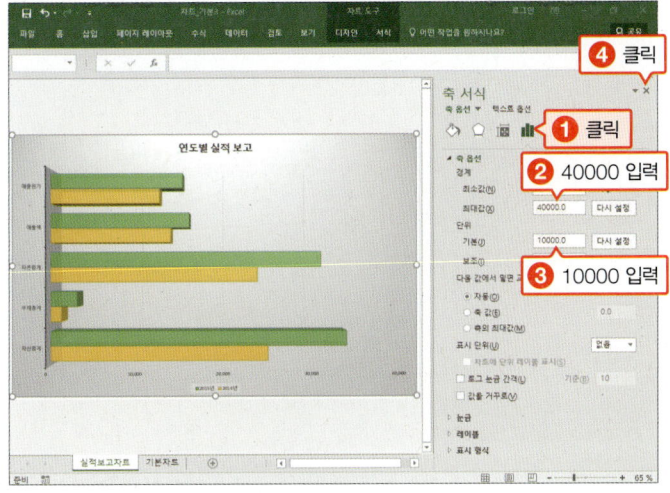

03 데이터 레이블 표시하기

데이터 계열 값을 명확히 보여줄 수 있도록 데이터 레이블을 차트에 표시해 보겠습니다.

① 차트 영역을 선택한 상태에서 [차트 요소 +]를 클릭하고 ② [데이터 레이블]에 체크 표시합니다.

데이터 계열의 값이 표시됩니다.

 차트 요소

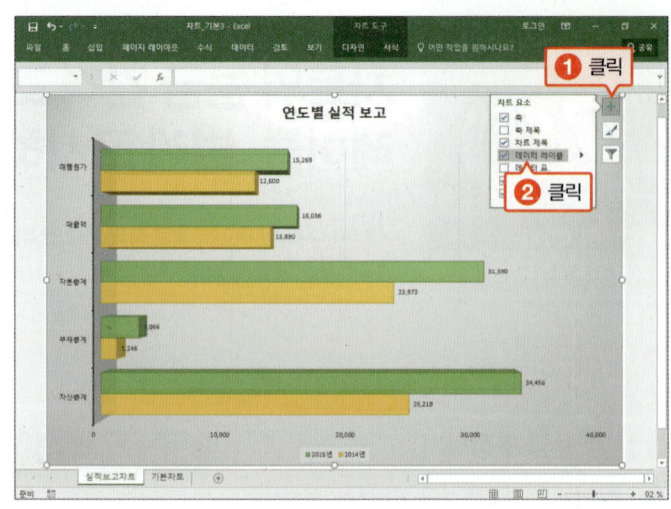

04 범례 위치 바꾸기

데이터 계열 위쪽으로 범례를 표시해 보겠습니다.

① [범례]를 클릭하여 체크 표시하고 ② [위쪽]을 선택합니다. ③ [차트 요소 +]를 클릭하여 차트 요소 설정을 마칩니다.

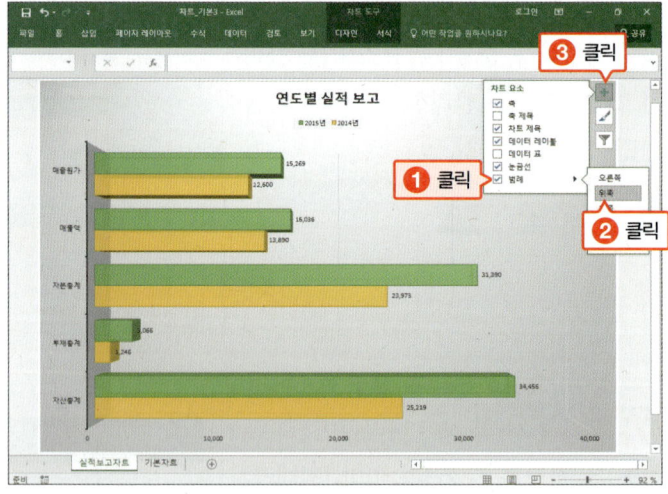

차트 배경 설정 및 눈금선 없애기

학습 목표 | 차트 영역, 그림 영역, 데이터 계열은 색, 그림, 질감 등을 배경으로 채울 수 있습니다. 구성 요소에 그림을 배경으로 채우고 필요 없는 구성 요소를 제거함으로써 차트의 내용을 효과적으로 전달할 수 있습니다.

실습 파일 | 엑셀/71_차트_기본4.xlsx [실적보고차트] 시트   **완성 파일** | 엑셀/71완성.xlsx

O1 차트 배경 꾸미기

그림으로 차트 배경을 채워 보겠습니다.

① [실적보고차트] 시트에서 차트 영역을 클릭합니다. ② [차트 도구] – [서식] 탭 – [현재 선택 영역] 그룹 – [선택 영역 서식]을 클릭합니다. ③ [차트 영역 서식] 창에서 [채우기 및 선🖼]을 클릭하고 ④ [채우기]를 선택합니다. ⑤ [그림 또는 질감 채우기]를 선택하고 ⑥ [파일]을 클릭합니다.

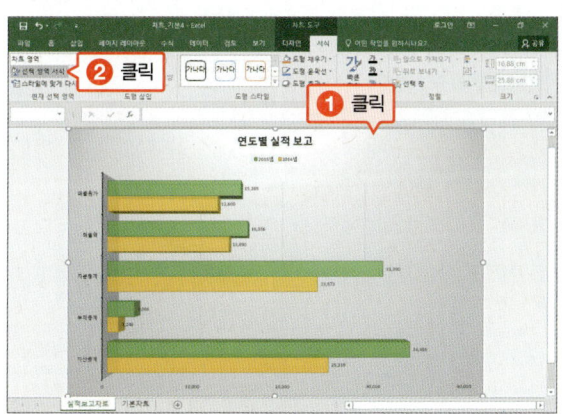
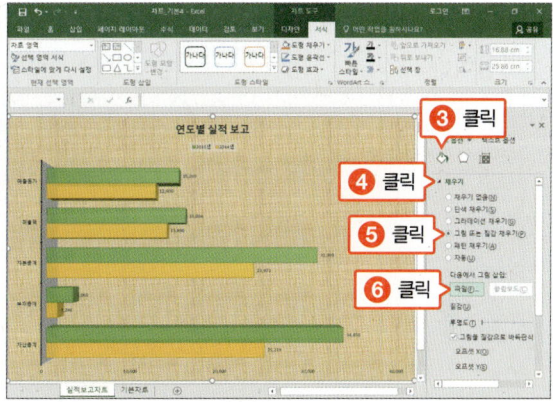

O2 ① [그림 삽입] 대화상자가 나타나면 엑셀 폴더에서 차트배경.jpg 파일을 더블클릭하고 ② [창 닫기⊠]를 클릭하여 [차트 영역 서식] 창을 닫습니다.

차트 영역이 선택한 그림으로 채워집니다.

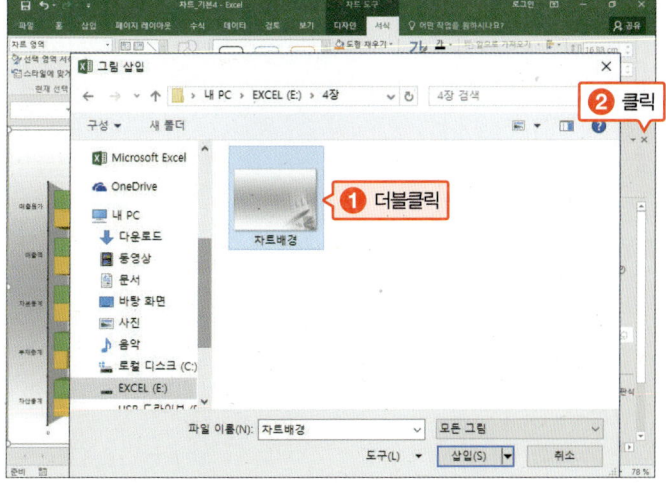

03 가로축 지우기

데이터 계열에 레이블 값이 표시되어 있으므로 가로 축을 지워 보겠습니다.

① 차트 영역이 선택되어 있는 상태에서 [차트 요소⊞]를 클릭하고 ② [축▶]을 클릭하고 ③ [기본 가로]의 체크 표시를 해제합니다. 가로 축이 화면에서 숨겨집니다.

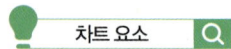

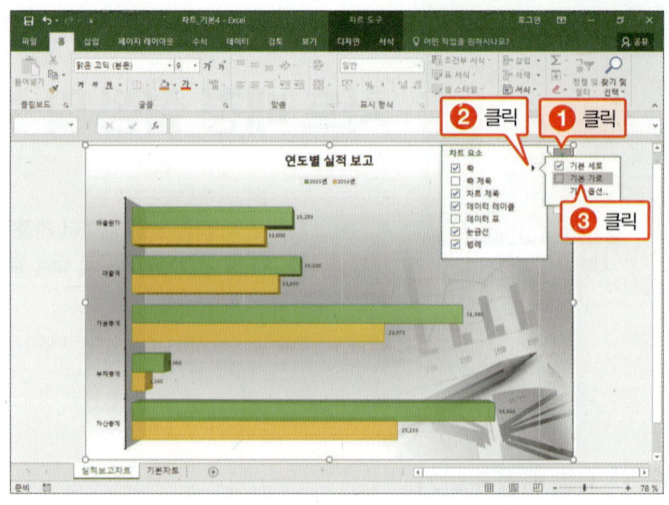

04 눈금선 지우기

눈금선을 지워 보겠습니다.

① [눈금선]의 체크 표시를 해제하고 ② [차트 요소⊞]를 클릭하여 차트 요소 설정을 마칩니다.

눈금선이 화면에서 숨겨집니다.

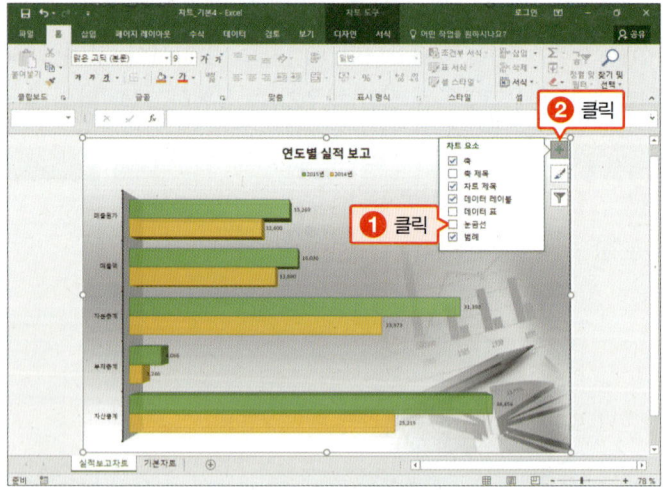

원형 차트 3차원 서식 및 테마 바꾸기

학습 목표 | 원형이나 도넛 차트는 전체에 대한 계열의 구성비를 나타내 줍니다. 각 항목의 전체에
대한 비율을 나타낼 때 사용하며 원을 나누는 항목은 5~6개가 적당합니다.

실습 파일 | 엑셀/72_차트_원형.xlsx　　**완성 파일 |** 엑셀/72완성.xlsx

01 차트 스타일 변경하기

스마트폰 종류에 따른 시장 점유율이 원
형 차트로 표시되어 있습니다. 차트 스
타일을 변경해 보겠습니다.

① 차트 영역을 클릭합니다. ② [차트 스
타일☑]을 클릭하고 ③ [스타일 9]를 선
택합니다. ④ [차트 스타일☑]을 다시
클릭합니다. ⑤ 차트 제목을 클릭하고
Delete를 누릅니다.

차트 빠른 스타일

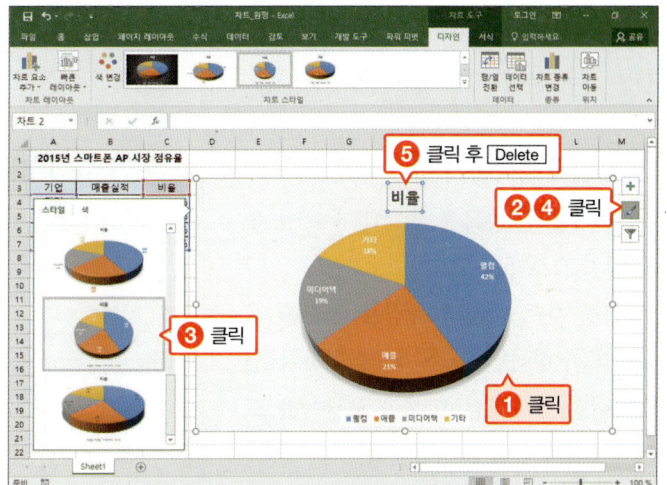

02 3차원 서식 지정하기

3차원 서식이 좀 더 두드러지도록 데이
터 계열 서식에서 너비와 높이를 조절해
보겠습니다.

① 차트 데이터 계열의 영역에서 마우스
오른쪽 버튼을 클릭합니다. ② [데이터
계열 서식]을 선택합니다.

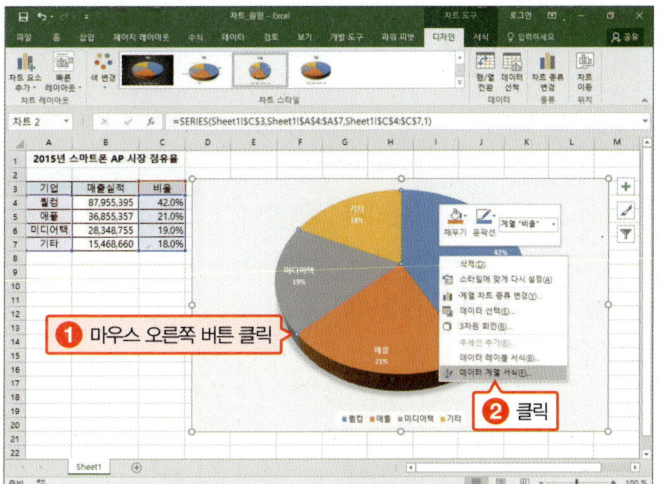

03 ① [데이터 계열 서식] 창에서 [효과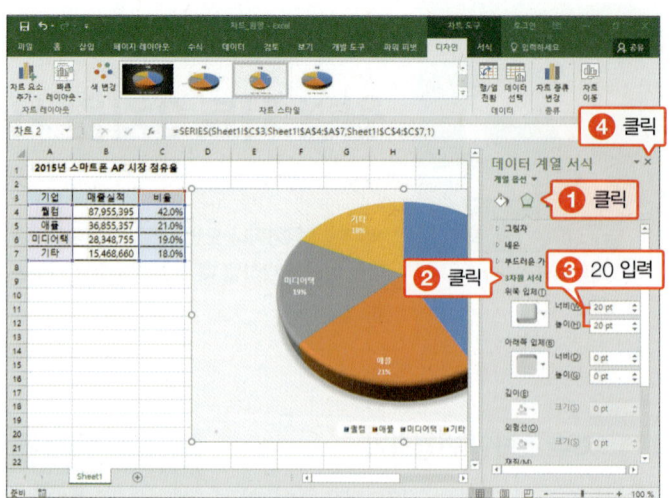]를 클릭하고 ② [3차원 서식]을 선택합니다. ③ [위쪽 입체]의 [너비]와 [높이]를 모두 **20**으로 입력하고 ④ [닫기⨯]를 클릭합니다.

04 항목 조각내기

차트의 [퀄컴] 항목을 조각내서 보기 좋게 배치해 보겠습니다.
① 원형 차트 데이터 계열을 클릭한 후 ② [퀄컴] 항목만 한 번 더 클릭하여 선택합니다. ③ [퀄컴] 항목을 오른쪽을 드래그하여 조각을 분리합니다.

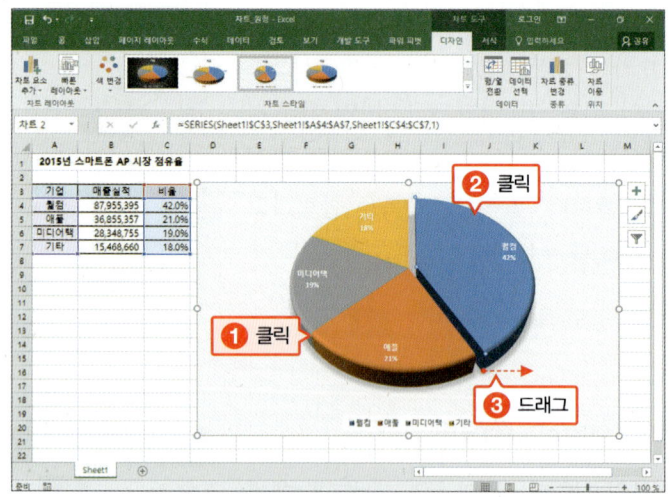

05 차트에 테마를 적용해 보겠습니다. ① 임의의 빈 셀을 클릭합니다. ② [페이지 레이아웃] 탭-[테마] 그룹-[테마]를 클릭합니다. ③ [메트로폴리탄]을 선택해서 테마를 변경합니다.

테마에 따라 차트의 색상도 바뀝니다.

 테마 🔍

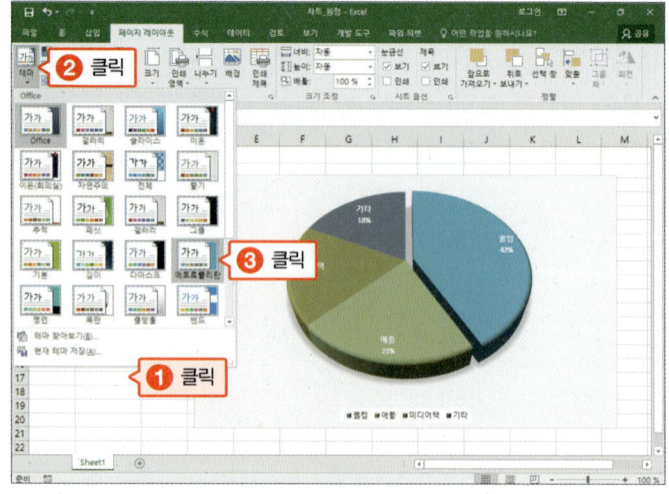

콤보(이중 축 혼합) 차트 만들기

학습 목표 | 혼합형 차트는 두 종류 이상의 차트를 사용하여 차트에 다른 정보가 있음을 강조합니다. 각 데이터 계열별로 서로 다른 유형의 데이터 값을 가지고 있거나 두 계열의 데이터 값이 차이가 클 경우 이중 축(보조 축)을 사용합니다.

실습 파일 | 엑셀/73_차트_혼합.xlsx   **완성 파일** | 엑셀/73완성.xlsx

01 이중 축 혼합 차트 만들기

[증가율] 계열은 기본 축을 기준으로 막대가 표시되므로 데이터 값의 차이가 너무 커서 막대가 짧게 나타납니다. [증가율] 계열을 오른쪽 보조 축으로 지정한 후 꺾은선형으로 변경해 보겠습니다.
① 차트 영역을 선택하고 ② [차트 도구] – [디자인] 탭 – [종류] 그룹 – [차트 종류 변경]을 클릭합니다.

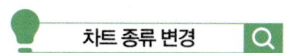

차트 종류 변경

02 ① [모든 차트] 탭에서 [콤보]를 선택하고 ② [묶은 세로 막대형 – 꺾은선형, 보조 축]을 선택하고 ③ [확인]을 클릭합니다.

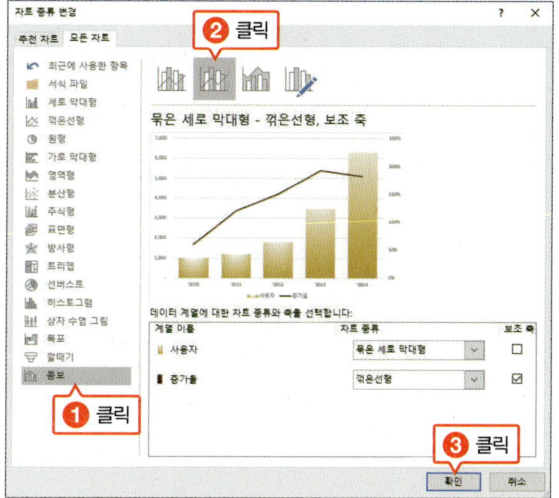

03 그림으로 표식 지정하기

꺾은선 차트의 표식을 그림으로 지정해
보겠습니다.

① [D1] 셀의 구름 그림을 클릭하고 Ctrl
+ C 를 누릅니다. ② [중량]의 꺾은선형
데이터 계열을 클릭하고 Ctrl + V 를 눌
러 그림으로 표식을 지정합니다. ③ [차
트 요소 ➕]를 클릭합니다.

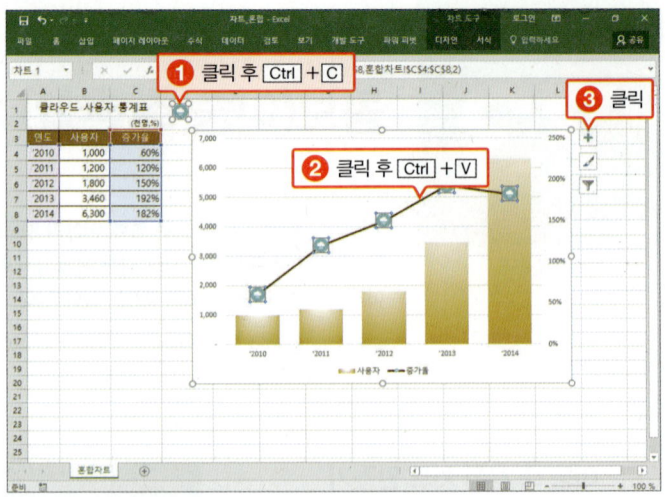

04 데이터 레이블 표시하기

① [데이터 레이블 ▶]을 클릭하고 ② [위
쪽]을 선택합니다. ③ [차트 요소 ➕]를
클릭하여 수정을 마칩니다.

데이터 레이블이 차트와 서로 겹치지 않고 위치가 조
정됩니다.

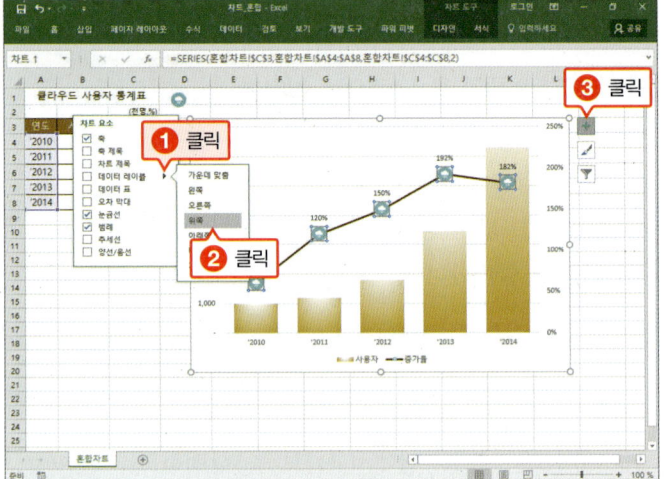

핵심기능실습
74

TELL ME
차트 만들기,
차트 빠른 스타일

선버스트 차트로 사업 영역 한눈에 살펴보기

학습 목표 | 2016 버전에 새로 추가된 선버스트(Sunburst) 차트는 조각난 원호를 부챗살처럼 펼쳐 데이터의 계층 구조를 나타내며 동시에 하나의 조각이 어떤 요소로 구성되어 있는지 효과적으로 보여 줍니다.

실습 파일 | 엑셀/74_차트_사업영역_선버스트.xlsx **완성 파일** | 엑셀/74완성.xlsx

01 선버스트 차트 만들기

사업 영역별 구조와 매출실적을 한눈에 볼 수 있도록 선버스트 차트를 만들어 보겠습니다.

① 차트로 만들 데이터인 [A3:E33] 셀을 드래그하여 범위로 지정합니다. ② [삽입] 탭 – [차트] 그룹 – [모든 차트 보기 🖬]를 클릭합니다.

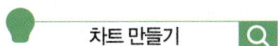

차트 만들기

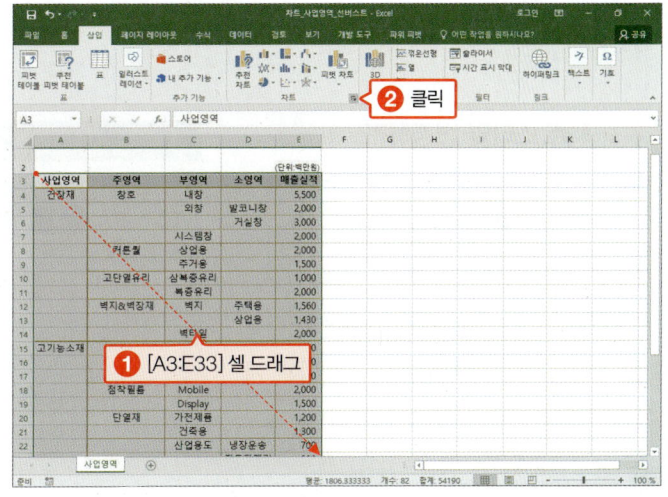

02 ① [차트 삽입] 대화상자의 [모든 차트] 탭에서 [선버스트]를 선택하고 ② [확인]을 클릭합니다.

바로 통하는 TIP 선버스트 차트는 계층 구조로 데이터가 입력되어 있어야 합니다. 사업영역에서 주영역 – 부영역 – 소영역의 항목을 계층 구조로 입력하고 항목의 내용이 없을 경우에는 빈 셀로 둡니다.

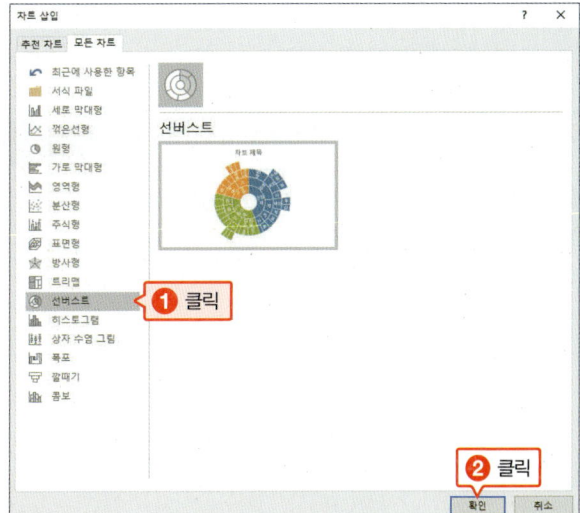

02 차트 위치와 크기 조절하기

① [A34] 셀을 기준으로 배치하기 위해 삽입한 차트를 드래그합니다. ② 차트 조절점을 드래그해서 적당한 크기로 조절합니다.

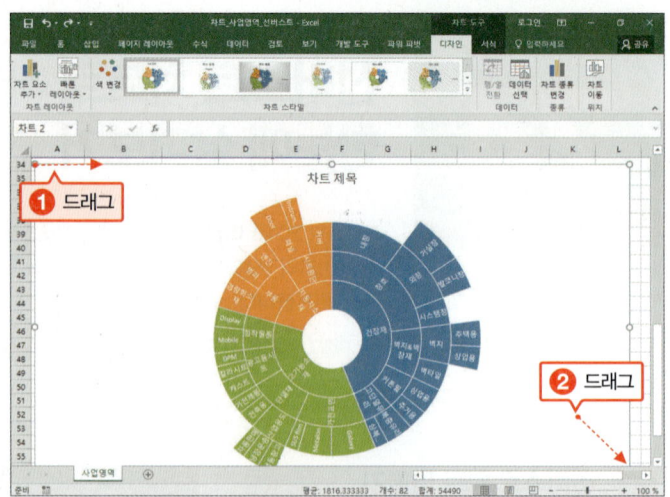

03 차트 스타일 변경하기

차트 스타일을 변경해 보겠습니다. ① 차트 영역을 선택한 상태에서 [차트 도구]-[디자인] 탭-[차트 스타일] 그룹-[차트 스타일 자세히□]을 클릭하고 ② [스타일 8]을 선택합니다. ③ 차트 제목을 클릭하고 Delete 를 누릅니다.

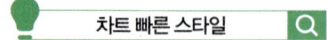
차트 빠른 스타일

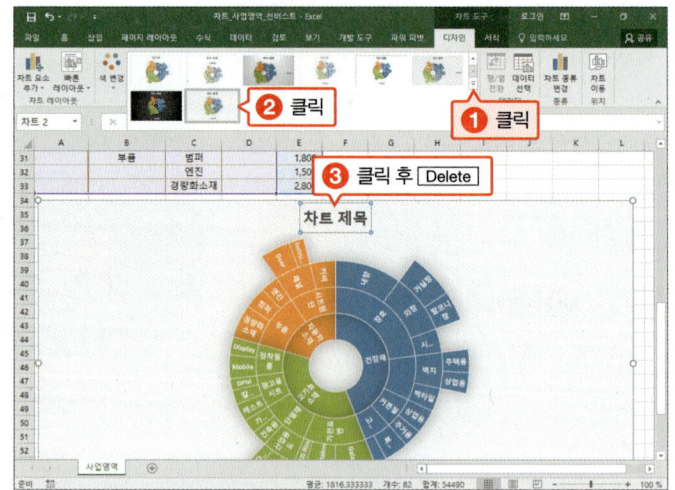

04 선버스트 차트가 완성되었습니다.

바로 통하는 TIP 원이 계층 구조의 각 수준을 보여 줍니다. 가장 안쪽에 있는 원이 가장 상위 수준을, 가장 바깥쪽의 원이 가장 하위 수준을 나타냅니다.

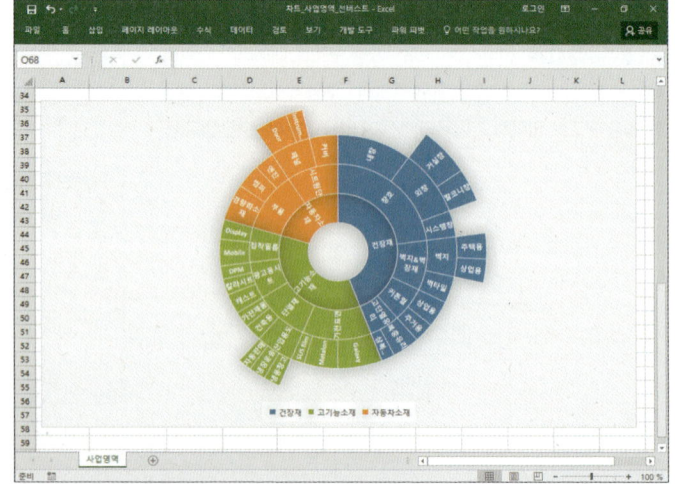

스파크라인 차트 삽입하고 종류 변경하기

학습 목표 | 스파크라인 차트는 셀 하나에 작은 추세 차트(꺾은선형, 열, 승패)를 삽입해 줍니다. 이로써 데이터의 추세를 쉽게 분석하고 강조, 비교할 수 있습니다.

실습 파일 | 엑셀/75_차트_스파크라인.xlsx [스파크라인1] 시트 **완성 파일** | 엑셀/75완성.xlsx

01 스파크라인 차트 삽입하기

주간 국가별 환율 추이를 스파크라인으로 표시해 보겠습니다.

① [스파크라인1] 시트에서 [B4:F11] 셀을 드래그합니다. ② [삽입] 탭-[스파크라인] 그룹-[열]을 클릭합니다.

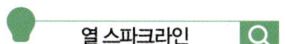

열 스파크라인

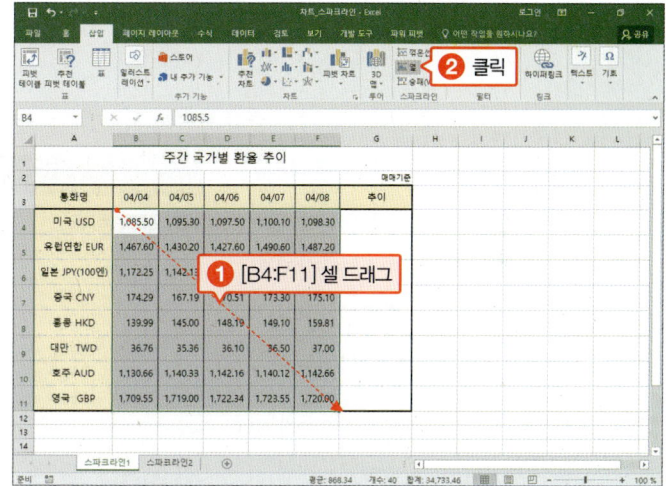

02
① [스파크라인 만들기] 대화상자의 [데이터 범위]에 **B4:F11**을, ② [위치 범위]에 **$G$4:$G$11**을 입력하고 ③ [확인]을 클릭합니다.

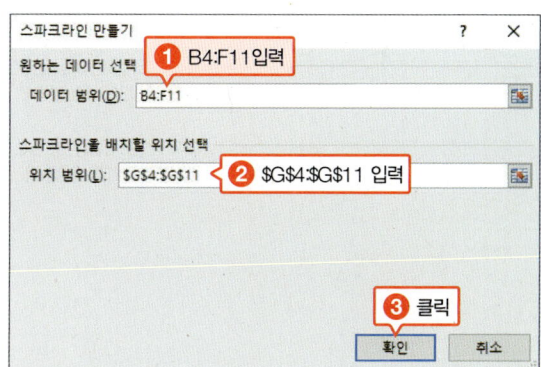

03 [G4:G11] 셀에 4월 4일~4월 8일까지의 주간 환율 추이가 열 차트로 표시됩니다.

바로 통하는 TIP 열 스파크라인은 데이터 값의 크기를 비교할 때 적합합니다.

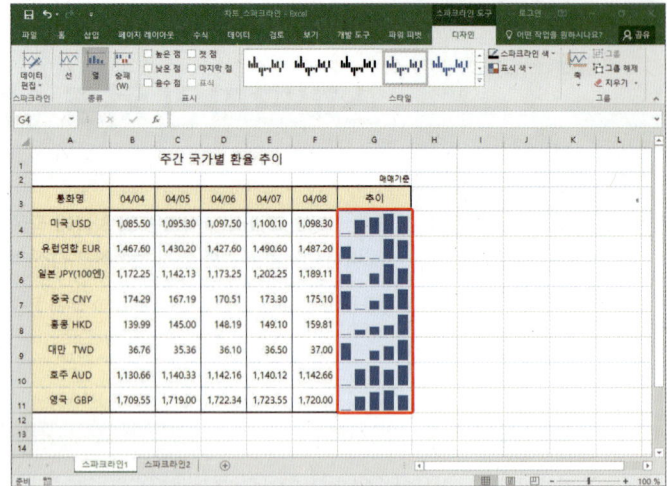

04 스파크라인 차트의 종류 변경하기

[G4:G11] 셀이 범위로 지정되어 있는 상태에서 [스파크라인 도구]-[디자인] 탭-[종류] 그룹-[선]을 클릭합니다. 주간 환율 추이가 선 차트로 표시됩니다.

바로 통하는 TIP 선 스파크라인은 데이터의 변화 추세를 나타낼 때 적합합니다.

선 스파크라인

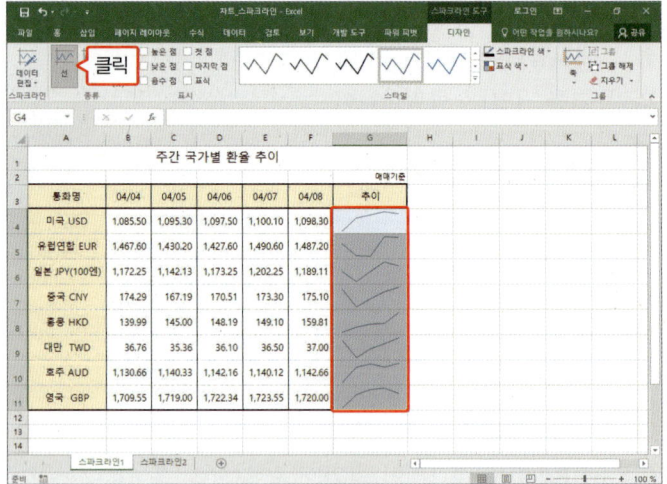

핵심기능실습
76

TELL ME
스파크라인 스타일

스파크라인 차트 스타일과
디자인 변경하기

학습 목표 | 다양하게 제공하는 스타일을 이용해 스파크라인의 디자인을 변경할 수 있습니다. 또 차트 계열의 표식 색, 모양 등도 직접 바꿀 수 있습니다.

실습 파일 | 엑셀/76_차트_스파크라인.xlsx [스파크라인2] 시트   **완성 파일 |** 엑셀/76완성.xlsx

---

01 스파크라인 차트의 표시 강조하기

선 스파크라인 차트에서 표식을 강조해 보겠습니다.

① [스파크라인2] 시트에서 [G4:G11] 셀을 드래그합니다. ② [스파크라인 도구]-[디자인] 탭-[표시] 그룹에서 [높은 점], [낮은 점], [표식]에 체크 표시합니다.

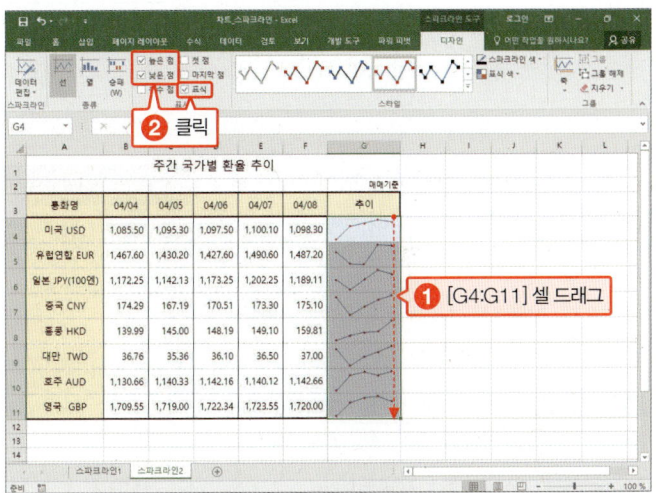

환율 추이에 선형 표식이 나타납니다.

---

02 스파크라인 차트의 스타일 변경하기

① [G4:G11] 셀의 범위가 지정되어 있는 상태에서 [스파크라인 도구]-[디자인] 탭-[스타일] 그룹-[스타일 자세히 히]를 클릭하고 ② [스파크라인 스타일 색상형 #5]를 선택합니다.

스파크라인 스타일

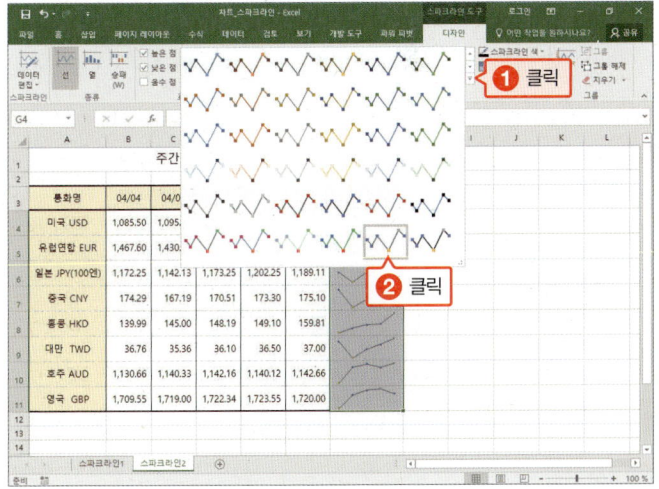

03 스파크라인 차트의 표시 색 변경하기

① [스파크라인 도구]-[디자인] 탭-[스타일] 그룹-[표식 색]을 클릭합니다.
② [높은 점]-[빨강]을 선택합니다.

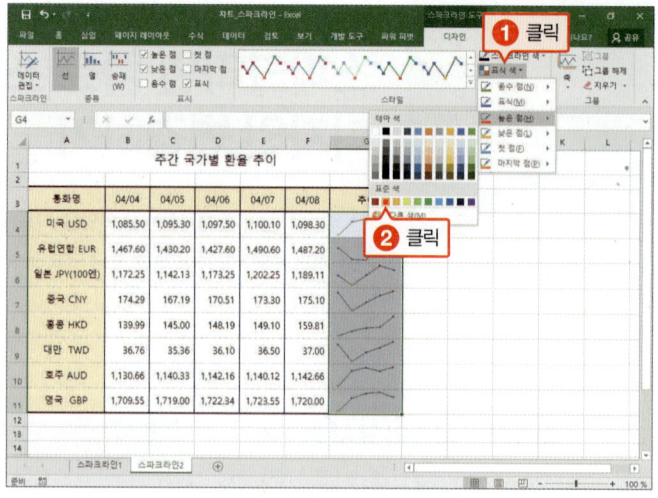

04 ① 다시 [표식 색]을 클릭하고 ② [낮은 점]-[노랑]을 선택합니다.

스파크라인 차트에서 가장 높은 점은 빨강, 가장 낮은 점은 노랑으로 표시됩니다.

바로 통하는 TIP 스파크라인 차트를 지우려면 [스파크라인 도구]-[디자인] 탭-[그룹] 그룹-[지우기]를 클릭하여 일부 또는 전체를 지울 수 있습니다.

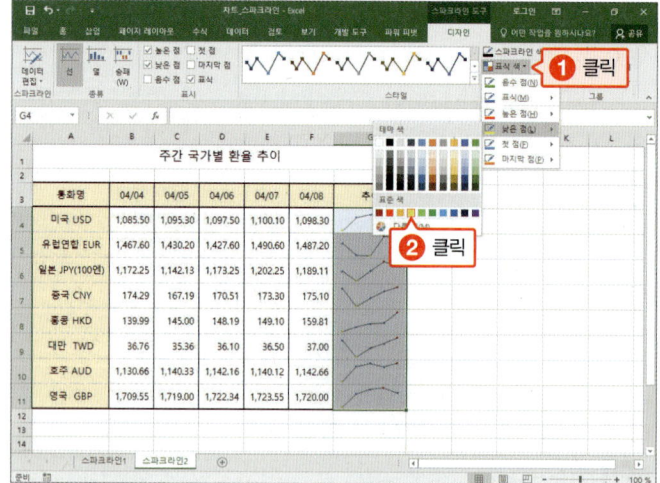

데이터베이스 관리/
분석 및 자동화하기

엑셀에서 제공하는 데이터베이스의 기능은 방대한 양의 자료를 관리하고 요약해서 데이터를 효과적으로 분석하기에 유용합니다. 반복된 작업을 한번에 처리할 수 있는 매크로를 사용하면 업무 시간을 단축하고 자동화하기에 좋습니다.

여기에서는 텍스트 나누기, 중복 데이터, 통합 기능을 사용하여 데이터베이스를 관리하고, 정렬, 필터, 부분합, 피벗 테이블로 데이터를 분석하는 방법에 대해서 알아보겠습니다. 마지막으로 통합 문서 내 자동화에 필요한 명령어들을 모아 매크로로 기록하고 실행 및 편집하는 방법에 대해서 살펴보겠습니다.

EXCEL 2016

데이터베이스 관리하기

데이터를 효율적으로 관리하려면 열 하나에 여러 정보가 담기지 않도록 종류별로 데이터를 분류해야 합니다. 데이터가 중복되면 잘못된 결과가 나타나거나 검색 및 분석이 제대로 이뤄지지 않기 때문입니다. 데이터베이스를 관리하는 각종 방법에 대해 살펴보겠습니다.

효율적인 데이터베이스 관리법

텍스트 나누기 : 열 하나에 여러 정보가 담겨 있을 때 이를 종류별로 나누어 관리합니다.

상품 입/출고 현황	
단가	가로(cm)*세로(cm)*높이(cm)
123,400	100*40*86
156,700	100*60*86
46,900	90*55*45
189,000	100*80*86
132,000	120*200*40
145,600	60*40*10
121,000	31*149*35
213,000	30*180*50
56,700	120*40*38.3
145,600	60*40*10

상품 입/출고 현황			
단가	가로(cm)	세로(cm)	높이(cm)
123,400	100	40	86
156,700	100	60	86
46,900	90	55	45
189,000	100	80	86
132,000	120	200	40
145,600	60	40	10
121,000	31	149	35
213,000	30	180	50
56,700	120	40	38.3
145,600	60	40	10

중복 데이터 삭제하기 : 잘못된 결과를 불러오는 중복 데이터를 삭제합니다.

상품 입/출고 현황								
일자	상품코드	상품명	단가	가로(cm)	세로(cm)	높이(cm)	입고	출고
01월 03일	AB-2010-2345	2단 수납장	123,400	100	40	86	50	-
01월 04일	AB-2012-3411	3단 양문 수납장	156,700	100	60	86	32	-
01월 05일	CK2010-3413	커피 테이블	46,900	90	55	45	60	-
01월 06일	AB-2105-7100	4단 수납장	189,000	100	80	86	61	-
01월 07일	AB-2010-4123	벽 수납장	132,000	120	200	40	42	-
01월 08일	AB-2017-4512	서랍형 수납장	145,600	60	40	10	40	-
01월 09일	AB-2010-4513	데코 선반	121,000	31	149	35	33	-
01월 10일	AB-2011-7101	7단 수납장	213,000	30	180	50	50	-
01월 11일	CK2024-4102	라운드 테이블	56,700	120	40	38.3	41	-
01월 12일	AB-2017-4512	서랍형 수납장	145,600	60	40	10	-	40
01월 13일	CK2010-7103	사이드 테이블	67,800	46	60.5	30	30	-
01월 14일	CK2034-5634	접이식 좌식 테이블	67,800	75	45	27	55	-
01월 15일	CK2132-3412	원목 다용도 테이블	34,000	119.4	39.5	51	20	-
01월 16일	CK2010-8888	TV 테이블	68,900	120	40	33	10	-
01월 17일	AB-2011-7101	7단 수납장	213,000	30	180	50	-	40
01월 18일	KY2094-1299	원목 조립식 마루24p	50,630	6.9	29	1	10	-
01월 19일	CK2010-3413	커피 테이블	46,900	90	55	45	-	30
01월 20일	CK2011-4413	간이 테이블	38,700	40	55	30	33	-

상품목록표					
상품코드	상품명	단가	가로(cm)	세로(cm)	높이(cm)
AB-2010-2345	2단 수납장	123,400	100	40	86
AB-2012-3411	3단 양문 수납장	156,700	100	60	86
CK2010-3413	커피 테이블	46,900	90	55	45
AB-2105-7100	4단 수납장	189,000	100	80	86
AB-2010-4123	벽 수납장	132,000	120	200	40
AB-2017-4512	서랍형 수납장	145,600	60	40	10
AB-2010-4513	데코 선반	121,000	31	149	35
AB-2011-7101	7단 수납장	213,000	30	180	50
CK2024-4102	라운드 테이블	56,700	120	40	38.3
CK2010-7103	사이드 테이블	67,800	46	60.5	30
CK2034-5634	접이식 좌식 테이블	67,800	75	45	27
CK2132-3412	원목 다용도 테이블	34,000	119.4	39.5	51
CK2010-8888	TV 테이블	68,900	120	40	33
KY2094-1299	원목 조립식 마루24p	50,630	6.9	29	1
CK2011-4413	간이 테이블	38,700	40	55	30
CK2011-4512	티 테이블	98,000	80	40	45
CK2009-5635	거실 테이블	154,000	120	52	32
CK2010-2222	에그 테이블	132,000	82	60	33

통합하고 서식 적용하기 : 여러 워크시트의 결과를 필드 항목 기준으로 통합하고 서식을 지정합니다. 첫 번째 필드 항목을 기준으로 데이터를 통합하며 여러 워크시트의 결과를 합계, 개수, 평균, 최대값, 최소값, 곱, 수치 개수, 표본 표준 편차, 표준 편차, 표본 분산, 분산 등으로 요약하고 집계합니다.

셀 값 기준으로 정렬하기 : 데이터를 보기 편한 기준으로 정렬합니다.

회원번호	회원등급	성명	주소	전화번호	거래건수	거래금액
K981011	로얄	강철수	서울 특별시	02-333-1234	52	8,520,000
K981012	골드	이미옥	인천 광역시	032-555-7890	32	3,110,000
K981013	실버	전선우	전라남도	061-400-8888	22	1,520,000
K981014	골드	민태우	대전 광역시	042-433-5656	30	2,940,000
K981015	프리미엄	강철수	경기도	032-312-0127	41	4,160,000
K981016	골드	김순희	강원도	033-200-5432	33	3,140,000
K981017	로얄	문상국	경상북도	054-900-8765	54	7,120,000
K981018	로얄	김국진	충청남도	041-422-3455	50	6,980,000
K981019	일반	최상모	제주도	064-765-7654	12	1,610,000
K981020	일반	이진우	경상북도	055-322-1334	14	1,820,000
K981021	일반	홍성용	서울 특별시	02-678-0099	12	1,020,000
K981022	골드	박노준	경기도	031-452-4321	33	2,940,000
K981023	실버	이철우	전라북도	063-777-0987	22	1,380,000
K981024	로얄	박시준	경기도	031-452-4321	50	6,120,000

회원번호	회원등급	성명	주소	전화번호	거래건수	거래금액
K981016	골드	김순희	강원도	033-200-5432	33	3,140,000
K981043	골드	박미진	경기도	031-321-2221	37	3,740,000
K981022	골드	박노준	경기도	031-452-4321	33	2,940,000
K981032	골드	홍민옥	경기도	031-321-2221	30	2,612,000
K981014	골드	민태우	대전 광역시	042-433-5656	30	2,940,000
K981012	골드	이미옥	인천 광역시	032-555-7890	32	3,110,000
K981045	로얄	민대구	경기도	031-812-0001	51	6,870,000
K981034	로얄	이구민	경기도	031-812-0001	56	6,256,000
K981024	로얄	박시준	경기도	031-452-4321	50	6,120,000
K981017	로얄	문상국	경상북도	054-900-8765	54	7,120,000
K981030	로얄	정홍식	서울 특별시	02-678-0099	57	10,625,600
K981040	로얄	신구민	서울 특별시	02-678-9123	53	9,625,600
K981011	로얄	강철수	서울 특별시	02-333-1234	52	8,520,000
K981051	로얄	노현철	서울 특별시	02-678-9123	52	7,625,600

사용자 지정 순서로 정렬하기 : 월, 요일, 분기 등 사용자가 원하는 순서로 정렬합니다.

함수를 이용한 필터링 : 전체 데이터에서 조건에 맞는 데이터 목록만으로 필터링합니다.

자동 필터로 추출하기 : 여러 조건에 맞는 데이터를 추출해 복사, 삭제, 편집합니다.

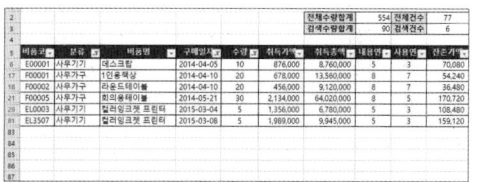

▲ 왼쪽의 비품 리스트 중에서 자동 필터를 이용해 일정 기간, 일정 수
량 이상의 목록만 추출한 데이터

평균과 상위 기준으로 추출하기 : 상위 값, 하위 값을 조건으로 원하는 데이터를 추출합니다.

다중 부분합 작성하기 : 특정 필드를 그룹화해 분류하고 합계, 평균, 개수 등을 계산합니다.

77 텍스트 나누기

학습 목표 | 데이터를 효율적으로 관리하려면 열 하나에 여러 정보가 담기지 않도록 종류별로 데이터를 나눠야 합니다. 그래야만 정보를 검색하거나 분석할 때 유리합니다.

실습 파일 | 엑셀/77_DB_텍스트_입출고현황.xlsx　**완성 파일** | 엑셀/77완성.xlsx

01 텍스트를 나눌 셀 범위 지정하기

텍스트 나누기는 일정 너비나 기호를 기준으로 진행됩니다. 상품의 가로, 세로, 높이가 한 열에 모두 입력되어 있으므로 각각 데이터를 나눠 보겠습니다.
① [D3] 셀을 클릭하고 Ctrl + Shift + ↓를 눌러 [D3:D37] 셀을 범위로 지정합니다. ② [데이터] 탭-[데이터 도구] 그룹-[텍스트 나누기]를 클릭합니다.

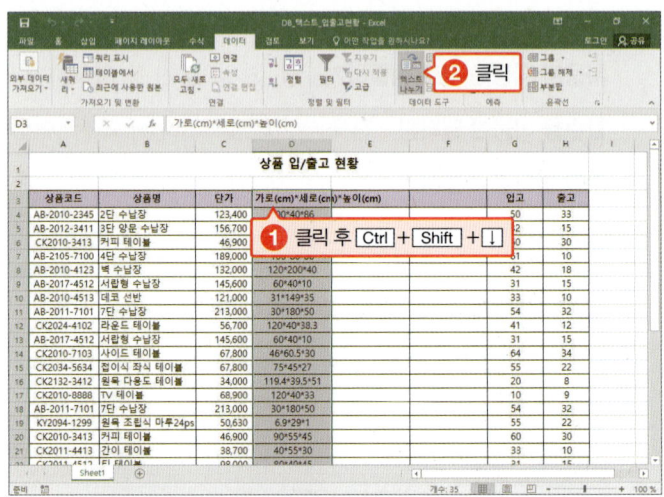

> **바로 통하는 TIP** 텍스트를 나누려면 나누려는 데이터 개수만큼 오른쪽에 빈 열이 있어야 합니다. 만약 빈 열이 없을 경우에는 오른쪽 열이 나눠진 텍스트 값으로 대치되므로 주의합니다.

02 텍스트 마법사 – 1단계

① [텍스트 마법사-3단계 중 1단계]에서 원본 데이터의 파일 유형으로 [구분 기호로 분리됨]을 선택하고 ② [다음]을 클릭합니다.

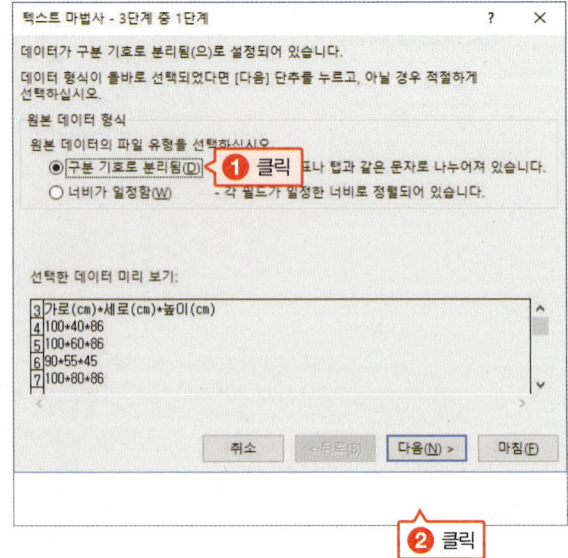

03 텍스트 마법사 - 2단계

① [텍스트 마법사-3단계 중 2단계]에서 [구분 기호]의 [기타]에 체크 표시하고 ② 입력 상자에 *를 입력합니다. ③ [다음]을 클릭합니다.

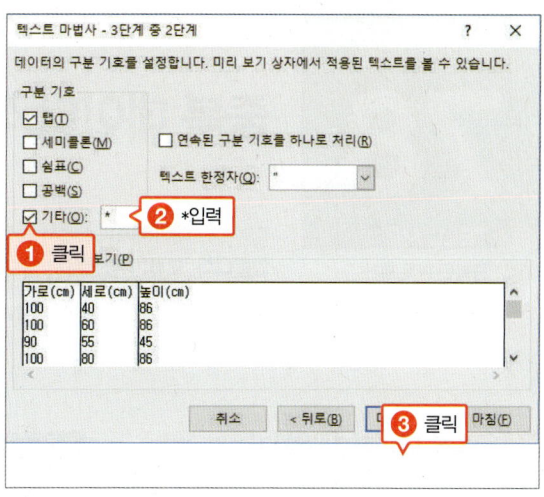

04 텍스트 마법사 - 3단계

① [텍스트 마법사-3단계 중 3단계]의 [데이터 미리 보기] 목록에서 서식을 지정합니다. 지정할 서식이 없으므로 텍스트 마법사를 완료하기 위해 [마침]을 클릭합니다. ② 기존 데이터를 바꿀 것인지 확인하는 메시지가 나타나면 [확인]을 클릭합니다.

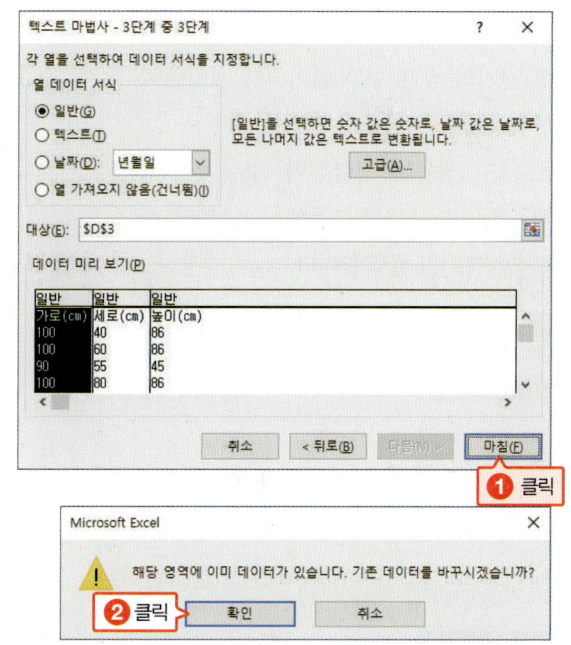

05 가로, 세로, 높이 항목이 나눠졌습니다.

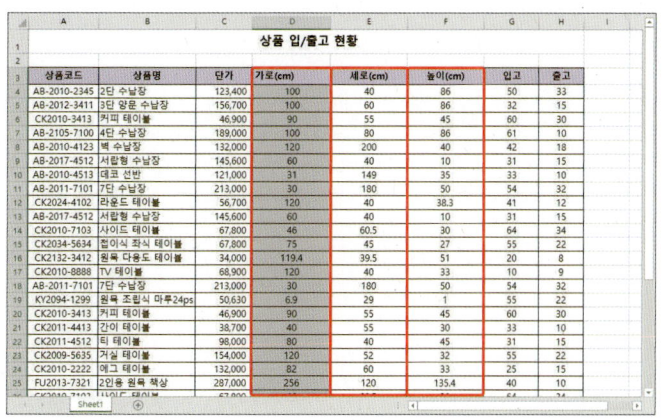

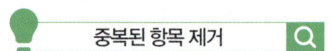

78 핵심기능실습

TELL ME
중복된 항목 제거

중복 데이터 삭제하기

학습 목표 | 데이터베이스에서 중복된 데이터가 있으면 이를 분석했을 때 잘못된 결과를 불러올 수 있습니다. 오류가 발생하지 않도록 중복 항목을 제거해 보겠습니다.

실습 파일 | 엑셀/78_DB_중복제거_입출고현황.xlsx **완성 파일** | 엑셀/78완성.xlsx

01 중복 데이터 제거하기

상품의 입/출고 현황에는 일자별로 상품이 입고되고 출고를 보면 중복된 데이터가 있습니다. 상품코드와 상품명, 그리고 단가와 같은 중복 데이터를 제거하여 상품목록표를 만들어 보겠습니다. ① [A3] 셀을 클릭합니다. ② [데이터] 탭-[데이터 도구] 그룹에서 [중복된 항목 제거 📇]를 클릭합니다.

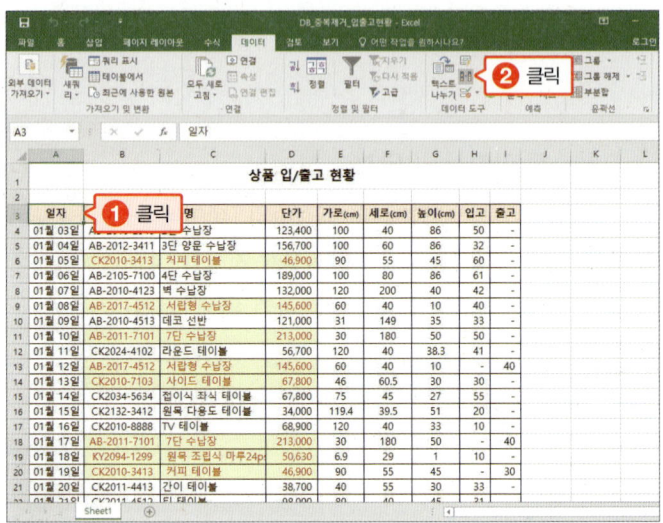

02
① [중복된 항목 제거] 대화상자에서 [모두 선택 취소]를 클릭하고 ② [상품코드], [상품명], [단가]에 체크 표시합니다. ③ [확인]을 클릭합니다.

바로 통하는TIP 일자는 체크 표시를 하더라도 일치하는 항목이 없으므로 제거되지 않습니다. 체크 표시한 항목에서 일치하는 레코드가 있을 때만 제거됩니다.

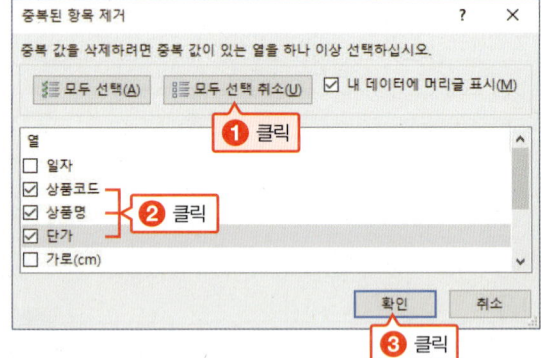

03 5개의 중복된 데이터가 제거되었다는 메시지가 나타나면 [확인]을 클릭합니다.

바로 통하는 TIP 중복된 데이터는 첫 번째 레코드 하나만 남고 두 번째 레코드부터는 삭제됩니다.

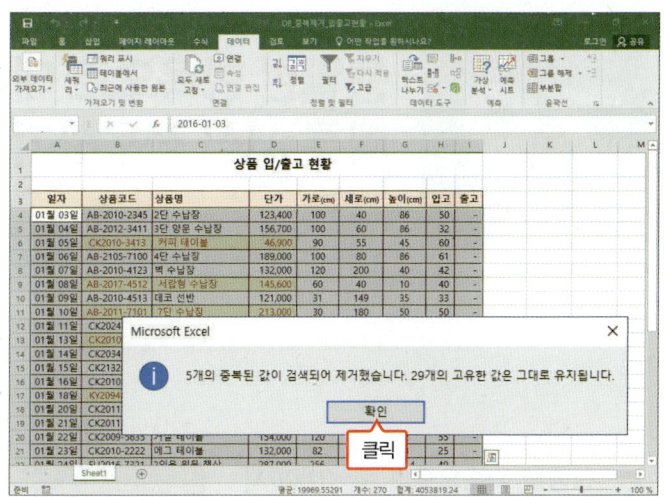

04 상품목록표 만들기

① [B1] 셀에 **상품목록표**를 입력하고 Enter를 누릅니다. ② A열 열 머리글을 클릭하고 ③ Ctrl을 누르고 [H:I] 열 머리글을 드래그한 뒤 ④ Ctrl + − 를 눌러 일자, 입고, 출고 열을 삭제합니다.

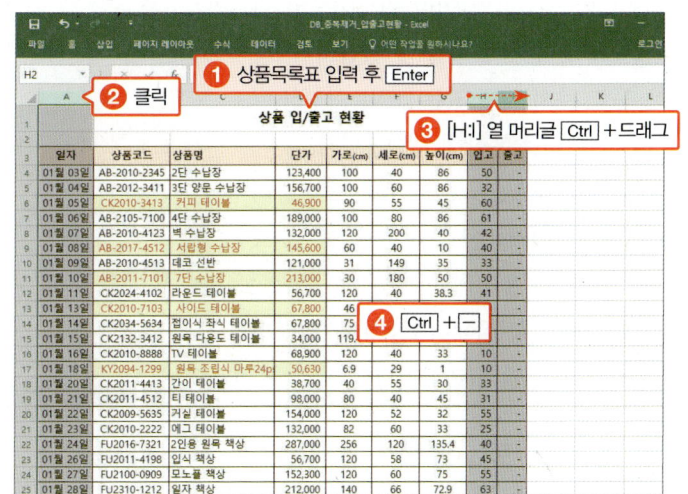

05 ① Alt + F2 를 눌러 [다른 이름으로 저장] 대화상자가 표시되면 ② [파일 이름]에 **상품목록표**라고 입력한 다음 ③ [저장]을 클릭합니다.

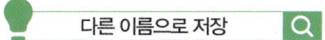
다른 이름으로 저장

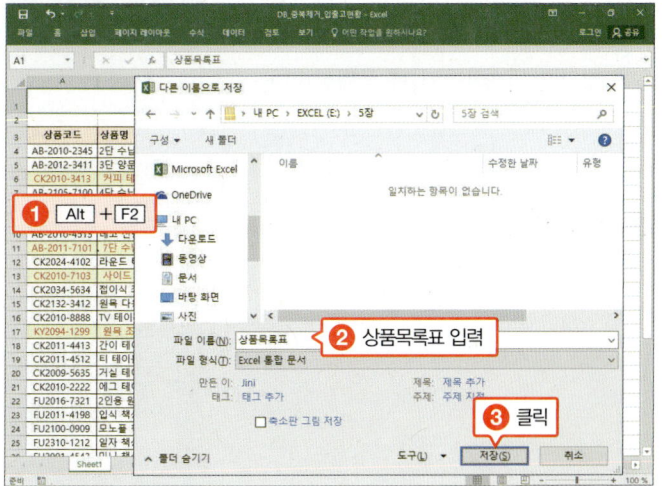

핵심기능실습

79

TELL ME
데이터 통합

동일한 항목으로 데이터 통합하고 빠른 서식 적용하기

학습 목표 | 데이터 통합은 첫 번째 필드 항목을 기준으로 여러 워크시트의 결과를 합계, 개수, 평균, 최대값, 최소값, 곱, 수치 개수, 표본 표준 편차, 표준 편차, 표본 분산, 분산 등으로 요약하고 집계합니다.

실습 파일 | 엑셀/79_DB_통합_월실적현황.xlsx   완성 파일 | 엑셀/79완성.xlsx

01 성명을 기준으로 1월~3월까지의 실적을 통합하기

데이터를 통합하면 여러 워크시트의 결과를 요약, 집계해서 볼 수 있습니다. 같은 통합 문서 내에 있는 [1월]~[3월] 시트의 데이터를 통합해 보겠습니다.

① [통합] 시트에서 [A3] 셀을 클릭합니다. ② [데이터] 탭-[데이터 도구] 그룹-[통합 🖭]을 클릭합니다. ③ [통합] 대화상자의 [함수]에서 [합계]를 선택하고 ④ [참조]란을 클릭합니다.

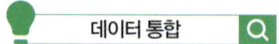
데이터 통합

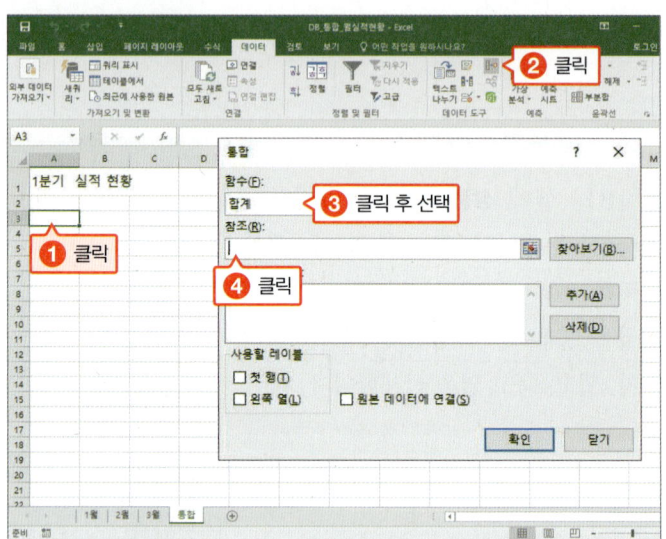

02 통합할 데이터를 선택하기

① [1월] 시트를 클릭하고 ② [A3:G16] 셀을 드래그한 뒤 ③ [추가]를 클릭합니다.

선택한 범위가 [모든 참조 영역]에 표시됩니다.

바로 통하는 TIP 데이터를 통합하면 첫 번째 열을 기준으로 여러 데이터를 하나로 합칩니다.

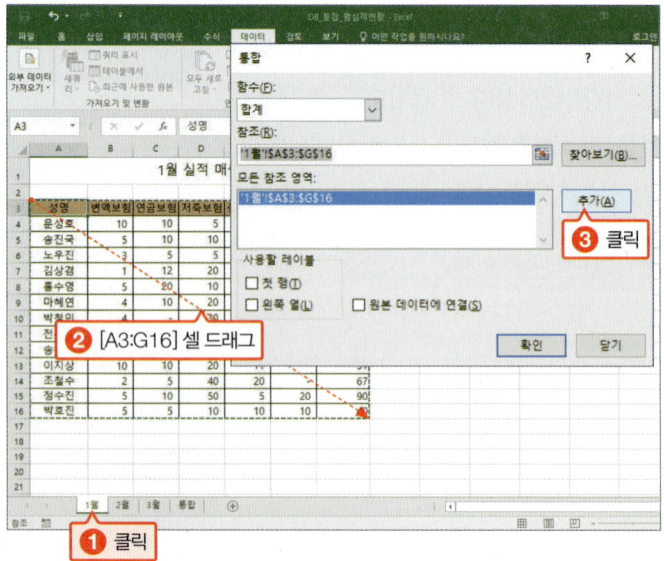

03 ① [2월] 시트를 클릭합니다. ② [A3:G15] 셀을 드래그하고 ③ [추가]를 클릭합니다.

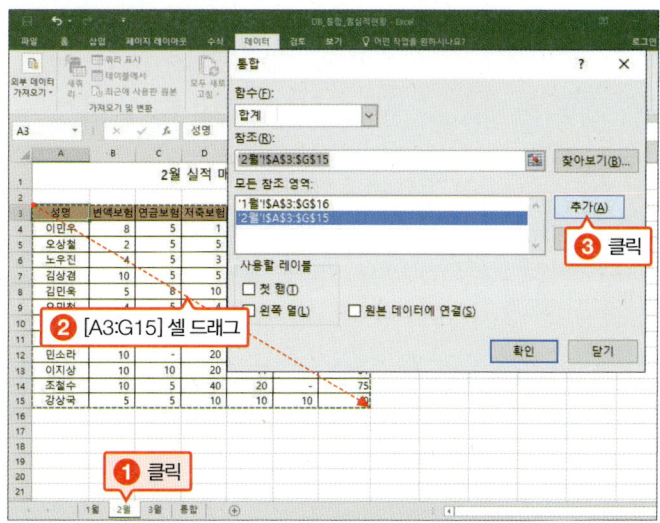

04 ① [3월] 시트를 클릭합니다. ② [A3:G20] 셀을 드래그하고 ③ [추가]를 클릭합니다. ④ [사용할 레이블]에서 [첫 행]과 [왼쪽 열]에 체크 표시하고 ⑤ [확인]을 클릭합니다.

바로 통하는 TIP [사용할 레이블]에서 [첫 행]과 [왼쪽 열]에 체크 표시하면 제목 행과 제목 열을 기준으로 통합됩니다. 그러나 레이블을 사용하지 않으면 행과 열 방향의 순서대로 데이터를 통합하기 때문에 잘못된 통합 결과를 얻을 수도 있습니다.

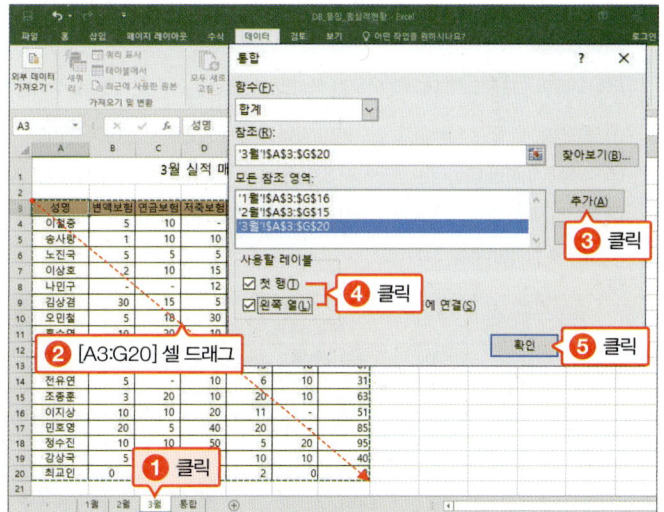

05 데이터 통합하여 서식 지정하기

1월부터 3월까지의 데이터가 통합되어 [통합] 시트의 [A3] 셀부터 입력됩니다. ① [A3] 셀에 성명을 입력합니다. ② Ctrl +A를 눌러 [A3:G32] 셀을 범위로 지정하고 ③ [빠른 분석 📊]을 클릭합니다. ④ [표]를 클릭하고 ⑤ 다시 [표]를 선택합니다.

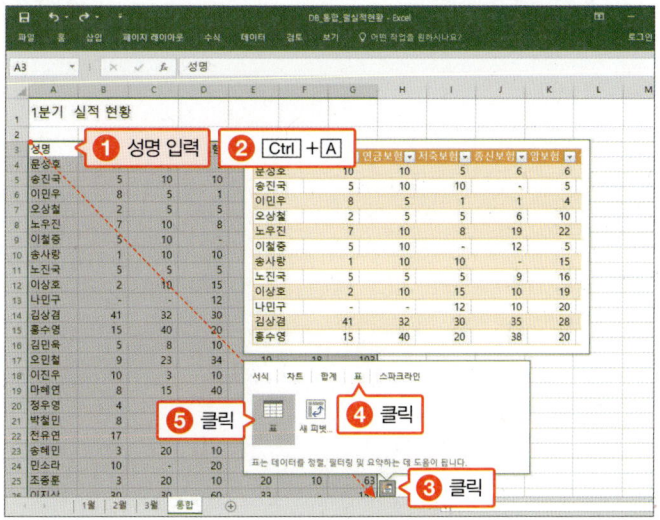

06 표에 서식이 적용되었습니다.

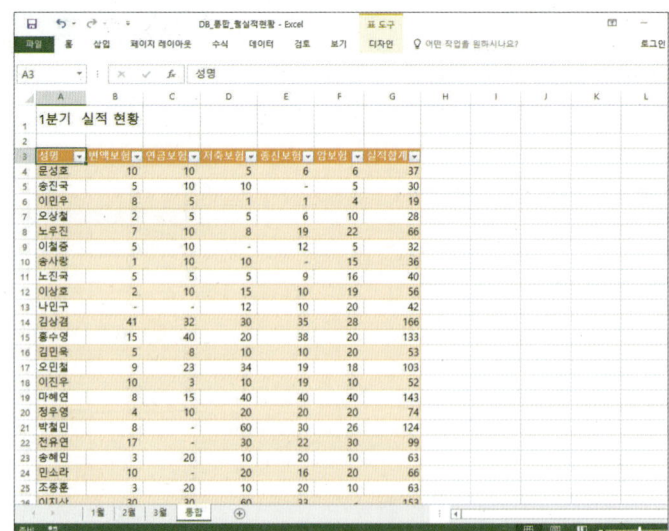

바로 통하는 TIP

데이터베이스 작성 규칙

데이터베이스로 관리할 데이터 목록을 작성할 때는 다음과 같은 사항에 주의합니다.

① 필드명은 한 줄로 입력하고, 필드명이 입력된 셀은 병합하지 않아야 합니다.

② 각 셀에 입력한 데이터는 병합하지 않아야 하고, 빈 행이나 열이 없어야 합니다.

③ 셀 하나에는 하나의 정보만 입력해야 합니다. 외부에서 데이터를 가져왔을 때 셀 하나에 여러 정보가 있으면 텍스트를 나눠서 여러 필드에 입력합니다.

	A	B	C	D	E	F
1	NO	일자		매입/매출 정보		
2			구분	코드/품명	수량	할인율
3	1	01-02	매출	H607/외장하드	10	3%
4	2	01-04		EF345/출퇴근기록기	5	0%
5	3	01-04	매입	EF345/출퇴근기록기	100	10%
6	4	01-05		BE500/지폐계수기	5	0%
7	5	01-06	매출	D204/문서 세단기	25	3%
8	6	01-08	매입	L451/코팅기	5	
9	7	01-10	매입	H607/외장하드	6	
10	8	01-12	매출	EF345/출퇴근기록기	10	3%

▲ 잘못 작성된 데이터베이스

	A	B	C	D	E	F	G
1	NO	일자	구분	코드	품명	수량	할인율
2	0	01-02	매출	H607	외장하드	10	3%
3	1	01-04	매출	EF345	출퇴근기록기	5	0%
4	2	01-04	매입	EF345	출퇴근기록기	100	10%
5	3	01-05	매입	BE500	지폐계수기	5	0%
6	4	01-06	매출	D204	문서 세단기	25	3%
7	5	01-08	매입	L451	코팅기	5	2%
8	6	01-10	매입	H607	외장하드	6	1%
9	7	01-12	매출	EF345	출퇴근기록기	10	0%
10	8	01-14	매출	RS130	제본기	4	3%

▲ 바르게 작성된 데이터베이스

핵심기능실습

80

TELL ME

정렬

셀 값을 기준으로 정렬하기

학습 목표 | 데이터베이스에서 사용자가 보기 편한 기준으로 데이터를 정렬할 수 있어야 합니다. [정렬] 대화상자를 이용해 기본적으로 오름차순 또는 내림차순으로 정렬하거나 기준을 2가지 이상으로 지정해서 정렬할 수 있습니다.

실습 파일 | 엑셀/80_DB_정렬_회원명단1.xlsx **완성 파일 |** 엑셀/80완성.xlsx

01 회원등급 오름차순으로 정렬하기

회원명단의 회원등급을 기준으로 셀을 정렬해 보겠습니다.

① [회원등급] 필드인 [B3] 셀을 클릭합니다. ② [데이터] 탭-[정렬 및 필터] 그룹-[오름차순]을 클릭합니다.

회원등급이 ㄱ~ㅎ 순서로 정렬됩니다.

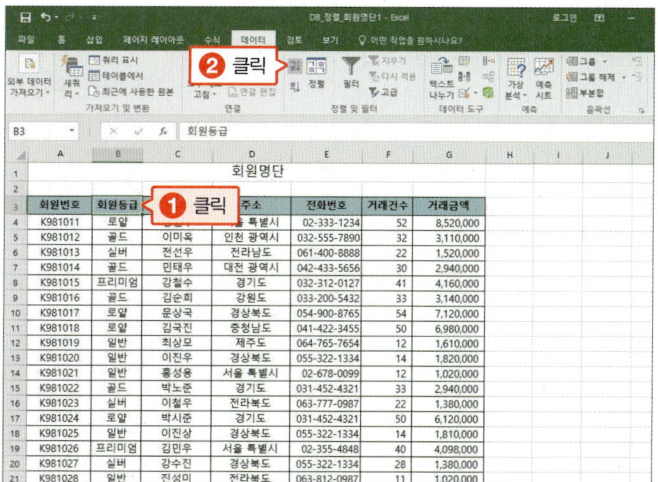

02 여러 조건을 정렬하기

① 데이터에서 임의의 셀을 클릭하고 ② [데이터] 탭-[정렬 및 필터] 그룹-[정렬]을 클릭합니다.

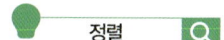

정렬 🔍

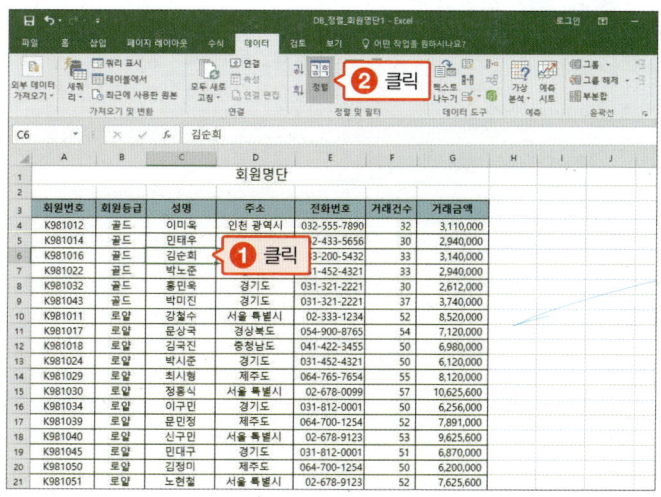

03 ① [정렬] 대화상자에서 두 번째 정렬 기준을 추가하기 위해 [기준 추가]를 클릭하고 ② [다음 기준]에서 [주소], [값], [오름차순]을 선택합니다. ③ 세 번째 정렬 기준을 추가하기 위해 [기준 추가]를 클릭하고 ④ [다음 기준]에서 [거래금액], [값], [내림차순]을 선택합니다. ⑤ [확인]을 클릭합니다.

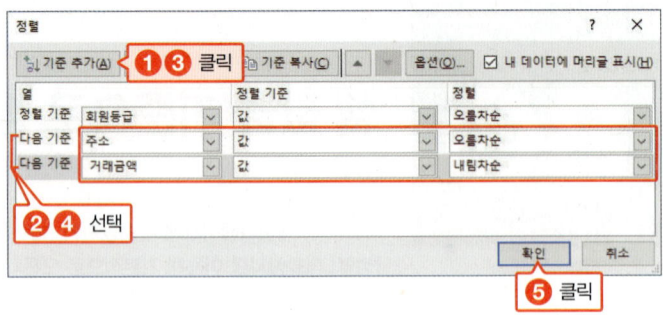

04 회원등급, 주소 순서에 따라 오름차순으로, 거래금액을 기준으로 내림차순으로 데이터가 정렬됩니다.

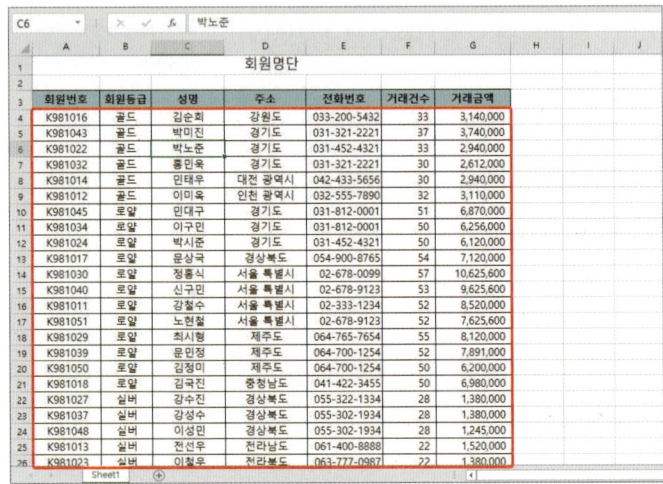

바로 통하는 TIP   정렬 순서

숫자	가장 작은 음수에서 가장 큰 양수로 정렬됩니다.
날짜	가장 이전 날짜에서 가장 최근 날짜로 정렬됩니다.
문자 (문자와 숫자가 섞여 있는 경우)	0~9 (공백) ! # $ % & ( ) * . , / : ; ? @ [₩] ^ _ ' {	} ~ + < = > a-z, A-Z 순으로 정렬됩니다.
논리 값	FALSE, TRUE 순으로 정렬됩니다.
오류 값	#N/A, #VALUE! 등의 오류 값은 정렬 순서가 모두 동일합니다.

사용자가 지정한 순서로 정렬하기

학습 목표 | 일반적인 정렬 순서 외에도 월, 요일, 분기 등 사용자가 직접 지정한 순서로 데이터를 정렬할 수 있습니다.

실습 파일 | 엑셀/81_DB_정렬_회원명단2.xlsx　　**완성 파일 |** 엑셀/81완성.xlsx

01 회원등급 사용자 지정으로 정렬하기

오름차순(골드~프리미엄)으로 정렬되어 있는 회원등급을 사용자 지정 순서(로얄~일반)로 정렬해 보겠습니다.

① 데이터에서 임의의 셀을 클릭하고 ② [데이터] 탭-[정렬 및 필터] 그룹-[정렬]을 클릭합니다. ③ [정렬] 대화상자에서 [회원등급]의 [정렬] 목록을 [사용자 지정 목록]으로 선택합니다.

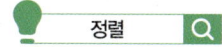

정렬 🔍

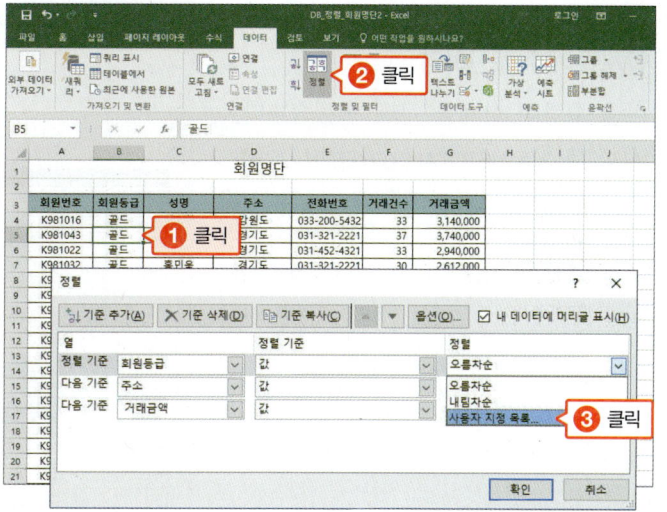

02 사용자 지정 목록 추가하기

① [사용자 지정 목록] 대화 상자의 [사용자 지정 목록]에서 [새 목록]을 선택하고 ② [목록 항목]에 **로얄, 프리미엄, 골드, 실버, 일반** 순서대로 Enter를 누르며 입력한 후 ③ [추가]를 클릭하고 ④ [확인]을 클릭하여 [정렬] 대화상자로 돌아옵니다.

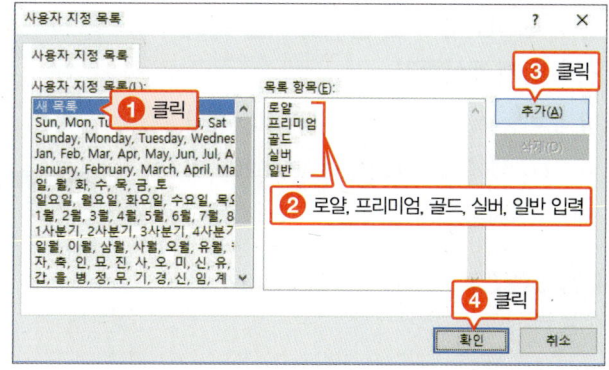

03 [정렬] 대화상자에서 회원등급의 정렬 순서가 로얄~일반 순으로 지정되었습니다. [확인]을 클릭해 [정렬] 대화상자를 닫습니다. 지정한 순서로 회원 등급이 정렬됩니다.

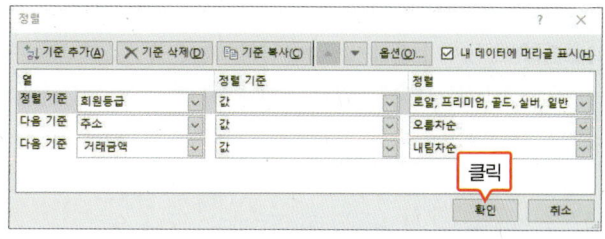

핵심기능실습

82

TELL ME
수학/삼각 〉
SUBTOTAL

SUBTOTAL 함수를 이용한 필터

학습 목표 | 전체 데이터의 합계, 개수가 아닌 조건에 맞는 데이터 목록만 가지고 부분합을 계산하기 위해 SUBTOTAL 함수를 사용합니다.

실습 파일 | 엑셀/82_DB_필터_비품목록1.xlsx **완성 파일** | 엑셀/82완성.xlsx

01 SUBTOTAL 함수로 비품 수량 합계와 개수 계산하기

비품 수량의 합계를 구해 보겠습니다. [H3] 셀에 **=SUBTOTAL(9,E6:E82)**를 입력하고 Enter를 누릅니다.

바로 통하는 TIP [E6:E82] 셀에 담긴 데이터의 합계 (9)를 구합니다.

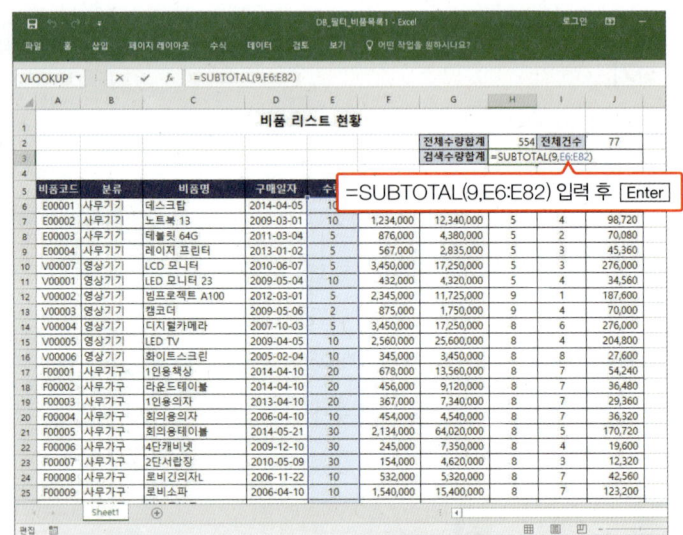

02 SUBTOTAL 함수로 비품 목록 건수 합계 계산하기

전체 비품 목록의 개수를 구해 보겠습니다. [J3] 셀에 **=SUBTOTAL(3,A6:A82)**를 입력하고 Enter를 누릅니다.

바로 통하는 TIP [A6:A82] 셀에 담긴 데이터의 개수 (3)를 구합니다.

바로 통하는 TIP 검색 수량 합계와 검색 건수의 값은 전체 수량 합계와 전체 건수가 같습니다. 하지만 '핵심기능실습 83 자동 필터로 데이터 추출하기'의 자동 필터 기능으로 지정 조건에 맞는 데이터를 검색할 경우, 그 결과에 따라 SUBTOTAL 함수로 구한 검색 수량 합계와 검색 건수의 값은 달라집니다.

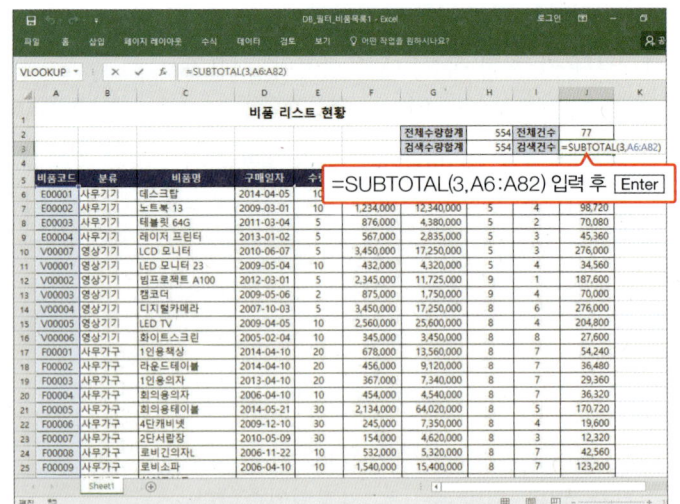

바로 통하는 TIP **목록이나 데이터베이스의 부분합을 계산하는 SUBTOTAL 함수**

자동 필터나 고급 필터 기능으로 데이터를 검색하여 원하는 데이터를 추출하면 결과에 따라 계산된 수식 값도 매번 달라져야 합니다. 하지만 일반적인 SUM 함수나 COUNT, AVERAGE 함수를 사용하면 데이터의 추출된 결과와 상관없이 전체 데이터의 계산 결과를 표시합니다. SUBTOTAL 함수는 현재 표시되는 데이터의 목록을 가지고 부분합을 계산하므로 자동 필터나 고급 필터에서 자주 사용하는 함수입니다.

함수 범주	수학/삼각 함수			
함수 형식	=SUBTOTAL(함수 번호, 범위1, 범위2, …) 함수 번호 : 데이터 범위나 목록에서 부분합을 계산할 함수를 1~11 또는 101~111까지 지정할 수 있습니다. 1~11 : 숨겨진 행의 셀 값을 포함하여 계산(필터 기능 이외에 일부 행 숨기기를 한 경우)합니다. 101~111 : 숨겨진 행의 셀 값을 포함하지 않고 계산(필터 기능 이외에 일부 행 숨기기를 한 경우)합니다.			
	Fun_num(숨겨진 값 포함)	Fun_num(숨겨진 값 무시)	함수 유형	계산
	1	101	AVERAGE	평균
	2	102	COUNT	수치 개수
	3	103	COUNTA	개수
	4	104	MAX	최대값
	5	105	MIN	최소값
	6	106	PRODUCT	수치 곱
	7	107	STDEV	표본 표준 편차
	8	108	STDEVP	표준 편차
	9	109	SUM	합계
	10	110	VAR	표본 분산
	11	111	VARP	분산

자동 필터로 데이터 추출하기

학습 목표 | 필터링은 날짜, 문자, 숫자 등 지정한 조건에 맞는 데이터를 찾는 기능입니다. 추출한 데이터는 복사, 삭제, 편집이 가능하며 서식을 지정해 인쇄할 수도 있습니다.

실습 파일 | 엑셀/83_DB_필터_비품목록2.xlsx **완성 파일** | 엑셀/83완성.xlsx

01 특정 문자가 포함된 데이터 표시하기

'사무'라는 문자가 포함된 레코드만 표시해 보겠습니다.

① 데이터 목록에서 임의의 셀을 클릭합니다. ② [데이터] 탭의 [정렬 및 필터] 그룹－[필터]를 클릭합니다. ③ [분류] 필드의 [필터 목록 ▼]을 클릭하고 ④ [텍스트 필터]의 [검색]에 **사무**를 입력한 뒤⑤ [확인]을 클릭합니다.

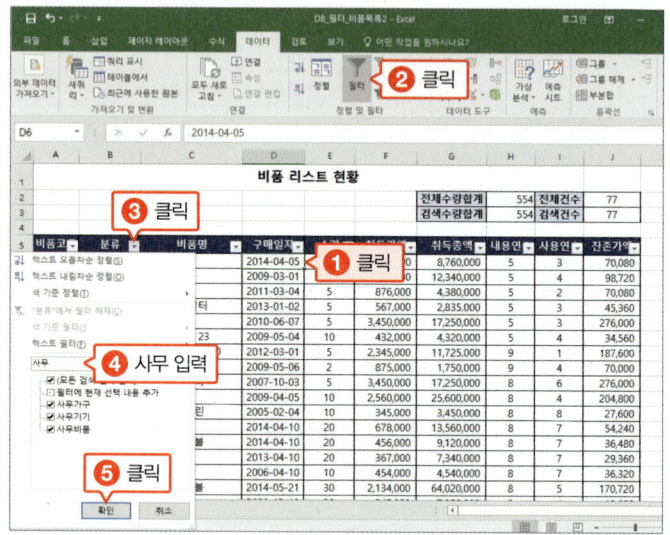

02
[분류]에서 '사무'라는 문자가 포함된 레코드만 표시되면서 앞서(핵심기능실습 82 SUBTOTAL 함수를 이용해 데이터 필터하기) SUBTOTAL 함수로 수식을 입력한 [H3], [J3] 셀의 값이 검색된 레코드를 기준으로 다시 계산됩니다.

바로 통하는 TIP [자동 필터] 단추가 ▼면 아무 조건도 지정되지 않은 필드 열이라는 뜻이고, ▼이면 현재 필드 열에 조건이 지정되어 있다는 의미입니다.

03 특정 날짜의 데이터 표시하기

구매일자가 2014년~2015년에 구입한 비품을 검색해 보겠습니다.
① [구매일자] 필드의 [필터 목록▼]을 클릭하고 ② [날짜 필터]-[모두 선택]의 체크 표시를 해제합니다. ③ [2015년], [2014년]에 체크 표시하고 ④ [확인]을 클릭합니다.

바로 통하는 TIP 필드 열의 데이터가 날짜일 경우 일, 주, 월, 분기, 년 등의 값을 검색할 수 있습니다.

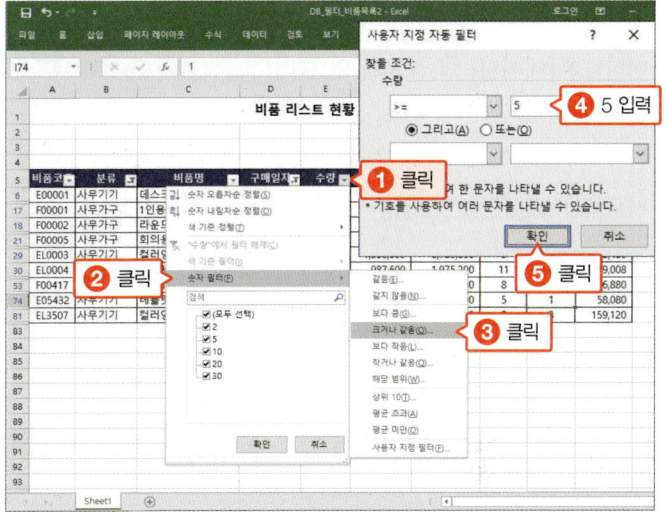

04 특정 수량의 데이터 표시하기

수량이 5개 이상인 비품을 검색해 보겠습니다.
① 수량 필드의 [필터 목록▼]을 클릭합니다. ② [숫자 필터]를 선택하고 ③ [크거나 같음]을 선택합니다. ④ [사용자 지정 자동 필터] 대화상자에서 [찾을 조건] 입력란에 **5**를 입력하고 ⑤ [확인]을 클릭합니다.

바로 통하는 TIP 필드 열의 데이터가 숫자일 경우 같은 값 이상, 이하, 미만, 초과 등의 값을 검색할 수 있습니다.

05 '사무'라는 문자가 포함되고, 구매일자는 2014년~2015년, 수량이 5개 이상인 비품이 목록에 표시됩니다.

바로 통하는 TIP [데이터] 탭-[정렬 및 필터] 그룹-[지우기☒]를 클릭하면 모든 데이터를 다시 표시합니다.

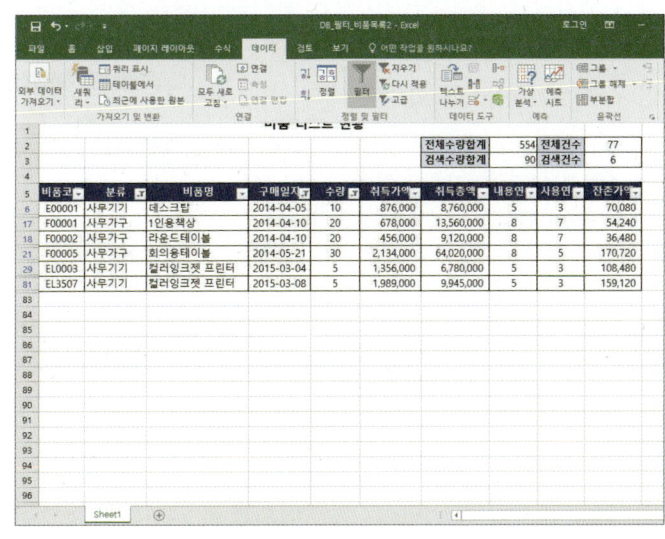

평균과 상위 10 기준으로 데이터 추출하기

학습 목표 | 자동 필터를 사용해 상위 값, 하위 값을 조건으로 원하는 데이터를 추출할 수 있습니다.

실습 파일 | 엑셀/84_DB_필터_비품목록3.xlsx   **완성 파일** | 엑셀/84완성.xlsx

01 평균 초과 데이터 추출하기

필드 열의 데이터가 숫자일 경우 같은 값, 이상, 이하, 미만, 초과 등의 값을 검색할 수 있습니다.

① 데이터 목록에서 임의의 셀을 클릭합니다. ② [데이터] 탭-[정렬 및 필터] 그룹-[필터]를 클릭합니다. ③ 취득가액 필드의 [필터 목록▼]을 클릭하고 ④ [숫자 필터]에서 [평균 초과]를 선택합니다.

취득가액이 평균 초과인 데이터를 추출합니다.

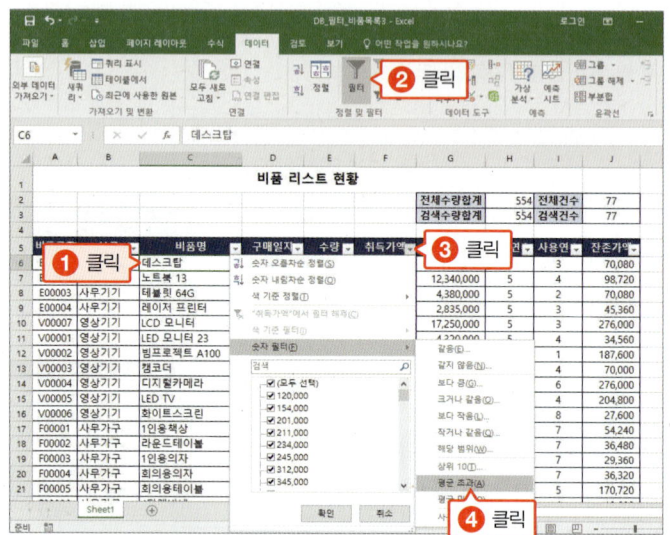

02 상위 5개 항목 추출하기

① 잔존가액 필드의 [필터 목록▼]을 클릭합니다. ② [숫자 필터]에서 [상위 10]을 선택합니다. ③ [상위 10 자동 필터] 대화상자에서 [상위], [5], [항목]을 설정한 뒤 ④ [확인]을 클릭합니다.

비품 목록에서 취득가액이 평균 초과이고, 잔존가액이 상위 5위에 해당하는 데이터가 추출됩니다.

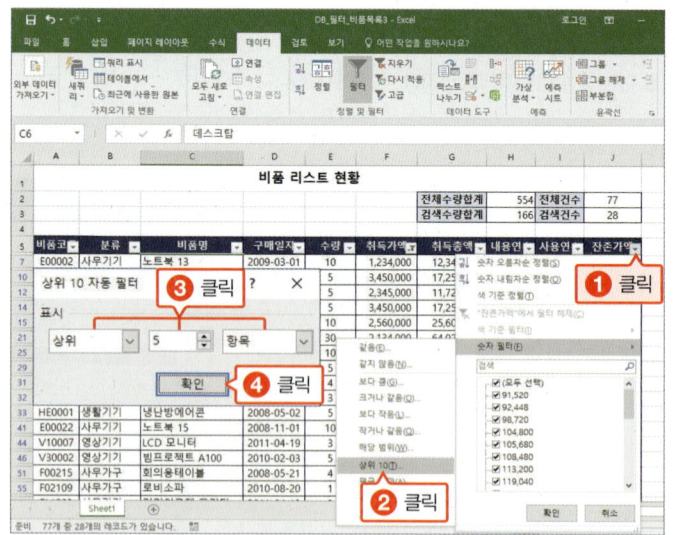

여러 그룹으로 다중 부분합 작성하기

학습 목표 | 부분합은 자동으로 특정 필드를 그룹화하여 분류하고 각 그룹별로 합계, 평균, 개수 등을 자동으로 계산하는 기능입니다. 이로써 그룹별 소계 및 총계를 쉽게 구할 수 있습니다.

실습 파일 | 엑셀/85_DB_부분합_고객정보1.xlsx **완성 파일** | 엑셀/85완성.xlsx

01 필드 정렬하기

① 데이터에서 임의의 셀을 클릭합니다. ② [데이터] 탭-[정렬 및 필터] 그룹-[정렬]을 클릭합니다. ③ [정렬] 대화상자에서 [기준 추가]를 클릭하고 ④ 지점과 보험상품 필드를 그림과 같은 정렬 조건으로 설정합니다. ⑤ [확인]을 클릭합니다.

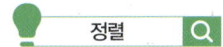

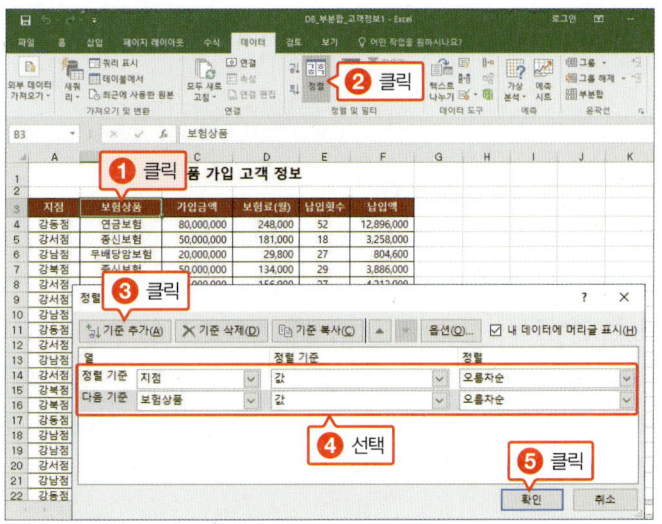

02 첫 번째 부분합 구하기

각 항목의 소계가 표시되는 첫 번째 부분합을 구해 보겠습니다.

① 데이터에서 임의의 셀을 클릭하고 ② [데이터] 탭-[윤곽선] 그룹-[부분합]을 클릭합니다. ③ [부분합] 대화상자에서 [그룹화할 항목]을 [지점], [사용할 함수]를 [합계]로 선택하고 ④ [부분합 계산 항목]의 [가입금액], [보험료(월)], [납입횟수], [납입액]에 체크 표시합니다. ⑤ [확인]을 클릭합니다.

바로 통하는 TIP [부분합] 대화상자에서 [모두 제거]를 클릭하면 부분합을 제거할 수 있습니다.

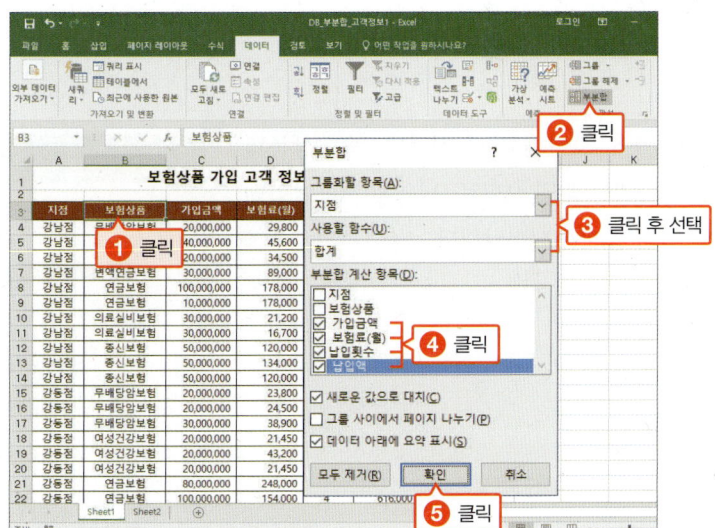

03 [데이터] 탭 – [윤곽] 그룹 – [부분합]을 클릭해 [부분합] 대화상자를 불러옵니다.

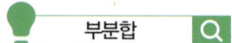

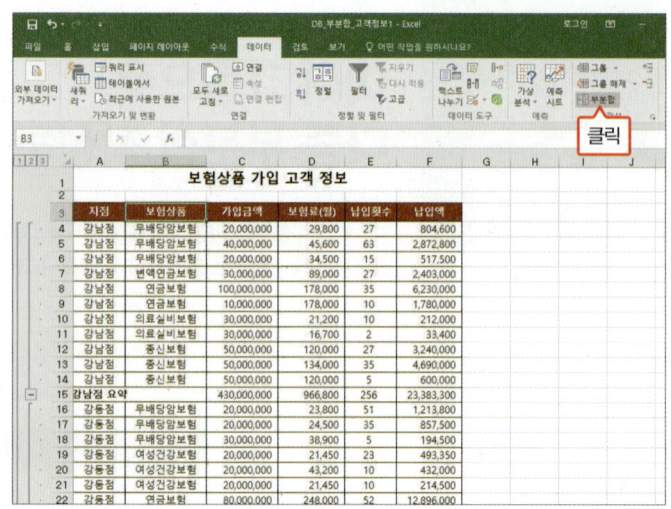

04 두 번째 부분합 구하기

보험상품별로 가입금액, 보험료, 납입횟수, 납입액의 소계가 표시되는 두 번째 부분합을 구해 보겠습니다.

① [부분합] 대화상자에서 [그룹화할 항목]으로 [보험상품], [사용할 함수]로 [합계]를 선택하고 ② [부분합 계산 항목]의 [가입금액], [보험료(월)], [납입횟수], [납입액]에 체크 표시합니다. ③ [새로운 값으로 대치]에 체크 표시를 해제한 다음 ④ [확인]을 클릭합니다.

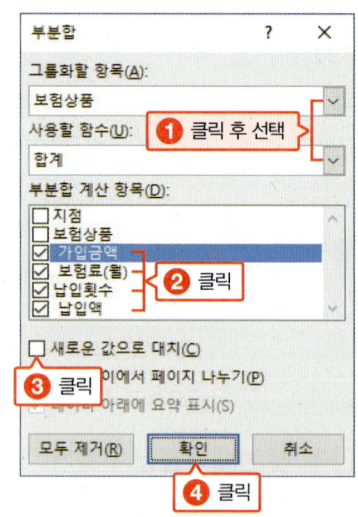

바로 통하는 TIP [새로운 값으로 대치]의 체크 표시를 해제해야 여러 그룹으로 부분합을 할 수 있습니다.

05 그림과 같이 지점별, 보험상품별 가입금액 및 보험료, 납입횟수와 납입액의 합계가 나타납니다.

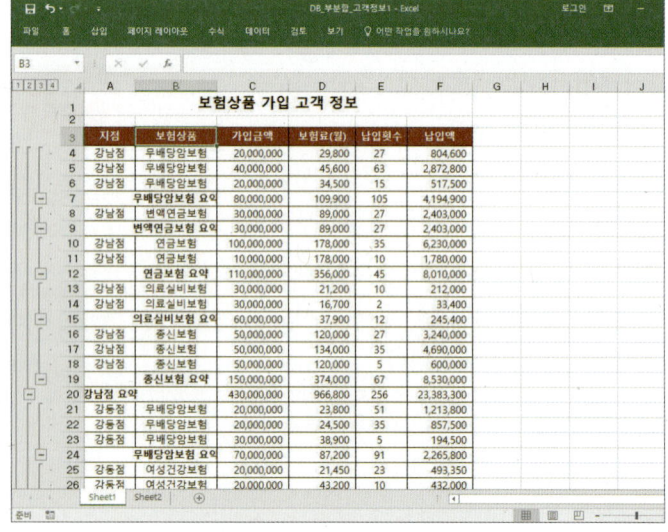

부분합의 요약된 결과만 복사하기

학습 목표 | 부분합을 지정하면 그룹별 소계가 계산되며 윤곽 기호가 나타납니다. 윤곽 기호로 일부 축소된 데이터를 복사하면 숨겨진 하위 수준까지 붙여지므로 화면에 보이는 셀만 붙여 넣는 과정이 필요합니다.

실습 파일 | 엑셀/86_DB_부분합_고객정보2.xlsx **완성 파일** | 엑셀/86완성.xlsx

01 윤곽 기호를 이용해 데이터 요약하기

부분합을 작성하면 그림과 같이 지점별, 보험상품별 가입금액, 보험료, 납입횟수, 납입액의 합계가 구해지고 윤곽 기호가 생깁니다. 윤곽 기호 중에 [2번 2]을 클릭하면 지점별 부분합 결과만 표시할 수 있습니다. [확장 +]이나 [축소 -]를 클릭해서 데이터를 확장하거나 축소할 수 있습니다.

바로 통하는 TIP 윤곽 기호를 이용하면 그룹별로 하위 수준을 숨기거나 표시할 수 있습니다. 1은 전체 결과(총 합계), 2는 지점 소계, 3은 보험 상품별 소계, 4는 전체 데이터를 표시합니다.

+ : 확장 버튼을 클릭하면 숨겨져 있는 하위 수준을 표시합니다. / - : 축소 버튼을 클릭하면 하위 수준(그룹)을 숨깁니다.

02 화면에 보이는 셀만 범위로 지정하기

① 윤곽 기호 중에 [3번 3]을 클릭하면 월별, 제품종류별 소계만 표시됩니다. ② 그림처럼 요약된 결과만 표시된 상태에서 [B3:F60] 셀을 드래그하여 범위로 지정하고 F5를 누릅니다. ③ [이동] 대화상자에서 [옵션]을 클릭합니다.

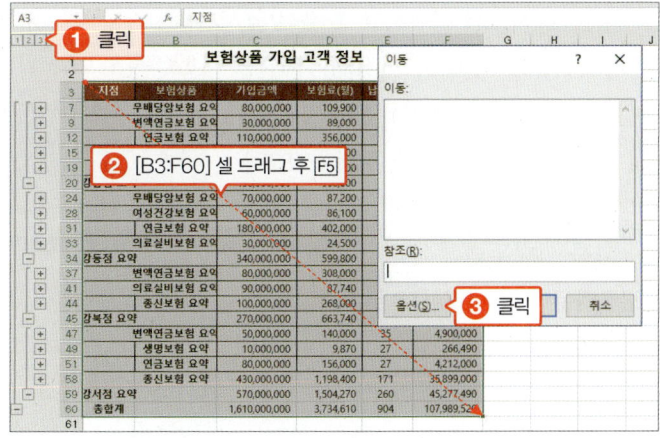

03 ① [이동 옵션] 대화상자에서 [화면에 보이는 셀만]을 선택하고 ② [확인]을 클릭합니다. 화면에 보이는 영역만 범위로 지정됩니다.

바로 통하는 TIP 화면에 보이는 셀 선택 단축키는 Alt + ; 입니다.

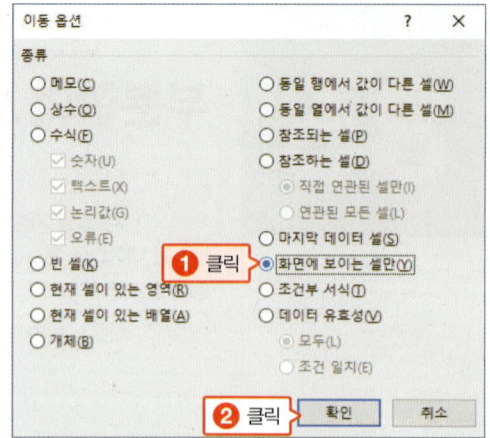

04 화면에 보이는 셀만 복사하기

화면에 보이는 셀만 선택된 상태에서 Ctrl + C 를 눌러 복사합니다.

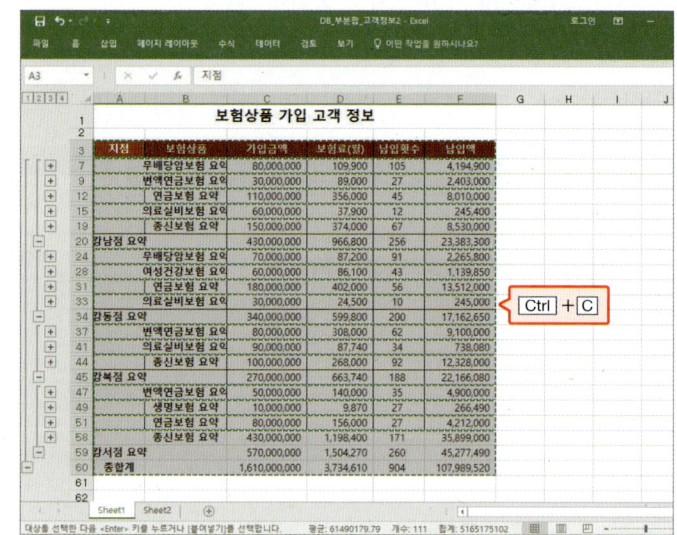

05 화면에 보이는 셀만 붙여넣고 요약 표 편집하기

① [Sheet2] 시트를 클릭하고 ② 붙여 넣을 셀의 위치를 클릭한 뒤 Ctrl + V 를 누릅니다. ③ [Sheet2] 시트에서 열 너비를 보기 좋게 조절합니다. ④ [A3:F24] 셀의 범위를 지정하고 ⑤ [홈] 탭-[글꼴] 그룹-[테두리 ⊞ㆍ]를 클릭하고 ⑥ [모든 테두리]를 선택합니다.

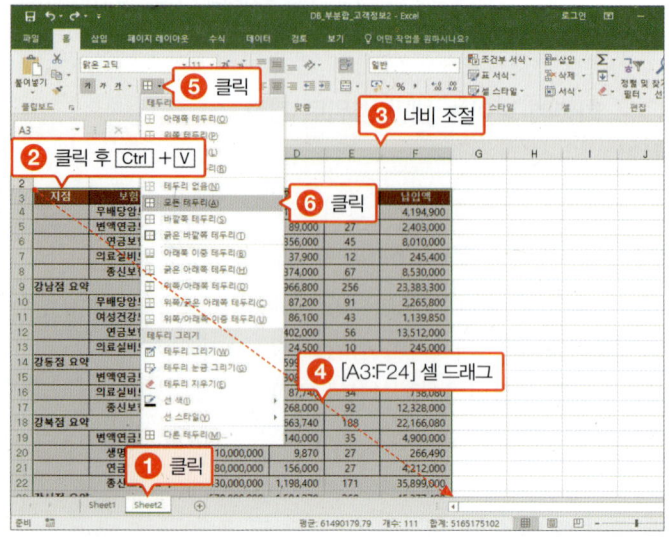

추천 피벗 테이블 만들기

학습 목표 | 피벗 테이블은 복잡한 데이터를 간단하게 요약하고 데이터의 흐름이나 추이를 간편하게 비교하여 표로 요약하는 기능입니다. 추천 기능을 이용해 데이터에 가장 적합한 피벗 테이블을 빠르게 만들 수 있습니다.

실습 파일 | 엑셀/87_DB_피벗_상품재고관리1.xlsx **완성 파일 |** 엑셀/87완성.xlsx

01 추천 피벗 테이블 만들기

엑셀에서 제공하는 추천 피벗 테이블로 피벗 테이블을 삽입해 보겠습니다.
① 데이터에서 임의의 셀을 클릭하고 ② [삽입] 탭-[표] 그룹-[추천 피벗 테이블]을 클릭합니다. ③ [권장 피벗 테이블] 대화상자에서 [합계 : 재고량(분류 (+) 기준)]을 선택하고 ④ [확인]을 클릭합니다.

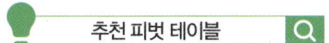

추천 피벗 테이블

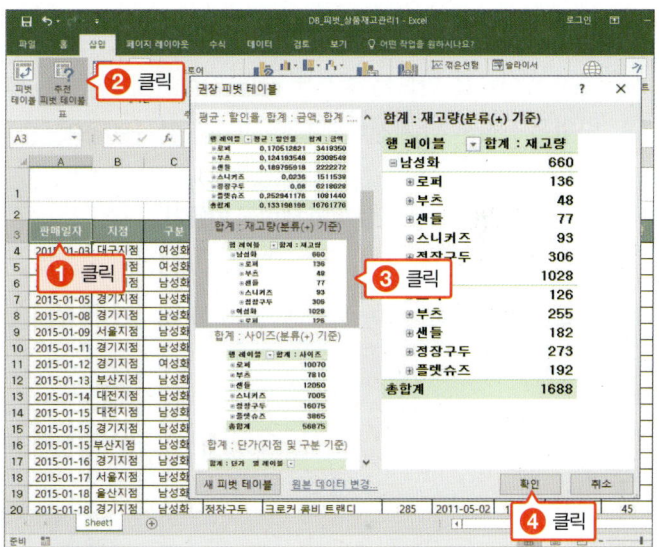

바로 통하는 TIP [권장 피벗 테이블] 대화상자에서 [새 피벗 테이블]을 클릭하면 추천 피벗 테이블이 아닌 사용자 지정 피벗 테이블을 만들 수 있습니다.

02 새로운 시트가 삽입되면서 피벗 테이블이 만들어집니다.

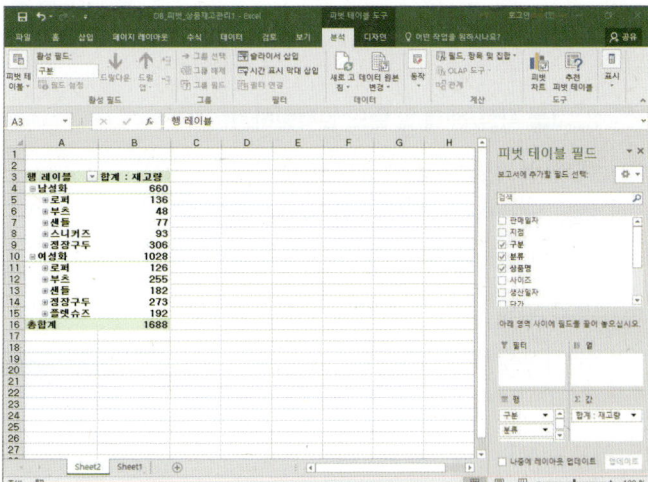

데이터를 분석하는 마스터키, 피벗 테이블

피벗 테이블은 기초 데이터를 분석해 그 흐름이나 추이를 간편하게 비교해 행열 구조의 표로 요약하는 기능입니다. 일반 표와 달리 대화형 테이블의 일종으로, 데이터의 나열 형태에 따라서 자동으로 집계나 통계 등의 계산이 가능합니다. 모든 데이터가 아니라 원하는 답을 위한 데이터와 필터만 사용할 수 있고 질문이 바뀌면 다른 답을 기대할 수도 있습니다.

피벗 테이블을 만드는 순서

피벗 테이블을 만드는 순서는 상황과 여건에 따라 조금씩 다릅니다. 책에서 안내하는 간단한 방법을 살펴본 뒤 자신에게 맞는 방법을 찾아보세요.

1. 추천 또는 사용자 지정 피벗 테이블 만들기

엑셀에서 제공하는 추천 기능을 이용하거나 직접 피벗 테이블을 만들고 레이아웃을 설계합니다.

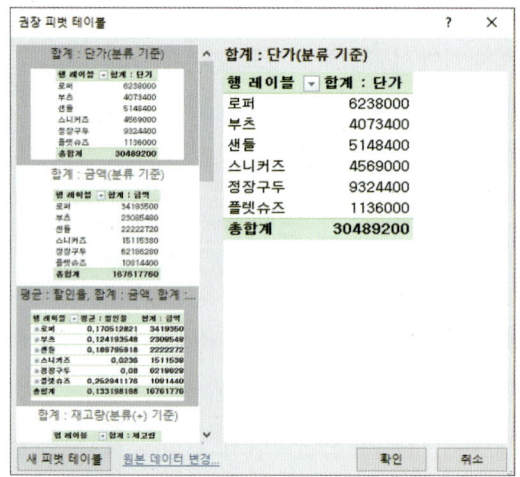

2. 그룹 지정/해제 및 필드 필터링하기

행과 열 방향으로 그룹화된 항목이 숫자 데이터일 경우 다시 한 번 그룹으로 지정할 수 있습니다. 또 요약된 피벗 테이블의 필드에서 조건을 지정해 필터링합니다.

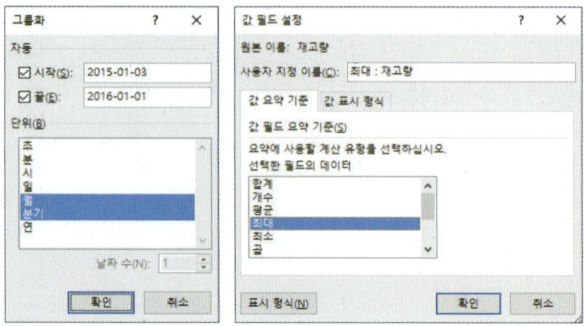

3. 레이아웃 또는 디자인 변경하기

보고서를 보기 좋고 이해하기 쉽게 레이아웃과 서식, 스타일을 적용합니다.

4. 슬라이서, 시간 표시 막대 삽입/제거하기

슬라이서를 이용해 피벗 테이블의 데이터 중에서 원하는 자료만 표시할 수 있습니다.

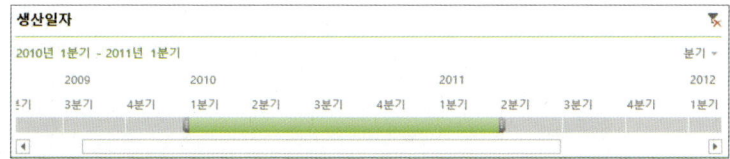

5. 완성된 피벗 테이블

완성된 피벗 테이블입니다. 보고서에 추가할 필드를 선택한 뒤 필터, 열, 행, 값 등으로 옮겨 원하는 데이터를 간단하게 추출할 수 있습니다. 또는 시간 표시 막대와 슬라이서를 활용해서 원하는 결과만 불러올 수도 있습니다.

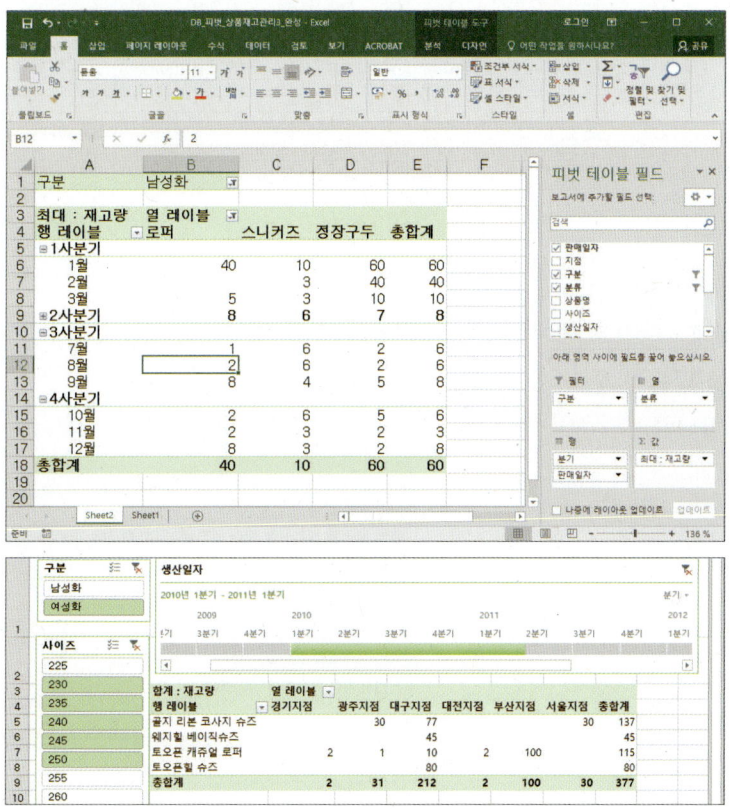

핵심기능실습 88

TELL ME
피벗 테이블

사용자 지정 새 피벗 테이블 만들기

**학습 목표 | ** 추천 피벗 테이블이 마음에 들지 않을 때는 사용자가 피벗 테이블을 만들고 레이아웃을 설계할 수 있습니다.

**실습 파일 | ** 엑셀/88_DB_피벗_상품재고관리2.xlsx　　**완성 파일 | ** 엑셀/88완성.xlsx

O1 피벗 테이블 만들기

① 데이터에서 임의의 셀을 클릭하고 ② [삽입] 탭 - [표] 그룹 - [피벗 테이블]을 클릭합니다.

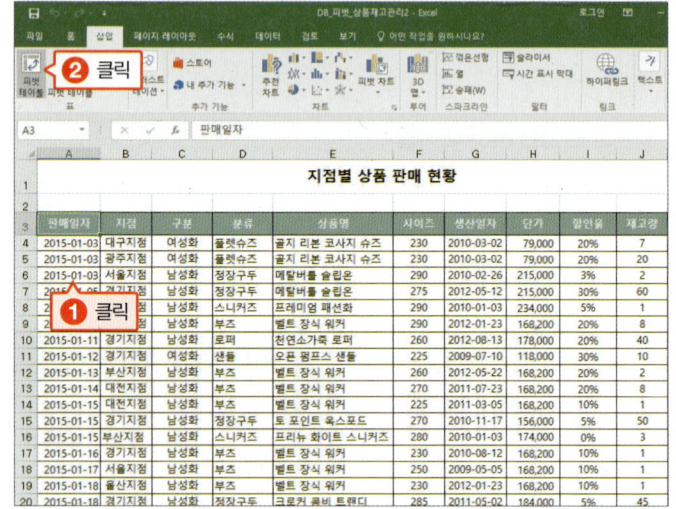

O2

① [피벗 테이블 만들기] 대화상자에서 [표 또는 범위 선택]을 클릭합니다. ② [표/범위]에 자동으로 데이터 범위가 지정되면 피벗 테이블 보고서를 넣을 위치로 [새 워크시트]를 선택한 후 ③ [확인]을 클릭합니다.

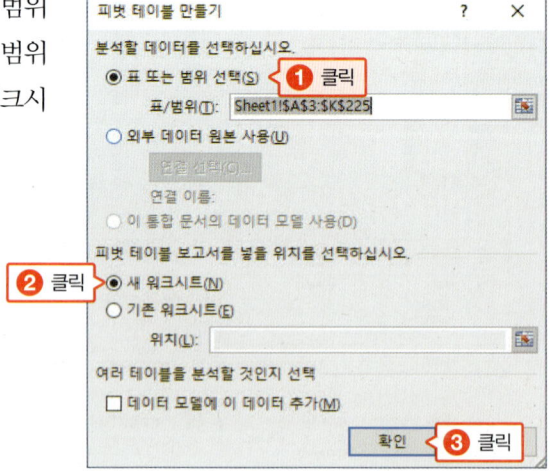

03 피벗 테이블 레이아웃 지정하기

새로운 시트가 삽입되면서 왼쪽에는 피벗 테이블 레이아웃을 설계할 영역이, 오른쪽에는 [피벗 테이블 필드] 작업 창의 목록이 나타납니다.

① 필드 목록에서 [구분]을 [∇ 필터] 영역으로 드래그하고 ② [판매일자]를 [Ξ 행] 영역으로 드래그하여 옮깁니다. ③ [분류]를 [⫿ 열] 영역으로 드래그하고 ④ [재고량]을 [Σ 값] 영역으로 드래그하여 옮깁니다.

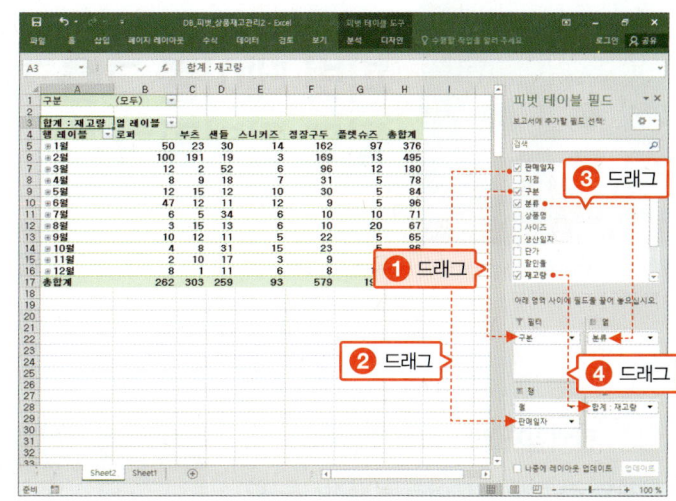

바로 통하는 TIP 개별 일자로 입력되어 있던 [판매일자]는 자동으로 [월]로 그룹화됩니다.

04 필드 추가하기

[사이즈]를 [⫿ 열] 영역으로 드래그하여 옮깁니다. [피벗 테이블 필드] 작업 창에서 지정한 대로 피벗 테이블 레이아웃이 완성되었습니다.

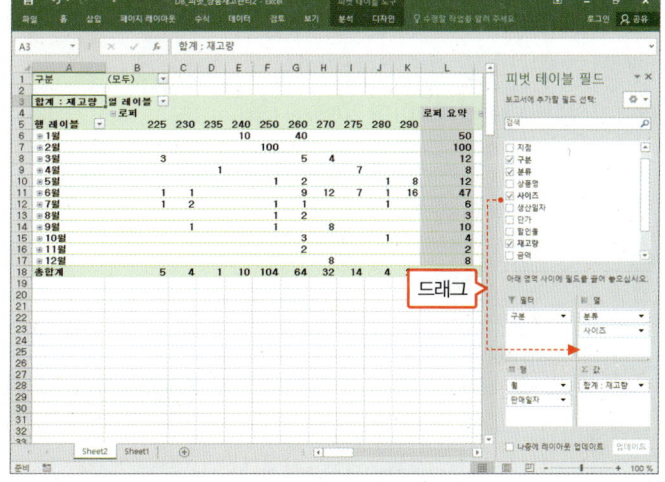

바로 통하는 TIP [필터], [행], [열], [Σ 값] 레이블 영역에 있는 필드를 제거하려면 필드를 클릭할 때 나타나는 메뉴에서 [필드 제거]를 선택합니다.

피벗 테이블 그룹 지정/해제 및 필드 필터링하기

학습 목표 | 행과 열 방향으로 그룹화된 항목이 숫자 데이터라면 다시 한 번 그룹으로 지정할 수 있으며, 요약된 피벗 테이블의 필드에서 조건을 지정해 필터링할 수 있습니다.

실습 파일 | 엑셀/89_DB_피벗_상품재고관리3xlsx   **완성 파일** | 엑셀/89완성.xlsx

01 판매일자 필드 그룹/해제하기

날짜와 같은 숫자 데이터는 직접 그룹화 할 수 있습니다. 월별로 그룹화되어 있는 [판매일자]에 분기별 그룹화를 추가해 보겠습니다.

① 행 레이블에서 임의의 셀을 클릭합니다. ② [피벗 테이블 도구]-[분석] 탭-[그룹] 그룹-[그룹 선택]을 클릭합니다. ③ [그룹화] 대화상자의 [단위]에서 [일]을 클릭해 선택 해제하고 ④ [분기]를 선택한 다음 ⑤ [확인]을 클릭합니다.

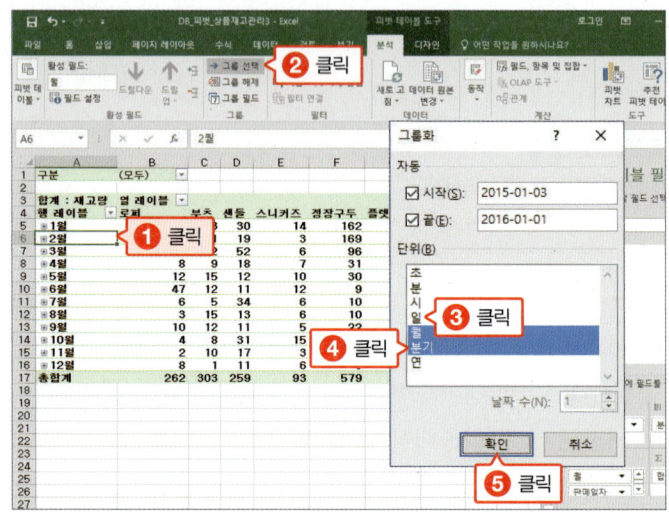

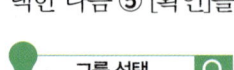
그룹 선택

02 피벗 테이블은 기본적으로 합계로 요약됩니다.

① 요약 기준을 변경하려면 [피벗 테이블 필드] 작업 창의 [Σ 값] 영역에서 [합계 : 재고량]을 클릭하고 ② [값 필드 설정]을 선택합니다.

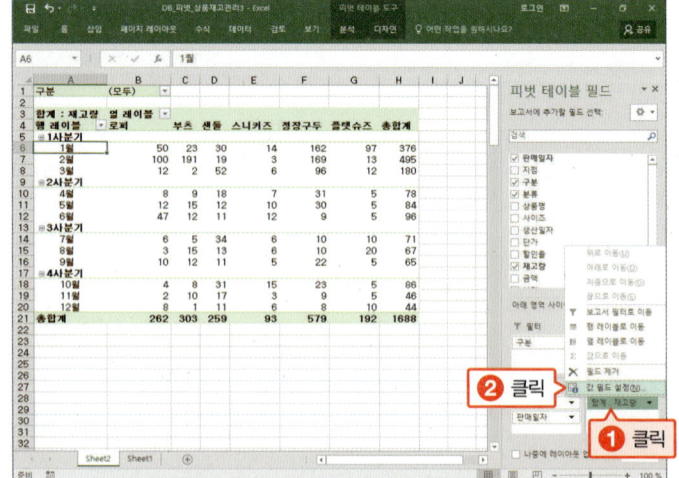

03 ① [값 필드 설정] 대화상자의 [값 요약 기준] 탭에서 [최대]를 선택하고 ② [확인]을 클릭합니다.

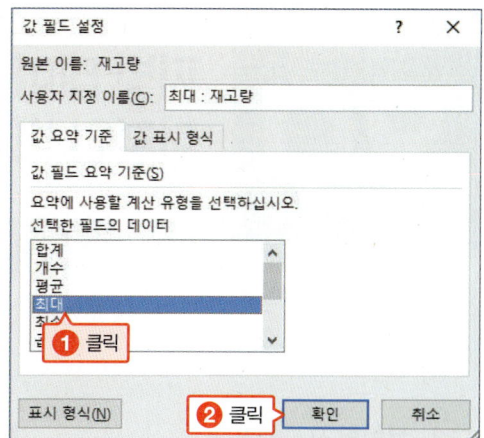

값 필드 요약 기준이 최대값으로 변경되면서 월별, 분기별로 재고량이 가장 많은 데이터로 요약됩니다.

04 필드 필터링하기

남성화 중에서 로퍼와 스니커즈, 정장구두만 표시해 보겠습니다.
① 구분 필드의 [필터 목록⏷]을 클릭합니다. ② [여러 항목 선택]에 체크 표시하고 ③ [모두]의 체크 표시를 해제합니다. ④ [남성화]에 체크 표시한 후 ⑤ [확인]을 클릭합니다.

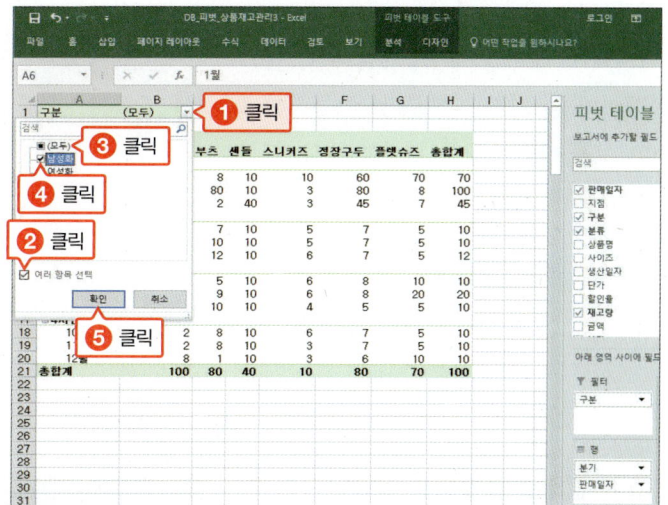

남성화에 해당하는 상품만 표시됩니다.

05 ① 열 레이블 필드의 [필터 목록⏷]을 클릭하고 ② [로퍼]과 [스니커즈], [정장구두]에 체크 표시한 후 ③ [확인]을 클릭합니다.

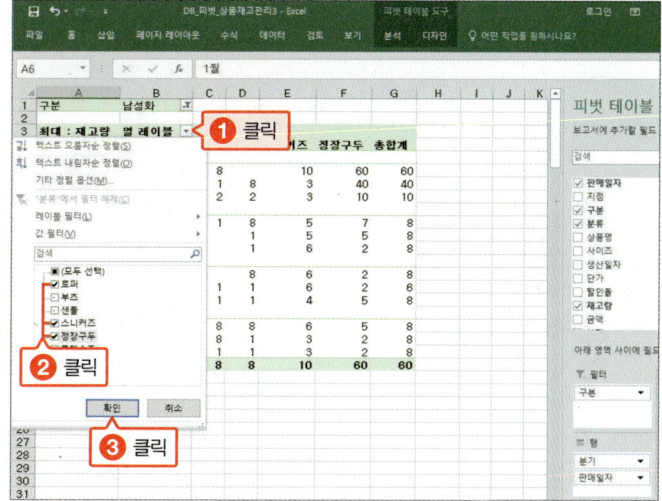

남성화 중에서 로퍼, 스니커즈, 정장구두 항목만 나타납니다.

바로 통하는 TIP 피벗 테이블에서 [확장 ⊞]과 [축소 ⊟]를 클릭해서 일부 하위 레코드를 확장/축소할 수 있습니다.

피벗 테이블 레이아웃 및 디자인 변경하기

학습 목표 | 피벗 테이블 기능으로 요약한 보고서에 레이아웃과 서식, 스타일을 적용해 보겠습니다. 보고서를 보기 좋고 이해하기 쉽게 꾸밀 수 있습니다.

실습 파일 | 엑셀/90_DB_피벗_상품재고관리4.xlsx **완성 파일** | 엑셀/90완성.xlsx

01 부분합 표시하기

분기별로 하단에 상품 재고량의 부분합을 구해 보겠습니다.

① [피벗 테이블 도구]-[디자인] 탭-[레이아웃] 그룹-[부분합]을 클릭하고 ② [그룹 하단에 모든 부분합 표시]를 선택합니다.

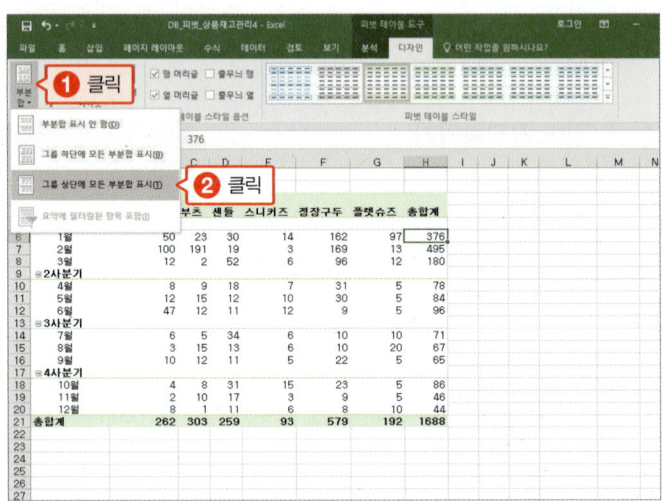

02 열의 총합계만 표시하기

피벗 테이블은 기본적으로 행과 열의 총합계가 표시됩니다.

① [피벗 테이블 도구]-[디자인] 탭-[레이아웃] 그룹-[총합계]를 클릭하고 ② [열의 총합계만 설정]을 선택합니다.

H열에 표시되었던 행의 총합계가 사라지고 열의 총합계만 표시합니다.

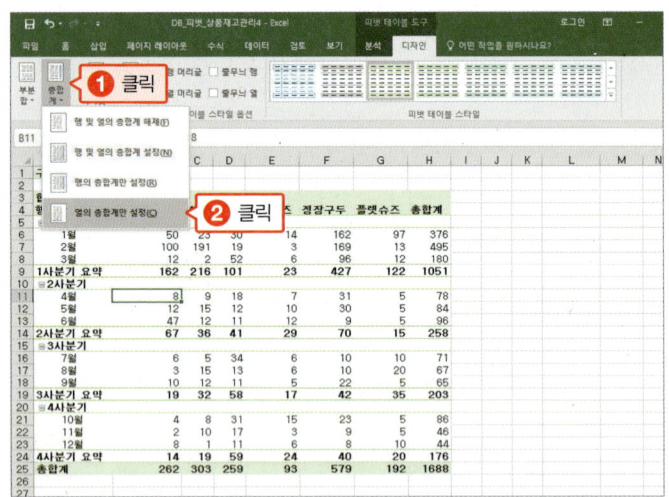

03 피벗 테이블을 테이블 형식으로 변경하기

① [피벗 테이블 도구]-[디자인] 탭-[레이아웃] 그룹-[보고서 레이아웃]을 클릭합니다. ②③ [테이블 형식으로 표시]와 [항목 레이블 반복 안 함]을 각각 선택합니다.

바로 통하는 TIP 레이아웃을 분기와 월을 분리하여 테이블 형식으로 변경합니다. 분기명은 반복되지 않고 한 번만 표시됩니다.

보고서 레이아웃 🔍

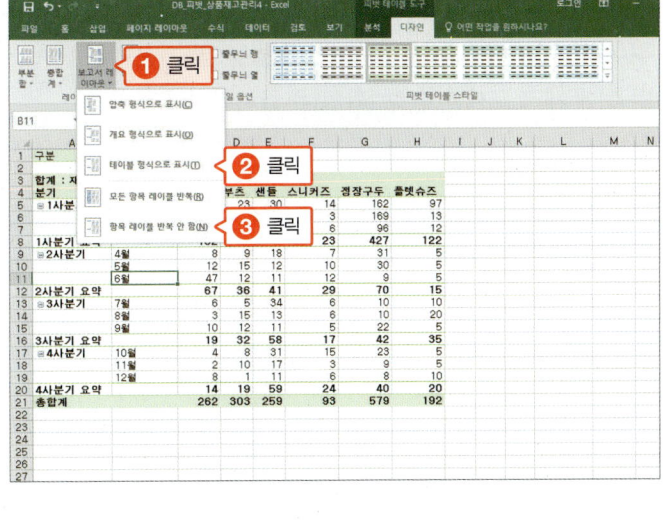

04 피벗 테이블 스타일 변경하기

① [피벗 테이블 도구]-[디자인] 탭-[피벗 테이블 스타일 옵션] 그룹에서 [행 머리글], [줄무늬 행], [열 머리글]에 체크 표시하고 ② [피벗 테이블 스타일] 그룹-[자세히 ⏷]를 클릭합니다. ③ [피벗 스타일 보통 12]를 선택하여 피벗 스타일을 변경합니다.

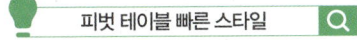
피벗 테이블 빠른 스타일 🔍

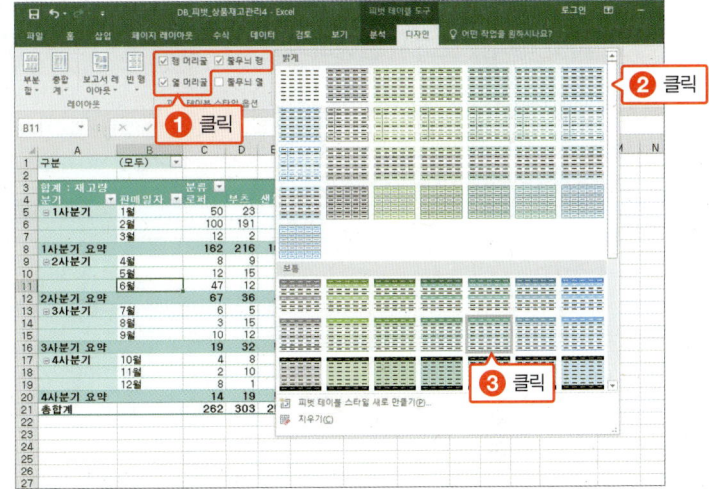

05 셀 병합하기

행/열 레이블에 2개 이상의 필드가 있는 경우 첫 번째 항목에 대해 셀 병합을 할 수 있습니다.

① 피벗 테이블 안에 임의의 셀을 클릭한 후 마우스 오른쪽 버튼을 클릭하고 ② [피벗 테이블 옵션]을 선택합니다.

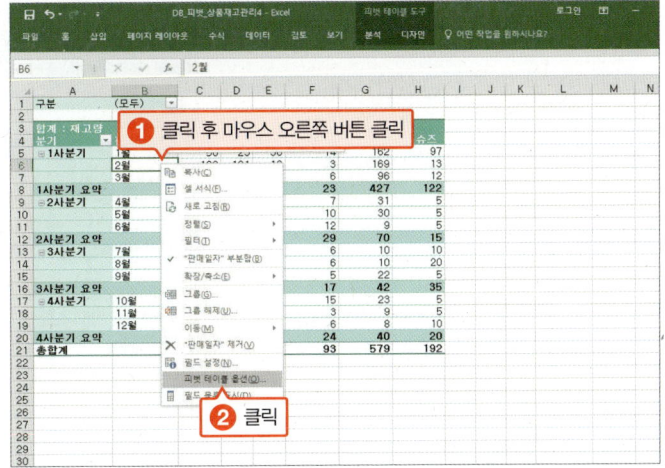

06 ① [피벗 테이블 옵션] 대화상자의 [레이아웃 및 서식] 탭에서 [레이블이 있는 셀 병합 및 가운데 맞춤]에 체크 표시한 후 ② [확인]을 클릭합니다.

행 레이블이 분기별로 병합합니다.

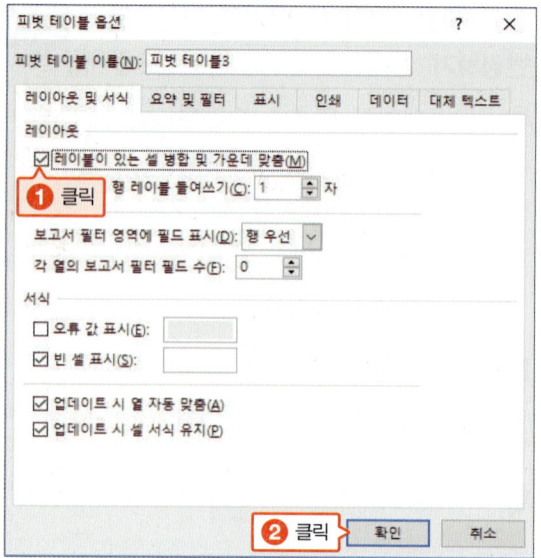

07 피벗 테이블 보고서 완성하기

[피벗 테이블 도구]-[분석] 탭-[표시] 그룹에서 [필드 목록], [+/- 단추 표시], [필드 머리글]을 각각 클릭하여 숨깁니다.

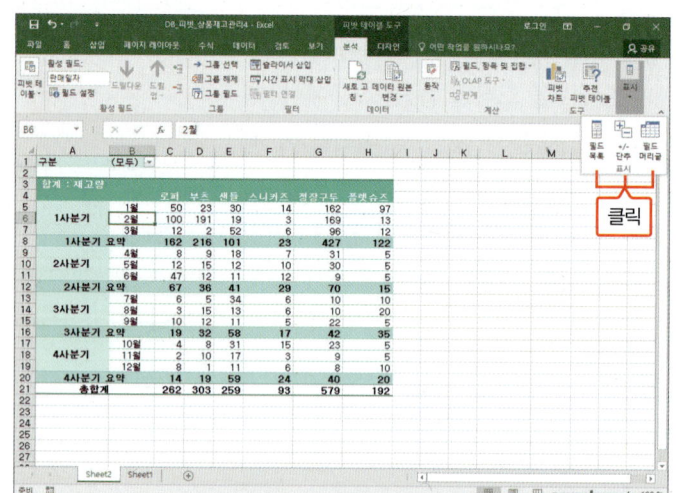

08 열 너비를 보기 좋게 조정하여 피벗 테이블 보고서를 완성합니다.

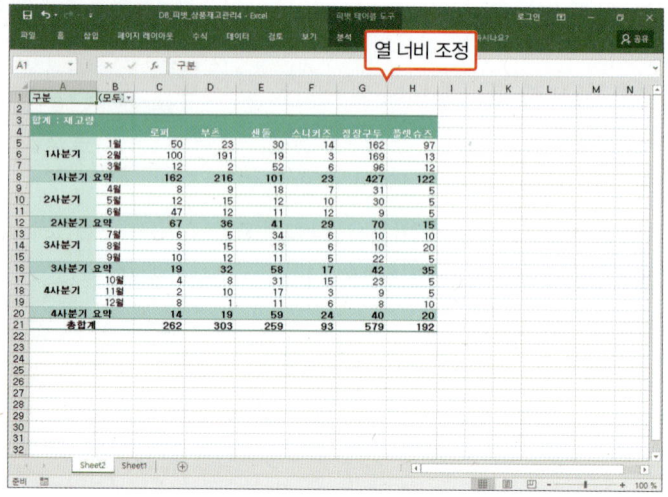

피벗 테이블 슬라이서,
시간 표시 막대 삽입/제거하기

학습 목표 | 2010 버전부터 도입된 슬라이서를 이용하면 피벗 테이블의 데이터 중에서 사용자가 원하는 자료를 필드의 목록창에서 세분화하고 필터링하여 필요한 내용만 표시할 수 있습니다.

실습 파일 | 엑셀/91_DB_피벗_상품재고관리5.xlsx   **완성 파일** | 엑셀/91완성.xlsx

01 슬라이서 삽입하기

① 피벗 테이블 목록에서 임의의 셀을 클릭합니다. ② [피벗 테이블 도구]-[분석] 탭-[필터] 그룹-[슬라이서 삽입]을 클릭합니다.

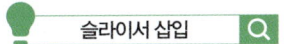

💡 슬라이서 삽입 🔍

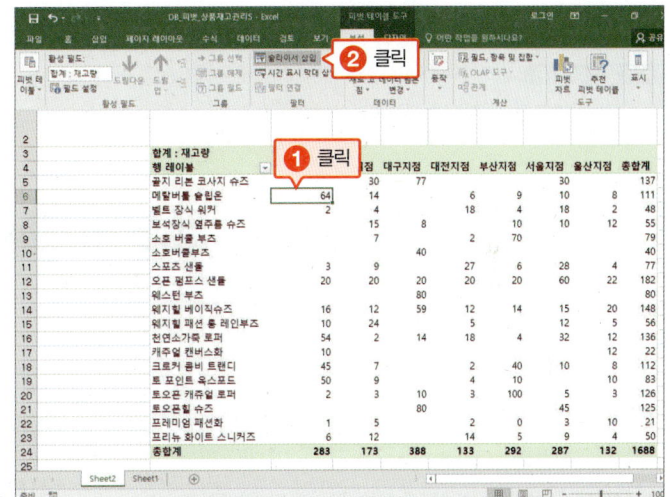

02 슬라이스 항목 표시하기

① [슬라이서 삽입] 대화상자에서 [구분], [사이즈]에 체크 표시하고 ② [확인]을 클릭합니다.

[구분], [사이즈] 필드에 입력된 데이터가 슬라이서의 항목으로 표시됩니다.

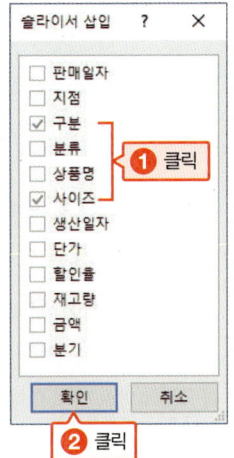

03 슬라이서 배치 및 필터링하기

① [구분]과 [사이즈] 슬라이서를 드래그하여 A열에 적당하게 배치합니다. ② [구분] 슬라이서에서 [여성화]를 선택하고 ③ [사이즈] 슬라이서에서 [230]을 선택하고 ④ Shift 를 누른 상태에서 [250]을 선택합니다.

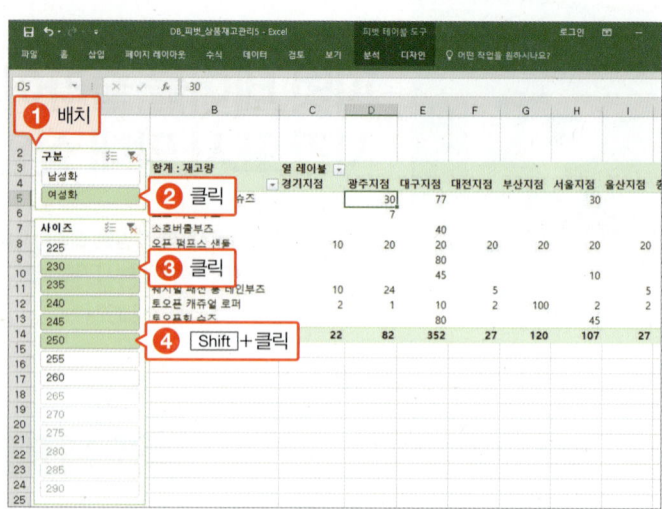

여성화 중 230~250 사이즈의 지점별 재고량이 표시됩니다.

바로 통하는 TIP 슬라이서 창에서 [필터 지우기🗑] 버튼을 클릭하면 조건이 해제되고 전체 목록이 나타납니다.

04 시간 표시 막대 삽입하기

날짜 필드인 '생산일자'를 시간 표시 막대로 삽입해 보겠습니다.

① 피벗 테이블 목록에서 임의의 셀을 클릭합니다. ② [피벗 테이블 도구]-[분석] 탭-[필터] 그룹-[시간 표시 막대 삽입]을 클릭하고 ③ [시간 표시 막대 삽입] 대화상자의 [생산일자]에 체크 표시한 후 ④ [확인]을 클릭합니다.

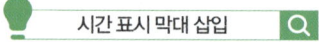
시간 표시 막대 삽입

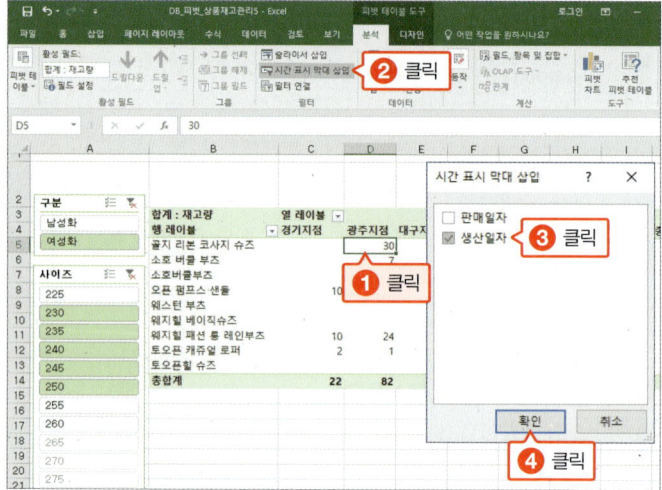

05 시간 표시 막대 창 배치 및 시간 수준 지정하기

① [생산일자] 시간 표시 막대 창을 드래그하여 [B1] 위치에 적당하게 배치합니다. ② [생산일자] 시간 표시 막대 창 옆에 표시된 시간 수준 [목록▼]을 클릭하고 ③ [분기]를 선택합니다.

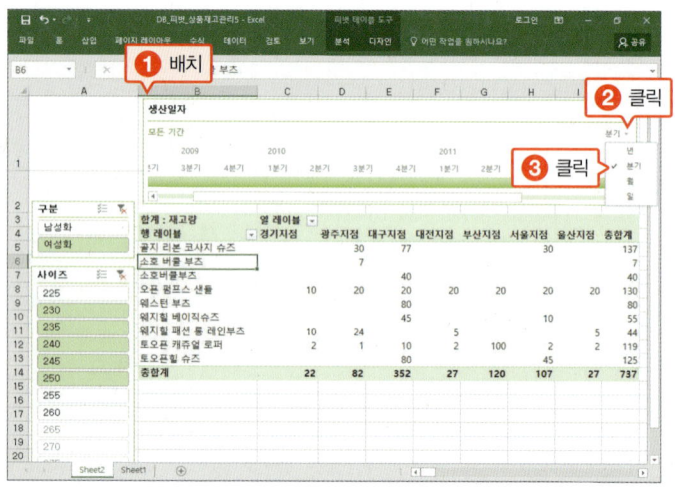

시간 표시 막대의 시간 수준이 연과 분기 단위로 변경됩니다.

06 시간 표시 막대의 시작/종료 구간 설정하기

① [시작] 시간 표시 막대 스크롤의 2010년 1분기를 클릭하고 ② [종료] 시간 막대 스크롤을 2011년 1분기로 드래합니다. 2010년 1분기~2011년 1분기에 생산된 상품의 재고량이 표시됩니다.

바로 통하는TIP 시간 표시 막대는 날짜나 시간의 간격을 막대로 표시하여 사용자가 특정 기간의 데이터를 필터링하도록 도와줍니다. 이를 사용하면 4개의 시간 수준(년, 분기, 월 또는 일) 중 하나를 기준으로 필터링할 수 있습니다. 시간 표시 막대의 시간 수준이 변경되면 피벗 테이블의 데이터도 변경됩니다.

07 슬라이서와 시간 표시 막대 제거하기

① [구분] 슬라이서 창을 선택하고 ② Ctrl을 누르고 [사이즈] 슬라이서 창을 선택합니다. ③ [구분] 슬라이서 창에서 마우스 오른쪽 버튼을 클릭하고 ④ [슬라이서 제거]를 선택해서 슬라이서 창을 닫습니다.

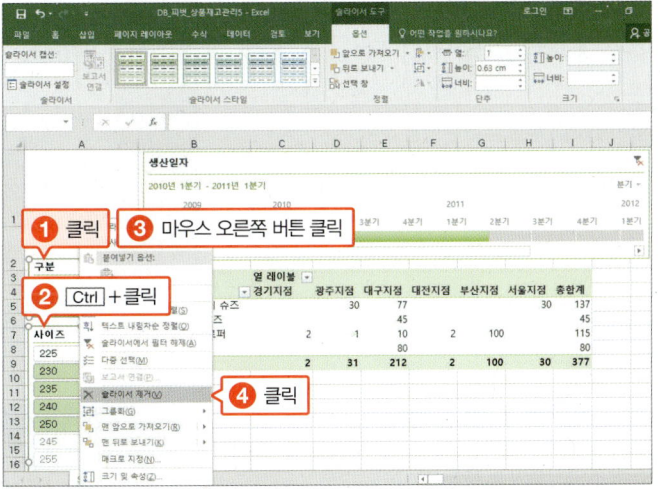

08 ① [생산일자] 시간 표시 막대 창에서 마우스 오른쪽 버튼을 클릭하고 ② [시간 표시 막대 제거]를 선택하여 시간 표시 막대를 제거합니다.

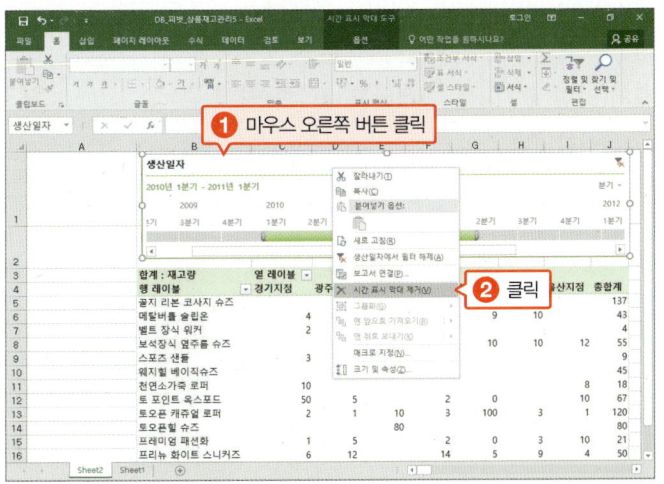

개발 도구 탭 추가 및 매크로 보안 설정하기

학습 목표 | 매크로를 기록하고 실행하려면 매크로와 관련된 명령어들이 모여 있는 [개발 도구] 탭을 추가하고 매크로 보안 설정이 필요합니다.

O1 리본 메뉴에 [개발 도구] 탭을 표시하기

① [파일] 탭-[옵션]을 선택합니다. ② [Excel 옵션] 대화상자에서 [리본 사용자 지정]을 선택하고 ③ [리본 메뉴 사용자 지정] 목록에서 [개발 도구]에 체크 표시한 후 ④ [확인]을 클릭합니다.

리본 메뉴에 [개발 도구] 탭이 표시됩니다.

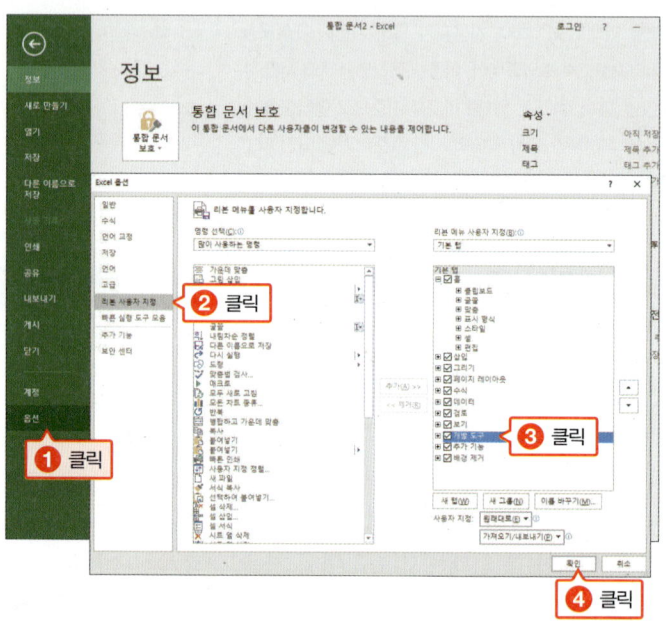

O2 매크로 보안 설정하기

① [개발 도구] 탭-[코드] 그룹-[매크로 보안]을 클릭합니다. ② [보안 센터] 대화상자에서 [매크로 설정]을 선택하고 ③ [매크로 설정] 목록에서 [모든 매크로 제외(알림 표시)]를 선택하고 ④ [확인]을 클릭합니다.

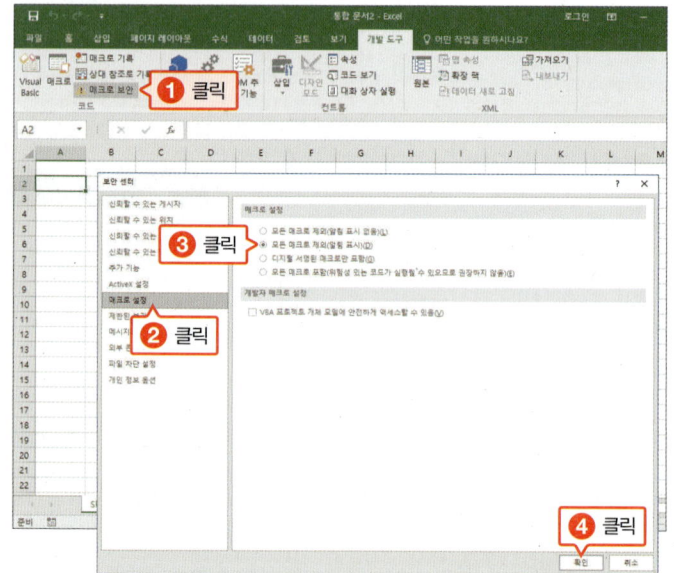

93

TELL ME
매크로 기록

자동 매크로 기록 및 저장하기

학습 목표 | 자동 매크로를 이용하면 일련의 명령어들을 매우 쉽게 VBA(Visual Basic for Application)로 기록할 수 있습니다. 먼저 명령어의 순서와 흐름을 계획하고 연습한 뒤 기록을 시작하며 마친 후에는 반드시 매크로 사용 통합 문서인 *.xlsm 형식으로 저장합니다.

실습 파일 | 엑셀/93_매크로_도서목록1.xlsm   **완성 파일** | 엑셀/93완성.xlsm

01 매크로 기록하기

조건부 서식에서 짝수 행마다 셀에 배경 색을 채워 구분하도록 매크로로 조건부 서식 과정을 기록하겠습니다.
① [A3] 셀을 클릭합니다. ② [개발 도구] 탭–[코드] 그룹–[매크로 기록]을 클릭합니다.

💡 매크로 기록 🔍

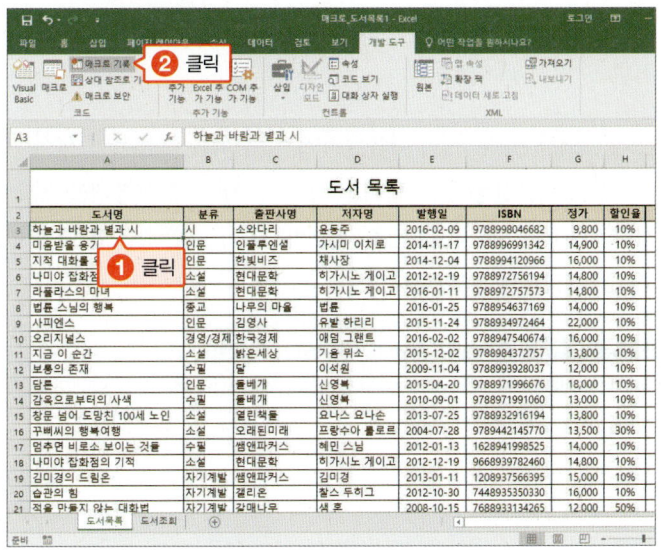

02 [매크로 기록] 대화상자에서 매크로의 이름, 바로 가기 키, 저장 위치를 지정합니다.

① [매크로 이름]에 **행배경색채우기**를 입력하고 ② [바로 가기 키]에는 r을 입력하고 ③ [매크로 저장 위치]를 [현재 통합 문서]로 선택한 후 ④ [확인]을 클릭합니다.

[매크로 기록] 대화상자에서 [확인]을 클릭한 다음부터는 셀과 관련된 명령어, 메뉴 선택 등의 동작이 모두 매크로로 기록됩니다.

바로 통하는 TIP [매크로 기록] 대화상자

매크로 이름 : 기록할 매크로 이름을 입력합니다. 매크로 이름은 첫 글자가 반드시 문자로 시작해야 하고 공백, 특수 문자(!, @, ?, %, & 등), 셀 주소는 사용할 수 없습니다.

바로 가기 키 : 매크로를 실행하는 바로 가기 키를 설정할 수 있으며 대소문자를 구별합니다.

매크로 저장 위치 : 자동 매크로가 기록될 위치를 '개인용 매크로 통합 문서', '새 통합 문서', '현재 통합 문서' 중에서 선택합니다.

설명 : 매크로에 대한 부연 설명을 입력합니다.

03 ① [A3:I110] 셀을 범위로 지정하기 위해 [A3] 셀에서 Ctrl+Shift+→를 누르고 ② 이어서 Ctrl+Shift+↓를 누릅니다. ③ [홈] 탭-[스타일] 그룹-[조건부 서식]을 클릭하고 ④ [새 규칙]을 선택합니다.

 조건부 서식

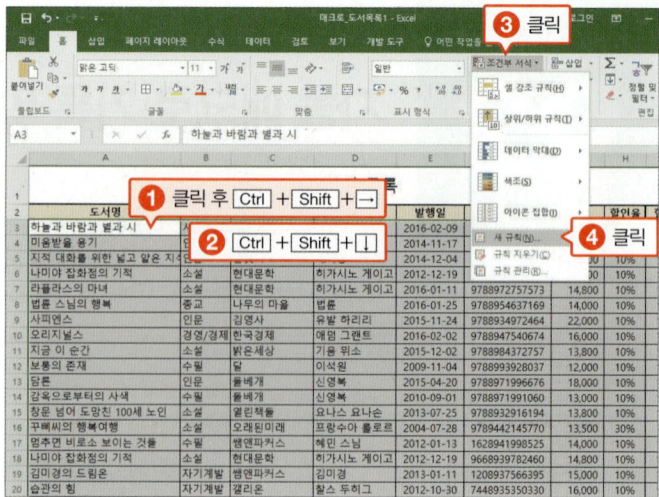

04 ① [새 서식 규칙] 대화상자에서 [수식을 사용하여 서식을 지정할 셀 결정]을 선택하고 ② 짝수 행마다 배경색을 지정하기 위해 수식 입력란에 =MOD(ROW( )-2,2)=0을 입력한 후 ③ [서식]을 클릭합니다.

바로 통하는 TIP 수식 설명 : =MOD(ROW( )-2,2)=0

현재 행 번호(ROW( ))는 3이므로 1행부터 조건이 시작되려면 빼기 '2'를 합니다. 행 번호를 2로 나눠(MOD(ROW( )-2,2) 나머지 값이 0이 나오면 짝수 행입니다.

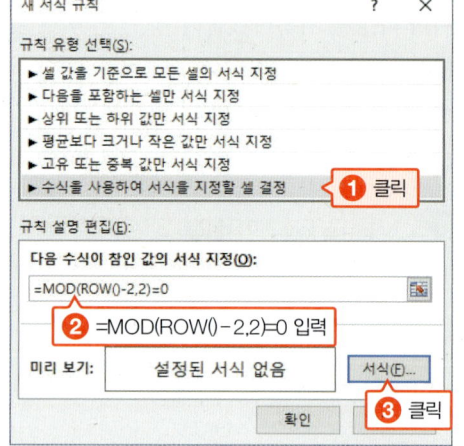

05 ① [셀 서식] 대화상자에서 [채우기] 탭을 클릭하고 ② [녹색, 강조5, 80% 더 밝게]를 선택하고 ③ [확인]을 클릭해 [셀 서식] 대화상자를 닫습니다.

[새 서식 규칙] 대화상자에서 [확인]을 클릭하면 짝수 행마다 배경색이 지정됩니다.

06 [개발 도구] 탭-[코드] 그룹-[기록 중지]를 클릭하여 매크로 작성을 마칩니다.

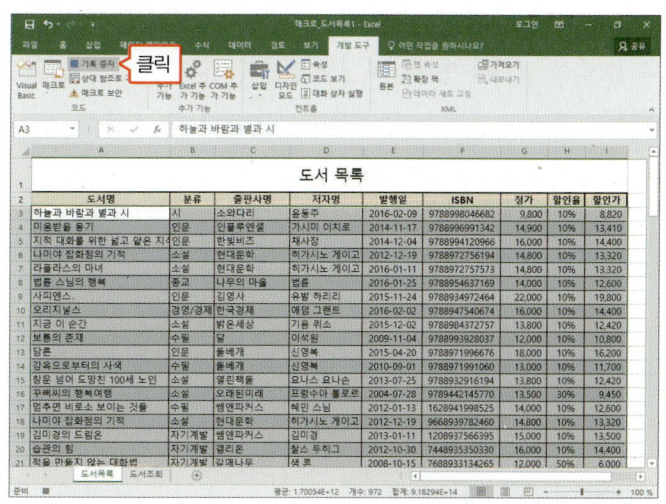

07 조건부 서식의 규칙을 지우는 매크로를 기록하겠습니다.
① [A3] 셀을 클릭합니다. ② [개발 도구] 탭-[코드] 그룹-[매크로 기록]을 클릭합니다. ③ [매크로 기록] 대화상자에서 [매크로 이름]을 **행배경색지우기**로 입력하고 ④ [매크로 저장 위치]를 [현재 통합문서]로 선택한 뒤 ⑤ [확인]을 클릭합니다.

 매크로 기록

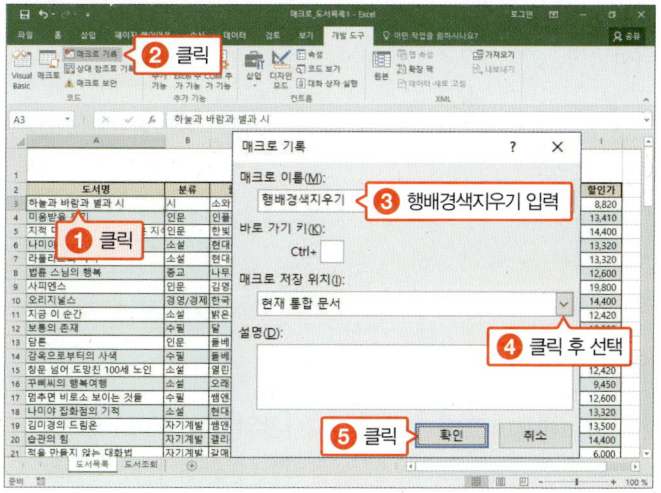

08 ① [A3:I110] 셀을 범위로 지정하기 위해 [A3] 셀에서 Ctrl + Shift + → 를 누르고 ② 이어서 Ctrl + Shift + ↓ 를 누릅니다. ③ [홈] 탭-[스타일] 그룹-[조건부 서식]을 클릭하고 ④ [규칙 지우기]에서 [선택한 셀의 규칙 지우기]를 선택하면 지정된 서식이 지워집니다.

 조건부 서식

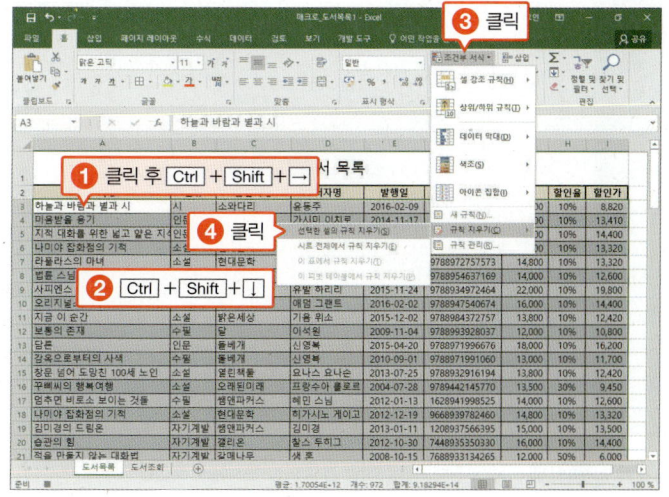

09 [개발 도구] 탭-[코드] 그룹-[기록 중지]를 클릭하여 매크로 작성을 마칩니다.

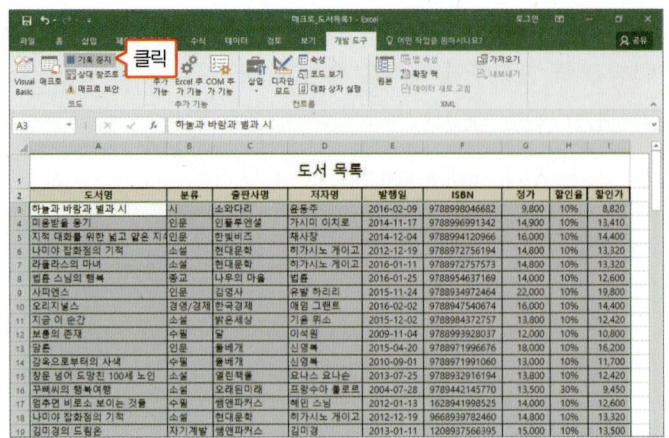

10 매크로 포함 문서 저장하기

① [A1] 셀을 클릭하고 ② [파일] 탭을 클릭합니다.

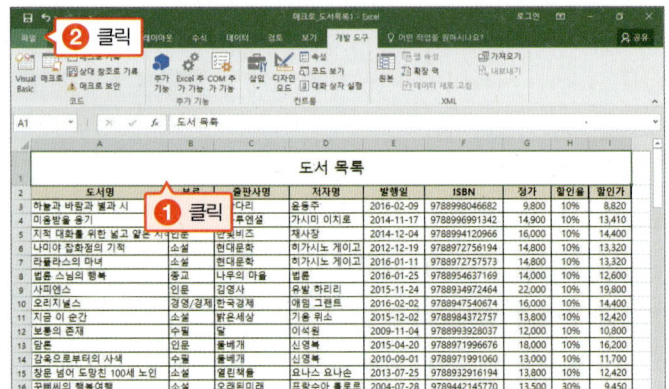

11 ① [내보내기]를 선택하고 ② [파일 형식 변경]을 선택한 뒤 ③ [매크로 사용 통합 문서]를 선택합니다. ④ [다른 이름으로 저장]을 클릭합니다. ⑤ [다른 이름으로 저장] 대화상자에서 저장 위치를 지정하고 ⑥ [파일 이름]에 **매크로_도서목록1**을 입력한 뒤 ⑦ [저장]을 클릭합니다.

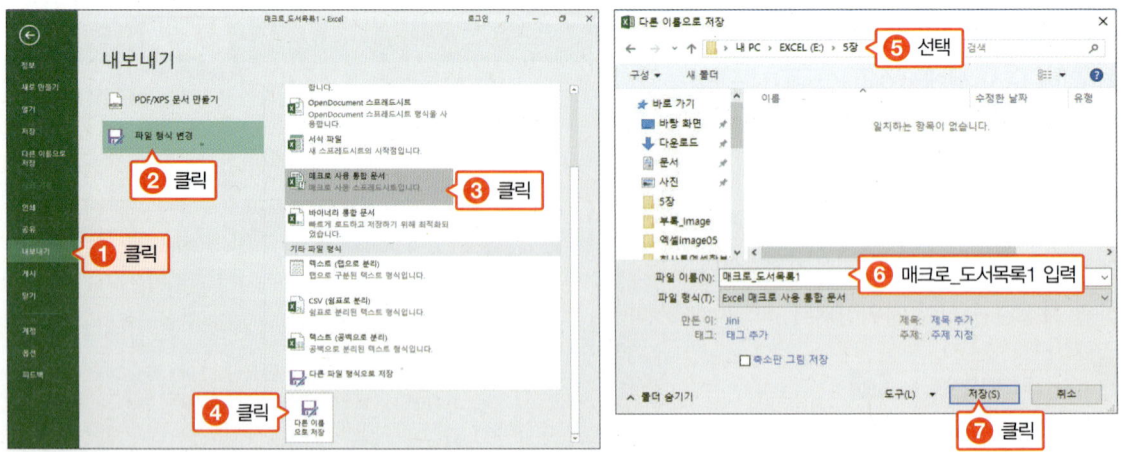

바로 통하는 TIP *.xlsx 형태로 저장하면 현재 통합 문서에서 작성한 매크로가 저장되지 않습니다. 반드시 매크로 사용 통합 문서인 *.xlsm 형식으로 저장합니다.

핵심기능실습 94

TELL ME
매크로 보기

바로 가기 키와 양식 컨트롤로
매크로 실행하기

학습 목표 | 매크로를 실행하려면 [매크로] 대화상자를 이용해야 합니다. 이외에 바로 가기 키, 도형이나 양식, 빠른 실행 도구 모음에 명령 아이콘 등록 등 다양한 방법으로 실행 가능합니다.

실습 파일 | 엑셀/94_매크로_도서목록2.xlsm　**완성 파일** | 엑셀/94완성.xlsm

---

01 실습 파일을 열면 메시지 표시줄에 보안 경고 메시지가 나타납니다. [콘텐츠 사용]을 클릭해서 매크로를 사용할 수 있도록 설정합니다.

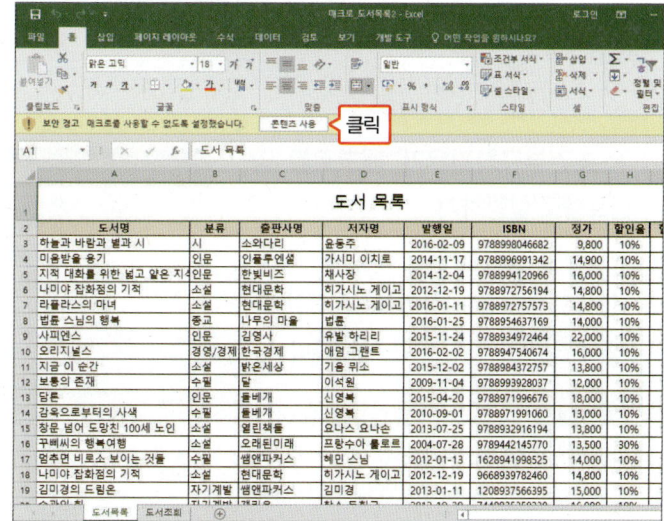

02 ① [개발 도구] 탭–[코드] 그룹–[매크로]를 클릭합니다. ② [매크로] 대화상자에 앞서 기록한 매크로 목록이 나타나면 여기서는 [취소]를 클릭해서 [매크로] 대화상자를 닫습니다.

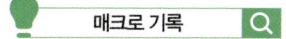
매크로 기록

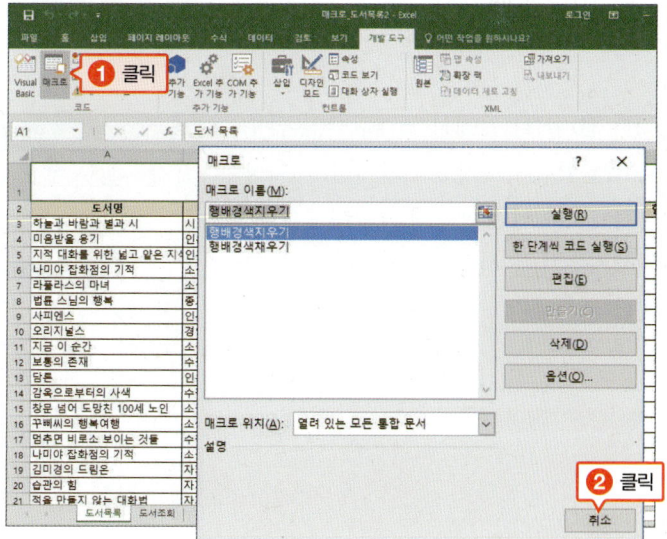

03 '행배경색채우기' 매크로를 바로 가기 키로 실행하기

① [A3] 셀을 클릭하고 ② Ctrl + R을 눌러 매크로를 실행합니다.

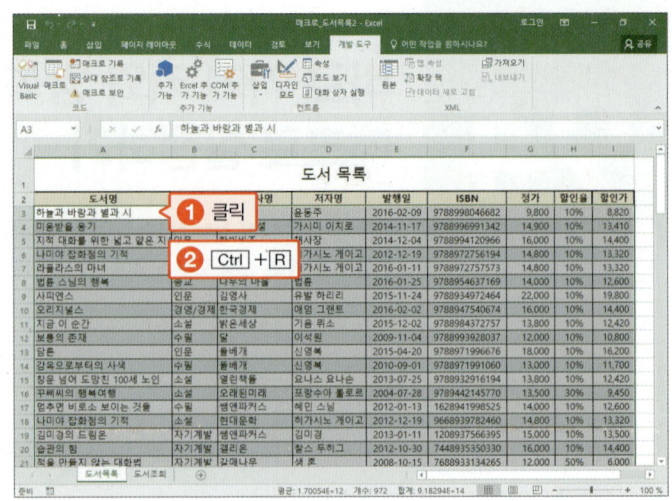

04 '조건부규칙지우기' 매크로를 양식 컨트롤로 실행하기

① [A1] 셀을 클릭합니다. ② [개발 도구] 탭-[컨트롤] 그룹-[삽입]을 클릭한 후 ③ [양식 컨트롤]의 [단추]를 선택합니다.

바로 통하는 TIP [ActiveX 컨트롤]은 주로 VBA로 프로그래밍할 때 사용하며 [양식 컨트롤]은 매크로를 실행하거나 통합 문서에서 함수와 연동 작업을 할 때 사용합니다.

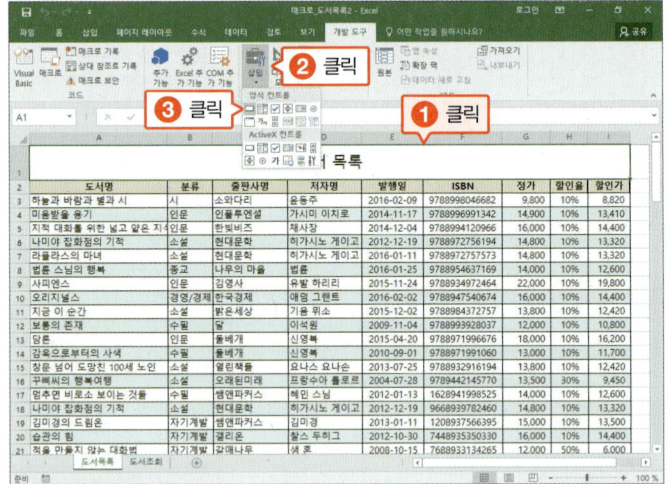

05 ① [H1] 셀에서 드래그하여 단추를 삽입합니다. ② [매크로 지정] 대화상자가 활성화되면 매크로 목록에서 [행배경색지우기]를 선택하고 ③ [확인]을 클릭합니다.

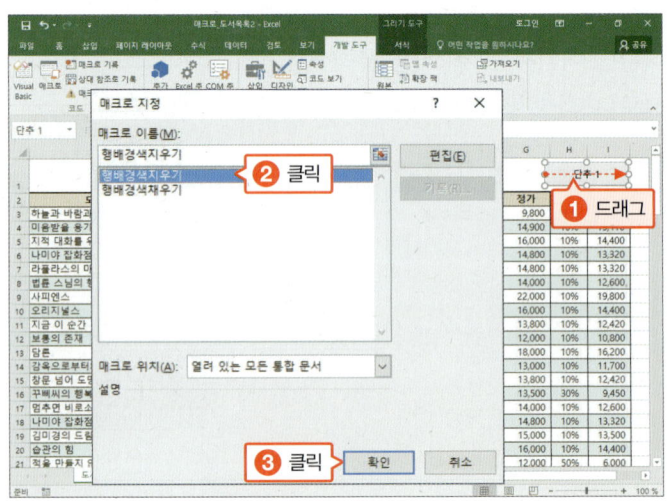

06 ① 단추 안을 클릭하고 **행배경색지우기**를 입력합니다. ② 임의의 셀을 클릭하여 단추 선택을 해제합니다.

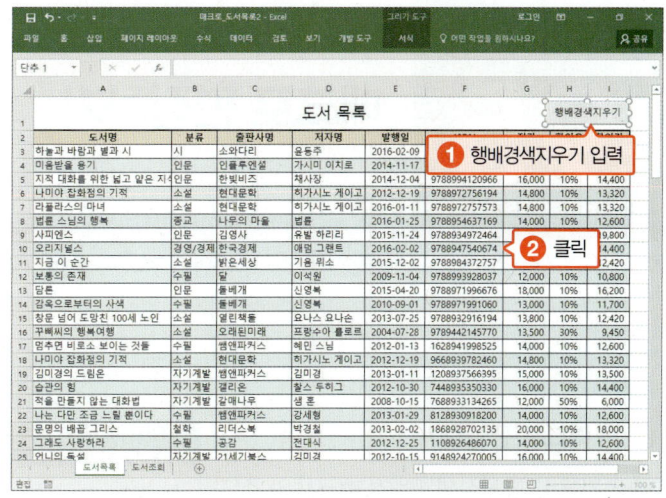

07 ① [A3] 셀을 클릭하고 ② [행배경색지우기] 단추를 클릭하여 매크로를 실행합니다.

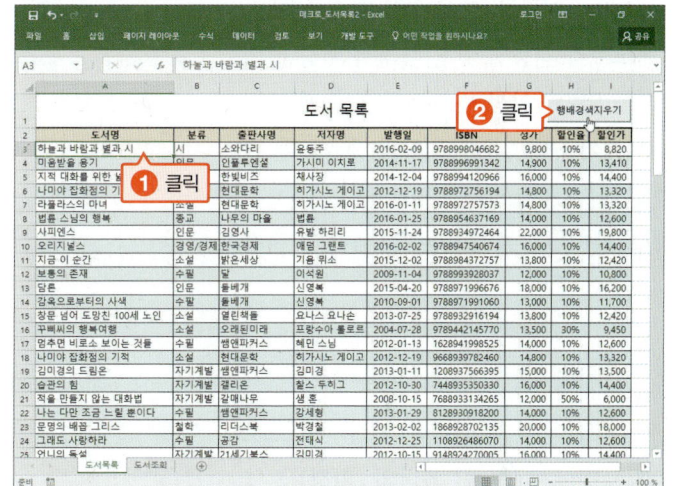

08 지정된 서식이 사라집니다.

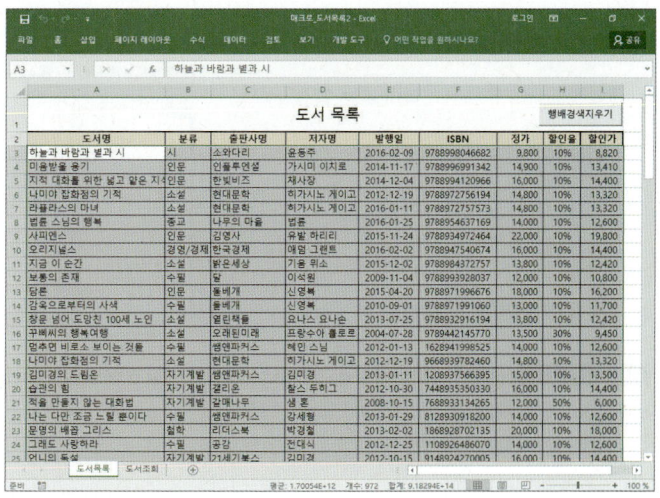

매크로 편집하기

학습 목표 | 비주얼 베이식 편집기(Visual Basic Editor)를 이용하면 이미 작성된 매크로를 편집하거나 직접 VBA(Visual Basic for Application) 언어로 매크로를 작성할 수 있습니다.

실습 파일 | 엑셀/95_매크로_도서목록3.xlsm   **완성 파일** | 엑셀/95완성.xlsm

01 매크로 편집하기

앞서 기록한 행배경색채우기 매크로의 조건부 서식 규칙 조건은 '=MOD(ROW( )−2,2)=0'이므로 항상 2의 배수 행에만 매크로가 적용됩니다. 따라서 배경 행의 값을 입력받아서 원하는 배수 행에 조건부 서식 규칙이 적용되도록 매크로를 편집합니다.

Alt+F11을 눌러 [비주얼 베이식] 편집기를 엽니다.

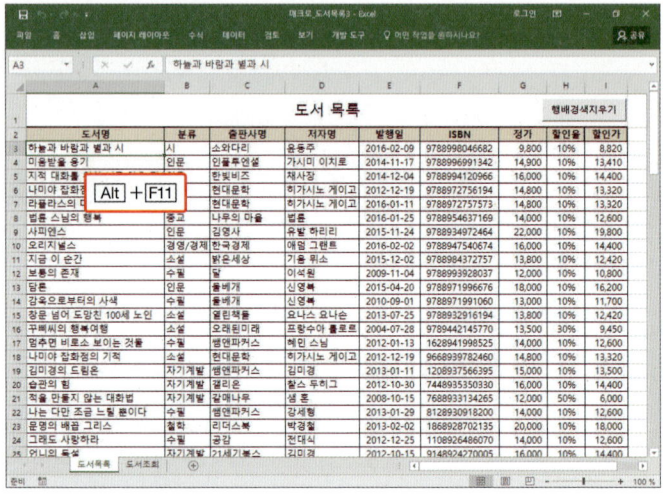

02 ① 비주얼 베이식 편집기의 프로젝트 창에서 [모듈] 폴더의 [확장]을 클릭하고 ② [Module1]을 더블클릭합니다.

[행배경색채우기] 매크로 구문이 코드 창에 표시됩니다.

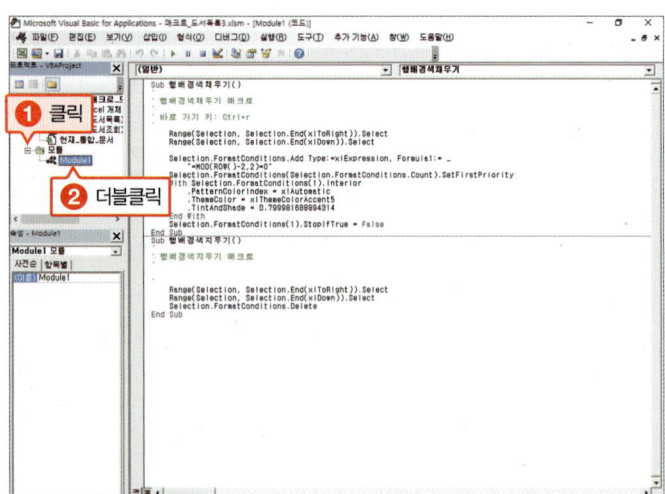

바로 통하는 TIP [개발 도구] 탭−[코드] 그룹−[Visual Basic]을 클릭하거나 시트 탭에서 마우스 오른쪽 버튼을 클릭하여 [코드 보기]를 선택해도 비주얼 베이식 편집기를 열 수 있습니다.

① **프로젝트 탐색기 창** : 엑셀을 구성하는 통합 문서, 워크시트 그리고 모듈, 폼, 클래스 등의 개체를 계층 구조 형태로 표시합니다.

② **속성 창** : 각 프로젝트 탐색기 창에 나타나는 개체들의 속성을 설정합니다.

③ **코드 창** : 매크로가 VBA 코드로 기록되어 나타나는 창으로 매크로를 직접 수행하거나 삭제할 수 있으며 매크로를 만들 수 있습니다.

④ **프로시저** : Sub로 시작해서 VBA 명령어 코드가 입력되어 End Sub로 끝납니다. 앞서 매크로 기록기로 기록한 매크로에 해당합니다.

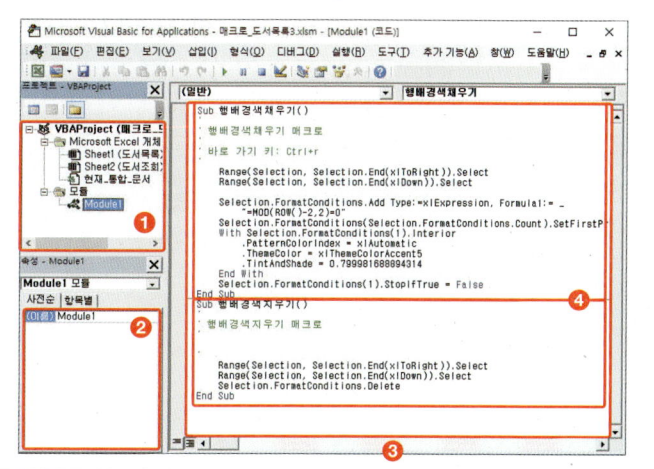

03 [행배경색채우기] 코드 창에 다음과 같이 빨간색으로 표기된 코드를 입력하여 매크로를 수정합니다.

```
Sub 행배경색채우기( )
'
' 행배경색채우기 매크로
'
' 바로 가기 키 : Ctrl+r

    Dim rowno As Integer
    rowno = Val(InputBox("배경색을 지정할 행의 배수 값을 숫자로 입력해주세요", "숫자 입력창", 2))

    Range(Selection, Selection.End(xlToRight)).Select
    Range(Selection, Selection.End(xlDown)).Select

    Selection.FormatConditions.Add Type:=xlExpression, Formula1:= _
        "=MOD(ROW( ) - 2," & rowno & ")=0"

    Selection.FormatConditions(Selection.FormatConditions.Count).SetFirstPriority
    With Selection.FormatConditions(1).Interior
        .PatternColorIndex = xlAutomatic
        .ThemeColor = xlThemeColorAccent5
        .TintAndShade = 0.799981688894314
    End With
    Selection.FormatConditions(1).StopIfTrue = False
End Sub
```

바로 통하는 TIP

1. Dim rowno As Integer 구문은 변수 rowno를 정수로 선언합니다.

2. rowno = Val(InputBox("배경색을 지정할 행의 배수 값을 숫자로 입력해주세요", "숫자 입력창", 2)) 구문은 [입력 상자] 대화상자를 통해 행의 배수 값을 입력받아서 rowno 변수에 넘겨 줍니다.

3. "=MOD(ROW( ) - 2," & rowno & ")=0" 구문은 조건부 서식 규칙에 rowno 값이 매번 바뀌도록 규칙을 수정합니다.

04 [닫기⊠]를 클릭하여 [비주얼 베이식] 편집기를 닫습니다.

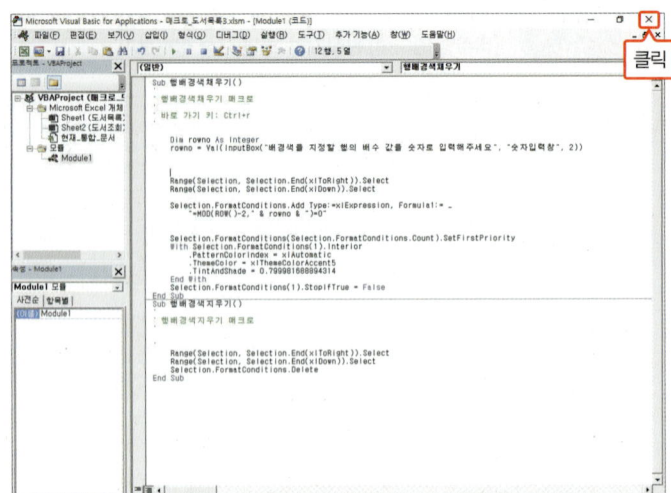

05 [A3] 셀을 클릭하고 Ctrl + R을 누릅니다.

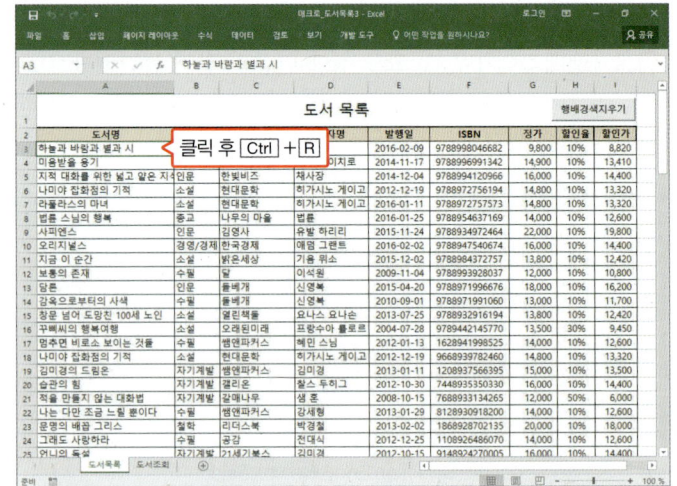

06 ① [숫자 입력창] 대화상자가 나타나면 **5**를 입력하고 ② [확인]을 클릭합니다.

5행마다 배경색이 채워지는 매크로가 실행됩니다.

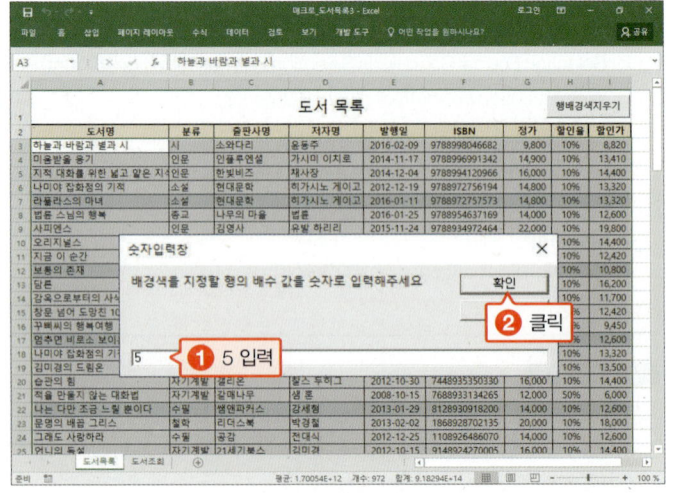

핵심기능실습

96

TELL ME
매크로 보기

매크로 삭제하기

학습 목표 | 잘못 작성된 매크로나 더 이상 필요하지 않은 매크로는 언제든지 삭제할 수 있습니다. 매크로는 [개발 도구] 탭의 [코드] 그룹에서 [매크로]를 클릭하여 삭제하거나 비주얼 베이식 편집기에서 삭제합니다.

실습 파일 | 엑셀/96_매크로_도서목록4.xlsm   완성 파일 | 엑셀/96완성.xlsm

01 매크로 삭제하기

① [개발 도구] 탭 – [코드] 그룹 – [매크로]를 클릭합니다. ② [매크로] 대화상자에서 [행배경색채우기]를 선택하고 ③ [삭제]를 클릭합니다.

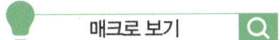
매크로 보기

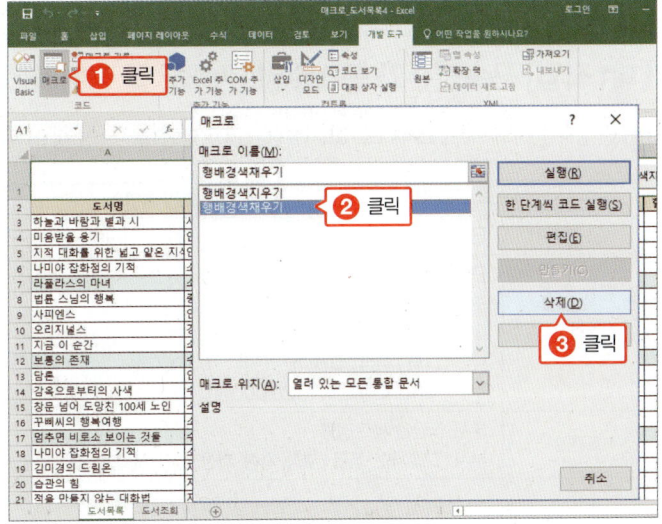

02

① 매크로 삭제 경고 메시지가 나타나면 [예]를 클릭하여 경고 메시지 창을 닫습니다. ② [개발 도구] 탭 – [코드] 그룹 – [매크로]를 클릭합니다. ③ [취소]를 클릭해서 [매크로] 대화상자를 닫습니다. [행배경색채우기] 매크로가 목록에서 삭제되었습니다.

바로 통하는 TIP 매크로를 삭제하면 Ctrl + R 바로 가기 키를 눌러도 매크로가 실행되지 않습니다.

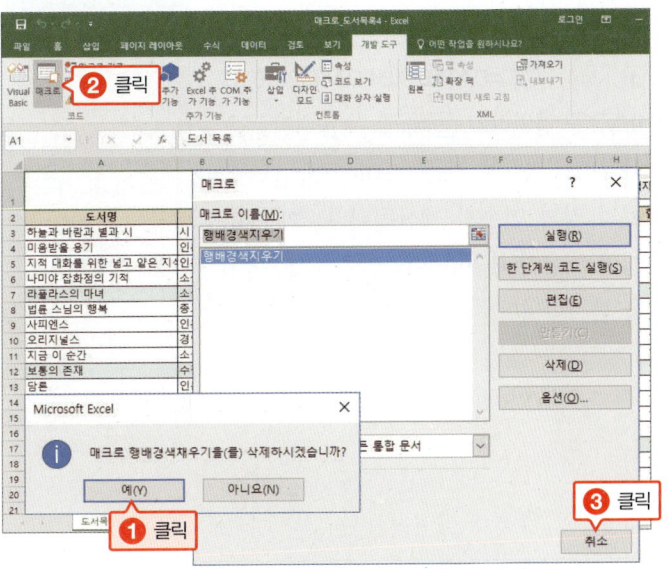

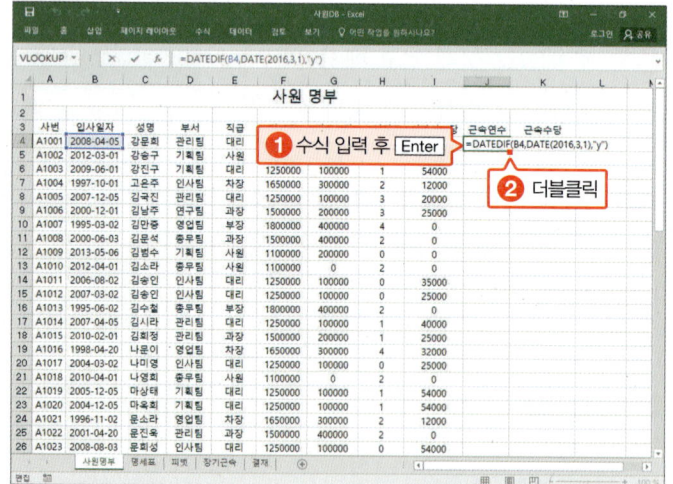

엑셀 핵심기능으로 실무 문서 완성하기

엑셀에는 데이터 입력, 서식, 인쇄, 수식, 함수, 데이터베이스, 매크로 등의 다양한 기능이 있습니다. 각각의 기능은 책을 통해 습득할 수 있지만 실무에서는 복합적으로 여러 가지 기능을 사용하여 문서를 작성해야 할 때가 많습니다. 이런 작업을 하다 보면 어디서부터 손을 대야 할지 막막할 뿐만 아니라 시간도 많이 걸립니다. 엑셀의 여러 기능을 실무 문서에 적용하여 완성하는 과정에 대해서 알아보겠습니다.

실습 파일 | 엑셀/실무활용노트_사원DB.xlsx   **완성 파일** | 엑셀/실무활용노트완성.xlsx

[제1작업] 근속연수와 근속수당 구하기 및 정렬하기

[사원명부] 시트에서 DATEDIF, DATE, IF 함수를 사용하여 근속연수와 근속수당을 구합니다.

	조건 설명	기능
조건 1	근속연수는 기준일(2016-03-01)과 입사일 사이의 연수를 구함	DATEDIF, DATE
조건 2	근속연수를 기준으로 근속수당을 구함 조건 : 5년 이상 10년 미만 근속 : 50,000원 　　　 10년 이상 15년 미만 근속 : 80,000원 　　　 15년 이상 20년 미만 근속 : 100,000원 　　　 20년 이상 근속 : 120,000원	IF 중첩
조건 3	부서, 직급 순서로 정렬 부서 : 오름차순, 직급 : 부장, 차장, 과장, 대리, 사원 순서로 정렬	정렬

01 조건1. DATEDIF 함수로 근무연수 계산하기

① [J4] 셀에 =DATEDIF(B4,DATE(2016,3, 1),"y")를 입력하고 Enter 를 누릅니다. 입사일([B4] 셀)과 기준일(2016-3-1) 사이의 경과 연수가 계산됩니다. ② [J4] 셀의 채우기 핸들을 더블클릭해서 수식을 복사합니다.

O2 조건2. IF 함수로 근속수당 계산하기

① [K4] 셀에 =IF(J4>=20,120000,IF(J4>=15,100000,IF(J4>=10,80000,IF(J4>=5,50000,0))))을 입력하고 Enter 를 누릅니다. ② [K4] 셀의 채우기 핸들을 더블클릭해서 수식을 복사합니다.

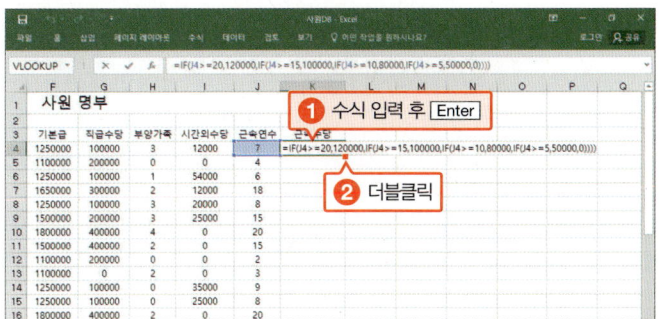

O3 조건3. 부서, 직급 순으로 정렬하기

① 데이터에서 임의의 셀을 클릭하고 ② [데이터] 탭-[정렬 및 필터] 그룹-[정렬]을 클릭합니다.

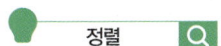
정렬

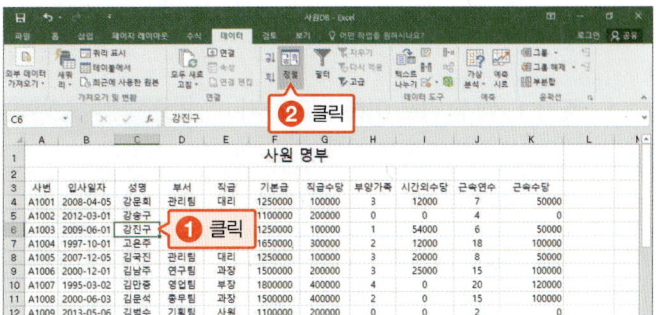

O4

① 첫 번째 [정렬 기준]을 [부서], [값], [오름차순]으로 설정합니다. ② 두 번째 정렬 기준을 추가하기 위해 [기준 추가]를 클릭하고 ③ [다음 기준]을 [직급], [값], [사용자 지정 목록]으로 설정합니다.

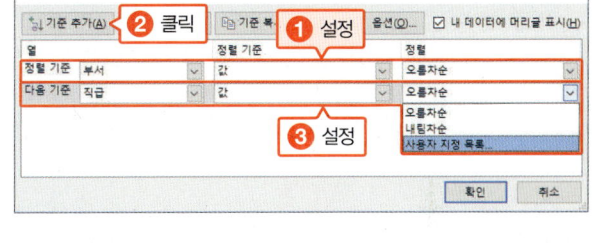

O5

① [사용자 지정 목록]에서 [새 목록]을 선택하고 ② 목록 항목에 **부장, 차장, 과장, 대리, 사원** 순으로 Enter 를 눌러 구분해 입력합니다. ③ [추가]를 클릭하고 ④ [확인]을 클릭합니다. ⑤ [정렬] 대화상자의 [확인]을 클릭합니다.

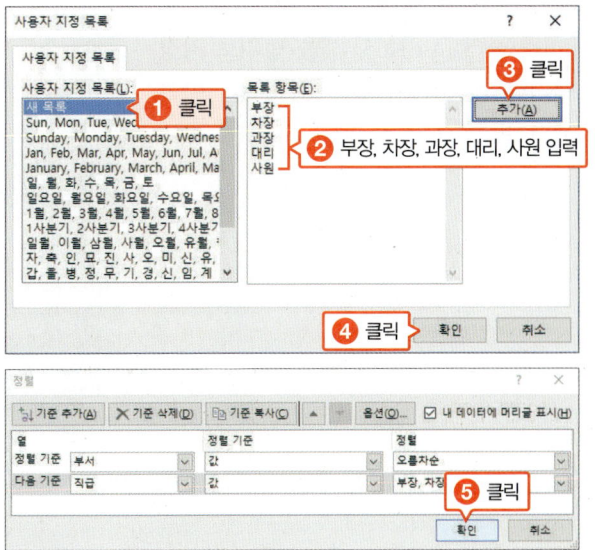

[제2작업] 급여 명세서 작성하기

[사원명부] 시트를 참조하여 [명세표] 시트에 급여명세서를 작성합니다.

	조건 설명	기능
조건 1	[사원명부] 시트에서 사번과 사원목록 범위 이름 정의하기 사번 : [A4]~[A65] 셀, 사원목록 : [A4]~[K65] 셀	이름 정의
조건 2	[명세표] 시트에서 사번([C7] 셀)에 [사원명부] 시트의 사번([A4]~[A65] 셀) 목록 표시하기	데이터 유효성 검사
조건 3	[사원명부] 시트를 참조하여 성명, 부서명, 직급, 부양가족, 기본급, 직급수당, 시간외수당, 근속수당 구하기	VLOOKUP
조건 4	인쇄 설정하기 인쇄 영역 설정 및 페이지 가운데 맞춤하기	인쇄

01 조건 1. 셀 범위로 이름 정의하기

① [사원명부] 시트에서 [A4] 셀을 클릭하고 Ctrl+Shift+↓를 눌러 [A4:A65] 셀을 범위로 지정합니다. ② [이름 상자]에 **사번**을 입력하고 Enter를 누릅니다.

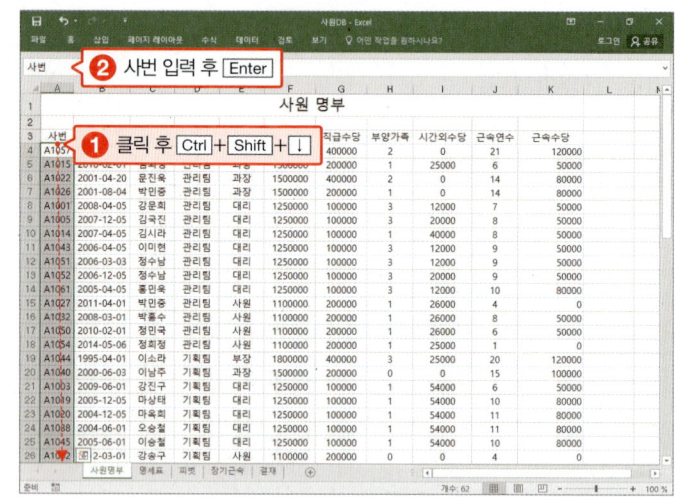

02

① [A4] 셀을 클릭하고 Ctrl+Shift+→를 누른 뒤 Ctrl+Shift+↓를 눌러 [A4:K65] 셀을 범위로 지정합니다. ② 이름 상자에 **사원목록**을 입력하고 Enter를 누릅니다.

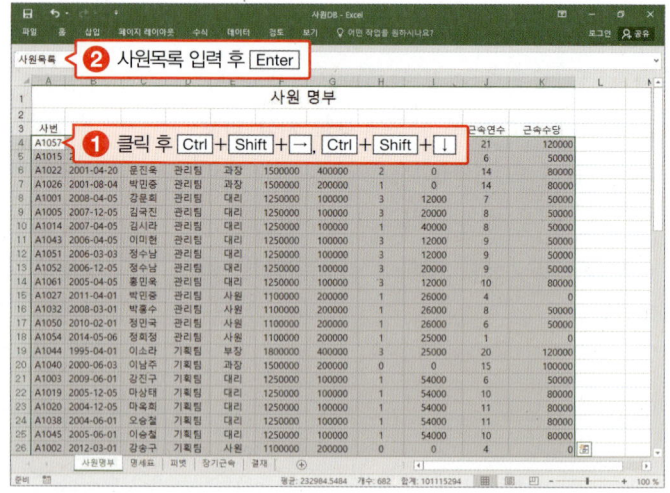

O3 조건 2. 데이터 유효성 검사로 목록 설정하기

① [명세표] 시트에서 [C7] 셀을 클릭합니다. ② [데이터] 탭-[데이터 도구] 그룹-[데이터 유효성 검사🔢]를 클릭합니다. ③ [설정] 탭에서 [제한 대상]을 [목록]으로 설정합니다. ④ [원본] 입력란에 **=사번**을 입력하고 ⑤ [확인]을 클릭합니다.

바로 통하는 TIP 데이터 유효성 검사에서 목록의 원본에 정의된 이름을 사용할 경우에는 텍스트와 구별하기 위해 '=사번'으로 입력합니다.

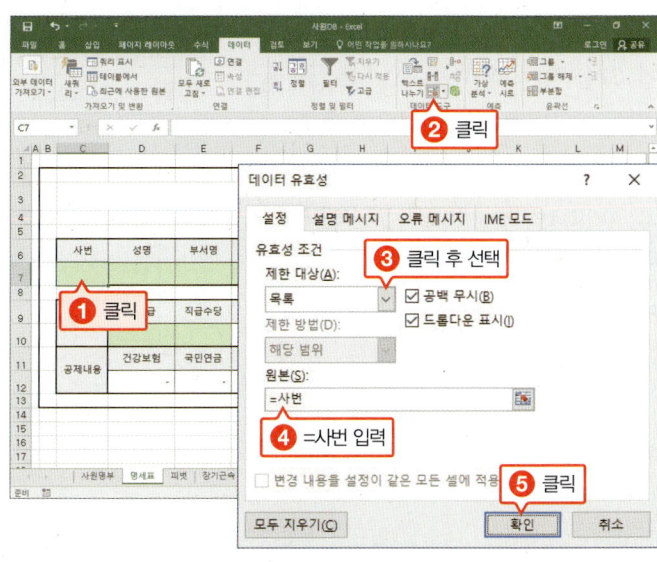

O4 [C7] 셀의 목록▾을 클릭하여 임의의 사번을 선택합니다.

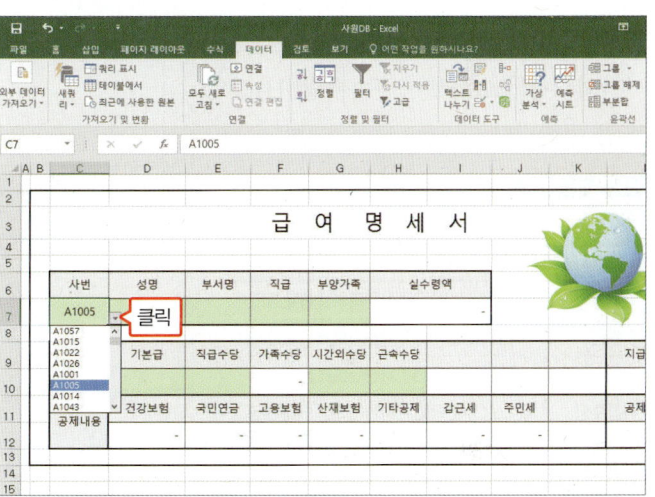

O5 조건 3. VLOOKUP 함수를 이용해 성명~근속수당 입력하기

① [D7] 셀을 클릭합니다. ② [수식] 탭-[함수 라이브러리] 그룹-[찾기/참조 영역]을 클릭하고 ③ [VLOOKUP]을 선택합니다.

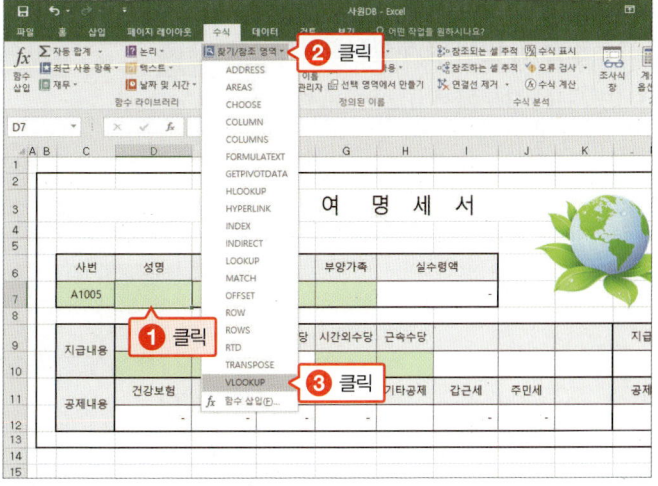

06 ① [Lookup_value](찾을 값)에 **C7**을 입력하고 ② [Table_array](범위)에 **사원목록**을 입력하고 ③ [Col_Index_num](추출할 열)에 **3**을 입력하고 ④ [Range_lookup](옵션)에 **FALSE**를 입력합니다. ⑤ [확인]을 클릭해 수식 **=VLOOKUP(C7,사원목록,3,FALSE)**를 완성합니다.

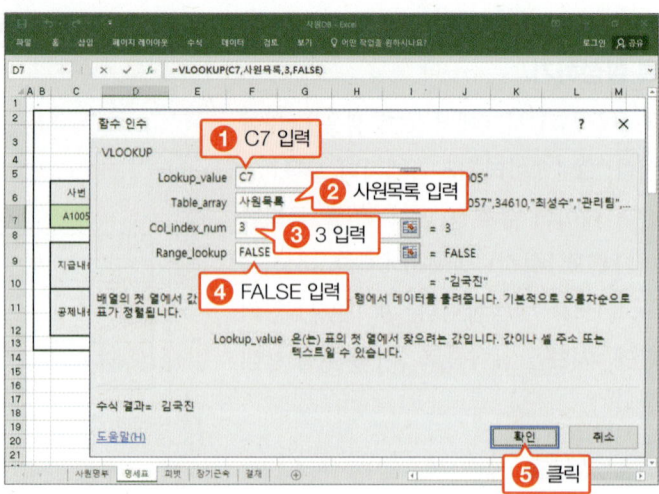

07 마찬가지 방법으로 부서명([E7] 셀), 직급([F7] 셀), 부양가족([G7] 셀), 기본급([D10] 셀), 직급수당([E10] 셀), 시간외수당([G10] 셀), 근속수당([H10] 셀)을 구합니다.

바로 통하는 TIP 각 셀의 수식을 다음과 같이 입력합니다.

항목	수식
부서명	=VLOOKUP(C7,사원목록,4,FALSE)
기본급	=VLOOKUP(C7,사원목록,6,FALSE)
직급	=VLOOKUP(C7,사원목록,5,FALSE)
직급수당	=VLOOKUP(C7,사원목록,7,FALSE)
부양가족	=VLOOKUP(C7,사원목록,8,FALSE)
시간외수당	=VLOOKUP(C7,사원목록,9,FALSE)
근속수당	=VLOOKUP(C7,사원목록,11,FALSE)

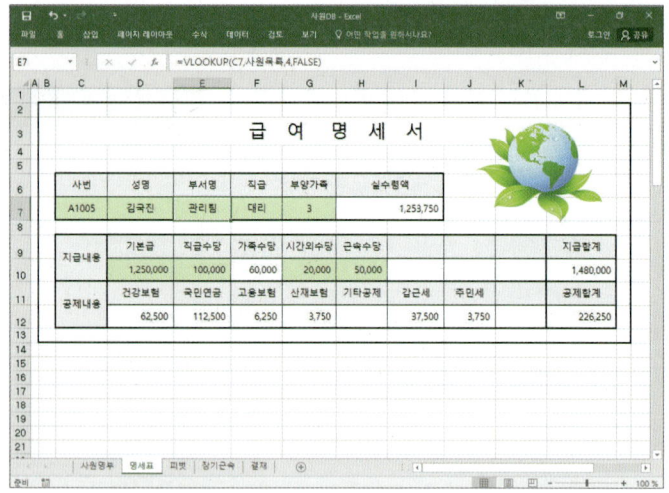

08 **조건 4. 인쇄 영역 설정하기**

① [명세표] 시트에서 [B2:M13] 셀을 드래그하고 ② [파일] 탭을 클릭합니다.

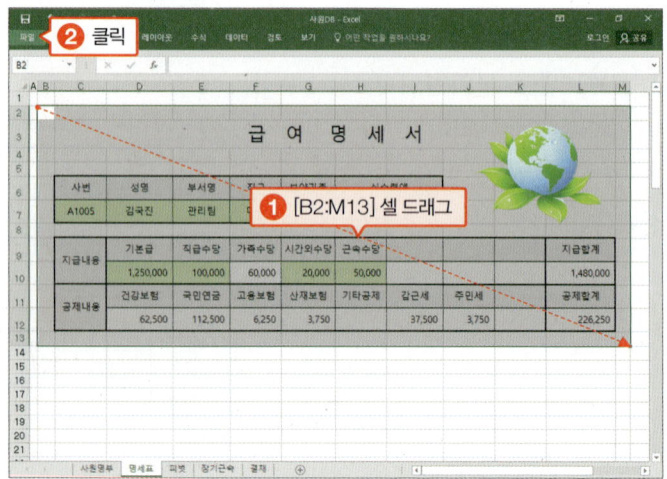

09 ① [인쇄]를 선택하면 오피스 백스테이지에 인쇄 관련 메뉴와 미리 보기가 나타납니다. ② [인쇄 대상]을 클릭하여 [선택 영역 인쇄]를 선택하고 ③ [페이지 설정]을 클릭합니다.

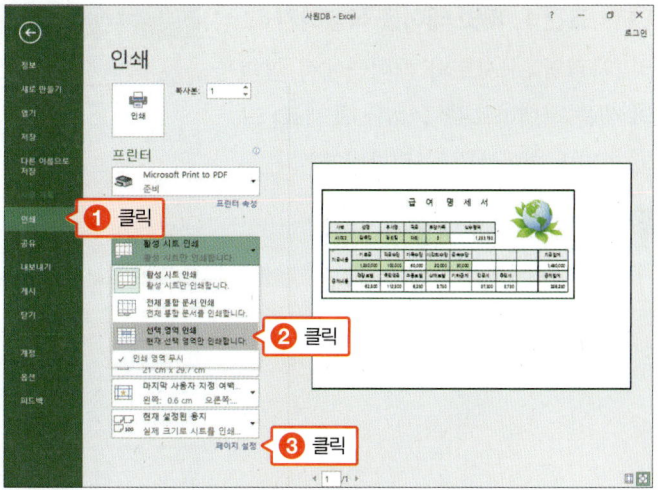

10 ① [페이지 설정] 대화상자에서 [여백] 탭을 클릭합니다. ② [페이지 가운데 맞춤]에서 [가로], [세로]에 체크 표시하고 ③ [확인]을 클릭합니다.

문서 내용이 페이지 가운데 정렬됩니다.

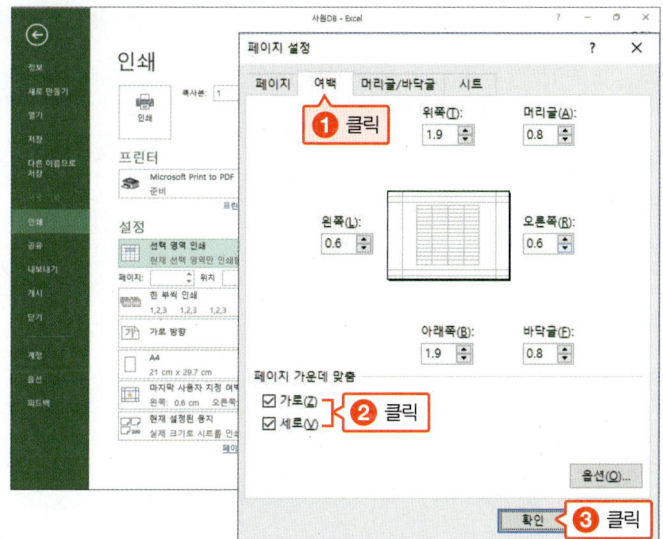

[제3작업] 피벗 테이블 작성하기

[사원명부] 시트를 참조하여 [피벗] 시트에 입사연도/직급별 인원수를 구합니다.

	조건 설명	기능
조건 1	[사원명부] 시트를 참조하여 피벗 테이블 작성하기 범위 : [사원명부] 시트의 [A3]~[K65] 셀 피벗 테이블 보고서 위치 : [피벗] 시트의 [A3] 셀	피벗 테이블 작성
조건 2	[피벗] 시트에서 레이아웃 설계하기 행 레이블 : [입사일자] 필드, 열 레이블 : [직급] 필드, Σ 값 : [성명] 필드	레이아웃 설계
조건 3	[입사일자] 필드를 기준으로 연도별 그룹 지정	그룹 지정

01 조건 1. 피벗 테이블 작성하기

① [사원명부] 시트의 데이터에서 임의의 셀을 선택하고 ② [삽입] 탭-[표] 그룹-[피벗 테이블]을 클릭합니다.

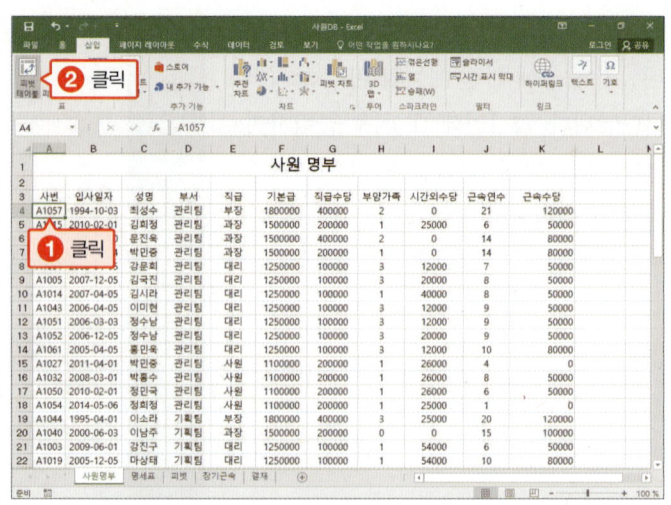

02

① [표 또는 범위 선택]을 선택하면 [표/범위]에 자동으로 데이터 범위가 지정됩니다. ② 피벗 테이블 보고서를 넣을 위치로 [기존 워크시트]를 선택한 후 ③ [위치]에 [피벗] 시트의 [A3] 셀을 지정하고 ④ [확인]을 클릭합니다.

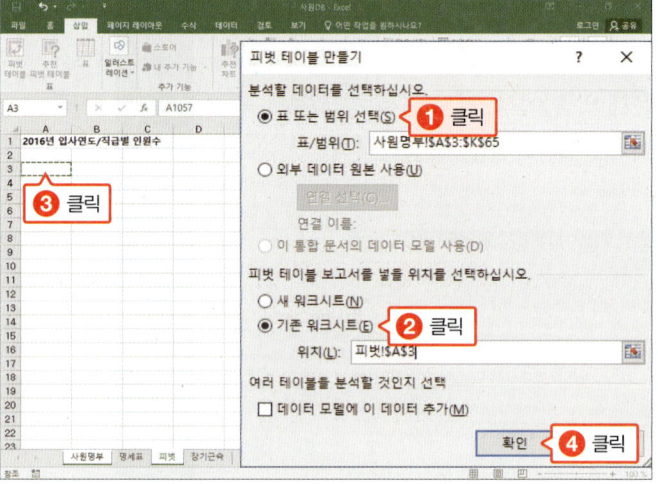

03 조건 2. 레이아웃 설계하기

① [피벗] 시트의 필드 목록 창에서 [입사일자]를 [행] 레이블 영역으로 드래그하고 ② [직급]을 [열] 레이블 영역으로 드래그하고 ③ [성명]을 [Σ 값] 레이블 영역으로 드래그해 옮깁니다.

바로 통하는TIP 날짜 데이터인 [입사일자] 필드는 자동으로 연, 분기, 월로 그룹이 됩니다.

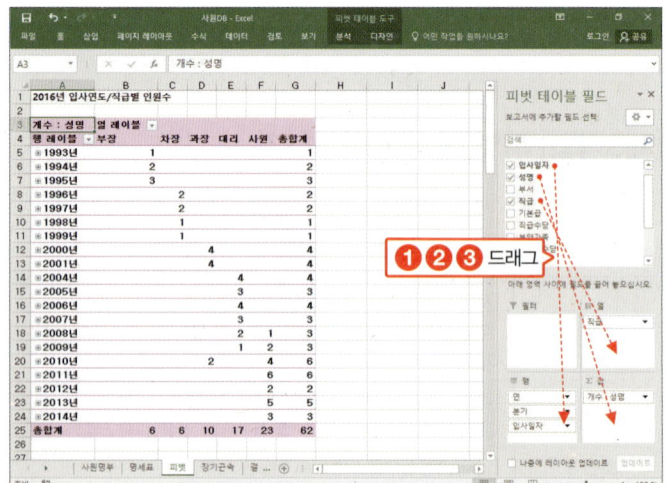

04 조건 3. 그룹 지정하기

① [행] 레이블에서 임의의 셀을 클릭합니다. ② [피벗 테이블 도구] – [분석] 탭 – [그룹] 그룹 – [그룹 선택]을 클릭합니다. ③ [그룹화] 대화상자의 [단위]에서 [연]만 선택되도록 [월], [분기]를 클릭하여 선택을 해제한 다음 ④ [확인]을 클릭합니다.

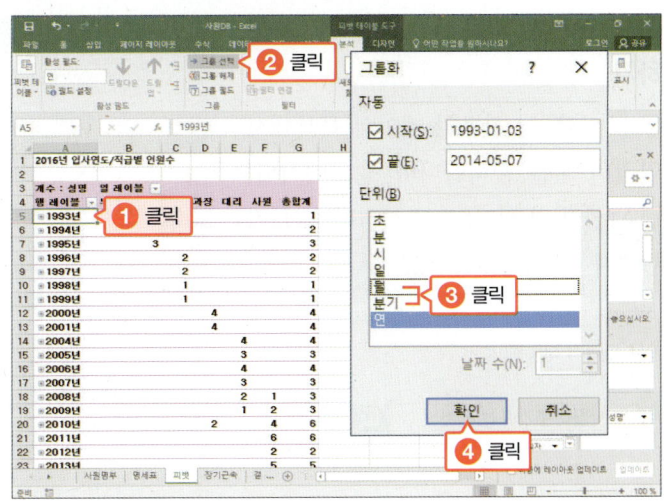

연도별로 그룹화됩니다.

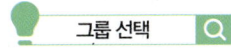

그룹 선택

[제4작업] 장기 근속자 명단 작성하기

[사원명부] 시트를 참조하여 [장기근속] 시트에 근속연수가 10년 이상인 장기근속자 명단을 작성합니다.

	조건 설명	기능
조건 1	[사원명부] 시트를 참조하여 필터링하기 필터링 조건 : [근속 연수]가 10년 이상인 데이터 추출하기	자동 필터
조건 2	[장기근속] 시트에 데이터 복사/붙여넣기 ① [사원명부] 시트에서 [장기근속] 시트로 [조건1]에서 필터링한 장기근속자 명단을 복사/붙여넣기 ② [결재] 시트에서 [장기근속] 시트로 결재표(B2:E4)를 그림으로 복사/붙여넣기	복사/붙여넣기
조건 3	[장기근속] 시트에 서식 지정하기 ① 전체 글꼴(돋움체), 데이터의 제목 행 연한 녹색으로 채우기 ② 데이터의 제목 셀은 병합하고 가운데 맞춤, 글꼴 크기 22, 굵게 지정 ③ 표시 형식 : 기본급, 직급수당, 시간외수당, 근속수당 쉼표 스타일 ④ 사용자 지정 표시 형식 : 부양가족 뒤에 "명" 표시하기 ⑤ 테두리 지정하기	서식 지정
조건 4	[장기근속] 시트에 조건부 서식 지정하기 근속연수에 데이터 막대 표시하기	조건부 서식
조건 5	불필요한 구성 요소 숨기기 눈금선, 리본 메뉴 축소하기	눈금선, 리본 메뉴 축소

01 조건 1. 자동 필터로 데이터 추출하기

① [사원명부] 시트의 데이터 목록에서 임의의 셀을 클릭합니다. ② [데이터] 탭-[정렬 및 필터] 그룹-[필터]를 클릭합니다.

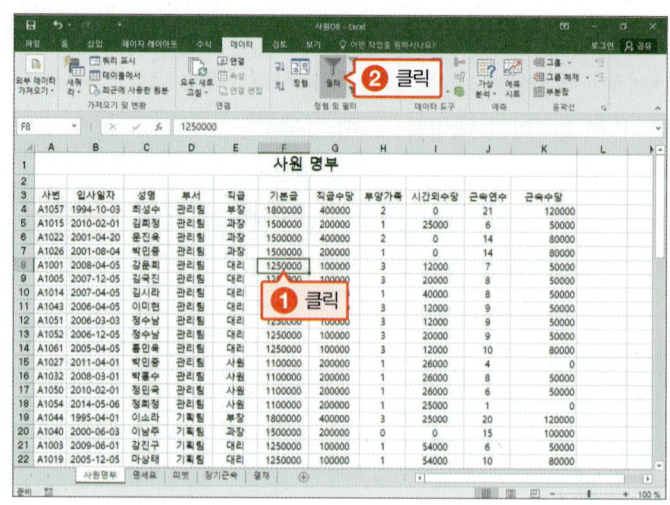

자동 필터가 적용됩니다.

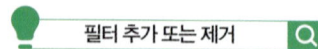

필터 추가 또는 제거

02

① [사원명부] 시트에서 [근속연수] 필드의 [필터 목록▼]을 클릭합니다. ② [숫자 필터]-[크거나 같음]을 선택합니다. ③ [사용자 지정 자동 필터] 대화상자에서 [찾을 조건] 입력란에 **10**을 입력합니다. ④ [확인]을 클릭해서 근속연수가 10년 이상인 사원을 검색합니다.

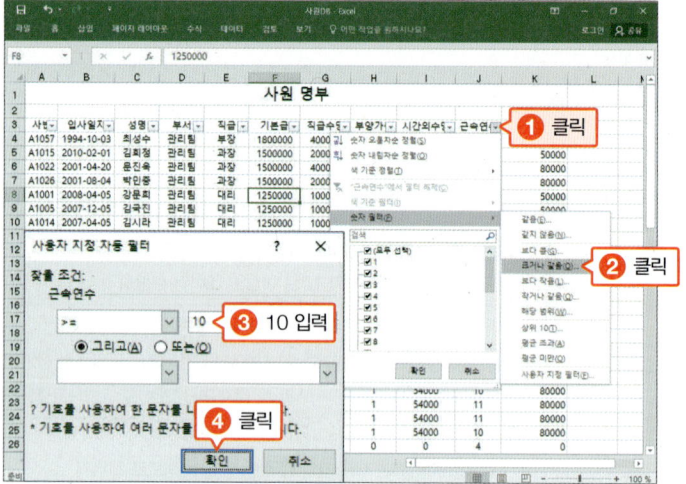

03 조건 2. 데이터 복사/붙여넣기

① [사원명부] 시트의 [A3]을 클릭하고 Ctrl+A를 눌러 [A3:K52] 셀을 범위로 지정하고 ② Ctrl+C를 눌러 선택한 범위의 데이터를 복사합니다.

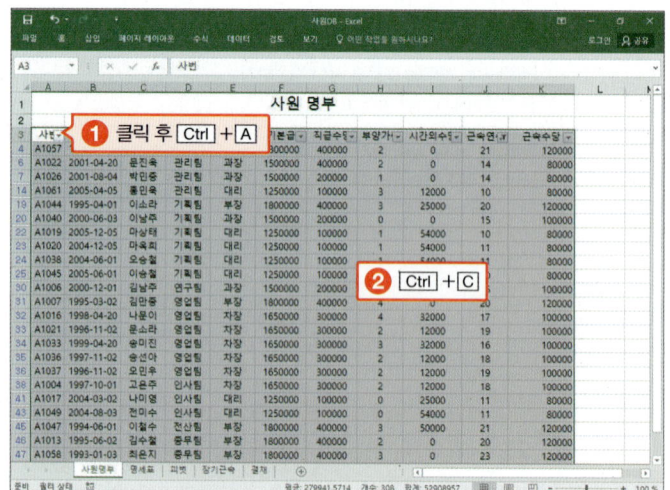

04 ① [장기근속] 시트를 클릭합니다. ② [A5] 셀에서 마우스 오른쪽 버튼을 클릭합니다. ③ [선택하여 붙여넣기] – [원본 열 너비 유지 🗐]를 선택한 후 ESC 를 눌러 복사 모드를 해제합니다.

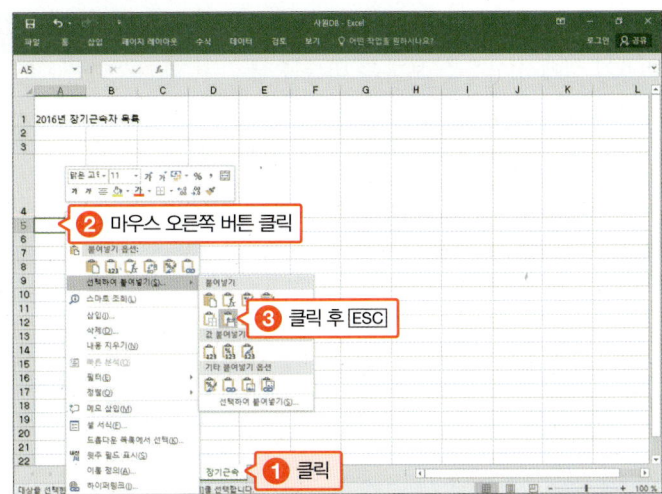

05 원본 데이터와 동일하게 열 너비가 유지되도록 붙여넣었습니다.

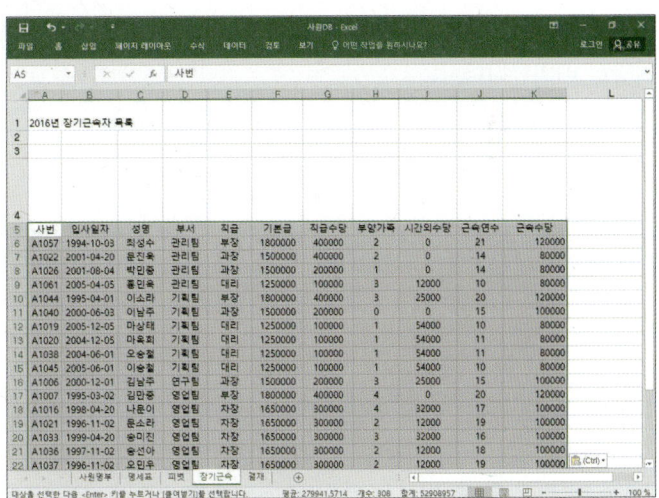

06 ① [결재] 시트를 클릭합니다. ① [B2:E4] 셀까지 드래그하여 범위를 지정하고 ③ Ctrl + C 를 눌러 복사합니다.

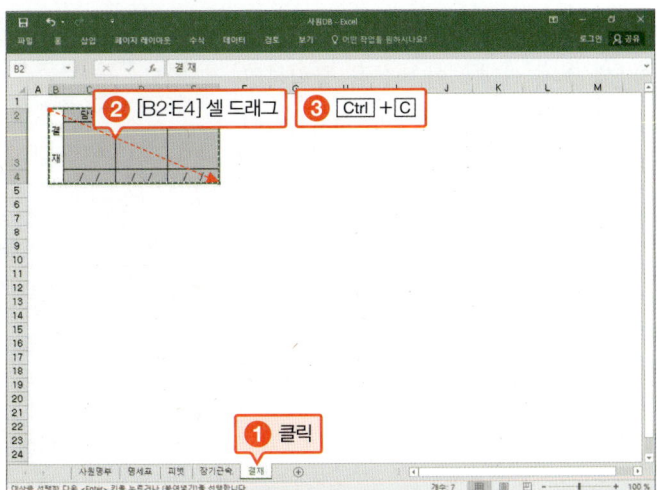

07 ① [장기근속] 시트를 클릭합니다.
② [I2] 셀에서 마우스 오른쪽 버튼을 클릭하여 ③ [선택하여 붙여넣기]-[기타 붙여넣기 옵션]에서 [그림📋]을 선택한 후 Esc를 눌러 복사 모드를 해제합니다.

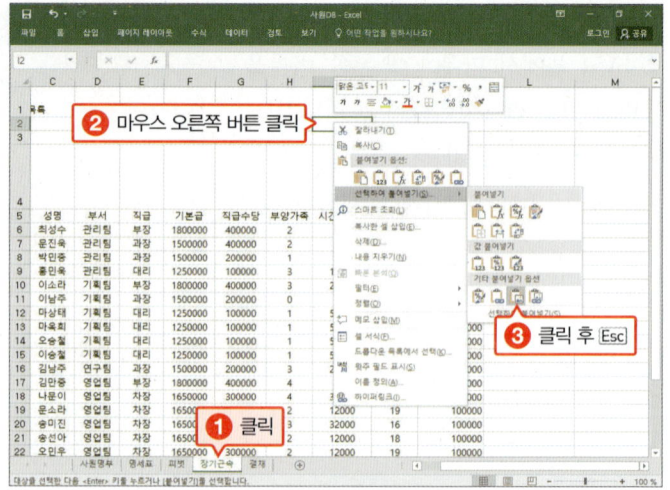

08 붙여넣은 그림 개체를 선택하고 적당히 배치합니다.

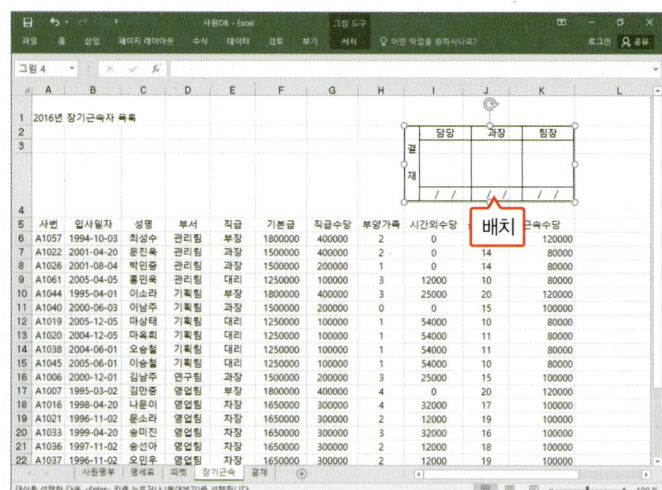

09 조건 3. 서식 지정하기

① [셀 전체 선택▨] 버튼을 클릭하고 ② [홈] 탭-[글꼴] 그룹-[돋움체]를 선택합니다.

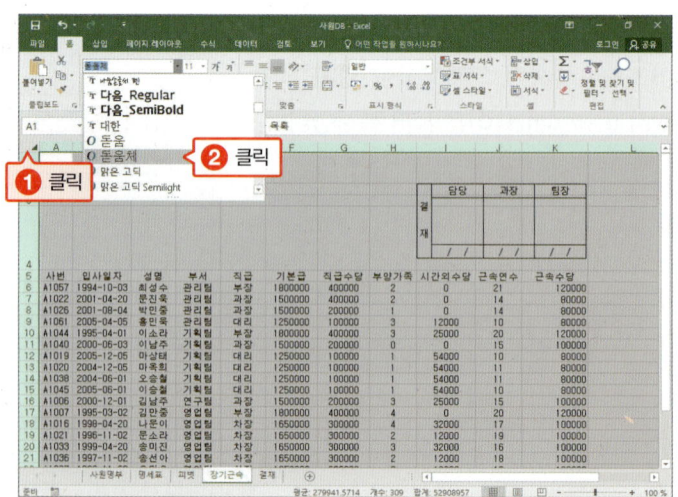

10 ① [A5:K5] 셀을 드래그하여 범위로 지정합니다. ② [홈] 탭-[글꼴] 그룹-[채우기 색 ▼]을 클릭합니다. ③ [표준 색]에서 [파랑, 강조 5]를 선택해서 셀에 색을 채웁니다.

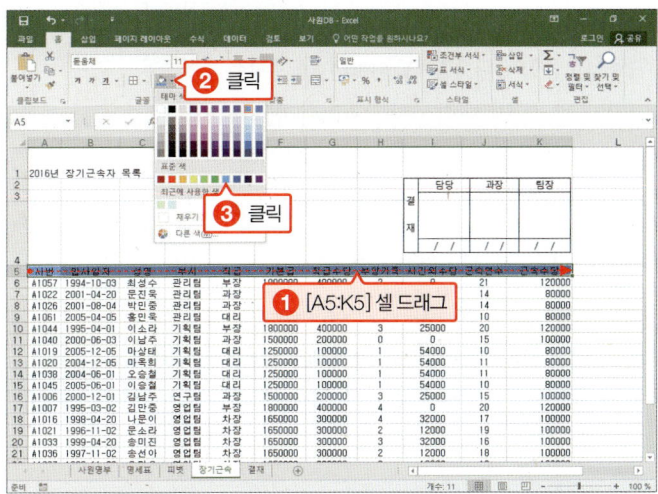

11 ① [A1:K1] 셀을 드래그하여 범위로 지정합니다. ② [홈] 탭-[맞춤] 그룹-[병합하고 가운데 맞춤 ▤]을 클릭합니다. ③ [홈] 탭-[글꼴] 그룹-[글꼴 크기]를 20으로 설정하고 ④ [굵게 가]를 클릭해서 글자 크기를 키우고 굵게 표시합니다.

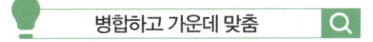
병합하고 가운데 맞춤

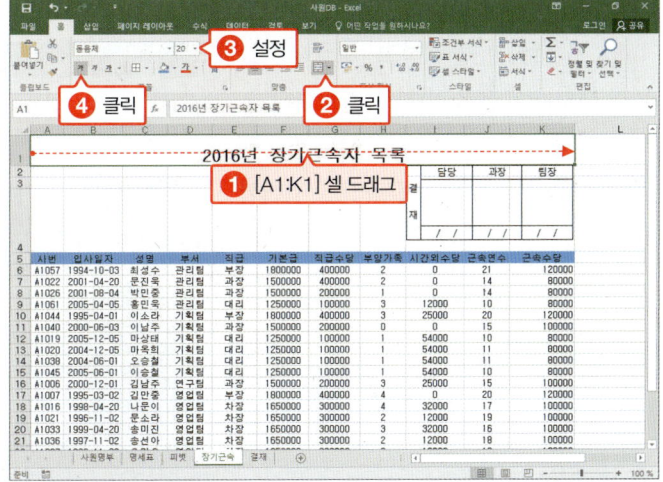

12 ① [F6:G32] 셀을 드래그하여 범위로 지정하고 ② Ctrl 을 누른 채 [I6:I32], [K6:K32] 셀을 드래그합니다. ③ [홈] 탭-[표시 형식] 그룹-[쉼표 스타일 ▼]을 클릭합니다.

숫자 세 자리마다 구분 기호로 쉼표가 표시됩니다.

쉼표 스타일

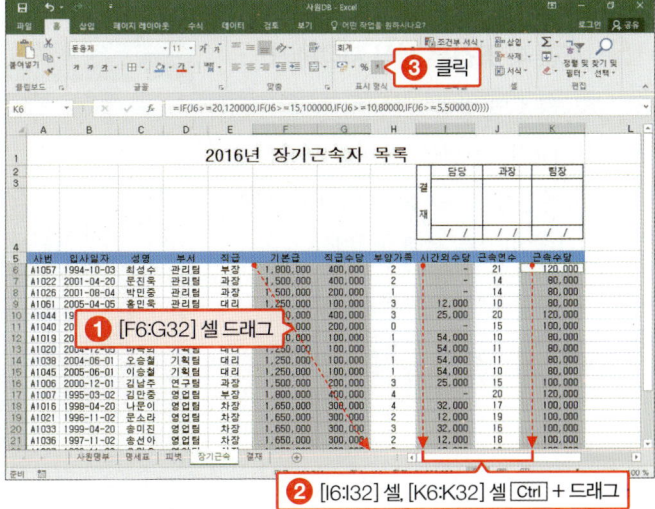

13 ① [H6:H32] 셀을 드래그하여 범위로 지정합니다. ② Ctrl + 1 을 누른 뒤 ③ [셀 서식] 대화상자의 [표시 형식] 탭에서 [범주] 목록의 [사용자 지정]을 선택합니다. ④ [형식] 입력란에 **0"명";;#** 을 입력하고 ⑤ [확인]을 클릭합니다.

바로 통하는 TIP 셀에 입력한 내용에 '명'이 자동으로 붙도록 서식을 적용하고 0이 입력되어 있는 셀은 공란(#)으로 표시합니다.

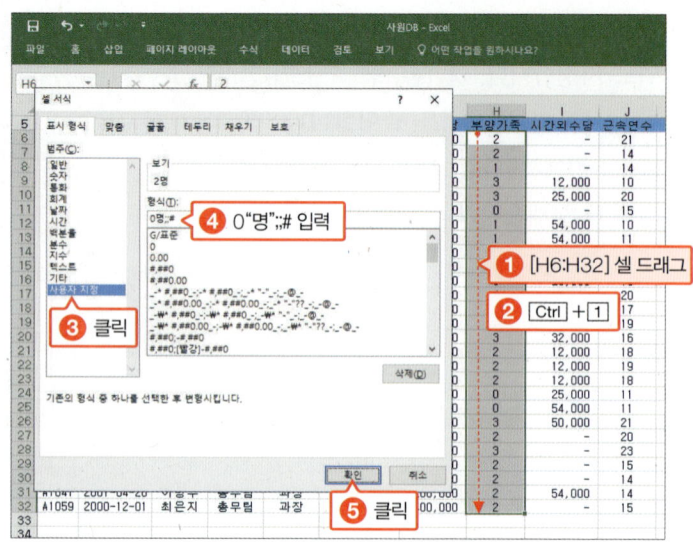

14 ① [A5]를 클릭하고 Ctrl + A 를 눌러 [A5:K32] 셀을 범위로 지정합니다. ② [홈] 탭 - [글꼴] 그룹 - [테두리 ▦ ·] 를 클릭하고 ③ [모든 테두리]를 선택합니다.

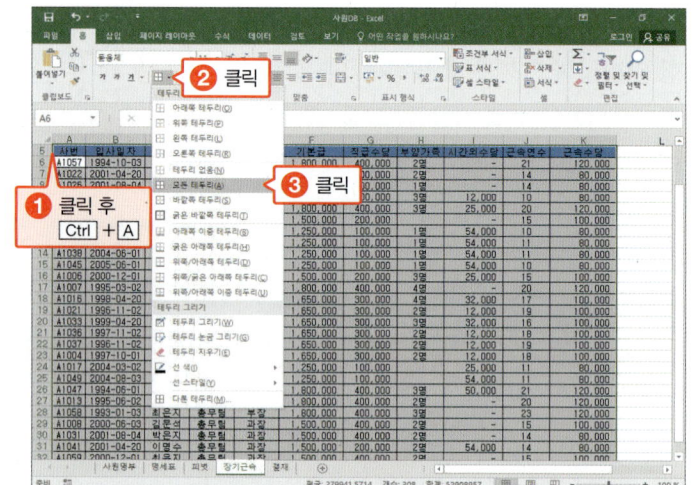

15 조건 4. 조건부 서식 지정하기

① [J6] 셀을 클릭하고 Ctrl + Shift + ↓ 를 눌러 [J6:J32] 셀을 범위로 지정합니다. ② [빠른 분석 ▤]을 클릭하고 ③④ [서식] - [데이터]를 선택합니다.

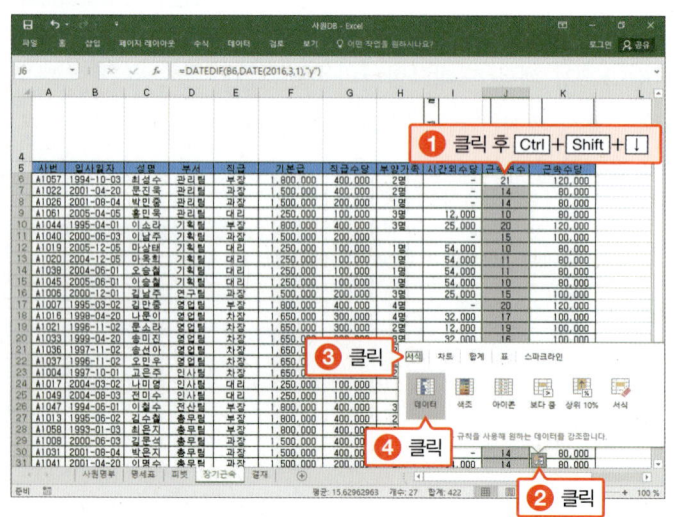

16 조건 5. 불필요한 구성 요소 숨기기

① 임의의 셀을 클릭하고 ② [보기] 탭-
[표시] 그룹-[눈금선]의 체크 표시를 해
제합니다. ③ Ctrl+F1을 눌러 리본 메
뉴를 축소합니다.

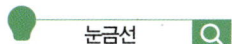

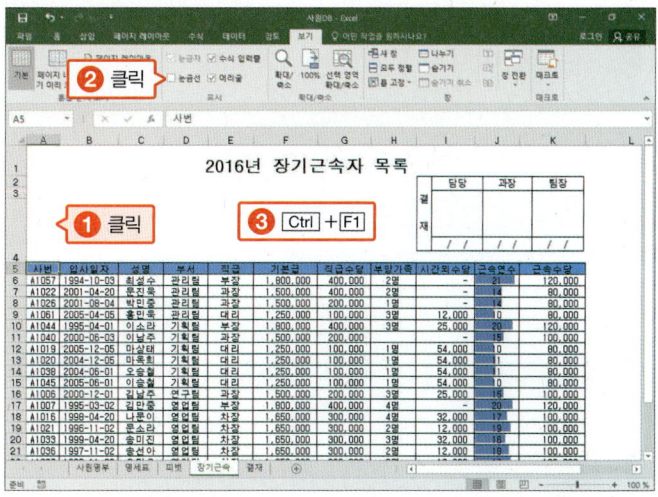

17 장기근속자 명단이 완성되었습니다.

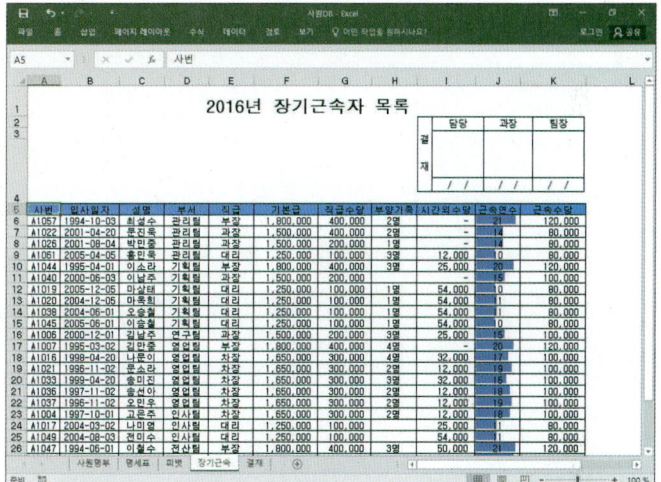

02

파워포인트 2016

기본 프레젠테이션 만들기

파워포인트 2016을 활용해 프레젠테이션을 위한 기본적인 슬라이드 화면을 만들어 보겠습니다. 먼저 파워포인트 2016의 화면 구성을 살펴보겠습니다. 슬라이드를 추가하고 삭제, 이동하는 등 자유롭게 슬라이드를 다룰 수 있습니다. 텍스트, 도형, 이미지, 표, 차트의 디자인을 쉽고 빠르게 하는 방법을 익혀 초보자도 디자인에 자신감을 가져 보세요. 나만의 리본 메뉴를 만들어 쓰면 작업 시간을 단축할 수도 있습니다. 여기에서는 파워포인트의 기본을 다져 보세요.

파워포인트 2016의 기본 화면 구성 살펴보기

기본적인 메뉴 배치와 작업 효율성을 위해 2016 버전의 기본 화면 구성에 대해서 살펴보겠습니다.

실습 파일 | 엑셀/3장:/메모삽입_설문조사.xlsx **완성 파일** | 엑셀/3장:/메모삽입_설문조사_완성.xlsx

기본 화면 구성

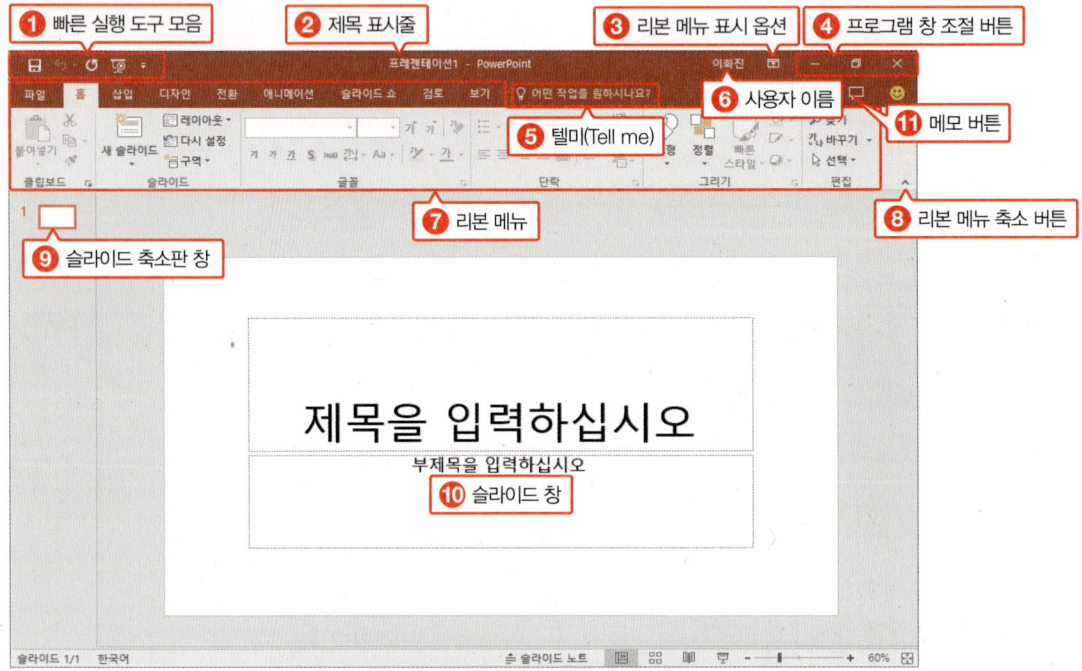

① **빠른 실행 도구 모음** : 자주 사용하는 명령을 모아 놓은 도구함입니다. 필요에 따라 명령을 추가 또는 삭제할 수 있고 [저장], [실행 취소], [다시 실행], [처음부터 시작] 명령이 기본으로 구성되어 있습니다.

② **제목 표시줄** : 프로그램 이름과 현재 편집 중인 문서의 이름이 나타납니다.

③ **리본 메뉴 표시 옵션** : 리본 메뉴 자동 숨기기, 탭 표시, 탭 및 명령 표시가 가능합니다.

④ **프로그램 창 조절 버튼** : 파워포인트 창을 최소화/최대화하거나 닫을 때 사용합니다.

⑤ **텔미(Tell me)** : 찾으려는 기능이나 툴을 검색 창에 입력하면 바로 찾아 줍니다.

⑥ **사용자 이름** : 마이크로소프트 계정 로그인 후 나타나는 사용자 이름을 클릭하면 메뉴가 나타납니다. [계정 설정]을 클릭하고 사용자 정보에서 원하는 정보를 변경합니다.

⑦ **리본 메뉴** : 슬라이드를 작성할 때 필요한 각종 명령을 기능별로 구분해서 탭 형태로 모아 놓았습니다. 기본적으로 파일, 홈, 삽입, 디자인, 전환, 애니메이션, 슬라이드 쇼, 검토, 보기로 구성되어 있습니다. 슬라이드의 개체를 선택하거나 그림이나 표 등의 요소를 삽입하면 상황별 탭이 자동으로 나타납니다.

⑧ **리본 메뉴 축소 버튼** : 화면이 좁아서 보기 불편할 경우 리본 메뉴를 축소하고 탭만 표시할 수 있습니다.

⑨ **슬라이드 축소판 창** : 열려 있는 파워포인트 파일의 각 슬라이드가 작은 그림으로 나타납니다.

⑩ **슬라이드 창** : 슬라이드를 편집하는 작업 영역으로 도형, 텍스트, 차트, 표 등의 개체를 삽입하고 편집합니다.

⑪ **메모 버튼** : 메모 버튼을 클릭하면 화면 오른쪽에 메모 작업 창이 나타나며, [새로 만들기] 버튼을 클릭하여 원하는 메모를 추가합니다.

상태 표시 및 화면 보기

① **상태 표시줄** : 현재 편집 중인 슬라이드 번호 및 입력 언어를 표시해 줍니다.

② **슬라이드 노트 버튼** : 슬라이드 노트 버튼을 클릭하면 슬라이드 창 아래에 슬라이드 노트 창이 열립니다. 감추려면 다시 슬라이드 노트 버튼을 클릭하면 됩니다.

③ **화면 보기 버튼** : 기본, 여러 슬라이드, 읽기용 보기, 슬라이드 쇼 보기 등 원하는 대로 화면 보기를 변경하여 작업할 수 있습니다.

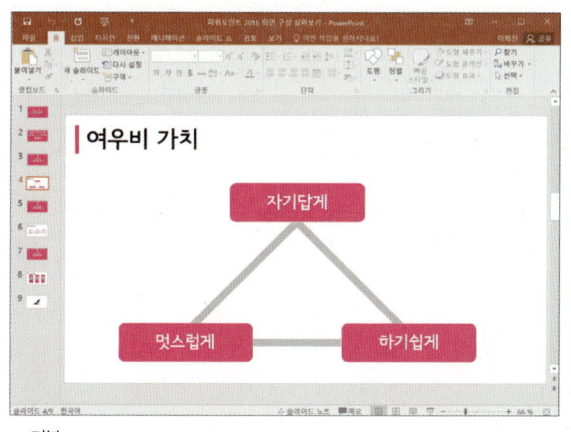
▲ 기본

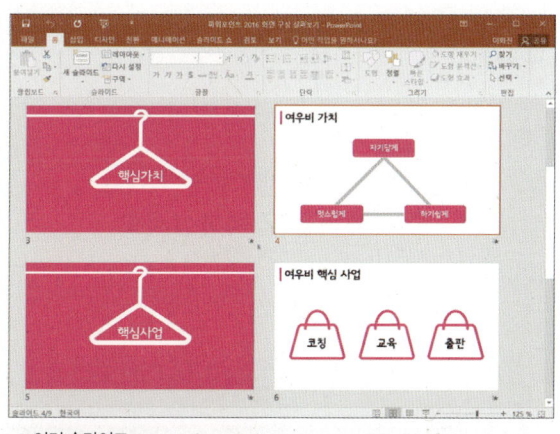
▲ 여러 슬라이드

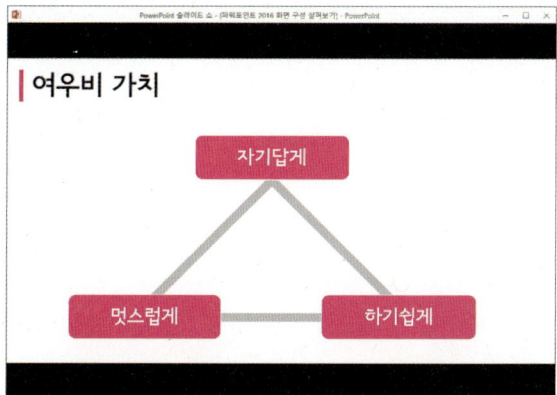
▲ 읽기용 보기

▲ 슬라이드 쇼

④ **확대/축소** : [−] 버튼을 클릭하면 화면이 축소되고 [+] 버튼을 클릭하면 화면이 확대됩니다. 조절 바를 드래그하여 조정할 수도 있습니다.

⑤ **현재 창 크기에 맞춤** : 슬라이드 크기를 현재 창 크기에 최대한 맞춥니다.

⑥ **작업 창** : 오른쪽에 있는 작업 창에서 명령이나 옵션을 적용할 수 있습니다.

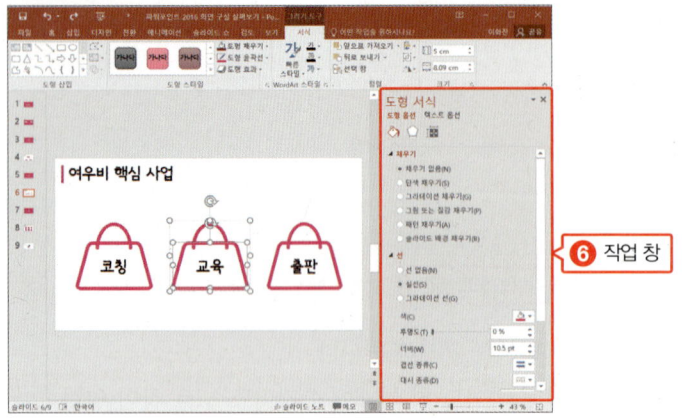

⑥ 작업 창

⑦ **터치/마우스 모드** : 터치 제스처를 통해 슬라이드를 살짝 밀고, 누르고, 스크롤하고, 확대/축소하며 프레젠테이션을 실감나게 진행할 수 있습니다. 터치 사용에 최적화되도록 명령 사이의 간격이 넓어집니다.

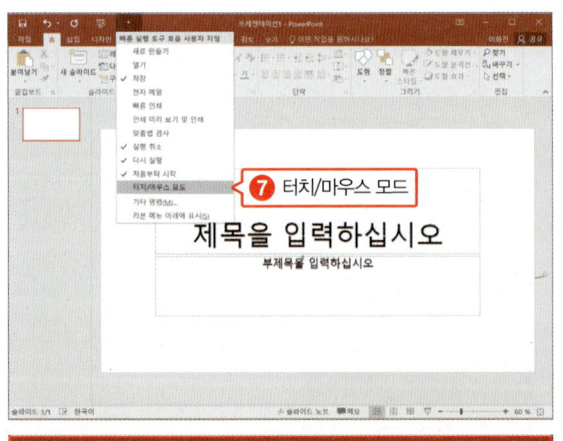

⑦ 터치/마우스 모드

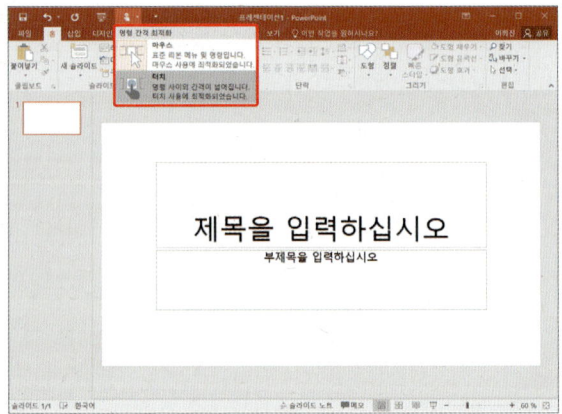

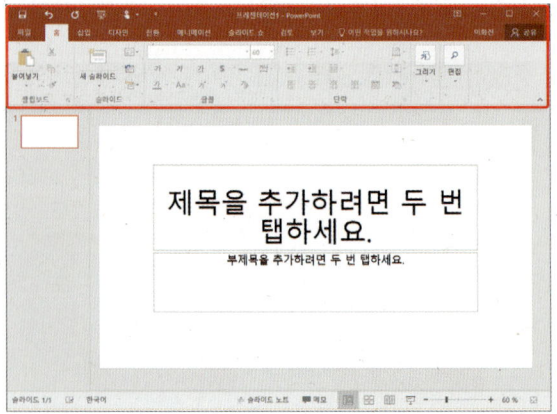

슬라이드의 기본 구조 및 분류 살펴보기

슬라이드는 프레젠테이션의 목적과 방향에 따라 자유롭게 만들 수 있습니다. 따라서 프로그램에서 제공하는 레이아웃도 다양한 형태로 마련돼 있습니다. 여기에서는 프레젠테이션에서 일반적으로 사용하는 가장 기본적인 슬라이드의 기본 구조에 대해 살펴보겠습니다. 이를 기본으로 삼아 목적과 용도에 따라 다양한 방식으로 활용할 수 있음을 염두에 둬야 합니다.

제목 슬라이드 : 프레젠테이션의 성격과 제목, 주제만 명확하게 전달합니다. 너무 많은 내용을 넣어 복잡하게 구성하는 것은 좋지 않습니다.

차례 슬라이드 : 내용을 요약해서 보여주고 발표 순서를 알리는 역할을 합니다. 흥미가 떨어지지 않도록 필요한 내용만 엄선합니다.

내용 슬라이드: 발표 내용이 들어가는 슬라이드로, 간단한 구성부터 복잡한 구성까지 다양하게 만들 수 있으며 작업의 중심이 되는 슬라이드입니다.

구역 슬라이드 : 내용 슬라이드 사이사이에 배치되며 새로운 내용의 시작을 알리는 슬라이드입니다. 내용을 환기하거나 발표의 흐름을 조정합니다.

종료 슬라이드 : 프레젠테이션의 마지막을 장식하는 슬라이드입니다. 질의응답을 받거나 발표 주체를 명기하기도 합니다.

용도에 따라 슬라이드를 분류할 수 있으나 디자인이나 레이아웃은 천차만별입니다. 아래는 파워포인트 2016에서 제공하는 기본 레이아웃과 테마의 한 사례입니다. 이런 레이아웃을 참고해 슬라이드의 기본 구조를 잡고 용도에 맞춰 사용하면 편리합니다.

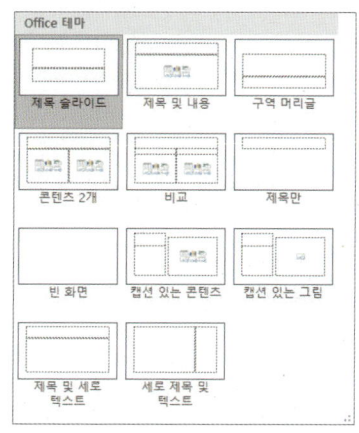

▲ 기본으로 제공되는 레이아웃

▲ 테마로 제공하는 레이아웃

핵심기능실습
001
원하는 테마 선택하기

프로그램 또는 온라인에서 제공하는 테마로 프레젠테이션을 빠르게 만들어 보겠습니다.

01 파워포인트를 시작한 후 원하는 테마 선택하기

파워포인트 2016을 실행한 후 기본으로 제공되는 여러 가지 테마 중 하나를 선택합니다.

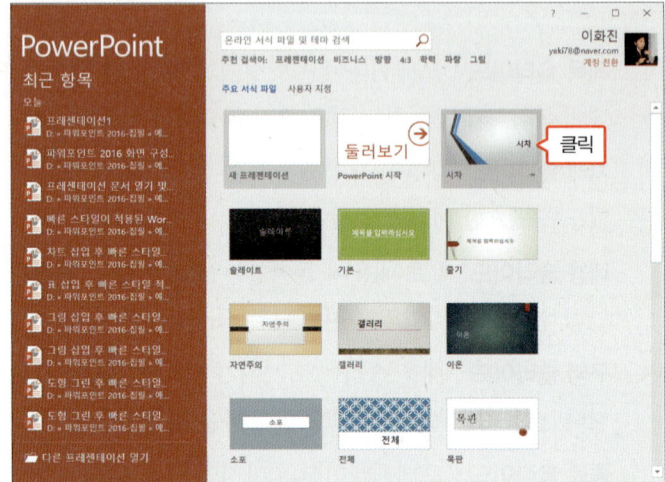

02 서식이 적용된 프레젠테이션 만들기

① 원하는 디자인을 선택하고 ② [만들기]를 클릭합니다. 선택한 테마가 적용된 프레젠테이션이 열립니다.

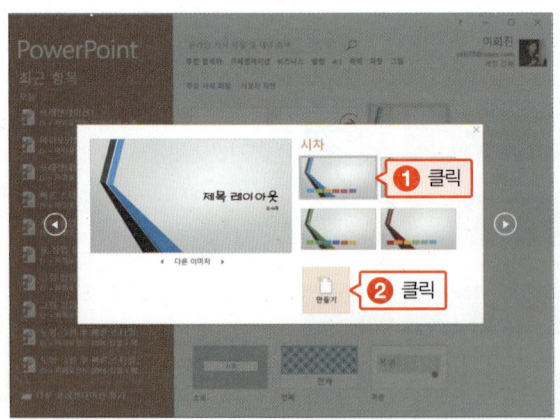
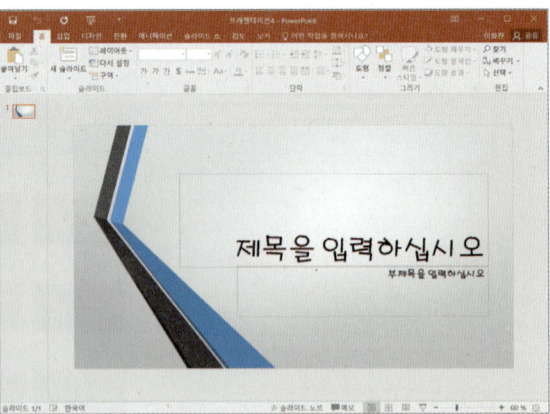

바로 통하는 TIP 적용된 테마를 변경하려면 [디자인] 탭에서 원하는 테마를 다시 선택합니다. 테마를 적용하기 전 현재 슬라이드에 적용된 결과를 미리 보려면 각 테마의 축소판 그림 위에 마우스 포인터를 올려놓습니다. 좀 더 구체적인 사항을 변경하려면 [적용] 그룹에서 [자세히]를 클릭하여 색, 글꼴, 효과, 배경 스타일을 변경합니다.

핵심기능실습

002 슬라이드 크기 변경하기

슬라이드 기본 크기인 16:9 비율을 개체들의 변형 없이 자유롭게 변경해 보겠습니다.

01 슬라이드 비율 바꾸기

기본으로 적용된 16:9 비율의 와이드스 크린 슬라이드의 크기를 A4 크기, 세로 형태로 변경해 보겠습니다.

[디자인] 탭-[사용자 지정] 그룹-[슬라이드 크기]-[사용자 지정 슬라이드 크기]를 클릭합니다.

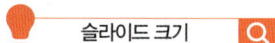
슬라이드 크기 🔍

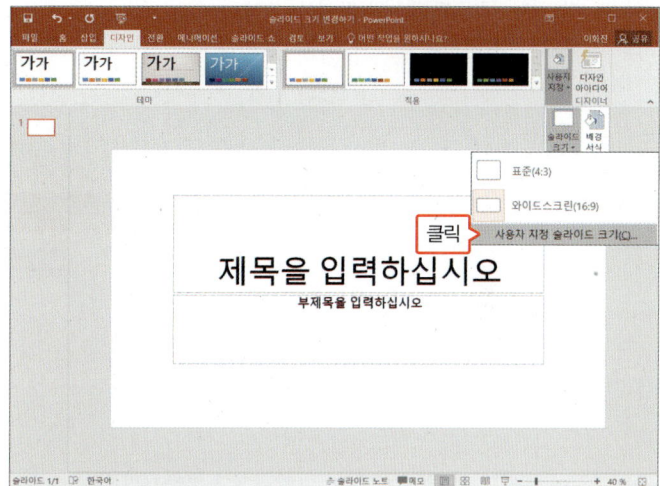

02 슬라이드 크기 및 방향 설정하기

① [슬라이드 크기] 대화상자에서 [A4 용지]를 선택합니다. ② [방향]의 [슬라이드]를 [세로]로 선택한 후 ③ [확인]을 클릭합니다.

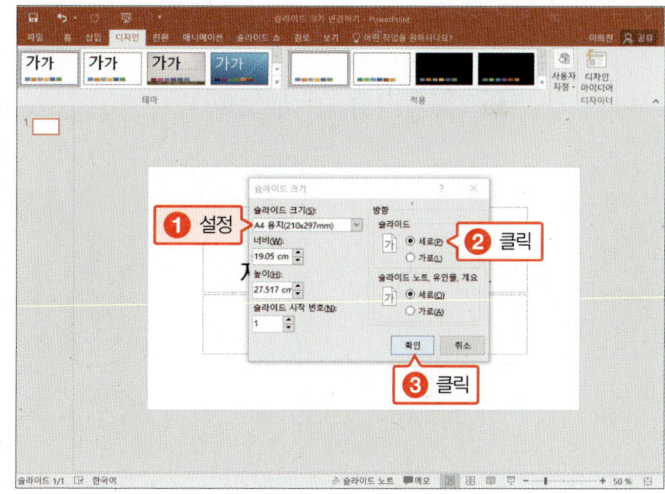

03 [맞춤 확인]을 클릭합니다.

바로 통하는 TIP 슬라이드 크기를 변경할 때

파워포인트에서 슬라이드에 있는 개체 크기를 자동으로 조정하지 못할 때 다음의 두 가지 옵션이 메시지로 표시됩니다.

최대화 : 슬라이드 크기는 변경되지만 슬라이드에 있는 개체의 원래 크기는 유지합니다. 이 옵션을 선택하면 개체가 슬라이드에 맞지 않을 수 있습니다.

맞춤 확인 : 슬라이드 크기가 변경되면 그 크기에 맞춰 슬라이드에 있는 개체 크기도 변경됩니다. 이 옵션을 선택하면 개체 크기가 작게 표시되지만 슬라이드에서 모든 개체를 볼 수 있습니다.

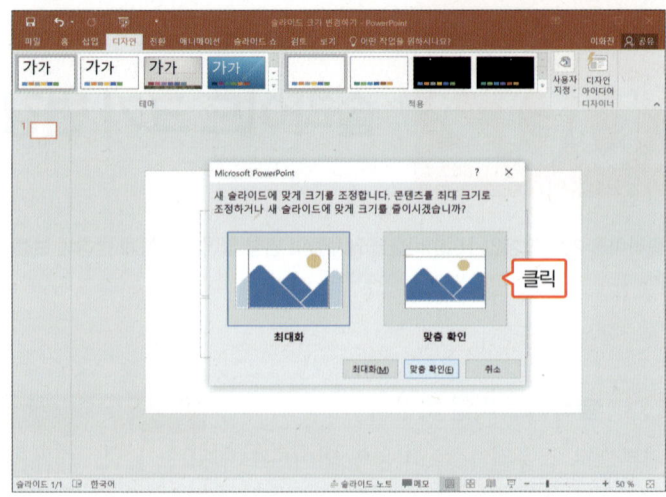

04 슬라이드 크기가 변경되었습니다.

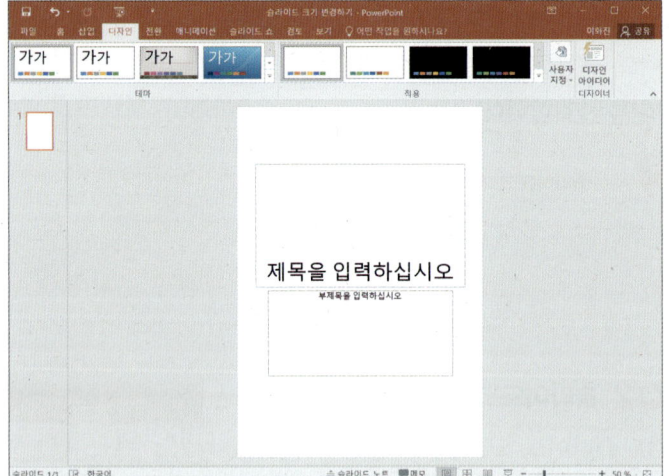

슬라이드 추가 및 레이아웃 변경하기

파워포인트는 기본적으로 11개의 레이아웃을 제공합니다. 원하는 레이아웃의 슬라이드를 추가하고 변경해 보겠습니다.

01 슬라이드 추가하기

① [홈] 탭-[슬라이드] 그룹-[새 슬라이드▼]를 클릭합니다. ② [Office 테마] 목록의 슬라이드 축소판 그림에서 [제목 및 내용] 레이아웃을 선택합니다.

바로 통하는 TIP 새 슬라이드를 만드는 단축키는 Ctrl +M입니다. 이때 추가되는 슬라이드의 레이아웃은 바로 앞에 추가한 슬라이드와 같습니다.

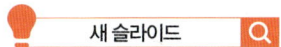

새 슬라이드

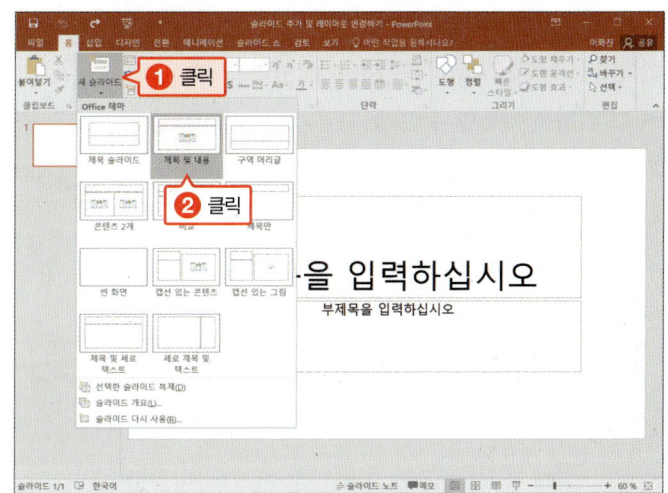

02 레이아웃 변경하기

현재 슬라이드의 레이아웃을 변경해 보겠습니다. ① [홈] 탭-[슬라이드] 그룹-[레이아웃]을 클릭합니다. ② [Office 테마] 목록의 슬라이드 축소판 그림에서 [빈 화면] 레이아웃을 선택합니다. 선택한 레이아웃으로 슬라이드 레이아웃이 변경되었습니다.

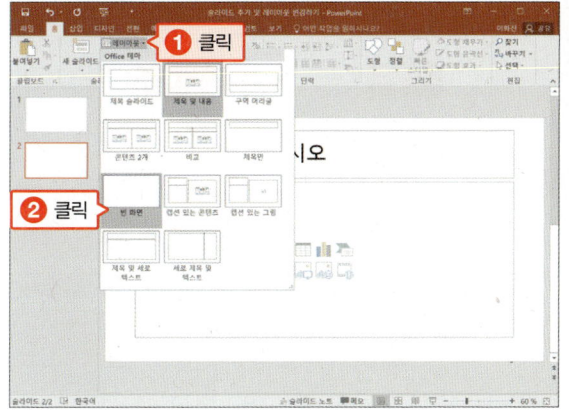

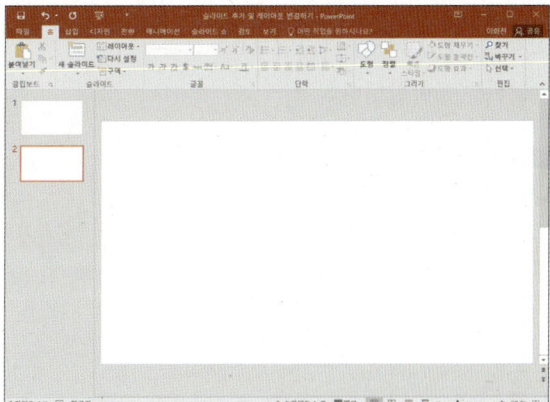

핵심기능실습

04

TELL ME
복사, 붙여넣기,
슬라이드 삭제

슬라이드 이동/복사/붙여넣기/삭제하기

학습 목표 | 슬라이드 순서를 바꾸거나 편집할 때 필요한 이동, 복사, 붙여넣기, 삭제 방법을 알아 보겠습니다.

실습 파일 | 파워포인트/04_슬라이드 이동 복사 붙여넣기 삭제하기.pptx **완성 파일 |** 파워포인트/04완성.pptx

01 슬라이드 이동하기

위치가 적절하지 않은 슬라이드가 있다면 그 위치를 이동할 수 있습니다.

① 화면 왼쪽의 슬라이드 축소판 창에서 이동하려는 5번 슬라이드를 선택합니다.

② 선택한 5번 슬라이드를 9번과 10번 슬라이드 사이로 이동시킵니다.

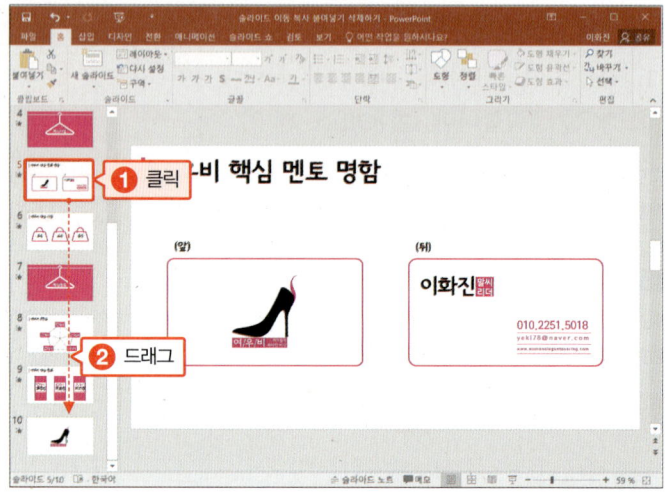

02 슬라이드 복사하기

슬라이드를 복사하면 같은 슬라이드를 추가할 수 있습니다.

① 화면 왼쪽의 슬라이드 축소판 창에서 복사하고자 하는 7번 슬라이드를 선택합니다. ② [홈] 탭-[클립보드] 그룹-[복사]를 클릭합니다.

바로 통하는 TIP 슬라이드 복사 단축키는 Ctrl + C 입니다.

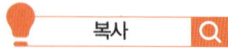

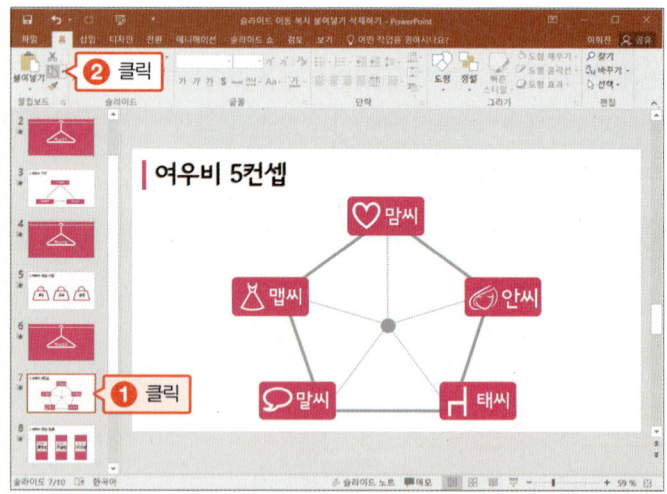

03 복사한 슬라이드 붙여넣기

① 붙여넣고 싶은 위치인 3번과 4번 슬라이드 사이로 마우스 포인터를 이동합니다. ② [홈] 탭-[클립보드] 그룹-[붙여넣기]를 클릭합니다.

바로 통하는 TIP 슬라이드 붙여넣기 단축키는 Ctrl+V입니다. 슬라이드 복사와 붙여넣기를 한번에 하는 단축키는 Ctrl+D입니다.

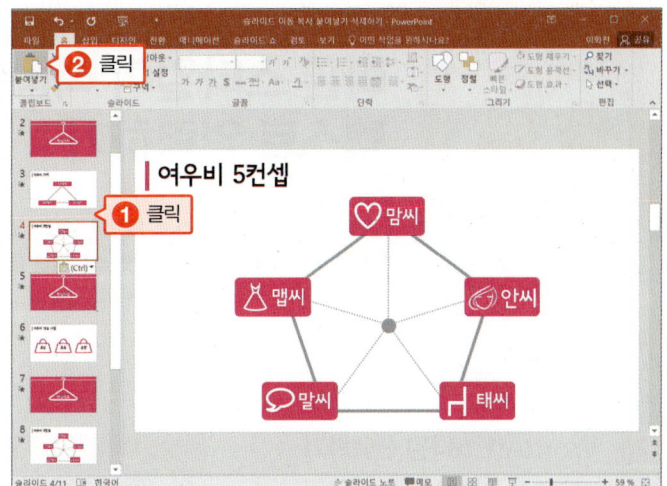

바로 통하는 TIP **붙여넣기 옵션**

복사한 슬라이드를 붙여 넣으려는 위치에서 마우스 오른쪽 버튼을 클릭하면 다음과 같은 [붙여넣기 옵션]이 나타납니다. 원하는 옵션을 선택해 슬라이드를 붙여넣을 수 있습니다.

① **대상 테마 사용** : 대상 프레젠테이션의 테마를 그대로 사용할 때 클릭합니다.

② **원본 서식 유지** : 복사하려는 프레젠테이션의 테마를 유지할 때 클릭합니다.

③ **그림** : 복사하려는 프레젠테이션 슬라이드를 그림으로 붙여넣을 때 클릭합니다.

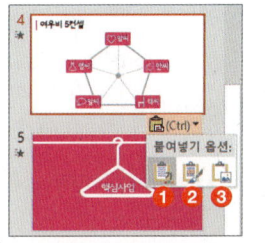

---

04 슬라이드 삭제하기

화면 왼쪽의 슬라이드 축소판 그림에서 삭제하려는 11번 슬라이드를 선택하고 Delete 를 누릅니다.

바로 통하는 TIP 여러 개의 슬라이드를 선택하려면 Ctrl 을 누른 상태에서 슬라이드를 클릭합니다.

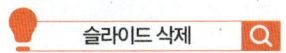

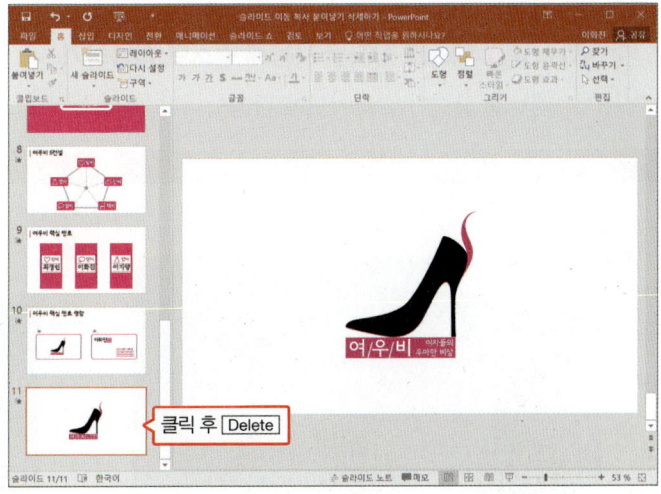

빠른 스타일이 적용된 WordArt로 텍스트 입력하기

학습 목표 | WordArt 텍스트 상자를 사용해 전문가 수준으로 디자인된 텍스트를 빠르고 쉽게 입력해 보겠습니다. 20가지 다양한 스타일을 클릭 한 번으로 적용할 수 있습니다.

실습 파일 | 파워포인트/05_빠른 스타일이 적용된 WordArt.pptx **완성 파일** | 파워포인트/05완성.pptx

01 WordArt 스타일 선택하기

WordArt 스타일을 이용해 디자인이 적용된 텍스트를 간편하게 입력할 수 있습니다.

① [삽입] 탭-[텍스트] 그룹-[WordArt]를 클릭하고 ② 원하는 WordArt 스타일을 선택합니다.

WordArt 빠른 스타일

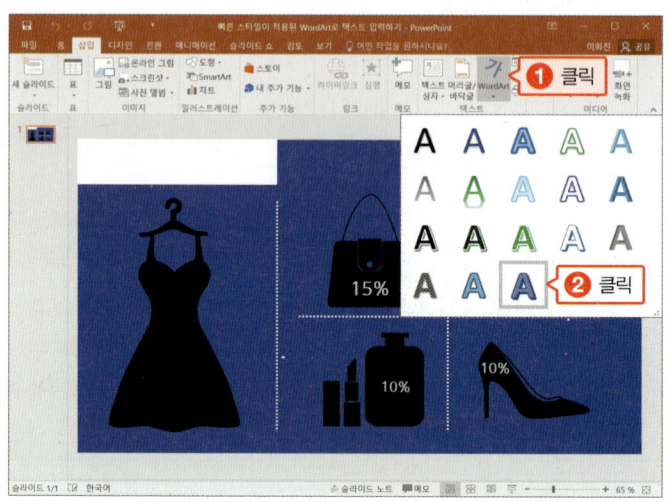

02 WordArt 텍스트 상자를 사용해 텍스트 입력하기

WordArt 텍스트 상자가 슬라이드에 나타납니다. 원하는 텍스트를 입력해 슬라이드를 완성합니다.

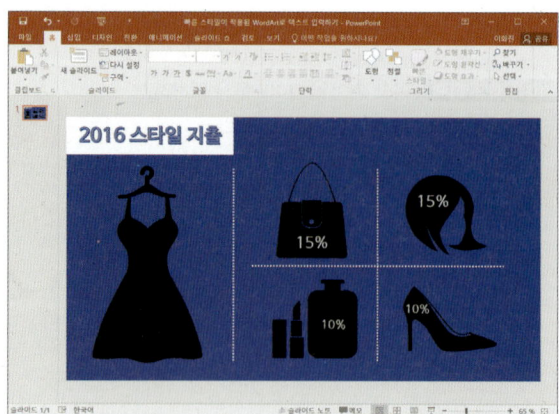

06

도형 그린 후 빠른 스타일 적용하기

학습 목표 | 도형을 그린 후에 다양한 도형 서식이 적용된 빠른 스타일 갤러리를 이용해 손쉽게 디자인할 수 있습니다. 2016 버전에서는 더 많은 도형 스타일이 추가되었습니다.

실습 파일 | 파워포인트/06_도형 그린 후 빠른 스타일 적용하기.pptx **완성 파일 |** 파워포인트/06완성.pptx

01 슬라이드에 도형 그리기

① [삽입] 탭 – [일러스트레이션] 그룹 – [도형]을 클릭하고 ② [도넛]을 선택합니다. ③ 말씨리더 원의 중심을 클릭한 후 Shift 와 Ctrl 을 누른 상태에서 마우스를 대각선으로 드래그하여 적당한 크기로 도형을 그려 줍니다.

바로 통하는 TIP Shift 를 눌러 드래그하면 도형의 사방이 같은 모양으로 확대됩니다. Ctrl 을 눌러 드래그하면 클릭한 지점이 그리는 도형의 중심이 됩니다.

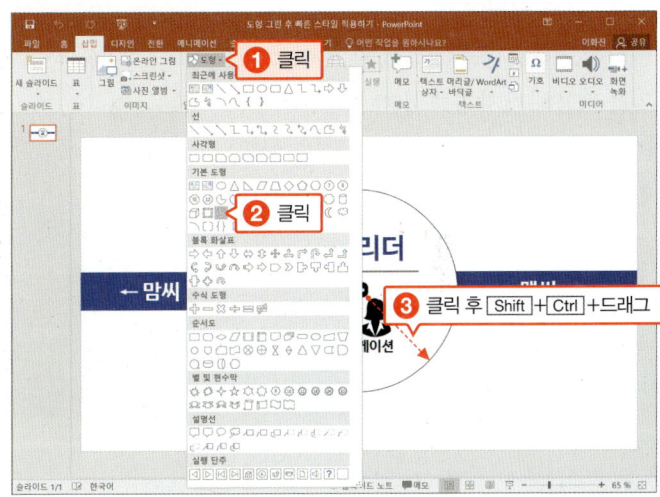

02 도형에 빠른 스타일 적용하기

① 그린 도형을 선택하고 ② [그리기 도구] – [서식] 탭 – [도형 스타일] 그룹 – [자세히 ⊡]를 클릭합니다. ③ 나타나는 도형 스타일 중에서 [강한 효과 – 진한 파랑, 강조 1]를 선택합니다. 빠른 스타일이 적용되어 도형 스타일이 바뀝니다.

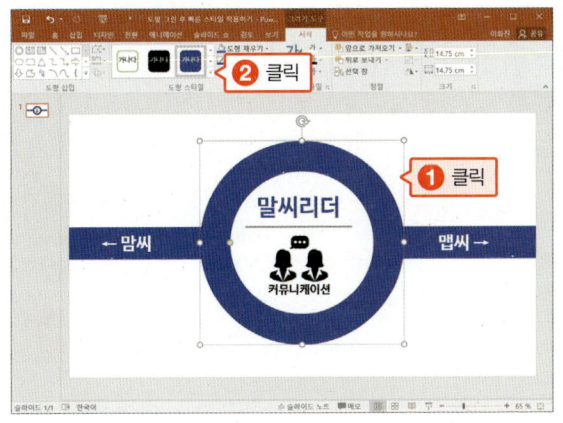

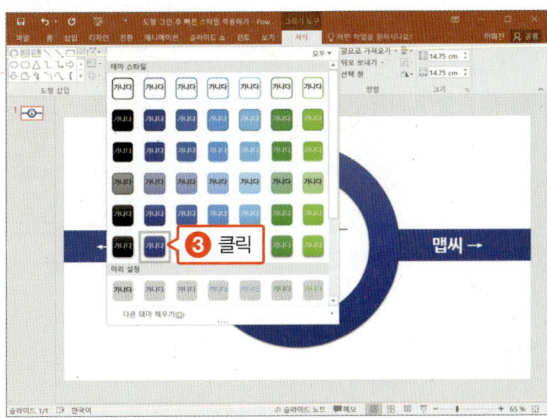

핵심기능실습
07
TELL ME
그림 삽입, 그림 스타일

그림 삽입 후 빠른 스타일 적용하기

학습 목표 | 그림을 삽입한 후 빠른 그림 스타일을 이용해 전문가 수준의 디자인을 손쉽게 적용해 보겠습니다.

실습 파일 | 파워포인트/07_그림 삽입 후 빠른 스타일 적용하기.pptx   **완성 파일** | 파워포인트/07완성.pptx

01 그림 삽입하기

슬라이드에 그림을 삽입한 후 빠른 스타일을 적용해 배치해 보겠습니다.
[삽입] 탭-[이미지] 그룹-[그림]을 클릭합니다.

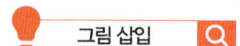

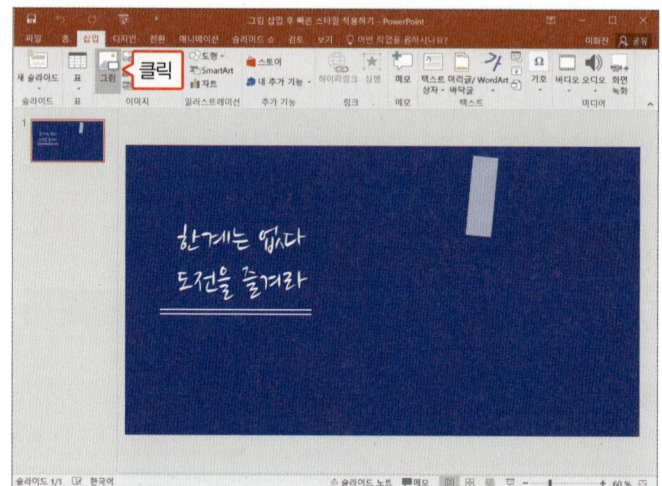

02 ① [그림 삽입] 대화상자에서 이화진 대표.jpg를 선택한 후 ② [삽입]을 클릭합니다.

03 그림에 빠른 스타일 적용하기

삽입한 이미지를 선택한 상태에서 빠른 스타일을 적용합니다.
[그림 도구]-[서식] 탭-[그림 스타일] 그룹-[자세히 ⊡]를 클릭합니다.

 그림 스타일 🔍

04 나타난 그림 스타일 중에서 [회전, 흰색]을 선택합니다.

05 스타일이 적용된 그림을 보기 좋게 배치합니다.

표 삽입 후 빠른 스타일 적용하기

학습 목표 | 표는 내용을 일목요연하게 정리해 줍니다. 슬라이드에 삽입한 표에 미리 정의된 레이아웃 스타일을 빠르게 적용해 보겠습니다.

실습 파일 | 파워포인트/08_표 삽입 후 빠른 스타일 적용하기.pptx   **완성 파일** | 파워포인트/08완성.pptx

01 표 삽입하기

① [삽입] 탭 – [표] 그룹 – [표]를 클릭합니다. ② [2×4], 즉 2열 4행을 드래그합니다.

바로 통하는 TIP 리본 메뉴의 [표]를 이용하면 10열 8행 이내의 표만 삽입할 수 있습니다.

바로 통하는 TIP 다른 방법으로 표를 삽입하려면 [삽입] 탭 – [표] 그룹 – [표]를 클릭한 후 [표 삽입], [표 그리기], [Excel 스프레드시트] 중 하나를 선택합니다.

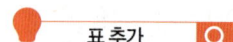
표 추가

02 슬라이드에 표가 삽입되었습니다.

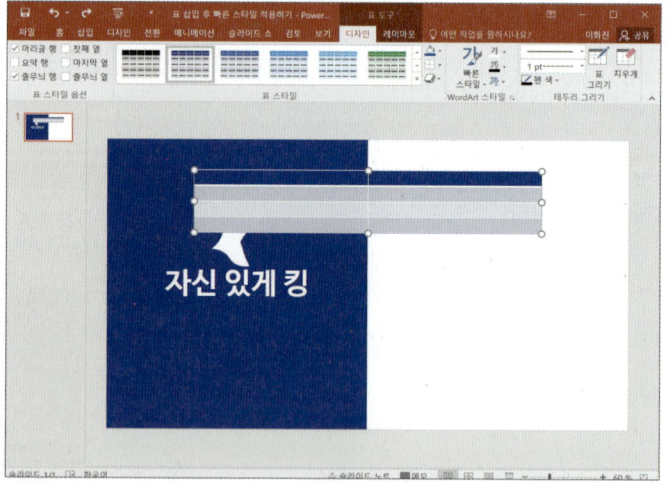

03 표에 빠른 스타일 적용하기

① 보기 좋게 표 크기를 늘려 줍니다. ② 빠른 스타일을 적용하기 위해 표를 클릭하고 ③ [표 도구] – [디자인] 탭 – [표 스타일] 그룹 – [자세히 ⬇]를 클릭합니다.

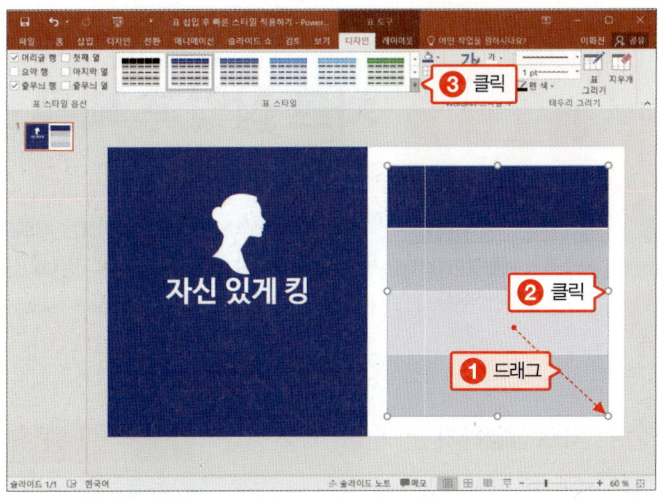

04 나타나는 표 스타일 중에서 [밝은 스타일 3 – 강조1]을 선택합니다.

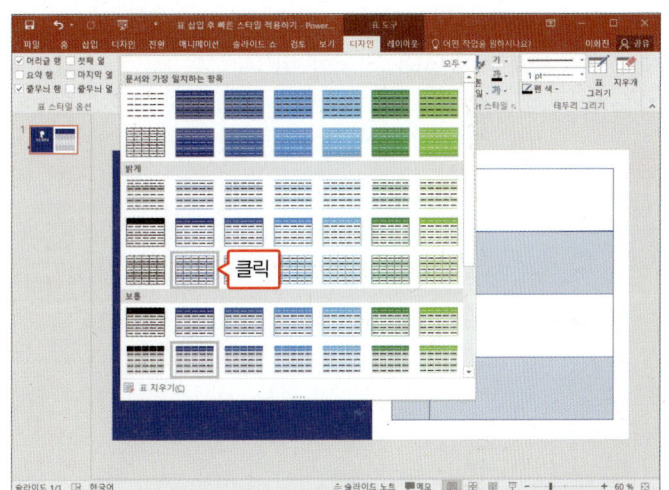

05 스타일이 적용된 표에 내용을 입력하여 표를 완성합니다.

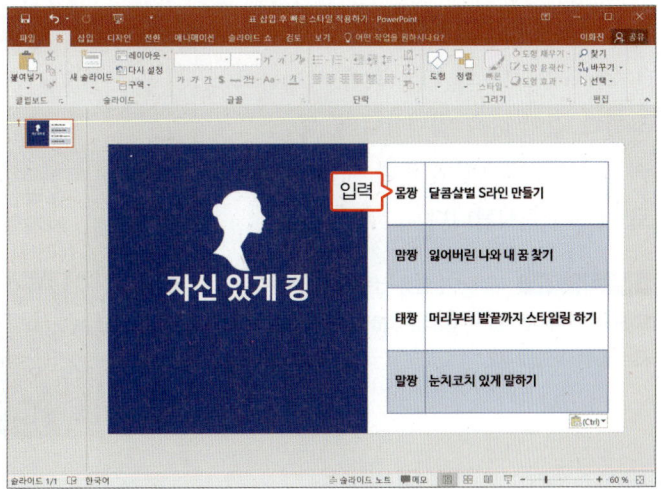

핵심기능실습 09

TELL ME
차트 추가, 빠른 레이아웃, 차트 빠른 스타일

차트 삽입 후 빠른 스타일 적용하기

학습 목표 | 프레젠테이션의 수치 정보는 차트로 표현해야 효과적입니다. 2016 버전에서는 6가지의 새로운 차트가 추가되었습니다. 차트를 사용해 슬라이드를 꾸며 보겠습니다.

실습 파일 | 파워포인트/09_차트 삽입 후 빠른 스타일 적용하기.pptx   **완성 파일** | 파워포인트/09완성.pptx

---

01 차트 삽입하기

① [삽입] 탭-[일러스트레이션] 그룹-[차트]를 클릭합니다. ② [차트 삽입] 대화상자에서 [세로 막대형]을 선택하고 ③ [묶은 세로 막대형]을 선택한 뒤 ④ [확인]을 클릭합니다.

차트 추가

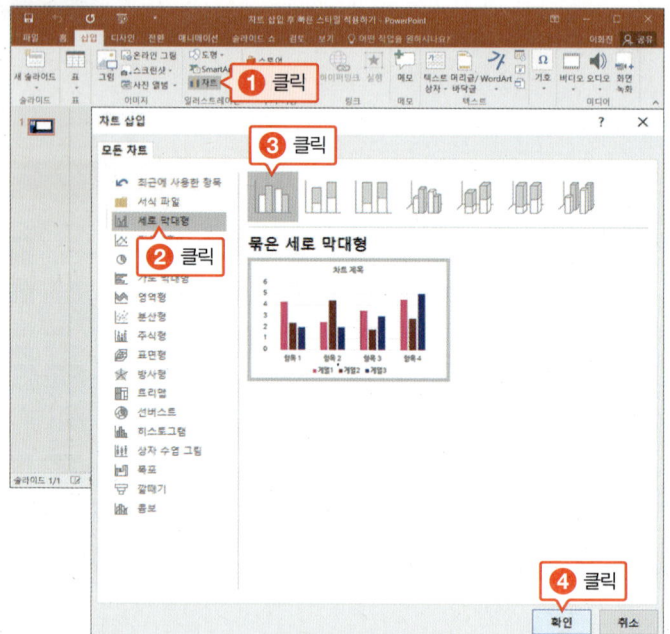

02 데이터 값 입력하기

① 스프레드시트의 기본 값을 삭제하고 그림과 같이 값을 입력합니다. ② 스프레드시트를 닫으면 입력한 데이터 값으로 차트가 표시됩니다.

바로 통하는 TIP 데이터가 잘못 입력된 경우에는 [차트 도구]-[디자인] 탭-[데이터] 그룹-[데이터 편집]에서 수정할 수 있습니다.

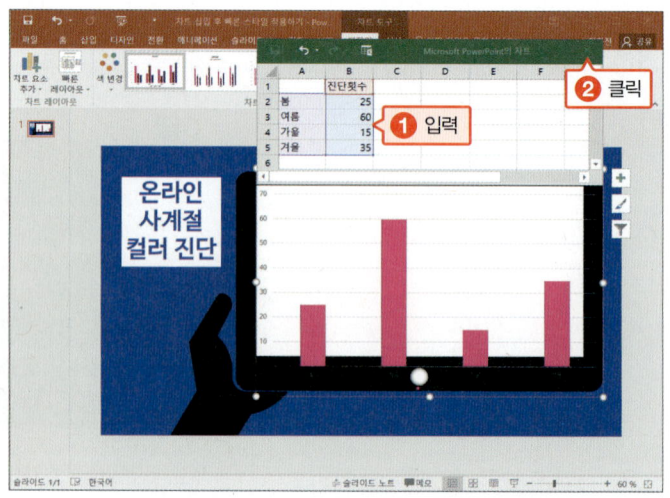

03 차트 레이아웃 변경하기

① [차트 도구]-[디자인] 탭-[차트 레이아웃] 그룹-[빠른 레이아웃]을 클릭합니다. ② 나타나는 레이아웃 중에서 [레이아웃 4]를 선택합니다. ③ 차트 아래에 있는 범례 항목을 선택한 후 Delete 를 눌러 삭제합니다.

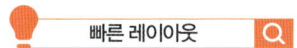

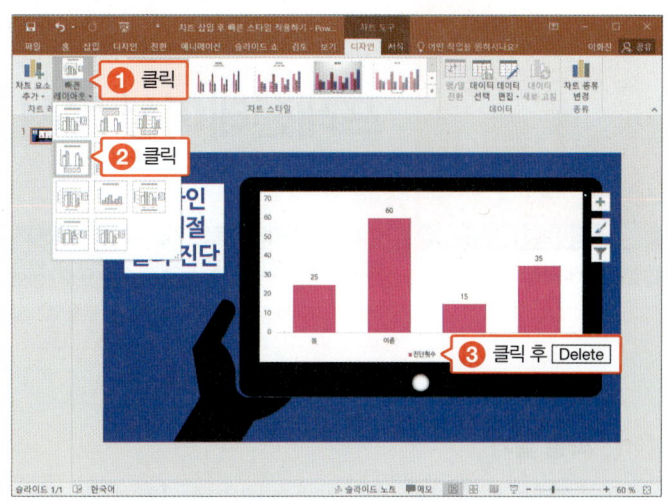

04 차트에 빠른 스타일 적용하기

① 차트를 클릭하고 ② [차트 도구]-[디자인] 탭-[차트 스타일] 그룹-[자세히⊡]를 클릭합니다.

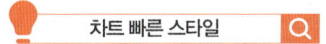

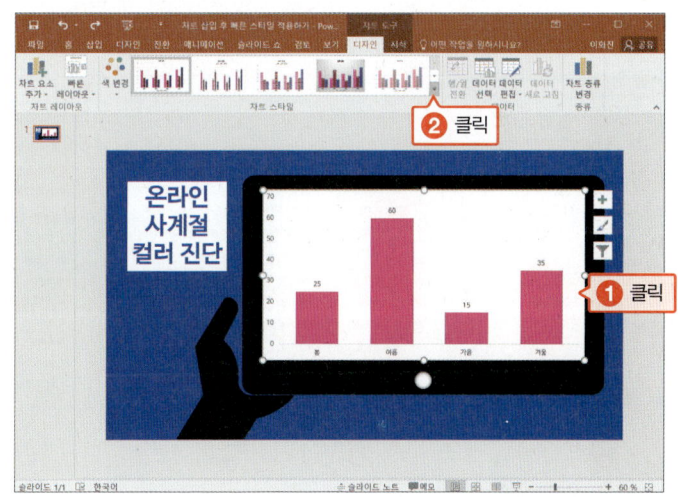

05 ① 나타나는 차트 스타일 중에서 [스타일 8]을 선택합니다. ② 세로축을 선택한 후 Delete 를 눌러 삭제합니다. ③ 세로축 주 눈금선을 선택한 후 Delete 를 눌러 삭제합니다. 스타일이 적용된 차트의 값과 항목을 읽기 편하게 변경하여 차트를 완성합니다.

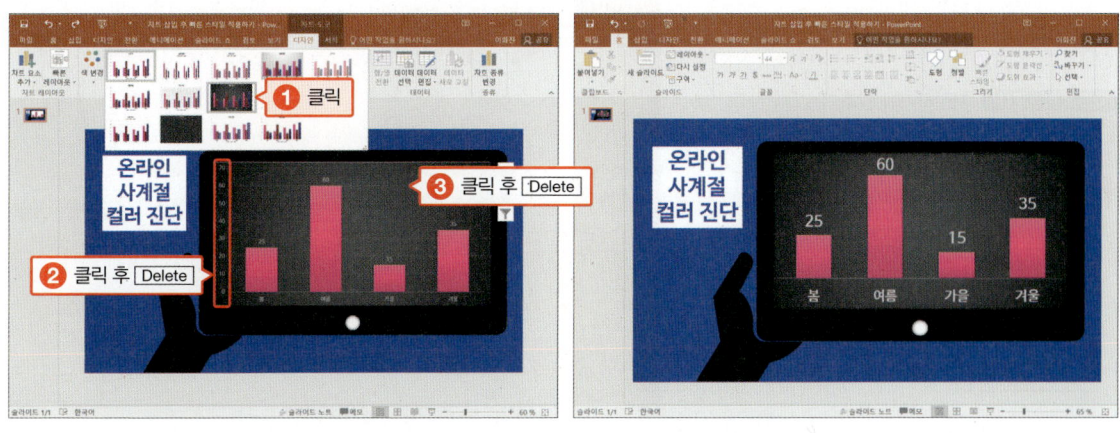

프레젠테이션 문서 열기 및 저장하기

학습 목표 | 파워포인트는 기본적으로 확장자가 *.pptx인 프레젠테이션 문서로 저장됩니다. 그 밖에도 다양한 형식으로 파일을 저장할 수 있습니다.

실습 파일 | 파워포인트/10_프레젠테이션 문서 열기 및 저장하기.pptx   완성 파일 | 파워포인트/10완성.pptx

O1 파일 열기

① 프레젠테이션 문서를 열기 위해 [파일] 탭-[열기]를 선택합니다. ② [이 PC]를 선택하고 ③ [찾아보기]를 클릭합니다. ④ [열기] 대화상자가 나타나면 10_프레젠테이션 문서 열기 및 저장하기.pptx 파일을 선택하고 ⑤ [열기]를 클릭합니다.

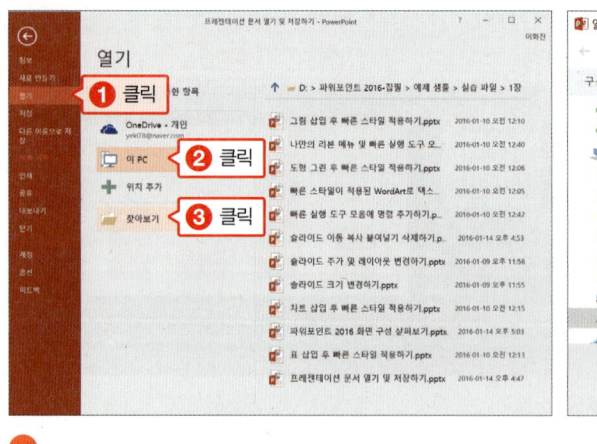

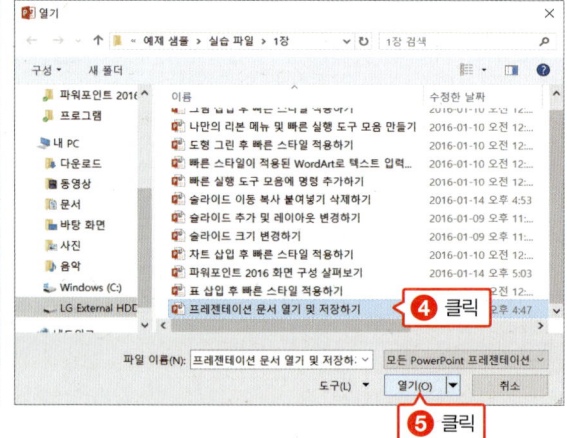

O2 파일 저장하기

문서 수정 후 열린 파일을 저장하기 위해 [파일] 탭-[저장]을 선택합니다.

바로 통하는TIP 저장하기의 단축키는 Ctrl+S입니다.

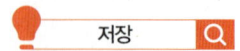

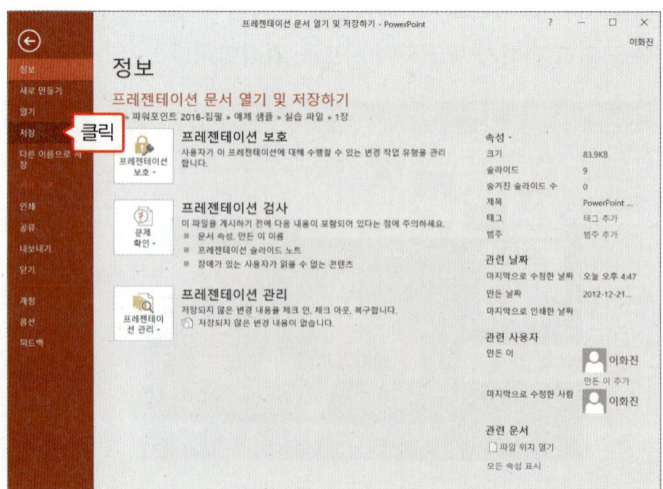

03 다른 이름으로 저장하기

불러온 파일은 이름이나 형식을 바꿔 다른 이름으로 저장할 수 있습니다.
① [파일] 탭-[다른 이름으로 저장]을 선택합니다. ② [이 PC]를 선택하고 ③ [찾아보기]를 클릭합니다.

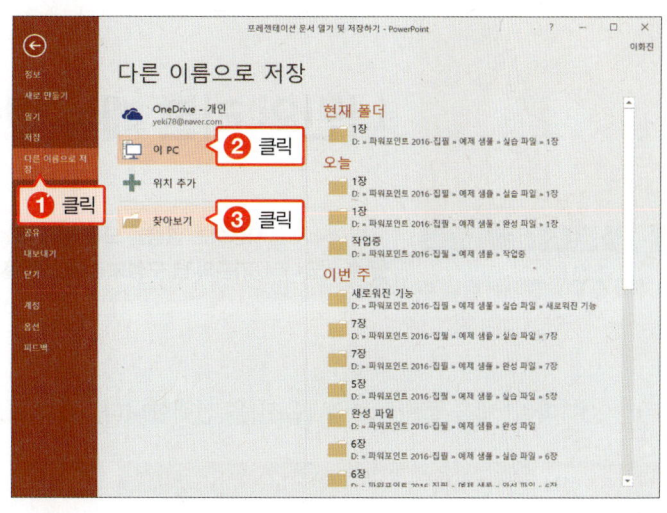

04 ① [다른 이름으로 저장] 대화상자가 나타나면 **프레젠테이션 문서 열기 및 저장하기_완성**을 입력하고 ② [저장]을 클릭합니다.

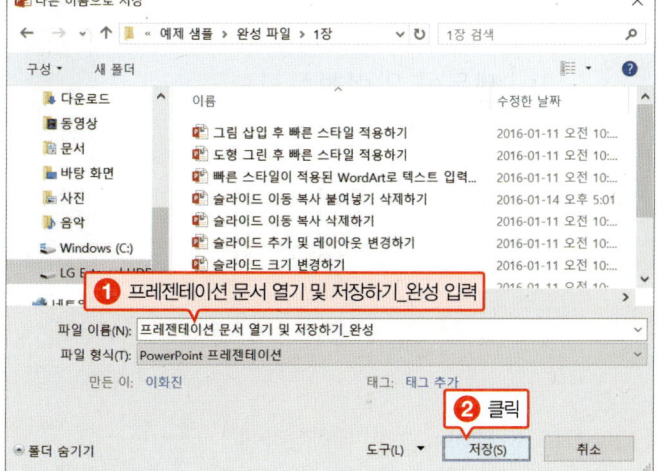

바로 통하는 TIP **자동 복구 정보를 자동으로 저장하기**

자동 복구 정보를 자동으로 저장하려면 [파일] 탭-[옵션]을 선택한 후 [PowerPoint 옵션] 대화상자에서 [저장]을 선택합니다. 분 단위로 [자동 복구 정보 저장 간격]을 설정할 수 있는 확인란에 시간 간격을 선택하거나 직접 입력합니다. 파일이 열린 상태에서 전원이 끊기거나 다른 문제가 발생한 경우에는 파일 저장 간격이 짧을수록 더 많은 정보를 복구할 수 있습니다.

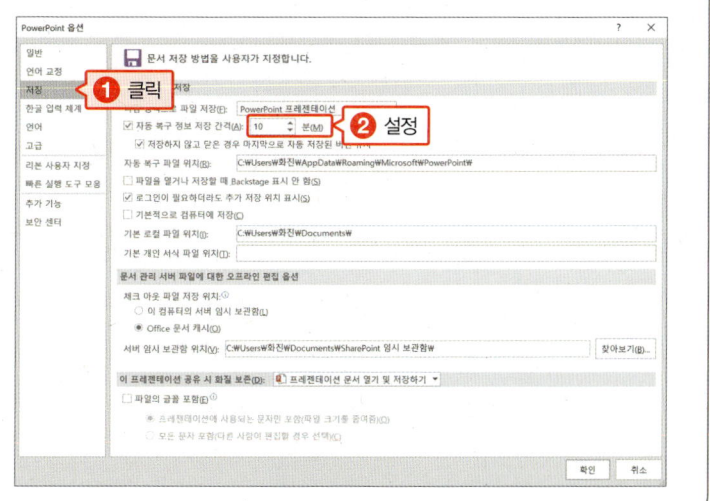

나만의 리본 메뉴 만들기

학습 목표 | 자주 사용하는 명령을 모아 리본 메뉴를 새로 만들면 오피스 작업을 좀 더 쉽고 빠르게 할 수 있습니다. 기존의 탭 구성도 자기 스타일에 맞춰 변경해 보겠습니다.

01 ① [파일] 탭을 클릭하고 ② [옵션]을 선택합니다. [PowerPoint 옵션] 대화상자가 활성화됩니다.

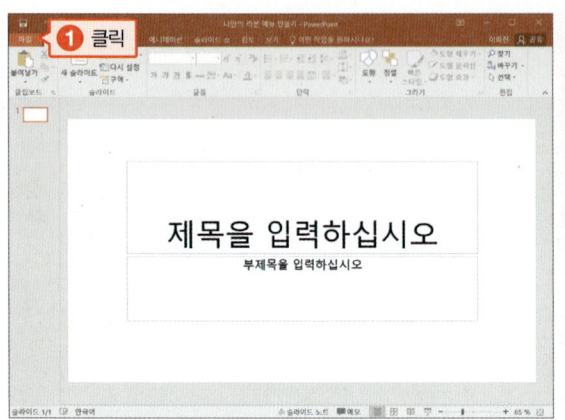
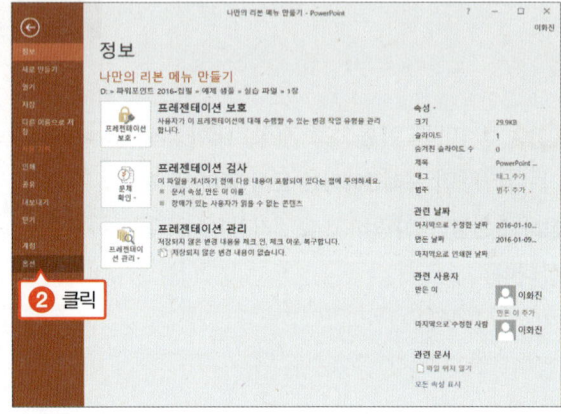

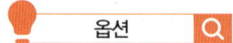
옵션

02 ① [PowerPoint 옵션] 대화상자에서 [리본 사용자 지정]을 선택하고 ② 오른쪽 아래에서 [새 탭]을 클릭합니다.

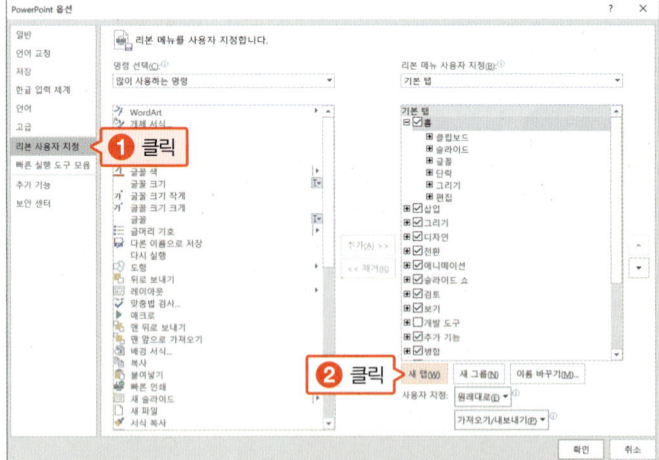

O3 [새 탭]과 [새 그룹]이 생성되면 ① [새 탭]을 선택하고 ② [이름 바꾸기]를 클릭합니다. ③ [이름 바꾸기] 대화 상자에서 [표시 이름]에 **화진**을 입력하고 ④ [확인]을 클릭합니다.

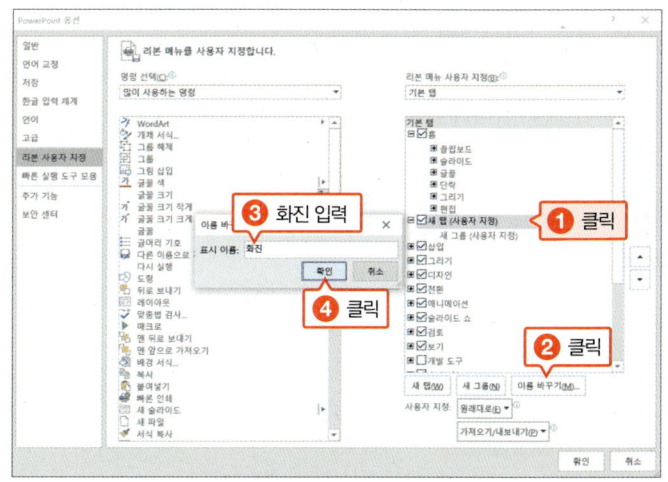

O4 [새 그룹]의 이름도 같은 방법으로 바꿔 줍니다.

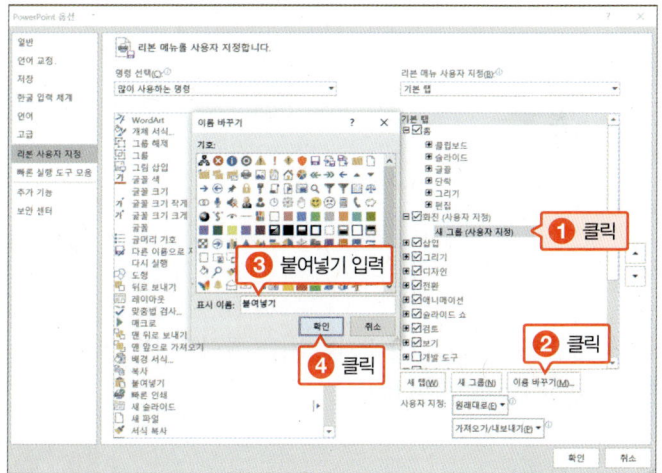

O5 ① 새로 만든 그룹을 선택합니다. ② 왼쪽 [명령 선택]에서 필요한 명령을 선택하고 ③ [추가]를 클릭합니다.

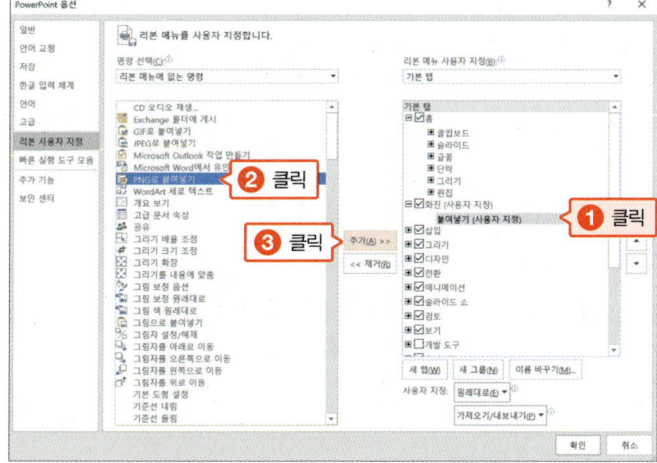

06 새로 만든 그룹에 명령이 추가되었습니다. 같은 방법으로 원하는 명령을 모두 추가합니다. [위로 이동▲]/[아래로 이동▼]을 클릭하여 탭의 위치를 이동할 수도 있습니다.

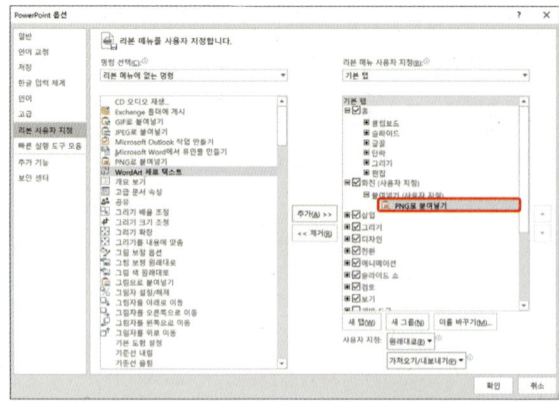

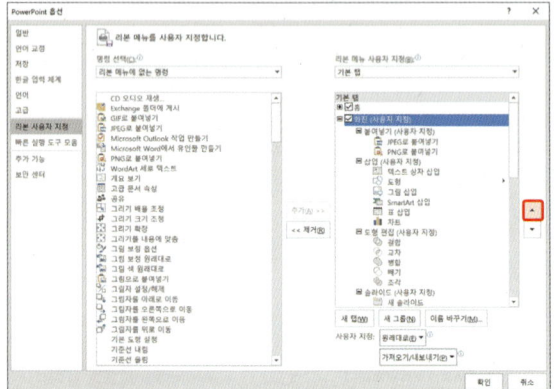

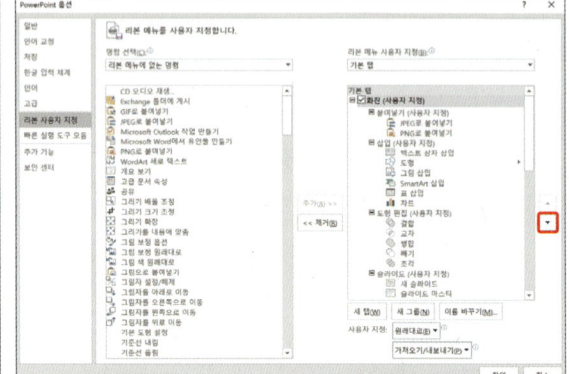

07 명령을 모두 추가한 후 [확인]을 클릭합니다. 리본 메뉴에서 [파일] 탭과 [홈] 탭 사이에 새로 만든 [화진] 탭이 추가되었습니다.

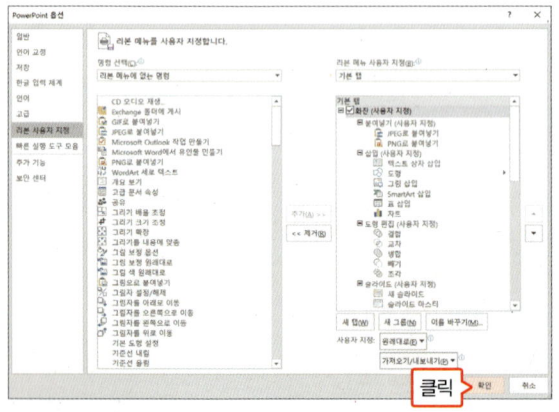

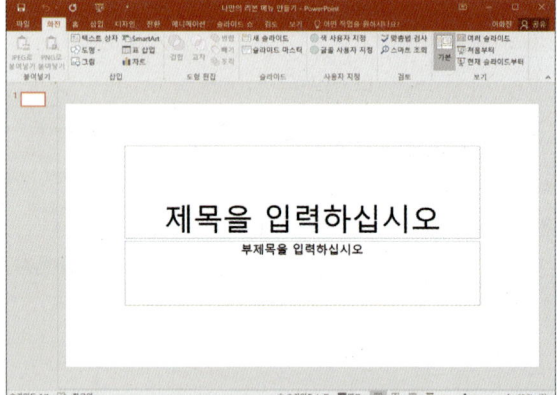

바로 통하는 TIP [PowerPoint 옵션] 대화상자에서 [가져오기/내보내기]를 클릭하여 현재 리본 메뉴 및 빠른 실행 도구 모음 사용자 지정을 파일로 내보낸 후 다른 컴퓨터로 가져와 사용할 수도 있습니다.

02

프레젠테이션 슬라이드 배경 서식 만들기

프레젠테이션 주제에 어울리는 배경 서식 디자인은 청중의 시선을 사로잡고 그들의 기억 속에 오래도록 남게 도와줍니다. 프레젠테이션 내용과 대상, 상황에 맞는 테마 글꼴을 설정하고 브랜드 컬러를 중심으로 테마 색을 설정합니다. 프레젠테이션에 공통으로 적용되는 슬라이드 배경, 제목 서식, 로고, 번호 등을 슬라이드 마스터에서 작업합니다. 슬라이드 마스터를 사용하면 쉽게 수정하고 편집할 수 있습니다. 잘 만든 슬라이드 배경은 테마로 저장하여 재활용할 수 있습니다.

슬라이드의 배경 서식으로 일관성 유지하기

슬라이드의 배경 서식과 관련된 새 테마 글꼴, 새 테마 색, 슬라이드 배경 서식 변경하기, 로고 및 번호 삽입과 새 테마 등에 대해 살펴보겠습니다. 슬라이드의 배경과 서식에 대한 내용은 주로 슬라이드의 메시지 전달력을 강조하기 위해 사용됩니다. 전달력을 강조하기 위해서는 슬라이드의 일관성을 유지하는 것이 반드시 필요하므로 그 방법을 살펴보겠습니다.

슬라이드 배경 및 개체 색 통일 : 서로 다른 슬라이드라도 같은 배경을 사용하면 하나의 결과물처럼 보입니다. 또 1~4개 정도의 색을 지정해 동일하게 사용하면 콘텐츠 전달력을 높일 수 있습니다.

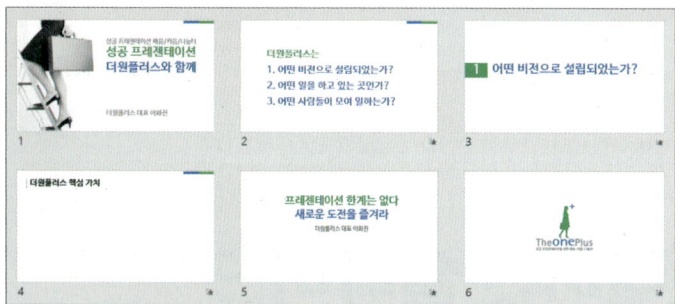

텍스트 스타일 및 서식 통일 : 텍스트와 개체는 콘텐츠를 표현하는 중심 요소입니다. 텍스트 글꼴 색과 표현 스타일, 개체 서식을 통일하면 일관성 유지에 큰 도움이 됩니다.

테마 색으로 슬라이드 꾸미기 : 슬라이드에서 색채 계획은 결과물을 분위기를 결정하는 상당히 중요한 작업입니다. 하지만 색을 어울리게 사용하기란 어려운 문제이므로 특정 기분에 따라 색을 조합해 놓은 테마 색이 일반 작업자에게는 유리합니다. 테마에 따라 색이 바뀌더라도 슬라이드가 조잡하거나 혼란스러워 보이지 않기 때문입니다.

새 테마 글꼴 만들기

학습 목표 | 프레젠테이션에서 사용할 글꼴은 주장하는 내용, 대상, 상황에 맞게 선택해야 합니다. 글꼴을 미리 설정해 놓으면 슬라이드 작업에서 시간 낭비를 줄일 수 있습니다. 테마 글꼴에서 글꼴을 미리 설정해 보겠습니다.

실습 파일 | 파워포인트/12_새 테마 글꼴 만들기.pptx   **완성 파일** | 파워포인트/12완성.pptx

01 새 테마 글꼴 만들기

① [디자인] 탭 – [적용] 그룹 – [자세히] 를 클릭하고 ② [글꼴] – [글꼴 사용자 지정]을 선택합니다. ③ [새 테마 글꼴 만들기] 대화상자에서 프레젠테이션의 스타일에 맞게 [영어 글꼴]과 [한글 글꼴]의 제목 및 본문 글꼴을 변경합니다. ④ [이름]에 **더원플러스**를 입력하고 ⑤ [저장]을 클릭합니다

테마 글꼴

02 개체 틀의 글꼴이 변경되었습니다. 또한 새로 만든 글꼴이 사용자 지정 목록에 추가되었습니다.

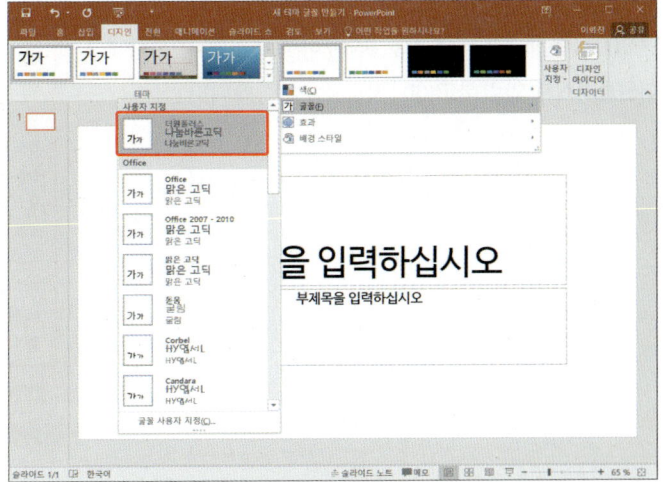

새 테마 색 만들기

학습 목표 | 프레젠테이션에서 사용할 색은 브랜드 컬러를 중심으로 전체 내용을 잘 표현할 수 있어야 합니다. 새 테마 색을 만들어 보겠습니다.

실습 파일 | 파워포인트/13_새 테마 색 만들기.pptx　**완성 파일 |** 파워포인트/13완성.pptx

01　새 테마 색 만들기

① [디자인] 탭-[적용] 그룹-[자세히⬇]를 클릭하고 ② [색]-[색 사용자 지정]을 선택합니다.

테마 색 🔍

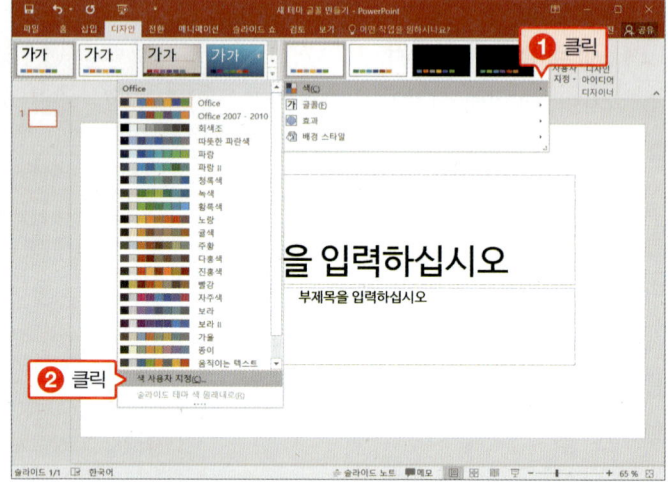

02

① [새 테마 색 만들기] 대화상자에서 프레젠테이션의 스타일에 맞게 색을 변경합니다. ('바로 통하는 TIP'의 새 테마 색 표를 참고하세요.) ② [이름]에 **더원플러스**를 입력하고 ③ [저장]을 클릭합니다.

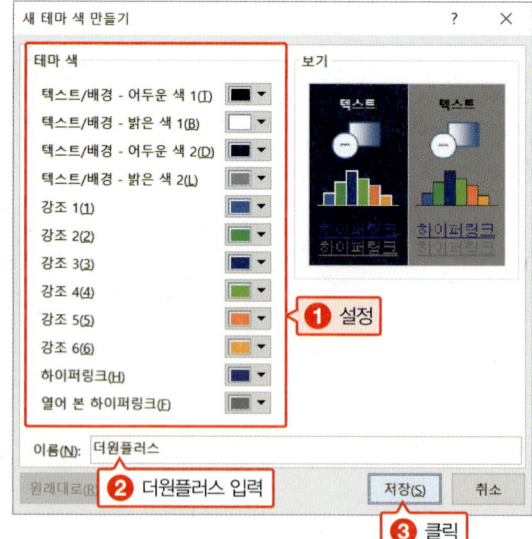

텍스트/배경 – 어두운 색 1(T)	빨강(R): 0, 녹색(G): 0, 파랑(B): 0
텍스트/배경 – 밝은 색 1(B)	빨강(R): 255, 녹색(G): 255, 파랑(B): 255
텍스트/배경 – 어두운 색 2(D)	빨강(R): 31, 녹색(G): 73, 파랑(B): 125
텍스트/배경 – 밝은 색 2(L)	빨강(R): 160, 녹색(G): 159, 파랑(B): 159
강조 1(1)	빨강(R): 0, 녹색(G): 123, 파랑(B): 201
강조 2(2)	빨강(R): 128, 녹색(G): 195, 파랑(B): 65
강조 3(3)	빨강(R): 254, 녹색(G): 131, 파랑(B): 75
강조 4(4)	빨강(R): 12, 녹색(G): 65, 파랑(B): 154
강조 5(5)	빨강(R): 10, 녹색(G): 153, 파랑(B): 71
강조 6(6)	빨강(R): 255, 녹색(G): 179, 파랑(B): 0
하이퍼링크(H)	빨강(R): 0, 녹색(G): 123, 파랑(B): 201
열어 본 하이퍼링크(F)	빨강(R): 160, 녹색(G): 159, 파랑(B): 159

O3 새로 만든 테마 색이 사용자 지정 목록에 추가되었습니다.

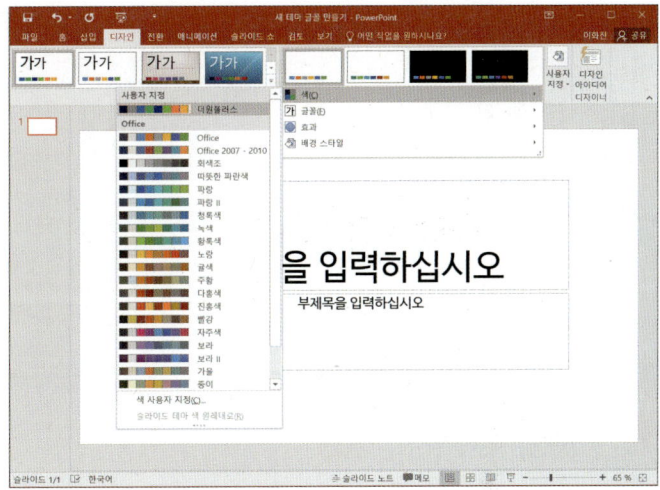

바로 통하는 TIP [강조 1]에 적용한 색은 도형 채우기 색입니다. 따라서 [강조 1]에 색을 적용할 때는 가장 많이 사용하는 색을 선택하는 것이 좋습니다.

핵심기능실습 14

TELL ME
슬라이드 마스터 보기

슬라이드 배경 서식 변경하기

학습 목표 | 슬라이드에 공통적으로 적용되는 배경이나 로고, 번호 등을 디자인하기 위해서는 슬라이드 마스터를 사용합니다. 단색, 그라데이션, 그림, 질감, 패턴 등으로 디자인할 수 있습니다.

실습 파일 | 파워포인트/14_슬라이드 배경 서식 변경하기.pptx   **완성 파일 |** 파워포인트/14완성.pptx

01 슬라이드 마스터로 이동하기

최상위 슬라이드 마스터에는 모든 레이아웃에 공통으로 적용되는 요소를 넣습니다. 슬라이드 마스터로 이동해 보겠습니다. [보기] 탭 – [마스터 보기] 그룹 – [슬라이드 마스터]를 클릭합니다.

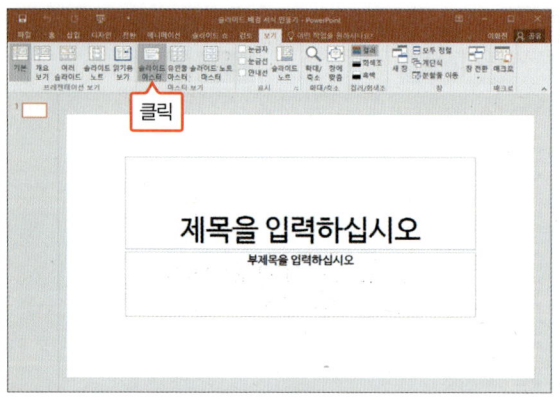
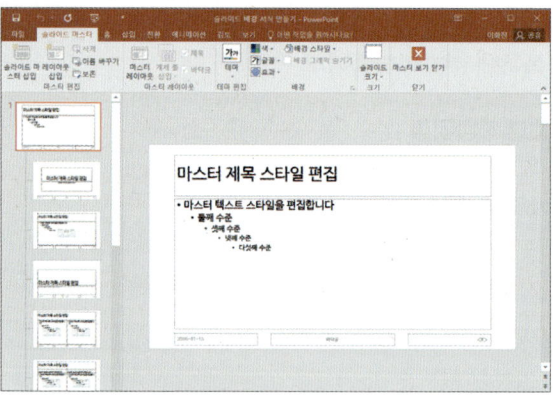

슬라이드 마스터 보기

02 배경에 도형 그리기

① 최상위 슬라이드 마스터를 선택합니다. ② [삽입] 탭 – [일러스트레이션] 그룹 – [도형]에서 [직사각형]을 선택하고 ③ 화면 오른쪽 위에 사각형 두 개를 그립니다.

(크기: 높이 0.4cm, 너비 2.6cm / 색1: 진한 파랑, 강조 1 / 색2: 진한 녹색, 강조 2)

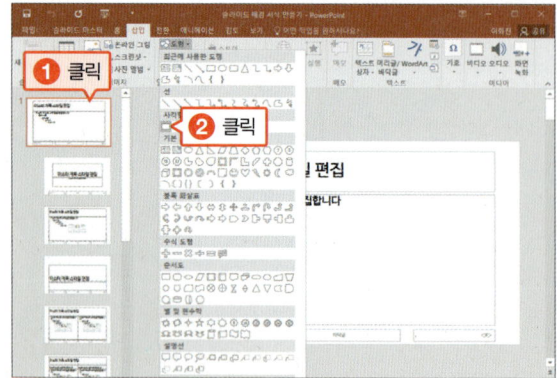
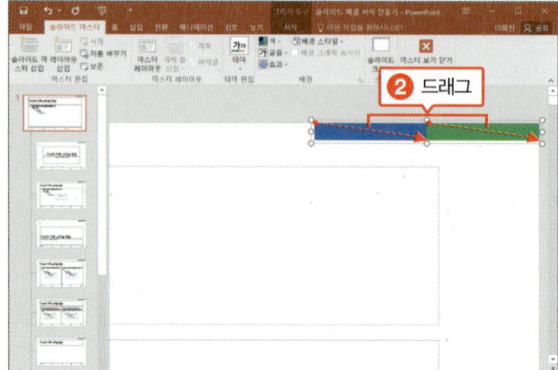

03 슬라이드 제목 앞에 선 그리기

① [삽입] 탭 – [일러스트레이션] 그룹 – [도형]에서 [선]을 선택하고 ② 제목 개체 틀 앞에 선을 그립니다. (높이: 1.6cm / 두께: 3pt / 색: 회색 – 50%, 배경 2)

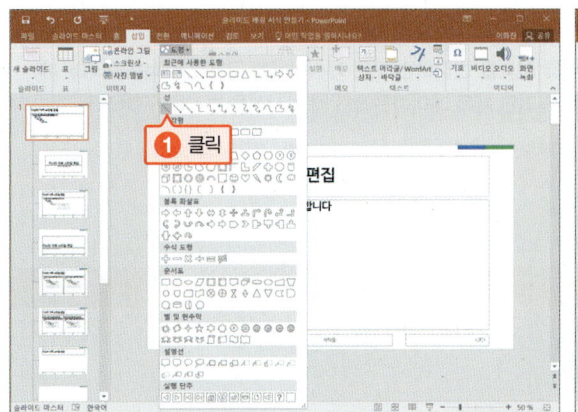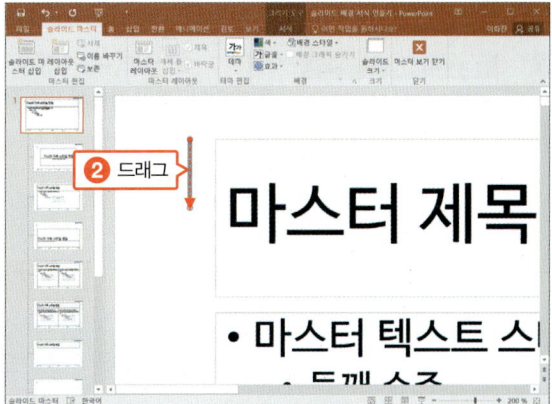

04 마스터 제목 스타일 편집하기

최상위 슬라이드 마스터에서 마스터 제목의 위치와 글꼴 크기를 수정해 보겠습니다.
① 제목 개체 틀에서 글꼴 크기를 [36pt]로 변경하고 ② 왼쪽에 그린 선 옆으로 이동합니다.

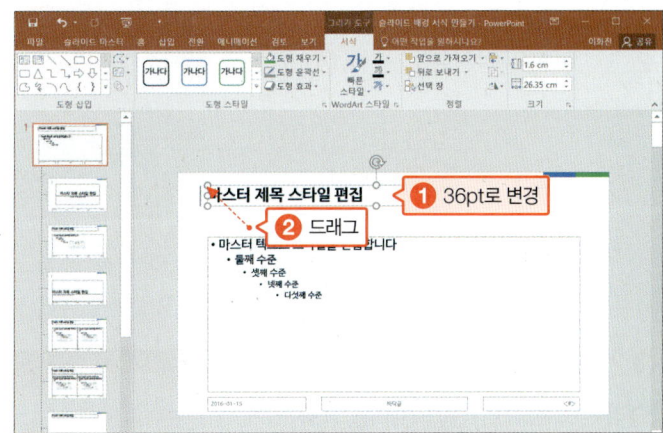

05 슬라이드 마스터 닫기

[슬라이드 마스터] 탭 – [닫기] 그룹 – [마스터 보기 닫기]를 클릭합니다. 마스터의 디자인 요소가 슬라이드에 적용되었습니다.

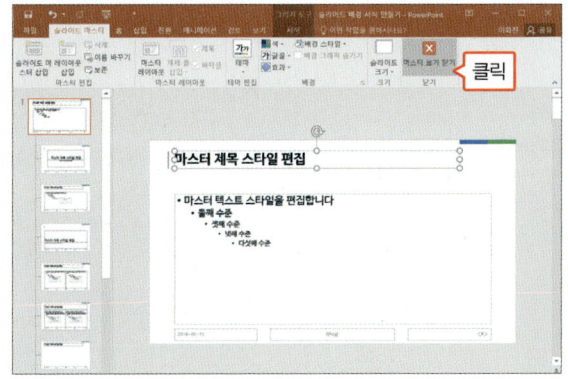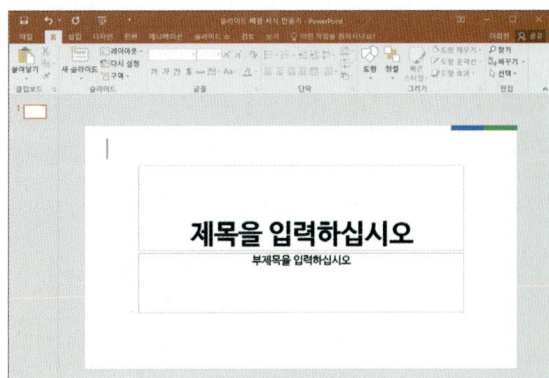

제목 슬라이드 배경 서식만 변경하기

학습 목표 | 슬라이드 마스터에서 배경 서식을 변경하면 모든 레이아웃에 공통으로 적용됩니다. 제목 슬라이드에만 다른 배경을 적용하려면 제목 레이아웃에서 배경 서식을 변경해야 합니다.

실습 파일 | 파워포인트/15_제목 슬라이드 배경 서식만 변경하기.pptx   **완성 파일 |** 파워포인트/15완성.PPTX

01 제목 슬라이드 레이아웃 선택하기

① [보기] 탭 – [마스터 보기] 그룹 – [슬라이드 마스터]를 클릭해 슬라이드 마스터로 이동한 후 ② [제목 슬라이드 레이아웃]을 선택합니다.

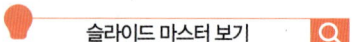
슬라이드 마스터 보기

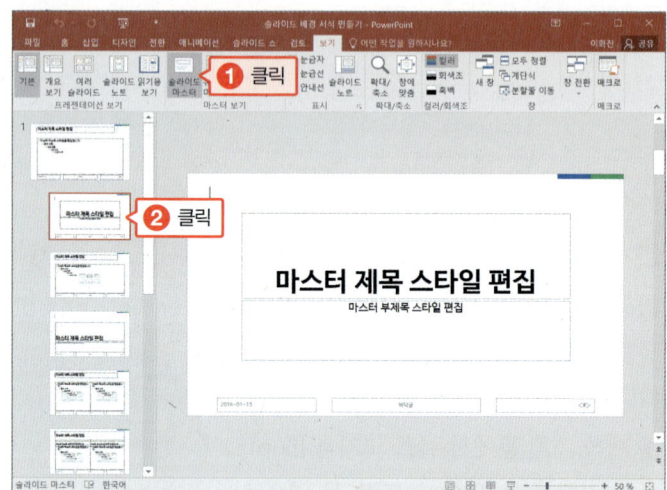

02 배경 그래픽 숨기기

[슬라이드 마스터] 탭 – [배경] 그룹 – [배경 그래픽 숨기기]에 체크 표시합니다.

[제목 슬라이드 레이아웃]에 그래픽이 사라졌습니다.

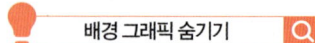
배경 그래픽 숨기기

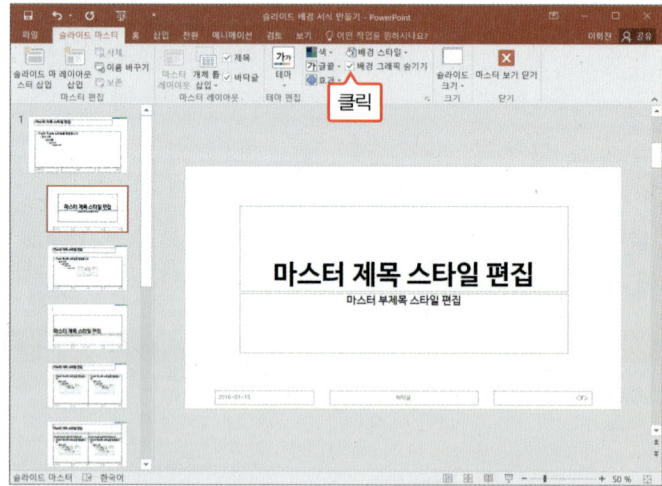

03 이미지 삽입하기

① [삽입] 탭 – [이미지] 그룹 – [그림]을 클릭합니다. ② [그림 삽입] 대화상자에서 강사.jpeg를 선택한 후 ③ [삽입]을 클릭합니다. ④ 삽입된 이미지를 슬라이드 왼쪽에 배치합니다.

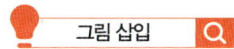
그림 삽입

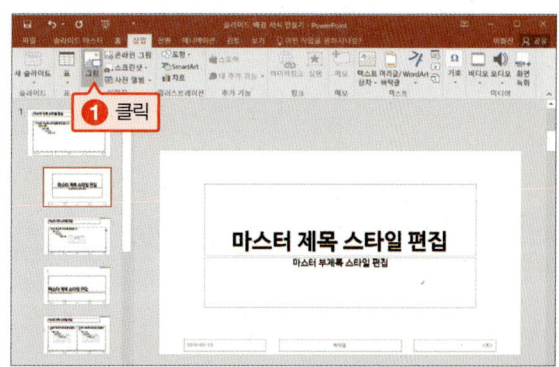

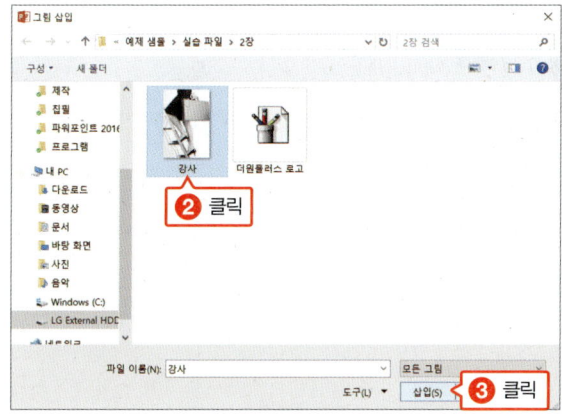

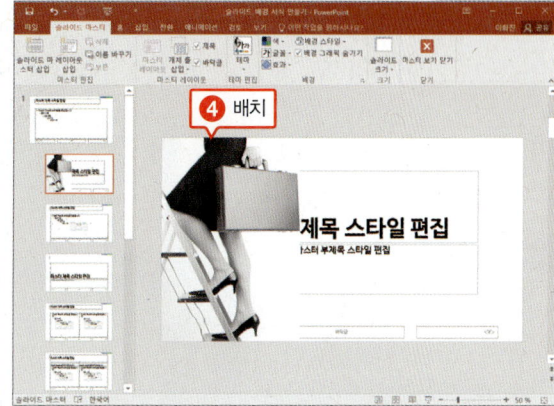

04 텍스트 개체 틀 편집하기

① 텍스트 개체 틀의 서식을 변경해 제목 슬라이드 레이아웃을 완성합니다. ② [슬라이드 마스터] 탭 – [마스터 편집] 그룹 – [이름 바꾸기]를 선택한 후 ③ [레이아웃 이름]을 **표지**로 바꿉니다. ④ [이름 바꾸기]를 클릭합니다. ⑤ [슬라이드 마스터] 탭 – [닫기] 그룹 – [마스터 보기 닫기]를 클릭합니다.

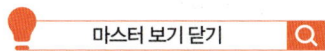
마스터 보기 닫기

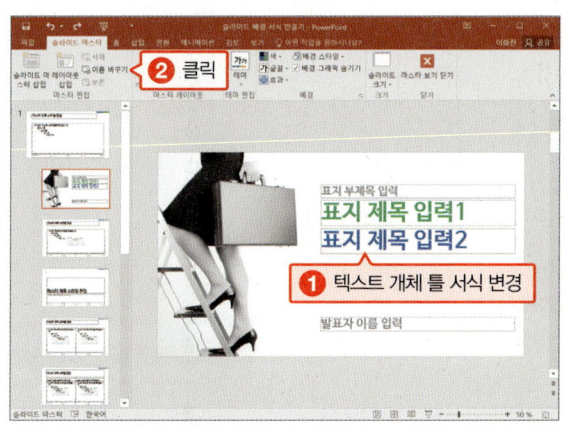

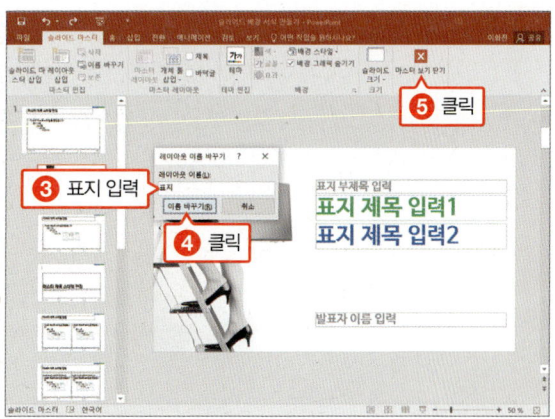

05 제목 슬라이드의 배경 서식이 변
경되었습니다.

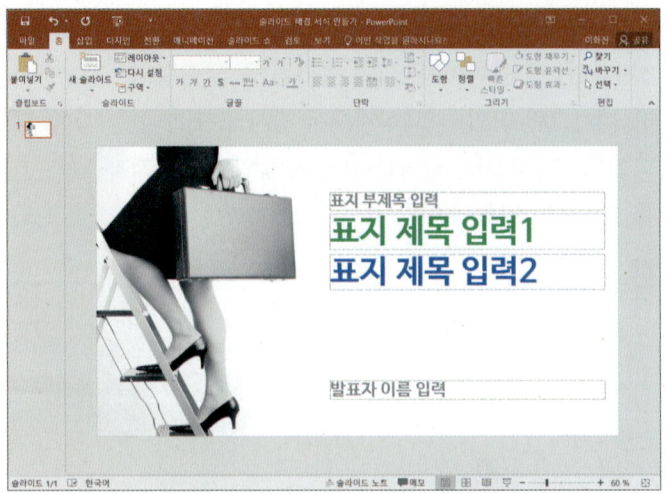

잘 만든 레이아웃을 슬라이드로 사용하기

학습 목표 | 슬라이드 마스터에서 만든 레이아웃은 실제 슬라이드로 삽입하는 단계를 거쳐야 사용할 수 있습니다. 잘 만든 레이아웃을 슬라이드로 불러오겠습니다.

실습 파일 | 파워포인트/16_잘 만든 레이아웃을 슬라이드로 사용하기.pptx   **완성 파일** | 파워포인트/16완성.PPTX

01 슬라이드 마스터 닫기

[슬라이드 마스터] 탭 - [닫기] 그룹 - [마스터 보기 닫기]를 클릭합니다. 슬라이드 창으로 화면이 바뀌었습니다.

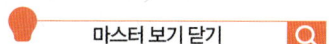
마스터 보기 닫기

02 표지 레이아웃으로 변경하기

기존의 제목 레이아웃 서식으로 되어 있는 슬라이드를 표지 레이아웃으로 변경해 보겠습니다.

① 슬라이드를 선택한 상태에서 [홈] 탭 - [슬라이드] 그룹 - [레이아웃]을 클릭합니다. ② [표지] 레이아웃을 선택합니다.

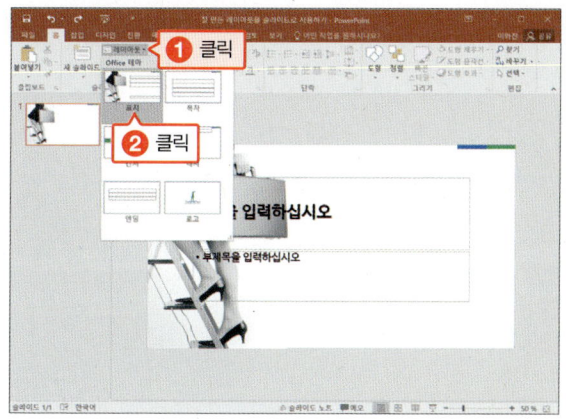

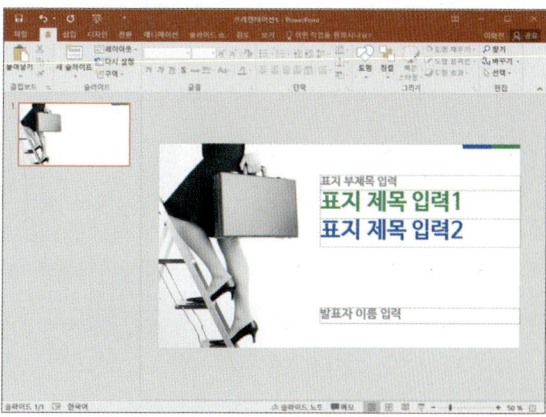

03 레이아웃이 다른 슬라이드 추가하기

① [홈] 탭 – [슬라이드] 그룹 – [새 슬라이드▼]를 클릭하고 ② [목차], [간지], [내지], [엔딩], [로고]를 차례대로 선택합니다. ③ 추가된 슬라이드의 텍스트 개체 틀에 내용을 입력하여 슬라이드 화면을 완성합니다.

새 슬라이드

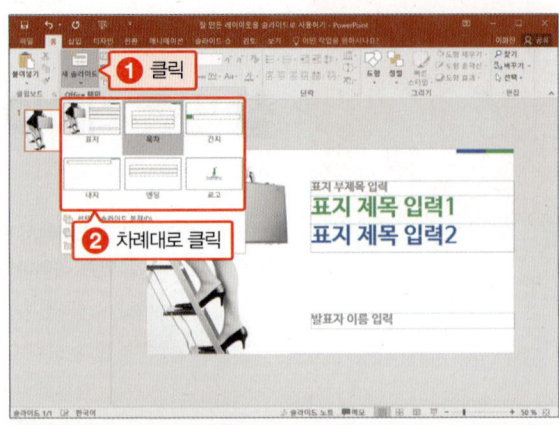

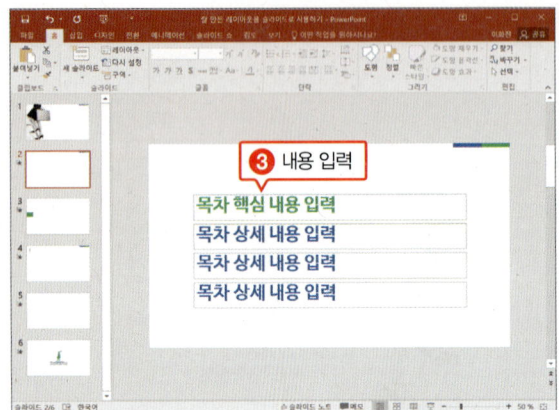

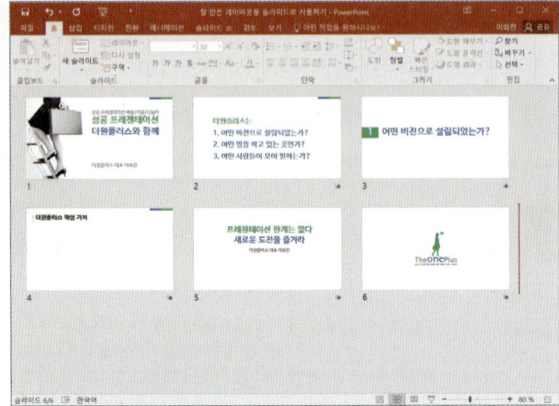

슬라이드에 번호 삽입하기

학습 목표 | 슬라이드에 번호를 표시하면 쉽게 찾을 수 있습니다. [머리글/바닥글] 기능을 사용해 번호를 삽입하고 제목 슬라이드에만 번호를 삽입하지 않는 방법에 대해 알아보겠습니다.

실습 파일 | 파워포인트/17_슬라이드 번호 삽입하기.pptx   **완성 파일** | 파워포인트/17완성.PPTX

O1 슬라이드에 번호 삽입하기

원하는 슬라이드의 위치를 쉽게 찾을 수 있도록 슬라이드에 번호를 넣어 보겠습니다. [삽입] 탭-[텍스트] 그룹-[슬라이드 번호]를 클릭합니다.

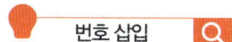

번호 삽입

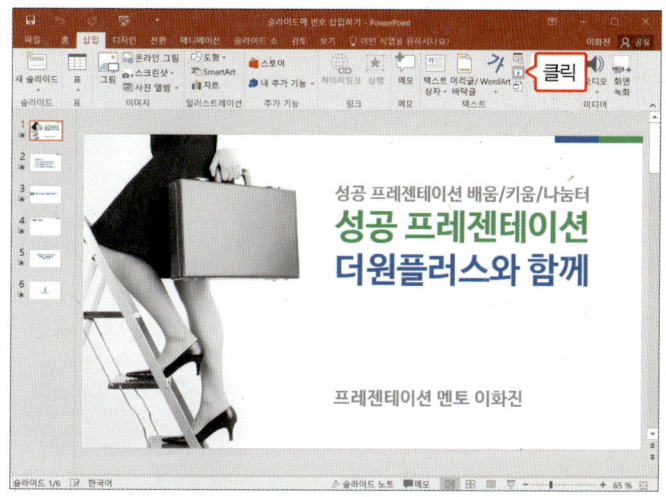

O2 제목 슬라이드에 페이지 번호 표시하지 않기

① [머리글/바닥글] 대화상자의 [슬라이드] 탭에서 [슬라이드 번호], [제목 슬라이드에는 표시 안 함]에 체크 표시하고 ② [모두 적용]을 클릭합니다.

첫 번째 제목 슬라이드를 제외한 모든 슬라이드의 오른쪽 아래에 슬라이드 번호가 나타납니다.

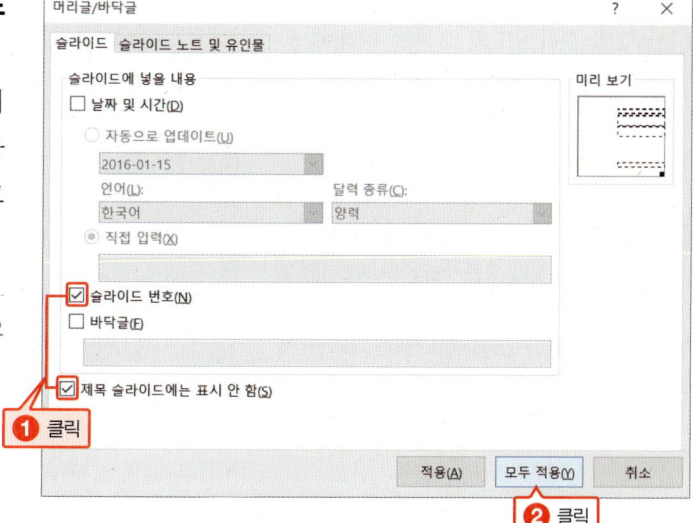

03 2번 슬라이드의 시작 번호가 1이 되도록 수정하기

슬라이드 축소판 창을 살펴보면 제목 슬라이드부터 슬라이드 번호가 1번으로 표시됩니다. 2번 슬라이드가 1번으로 표시되도록 수정해 보겠습니다.
① 2번 슬라이드를 선택합니다. ② [디자인] 탭-[사용자 지정] 그룹-[슬라이드 크기]를 클릭하고 ③ [사용자 지정 슬라이드 크기]를 선택합니다.

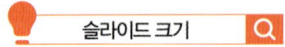

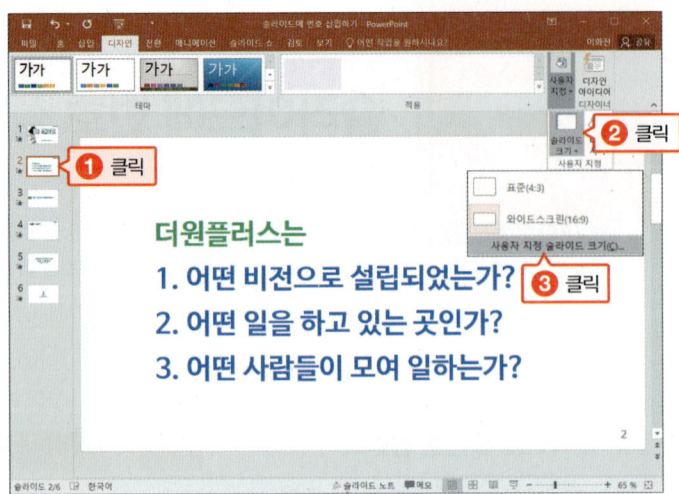

04 ① [슬라이드 크기] 대화상자의 [슬라이드 시작 번호]에 0을 입력하고 ② [확인]을 클릭합니다.

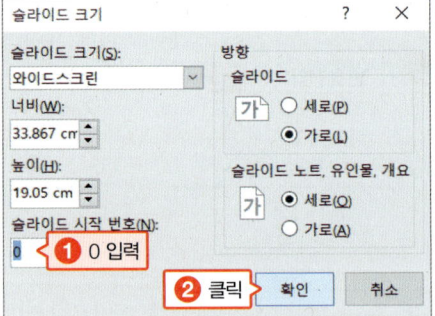

05 2번 슬라이드의 오른쪽 아래에 있는 슬라이드 번호가 1로 변경되었습니다.

첫 번째 제목 슬라이드는 0으로 표시됩니다.

바로 통하는 TIP 슬라이드 번호 서식 변경하기

[보기] 탭-[마스터 보기] 그룹-[슬라이드 마스터]를 클릭한 후 [슬라이드 번호] 개체 틀의 서식 및 위치를 변경합니다. 글꼴, 글꼴 크기, 글꼴 색 등 원하는 대로 변경할 수 있습니다.

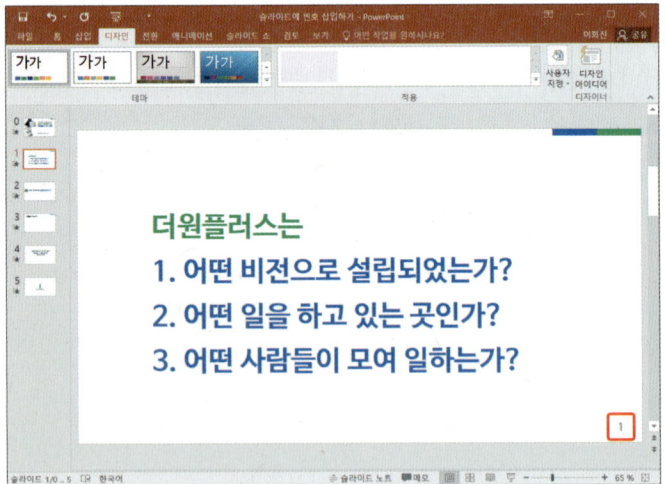

새 테마 저장하기

학습 목표 | 잘 만들어진 테마 글꼴, 테마 색 등이 적용된 테마 서식을 저장해서 필요할 때마다 사용할 수 있습니다. 새 테마를 저장하는 방법을 살펴보겠습니다.

실습 파일 | 파워포인트/18_새 테마 저장하기.pptx **완성 파일** | 파워포인트/18완성.PPTX

01 새 테마 저장하기

① [디자인] 탭 – [테마] 그룹 – [자세히☑]를 클릭합니다. ② [현재 테마 저장]을 선택합니다.

02 ① [현재 테마 저장] 대화상자가 나타나면 **더원플러스**를 입력하고 ② [저장]을 클릭합니다.

바로 통하는 TIP 새 테마를 저장할 때는 기본적으로 [Microsoft]–[Templates]–[Document Themes] 폴더 내에 저장됩니다.

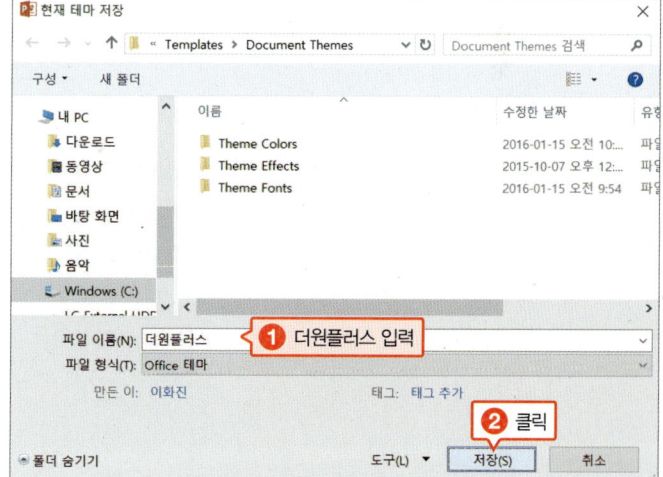

03 새로 저장한 테마 적용하기

새 문서를 만든 뒤 더원플러스라는 테마
를 적용해 보겠습니다. [디자인] 탭-[테
마] 그룹-[자세히 ▾]를 클릭하고 [사용
자 지정] 항목에서 [더원플러스] 테마를
선택합니다.

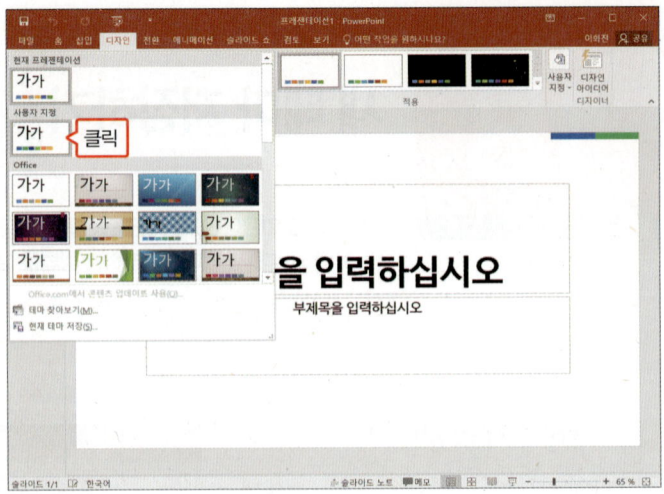

04 새 문서에 [더원플러스] 테마가 적
용되었습니다.

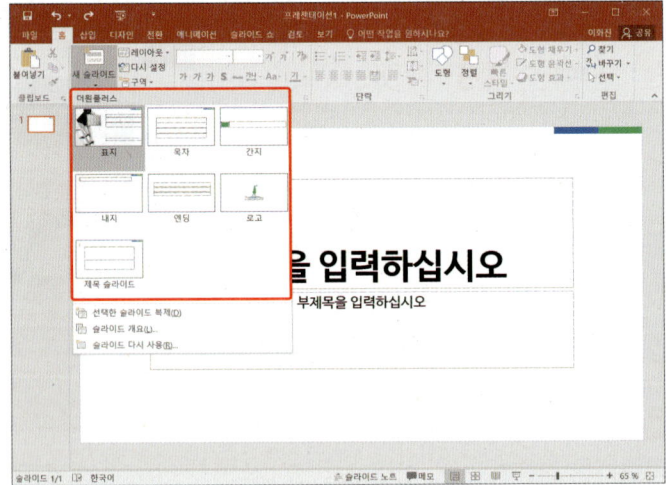

03

프레젠테이션 내용 작성 및 서식 지정하기

메시지 전달의 가장 기본 요소인 텍스트 작업에 대한 내용을 배우는 장입니다. 슬라이드에 텍스트를 입력하고 입력한 텍스트의 서식을 자유롭게 변경할 수 있습니다. 텍스트는 많은 내용을 넣기보다는 간단명료하고 보기 좋게 정렬하는 작업이 중요합니다. 또한 정렬을 위한 글머리 기호의 활용 방법과 줄 및 단락 간격 조정에 대해서도 배웁니다. 정렬이 잘된 텍스트는 가독성이 높아져 청중이 내용을 잘 볼 수 있습니다.

시선을 모으는 텍스트 표현 원칙 살펴보기

텍스트는 파워포인트 작업에서 가장 기초적인 콘텐츠이지만 사실 너무 많은 텍스트를 사용하면 지루해지기 십상입니다. 사람들은 설명 문구나 글머리 기호가 나열된 슬라이드는 잘 보지 않습니다. 다이어그램이나 차트가 존재하는 이유이기도 합니다. 텍스트와 관련된 기능을 배우기에 앞서 텍스트를 표현하는 몇 가지 원칙을 살펴보겠습니다.

헤드라인으로 시선을 모으기 : 텍스트 내용을 잘 설명하는 대표적인 단어를 선정해 헤드라인을 만든 후 잘 보이는 곳에 표기합니다. 헤드라인은 무엇을 말하려는지 바로 알려 주므로 줄줄이 나열된 텍스트를 이해하기 위한 시간을 줄여 줍니다.

> **포털 사이트 서비스**
>
> 포털 사이트들은 사용자들이 필요로 하는 정보 또는 그에 대한 메타 데이터를 종합적으로 제공합니다. 초기에는 검색 서비스와 전자 메일 위주였으나 점차적으로 온라인 데이터베이스, 뉴스, 홈쇼핑, 블로그 등 다양한 서비스를 제공하고 있습니다.

헤드라인은 크게, 내용은 작게 : 헤드라인에서 출발해 요점과 내용으로 이어지는 서브헤드, 텍스트 구성에서 모든 텍스트는 크기를 차별화해 서열이 분명하게 드러나도록 합니다. 글머리 기호를 사용하거나 줄 및 단락을 조정하면 더욱 보기 좋습니다.

> # 포털사이트 서비스
>
> **사용자들에게 정보와 메타 데이터 제공**
>
> 포털 사이트들은 사용자들이 필요로 하는 정보 또는 그에 대한 메타 데이터를 종합적으로 제공합니다. 초기에는 검색 서비스와 전자 메일 위주였으나 점차적으로 온라인 데이터베이스, 뉴스, 홈쇼핑, 블로그 등 다양한 서비스를 제공하고 있습니다.

글꼴 선택하기 : 프레젠테이션에서 사용하는 글꼴은 호환성과 가독성을 모두 고려해야 합니다. 컴퓨터를 자주 옮겨야 하는 환경이라 아름다운 글꼴을 사용하더라도 매번 따로 설치해야 하는 불편함이 따르기 때문입니다. 따라서 가급적이면 시스템에 기본적으로 설치된 글꼴을 사용하고 너무 많이 사용하지 않도록 주의해야 합니다.

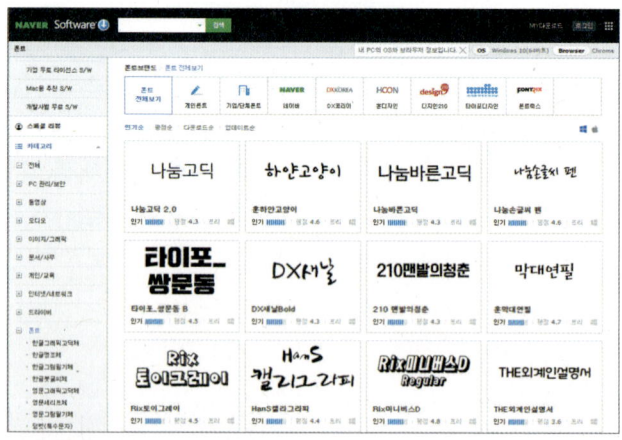

▲ 포털 사이트를 통해 글꼴을 쉽게 확인할 수 있습니다. 다만 호환성과 가독성을 반드시 고려해야 합니다.

슬라이드에 텍스트 입력하기

학습 목표 | 슬라이드에서 텍스트를 입력하려면 개체 틀이나 텍스트 상자, 도형 등의 폼이 있어야 합니다. 슬라이드에 다양한 방법으로 텍스트를 입력해 보겠습니다.

실습 파일 | 파워포인트/19_슬라이드에 텍스트 입력하기.pptx   **완성 파일** | 파워포인트/19완성.pptx

01 개체 틀에 텍스트 입력하기

개체 틀에 텍스트를 입력할 수 있습니다. 먼저 개체 틀을 클릭합니다.

바로 통하는 TIP 1번 슬라이드에서 표지 제목 입력이라는 텍스트가 쓰여 있는 상자가 개체 틀입니다.

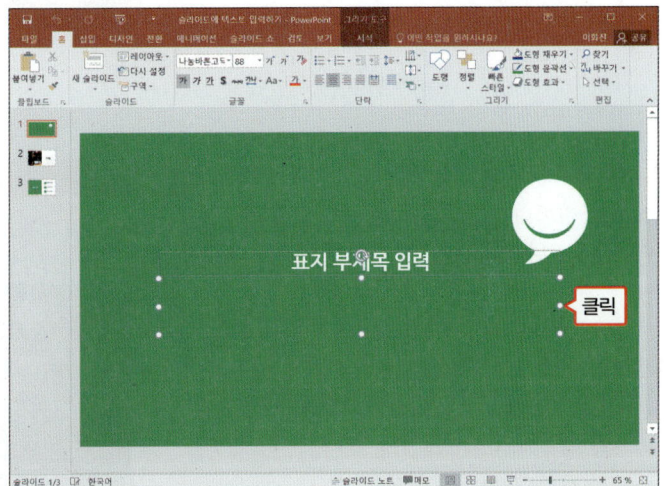

02 개체 틀에 **워킹맘드림센터**라고 입력합니다.

바로 통하는 TIP 개체 틀에서 텍스트를 편집할 때 사용하는 단축키

Ctrl + Enter : 다음 개체 틀로 이동, 새 슬라이드 생성
Tab 또는 Alt + Shift + → : 수준 낮추기
Tab + Shift 또는 Alt + Shift + ← : 수준 높이기

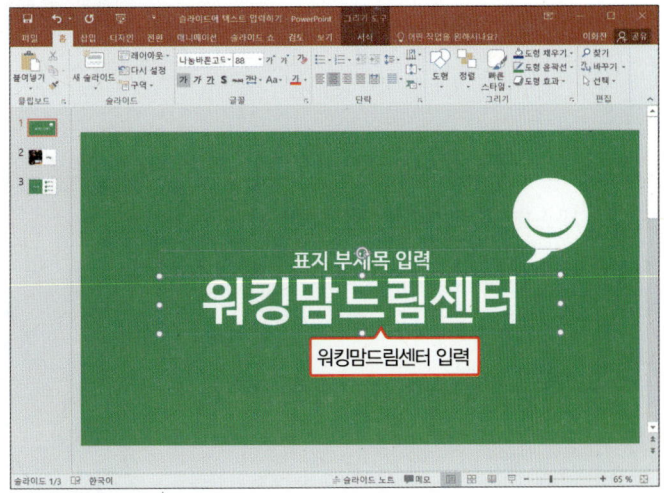

03 텍스트 상자에 텍스트 입력하기

'이화진'이라는 텍스트 위에 또 다른 텍스트 상자를 사용하여 텍스트를 입력해 보겠습니다.

① 2번 슬라이드를 선택하고 ② [삽입] 탭 - [텍스트] 그룹 - [텍스트 상자]를 클릭합니다.

💡 텍스트 상자

04

① 텍스트를 입력할 위치에서 마우스를 클릭합니다. ② 생성되는 텍스트 상자에 **워킹맘드림센터장**을 입력합니다.

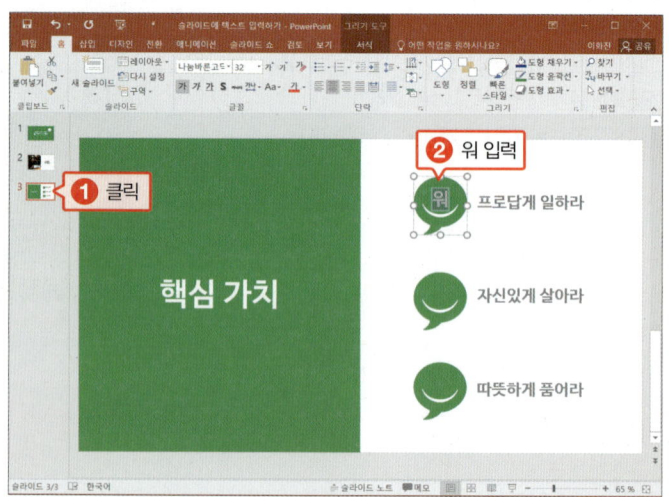

05 도형에 텍스트 입력하기

도형에 텍스트를 입력해 보겠습니다.

① 3번 슬라이드를 선택하고 ② 웃고 있는 말풍선 도형을 클릭하고 **워**를 입력합니다.

글꼴, 글꼴 크기, 글꼴 색 변경하기

학습 목표 | 글꼴 그룹에서는 글꼴, 글꼴 크기, 글꼴 색과 같은 텍스트의 서식을 변경할 수 있습니다. 적절한 텍스트 서식을 사용하면 슬라이드의 내용이 잘 드러납니다.

실습 파일 | 파워포인트/20_글꼴 글꼴 크기 글꼴 색 변경하기.pptx **완성 파일 |** 파워포인트/20완성.pptx

01 글꼴 변경하기

말풍선 도형에 입력되어 있는 글꼴을 변경해 보겠습니다.

① 말풍선을 클릭합니다. ② [홈] 탭 – [글꼴] 그룹 – [글꼴] 목록에서 [나눔명조 ExtraBold]를 선택합니다.

바로 통하는 TIP 변경할 글자를 블록 선택한 후 원하는 글꼴을 선택해도 됩니다.

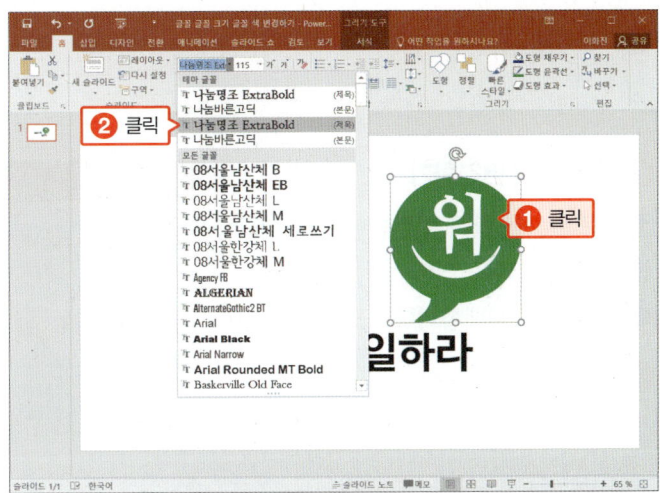

바로 통하는 TIP **무료 폰트 다운로드해 사용하기**

나눔명조는 무료로 다운로드하여 사용할 수 있는 서체입니다. 네이버에서 나눔명조로 검색하거나 다운로드 페이지(http://hangeul.naver.com/2016/nanum)에서 다운로드합니다. 다운로드한 서체를 [제어판] – [모양 및 개인 설정] – [글꼴] 폴더에 넣으면 됩니다.

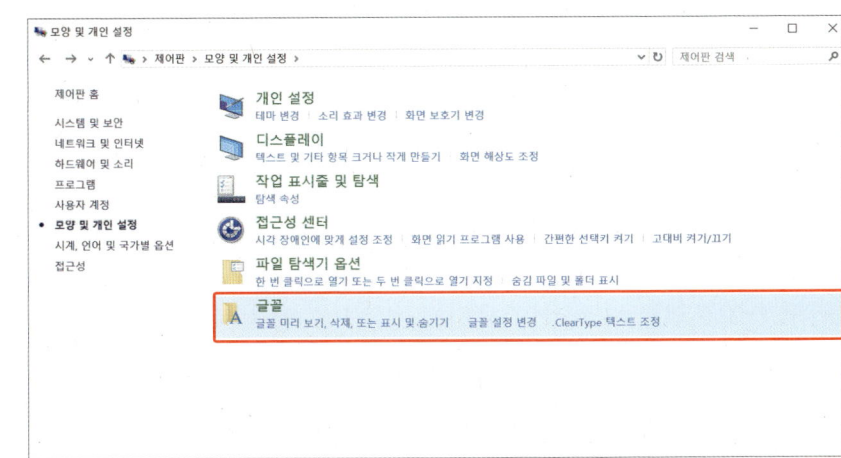

02 글꼴 크기 변경하기

슬라이드에 입력된 문장 중 '프로'의 글꼴 크기를 변경해 보겠습니다.
① 프로 글자를 블록 설정합니다. ② [홈] 탭 – [글꼴] 그룹에서 글꼴의 크기를 [96] 으로 변경합니다.

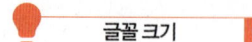 **글꼴 크기 조정 단축키**

글꼴 크게 : Ctrl + Shift + >
글꼴 작게 : Ctrl + Shift + <

글꼴 크기 🔍

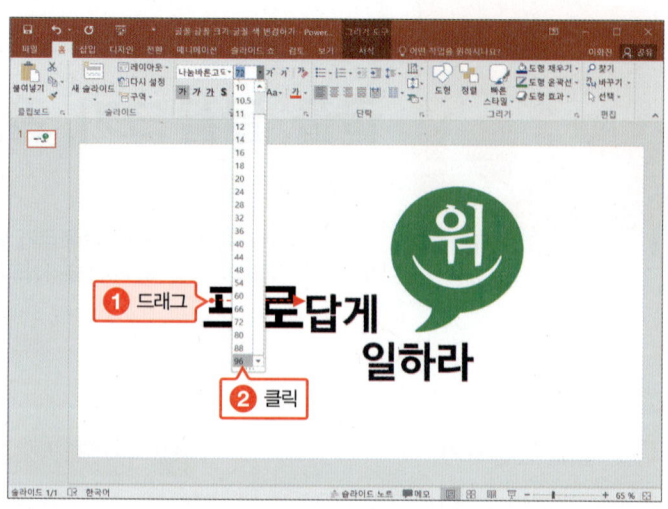

03 글꼴 색 변경하기

① 프로 글자를 블록 설정합니다. ② [홈] 탭 – [글꼴] 그룹 – [글꼴 색] – [진한 녹색, 강조 1]을 선택합니다.

글꼴 색 🔍

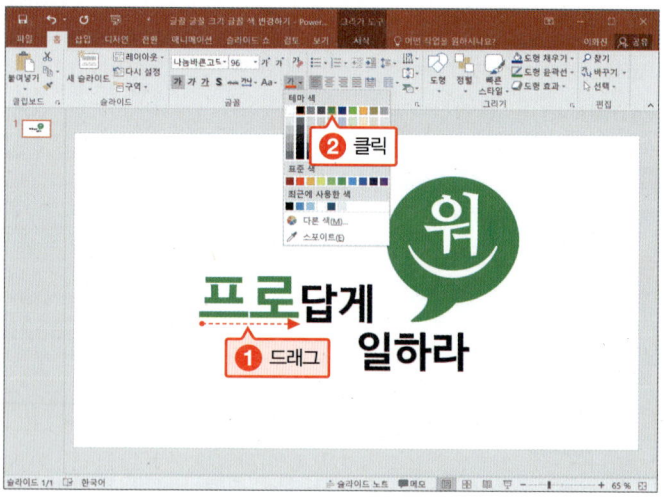

글머리 기호 설정 및 서식 변경하기

학습 목표 | 글머리 기호는 많은 내용의 텍스트를 구분하고 슬라이드를 보는 청중의 주목도를 높여줍니다. 단락에 글머리 기호를 설정하고 텍스트와의 간격을 조정하는 방법을 알아보겠습니다.

실습 파일 | 파워포인트/21_글머리 기호 설정 및 서식 변경하기.pptx　**완성 파일** | 파워포인트/21완성.pptx

01 글머리 기호 삽입하기

① 6개 교육 프로그램 항목의 텍스트 상자를 클릭합니다. ② [홈] 탭-[단락] 그룹-[글머리 기호▼]를 클릭하고 ③ 목록에서 [속이 찬 큰 둥근 글머리 기호]를 선택합니다.

텍스트 상자 내 6개 항목 앞에 글머리 기호가 삽입됩니다.

글머리 기호

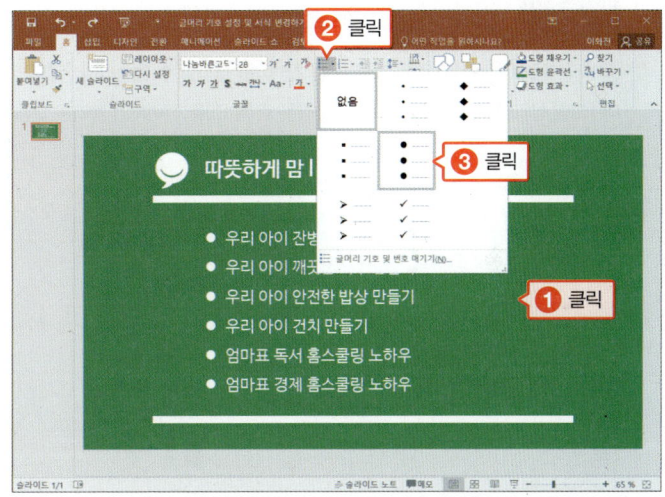

02 글머리 기호 크기 변경하기

① [홈] 탭-[단락] 그룹-[글머리 기호▼]를 클릭하고 ② [글머리 기호 및 번호 매기기]를 선택합니다. ③ [글머리 기호 및 번호 매기기] 대화상자에서 [텍스트 크기]를 [70%]로 설정하고 ④ [확인]을 클릭합니다.

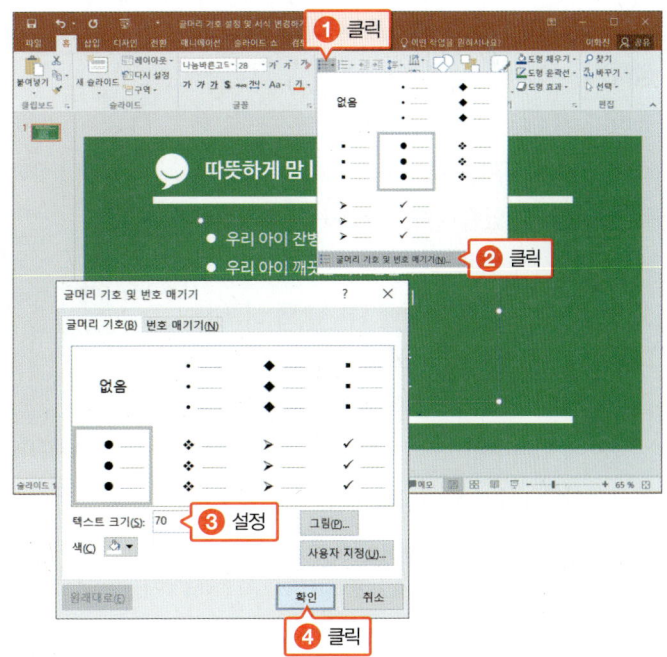

03 글머리 기호의 크기가 변경되었습니다.

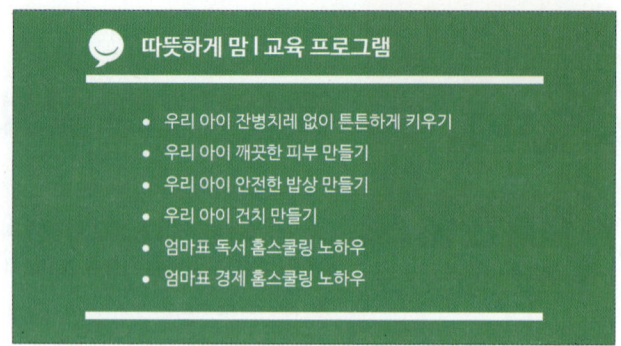

바로 통하는 TIP **글머리 기호를 그림으로 변경하기**

글머리 기호로 사용하고 싶은 그림이 있다면 이를 설정할 수 있습니다. [글머리 기호 및 번호 매기기] 대화상자에서 [그림]을 클릭합니다. [그림 삽입] 창에서 원하는 그림을 불러온 후 [확인]을 선택하면 불러온 그림이 글머리 기호로 삽입됩니다.

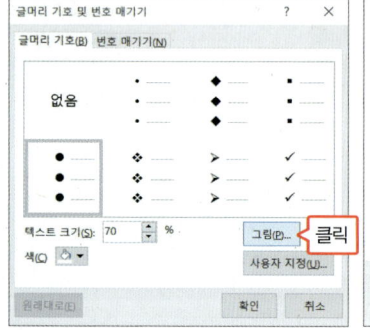

---

04 글머리 기호와 텍스트 사이의 간격 조정하기

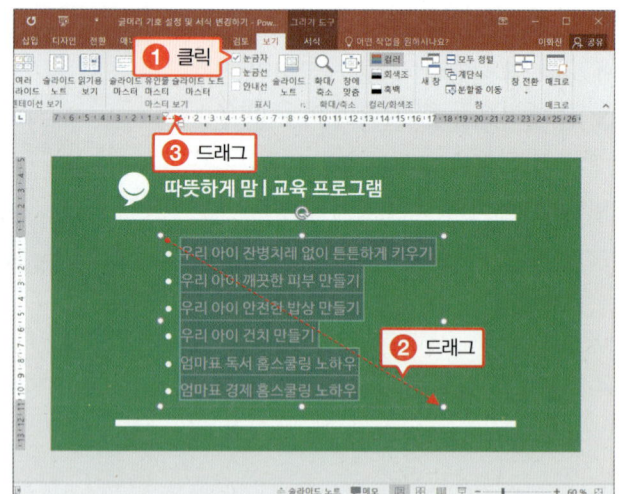

글머리 기호의 위치가 고정되어 있으므로 텍스트의 시작 위치를 조정하면 그 사이의 간격을 조정할 수 있습니다. 눈금자를 표시하여 텍스트의 시작 위치를 조정해 보겠습니다. ① 눈금자를 표시하기 위해 [보기] 탭 – [표시] 그룹 – [눈금자]에 체크 표시합니다. ② 간격을 조정할 텍스트를 블록 설정하고 ③ 상단 눈금자에 있는 [내어쓰기]에 마우스 포인터를 위치시키고 1까지 드래그합니다.

바로 통하는 TIP **내어쓰기 및 들여쓰기 아이콘**

첫 줄 들여쓰기(▽) : 글머리 기호 및 번호 매기기의 시작 위치를 지정합니다.
내어쓰기(△) : 글머리 기호 다음의 텍스트 위치를 지정합니다.
왼쪽 들여쓰기(□): 위 두 개의 아이콘이 간격을 유지한 상태에서 이동할 수 있게 해줍니다.

글머리 기호를 번호로 변경하기

학습 목표 | 순서가 있는 텍스트는 글머리 기호보다 번호로 구분하는 것이 보기에 좋습니다. 글머리 기호를 번호로 바꾸는 방법과 원하는 번호부터 시작하도록 시작 번호를 바꾸는 방법에 대해서 알아보겠습니다.

실습 파일 | 파워포인트/22_글머리 기호를 번호로 변경하기.pptx **완성 파일** | 파워포인트/22완성.pptx

01 글머리 기호를 번호로 변경하기

슬라이드에는 컨설팅 프로세스를 나타내는 항목이 표시되어 있습니다. 텍스트에서 순서나 과정 등을 나타낼 때는 글머리 기호보다 번호를 붙여야 더 효과적입니다. 글머리 기호를 번호로 변경해 보겠습니다.

① 4개의 글머리 기호가 적용된 텍스트 상자를 클릭합니다. ② [홈] 탭-[단락] 그룹-[번호 매기기▼]를 선택하고 ③ 목록에서 [1) 2) 3)] 형식을 선택합니다.

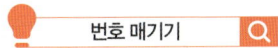
번호 매기기

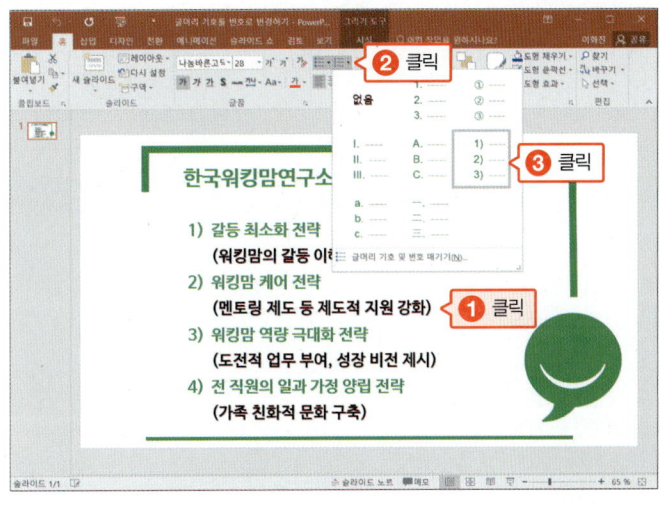

02 글머리 기호가 번호로 변경되었습니다.

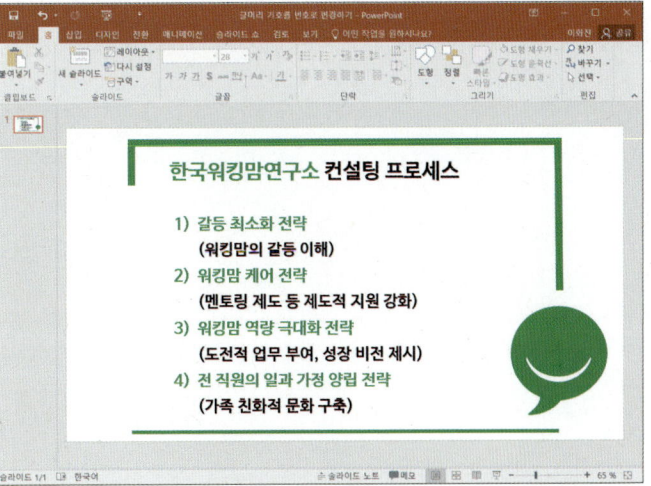

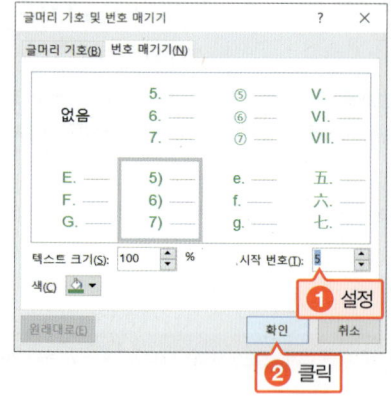 **바로 통하는 TIP** 시작 번호 변경하기

1부터 시작하는 시작 번호를 변경하려면 [글머리 기호 및 번호 매기기] 대화상자에서 [시작 번호]를 원하는 번호로 다시 설정합니다.

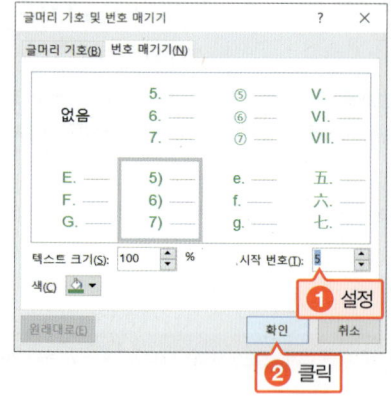

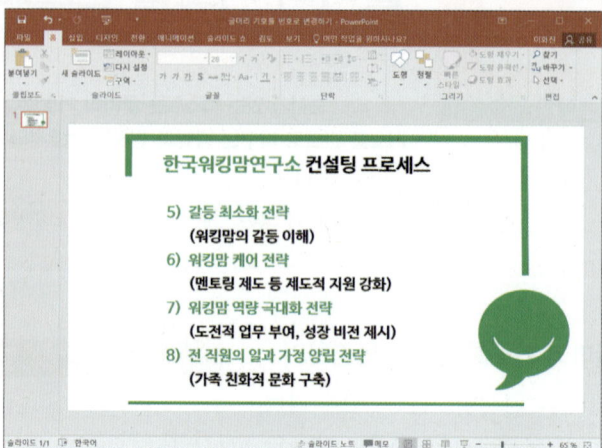

줄 및 단락 간격 조정하기

학습 목표 | 줄 간격은 텍스트의 가독성에 많은 영향을 미칩니다. 좁으면 답답해 보이고 넓으면 읽기 어려우며, 같은 내용의 문단은 좁히고 다른 내용은 넓혀야 좋습니다. 텍스트의 줄 간격을 원하는 대로 조정하는 방법을 살펴보겠습니다.

실습 파일 | 파워포인트/23_줄 및 단락 간격 조정하기.pptx   **완성 파일** | 파워포인트/23완성.pptx

O1 줄 간격 넓히기

슬라이드에는 교육 프로그램의 분류와 해당 내용이 표시되어 있습니다. 텍스트의 줄 간격을 조정하여 교육 프로그램의 분류와 해당 내용을 보기 좋게 수정해 보겠습니다.

① 교육 프로그램이 입력된 텍스트 상자를 클릭합니다. ② [홈] 탭-[단락] 그룹-[줄 간격]을 클릭하고 ③ 목록에서 [1.5]를 선택합니다.

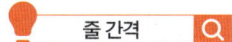
줄 간격

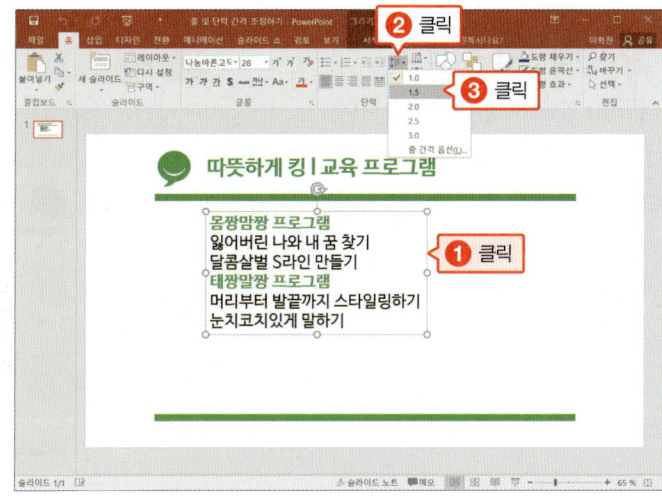

O2 세밀하게 줄 간격 조정하기

① 교육 프로그램이 입력된 텍스트 상자를 클릭합니다. ② [홈] 탭-[단락] 그룹-[줄 간격▼]을 클릭하고 ③ [줄 간격 옵션]을 선택합니다.

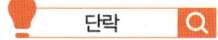
단락

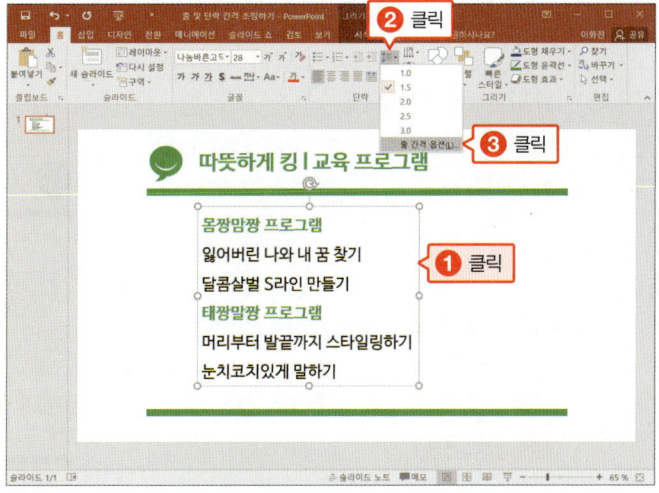

03 ① [들여쓰기 및 간격] 탭 - [간격] - [줄 간격]을 [고정]으로 설정하고 ② [값]을 [45pt]로 설정한 뒤 ③ [확인]을 클릭합니다.

바로 통하는 TIP [줄 간격]을 [고정]으로 설정하면 포인트(pt) 값으로 세밀하게 조정할 수 있습니다. 값이 글꼴 크기보다 작은 경우 줄이 겹쳐 보일 수 있으므로 주의합니다.

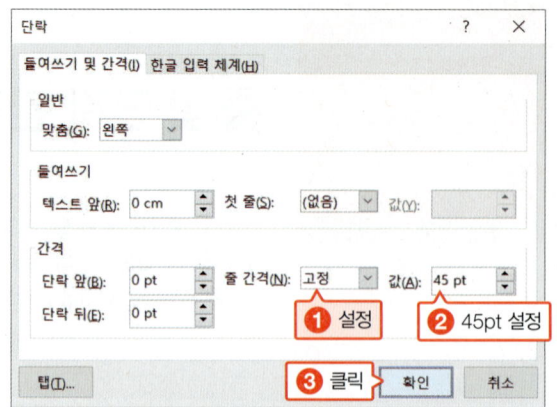

04 단락 간격 조정하기

단락 간격을 조정해 보겠습니다.
① '몸짱맘짱 프로그램'과 '태짱말짱 프로그램'을 구분하기 위해 텍스트 상자를 클릭합니다. ② [홈] 탭 - [단락] 그룹 - [줄 간격▼]을 클릭하고 ③ [줄 간격 옵션]을 선택합니다.

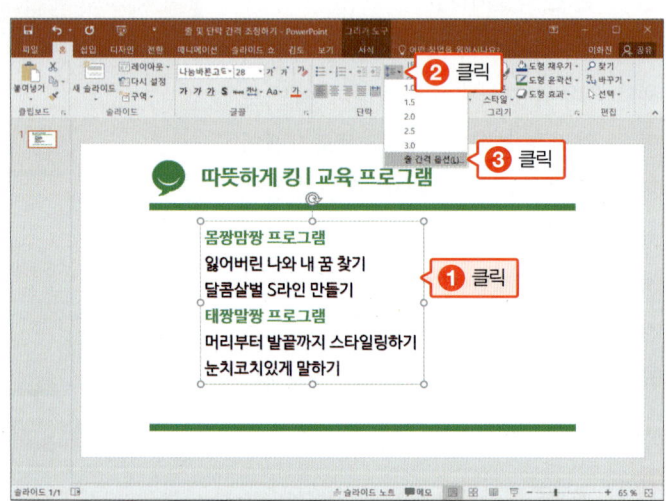

05 ① [들여쓰기 및 간격] 탭 - [간격] - [단락 앞]을 [30pt]로 설정하고 ② [확인]을 클릭합니다.

단락 간격이 넓어져 내용이 구분됩니다.

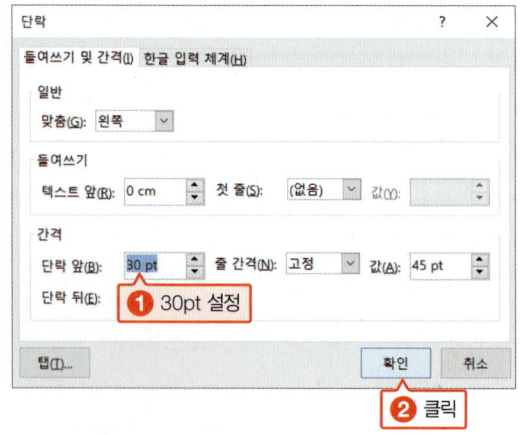

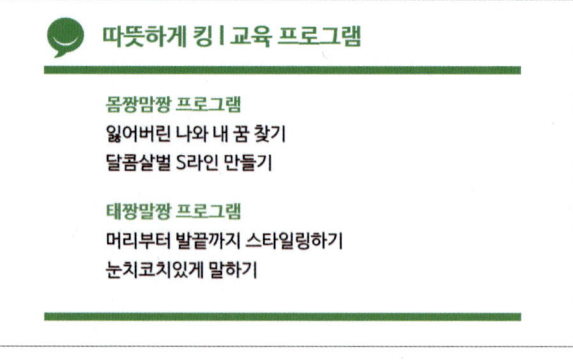

목록 수준 조정하기

학습 목표 | 같은 수준의 내용을 같은 모양으로 들여쓰거나 내어쓰면 상하위 개념의 구분이 쉬워 내용 파악이 간단해집니다. [목록 수준 줄임/늘림] 기능으로 목록을 정리해 보겠습니다.

실습 파일 | 파워포인트/24_목록 수준 조정하기.pptx **완성 파일** | 파워포인트/24완성.pptx

O1 들여쓰기

슬라이드 내용이 모두 같은 수준으로 정리되어 있습니다. 목록 수준을 조정하여 제목과 하위 내용을 구분해 보겠습니다. ① 세미나 프로그램 텍스트 아래의 내용을 블록 설정합니다. ② [홈] 탭 – [단락] 그룹 – [목록 수준 늘림]을 클릭합니다.

목록 수준 늘림

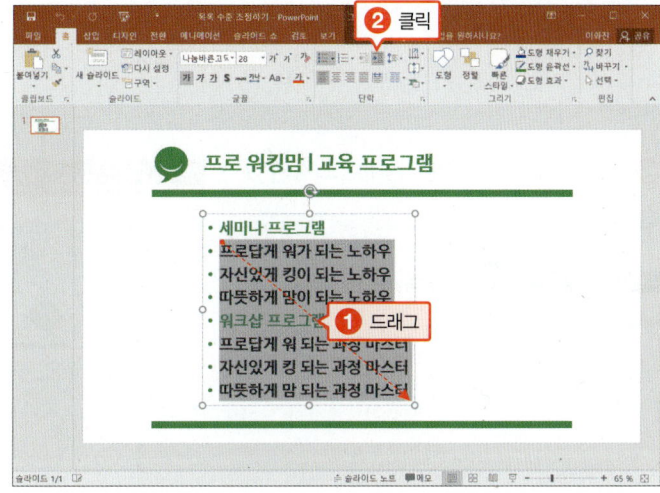

O2 '세미나 프로그램' 부분을 제외한 내용이 한 칸 들여쓰기되었습니다.

바로 통하는 TIP 들여쓰기 단축키는 Tab 입니다.

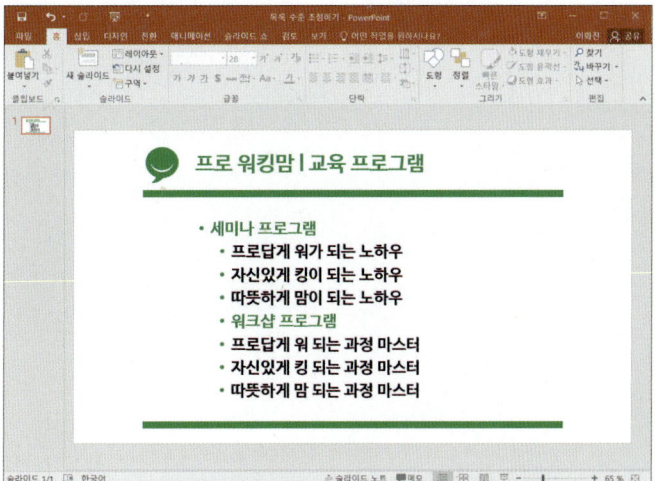

03 내어쓰기

워크샵 프로그램 부분은 제목 역할을 하
므로 한 칸 앞으로 나오게 하여 그 아래
내용과 구분해야 합니다.

① 워크샵 프로그램을 블록 설정합니다.
② [홈] 탭-[단락] 그룹-[목록 수준 줄
임]을 클릭합니다.

🔍 목록 수준 줄임

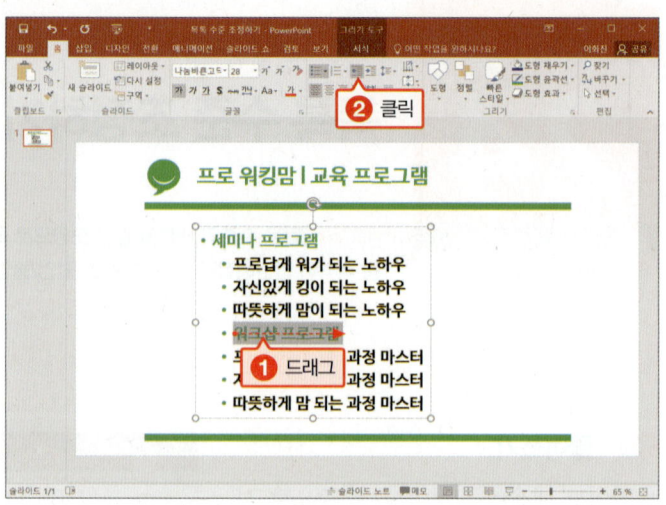

04 워크샵 프로그램이 내어쓰기되었
습니다.

바로 통하는 TIP 내어쓰기 단축키는 Shift + Tab 입
니다.

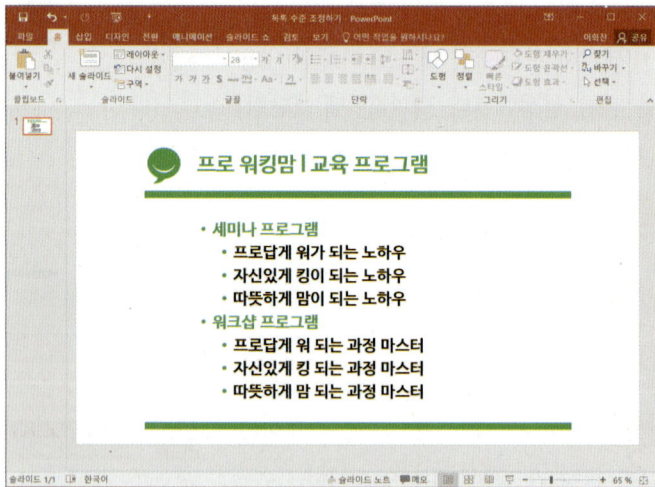

Chapter

Chapter

04

프레젠테이션 시각화
및 서식 지정하기

프레젠테이션을 위한 슬라이드 작업에서 가장 활용도가 높은 시각
화 작업에 대해 배우는 장입니다. 도형, 표, 차트, 이미지는 청중이
메시지를 더 쉽게 이해하고 오래도록 기억하게 만드는 필수 요소
입니다. 메시지의 도해 표현이 힘들었다면 SmartArt 그래픽으로
쉽게 해결할 수 있습니다. 또 스포이트로 화면에 보이는 색을 추출
하여 도형이나 텍스트 개체에 똑같이 적용할 수 있습니다.

슬라이드를 채우는 콘텐츠 표현 방식 살펴보기

프레젠테이션은 주로 짧은 시간에 효과적으로 메시지를 전달하기 위한 목적으로 진행됩니다. 따라서 방대한 정보를 효과적인 메시지로 압축하거나 인포그래픽처럼 시각적인 콘텐츠로 가공하는 과정이 필수적입니다. 파워포인트 2016에서는 이를 돕는 다양한 콘텐츠 표현 방식을 제공합니다.

도형 : 콘텐츠를 잘 전달하기 위해 자주 사용하는 요소입니다. 단순한 원이나 사각형을 비롯해 별이나 현수막처럼 복잡한 도형까지 다양합니다. 슬라이드를 고급스럽게 보이려고 입체 도형을 사용하기도 하지만 무엇보다 콘텐츠를 잘 담아내는 도형을 사용해야 좋은 슬라이드를 만들 수 있습니다.

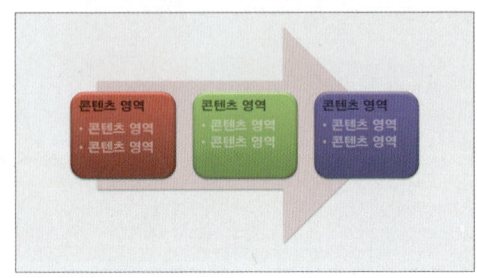

그림 : 잘 선택한 그림 한 장은 백 마디의 말보다 더 효과적으로 메시지를 전달합니다. 텍스트를 대체하는 용도로도 훌륭하지만 슬라이드의 분위기를 살리기 위해 배경으로 사용하거나 특정 감성을 강조하기 위해 보조적으로도 사용합니다.

표 : 슬라이드의 내용 중 항목을 나열하는 단순한 구성이라면 표를 이용하는 것도 좋은 방법입니다. 텍스트 수준과 위상을 손쉽게 구분해 표현할 수 있으며 도형과 함께 사용하면 시각적인 구분이 더욱 뚜렷해집니다. 표의 셀 배경을 잘 편집하면 원하는 부분을 쉽게 강조할 수 있습니다.

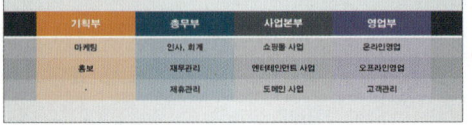

차트: 차트는 표 데이터를 시각적으로 표현하는 도구입니다. 차트는 대부분 엑셀 시트를 이용해 제작하므로 표와 연결돼 있습니다. 차트의 구성 요소는 매우 다양한데 이를 모두 사용하기보다는 목적에 맞는 몇몇 요소를 정해 강조하면 더욱 효과적입니다.

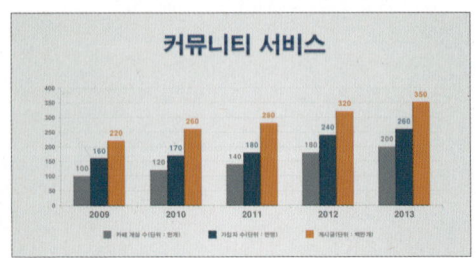

정원을 그리고 서식 지정하기

학습 목표 | 도형 그리기는 파워포인트에서 가장 기본적인 기능이며 중요한 작업입니다. 특히 도형을 정방향으로 그리는 방법을 알아보겠습니다.

실습 파일 | 파워포인트/25_정원 그리고 서식 지정하기.pptx   **완성 파일** | 파워포인트/25완성.pptx

---

01 딴짓 90%라는 텍스트 뒤에 정원을 그려 보겠습니다.
① [삽입] 탭−[일러스트레이션] 그룹−[도형]을 클릭하고 ② [타원]을 선택합니다.

도형 🔍

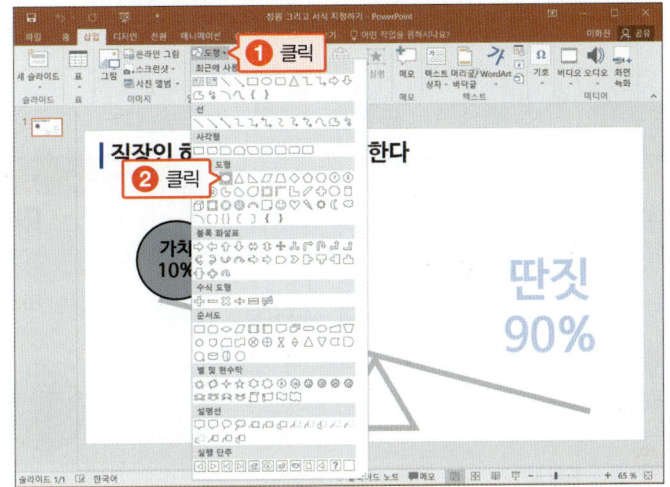

---

02 정원 그리기

텍스트의 중심을 클릭한 후 Ctrl + Shift 를 누른 상태에서 마우스를 바깥쪽으로 드래그하여 텍스트를 감싸도록 정원을 그립니다.

바로 통하는 TIP 정방향 도형을 그릴 때는 Shift 를, 시작 지점이 중심이 되게 하려면 Ctrl 을 누른 상태에서 도형을 그립니다. 두 키를 같이 누르고 그리면 시작한 지점이 중심인 정방향 도형이 그려집니다.

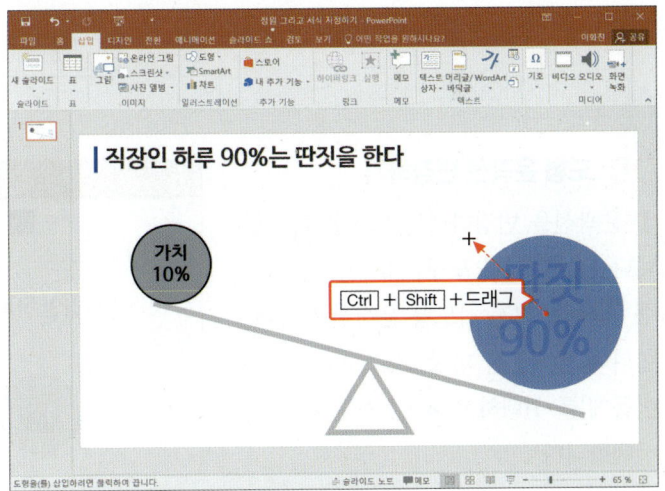

03 도형 순서 바꾸기

① 원을 텍스트보다 뒤로 보내기 위해 도형을 클릭합니다. ② [그리기 도구]−[서식] 탭−[정렬] 그룹−[뒤로 보내기]를 클릭합니다.

도형이 텍스트 상자 뒤로 보내지면서 텍스트가 원 위로 나타납니다.

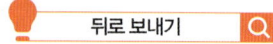

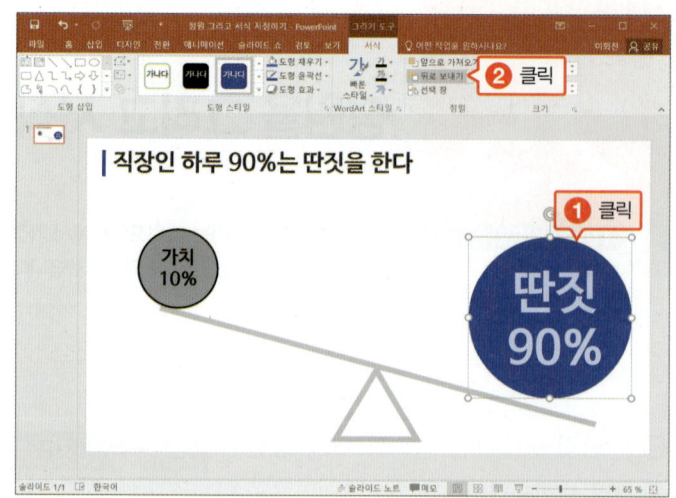

04 도형 채우기 변경하기

① 채우기 색을 변경하기 위해 도형을 클릭합니다. ② [그리기 도구]−[서식] 탭−[도형 스타일] 그룹−[도형 채우기]를 클릭하고 ③ [진한 파랑, 강조 2]를 선택합니다.

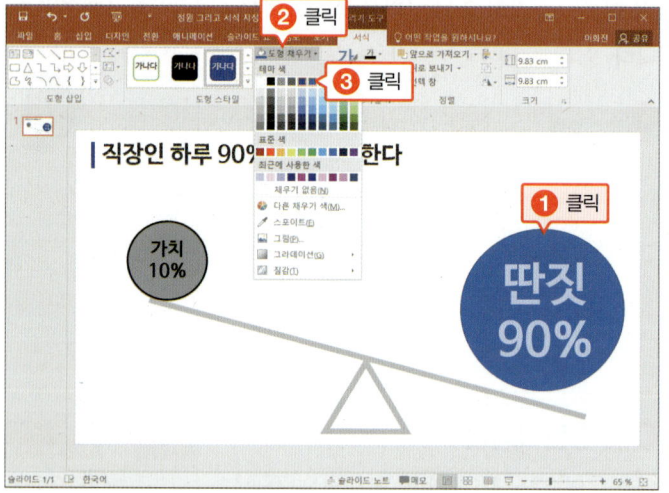

05 도형 윤곽선 변경하기

① 윤곽선을 변경하려는 도형을 클릭합니다. ② [그리기 도구]−[서식] 탭−[도형 스타일] 그룹−[도형 윤곽선]을 클릭합니다. ③ [진한 파랑, 강조 2, 50% 더 어둡게]를 선택하고 ④ [두께]는 [6pt]를 선택합니다.

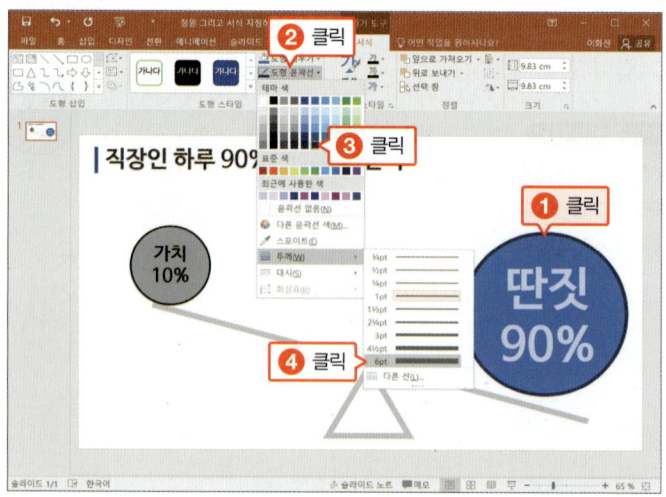

핵심기능실습 26

TELL ME
도형 병합

여러 도형을 병합하여 새로운 도형 만들기

학습 목표 | 2016 버전에서는 원하는 도형의 모양을 손쉽게 그릴 수 있습니다. 여러 개의 도형을 합치거나 하나의 도형에서 특정 도형의 모양을 뺄 수도 있습니다.

실습 파일 | 파워포인트/26_여러 도형을 병합하여 새로운 도형 만들기.pptx **완성 파일** | 파워포인트/26완성.pptx

01 도형 다중 선택하기

집 모양을 이루고 있는 삼각형과 직사각형을 선택합니다. 선택할 때 [Ctrl]을 누른 상태에서 다중 선택을 합니다.

바로 통하는 TIP 도형을 다중 선택할 때는 [Shift]를 눌러도 됩니다.

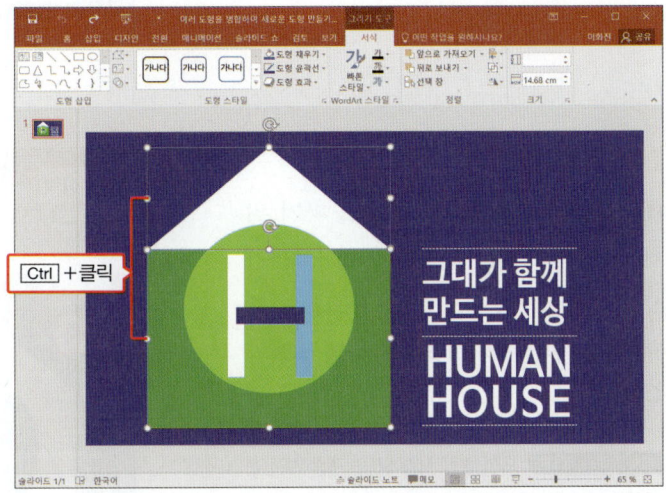

02 도형 병합하기

① [그리기 도구] – [서식] 탭 – [도형 삽입] 그룹 – [도형 병합]을 클릭하고 ② [병합]을 선택합니다.

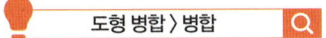
도형 병합 〉 병합

O3 ① H 모양을 만들고 있는 직사각형 3개를 선택한 후 ② [그리기 도구]–[서식] 탭–[도형 삽입] 그룹–[도형 병합]을 클릭하고 ③ [병합]을 선택합니다.

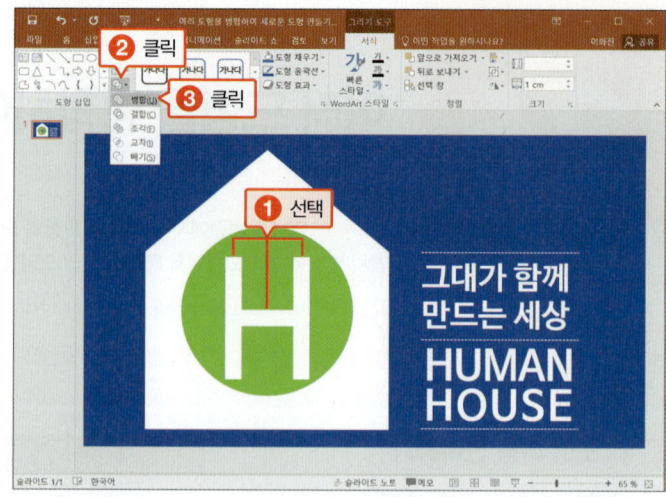

O4 도형 빼기

① 집 모양 도형에서 원 모양을 빼기 위해 두 개의 도형을 선택한 후 ② [그리기 도구]–[서식] 탭–[도형 삽입] 그룹–[도형 병합]을 클릭하고 ③ [빼기]를 선택합니다.

바로 통하는 TIP 도형 병합 작업에서는 제일 먼저 선택한 도형의 서식을 따릅니다. 따라서 여기에서는 집 모양을 먼저 선택해야 합니다.

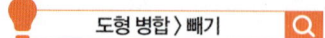

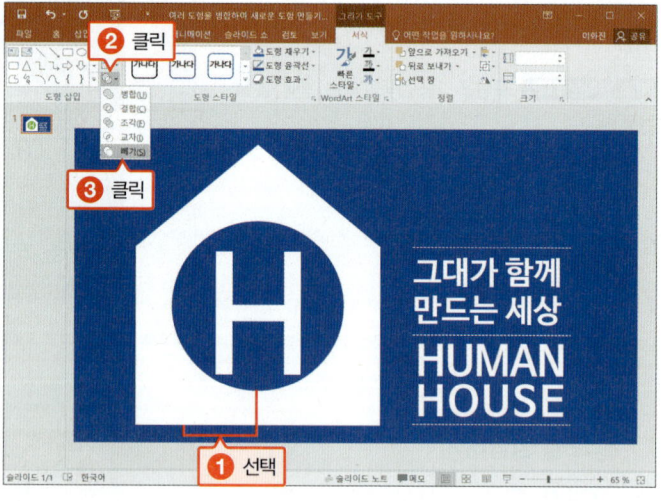

O5 H를 하나 복사한 뒤 아래처럼 화면을 완성합니다.

도형의 크기 변경 및 수평 복사하기

학습 목표 | 도형의 크기를 일정한 비율로 변경하거나 복사할 수 있습니다. 또 이동할 때 수직이나 수평으로 이동할 수 있습니다.

실습 파일 | 파워포인트/27_도형의 크기 및 수평 복사하기.pptx **완성 파일** | 파워포인트/27완성.pptx

01 도형 크기 변경하기

① 텍스트가 있는 모서리가 둥근 직사각형의 오른쪽 테두리 선 중간에 있는 흰색 원을 클릭합니다. ② 마우스 단추를 클릭한 상태에서 오른쪽으로 드래그합니다.

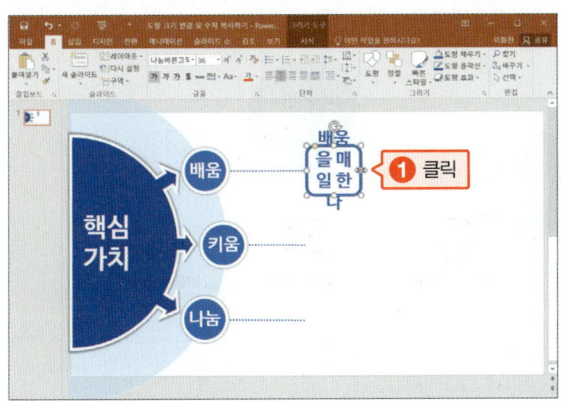

02 도형 수직 복사하기

① 복사할 도형을 클릭한 뒤 ② Ctrl + Shift 를 누른 상태에서 아래로 드래그합니다. ③ 한 번 더 아래로 드래그하여 도형을 수직 복사한 후 내용을 변경하여 슬라이드를 완성합니다.

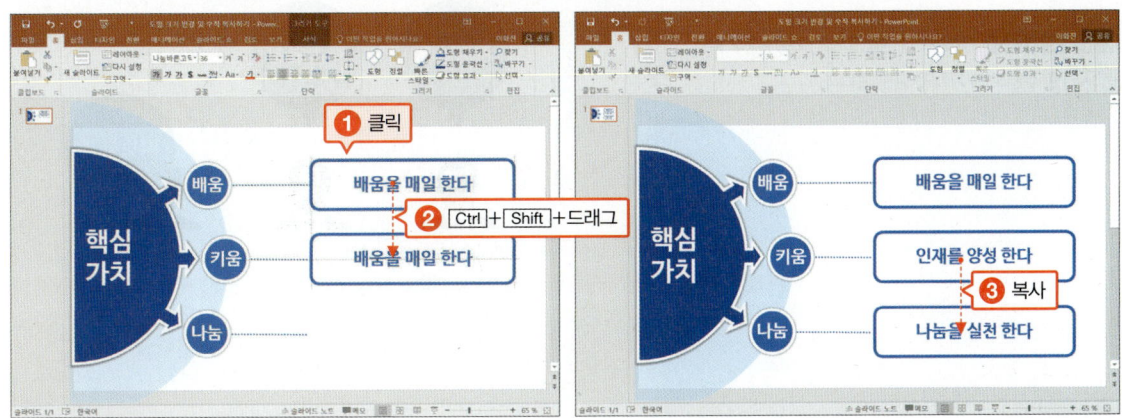

바로 통하는 TIP 도형을 복사하려면 Ctrl 을 누르고, 수직이나 수평으로 이동하려면 Shift 를 누릅니다. 개체를 선택한 후 Ctrl 과 Shift 를 함께 누르고 드래그하면 수평이나 수직으로 이동하면서 개체가 복사됩니다.

28

균등한 간격으로 도형 정렬하기

학습 목표 | 스마트 가이드는 빨간색 점선으로 표시되어 도형이나 다른 개체 등을 슬라이드 내에서 쉽게 정렬할 수 있도록 도와줍니다.

실습 파일 | 파워포인트/28_균등한 간격으로 도형 정렬하기.pptx   **완성 파일** | 파워포인트/28완성.pptx

01 하기쉽게라는 텍스트가 있는 말풍선을 가운데 이미지와 가운데 맞춤을 하기 위해 배치합니다.

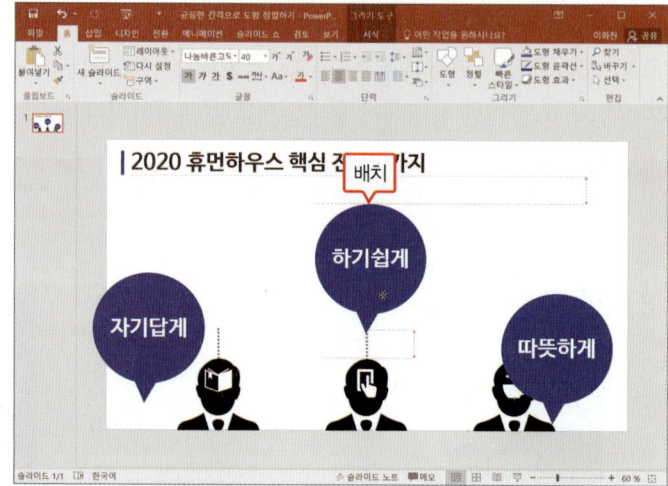

02 자기답게라는 말풍선을 첫 번째 이미지 위로 배치합니다.

자동으로 생겨나는 스마트 가이드를 확인할 수 있습니다.

바로 통하는 TIP 맞추기 옵션을 일시적으로 무시하려면 Alt 를 누른 채로 개체를 끌면 됩니다.

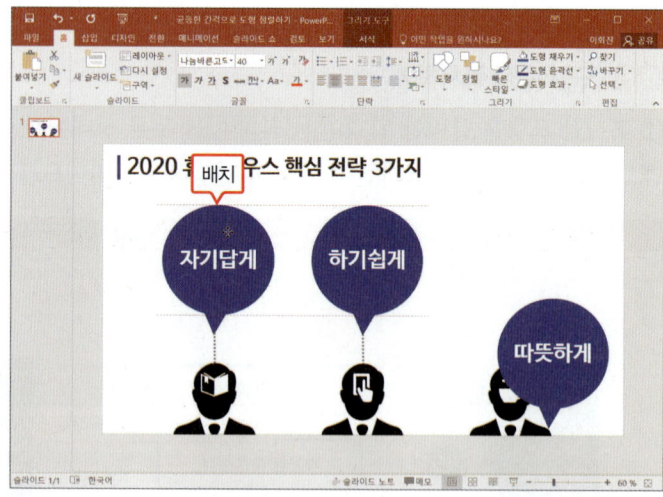

O3 따뜻하게라는 말풍선을 세 번째 이미지 위로 배치합니다.

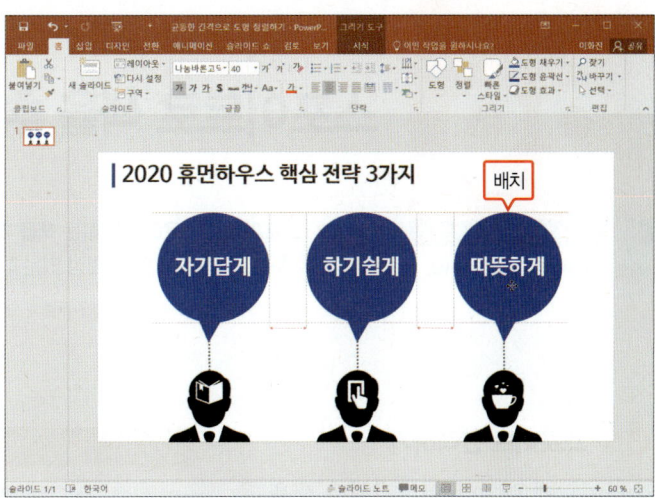

바로 통하는 TIP **스마트 가이드 표시 해제하기**

스마트 가이드 표시를 해제하려면 ① [보기] 탭-[표시] 그룹-[눈금 설정] 표시 아이콘을 클릭합니다. ② [눈금 및 안내선] 대화상자가 나타나면 [도형 맞춤 시 스마트 가이드 표시]의 체크 표시를 해제합니다.

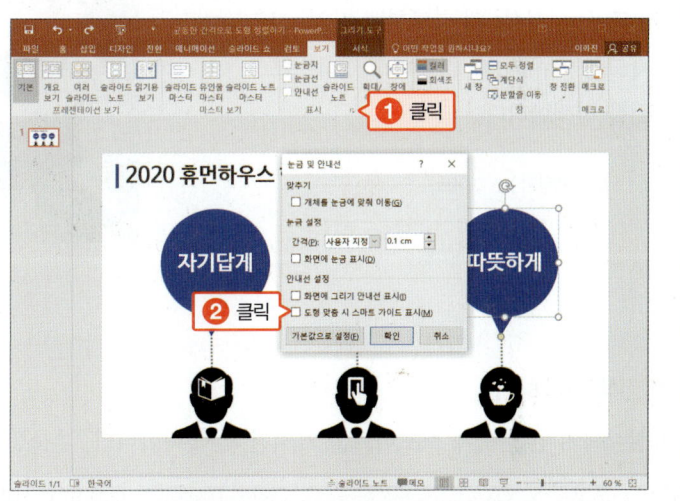

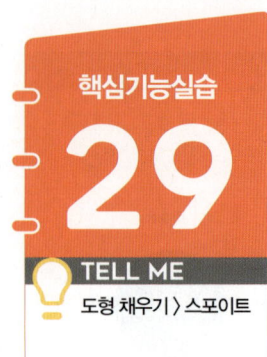

스포이트로 색을 추출해 도형에 적용하기

학습 목표 | 스포이트를 사용하면 원하는 색을 추출해 도형이나 텍스트 개체에 똑같이 적용할 수 있습니다. 추출한 색을 사용하면 일관성 있는 디자인을 만드는 데 유용합니다.

실습 파일 | 파워포인트/29_스포이트로 색을 추출해 도형에 적용하기.pptx   **완성 파일** | 파워포인트/29완성.pptx

01 스포이트 선택하기

슬라이드에 배치한 이미지에서 색을 추출해 도형에 적용해 보겠습니다.

① 색을 적용할 도형을 클릭합니다. ② [그리기 도구]-[서식] 탭-[도형 스타일] 그룹-[도형 채우기]를 클릭하고 ③ [스포이트]를 선택합니다.

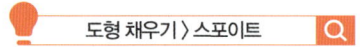

도형 채우기 〉 스포이트

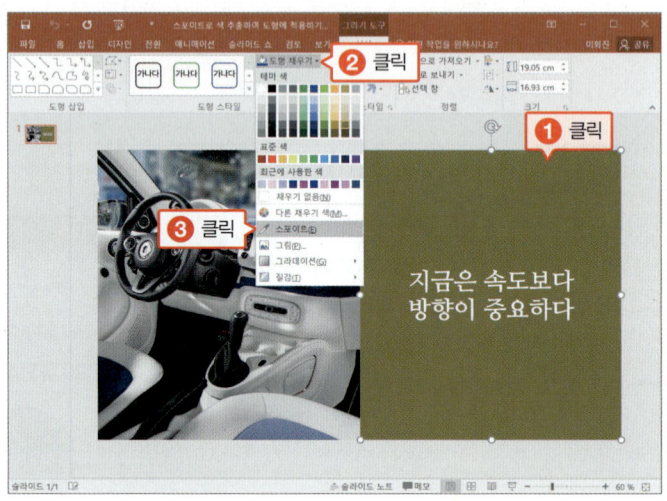

02 색 추출하기

원하는 색이 있는 곳에 스포이트를 가져간 후 클릭합니다. 추출한 색이 도형에 적용되었습니다.

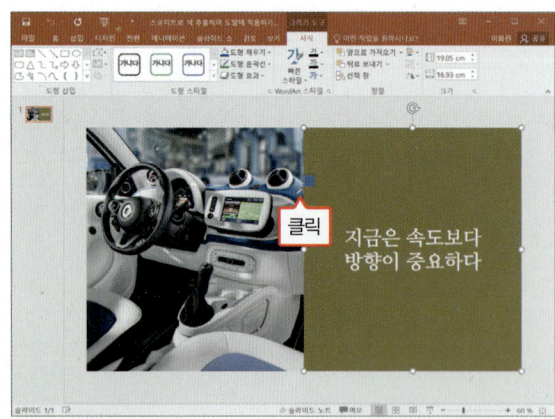
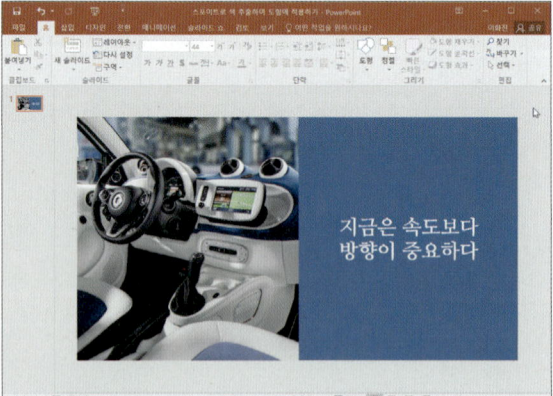

바로 통하는 TIP 색 위에 커서를 올려놓으면 RGB(빨강, 녹색, 파랑) 색 좌표를 확인할 수 있습니다. 정확한 색을 추출하려면 Enter 나 Space Bar 를 누릅니다.

바로 통하는 TIP 슬라이드 밖 화면에 있는 어떤 색을 추출하려면 스포이트를 클릭한 상태에서 추출하고자 하는 색이 있는 곳으로 마우스 포인터를 끌고 갑니다.

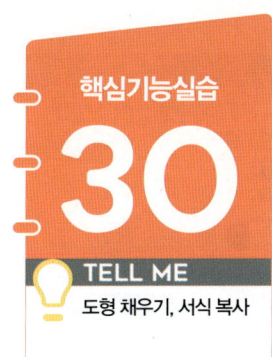
도형 서식을 다른 도형에 똑같이 적용하기

학습 목표 | 도형에 도형 채우기 및 도형 윤곽선을 적용하여 서식을 변경하고 도형 안에 텍스트 서식도 변경한 후 이 도형을 다른 도형에 똑같이 적용할 수 있습니다. 편리한 서식 복사 기능에 대해 알아보겠습니다.

실습 파일 | 파워포인트/30_도형 서식을 다른 도형에 똑같이 적용하기.pptx **완성 파일 |** 파워포인트/30완성.pptx

01 도형 채우기

① 외모라는 텍스트가 있는 모서리가 둥근 직사각형을 선택합니다. ② [그리기 도구] - [서식] 탭 - [도형 스타일] 그룹 - [도형 채우기]를 클릭하고 ③ [흰색, 배경 1]을 선택합니다.

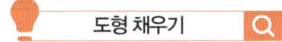

도형 채우기

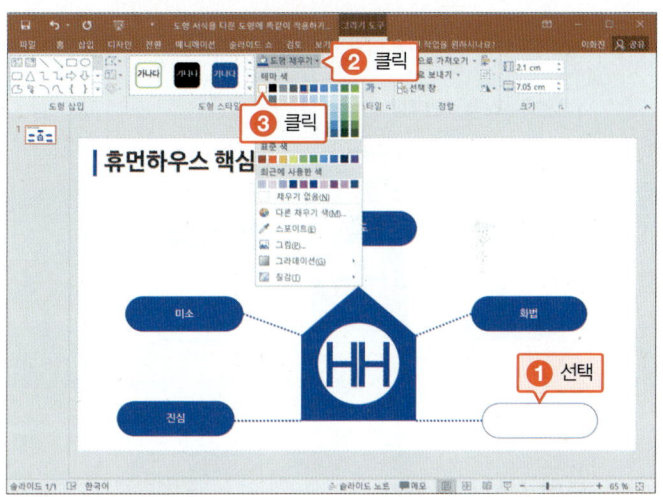

02 도형 윤곽선 변경하기

① [그리기 도구] - [서식] 탭 - [도형 스타일] 그룹 - [도형 윤곽선]을 클릭하고 ② [두께] - [6pt]를 선택합니다.

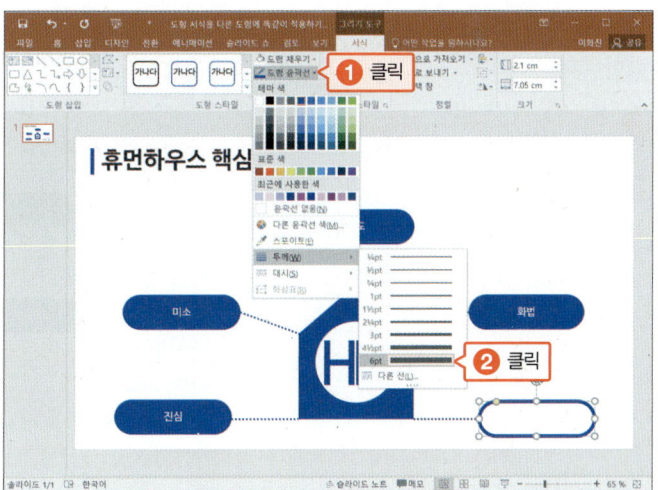

03 글꼴 크기와 색 변경하기

① [홈] 탭 – [글꼴] 그룹 – [글꼴 색]을 클릭하고 ② [진한 파랑, 강조 1]을 선택합니다. ③ [글꼴 크기]는 [36pt]를 선택하고 ④ [굵게]를 클릭합니다.

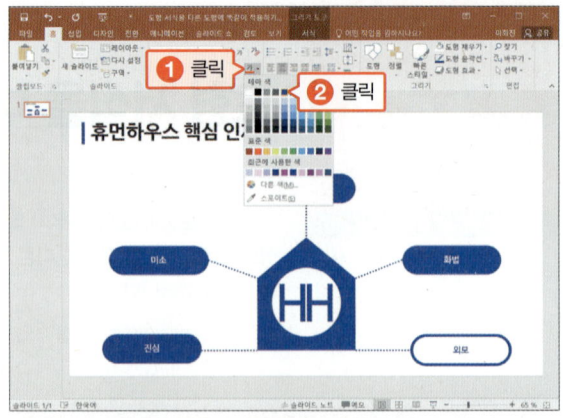

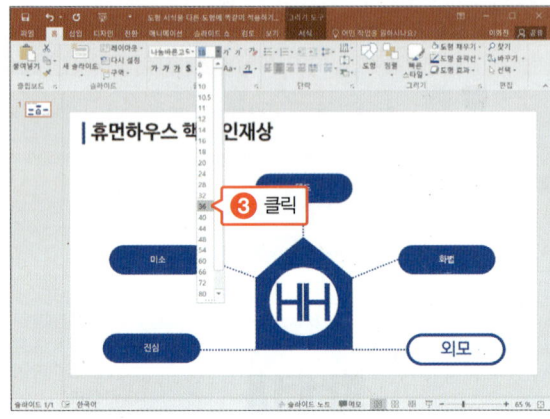

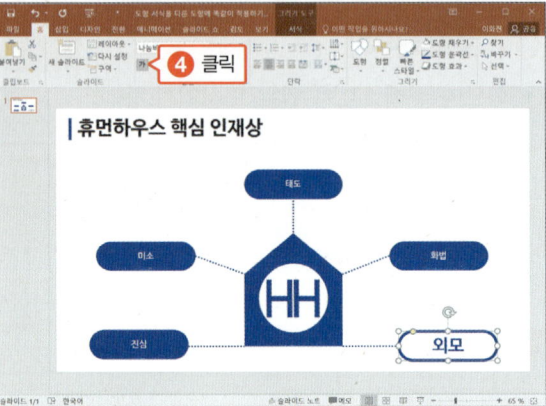

04 도형 서식 복사하기

① 서식이 변경된 도형을 선택하고 ② [홈] 탭 – [클립보드] 그룹 – [서식 복사]를 클릭합니다.

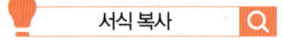

서식 복사

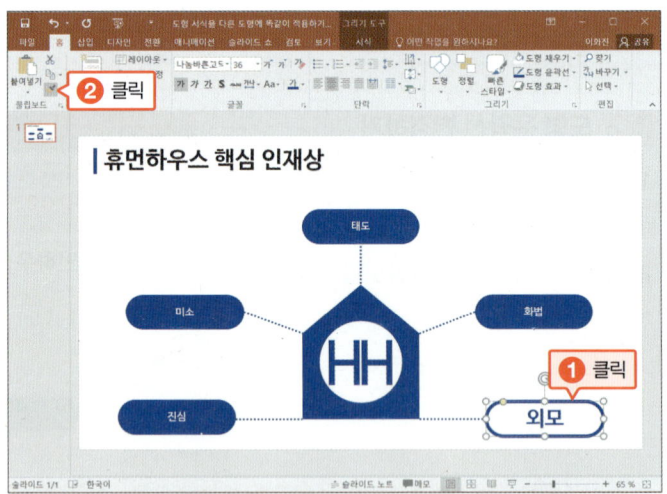

05 도형 서식 붙여넣기

마우스 포인터가 페인트 브러시 아이콘
으로 바뀝니다. 서식을 붙여넣을 개체를
클릭합니다.

복사한 도형 서식이 한번에 적용됩니다.

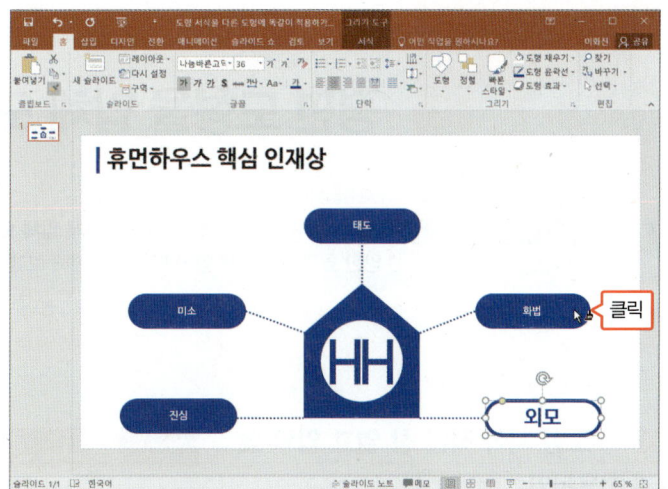

06 나머지 개체에도 같은 방법으로 도형 서식을 적용합니다.

바로 통하는 TIP 도형 서식 명령을 반복 실행하려면
[서식 복사]를 더블클릭합니다. 서식 지정을 중지하려면
ESC 를 누릅니다.

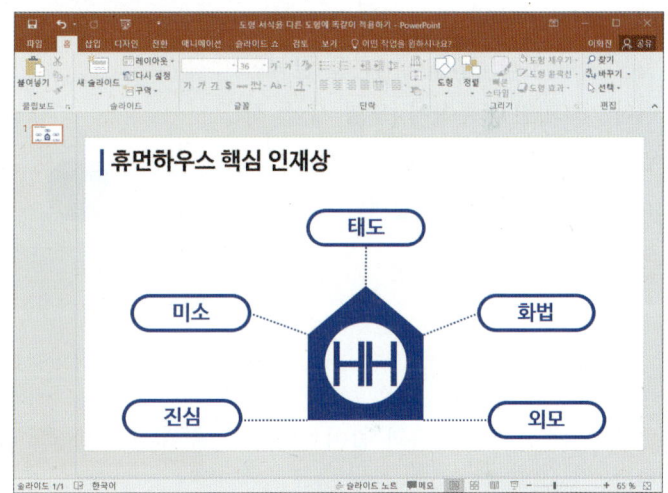

평면 도형을 입체 도형으로 만들기

TELL ME
도형 서식, 복사

학습 목표 | 3D 프로그램 없이도 손쉽게 입체 도형을 만들 수 있습니다. 재질과 조명, 그림자 등 다양한 효과를 적용해 입체 도형을 표현해 보겠습니다.

실습 파일 | 파워포인트/31_평면 도형을 입체 도형으로 만들기.pptx **완성 파일** | 파워포인트/31완성.pptx

---

01 도형 서식 작업 창 열고 입체 효과 적용하기

① 슬라이드의 정원을 클릭합니다. ② [그리기 도구]-[서식] 탭-[도형 스타일] 그룹-[도형 서식] 표시 아이콘을 클릭합니다. ③ 화면 오른쪽에 [도형 서식] 작업 창이 활성화되면 [효과]를 클릭하고 ④ [3차원 서식] 항목을 선택합니다.

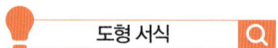

도형 서식

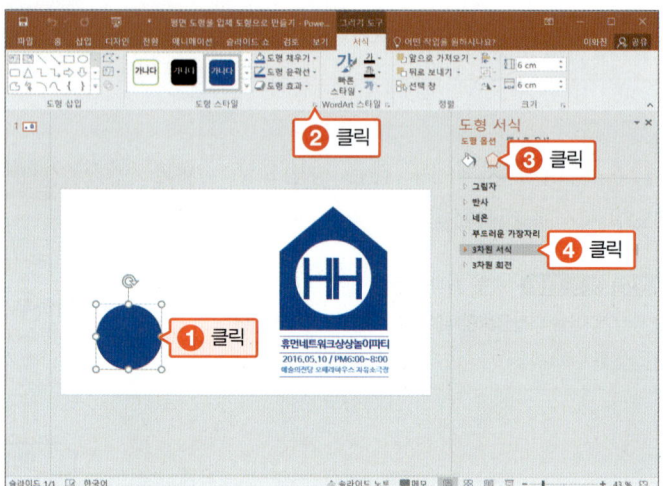

---

02 입체 효과를 다음과 같이 설정합니다.

바로 통하는 TIP

[위쪽 입체]-[너비 : 85pt, 높이 : 85pt]

[아래쪽 입체]-[너비 : 85pt, 높이 : 85pt]

[재질]-[투명하게]

[조명]-[퍼지게]

[각도]-[40도]

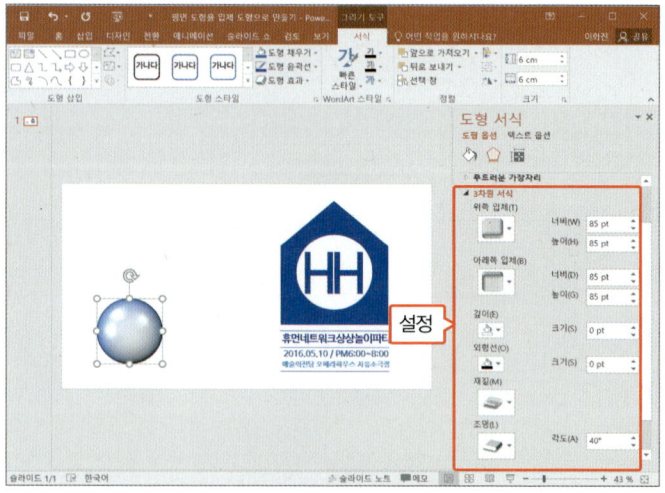

03 그림자 적용하기

① [도형 서식] 작업 창에서 [효과]의 [그림자]를 선택합니다. ② [미리 설정]을 클릭하고 ③ [원근감] – [아래쪽]을 선택합니다.

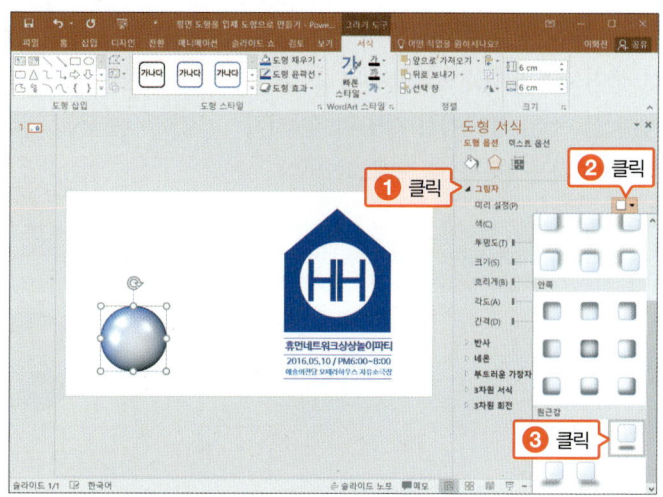

04 도형 복사하기

① 입체 효과가 적용된 도형을 선택한 후 마우스 오른쪽 버튼을 클릭합니다. ② 바로 가기 메뉴 중 [복사]를 선택합니다.

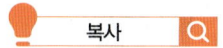

복사

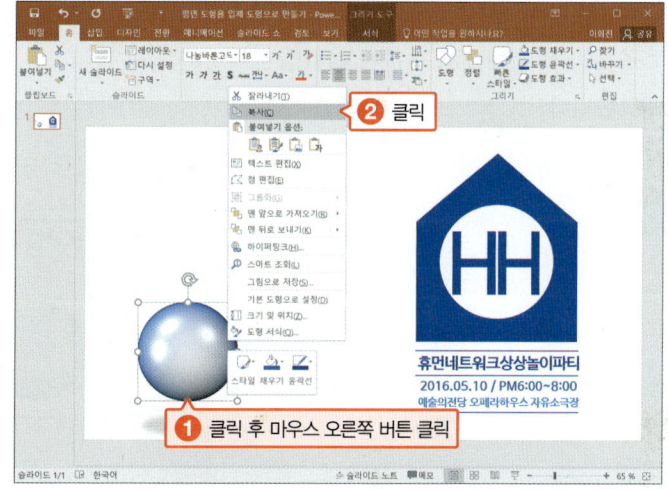

05 그림으로 붙여넣기

① 도형을 붙여 넣을 위치에서 마우스 오른쪽 버튼을 클릭합니다. ② 바로 가기 메뉴의 [붙여넣기 옵션] 중에서 [그림]을 선택합니다.

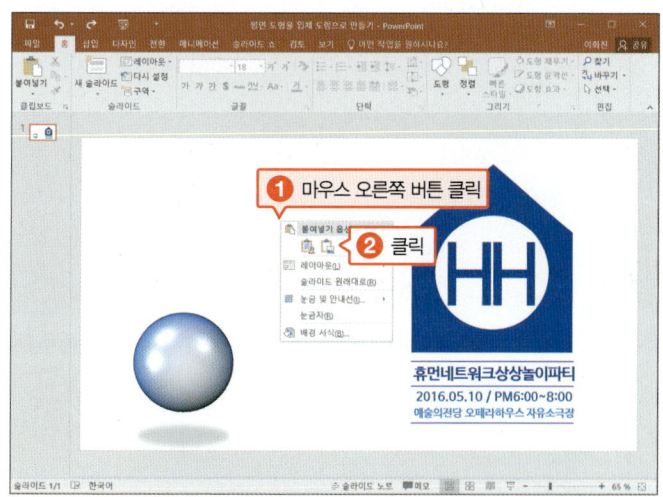

06 도형 크기 줄이고 복사하기

① 붙여 넣은 도형을 클릭합니다. ② Ctrl +
Shift 를 누른 상태에서 사방의 흰 사각
형 중 하나를 안쪽으로 드래그합니다.

도형 서식은 유지되면서 크기가 작아집니다.

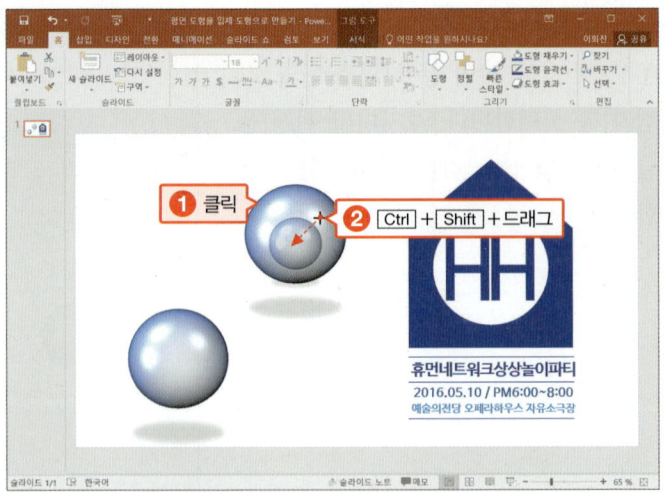

07

① 붙여 넣은 도형을 클릭하고 ②
Ctrl 을 누른 상태에서 복사될 위치로 드
래그합니다.

도형이 복사됩니다.

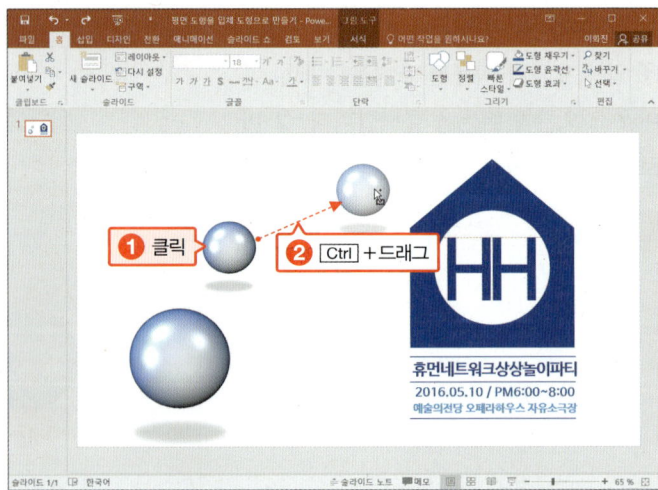

핵심기능실습

32

TELL ME
SmartArt 삽입

SmartArt 그래픽 삽입 후 텍스트 입력하기

학습 목표 | SmartArt 그래픽을 이용하면 다양한 레이아웃을 사용자가 목적에 맞게 선택하여 표현할 수 있습니다. 따라서 자신의 아이디어나 메시지를 쉽고 빠르게 전달하는 데 도움이 됩니다.

실습 파일 | 파워포인트/32_ SmartArt 그래픽 삽입 후 텍스트 입력하기.pptx   **완성 파일** | 파워포인트/32완성.pptx

01 SmartArt 그래픽 삽입하기

① [삽입] 탭 – [일러스트레이션] 그룹 – [SmartArt]를 클릭합니다. ② [SmartArt] 대화상자에서 [목록형]을 클릭하고 ③ [세로 곡선 목록형]을 선택합니다. ④ [확인]을 클릭합니다.

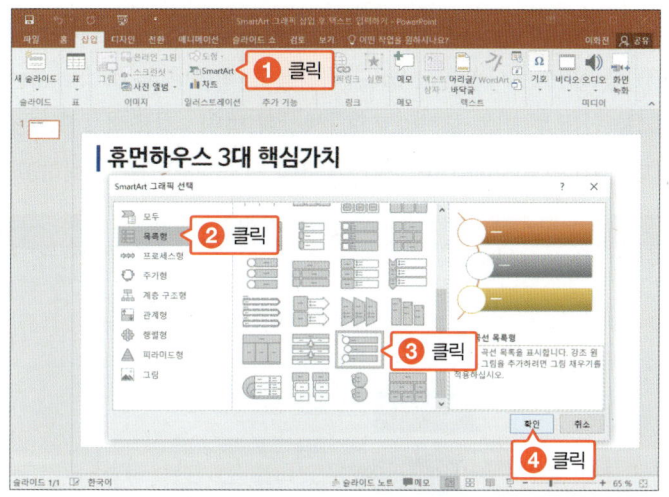

02 SmartArt 그래픽에 텍스트 입력하기

SmartArt 그래픽과 텍스트 입력 창이 나타납니다.

① 텍스트 입력 창에 **배움을 매일 한다, 인재를 양성 한다, 나눔을 실천 한다**를 입력합니다. 텍스트가 자동으로 SmartArt 그래픽에 표시되면 ② 텍스트 창을 닫아 SmartArt 그래픽을 완성합니다.

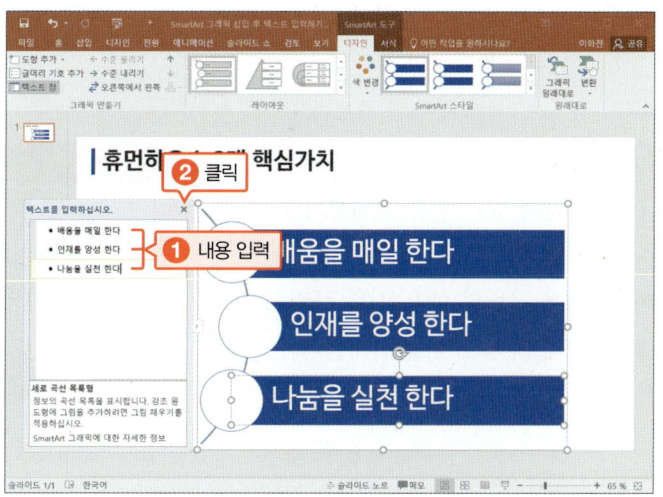

바로 통하는 TIP 텍스트 창을 나타내려면 SmartArt 그래픽 왼쪽 중간에 있는 화살표(◁) 또는 [SmartArt 도구] – [디자인] 탭 – [그래픽 만들기] 그룹 – [텍스트 창]을 클릭합니다. 텍스트 창을 여는 대신 SmartArt 그래픽의 도형을 선택한 후 텍스트를 직접 입력할 수도 있습니다.

SmartArt 그래픽 색상 및 스타일 변경하기

학습 목표 | SmartArt 스타일은 선 스타일, 입체, 3차원 등을 비롯한 다양한 효과를 조합해 놓은 것입니다. 이를 목적에 맞게 잘 적용하면 전문가 수준의 디자인을 손쉽게 만들 수 있습니다.

실습 파일 | 파워포인트/33_ SmartArt 그래픽 색상 및 스타일 변경하기.pptx　**완성 파일** | 파워포인트/33완성.pptx

01 SmartArt 그래픽의 색 변경하고 3차원 효과 적용하기

① 슬라이드에서 SmartArt 그래픽을 클릭합니다. ② [SmartArt 도구] – [디자인] 탭 – [SmartArt 스타일] 그룹 – [색 변경]을 클릭하고 ③ [색상형 범위 – 강조색 2 또는 3]을 선택합니다. ④ 다시 [SmartArt 도구] – [디자인] 탭 – [SmartArt 스타일] 그룹 – [자세히 ⊡]를 클릭하고 ⑤ [강한 효과]를 선택합니다.

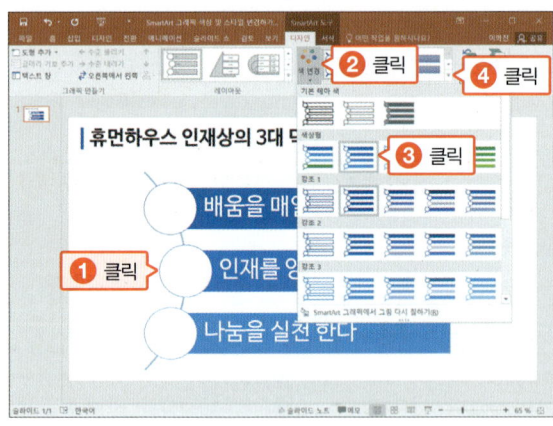
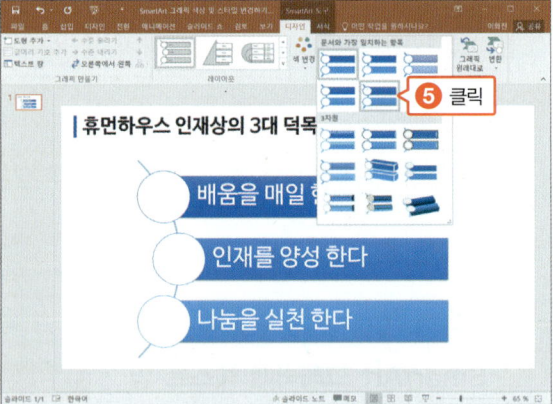

02 개별 서식 변경하기

① 배움 앞에 있는 원을 선택합니다. ② [SmartArt 도구] – [서식] 탭 – [도형 스타일] 그룹 – [도형 채우기]를 클릭하고 ③ [진한 파랑, 강조 2]를 선택합니다.

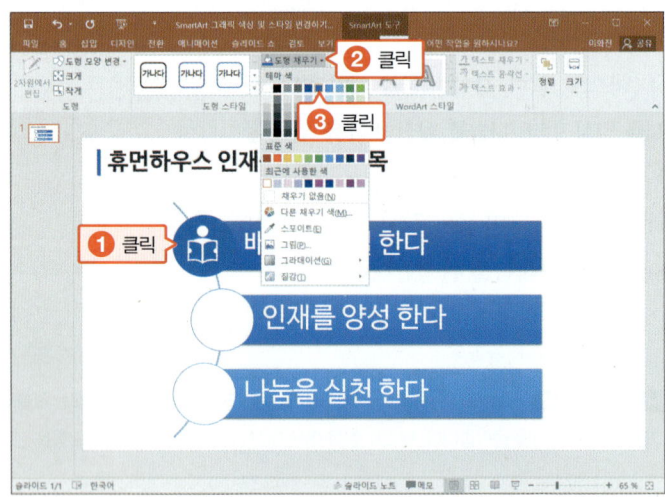

03 개별 서식 변경하기

① [도형 윤곽선]을 클릭하고 ② [흰색, 배경 1], ③ 두께 [6pt]를 선택합니다. ④ [도형 효과]-[그림자]-[바깥쪽]-[오프셋 가운데]를 선택합니다.

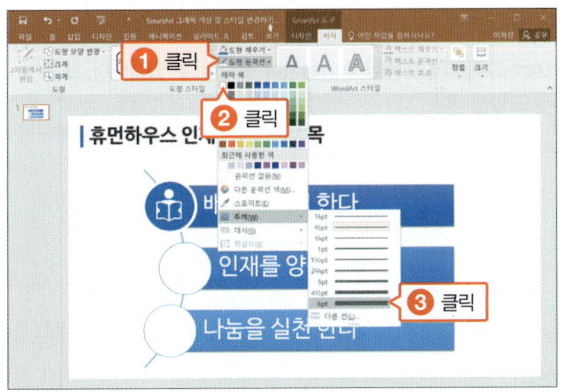 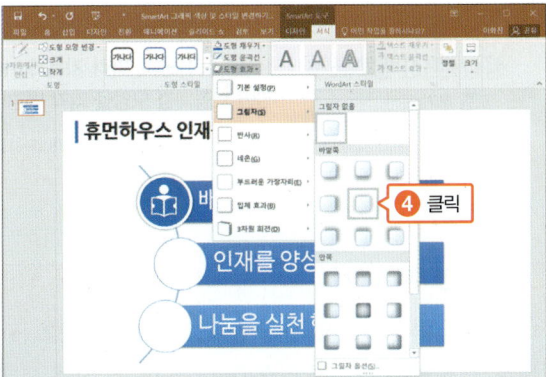

04 도형 모양 변경하기

① 배움을 매일 한다 텍스트가 있는 직사각형을 선택합니다. ② [SmartArt 도구]-[서식] 탭-[도형] 그룹-[도형 모양 변경]을 클릭합니다. ③ [사각형]-[모서리가 둥근 직사각형]을 선택합니다.

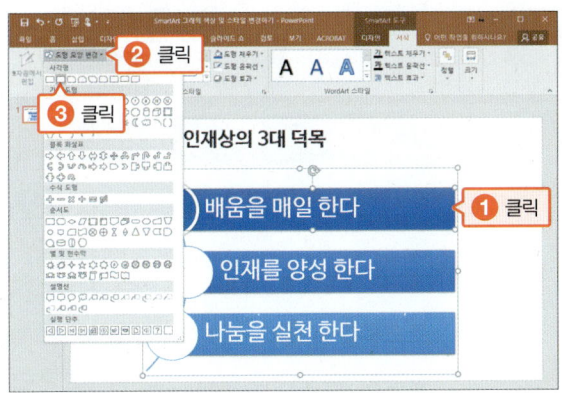 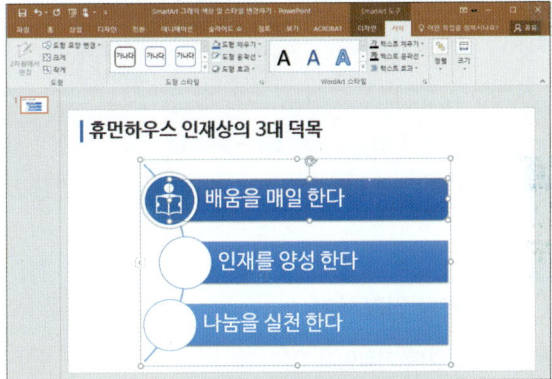

05 나머지 두 개의 원과 사각형도 서식을 변경하여 슬라이드를 완성합니다.

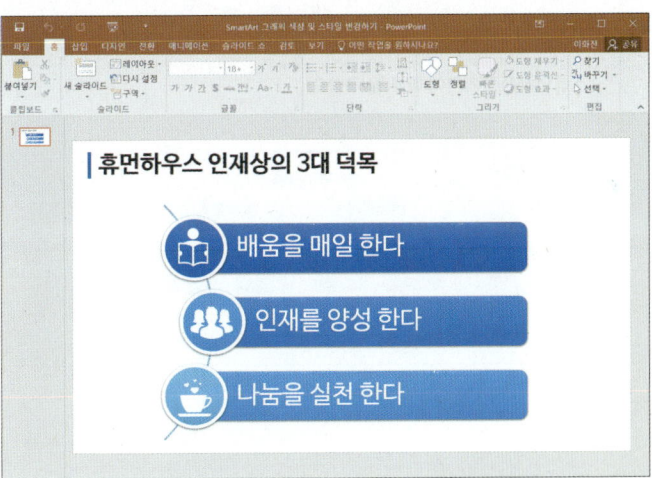

바로 통하는 TIP

① 도형 채우기 : [옥색, 강조 3], 도형 윤곽선 : [흰색, 배경 1], 두께 [6pt]

② 도형 채우기 : [옥색, 강조 4], 도형 윤곽선 : [흰색, 배경 1], 두께 [6pt]

SmartArt 그래픽에 도형 추가하기

학습 목표 | 내용에 따라 기본 SmartArt 그래픽에 도형을 추가하거나 삭제할 수 있습니다. 또한 일반 도형처럼 모양을 각각 변경할 수도 있습니다.

실습 파일 | 파워포인트/34_ SmartArt 그래픽에 도형 추가하기.pptx   **완성 파일** | 파워포인트/34완성.pptx

01 도형 추가하기

① 전략팀 텍스트가 있는 도형을 선택합니다. ② [SmartArt 도구] – [디자인] 탭 – [그래픽 만들기] 그룹 – [도형 추가▼]를 클릭하고 ③ [뒤에 도형 추가]를 선택합니다.

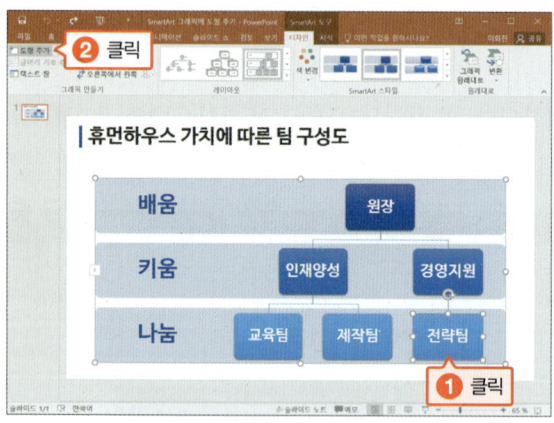
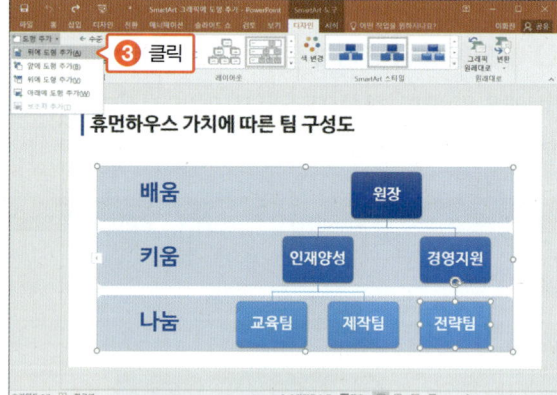

02 텍스트 입력하기

추가된 도형에 **기획팀**을 입력합니다.

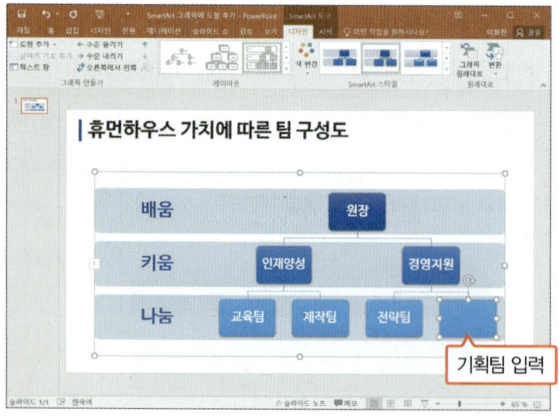
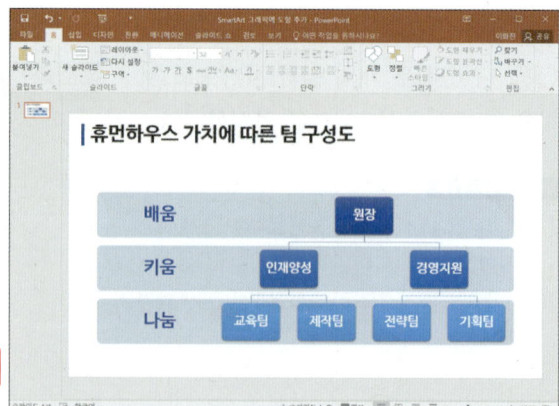

핵심기능실습 35

TELL ME
SmartArt 그래픽으로 변환

텍스트를 SmartArt 그래픽으로 변환하기

학습 목표 | 글머리 기호가 있는 텍스트를 빠르게 SmartArt 그래픽으로 변환할 수 있습니다. SmartArt 그래픽으로 변환 기능을 이용해 텍스트를 보기 좋게 꾸며 보겠습니다.

실습 파일 | 파워포인트/35_텍스트를 SmartArt 그래픽으로 변환하기.pptx   **완성 파일 |** 파워포인트/35완성.pptx

01 텍스트를 SmartArt 그래픽으로 변환하기

텍스트 상자에 입력한 내용을 SmartArt 그래픽으로 변경해 보겠습니다.

① 슬라이드에서 본문 텍스트 상자를 클릭합니다. ② [홈] 탭-[단락] 그룹-[SmartArt 그래픽으로 변환]을 클릭하고 ③ [기타 SmartArt 그래픽]을 선택합니다.

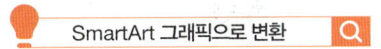

SmartArt 그래픽으로 변환

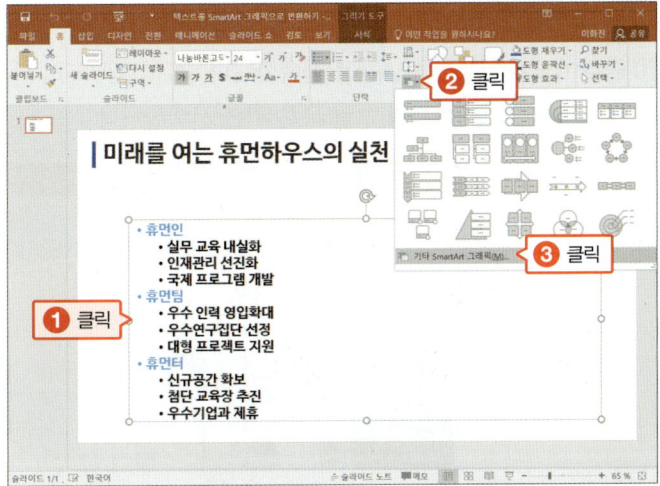

02

① [SmartArt 그래픽 선택] 대화상자에서 [그룹화된 목록형]을 선택하고 ② [확인]을 클릭합니다. SmartArt 그래픽 서식을 변경하여 슬라이드를 완성합니다.

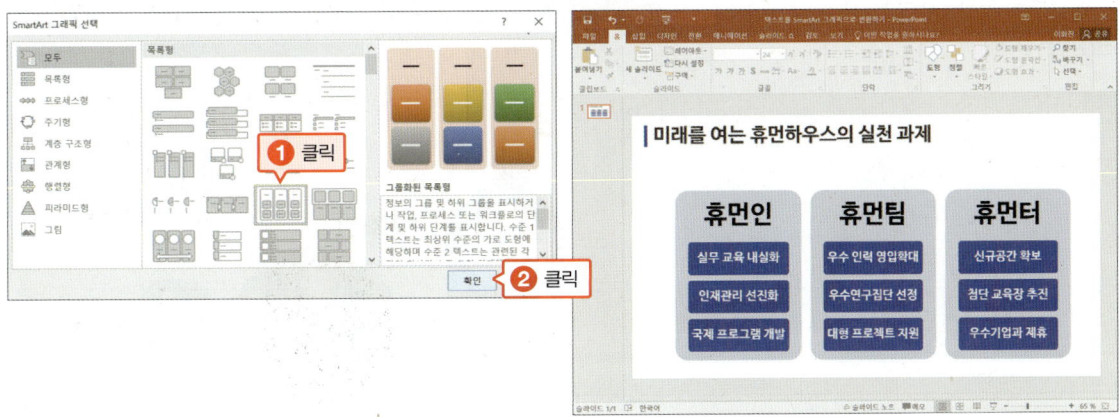

그림을 SmartArt 그래픽으로 변환하기

학습 목표 | 그림을 빠르게 SmartArt 그래픽으로 변환할 수 있습니다. SmartArt 그래픽으로 변환 기능을 이용해 그림 배열을 보기 좋게 수정해 보겠습니다.

실습 파일 | 파워포인트/36_그림을 SmartArt 그래픽으로 변환하기.pptx   **완성 파일 |** 파워포인트/36완성.pptx

01 그림을 SmartArt 그래픽으로 변환하기

① 슬라이드에 있는 그림 3개를 선택합니다. ② [그림 도구] – [서식] 탭 – [그림 스타일] 그룹 – [그림 레이아웃]을 클릭하고 ③ [거품형 그림 목록형]을 선택합니다.

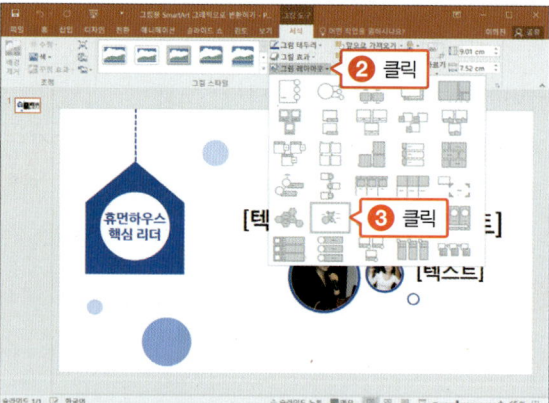

02 텍스트를 입력한 후 슬라이드를 완성합니다.

표 디자인하기

학습 목표 | 표는 내용을 일목요연하게 정리하는 데 유용합니다. 또 사용자가 원하는 대로 표의 테두리 색, 스타일, 두께와 셀의 색이나 효과도 지정 가능합니다. 표 내의 여러 셀을 병합하거나 반대로 분할할 수도 있습니다.

실습 파일 | 파워포인트/37_표 디자인하기.pptx   완성 파일 | 파워포인트/37완성.pptx

01 표 테두리 색 및 두께 변경하기

슬라이드에 작성된 표를 원하는 스타일로 수정해 보겠습니다.
① 표 전체를 클릭합니다. ② [표 도구]－[디자인] 탭－[테두리 그리기] 그룹－[펜 두께]를 [1pt]로 설정하고 ③ [펜 색]을 [진한 파랑, 강조1]로 설정합니다. ④ [표 스타일] 그룹－[테두리▼]를 클릭하고 ⑤ [모든 테두리]를 선택합니다.

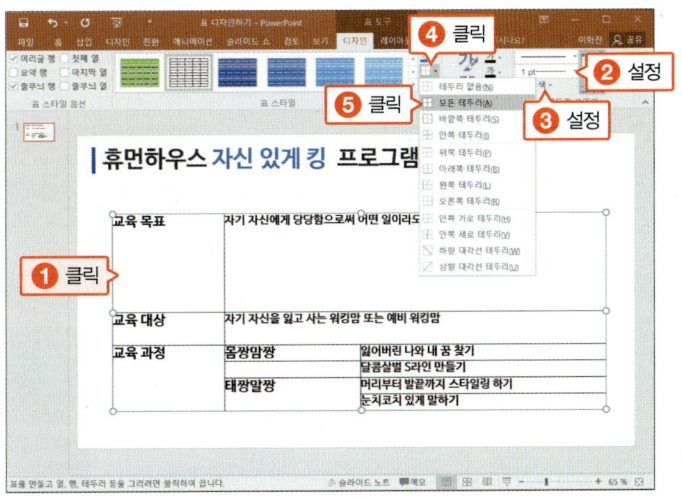

02 표 위쪽 테두리와 아래쪽 테두리 두껍게 하기

① 표 전체 클릭합니다. ② [표 도구]－[디자인] 탭－[테두리 그리기] 그룹－[펜 두께]를 [4.5pt]로 설정하고 [펜 색]을 [진한 파랑, 강조 1]로 설정합니다. ③ [표 스타일] 그룹－[테두리▼]를 클릭하고 ④ [위쪽 테두리]를 선택한 뒤 ⑤ [아래쪽 테두리]를 선택합니다.

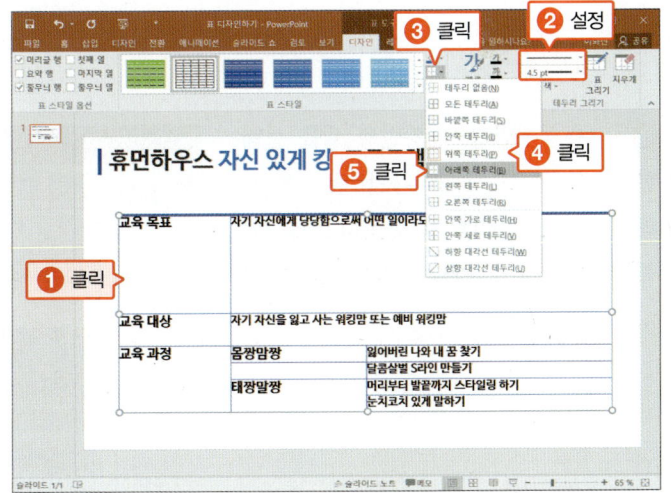

03 표 왼쪽 테두리와 오른쪽 테두리 지우기

① [표 도구]-[디자인] 탭-[테두리 그리기] 그룹-[지우개]를 클릭합니다. ② 표의 왼쪽 테두리와 오른쪽 테두리를 드래그합니다.

바로 통하는 TIP 지우개로 표의 선을 지울 때 드래그하여 표시되는 지우개의 경로가 점선인 경우에는 선이 지워지지 않습니다. 선 형태일 때만 지워집니다.

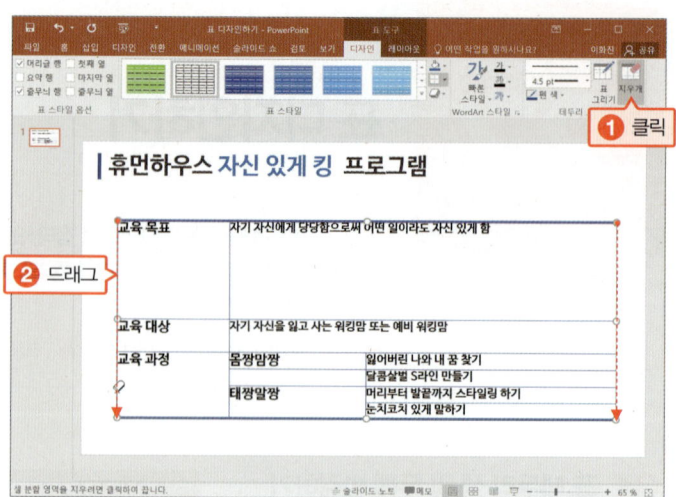

04 셀에 배경색 채우기

① 1열을 선택한 후 ② [표 도구]-[디자인] 탭-[표 스타일] 그룹-[음영▼]을 클릭하고 ③ [진한 파랑, 강조 1, 40% 더 밝게]를 선택합니다.

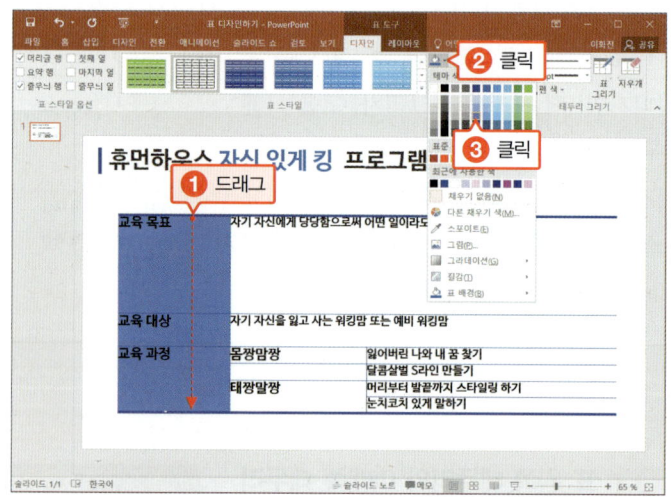

05

① 몸짱맘짱, 태짱맘짱 셀을 선택한 후 ② [표 도구]-[디자인] 탭-[표 스타일] 그룹-[음영▼]을 클릭하고 ③ [진한 파랑, 강조 1, 60% 더 밝게]를 선택합니다.

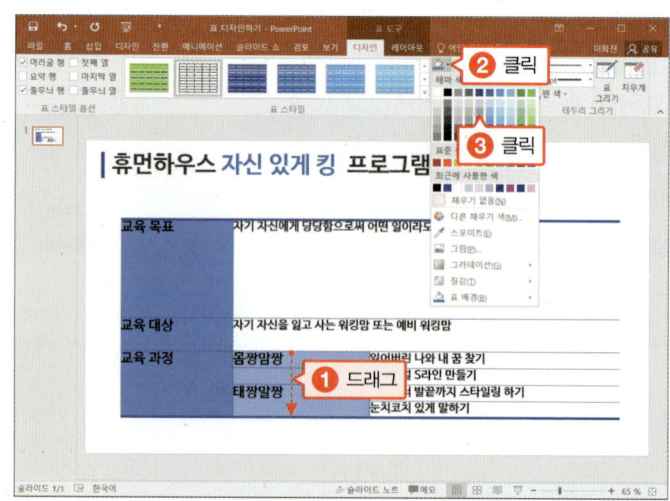

06 셀 병합하기

① 몸짱맘짱 텍스트가 있는 셀부터 그 아래쪽 셀까지 블록을 설정합니다. ② [표 도구]-[레이아웃] 탭-[병합] 그룹-[셀 병합]을 클릭합니다.

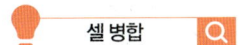

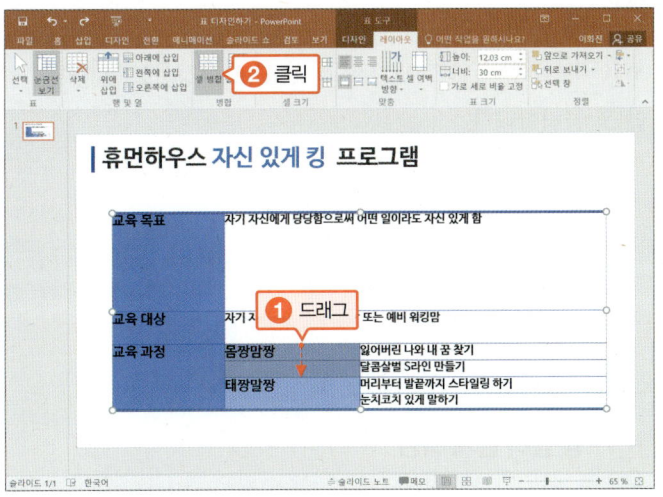

07 셀 안에 텍스트 위치 맞추기

① 전체 셀을 선택하고 ② [표 도구]-[레이아웃] 탭-[맞춤] 그룹-[세로 가운데 맞춤]을 클릭합니다. ③ 구분 부분에 해당되는 셀을 선택하고 ④ [표 도구]-[레이아웃] 탭-[맞춤] 그룹-[가운데 맞춤]을 클릭합니다.

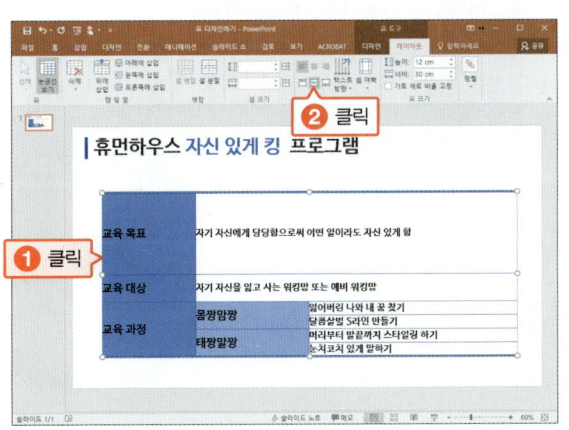

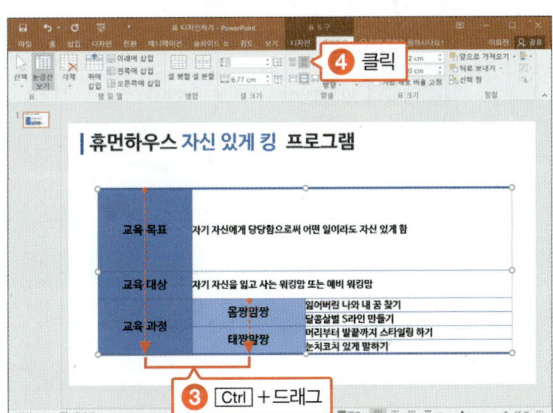

08 셀 여백 지정하기

① 내용에 해당하는 셀 전체를 블록 설정합니다. ② [표 도구]-[레이아웃] 탭-[맞춤] 그룹-[셀 여백]을 클릭하고 ③ [사용자 지정 여백]을 선택합니다.

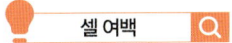

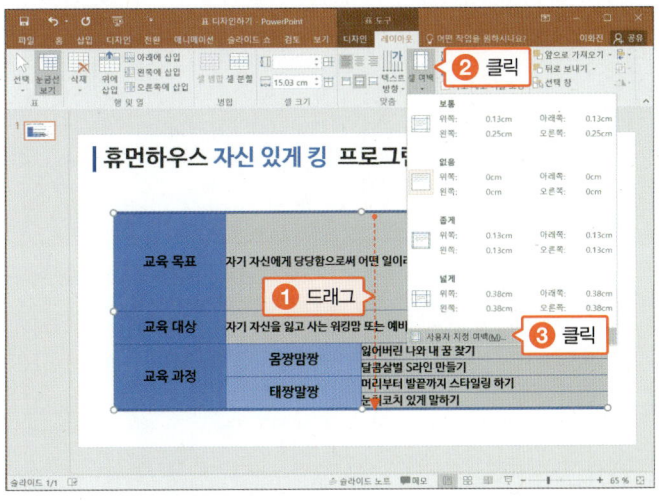

09 셀 여백 지정하기

① [안쪽 여백] – [왼쪽으로]를 [0.5cm]로 설정하고 ② [확인]을 클릭합니다.

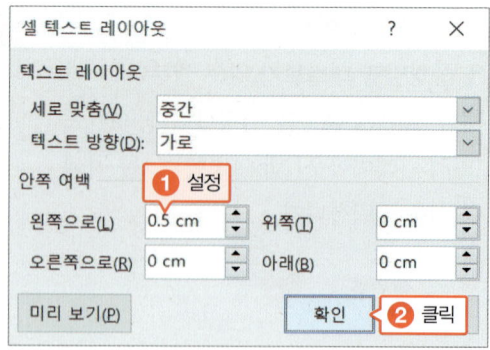

10 행 높이 같게 하기

① 교육 목표, 교육 대상, 교육 과정 셀을 선택합니다. ② [표 도구] – [레이아웃] 탭 – [셀 크기] 그룹 – [행 높이 같게]를 클릭합니다.

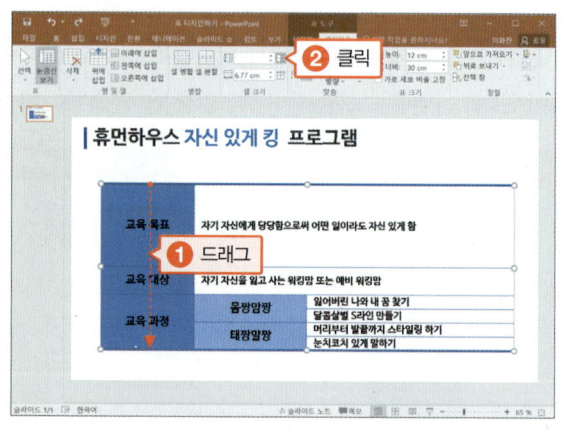

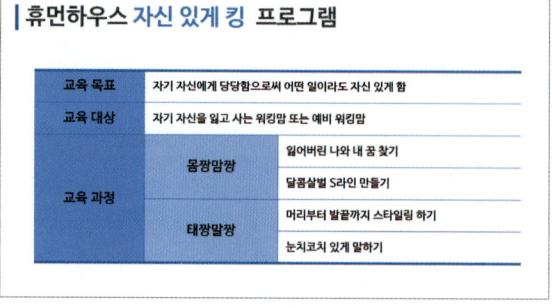

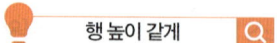
행 높이 같게

도형 빠른 스타일, 새로운 차트 살펴보기

2016 버전에서 추가된 도형과 차트의 새로운 기능을 살펴보겠습니다. 도형을 그린 후 적용하는 빠른 스타일이 더욱 추가돼 선택의 폭이 넓어졌습니다. 또 재무, 계층 구조 정보로 데이터를 시각화하거나 통계 속성을 찾아내는 6가지 차트가 추가되었습니다.

더욱 다양해진 [도형 빠른 스타일] 살펴보기

도형을 그린 뒤 [그리기 도구]−[서식] 탭−[도형 스타일] 그룹−[자세히]를 클릭하면 다양한 스타일을 적용할 수 있습니다.

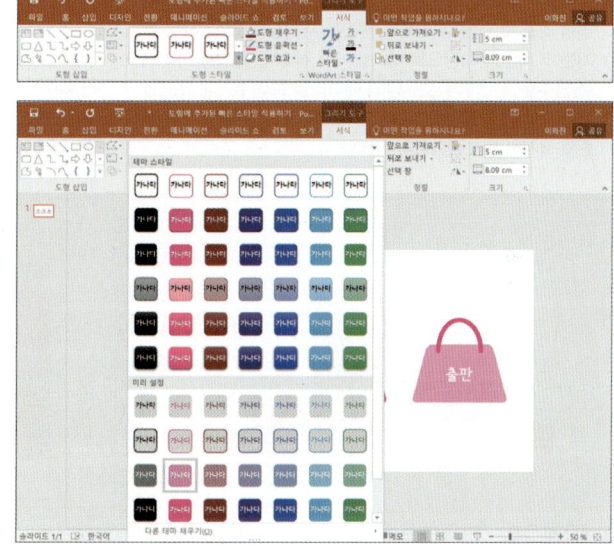

새로워진 차트 살펴보기

[삽입] 탭−[일러스트레이션] 그룹−[차트]를 클릭한 뒤 [차트 삽입] 대화상자에서 이전 버전보다 더 추가된 차트를 확인할 수 있습니다.

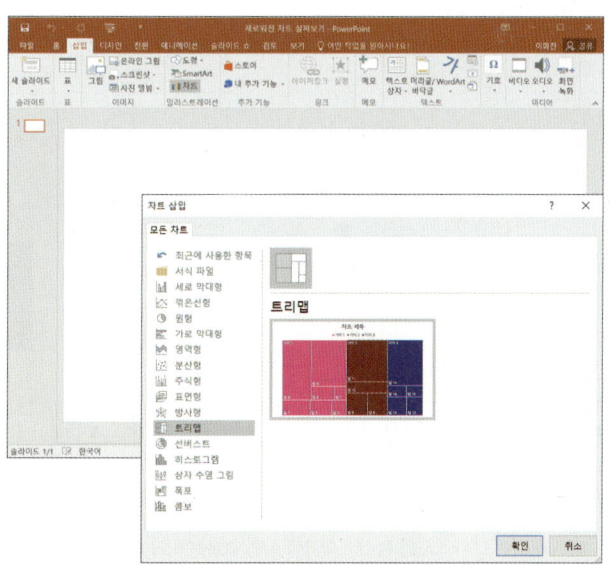

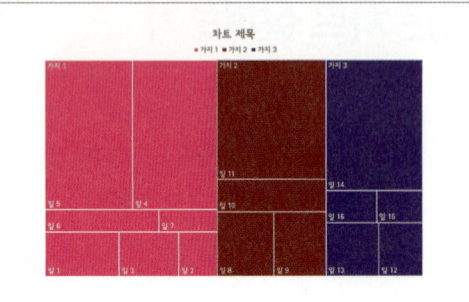

▲ 트리맵 – 데이터를 계층 구조 보기로 제공하므로 패턴을 손쉽게 찾을 수 있습니다. 트리 분기는 사각형으로, 각 하위 분기는 더 작은 사각형으로 나타납니다. 색과 근접성을 기준으로 범주를 표시하며 많은 양의 데이터를 보여주기에 유용합니다. 그러나 가장 큰 범주와 각 데이터 요소 사이의 계층 수준을 표시하기에 적합하지 않습니다.

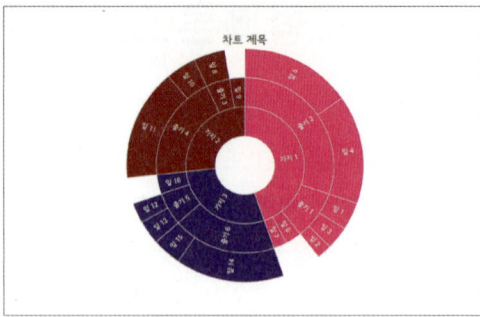

▲ 선버스트 – 계층 구조 데이터를 표시하는 데 적합하며 계층 구조 안에 빈(공백) 셀이 있는 경우에만 그릴 수 있습니다. 하나의 고리 또는 원이 계층 구조의 각 수준을 나타내며 가장 안쪽에 있는 원이 가장 높은 수준을 나타냅니다. 계층 구조가 없으면 도넛형 차트와 유사하지만 범주 수준이 여러 개라면 외부 고리와 내부 고리의 관계까지 한눈에 보여 줍니다.

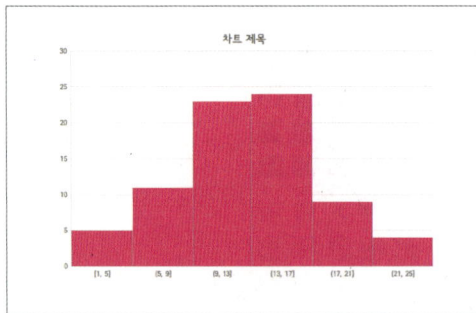

▲ 히스토그램 – 차트에 그려진 데이터는 분포 내의 빈도를 보여 줍니다. 계급 구간이라고 하는 차트의 각 열을 변경하여 데이터를 더 세부적으로 분석할 수 있습니다. 순차적 히스토그램 차트인 파레토 차트도 지원합니다.

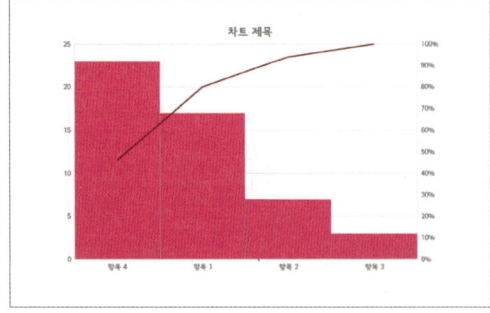

▲ 파레토 – 파레토 또는 순차적 히스토그램 차트에는 내림차순으로 정렬된 열과 총 누적 백분율을 나타내는 선을 모두 포함합니다. 데이터 집합에서 가장 큰 요소를 강조 표시하며, 가장 일반적인 문제를 쉽게 볼 수 있으므로 품질 관리의 7가지 기본 도구 중 하나로 간주됩니다.

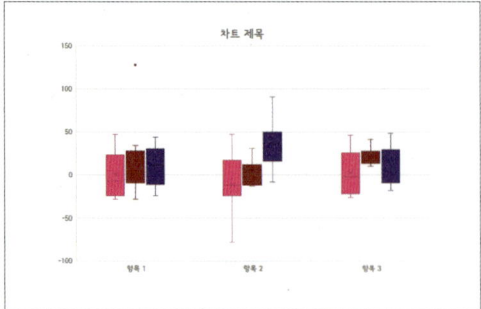

▲ 상자 수염 – 데이터 분포를 사분위수로 나타내며 평균 및 이상 값을 강조해 표시합니다. 상자에는 수직으로 확장되는 '수염'이라는 선이 포함될 수 있습니다. 상자 수염 차트는 통계 분석에 가장 많이 사용됩니다. 예를 들어 상자 수염 차트를 사용하여 교사의 시험 점수나 의약품 실험 결과를 비교할 수 있습니다.

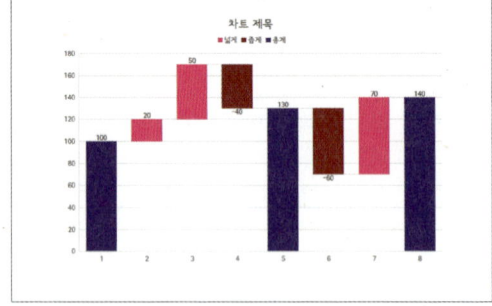

▲ 폭포 – 값을 더하거나 빼는 경우의 재무 데이터 누계를 나타내며 초기 값이 일련의 양의 값 및 음의 값에서 어떤 영향을 받는지 이해하는 데 유용합니다. 막대는 색으로 구분되므로 양수와 음수를 빠르게 구분할 수 있습니다.

핵심기능실습

38

TELL ME

빠른 레이아웃,
차트 요소,
차트 종류 변경

차트 디자인하기

학습 목표 | 프레젠테이션에서 수치 정보는 차트로 표현하는 것이 좋습니다. 사용자가 원하는 대로 차트를 디자인해 보겠습니다.

실습 파일 | 파워포인트/38_차트 디자인하기.pptx   **완성 파일** | 파워포인트/38완성.pptx

01 차트 레이아웃 변경하기

① 차트를 클릭합니다. ② [차트 도구]-[디자인] 탭-[차트 레이아웃] 그룹-[빠른 레이아웃]을 클릭하고 ③ [레이아웃 4]를 선택합니다.

빠른 레이아웃

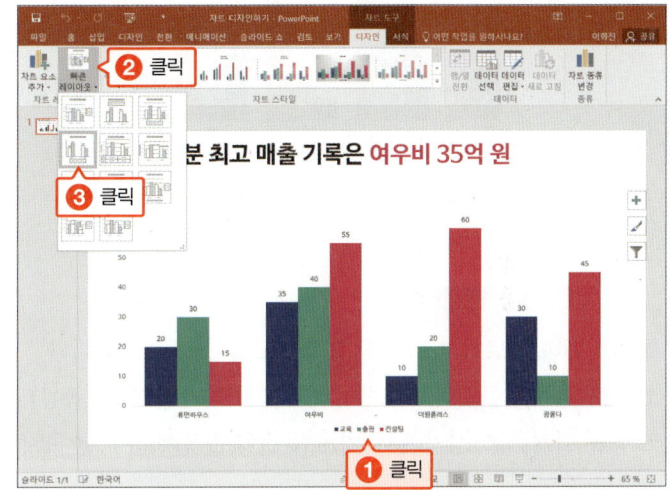

02 차트 범례 및 세로축 없애기

① [차트 요소]를 클릭하고 ② [범례], [축]-[기본 세로]의 체크 표시를 해제합니다.

차트 요소

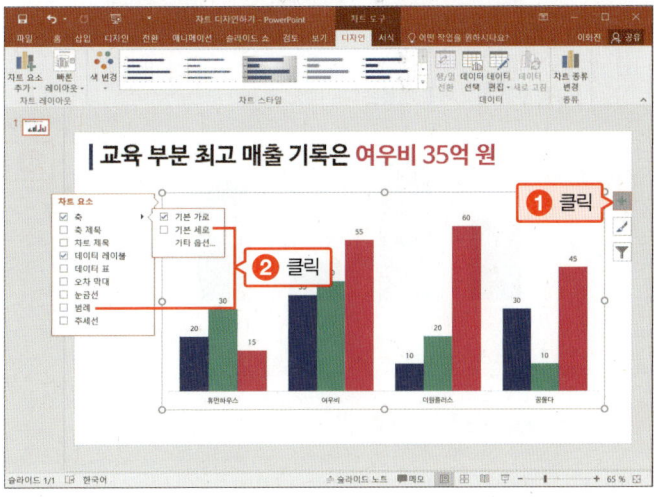

O3 원하는 계열만 보이기

[차트 필터]를 이용하면 차트에 표시할 데이터 요소를 간편하게 선택할 수 있습니다.

① [차트 필터]를 클릭하고 ② [값]을 클릭합니다. ③ [계열] 항목 중 [출판], [컨설팅]에 체크 표시를 해제한 후 [적용]을 클릭합니다. [교육]에 해당하는 막대만 표시됩니다.

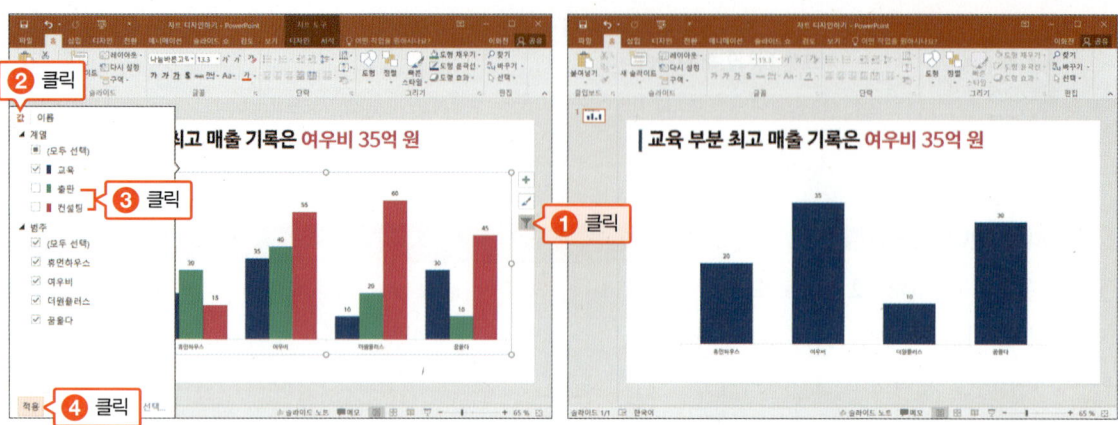

O4 차트 종류 변경하기

세로 막대형 차트를 가로 막대형 차트로 변경해 보겠습니다.

① 차트 전체를 클릭하고 ② [차트 도구] – [디자인] 탭 – [종류] 그룹 – [차트 종류 변경]을 클릭합니다. ③ [차트 종류 변경] 대화상자에서 [가로 막대형]을 선택하고 ④ [묶은 가로 막대형]을 선택합니다. ⑤ [확인]을 클릭합니다.

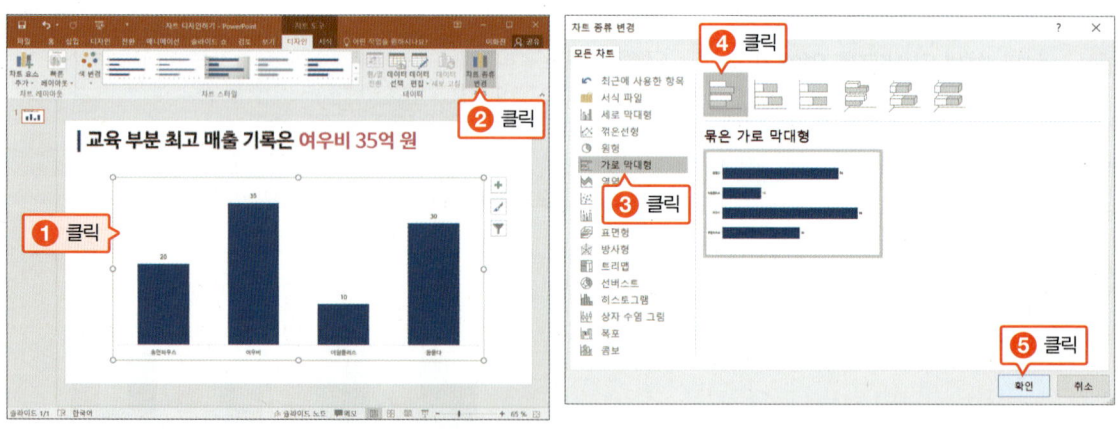

차트 종류 변경

05 항목 글꼴 크기 변경하기

① 세로축의 항목을 클릭합니다. ② [홈]
탭-[글꼴] 그룹-[글꼴 크기]를 [24pt]
로 설정하고 ③ [굵게]를 클릭합니다.

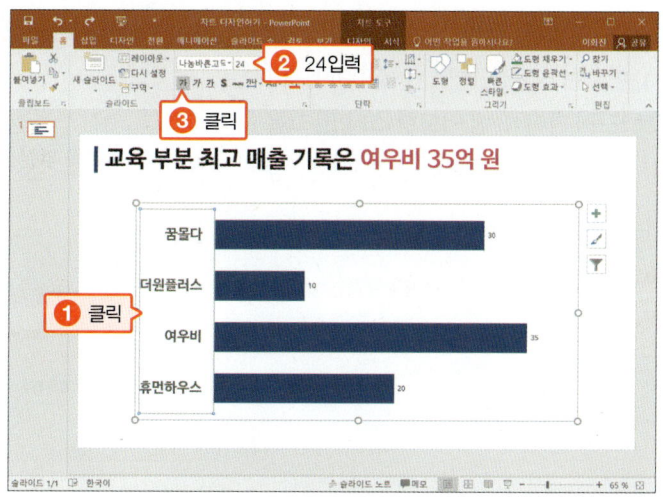

06 세로축 도형 윤곽선 없애기

① [차트 도구]-[서식] 탭-[도형 스타
일] 그룹-[도형 윤곽선]을 클릭하고 ②
[윤곽선 없음]을 선택합니다.

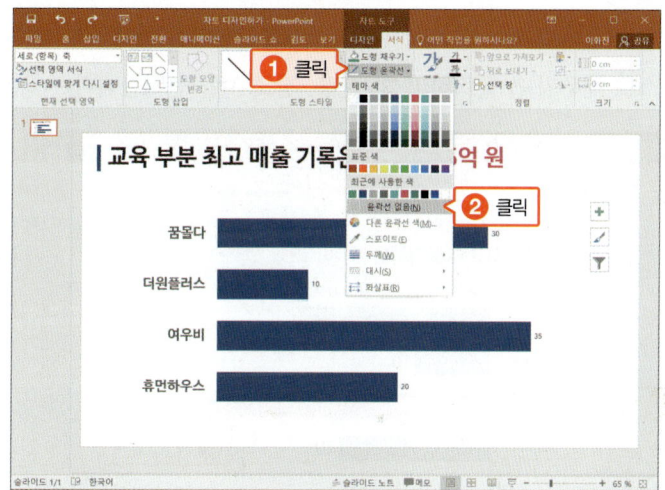

07 데이터 값의 글꼴 크기 변경하기

① 데이터 값을 클릭합니다. ② [홈]
탭-[글꼴] 그룹-[글꼴 크기]를 [36pt]
로 설정하고 ③ [굵게]를 클릭합니다.

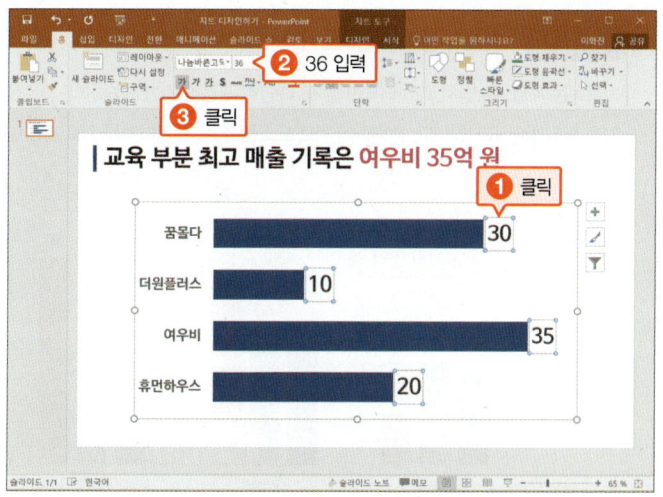

08 한 개의 막대 서식만 변경하기

① 여우비 막대를 두 번 클릭합니다. ② [차트 도구]-[서식] 탭-[도형 스타일] 그룹-[도형 채우기]를 클릭하고 ③ [분홍, 강조 3]을 선택합니다.

도형 채우기

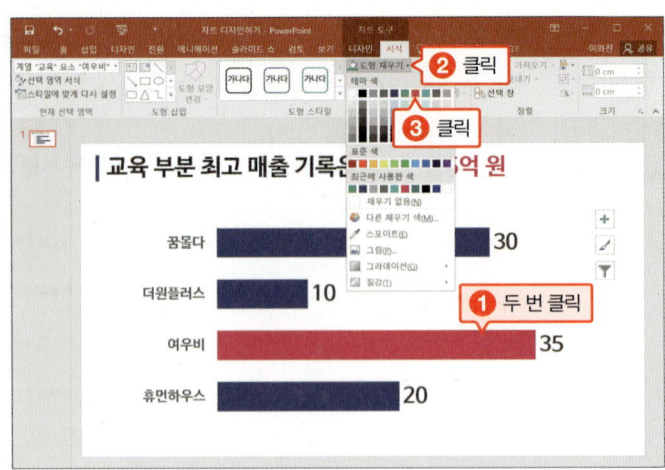

09 한 개의 텍스트 서식만 변경하기

① 여우비의 데이터 레이블을 두 번 클릭합니다. ② [차트 도구]-[서식] 탭-[WordArt 스타일] 그룹-[텍스트 채우기]를 클릭하고 ③ [분홍, 강조 3]을 선택합니다.

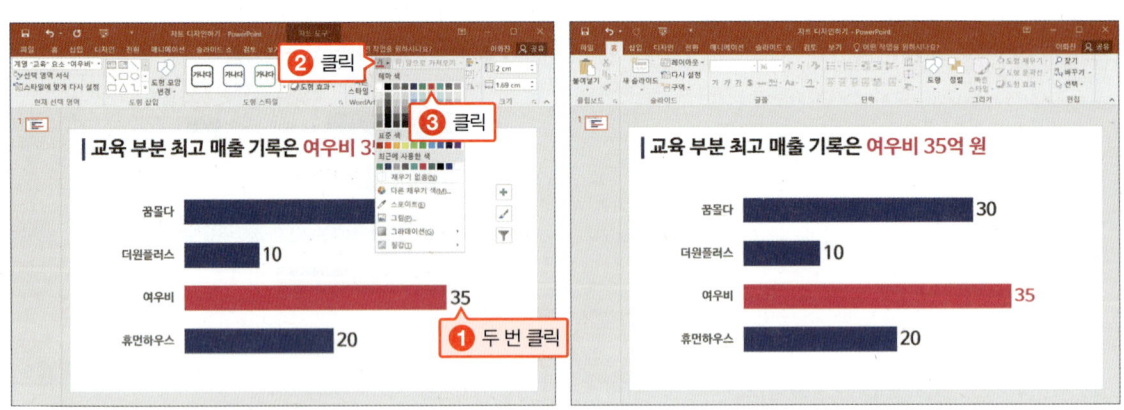

바로 통하는 TIP **차트 구성 요소 살펴보기**

차트에는 계열, 축, 범위, 데이터 레이블 등 다양한 구성 요소가 있습니다. 차트를 선택하면 차트 영역 오른쪽에 차트 요소, 차트 스타일, 차트 필터 등이 표시됩니다. 간편하게 차트 요소를 추가, 제거하거나 차트 스타일을 선택할 수 있습니다.

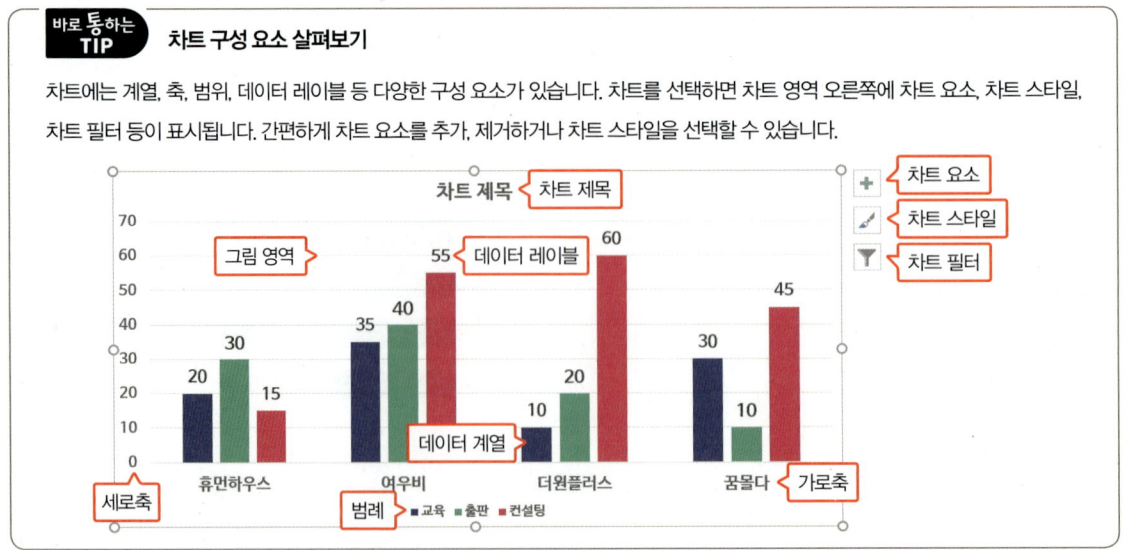

핵심기능실습 39

TELL ME
차트 종류 변경

잘 만든 차트 서식 저장 후 재활용하기

학습 목표 | 다양한 서식을 적용해 멋지게 만든 차트를 다시 사용할 수 있습니다. 자주 쓰는 차트 서식을 저장하여 재활용하면 작업 시간이 절약됩니다.

실습 파일 | 파워포인트/39_잘 만든 차트 서식 저장 후 재활용하기.pptx   **완성 파일 |** 파워포인트/39완성.pptx

01 차트 서식 저장하기

① 1번 슬라이드에 있는 차트를 클릭한 후 마우스 오른쪽 버튼을 클릭합니다. ② 바로 가기 메뉴 중 [서식 파일로 저장]을 선택합니다.

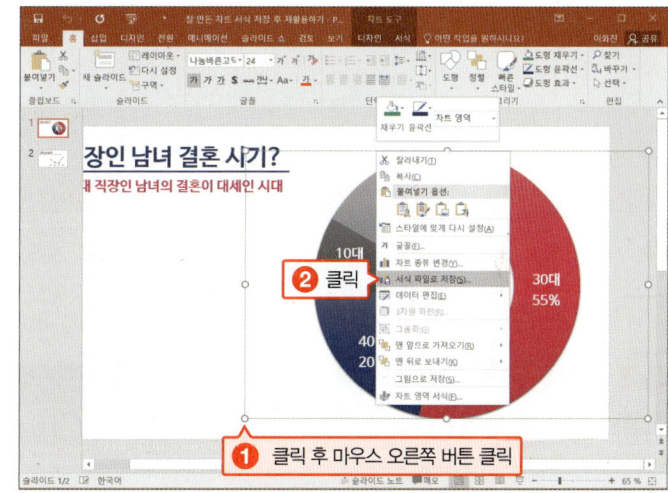

02 ① [파일 이름]에 **파이 그래프**를 입력하고 ② [저장]을 클릭합니다.

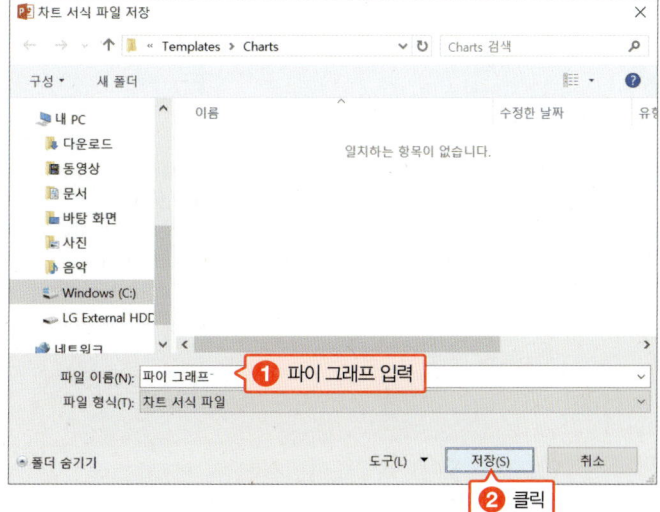

O3 저장된 서식 파일 적용하기

① 2번 슬라이드에 있는 차트를 클릭합니다. ② [차트 도구] - [디자인] 탭 - [종류] 그룹 - [차트 종류 변경]을 클릭합니다. ③ [차트 종류 변경] 대화상자에서 [서식 파일]을 선택하고 ④ [파이 그래프]를 선택한 뒤 ⑤ [확인]을 클릭합니다.

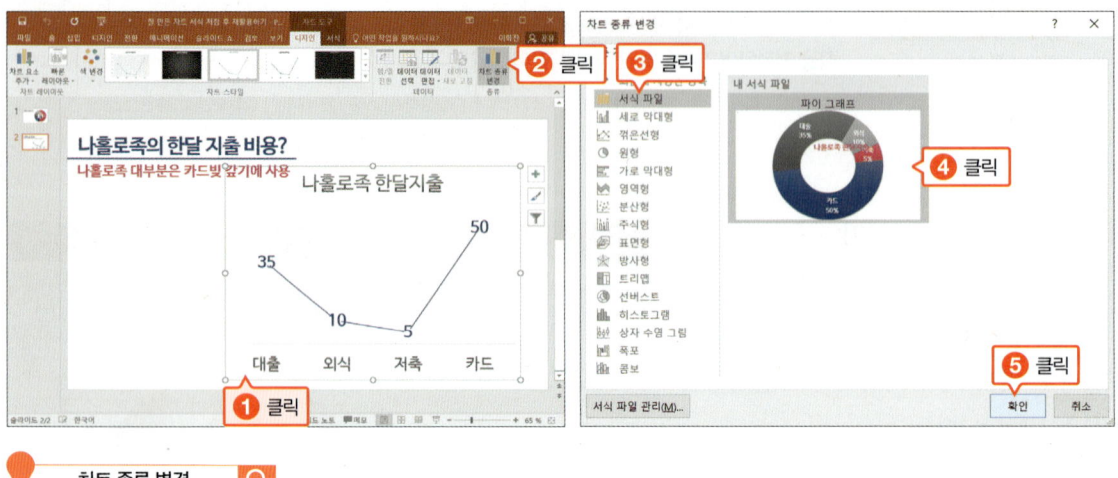

차트 종류 변경 🔍

O4 저장된 차트 서식 파일이 적용되어 차트 종류가 변경됩니다.

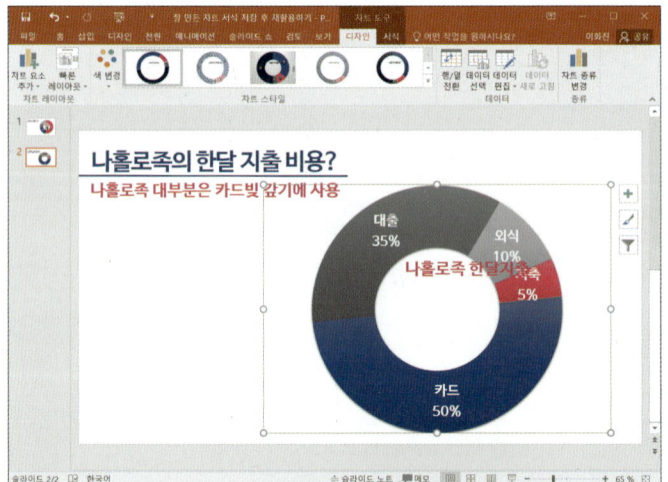

온라인 그림 삽입하기

학습 목표 | 온라인에서 다양한 그림을 찾아서 슬라이드에 삽입할 수 있습니다. 내용에 적합한 그림을 삽입하면 청중에게 내용을 더 잘 전달할 수 있습니다.

실습 파일 | 파워포인트/40_온라인 그림 삽입하기.pptx **완성 파일 |** 파워포인트/40완성.pptx

01 온라인에서 그림 검색하기

① [삽입] 탭 – [이미지] 그룹 – [온라인 그림]을 클릭합니다. ② [그림 삽입] 창에서 [Bing 이미지 검색]의 검색 란에 **스마트**를 입력한 후 Enter를 누릅니다.

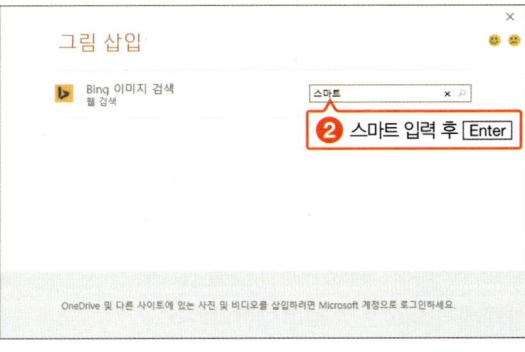

온라인 그림 🔍

02 ① 검색 결과 중에서 원하는 그림을 클릭하고 ② [삽입]을 클릭합니다. ③ 슬라이드에 적당하게 배치합니다.

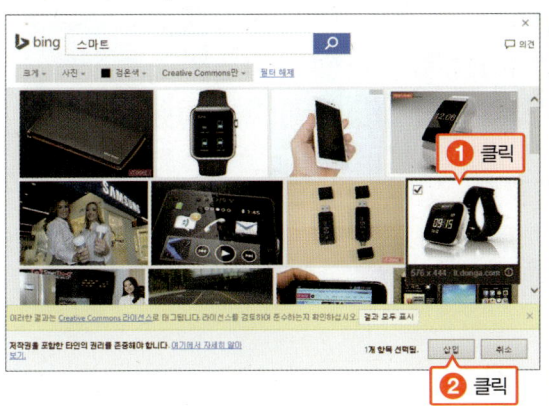

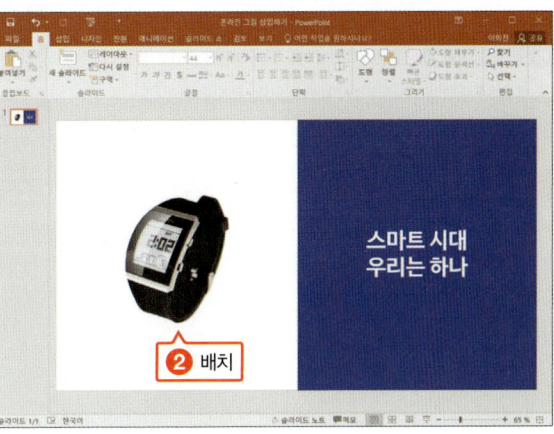

그림의 특정 부분만 강조하기

학습 목표 | 전체 그림 중 특정 부분의 색만 남겨두고 나머지는 회색조로 나타내거나 희미하게 만들어 표현하려는 내용을 좀 더 강조할 수 있습니다. 이때 그림을 자연스럽게 표현하려면 그림 주변을 부드럽게 처리해야 합니다.

실습 파일 | 파워포인트/41_그림의 특정 부분만 강조하기.pptx   **완성 파일 |** 파워포인트/41완성.pptx

O1 그림을 복사하여 수평으로 이동하기

그림의 특정 부분만 강조하기 위해 그림을 복사한 후 원본과 겹쳐 두고 강조할 부분만 남기고 잘라 냅니다. 주변부에 효과를 주면 강조할 부분이 더 자연스럽게 표현됩니다.

① 슬라이드의 그림을 클릭합니다. ② 그림을 복사하기 위해 Ctrl + Shift 를 누른 상태에서 왼쪽으로 드래그합니다.

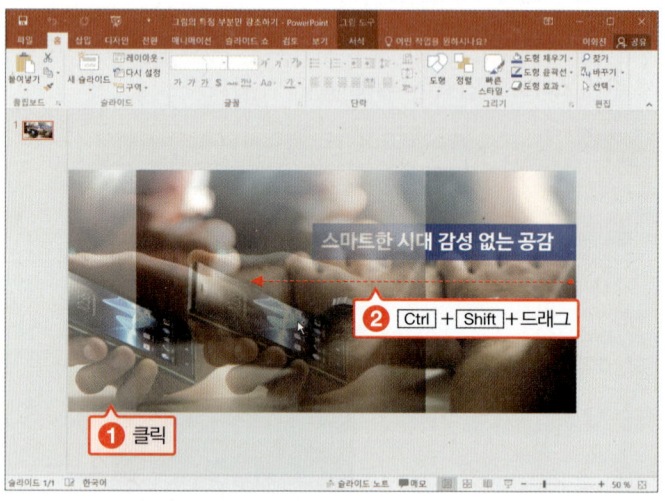

O2 그림 색 변경하기

① 원본 그림을 선택합니다. ② [그림 도구]-[서식] 탭-[조정] 그룹-[색]을 클릭하고 ③ [다시 칠하기]에서 [회색조]를 선택합니다.

바로 통하는 TIP 원본에 회색조를 적용하면 강조할 부분과 겹쳐 두었을 때 주변부가 회색으로 표시되어 강조할 부분이 더 눈에 띕니다.

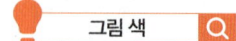
그림 색

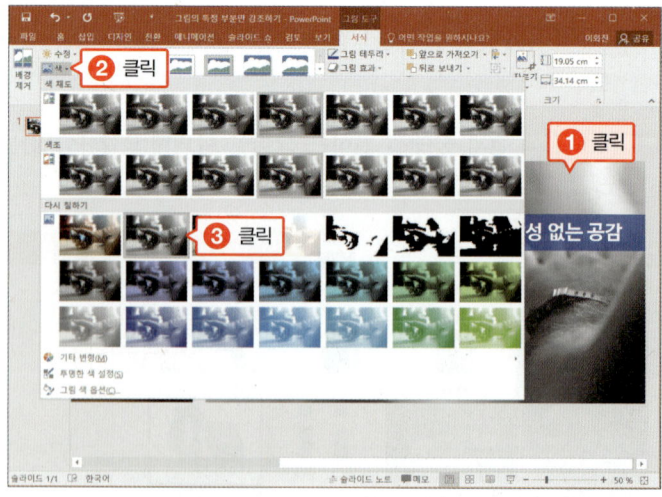

03 그림의 원하는 부분만 남기고 자르기

① 복사한 그림을 본래 그림과 겹치도록 드래그합니다. ② [그림 도구]-[서식] 탭-[크기] 그룹-[자르기]를 클릭합니다. ③ 강조하고 싶은 부분만 남도록 그림 테두리에 생긴 꺾쇠로 크기를 조절한 뒤 ④ [자르기]를 클릭합니다.

 자르기

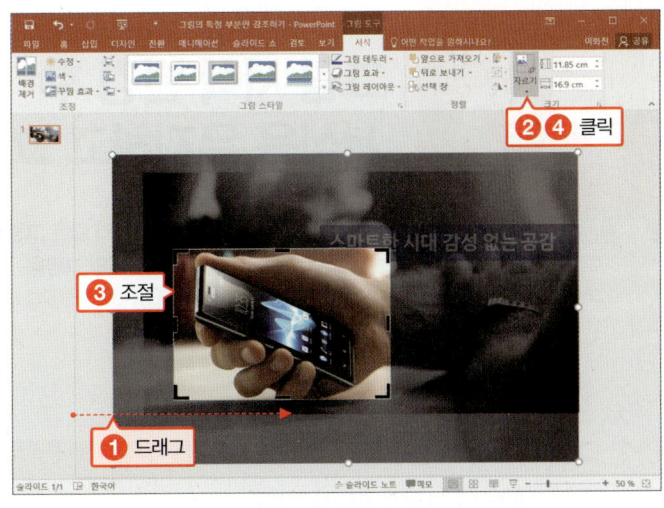

04 잘린 그림 주변을 부드럽게 처리하기

잘린 그림과 회색조로 변경한 원본 그림의 경계가 자연스럽지 않습니다. 잘린 그림의 주변을 부드럽게 처리해 원본 배경과 자연스럽게 어울리도록 수정해 보겠습니다.

① 잘린 그림을 클릭합니다. ② [그림 도구]-[서식] 탭-[그림 스타일] 그룹-[그림 효과]를 클릭하고 ③ [부드러운 가장자리]-[50포인트]를 선택합니다.

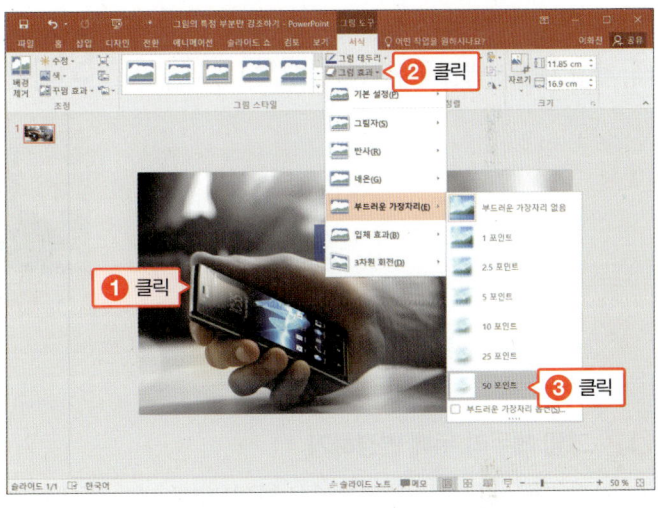

05 전체 컬러 그림 중 특정 부분의 색만 강조되었습니다.

그림 서식 변경 후
서식은 유지하고 그림만 변경하기

학습 목표 | 테두리 및 그림자, 반사와 같은 그림 서식을 변경한 후 서식은 그대로 유지하고 그림만
변경할 수 있습니다. 다른 여러 개의 그림을 같은 서식으로 표현할 때 유용합니다.

실습 파일 | 파워포인트/42_그림 서식 변경 후 서식은 유지.pptx　　**완성 파일 |** 파워포인트/42완성.pptx

01　그림 테두리 색 변경하기

① 슬라이드에 있는 그림을 클릭합니다.
② [그림 도구]-[서식] 탭-[그림 스타일]
그룹-[그림 테두리]를 클릭하고 ③ [흰
색, 배경 1]을 선택합니다.

02　그림 테두리 두께 변경하기

① [그림 도구]-[서식] 탭-[그림 스타일] 그룹-[그림 테두리]를 클릭하고 ② [두께]-[다른 선]을 선택합
니다. ③ [그림 서식] 작업 창에서 [선]-[너비]를 [20pt]로 설정합니다.

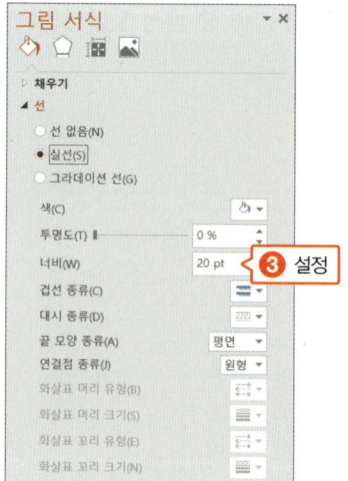

03 그림에 그림자 적용하기

① [그림 서식] 작업 창에서 [효과]-[그림자]를 선택합니다. ② [미리 설정]을 클릭하고 ③ [바깥쪽]-[오프셋 가운데]를 선택합니다.

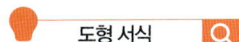

04 그림 서식 복사하고 붙여넣기

① 서식이 적용된 그림을 클릭하고 ② [홈] 탭-[클립보드] 그룹-[서식 복사]를 더블클릭합니다. ③ 마우스 포인터가 페인트 붓 모양이 되면 서식을 붙여 넣을 그림을 클릭합니다.

05 다른 그림으로 변경하기

그림에 적용한 서식은 유지한 채 그림만 변경해 보겠습니다.
① 변경할 그림을 클릭하고 ② [그림 도구]-[서식] 탭-[조정] 그룹-[그림 바꾸기]를 클릭합니다.

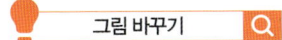

06 ① [그림 삽입] 창의 [파일에서]–[찾아보기]를 클릭합니다. ② [그림 삽입] 대화상자에서 사과.jpg를 선택하고 ③ [삽입]을 클릭합니다.

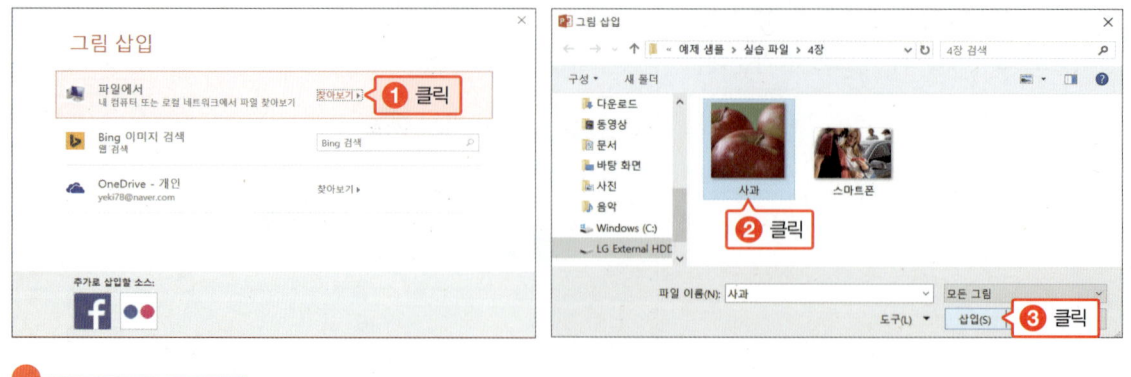

🔍 그림 삽입

07 서식은 그대로인 채 그림이 바뀌었습니다.

그림에서 불필요한 부분 제거하기

학습 목표 | 그림에서 불필요한 부분을 제거하여 슬라이드와 어울리게 표현할 수 있습니다. 제거하는 부분과 남기는 부분의 색 구분이 분명할 때 [배경 제거] 기능이 더 깔끔하게 적용됩니다.

실습 파일 | 파워포인트/43_그림에서 불필요한 부분 제거하기.pptx   완성 파일 | 파워포인트/43완성.pptx

01 배경 제거하기

그림에 불필요한 배경이 있으면 슬라이드가 복잡해 보이므로 이를 제거해 보겠습니다.
① 슬라이드에서 그림을 클릭하고 ② [그림 도구]-[서식] 탭-[조정] 그룹-[배경 제거]를 클릭합니다.

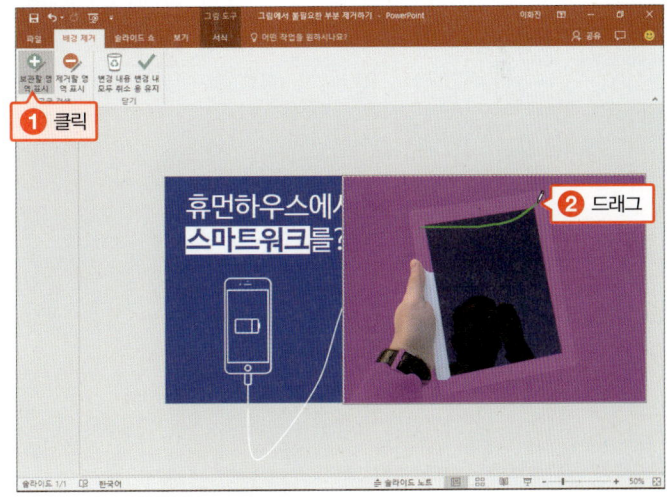

02 보라색으로 선택된 그림이 제거될 부분입니다. 그림에서 불필요한 부분만 선택되도록 조절해보겠습니다. ① [배경 제거] 탭-[고급 검색] 그룹-[보관할 영역 표시]를 클릭합니다. ② 마우스 포인터가 연필 모양으로 바뀌면 보라색 부분에서 남기고 싶은 부분을 드래그하여 본래 이미지 색이 나오도록 합니다.

03 그림에서 남기고 싶은 부분만 본래 이미지 색이 되었다면 [배경 제거] 탭-[닫기] 그룹-[변경 내용 유지]를 클릭합니다.

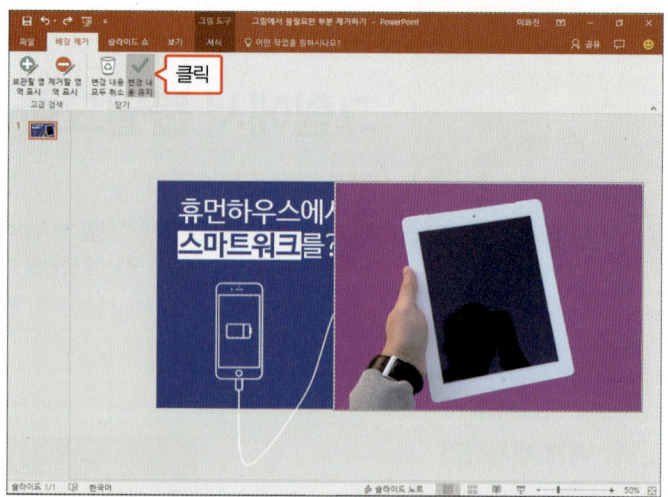

04 그림에서 보라색으로 선택되었던 부분이 제거되고 프레젠테이션에 필요한 그림만 남습니다.

그림을 원하는 모양으로 자르고 용량 줄이기

학습 목표 | 그림에서 필요한 부분만 잘라내 사용할 수 있습니다. 이때 다양한 도형 모양으로 자를 수 있으며 남은 부분만 사용하도록 해서 파일 용량을 줄일 수도 있습니다.

실습 파일 | 파워포인트/44_그림을 원하는 모양으로 자르고 용량 줄이기.pptx   **완성 파일** | 파워포인트/44완성.pptx

TELL ME

그림 삽입, 자르기,
그림 압축

O1 그림 삽입하기

① [삽입] 탭-[이미지] 그룹-[그림]을 클릭합니다. ② 스마트폰.jpg를 선택한 후 ③ [삽입]을 클릭합니다.

그림 삽입

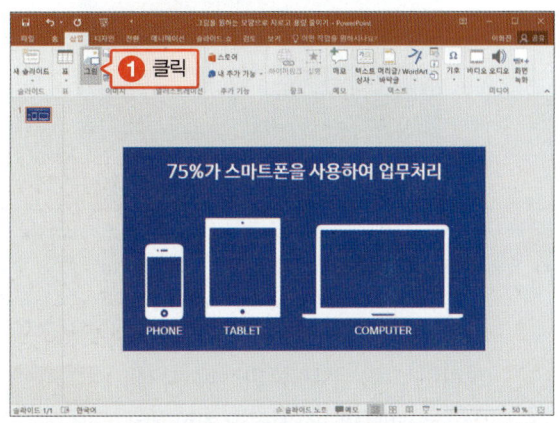

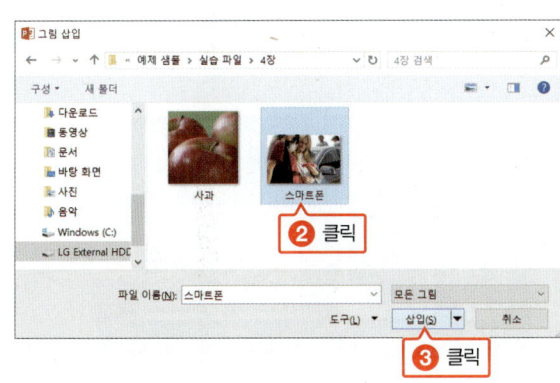

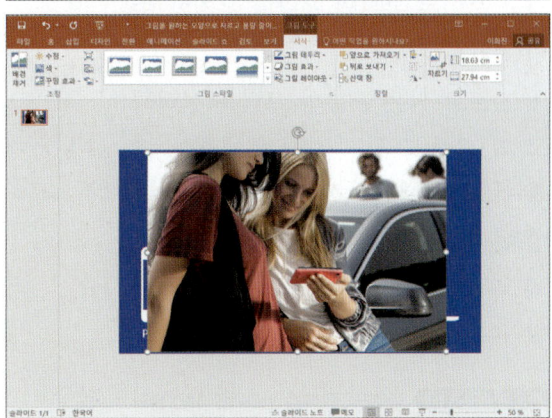

02 그림 자르기

① 슬라이드에 삽입된 그림을 클릭하고 ② [그림 도구]-[서식] 탭-[크기] 그룹-[자르기]를 클릭합니다. ③ 꺾쇠 모양의 자르기 핸들을 드래그해 원하는 부분이 남도록 영역을 조정합니다. ④ 그림 외의 부분을 클릭합니다.

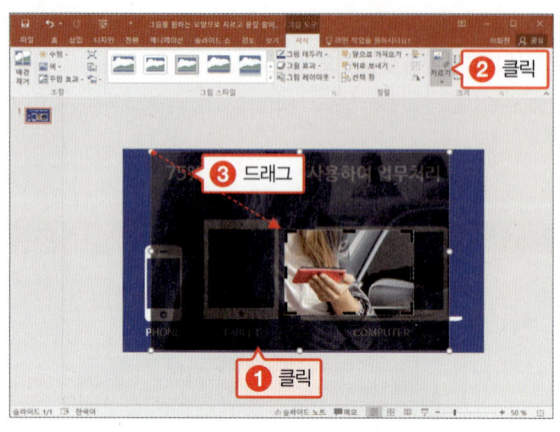
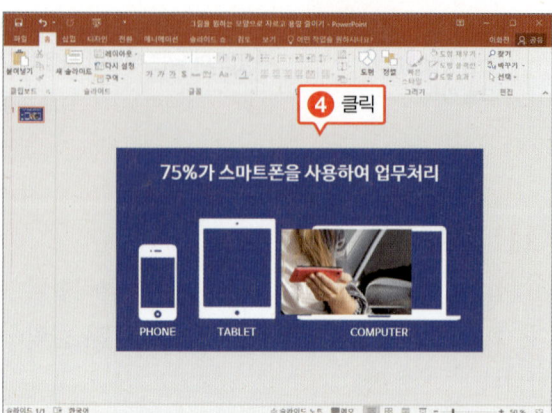

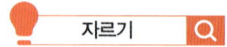

03 잘려진 그림 부분을 완전히 삭제하고 보이는 부분의 용량만 유지할 수 있습니다.

① 자르고 남은 부분의 그림을 선택하고 ② [그림 도구]-[서식] 탭-[조정] 그룹-[그림 압축]을 클릭합니다. ③ [그림 압축] 대화상자에서 [압축 옵션] 두 가지에 모두 체크 표시하고 ④ [확인]을 클릭합니다.

바로 통하는 TIP 파워포인트에서 자르기를 하면 슬라이드에서만 보이지 않는 것이므로 용량은 그대로입니다. 용량을 줄이려면 [그림 압축]을 사용해 잘린 부분을 아예 없애야 합니다.

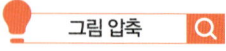

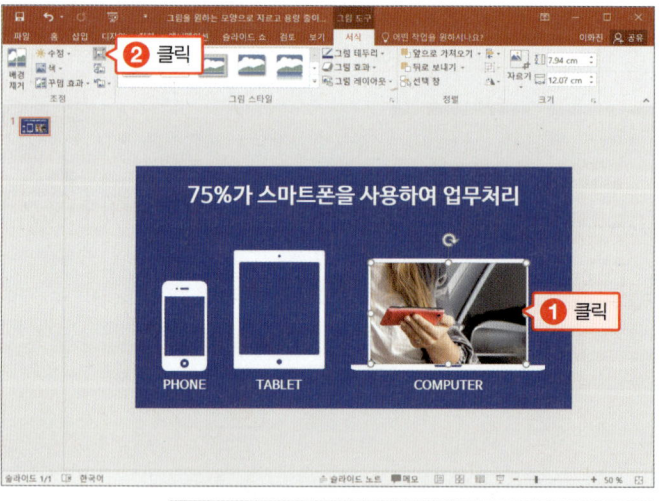

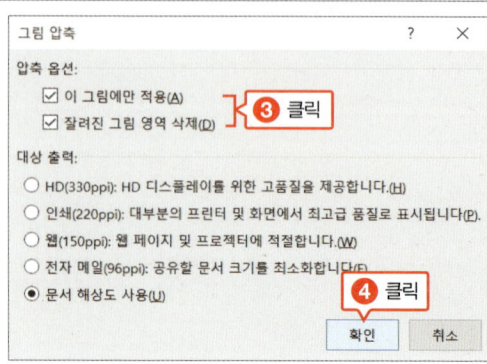

04 압축한 그림 저장하기

원본 그림과 용량 차이를 비교하기 위해 잘려진 그림을 저장해 보겠습니다. ① 그림을 클릭합니다. ② 마우스 오른쪽 버튼을 클릭하고 ③ [그림으로 저장]을 선택합니다.

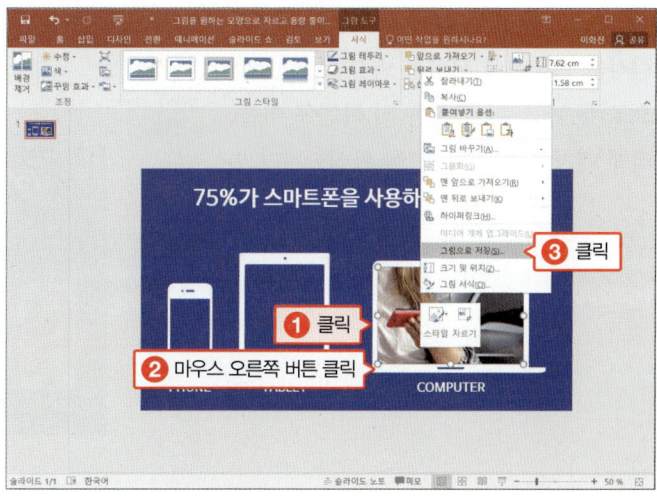

05 ① [파일 이름]에 **스마트폰 정보**를 입력하고 ② [저장]을 클릭합니다.

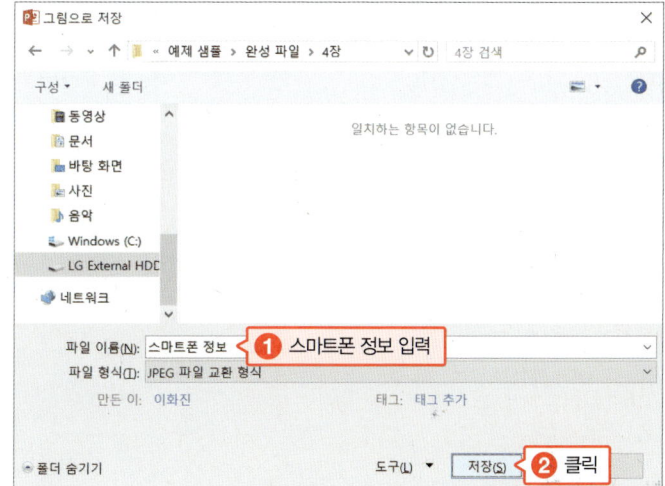

06 용량을 비교해 보면 원본 그림 스마트폰.jpg는 6.21MB이고, 불필요한 부분을 자르고 크기를 줄인 그림 스마트폰 정보.jpg는 61.6KB로 용량이 크게 줄어들었습니다.

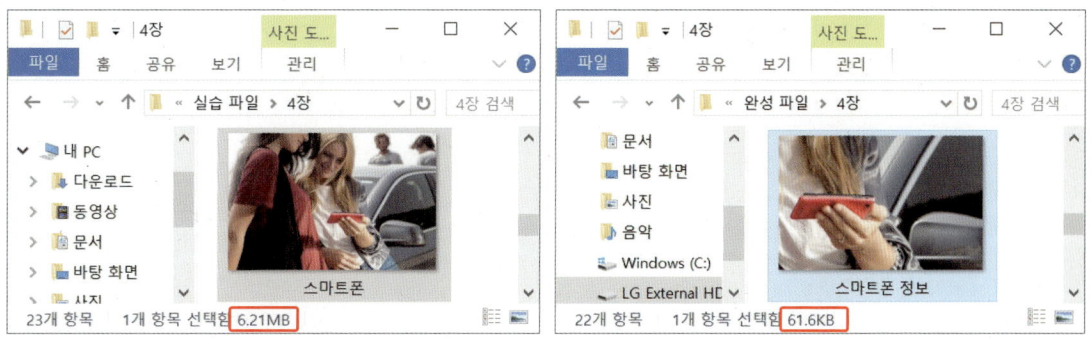

07 크기를 줄인 그림의 테두리 및 그 림자를 적용하여 서식을 변경합니다. 옆 으로 두 개를 더 복사한 뒤 화면에 어울 리게 배치하여 슬라이드를 완성합니다.

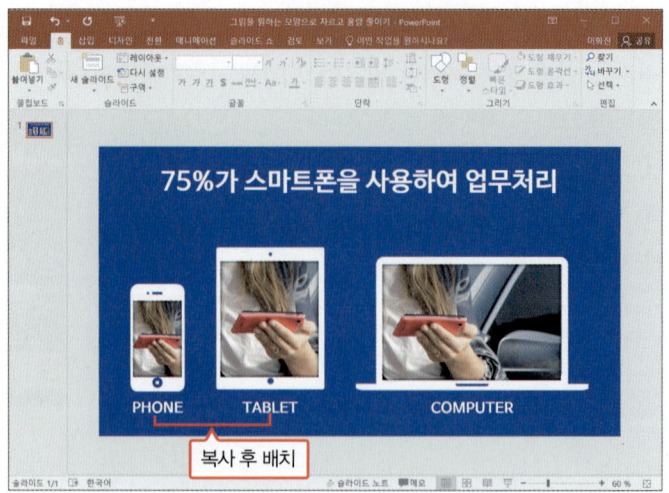

05

프레젠테이션에 멀티미디어 삽입 및 서식 지정하기

프레젠테이션에서 오디오와 비디오는 내용을 역동적으로 만들어 줍니다. 단순히 슬라이드에 오디오와 비디오를 삽입하는 것뿐만 아니라 특정 부분만 실행하는 것도 가능합니다. 또한 책갈피 기능을 사용하여 원하는 부분에 표시할 수 있습니다. 오디오를 원하는 슬라이드까지 재생되게 하거나, 비디오는 마치 그림처럼 모양이나 색을 변경할 수도 있습니다. 다만 비디오의 경우에는 지나치게 변형하여 내용을 왜곡하지 않도록 주의해야 합니다.

시각적 디자인을 돕는 새 기능 살펴보기

디자인과 멀티미디어, 애니메이션에 추가된 새로운 기능을 살펴보겠습니다. 주로 시각적인 디자인을 돕는 기능으로 이전 버전에 비해 더욱 편리하게 슬라이드를 꾸밀 수 있습니다.

디자인 아이디어 적용하기

사용자의 콘텐츠를 멋지게 만들 수 있는 다양한 아이디어를 자동으로 만들어 주는 기능입니다. 사진이나 기타 고유한 시각적 콘텐츠를 추가하면 [디자인 아이디어] 작업 창이 자동으로 열리고 슬라이드에 적용할 수 있는 다양한 레이아웃이 표시됩니다.

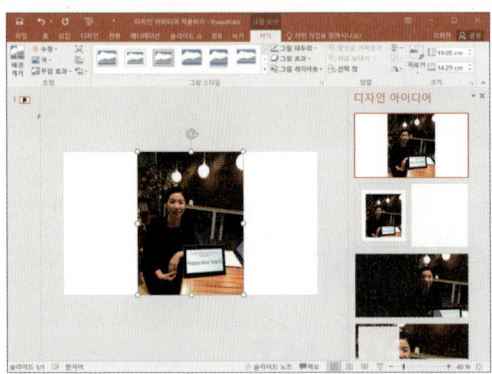
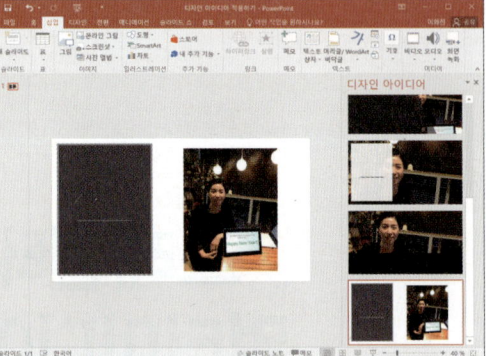

화면 녹화 삽입하기

이제 파워포인트에서도 몇 번만 클릭하면 화면을 녹화해 데모 영상을 효과적으로 시연할 수 있습니다. 필요한 내용을 캡처하고 프레젠테이션에 직접 삽입하는 것도 가능합니다.

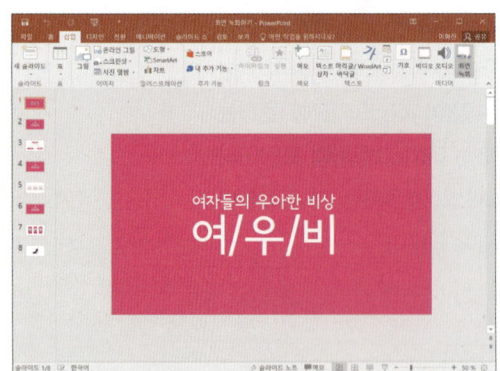
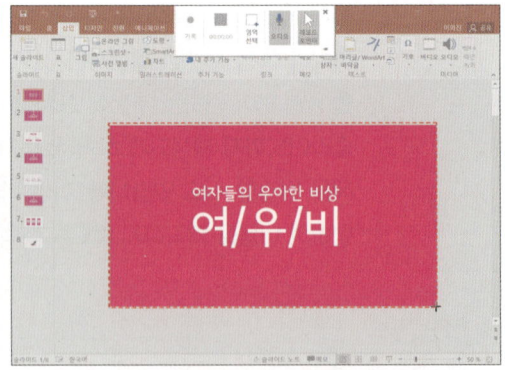

▲ [삽입] 탭—[미디어] 그룹—[화면 녹화]를 클릭합니다.　　▲ 마우스 포인터가 십자형으로 바뀌면 원하는 영역을 드래그해 지정합니다.

◀ [기록] 버튼을 클릭한 후 녹화를 진행하고 끝나면 [정지] 버튼을 클릭합니다.

모핑 전환 효과 적용하기

2016 버전에서 원활한 애니메이션, 전환, 개체 이동을 손쉽게 만들 수 있는 모핑 효과가 추가되었습니다. 모핑 전환을 효과적으로 사용하려면 공통된 개체가 하나 이상 포함된 두 개의 슬라이드가 있어야 합니다.

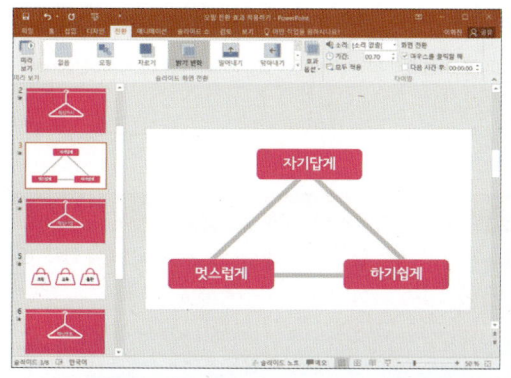

▲ 효과를 적용할 슬라이드를 복제해 똑같은 슬라이드를 하나 더 만듭니다.

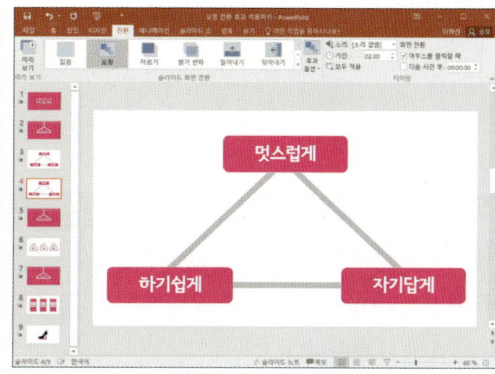

▲ 복제한 슬라이드의 위치를 바꾼 뒤 [전환] 탭–[슬라이드 화면 전환] 그룹–[모핑]을 클릭합니다.

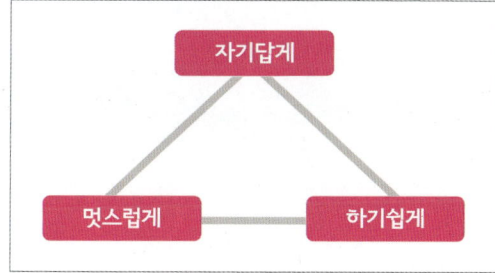

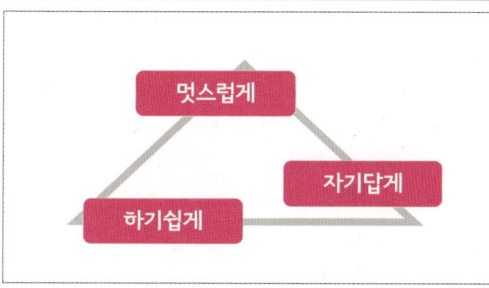

◀ 슬라이드 쇼를 실행해 다음 슬라이드로 넘기면 모핑 전환 효과를 확인할 수 있습니다.

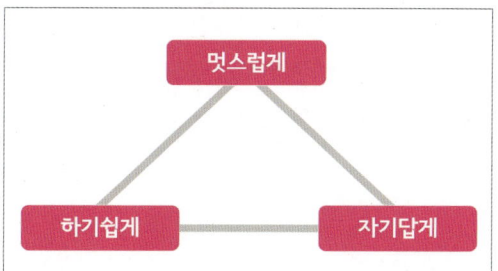

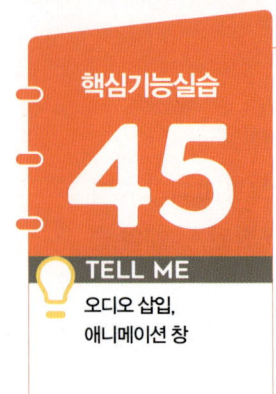

오디오 클립 삽입 후
특정 슬라이드까지 실행하기

학습 목표 | 오디오를 삽입한 슬라이드부터 특정 슬라이드까지 슬라이드 쇼가 실행되는 동안 오디오 파일을 재생할 수 있습니다. 이를 제어하려면 오디오 클립의 사용자 지정 애니메이션에서 효과 옵션을 지정해야 합니다.

실습 파일 | 파워포인트/45_오디오 클립 삽입 후 특정 슬라이드까지.pptx   **완성 파일 |** 파워포인트/45완성.pptx

01 오디오 클립 삽입하기

슬라이드 쇼를 실행했을 때 특정 슬라이드에서 배경음악이 재생되도록 오디오 클립을 삽입해 보겠습니다.
① 1번 슬라이드를 선택합니다. ② [삽입] 탭-[미디어] 그룹-[오디오]를 클릭하고 ③ [내 PC의 오디오]를 선택합니다.

오디오 삽입

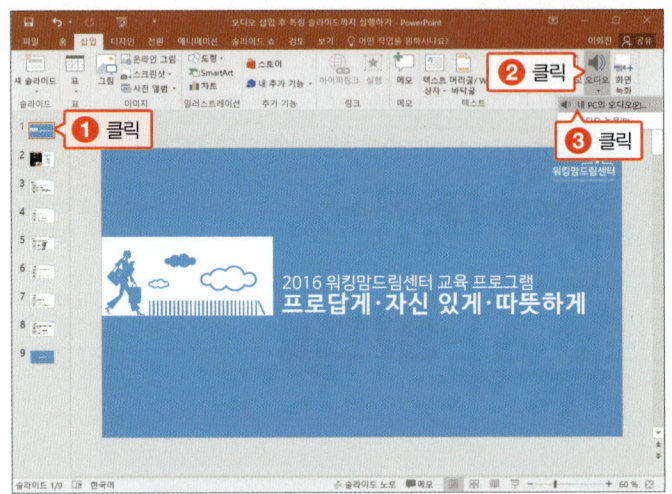

02 ① [오디오 삽입] 대화상자가 열리면 파워포인트 폴더에서 배경음악.mp3를 선택하고 ② [삽입]을 클릭합니다.

바로 통하는 TIP [오디오 삽입] 대화상자의 [삽입] 옆에 있는 역삼각형(▼) 모양의 목록 버튼을 클릭하면 삽입 여부에 대한 옵션을 지정할 수 있습니다.

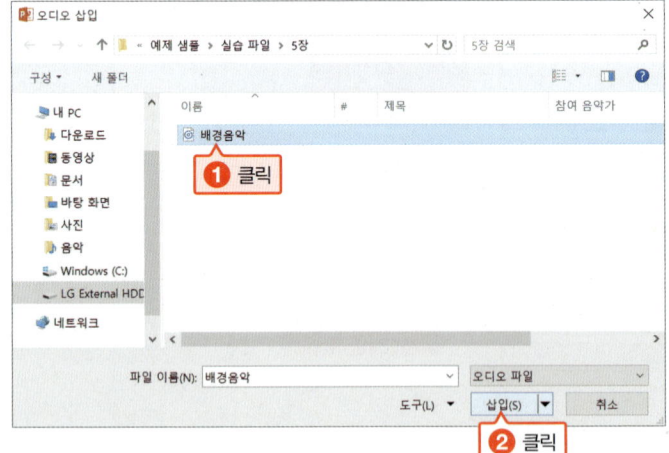

03 삽입한 오디오 클립에서 스피커 모양의 아이콘을 드래그하여 슬라이드 오른쪽 위로 이동시킵니다.

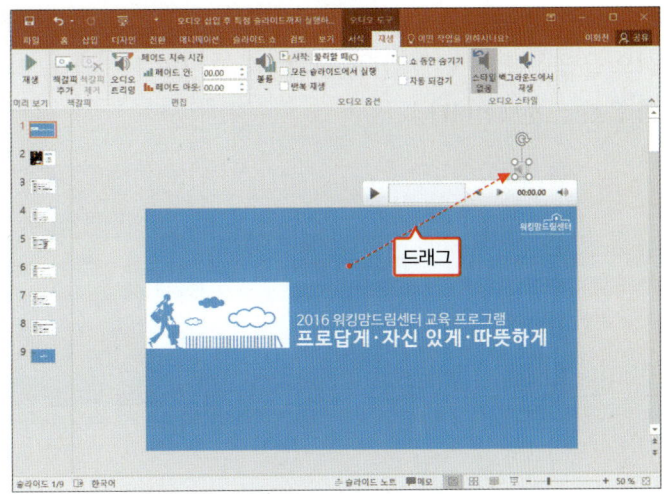

04 슬라이드 쇼 실행 시 오디오 클립 자동 실행하기

슬라이드 쇼가 시작될 때 오디오 클립이 자동으로 실행되도록 설정해 보겠습니다. ① 오디오 클립을 클릭합니다. ② [오디오 도구]-[재생] 탭-[오디오 옵션] 그룹-[시작] 목록을 클릭하고 ③ [자동 실행]을 선택합니다.

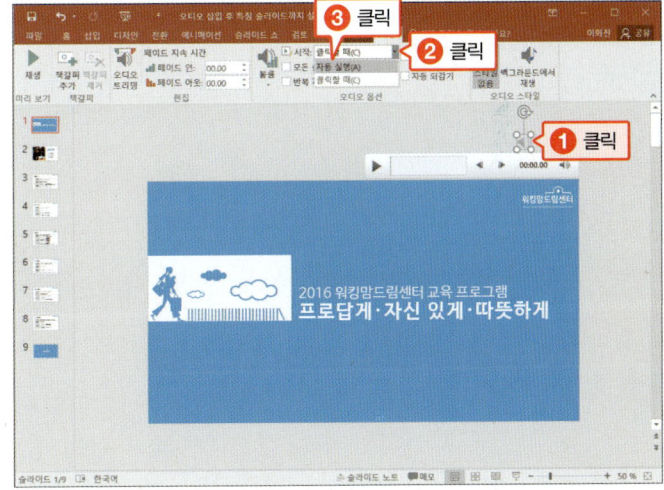

05 오디오 클립을 2번 슬라이드까지 실행하기

[애니메이션] 탭-[고급 애니메이션] 그룹에서 [애니메이션 창]을 클릭합니다.

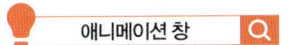

06 ① [애니메이션 창] 작업 창에서 오디오 클립 목록 옆[▼]을 클릭하고 ② [효과 옵션]을 선택합니다.

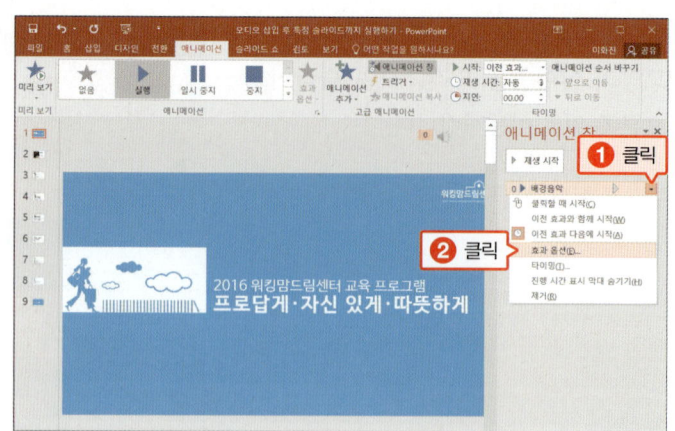

07 ① [오디오 재생] 대화상자의 [효과] 탭에서 [재생 중지] 옵션 중 [지금부터]를 선택하고 ② [2]로 설정한 뒤 ③ [확인]을 클릭합니다.

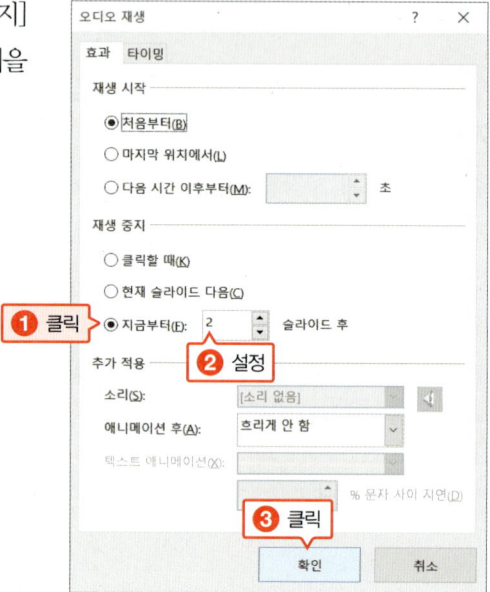

08 슬라이드 쇼 실행하기

[슬라이드 쇼] 탭-[슬라이드 쇼 시작] 그룹-[처음부터]를 클릭합니다. 슬라이드 쇼가 실행되면 오디오도 함께 실행됩니다. 실행되는 슬라이드부터 두 번째에 해당하는 2번 슬라이드까지 오디오 클립이 계속 실행되다가 세 번째인 3번 슬라이드에서 재생이 중지됩니다.

바로 통하는 TIP 빠른 실행 도구 모음에 있는 [슬라이드 쇼]를 클릭하거나 F5를 누르면 처음부터 슬라이드 쇼가 실행됩니다.

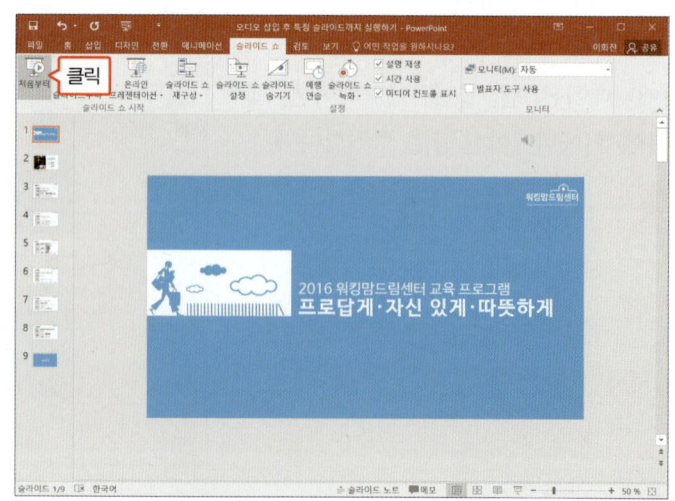

전체 오디오 클립 중 원하는 부분만 남기기

학습 목표 | 슬라이드 내용과 관계없는 설명이 있거나 시간에 맞춰 오디오 길이를 줄여야 하는 경우에는 오디오 클립을 트리밍합니다. 이를 이용해 오디오의 시작과 종료 시간을 사용자가 지정할 수 있습니다.

실습 파일 | 파워포인트/46_전체 오디오 클립 중 원하는 부분만 남기기.pptx   **완성 파일 |** 파워포인트/46완성.pptx

01 오디오 클립 트리밍하기

① 2번 슬라이드를 선택하고 ② 슬라이드에 있는 오디오 클립을 클릭합니다. ③ [오디오 도구]-[재생] 탭-[편집] 그룹-[오디오 트리밍]을 클릭합니다.

오디오 트리밍

02 시작과 종료 지점 지정하기

① 오디오 클립의 처음을 트리밍하기 위해 [시작 지점]을 원하는 지점으로 드래그합니다. ② 오디오 클립의 끝을 트리밍하기 위해 [종료 지점]을 원하는 지점으로 드래그합니다. ③ [확인]을 클릭합니다. 오디오를 실행하여 확인합니다.

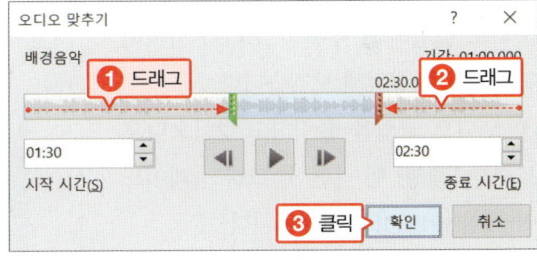

바로 통하는 TIP 트리밍을 위해 직접 시작 시간과 종료 시간을 설정할 수도 있습니다. 이때 오디오 클립을 미리 재생하여 시간을 확인한 후 트리밍 작업을 하면 효과적입니다.

부드럽게 시작하고 끝나는 오디오 클립 만들기

학습 목표 | 오디오를 편집할 때는 [페이드 인/아웃] 기능을 가장 많이 사용합니다. 오디오 클립의 소리가 점점 커지면서 시작하고 점점 작아지면서 부드럽게 종료되는 효과를 만들 수 있습니다.

실습 파일 | 파워포인트/47_부드럽게 시작하고 끝나는 오디오 클립.pptx   **완성 파일** | 파워포인트/47완성.pptx

01 페이드 인 설정하기

오디오 클립의 시작 부분 소리가 서서히 커지도록 설정해 보겠습니다.

① 오디오 클립을 클릭하고 ② [오디오 도구]-[재생] 탭-[편집] 그룹-[페이드 인]을 [01.00]로 설정합니다.

바로 통하는 TIP 오디오 클립을 재생하려면 오디오 컨트롤에서 재생 버튼을 누릅니다.

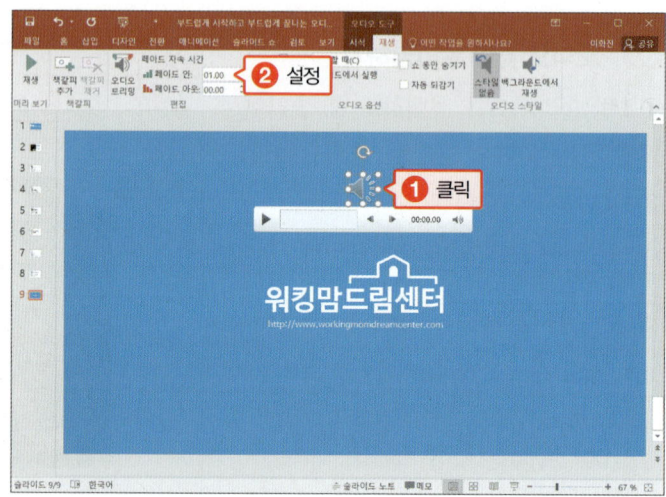

02 페이드 아웃 설정하기

오디오 클립의 끝 부분의 소리가 서서히 작아지도록 설정해 보겠습니다.

① 오디오 클립을 클릭하고 ② [오디오 도구]-[재생] 탭-[편집] 그룹-[페이드 아웃]을 [01.00]로 설정합니다.

바로 통하는 TIP 페이드 상자 옆에 있는 증가(▲)/감소 (▼) 화살표를 클릭하여 페이드 인/아웃 시간을 늘리거나 줄일 수 있습니다.

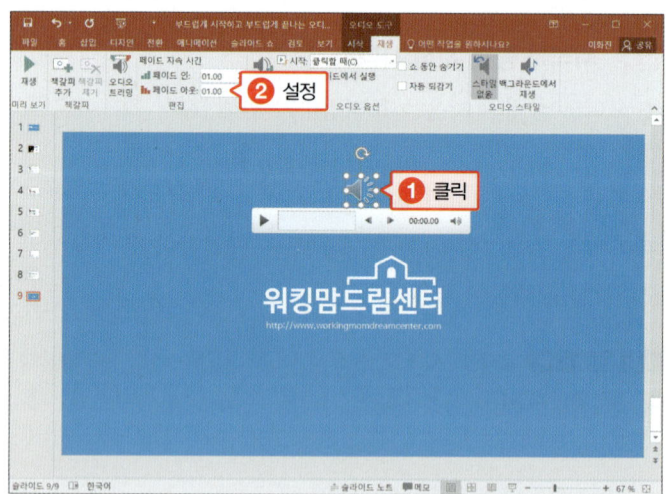

비디오 삽입 후
빠른 스타일 적용하기

학습 목표 | 슬라이드에 비디오를 삽입해 프레젠테이션 내용을 역동적으로 표현하면 청중의 시선을 사로잡을 수 있습니다. 내 PC의 비디오는 물론 유튜브 같은 온라인상의 비디오도 쉽게 삽입할 수 있습니다.

실습 파일 | 파워포인트/48_비디오 삽입 후 빠른 스타일 적용하기.pptx   **완성 파일** | 파워포인트/48완성.pptx

O1 비디오 삽입하기

① [삽입] 탭 – [미디어] 그룹 – [비디오] 를 클릭하고 ② [내 PC의 비디오]를 선택합니다.

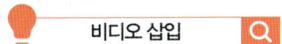

비디오 삽입

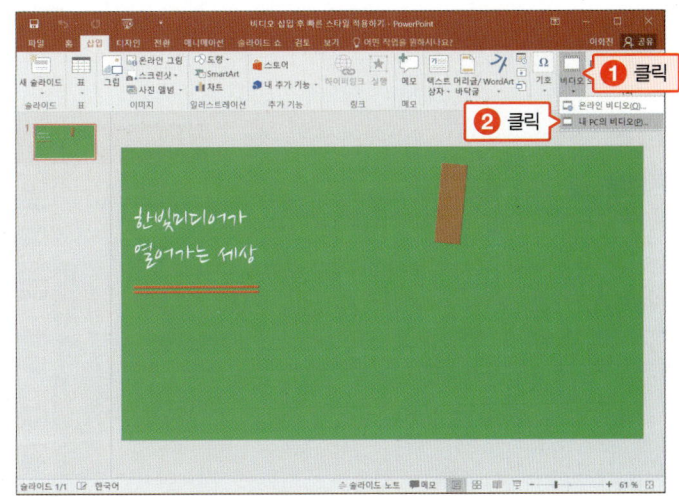

O2 ① 파워포인트 폴더에서 한빛미디어.wmv를 선택하고 ② [삽입]을 클릭합니다.

03 비디오 클립 크기 조정 및 빠른 스타일 적용하기

① 삽입된 비디오 클립을 클릭합니다.
② 크기 조정 핸들로 크기를 조정한 후 주황색 스티커 아래로 위치를 조정합니다. ③ [비디오 도구]-[서식] 탭-[비디오 스타일] 그룹-[자세히]를 클릭합니다.

 비디오 빠른 스타일 🔍

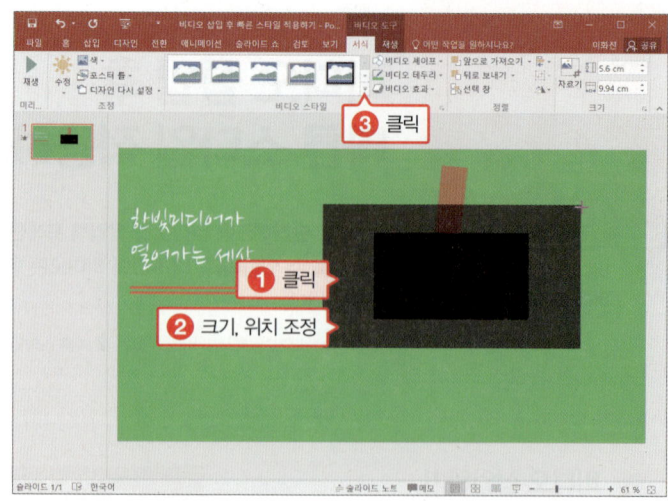

04 [일반]-[회전, 그라데이션]을 선택합니다.

비디오 클립에 빠른 스타일이 적용되어 화면 모양이 바뀝니다.

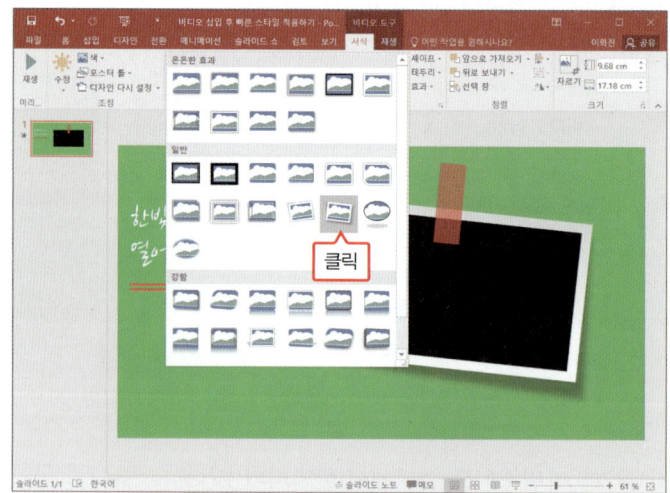

05 슬라이드 쇼 실행 시 자동으로 비디오 실행하기

슬라이드 쇼가 시작할 때 비디오 클립이 자동 재생되도록 설정해 보겠습니다.
① 비디오 클립을 클릭합니다. ② [비디오 도구]-[재생] 탭-[비디오 옵션] 그룹-[시작] 목록을 클릭하고 ③ [자동 실행]을 선택합니다.

바로 통하는 TIP 2016 버전에서 비디오 클립을 삽입하면 기본적으로 [시작]이 [클릭할 때]로 설정되어 있습니다.

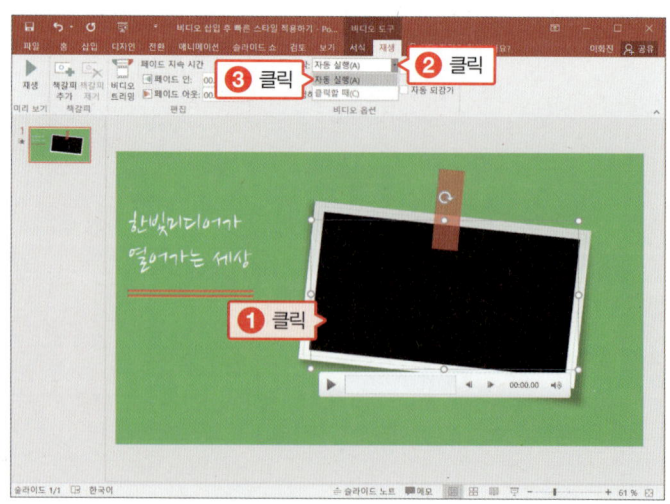

06 슬라이드 쇼 실행하기

[슬라이드 쇼] 탭 – [슬라이드 쇼 시작] 그룹 – [처음부터]를 클릭합니다. 슬라이드 쇼가 실행되며 비디오 클립도 함께 실행됩니다.

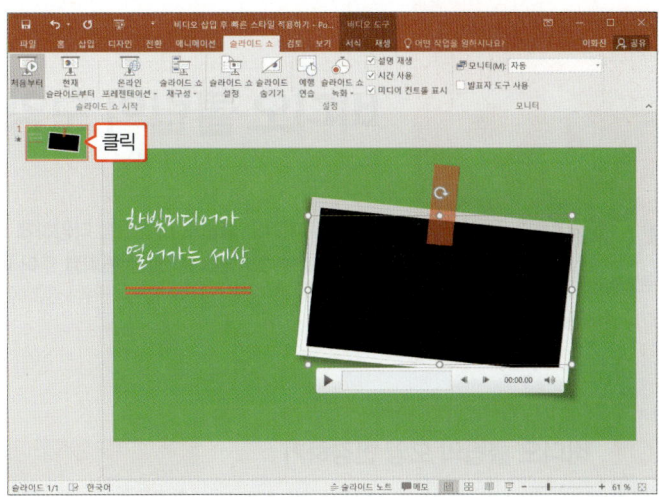

바로 통하는 TIP 빠른 실행 도구 모음의 [슬라이드 쇼]를 클릭하거나 F5 를 눌러도 첫 번째 슬라이드부터 슬라이드 쇼를 실행할 수 있습니다.

바로 통하는 TIP **온라인에 있는 비디오 삽입하기**

온라인에 있는 비디오를 삽입하려면 [삽입] 탭 – [미디어] 그룹 – [비디오]를 클릭한 후 [온라인 비디오]를 선택합니다. [비디오 삽입] 창이 나타나면 원하는 비디오를 검색하여 슬라이드에 삽입합니다.

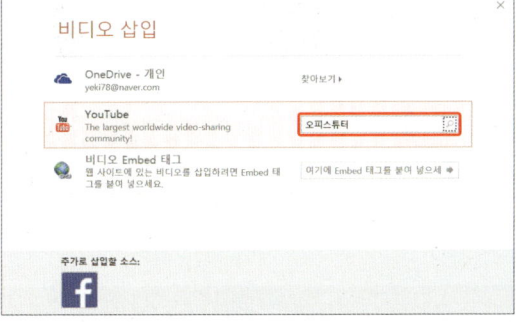
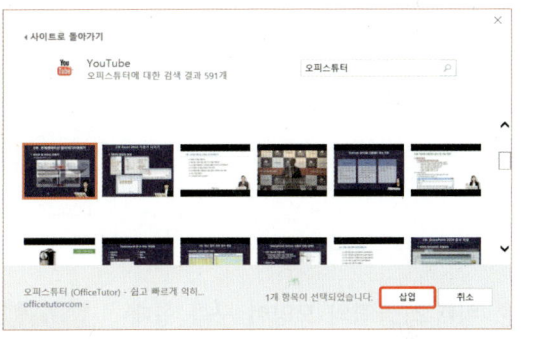

비디오 클립의 모양 및 서식 변경하기

TELL ME
비디오 효과

학습 목표 | 비디오 클립도 그림처럼 다양하게 서식을 변경할 수 있습니다. 거의 모든 시각적 효과를 적용할 수 있지만 너무 많은 변화를 주어 내용 전달에 방해가 되지 않도록 주의해야 합니다.

실습 파일 | 파워포인트/49_비디오 클립의 모양 및 서식 변경하기.pptx **완성 파일 |** 파워포인트/49완성.pptx

01 비디오 클립의 모양 변경하기

사각형의 비디오 클립에 서식을 적용해 다양한 스타일로 꾸며 보겠습니다.
① 슬라이드에 삽입된 비디오 클립을 클릭합니다. ② [비디오 도구]-[서식] 탭-[비디오 스타일] 그룹-[비디오 셰이프]를 클릭하고 ③ [기본 도형]-[구름]을 선택합니다.

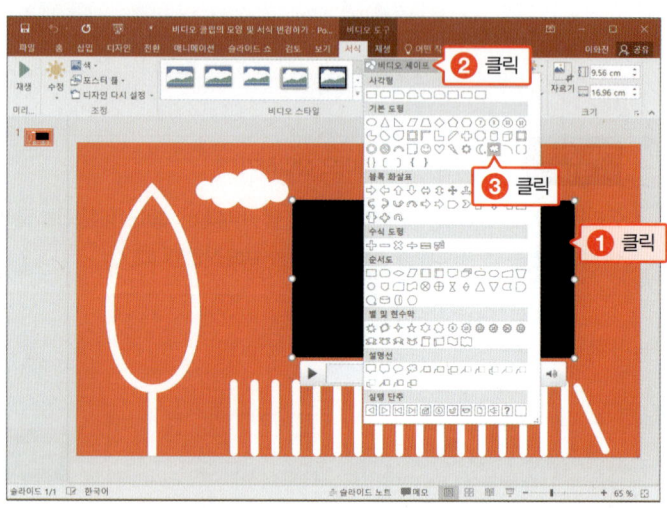

02 비디오 클립의 모양이 구름 형태로 변경되었습니다.

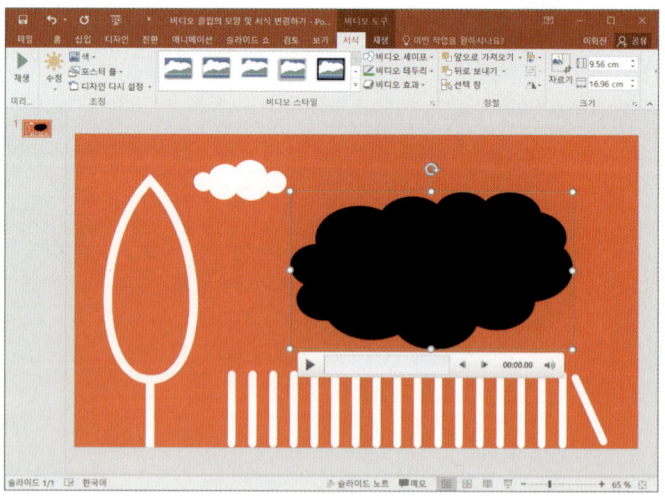

03 비디오 클립에 그림자 적용하기

① 비디오 클립을 클릭합니다. ② [비디오 도구]-[서식] 탭-[비디오 스타일] 그룹-[비디오 효과]를 클릭하고 ③ [그림자]-[바깥쪽]-[오프셋 가운데]를 선택합니다.

비디오 클립에 그림자가 적용됩니다.

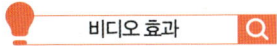

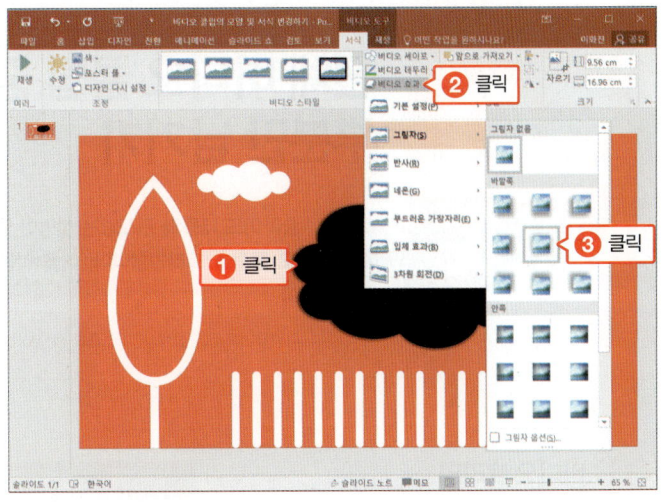

04 비디오 클립의 색 변경하기

① 비디오 클립을 클릭합니다. ② [비디오 도구]-[서식] 탭-[조정] 그룹-[색]을 클릭하고 ③ [빨강, 어두운 강조색 2]를 선택합니다.

05 비디오 클립의 색이 변경되었습니다.

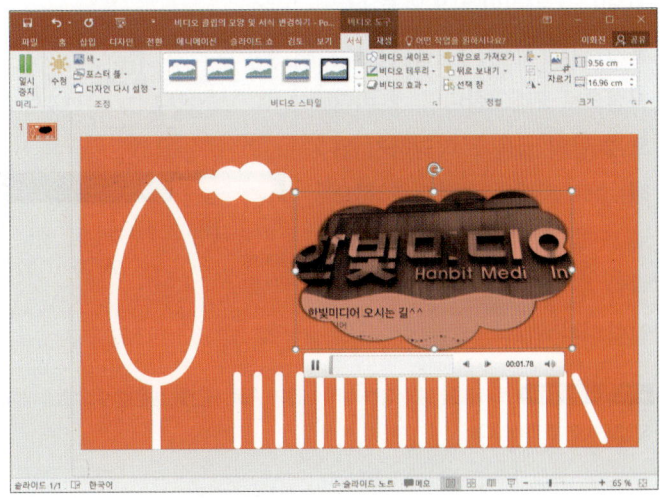

전체 비디오 클립 중 원하는 부분만 남기기

학습 목표 | 슬라이드 내용과 관계없는 설명이 있거나 시간에 맞춰 비디오 길이를 줄여야 하는 경우에는 비디오 클립을 트리밍합니다. 이를 이용해 비디오의 시작과 종료 시간을 사용자가 지정할 수 있습니다.

실습 파일 | 파워포인트/50_전체 비디오 클립 중 원하는 부분만 남기기.pptx   **완성 파일** | 파워포인트/50완성.pptx

01 비디오 트리밍

비디오 클립의 재생 시간을 조정해 보겠습니다.

① 슬라이드의 비디오 클립을 클릭하고
② [비디오 도구]-[재생] 탭-[편집] 그룹-[비디오 트리밍]을 클릭합니다.

02 시작과 종료 지점 지정하기

① 비디오 클립의 처음을 트리밍하기 위해 시작 지점을 원하는 지점으로 드래그합니다. ② 비디오 클립의 끝을 트리밍하기 위해 종료 지점을 원하는 지점으로 드래그합니다. ③ [확인]을 클릭한 후 비디오를 실행하여 확인합니다.

바로 통하는 TIP 트리밍을 위해 직접 시작 시간과 종료 시간을 설정할 수도 있습니다. 이때 비디오 클립을 미리 재생하여 시간을 확인한 후 트리밍 작업을 하면 효과적입니다.

비디오 클립에 특정 지점 지정하기

학습 목표 | 비디오 클립의 내용 중 특정 지점을 표시해 놓으면 애니메이션을 시작하거나 비디오 클립의 특정 지점을 빠르게 찾아낼 수 있습니다.

실습 파일 | 파워포인트/51_비디오 클립에 특정 지점 지정하기.pptx **완성 파일** | 파워포인트/51완성.pptx

01 비디오 클립에 책갈피 추가하기

① 슬라이드에 있는 비디오 클립을 클릭합니다. ② 비디오 클립 아래의 컨트롤에서 [재생]을 눌러 표시하고 싶은 특정 지점을 찾습니다. ③ 원하는 지점에 책갈피를 표시하기 위해 [비디오 도구]-[재생] 탭-[책갈피] 그룹-[책갈피 추가]를 클릭합니다.

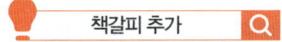
책갈피 추가

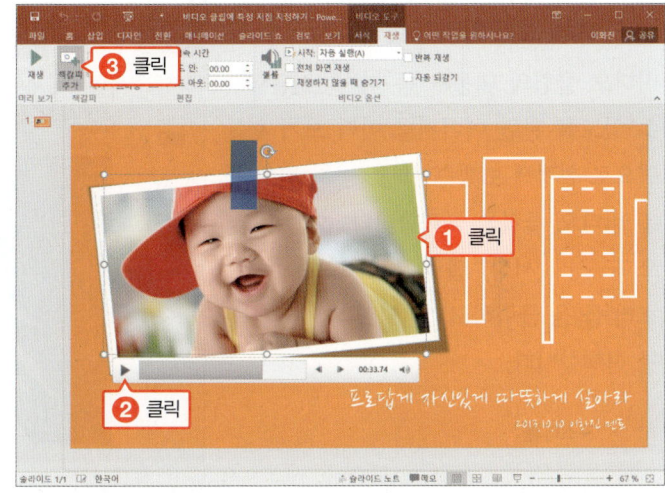

02 책갈피를 추가한 지점에 노란색 원이 표시됩니다.

바로 통하는 TIP 추가된 책갈피를 삭제하려면 시간 표시 막대에서 제거할 책갈피를 찾아 클릭합니다. [비디오 도구]-[재생] 탭-[책갈피] 그룹-[책갈피 제거]를 클릭합니다.

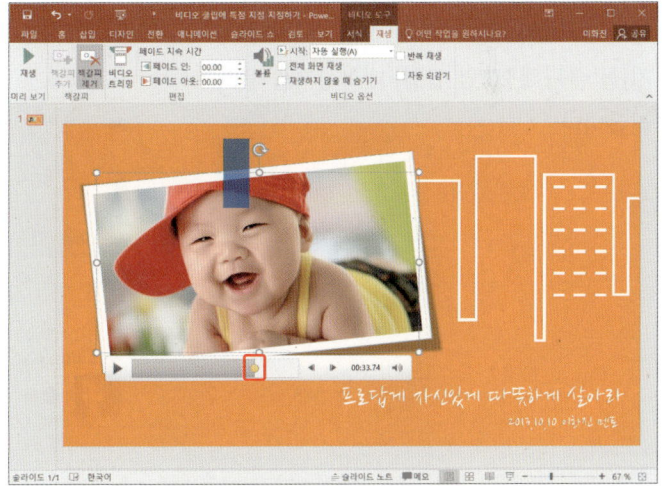

핵심기능실습

52

TELL ME

포스터 틀

비디오 클립의 미리 보기 이미지 설정하기

학습 목표 | 미리 보기 화면을 설정해 놓으면 청중이 비디오 내용을 쉽게 파악할 수 있습니다. 미리 보기 화면은 비디오 클립의 특정 화면 또는 저장된 이미지 파일을 이용해 설정합니다.

실습 파일 | 파워포인트/52_비디오 클립의 미리 보기 이미지 설정하기.pptx **완성 파일 |** 파워포인트/52완성.pptx

O1 미리 보기 이미지 설정하기

비디오 클립의 내용을 좀 더 잘 전달할 수 있도록 관련 이미지를 미리 보기 화면으로 설정해 보겠습니다.

① 비디오 클립을 클릭합니다. ② [비디오 도구] - [서식] 탭 - [조정] 그룹 - [포스터 틀]을 클릭하고 ③ [파일의 이미지]를 선택합니다.

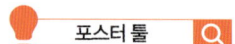

O2 [그림 삽입] - [파일에서] - [찾아보기]를 클릭해 [그림 삽입] 대화상자를 불러옵니다.

03 ① 파워포인트 폴더에서 워킹맘 .jpg를 선택하고 ② [삽입]을 클릭합니다.

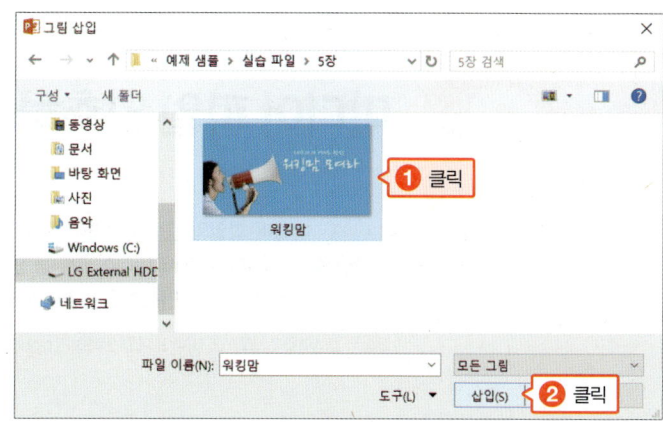

04 삽입한 그림이 포스터 틀로 적용되었습니다.

05 페이드 인 기능으로 비디오 클립 부드럽게 시작하기

비디오 클립이 서서히 시작되도록 설정해 보겠습니다.

① 비디오 클립을 클릭하고 ② [비디오 도구]-[재생] 탭-[편집] 그룹-[페이드 인]을 [01.00]로 설정합니다.

바로 통하는 TIP 비디오 클립을 재생하려면 아래쪽의 비디오 컨트롤에서 재생 버튼을 누릅니다.

미디어 파일 압축하기

학습 목표 | 미디어 파일의 용량이 크면 파워포인트 문서의 용량도 커지며 이에 따라 실행 속도가 느려질 수 있습니다. 따라서 미디어 파일을 압축해 저장해야 하는데 이때 미디어 품질에 영향을 줄 수 있으므로 품질을 확인하고 진행합니다.

실습 파일 | 파워포인트/53_미디어 파일 압축하기.pptx   **완성 파일** | 파워포인트/53완성.pptx

01 미디어 파일 압축하기

① [파일] 탭 – [정보] – [미디어 압축]을 클릭하고 ② [저품질]을 선택합니다.

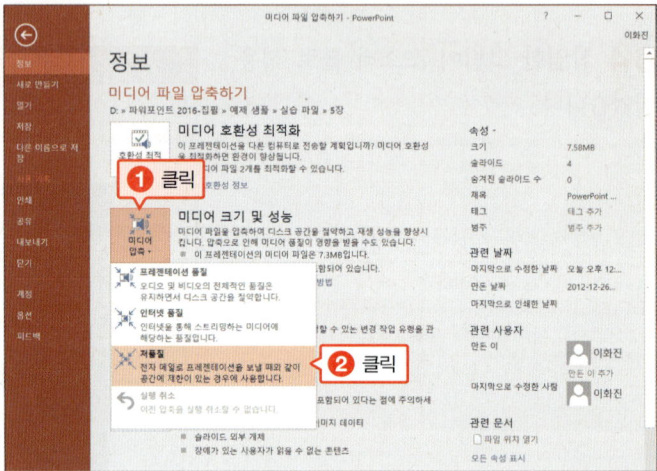

02 [미디어 압축] 대화상자가 열리고 압축 진행률이 보입니다. 압축이 끝나면 [닫기]를 클릭하여 대화상자를 닫습니다. 미디어 파일의 용량이 줄어들었습니다.

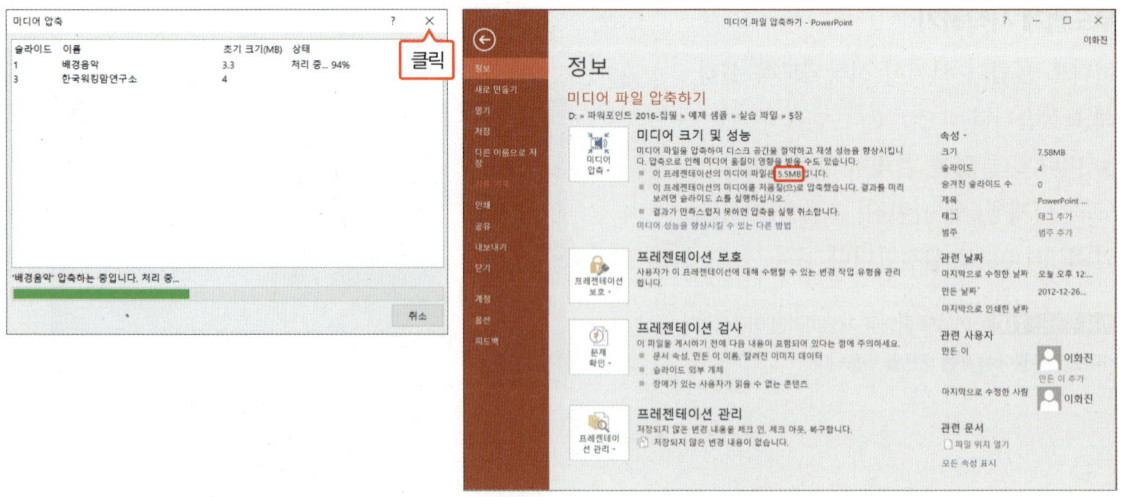

바로 통하는 TIP 압축된 미디어 파일을 원래대로 복구하려면 [파일] 탭 – [정보] – [미디어 압축] – [실행 취소]를 선택합니다.

프레젠테이션 슬라이드 정리 및 저장하기

슬라이드를 정리하고 저장하는 방법에 대해서 알아보겠습니다. 프레젠테이션에서 슬라이드 제목이나 번호가 불분명하여 해당 슬라이드를 찾지 못하는 경우가 있습니다. 이때 슬라이드를 유사한 내용별로 구역을 나누어 정리하면 쉽고 빠르게 원하는 슬라이드를 찾을 수 있습니다. 정리가 끝나면 슬라이드를 저장합니다. PDF 문서로 저장하거나 슬라이드를 비디오 파일로 만들기, 그림 프레젠테이션 만들기 등 다양한 방법으로 저장할 수 있습니다.

슬라이드를 구역으로 나누어 정리하기

학습 목표 | 슬라이드가 많아서 특정 슬라이드의 위치를 찾기 어렵다면 [구역] 기능을 활용해야 합니다. 이름이 지정된 구역을 사용해 슬라이드 그룹을 추적하고 공동 작업 중인 동료와 소유권을 명확하게 나눠 할당할 수도 있습니다.

실습 파일 | 파워포인트/54_슬라이드를 구역으로 나누어 정리하기.pptx   **완성 파일 |** 파워포인트/54완성.pptx

01 구역 추가하기

① [여러 슬라이드] 보기 상태에서 구역을 추가하고자 하는 6번과 7번 슬라이드 사이에서 마우스 오른쪽 버튼을 클릭하고 ② [구역 추가]를 선택합니다.

바로 통하는 TIP 여러 슬라이드 보기 또는 기본 보기에서도 구역을 볼 수 있지만 정의한 논리적 범주를 통해 슬라이드를 구성하고 정렬할 때는 여러 슬라이드 보기가 더 유용합니다. 여러 슬라이드 보기 상태로 만들려면 화면의 오른쪽 아래에 있는 [여러 슬라이드 보기]를 클릭합니다.

바로 통하는 TIP 구역을 추가할 때는 [홈] 탭-[슬라이드] 그룹-[구역]을 클릭한 후 [구역 추가]를 선택해도 됩니다.

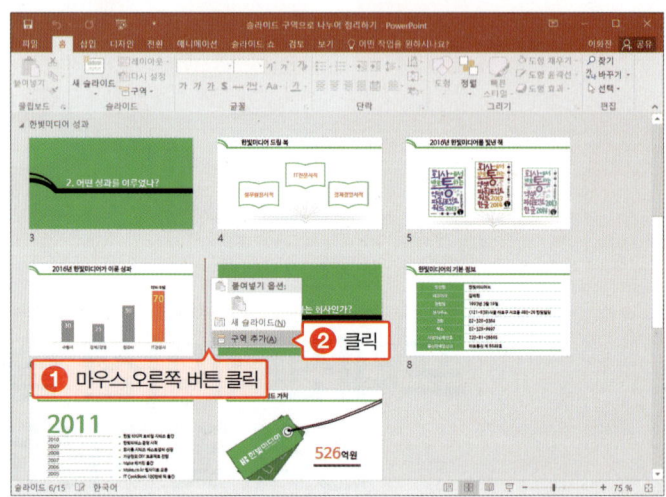

02 구역 이름 바꾸기

① [제목 없는 구역] 위에서 마우스 오른쪽 버튼을 클릭하고 ② [구역 이름 바꾸기]를 선택합니다. ③ [구역 이름 바꾸기] 대화상자가 나타나면 [구역 이름]에 **한빛미디어가 하는 일**을 입력하고 ④ [이름 바꾸기]를 클릭합니다.

바로 통하는 TIP 구역 이름을 바꿀 때는 [홈] 탭-[슬라이드] 그룹-[구역]을 클릭한 후 [구역 이름 바꾸기]를 선택해도 됩니다.

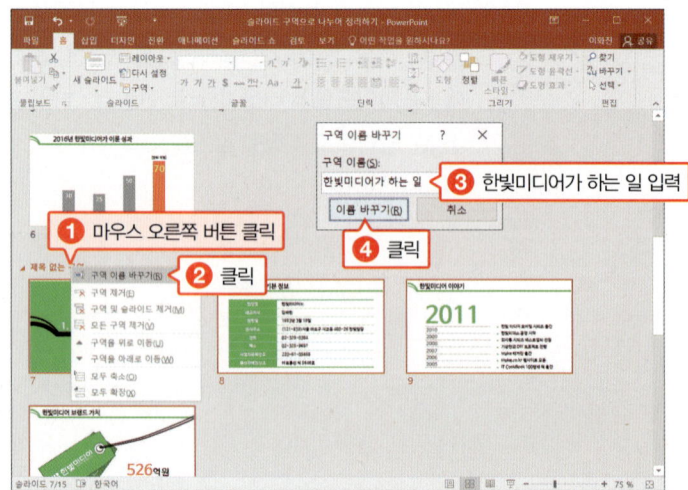

03 한빛미디어가 하는 일이라는 이름의 구역이 추가되었습니다.

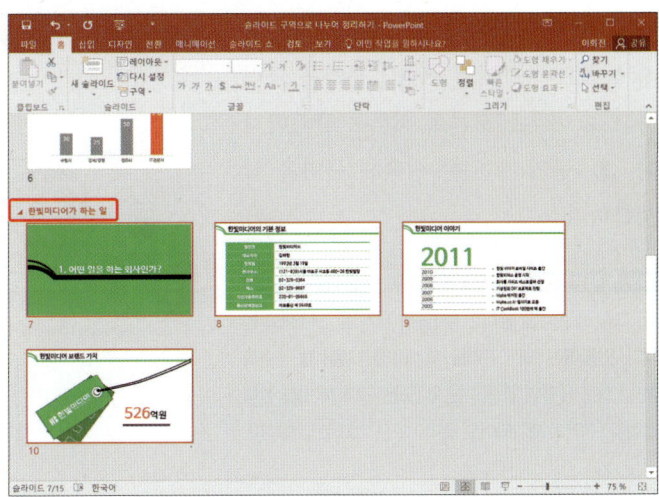

04 구역 이동하기

① 이동하고자 하는 [한빛미디어가 하는 일] 구역을 클릭하고 ② 마우스 오른쪽 버튼을 클릭합니다. ③ [구역을 위로 이동]을 선택합니다.

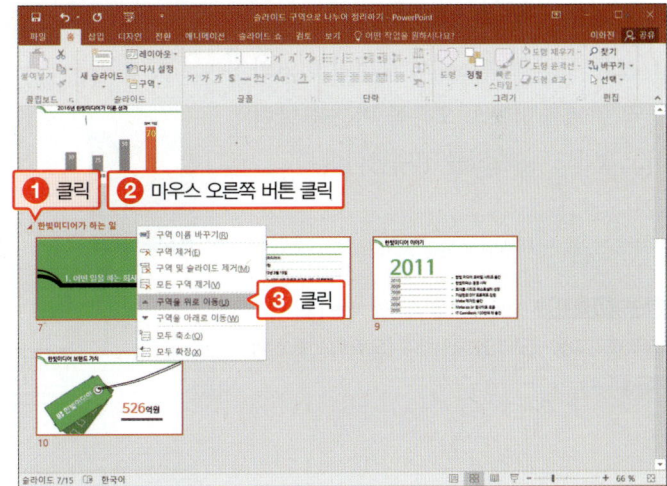

05 구역이 위로 이동하면서 슬라이드 순서도 변경되었습니다.

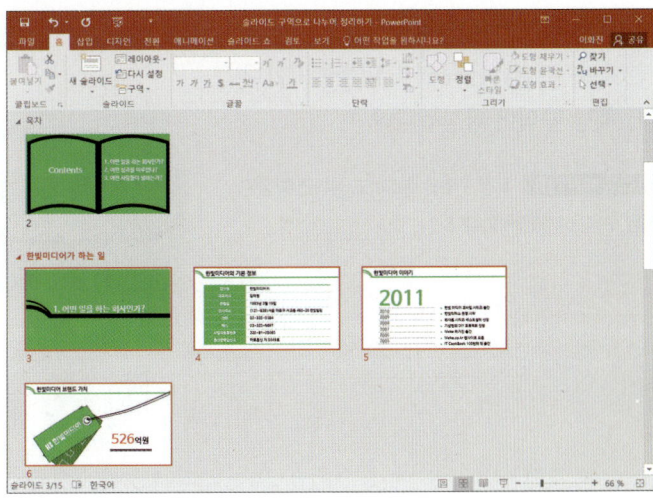

06 구역 삭제하기

① 불필요한 구역인 [로고] 구역을 클릭하고 ② 마우스 오른쪽 버튼을 클릭합니다. ③ [구역 제거]를 선택해 구역을 삭제합니다.

바로 통하는 TIP 구역을 제거할 때는 [홈] 탭-[슬라이드] 그룹-[구역]을 클릭한 후 [구역 제거]를 선택해도 됩니다. 만들어진 모든 구역을 제거하려면 [홈] 탭-[슬라이드] 그룹-[구역]을 클릭한 후 [모든 구역 제거]를 선택합니다. 구역이 제거되어도 슬라이드는 그대로 남습니다.

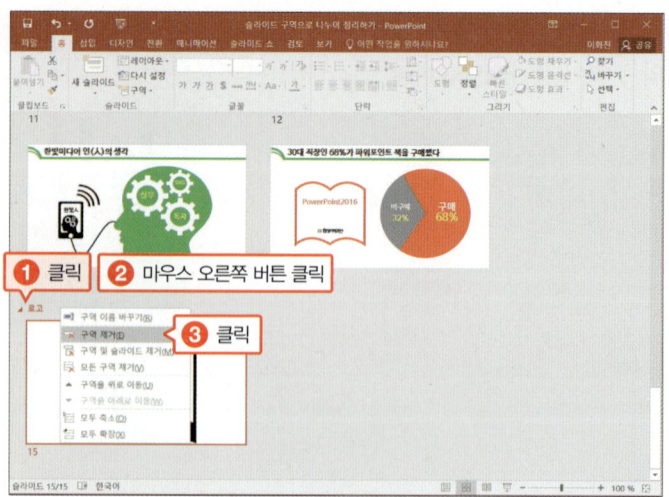

07 모든 구역 축소하기

① 모든 구역을 축소해서 보려면 임의의 구역 위에서 마우스 오른쪽 버튼을 클릭하고 ② [모두 축소]를 선택합니다.

구역이 축소되면서 구역 이름만 표시됩니다.

바로 통하는 TIP 모든 구역을 축소할 때는 [홈] 탭-[슬라이드] 그룹-[구역]을 클릭한 후 [모두 축소]를 선택해도 됩니다.

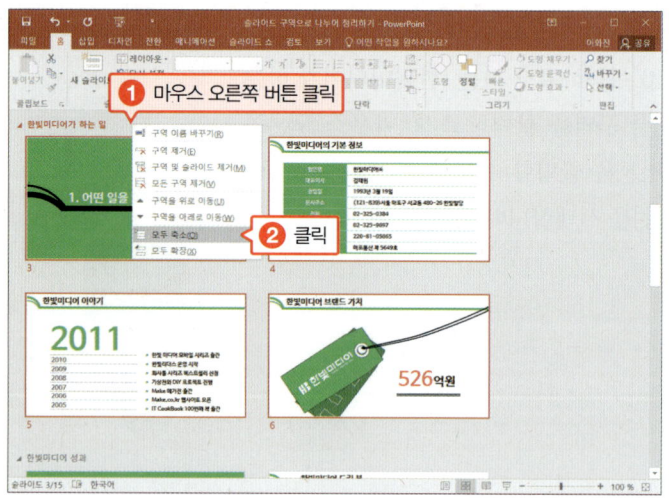

08 특정 구역만 확장하기

[한빛미디어 성과] 구역을 더블클릭합니다. 해당 구역이 확장됩니다.

바로 통하는 TIP 특정 구역만 축소하고 싶다면 확장된 해당 구역을 더블클릭합니다.

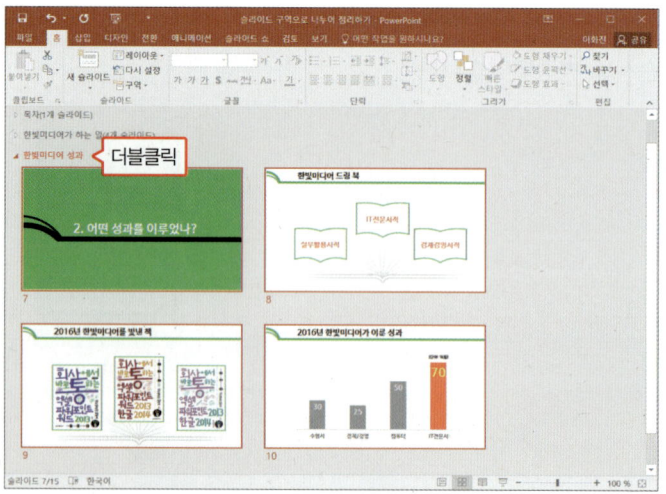

09 모든 구역 확장하기

① 구역 위에서 마우스 오른쪽 버튼을 클릭하고 ② [모두 확장]을 선택합니다.

바로 통하는 TIP 모든 구역을 확장할 때는 [홈] 탭- [슬라이드] 그룹-[구역]을 클릭한 후 [모두 확장]을 선택 해도 됩니다.

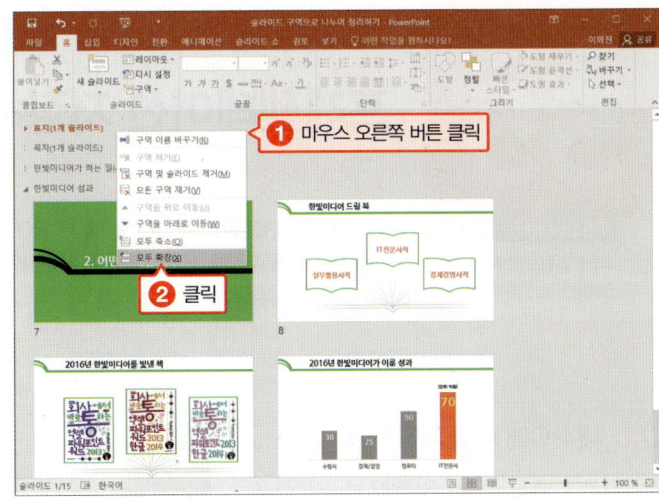

10 모든 구역이 확장되었습니다.

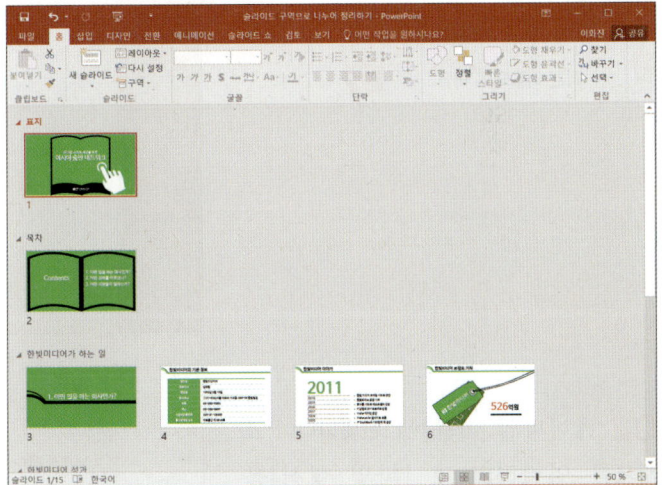

프레젠테이션 저장하기

학습 목표 | 프레젠테이션을 저장할 때 내 PC뿐만 아니라 클라우드 서비스인 마이크로소프트의 OneDrive에 파일을 저장하여 다른 사용자와 쉽게 공유하고 작업할 수 있습니다.

실습 파일 | 파워포인트/55_프레젠테이션 저장하기.pptx **완성 파일** | 파워포인트/55완성.pptx

01 내 PC에 파일 저장하기

① [파일] 탭-[다른 이름으로 저장]을 선택하고 ② [이 PC]-[찾아보기]를 클릭합니다.

다른 이름으로 저장

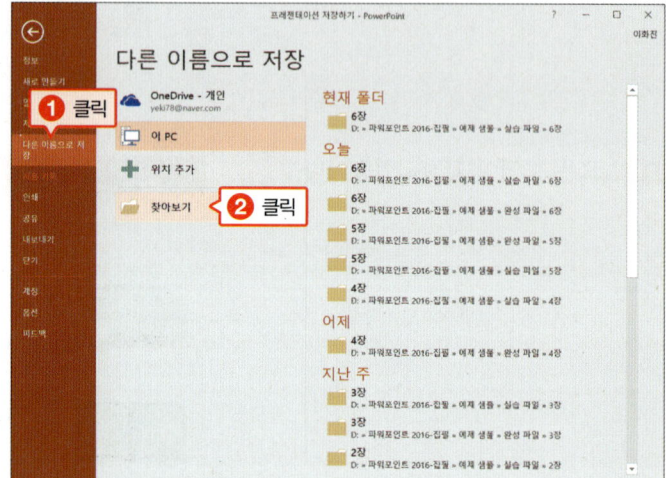

02

① [파일 이름]에 **한빛미디어 소개서**를 입력하고 ② [파일 형식]을 [PowerPoint 프레젠테이션]으로 선택한 뒤 ③ [저장]을 클릭합니다.

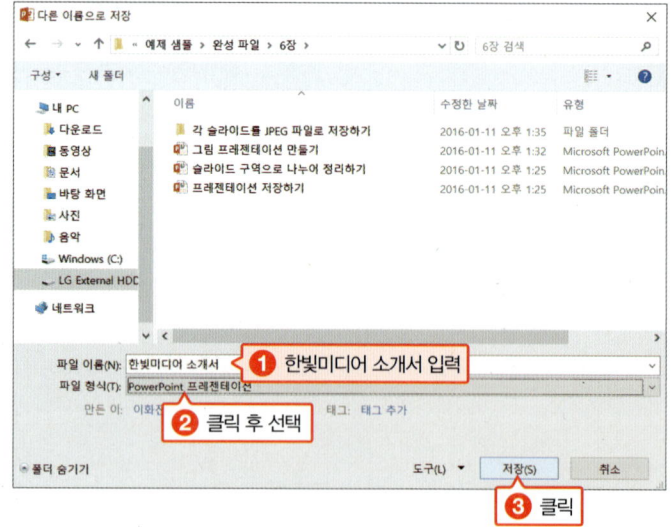

03 OneDrive – 개인에 파일 저장하기

① [파일] 탭 – [다른 이름으로 저장]을 선택하고 ② [OneDrive – 개인] – [찾아보기]를 클릭합니다.

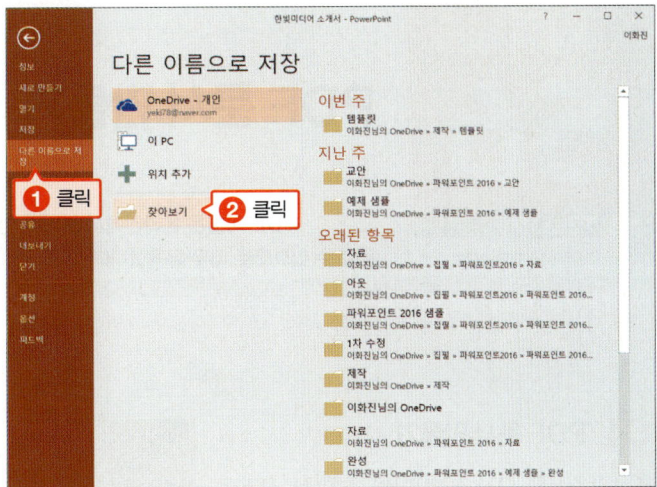

04

① [파일 이름]에 **한빛미디어 소개서**를 입력하고 ② [파일 형식]을 [PowerPoint 프레젠테이션]으로 선택한 뒤 ③ [저장]을 클릭합니다.

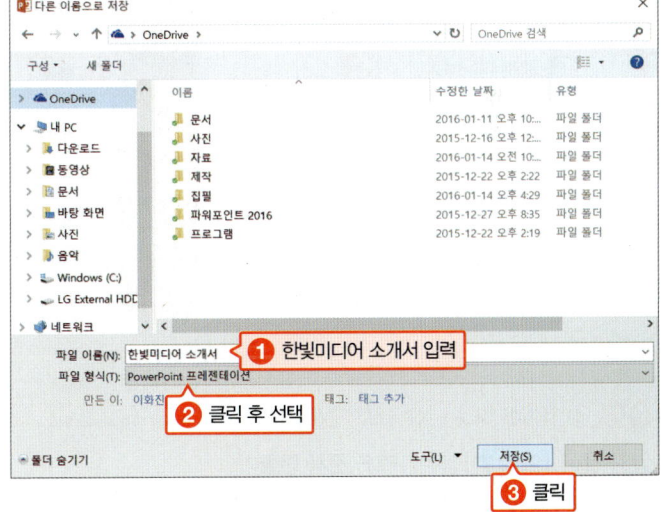

핵심기능실습 56
TELL ME
다른 형식으로 저장

PDF 문서 만들기

학습 목표 | PDF 파일은 온라인에서 보거나 인쇄했을 때도 사용자가 의도한 서식을 유지한 채 공유할 수 있으므로 매우 유용합니다.

실습 파일 | 파워포인트/56_PDF 문서 만들기.pptx   **완성 파일 |** 파워포인트/56완성.pptx

01 PDF 문서 만들기

① [파일] 탭 – [내보내기]를 선택합니다.
② [PDF/XPS 문서 만들기]를 선택하고
③ [PDF/XPS 만들기]를 클릭합니다.

다른 형식으로 저장 🔍

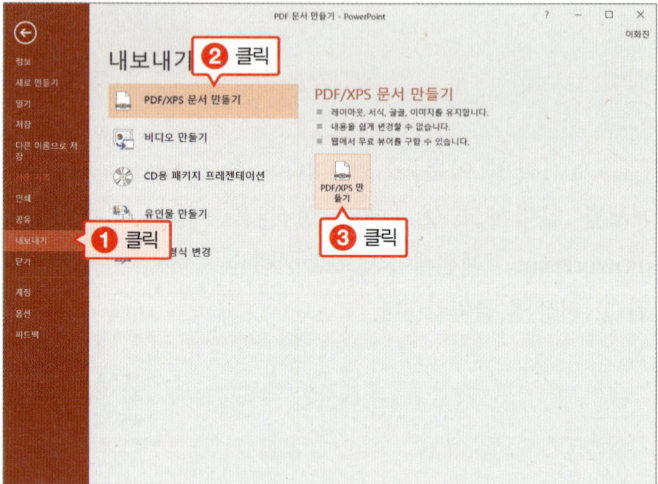

02 ① [PDF 또는 XPS로 게시] 대화상자에서 [파일 이름]에 **PDF 문서 만들기**를 입력하고 ② [게시]를 클릭합니다.

전체 슬라이드 내용이 PDF 형식으로 변경됩니다.

바로 통하는 TIP PDF Reader가 설치되어 있어야 PDF 파일을 볼 수 있습니다.

바로 통하는 TIP [PDF 또는 XPS로 게시] 대화상자에서 [옵션]을 클릭하면 PDF 문서의 범위 및 게시 형태를 사용자가 원하는 대로 설정할 수 있습니다.

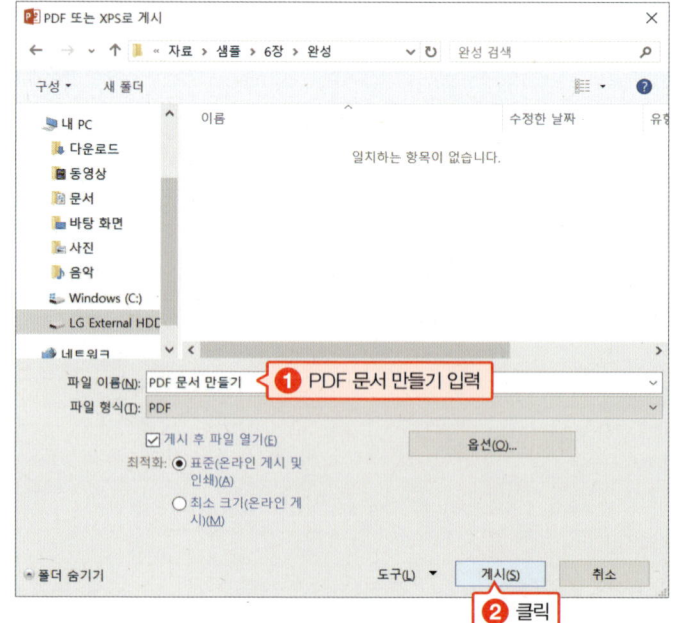

비디오 파일 만들기

학습 목표 | 프레젠테이션을 위해 슬라이드를 만든 후 비디오로 저장할 수 있습니다. 슬라이드를 비디오로 저장하면 파일을 쉽게 배포할 수 있으며 받는 사람은 파워포인트 없이도 내용을 확인할 수 있습니다.

실습 파일 | 파워포인트/57_비디오 파일 만들기.pptx　**완성 파일 |** 파워포인트/57완성.pptx

01 비디오로 저장하기

① [파일] 탭 – [내보내기]를 선택합니다.
② [비디오 만들기]를 선택하고 ③ 비디오 품질, 기록된 시간 및 설명 사용 여부를 설정합니다.

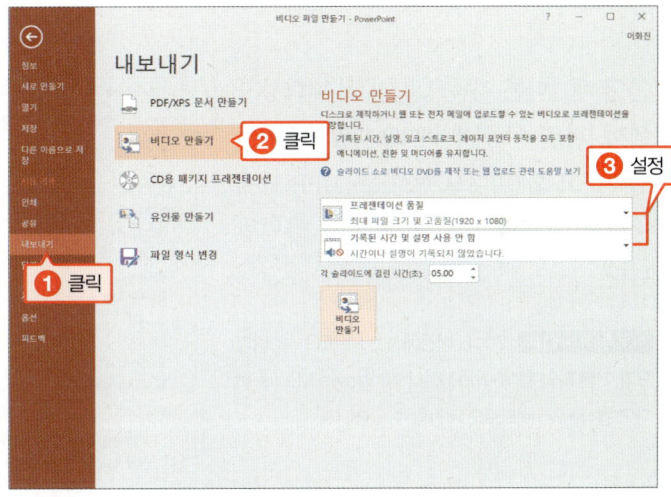

바로 통하는 TIP ‖ **비디오 저장 설정하기**

슬라이드를 비디오로 저장할 때 비디오 품질을 설정하고 시간이나 설명을 기록할 수 있습니다.

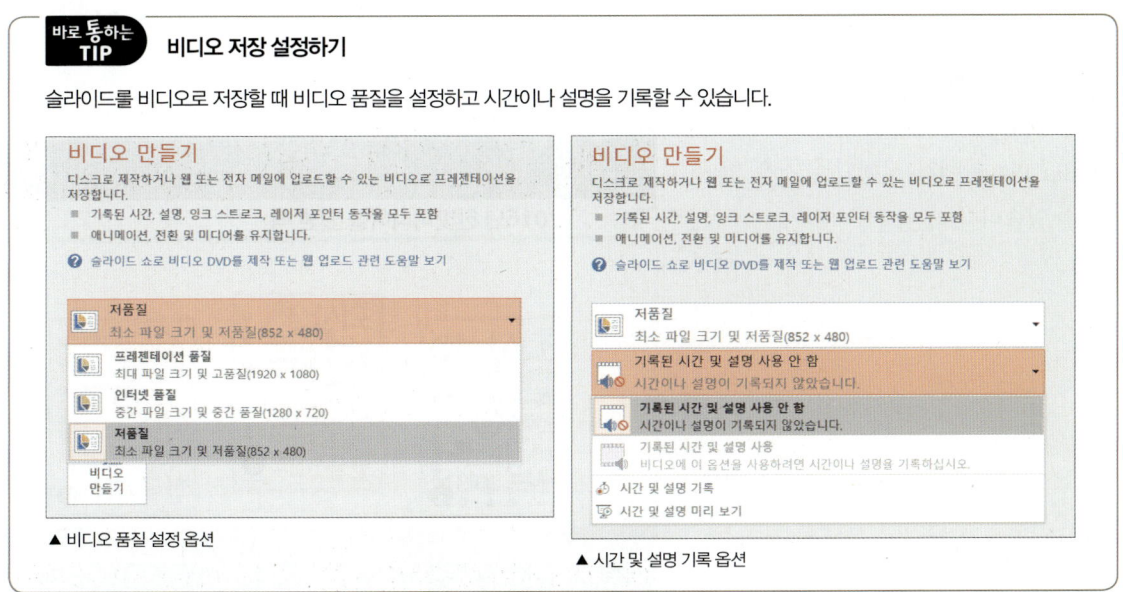

▲ 비디오 품질 설정 옵션　　　　　　　　▲ 시간 및 설명 기록 옵션

02 비디오 재생 시 각각의 슬라이드를 2초씩 보여 주면서 화면이 재생되도록 설정해 보겠습니다. ① [각 슬라이드에 걸린 시간]을 설정하고 ② [비디오 만들기]를 클릭합니다.

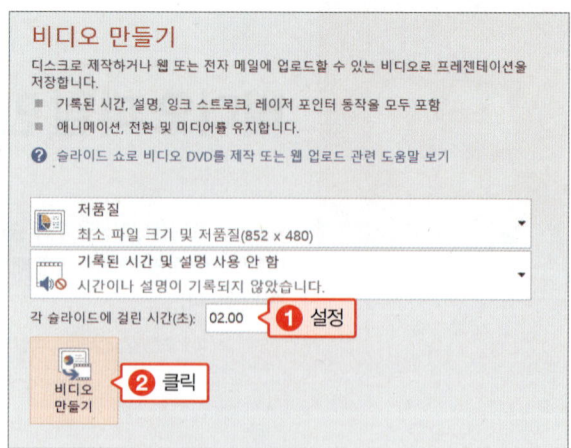

03 ① [다른 이름으로 저장] 대화상자에서 [파일 이름]에 **비디오 파일 만들기**를 입력하고 ② [비디오 형식]을 [MPEG – 4 비디오]로 선택한 뒤 ③ [저장]을 클릭합니다.

> **바로 통하는 TIP** 2016 버전에서는 MPEG – 4 비디오가 기본 파일 형식(*.mp4)이나 Windows Media 비디오 형식(*.wmv)으로도 저장할 수 있습니다.

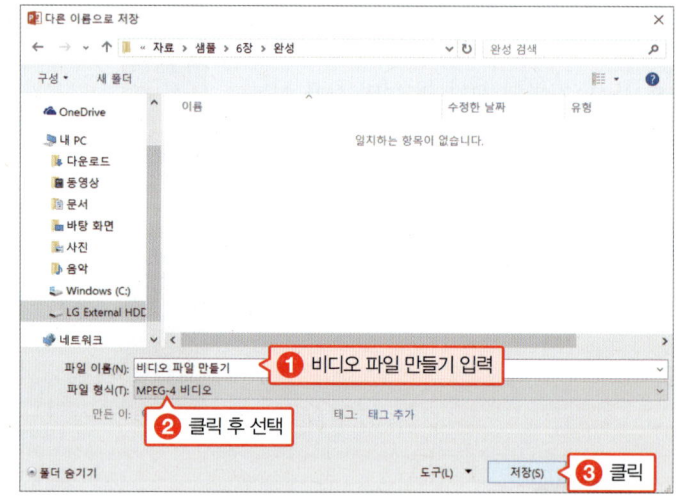

04 저장된 비디오 파일이 Windows Media Player에서 실행되는 것을 확인할 수 있습니다.

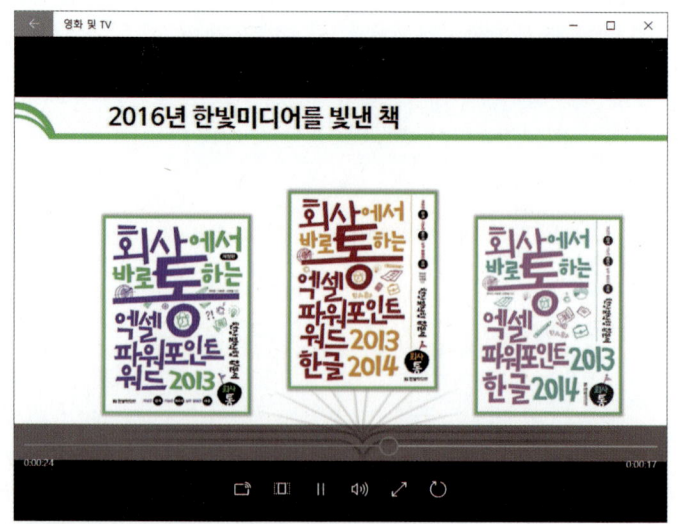

핵심기능실습 58

TELL ME
다른 형식으로 저장

그림 프레젠테이션 만들기

학습 목표 | 각 슬라이드를 그림 파일로 만들 수 있습니다. 그림 프레젠테이션은 슬라이드에 있는 개체를 변형할 수 없고 내용만 확인할 수 있습니다.

실습 파일 | 파워포인트/58_그림 프레젠테이션 만들기.pptx   **완성 파일 |** 파워포인트/58완성.pptx

01 그림 프레젠테이션 만들기

① [파일] 탭 - [내보내기]를 선택하고 ② [파일 형식 변경]을 선택합니다. ③ [PowerPoint 그림 프레젠테이션]을 선택하고 ④ [다른 이름으로 저장]을 클릭합니다. ⑤ [다른 이름으로 저장] 대화상자에서 [파일 이름]에 **그림 프레젠테이션 만들기_완성**을 입력하고 ⑥ [저장]을 클릭합니다.

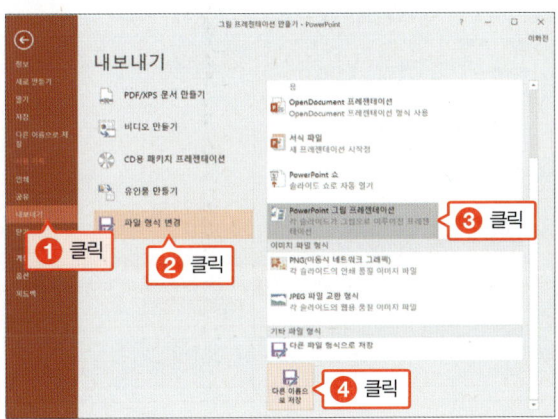
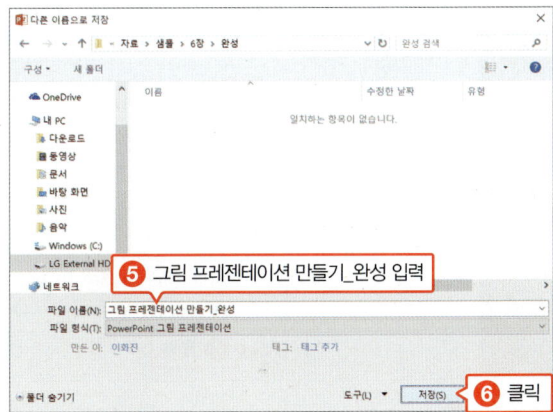

02 저장된 그림 프레젠테이션 만들기_완성.pptx 파일을 열어 보면 각 슬라이드가 그림으로 이루어져 있습니다.

바로 통하는 TIP 저장된 파워포인트 파일을 열려면 [파일] 탭-[열기]-[컴퓨터]-[찾아보기]를 클릭합니다. [열기] 대화상자에서 파일을 선택한 후 [열기]를 클릭합니다.

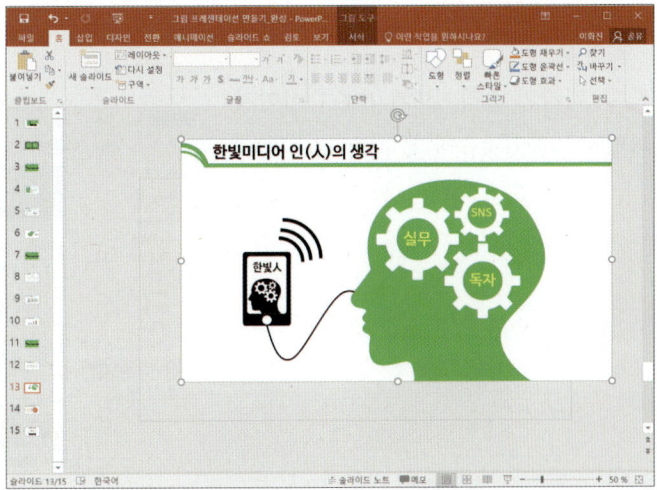

각 슬라이드를 JPEG 파일로 저장하기

학습 목표 | 각각의 슬라이드를 JPEG 파일로 저장하여 자유롭게 활용할 수 있습니다.

실습 파일 | 파워포인트/59_각 슬라이드를 JPEG 파일로 저장하기.pptx   **완성 파일 |** 파워포인트/59완성.pptx

01 ① [파일] 탭–[내보내기]를 선택합니다. ② [파일 형식 변경]을 선택하고 ③ [JPEG 파일 교환 형식]을 선택한 뒤 ④ [다른 이름으로 저장]을 클릭합니다. ⑤ [다른 이름으로 저장] 대화상자에서 [파일 이름]에 **각 슬라이드를 JPEG 파일로 저장하기**를 입력하고 ⑥ [저장]을 클릭합니다. ⑦ [모든 슬라이드]를 클릭하고 ⑧ [확인]을 클릭합니다.

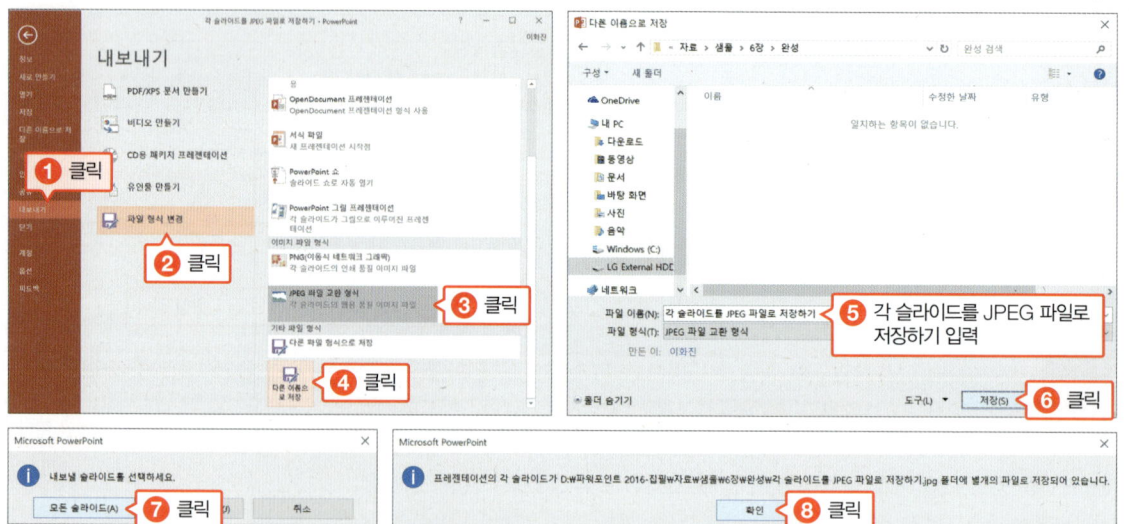

02 각각의 슬라이드가 JPEG 이미지 파일로 저장되었습니다.

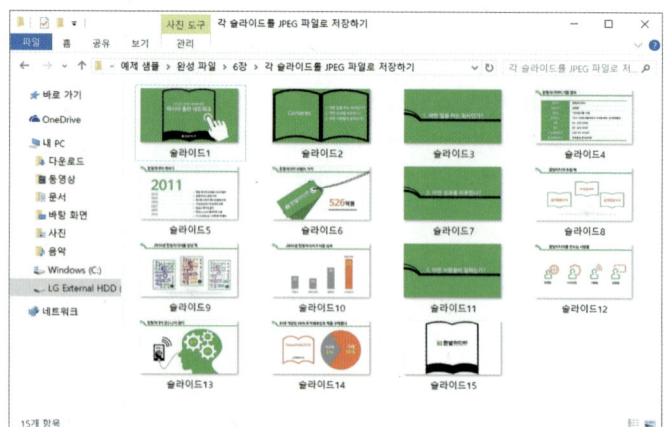

07

프레젠테이션 발표 준비 및 발표하기

발표자의 말과 청중의 시선을 동기화시키는 가장 좋은 방법은 개체에 애니메이션을 적용하는 것입니다. 이때 애니메이션은 과하지 않게 적절하게 사용하는 것이 중요합니다. 과한 애니메이션은 오히려 청중의 인상을 찌푸리게 만드니 주의하기 바랍니다. 예행 연습을 통해 소요 시간을 체크하고 발표 전에 슬라이드 쇼 설정을 해두면 프로다운 발표를 할 수 있습니다. 발표자 도구는 여러분의 발표를 좀 더 자연스럽게 만들어 줄 것입니다.

핵심기능실습 60

TELL ME
애니메이션 추가

개체에 애니메이션 적용하기

학습 목표 | 발표자의 말과 청중의 시선을 적절하게 동기화할 수 있는 가장 좋은 방법은 개체에 애니메이션을 적용하는 것입니다. 목적에 맞게 애니메이션을 사용하여 청중의 시선을 끌어 보기 바랍니다.

실습 파일 | 파워포인트/60_개체에 애니메이션 적용하기.pptx   **완성 파일 |** 파워포인트/60완성.pptx

01 텍스트에 애니메이션 적용하기

빈 화면에서 텍스트가 나타나는 모양으로 애니메이션을 적용해 보겠습니다.

① 텍스트를 클릭하고 ② [애니메이션] 탭-[애니메이션] 그룹-[자세히⬚]를 클릭합니다. ③ 애니메이션 목록에서 [나타내기]-[닦아내기]를 선택합니다.

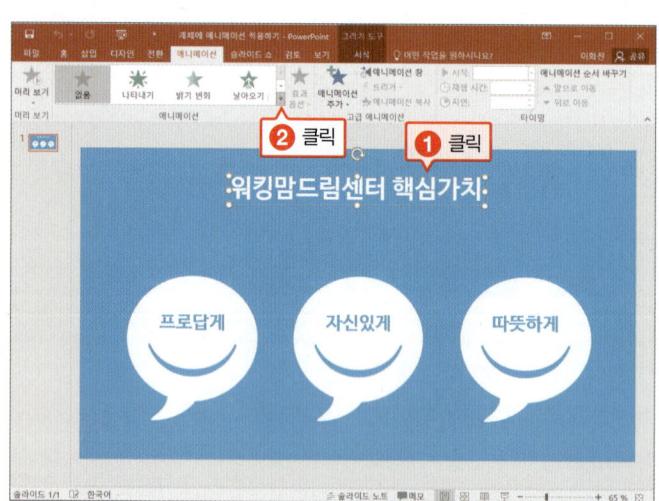

02 애니메이션 효과 옵션 변경하기

① 텍스트에 적용된 닦아내기 애니메이션의 방향을 변경하기 위해 텍스트를 클릭합니다. ② [애니메이션] 탭-[애니메이션] 그룹-[효과 옵션]을 클릭하고 ③ [왼쪽에서]를 선택합니다.

텍스트가 왼쪽부터 나타나는 애니메이션으로 옵션이 변경됩니다.

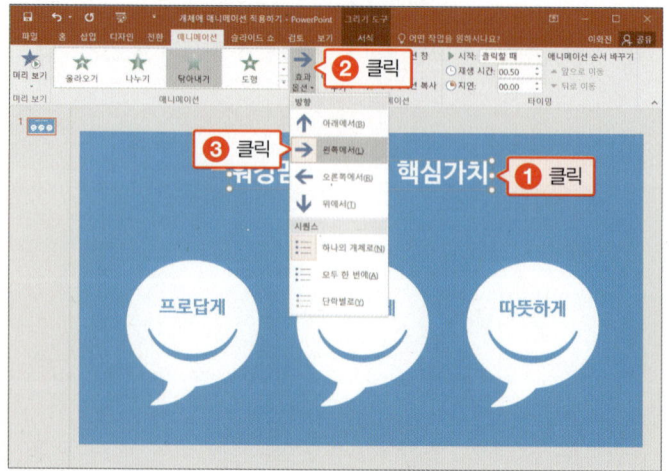

03 세 개의 개체에 같은 애니메이션 적용하기

세 개의 말풍선이 점점 커지면서 슬라이드에 나타나도록 설정해 보겠습니다.
① 슬라이드에 있는 세 개의 말풍선 개체를 Ctrl+클릭으로 선택합니다. ② [애니메이션] 탭 – [애니메이션] 그룹 – [자세히]를 클릭하고 ③ 애니메이션 목록에서 [나타내기] – [확대/축소]를 선택합니다.

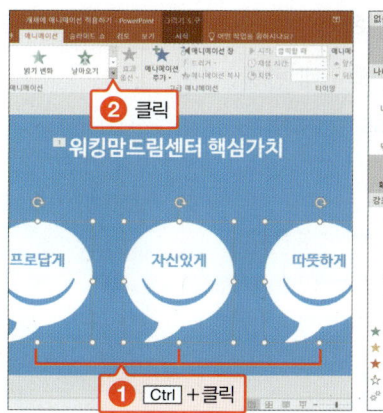

04 애니메이션 시작 방법 변경하기

① 세 개의 말풍선을 선택한 상태에서 [애니메이션] 탭 – [타이밍] 그룹 – [시작▼] 목록을 클릭하고 ② [클릭할 때]를 선택합니다.

바로 통하는 TIP 애니메이션 재생 시간을 지정하기 위해서 [애니메이션] 탭 – [타이밍] 그룹에서 [재생 시간]을 지정합니다.

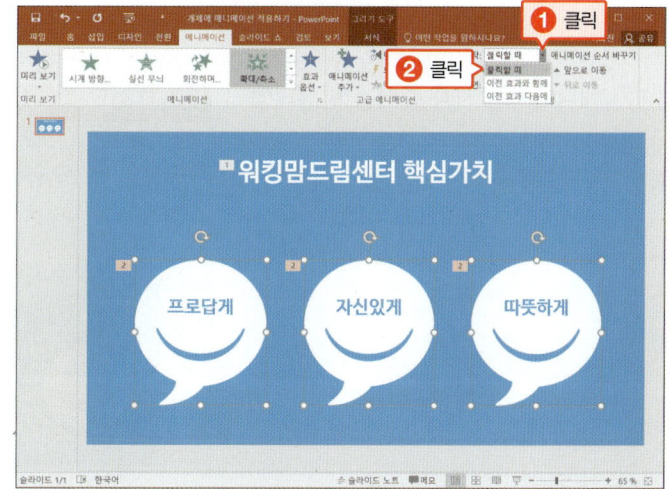

05 애니메이션 창 열기

[애니메이션] 탭 – [고급 애니메이션] 그룹 – [애니메이션 창]을 클릭합니다. 화면 오른쪽에 [애니메이션 창] 작업 창이 활성화됩니다. 지금까지 개체에 적용한 애니메이션 목록이 나타납니다.

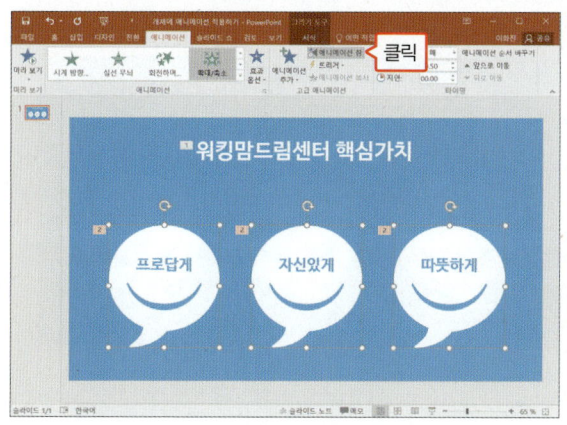
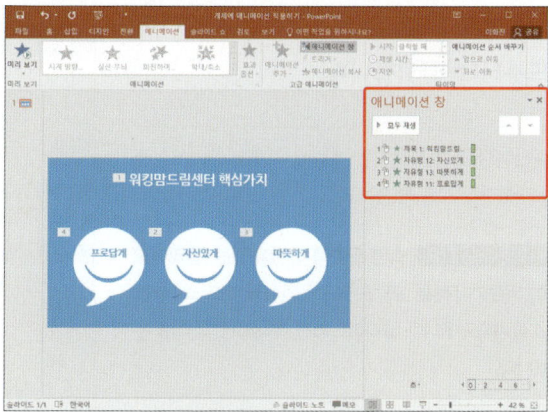

06 애니메이션 순서 변경하기

① [애니메이션 창] 작업 창에서 네 번째 목록을 선택하고 ② [앞으로 이동] 버튼을 두 번 클릭합니다.

바로 통하는 TIP 애니메이션 실행 순서가 왼쪽부터 2, 3, 4 순서로 표시된다면 이 단계는 생략해도 됩니다.

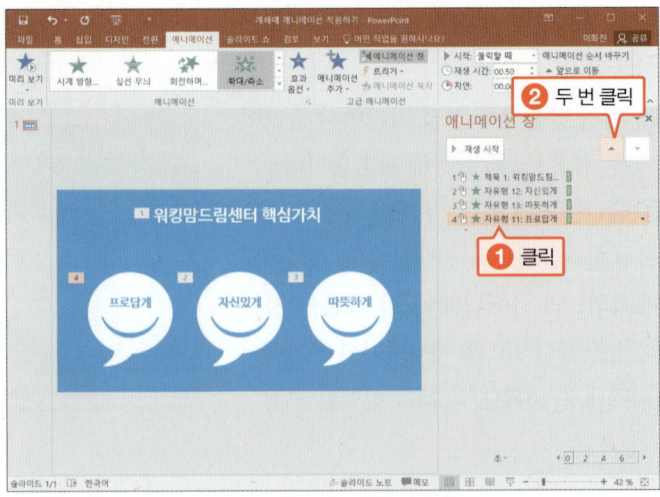

07

애니메이션 시작 순서가 변경되었습니다.

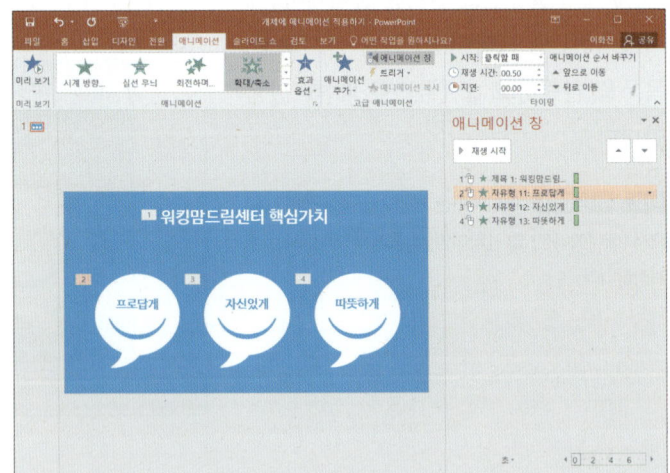

08 애니메이션 실행하기

[슬라이드 쇼] 탭 – [슬라이드 쇼 시작] 그룹에서 [처음부터] 또는 [현재 슬라이드부터]를 클릭합니다.

슬라이드 쇼가 실행되면 개체에 적용된 애니메이션 효과를 확인할 수 있습니다.

바로 통하는 TIP 화면 오른쪽 아래에 있는 [슬라이드 쇼] 버튼이나 빠른 실행 도구 모음의 [슬라이드 쇼] 버튼을 클릭해도 됩니다. 슬라이드 쇼를 끝내려면 [ESC]를 누릅니다.

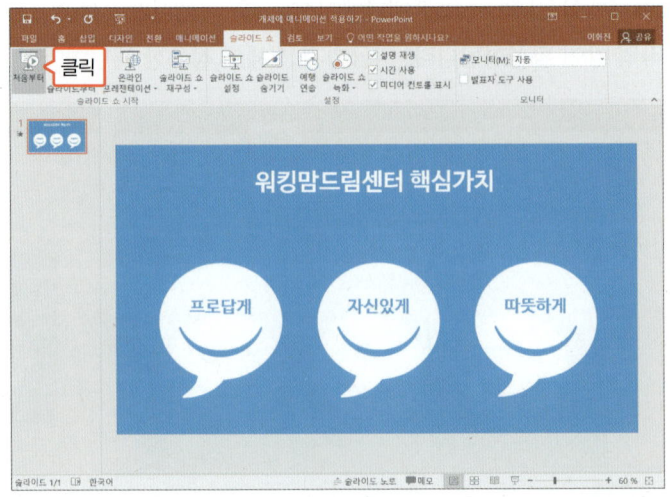

애니메이션 추가하고
다른 개체에 똑같이 적용하기

학습 목표 | 한 개체에 두 개 이상의 애니메이션을 적용할 수 있습니다. 추가된 애니메이션은 기존 애니메이션 뒤로 적용됩니다. 적용한 여러 애니메이션을 다른 개체에도 적용할 수 있습니다.

실습 파일 | 파워포인트/61_애니메이션 추가하고 똑같이 적용하기.pptx   **완성 파일** | 파워포인트/61완성.pptx

01 애니메이션 창 열기

슬라이드 내 세 개의 말풍선에 동일한 애니메이션 효과를 적용하려고 합니다. 첫 번째 말풍선에 애니메이션 효과를 적용한 후 복사해 다른 개체에 애니메이션을 붙여 넣어 보겠습니다.

[애니메이션] 탭 - [고급 애니메이션] 그룹 - [애니메이션 창]을 클릭합니다.

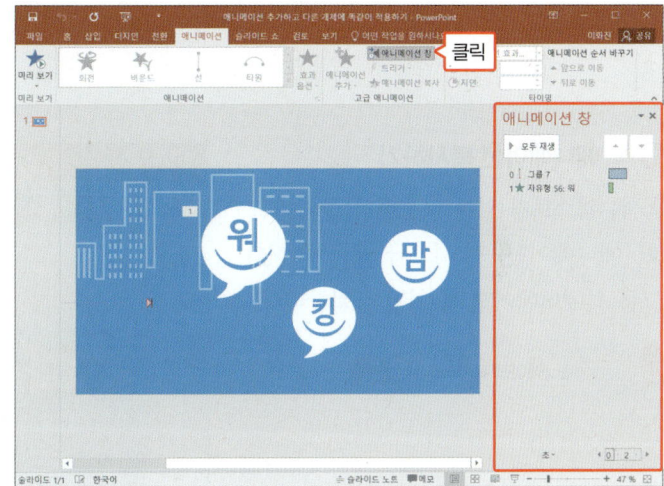

02 애니메이션 추가하기

① 워 텍스트가 있는 말풍선을 클릭합니다. ② [애니메이션] 탭 - [고급 애니메이션] 그룹 - [애니메이션 추가]를 클릭하고 ③ [강조] - [펄스]를 선택합니다.

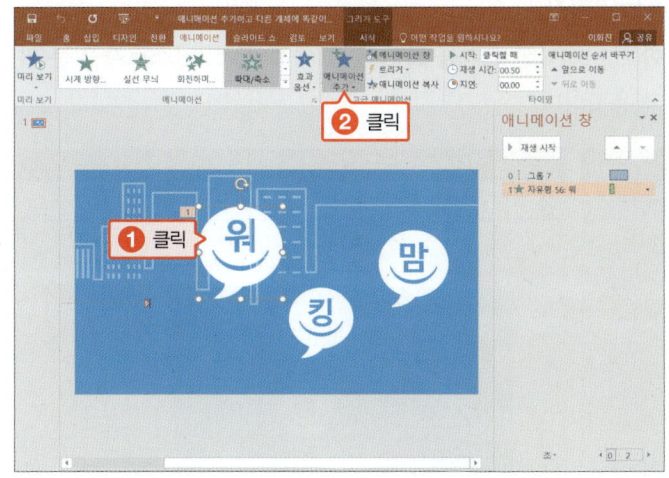

O3 시작 방법 변경하기

① [애니메이션] 탭 – [타이밍] 그룹 – [시작] 목록을 클릭하고 ② [이전 효과 다음에]를 선택합니다.

애니메이션을 실행하면 각 항목이 차례로 등장합니다.

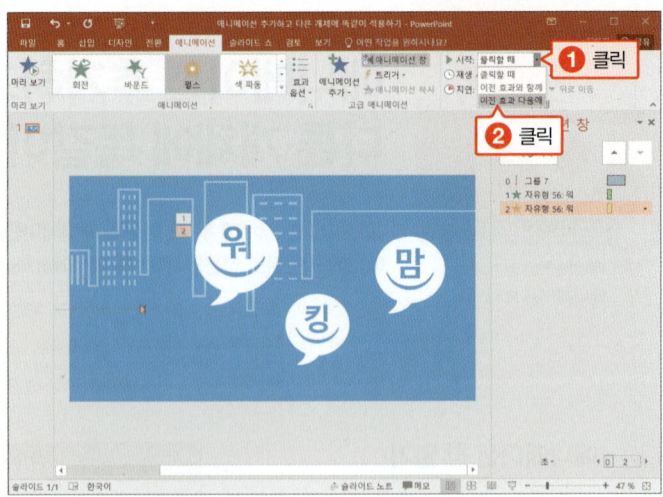

O4 애니메이션 복사하기

① 워 텍스트가 있는 말풍선을 클릭하고 ② [애니메이션] 탭 – [고급 애니메이션] 그룹 – [애니메이션 복사]를 클릭합니다.

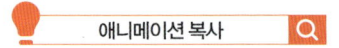
애니메이션 복사

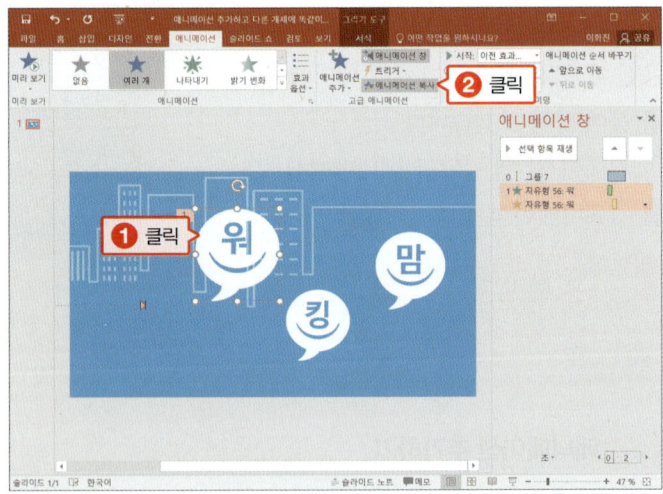

O5 복사한 애니메이션 효과를 다른 개체에 붙여넣기

마우스 포인터가 붓 모양으로 변경되면 복사한 애니메이션 효과를 붙여 넣을 개체인, 킹 텍스트가 있는 말풍선을 클릭합니다. 같은 애니메이션이 바로 적용됩니다.

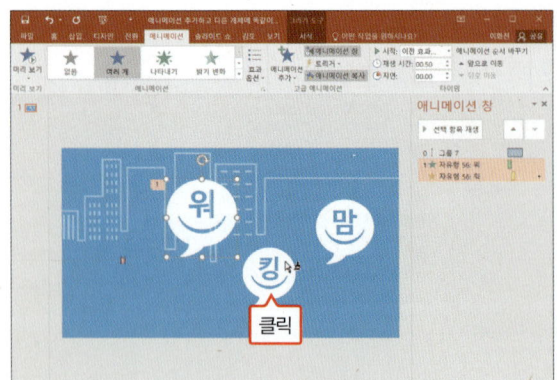

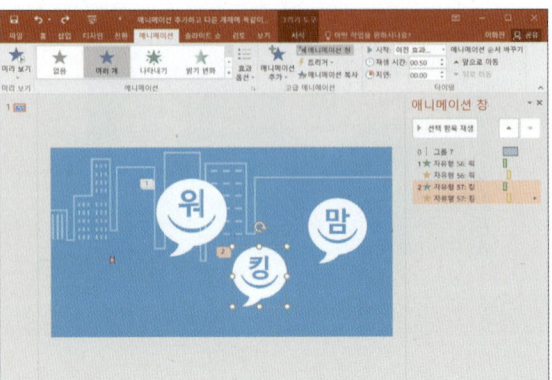

06 같은 방법으로 나머지 맘 텍스트가 있는 말풍선도 애니메이션을 복사해 붙여넣습니다.

바로 통하는 TIP 여러 개체에 같은 명령을 적용하려면 [애니메이션 복사]를 더블클릭합니다.

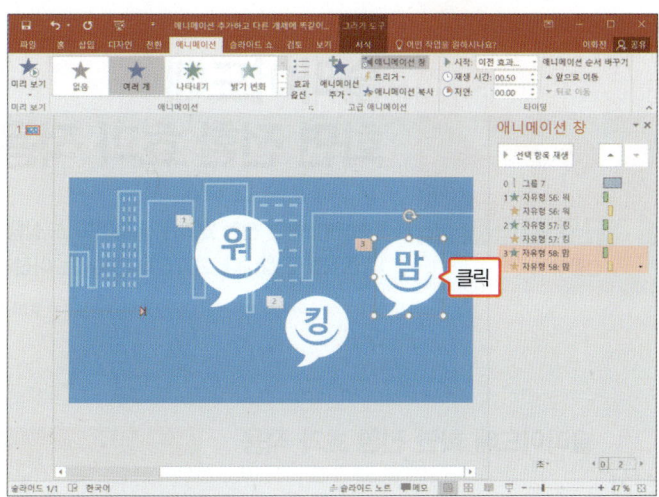

07 애니메이션 실행하기

[슬라이드 쇼] 탭 – [슬라이드 쇼 시작] 그룹에서 [처음부터]를 클릭합니다.

바로 통하는 TIP 화면 오른쪽 아래에 있는 [슬라이드 쇼] 버튼이나 빠른 실행 도구 모음의 [슬라이드 쇼] 버튼을 클릭해도 됩니다. 슬라이드 쇼를 끝내려면 ESC 를 누릅니다.

처음부터 시작

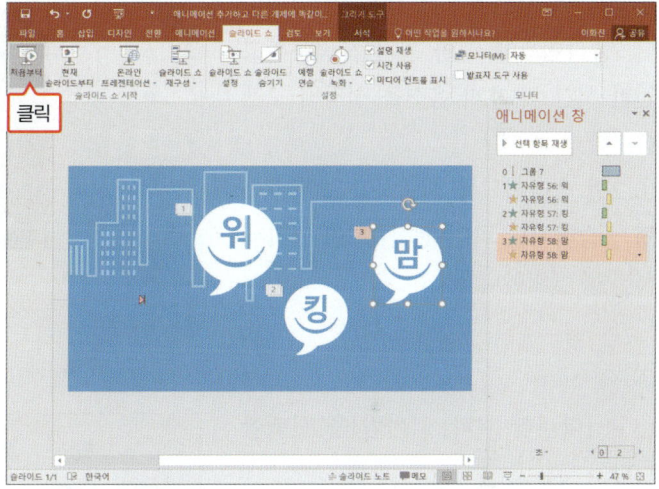

08 슬라이드 쇼가 실행되면 개체에 적용된 애니메이션 효과를 확인할 수 있습니다.

슬라이드에
화면 전환 효과 적용하기

학습 목표 | 화면 전환 효과는 슬라이드 쇼 실행 시 현재 슬라이드에서 다음 슬라이드로 넘어갈 때의 동작을 말합니다. 2016 버전에서는 이전에 없던 모핑 전환 효과가 추가되었습니다.

실습 파일 | 파워포인트/62_슬라이드에 화면 전환 효과 적용하기.pptx　**완성 파일 |** 파워포인트/62완성.pptx

01 슬라이드에 화면 전환 효과 적용하기

슬라이드를 넘길 때 전환 효과를 적용하면 청중의 시선을 사로잡을 수 있습니다. 슬라이드에 전환 효과를 적용하고 전환 시간 및 효과 옵션을 설정해 보겠습니다.

① 2번 슬라이드를 선택하고 ② [전환] 탭-[슬라이드 화면 전환] 그룹-[자세히⏷]를 클릭합니다.

02 [화려한 효과]-[바람]을 선택합니다.

바로 통하는 TIP 화면 전환 효과를 선택하면 미리 보기가 제공되므로 원하는 전환 효과를 쉽게 확인할 수 있습니다.

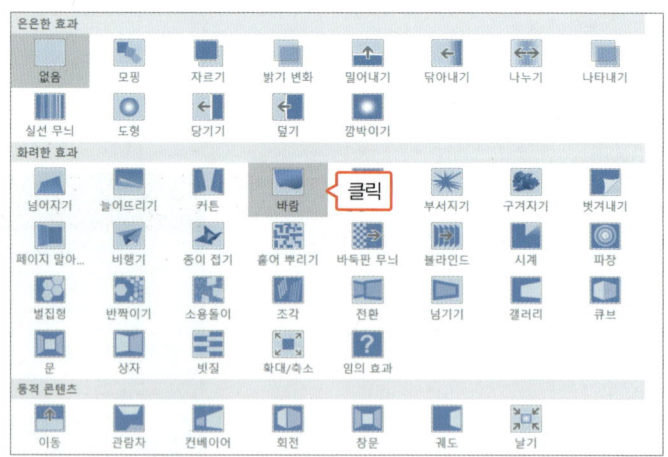

03 전환 길이 지정하기

[전환] 탭-[타이밍] 그룹-[기간]을 [02.25]로 설정합니다.

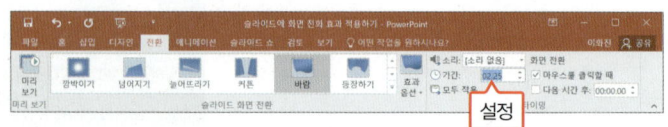

04 효과 옵션 변경하기

① [전환] 탭-[슬라이드 화면 전환] 그룹-[효과 옵션]을 클릭하고 ② [왼쪽으로]를 선택합니다.

앞의 슬라이드가 바람에 날리듯 오른쪽에서 왼쪽으로 넘어가는 전환 효과가 적용됩니다.

05 화면 전환 효과 실행하기

[슬라이드 쇼] 탭-[슬라이드 쇼 시작] 그룹에서 [현재 슬라이드부터]를 클릭합니다.

06 슬라이드 쇼가 실행되며 다음 슬라이드로 넘어갈 때 적용한 화면 전환 효과가 나타납니다.

슬라이드 쇼 설정하기

학습 목표 | 프레젠테이션 발표 시 사용자가 원하는 대로 진행하기 위해 슬라이드 쇼를 설정합니다. 발표 전 목적에 맞게 설정해 두면 청중에게 프로답다는 느낌을 심어줄 수 있습니다.

실습 파일 | 파워포인트/63_슬라이드 쇼 설정하기.pptx   **완성 파일** | 파워포인트/63완성.pptx

01 슬라이드 쇼 설정하기

[슬라이드 쇼] 탭-[설정] 그룹-[슬라이드 쇼 설정]을 클릭합니다.

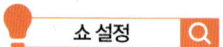
쇼 설정

02 ① [쇼 설정] 대화상자에서 [슬라이드 표시]의 [시작]을 [6], [끝]을 [12]로 설정합니다. ② [표시 옵션] 목록에서 [애니메이션 없이 보기]에 체크 표시하고 ③ [확인]을 클릭합니다.

슬라이드에 적용된 애니메이션이 슬라이드 쇼에서 실행되지 않습니다.

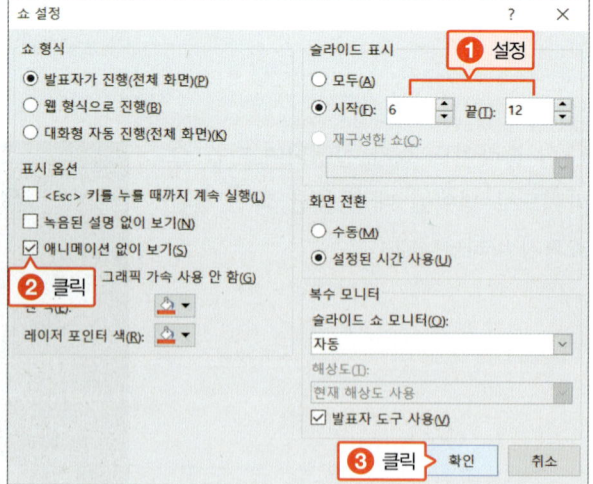

[쇼 설정] 대화상자의 구성 요소 알아보기

[슬라이드 쇼] 탭-[설정] 그룹-[슬라이드 쇼 설정]을 클릭하면 [쇼 설정] 대화상자가 나타납니다. 이 옵션을 조정해 슬라이드 쇼를 최 적화할 수 있습니다.

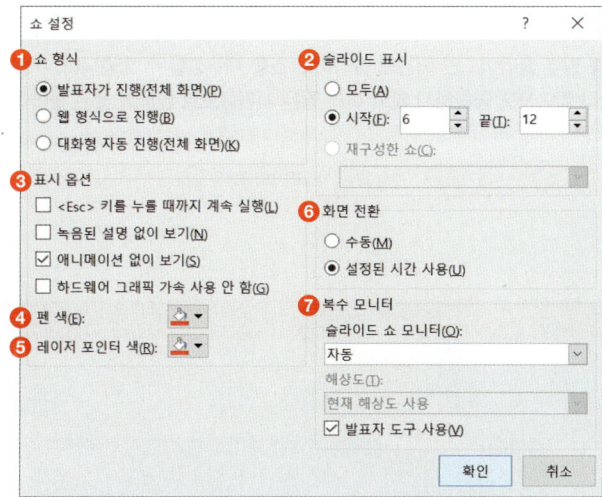

① 쇼 형식

　발표자가 진행(전체 화면) : 일반적인 쇼 보기 상태로 발표자가 [Enter]나 마우스를 클릭하면 다른 슬라이드로 전환됩니다.

　웹 형식으로 진행 : 슬라이드 쇼를 [읽기용 보기]에서 진행합니다. 웹 페이지처럼 표시합니다.

　대화형 자동 진행(전체 화면) : 슬라이드 쇼에서 [Enter]나 마우스 클릭은 전혀 사용할 수 없으며, 하이퍼링크로 설정된 개체를 클릭하 여 슬라이드 쇼가 진행됩니다.

② 슬라이드 표시

　모두 : 프레젠테이션 내의 모든 슬라이드를 보여 줍니다.

　시작/끝 : 시작 슬라이드와 끝 슬라이드를 지정합니다.

　재구성한 쇼 : 재구성한 슬라이드 쇼로 프레젠테이션을 진행합니다.

③ 표시 옵션

　[ESC]를 누를 때까지 계속 실행 : 슬라이드 쇼를 반복 실행하도록 설정할 수 있습니다.

　녹음된 설명 없이 보기 : 설명 녹음 없이 슬라이드 쇼를 진행합니다.

　애니메이션 없이 보기 : 애니메이션을 사용하지 않고 슬라이드 쇼를 진행합니다.

　하드웨어 그래픽 가속 사용 안 함 : 하드웨어 그래픽 가속의 사용 여부를 선택합니다.

④ 펜 색

　슬라이드 쇼에서 [Ctrl]+[P]를 누르면 펜 기능을 실행해 밑줄이나 코멘트를 달 수 있는데, 이때 펜의 초기 색상을 지정해 줍니다. 기본 값은 빨간색입니다.

⑤ 레이저 포인터 색

　슬라이드 쇼에서 레이저 포인터를 사용하는 경우 레이저 포인터의 색상을 지정해 줍니다. 기본 값은 빨간색입니다.

⑥ 화면 전환

　수동 : 발표자의 조작에 의해서 화면 전환이 실행됩니다.

　설정된 시간 사용 : 화면 전환 시간을 지정하여 지정된 시간 후에 화면 전환이 실행됩니다.

⑦ 복수 모니터

　슬라이드 쇼 모니터 : 복수 모니터 사용 시 슬라이드 쇼가 표시될 모니터를 선택합니다.

　해상도 : 모니터 해상도를 선택합니다.

　발표자 도구 사용 : 발표자 도구 사용 여부를 선택합니다.

슬라이드 쇼 재구성하기

학습 목표 | 전체 슬라이드 중 일부 슬라이드만 이용해 슬라이드 쇼를 재구성할 수 있습니다. 이렇게 하면 갑자기 발표 시간이 짧아져도 당황하지 않고 미리 짧은 시간용으로 만들어 놓은 슬라이드 쇼로 발표할 수 있습니다.

실습 파일 | 파워포인트/64_슬라이드 쇼 재구성하기.pptx **완성 파일** | 파워포인트/64완성.pptx

01 슬라이드 쇼 재구성하기

전체 슬라이드 구성에 변화를 주지 않고 원하는 슬라이드만 선별해 보여 주도록 슬라이드 쇼를 재구성해 보겠습니다. ① [슬라이드 쇼] 탭-[슬라이드 쇼 시작] 그룹-[슬라이드 쇼 재구성]을 클릭하고 ② [쇼 재구성]을 선택합니다.

슬라이드 쇼 재구성

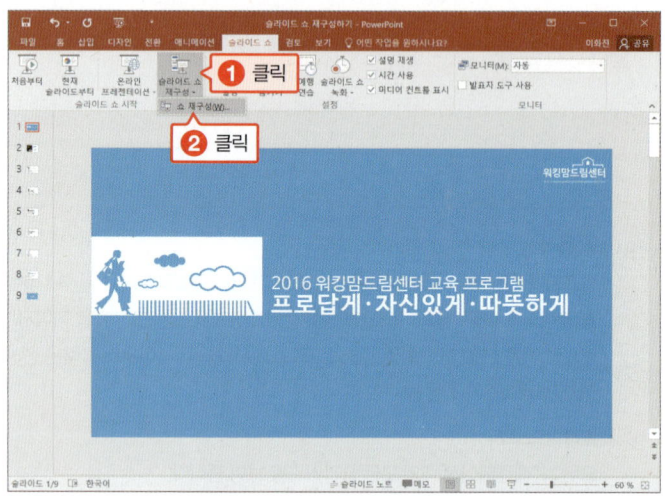

02

① [쇼 재구성] 대화상자에서 [새로 만들기]를 클릭합니다. ② [쇼 재구성 하기] 대화상자의 [슬라이드 쇼 이름]에 **워킹맘 교육 프로그램**을 입력합니다. ③ [프레젠테이션에 있는 슬라이드] 중 3~5번 슬라이드에 체크 표시하고 ④ [추가]를 클릭합니다.

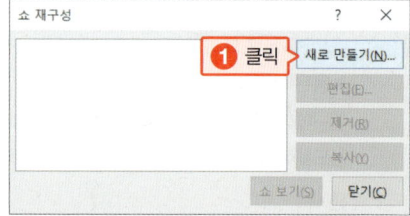

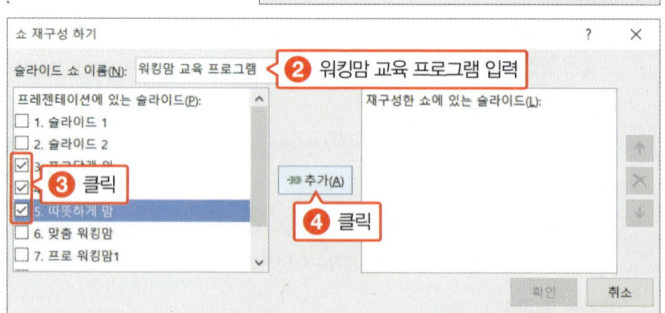

03 [재구성한 쇼에 있는 슬라이드]에 3~5번 슬라이드가 추가되었음을 확인하고 [확인]을 클릭합니다.

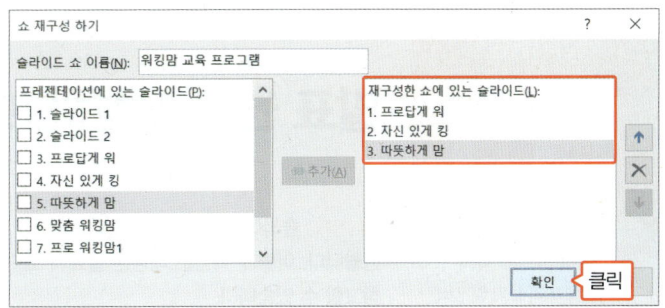

04 [쇼 재구성] 대화상자의 목록에 추가된 워킹맘 교육 프로그램 목록을 확인한 뒤 [닫기]를 클릭합니다.

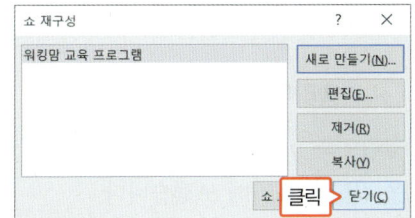

05 재구성한 슬라이드 쇼 실행하기

① [슬라이드 쇼] 탭-[슬라이드 쇼 시작] 그룹-[슬라이드 쇼 재구성]을 클릭하고 ② [워킹맘 교육 프로그램]을 선택합니다.

06 전체 슬라이드 중 워킹맘 교육 프로그램에 해당하는 슬라이드만 슬라이드 쇼로 나타납니다.

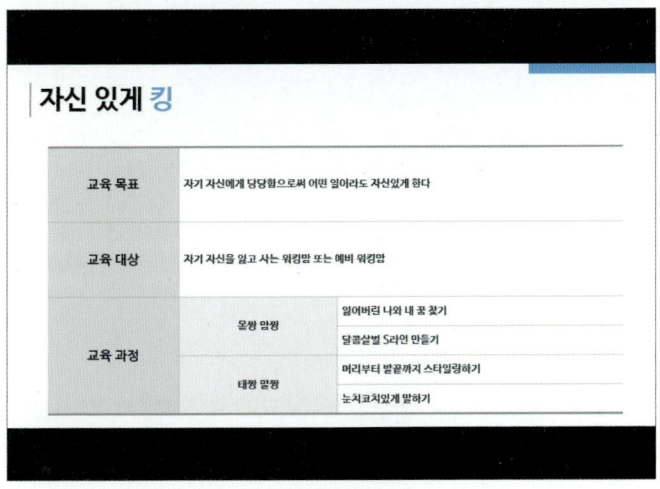

발표 원고 작성하고 인쇄하기

학습 목표 | 슬라이드 노트 창에 프레젠테이션 발표 시 필요한 원고 내용을 간략하게 요약하여 작성합니다. 이렇게 작성한 내용은 발표자 도구를 사용해 발표 또는 리허설 때 인쇄해 두고 보면서 참고할 수 있습니다.

실습 파일 | 파워포인트/65_발표 원고 작성하고 인쇄하기.pptx   완성 파일 | 파워포인트/65완성.pptx

01 슬라이드 노트 창 열기

슬라이드 노트 창을 이용해 발표할 내용을 간단히 정리해 보겠습니다.
① 13번 슬라이드를 선택하고 ② 슬라이드 아래에서 [슬라이드 노트]를 클릭합니다.

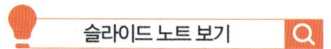

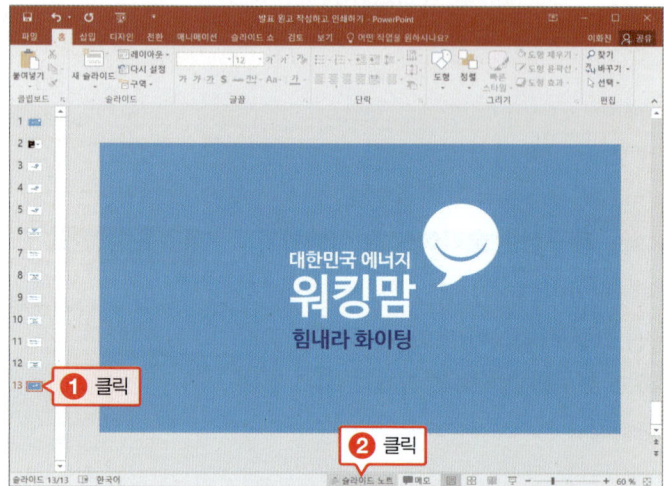

02 슬라이드 노트 창이 나타납니다. 슬라이드 노트 창에 발표 내용을 입력합니다.

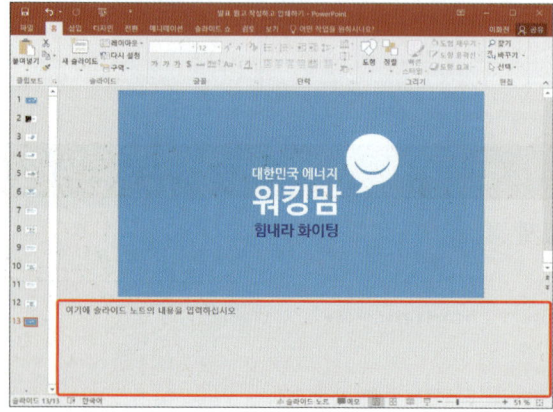

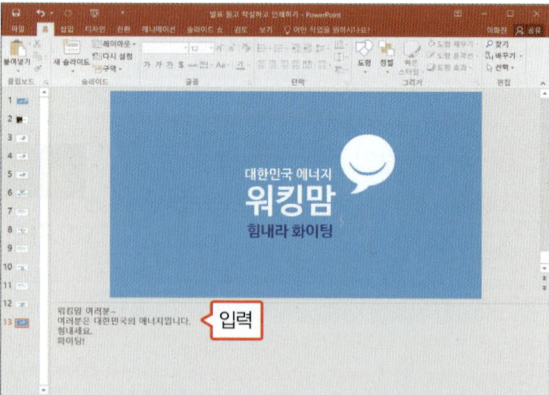

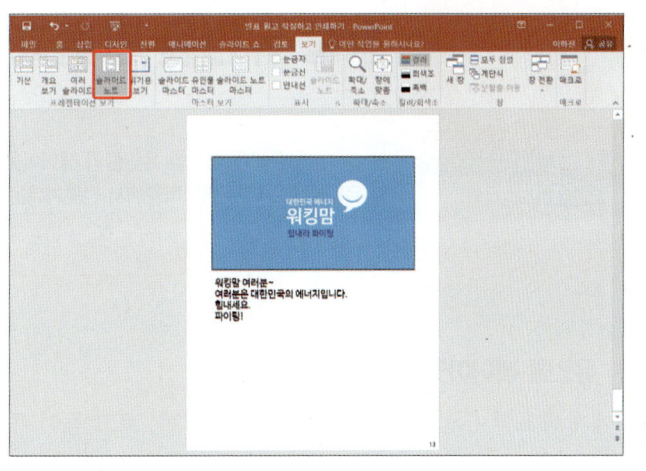
O3 슬라이드 노트 인쇄하기

① [파일] 탭-[인쇄]를 선택합니다. ② [설정]에서 [전체 페이지 슬라이드]를 선택하고 ③ [인쇄 모양]-[슬라이드 노트]를 선택합니다.

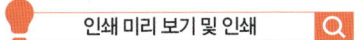

인쇄 미리 보기 및 인쇄

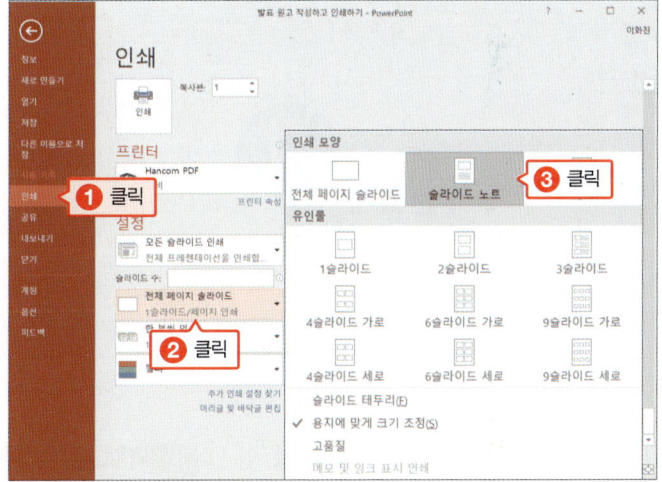

O4 [인쇄]를 클릭합니다. 슬라이드 하단에 슬라이드 노트가 함께 인쇄됩니다.

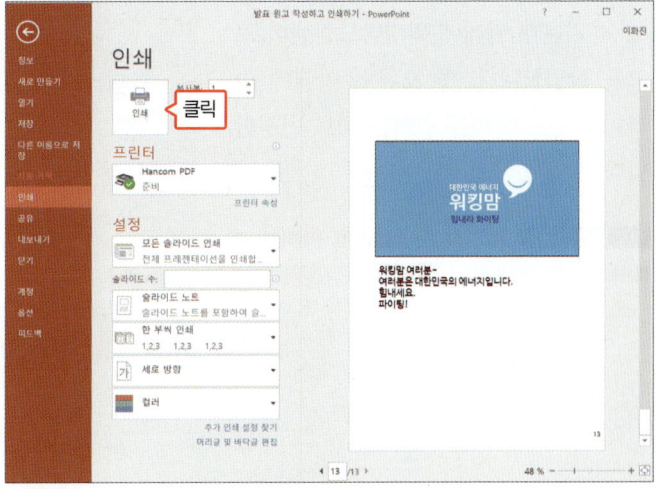

청중 유인물 만들고 인쇄하기

학습 목표 | 청중에게 배포할 유인물의 레이아웃은 유인물 마스터에서 설정합니다. 청중에게 배포할 유인물에도 디자인을 적용해서 전문가다운 느낌을 주는 것이 좋습니다.

실습 파일 | 파워포인트/66_청중 유인물 만들고 인쇄하기.pptx **완성 파일** | 파워포인트/66완성.pptx

01 유인물 레이아웃 설정하기

청중에게 배포할 유인물 인쇄 시 배포 단체, 날짜, 로고 등이 표시되도록 유인물 레이아웃을 수정해 보겠습니다. [보기] 탭-[마스터 보기] 그룹-[유인물 마스터]를 클릭합니다. 유인물 마스터 보기로 전환됩니다.

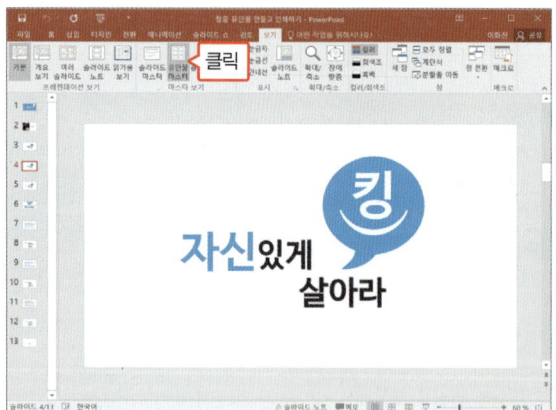
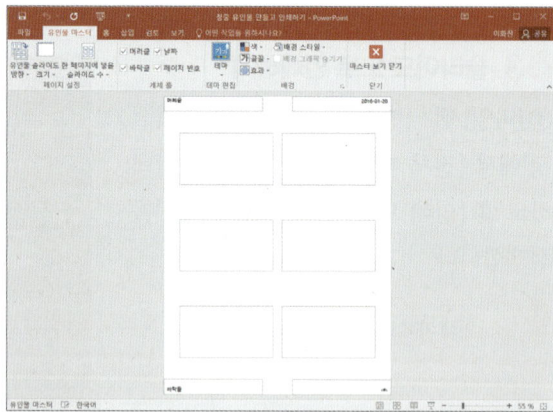

02 ① 왼쪽 위에 **워킹맘드림센터**를 입력하고 ② 오른쪽 위에 날짜를 입력합니다. ③ 아래쪽 바닥글 개체 틀을 삭제하고 ④ 가운데 아래에 워킹맘드림센터 로고를 삽입합니다. ⑤ 오른쪽 아래에 슬라이드 번호 서식을 원하는 대로 변경합니다.

바로 통하는 TIP 로고 삽입은 [삽입] 탭-[이미지] 그룹-[그림]을 이용합니다.

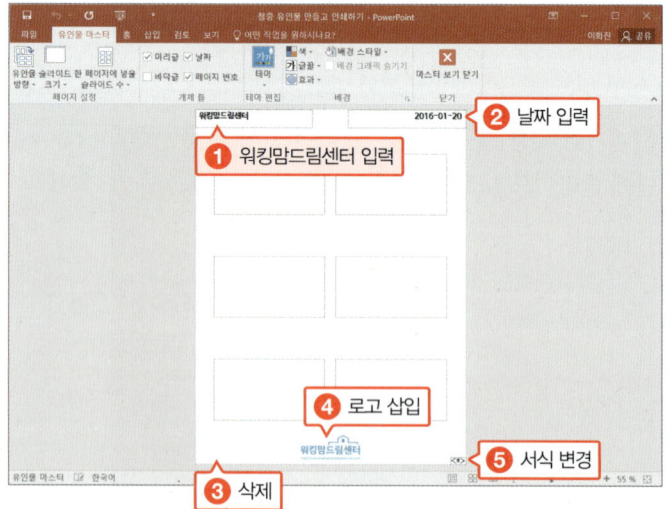

03 유인물 인쇄하기

① [파일] 탭 – [인쇄]를 선택합니다. ② 설정에서 [전체 페이지 슬라이드]를 선택하고 ③ 인쇄 모양에서 [유인물] – [3슬라이드]를 선택합니다.

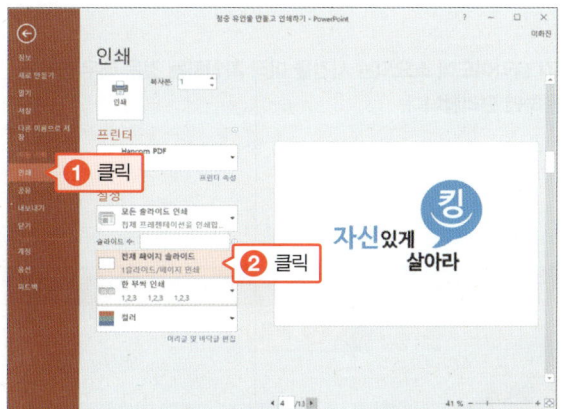
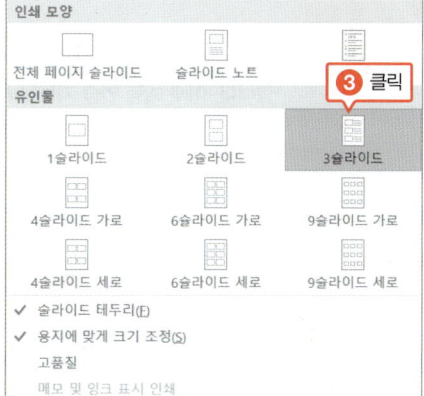

04 [인쇄]를 클릭합니다. 유인물 마스터에서 적용한 레이아웃 모양대로 인쇄됩니다.

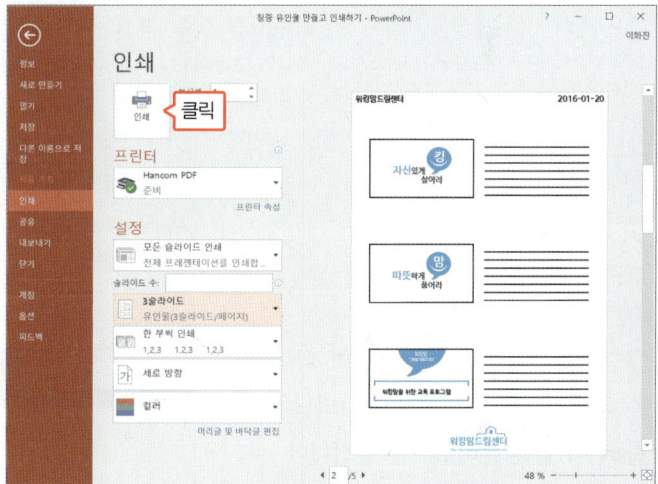

바로 통하는 TIP 유인물에 페이지 번호 삽입하기

[삽입] 탭 – [텍스트] 그룹 – [슬라이드 번호 삽입]을 클릭합니다.
① [머리글/바닥글] 대화상자에서 [슬라이드 노트 및 유인물] 탭을 클릭합니다. ② [페이지 번호]에 체크 표시합니다.

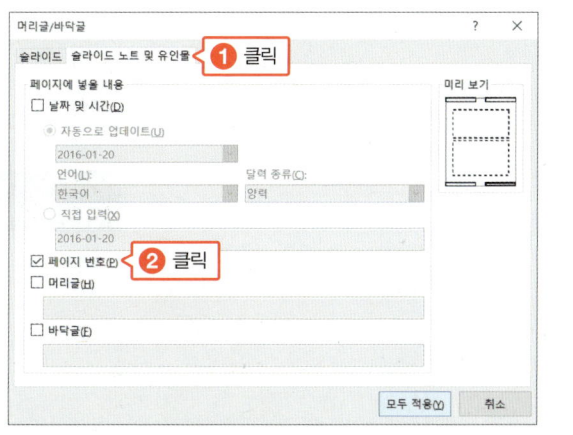

67

TELL ME
예행 연습

발표 전 예행 연습하기

학습 목표 | 프레젠테이션 발표 전에 각 슬라이드에 소요되는 시간을 미리 확인하는 것은 매우 중요합니다. 이때 예행 연습 기능을 사용하면 편리합니다.

실습 파일 | 파워포인트/67_발표 전 예행 연습하기.pptx   **완성 파일 |** 파워포인트/67완성.pptx

01 ① 1번 슬라이드를 선택하고 ② [슬라이드 쇼] 탭 – [설정] 그룹 – [예행 연습]을 클릭합니다.

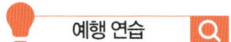

예행 연습

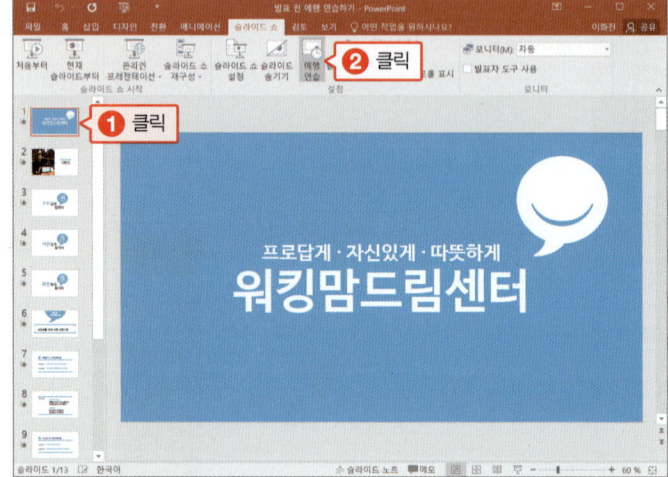

02 슬라이드 쇼가 실행되며 화면 왼쪽 위에 [녹화] 대화상자가 나타납니다. Enter 를 눌러 슬라이드를 넘깁니다.

바로 통하는 TIP [녹화] 대화상자의 왼쪽 시간은 쇼가 진행되고 있는 현재 슬라이드의 시간이고, 오른쪽은 전체 녹화된 슬라이드 쇼의 누적된 시간입니다.

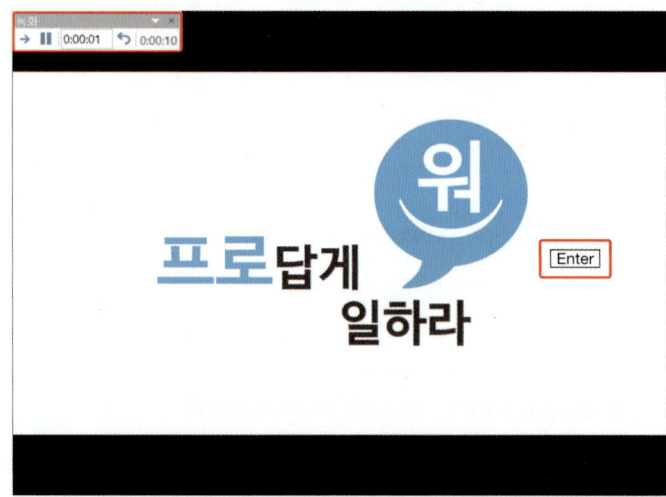

03 슬라이드 쇼가 끝까지 실행되면 마지막에 사용 시간 여부를 묻는 대화상자가 나타납니다. [예]를 클릭합니다.

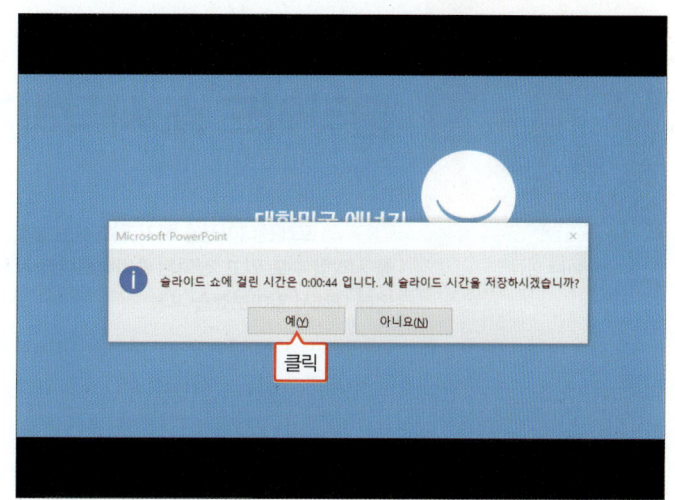

04 여러 슬라이드 보기 화면으로 보면 각각의 슬라이드에 녹화된 시간이 표시됩니다.

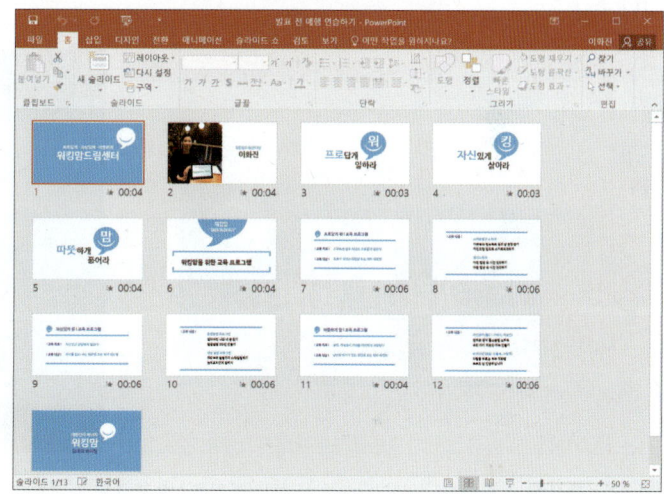

슬라이드 쇼 시작하기

학습 목표 | 프레젠테이션을 하기 위해서는 슬라이드 쇼를 실행해야 합니다. 처음부터 슬라이드 쇼를 시작할 수도 있고, 선택된 슬라이드부터 시작할 수도 있습니다. 슬라이드 쇼를 하는 다양한 방법에 대해서 알아보겠습니다.

실습 파일 | 파워포인트/68_슬라이드 쇼 시작하기.pptx   **완성 파일** | 파워포인트/68완성.pptx

01 첫 번째 슬라이드부터 슬라이드 쇼 하기

[슬라이드 쇼] 탭 – [슬라이드 쇼 시작] 그룹 – [처음부터]를 클릭합니다. 첫 번째 슬라이드부터 쇼가 시작됩니다.

바로 통하는 TIP 첫 번째 슬라이드부터 쇼를 시작하려면 빠른 실행 도구 모음의 [처음부터 시작]을 클릭하거나 F5를 눌러도 됩니다.

02 Enter를 눌러 슬라이드를 넘깁니다. 마지막 슬라이드 다음에 나타나는 화면을 클릭하거나 Enter를 눌러 기본 보기 화면으로 돌아옵니다.

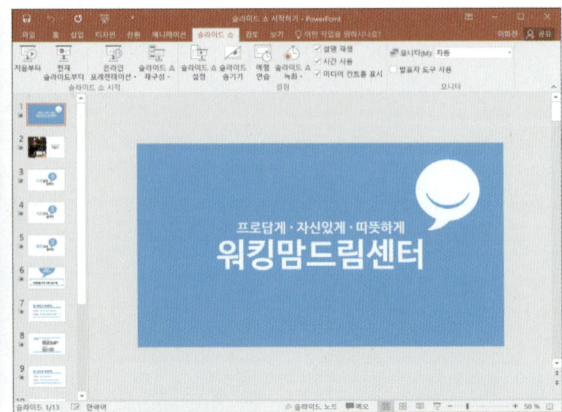

바로 통하는 TIP 슬라이드 쇼 도중에 끝내려면 Enter를 누릅니다.

03 현재 슬라이드부터 슬라이드 쇼 하기

① 6번 슬라이드를 선택하고 ② [슬라이드 쇼] 탭-[슬라이드 쇼 시작] 그룹-[현재 슬라이드부터]를 클릭합니다.

바로 통하는 TIP 현재 슬라이드부터 슬라이드 쇼를 하려면 화면 오른쪽 아래에 있는 [슬라이드 쇼]를 클릭하거나 Shift + F5 를 눌러도 됩니다.

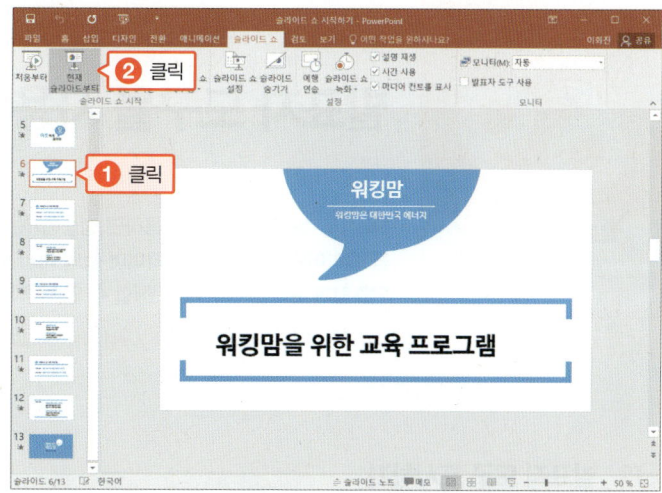

04 Enter 를 눌러 슬라이드를 넘깁니다. 마지막 슬라이드 다음에 나타나는 검은 화면에서 마우스로 화면을 클릭하거나 Enter 를 눌러 기본 보기 화면으로 돌아옵니다.

05 기본 화면에서 선택된 슬라이드 화면이 보입니다.

바로 통하는 TIP 슬라이드 쇼 도중에 끝내려면 ESC 를 누릅니다.

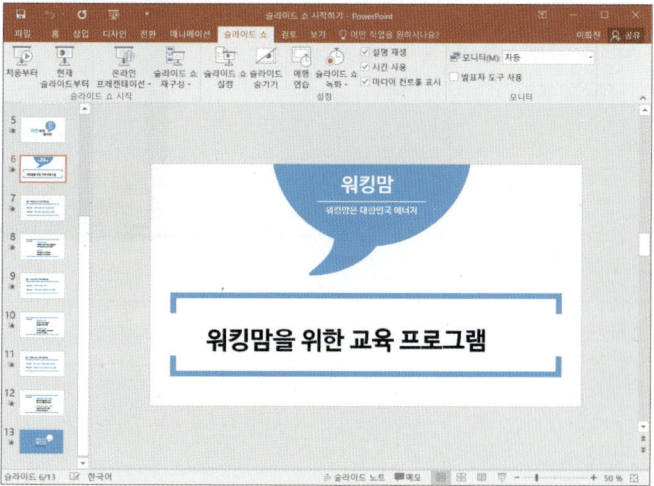

발표자 도구를 사용하여 발표하기

학습 목표 | 발표자 도구를 사용하면 청중에게는 슬라이드만 나타나게 하고 발표자의 화면에는 다음 슬라이드, 발표자 노트, 타이머 등의 미리 보기를 표시할 수 있습니다. 이를 통해 발표자는 자연스럽게 프레젠테이션을 진행할 수 있습니다.

실습 파일 | 파워포인트/69_발표자 도구를 사용하여 발표하기.pptx   **완성 파일** | 파워포인트/69완성.pptx

01 발표자 도구 표시하기

① F5를 클릭하여 슬라이드 쇼를 실행합니다. ② 화면 왼쪽 아래에 있는 컨트롤 막대에서 [슬라이드 옵션]을 클릭하고 ③ [발표자 도구 표시]를 선택합니다. 발표자 도구 화면으로 바뀝니다.

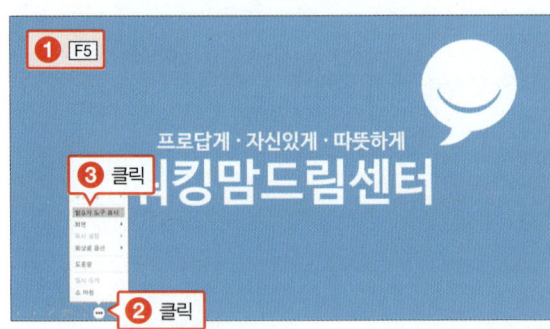

바로 통하는 TIP   **발표자 도구 구성 살펴보기**

슬라이드 쇼를 실행할 때 나타나는 발표자 도구는 발표자에게만 보입니다. 발표자 도구에서는 현재 슬라이드 및 다음 슬라이드의 내용을 확인하거나 슬라이드에 추가한 노트 내용을 미리 볼 수 있는 기능 등이 제공됩니다.

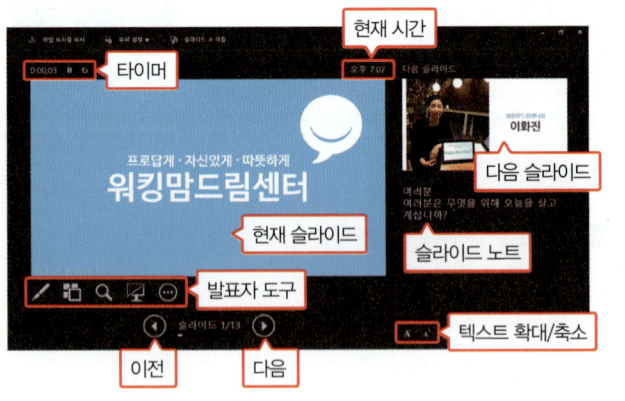

02 펜으로 주석 달기

발표자 도구의 펜 기능을 이용하면 슬라이드에 중요한 내용을 펜으로 표시하면서 프레젠테이션을 할 수 있습니다.
① 발표자 도구에서 [펜 및 레이저 포인터 도구]를 클릭하고 ② [형광펜]을 선택합니다.

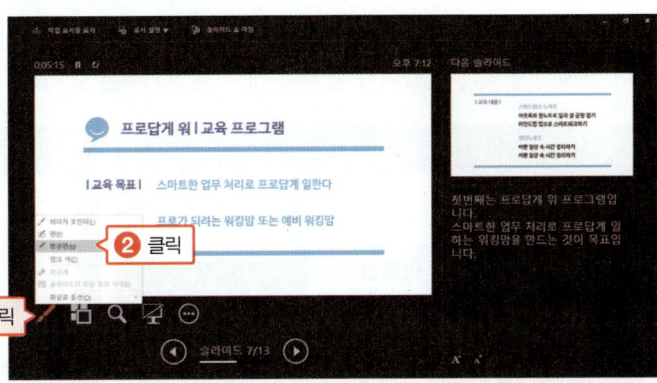

03 마우스 포인터가 형광펜으로 변경되면 원하는 곳에 표시합니다.

바로 통하는 TIP 마우스 포인터를 본래 화살표 모양으로 변경하려면 Ctrl + A 를 클릭합니다.

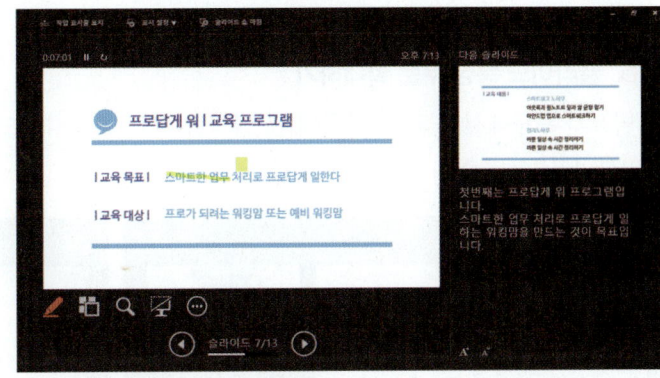

04 모든 슬라이드 보기

발표자 도구에서 [모든 슬라이드 보기]를 클릭합니다. 모든 슬라이드를 확인할 수 있습니다.

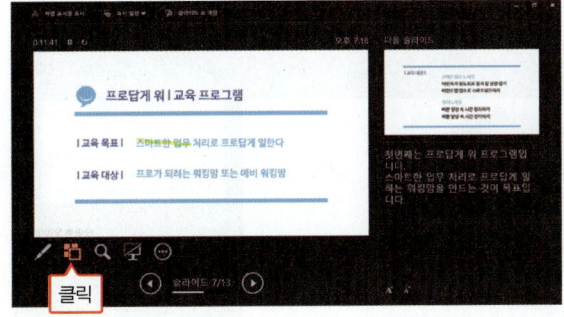

05 다음 슬라이드로 넘기기

화면 아래쪽에 있는 슬라이드 넘기기 버튼 중 [다음]을 클릭합니다. 다음 슬라이드로 넘어갑니다.

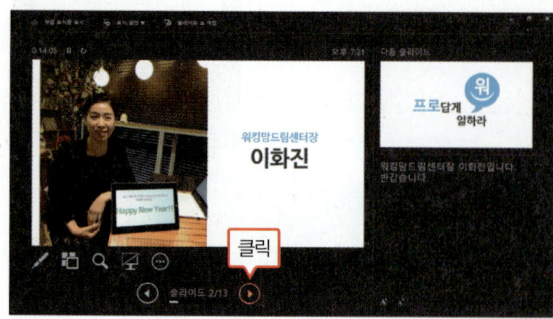 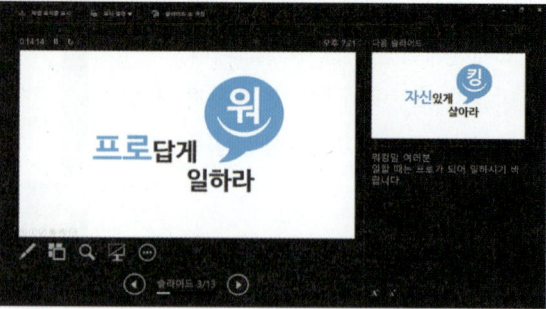

06 슬라이드 특정 부분 확대하기

① 발표자 도구에서 [슬라이드 확대]를 클릭합니다. ② 확대하고자 하는 부분 위에 마우스 포인터를 놓고 클릭합니다.

07 해당 부분이 확대됩니다.

08 다시 본래의 상태로 돌아오려면 발표자 도구에서 [축소]를 클릭합니다. 확대 전 상태로 돌아오는 것을 확인할 수 있습니다.

09 화면을 검정으로 만들기

발표자 도구에서 [슬라이드 쇼를 검정으로 설정/취소]를 클릭합니다. 화면이 검정색으로 변경됩니다.

바로 통하는 TIP 본래의 상태로 돌아오려면 [슬라이드 쇼 검정으로 설정/취소]를 다시 클릭합니다.

10 슬라이드 쇼 마치기

화면의 위쪽에 있는 [슬라이드 쇼 마침]을 클릭합니다. 기본 보기 화면으로 돌아옵니다.

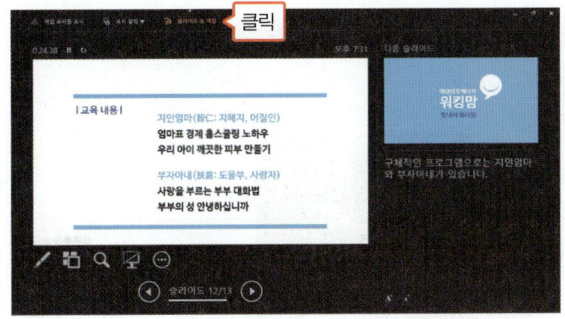 

슬라이드 쇼 녹화하기

학습 목표 | 슬라이드 쇼가 실행되는 동안 재생되는 오디오 설명, 레이저 포인터 동작, 애니메이션을 녹화할 수 있습니다. 프레젠테이션에 참석하지 못하더라도 녹화한 파일을 보며 발표 내용을 그대로 보고 들을 수 있습니다.

실습 파일 | 파워포인트/70_슬라이드 쇼 녹화하기.pptx **완성 파일** | 파워포인트/70완성.pptx

01 슬라이드 쇼 녹화하기

① [슬라이드 쇼] 탭-[설정] 그룹-[슬라이드 쇼 녹화▼]를 클릭하고 ② [처음부터 녹음 시작]을 선택합니다. ③ [슬라이드 쇼 녹화] 대화상자에서 [녹화 시작]을 클릭합니다.

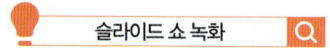

슬라이드 쇼 녹화

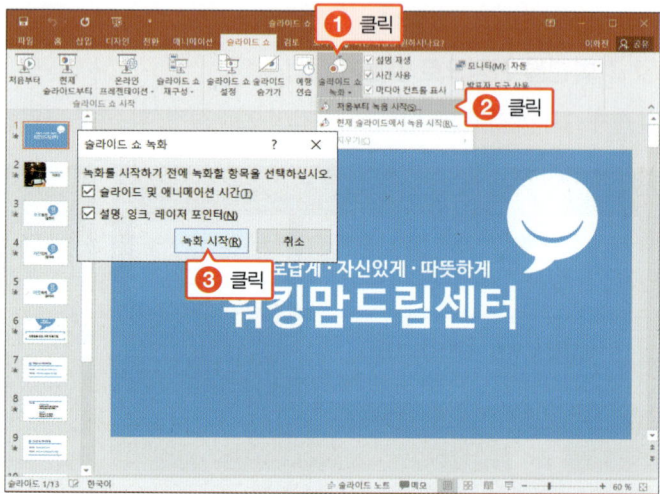

02 화면 왼쪽 위에 [녹화] 대화상자가 나타나고 녹화되는 시간과 누적된 시간이 보입니다. 슬라이드 쇼가 끝난 후 각 슬라이드에는 발표 내용이 녹음된 오디오 파일이 생성되고 재생해 보면 프레젠테이션 내용을 확인할 수 있습니다.

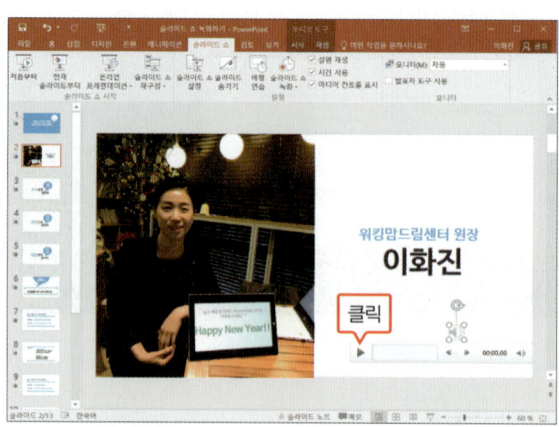

바로 통하는 TIP 슬라이드 쇼를 실행하면 설명 녹음과 함께 화면 전환 효과가 자동으로 적용되면서 넘어가는 것을 확인할 수 있습니다.

핵심기능실습 71

TELL ME
온라인 프레젠테이션

온라인으로
프레젠테이션 진행하기

학습 목표 | 무료 서비스인 Office Presentation Service를 사용하면 파워포인트에서 온라인으로 프레젠테이션을 진행할 수 있습니다. 온라인에 접속할 수 있다면 어디서나 프레젠테이션을 볼 수 있습니다.

실습 파일 | 파워포인트/71_온라인으로 프레젠테이션 진행하기.pptx   **완성 파일** | 파워포인트/71완성.pptx

---

01 온라인 프레젠테이션 시작하기

① [파일] 탭 – [공유]를 선택합니다. ② [온라인 프레젠테이션]을 선택하고 ③ [온라인 프레젠테이션]을 클릭합니다.

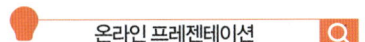

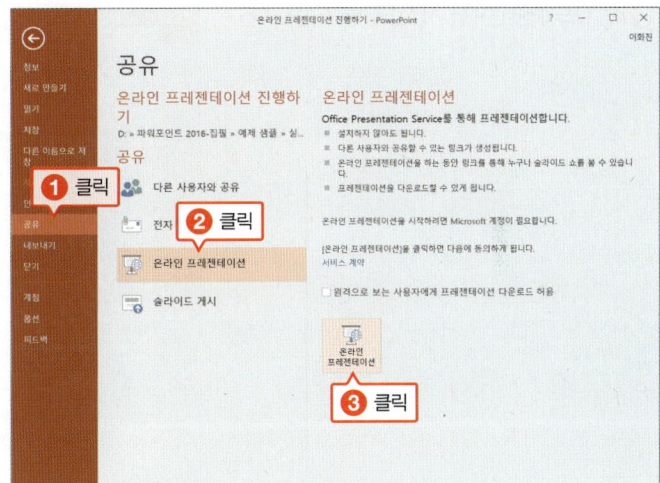

02 Office Presentation Service에 연결 중인 화면이 나타난 후 링크 주소가 나타나면 복사하여 원격 시청자에게 보냅니다.

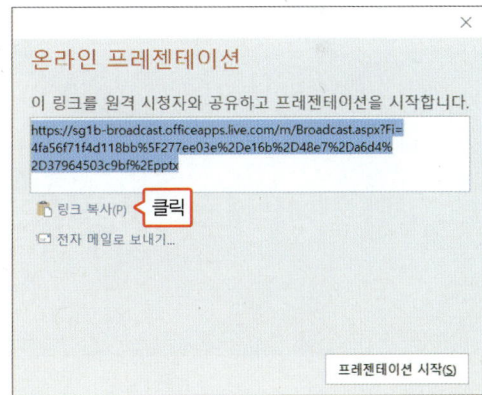

03 링크 주소를 웹 페이지 주소 창에
붙여넣습니다.

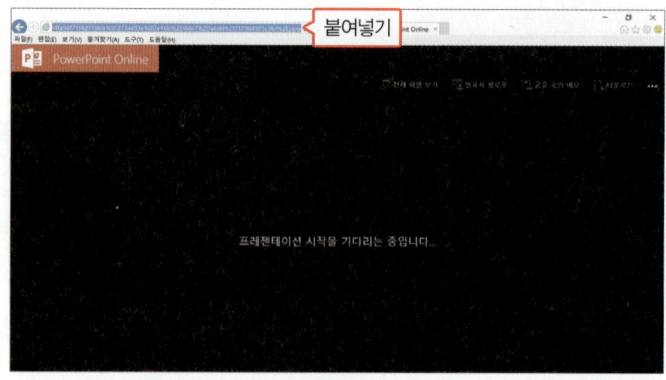

04 [프레젠테이션 시작]을 클릭합니다.

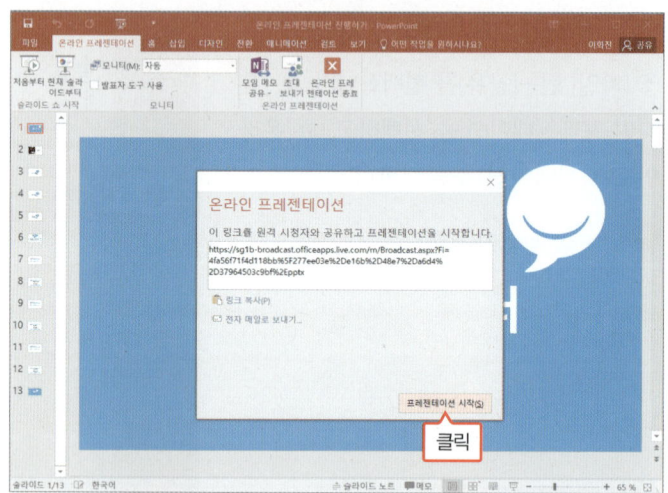

05 발표자의 화면과 온라인상에서 시청자의 화면이 똑같이 나타납니다.

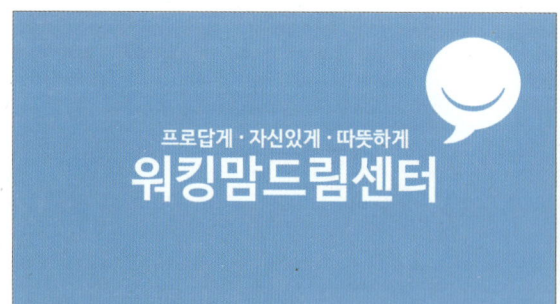 

06 온라인 프레젠테이션 종료하기

① [온라인 프레젠테이션] 탭-[온라인 프레젠테이션] 그룹-[온라인 프레젠테이션 종료]를 클릭합니다. ② 프레젠테이션 종료를 확인하려면 메시지 창에서 [온라인 프레젠테이션 종료]를 클릭합니다.

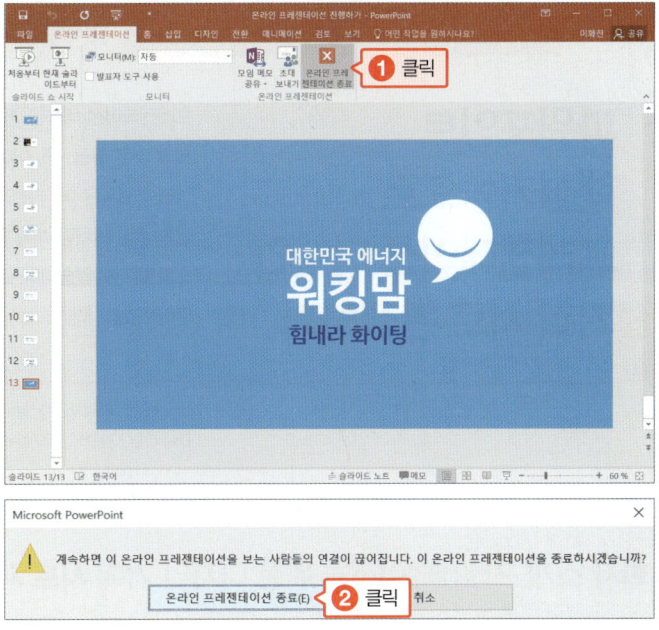

07 온라인 프레젠테이션이 종료됩니다.

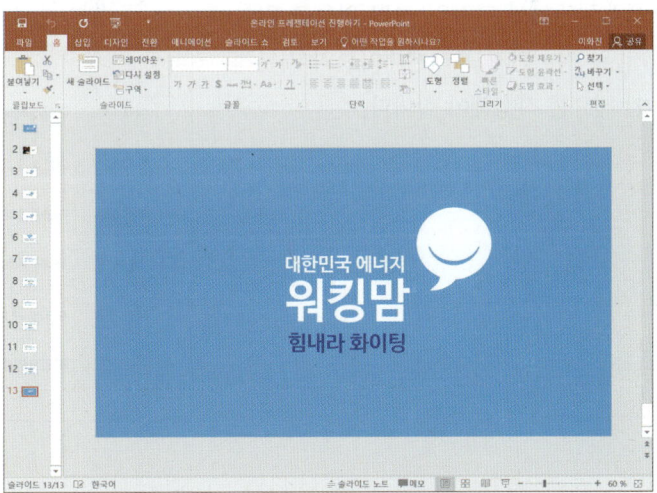

08 온라인 시청자의 화면에 '프레젠테이션이 끝났습니다'라는 메시지가 나타납니다.

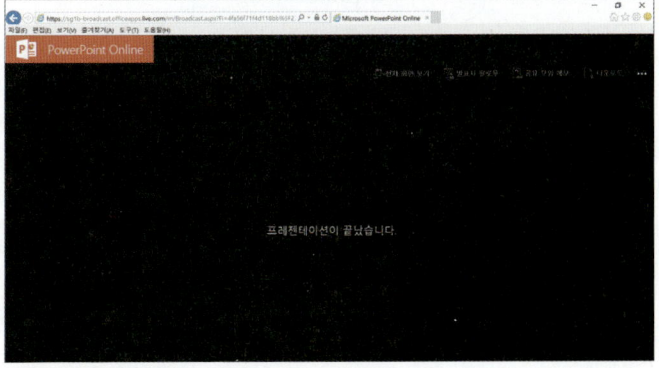

파워포인트 핵심기능으로 프레젠테이션 디자인 기획 시트 완성하기

프레젠테이션 내용을 기획하듯 디자인도 기획을 해야 합니다. 프레젠테이션 주제에 따른 글꼴, 색, 이미지, 레이아웃 등을 어떻게 할지 결정하는 작업입니다. 그러나 보통은 이 부분의 중요성을 모르고 화려한 기능에 빠져서 꾸미기에만 급급합니다. 이처럼 계획 없이 작업하다 보면 시간도 많이 걸리고 전체적인 조화도 이뤄지지 않습니다. 프레젠테이션 디자인 기획 시트를 완성하는 과정에 대해 알아보겠습니다.

실습 파일 | 파워포인트/실무활용노트_프레젠테이션 디자인 기획 시트.pptx
완성 파일 | 파워포인트/실무활용노트완성.pptx

회사 소개 프레젠테이션을 위한 디자인 기획 시트 제작

프레젠테이션 개요 작성하기

프레젠테이션 디자인 기획 시트를 만들기 위해는 먼저 프레젠테이션의 기본적인 개요를 작성해야 합니다.

프레젠테이션 디자인 기획 시트

프레젠테이션 개요	
발표 주제	프레젠테이션 전문 교육 기관 더원플러스 소개
발표 일시	2013. 1. 5. am 10:00-10:30
발표 장소	서울유스호스텔
발표자	프레젠테이션 멘토 이화진
대상 업체	수도권 주요 대학 전략 기획팀 관계자 30인
제작툴	파워포인트

상황 분석하기

프레젠테이션의 3P, 즉 Purpose(목적), People(사람), Place(장소)에 대한 상황을 정확하고 자세하게 분석해야 합니다. 특히 청중을 잘 분석해야 프레젠테이션에서 성공을 거둘 수 있습니다.

프레젠테이션 디자인 기획 시트

상황분석	
목적	• 대학 관계자들에게 더원플러스 소개하기 • 프레젠테이션을 학과목으로써의 적합성 어필하기 • 더원플러스에서 출판한 프레젠테이션 교재 구매 유도하기
청중	• 열정적이며 새로운 것을 잘 받아들임 • 대학의 글로벌화를 위한 업무 담당 • 다양한 교육 경험으로 눈 높이가 높음
장소	서울유스호스텔 세미나 룸

청중의 니즈 파악 후 해결 방안 모색하기

프레젠테이션을 통해 청중은 과연 무엇을 얻고자 하는지, 그리고 얻고자 하는 것을 위해 어떤 문제점을 해결해야 하는지를 고민해야 합니다. 또한 그 내용이 슬라이드 디자인에 잘 표현되어야 합니다.

프레젠테이션 디자인 기획 시트

청중 니즈	문제점	해결 방안
대학의 선진화	과목의 후진성	선진화 과목 도입
대학 교육 실무화	자체 교재	실무 교재 사용
발표 교육	수동적인 학생	프레젠테이션 과목 도입
·	·	·
·	·	·
·	·	·
·	·	·

브랜드 찾기

프레젠테이션 디자인에서는 전체적으로 브랜드 아이덴티티를 얼마나 잘 드러내느냐가 아주 중요합니다. 프레젠테이션할 회사의 브랜드를 EMF 파일 형태로 가지고 있다면 파워포인트에서 그룹 해제를 한 뒤 활용할 수 있습니다. 프레젠테이션의 전체 통일성 및 회사의 개성 있는 디자인을 만들려면 브랜드의 디자인적 요소를 잘 파악해야 합니다. 해당 회사의 홈페이지에 들어가면 브랜드를 쉽게 찾을 수 있습니다.

디자인 콘셉트 세우기

프레젠테이션 디자인을 할 때는 목적과 개념을 정리해서 디자인을 전개하고 방향성을 제시해야 합니다. 결국 슬라이드 디자인을 어떻게 할 것인가에 대한 결론입니다.

프레젠테이션 디자인 기획 시트

디자인 컨셉

교육 회사의 신뢰성을 고려
장식 요소는 최대한 줄이고
더원플러스 브랜드 색이
자연스럽게 드러나도록
절재된 디자인을 함

글꼴 및 글꼴 크기 설정하기

나의 주장이 무엇이고 어떤 대상을 프레젠테이션하느냐에 따라서 글꼴 선택이 달라집니다. 또한 상황에 따라서도 마찬가지입니다. 쉽게 생각해 이성에 호소할 때는 딱딱한 고딕 계열의 글꼴을 선택하고, 감성에 호소하는 경우에는 명조 계열의 서체를 주로 선택합니다. 글꼴의 크기는 중요도에 따라 달라지는데, 내용이 중요하면 크게 하고 그렇지 않으면 작게 합니다. 마지막으로 글꼴의 크기를 결정하는 중요한 요소가 한가지 더 있습니다. 바로 장소입니다. 스크린의 위치부터 맨 뒤에 앉을 청중과의 거리를 계산해야 합니다. 실제 슬라이드 디자인 작업 전 스크린에 여러 가지 글꼴 크기를 써놓고 맨 뒤에 앉았을 때도 잘 보이는 글꼴의 크기를 테스트한 후 글꼴 크기를 결정합니다.

프레젠테이션 디자인 기획 시트

		한글 글꼴		영문 글꼴	
		제목	본문	제목	본문
글꼴 & 글꼴 크기	글꼴	나눔고딕 ExtraBold	나눔고딕	나눔고딕 ExtraBold	나눔고딕
	글꼴 크기	48pt	36pt	48pt	36pt
		강조 글꼴			
		한글 글꼴		영문 글꼴	
	글꼴	나눔명조(B)		나눔명조(B)	
	글꼴 크기	54pt		54pt	

01 파워포인트 2016에서 테마 글꼴 설정하기

① [디자인] 탭 – [적용] 그룹 – [자세히]를 클릭합니다. ② [글꼴]을 선택하고 ③ [글꼴 사용자 지정]을 선택합니다.

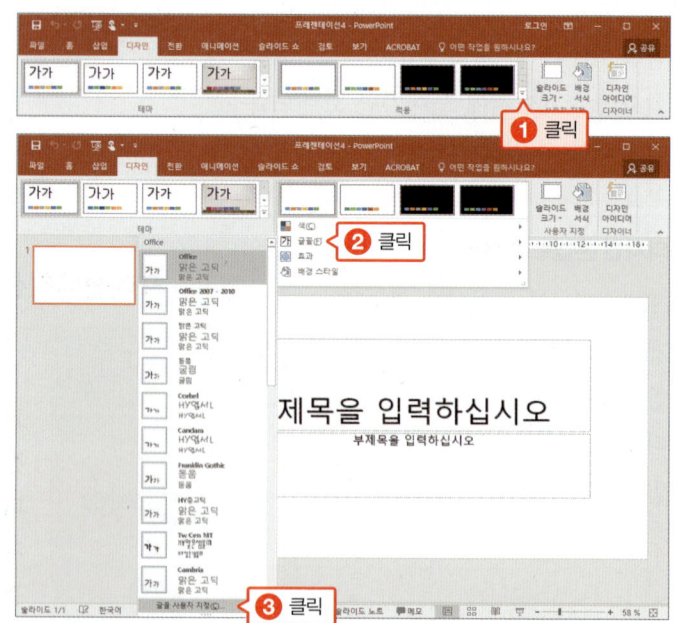

02 ① [새 테마 글꼴 만들기] 대화상자에서 원하는 [영어 글꼴]과 [한글 글꼴]의 제목, 본문 글꼴을 선택합니다. ② [이름]에 **더원플러스**를 입력하고 ③ [저장]을 클릭합니다.

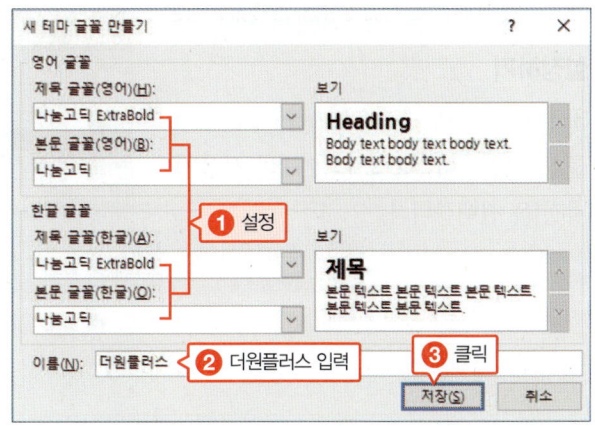

03 [디자인] 탭 – [적용] 그룹 – [자세히]를 클릭합니다. [글꼴]의 [사용자 지정]에 [더원플러스]라는 이름의 글꼴이 나타납니다.

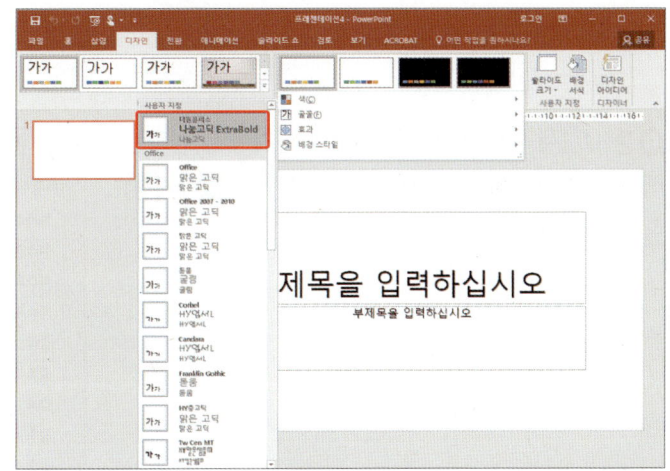

색 설정하기

프레젠테이션의 전체적인 일관성을 좌우하는 가장 핵심적인 요소가 바로 색입니다. 색을 사용할 때의 기준은 바로 브랜드 색입니다. 프레젠테이션을 만들 때 브랜드가 가지고 있는 색과 해당 회사의 규정 색상을 활용하면 그 회사의 아이덴티티가 잘 드러나게 디자인할 수 있습니다. 어떤 색을 주조색으로 사용하고, 또 주조색을 보조하는 색은 어떤 색으로 할지, 강조할 때는 어떤 색을 사용할지 등을 이 단계에서 결정합니다. 이로써 프레젠테이션의 처음부터 끝까지 색을 통해 일관성을 유지할 수 있습니다.

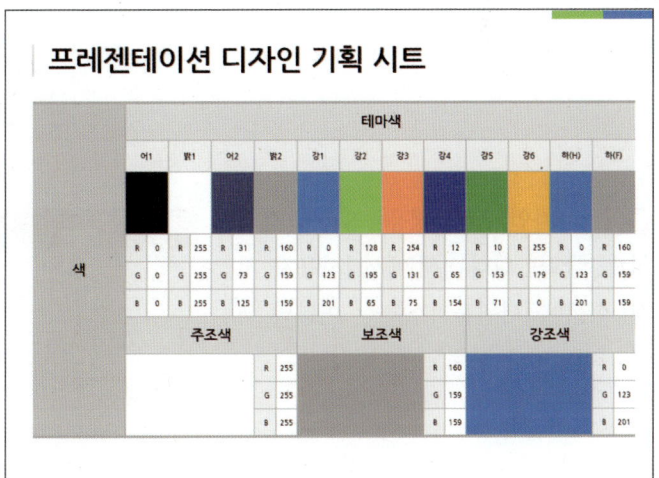

01 파워포인트 2016에서 테마 색 설정하기

① [디자인] 탭 – [적용] 그룹 – [자세히]를 클릭합니다. ②③ [색] – [색 사용자 지정]을 선택합니다.

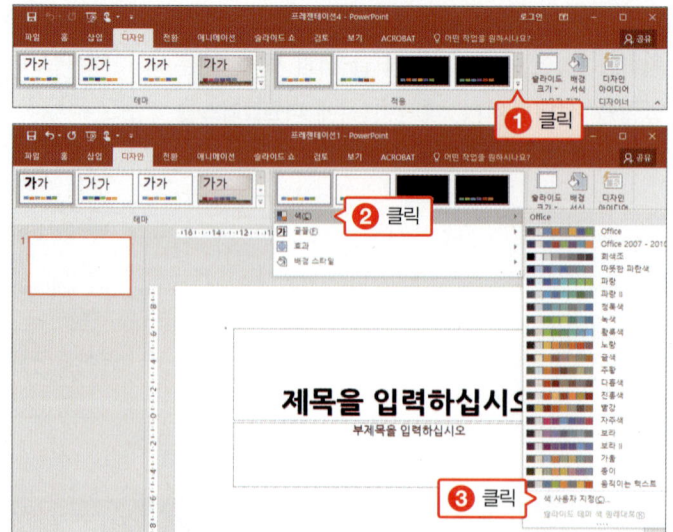

02 ① [새 테마 색 만들기] 대화 상자에서 원하는 색을 설정하고 ② **더원플러스**를 입력한 후 ③ [저장]을 클릭합니다.

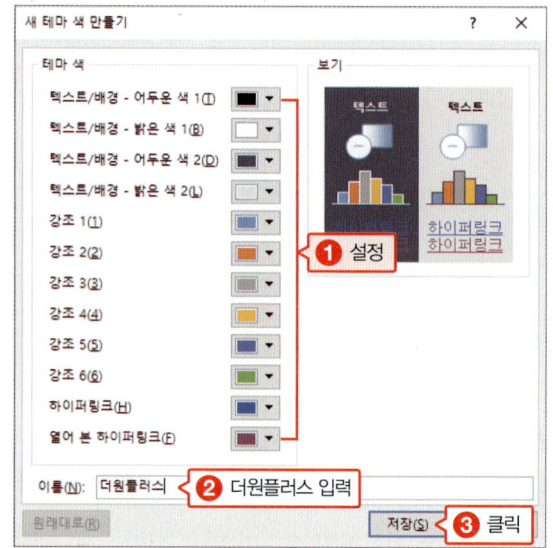

03 [디자인] 탭 – [적용] 그룹 – [자세히]를 클릭합니다. [색]에서 [사용자 지정] 항목에 [더원플러스]라는 이름의 색이 나타납니다.

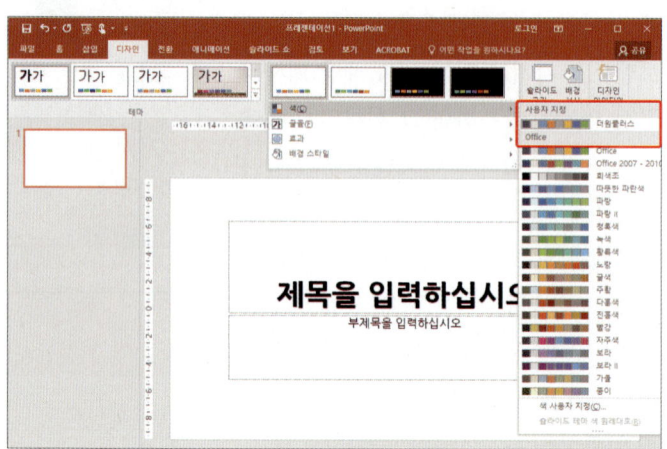

템플릿 만들기

전체 슬라이드의 통일성을 좌우하는 템플릿 디자인을 작업합니다. 템플릿 기본 구성 요소는 5가지로, 프레젠테이션의 핵심 주제가 있는 표지, 어떤 내용과 순서로 프레젠테이션을 진행할지 보여주는 목차, 내용을 단락별로 구분하기 위한 간지, 본문의 배경을 표현하는 내지, 맺음말을 표현하는 엔딩이 있습니다.

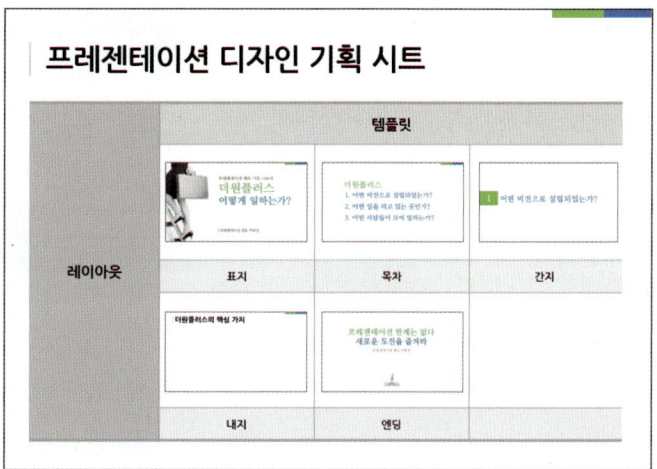

01 템플릿 디자인하기

① [보기] 탭-[마스터 보기] 그룹-[슬라이드 마스터]를 클릭합니다. 최상위 슬라이드 마스터에서 아래 레이아웃에 공통으로 적용될 개체를 작업합니다. ② 오른쪽 위에 사각형 두 개를 그리고 각각의 색을 테마 색 [라임]과 [파랑, 강조 1]로 적용합니다. 11개의 레이아웃 오른쪽 위에 사각형 두 개가 나타납니다. ③ [제목 슬라이드 레이아웃]을 제외한 나머지 레이아웃을 삭제합니다. 레이아웃을 삭제하려면 삭제할 레이아웃을 선택하고 Delete 를 누릅니다.

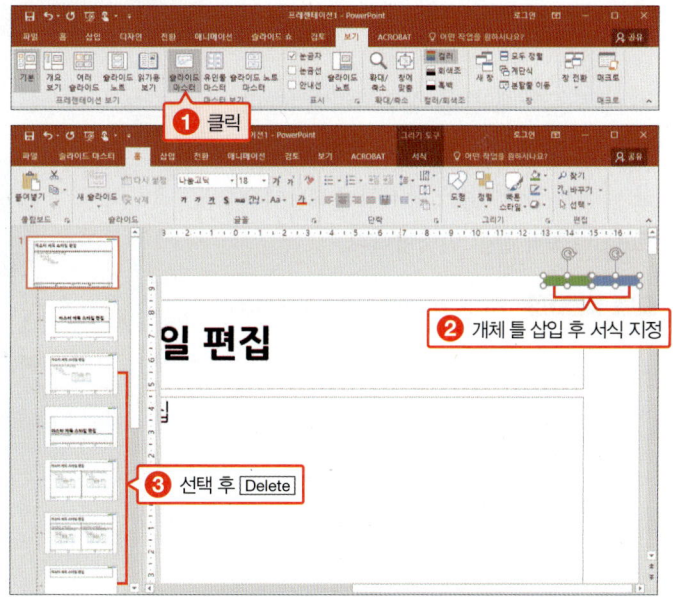

02 [제목 슬라이드 레이아웃]을 표지 레이아웃으로 디자인합니다. 슬라이드 아래쪽에 3개의 개체 틀을 선택한 후 Delete 를 눌러 삭제합니다.

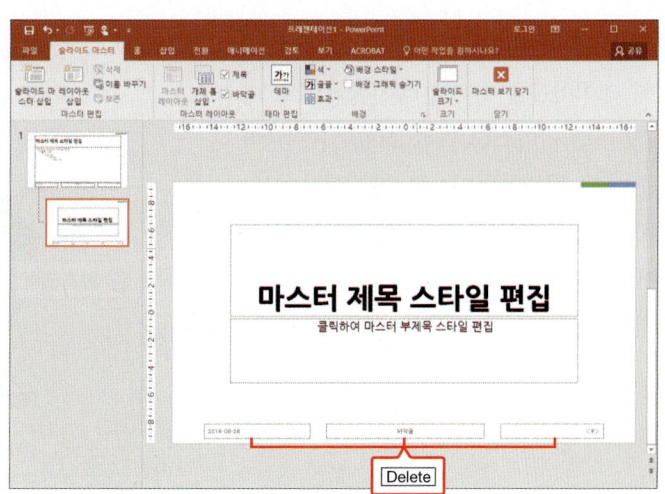

03 왼쪽에 이미지를 불러옵니다. [삽입] 탭-[이미지] 그룹-[그림]을 클릭합니다. [그림 삽입] 대화상자에서 여자.png를 선택한 후 [삽입]을 클릭합니다. 불러온 이미지를 슬라이드 왼쪽에 배치합니다.

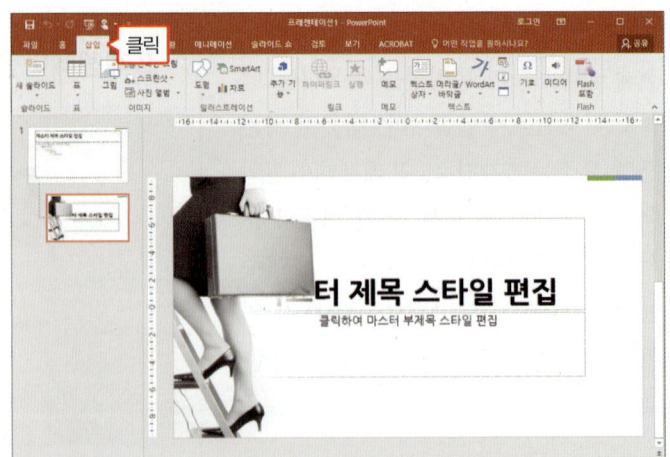

04 텍스트를 입력할 개체 틀의 서식을 지정합니다.

① 새로운 개체 틀을 삽입하려면 [슬라이드 마스터] 탭-[마스터 레이아웃] 그룹-[개체 틀 삽입]을 클릭하고 ② [텍스트]를 다음과 같이 입력합니다.

바로 통하는 TIP 텍스트 스타일은 다음과 같이 지정합니다.
• **표지 부제목** : 나눔명조, 28pt,
　　　　글꼴 색(R 89, G 89, B 89)
• **표지 제목 1** : 나눔명조, 80pt,
　　　　글꼴 색(강조 2 색 R 128, G 195, B 65)
• **표지 제목 2** : 나눔명조, 66pt,
　　　　글꼴 색(강조 1 색 R 0, G 123, B 201)
• **발표자 이름** : 나눔명조, 24pt,
　　　　글꼴 색(R 89, G 89, B 89)

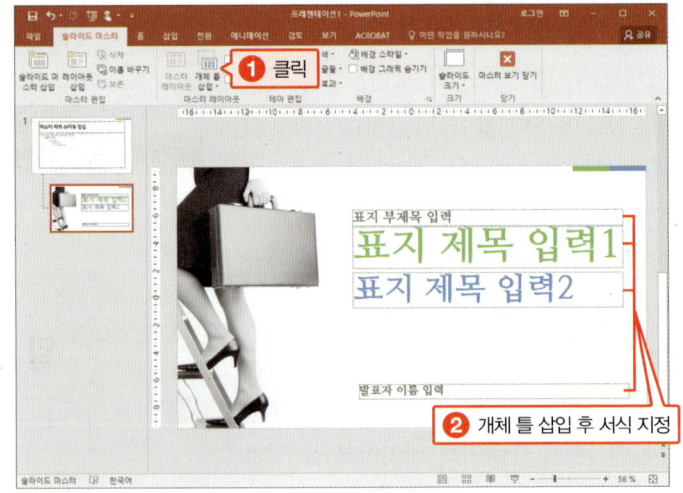

05 ① 레이아웃의 이름을 바꾸기 위해 레이아웃을 선택한 후 [슬라이드 마스터] 탭-[마스터 편집] 그룹-[이름 바꾸기]를 클릭합니다. ② [레이아웃 이름 바꾸기] 대화상자에서 [레이아웃 이름]에 **표지**를 입력하고 ③ [이름 바꾸기]를 클릭합니다.

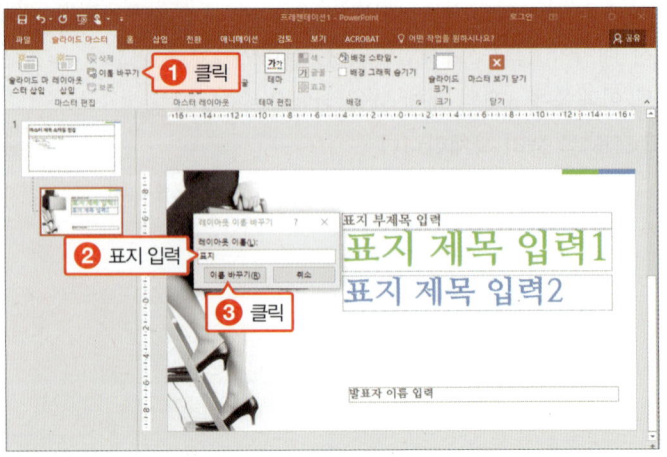

06 목차 레이아웃을 만들기 위해 레이아웃을 삽입합니다. [슬라이드 마스터] 탭-[마스터 편집] 그룹-[레이아웃 삽입]을 클릭합니다. 최상위 슬라이드 마스터와 같은 디자인의 레이아웃이 삽입됩니다.

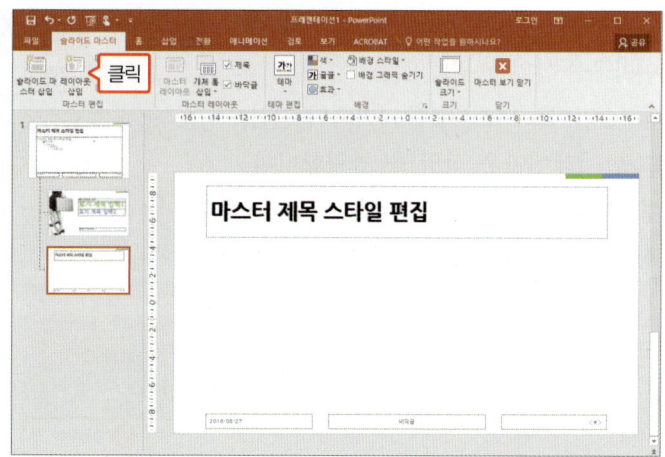

07 ① 불필요한 개체 틀을 삭제한 후 목차 형식에 맞게 개체 틀을 삽입하고 서식을 지정합니다. ② 레이아웃 이름을 **목차**라고 지정합니다.

바로 통하는 TIP 텍스트 스타일은 다음과 같이 지정합니다.
• **목차 제목** : 나눔명조, 54pt,
　　　　　　 글꼴 색(강조 2 색 R 128, G 195, B 65)
• **목차 내용** : 나눔명조, 44pt,
　　　　　　 글꼴 색(강조 1 색 R 0, G 123, B 201)

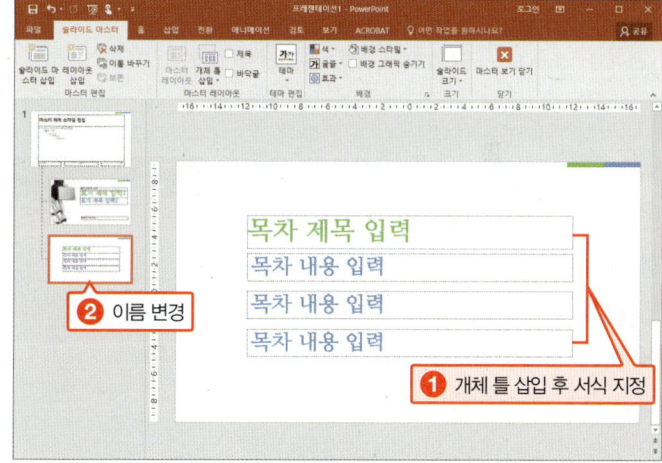

08 ① 간지 레이아웃을 만들기 위해 [슬라이드 마스터] 탭-[마스터 편집] 그룹-[레이아웃 삽입]을 클릭합니다. ② 불필요한 개체 틀을 삭제한 후 간지 형식에 맞게 개체 틀을 삽입하고 서식을 지정합니다. ③ 레이아웃 이름을 **간지**라고 지정합니다.

바로 통하는 TIP 텍스트 스타일은 다음과 같이 지정합니다.
• **번호** : 나눔명조, 60pt,
　　　 글꼴 색(R 255, G 255, B 255)
• **목차 내용** : 나눔명조, 54pt,
　　　　　　 글꼴 색(강조 1 색 R 0, G 123, B 201)
• **사각형 개체** : 높이 3.5cm, 너비 4.5cm,
　　　　　　　 색(강조 2 색 R 128, G 195, B 65)

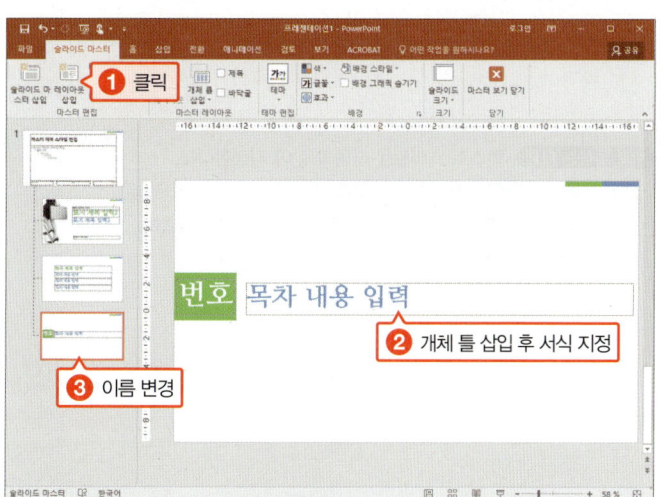

09 내지 레이아웃을 만들기 위해 레이아웃을 삽입합니다.
① [슬라이드 마스터] 탭-[마스터 편집] 그룹-[레이아웃 삽입]을 클릭합니다.
② 불필요한 개체 틀을 삭제한 후 내지 형식에 맞게 개체 틀을 삽입하고 서식을 지정합니다. ③ 레이아웃 이름을 **내지**라고 지정합니다.

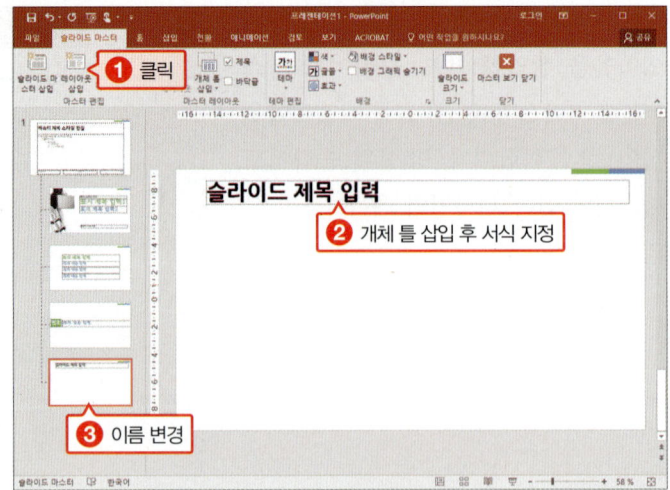

바로 통하는 **TIP** 텍스트 스타일은 다음과 같이 지정합니다.
• **슬라이드 제목 입력** : 나눔고딕, 44pt, 글꼴 색(R 0, G 0, B 0)
• **선 개체** : 너비 1.8cm, 두께 2.25pt, 색(R 159, G 159, B 159)

10 ① 엔딩 레이아웃을 만들기 위해 [슬라이드 마스터] 탭-[마스터 편집] 그룹-[레이아웃 삽입]을 클릭합니다. ② 불필요한 개체 틀을 삭제한 후 내지 형식에 맞게 개체 틀을 삽입하고 서식을 지정합니다. ③ 더원플러스 로고를 삽입하고 슬라이드 아래로 위치를 조정합니다.
④ 레이아웃 이름을 **엔딩**이라고 지정합니다.

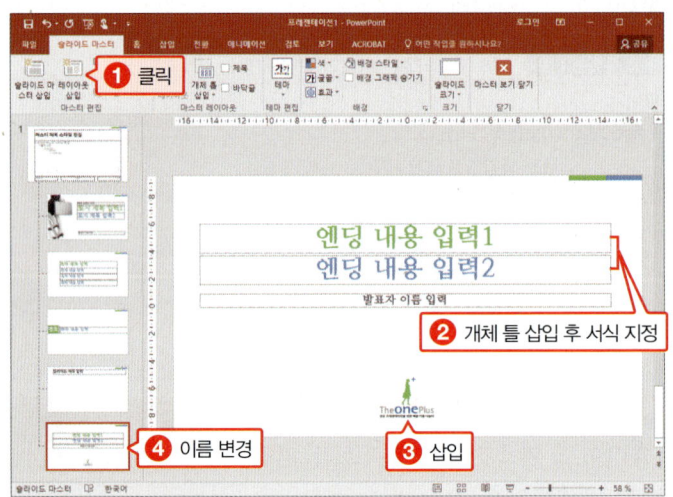

바로 통하는 **TIP** 텍스트 스타일은 다음과 같이 지정합니다.
• **엔딩 내용 1** : 나눔명조, 54pt, 글꼴 색(강조 2 색 R 128, G 195, B 65)
• **엔딩 내용 2** : 나눔명조, 54pt, 글꼴 색(강조 1 색 R 0, G 123, B 201)
• **발표자 이름** : 나눔명조, 24pt, 글꼴 색(R 89, G 89, B 89)

11 슬라이드 오른쪽 위에 있는 두 개의 사각형, 즉 최상위 슬라이드 마스터에서 적용한 디자인을 숨기려면 [슬라이드 마스터] 탭-[배경] 그룹-[배경 그래픽 숨기기]에 체크 표시합니다. 두 개의 사각형이 사라집니다.

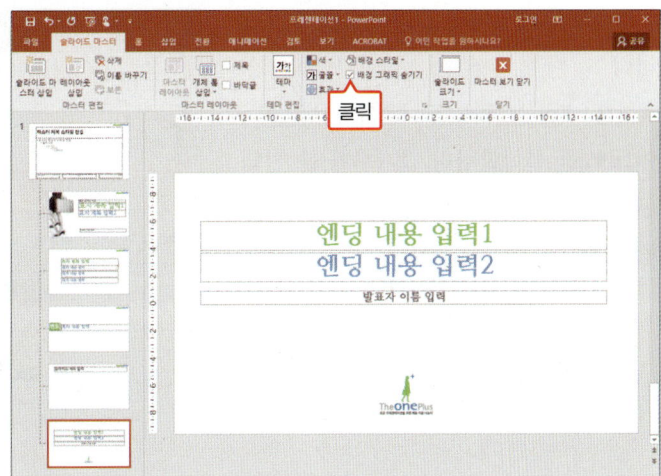

12 만든 레이아웃을 슬라이드에 사용하기 위해 슬라이드 마스터를 빠져 나갑니다. [슬라이드 마스터] 탭-[닫기] 그룹-[마스터 보기 닫기]를 클릭합니다. 본래 슬라이드 창으로 바뀝니다.

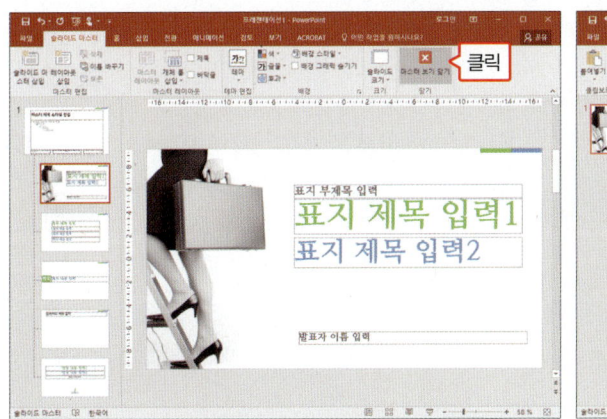

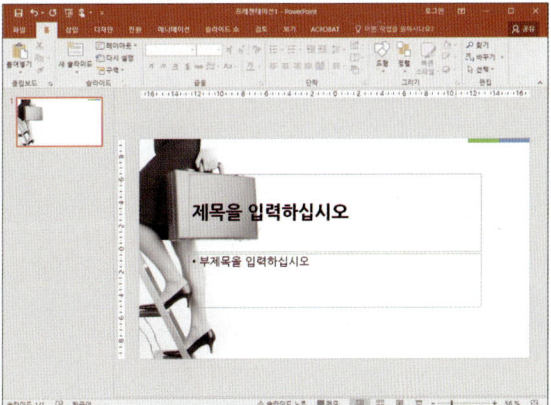

13 표지 레이아웃의 서식을 변경하기 위해 [홈] 탭-[슬라이드] 그룹-[레이아웃]을 클릭합니다. 슬라이드 마스터에서 디자인한 서식이 그대로 적용됩니다. 개체 틀에 필요한 내용을 입력하여 표지를 완성합니다.

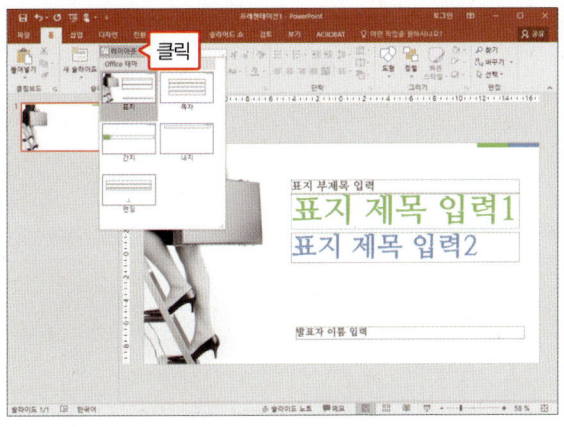

14 목차 레이아웃 슬라이드를 추가합니다.

① [홈] 탭–[슬라이드] 그룹–[새 슬라이드▼]를 클릭합니다. ② [목차]를 선택합니다. 목차 레이아웃 슬라이드가 추가됩니다.

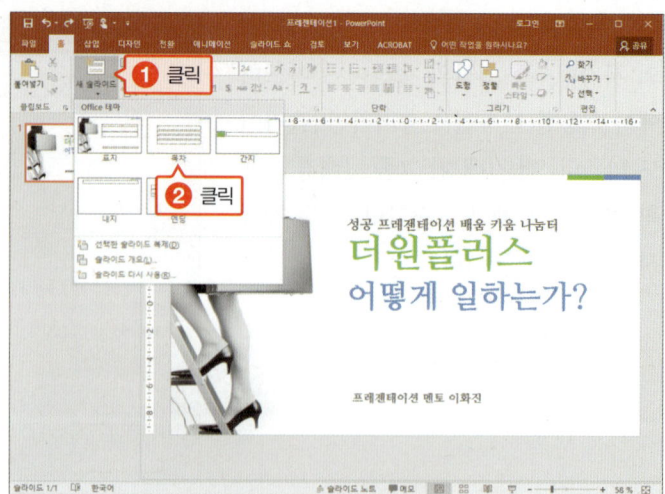

15 개체 틀에 필요한 내용을 입력하여 목차를 완성합니다.

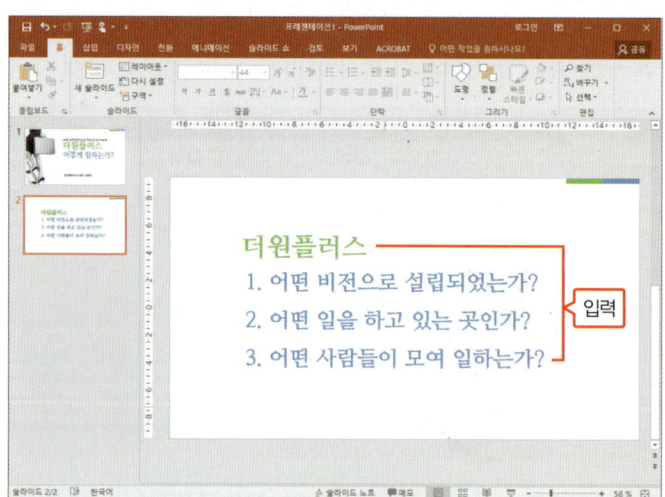

16 나머지 간지, 내지, 엔딩도 같은 방법으로 슬라이드를 추가하고 내용을 입력하여 완성합니다.

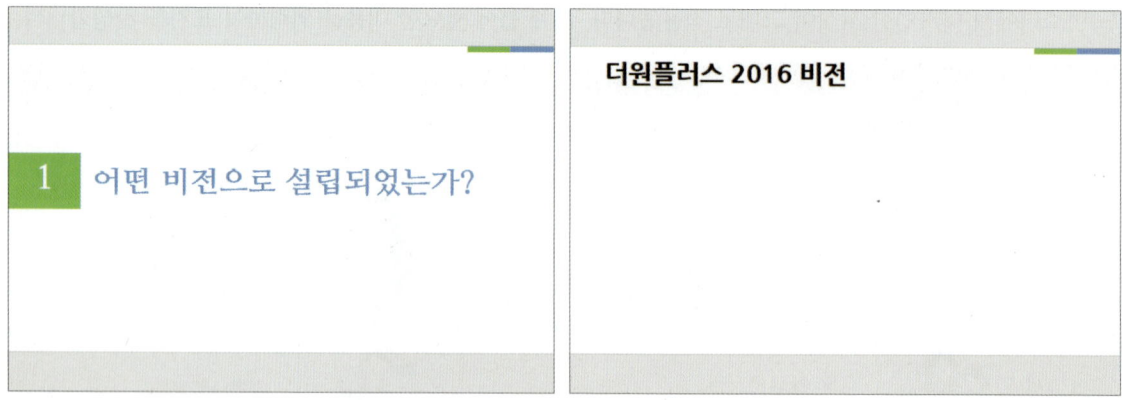

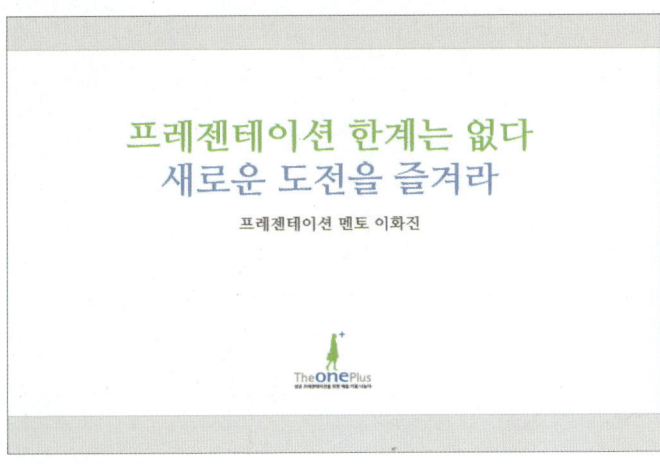

도해 샘플 만들기

해당 프레젠테이션 주제에 맞도록 몇 개의 도해 샘플을 만들어 놓습니다. 프레젠테이션 디자인 기획 단계에서 프레젠테이션 디자인 기획 시트를 잘 만들어 놓으면 전체적인 브랜드 아이덴티티가 느껴지는 일관성 있는 디자인을 만들 수 있습니다. 프레젠테이션 슬라이드 디자인을 하기 전에 꼭 한 번 만들어 보기 바랍니다. 여러분의 프레젠테이션을 성공으로 이끌어줄 것입니다.

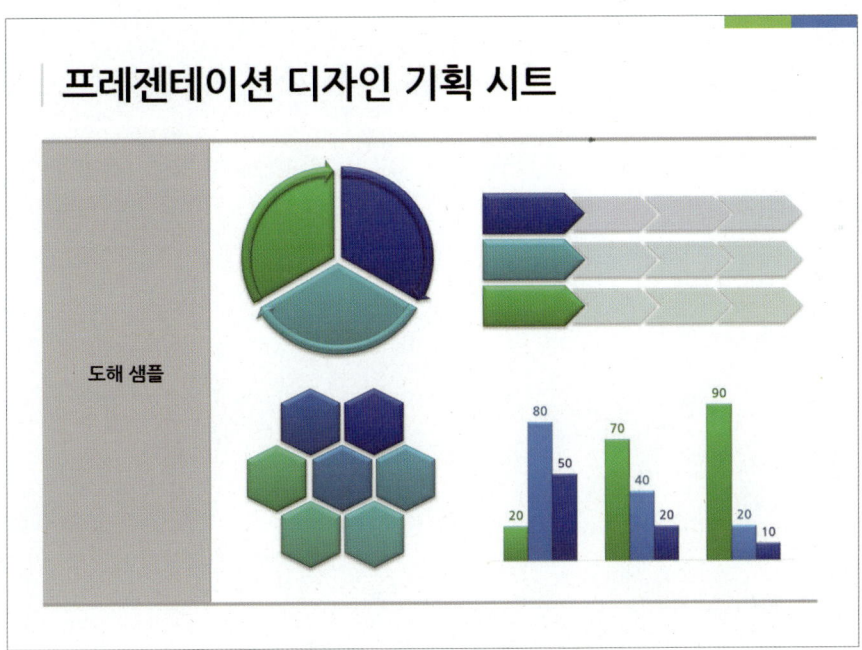

03

워드
2016

워드 2016
기본기 다지기

워드 2016을 본격적으로 익히기 전에 화면 구성과 각 부분의 명칭을 익혀 보겠습니다. 또 새 문서를 만들고 저장하는 방법과 문서에 비밀번호를 지정하고 해제하는 방법, 화면 확대/축소와 보기 옵션 등 프로그램을 다루는 데 기본이 되는 부분을 살펴보겠습니다.

워드 2016의 기본 화면 구성 살펴보기

학습 목표 | 워드 2016의 기본 화면 구성은 2013 버전과 유사합니다. 작업에 필요한 기본 기능을 살펴보겠습니다.

기본 화면 구성

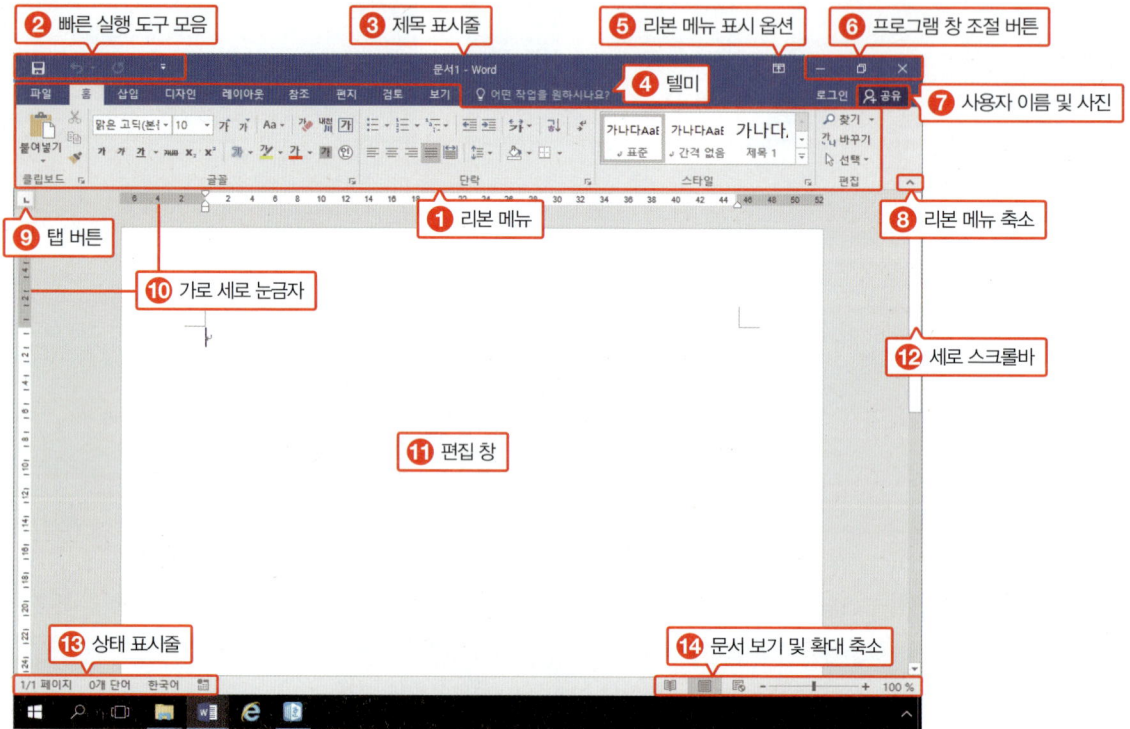

① **리본 메뉴** : 오피스 2007부터 선보인 메뉴 방식으로, 메뉴를 리본처럼 펼쳐 놓아 사용자 접근성을 높였습니다. 탭은 파일, 홈, 삽입, 디자인, 레이아웃, 참조, 편지, 검토, 보기로 구성되어 있습니다.

② **빠른 실행 도구 모음** : 사용자가 자주 사용하는 명령을 빠르게 실행하도록 모아 놓은 도구함입니다. 필요에 따라 명령을 추가하거나 삭제할 수 있습니다.

③ **제목 표시줄** : 현재 작업 중인 문서의 이름을 표시합니다. 문서 이름을 별도로 지정하지 않을 경우 새로운 문서를 열었을 때 문서1, 문서2, 문서3… 순으로 이름이 자동 부여됩니다.

④ **텔미** : 작업에 필요한 키워드나 설명을 입력하면 관련 워드 기능, 도움말, 스마트 조회 창을 엽니다.

⑤ **리본 메뉴 표시 옵션** : 리본 메뉴 자동 숨기기, 탭 표시, 탭 및 명령 표시가 가능합니다.

⑥ **프로그램 창 조절 버튼** : 워드 창을 최소화/최대화하거나 닫을 때 사용합니다.

⑦ **사용자 이름 및 사진** : 오피스 2013부터 마이크로소프트 클라우드 서비스인 원드라이브(OneDrive) 사용자 계정 정보를 표시합니다. 로그인하면 사용자 정보가 표시됩니다.

⑧ **리본 메뉴 축소** : 문서 편집 영역을 넓게 사용하고자 할 경우 리본 메뉴 최소화 도구를 클릭하면 리본 메뉴를 숨길 수 있습니다.

⑨ **탭 버튼** : 탭을 전환할 수 있는 버튼입니다. 클릭할 때마다 왼쪽 탭, 가운데 탭, 오른쪽 탭, 소수점 탭, 줄 탭, 첫 줄 들여쓰기, 내어쓰기 등으로 전환할 수 있습니다.

⑩ **가로 세로 눈금자** : 문서의 위치를 표시해 주므로 문서를 작성할 때 위치를 확인하거나 도형, 표 등을 규칙적으로 배열할 수 있도록 도와주는 보조 도구입니다.

⑪ **편집 창** : 문자, 표, 도형, 차트 등의 개체를 입력해 문서를 편집하는 창입니다.

⑫ **세로 스크롤바** : 스크롤바를 움직이면 문서 위치를 위아래로 이동할 수 있습니다.

⑬ **상태 표시줄** : 편집 창에서 커서가 놓인 곳의 페이지 위치, 단어 수, 입력 언어, 입력 모드(삽입/겹쳐 쓰기) 등에 관한 정보를 표시합니다.

⑭ **문서 보기 및 확대 축소** : 읽기 모드, 인쇄 모양, 웹 모양, 문서 확대 슬라이드 등으로 구성되어 있습니다. 각 버튼을 이용해 화면에 문서를 표현하는 방식을 변경할 수 있습니다. 기본 설정은 인쇄 모양입니다.

워드 빠르게 시작하기

워드 2016을 실행하면 그림과 같은 시작 화면이 표시됩니다. ① 왼쪽에는 [최근 항목]과 ② [다른 문서 열기] 기능이 배치되고 ③ 오른쪽에는 다양한 서식 파일을 바로 사용할 수 있도록 서식 목록이 표시됩니다. 서식을 클릭하면 선택한 서식으로 새로운 문서를 작성할 수 있습니다. ④ 오른쪽 상단 모서리에는 마이크로소프트 계정 정보가 표시됩니다.

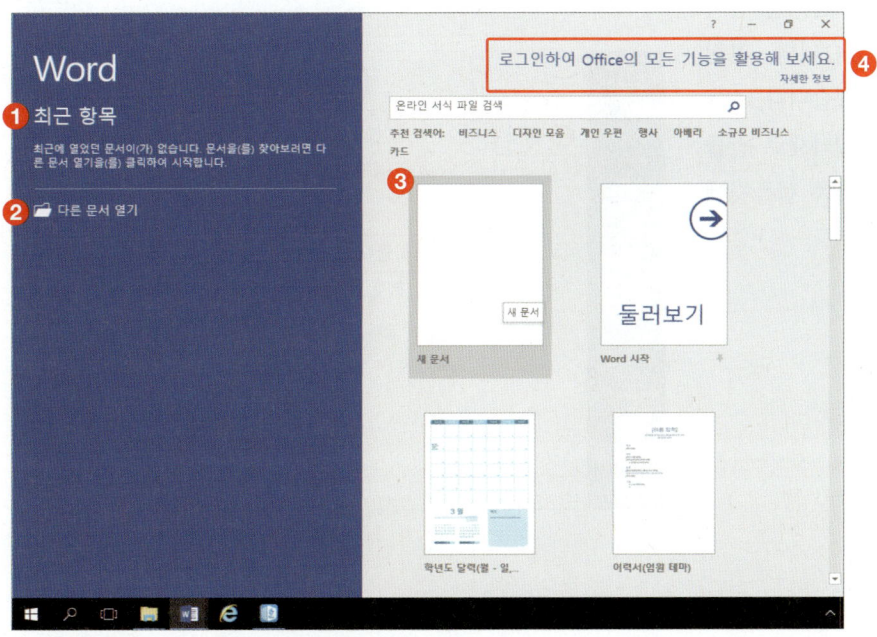

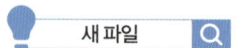

새 문서 만들고 저장하기/
다른 형식으로 저장하기

핵심기능실습 01

TELL ME
새 파일, 저장,
다른 형식으로 저장

학습 목표 | 새 문서 또는 기본 서식을 이용해 문서를 작성할 수 있습니다. 저장한 문서는 언제든 다시 불러와 작업할 수 있고, 파일 형식을 달리해 다른 워드프로세서에서 사용할 수도 있습니다.

01 워드 시작 후 새 문서 만들기

워드 2016을 실행하고 첫 화면에서 [새 문서] 템플릿을 더블클릭합니다.

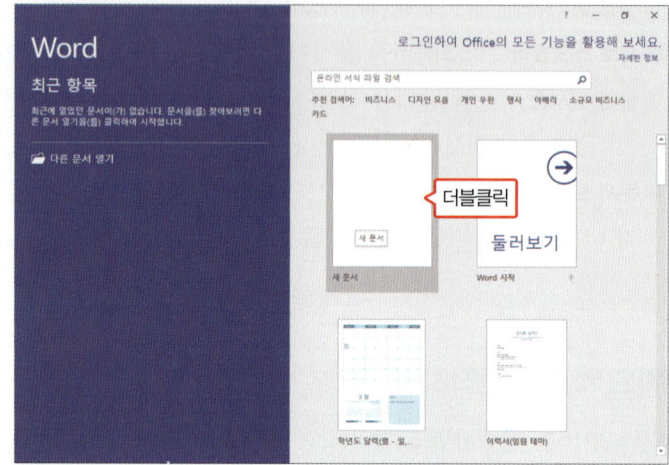

02 워드 작업 중 새 문서 만들기

문서를 작성하다가 새로운 문서를 열어 작업해야 하는 경우가 있습니다. 편집 창에서 새 문서를 열어 보겠습니다.
① [파일] 탭을 클릭하고 ② [새로 만들기]를 선택합니다. ③ 오른쪽 템플릿에서 [새 문서]를 클릭합니다.

새 문서가 하나 더 열립니다.

새 파일 🔍

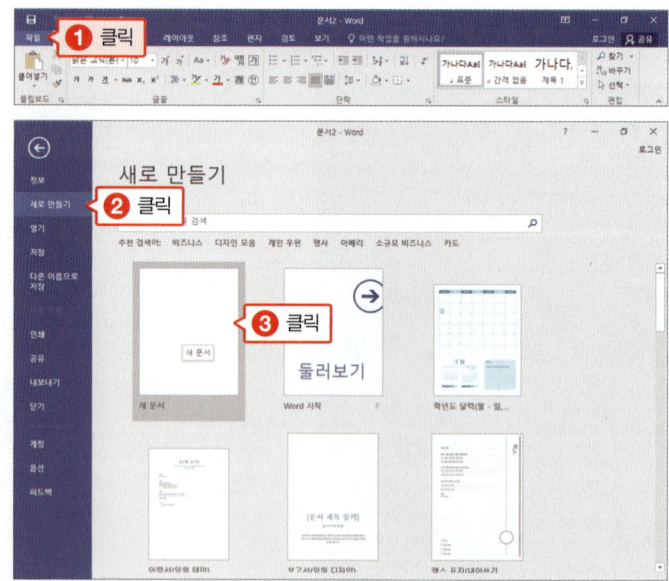

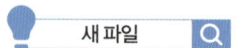

03 문서 저장하기

① [파일] 탭 – [저장]을 선택합니다. ② [이 PC]를 선택하고 ③ [바탕 화면]을 선택합니다. ④ [다른 이름으로 저장] 대화상자가 나타나면 [파일 이름]에 **연습1**을 입력하고 ⑤ [저장]을 클릭합니다.

바탕 화면에 연습1.docx 파일이 저장됩니다.

바로 통하는 TIP 문서를 처음 작성하고 저장할 경우에는 [저장]을 선택하면 [다른 이름으로 저장] 대화상자가 나타납니다. 이후로는 저장할 때 [다른 이름으로 저장] 대화상자가 나타나지 않고 바로 저장됩니다. 두 번째 저장할 때 다른 이름으로 저장하려면 [파일] 탭에서 [다른 이름으로 저장]을 선택합니다.

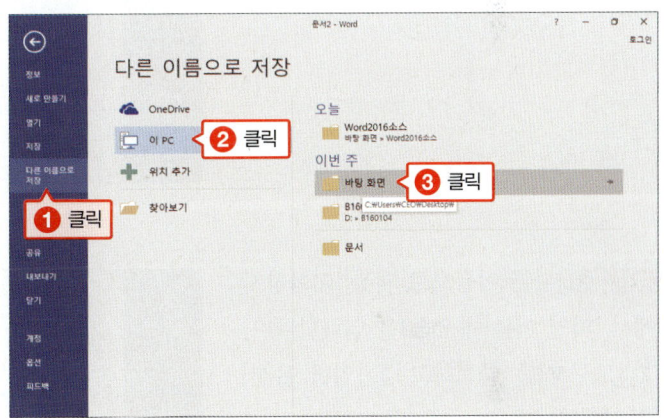

04 문서 다른 형식으로 저장하기

워드 2016에서 작성한 문서를 하위 버전인 'Word 97 – 2003'에서 열 수 있도록 형식을 변경해 저장해 보겠습니다. ① [파일] 탭 – [다른 이름으로 저장]을 선택합니다. ② [이 PC]를 선택하고 ③ [바탕 화면]을 선택합니다.

05 ① [파일 이름] 항목에 **연습2**를 입력하고 ② [파일 형식]을 Word 97 – 2003 문서로 변경합니다. ③ [저장]을 누르면 파일이 다른 형식으로 저장됩니다.

바탕 화면에 연습2.doc 파일이 저장됩니다.

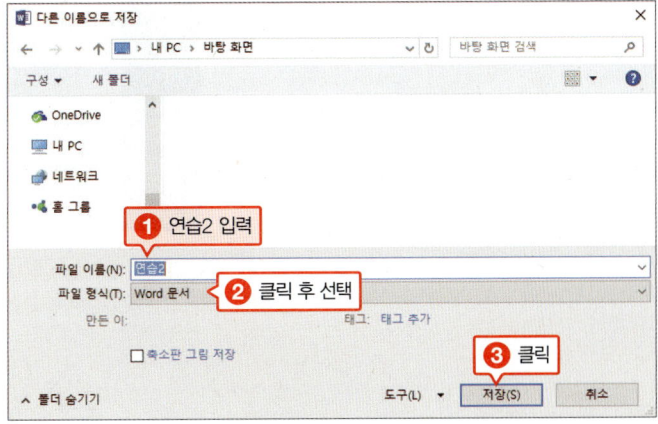

바로 통하는 TIP 워드 2016 버전의 파일은 워드 97 – 2003 버전에서 정상적으로 열리지 않을 수 있습니다. 워드 2016에서 작성한 파일을 하위 버전에서 보려면 위와 같이 파일 형식을 바꿔서 저장하면 됩니다.

문서에 암호 지정 및 해제하기

학습 목표 | 문서에 암호를 지정해 무단으로 열람하거나 편집하지 못하도록 설정할 수 있습니다. 열기 암호는 문서를 열지 못하도록, 쓰기 암호는 열 수는 있으나 내용을 수정하지 못하도록 합니다.

01 문서에 암호 지정하기

① [파일] 탭 – [다른 이름으로 저장]을 선택합니다. ② [이 PC]를 선택하고 ③ [바탕 화면]을 선택합니다.

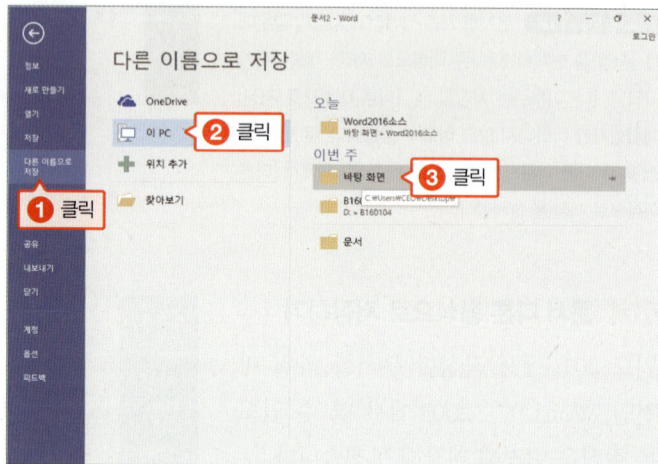

02 ① [다른 이름으로 저장] 대화상자에서 [파일 이름]에 **연습3**을 입력합니다. ② [도구▼]를 클릭하고 ③ [일반 옵션]을 선택합니다.

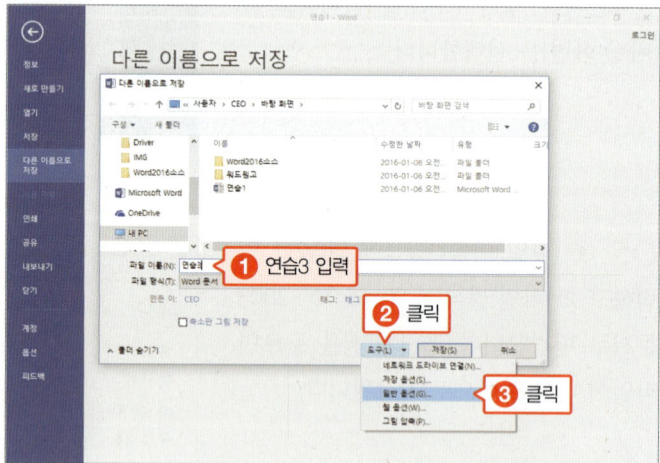

03 열기 암호와 쓰기 암호 입력하기

암호 형식은 문자, 숫자 또는 문자와 숫자 혼합으로 지정할 수 있습니다.
① [일반 옵션] 대화상자에서 [열기 암호]와 [쓰기 암호]를 입력하고 ② [확인]을 클릭합니다.

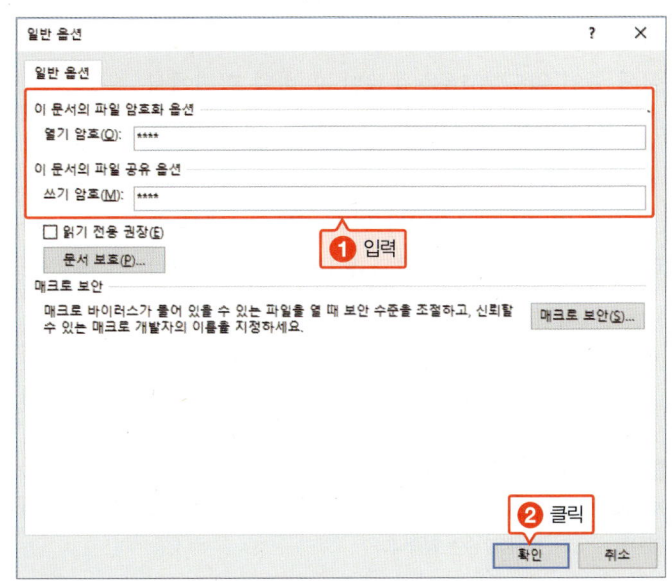

[암호 확인] 창이 활성화됩니다.

바로 통하는 TIP 열기 암호와 쓰기 암호의 차이점

열기 암호는 파일을 열 때 사용하며 쓰기 암호는 파일을 수정한 뒤 저장할 때 묻는 암호입니다. 문서를 아예 열지 못하도록 할 때는 열기 암호를 지정하고, 문서를 열어 열람할 수 있지만 내용을 수정하지 못하게 할 때는 쓰기 암호를 지정합니다.

04 지정한 암호 확인하기

① [암호 확인] 대화상자에서 입력한 [열기 암호]를 다시 입력하고
② [확인]을 클릭합니다. 앞 단계에서 설정한 암호가 정확한지 확인합니다. ③ 마찬가지로 [쓰기 암호]를 다시 입력하고 ④ [확인]을 클릭합니다.

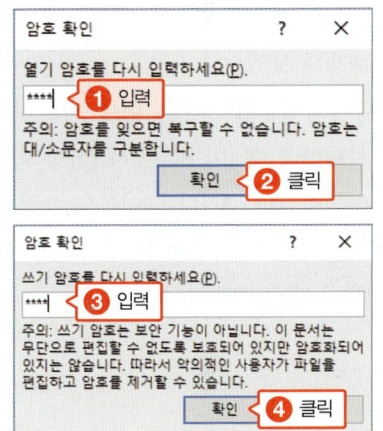

05 암호가 올바로 지정된 것을 확인했다면 [저장]을 클릭해 문서를 저장합니다.

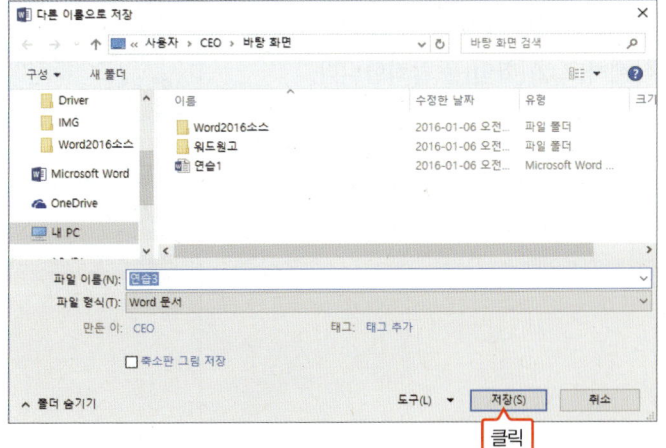

06 암호 적용 확인하기

실행 중인 워드 2016을 종료한 후 바탕 화면에서 암호를 포함해 저장한 연습3 파일을 더블클릭해 실행합니다.

① 열기 [암호] 대화상자가 나타나면 **03**에서 입력한 [열기 암호]를 입력하고 ② [확인]을 클릭합니다. 쓰기 [암호] 대화상자가 활성화됩니다. ③ 앞서 입력한 [쓰기 암호]를 입력하고 ④ [확인]을 클릭하면 문서가 열립니다.

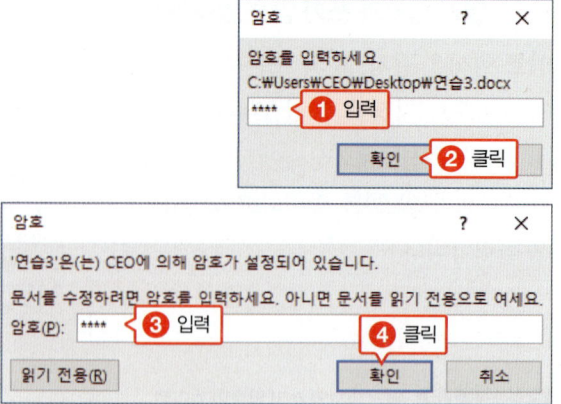

바로 통하는 TIP [열기 암호]와 [쓰기 암호]를 모두 설정한 경우에는 두 개의 대화상자가 순서대로 활성화됩니다. 한 가지 암호만 입력했다면 한 가지 대화상자만 활성화됩니다. 두 가지 암호를 모두 설정한 상태에서 열기 [암호]만 입력하고 쓰기 [암호] 대화상자에서 [읽기 전용]을 클릭하면 문서를 열람할 수 있지만 수정할 수는 없습니다.

07 지정한 암호 해제하기

암호가 지정된 파일을 실행한 후 암호를 해제해 보겠습니다.

① [파일] 탭 – [다른 이름으로 저장]을 선택하고 ② [이 PC]에서 [바탕 화면]을 선택합니다. ③ [다른 이름으로 저장] 대화상자에서 [도구▼]를 클릭하고 ④ [일반 옵션]을 선택합니다.

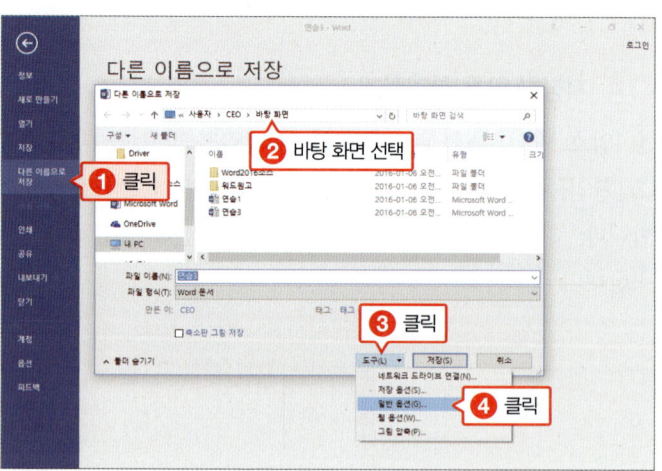

08

① [일반 옵션] 대화상자에서 입력되어 있는 [열기 암호]와 [쓰기 암호]를 삭제하고 ② [확인]을 클릭합니다.

[다른 이름으로 저장] 대화상자에서 [저장]을 클릭하여 바탕 화면에 저장합니다. 실행 중인 문서를 종료하고 바탕 화면에 저장한 파일을 실행해 암호가 해제되었는지 확인합니다.

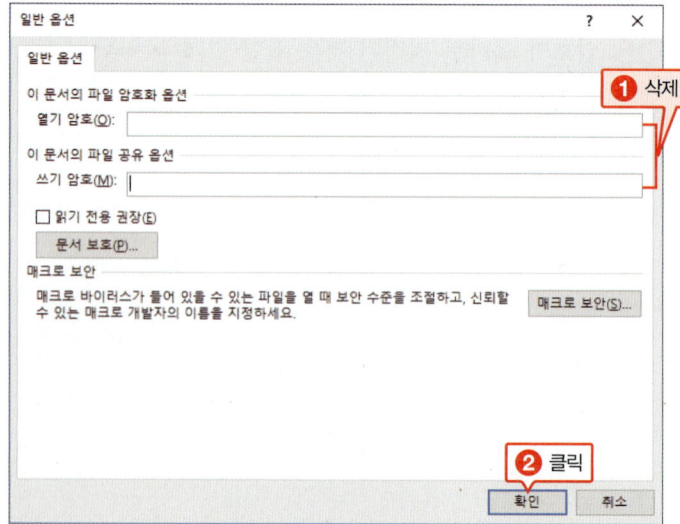

핵심기능실습

03

TELL ME
확대/축소

화면 확대/축소하기와
보기 옵션 변경하기

학습 목표 | 문서를 작성할 때 화면을 확대/축소하는 법을 살펴보겠습니다. 보기 옵션에는 [인쇄 모양], [웹 모양], [읽기 모드] 등이 제공되어 원하는 형식으로 화면 보기를 변경할 수 있습니다.

실습 파일 | 워드/03_화면 확대 축소하기.docx

01 [보기] 탭의 [확대/축소] 이용하기

[보기] 탭 – [확대/축소] 그룹 – [확대/축소]를 클릭해 나타나는 [확대/축소] 대화상자에서 원하는 배율을 선택할 수 있습니다.

① [보기] 탭 – [확대/축소] 그룹 – [확대/축소]를 클릭합니다. ② [확대/축소] 대화상자에서 [페이지 크기에 맞게]를 선택하고 ③ [확인]을 클릭합니다.

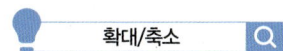

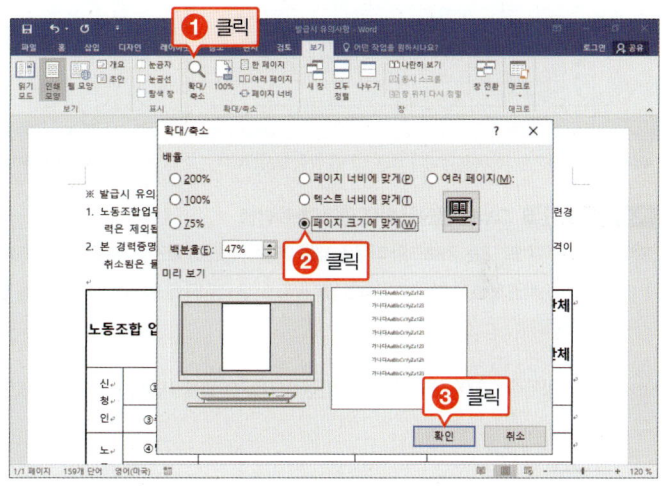

02 페이지 크기에 맞게 전체 페이지가 한 화면에 표시됩니다.

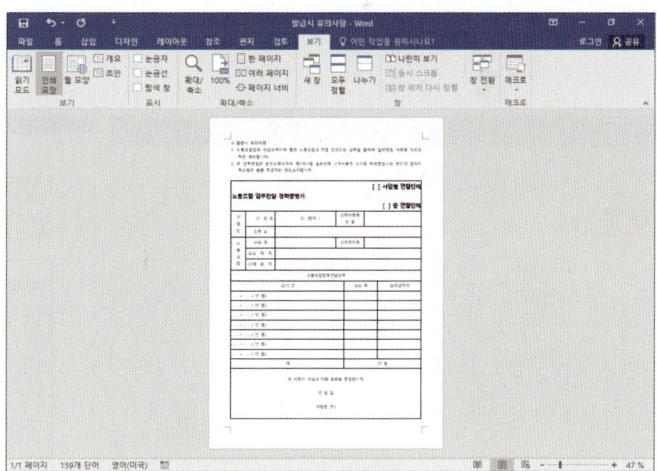

03 [보기] 탭의 리본 메뉴 이용하기

[보기] 탭 - [확대/축소] 그룹에서 [여러 페이지], [한 페이지], [페이지 너비], [100%] 등을 선택해 편집하기 좋은 화면 구성을 적용합니다.

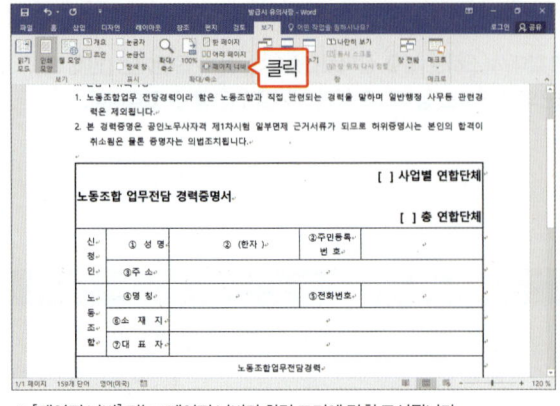
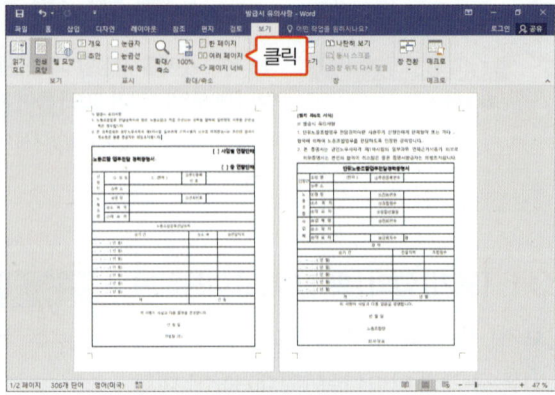

▲ [페이지 너비] 기능 : 페이지 너비가 화면 크기에 맞춰 표시됩니다.   ▲ [여러 페이지] 기능 : 두 페이지를 한 화면에 펼쳐 볼 수 있습니다.

바로 통하는 TIP 그밖에 간단한 화면 확대/축소 방법

[확대/축소] 슬라이드 또는 키보드와 마우스 휠을 이용해 간단히 화면을 확대하거나 축소할 수 있습니다.

① 워드 2016 화면 오른쪽 아래에 위치한 [확대/축소] 슬라이드를 이용해 화면 배율을 변경할 수 있습니다.

② 사용 중인 마우스에 휠이 장착되어 있다면 Ctrl+마우스 휠을 이용하여 화면을 확대/축소할 수 있습니다.

04 보기 옵션 변경하기

[읽기 모드]는 문서를 읽기만 하고 쓰거나 편집하지 않을 때 사용하는 보기 옵션입니다.

① [보기] 탭 - [보기] 그룹 - [읽기 모드]를 클릭합니다. ② [읽기 모드] 화면에서 좌우 화살표를 클릭하면 페이지가 전환됩니다.

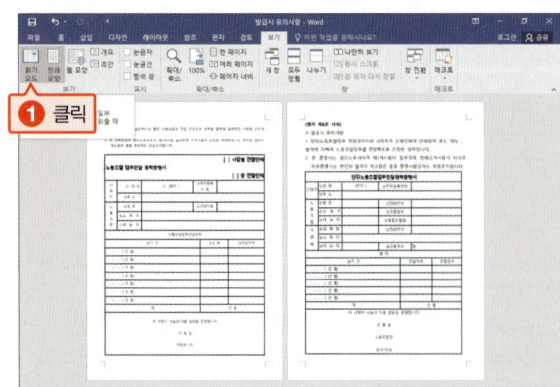
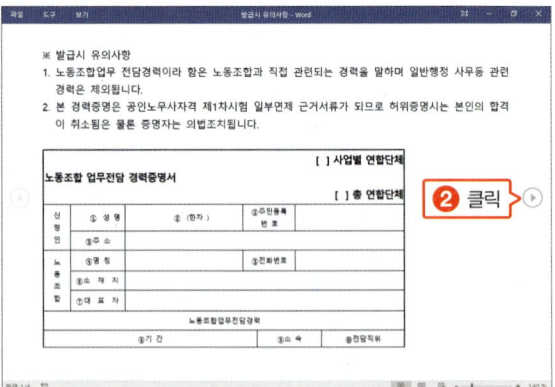

바로 통하는 TIP [읽기 모드]를 다시 [인쇄 모양]으로 전환할 때에는 ESC를 이용하거나 화면 오른쪽 아래의 보기 모드에서 [인쇄 모양]을 클릭합니다.

읽기 모드   웹 모양

인쇄 모양

02

입력 및 기본 편집하기

문서에 한자를 입력하거나 한자 사전에 자주 사용하는 한자 단어를 등록하는 기능, 문장을 꾸밀 때 사용하는 특수 기호나 단위 기호 입력 등 문서를 입력하고 작성할 때 좀 더 편리하게 사용할 수 있는 기본 기능에 대해서 알아보겠습니다. 문서에서 특정 단어를 찾거나 찾아 바꿀 때 사용하는 기능, 맞춤법 검사 기능 등은 오류 없는 정확한 문서를 만들 때 사용할 수 있는 유용한 기능입니다.

텍스트를 편집하는 다양한 방법 살펴보기

워드 2016은 워드프로세서입니다. 따라서 텍스트를 입력하고 편집하는 작업이 가장 중요합니다. 일반적인 텍스트는 기존의 방식대로 키보드로 입력하면 되지만 한자, 특수 문자, 기호, 수식 등은 그 입력 절차를 살펴볼 필요가 있습니다. 또 찾기 및 찾아 바꾸기, 실행 취소 및 다시 실행하기 등 편집을 돕는 편리한 기능에 대해서도 살펴보겠습니다.

한자/기호/특수 문자/수식 입력하기

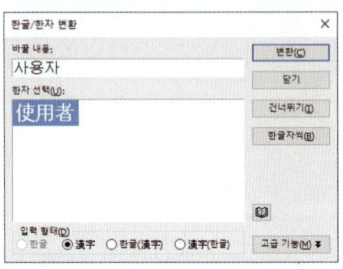

▲ 한자 : 키보드의 [한자]를 누른 뒤 원하는 한자를 골라 입력합니다.

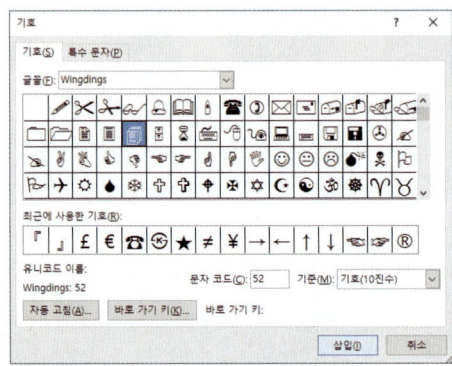

◀ 기호 : [기호] 대화상자를 이용해 기호 및 특수 문자를 입력합니다. 글꼴에 따라 입력할 수 있는 문자가 달라집니다.

◀ 수식 : [삽입] 탭–[기호] 그룹에서 사칙 연산, 분수, 근호 등 수식을 입력합니다.

텍스트 편집을 돕는 편리한 기능

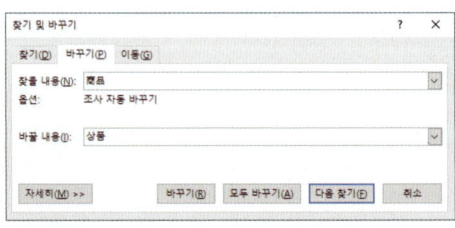

▲ 찾기 및 바꾸기 : 문서 내에서 원하는 단어를 찾아서 일괄적으로 바꿀 수 있습니다.

▲ 실행 취소/다시 실행 : 잘못된 작업을 실행 취소하거나 취소한 작업을 다시 되돌립니다.

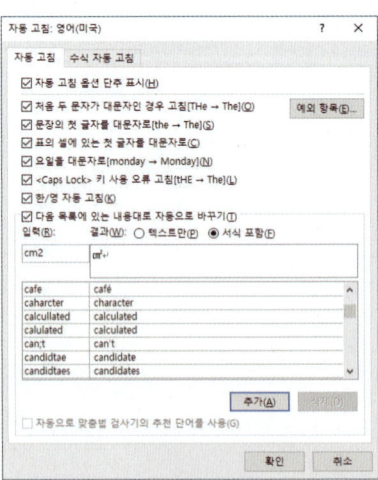

▲ 자동 고침 : 매번 번거롭게 입력할 필요 없이 설정에 따라 원하는 기호로 고쳐 줍니다.

한자 입력 및 변환하기/
자주 사용하는 한자 등록하기

학습 목표 | 한글을 입력한 후 [한글/한자 변환] 대화상자에서 한자를 찾아 쉽게 변환할 수 있습니다. 사전에 등록되어 있지 않은 한자어는 한 글자씩, 혹은 단어를 조합해 등록할 수 있습니다.

실습 파일 | 워드/04_한자 입력 및 변환하기.docx **완성 파일** | 워드/04완성.docx

01 한글을 한자로 변환하기 [사용자 ▷ 使用者]

워드에서는 한글을 음절 단위나 단어 단위로 한자 변환할 수 있습니다. '계약직 연봉 계약서'의 표 항목 중 '사용자'를 한자로 변환해 보겠습니다.

① 사용자를 블록 설정한 후 [한자]를 누릅니다.

② [한글/한자 변환] 대화상자의 [한자 선택]에서 使用者를 선택하고 ③ [입력 형태]에서 [漢字]를 선택한 뒤 ④ [변환]을 클릭합니다.

'사용자'가 '使用者'로 변경됩니다.

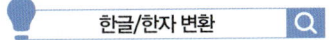
한글/한자 변환

02 한글과 한자 병기하기 [근로자 ▷ 근로자(勤勞者)]

문서 작성 중 한글과 한자를 병기해야 하는 경우가 있습니다. '근로자'를 한자로 변환하고 괄호 안에 한글을 함께 표시해 보겠습니다.

① 근로자를 블록 설정한 후 [한자]를 누릅니다.

② [한글/한자 변환] 대화상자의 [한자 선택]에서 勤勞者를 선택하고 ③ [입력 형태]에서 [한글(漢字)]을 선택한 뒤 ④ [변환]을 클릭합니다.

'근로자'가 '근로자(勤勞者)'로 변경됩니다.

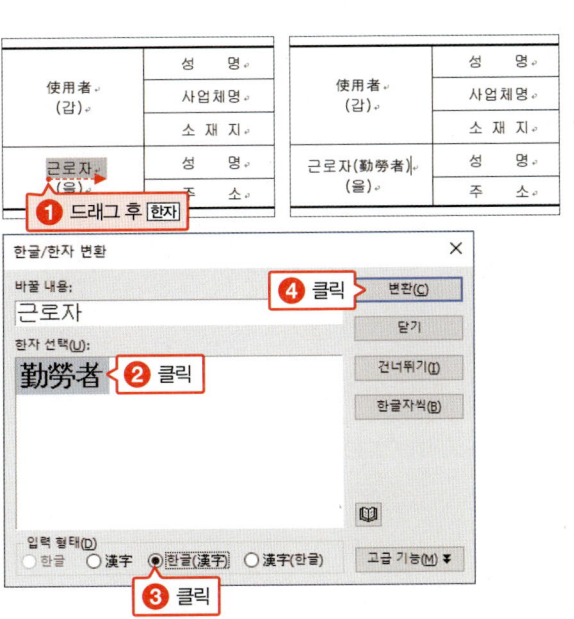

03 한자를 한글로 변환하기

한자로 입력되어 있는 근로자 성명 '洪吉童'을 한글로 변환해 보겠습니다.

① 洪吉童을 블록 설정한 후 [한자]를 누릅니다.

② [한자/한글 변환] 대화상자의 [입력 형태]에서 [한글]을 선택한 뒤 ③ [변환]을 클릭합니다.

'洪吉童'이 '홍길동'으로 변경됩니다.

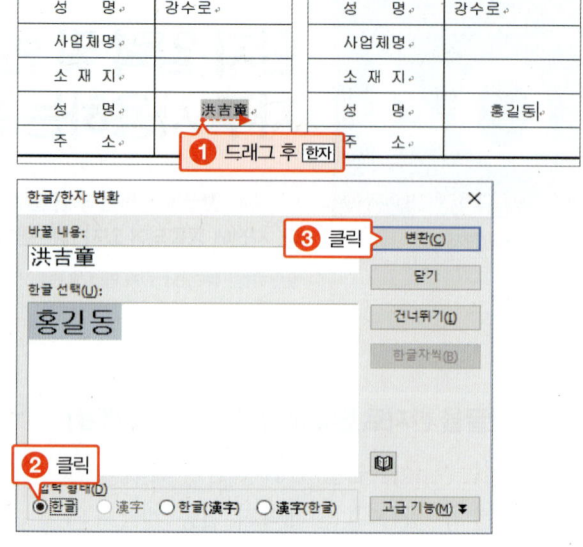

04 한자 사전을 이용해 변환하기

① 연봉액을 블록 설정한 후 [한자]를 누릅니다. ② [한글/한자 변환] 대화상자의 [한자 선택]에서 年俸을 선택하고 ③ [한자 사전]을 클릭합니다. ④ [한자 사전] 대화상자에서 한자의 의미를 확인하고 [확인]을 클릭합니다. ⑤ [한글/한자 변환] 대화 상자의 [변환]을 클릭합니다.

바로 통하는 TIP 한자로 변환할 단어인 '연봉액'에서 '연봉'만 우선 변환되는 이유는 '연봉액'이라는 단어가 사전에 등록되어 있지 않기 때문입니다. 한자 사전에 이미 입력되어 있는 '연봉'을 우선 변환하고 '액'은 다음 단계에서 일반 한자로 찾아 변환합니다.

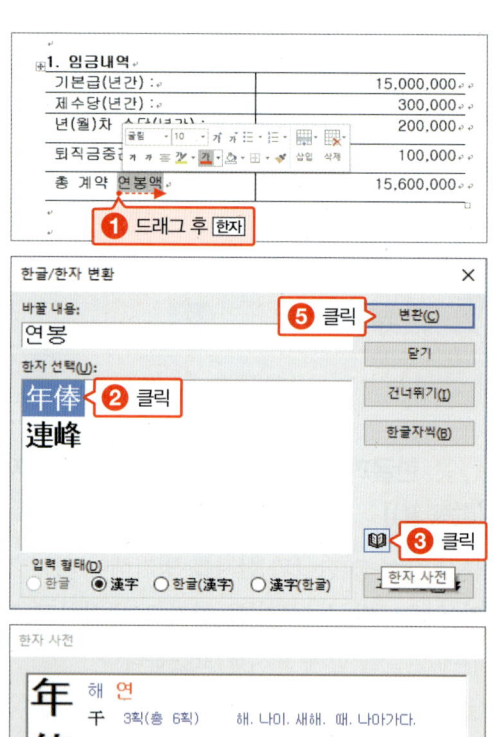

05 연봉액 중 연봉만 한자로 변환되었습니다. 계속해서 액에 해당하는 한자 선택 목록이 나타납니다.
① [한자 선택] 항목에서 額을 선택한 후 ② [한자 사전]을 클릭합니다. ③ [한자 사전] 대화상자에서 음과 뜻을 확인한 후 [확인]을 클릭합니다. ④ [한글/한자 변환] 대화상자에서 [변환]을 클릭합니다.

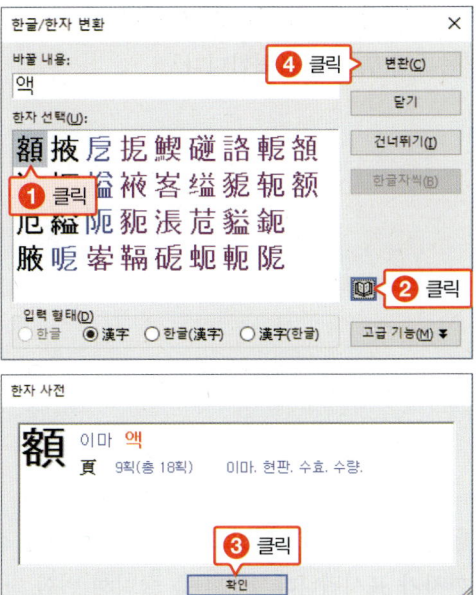

'연봉액'이 '年俸額'으로 변경됩니다.

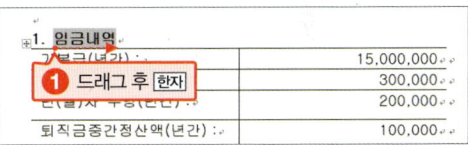

06 자주 사용하는 한자를 한자 사전에 등록하기

문서를 작성할 때 자주 사용하는 한자를 미리 한자 사전에 등록하여 필요할 때마다 불러 쓸 수 있습니다.
① 한자 사전에 등록할 문자인 임금내역을 블록 설정한 후 [한자]를 누릅니다. ② [한글/한자 변환] 대화상자에서 [고급 기능]을 클릭하고 ③ [새 단어 등록]을 클릭합니다.
④ [한자 단어 등록] 대화상자에서 각각 의미에 맞는 한자를 선택합니다.

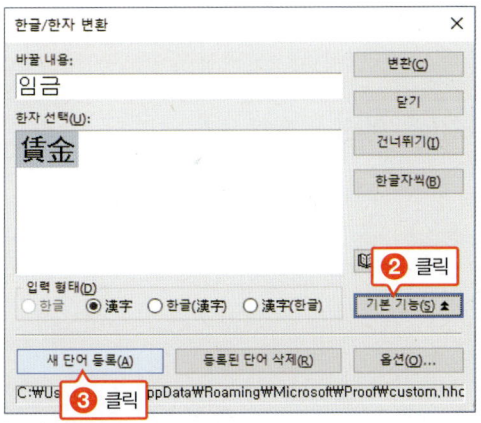

한 글자씩 한자를 선택한 후 [선택]을 클릭하면 다음 글자에 해당하는 [한자 선택] 목록이 이어서 나타납니다.

바로 통하는 TIP 정확한 한자를 모른다면 [한자 사전]을 클릭해 의미가 맞는지 확인할 수 있습니다.

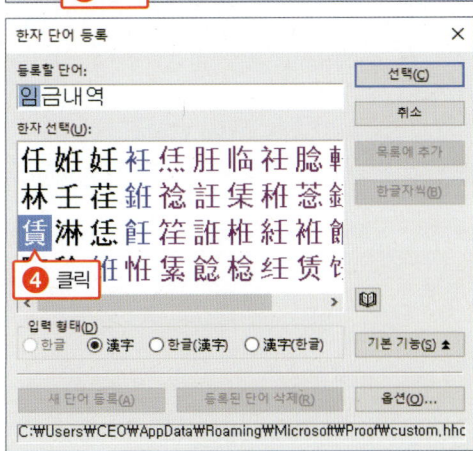

07 변환이 모두 완료되면 한자 사전에 등록하기 위해 [목록에 추가]를 클릭합니다.

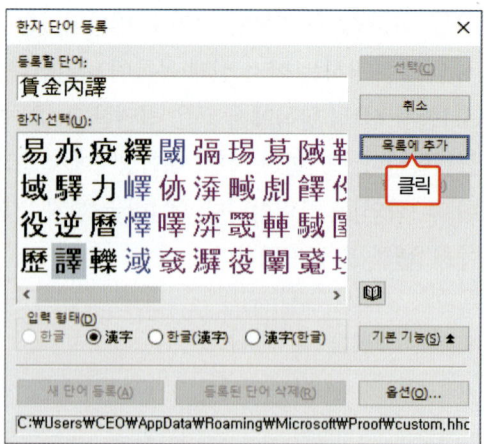

08 등록이 완료되면 그림과 같이 [한자 선택] 목록에 한자가 표시됩니다. [변환]을 클릭해 변환 작업을 완료합니다.

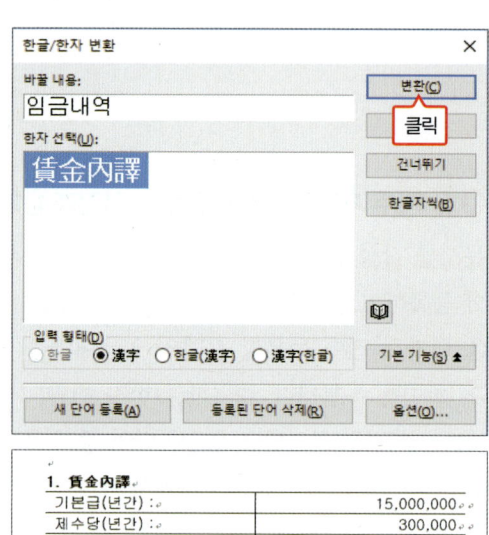

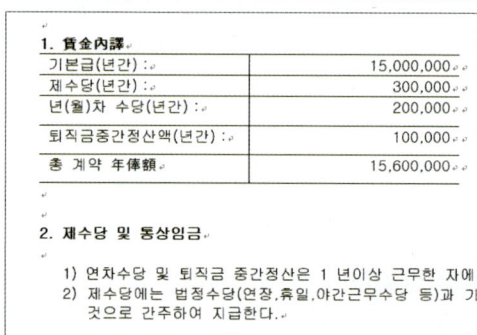

특수 기호와 수식 입력하기

학습 목표 | 문서를 작성할 때 특수 기호를 입력해야 한다면 [기호] 대화상자를 이용합니다. 여러 연산 기호를 사용해야 하는 수식을 입력하는 방법에 대해서도 알아보겠습니다.

실습 파일 | 워드/05_특수 기호와 수식 입력하기.docx   완성 파일 | 워드/05완성.docx

01 특수 기호 입력하기

지출결의서 문서 제목 앞에 📄 모양의 기호를 삽입해 보겠습니다.

① 제목의 지출결의서 앞쪽을 클릭합니다. ② [삽입] 탭 - [기호] 그룹 - [기호]를 클릭하고 ③ [다른 기호]를 선택합니다.

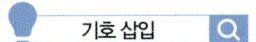

기호 삽입

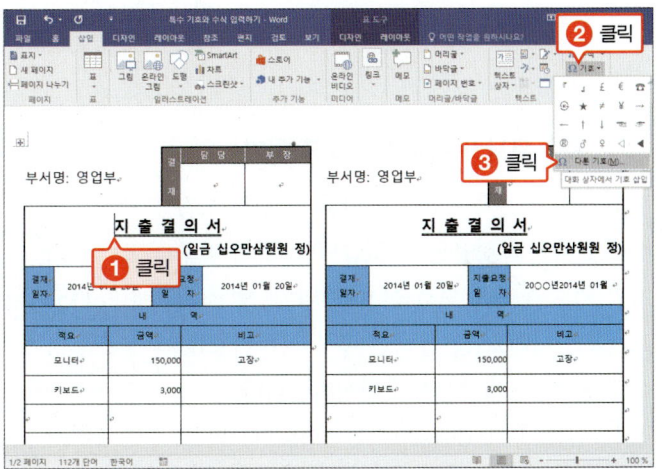

02

① [기호] 대화상자에서 [글꼴]을 [Windings]로 선택합니다. ② 스크롤바를 조절해 📄 모양의 기호를 찾아 선택하고 ③ [삽입]을 클릭합니다.

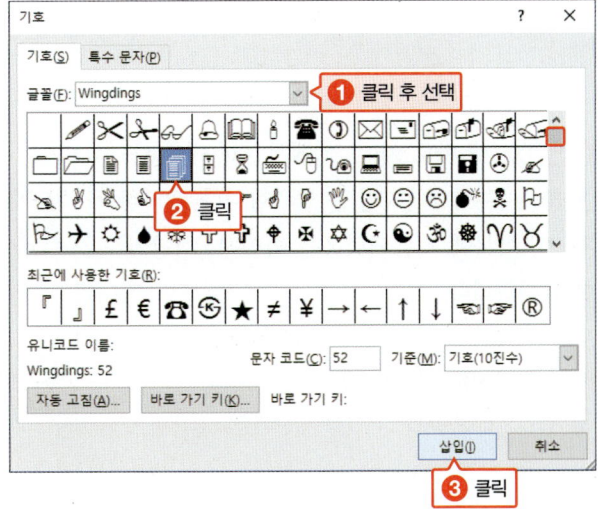

03 ① 지출결의서 뒤쪽을 클릭하고 ② [기호] 대화상자에서 다시 [삽입]을 클릭합니다. ③ 도형 삽입이 모두 완료되면 [닫기]를 클릭해 [기호] 대화상자를 닫습니다.

'지출결의서' 뒤로 '🖀' 기호가 삽입됩니다.

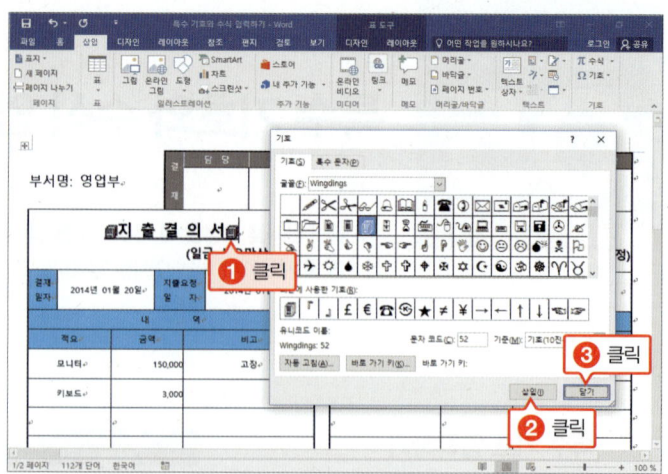

04 특수 문자 바로 가기 키 지정하기

자주 사용하는 특수 문자는 바로 가기 키를 지정해 단축키로 사용할 수 있습니다. ☑를 바로 가기 키로 등록해 보겠습니다. [삽입] 탭–[기호] 그룹–[기호]를 클릭한 후 [다른 기호]를 선택해 [기호] 대화상자를 활성화합니다.
① [글꼴]을 [Windings]로 선택합니다. ② 스크롤바를 아래로 드래그하고 ③ ☑를 선택한 뒤 ④ [바로 가기 키]를 클릭합니다.

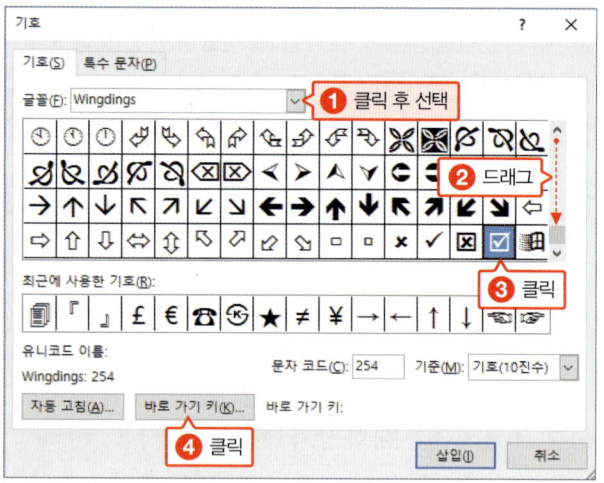

05 ① [새 바로 가기 키]에서 Ctrl+Shift+V를 누른 뒤 ② [지정]을 클릭합니다. ③ [현재 키] 항목에 적용되었음을 확인하고 [닫기]를 클릭합니다.

바로 가기 키 지정이 완료됩니다.

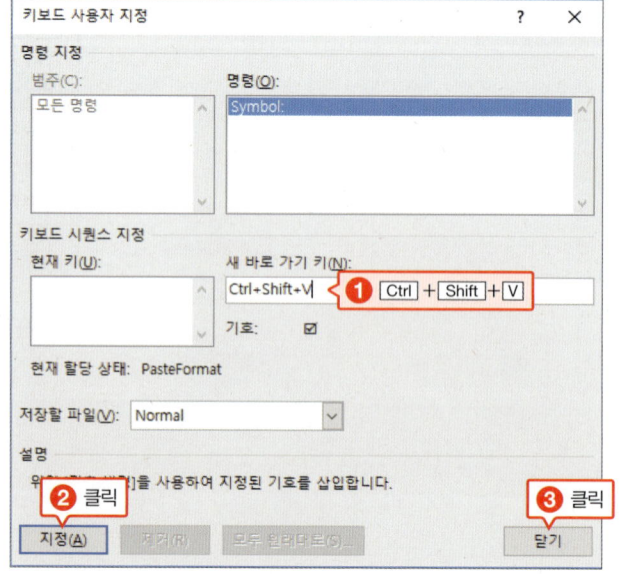

06 ① [기호] 대화상자에서 [취소] 또는 [닫기]를 클릭합니다. ② 문서 편집 상태에서 부서명 앞을 클릭한 후 지정한 바로 가기 키인 Ctrl + Shift + V 를 누릅니다. 특수 문자가 정상적으로 입력되는지 확인합니다.

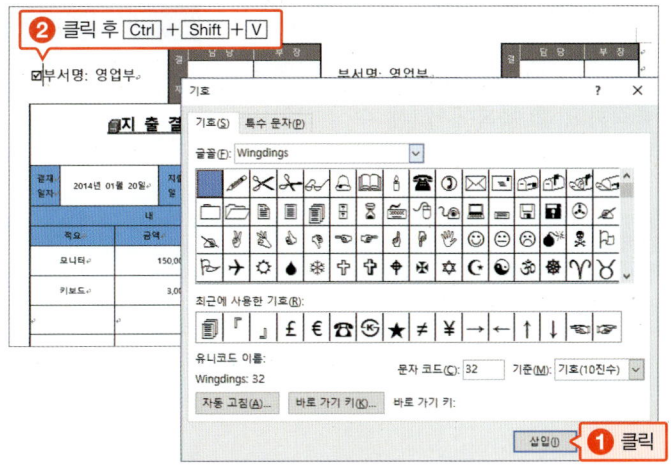

바로 통하는 TIP **특수 문자 바로 가기 키 확인하기**

[기호] 대화상자에서 [특수 문자] 탭은 자동 고침으로 등록된 문자들과 [바로 가기 키]를 표시합니다. 예를 들어 자동 고침은 'c'를 입력했을 때 © 특수 문자로 자동 변경되는 기능입니다. 자동 고침에 대한 자세한 내용은 '핵심기능실습 06 단위 기호 입력과 자동 고침 사용 및 해제하기'에서 살펴보겠습니다.

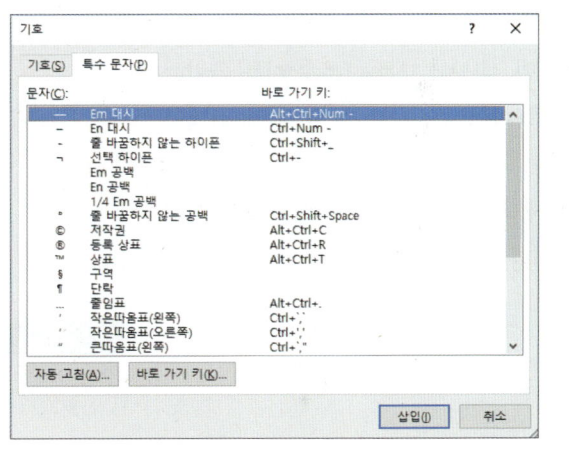

07 사칙 연산과 부등호 입력하기

본문 오른쪽 스크롤바를 아래로 내리거나 PageDown 을 눌러 2페이지로 이동합니다.
① [삽입] 탭-[기호] 그룹-[수식]을 클릭합니다. ② 알파벳은 키보드로 입력하고 기호는 리본 메뉴의 [기호] 그룹에서 클릭합니다. 그림과 같이 입력하고 수식을 완성합니다.

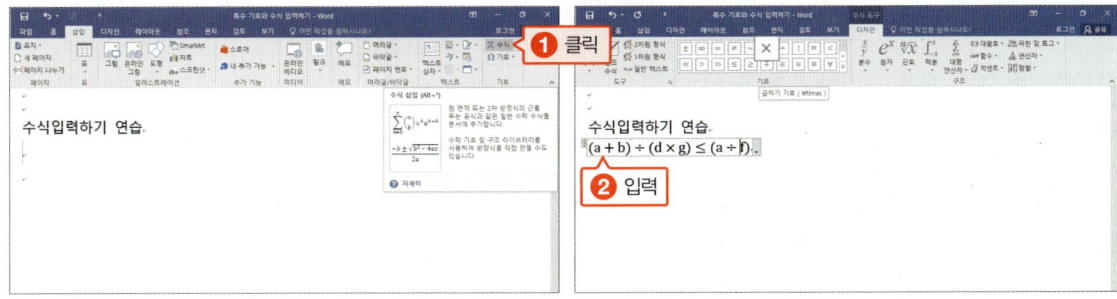

바로 통하는 TIP 수식 입력 시 ÷, ×, ≤ 등의 기호는 [수식 도구]-[디자인] 탭의 [기호] 그룹 내에서 기호를 클릭하면 삽입됩니다.

08 분수 수식 입력하기

① [삽입] 탭-[기호] 그룹-[수식▼]을
클릭하고 ② 목록에서 [새 수식 삽입]을
선택합니다.

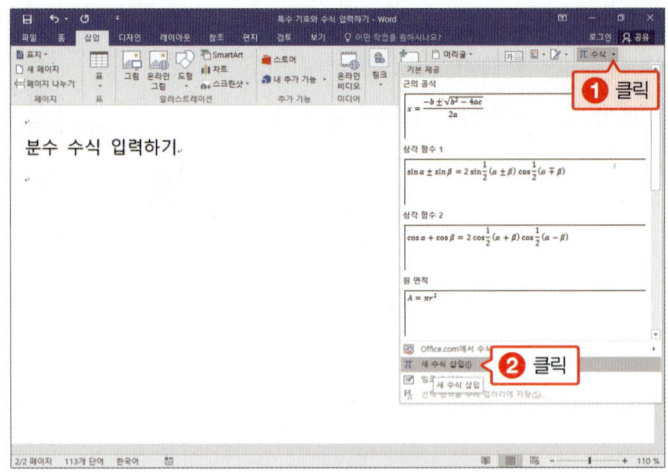

09

① [여기에 수식을 입력하세요.]
를 클릭합니다. ② [수식 도구]-[디자
인] 탭-[구조] 그룹-[분수▼]를 클릭하
고 ③ 목록에서 [상하형 분수]를 선택합
니다. ④ 분수 수식 입력 상태에서 분모
에 해당하는 상자를 클릭하고 **76**을 입력
합니다.

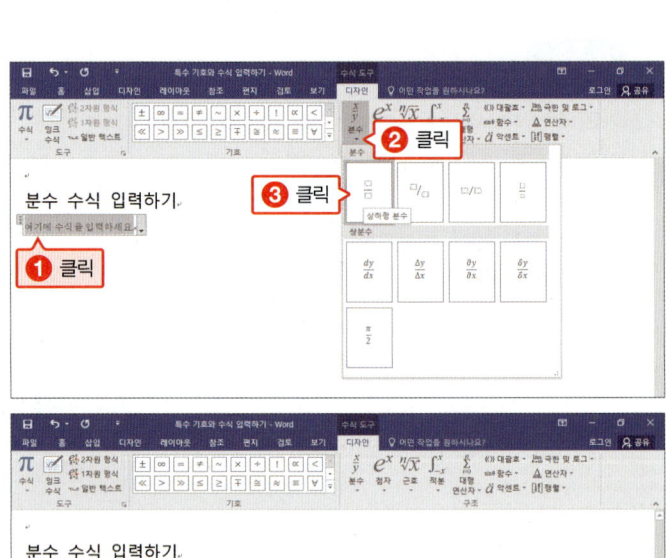

10 근호 입력하기

① 분자 상자를 클릭합니다. ② [수식 도
구]-[디자인] 탭-[구조] 그룹-[근호▼]
를 클릭하고 목록에서 [제곱근]을 선택
합니다. ③ 근호 안을 클릭하고 **34**를 입
력한 후 ④ 키보드에서 오른쪽 방향키
→를 눌러 근호 수식에서 빠져나옵니다.

바로 통하는 TIP 수식에서 벗어나지 않으면 근호 안에
계속 입력됩니다.

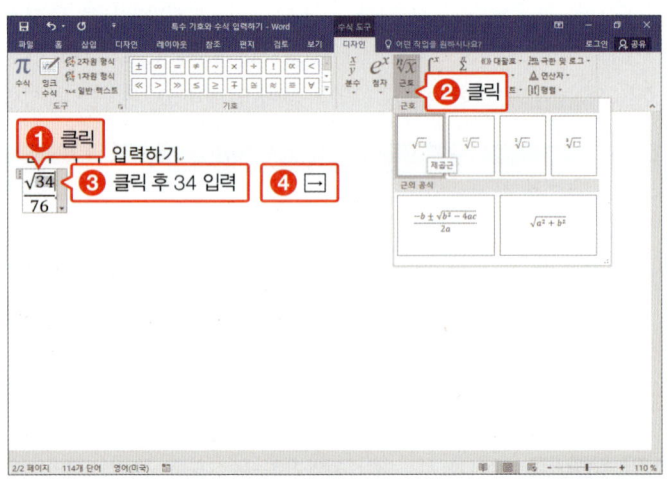

11 ① [수식 도구]-[디자인] 탭-[기호] 그룹에서 [÷]를 클릭합니다. ② [구조] 그룹-[근호▼]를 클릭하고 [제곱근]을 선택합니다.

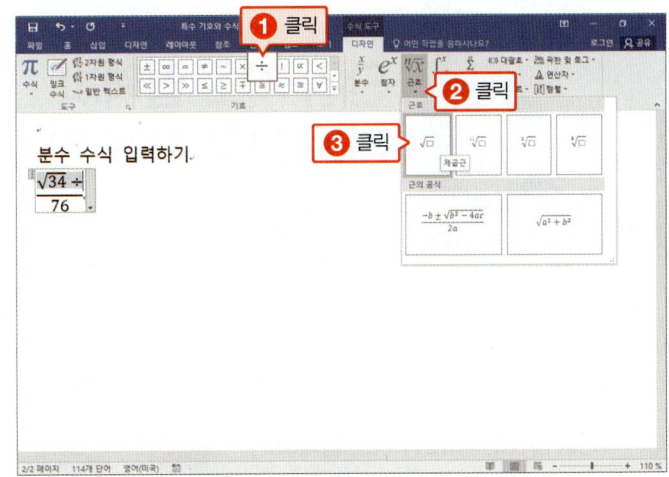

12 ① 제곱근 상자를 클릭하고 ② 20을 입력합니다.

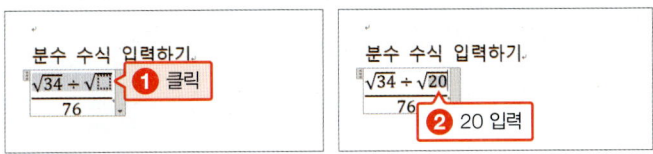

바로 통하는 TIP   **다양한 수식 구조 알아보기**

구조화되어 있는 다양한 수식을 형태별로 입력할 수 있습니다.

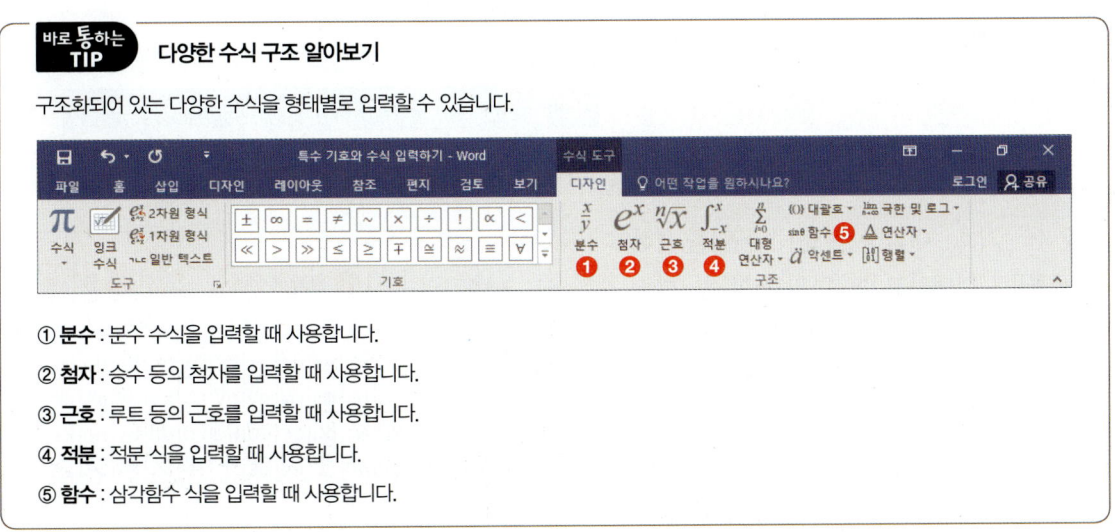

① **분수** : 분수 수식을 입력할 때 사용합니다.

② **첨자** : 승수 등의 첨자를 입력할 때 사용합니다.

③ **근호** : 루트 등의 근호를 입력할 때 사용합니다.

④ **적분** : 적분 식을 입력할 때 사용합니다.

⑤ **함수** : 삼각함수 식을 입력할 때 사용합니다.

단위 기호 입력과
자동 고침 사용 및 해제하기

학습 목표 | 워드는 도량형과 화폐 단위 등 기본 단위 기호를 제공합니다. 이를 입력하는 방법과 기호의 자동 입력을 도와주는 자동 고침 기능에 대해 알아보겠습니다.

실습 파일 | 워드/06_단위 기호 입력과 자동 고침.docx **완성 파일** | 워드/06완성.docx

01 한중일 호환용 단위 기호 입력하기

① [입력] 표의 첫 행에서 cm( )의 괄호 안을 클릭합니다. ② [삽입] 탭 - [기호] 그룹 - [기호]를 클릭하고 ③ [다른 기호] 를 선택합니다.

[기호] 대화상자가 활성화됩니다.

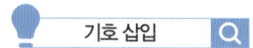

기호 삽입

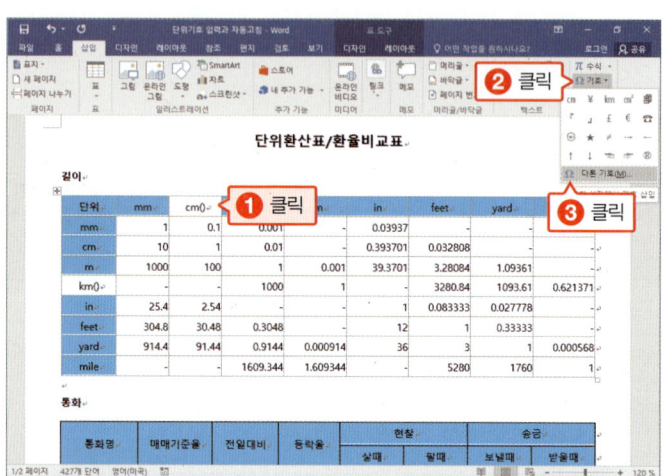

02 ① [기호] 대화상자에서 [글꼴]을 [(현재 글꼴)]로 선택하고 ② [하위 집합]을 [한중일 호환]으로 선택합니다. ③ 기호 목록에서 [cm]를 선택하고 ④ [삽입]을 클릭합니다.

cm( ) 안에 cm가 삽입됩니다

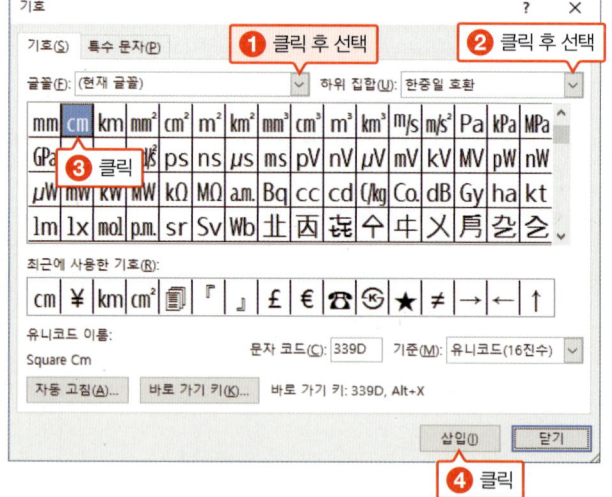

03 [기호] 대화상자를 활성화한 채로 다른 기호 삽입하기

① [기호] 대화상자를 활성화한 상태로 km()의 괄호 안을 클릭합니다. ② [기호] 대화상자의 [km]을 선택하고 ③ [삽입]을 클릭합니다.

km() 안에 km가 삽입됩니다.

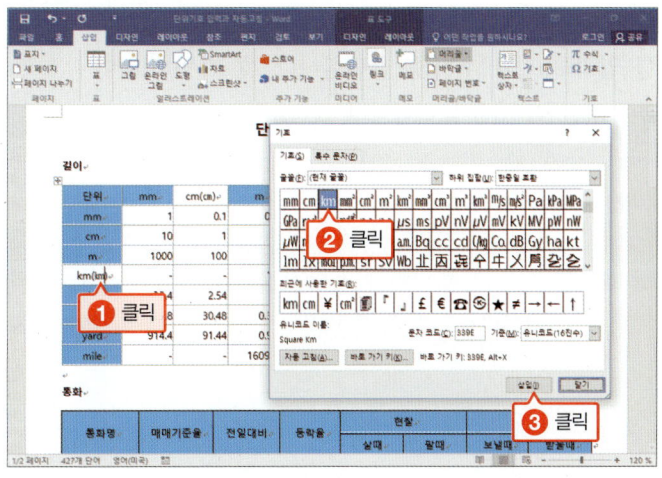

04 통화 단위 입력하기

① 아래쪽 통화 표에서 일본¥()의 괄호 안을 클릭합니다. ② [기호] 대화상자에서 [하위 집합]을 [반자 및 전자]로 선택합니다. ③ [¥]을 선택하고 ④ [삽입]을 클릭합니다.

일본¥() 안에 ¥이 삽입됩니다.

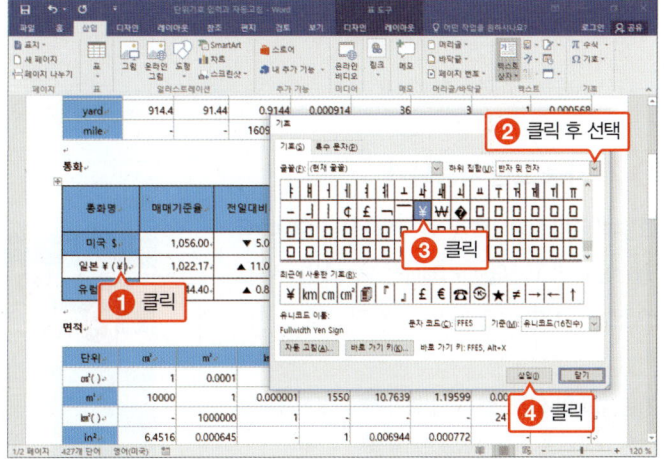

05 자동 고침 등록하기

① 아래쪽 면적 표에서 ㎠()의 괄호 안을 클릭합니다. ② [기호] 대화상자에서 [하위 집합]을 [한중일 호환]으로 선택합니다. ③ [㎠]를 선택하고 ④ [자동 고침]을 클릭합니다.

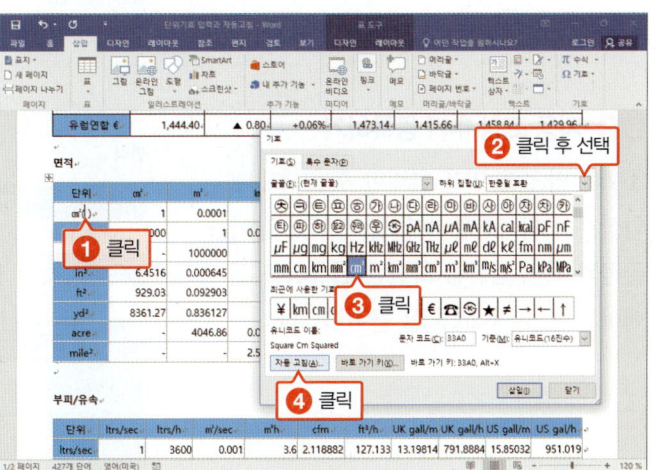

06 ① [자동 고침] 대화상자에서 [입력] 항목에 **cm2**를 입력하고 ② [추가]를 클릭합니다. ③ 자동 고침이 추가되면 [확인]을 클릭합니다.

[기호] 대화상자도 닫힙니다.

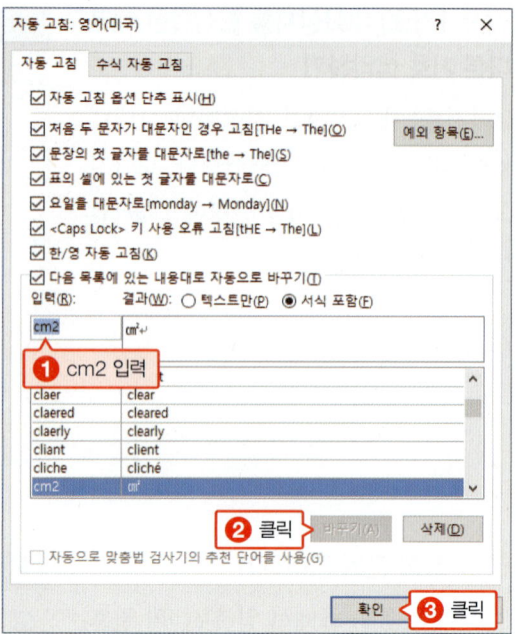

07 자동 고침 사용하기

① ㎠( )의 괄호 안을 클릭합니다. ② cm2를 입력하고 [Space Bar]를 누르면 자동으로 cm2가 ㎠로 자동 고침됩니다.

자동 고침이 되지 않으면 입력한 cm2를 삭제하고 다시 입력한 후 바로 [Space Bar]를 눌러 보세요.

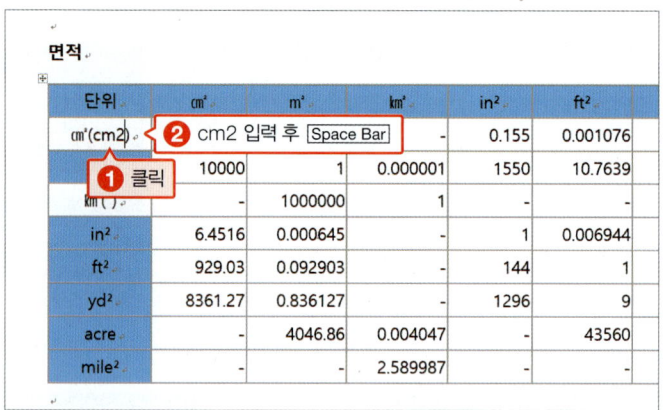

08 자동 고침 추가 등록하기

① ㎢( )의 괄호 안을 클릭한 후 [기호] 대화상자를 활성화합니다. ② 그림과 같이 글꼴과 하위 집합을 확인한 뒤 [㎢]를 선택하고 ③ [자동 고침]을 클릭합니다.

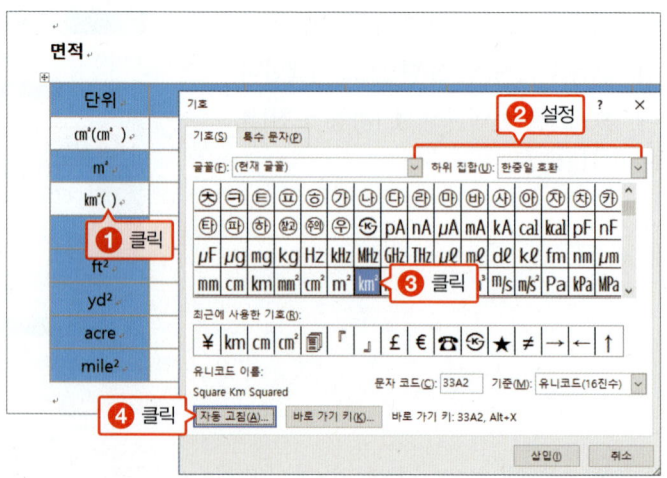

09 ① [자동 고침] 대화상자에서 [입력] 항목에 **km2**를 입력하고 ② [추가]를 클릭합니다. ③ 자동 고침이 추가되면 [확인]을 클릭합니다. ④ ㎢()의 괄호 안에 **km2**를 입력하고 Space Bar 를 눌러 자동 고침을 적용합니다.

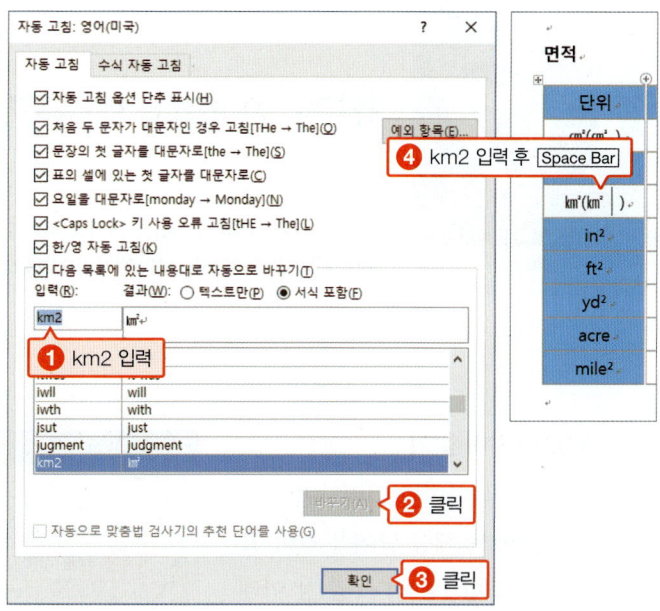

10 자동 고침 되돌리기

① ㎢를 마우스로 드래그하여 선택합니다. ② 문자 아래쪽의 자동 고침 도구를 클릭합니다. ③ ["km2"(으)로 다시 변경]을 클릭하면 자동 고침된 문자가 입력한 문자로 표시됩니다.

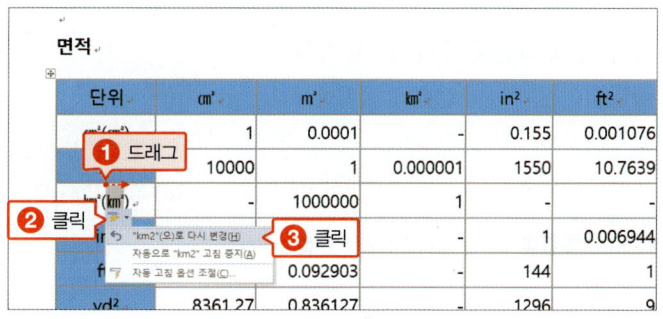

바로 통하는 TIP **자동 고침된 기호 변경 중지하기**

- 자동 고침된 ㎢의 아래쪽에 나타나는 [자동 고침 옵션]을 클릭합니다. [자동으로 "km2" 고침 중지]를 선택하면 'km2'에 대한 자동 고침이 해제됩니다. 이 경우에는 추가된 자동 고침 기호가 [자동 고침]에서 삭제되므로 더 이상 사용할 수 없습니다.
- [자동 고침] 대화상자에서 직접 자동 고침 문자를 삭제해도 됩니다.

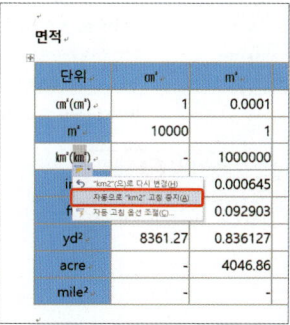

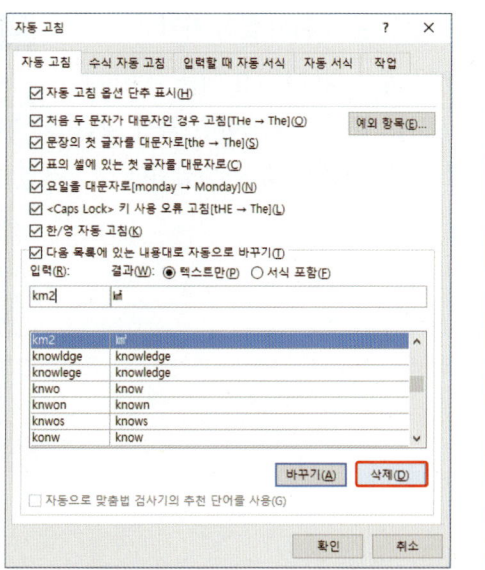

찾기 및 찾아 바꾸기

학습 목표 | 문서 내에서 원하는 단어의 위치를 확인하려면 찾기 기능을 사용합니다. 찾은 내용을 일괄적으로 변경할 때는 찾아 바꾸기 기능을 이용해 일일이 바꾸는 번거로움을 줄입니다.

실습 파일 | 워드/07_찾기 및 찾아 바꾸기.docx **완성 파일** | 워드/07완성.docx

O1 빠르게 단어 찾기

워드에서는 찾을 단어를 입력하면 바로 전체 문서 내에서 해당 단어를 찾아 표시해 줍니다. 또한 [탐색] 작업 창 아래 탐색 결과가 실시간으로 표시됩니다. ① [홈] 탭-[편집] 그룹-[찾기]를 클릭합니다. ② 화면 왼쪽에 [탐색] 작업 창이 실행되면 검색란에 **상품**을 입력합니다.

검색된 상품 단어가 노란색 음영으로 표시됩니다.

바로 통하는 TIP 찾기는 단축키 Ctrl + F 를 이용해도 됩니다.

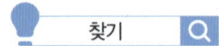

O2 찾은 문자 위치 찾아 가기

① 왼쪽 탐색 창에서 [결과]를 클릭하고 ② 원하는 목록을 선택하면 즉시 찾은 문자의 위치로 찾아 갈 수 있습니다.

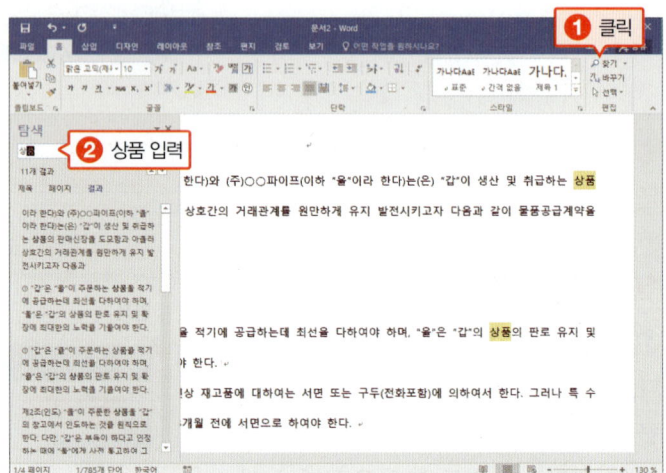

03 찾기 및 바꾸기

① [탐색] 창의 [탐색 확장 도구▼]를 클릭하고 ② [바꾸기]를 선택합니다.

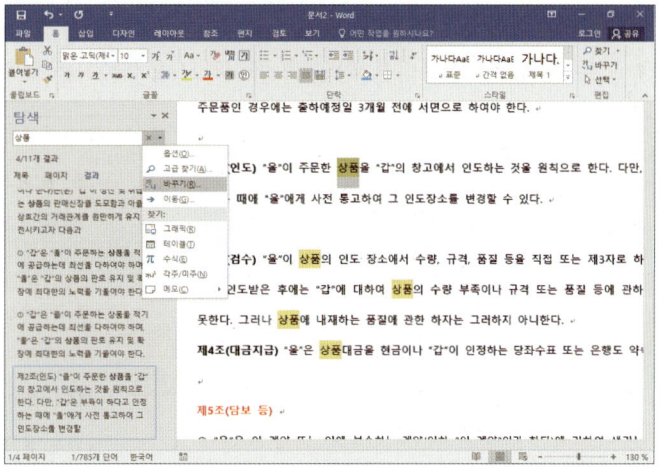

04 바꿀 내용 한자로 변경하기

① [찾기 및 바꾸기] 대화상자에서 [바꿀 내용]에 **상품**을 입력한 후 [한자]를 누릅니다. ② 목록에서 [商品]을 클릭합니다.

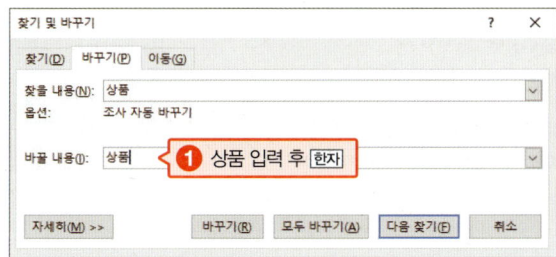

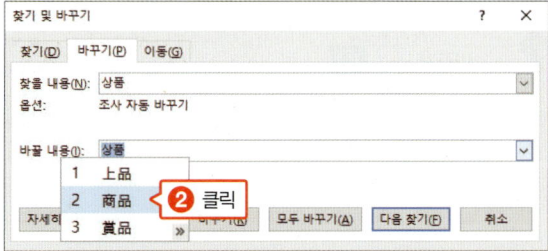

05 모두 바꾸기

① [모두 바꾸기]를 클릭하고 ② 바꾸기 경고 대화상자에서 [예]를 클릭합니다.

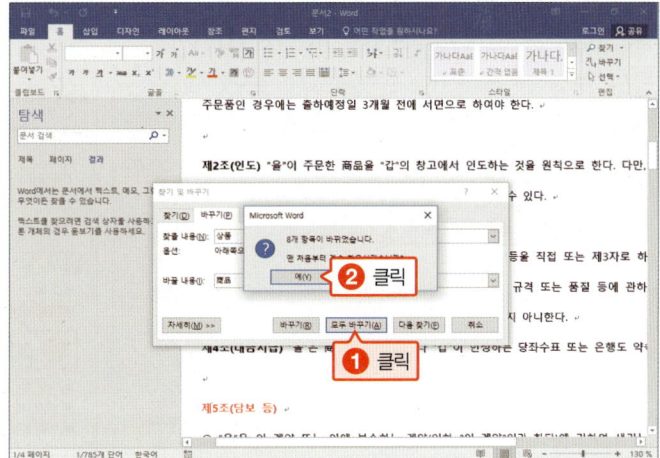

06 모두 바꾸기 적용 완료

① 모두 바꾸기가 완료되면 [확인]을 클릭하고 ② [닫기]를 클릭해 모두 바꾸기를 완료합니다.

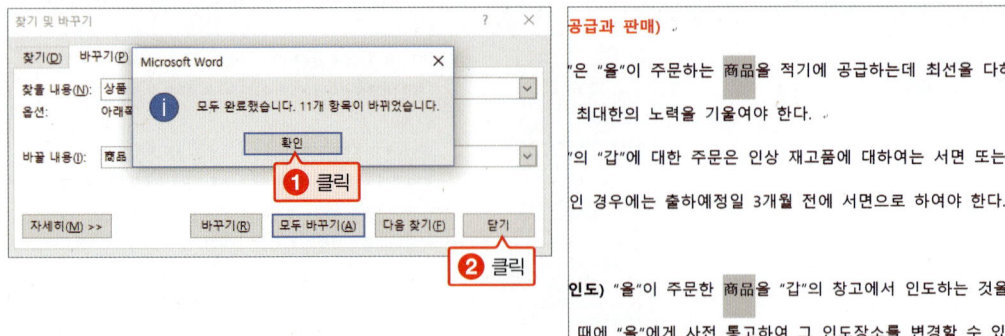

07 서식 바꾸기

① [홈] 탭-[편집] 그룹-[바꾸기]를 클릭하고 ② [자세히]를 클릭하여 [자세히] 창을 펼칩니다.

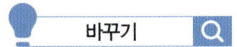

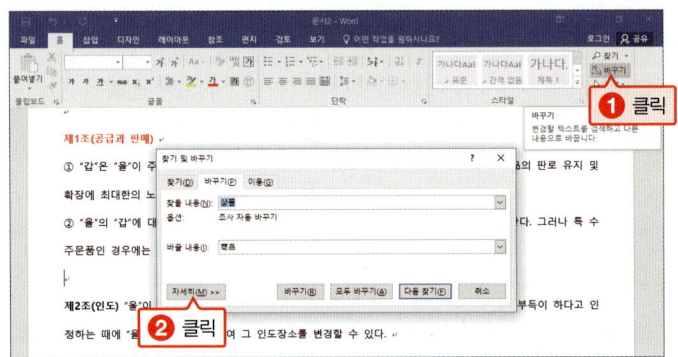

08 바꿀 내용 서식 변경하기

① 바꿀 내용에 **商品**을 입력하고 ② [서식]-[글꼴]을 클릭합니다. ③ [글꼴 바꾸기] 대화상자에서 [글꼴 색]을 [빨강]으로 설정하고 ④ [확인]을 클릭합니다.

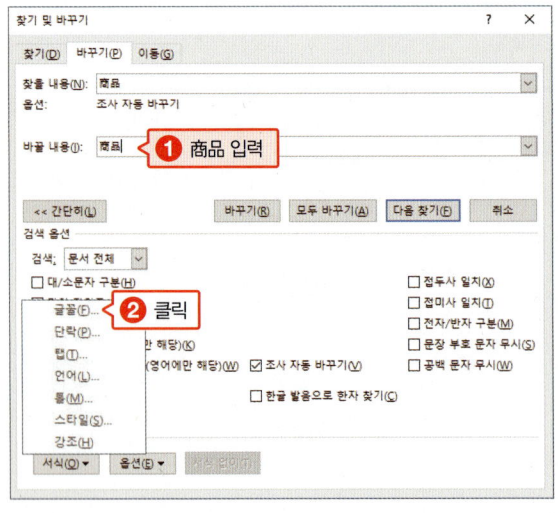

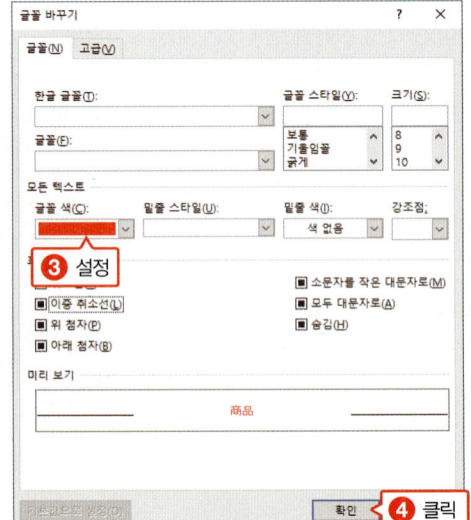

O9 모두 바꾸기 적용 완료

① [모두 바꾸기]를 클릭하고 적용이 완료되면 ② 대화상자에서 [확인]을 클릭한 뒤 ③ [닫기]를 클릭하여 모두 바꾸기를 완료합니다.

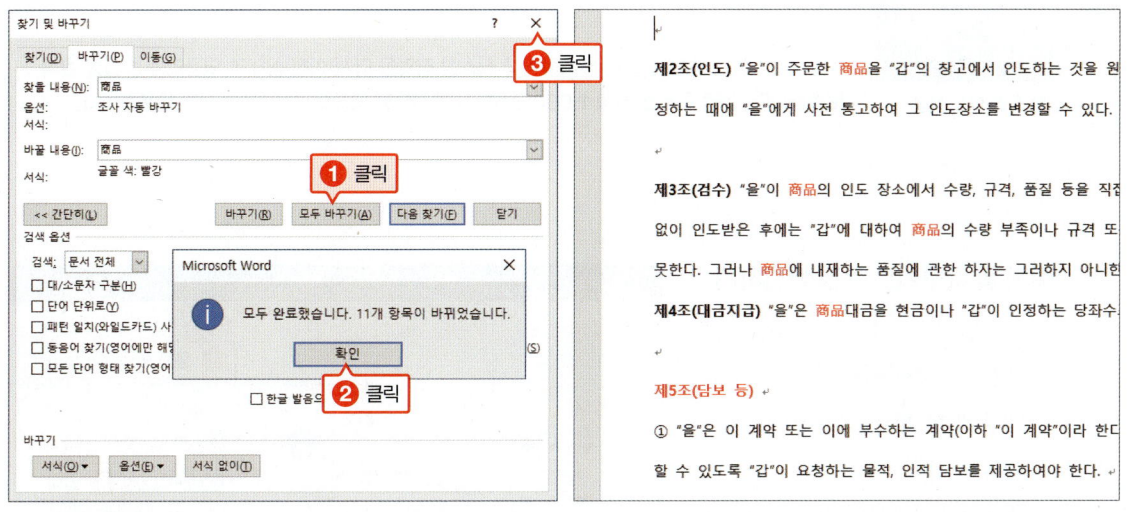

TIP [찾기 및 바꾸기] 대화상자의 [바꾸기] 탭

문서에서 원하는 문자열을 찾고 변경할 때 사용하며 바꿀 내용을 하나씩 찾아 바꾸거나 한번에 모두 바꿀 수 있습니다.

① 찾기 및 바꾸기를 이용해 찾거나 바꿀 내용에 적용된 서식이나 옵션을 표시합니다.

② 바꿀 내용을 하나씩 찾아가며 바꿀 때 사용합니다.

③ 여러 단어를 한번에 바꿀 때 사용합니다.

④ 단어를 변경하지 않고 찾을 때 사용합니다.

⑤ [아래쪽으로], [위쪽으로], [문서 전체] 등 검색 방향을 선택합니다.

⑥ 찾을 내용 또는 바꿀 내용의 서식을 변경할 때 사용합니다.

⑦ 특수 문자 또는 기타 찾기 및 바꾸기 기능을 지정합니다.

⑧ 찾을 내용 또는 바꿀 내용에 적용된 서식을 삭제할 때 사용합니다.

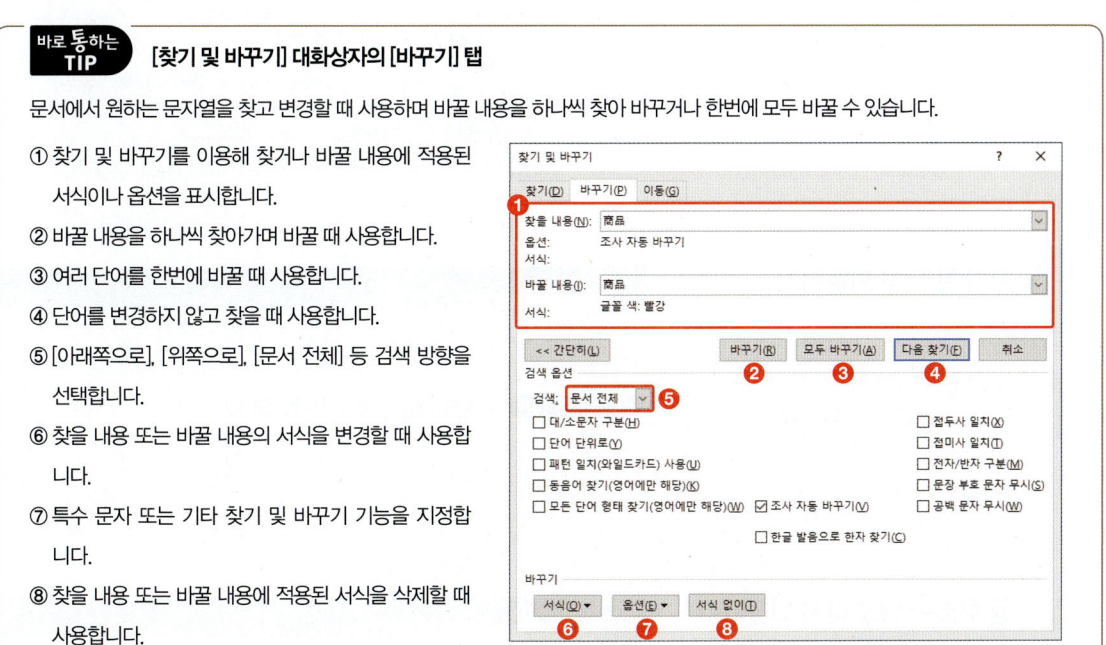

실행 취소 및 다시 실행하기

학습 목표 | 잘못된 작업을 실행 취소하거나 취소한 작업을 다시 이전 상태로 되돌리는 방법을 살펴보겠습니다. 실행 취소는 최대 1,000단계까지 이전으로 되돌릴 수 있어 편집에 유용합니다.

실습 파일 | 워드/08_실행 취소 및 다시 실행하기.docx **완성 파일** | 워드/08완성.docx

01 찾기 및 바꾸기로 문장 변경하기

① [홈] 탭−[편집] 그룹−[바꾸기]를 클릭하거나 단축키 Ctrl+H를 누릅니다. ② 찾을 내용에 **본 회사**를, 바꿀 내용에 **본 한빛 미디어**를 입력합니다. ③ [모두 바꾸기]를 클릭하고 ④ [확인]을 클릭해 문장을 변경합니다.

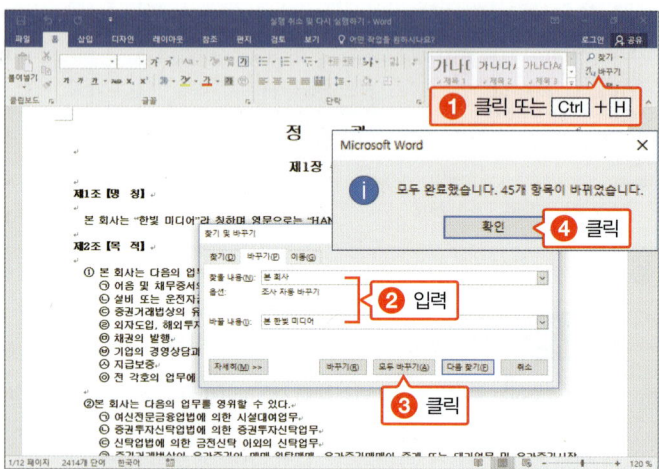

02 바꾸기 한 문장 되돌리기

[빠른 실행 도구]에서 [모두 바꾸기 취소]를 클릭하면 **01**에서 변경한 문장이 다시 본 회사로 모두 되돌려집니다.

실행 취소

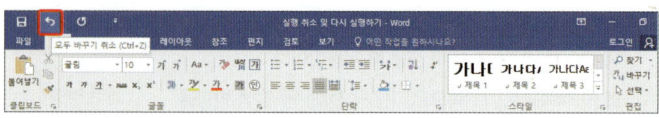

바로 통하는 TIP 단축키 Ctrl+Z를 이용해도 됩니다.

03 실행 취소한 내용 다시 되돌리기

02에서 본 한빛 미디어를 본 회사로 되돌리기를 했습니다. 만약 실수로 되돌리기를 실행했을 경우엔 다시 앞 단계로 돌아갈 수 있습니다.
[빠른 실행 도구]에서 [모두 바꾸기 다시 실행]을 클릭하면 다시 본 한빛 미디어로 되돌아오면서 앞의 실행이 취소됩니다.

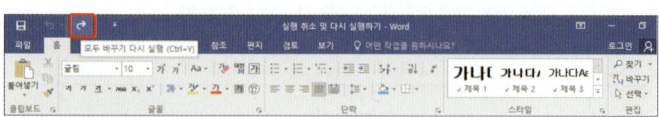

바로 통하는 TIP 단축키 Ctrl+Y를 이용해도 됩니다.

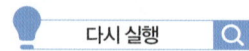
다시 실행

문장 이동 및 복사하기/
엑셀 표를 워드로 가져오기

학습 목표 | 작성한 문장을 다른 위치로 이동하거나 다른 곳에 복사할 때 사용하는 기능에 대해 알아보겠습니다. 이를 이용하면 엑셀 문서의 내용을 복사해 워드에 붙여넣을 수도 있습니다.

실습 파일 | 워드/09_문장 이동 및 복사하기.docx, 09_엑셀 표를 워드로.docx, 09_엑셀 표를 워드로.xlsx

완성 파일 | 워드/09문장 이동 및 복사하기_완성.docx, 09엑셀 표를 워드로 가져오기_완성.docx

01 단축키로 문장을 잘라 이동하기

부서별 업무 분담 표에서 총무 담당의 분담 업무 중 빨간색 글씨로 적힌 내용을 아래쪽에 인사 담당 부분으로 이동해 보겠습니다.

① 빨간색 문단을 드래그하여 블록 설정합니다. ② Ctrl+X를 눌러 잘라 낸 뒤 ③ 아래 행 인사 담당 셀을 클릭하고 Ctrl+V를 눌러 붙여넣습니다.

잘라내기

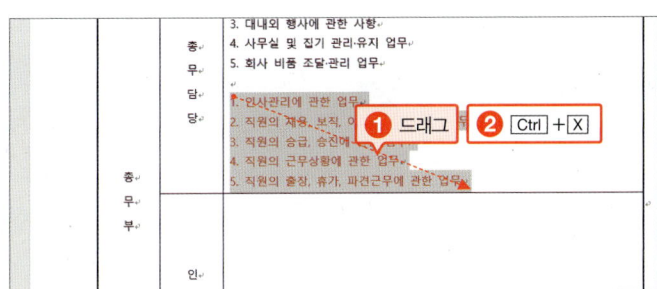

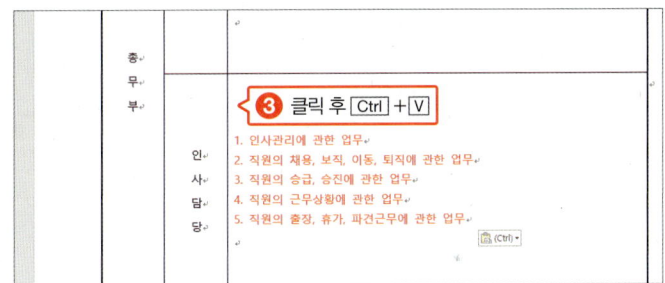

02 키보드를 사용하지 않고 마우스로 끌어 이동시키기

① 인사 담당 부분으로 이동된 빨간색 글씨를 블록 설정합니다. ② 마우스 포인터를 선택 범위 위에 두고 ③ 마우스 왼쪽 버튼을 누른 채로 위쪽 셀 총무 담당 부분으로 드래그합니다.

- - - - - - - - - - - - - - - -

총무 담당의 5번 항목 아래로 선택 범위가 이동됩니다.

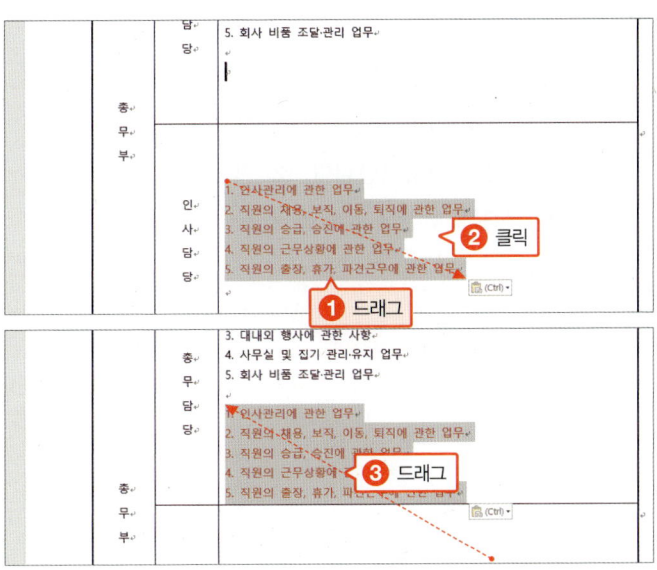

03 단축 메뉴를 이용해 복사하기

① 총무 담당 부분의 빨간색 글씨를 블록 설정한 후 마우스 오른쪽 버튼을 클릭합니다. ② 바로가기 메뉴에서 [복사]를 선택합니다. ③ 복사하려는 위치에 마우스 포인터를 클릭하고 마우스 오른쪽 버튼을 클릭한 뒤 ④ [붙여넣기 옵션] 중 [원본 서식 유지]를 선택합니다.

붙여넣기 옵션 중 [원본 서식 유지]에 마우스를 올리면 붙여넣기 결과를 미리 보여 줍니다.

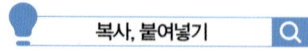

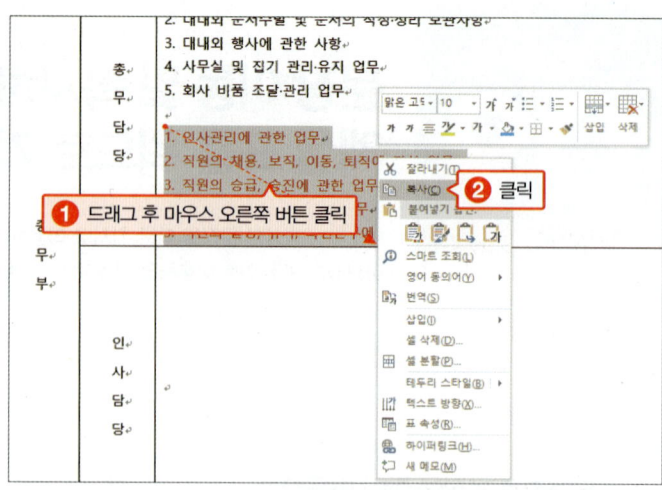

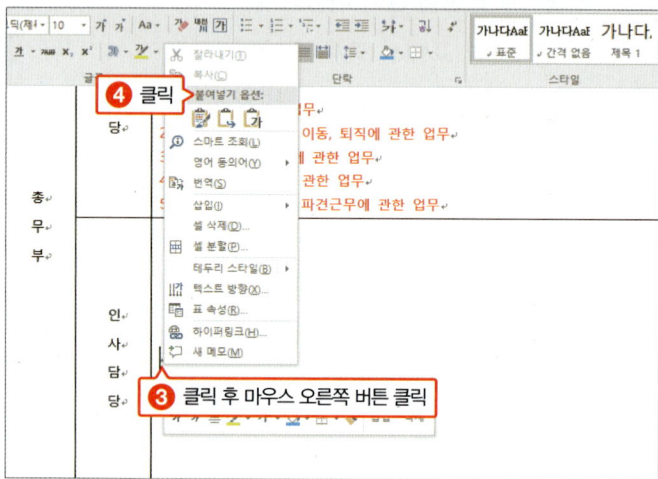

04 클립보드 도구를 이용하여 이동하기

① [홈] 탭 - [클립보드] 그룹 - [클립보드] 대화상자 표시 아이콘을 클릭해 [클립보드] 작업 창을 활성화합니다. ② 인사 담당 셀 부분의 빨간색 문단을 블록 설정합니다.

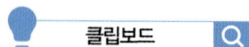

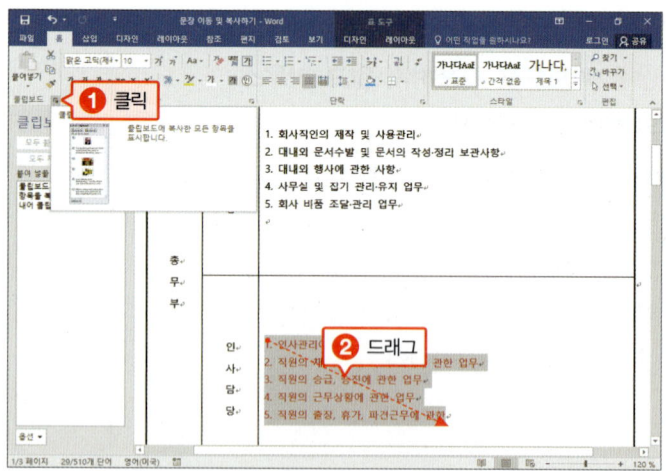

05 ① [홈] 탭-[클립보드] 그룹-[복사]를 클릭합니다. ② 문단을 붙여넣을 위치인 총무 담당 셀 아래를 클릭합니다. ③ [클립보드] 작업 창의 [붙여 넣을 항목 클릭]에서 복사된 항목을 클릭합니다.

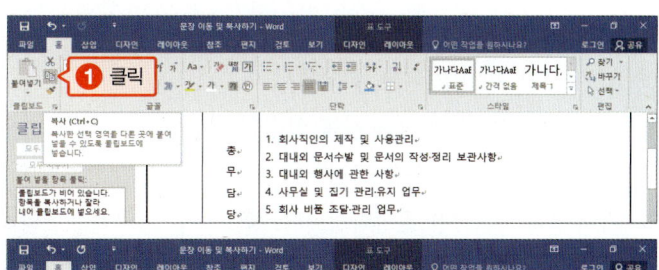

인사 담당 부분의 내용이 총무 담당 아래쪽에 복사됩니다.

바로 통하는 TIP [클립보드] 작업 창은 문장을 이동할 때도 사용할 수 있습니다. 즉 이동하기, 복사하기 기능을 사용할 때는 단축키, 마우스로 드래그, 바로가기 메뉴, [클립보드] 작업 창을 모두 사용할 수 있습니다. 가장 편한 방법을 선택해 사용합니다.

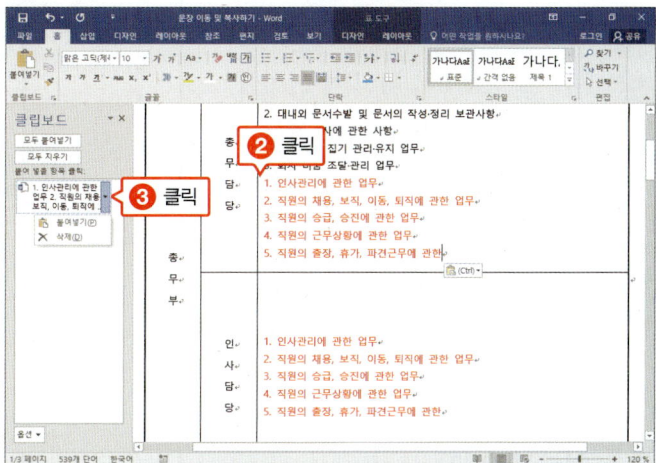

바로 통하는 TIP **스마트 태그 사용하기**

스마트 태그는 문장을 붙여넣을 때 서식 적용을 위한 옵션을 선택하는 기능으로 문장을 복사해 [붙여넣기]하면 활성화됩니다. 예를 들어 그림처럼 '5. 직원의 출장, 휴가…' 문장을 복사해 아래 줄에 복사하면 스마트 태그가 활성화되고 [붙여넣기]를 누르면 [붙여넣기 옵션]을 선택할 수 있습니다.

① **원본 서식 유지** : 복사한 원본 문장의 서식을 유지한 상태로 붙여넣습니다.

② **서식 병합** : 붙여넣을 위치의 서식으로 변경합니다.

③ **텍스트만 유지** : 서식을 모두 제거한 상태로 붙여넣습니다.

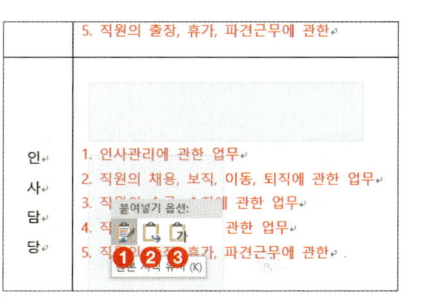

바로 통하는 TIP **클립보드 작업 창 살펴보기**

복사할 내용을 차례로 저장해 두었다가 원하는 내용을 붙여넣을 때 클립보드를 사용할 수 있습니다.

① **모두 붙여넣기** : 여러 내용을 클립보드에 복사해 놓고 해당 내용을 한번에 삽입할 때 사용합니다.

② **모두 지우기** : 클립보드의 내용을 모두 지울 때 사용합니다.

③ **클립보드 작업 선택** : 각각 클립보드의 [붙여넣기] 및 [삭제] 메뉴를 활성화합니다.

④ **옵션** : 클립보드 표시 방법을 선택할 때 사용합니다.

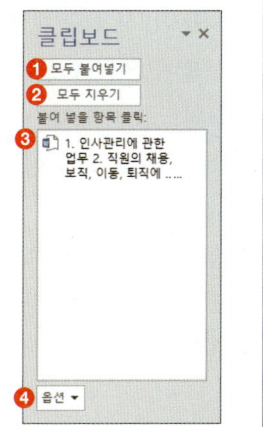

06 서식 복사하기

① 업무 분담 표의 기획부 부분에서 파란 취소선이 그어진 문장을 블록 설정합니다. 마우스를 놓는 순간 그림처럼 [바로 가기 도구 모음]이 활성화됩니다. ② [바로 가기 도구 모음]에서 [서식 복사] 또는 [홈] 탭-[클립보드] 그룹-[서식 복사]를 클릭해도 됩니다.

[바로 가기 도구 모음]이 사라졌다면 블록 설정 상태에서 마우스 오른쪽 버튼을 클릭하면 됩니다. [바로 가기 도구 모음]에서 [서식 복사]를 클릭하고 서식을 복사할 다른 문장에 마우스를 이동해 보면 마우스가 붓 모양으로 변경되는 것을 확인할 수 있습니다.

07 서식 붙여넣기

마우스 모양이 붓 모양으로 바뀌면 서식 붙여넣기 준비가 된 것입니다. 서식을 복사할 범위를 드래그하면 복사한 서식이 적용됩니다.

바로 통하는 TIP 서식 복사하기를 여러 곳에 적용하고 싶을 때

[홈] 탭-[클립보드] 그룹-[서식 복사]를 더블클릭하면 여러 곳에 서식을 복사할 수 있습니다. 서식 복사를 중단하려면 [ESC]를 눌러 해제합니다.

08 엑셀 표를 복사하기

엑셀에서 만든 세금계산서를 워드로 가져와 붙여넣어 보겠습니다. 우선 엑셀 표를 워드로 가져오기.docx, 엑셀 표를 워드로 가져오기.xlsx를 순서대로 실행합니다.

① 엑셀 파일에서 가져오고자 하는 범위의 표 내용을 블록 설정합니다. ② [Ctrl]+[C]를 눌러 표 내용을 복사합니다.

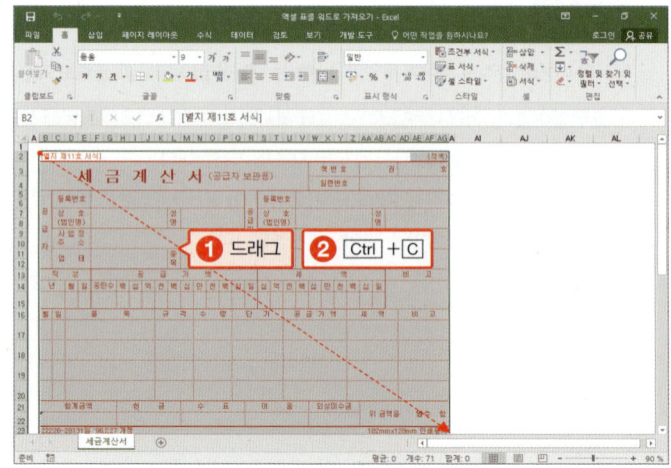

09 워드에 붙여넣기

① 작업 표시줄에서 워드 2016을 클릭해 창을 전환합니다. ② 복사할 내용을 붙여넣을 위치에 마우스 포인터를 놓고 마우스 오른쪽 버튼을 클릭합니다. ③ 바로 가기 메뉴에서 [붙여넣기]-[원본 서식 유지]에 마우스 포인터를 올리면 붙여넣을 표 모양을 미리 보기로 볼 수 있습니다. 미리 보기가 문제없다면 바로 가기 메뉴에서 [붙여넣기]-[원본 서식 유지]를 선택해 붙여넣습니다.

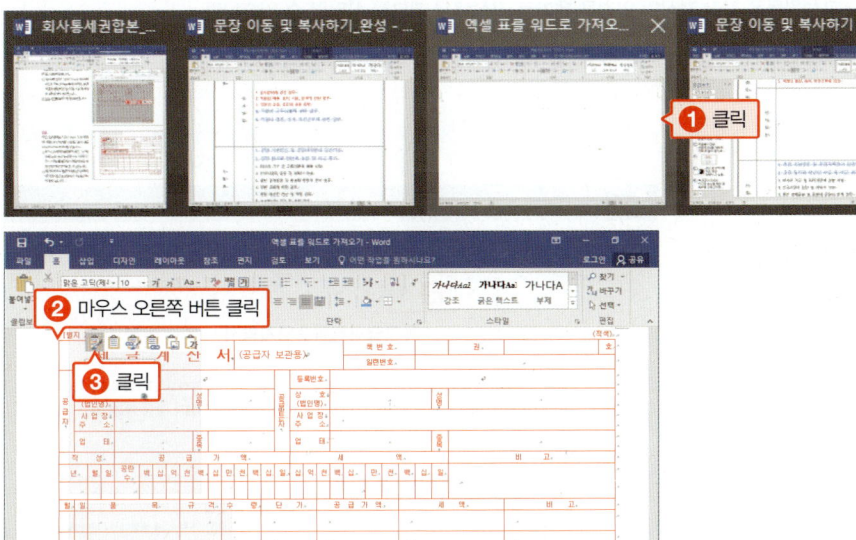

메모 삽입하고 표시하기/숨기기/삭제하기

학습 목표 | 공동 작업 시 문서에 메모를 삽입하여 구성원에게 부연 설명을 남길 수 있습니다. 그룹 구성원들은 각각 자신의 의견을 추가로 작성해서 메모를 삽입할 수 있습니다.

실습 파일 | 워드/10_메모 삽입, 표시 및 숨기기, 삭제하기.doc **완성 파일** | 워드/10완성.docx

01 메모 삽입하기

① 예제 파일에서 제1조(목적)를 블록 설정합니다. ② [검토] 탭–[메모] 그룹–[새 메모]를 클릭합니다. ③ 문서의 오른쪽에 메모 공간이 활성화되면 메모를 입력합니다.

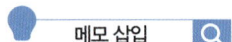

메모 삽입

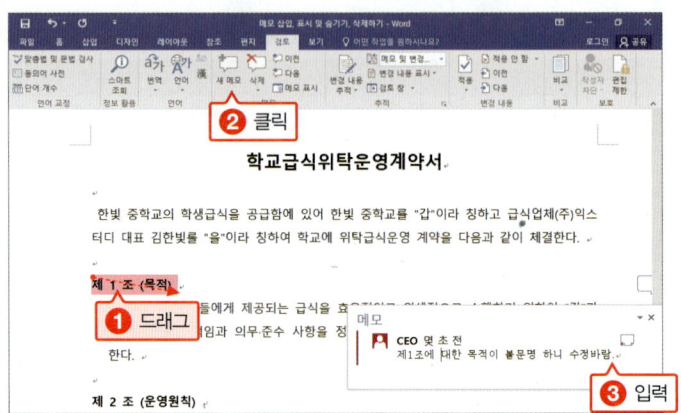

02 메모 표시하기

메모를 추가하면 문서 오른쪽에 말풍선 도형이 표시되고, 작성한 메모는 말풍선 도형을 클릭해야 볼 수 있습니다.

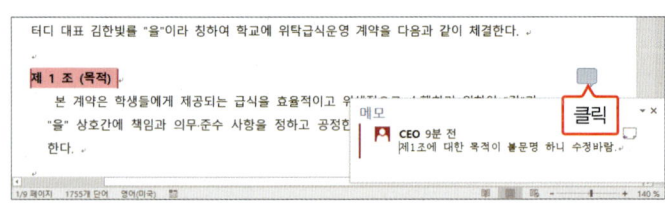

03 메모 영역에 메모 표시하기

편집 화면 오른쪽 메모 영역에 메모를 표시할 수도 있습니다.
[검토] 탭–[메모] 그룹–[메모 표시]를 클릭합니다.

화면 확대 비율이 너무 크면 메모가 가려져서 안 보일 수 있으니 화면을 축소해야 합니다.

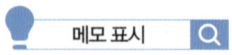

메모 표시

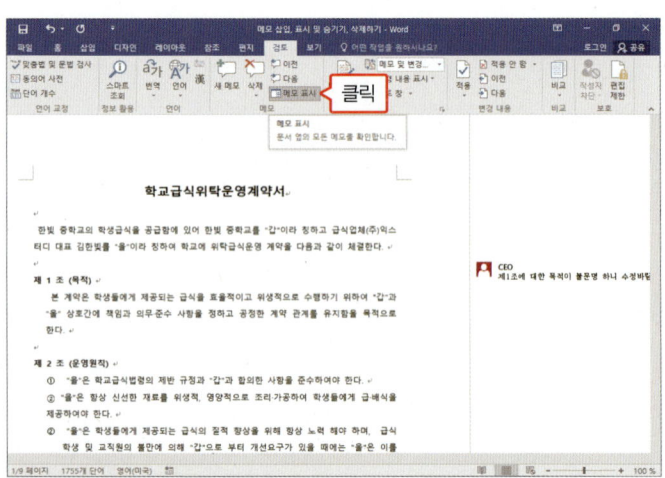

04 메모 숨기기

[검토] 탭-[메모] 그룹-[메모 표시]를 클릭하면 메모가 숨겨집니다. 반대로 [메모 표시]를 다시 한 번 클릭하면 사라진 메모가 다시 표시됩니다.

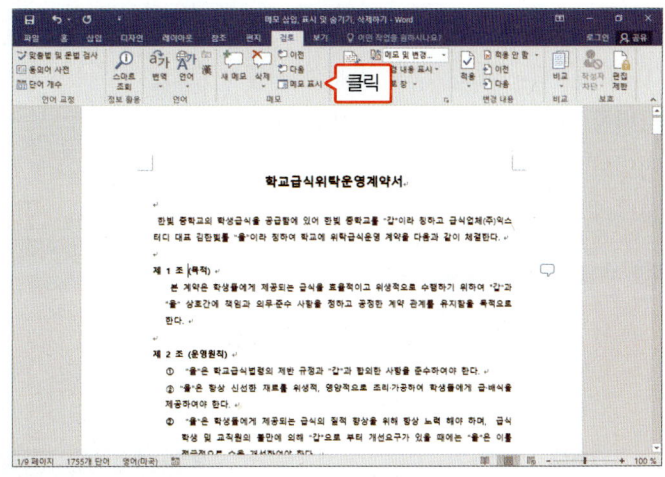

05 메모 표시 도구 사용하기

메모 옆의 메모 표시 도구를 클릭하면 메모를 팝업 형태로 확인할 수 있습니다. 도구를 다시 한 번 클릭하면 메모가 숨겨집니다.

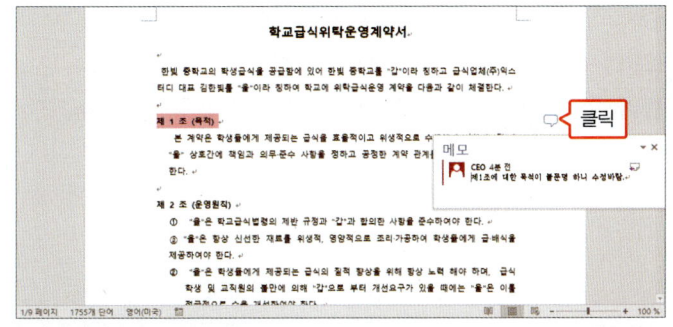

바로 통하는 TIP [메모 표시]를 실행했는데도 메모가 활성화되지 않는다면 [검토] 탭-[추적] 그룹-[변경 내용 표시]를 클릭하고 [메모]가 선택되어 있는지 확인합니다.

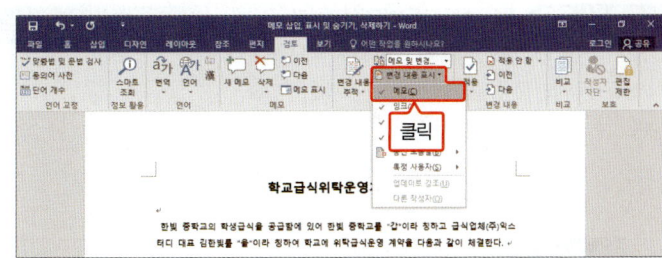

06 검토 창 활성화하기

[검토] 탭-[추적] 그룹-[검토 창]-[세로로 표시]를 클릭하면 왼쪽에 검토 창이 활성화됩니다.

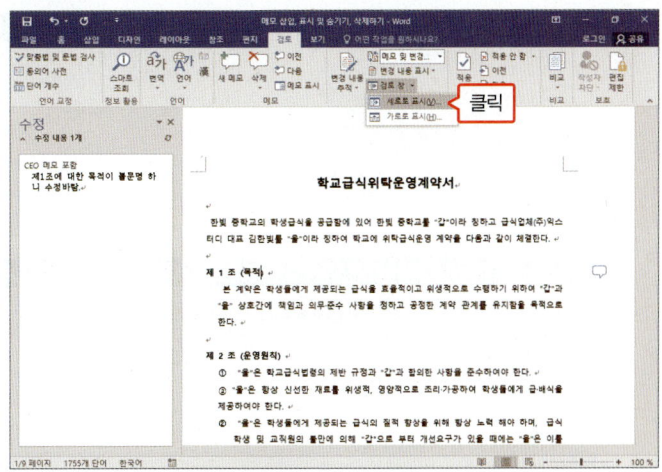

07 검토 창에 메모 내용 입력하기

① [검토] 탭-[메모] 그룹-[새 메모]를 클릭합니다. ② 검토 창에 두 번째 메모 영역이 표시되면 클릭하고 메모를 입력합니다.

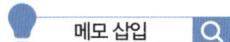

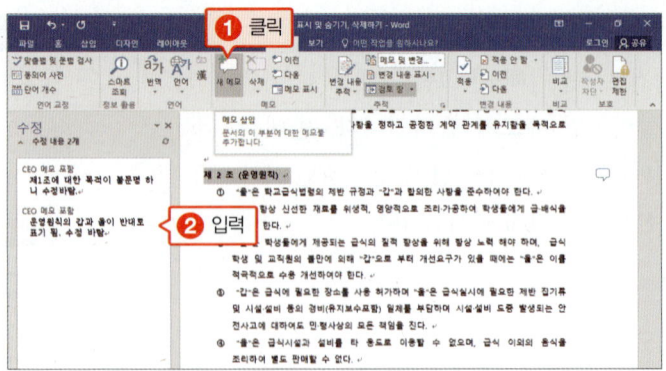

08 메모 삭제하기

① 삭제할 메모 도구를 클릭하거나 왼쪽 검토 창에서 메모를 선택합니다. ② [검토] 탭-[메모] 그룹-[삭제▼]-[삭제]를 클릭하여 메모를 삭제할 수 있습니다.

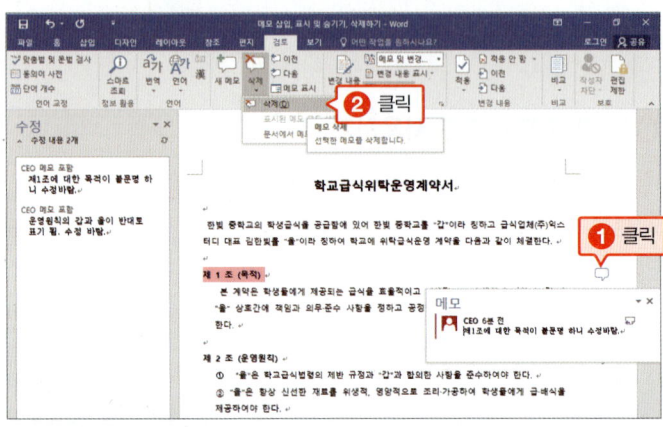

바로 통하는 TIP 문서 내의 모든 메모 삭제하기

[검토] 탭-[메모] 그룹-[삭제▼]-[문서에서 메모 모두 삭제]를 클릭하면 문서 내의 모든 메모를 삭제할 수 있습니다.

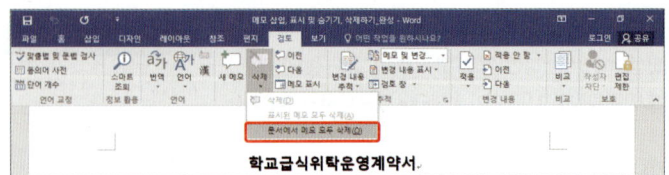

바로 통하는 TIP 검토용 표시 변경하기

검토용 표시 변경을 통해 문서의 변경 내용을 추적하거나 메모의 표시를 변경할 수 있습니다.

① 메모 및 변경 내용 간단히

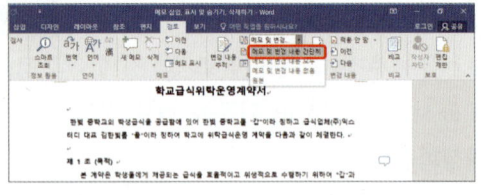

② 메모 및 변경 내용 모두

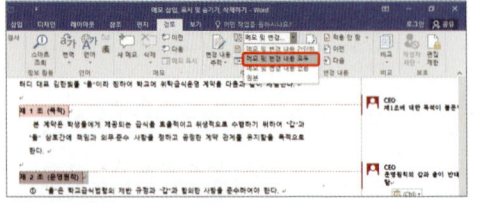

③ 메모 및 변경 내용 없음

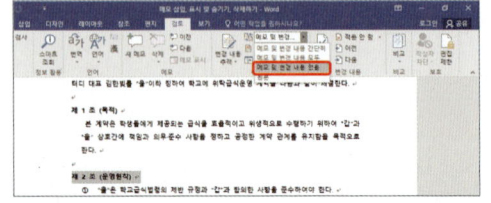

맞춤법 검사기를 이용해 문서 오류 수정하기

학습 목표 | 맞춤법 검사기를 이용하면 문서 입력 시 간편하게 오류를 찾고 수정할 수 있습니다. 이 옵션을 활성화하면 맞춤법과 문법에 맞지 않는 내용을 빨간색 밑줄로 표시해 줍니다.

실습 파일 | 워드/11_맞춤법 검사기를 이용해 문서 오류 수정하기.docx   **완성 파일 |** 워드/11완성.docx

01 맞춤법 검사 설정하기

① [파일] 탭-[옵션]을 선택합니다. ② [Word 옵션] 대화상자가 활성화되면 왼쪽 메뉴에서 [언어 교정]을 선택합니다. ③ [Word에서 맞춤법 검사 및 문법 검사]의 네 가지 항목에 모두 체크 표시하고 ④ [확인]을 클릭해 [Word 옵션] 대화상자를 닫습니다.

바로 통하는 TIP 이 옵션은 워드 2016의 기본 값으로 프로그램 설치 후 변경한 적이 없다면 이미 선택되어 있습니다.

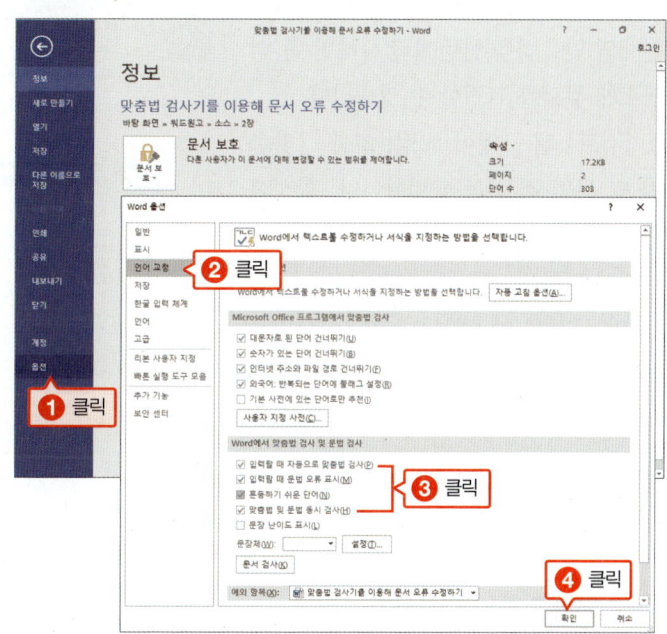

02 맞춤법 오류 단어 표시

[Word 옵션] 대화상자에서 위와 같이 설정하면 문서에서 맞춤법과 문법에 어긋나는 단어는 빨간색 밑줄이 그어집니다. 만약 문서를 편집할 때 이 밑줄이 거추장스럽다면 [Word 옵션] 대화상자에서 [언어 교정]-[입력할 때 자동으로 맞춤법 검사]의 체크 표시를 해제합니다.

03 추천 단어로 오류 문자를 수정하기

① 빨간색 밑줄이 표시된 맞춤법에 어긋난 단어를 클릭하고 마우스 오른쪽 버튼을 클릭합니다. ② 바로가기 메뉴의 추천 단어 중 알맞은 단어를 선택하면 단어가 수정됩니다.

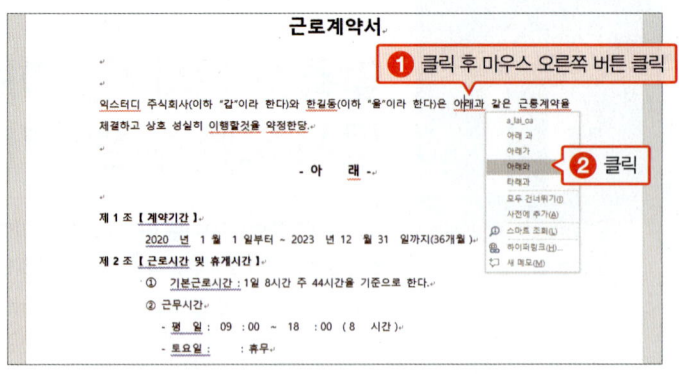

04 맞춤법 검사기 이용하기

전체의 맞춤법을 한번에 검사하면 좀 더 빠르게 문서를 교정할 수 있습니다. ① [검토] 탭 – [언어 교정] 그룹 – [맞춤법 및 문법 검사]를 클릭합니다. 활성화된 [맞춤법 검사] 작업 창에서 맞춤법과 문법이 잘못된 경우를 감지하여 추천 단어 및 문장을 제공합니다. ② 회사명은 맞춤법과 관련이 없으므로 [모두 건너뛰기]를 클릭합니다.

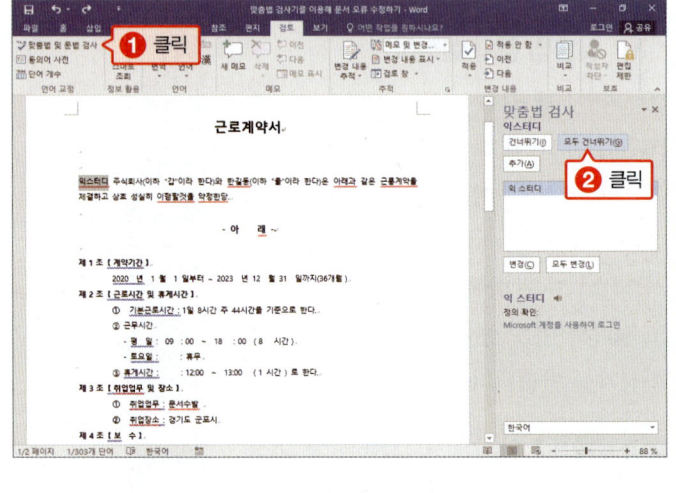

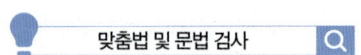

05 연속 맞춤법 검사하기

맞춤법에 어긋나는 단어를 자동으로 찾아 추천 단어를 표시합니다. ① 추천 단어를 선택한 후 ② [변경]을 클릭합니다. ③ 다음 오류 단어를 자동으로 검색하여 추천 단어가 표시되면 알맞은 단어를 선택한 후 ④ [변경]을 클릭합니다.

[모두 변경]을 클릭하면 문서 내의 같은 오류 단어를 자동으로 수정합니다.

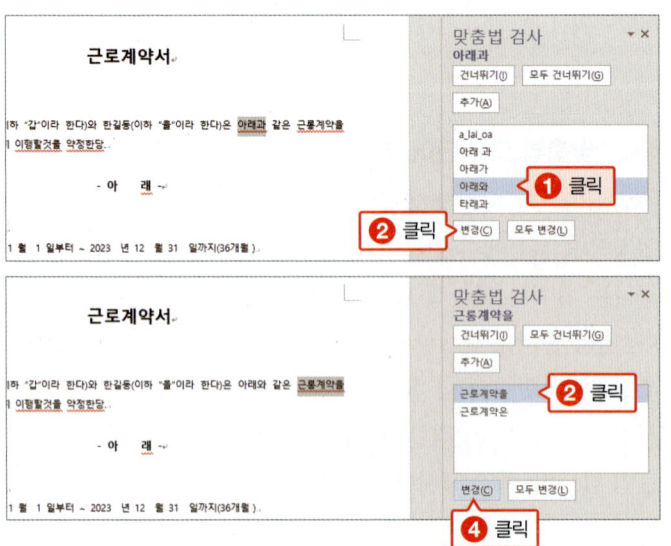

03

글꼴 꾸미기

문서에 포함된 특정 단어를 강조할 때 글꼴을 변경하거나 음영을 설정할 수 있습니다. 글꼴은 문서를 이루는 기본 요소이므로 글꼴의 색, 장평, 글자 간격 등을 조정해 문서를 꾸며 보겠습니다. 윗주나 첨자, 강조점 등을 적절히 사용하면 문서 내에서 특정 글자를 강조해 돋보이게 만들 수 있습니다.

글꼴, 글꼴 색, 글꼴 크기, 밑줄 및 음영 지정하기

학습 목표 | [홈] 탭-[글꼴] 그룹 또는 [글꼴] 대화상자를 이용해 글꼴, 글꼴 색과 크기 등을 문서의 내용에 맞게 지정하고 좀 더 보기 좋은 문서를 작성하는 방법에 대해서 알아보겠습니다.

실습 파일 | 워드/12_글꼴, 글꼴 색, 글꼴 크기, 밑줄 및 음영 지정하기.docx   **완성 파일 |** 워드/12완성.docx

01 글꼴 대화상자로 변경하기

문서 제목인 '한빛신문'의 글꼴 서식을 [글꼴] 대화상자에서 변경해 보겠습니다. ① 한빛신문을 블록 설정합니다. ② [홈] 탭-[글꼴] 그룹-[글꼴⌐] 대화상자 표시 아이콘을 클릭합니다.

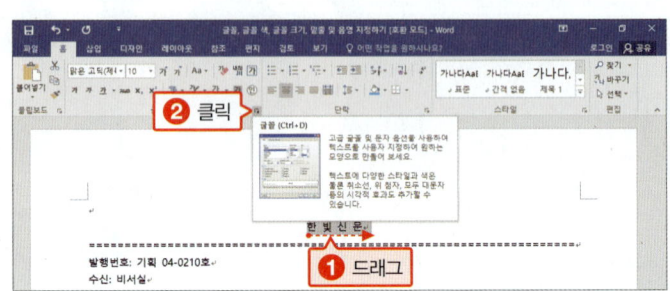

02

① [글꼴] 대화상자에서 [한글 글꼴]을 [궁서체]로 설정하고 ② [글꼴 스타일]은 [굵게 기울임꼴]로, ③ [크기]는 [24]로 설정합니다. ④ [글꼴 색]에서 [진한 파랑]을 선택하고 ⑤ 설정이 완료되면 [확인]을 클릭합니다.

글꼴 모양, 색, 크기 등이 변경됩니다.

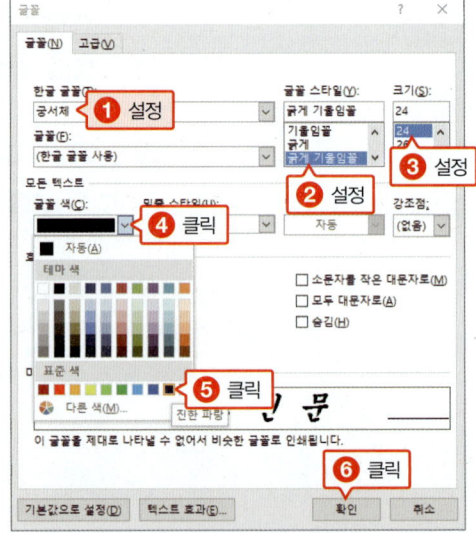

03 리본 메뉴로 서식 변경하기

① 그림처럼 본문의 글자를 블록 설정합니다. ② [홈] 탭-[글꼴] 그룹에서 [굵게]와 [기울임 꼴]을 클릭합니다. ③ [글꼴 크기 크게]를 두 번 클릭해 12포인트로 설정합니다. ④ [글꼴 색▼]-[빨강]을 선택합니다.

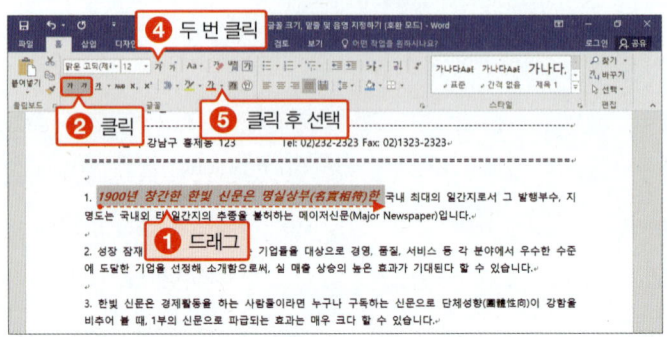

미니 도구 모음으로 서식 변경하기

2016 버전에서는 더 간단한 방법으로 글꼴 서식을 변경할 수 있습니다. 서식을 변경할 블록을 설정하면 그림과 같은 [미니 도구 모음]이 활성화됩니다. 이를 이용해 변경하고자 하는 서식을 적용합니다.

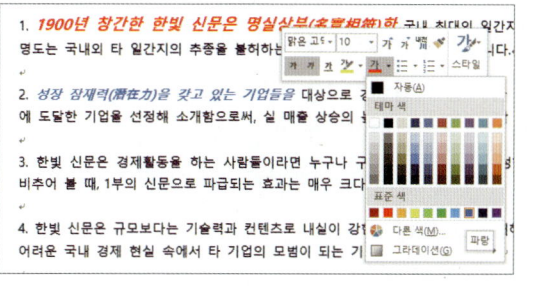

04 밑줄 및 밑줄 색상 적용하기

① 본문의 '단체성향(團體性向)이 강함을 비추어 볼 때'를 블록 설정합니다. ② [홈] 탭-[글꼴] 그룹-[밑줄▼]을 클릭하고 밑줄의 종류를 [물결선 밑줄]로 선택합니다. ③ [홈] 탭-[글꼴] 그룹-[밑줄▼]을 클릭하고 [밑줄 색]-[연한 파랑]을 선택합니다.

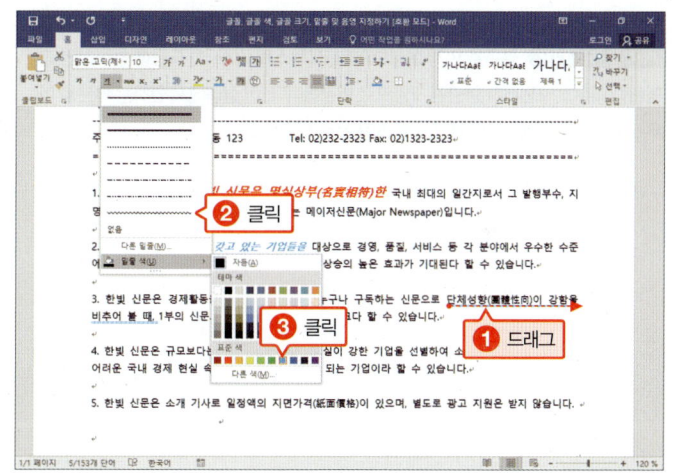

밑줄 해제 및 밑줄 스타일 변경하기

밑줄을 해제하고 싶을 때는 해제할 부분을 블록 설정한 후 [홈] 탭-[글꼴] 그룹-[밑줄]을 한 번 클릭합니다. 목록에 없는 밑줄 종류를 선택하려면 [홈] 탭-[글꼴] 그룹-[밑줄▼]을 클릭하고 [다른 밑줄]을 선택하면 [글꼴] 대화상자가 실행됩니다. [글꼴] 대화상자 [밑줄 스타일]에서 다른 밑줄로 종류를 변경할 수 있습니다.

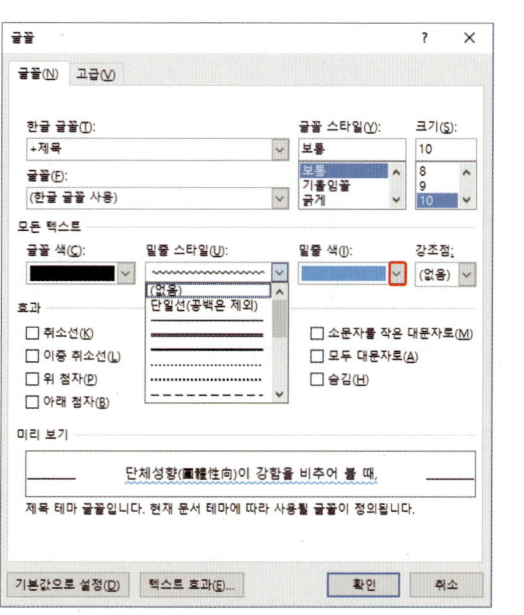

05 형광펜 기능으로 음영 지정하기

① 본문의 '5. 한빛 신문은 소개 기사로 일정액의 ~' 부분을 블록 설정합니다.
② [홈] 탭 – [글꼴] 그룹 – [텍스트 강조 색▼]을 클릭합니다. ③ 색상 팔레트에서 [옥색]을 선택하면 그림처럼 형광색이 적용됩니다.

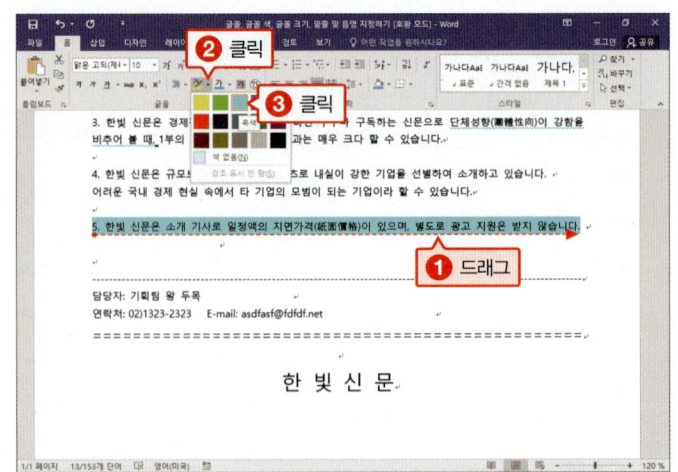

바로 통하는 TIP 블록을 먼저 설정하지 않고 [텍스트 강조 색] 도구를 클릭하면 그림처럼 마우스 포인터가 형광펜 모양으로 변경됩니다. 이 상태에서 원하는 부분을 마우스로 블록 설정해도 형광펜 효과를 적용할 수 있습니다.

글자 간격과 장평 조정하기

학습 목표 | 글자 사이의 간격을 '자간', 글자의 가로세로 길이 비율을 '장평'이라고 합니다. 이를 잘 조절하면 보기 좋은 글씨 스타일을 문서에 적용할 수 있습니다.

실습 파일 | 워드/13_글자 간격과 장평 조정하기.docx **완성 파일 |** 워드/13완성.docx

01 글자 간격 조정하기

제목인 '위임장'의 글자 간격을 조정해 보겠습니다.

① 제목 위임장 중 위임 두 글자만 블록 설정합니다. ② [홈] 탭-[글꼴] 그룹- [글꼴 ⬛] 대화상자 표시 아이콘을 클릭 합니다.

글꼴 설정 🔍

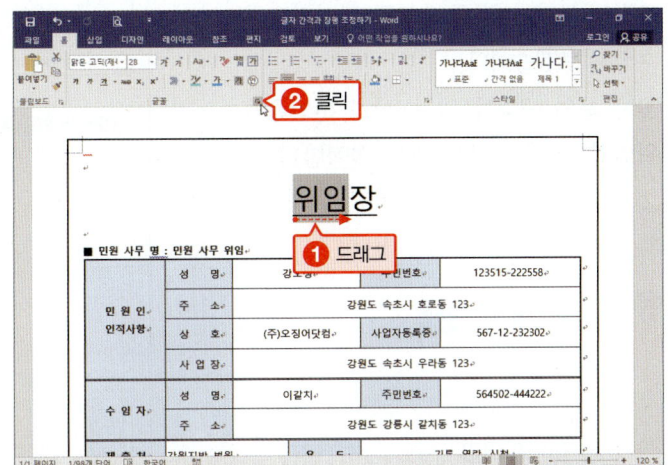

02 ① [글꼴] 대화상자가 활성화되면 [고급] 탭을 클릭합니다. ② [문자 간격]에서 [간격]을 [넓게]로 설정하고 ③ [값]을 [25pt]로 설정한 뒤 ④ [확인]을 클릭해 글자 간격을 적용합니다.

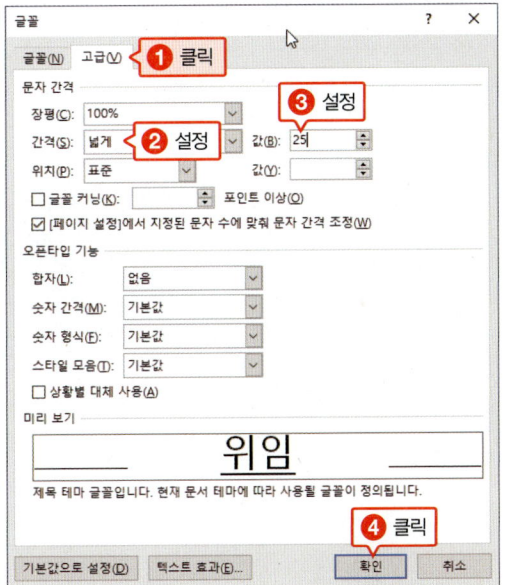

03 제목 글자 사이에 간격이 적용되었습니다.

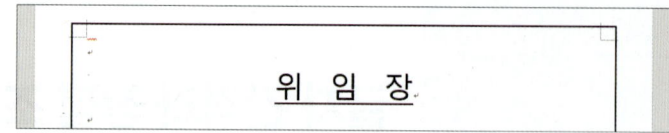

바로 통하는 TIP '위임장' 세 글자를 모두 블록 설정한 후 위와 같이 적용하면 마지막 글자 뒤에도 간격이 표시됩니다.

04 장평 조정하기

본문의 위임장 내용에서 글자의 장평을 조정해 문장이 한 줄에 모두 표시되도록 수정해 보겠습니다.
① 본문의 중앙에 있는 '상기 본인은~ 위임합니다.' 문장을 블록 설정합니다.
② [홈] 탭-[글꼴] 그룹-[글꼴] 대화상자 표시 아이콘을 클릭합니다.

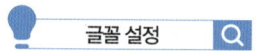

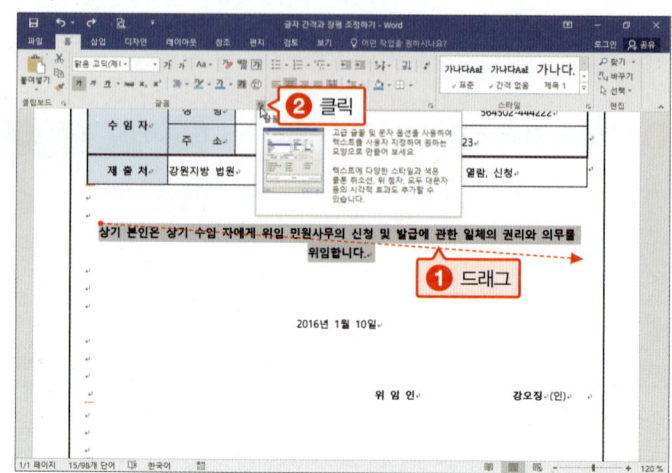

05 ① [글꼴] 대화상자의 [고급] 탭을 클릭합니다. ② [문자 간격]의 [장평]을 [90%]로 설정하고 ③ [확인]을 클릭해 장평을 적용합니다.

위임장의 내용이 한 줄에 모두 표시됩니다.

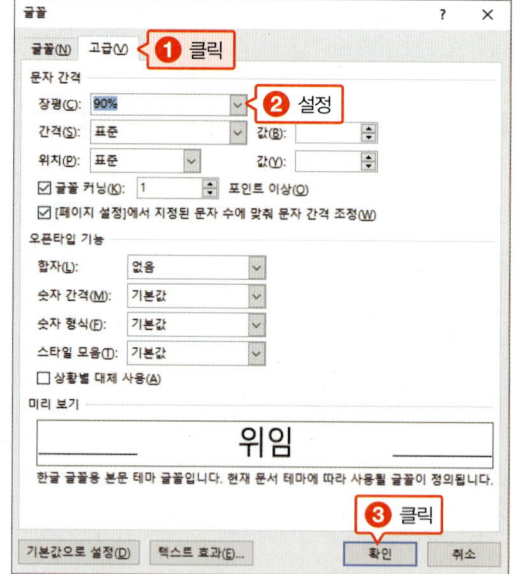

표준을 기준으로 글자 간격을 [넓게]로 지정하면 글자 사이가 넓어지고 [좁게]를 선택하면 글자 사이의 간격이 좁아집니다. 이와 달리 장평은 글자의 세로 길이 대비 폭의 비율을 설정합니다. 장평 200%는 세로 길이를 100%로 보았을 때 가로 길이를 200%로 늘린다는 의미입니다.

표준	오피스 워드
글자 간격 넓게(2pt)	오 피 스 워 드
글자 간격 좁게(2pt)	오피스워드
장 평 (200%)	오 피 스 워 드
장 평 (50%)	오피스 워드

기준에서부터 글자의 위치를 올리거나 내릴 수 있습니다.

① [글꼴] 대화상자의 [고급] 탭-[위치]에서 [글자 위치 올림]을 선택합니다. ② [값]을 [10pt]로 설정하면 현재 글꼴의 위치가 기준에서 10pt 올라갑니다. 반대로 [글자 위치 내림]을 선택하면 기준에서 아래로 내려갑니다.

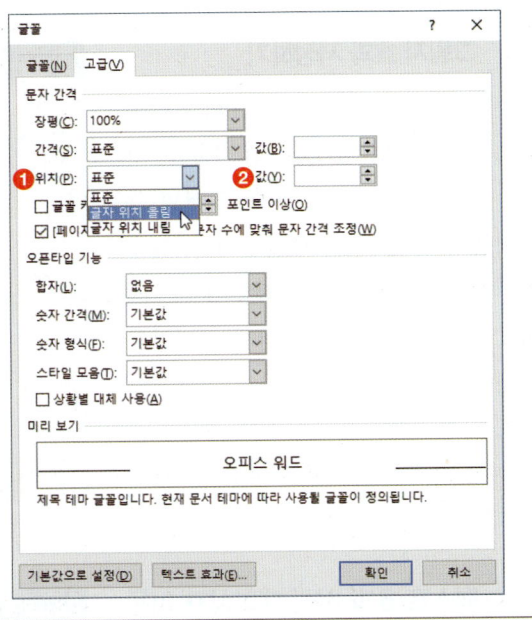

그림자 효과 및 윗주 지정하기

학습 목표 | 글자에 그림자나 외곽선, 반사, 네온 등 다양한 효과를 적용해 쉽게 눈에 띄도록 구별할 수 있습니다. 윗주 기능으로 해당 단어 위에 부연 설명을 추가할 수도 있습니다.

실습 파일 | 워드/14_그림자 효과 및 윗주 지정하기.docx   **완성 파일** | 워드/14완성.docx

O1 그림자 효과 지정하기

① 본문 제목인 '아기 모델 선발 대회'를 블록 설정합니다. ② [홈] 탭-[글꼴] 그룹-[텍스트 효과와 타이포그래피]를 클릭합니다. ③ 기본 템플릿에서 [채우기-검정, 텍스트1, 윤곽선-배경1, 진한 그림자-배경1]을 선택해 그림자를 설정합니다.

검은색 텍스트에 윤곽선이 표시되며 검은색 그림자가 적용됩니다.

O2 텍스트 효과 서식 대화상자 이용하기

① [홈] 탭-[글꼴] 그룹-[글꼴] 대화상자 표시 아이콘을 클릭합니다. ② [글꼴] 대화상자의 [텍스트 효과]를 클릭하고 ③ [텍스트 효과 서식] 대화상자에서 [텍스트 효과]를 클릭합니다. ④ [그림자]를 선택하고 ⑤ [색]-[연한 파랑], [투명도]-[10%], [크기]-[105%], [흐리게]-[5pt], [간격]-[1pt]로 각각 설정합니다. ⑥ [확인] 클릭하고 ⑦ [글꼴] 대화상자를 종료합니다.

검은색 텍스트에 아래로 연한 파랑색 그림자가 나타납니다.

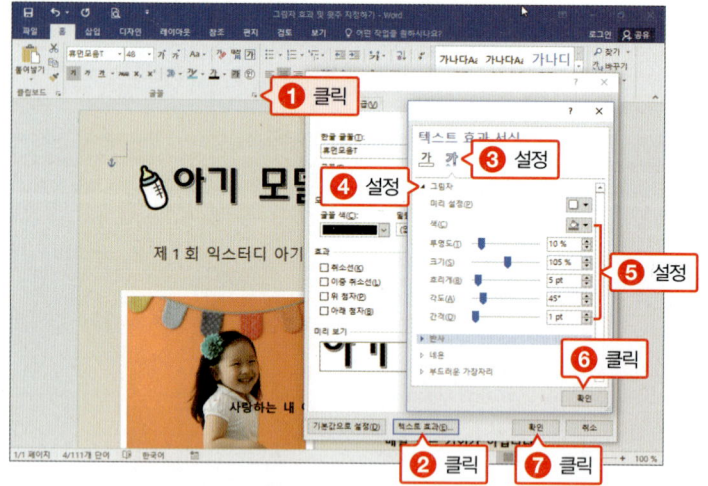

바로 통하는 TIP [텍스트 효과 서식] 대화상자 살펴보기

① **색** : 그림자의 색을 지정합니다.

② **투명도** : 그림자의 투명도를 지정합니다. 숫자가 클수록 투명해집니다.

③ **크기** : 그림자의 크기를 지정합니다. 숫자가 클수록 그림자의 크기가 커집니다.

④ **흐리게** : 그림자의 음영을 지정합니다. 숫자가 클수록 그림자가 흐려집니다.

⑤ **각도** : 그림자의 각도를 지정합니다.

⑥ **간격** : 그림자와 글자 사이의 거리를 지정합니다. 숫자가 클수록 그림자와 글자 사이의 간격이 멀어집니다.

03 윗주 지정하기

그림자가 지정된 문자에 윗주를 지정하면 윗주에도 똑같이 적용됩니다. 영문을 윗주로 적용해 보겠습니다.

① '익스터디'를 블록 설정합니다. ② [홈] 탭-[글꼴] 그룹-[윗주 달기]를 클릭합니다. ③ [윗주 달기] 대화상자에서 [묶어서]를 클릭하여 선택 범위를 묶어 표현합니다. ④ [윗주] 항목에 **EXTUDY**를 입력하고 ⑤ [확인]을 클릭해 윗주를 적용합니다.

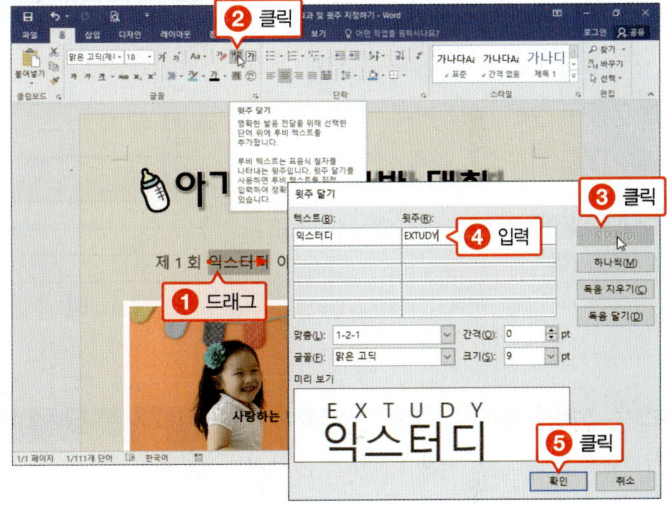

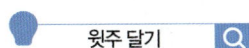

윗주 달기

04 적용된 윗주를 확인합니다.

제 1 회 ^{EXTUDY} 익스터디 아기 모델 선발대회를 개최합니다.

바로 통하는 TIP [윗주 달기] 대화상자에서 [하나씩]을 선택하면

[묶어서]의 경우 단어를 하나의 단위로 인식해 윗주가 들어가며, [하나씩]은 선택 범위의 음절마다 윗주를 지정할 때 사용합니다.

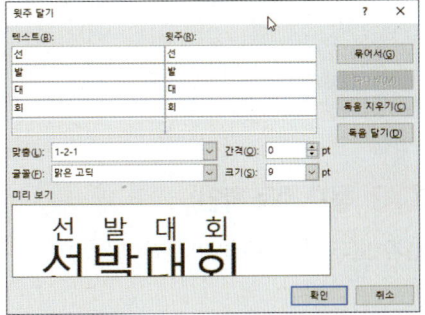

첩자, 원 문자, 강조점 입력하기

학습 목표 | 첩자, 원 문자, 강조점 등을 적절히 활용하면 문서를 좀 더 보기 좋게 꾸밀 수 있습니다. [글꼴] 대화상자와 [글꼴] 그룹에서 문서를 꾸미는 방법에 대해 알아보겠습니다.

실습 파일 | 워드/15_첩자, 원 문자, 강조점 입력하기.docx   완성 파일 | 워드/15완성.docx

01 변경할 문자 연속 선택하기

부동산 임대차 계약서에서 토지와 건물, 임대할 부분의 면적을 표시하기 위해 'm2'를 'm²'로 변경해 보겠습니다.
① [면적]에서 '2'를 블록 설정합니다.
② Ctrl 을 누른 채로 아래 칸에 있는 두 개의 '2'를 연속으로 블록 설정합니다.

바로 통하는 TIP 각 문자를 연속으로 선택할 때는 Ctrl 을 이용합니다.

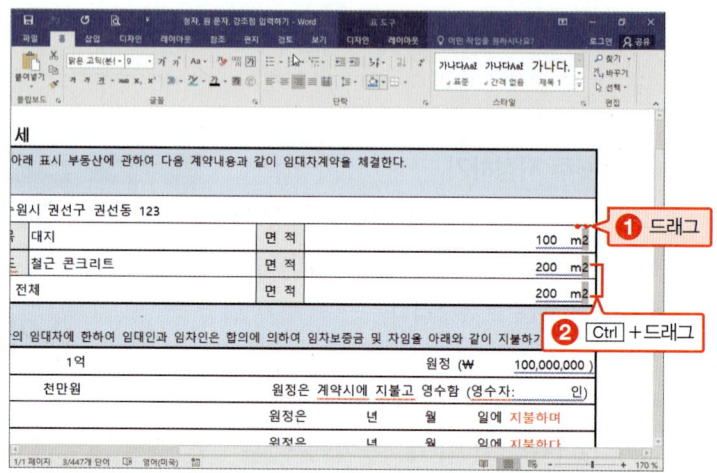

02 선택한 문자 위 첩자로 변경하기

① [홈] 탭-[글꼴] 그룹-[글꼴] 대화상자 표시 아이콘을 클릭합니다. ② [글꼴] 대화상자의 [효과]에서 [위 첩자]에 체크 표시합니다. ③ [확인]을 클릭해 위 첩자를 적용합니다.

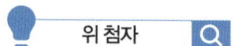
위 첩자

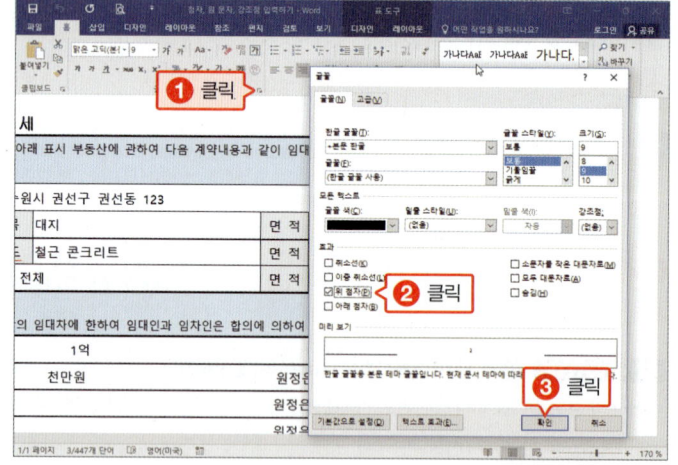

03 첩자 적용 확인

2가 모두 위 첩자로 변경되었습니다.

원시 권선구 권선동 123			
대지	면 적		100 m²
철근 콘크리트	면 적		200 m²
전체	면 적		200 m²

04 아래 첨자 지정하기

① 아래 첨자를 지정할 단어인 '지불하며'를 블록 설정합니다. ② Ctrl을 누른 상태에서 아래 칸에 있는]의 '지불한다.'를 연속으로 블록 설정합니다. ③ [홈] 탭-[글꼴] 그룹-[글꼴] 대화상자 표시 아이콘을 클릭합니다. ④ [글꼴] 대화상자의 [효과]에서 [아래 첨자]에 체크 표시하고 ⑤ [확인]을 클릭해 적용합니다.

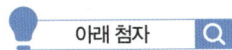

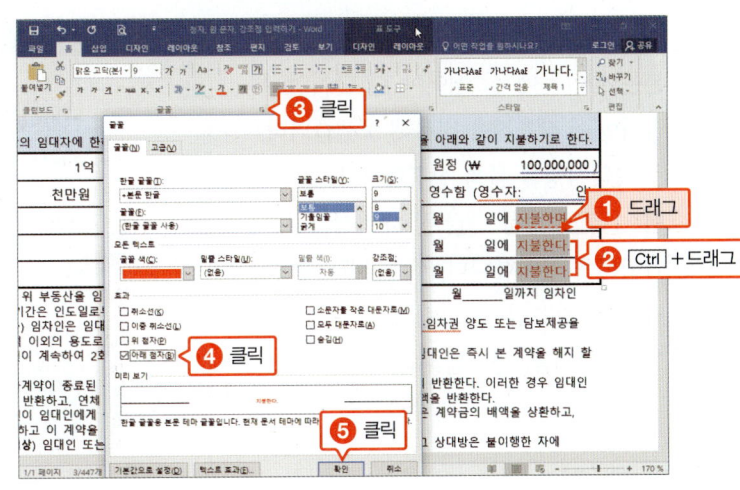

05 아래 첨자 적용 확인하기

블록으로 설정한 3개 단어 모두 아래 첨자로 적용되었는지 확인합니다.

06 원 문자로 변경하기

[원 문자] 기능을 이용하면 일반 글자를 원 문자로 변경할 수 있습니다.

① 원 문자로 변경할 '인'을 블록 설정합니다. ② [홈] 탭-[글꼴] 그룹-[원 문자]를 클릭합니다. ③ [원 문자] 대화상자에서 [기호를 크게]를 선택하고 ④ [확인]을 클릭해 적용합니다.

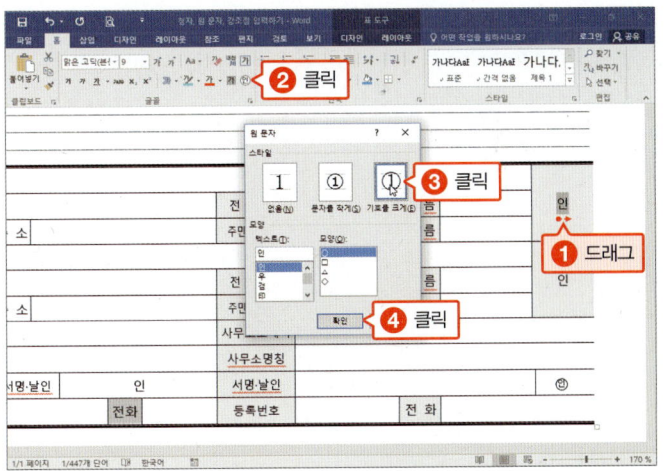

'인'이 원 문자로 변경됩니다.

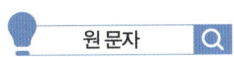

바로 통하는 TIP [원 문자] 대화상자에서 [없음]을 선택하면 원 문자가 해제됩니다. [문자를 작게]는 원 크기가 현재 글꼴 크기에 맞게 생성되며, [기호를 크게]는 원 안의 글꼴 크기가 현재 글꼴 크기와 같아지도록 생성됩니다.

07 강조점 지정하기

본문에서 눈에 잘 띄어야 할 단어인 '특약사항'에 강조점을 적용해 보겠습니다. ① 특약사항을 블록 설정합니다. ② [홈] 탭-[글꼴] 그룹-[글꼴] 대화상자 표시 아이콘을 클릭합니다. ③ [글꼴] 대화상자에서 [강조점]을 그림과 같이 선택하고 ④ [확인]을 클릭합니다.

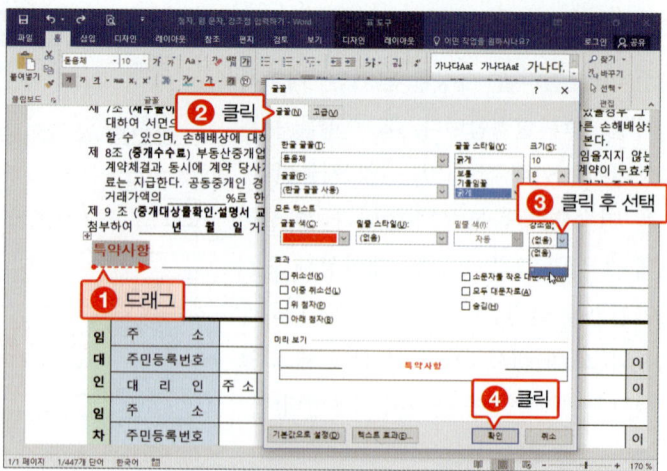

08 강조점이 적용되었는지 확인합니다.

04

단락 꾸미기

워드프로세서로 문서를 작성하는 가장 큰 이유 중에 하나는 단락을 꾸며서 통일된 형태의 문서를 완성하는 데 있습니다. 각 단락에 번호를 넣거나 번호의 서식을 간단히 변경하는 기능, 각 단락의 들여쓰기와 줄 간격을 조정하는 기능 등을 사용해 특정 단락을 강조하고 다단을 표현하는 등 체계적이고 통일된 문서를 만드는 방법에 대해 알아보겠습니다.

문서를 깔끔하게 만드는 단락 설정 살펴보기

문서를 한눈에 보기 쉽게 깔끔하게 정리하기 위해서는 단락 설정을 자유롭게 사용할 수 있어야 합니다. 텍스트의 목적과 위상에 따라 단락을 잘 구분해 사용하면 정보를 일목요연하게 정리할 수 있습니다. 단락을 설정하는 다양한 방법에 대해 살펴보겠습니다.

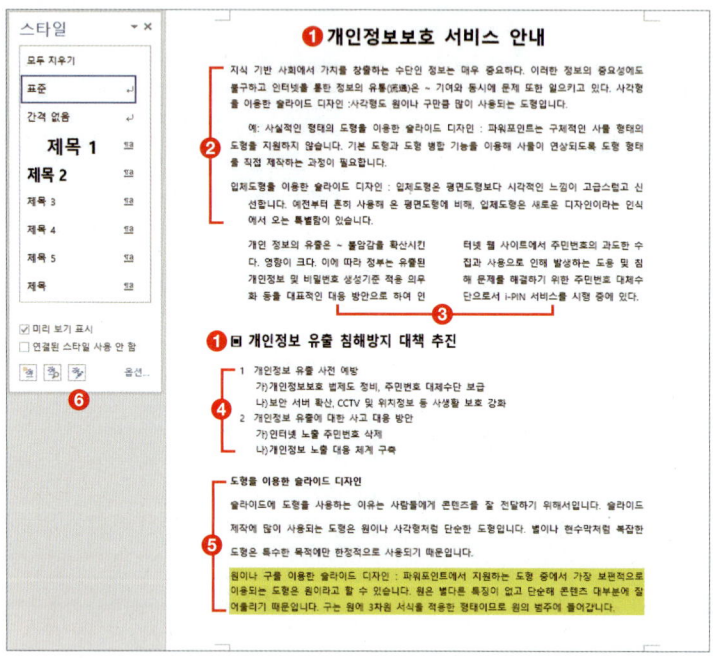

① **제목** : 대제목, 중간 제목은 크기나 굵기를 조절하고 정렬을 달리해 본문 단락과 다르게 설정합니다.

② **본문** : 본문은 대부분 평이하게 사용하지만 경우에 따라 첫 줄/둘째 줄 들여 쓰기, 내어 쓰기 등으로 구분할 수 있습니다.

③ **다단** : 단을 여러 개로 나누어 본문을 구성합니다. 단의 개수는 물론, 사이의 간격을 설정하거나 구분선을 삽입해 더 분명하게 나눌 수도 있습니다.

④ **글머리 기호** : 단락 번호를 일일이 지정하지 않아도 자동으로 글머리 기호를 삽입할 수 있습니다. 글머리 기호의 종류, 순서 등도 자유롭게 설정 가능합니다.

⑤ **줄 간격 및 음영** : 가독성을 위해 단락의 줄 간격을 조정하거나, 텍스트를 강조하기 위해 음영으로 단락 자체를 표현할 수 있습니다.

⑥ **스타일** : 이러한 단락 설정을 스타일로 설정한 뒤 문서 어디에서나 클릭 한 번으로 편하게 단락을 설정/변경할 수 있습니다.

핵심기능실습 16

TELL ME
번호 매기기

단락에 번호 삽입하기/번호 서식 및 시작 번호 변경하기

학습 목표 | 일일이 입력하지 않고도 한번에 단락 번호를 매길 수 있습니다. 단락 번호 서식은 원하는 형식에 맞춰 원 번호 또는 로마자 등으로 변경하거나 시작 번호를 바꿀 수도 있습니다.

실습 파일 | 워드/16_단락에 번호 삽입하기.docx   **완성 파일** | 워드/16완성.docx

01 단락 번호 삽입하기

예제 문서에 입력되어 있는 내용에 단락 번호를 적용해 보겠습니다.

① 단락 번호를 삽입할 분홍색 단락을 블록 설정합니다. ② [홈] 탭-[단락] 그룹-[번호 매기기▼]를 클릭합니다. ③ [번호 매기기 라이브러리]에서 [번호 맞춤: 왼쪽]을 선택합니다.

단락에 번호가 적용됩니다.

02 번호 스타일 변경하기

단락 번호의 스타일을 변경할 수 있습니다.

① 앞서 작업한 번호 서식이 적용된 단락을 블록 설정합니다. ② [홈] 탭-[단락] 그룹-[번호 매기기▼]를 클릭하고 ③ 새번호 서식 정의]를 선택합니다. ④ [새 번호 서식 정의] 대화상자에서 번호 스타일을 [A,B,C...]로 변경하고 ⑤ [확인]을 클릭합니다.

알파벳으로 번호 스타일이 변경됩니다.

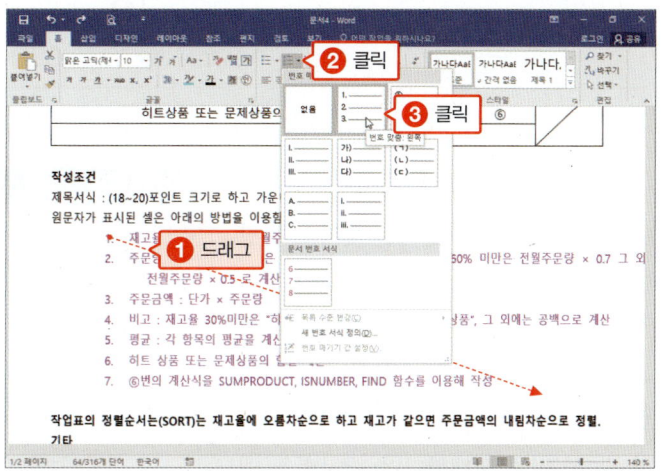

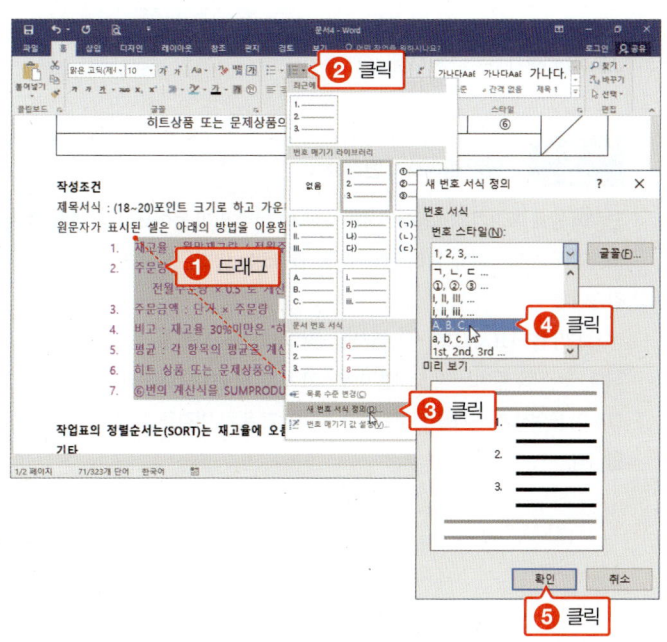

[새 번호 서식 정의] 대화상자에서 글꼴을 클릭하면 번호 서식의 글꼴을 수정할 수 있습니다.

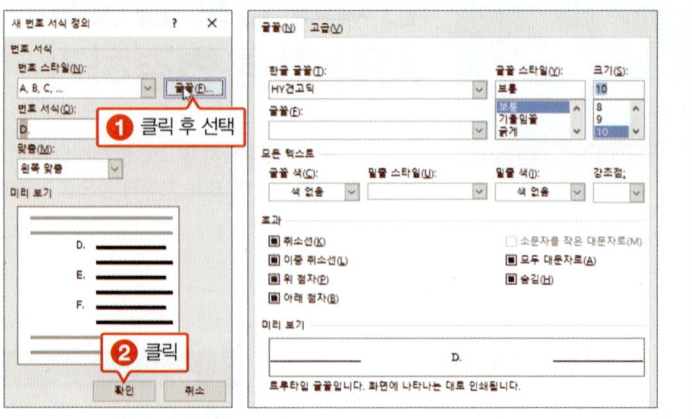

O3 단락 시작 번호 변경하기

단락의 시작 번호를 원하는 숫자로 변경할 수 있습니다.

① 시작 번호를 변경할 단락을 블록 설정합니다. ② [홈] 탭-[단락] 그룹-[번호 매기기▼]를 클릭하고 ③ [번호 매기기 값 설정]을 선택합니다. ④ [번호 매기기 값 설정] 대화상자에서 시작 번호를 [D]로 변경하고 ⑤ [확인]을 클릭합니다.

단락의 시작 번호가 D부터 시작됩니다.

단락에 번호 매기기를 적용하면 해당 단락이 너무 많이 들여쓰기 되는 경우가 있습니다. 들여쓰기 위치를 변경하는 방법은 다음과 같습니다.

① [보기] 탭-[표시] 그룹-[눈금자]를 클릭하여 눈금자를 표시합니다. ② [왼쪽 들여쓰기] 도구를 마우스로 누른 채 왼쪽으로 드래그하여 들여쓰기 위치를 변경합니다. 들여쓰기 위치 변경을 확인합니다.

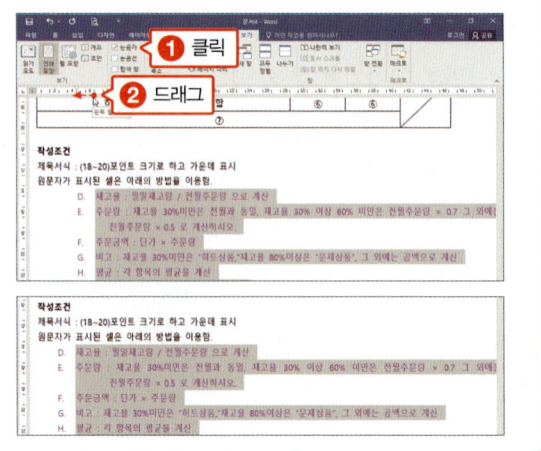

핵심기능실습 17

TELL ME
글머리 기호

단락에 글머리 기호, 그림 글머리 기호 삽입하기

학습 목표 | 단락에 글머리 기호를 적용하면 자동으로 글머리 기호가 생성되어 입력 작업이 편리해 집니다. [글머리 기호 라이브러리]에서 원하는 모양으로 선택하거나 그림을 삽입할 수 있습니다.

실습 파일 | 워드/17_단락 글머리 기호, 그림 글머리 기호 삽입하기.docx　**완성 파일** | 워드/17완성.docx

01 글머리 기호 삽입하기

① 글머리 기호를 적용할 빨간색 단락을 블록 설정합니다. ② [홈] 탭-[단락] 그룹-[글머리 기호▼]에서 [새 글머리 기호 정의]를 선택합니다. ③ [새 글머리 기호 정의] 대화상자에서 [글머리 기호]-[기호]를 클릭합니다.

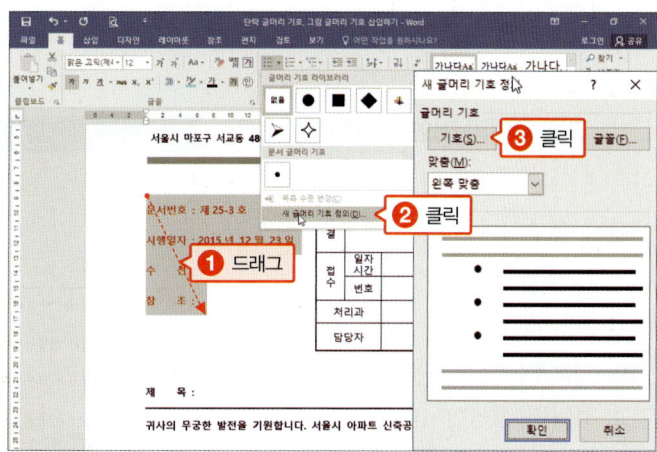

[기호] 대화상자가 활성화됩니다.

바로 통하는 TIP [새 글머리 기호 정의]에서 한 번 사용한 글머리 기호는 [최근에 사용한 글머리 기호]에 자동 등록됩니다. 같은 글머리 기호를 반복 적용할 때 유용합니다.

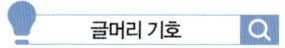
글머리 기호

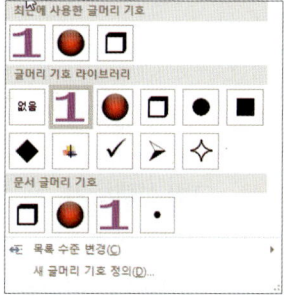

02

① [글꼴]-[Wingdings]로 변경하고 ② 그림과 같은 □를 선택한 뒤 ③ [확인]을 클릭합니다.

[새 글머리 기호 정의] 대화상자에서 [확인]을 클릭해 글머리 기호를 적용합니다.

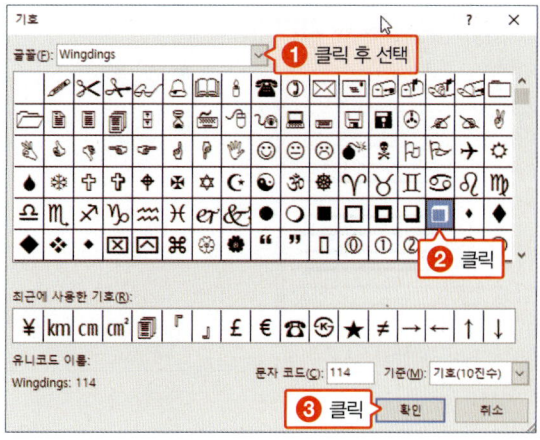

03 해당 단락에 글머리 기호가 적용
되었습니다.

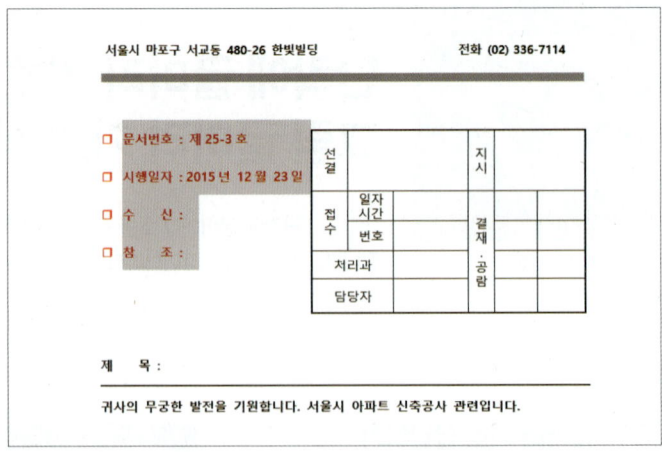

04 그림 글머리 기호 삽입하기

마음에 드는 그림을 삽입해 글머리로 사
용할 수 있습니다.
① 본문 아래의 빨간색 단락을 블록 설
정합니다. ② [홈] 탭-[단락] 그룹-[글
머리 기호▼]를 클릭하고 ③ [새 글머리
기호 정의]를 선택합니다.

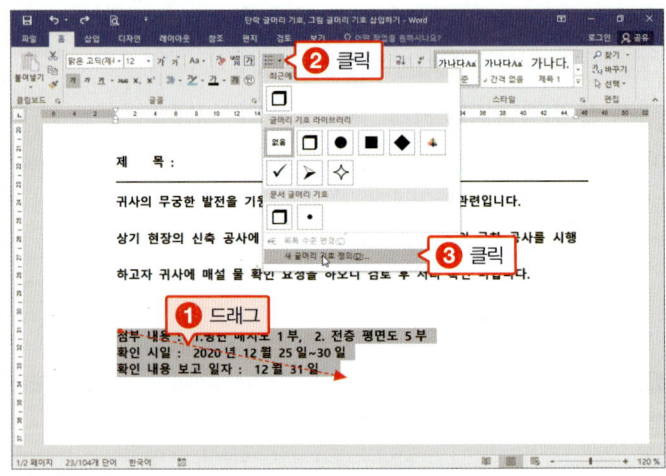

05 그림 선택하기

① [새 글머리 기호 정의] 대화상자에서 [그림]을 클릭합니다. ② [그림 삽입] 대화상자가 실행되면 [파일에
서]-[찾아보기]를 클릭합니다.

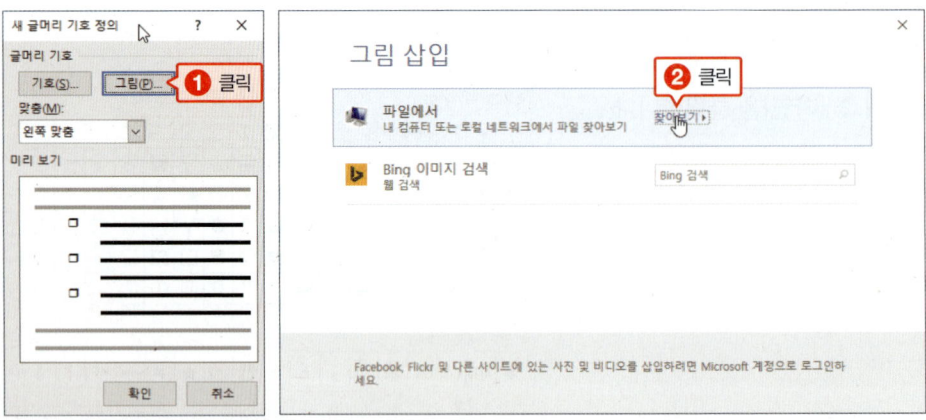

06 ① [그림 삽입] 대화상자에서 원하는 그림을 선택하고 ② [삽입]을 클릭합니다.

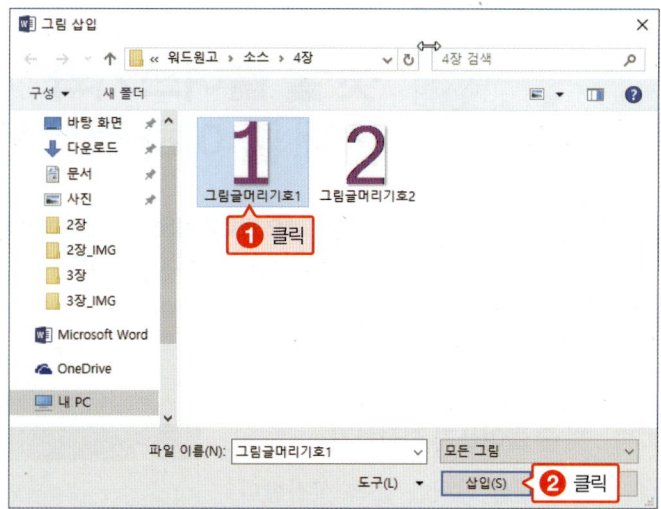

07 [새 글머리 기호 정의] 대화상자에서 [확인]을 클릭합니다.

선택 범위의 글머리 기호가 그림으로 변경됩니다.

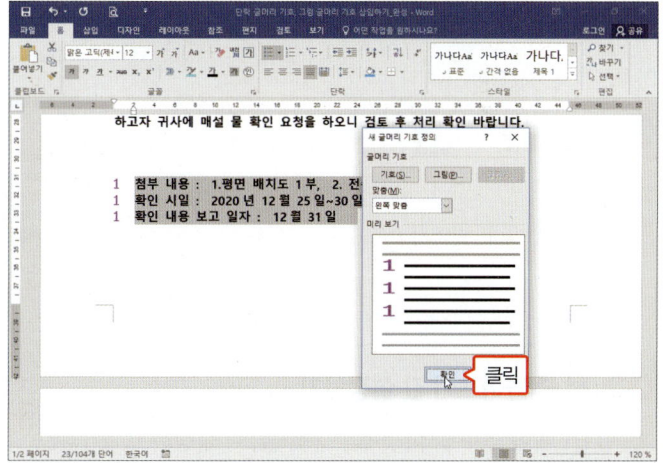

첫 줄 들여쓰기와 둘째 줄 이하 들여쓰기

학습 목표 | 개요 번호를 사용할 때 첫 줄과 둘째 줄 이하 들여쓰기를 해야 할 경우가 있습니다. 문서가 단순하고 내용이 적을 때 효율적으로 들여쓰기 하는 방법을 살펴보겠습니다.

실습 파일 | 워드/18_첫 줄 들여쓰기와 둘째 줄 이하 들여쓰기.docx   **완성 파일 |** 워드/18완성.docx

01 첫 줄 들여쓰기 지정하기

① 적용할 대상 단락을 블록 설정합니다. ② [홈] 탭-[단락] 그룹-[단락] 대화상자 표시 아이콘을 클릭합니다.

[단락] 대화상자가 활성화됩니다.

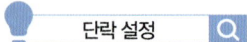
단락 설정

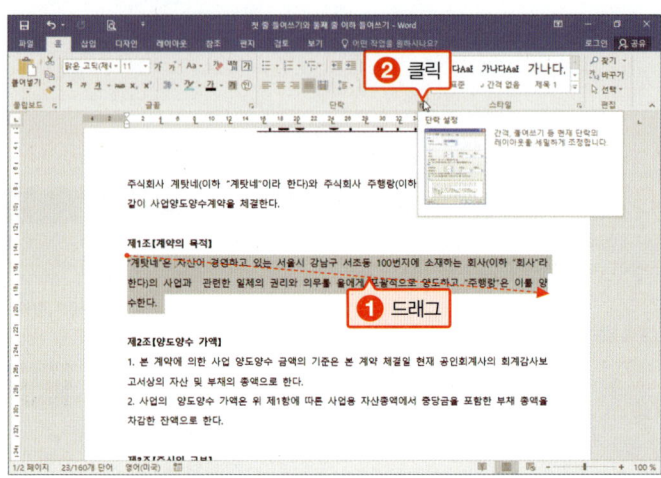

02 첫 줄 들여쓰기 값 설정하기

① [단락] 대화상자에서 [첫 줄]-[첫 줄]로 설정하고 ② [값]-[1글자]로 설정한 뒤 ③ [확인]을 클릭합니다.

지정한 단락에 첫 줄 들여쓰기가 적용됩니다.

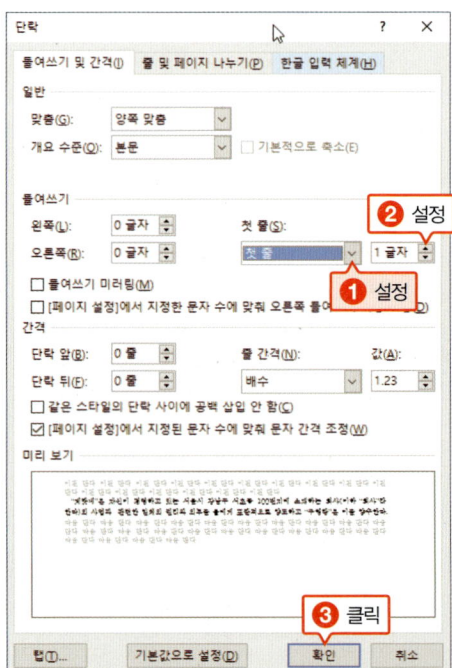

03 둘째 줄 이하 들여쓰기 지정하기

① 적용할 대상 단락을 블록 설정합니다. ② [홈] 탭-[단락] 그룹-[단락] 대화상자 표시 아이콘을 클릭합니다.

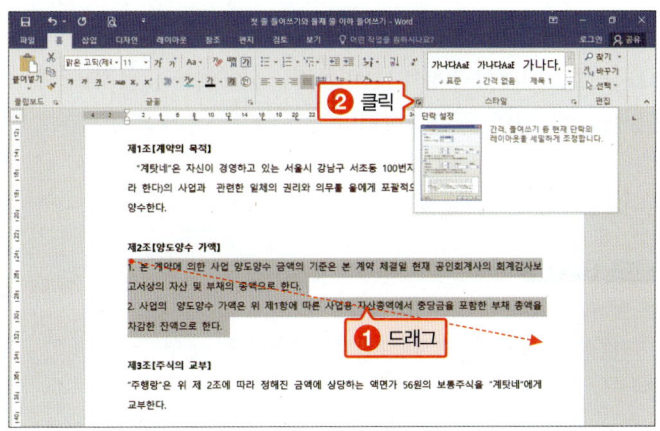

04 [단락] 대화상자 설정하기

① [단락] 대화상자에서 [첫 줄]-[둘째 줄 이하]로 설정하고 ② [값]-[1.5글자]로 설정한 뒤 ③ [확인]을 클릭합니다.

둘째 줄 이하 들여쓰기가 적용됩니다.

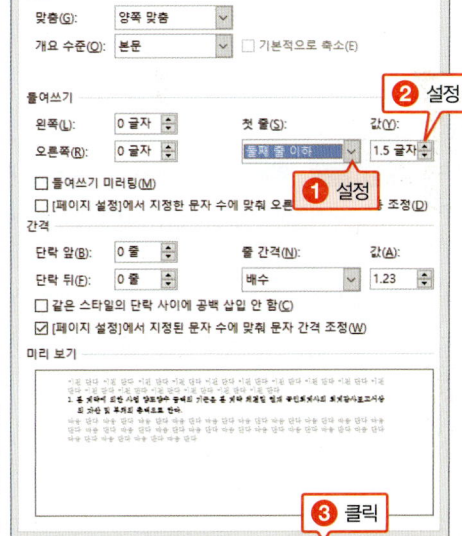

제2조[양도양수 가액]

1. 본 계약에 의한 사업 양도양수 금액의 기준은 본 계약 체결일 현재 공인회계사의 회계감사보
   고서상의 자산 및 부채의 총액으로 한다.
2. 사업의 양도양수 가액은 위 제1항에 따른 사업용 자산총액에서 충당금을 포함한 부채 총액을
   차감한 잔액으로 한다.

05 단락 전체 들여쓰기

① 적용할 대상 단락을 블록 설정합니다. ② [홈] 탭-[단락] 그룹-[단락] 대화상자 표시 아이콘을 클릭합니다.

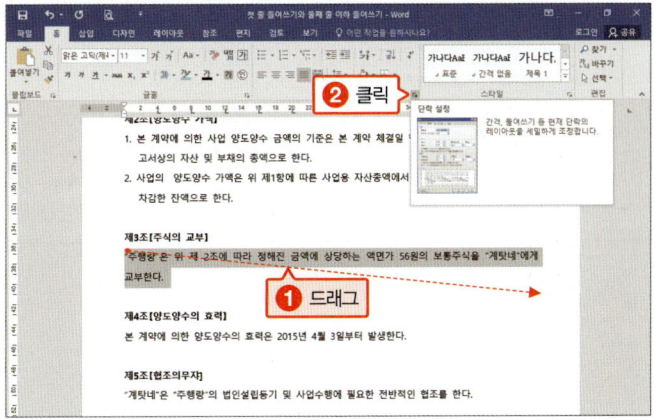

06 첫줄 왼쪽 들여쓰기 설정하기

① [단락] 대화상자에서 [들여쓰기] – [왼쪽]을 [2글자]로 설정하고 ② [확인]을 클릭합니다.

단락 전체 들여쓰기가 적용됩니다.

바로 통하는 TIP 단락 전체 들여쓰기 및 내어쓰기는 리본 메뉴에서 간단히 적용할 수 있습니다. ① [내어쓰기], ② [들여쓰기] 버튼을 한 번 누를 때마다 한 글자 단위씩 이동합니다.

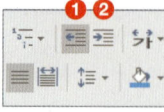

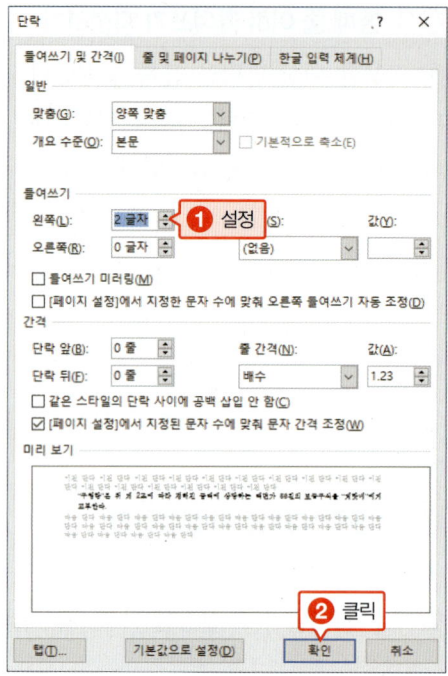

바로 통하는 TIP 한글과 숫자 간격을 자동으로 조절하기

문서 내에 한글과 숫자가 혼용될 경우 한글과 숫자의 간격을 자동으로 조절할 수 있습니다. 적용할 범위를 선택한 후 [단락] 대화상자 [한글 입력 체계] 탭의 [문자 간격]에서 [한글과 숫자 간격을 자동으로 조절]에 체크 표시하면 한글과 숫자의 글자 간격이 자동으로 설정됩니다.

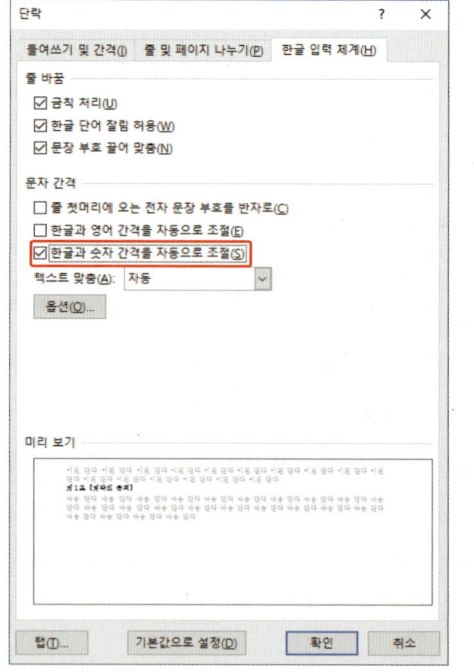

핵심기능실습

19

TELL ME
선 및 단락 간격

단락 줄 간격 조정하기

학습 목표 | 문서 내에는 글을 넣을 범위가 한정되어 있습니다. 따라서 범위에 넣을 글이 많으면 줄 간격을 줄이고 글이 적을 때는 줄 간격을 늘려 문서를 편집할 수 있습니다.

실습 파일 | 워드/19_단락 줄 간격 조정하기.docx   **완성 파일** | 워드/19완성.docx

O1 단락 줄 간격 조정하기

① 줄 간격을 조절할 빨간색 단락을 블록 설정합니다. ② [홈] 탭-[단락] 그룹-[선 및 단락 간격]을 클릭하고 ③ [줄 간격 옵션]을 선택합니다.

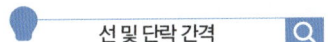

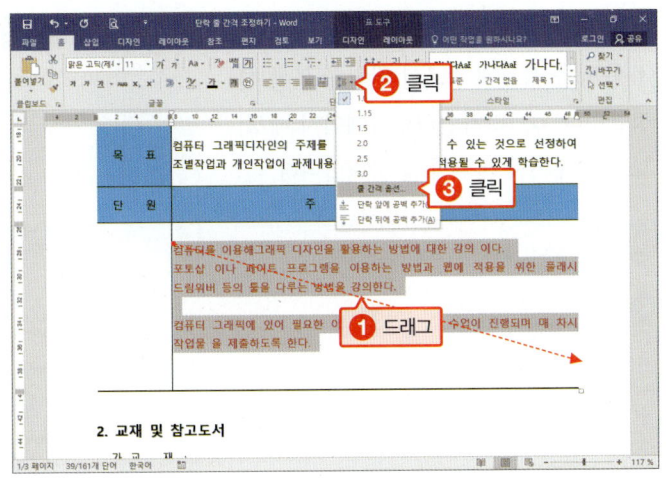

O2 단락 대화상자에서 줄 간격 설정하기

① [단락] 대화상자에서 [간격]-[줄 간격]을 [고정]-[24]로 설정하고 ② [확인]을 클릭합니다.

줄 간격이 적용되어 문장 사이의 간격이 넓어집니다.

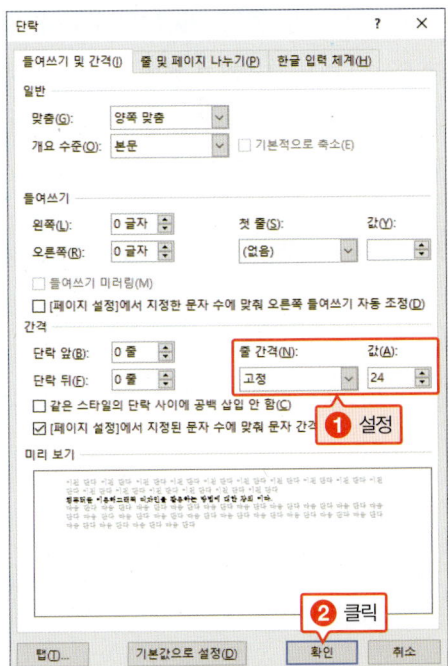

바로 통하는 TIP 줄 간격 목록과 값 알아보기

[홈] 탭-[단락] 그룹-[줄 간격]에서 리본 메뉴로 간단하게 줄 간격을 변경할 수 있습니다. [1.0]은 글꼴에 약간의 공간을 더하여 줄 간격을 설정하고, [1.5]와 [2.0]은 줄 간격의 너비가 [1.0]에 비해 각각 1.5배와 2배 넓습니다. [최소]와 [고정]은 pt로 줄 간격의 너비를 조절합니다. [배수]는 1을 기준으로 1.11로 설정하면 줄 간격이 11% 늘어나며, 3을 입력하면 300%, 즉 3배로 늘어납니다. 여러 옵션을 선택하여 줄 간격을 설정해 봅니다.

20

단락 음영 색 적용 및 서식 복사하기

TELL ME
테두리 및 음영,
서식 복사

학습 목표 | 문서 내에서 눈에 띄게 강조하기 위해 음영 색을 지정해 단락을 채울 수 있습니다. 문서에 적용된 일부 서식을 [서식 복사] 기능으로 손쉽게 다른 글자에 적용할 수도 있습니다.

실습 파일 | 워드/20_단락 음영 색 적용 및 서식 복사하기.docx **완성 파일 |** 워드/20완성.docx

---

01 단락에 음영 색 지정하기

① 음영을 적용해 강조할 단락을 블록 설정합니다. ② [디자인] 탭 – [페이지 배경] 그룹 – [페이지 테두리]를 클릭합니다.

[테두리 및 음영] 대화상자가 활성화됩니다.

테두리 및 음영 🔍

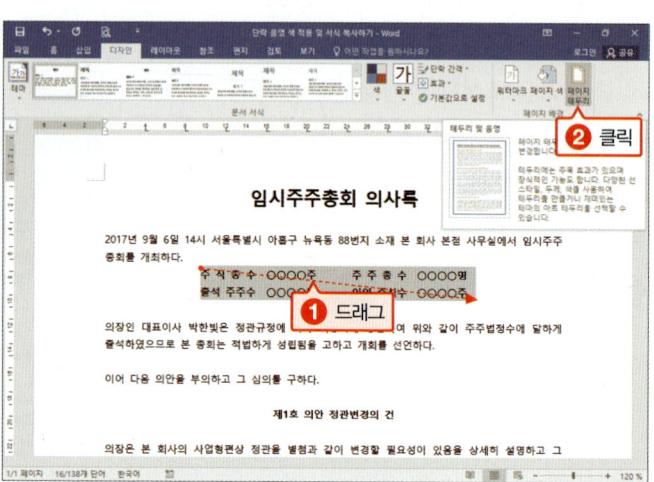

---

02 테두리 및 음영 대화상자 설정하기

① [음영] 탭을 클릭하고 ②③ [채우기] 색을 [연한 파랑]으로 선택합니다. ④ [적용 대상] – [단락]을 선택하고 ⑤ [확인]을 클릭합니다.

지정한 단락에 연한 파랑색으로 음영 색 채우기가 적용됩니다.

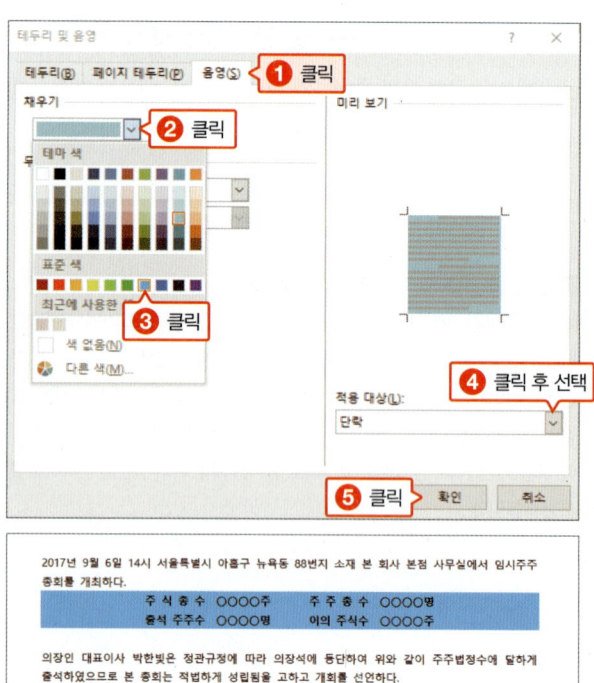

03 서식 복사하기

① 서식을 복사할 범위를 블록 설정합니다. ② [홈] 탭-[클립보드] 그룹-[서식 복사]를 클릭합니다.

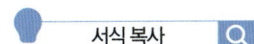

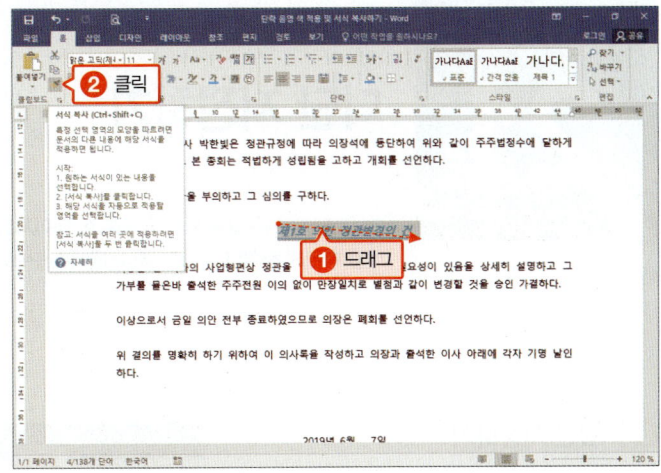

04 복사한 서식 붙여넣기

마우스 포인터가 붓 모양으로 변경되면 ① 서식을 복사할 범위를 드래그하여 서식을 붙여넣기합니다.

복사한 서식이 적용됩니다.

바로 통하는 TIP 서식 복사 중에 활성화된 붓은 [ESC]를 누르면 해제됩니다.

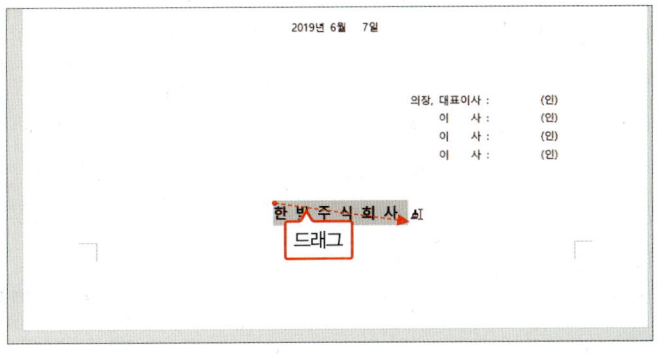

다단 지정하기

학습 목표 | 다단은 글을 읽기 쉽도록 한 페이지를 여러 개의 단으로 나누는 기능입니다. 각 단의 너비를 다르게 하거나, 한 페이지 내에서도 단의 수를 여러 개로 만들 수 있습니다.

실습 파일 | 워드/21_다단 지정하기.docx **완성 파일** | 워드/21완성.docx

O1 2단 지정하기

범위를 지정하지 않고 단을 지정하면 현재 문서의 전체 내용이 다단으로 적용됩니다. 만약 구역이 나누어진 문서라면 현재 마우스 포인터가 위치한 구역에만 다단이 지정됩니다.

① 임의의 위치를 클릭합니다. ② [레이아웃] 탭 – [페이지 설정] 그룹 – [단]을 클릭하고 ③ [둘]을 선택합니다.

다단이 적용되어 문서가 2단 구조로 변경됩니다.

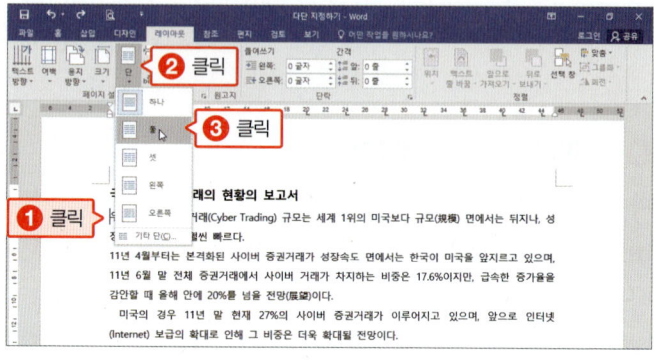

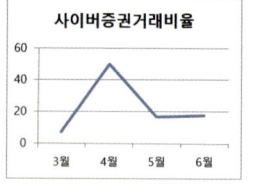

바로 통하는 TIP **[단] 대화상자의 구성 요소 알아보기**

[단] 대화상자에서는 단의 개수, 너비 및 간격, 경계선 삽입 여부 등을 설정할 수 있습니다.

① [미리 설정]에서는 단의 개수 및 레이아웃을 설정합니다.

② [단 개수]에서는 단의 개수를 임의로 설정합니다.

③ [경계선 삽입]을 체크 표시하면 단 사이에 경계선을 삽입합니다.

④ [너비 및 간격]에서는 각 단의 너비와 간격을 설정합니다.

⑤ [단 너비를 같게]의 체크 표시를 해제하면 각 단의 너비를 다르게 설정합니다.

⑥ [적용 대상]에서는 다단을 적용할 위치를 설정합니다.

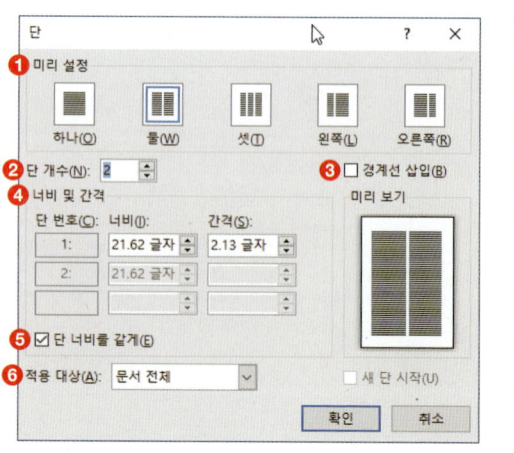

O2 다단 해제하기

문서에 적용된 다단을 해제할 수 있습니다.
① 다단이 적용된 임의의 위치를 클릭합니다. ② [레이아웃] 탭－[페이지 설정] 그룹－[단]을 클릭하고 ③ [하나]를 클릭합니다.

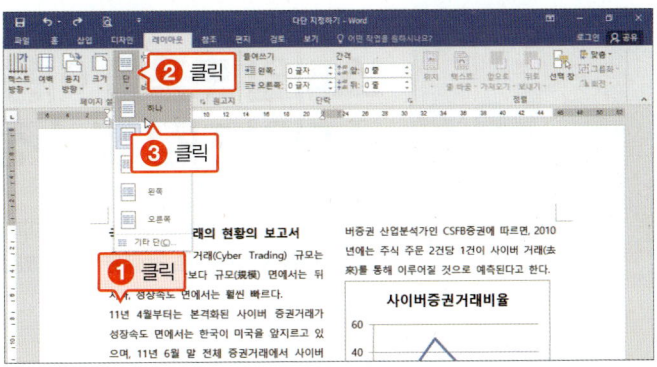

앞서 적용되었던 다단이 해제되었습니다.

O3 선택한 구역만 다단 지정하기

문서의 일부에만 다단을 지정할 수 있습니다.
① 다단을 지정할 구역만 블록 설정합니다. ② [레이아웃] 탭－[페이지 설정] 그룹－[단]을 클릭하고 ③ [기타 단]을 선택합니다.

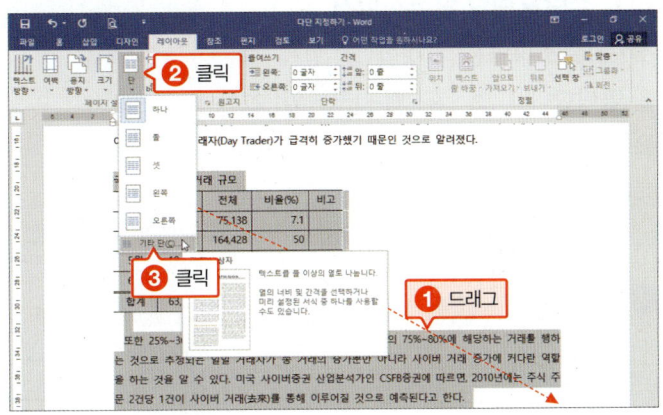

[단] 대화상자가 활성화됩니다.

O4 [단] 대화상자에서 다단 및 단 경계선 설정하기

① [단] 대화상자에서 [미리 설정]－[둘]을 클릭합니다. ② [간격]－[5글자]로 설정하고 ③ [경계선 삽입]에 체크 표시한 뒤 ④ [확인]을 클릭합니다.

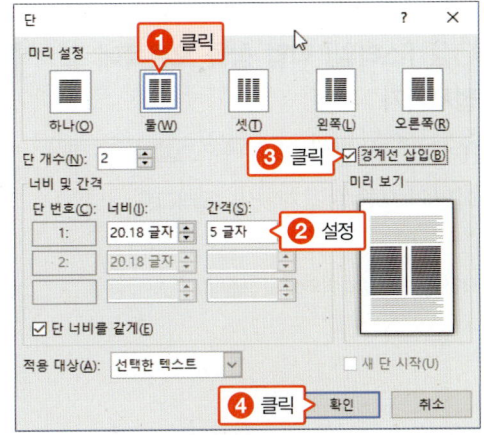

블록으로 설정한 부분이 경계선으로 구분된 2단 구조로 변경됩니다.

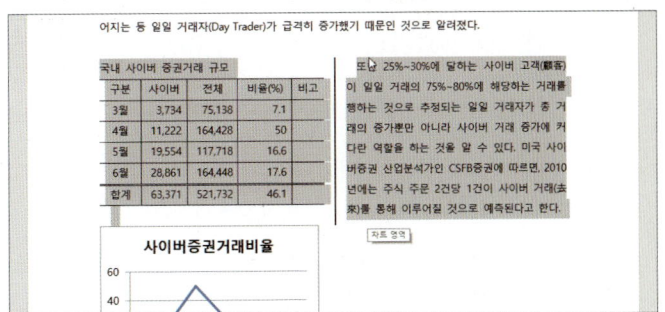

스타일 모음을 이용하여 스타일 지정 및 수정하기

학습 목표 | 스타일은 글자나 문단 모양을 미리 정해 놓은 것입니다. 스타일을 선택하는 것만으로 한번에 바꿀 수 있으므로 긴 글을 일관성 있는 편집 형태로 유지할 때 유용합니다.

실습 파일 | 워드/22_스타일 모음을 이용하여 스타일 지정 및 수정하기.docx   **완성 파일** | 워드/22완성.docx

O1 스타일 작업 창 표시하기

① 제목 스타일을 지정할 첫 번째 줄을 클릭합니다. ② [홈] 탭-[스타일] 그룹-[스타일] 대화상자 표시 아이콘을 클릭합니다. ③ [스타일] 작업 창의 [미리 보기 표시]에 체크 표시합니다.

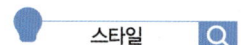

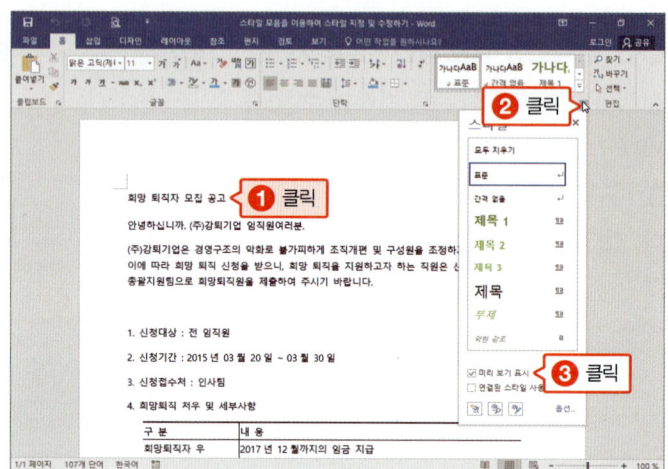

O2 [스타일] 작업 창을 오른쪽에 고정시키기

① [스타일] 작업 창을 마우스로 누른 채 화면의 오른쪽 경계까지 드래그합니다.

작업 창이 오른쪽 영역에 고정됩니다.

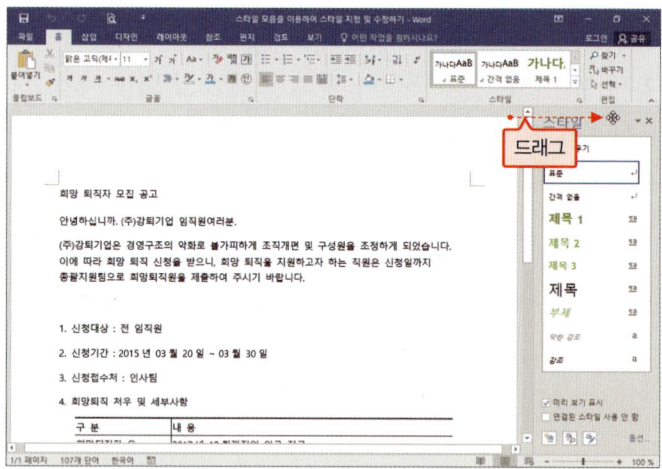

03 제목 스타일 적용하기

① 문서 제목인 '희망 퇴직자 모집 공고'를 블록 설정합니다. ② [스타일] 작업 창에서 [제목]을 클릭합니다.

문서 제목이 [제목] 스타일로 적용되었습니다.

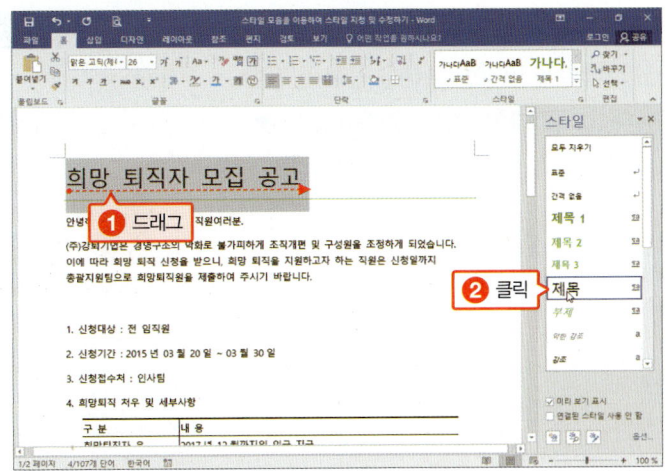

04 리본 메뉴에서 스타일 적용하기

① 스타일을 적용할 범위를 블록 설정합니다. ② [홈] 탭-[스타일] 그룹-[자세히▼]를 클릭하고 ③ [굵은 텍스트]를 선택합니다.

선택한 범위에 [굵은 텍스트] 스타일이 적용됩니다.

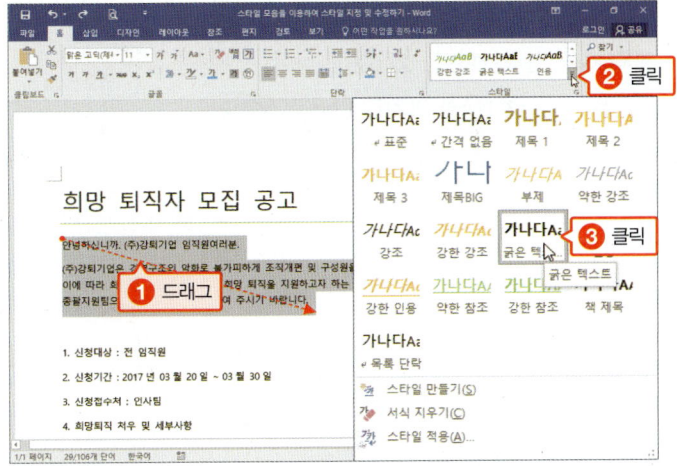

05 스타일 테마 변경하기

워드에서는 여러 가지 스타일 테마를 제공합니다. 별도의 작업 없이 스타일을 다양한 형태로 변경할 수 있습니다.
① [디자인] 탭-[문서 서식] 그룹-[테마]를 클릭하고 ② [밴드] 테마를 클릭합니다.

앞서 적용한 스타일이 다른 형태의 테마로 변경됩니다. 워드의 기본 테마는 [Office]입니다.

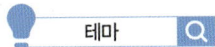
테마

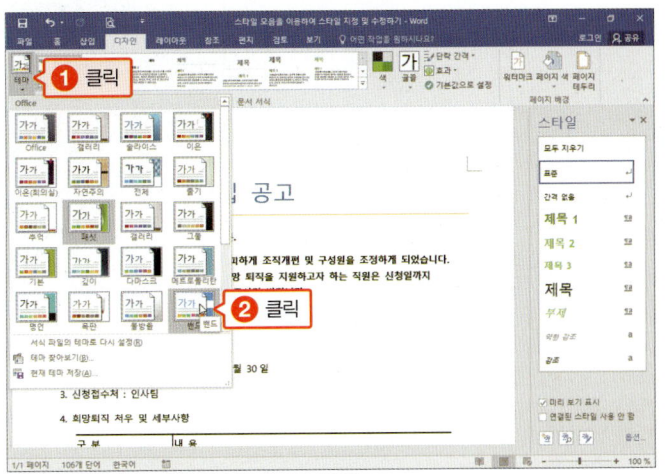

06 스타일 서식 변경하기

① 스타일을 변경할 부분을 블록 설정합니다. ② [스타일] 작업 창에서 [제목▼]을 클릭하고 ③ [수정]을 클릭합니다.

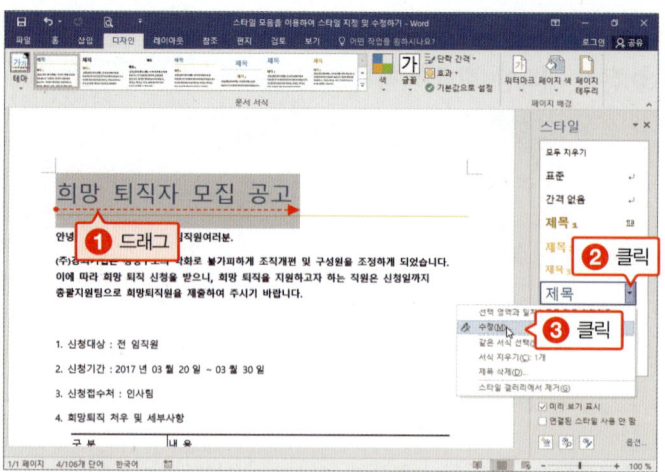

07 ① [스타일 수정] 대화상자에서 [이름]에 **제목BIG**을 입력합니다. ② [문장 정렬] – [왼쪽]을 클릭하고 ③ [글꼴 크기] – [24]로 설정한 뒤 ④ [확인]을 클릭해 스타일을 수정합니다.

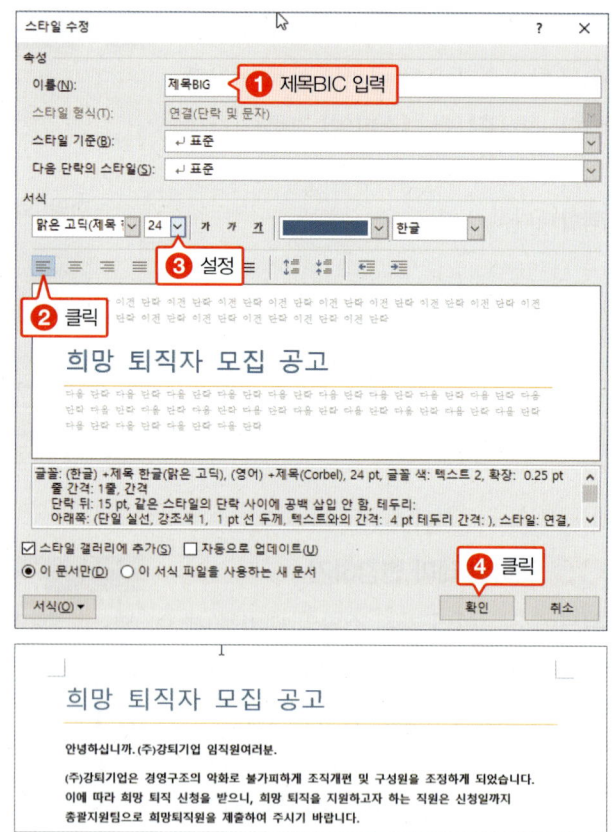

핵심기능실습 23

TELL ME
스타일

스타일 새로 만들기

학습 목표 | 기존에 제공되는 스타일 외에 원하는 스타일을 새롭게 추가할 수 있습니다. 문단에 번호를 자동으로 적용하는 새로운 스타일을 만들고 스타일 목록에 추가하는 방법을 알아보겠습니다.

실습 파일 | 워드/23_스타일 새로 만들기.docx　**완성 파일 |** 워드/23완성.docx

---

01 새 스타일 만들기

① 새 스타일을 만들어 적용할 단락을 블록 설정합니다. ② [홈] 탭-[스타일] 그룹-[스타일] 대화상자 표시 아이콘을 클릭합니다. ③ [스타일] 작업 창에서 [새 스타일]을 클릭합니다.

[서식에서 새 스타일 만들기] 대화상자가 활성화됩니다.

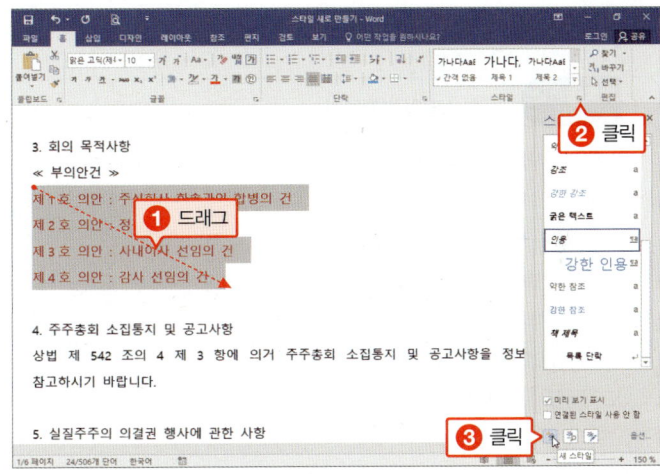

02 ① [이름]에 **번호단락**을 입력합니다. ② [서식]을 클릭하고 ③ [번호 매기기]를 선택합니다. ④ [번호 매기기 및 글머리 기호] 대화상자에서 [번호 맞춤: 왼쪽]을 선택하고 ⑤ [확인]을 클릭합니다. ⑥ [서식에서 새 스타일 만들기] 대화상자에서 [확인]을 클릭합니다.

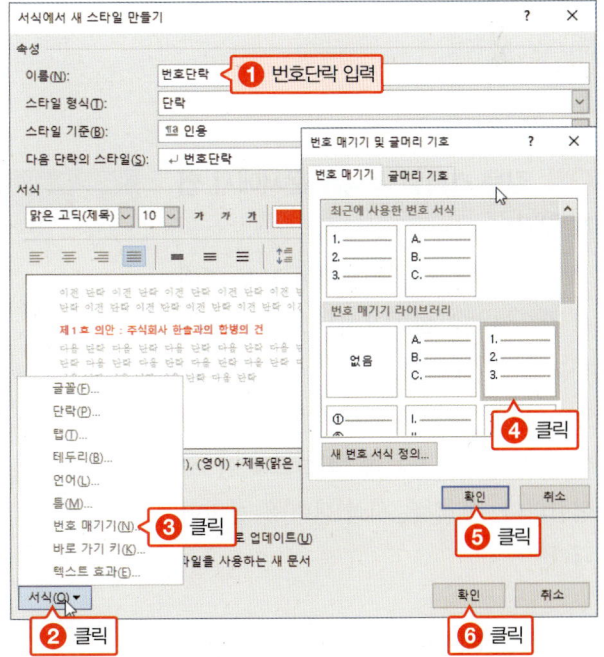

03 스타일 적용 확인하기

새로 만들어진 스타일이 적용되어 단락에 자동으로 번호가 매겨집니다. [스타일] 작업 창에 새로 추가한 스타일이 표시됩니다.

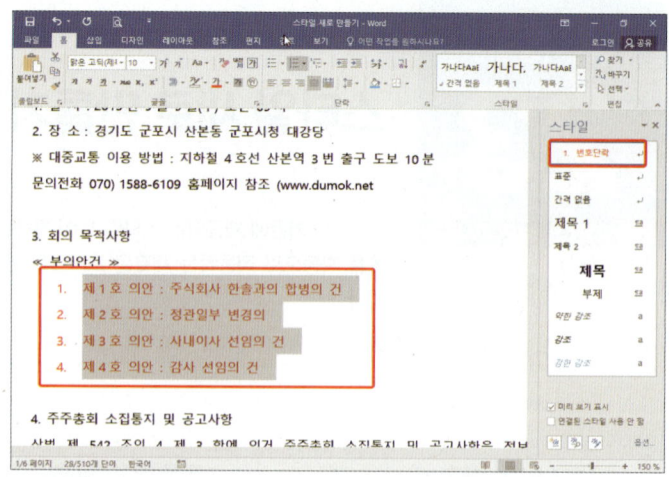

바로 통하는 TIP 번호 스타일 변경하기

스타일에 사용되는 번호 서식을 변경할 수 있습니다.
① [번호 매기기 및 글머리 기호] 대화상자 아래쪽의 [새 번호 서식 정의]를 클릭합니다. ② [새 번호 서식 정의] 대화상자에서 [번호 스타일]을 변경하면 [번호 매기기 라이브러리]에 없는 스타일도 적용할 수 있습니다.

---

05 같은 스타일 서식을 문서에서 쉽게 찾기

[스타일] 작업 창을 이용하여 문서 내에서 같은 스타일을 사용하는 위치를 쉽게 찾을 수 있습니다.
① [스타일] 작업 창에서 위치를 찾고자 하는 스타일의 오른쪽 [화살표▼]를 클릭합니다. ② [같은 서식 선택]을 클릭합니다.

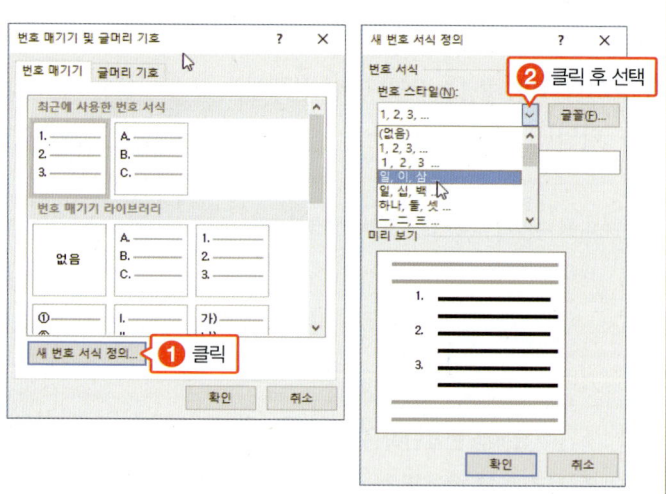

같은 스타일 서식의 위치가 찾아집니다.

도형 및 객체 활용하기

문서에서 문자뿐만 아니라 그림과 도형, WordArt를 삽입하여 적절히 편집하면 눈에 띄면서도 좀 더 화려한 문서로 꾸밀 수 있습니다. 도형이나 WordArt를 삽입하고 편집하는 방법 및 간단한 차트 등을 문서에 추가해 내용을 더욱 풍성하게 만드는 방법 등에 대해서 알아보겠습니다.

검색한 약도 이미지 삽입하고
서식 지정하기

학습 목표 | 초대장 같은 문서를 작성할 때 약도를 첨부하는 경우가 있습니다. 인터넷의 지도 서비스를 이용해 약도를 추가하고 크기를 조절, 편집하는 방법을 살펴보겠습니다.

실습 파일 | 워드/24_검색한 약도 이미지 삽입하고 서식 지정하기.docx   **완성 파일** | 워드/24완성.docx

01 네이버 지도에서 검색하기

지점 개설 초대장에 행사장의 위치를 표시하는 지도를 첨부해 보겠습니다. 네이버나 다음에서 [네이버지도]를 검색해 클릭 (http://map.naver.com)합니다. ① 네이버 지도 왼쪽에서 [길찾기]를 클릭합니다. ② 출발 항목에 **제주국제공항**을, 도착 항목에 **롯데호텔제주**를 입력합니다. ③ [경로1]을 클릭하면 출발지에서 도착지까지의 경로가 표시됩니다. ④ 화면 오른쪽의 지도 저장하기 도구를 클릭합니다.

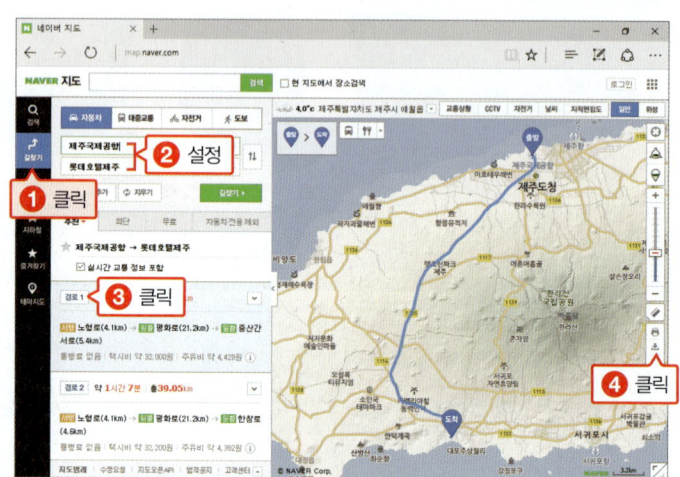

02 지도 이미지 저장하기

① [모든 정보 이미지 저장]을 선택하고 ② [확인]을 클릭합니다.

지도 이미지가 [다운로드] 폴더에 저장됩니다.

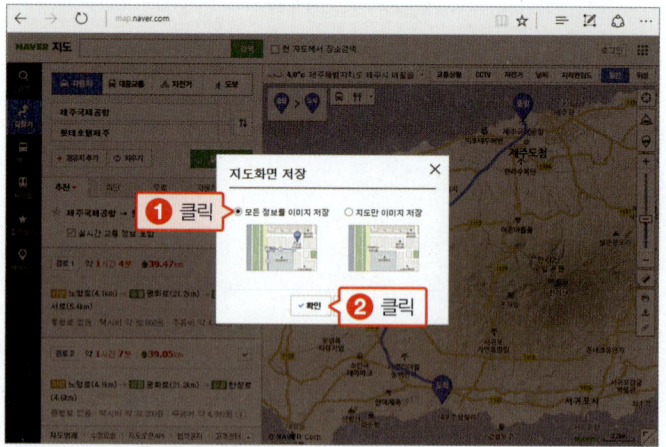

03 문서에 그림 삽입하기

① [삽입] 탭-[일러스트레이션] 그룹-[그림]을 클릭합니다. ② [그림 삽입] 대화상자에서 [다운로드]를 클릭하고 ③ 'map' 약도 그림을 선택한 뒤 ④ [삽입]을 클릭합니다.

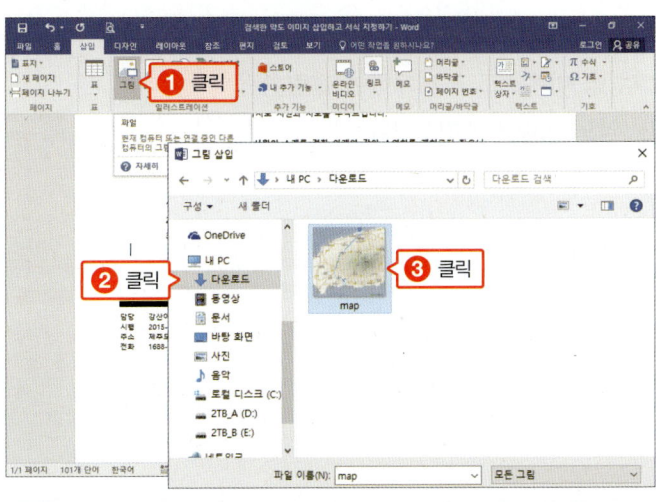

그림이 본문에 삽입됩니다.

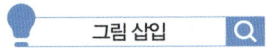

04 삽입된 그림 크기 조절하기

그림이 삽입되면 문서에 알맞은 크기로 조절해야 합니다.
① 그림을 클릭하고 ② [그림 도구]-[서식] 탭-[크기] 그룹-[높이]에 **7**을 입력하고 Enter를 클릭합니다.

삽입된 그림의 크기가 작아집니다.

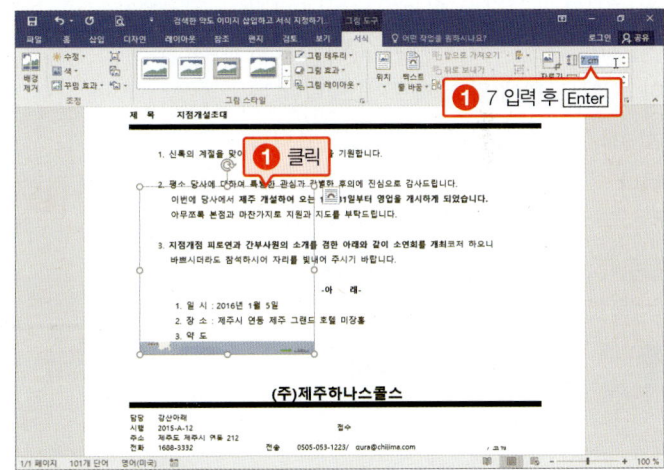

05 그림 레이아웃 옵션 변경하기

그림을 선택하면 오른쪽 위에 [레이아웃 옵션] 도구가 활성화됩니다.
① [레이아웃 옵션]을 클릭하고 ② [위/아래]를 클릭합니다.

삽입한 그림의 레이아웃 옵션이 변경되면서 임의의 문서 위치에 표시됩니다.

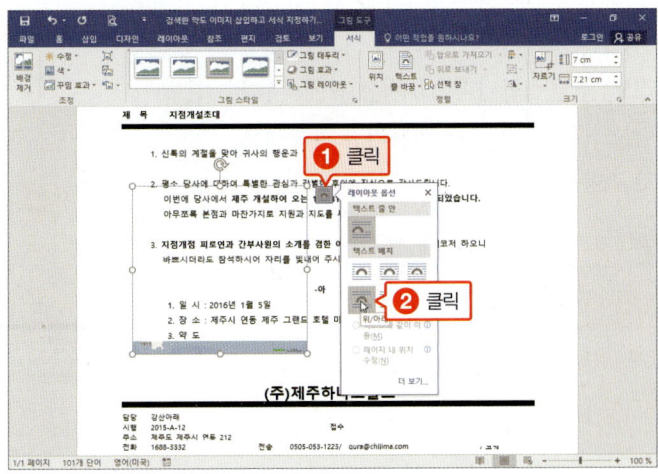

06 그림 위치 변경하기

그림을 마우스로 드래그하여 그림처럼 '3. 약도' 아래에 배치합니다.

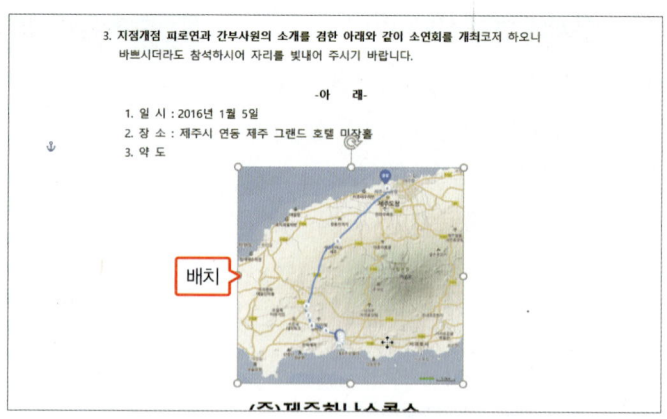

07 그림 도형에 맞춰 자르기

① 그림을 클릭하고 ② [그림 도구]-[서식] 탭-[크기] 그룹-[자르기▼]를 클릭하고 ③ [도형에 맞춰 자르기] 클릭한 뒤 ④ [모서리가 둥근 직사각형]을 클릭합니다.

삽입된 그림의 테두리 모양이 모서리가 둥근 직사각형으로 변경됩니다.

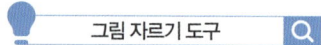
💡 그림 자르기 도구 🔍

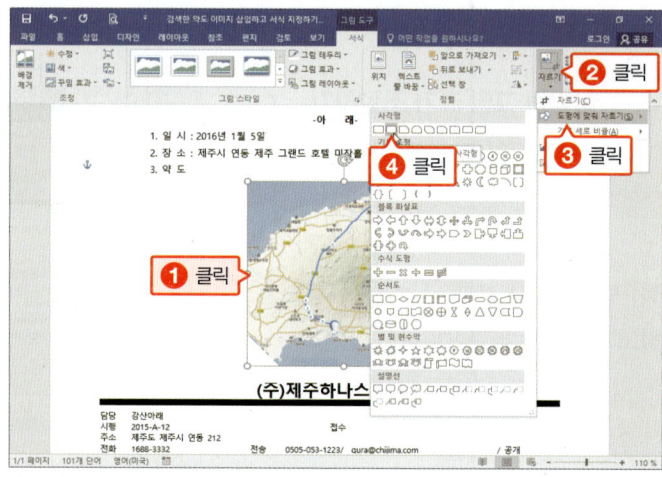

08 그림 테두리 적용하기

① 그림을 클릭하고 ② [그림 도구]-[서식] 탭-[그림 스타일] 그룹-[그림 테두리▼]를 클릭합니다. ③ 색상 표에서 [파랑]을 클릭하면 그림 테두리가 파랑색으로 적용됩니다.

💡 그림 테두리 🔍

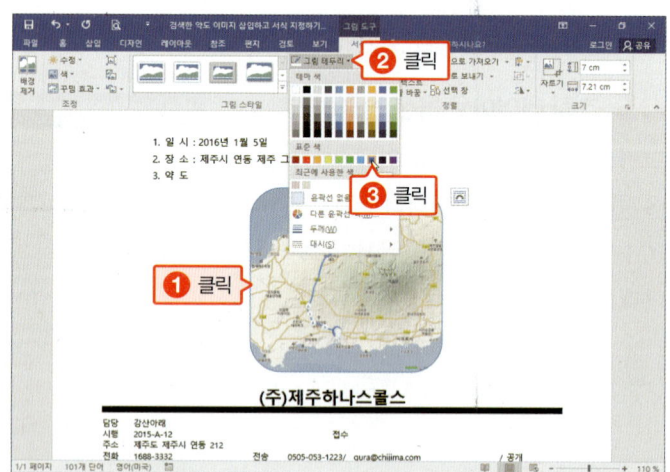

O9 약도에 위치 표시하기

① [삽입] 탭 – [일러스트레이션] 그룹 – [도형]을 클릭합니다. ② 목록에서 [블록 화살표] – [아래쪽 화살표]를 클릭합니다.

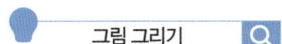

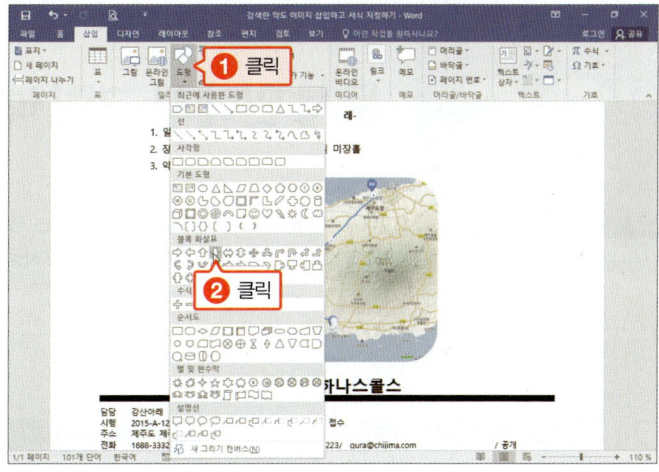

10 위치 표시 화살표 배치하기

① 마우스를 드래그하여 원하는 위치에 적당한 크기로 도형을 삽입합니다. ② 도형의 6개 크기 조절점을 이용하여 적당하게 도형 크기를 변경합니다.

도형 삽입 상태에는 마우스 커서가 십자 모양(+)으로 변경됩니다.

바로 통하는 TIP · 그림 자르기 메뉴 알아보기

그림을 잘라 불필요한 영역을 제거할 때 사용하는 기능입니다.

① **자르기** : 원하는 크기를 마우스로 드래그해서 설정합니다.
② **도형에 맞춰 자르기** : 워드에서 제공하는 기본 도형 모양에 맞게 자릅니다.
③ **가로 세로 비율** : 그림을 가로와 세로 비율에 맞춰 자릅니다.
④ **채우기** : 가로와 세로 비율은 유지되며, 정해진 크기에 맞춰 그림을 채울 때 사용합니다.
⑤ **맞춤** : 채우기와 비슷한 기능입니다.

문서 안에서 그림 배치 설정하기

학습 목표 | 문서 내에 그림을 함께 배치하는 경우가 종종 있습니다. 이때 텍스트와 그림을 잘 어울리게 배치하려면 [레이아웃 옵션] 도구를 사용합니다.

실습 파일 | 워드/25_문서 안에서 그림 배치 설정하기.docx   완성 파일 | 워드/25완성.docx

01 텍스트 내 그림 배치하기

① 그림을 클릭하면 오른쪽 모서리에 [레이아웃 옵션]이 활성화됩니다. ② [레이아웃 옵션]을 클릭하고 ③ [텍스트 배치]-[정사각형]을 선택합니다.

02 그림 이동하여 배치하기

그림을 마우스로 드래그하여 문서 우측으로 이동해 배치합니다.

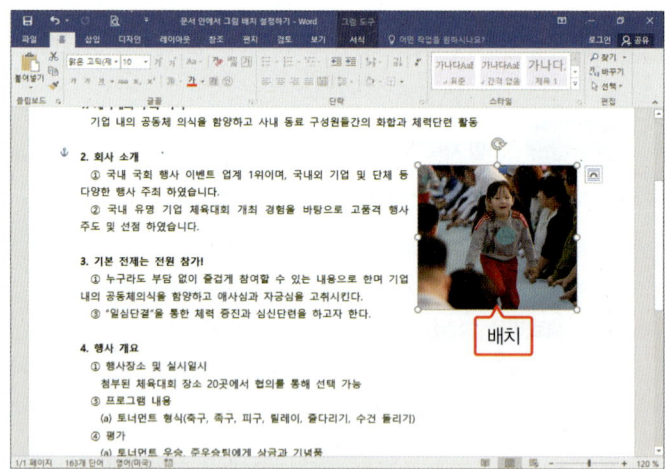

바로 통하는 **TIP** [그림 도구]-[시식] 탭-[정렬] 그룹에서 [개체 맞춤]-[맞춤 안내선 사용]에 체크 표시되어 있으면 그림을 손쉽게 배치할 수 있도록 초록색 경계선이 나타납니다.

O3 텍스트 뒤로 그림 배치하기

그림을 텍스트 뒤로 배치하여 텍스트와 그림이 서로 겹쳐 보이는 효과를 내보겠습니다.

① 문서 아래로 스크롤을 내려 도장 그림을 클릭합니다. ② [레이아웃 옵션]을 클릭하고 ③ [텍스트 배치] – [텍스트 뒤]를 선택한 뒤 ④ 드래그하여 '인' 위에 배치합니다.

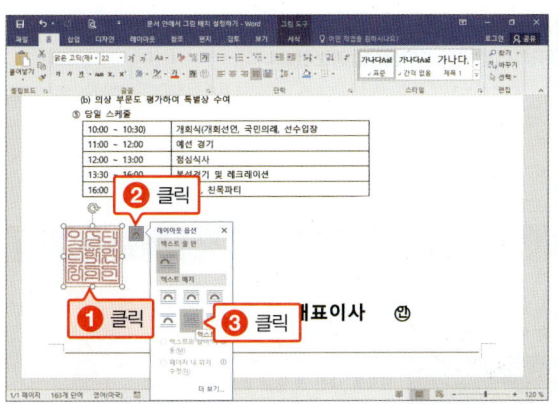 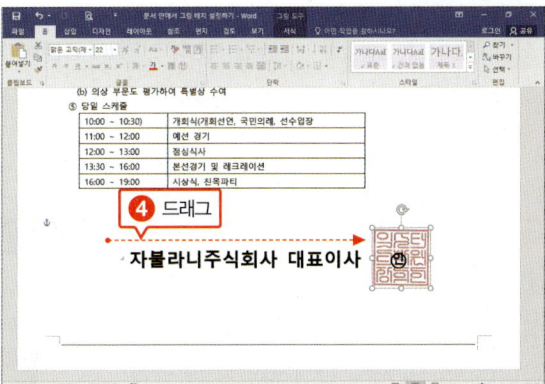

바로 가기 메뉴에서 [텍스트 줄 바꿈] 기능 이용하기

바로 가기 메뉴에서 문서 내 그림의 배치 모양을 설정할 수 있습니다.

① 그림을 선택하고 마우스 오른쪽 버튼을 클릭하여 ② [바로 가기] 메뉴 – [텍스트 줄 바꿈]에서 원하는 배치 모양을 선택합니다.

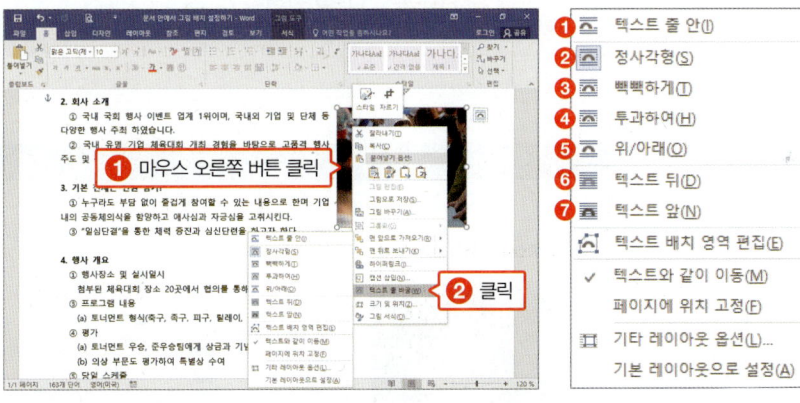

① **텍스트 줄 안** : 기본 설정 값입니다. 삽입된 그림을 한 글자처럼 인식합니다.

② **정사각형** : 모든 그림을 정사각형으로 인식해 글자를 배치합니다.

③ **빽빽하게** : 투명한 영역에 텍스트를 채웁니다.

④ **투과하여** : [빽빽하게]와 마찬가지로 그림의 투명한 영역을 글자로 채웁니다.

⑤ **위/아래** : 그림의 현재 위치를 기준으로 글자를 위와 아래로 나누어 채웁니다.

⑥ **텍스트 뒤** : 삽입된 그림을 글자 뒤로 이동시켜 글자를 그림 위에 채웁니다.

⑦ **텍스트 앞** : [텍스트 뒤]와 반대로 삽입된 그림을 글자 앞으로 이동시켜 그림 뒤에 글자를 채웁니다.

그림 꾸미기와 캡션 삽입하기

학습 목표 | 워드에서는 삽입한 그림을 꾸밀 수 있는 몇 가지 툴을 제공합니다. 그림자나 테두리 색을 지정하고 그림에 캡션(설명문)을 삽입하는 방법을 알아보겠습니다.

실습 파일 | 워드/26_그림에 캡션 삽입하기.docx   완성 파일 | 워드/26완성.docx

01 테두리 자르기

① 그림을 클릭하고 ② [그림 도구]-[서식] 탭-[크기] 그룹-[자르기▼]를 클릭합니다. ③ [도형에 맞춰 자르기]를 클릭하고 ④ [모서리가 둥근 직사각형]을 클릭합니다.

그림이 모서리가 둥근 직사각형으로 편집됩니다.

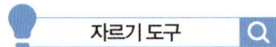

02 부드러운 가장자리 처리하기

① 그림을 선택한 상태에서 [그림 도구]-[서식] 탭-[그림 스타일] 그룹-[그림 효과]를 클릭하고 ② [부드러운 가장자리]-[5포인트]를 클릭합니다.

그림의 테두리가 부드러운 가장자리로 편집됩니다.

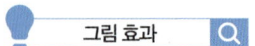

03 스타일 도구로 간단히 꾸미기

워드에서 기본으로 제공하는 템플릿을 이용해서 사진을 꾸며 보겠습니다.

① 그림을 클릭하고 ② [그림 도구]-[서식] 탭-[그림 스타일] 그룹-[자세히▼]를 클릭합니다. ③ 목록에서 [단순형 프레임, 흰색]을 클릭해 그림에 스타일을 적용합니다.

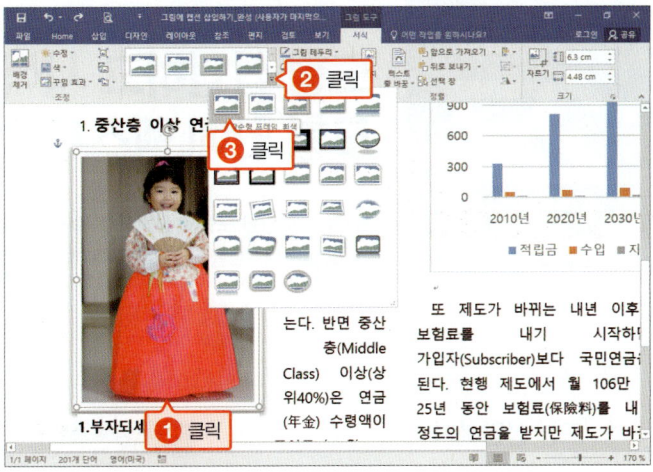

04 캡션 삽입하기

캡션이란 그림의 부연 설명을 달 때 사용하는 도구입니다.

① 그림을 마우스 오른쪽 버튼으로 클릭하고 ② 바로 가기 메뉴에서 [캡션 삽입]을 클릭합니다. ③ [캡션] 대화상자에서 [캡션에서 레이블 제외]를 체크 표시하고 ④ [확인]을 클릭합니다.

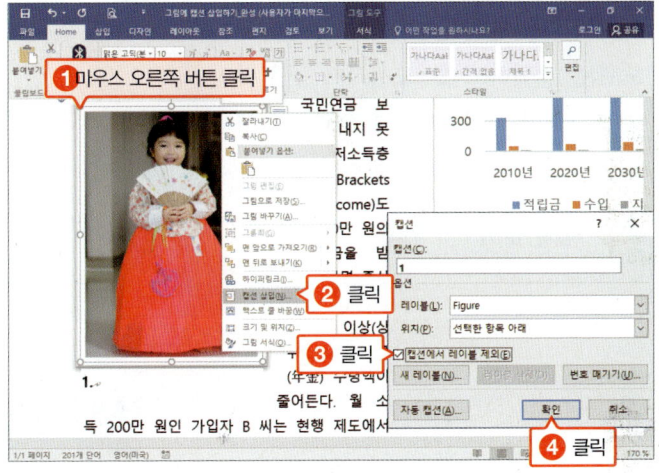

그림 하단에 캡션이 삽입됩니다.

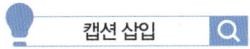

바로 통하는 TIP 캡션 이름 변경하기

캡션 항목을 클릭해 캡션 이름을 수정할 수 있습니다.

① 캡션 항목을 클릭하고 ② 부자 되세요를 입력합니다. 캡션 이름은 원하는 문자열로 자유롭게 입력할 수 있습니다.

도형 삽입하고 서식 변경하기/
도형 안에 텍스트 입력하기

학습 목표 | 다양한 도형을 삽입하고 이에 서식을 지정하거나 도형 내에 텍스트를 입력할 수 있습니다. 도형에 텍스트를 입력할 때는 도형을 선택한 뒤 입력해야 합니다.

실습 파일 | 워드/27_도형 삽입하고 서식 변경하기, 도형 안에 텍스트 입력하기.docx   **완성 파일** | 워드/27완성.docx

01 도형 삽입하기

구매승인신청서의 제목을 도형을 이용해 꾸며 보겠습니다.

① [삽입] 탭-[일러스트레이션] 그룹-[도형]을 클릭하고 ② [모서리가 둥근 직사각형]을 선택합니다. ③ 드래그하여 제목 크기에 맞게 도형을 그립니다.

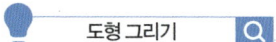

도형 그리기

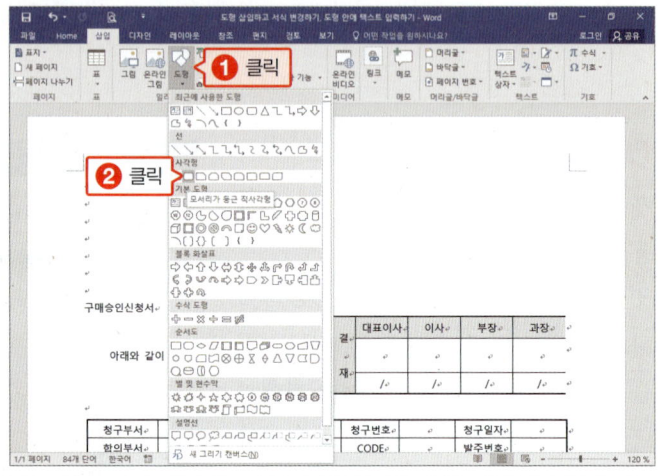

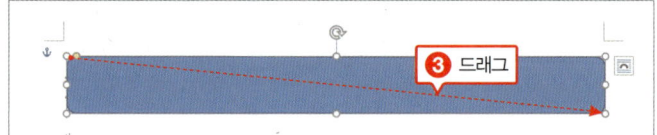

02 도형 테마 스타일 변경하기

① [그리기 도구]-[서식] 탭-[도형 스타일] 그룹-[자세히▼]를 클릭합니다. ② [테마 스타일]-[강한 효과-파랑, 강조1]을 클릭하면 삽입한 도형의 테마 스타일이 변경됩니다.

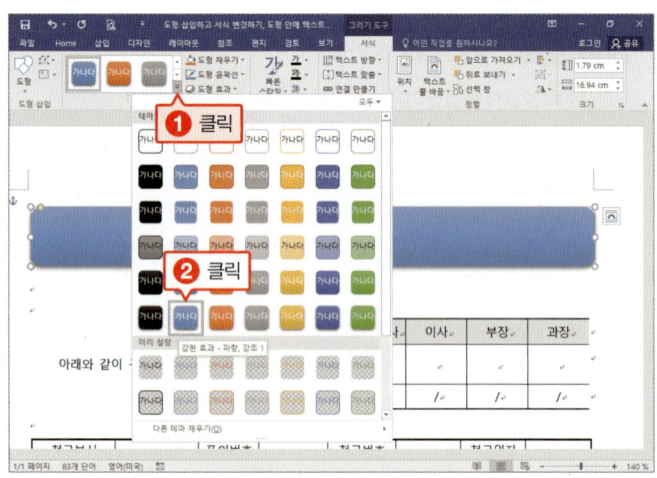

O3 도형 안에 텍스트 입력하기

① 도형을 선택한 상태에서 **구매승인신청서**를 입력합니다. ② 입력한 제목을 블록 설정하면 [바로 가기 도구 모음]이 활성화됩니다. ③ [바로가기 도구 모음]에서 글꼴을 [맑은 고딕]으로 ④ 글꼴 크기는 [20]으로 설정합니다.

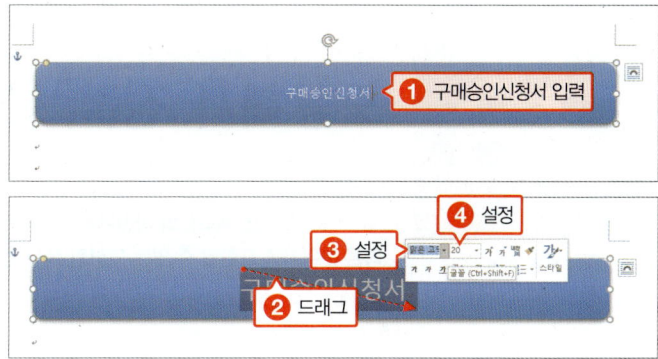

도형에 입력된 '구매승인신청서' 제목의 글꼴과 크기가 변경됩니다.

바로 통하는 TIP [도형 서식] 작업 창 활용하기

도형을 선택한 후 [그리기 도구]-[서식] 탭-[도형 스타일] 그룹-[도형 서식] 도구를 클릭하면 화면 오른쪽에 [도형 서식] 작업 창이 나타납니다. [도형 서식] 작업 창에서는 좀 더 다양한 도형 효과를 적용할 수 있습니다.

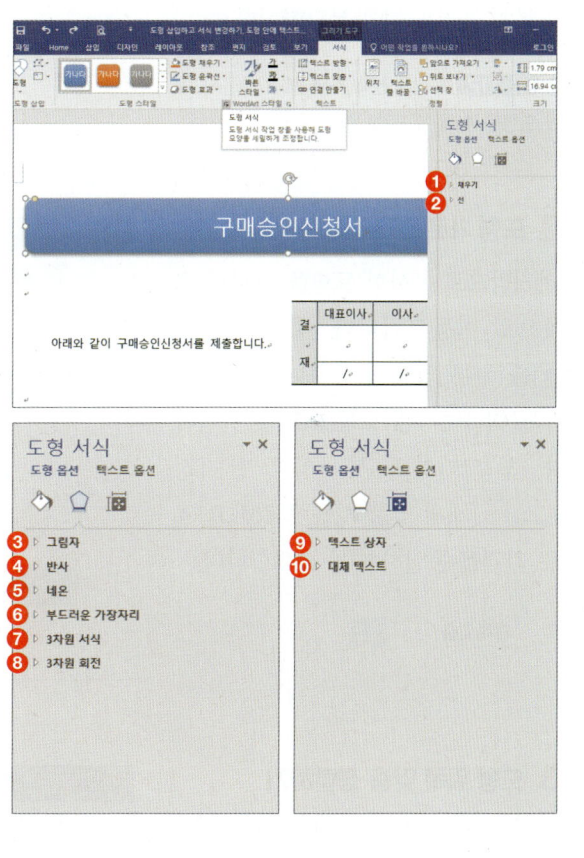

① **채우기** : 채우기 없음, 단색, 그라데이션, 그림 또는 질감, 패턴 채우기를 설정합니다.

② **선** : 선 없음, 실선, 그라데이션 등의 선 색을 설정합니다.

③ **그림자** : 도형의 그림자 모양, 색, 투명도, 크기, 각도 등을 설정합니다.

④ **반사** : 도형이 유리에 비친 듯한 느낌을 주도록 설정합니다.

⑤ **네온** : 도형에 네온을 설정하고 네온의 색, 크기, 투명도를 지정합니다.

⑥ **부드러운 가장자리** : 도형의 가장자리를 부드럽게 처리합니다.

⑦ **3차원 서식** : 도형을 3차원 입체 형식으로 설정하고 표면의 재질도 설정합니다.

⑧ **3차원 회전** : 도형을 3차원으로 회전할 수 있으며 각도를 설정합니다.

⑨ **텍스트 상자** : 도형의 텍스트 상자 속성을 설정합니다.

⑩ **대체 텍스트** : 대체 텍스트를 사용하면 화면 판독기 사용자가 그림 내용을 이해하는 데 도움을 줍니다.

핵심기능실습

28

TELL ME
개체 맞춤, 개체 회전

도형 복사, 정렬, 회전하기

학습 목표 | 도형은 텍스트와 마찬가지로 복사하거나 정렬할 수 있습니다. 같은 모양의 도형이라도 다른 분위기를 표현할 수 있는 도형의 복사, 정렬, 회전 방법에 대해 알아보겠습니다.

실습 파일 | 워드/28_도형 복사, 정렬, 회전하기.docx   **완성 파일** | 워드/28완성.docx

01 도형 복사하기

① 문서에서 화살표 도형을 클릭한 후 Ctrl + C 를 누릅니다. ② Ctrl + V 를 4번 더 반복해 눌러 도형을 복사합니다.

바로 통하는 TIP 도형을 선택한 상태에서 Ctrl +드래그해도 도형을 복사할 수 있습니다.

02 도형 가로 간격 정렬하기

① 마지막으로 복사한 도형을 문서의 오른쪽으로 이동시킵니다. ② Ctrl 이나 Shift 를 누른 상태에서 나머지 도형을 각각 클릭하여 5개 도형을 모두 선택합니다. ③ [그리기 도구]-[서식] 탭-[정렬] 그룹-[개체 맞춤▼]을 클릭하고 ④ [가로 간격을 동일하게]를 클릭합니다.

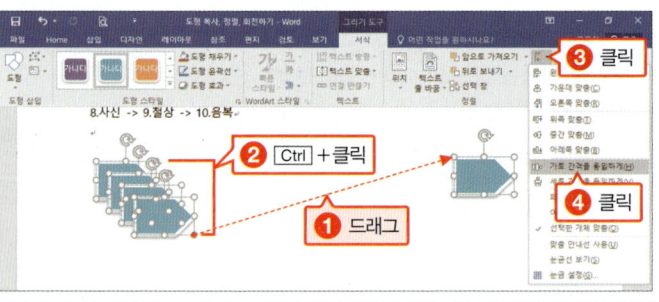

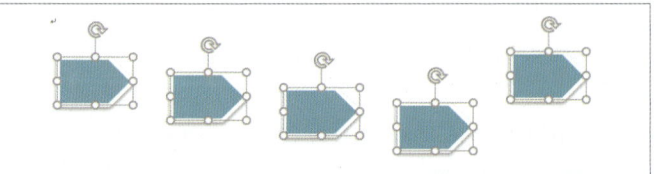

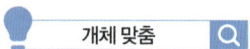

03 도형 위쪽 맞춤 정렬하기

① 도형을 모두 선택한 상태에서 [그리기 도구]-[서식] 탭-[정렬] 그룹-[개체 맞춤▼]을 클릭하고 ② [위쪽 맞춤]을 클릭하면 도형이 위쪽으로 맞춰 정렬됩니다.

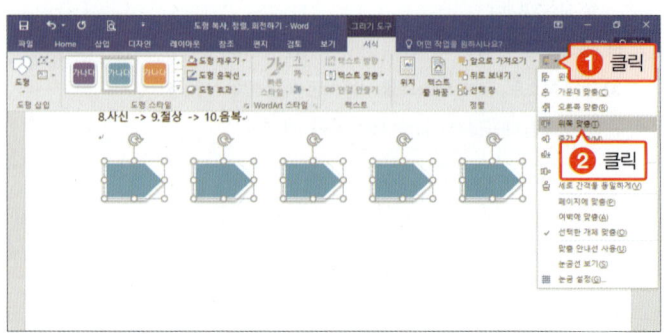

① [홈] 탭-[편집] 그룹-[선택▼]을 클릭하고 [개체 선택]
을 선택합니다. ② 도형을 마우스로 드래그하면 여러 개체
를 한번에 선택할 수 있습니다. 선택을 취소할 때는 ESC
를 누릅니다.

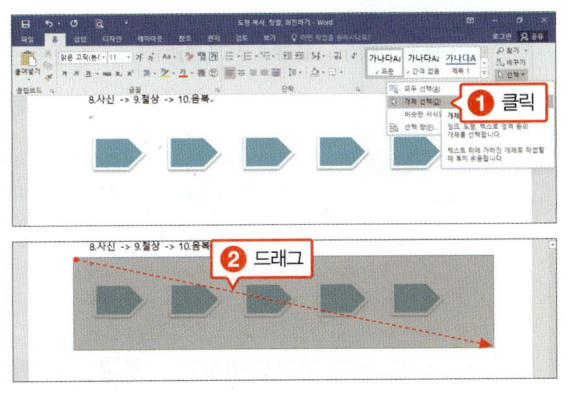

04 도형 회전하기

① 오른쪽 마지막 도형을 클릭합니다.
② 도형을 복사하기 위해 Ctrl + Shift 를
누른 상태에서 마우스를 아래쪽으로 드
래그합니다. ③ 복사한 도형을 선택한
뒤 위쪽 회전점을 클릭한 채로 그림과
같이 오른쪽으로 90도 회전시킵니다.

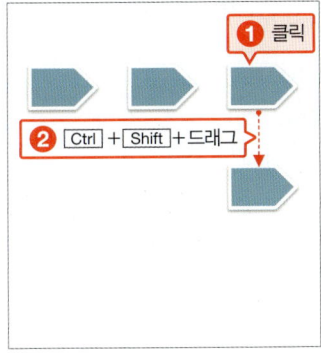
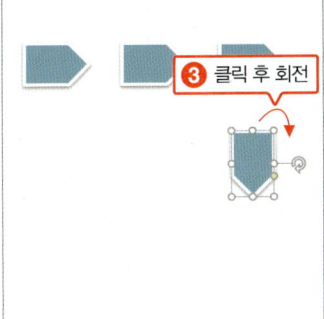

바로 통하는 TIP 마우스로 도형을 회전시킬 때 Shift 를
누른 채 드래그하면 각도를 15도씩 회전시킬 수 있습니다.

05 리본 메뉴로 도형 회전하기

리본 메뉴를 사용해 도형을 90도씩 회전
시킬 수 있습니다.
① 앞서 회전한 도형을 클릭합니다. ②
[그리기 도구]-[서식] 탭-[정렬] 그
룹-[회전▼]을 클릭하고 ③ [오른쪽으
로 90도 회전]을 선택합니다.

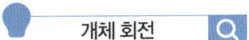
개체 회전

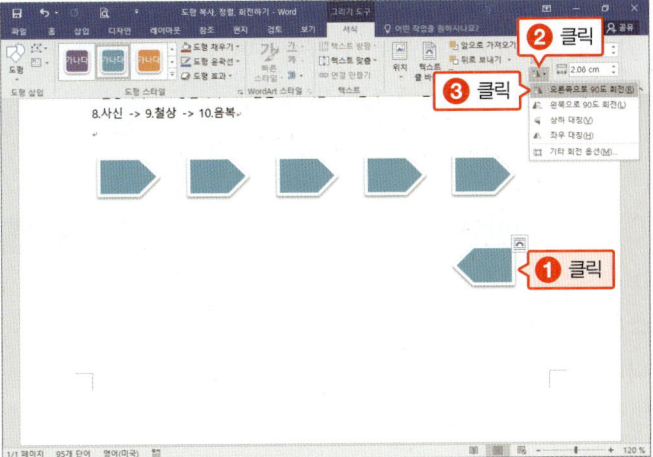

29

WordArt 삽입 및 수정하기

학습 목표 | 문서에 **WordArt**를 삽입하면 문서의 제목이나 강조할 내용 등을 화려하게 꾸밀 수 있습니다. **WordArt**를 삽입하고 효과를 설정하는 방법에 대해서 알아보겠습니다.

실습 파일 | 워드/29_WordArt 삽입 및 수정하기.docx **완성 파일 |** 워드/29완성.docx

01 WordArt 삽입하고 문구 입력하기

파티 초대장의 제목을 WordArt를 이용해 화려하게 꾸며 보겠습니다.
① WordArt를 삽입할 부분을 클릭합니다.
② [삽입] 탭-[텍스트] 그룹-[WordArt]를 클릭합니다. ③ 임의의 WordArt 스타일을 선택하면 그림처럼 문장을 입력할 수 있는 WordArt 텍스트 상자가 표시됩니다. ④ **Christmas Party**를 입력합니다.

02 WordArt 배치하기

① WordArt 텍스트 상자 테두리를 클릭합니다. ② [레이아웃] 탭-[정렬] 그룹-[맞춤]-[가운데 맞춤]을 클릭하면 문서의 가운데에 텍스트 상자가 배치됩니다.

03 WordArt 꾸미기

① [그리기 도구]-[서식] 탭-[WordArt 스타일] 그룹-[텍스트 효과]를 클릭합니다. ② [변환]-[휘기]에서 임의의 스타일을 선택해 WordArt의 모양을 변경합니다.

04 WordArt 반사 설정하기

① WordArt 텍스트 상자를 클릭합니다. ② [그리기 도구]-[서식] 탭-[WordArt 스타일] 그룹-[텍스트 효과 서식] 표시 아이콘을 클릭합니다. ③ [도형 서식] 작업 창에서 [반사]를 선택합니다. ④ [미리 설정]을 클릭하고 ⑤ [반사 변형]-[근접 반사, 4pt 오프셋]을 선택합니다.

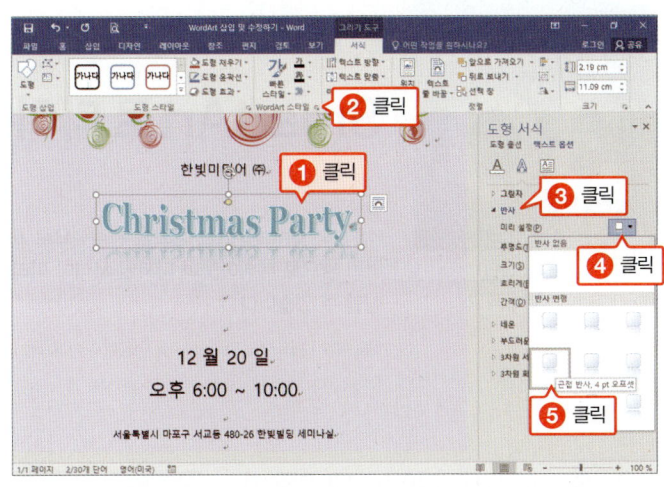

반사 효과가 적용됩니다.

05 WordArt 네온 설정하기

① [도형 서식] 작업 창에서 [네온]을 선택합니다. ② [미리 설정]을 클릭하고 ③ [네온 변형]-[바다색, 11pt 네온, 강조색 5]를 선택합니다.

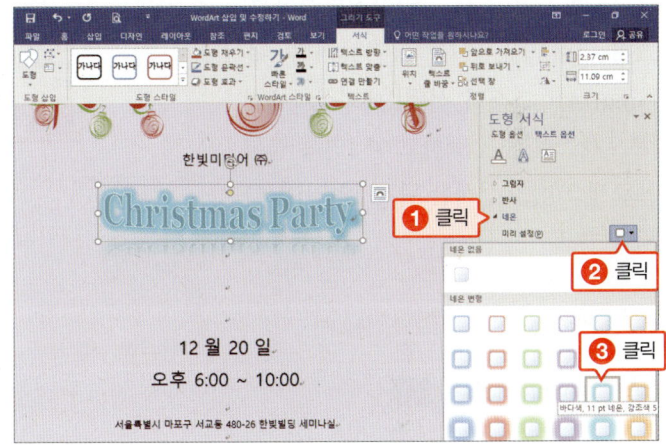

네온 효과가 적용됩니다.

바로 통하는 TIP **WordArt 모양 변경하기**

WordArt 테두리를 클릭하면 노란색 모양 변경 도구가 표시됩니다. 이 노란색 도구를 마우스로 누르고 위아래로 드래그하면 WordArt 모양이 변경됩니다.

06 WordArt 크기 변경하기

① WordArt 테두리를 클릭합니다. ② 테두리의 8개 크기 조절점을 마우스로 드래그하면서 적당한 크기로 변경합니다.

SmartArt로 다이어그램 만들기

학습 목표 | **SmartArt**는 정보를 시각적으로 표현하도록 제공하는 그래픽 개체입니다. 도형, 클립 아트 등으로 레이아웃과 디자인 서식이 미리 지정돼 있어 수준 높은 일러스트레이션을 쉽게 작성할 수 있습니다.

실습 파일 | 워드/30_SmartArt를 이용해 다이어그램 만들기.docx   **완성 파일** | 워드/30완성.docx

01 SmartArt로 다이어그램 만들기

① SmartArt를 삽입할 위치를 클릭합니다. ② [삽입] 탭 – [일러스트레이션] 그룹 – [SmartArt]를 클릭합니다. ③ [SmartArt 그래픽 선택] 대화상자에서 [프로세스형]을 선택하고 ④ [연속 블록 프로세스형]을 선택한 뒤 ⑤ [확인]을 클릭합니다.

선택한 프로세스형 SmartArt가 삽입됩니다.

SmartArt 삽입

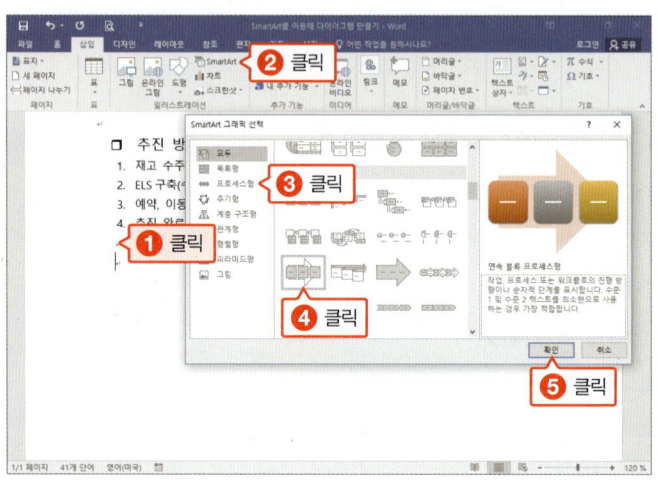

02 텍스트 추가하기

다이어그램이 삽입되면 텍스트 창이 활성화됩니다. SmartArt 왼쪽의 텍스트 창을 이용해 본문의 추진 방향을 참고하여 입력합니다. 첫 번째 항목 입력 후 아래쪽 방향키[↓]를 누르면 다음 행에 두 번째 항목을 입력할 수 있습니다. [Enter]를 누르면 새로운 항목이 추가되므로 두 키를 적절히 사용합니다. 나머지 단계도 텍스트 창을 이용해 입력합니다.

항목이 추가되면 새로운 도형이 자동으로 추가됩니다.

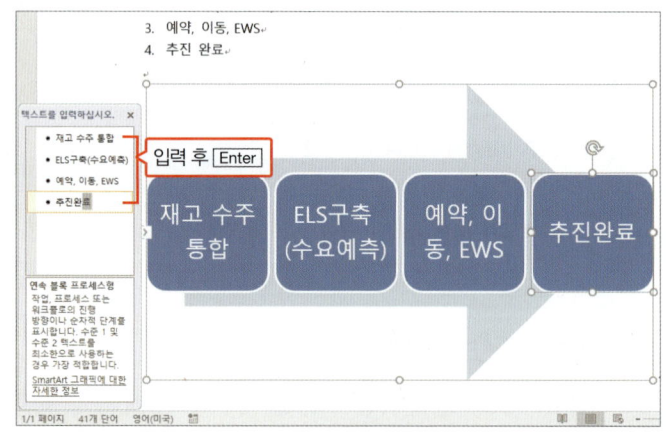

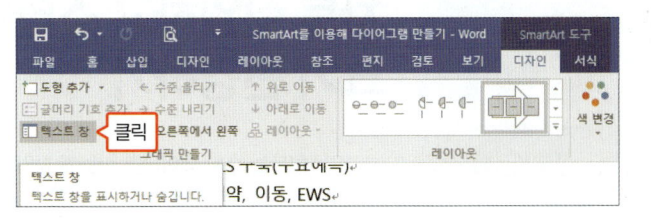
03 SmartArt 색상 변경하기

① SmartArt 테두리를 클릭합니다. ② [SmartArt 도구]-[디자인] 탭-[SmartArt 스타일] 그룹-[색 변경]을 클릭하고 ③ [색상형]-[색상형 범위-강조색 3 또는 4]를 선택합니다.

SmartArt 스타일

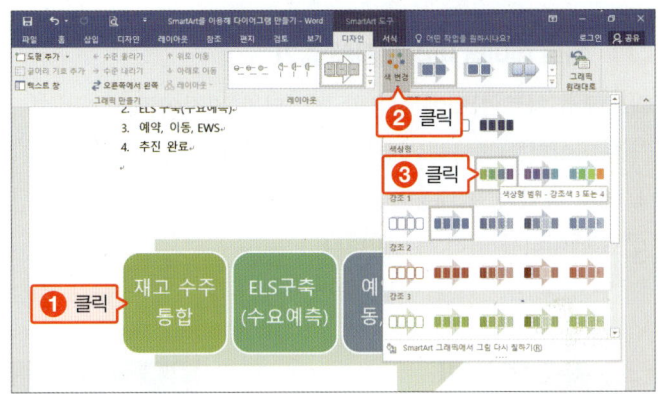

04 SmartArt 스타일 변경하기

① SmartArt 테두리를 선택한 상태에서 [SmartArt 도구]-[디자인] 탭-[SmartArt 스타일] 그룹-[자세히▼]를 클릭합니다. ② 스타일 목록에서 [3차원]-[벽돌]을 선택합니다.

선택한 스타일이 적용되어 3차원 형식의 SmartArt로 변경됩니다.

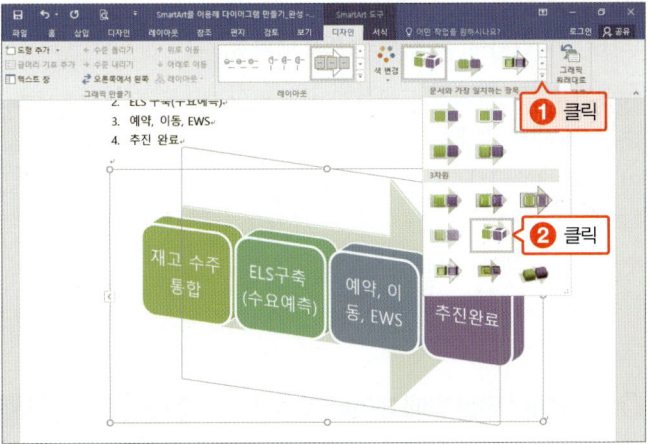

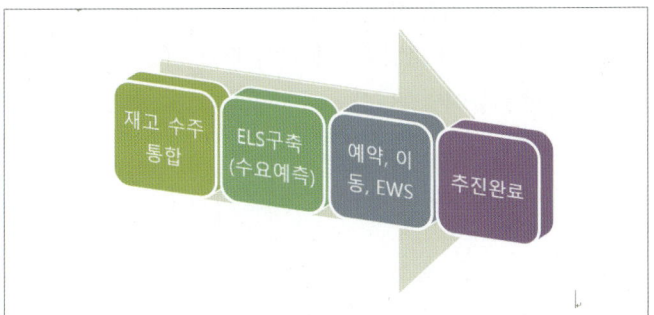

차트 삽입하고 스타일, 종류, 크기 변경하기

학습 목표 | 차트는 수치 데이터를 한눈에 파악하고 비교, 분석할 수 있도록 시각화하는 도구입니다. 수치와 텍스트에 비해 자료의 변화를 직관적으로 파악할 수 있어 유용합니다.

실습 파일 | 워드/31_차트 삽입하고 스타일, 종류, 크기 변경하기.docx　**완성 파일 |** 워드/31완성.docx

O1　차트 데이터 미리 복사해 놓기

워드에서 차트 삽입에 사용할 데이터를 직접 입력하거나 기존 데이터를 복사해 사용할 수 있습니다.

① 예제 파일의 표 내용을 그림처럼 블록 설정하고 Ctrl + C로 데이터를 미리 복사합니다.

※ 여교사의 증가 추세

구분	초등학교	중학교	고등학교	비고
2015년	40	35	18	
2016년	47	42	21	
2017년	52	48	24	
2018년	66	101	40	
합 계	205	226	103	

드래그 후 Ctrl + C

O2　차트 삽입하기

① 차트를 삽입할 위치를 클릭하고 ② [삽입] 탭-[일러스트레이션] 그룹-[차트]를 클릭합니다. ③ [차트 삽입] 대화상자에서 [세로 막대형]-[3차원 100% 기준 누적 세로 막대형]을 클릭하고 ④ [확인]을 클릭합니다.

본문에 차트가 삽입되고 데이터 편집 시트가 활성화됩니다.

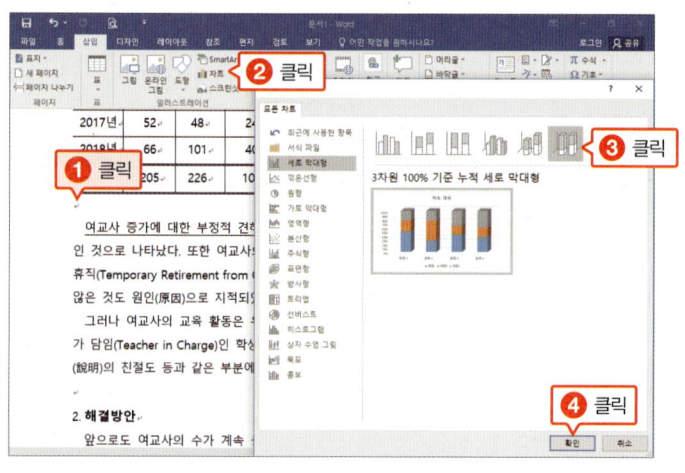

O3　데이터 편집 창에 데이터 붙여넣기

활성화된 데이터 편집 창에 데이터를 직접 입력하거나 앞서 클립보드에 복사해놓은 데이터를 붙여넣습니다.

[A1] 셀을 클릭하고 Ctrl + V를 눌러 복사한 데이터를 붙여넣습니다.

붙여넣은 데이터에 따라 차트 데이터가 적용됩니다.

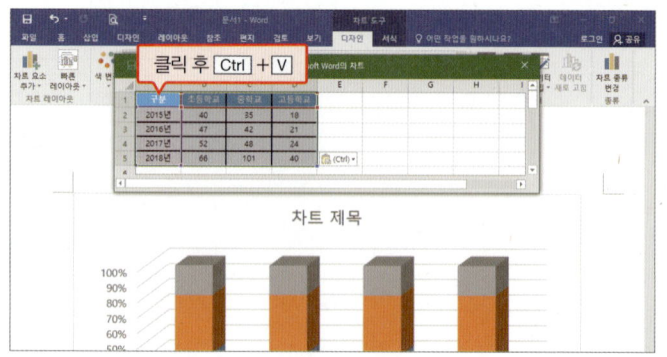

바로 통하는 TIP 데이터 편집 창 활성화하기

데이터 편집 창을 실수로 닫았을 경우 [차트 도구]-[디자인] 탭-[데이터] 그룹-[데이터 편집]-[데이터 편집]을 클릭하면 됩니다.

바로 통하는 TIP 데이터 입력 시트에 행 추가하기

만약 입력할 항목이 기본 제공되는 4행 4열보다 많다면 데이터 입력 시트의 오른쪽 아래 크기 조절 버튼을 마우스로 누르고 늘려 사용할 수 있습니다.

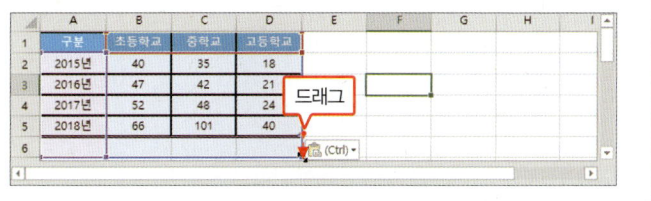

04 차트 스타일 변경하기

차트를 선택하면 오른쪽에 차트 속성 변경 도구가 활성화됩니다.

① 차트를 클릭하고 ② 속성 변경 도구 중 [차트 스타일] 도구를 클릭합니다.
③ 스타일 목록에서 [스타일 8]을 선택해 스타일을 적용합니다.

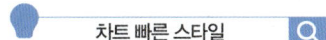
차트 빠른 스타일

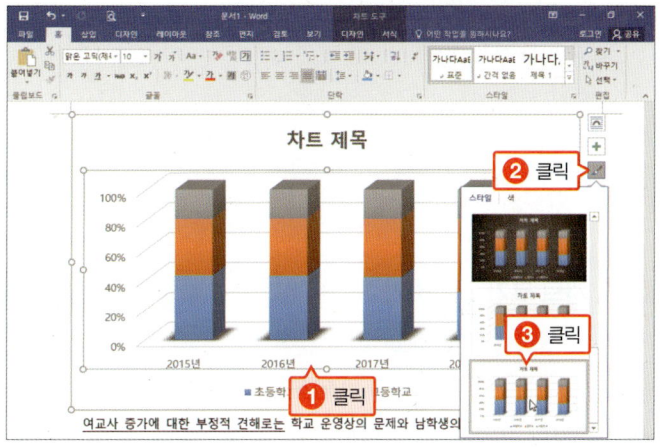

바로 통하는 TIP 리본 메뉴에서 차트 스타일 변경하기

리본 메뉴의 [차트 도구]-[디자인] 탭-[차트 스타일] 그룹-[차트 스타일]을 이용해 스타일을 변경할 수 있습니다.

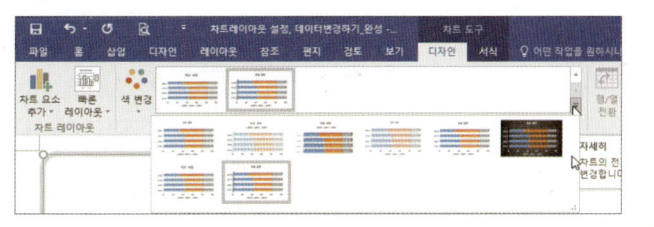

05 차트 종류 변경하기

① 차트 영역에서 마우스 오른쪽 버튼을 클릭합니다. ② 바로 가기 메뉴에서 [차트 종류 변경]을 선택합니다.

차트 종류 변경

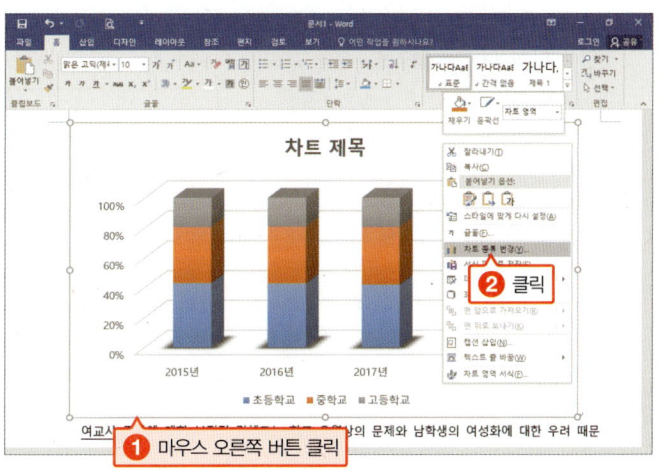

06 ① [차트 종류 변경] 대화상자에서 [가로 막대형]을 선택합니다. ② [3차원 100% 기준 누적 가로 막대형]을 선택하고 ③ [확인]을 클릭합니다.

차트 종류가 3차원 100% 기준 누적 가로 막대형으로 변경됩니다.

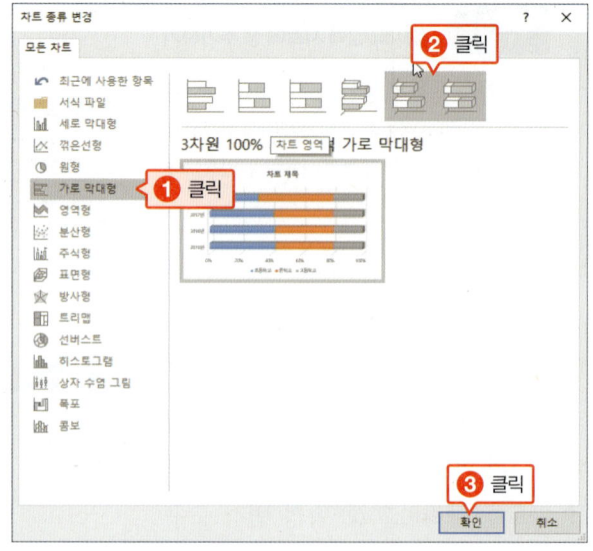

07 차트 크기 조절하기

① 차트 영역을 클릭하고 ② 오른쪽 아래 모서리의 크기 조절점을 마우스로 드래그해 차트 크기를 조절합니다.

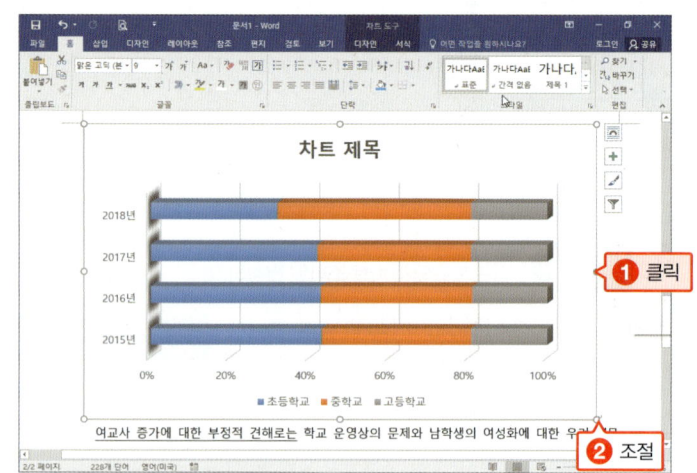

바로 통하는 TIP **차트 영역과 그림 영역**

차트 영역에서는 차트의 위치와 크기 등을 조절할 수 있습니다. 그림 영역에는 실제 그래프가 표시됩니다.

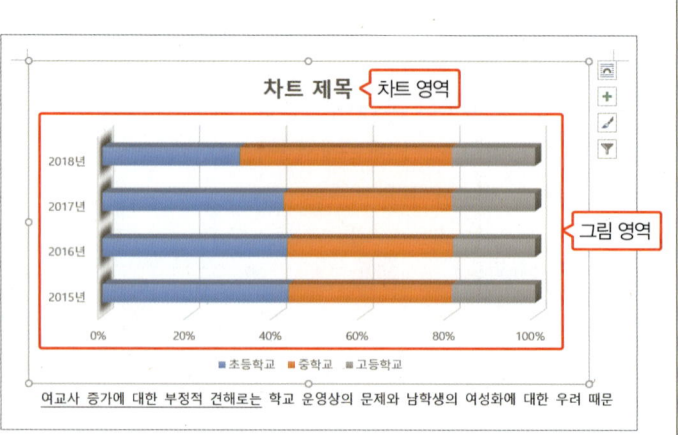

핵심기능실습

32

💡 TELL ME
빠른 레이아웃,
데이터 편집

차트 레이아웃 설정, 데이터 변경하기

학습 목표 | 문서에 삽입된 차트의 레이아웃을 설정하고 데이터와 차트 테두리를 지정할 수 있습니다. 차트의 종류, 데이터 범위, 레이아웃, 스타일 등을 수정하는 방법에 대해 알아보겠습니다.

실습 파일 | 워드/32_차트 레이아웃 설정, 데이터 변경하기.docx   완성 파일 | 워드/32완성.docx

01 차트 레이아웃 설정하기

차트에 [차트 제목], [축 제목], [범례] 등을 표시하는 레이아웃을 설정해 보겠습니다.
① 차트 영역을 클릭합니다. ② [차트 도구]–[디자인] 탭–[차트 레이아웃] 그룹–[빠른 레이아웃]을 클릭하고 [레이아웃 6]을 선택합니다.

차트 레이아웃6이 적용됩니다.

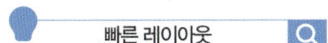

💡 빠른 레이아웃 🔍

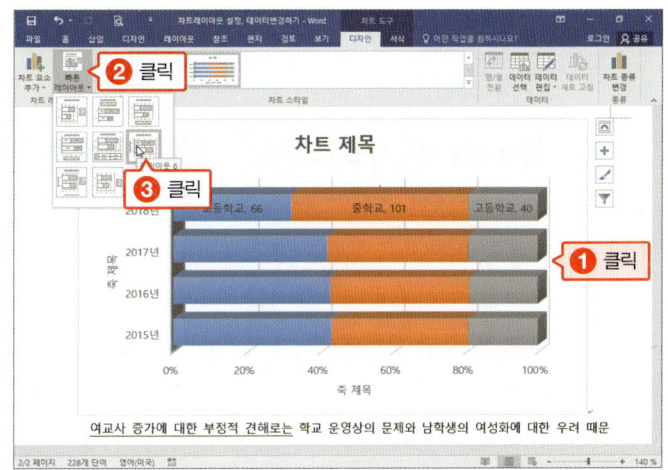

02 차트 제목, 축 제목 입력하기

① 세로축 제목을 클릭하고 **년도**를 ② 가로축 제목을 클릭하고 **비율**을 입력합니다. ③ 차트 제목을 클릭하고 **년도별 여교사 비율**을 입력하여 제목을 모두 입력합니다.

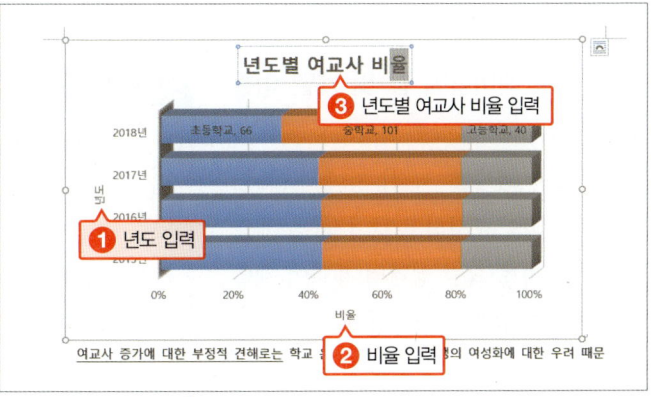

03 차트 범례 추가/위치 변경하기

① 차트를 클릭하고 ② [차트 요소] 도구를 클릭합니다. ③ [범례]-[위쪽]을 클릭합니다.

차트 위쪽에 범례가 표시됩니다.

바로 통하는 TIP 범례 숨기기

차트 요소 도구에서 [범례] 항목의 체크 표시를 해제하면 범례가 표시되지 않습니다.

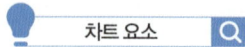

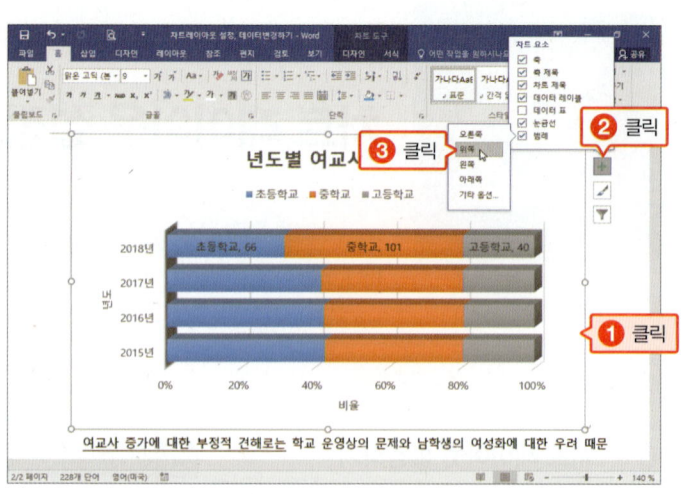

04 데이터 레이블 서식 창 활성화하기

① 그림 영역의 2015년 초등학교 항목을 마우스 오른쪽 버튼으로 클릭합니다. ② 바로 가기 메뉴에서 [데이터 레이블 서식]을 클릭하면 화면 오른쪽에 [데이터 레이블 서식] 창이 활성화됩니다.

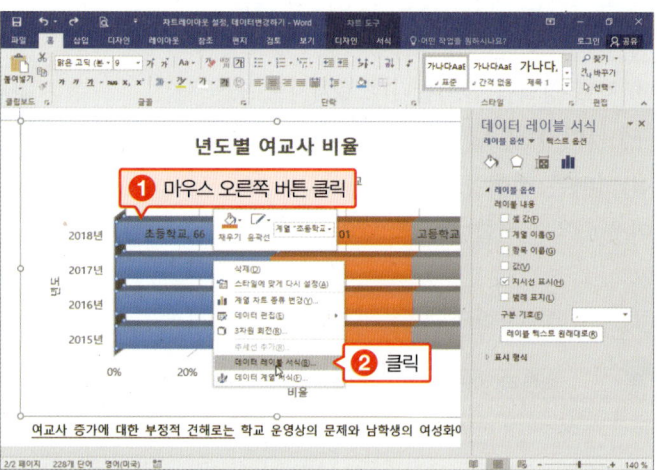

05 차트 레이블에 값 및 계열 이름 표시하기

① [데이터 레이블 서식] 창에서 [계열 이름]에 체크 표시하고 ② [값]에 체크 표시하면 차트 그림 영역의 계열에 계열 이름과 값이 함께 표시됩니다.

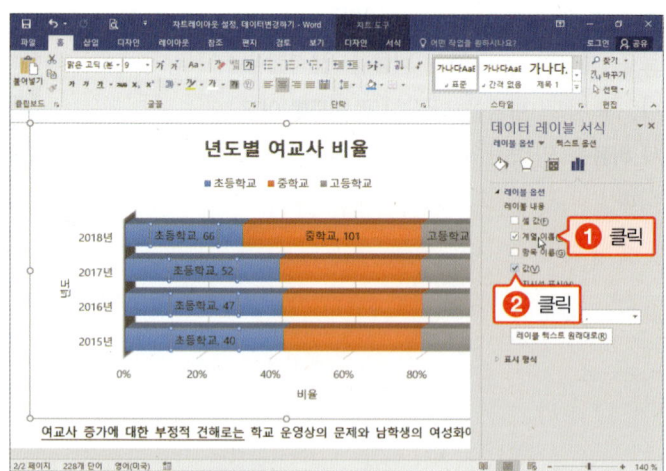

06 차트 데이터 편집하기

① 차트를 클릭하고 마우스 오른쪽 버튼을 클릭합니다. ② 바로 가기 메뉴에서 [데이터 편집]–[데이터 편집]을 클릭합니다.

데이터 편집 창이 활성화됩니다.

바로 통하는 TIP 차트 영역을 클릭한 후 [차트 도구]–[디자인] 탭–[데이터] 그룹–[데이터 편집]을 클릭하면 데이터를 편집 창을 활성화할 수 있습니다.

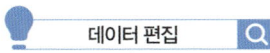

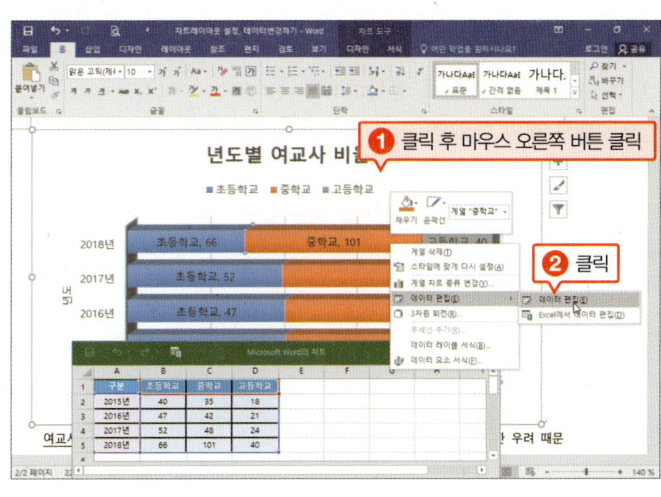

07 ① 2018년 중학교 항목을 99로 변경합니다.

2018년 중학교 항목 데이터가 99로 변경되면서 차트 값도 같이 갱신되었습니다.

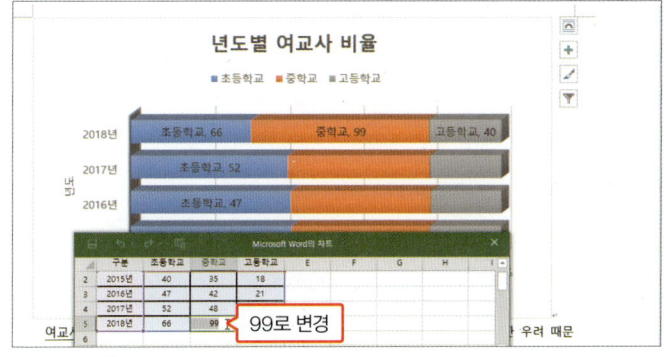

08 차트 테두리 둥글게 지정하기

① 차트 영역에서 마우스 오른쪽 버튼을 클릭합니다. ② 바로 가기 메뉴에서 [차트 영역 서식]을 선택하면 오른쪽에 [차트 영역 서식] 작업 창이 활성화됩니다. ③ [차트 영역 서식]–[테두리]를 클릭합니다.

작업 창의 테두리 상세 항목이 펼쳐집니다.

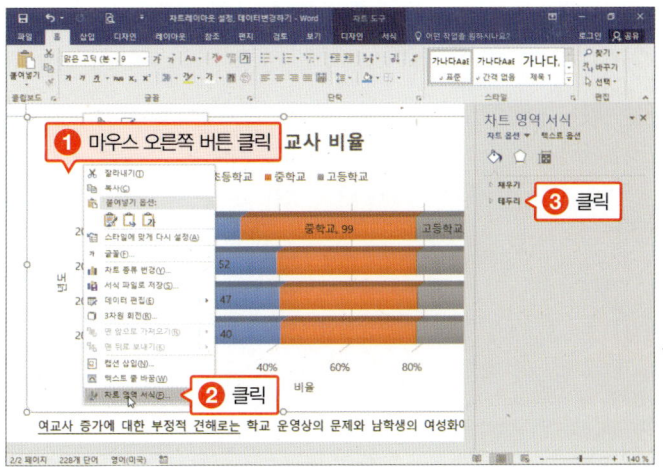

09 차트 영역 변경하기

① [너비]를 [4pt]로 설정하고 ② [둥근 모서리]에 체크 표시합니다.

차트 영역의 테두리 너비가 변경되고 모서리가 둥글게 표시됩니다.

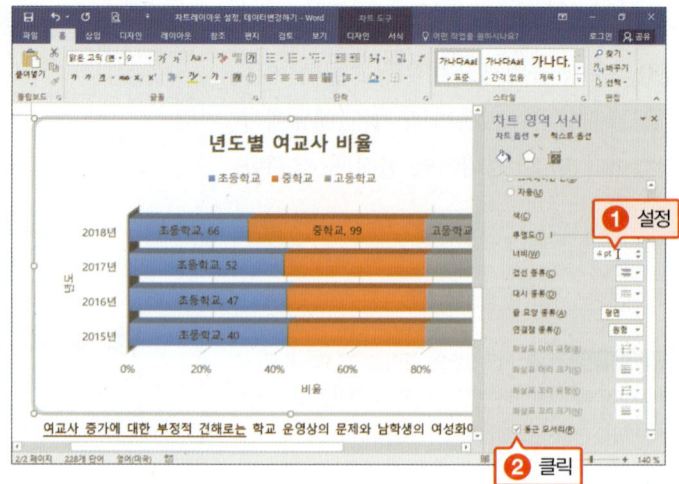

표 꾸미기

워드프로세서의 백미는 표 기능입니다. 여러 가지 데이터가 문서에 삽입되었을 때 표를 이용하여 가독성 있게 표현할 수 있으며 좀더 체계적으로 정리된 문서를 만들 수 있습니다. 표 만들기, 행/열을 삽입하거나 삭제하는 기능, 표에서 문자열을 정렬하고 표의 셀에 테두리와 음영을 적용해 표 스타일을 변경하는 등의 기능에 대해서 알아보겠습니다.

표 삽입, 크기 조절, 이동, 셀 합치기 및 나누기

학습 목표 | 복잡한 내용이나 수치 자료 등을 한눈에 확인하기 쉽게 작성할 때 표를 사용합니다. 표를 삽입하고 크기를 조절, 이동하는 기능 및 셀을 합치고 나누는 기능을 살펴보겠습니다.

실습 파일 | 워드/33_표 삽입, 크기 조절, 이동, 셀 합치기 및 나누기.docx   완성 파일 | 워드/33완성.docx

01 표 만들기

차입금 내역서에 필요한 결재란을 표로 만들어 삽입해 보겠습니다.

① 표를 삽입할 위치를 클릭합니다.
② [삽입] 탭-[표] 그룹-[표]를 클릭하고 ③ 마우스를 드래그하여 5×3 크기로 만들어 클릭합니다.

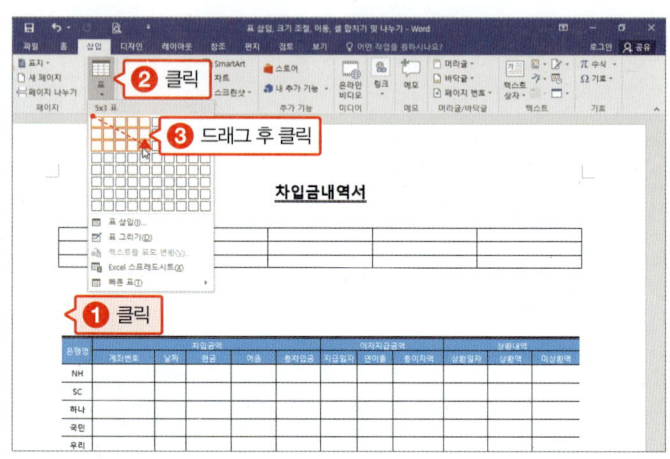

5×3 표가 본문에 삽입됩니다.

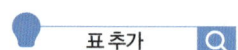

02 삽입된 표에 문자 입력하기

각 셀을 마우스로 클릭하고 그림처럼 내용을 입력합니다.

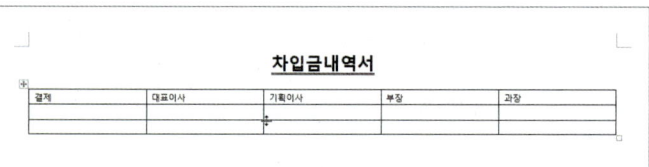

바로 통하는 TIP   **표를 삽입하는 또 다른 방법**

[삽입] 탭-[표] 그룹-[표▼]-[표 삽입]을 이어서 클릭하면 [표 삽입] 대화상자가 활성화됩니다. [열 개수]는 가로를 기준으로 한 칸의 수를 말하며, [행 개수]는 세로를 기준으로 한 줄의 수를 말합니다. [표 삽입] 대화상자를 이용해도 표를 삽입할 수 있습니다.

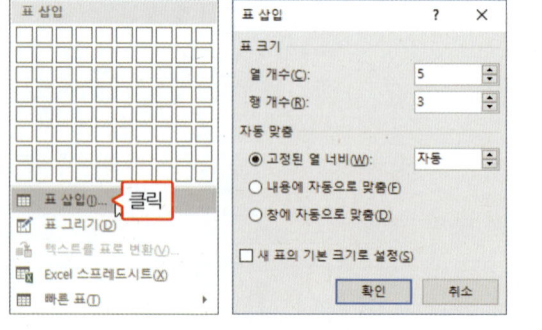

03 표 크기 조절하기

표 오른쪽 아래 모서리에 마우스를 올리면 [크기 조절점]이 활성화됩니다.
① [크기 조절점]을 클릭하고 ② 클릭한 채로 드래그하여 표 크기를 적당하게 조절합니다.

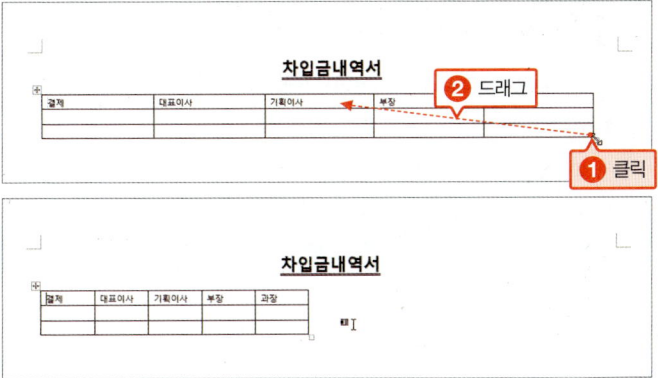

04 표 이동하기

표 왼쪽 위 모서리에 마우스를 올리면 [표 선택] 도구가 활성화됩니다.
[표 이동] 도구를 누른 채로 드래그하여 문서의 오른쪽으로 이동시킵니다.

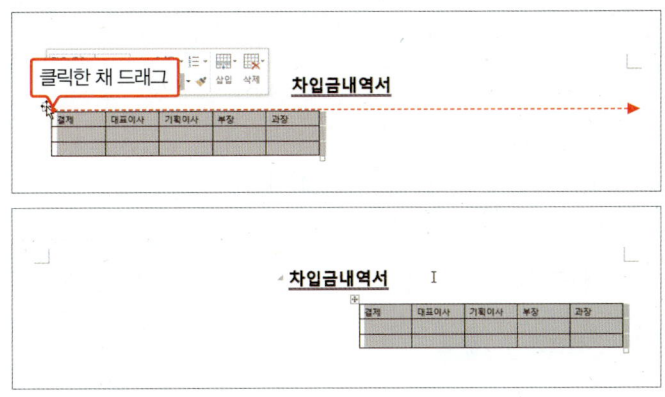

05 셀 병합하기

① 병합할 셀을 드래그합니다. ② [표 도구]–[레이아웃] 탭–[병합] 그룹–[셀 병합]을 클릭합니다.

블록 설정한 3개 셀이 1개로 병합됩니다.

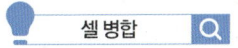
셀 병합

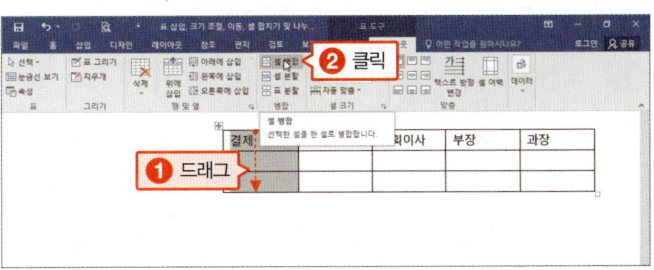

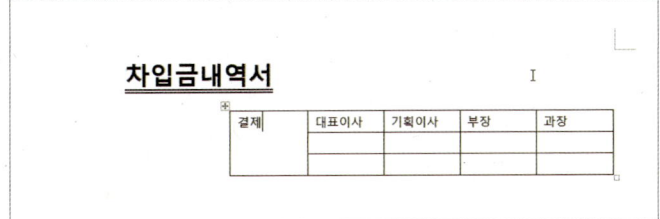

리본 메뉴 외에도 바로 가기 메뉴에서 셀을 병합할 수 있습니다.

① 병합할 셀을 마우스로 블록 선택한 후 마우스 오른쪽 버튼을 클릭합니다. ② 바로 가기 메뉴에서 [셀 병합]을 선택하면 셀이 병합됩니다.

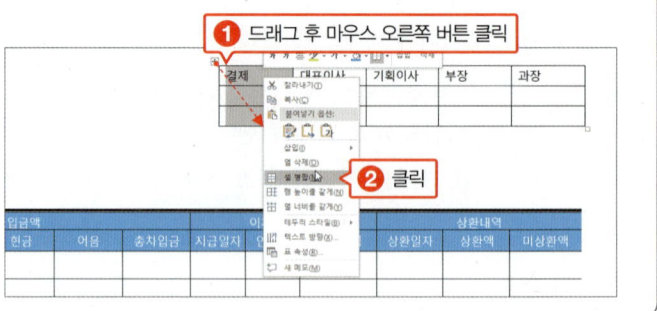

06 셀 분할하기

① 분할 대상 셀을 클릭합니다. ② [표도구]-[레이아웃] 탭-[병합] 그룹-[셀 분할]을 클릭합니다. ③ [셀 분할] 대화상자가 나타나면 그림처럼 [열 개수]를 1, [행 개수]를 3으로 변경하고 ④ [확인]을 클릭합니다.

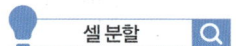 셀 분할

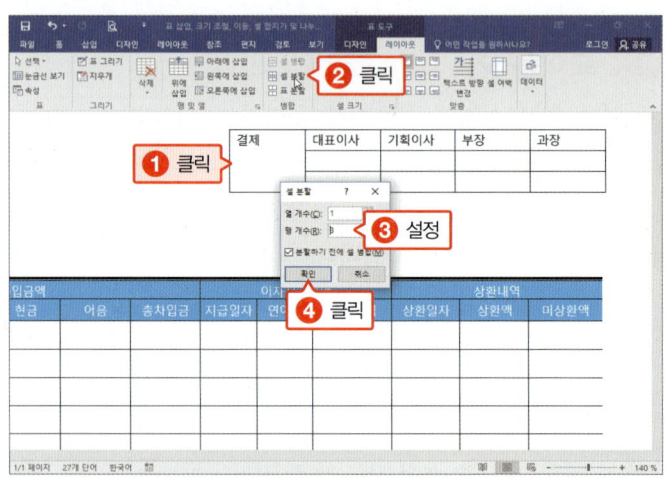

07 병합되었던 셀이 다시 분할되었습니다.

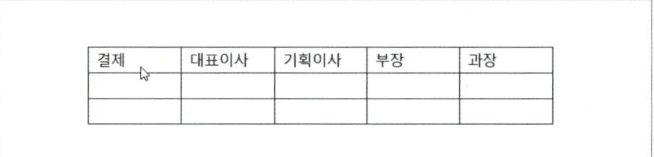

핵심기능실습

34

TELL ME

아래에 행 삽입,
왼쪽에 열 삽입,
표 삭제

표에 행/열 삽입, 삭제하고
문자열 정렬하기

학습 목표 | 표에 줄, 칸을 추가해 편집하거나 불필요한 행, 열을 삭제해야 하는 경우가 있습니다.
표에 행과 열을 삽입, 삭제하고 표 안에 입력된 문자열을 정렬하는 방법을 알아보겠습니다.

실습 파일 | 워드/34_표에 행, 열 삽입 삭제하고 문자열 정렬하기.docx **완성 파일** | 워드/34완성.docx

01 리본 메뉴로 행 삽입하기

표 아래에 행을 한 줄 더 삽입해 보겠습
니다.

① 임의의 열 맨 아래 셀을 클릭합니다.

② [표 도구] – [레이아웃] 탭 – [행 및 열]
그룹 – [아래에 삽입]을 클릭합니다.

행이 삽입됩니다.

02 행/열 삽입 도구로 열 삽입하기

열을 추가할 위치의 세로 선 위에 마우
스를 올리면 [행/열 삽입] 도구가 활성화
됩니다. [열 삽입] 도구를 클릭하여 열을
추가합니다.

열이 삽입됩니다.

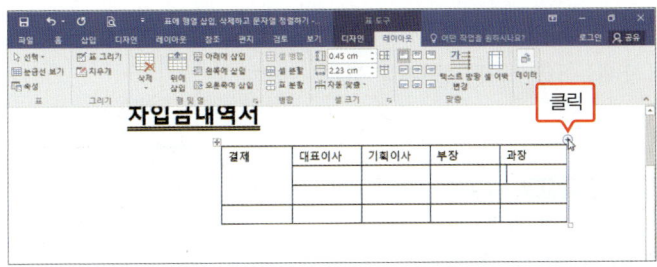

 **리본 메뉴로 행/열 삽입하기**

[표 도구] – [레이아웃] 탭 – [행 및 열] 그룹에
서 행/열을 삽입할 수도 있습니다.

바로 통하는
TIP   Tab 으로 행 추가하기

표의 마지막 셀을 마우스로 클릭하고 Tab 을 누르
면 표 아래 새로운 행이 추가됩니다.

03 바로 가기 메뉴로 열 삭제하기

① 삭제할 열 전체를 마우스로 블록 설
정합니다. ② 마우스 오른쪽 버튼을 클
릭하고 ③ 바로 가기 메뉴에서 [열 삭제]
를 클릭해 열을 삭제합니다.

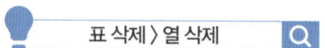

표 삭제 > 열 삭제 🔍

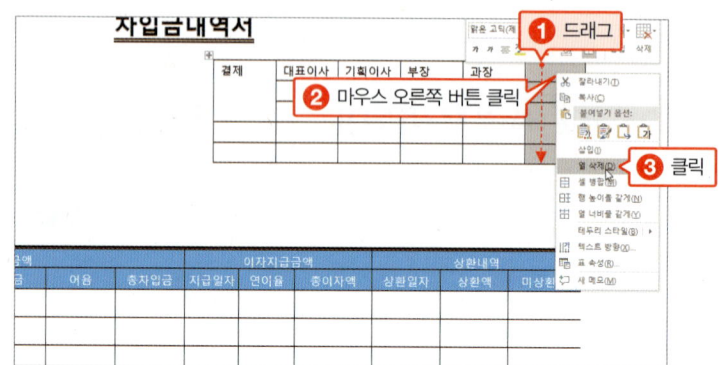

04 [미니 도구 모음]으로 행 삭제하기

① 삭제할 행을 마우스로 블록 설정합
니다. ② [미니 도구 모음]이 활성화되면
[삭제] – [행 삭제] 클릭해 행을 삭제합
니다.

바로 통하는 TIP   [미니 도구 모음]이 보이지 않을 경우
다시 범위를 선택하거나, 범위 선택된 상태로 마우스 오
른쪽 버튼을 클릭하면 됩니다.

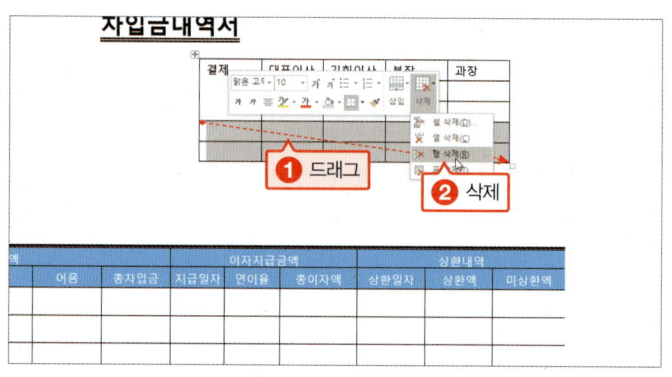

05 표 안 문자열 정렬하기

① 표 안 셀을 모두 마우스로 블록 설정
합니다. ② [표 도구] – [레이아웃] 탭 –
[맞춤] 그룹 – [가운데 맞춤]을 클릭합
니다.

문자열이 가로/세로 가운데로 맞춤됩니다.

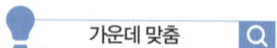

가운데 맞춤 🔍

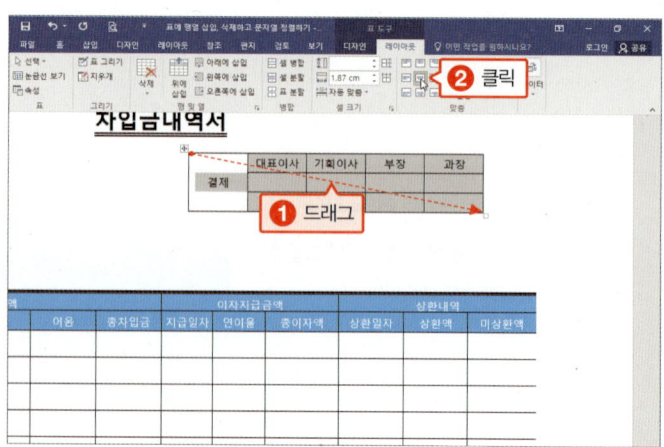

06 열 너비 조절하기

마우스로 결제 열의 경계를 좌우로 드래그 하면 열 너비를 조절할 수 있습니다.

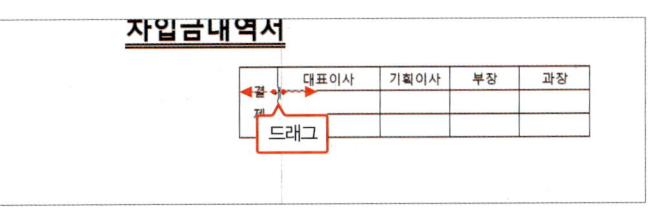

07 열 너비 같게 설정하기

① 열 너비를 동일하게 설정할 열을 모두 마우스로 블록 설정하고 마우스 오른쪽 버튼을 클릭합니다. ② 바로 가기 메뉴에서 [열 너비를 같게]를 클릭합니다.

선택한 모든 열의 너비가 똑같이 설정되었습니다.

바로 통하는 TIP 열의 폭을 조절했던 것과 같은 방법으로 행 높이도 설정할 수 있습니다.

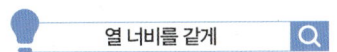

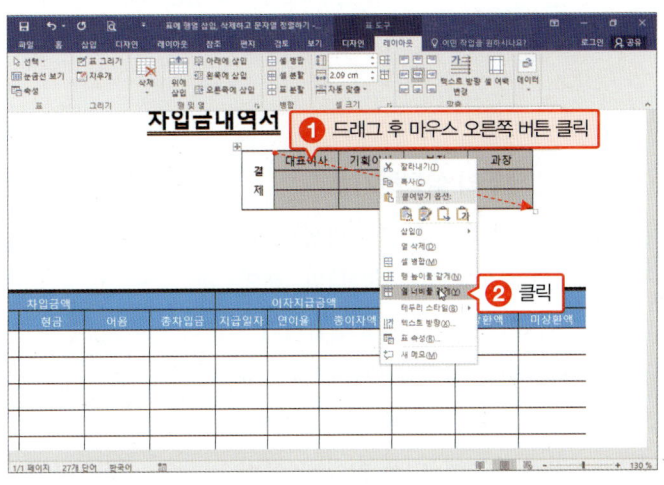

08 마우스로 드래그해 행 높이 조절하기

2행 아래의 선을 마우스로 아래쪽으로 드래그하여 행 높이를 변경합니다.

결재 란이 완성되었습니다.

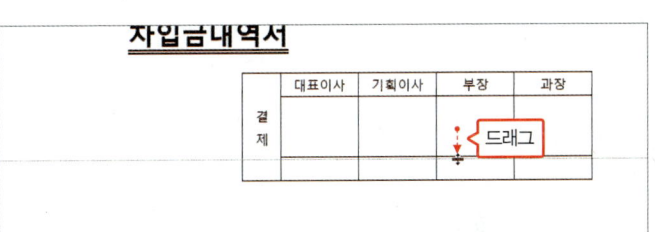

핵심기능실습 35

TELL ME
표 속성,
테두리 및 음영

셀 테두리 및 음영 지정하기

학습 목표 | 표에서 특정 부분을 강조하려면 기본 서식 이외의 테두리 스타일을 적용하고 음영색을 변경해 표현할 수 있습니다. 표의 테두리와 음영을 지정하는 방법을 살펴보겠습니다.

실습 파일 | 워드/35_셀 테두리 및 음영 지정하기.docx **완성 파일 |** 워드/35완성.docx

01 투명 테두리 설정하기

주간업무계획서에서 부서명, 작성자, 작성일자가 표로 삽입되어 있습니다. 표의 테두리를 투명하게 설정해 보겠습니다. ① 투명 테두리를 설정할 셀을 드래그하고 마우스 오른쪽 버튼을 클릭합니다. ② 바로 가기 메뉴에서 [표 속성]을 클릭합니다. ③ [표 속성] 대화상자에서 [테두리 및 음영]을 클릭합니다.

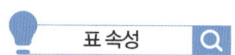

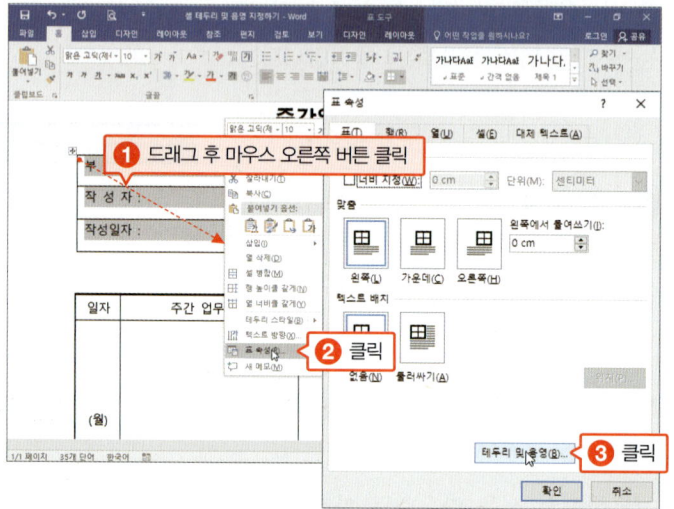

02 테두리 및 음영 대화상자 설정하기

① [테두리 및 음영] 대화상자에서 [설정]-[없음]을 선택하고 ② [스타일]-[실선]을 ③ [미리 보기]-[오른쪽 테두리]를 클릭합니다. ④ [확인] 클릭합니다. [표 속성] 대화상자도 [확인]을 클릭해 종료합니다.

[표 속성] 대화상자에서도 [확인]을 클릭해 종료하면 표의 오른쪽 테두리는 실선이, 나머지에는 투명 테두리가 설정됩니다.

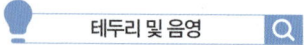

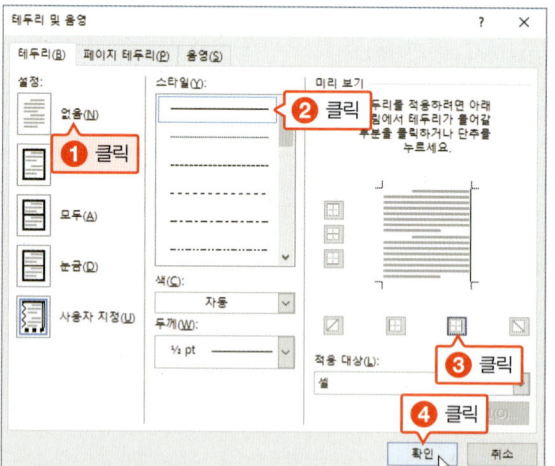

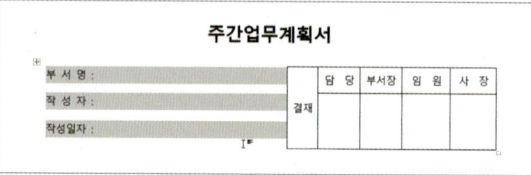

03 테두리 색 및 두께 변경하기

① 표 전체를 마우스로 블록 설정합니다. ② [표 도구]-[디자인] 탭-[테두리] 그룹에서 [선 두께]-[2 1/4pt]로 설정하고 ③ [펜 색]-[파랑]으로 설정합니다. ④ [테두리▼]를 클릭하고 ⑤ [모든 테두리]를 선택합니다.

선택한 범위의 셀 테두리가 변경됩니다.

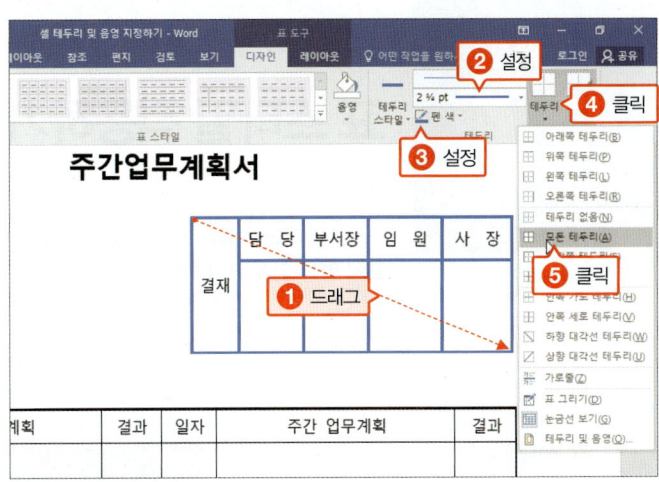

04 셀 음영 설정하기

① 결재, 담당, 부서장, 임원, 사장 셀 순으로 마우스로 드래그하여 블록 설정합니다. ② [표 도구]-[디자인] 탭-[표 스타일] 그룹-[음영▼] 클릭하고 ③ [연한 파랑]을 선택합니다.

선택한 범위 셀의 음영색이 [연한 파랑]으로 변경됩니다.

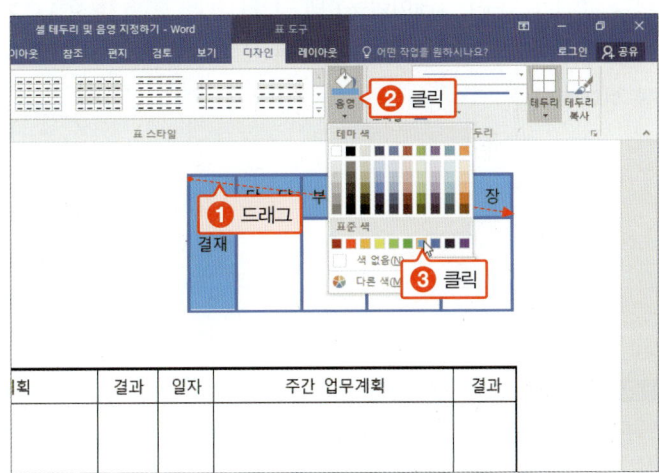

바로 통하는 TIP **[테두리 복사] 도구를 이용해 테두리 색 변경하기**

[테두리 복사]를 이용하면 원하는 부분의 표 테두리 선 스타일을 변경할 수 있습니다.

표 테두리 도구를 이용해 두께나 펜 색을 임의로 변경합니다. ① [표 도구]-[디자인] 탭-[테두리] 그룹-[테두리 복사]를 클릭합니다. ② 변경할 테두리 선을 마우스로 클릭하면 해당 셀의 테두리 선만 색이 변경됩니다. 다수의 테두리 선을 드래그하면 드래그한 선 스타일이 모두 변경됩니다.

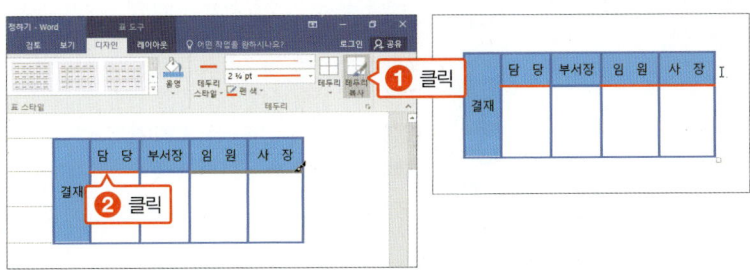

표 스타일 적용하기

학습 목표 | 삽입한 표에 표 스타일을 빠르게 지정할 수 있습니다. 셀 스타일에는 테두리, 셀 색, 표시 형식, 글꼴 등이 미리 정의되어 있어 간편하게 완성도 높은 표를 만들 수 있습니다.

실습 파일 | 워드/36_표 스타일 적용.docx   완성 파일 | 워드/36완성.docx

01 표 선택하기

① 선택할 표에서 임의의 셀을 클릭합니다. ② [표 도구] - [레이아웃] 탭 - [표] 그룹에서 [선택] - [표 선택]을 클릭해 표를 선택합니다.

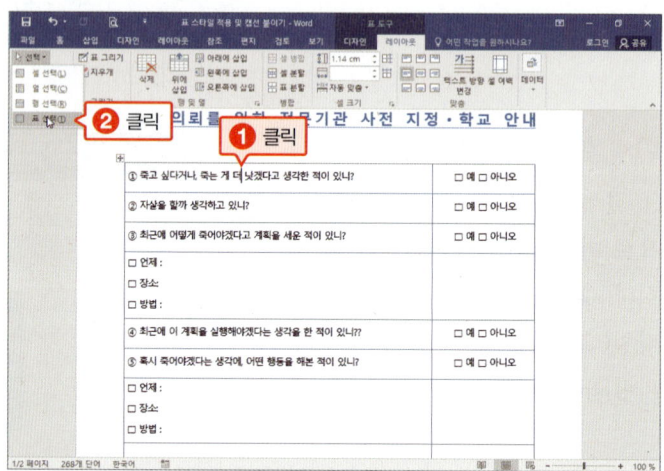

바로 통하는 TIP 표에서 임의의 셀을 선택하면 표 왼쪽 모서리에 [표 선택] 도구가 표시됩니다. 이를 클릭해도 표를 선택할 수 있습니다.

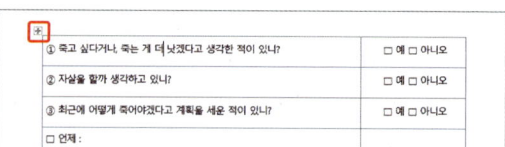

02 표 스타일 적용하기

① 표를 선택한 상태에서 [표 도구] - [디자인] 탭 - [표 스타일] 그룹 - [자세히▼]를 클릭합니다. ② 목록에서 [눈금 표] - [눈금 표 6 색상형 - 강조색1]을 클릭합니다.

표 스타일이 적용됩니다.

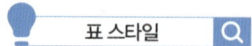

표 스타일

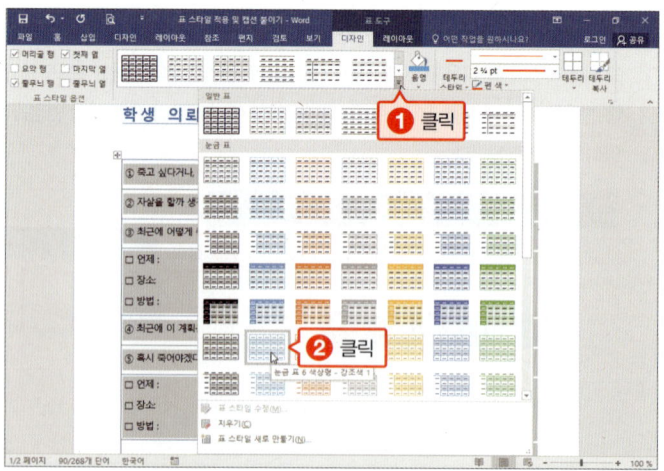

O3 표 스타일 편집하기

다시 [표 도구]-[디자인] 탭-[표 스타일] 그룹-
[자세히▼]를 클릭한 뒤 [표 스타일 수정]을 클릭합
니다.

[스타일 수정] 대화상자가 활성화됩니다.

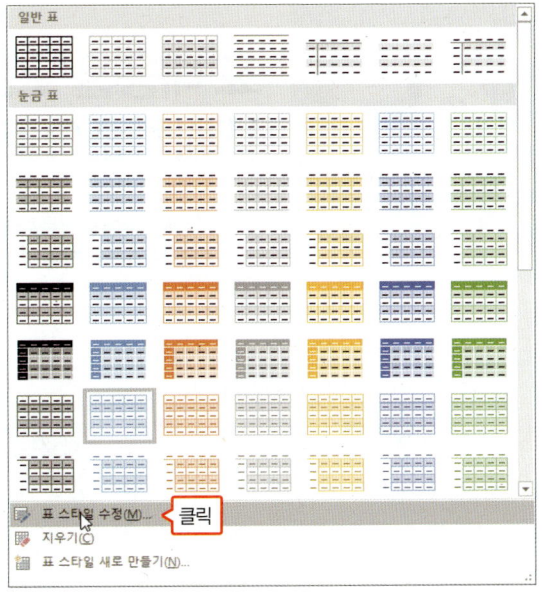

O4 [스타일 수정] 대화상자 설정하기

① [스타일 수정] 대화상자에서 [글꼴]을 [맑은 고딕
(본문)]으로 설정합니다. ② [문자열 정렬▼]을 클릭
하고 ③ [가운데 양쪽 맞춤]을 선택한 뒤 ④ [확인]
을 클릭합니다.

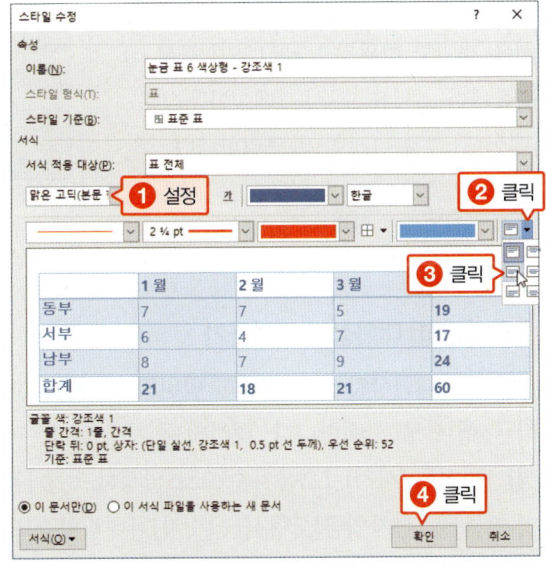

바로 통하는 TIP [스타일 수정] 대화상자에서 [서식▼]을 클릭한 뒤 셀 음영과 텍스
트 서식 및 표 서식 등을 변경할 수 있습니다.

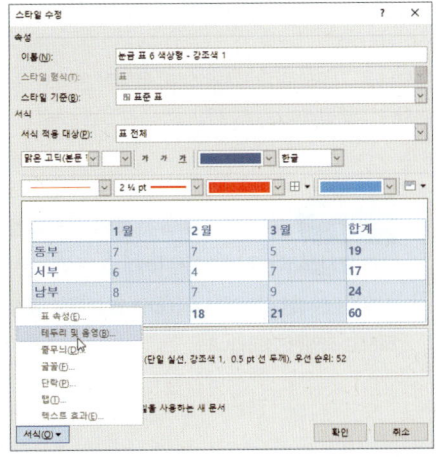

표 내용을 오름차순이나 내림차순으로 정렬하기

학습 목표 | 표의 내용을 오름차순이나 내림차순으로 정리할 수 있습니다. 문자라면 가, 나, 다 순서나 그 역순, 숫자라면 작은 값부터나 그 역순으로 정렬할 수 있습니다.

실습 파일 | 워드/37_표 내용을 오름차순이나 내림차순으로 정렬하기.docx   **완성 파일** | 워드/37완성.docx

01 표 정렬하기

은행명, 총차입한 금액에 따라 표 내용을 정렬해 보겠습니다. 이때 은행명은 오름차순으로, 총차입금은 큰 금액부터 표시되도록 내림차순으로 정렬합니다. ① 표 내용 중 항목 이름인 2행부터 총 합계를 제외한 범위를 드래그하여 블록 설정합니다. ② [표 도구] – [레이아웃] 탭 – [데이터] 그룹 – [정렬]을 클릭합니다.

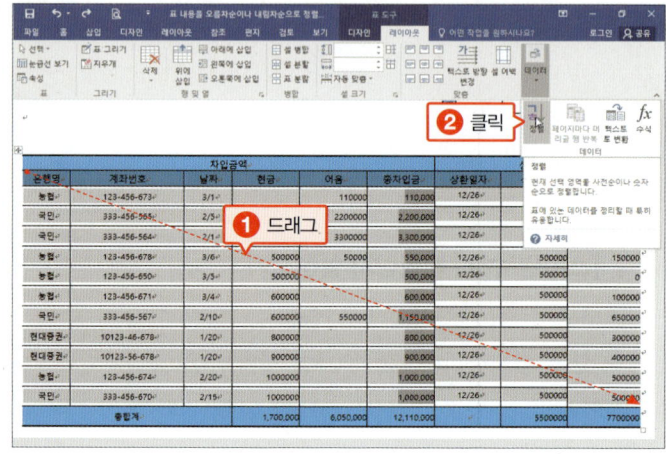

02 [정렬] 대화상자 설정하기

① [정렬] 대화상자에서 [선택한 범위의 첫 행]을 [머리글 행]으로 선택합니다. ② [첫째 기준]을 [은행명], [형식] – [사전], [오름차순]으로 설정하고 ③ [둘째 기준]을 [총차입금], [형식] – [숫자], [내림차순]으로 설정한 뒤 ④ [확인]을 클릭합니다.

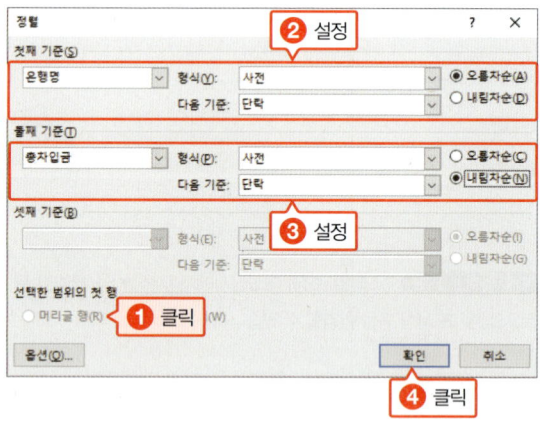

은행명을 기준으로 오름차순하고, 은행명 안에서 총차입금으로 내림차순 정렬됩니다.

> **바로 통하는 TIP** [선택한 범위의 첫 행]의 [머리글 행]은 선택한 표의 첫 행에서 항목 이름을 표시하고, [머리글 행 아님]을 선택하면 열 번호로 표시됩니다. 주의할 점은 [머리글 행 아님]은 열 이름을 함께 선택할 수 없는 표에서만 사용해야 한다는 점입니다. 만약 열 이름까지 같이 선택한 상태에서 사용하면 열 이름도 정렬 대상에 포함됩니다. 그림은 열 이름을 정렬 범위에 포함한 채 [머리글 행 아님]을 선택하고 정렬한 결과입니다.

수식 기능 이용하여
표 내용 자동 계산하기

학습 목표 | 함수 계산은 엑셀이 편리하지만 표에 입력된 수치를 계산하는 간단한 합계, 평균 정도
는 워드에서도 가능합니다. 간단한 수식을 적용하고 값을 계산하는 방법을 알아보겠습니다.

실습 파일 | 워드/38_수식 기능을 이용하여 표 내용 자동 계산하기.docx **완성 파일** | 워드/38완성.docx

O1 열 값 합계 계산하기

SUM 함수를 사용해 학생별로 각 과목 시
험 성적의 합계 점수를 구해 보겠습니다.
① 합계를 계산할 첫 번째 셀을 클릭합
니다. ② [표 도구]-[레이아웃] 탭-[데
이터] 그룹-[수식]을 클릭합니다. ③ [수
식]에서 =SUM(LEFT)를 확인하고 ④
[확인]을 클릭합니다.

첫 번째 행의 합계가 계산됩니다.

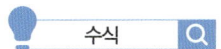

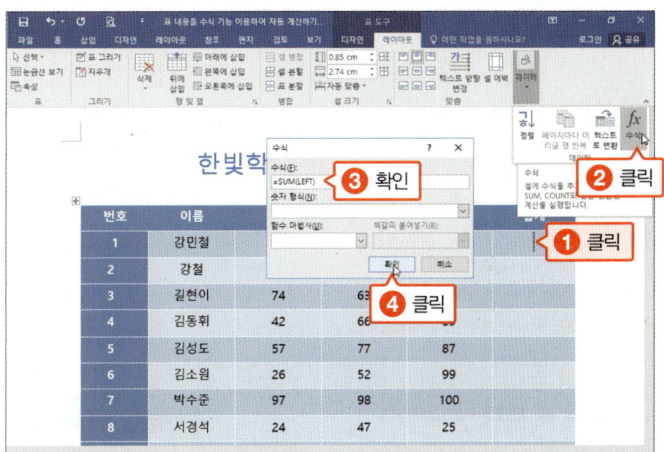

O2 계산된 수식 복사해 붙여넣기

① 계산된 값을 드래그해 회색 부분 전
체를 블록 설정하고 Ctrl + C를 누릅니
다. ② 붙여넣을 셀을 마우스로 블록 설
정하고 ③ 마우스 오른쪽 버튼을 클릭합
니다. ④ 바로 가기 메뉴에서 [붙여넣기
옵션]-[원본 서식 유지]를 선택합니다.

수식 값이 나머지 셀에 붙여넣어집니다.

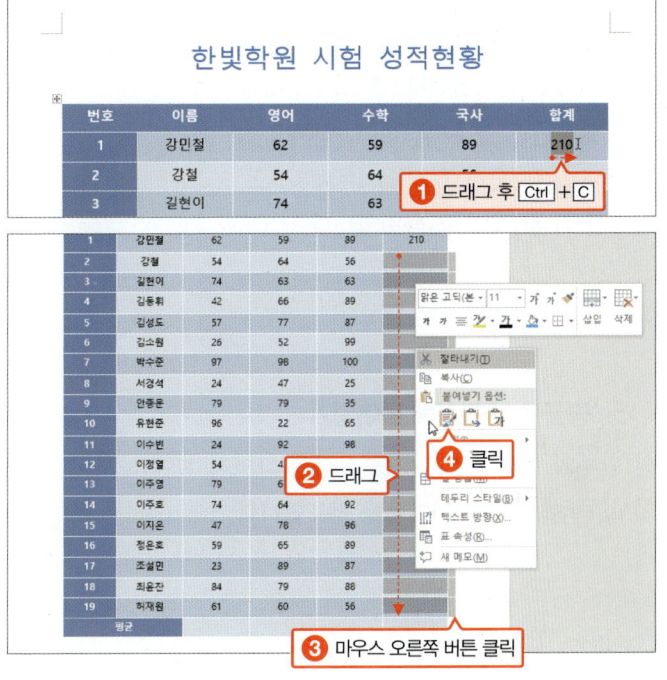

수식 선택하기

수식 선택 시 수식을 클릭하면 회색 음영이 표시됩니다. 이때 회색 음영 전체를 마우스로 블록 설정해야 수식이 복사됩니다. 숫자만 블록 선택하면 수식이 복사되지 않습니다.

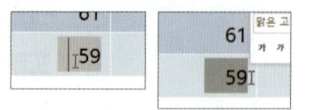

03 붙여넣은 수식 새로 고치기

복사된 값이 적용된 모든 셀을 마우스로 드래그하여 블록 설정합니다. [F9]를 눌러 각 셀에 맞는 내용의 결과 값으로 새로 고칩니다.

번호	이름	영어	수학	국사	합계
1	강민철	62	59	89	210
2	강혈	54	64	56	174
3	길현이	74	63	63	200
4	김동휘	42	66	89	197
5	김성도	57	77	87	221
6	김소원	26	52	99	177
7	박수준	97	98	100	295
8	서경석	24	47	25	96
9	안종훈	79	79	35	193
10	유현준	96	22	65	183
11	이수빈	24	92	98	214
12	이정열	54	42	90	186
13	이주영	79	67	91	237
14	이주호	74	64	92	230
15	이지은	47	78	96	221
16	정은호	59	65	89	213
17	조설민	23	89	87	199
18	최윤찬	84	79	88	251
19	허재원	61	60	56	177
평균					

드래그 후 [F9]

04 행 값 평균 계산하기

각 과목별 평균 점수를 구해 보겠습니다. AVERAGE 함수를 사용해 평균을 구할 수 있습니다.

① 평균을 계산할 셀을 클릭합니다. ② [표 도구]-[레이아웃] 탭-[데이터] 그룹-[수식]을 클릭합니다. ③ [수식] 대화상자에서 [수식]을 =AVERAGE(ABOVE)로 변경하고 ④ [숫자 형식]을 [#,##0]으로 선택한 뒤 ⑤ [확인]을 클릭합니다.

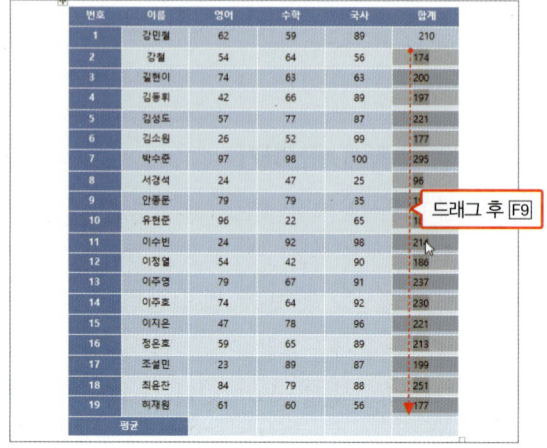

② 확인
③ =AVERAGE(ABOVE) 입력
④ 클릭 후 선택
⑤ 클릭
① 클릭

평균이 셀에 표시됩니다.

05 평균 수식 복사해 붙여넣기

앞 단계와 동일하게 수식을 복사해 나머지 셀에 붙여넣고 [F9]를 눌러 업데이트를 적용합니다.

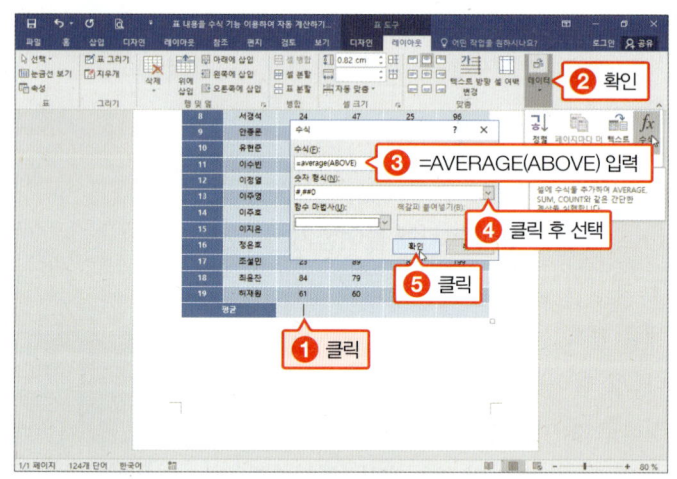

8	서경석	24	47	25	96
9	안종훈	79	79	35	193
10	유현준	96	22	65	183
11	이수빈	24	92	98	214
12	이정열	54	42	90	186
13	이주영	79	67	91	237
14	이주호	74	64	92	230
15	이지은	47	78	96	221
16	정은호	59	65	89	213
17	조설민	23	89	87	199
18	최윤찬	84	79	88	251
19	허재원	61	60	56	177
평균		59	66	79	20

Chapter

07

페이지 관리하기

문서를 편집하다 보면 문서 말미에 새로운 페이지를 삽입하거나 문서 중간에서 페이지를 나누고 페이지별로 다른 쪽 번호나 머리글, 바닥글 등을 설정해야 하는 경우가 많습니다. 문서 전체 페이지를 좀 더 쉽게 관리할 수 있도록 문서 내 구역 나누기, 페이지 번호 삽입, 번호 서식을 변경할 수 있는 기능 등에 대해서 알아보겠습니다.

문서 작성 시 중복 요소 살펴보기

회사에서 문서를 작성하다 보면 반복적인 업무에 지칠 때가 있습니다. 페이퍼 워크를 줄이는 일은 모든 회사원의 고민이기도 합니다. 특히 실무에서 쓰는 문서는 회사의 기준에 따라 특정 정보나 형식을 자주 중복해서 사용합니다. 이런 요소들을 매 페이지마다 작성한다면 업무 효율이 떨어질 수밖에 없습니다. 문서에서 중복적으로 사용하는 부분을 한번에 처리하는 방법에 대해 살펴보겠습니다.

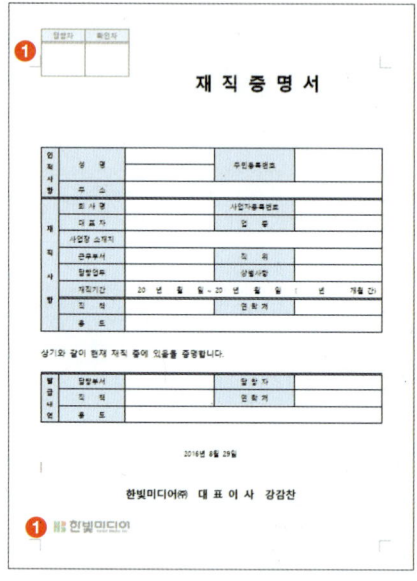

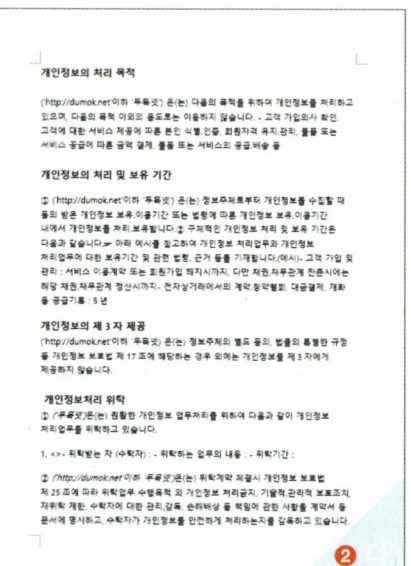

① **머리글과 바닥글** : 문서의 결재란, 회사 로고 등을 머리글과 바닥글에 배치할 수 있습니다. 머리글/바닥글 영역은 본문과 별개로 인식되며 이곳에서 작성한 내용은 문서 전체에 반영됩니다. 물론 연결을 끊어 문서의 일부에서는 나타나지 않도록 표현할 수도 있습니다.

② **페이지 번호** : 가장 대표적인 중복 요소입니다. 페이지 번호는 문서의 순서를 알려주며 섞이거나 누락되었을 때 쉽게 찾을 수 있는 필수 기능입니다. 서식에서 지원하는 다양한 형식으로 페이지 번호를 입력할 수 있습니다.

③ **워터마크** : 문서 보안을 위해 자주 사용하는 기능입니다. 이 역시 페이지에 일일이 기입하는 것이 아니라 설정에 따라 문서 전체에 한번에 표기할 수 있습니다.

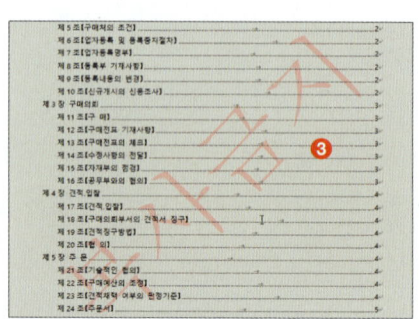

핵심기능실습
39

TELL ME

새 페이지 추가,
페이지 나누기 삽입,
편집 기호 표시/숨기기

페이지 삽입과 페이지 나누기

학습 목표 | 페이지 중간에 새로운 페이지를 삽입하거나 특정 문단 이하를 다음 페이지로 나눠 보겠습니다. 페이지를 삽입하면 선택한 위치에 삽입되면서 이하 내용은 다음으로 밀려납니다.

실습 파일 | 워드/39_페이지 삽입과 페이지 나누기.docx

01 3페이지 동시에 보기

새 페이지 삽입을 눈으로 확인하면서 작업해 보겠습니다.
① [보기] 탭 – [확대/축소] 그룹 – [확대/축소]를 클릭합니다. ② [확대/축소] 대화상자에서 [여러 페이지]를 선택하고 ③ [보기]에서 [1×3페이지]를 선택한 뒤 ④ [확인]을 클릭해 여러 페이지 보기 설정을 적용합니다.

한 화면에 3페이지가 동시에 표시되도록 확대/축소가 변경됩니다.

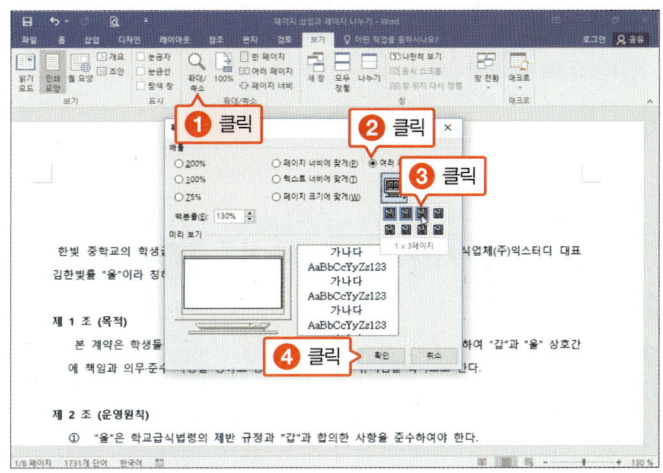

02 새 페이지 삽입하기

① 두 번째 페이지 첫 번째 행 맨 앞을 클릭합니다. ② [삽입] 탭 – [페이지] 그룹 – [새 페이지]를 클릭합니다.

커서를 클릭한 위치를 기준으로 다음 페이지에 새 페이지가 삽입됩니다.

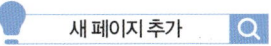
새 페이지 추가

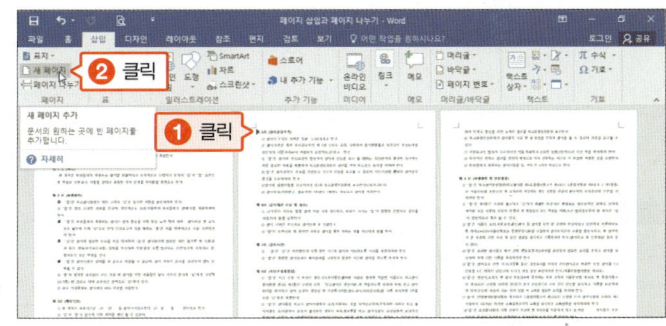

03 페이지 나누기

페이지 내에서 선택한 위치 이후의 내용을 다음 페이지로 밀려나게 하는 기능입니다.

① 4페이지 첫 번째 단락 앞을 클릭합니다. ② [삽입] 탭 - [페이지] 그룹 - [페이지 나누기]를 클릭합니다.

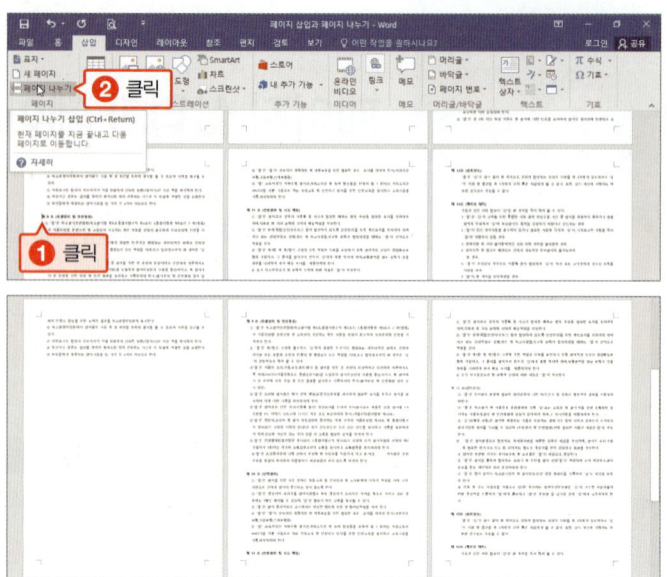

마우스를 클릭한 위치를 기준으로 페이지가 나뉩니다.

바로 통하는 TIP 페이지를 나눌 위치를 클릭한 후 Ctrl + Enter 를 눌러도 페이지 나누기가 실행됩니다.

💡 페이지 나누기 삽입 🔍

04 삽입한 페이지와 페이지 나누기 삭제하기

앞서 작업한 페이지 삽입과 페이지 나누기를 취소해 보겠습니다.

① [홈] 탭 - [단락] 그룹 - [편집 기호 표시/숨기기]를 클릭하여 편집 기호를 표시합니다. ② 화면에 편집 기호가 표시되면 해당 편집 기호를 마우스로 드래그하고 Delete 를 눌러 삭제합니다.

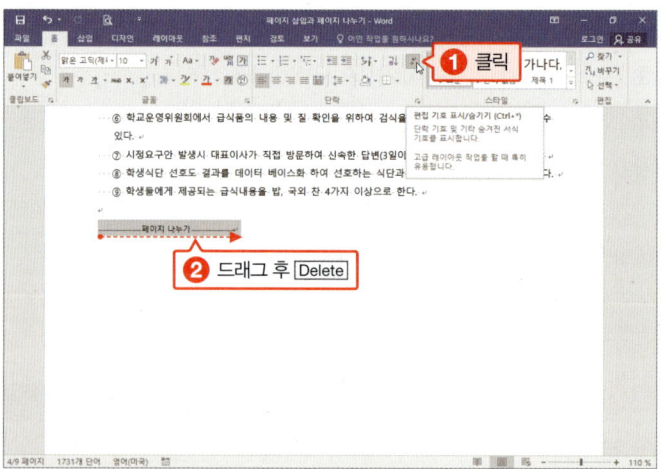

추가된 새 페이지와 페이지 나누기가 삭제되어 문단이 다시 연결됩니다.

바로 통하는 TIP 편의를 위해 작업 화면을 확대해서 그림에는 [페이지 나누기] 편집 기호가 하나만 보입니다. 삽입한 새 페이지, 페이지 나누기를 모두 삭제하려면 각각의 [페이지 나누기] 편집 기호를 모두 삭제해야 합니다.

💡 편집 기호 표시/숨기기 🔍

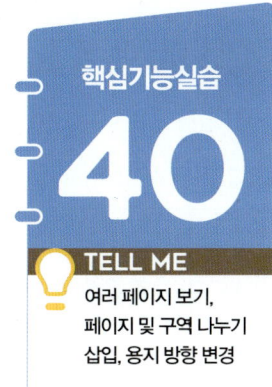

페이지 구역 나누고 구역별로 페이지 방향 및 테두리 지정하기

TELL ME
여러 페이지 보기,
페이지 및 구역 나누기
삽입, 용지 방향 변경

학습 목표 | 문서의 구역을 나눠 머리글/바닥글, 다단, 배경, 페이지 방향, 테두리 등을 다르게 적용할 수 있습니다. 이를 위해서는 우선 기준이 되는 레이아웃 구역을 나누어야 합니다.

실습 파일 | 워드/40_페이지 구역 나누고 구역별로 페이지 방향 및 테두리 지정하기.docx
완성 파일 | 워드/40완성.docx

01 여러 페이지 보기

1페이지의 '물품구매계역서'와 2페이지의 '물품구매내역'의 표 모양이 달라 2페이지의 용지 방향을 가로로 바꿔 주어야 합니다. 용지 방향은 한 구역에서 하나만 선택할 수 있으므로 2페이지를 별도 구역으로 설정해 보겠습니다.
[보기] 탭-[확대/축소] 그룹-[여러 페이지]를 클릭합니다.

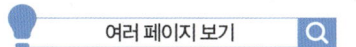
여러 페이지 보기

02 페이지 구역 나누기

① 2페이지 제목 앞을 클릭합니다.② [레이아웃] 탭-[페이지 설정] 그룹-[나누기]를 클릭하고 ③ [이어서]를 선택합니다.

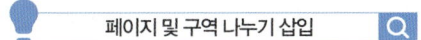
페이지 및 구역 나누기 삽입

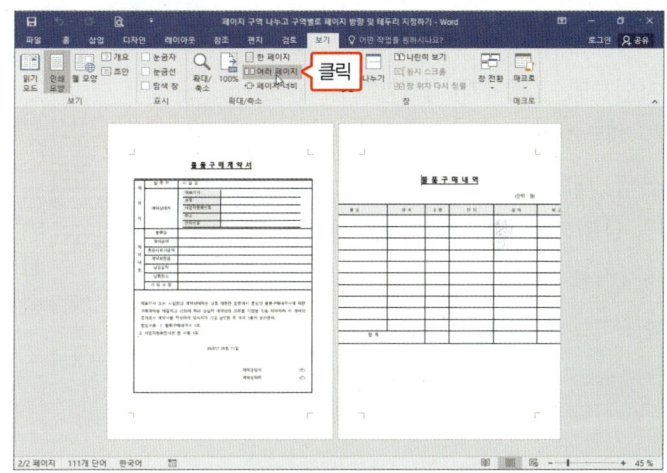

바로 통하는 TIP [홈] 탭-[단락] 그룹-[편집 기호 표시]를 클릭한 상태라면 1페이지 맨 아래에 [구역 나누기] 편집 기호가 표시됩니다.

구역 나누기(다음 페이지부터)

03 2페이지 용지 방향 변경하기

① 2페이지 제목 앞을 클릭하고 ② [레이아웃] 탭-[페이지 설정] 그룹-[용지 방향]을 클릭한 뒤 ③ [가로]를 선택합니다.

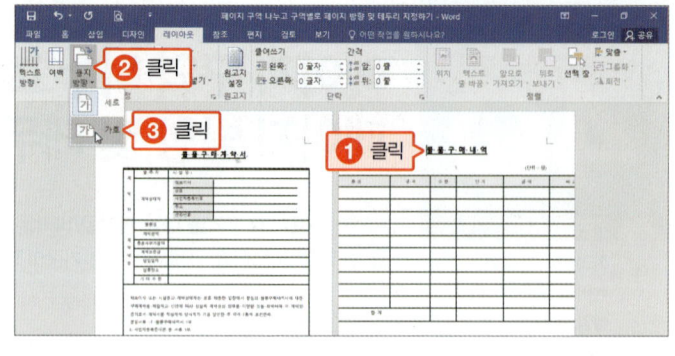

2페이지 용지 방향이 가로로 변경됩니다.

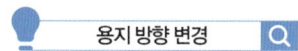
용지 방향 변경

04 1페이지 테두리 지정하기

① 1페이지 제목 앞을 클릭하고 ② [디자인] 탭-[페이지 배경] 그룹-[페이지 테두리]를 클릭합니다. ③ [테두리 및 음영] 대화상자에서 [페이지 테두리] 탭을 클릭하고 ④ [그림자]를 선택한 뒤 ⑤ [적용 대상]-[이 구역]을 선택하고 ⑥ [확인]을 클릭합니다.

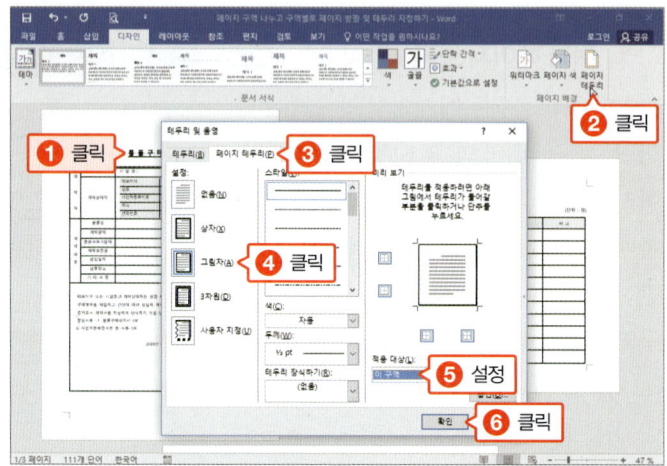

1페이지 전체에 그림자 테두리가 적용됩니다.

05 2페이지 테두리 지정하기

① 2페이지 제목 앞을 클릭하고 ② [디자인] 탭-[페이지 배경] 그룹-[페이지 테두리]를 클릭합니다. ③ [테두리 및 음영] 대화상자에서 [페이지 테두리] 탭을 클릭합니다. ④ [스타일]-[2중실선] ⑤ [색]-[빨강], [두께]-[3pt]을 선택하고 ⑥ [미리 보기]에서 [좌/우 세로선]을 각각 클릭합니다. ⑦ [적용 대상]에서 [이 구역]을 선택하고 ⑧ [확인]을 클릭합니다.

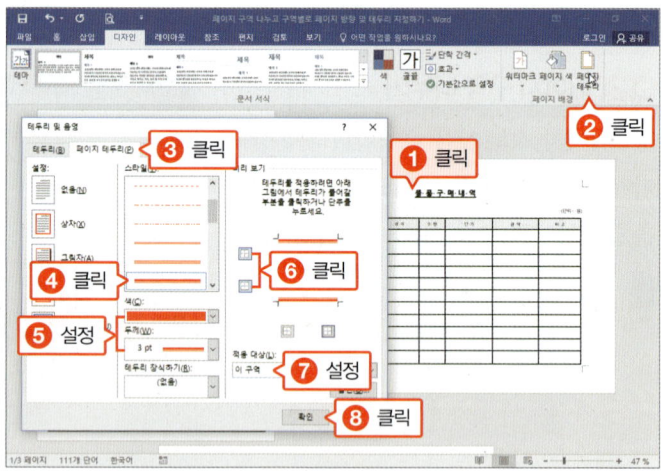

2페이지 아래위로 빨간 테두리가 적용됩니다.

바로 통하는 TIP 구역별로 여백이나 용지 방향을 바꾸는 방법

용지 설정 : 변경하고자 하는 페이지에서 임의의 위치를 클릭한 후 [레이아웃] 탭-[페이지 설정] 그룹-[크기]에서 변경합니다.
여백 설정 : 변경하고자 하는 페이지에서 임의의 위치를 클릭한 후 [레이아웃] 탭-[페이지 설정] 그룹-[여백]에서 변경합니다.

문서에 머리글/바닥글 지정하기

학습 목표 | 페이지마다 회사 로고, 페이지 번호, 출력 날짜/시간 등을 인쇄할 때는 머리글 또는 바닥글을 활용합니다. 이를 지정해 두면 문서 전체에 반복해서 표시할 수 있습니다.

실습 파일 | 워드/41_문서에 머리글, 바닥글 지정하기.docx   **완성 파일** | 워드/41완성.docx

O1 머리글 지정하기

재직증명서의 결재란을 머리글 영역으로 옮겨 삽입해 보겠습니다.

① 표 왼쪽 상단 모서리의 [표 선택] 도구를 이용해 표 전체를 선택합니다. ② Ctrl +X를 눌러 표를 잘라 냅니다. ③ [삽입] 탭 – [머리글/바닥글] 그룹 – [머리글]을 클릭하고 ④ [비어 있음]을 선택합니다.

머리글 영역이 활성화됩니다.

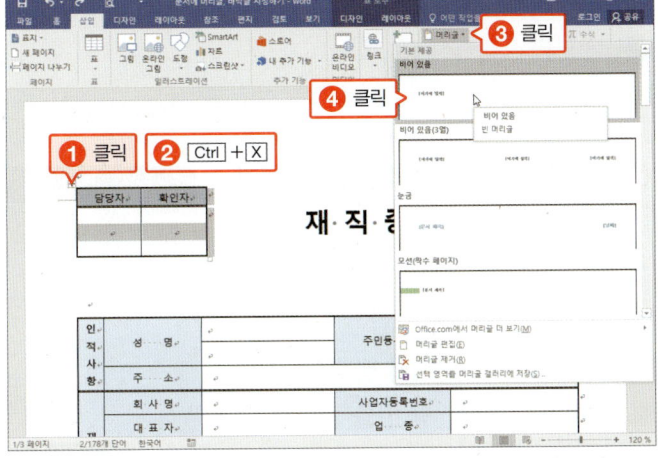

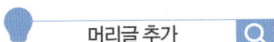

머리글 추가

O2 머리글 영역에 표 붙여넣기

① [여기에 입력]을 클릭하고 ② Ctrl +V를 눌러 표를 붙여넣습니다. ③ [머리글/바닥글] 탭 – [닫기] 그룹 – [머리글/바닥글 닫기]를 클릭해 머리글 편집 상태를 종료합니다.

머리글 영역에 표가 삽입되었습니다.

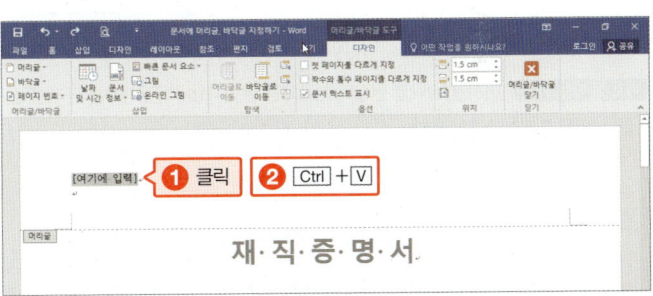

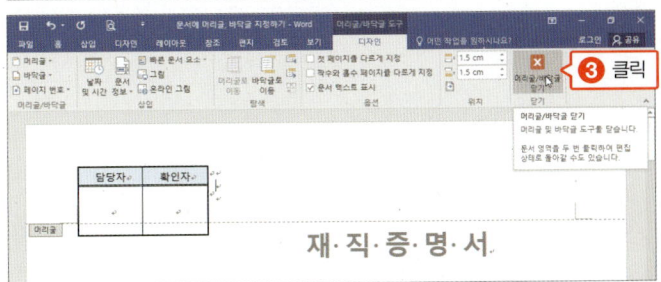

03 바닥글 편집 영역 활성화하기

재직증명서 아래쪽의 회사 로고를 바닥글 영역으로 옮겨 삽입해 보겠습니다.
① 바닥글로 지정할 그림을 클릭하고
② Ctrl + X 를 눌러 그림을 잘라 냅니다. ③ [삽입] 탭-[머리글/바닥글] 그룹-[바닥글]을 클릭하고 ④ [비어 있음]을 선택합니다.

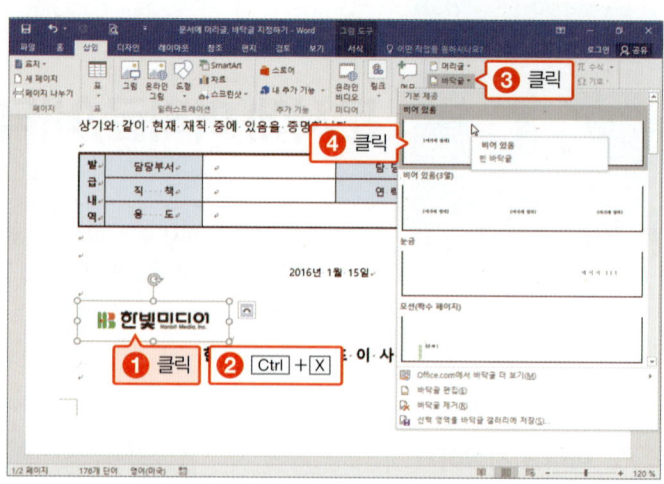

바닥글 편집 영역이 활성화됩니다.

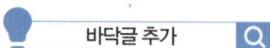

04 바닥글 편집 영역에 그림 붙여넣기

머리글과 같은 방식으로 [여기에 입력]을 클릭합니다.
① Ctrl + V 를 눌러 그림을 붙여넣습니다. ② [머리글/바닥글] 탭-[닫기] 그룹-[머리글/바닥글 닫기]를 클릭해 바닥글 편집 상태를 종료합니다.

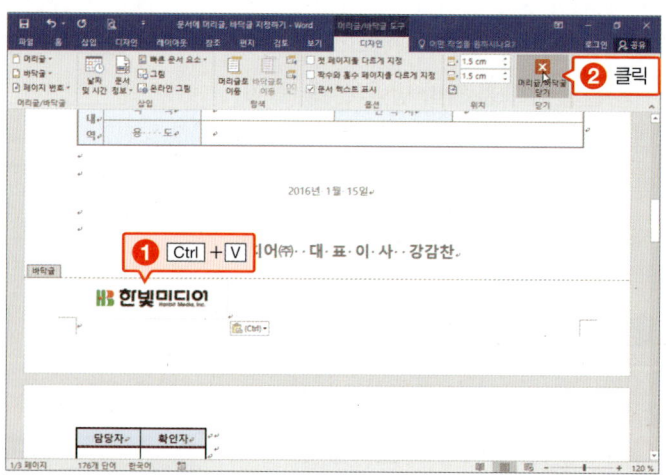

회사 로고가 바닥글에 삽입되었습니다.

바로 통하는 TIP 머리글/바닥글 편집이 완료되면 반드시 [머리글/바닥글 닫기]를 클릭해 편집 상태를 종료합니다. 머리글이나 바닥글 편집 상태에서는 본문을 편집할 수 없습니다.

구역별로 머리글/바닥글 삽입하기

학습 목표 | 문서의 레이아웃을 다르게 지정하려면 우선 구역을 나눠 주어야 합니다. 문서에서 구역을 나누고 머리글/바닥글을 구역별로 다르게 지정하는 방법을 알아보겠습니다.

실습 파일 | 워드/42_구역별로 머리글, 바닥글 삽입하기.docx　**완성 파일** | 워드/42완성.docx

O1 머리글 구분을 위한 구역 나누기

① 구역을 구분할 3페이지 첫줄 앞을 클릭합니다. ② [레이아웃] 탭 – [페이지 설정] 그룹 – [나누기] – [이어서]를 클릭합니다.

2페이지 아래에 [구역 나누기(이어서)] 편집 기호가 삽입됩니다.

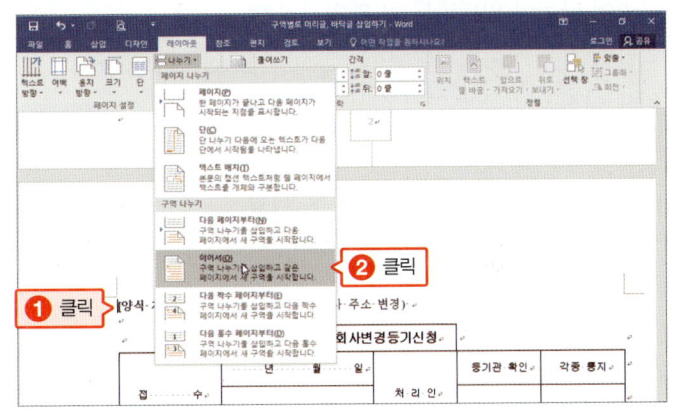

O2 1~2페이지 머리글 적용하기

① 1페이지로 올라와서 첫 글자 앞을 클릭합니다. ② [삽입] 탭 – [머리글/바닥글] 그룹 – [머리글]을 클릭하고 ③ 스크롤을 내려서 [줄무늬]를 클릭합니다.

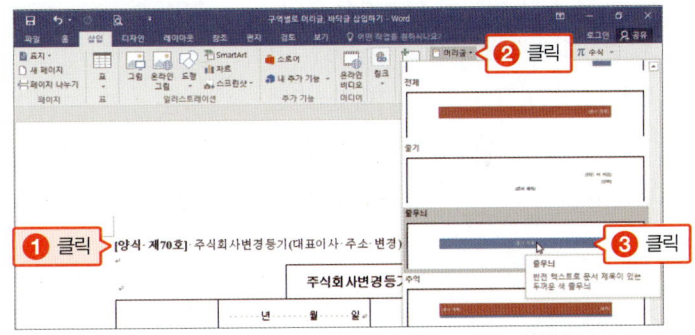

O3 문서 제목 항목 삭제하기

머리글 줄무늬 템플릿을 사용할 경우 문서 제목 항목이 기본으로 활성화됩니다. 이 제목 항목에 머리글을 사용하면 구역을 나누어도 같은 머리글만 표시되므로 삭제해야 합니다.
[제목] 버튼을 클릭하고 Delete 를 눌러 삭제합니다.

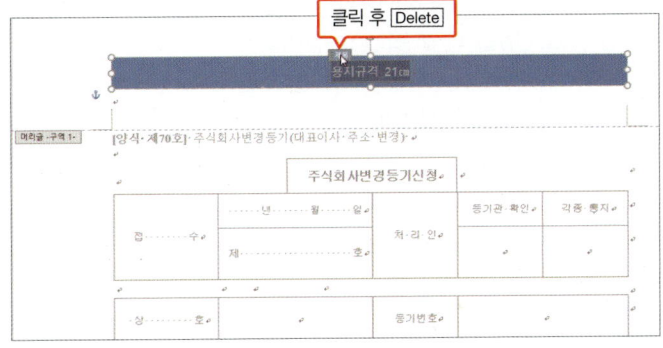

04 첫 번째 구역 머리글 입력하기

① 머리글 줄무늬 박스에 **주식회사변경등기신청**을 입력하고 ② [머리글/바닥글 도구]-[디자인] 탭-[탐색] 그룹-[다음]을 클릭하여 다음 머리글 영역으로 이동합니다.

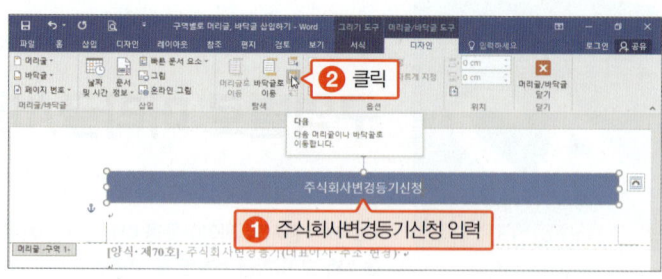

05 이전 머리글과의 연결 해제하기

구역이 나뉘어 있더라도 앞 페이지의 머리글이 자동 상속됩니다. 이를 방지하기 위해 이전 머리글에 연결 속성을 해제해야 합니다.

[머리글/바닥글 도구]-[디자인] 탭-[탐색] 그룹-[이전 머리글에 연결]을 클릭합니다.

이전 머리글 영역과 연결이 해제되었습니다.

06 두 번째 머리글 입력하고 닫기

① **주식회사변경등기신청2**를 입력합니다. ② [머리글/바닥글 도구]-[디자인] 탭-[닫기] 그룹-[머리글/바닥글 닫기]를 클릭하여 머리글 편집을 마무리합니다.

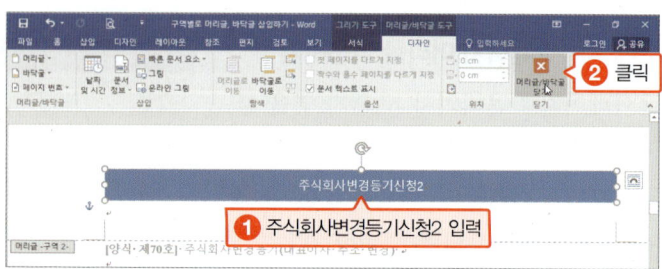

바로 통하는 TIP **머리글/바닥글 삭제하기**

① 머리글 영역을 더블클릭하면 머리글/바닥글 편집 상태로 전환됩니다. ② [삽입] 탭-[머리글/바닥글] 그룹-[머리글]-[머리글 제거]를 클릭하면 현재 머리글이 적용된 구역의 머리글/바닥글을 모두 삭제할 수 있습니다.

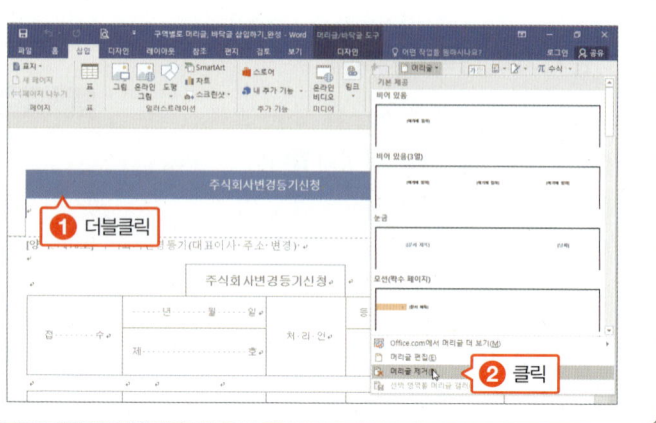

핵심기능실습 43

TELL ME
바닥글 추가

짝/홀수 페이지별로 바닥글 지정하기

학습 목표 | 책처럼 짝수 페이지는 왼쪽, 홀수 페이지는 오른쪽 바닥글로 표시해야 할 경우가 있습니다. 짝/홀수 페이지별로 머리글/바닥글의 위치를 다르게 배치하는 방법을 살펴보겠습니다.

실습 파일 | 워드/43_짝홀수 페이지별로 바닥글 지정하기.docx   **완성 파일** | 워드/43완성.docx

---

01 홀수 페이지의 오른쪽에 바닥글 삽입하기

① 1페이지에서 임의의 위치를 클릭합니다. ② [삽입] 탭-[머리글/바닥글] 그룹-[바닥글]을 클릭하고 ③ [모션(홀수 페이지)]을 선택합니다.

바닥글 편집 상태로 전환됩니다.

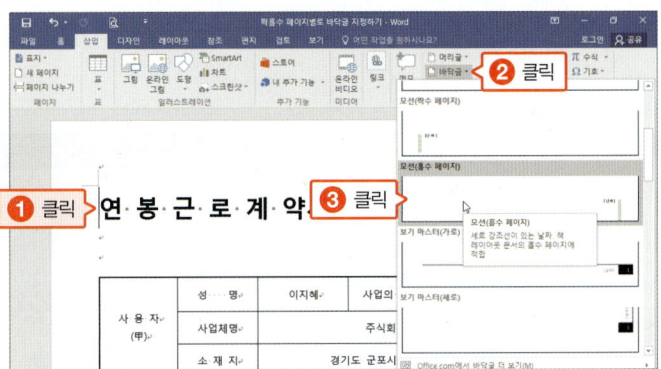

02 짝/홀수 페이지 다르게 지정하기

[머리글/바닥글 도구]-[디자인] 탭-[옵션] 그룹-[짝수와 홀수 페이지를 다르게 지정]을 체크 표시합니다.

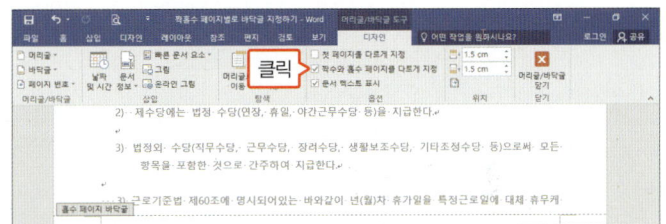

03 바닥글에 오늘 날짜 넣기

① 날짜 텍스트 상자의 오른쪽 화살표를 클릭하고 ② [오늘]을 클릭합니다. ③ [머리글/바닥글 도구]-[디자인] 탭-[닫기] 그룹-[머리글/바닥글 닫기]를 클릭하여 홀수 페이지 바닥글을 삽입합니다.

홀수 페이지 오른쪽에 바닥글이 삽입되었습니다.

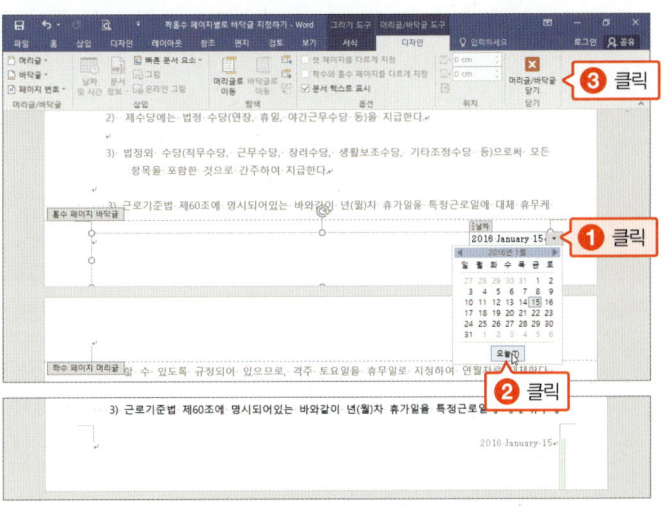

04 짝수 페이지의 왼쪽에 바닥글 삽입하기

① 2페이지로 이동하여 임의의 위치를 클릭합니다. ② [삽입] 탭 – [머리글/바닥글] 그룹 – [바닥글]을 클릭하고 ③ [모션(짝수 페이지)]을 클릭합니다.

2페이지 아래가 바닥글 편집 상태로 전환됩니다.

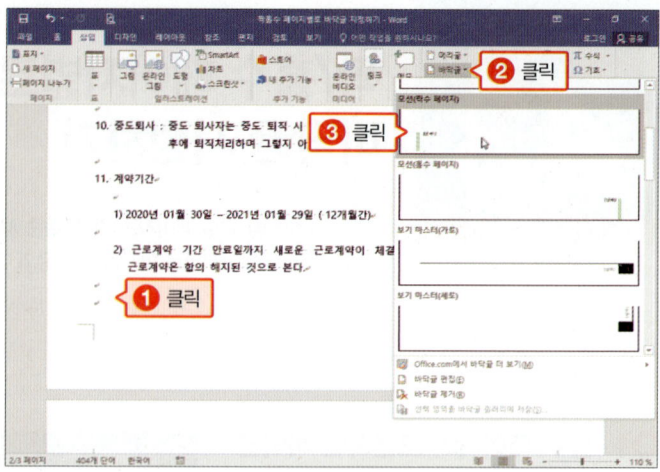

05 ① 홀수 쪽과 동일하게 날짜 텍스트 상자의 오른쪽 화살표를 클릭하고 ② [오늘]을 클릭합니다. ③ [머리글/바닥글 닫기]를 클릭하여 짝수 페이지 바닥글을 삽입합니다.

짝수 페이지 왼쪽에 바닥글이 삽입되었습니다.

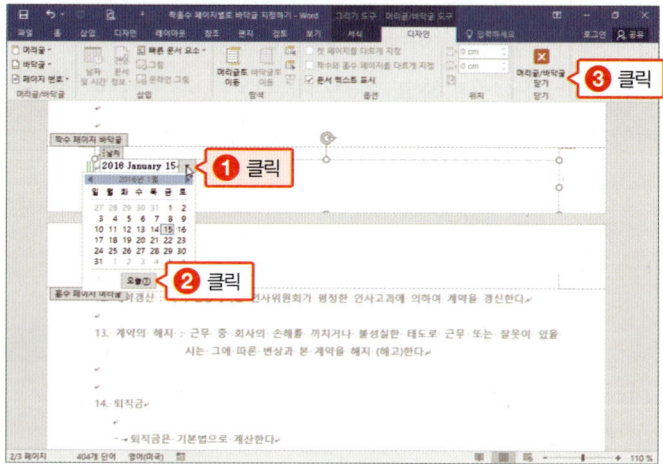

44

TELL ME
페이지 번호 추가

페이지 번호 삽입/삭제하고
서식 변경하기

학습 목표 | 페이지 번호를 삽입하면 페이지의 위치, 문서 분량 등을 편리하게 확인할 수 있습니다. 페이지 번호를 삽입하고 서식 변경, 시작 번호 변경과 번호 삭제에 대해 살펴보겠습니다.

실습 파일 | 워드/44_페이지 번호 삽입하고 번호 서식 변경하기.docx　**완성 파일** | 워드/44완성.docx

01 페이지 번호 삽입하기

① 1페이지에서 임의의 위치를 클릭합니다. ② [삽입] 탭-[머리글/바닥글] 그룹-[페이지 번호]를 클릭합니다. ③ [아래쪽]-[삼각형 2]를 선택하고 삽입된 페이지 번호를 확인합니다. ④ [머리글/바닥글 도구]-[디자인] 탭-[닫기] 그룹-[머리글/바닥글 닫기]를 클릭합니다.

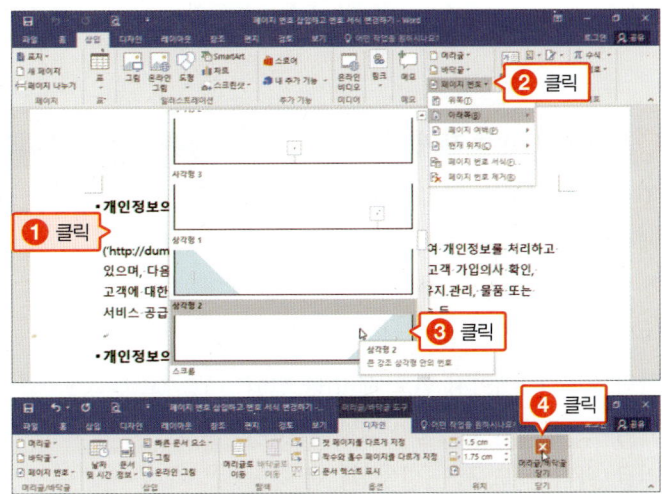

바닥글 편집 상태가 문서 편집 상태로 전환됩니다.

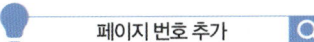

02 페이지 번호 서식 변경하기

① 1페이지 바닥글 부분을 더블클릭합니다. ② [머리글/바닥글 도구]-[디자인] 탭-[머리글/바닥글] 그룹-[페이지 번호]를 클릭합니다. ③ [페이지 번호 서식]을 선택합니다. ④ [번호 서식]을 [가, 나, 다…]로 변경하고 ⑤ [확인]을 클릭합니다. ⑥ [머리글/바닥글 도구]-[디자인] 탭-[닫기] 그룹-[머리글/바닥글 닫기]를 클릭합니다.

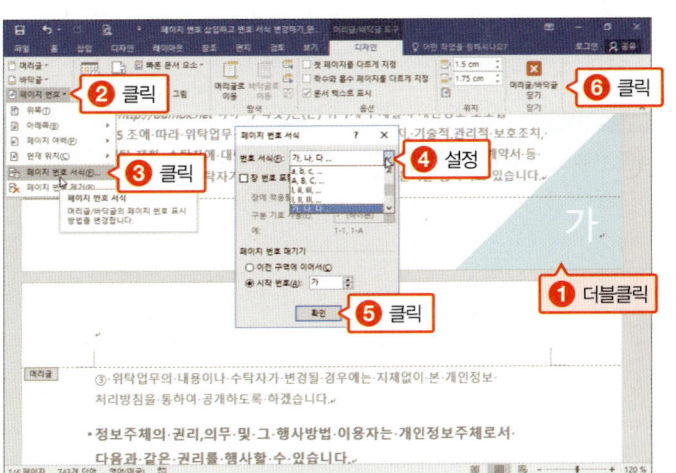

페이지 번호 서식이 가,나,다 순으로 변경됩니다.

03 시작 페이지 번호 변경하기

① 1페이지에서 임의의 위치를 클릭합니다. ② [삽입] 탭-[머리글/바닥글] 그룹-[페이지 번호]를 클릭하고 ③ [페이지 번호 서식]을 선택합니다. ④ [페이지 번호 서식] 대화상자에서 [시작 번호]를 [다]로 변경하고 ⑤ [확인]을 클릭합니다.

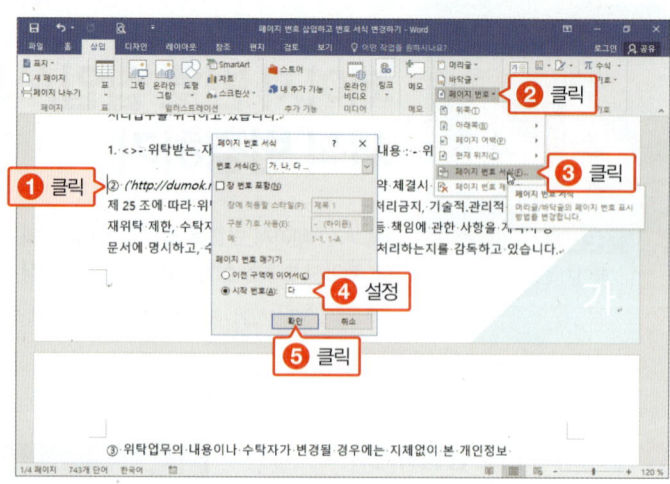

시작 번호가 다부터 시작하도록 변경됩니다.

04 페이지 번호 제거하기

① 페이지 바닥글 위치를 더블클릭하여 페이지 번호 편집 상태로 전환합니다. ② [머리글/바닥글 도구]-[디자인] 탭-[머리글/바닥글] 그룹-[페이지 번호]를 클릭하고 ③ [페이지 번호 제거]를 선택합니다. ④ 페이지 번호가 삭제되면 [머리글/바닥글 도구]-[디자인] 탭-[닫기] 그룹-[머리글/바닥글 닫기]를 클릭합니다.

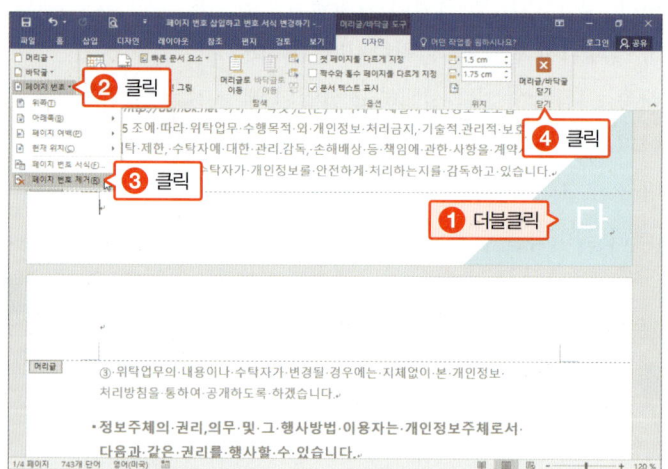

페이지 번호가 제거됩니다.

바로 통하는 TIP 페이지 번호는 [삽입] 탭-[머리글/바닥글] 그룹-[페이지 번호]를 클릭한 후 [페이지 위쪽], [아래쪽], [페이지 여백], [현재 위치] 등을 선택해서 삽입할 수 있습니다.

페이지에 각주와 미주 삽입하기

학습 목표 | 각주와 미주는 문서 내에서 부연 설명을 작성할 때 사용합니다. 각주는 각 페이지 아래에, 미주는 문서 끝에 추가됩니다.

실습 파일 | 워드/45_페이지에 각주와 미주 삽입하기.docx **완성 파일** | 워드/45완성.docx

01 문서에 각주 삽입하기

문서에서 부연 설명이 필요한 단어에 각주를 삽입해 페이지 아래에 표시해 보겠습니다.

① 각주를 삽입할 단어인 피보전권리 뒤를 클릭하고 ② [참조] 탭-[각주] 그룹-[각주 삽입]을 클릭합니다.

페이지 아래에 각주 편집 창이 활성화됩니다.

각주

02 각주 내용 입력하기

① 각주 편집 창에 각주 내용을 그림과 같이 입력합니다. ② 본문 내 임의의 위치를 클릭하면 각주 입력이 완성됩니다.

각주가 지정된 단어 뒤에는 각주 번호가 숫자로 표시되고 그곳에 마우스 포인터를 올리면 각주가 팝업 형태로 표시됩니다.

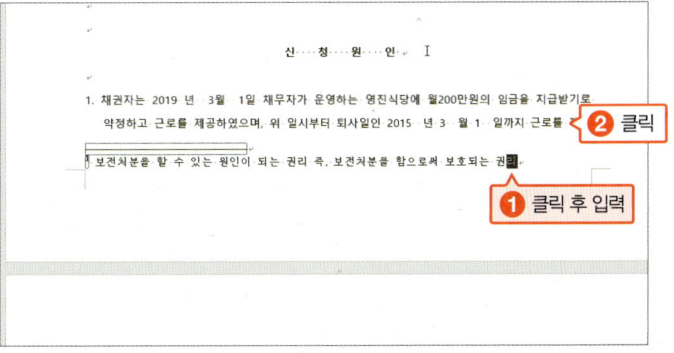

03 문서에 미주 삽입하기

미주를 삽입하면 문서의 맨 마지막 페이지 끝에 부연 설명한 내용이 표시됩니다. ① 미주를 삽입할 단어인 신청취지 뒤를 클릭합니다. ② [참조] 탭-[각주] 그룹-[미주 삽입]을 클릭하면 문서의 마지막 페이지 아래에 미주 편집 창이 활성화됩니다. ③ 미주 편집 창에 그림과 같이 미주 내용을 입력하고 ④ 본문 내임의의 위치를 클릭하여 미주 입력을 마무리합니다.

문서 마지막 페이지 끝에 미주가 삽입됩니다.

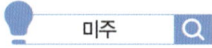

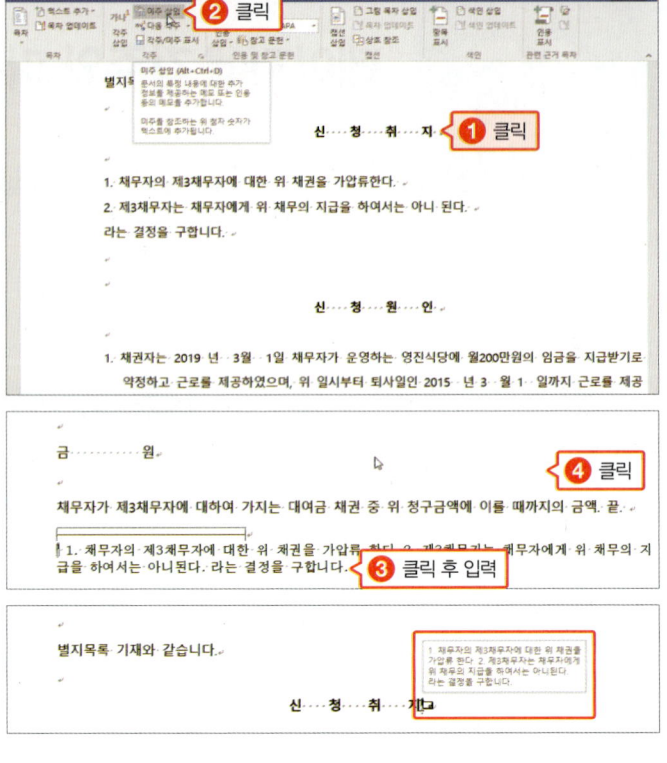

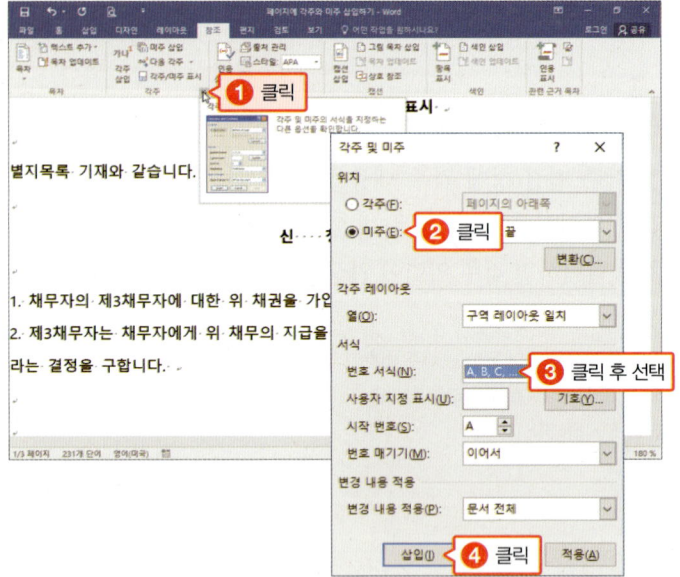

04 미주 번호 서식 변경하기

미주 번호를 알파벳 대문자 서식으로 수정해 보겠습니다.
① [참조] 탭-[각주] 그룹-[각주 및 미주] 대화상자 표시 아이콘을 클릭합니다. ② [각주 및 미주] 대화상자에서 [위치]-[미주]를 선택하고 ③ [번호 서식]을 [A, B, C, …]로 변경한 뒤 ④ [삽입]을 클릭합니다.

변경된 번호 서식이 적용됩니다.

바로 통하는 TIP [각주 및 미주] 대화상자에서 [위치]-[각주]로 선택하면 각주 번호 서식이 변경됩니다.

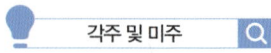

핵심기능실습

46

목차 만들기

**학습 목표 | 목차를 자동으로 만들려면 문서에서 해당 부분에 미리 제목 스타일이 적용되어 있어야
합니다. 제목 스타일을 기준으로 목차가 작성되기 때문입니다.**

실습 파일 | 워드/46_목차 만들기.docx **완성 파일 |** 워드/46완성.docx

O1 목차를 삽입할 페이지 만들기

① 1페이지 제목 앞을 클릭합니다. ② [레
이아웃] 탭-[페이지 설정] 그룹-[나누
기]를 클릭하고 ③ [다음 페이지부터]를
선택해 목차가 들어갈 페이지와 본문 페
이지의 구역을 분리합니다. ④ [홈] 탭-
[단락] 그룹-[편집 기호 표시/숨기기]를
클릭해 구역 나누기 편집 기호를 표시합
니다. ⑤ 구역 나누기 편집 기호 앞을 클
릭합니다.

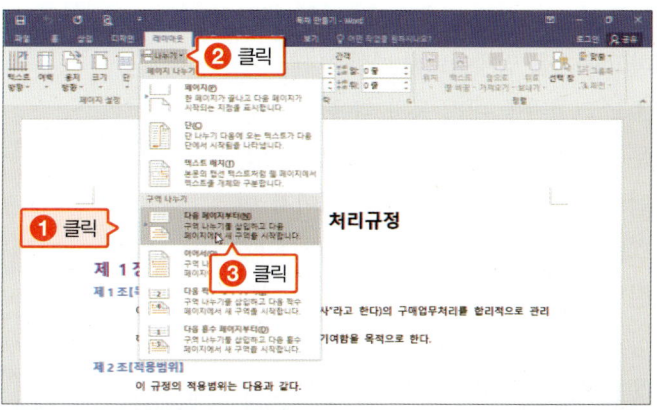

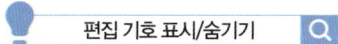

💡 편집 기호 표시/숨기기 🔍

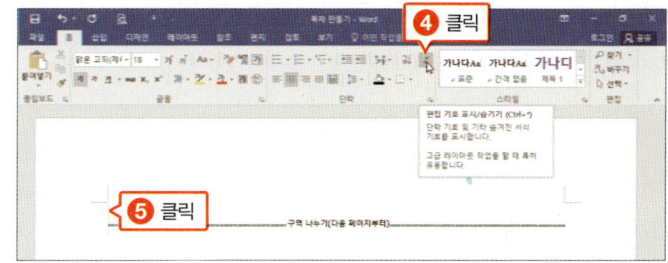

O2 목차 삽입하기

① [참조] 탭-[목차] 그룹-[목차]를 클
릭하고 ② [자동 목차 2]를 선택합니다.

자동 목차2가 첫 번째 구역에 추가됩니다.

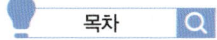

💡 목차 🔍

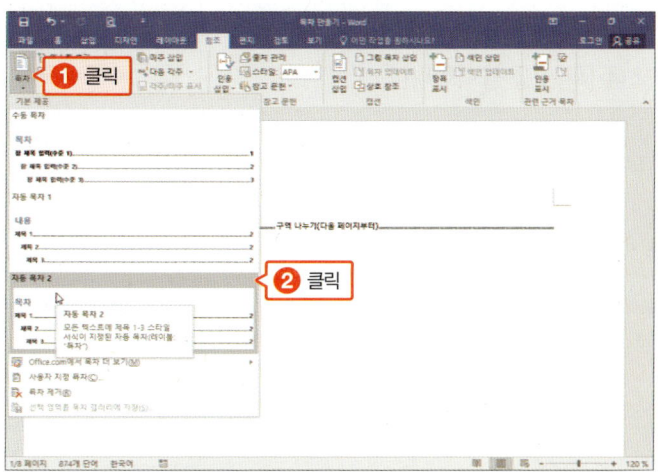

03 일반적으로 목차는 페이지 번호에 포함되지 않고 본문부터 1페이지로 설정하는 경우가 많습니다. 앞서 작업한 목차는 목차가 1페이지로 시작하고 본문이 2페이지부터 설정되어 있습니다.

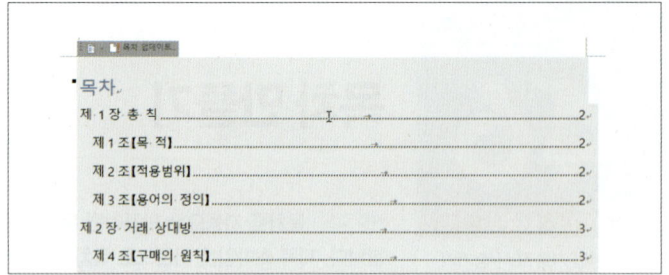

04 본문 시작 페이지 번호 변경하기

본문의 시작 페이지를 1페이지로 설정하고 목차를 업데이트해 보겠습니다. ① 스크롤바를 내려 목차 다음 구역(본문 제목) 앞을 클릭합니다. ② [삽입] 탭-[머리글/바닥글] 그룹-[페이지 번호]를 클릭하고 ③ [페이지 번호 서식]을 선택합니다. ④ [페이지 번호 서식] 대화상자에서 [시작 번호]-[1]로 변경하고 ⑤ [확인]을 클릭합니다.

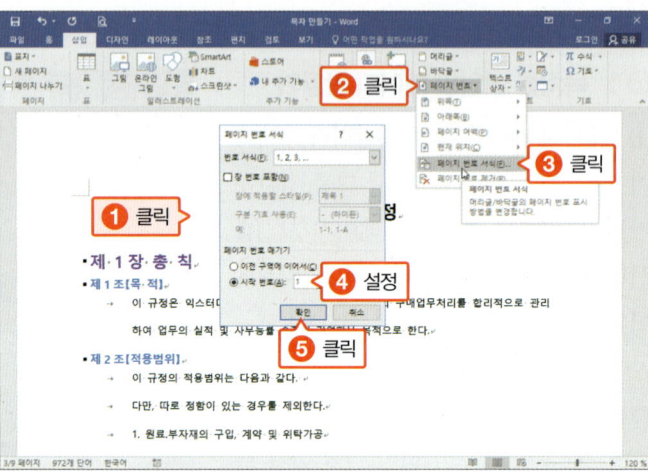

현재 페이지가 1페이지로 설정됩니다.

05 목차 업데이트하기

① 목차 내 임의의 위치를 클릭하고 ② 목차 위의 [목차 업데이트]를 클릭합니다. [목차 업데이트] 대화상자가 활성화되면 ③ [페이지 번호만 업데이트]를 선택하고 ④ [확인]을 클릭합니다.

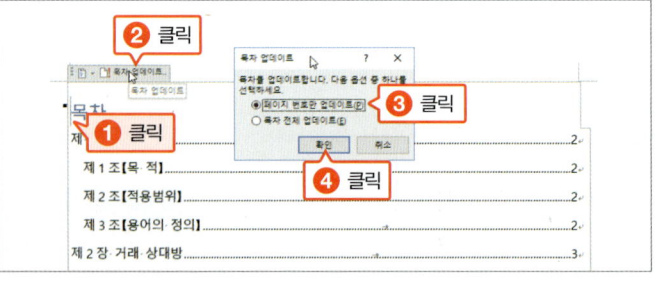

목차가 1페이지부터 업데이트됩니다.

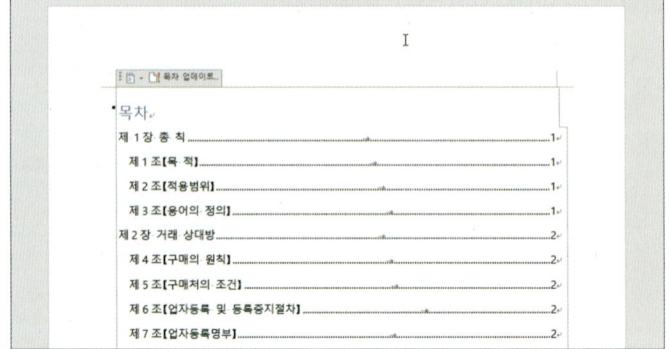

문서에 표지 삽입하고 배경색 및 워터마크 지정하기

학습 목표 | 깔끔한 문서를 완성하기 위해 문서의 얼굴인 표지를 간단히 만들어 보겠습니다. 전체적인 분위기를 바꿔 주는 배경색과 저작권 표시를 위한 워터마크 적용법도 알아보겠습니다.

실습 파일 | 워드/47_문서에 표지 삽입하고 배경색 및 워터마크 지정하기.docx **완성 파일** | 워드/47완성.docx

01 문서 표지 만들기

차례 앞 페이지에 표지를 넣어 보겠습니다.

① 1페이지 본문 차례 앞을 클릭합니다.
② [삽입] 탭 - [페이지] 그룹 - [표지]를 클릭하고 ③ [이온(어둡게)]를 선택합니다. ④ 삽입된 표지에 제목을 클릭하고 그림처럼 텍스트를 입력합니다.

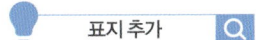
표지 추가

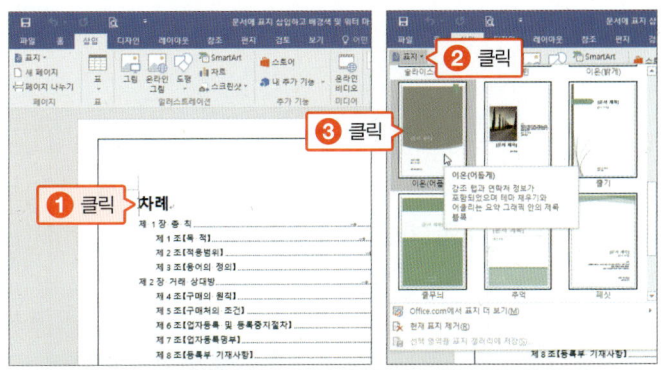

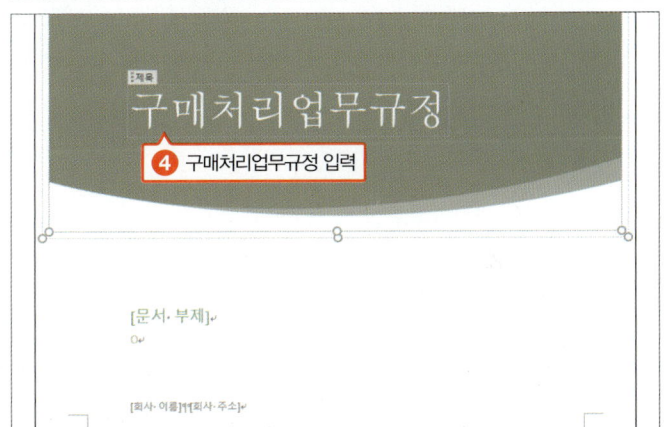

02 문서 배경색 지정하기

① 문서 본문에서 임의의 위치를 클릭합니다. ② [디자인] 탭 - [페이지 배경] 그룹 - [페이지 색]을 클릭하고 ③ [황갈색, 강조 4, 40% 더 밝게]를 선택합니다.

배경색이 적용됩니다.

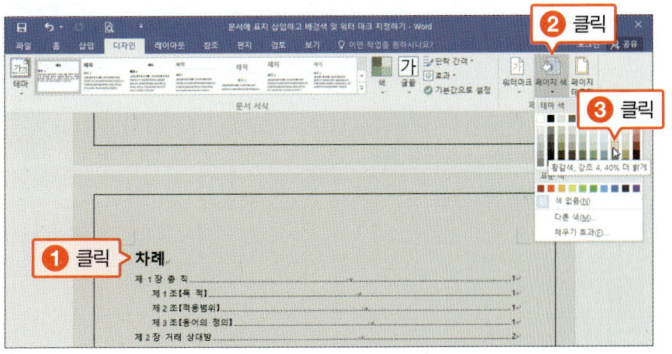

O3 문서에 워터마크 적용하기

① 문서 본문에서 임의의 위치를 클릭합니다. ② [디자인] 탭-[페이지 배경] 그룹-[워터마크]를 클릭하고 ③ [사용자 지정 워터마크]를 선택합니다.

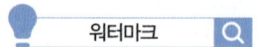

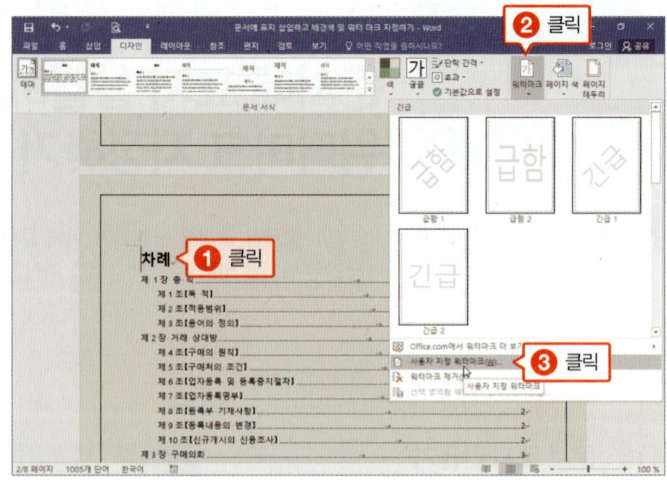

O4 ① [워터마크] 대화상자에서 [텍스트 워터마크]를 선택하고 ② [텍스트]를 [복사 금지]로 ③ [색]을 [빨강]으로 선택한 뒤 ④ [확인]을 클릭합니다.

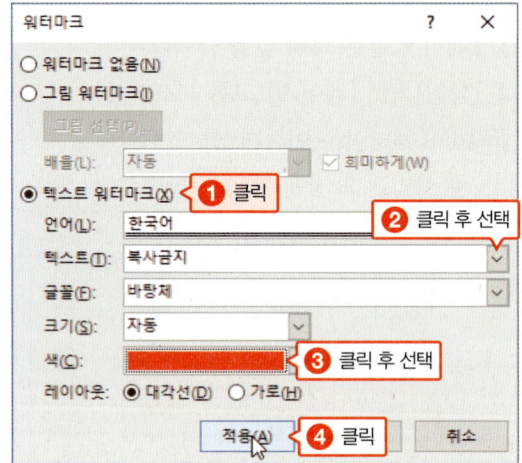

O5 복사를 금지하는 '복사금지' 워터마크가 삽입되었습니다.

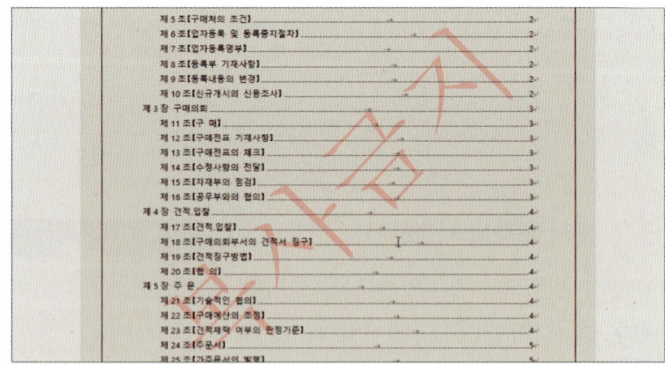

08

출력 기능 알아보기

최근에는 종이 문서에서 전자 문서로 문서의 저장 방식이나 전달 방식이 바뀌고 있지만 아직까지는 워드프로세서로 작성한 문서를 출력해 결재를 받거나 다른 사람들에게 전달하는 경우가 더 많습니다. 잘 꾸며진 문서를 용지에 출력할 때 종이나 여백을 설정하고 여러 사람들에게 동보를 전송하기 위한 편지 병합 기능, 레이블 출력 등의 기능에 대해서 알아보겠습니다.

핵심기능실습 48

TELL ME
여백 조정,
페이지 크기 선택

페이지 및 여백 설정하기

학습 목표 | 문서를 출력하기 위해 페이지 사이즈를 설정하거나 여백을 설정하는 방법에 대해서 알아보겠습니다.

실습 파일 | 워드/48_페이지 및 여백 설정하기.docx **완성 파일** | 워드/48완성.docx

리본 메뉴에서 페이지 설정하기

인쇄 전에 [레이아웃] 탭–[페이지 설정] 그룹에서 [여백], [용지 방향], [크기]를 설정할 수 있습니다.

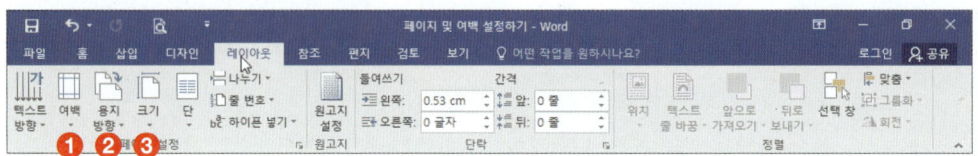

① **여백 조정** : [기본], [좁게], [보통], [넓게] 등 기본으로 제공하는 여백을 설정할 수 있습니다.
② **용지 방향** : [세로] 또는 [가로]로 변경할 수 있습니다.
③ **용지 크기** : 국제 표준인 용지 규격을 선택해 변경할 수 있습니다.

페이지 여백, 용지 방향, 용지 크기 변경하기

인쇄 페이지와 관련된 설정을 할 수 있는 메뉴입니다. 기본 A4 용지의 세로 방향 인쇄 설정은 다음과 같습니다. ① [레이아웃] 탭–[페이지 설정] 그룹–[여백]을 클릭하고 ② [기본]을 선택합니다. ③ [레이아웃] 탭–[페이지 설정] 그룹–[용지 방향]을 클릭하고 ④ [세로]를 선택합니다. ⑤ [레이아웃] 탭–[페이지 설정] 그룹–[크기]를 클릭하고 ⑥ [A4]를 선택합니다.

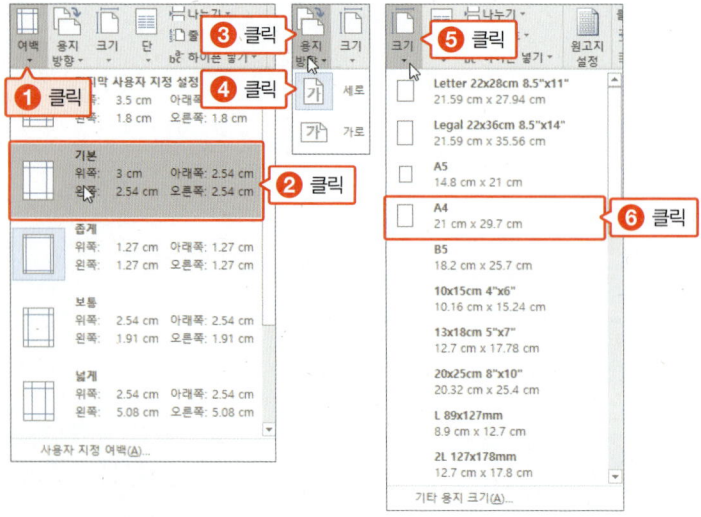

리본 메뉴에서 페이지 설정하기

리본 메뉴를 이용한 페이지 설정은 간단하고 빠르게 표준화된 양식을 적용할 때는 편리하지만 사용자가 별도로 지정할 수 없다는 단점이 있습니다.

① [레이아웃] 탭 – [페이지 설정] 그룹 – [페이지 설정] 대화상자 표시 아이콘을 클릭합니다. ② [여백] 탭에서 [여백]의 [위쪽], [아래쪽], [왼쪽], [오른쪽]을 모두 [1.5]로 설정하고 ③ [용지 방향] – [세로], ④ [페이지]는 [여러 페이지] – [기본]으로 선택한 뒤 ⑤ [확인]을 클릭합니다.

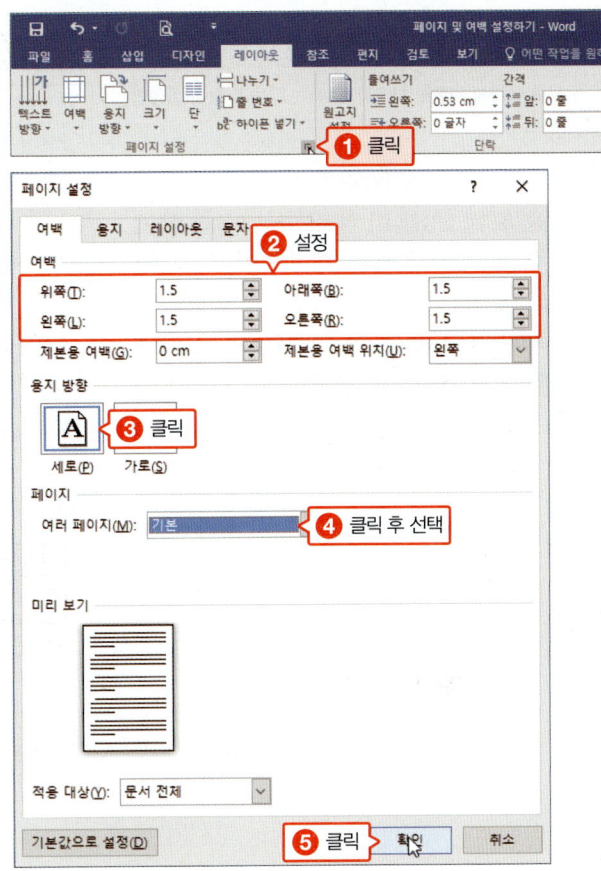

[페이지 설정] 대화상자 이용하기

[페이지 설정] 대화상자를 사용하면 여백, 용지 방향, 용지 크기 등을 사용자의 필요에 맞게 변경할 수 있습니다.

① [페이지 설정] 대화상자의 [용지] 탭을 클릭합니다. ② [용지 크기]를 [사용자 지정 크기]로 선택하고 ③ [너비]를 [20.5], [높이]를 [29]로 설정한 뒤 ④ [확인]을 클릭해 설정을 완료합니다.

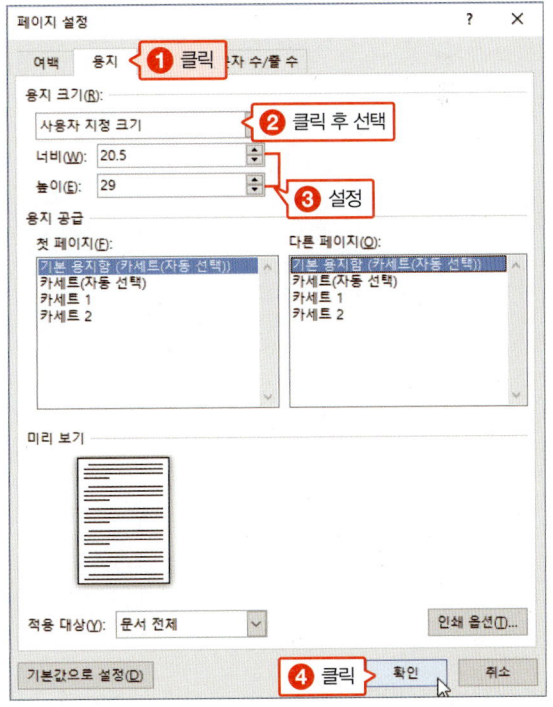

제본용 여백 설정하기

문서를 출력해 제본을 하고자 할 때는 다음과 같이 설정합니다.

① [페이지 설정] 대화상자의 [여백] 탭에서 [여백]–[제본용 여백]을 [0.5]로 설정합니다. 여백은 1cm 이하면 충분합니다. ② [페이지]에서 [여러 페이지]–[페이지 마주 보기]를 선택하면 앞서 설정한 제본용 여백만큼 [미리 보기]에 제본 형태로 표시됩니다. ③ [확인]을 클릭해 인쇄합니다. 제본을 편리하게 할 수 있도록 용지에 출력됩니다.

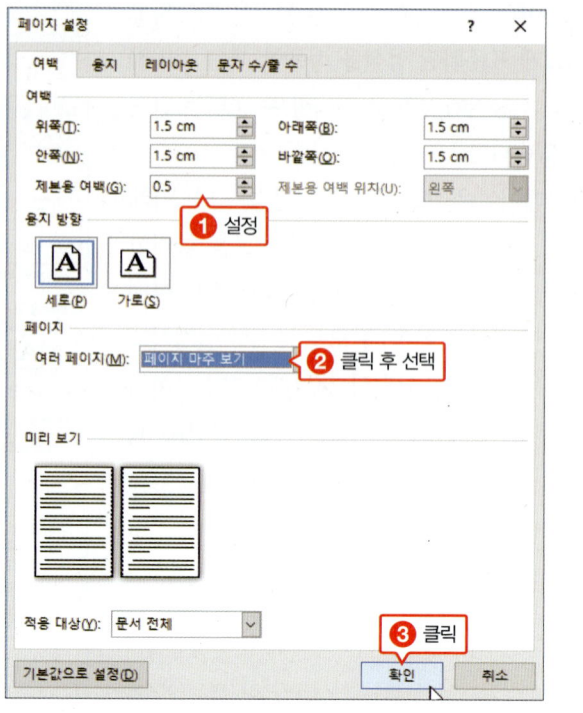

인쇄 미리 보기 및 인쇄하기

학습 목표 | 인쇄 미리 보기 방식은 2010 버전부터 선보인 기능입니다. 화면에서 인쇄 미리 보기 및 인쇄 설정이 가능해져 인쇄 작업이 이전 버전보다 편리해졌습니다.

실습 파일 | 워드/48_인쇄 미리 보기 및 인쇄하기.docx

미리 보기 도구 활성화하기

[빠른 실행 도구]에 인쇄 미리 보기 도구를 활성화해 두면 클릭 한 번으로 간단히 문서 전체를 인쇄할 수 있습니다.

① [빠른 실행 도구]를 클릭하고 ② [인쇄 미리 보기 및 인쇄]를 선택해 [인쇄 미리 보기 및 인쇄 도구]를 활성화합니다.

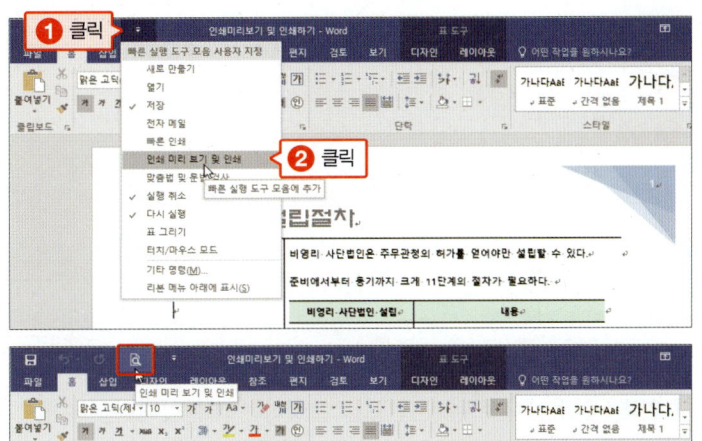

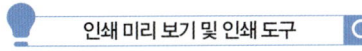

인쇄 미리 보기 및 인쇄 도구

인쇄 미리 보기

인쇄 미리 보기에서는 인쇄 매수, 프린터, 범위, 방향, 용지, 여백, 배율 등 대부분의 인쇄와 페이지 설정을 선택하고 상황을 미리 볼 수 있습니다. [빠른 실행 도구]의 [인쇄 미리 보기 및 인쇄]를 클릭해 인쇄 미리 보기를 실행하거나 ① [파일] 탭을 클릭하고 ② [인쇄]를 선택합니다.

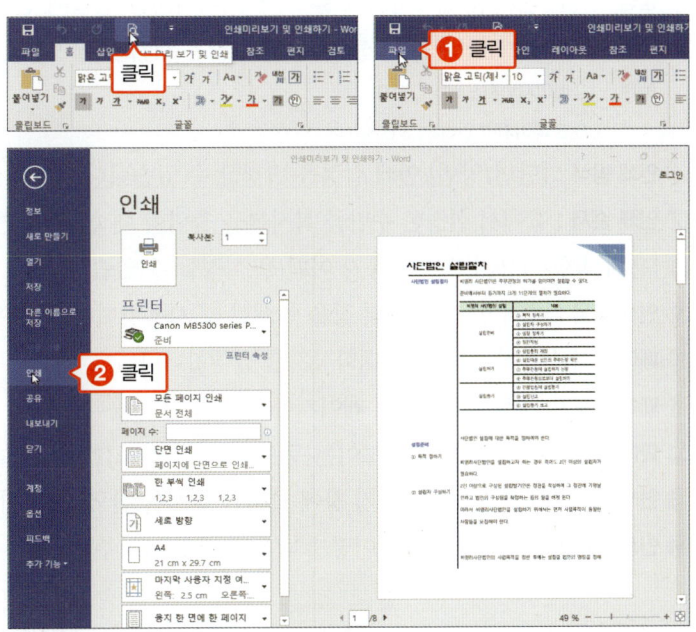

인쇄 미리 보기의 각 기능 이해하기

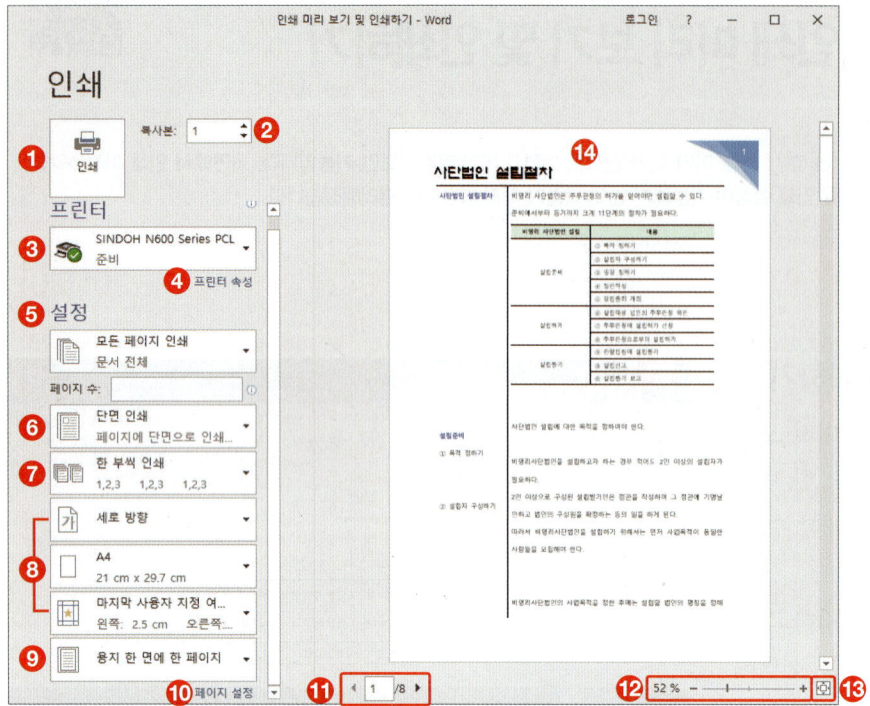

① **인쇄** : 설정이 완료된 후 인쇄를 실행하는 버튼입니다.

② **복사본** : 인쇄할 복사본의 매수를 결정합니다.

③ **프린터** : 인쇄할 프린터를 선택합니다. 여러 대가 설치된 경우에는 그중에서 하나를 선택해 출력합니다.

④ **프린터 속성** : 설치된 프린터의 속성을 설정하는 버튼으로 프린터 제조사에서 제공하는 프로그램이 실행되어 다양한 옵션을 설정할 수 있습니다.

⑤ **설정** : 모든 문서를 인쇄하거나 홀수/짝수 페이지를 선택해 인쇄합니다. [페이지 수]에서 연속된 페이지 범위를 인쇄할 경우에는 '–'를, 연속되지 않은 각각의 페이지를 인쇄할 때는 ','를 사용합니다.

　　예) 1~10 페이지까지 인쇄 : 1–10
　　　1, 3, 6, 8 페이지만 인쇄 : 1,3,6,8

⑥ **인쇄 방식** : [단면/양면] 인쇄 설정을 변경할 수 있습니다.

⑦ **인쇄 순서** : ②에서 설정한 수만큼 복사본을 출력할 때 한 부씩 인쇄할지, 한 장씩 인쇄할지 결정합니다.

⑧ [용지 방향], [용지 크기], [용지 여백]을 설정할 수 있습니다.

⑨ **인쇄 배율** : 용지 한 면에 여러 장을 인쇄할 때 사용합니다. 배포용 문서를 출력할 때 주로 사용합니다.

⑩ **페이지 설정** : [페이지 설정] 대화상자를 실행합니다.

⑪ **페이지 보기** : 미리 보기 문서 페이지를 검색할 수 있습니다.

⑫ **확대/축소** : 미리 보기 창에 보이는 문서를 [확대/축소]할 수 있습니다.

⑬ **현재 창 크기에 맞춤** : 미리 보기 창에 보이는 문서를 한 장 크기에 맞출 때 사용합니다.

⑭ **인쇄 미리 보기 영역** : 인쇄가 어떻게 나올지 미리 보여주는 창입니다.

인쇄 범위 변경하기

인쇄 미리 보기 창에서 [설정]-[모든 페이지 인쇄]를 선택하면 그림과 같이 [문서] 옵션 창이 활성화됩니다.

① **모든 페이지 인쇄** : 문서의 처음부터 끝까지 모든 페이지를 인쇄합니다.

② **현재 페이지 인쇄** : 현재 미리 보기 창에 보이는 페이지만 인쇄합니다.

③ **사용자 지정 인쇄** : 사용자가 원하는 페이지만 골라서 인쇄합니다.

④ **홀수/짝수 페이지만 인쇄** : 홀수 페이지만, 혹은 짝수 페이지만 인쇄합니다.

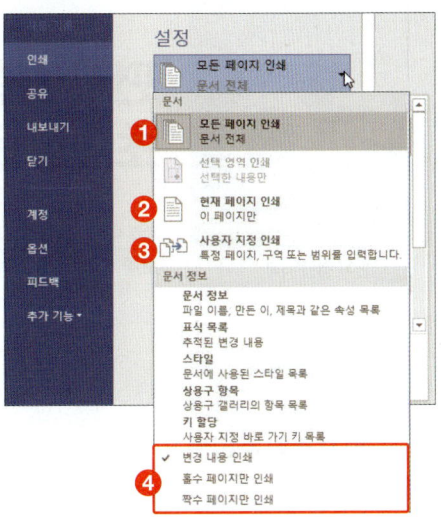

사용자 지정 범위 인쇄

특정 페이지나 구역 등 사용자가 지정한 범위만 인쇄할 수 있습니다.

① 인쇄 미리 보기 창에서 [설정]-[모든 페이지 인쇄]-[사용자 지정 인쇄]를 선택합니다. ② 연속되지 않은 범위를 인쇄할 때는 그림처럼 [페이지 수] 항목에 각 페이지를 ','로 구분해 입력합니다. ③ 연속 범위를 인쇄할 때는 그림처럼 [페이지 수] 항목에 각 페이지를 '-'로 구분해 입력합니다.

 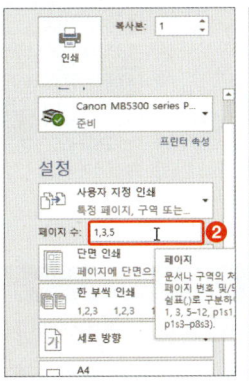 

바로 통하는 TIP **용지 한 면에 여러 페이지 인쇄하기**

[용지 한 면에 여러 페이지]를 클릭해 출력할 페이지를 선택하고 한 장에 모아서 출력할 수 있습니다. 이 기능은 인쇄 테스트용이나 배포용 인쇄에 사용됩니다.

50

TELL ME
편지 병합 시작

편지 병합 기능으로 주소록을
초대장 문서에 인쇄하기

학습 목표 | 편지 병합은 같은 초대장 내용에 미리 준비한 주소록 명단을 이용해 받을 사람의 정보를 인쇄하는 기능입니다. 수신인만 바꿔 주소록 명단을 개수만큼 출력할 수 있습니다.

실습 파일 | 워드/50_편지 병합 기능으로 주소록을 초대장 문서에 인쇄하기.docx, 주소록.xlsx

01 편지 병합 준비하기

편지 병합을 위해서는 초대장 원본 문서와 초대할 사람들의 명단이 필요합니다. 워드에서 편지 병합에 사용되는 주소록은 워드 문서, 엑셀 문서, 액세스 문서, Outlook 주소록을 사용하거나 직접 입력하는 등 입력 방식이 다양합니다. 여기에서는 엑셀에서 준비한 주소록을 이용하겠습니다.

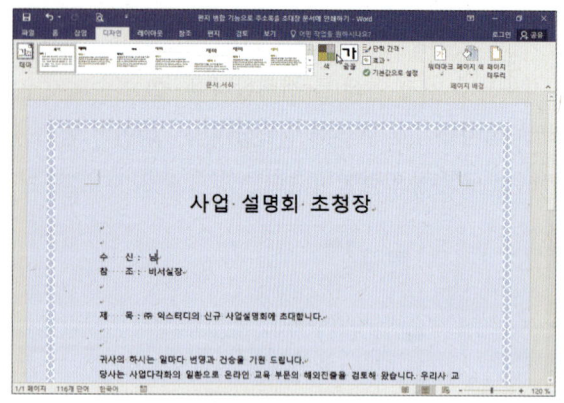
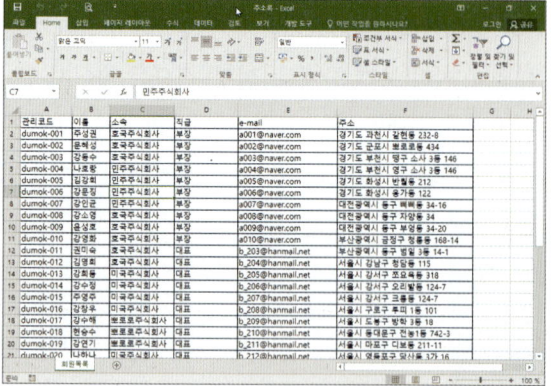

02 엑셀 주소록에서 받는 사람 목록 가져오기

① 초대장 본문에서 수신인이 표시될 위치를 클릭합니다. ② [편지] 탭−[편지 병합 시작] 그룹−[받는 사람 선택]을 클릭하고 ③ [기존 목록 사용]을 선택합니다.

[데이터 원본 선택] 대화상자가 활성화됩니다.

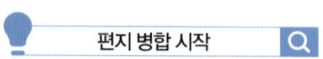
편지 병합 시작

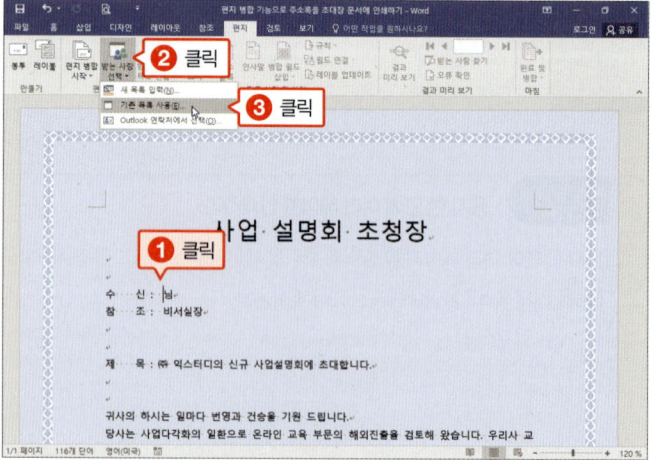

03 엑셀 파일 선택하고 테이블 선택하기

① 예제 폴더 내의 주소록.xlsx 파일을 선택하고 ② [열기]를 클릭합니다. ③ [테이블 선택] 대화상자에서 [회원목록$]을 선택하고 ④ [확인]을 클릭해 주소로 원본 데이터를 읽어 옵니다.

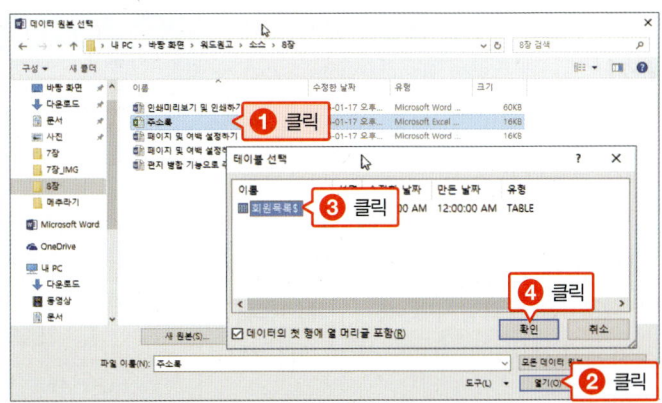

04 받는 사람 이름 필드 문서에 추가하기

① 받는 사람의 이름이 입력될 위치를 클릭합니다. ② [편지] 탭-[필드 쓰기 및 삽입] 그룹-[병합 필드 삽입▼]을 클릭하고 ③ [이름]을 선택합니다.

수신인 부분에 이름 필드가 추가됩니다.

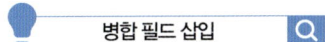
병합 필드 삽입

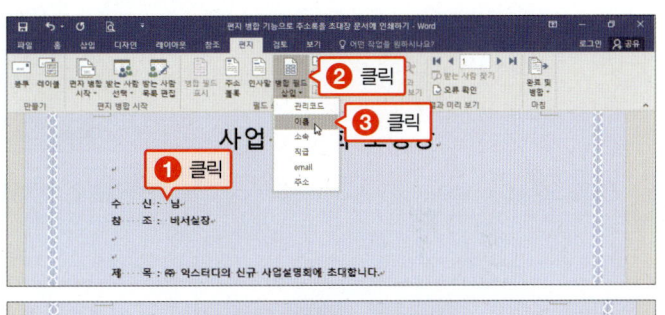

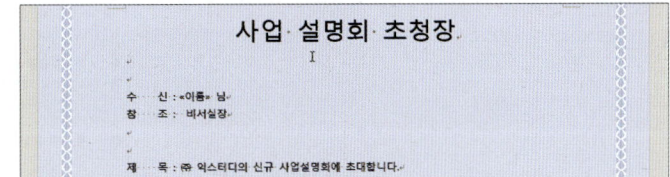

05 소속 필드 추가하기

① [편지] 탭-[필드 쓰기 및 삽입] 그룹-[병합 필드 삽입▼]을 클릭하고 ② [소속]을 선택합니다.

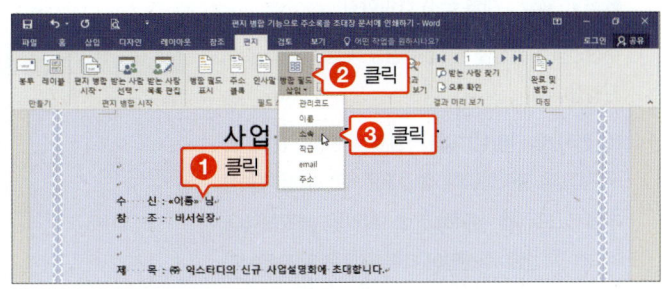

06 직급 필드 추가하기

①②③ [직급] 필드도 [소속] 필드를 추가한 것과 같은 방법으로 추가합니다.

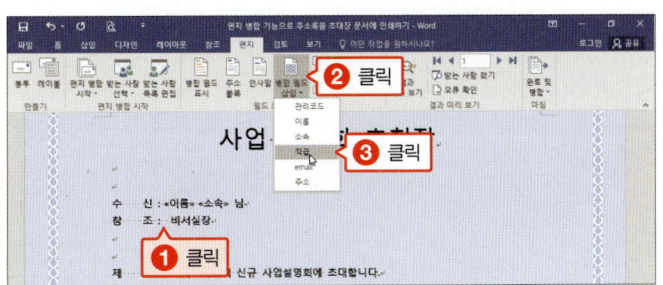

07 주소록 병합된 초청장 문서 인쇄 하기

① [편지] 탭-[마침] 그룹-[완료 및 병합]을 클릭하고 ② [문서 인쇄]를 선택합니다. ③ [프린터로 출력] 대화상자가 열리면 [인쇄 기록]의 [모두]를 선택하고 ④ [확인]을 클릭합니다. ⑤ [인쇄] 대화상자에서 [확인]을 클릭하여 인쇄를 시작합니다.

프린터로 주소록의 수신인명 수만큼 초청장이 출력됩니다.

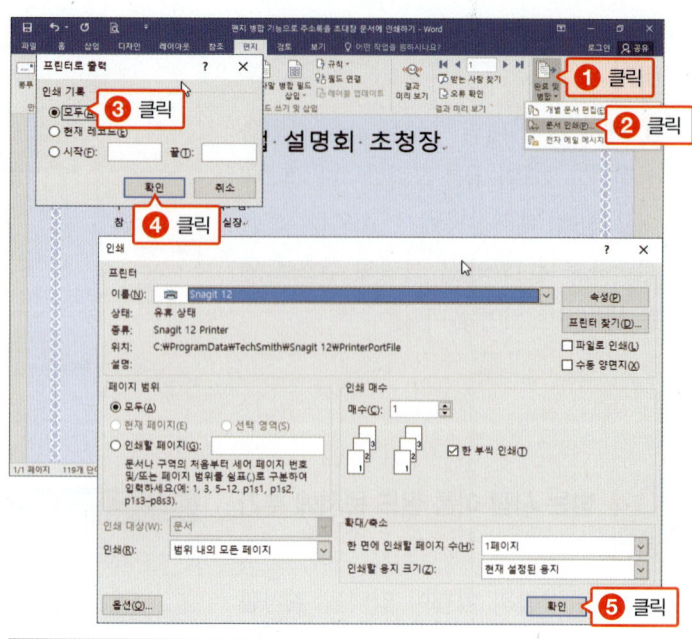

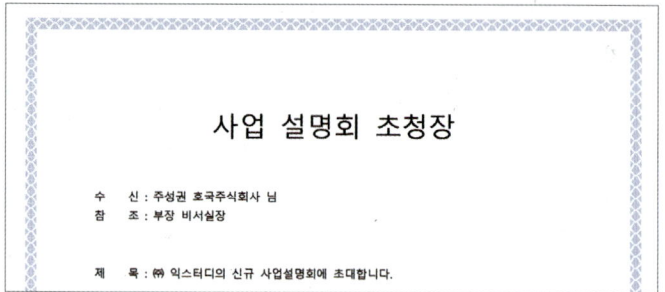

사업 설명회 초청장

수　　신 : 주성권 호국주식회사 님
참　　조 : 부장 비서실장

제　　목 : ㈜ 익스터디의 신규 사업설명회에 초대합니다.

바로 통하는 TIP　개별 문서 편집하기

수신인별로 문장을 편집, 수정할 때는 다음과 같이 진행합니다.

① [편지] 탭-[마침] 그룹-[완료 및 병합]-[개별 문서 편집]을 클릭합니다. ② [새 문서로 병합] 대화상자에서 [모두]를 선택하고 ③ [확인]을 클릭합니다. 각 페이지 별로 수신인이 다른 새로운 워드 문서가 실행됩니다. 편집하려는 수신인을 찾아서 내용을 수정하고 문서를 저장한 뒤 출력합니다.

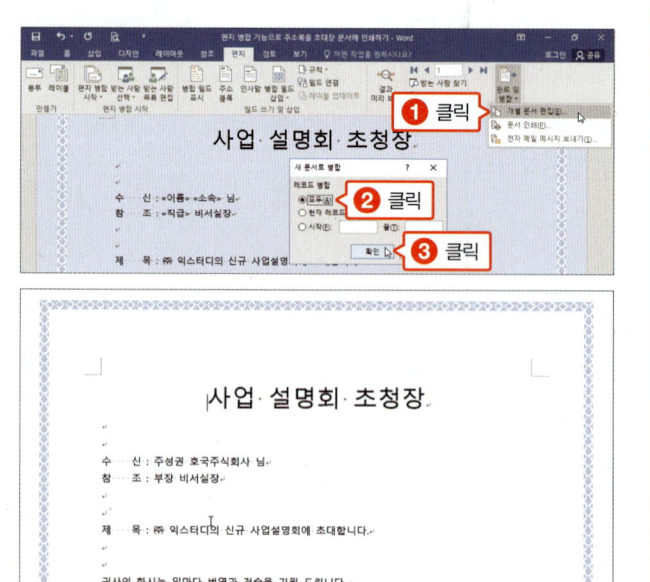

핵심기능실습

51

TELL ME
레이블

받는 사람 주소를
레이블 용지에 출력하기

학습 목표 | 봉투에 붙일 주소를 레이블 용지에 출력해 보겠습니다. 주소 레이블 용지는 제조사마다 다르므로 레이블 옵션에서 해당 제조사의 제품을 선택해 작업해야 합니다.

실습 파일 | 워드/51_받는 사람 주소를 레이블 용지에 출력하기.docx   **완성 파일** | 워드/51완성.docx

01 주소 레이블 인쇄하기

워드를 실행하고 [새 문서]를 선택합니다. 여기서는 'Formtec 3108(14칸)' 용지를 기준으로 설명합니다.
① [편지] 탭-[편지 병합 시작] 그룹-[편지 병합 시작]을 클릭하고 ② [레이블]을 선택합니다. ③ [레이블 제조 회사]-[Formtec]을 선택하고 ④ [제품 번호]-[Formtec 3108]을 선택한 뒤 ⑤ [확인]을 클릭합니다.

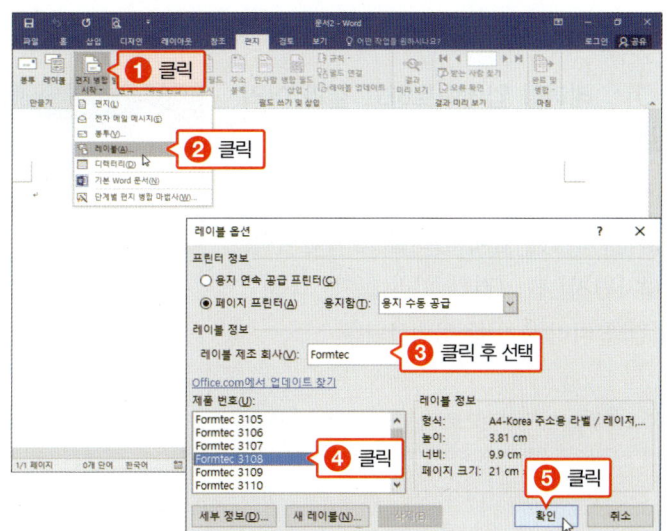

편집 용지가 레이블 편집 상태로 전환됩니다.

02 주소록 목록 추가하기

① [편지] 탭-[편지 병합 시작] 그룹-[받는 사람 선택]을 클릭하고 ② [기존 목록 사용]을 선택합니다. ③ [데이터 원본 선택] 대화상자에서 '받는 사람 주소를 레이블 용지에 출력하기.xlsx' 파일을 선택하고 ④ [열기]를 클릭합니다. ⑤ [테이블 선택] 대화상자에서 [회원목록$]을 선택하고 ⑥ [확인]을 클릭합니다.

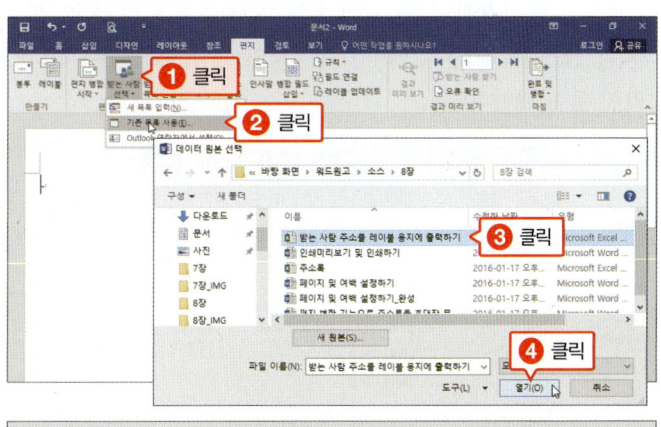

03 병합 필드 삽입하기

① [편지] 탭-[필드 쓰기 및 삽입] 그룹
-[병합 필드 삽입▼]을 클릭하고 ② [주
소]를 클릭합니다.

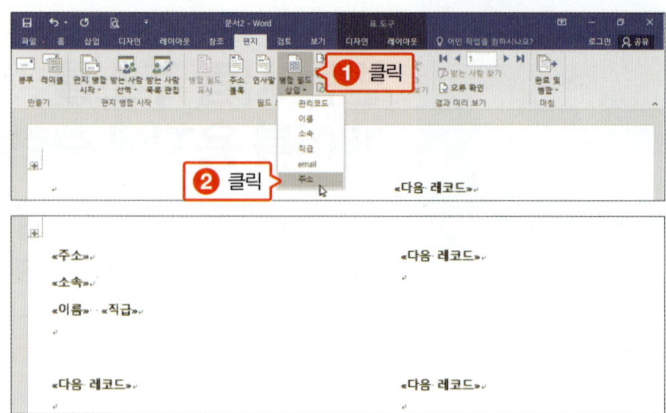

소속, 이름, 직급 역시 같은 방법으로 병합 필드를 삽
입합니다.

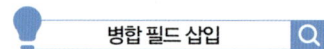

04 레이블 업데이트하고 결과 미리 보기

① [편지] 탭-[필드 쓰기 및 삽입] 그
룹-[레이블 업데이트]를 클릭합니다.
② [편지] 탭-[결과 미리 보기] 그룹-
[결과 미리 보기]를 클릭합니다.

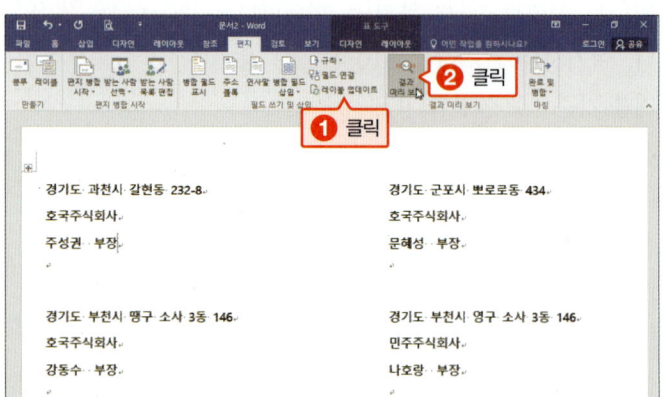

주소 레이블이 정상적으로 적용되어 주소, 소속, 이
름, 직급이 주소록의 내용으로 순서대로 표시됩니다.

05 주소 레이블 출력하기

① [편지] 탭-[마침] 그룹-[완료 및 병합]을 클릭하고 ② [문서 인쇄]를 선택합니다. ③ [프린터로 출력] 대
화상자에서 [모두]를 선택하고 ④ [확인]을 클릭합니다. ⑤ [인쇄] 대화상자에서 프린터 설정을 확인한 후
[확인]을 클릭합니다.

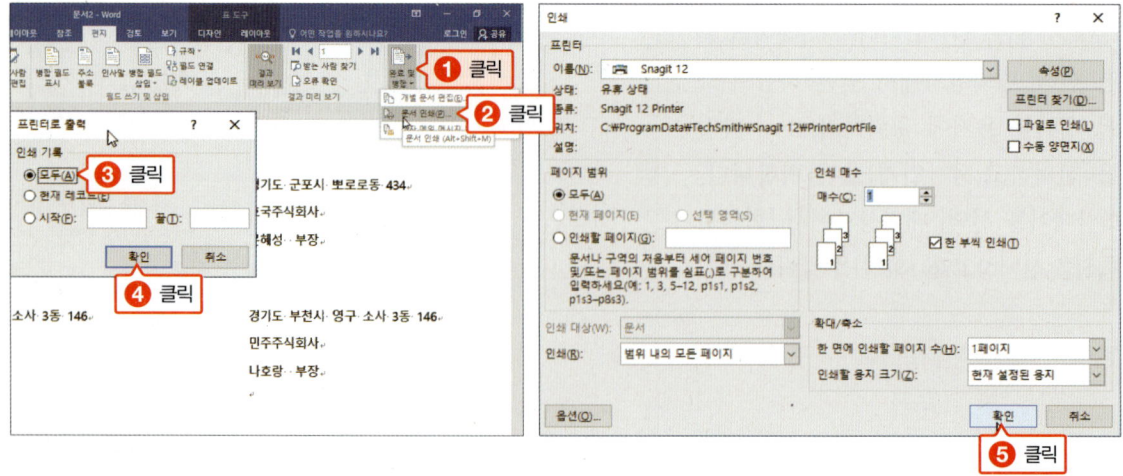

인쇄가 시작됩니다.

경기도 과천시 갈현동 232-8	경기도 군포시 뽀로로동 434
호국주식회사	호국주식회사
주성권 부장	문혜성 부장
경기도 부천시 땡구 소사 3동 146	경기도 부천시 영구 소사 3동 146
호국주식회사	민주주식회사
강동수 부장	나호랑 부장
경기도 화성시 반월동 212	경기도 화성시 옹가동 122
민주주식회사	민주주식회사
김강희 부장	강문징 부장
대전광역시 동구 삐삐동 34-16	대전광역시 동구 자양동 34
민주주식회사	호국주식회사
강인균 부장	강소영 부장
대전광역시 동구 부엉동 34-20	부산광역시 금정구 청룡동 168-14
호국주식회사	호국주식회사
윤성호 부장	강영화 부장
부산광역시 동구 범일 3동 14-1	서울시 강남구 청담동 115
호국주식회사	호국주식회사
권미숙 대표	김명희 대표
서울시 강서구 쯔요육동 318	서울시 강서구 오리발동 124-7
미국주식회사	미국주식회사
강희동 대표	강수정 대표

 TIP **주소 필드의 글꼴 크기를 변경하고 싶을 때**

① [주소] 필드를 마우스로 드래그한 후 ② [홈] 탭-[글꼴] 그룹-[글꼴 크기]를 [14]로 설정합니다. ③ [편지] 탭-[필드 쓰기 및 삽입] 그룹-[레이블 업데이트]를 클릭한 후 ④ [결과 미리 보기]를 클릭해 적용 내용을 확인합니다.

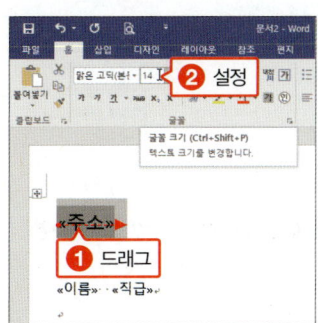

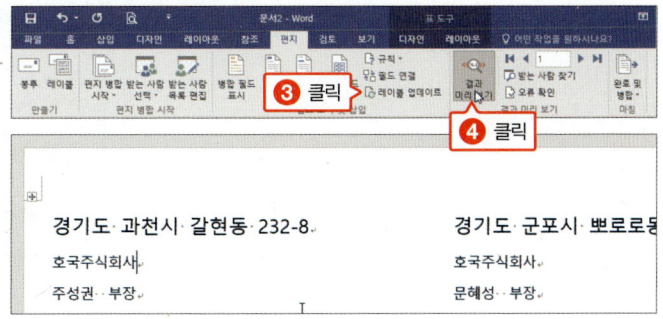

워드 핵심기능으로 실무 문서 완성하기

워드를 실무에서 사용할 때는 한 가지 기능만 사용하는 것이 아니라 복합적으로 다양한 기능을 사용하여 문서를 작성해야 합니다. 워드에서 자주 사용하는 기능을 실무 문서에 적용하여 문서를 완성하는 과정에 대해서 알아보겠습니다.

실습 파일 | 워드/실무활용노트_개인정보보호서비스안내.docx, top.jpg, kisa.gif
완성 파일 | 워드/실무활용노트완성.docx

01 제목 서식 변경

'개인정보보호 서비스 안내' 문서에서 제목이 눈에 띄게 표시되도록 제목 서식을 수정해 보겠습니다.

① 개인정보보호 서비스 안내를 블록 설정합니다. ② [홈] 탭-[글꼴] 그룹-[글꼴] 대화상자 표시 아이콘을 클릭합니다.

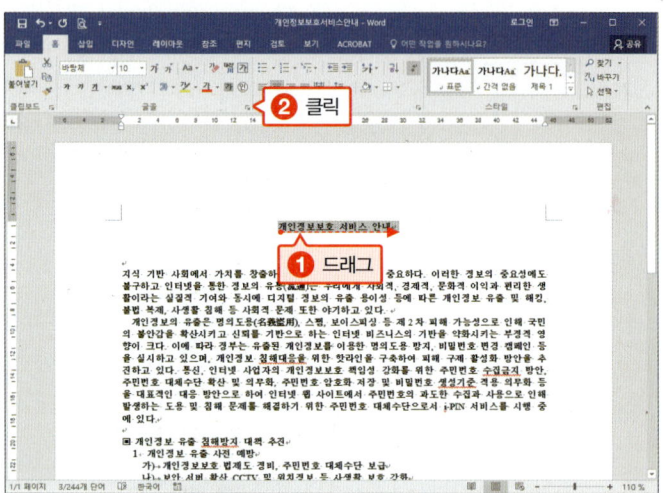

02 ① [글꼴] 대화상자의 [글꼴] 탭-[한글 글꼴]-[궁서]를 선택합니다. ② [글꼴 스타일]-[굵게 기울임꼴], ③ [크기]-[22], ④ [밑줄 스타일]-[실선]을 선택합니다.

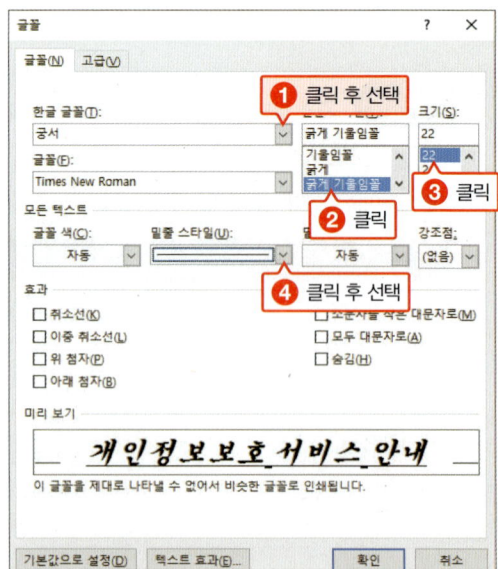

03 ① [글꼴] 대화상자의 [고급] 탭을 클릭합니다. ②
[간격] – [넓게], ③ [값] – [3pt]로 설정하고 ④ [확인]을 클
릭합니다.

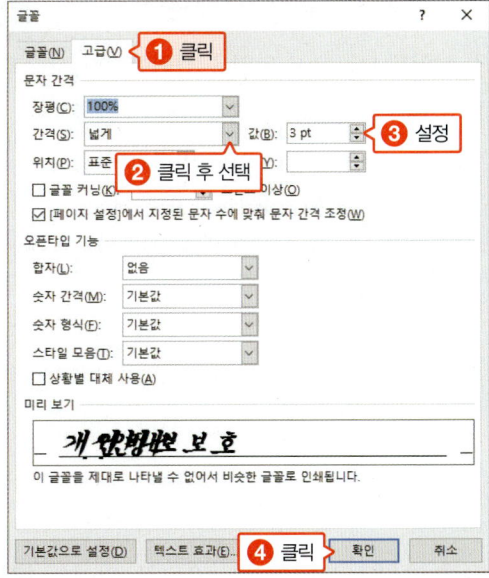

변경 사항이 적용됩니다.

04 단락의 첫 문자 장식하기

① 지에 마우스 포인터 위치시킵니다.
② [삽입] 탭 – [텍스트] 그룹 – [단락의
첫 문자 장식▼]을 클릭하고 ③ [본문]을
선택합니다. ④ 첫 문자에 장식이 적용
된 지를 블록 설정하고 ⑤ 글꼴 색을 [빨
강]으로 변경합니다.

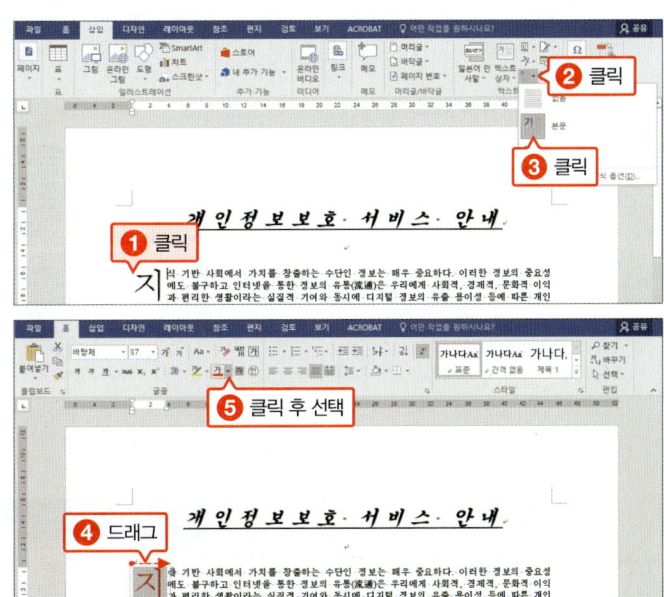

05 그림 추가하기

① 첫 줄 뒤쪽의 이러한 앞쪽을 클릭합
니다. ② [삽입] 탭 – [일러스트레이션]
그룹 – [그림]을 클릭합니다. ③ [그림 삽
입] 대화상자에서 top. jpg 파일을 선택
하고 ④ [삽입]을 클릭합니다.

사진이 문서에 삽입됩니다.

06 그림 크기 변경 및 배치하기

① 삽입된 top. jpg 파일을 선택합니다.
② [서식] 탭-[크기] 그룹에서 크기를 가로 4cm, 세로 4.07cm로 변경합니다.
③ 그림 오른쪽 위의 [레이아웃 옵션] 도구를 클릭하고 ④ [텍스트 배치]-[정사각형] 선택합니다.

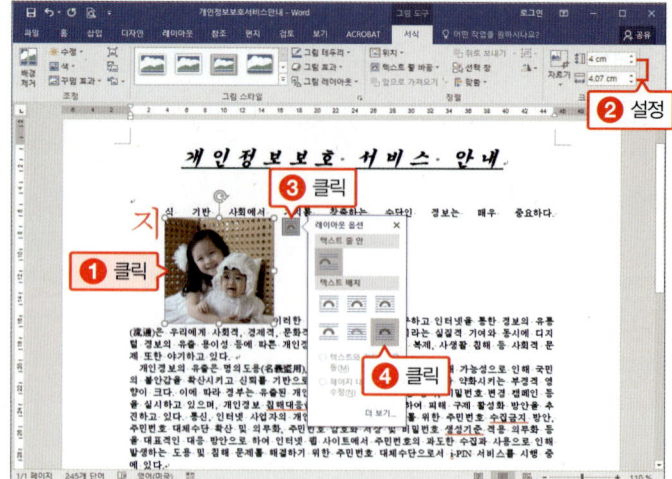

07 그림을 드래그하여 오른쪽 위에 배치합니다.

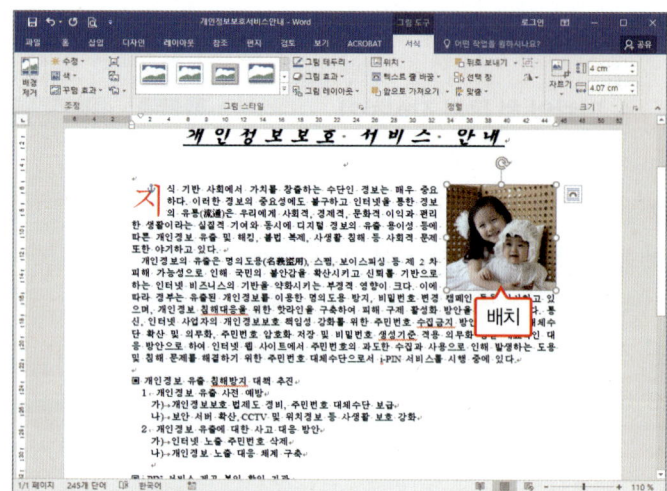

08 각주 삽입하기

부연 설명이 필요한 단어에 각주를 삽입해 페이지 하단에 표시해 보겠습니다.
① 각주를 삽입할 보이스피싱을 블록 설정합니다. ② [참조] 탭-[각주] 그룹-[각주 삽입]을 클릭합니다.

각주 입력 상태로 전환됩니다.

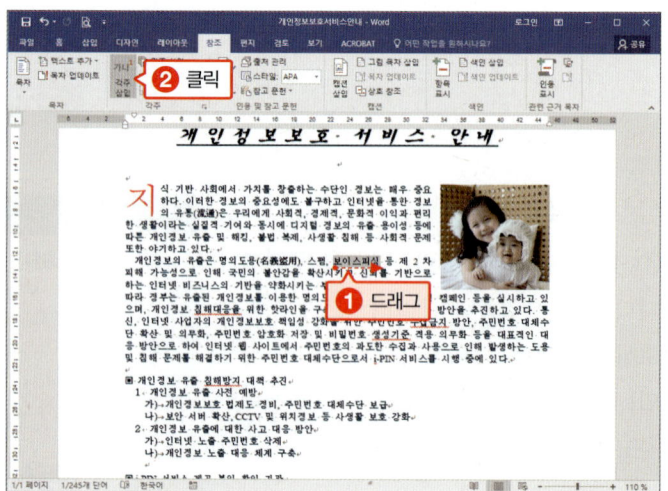

09 그림과 같이 각주 내용을 입력합니다.

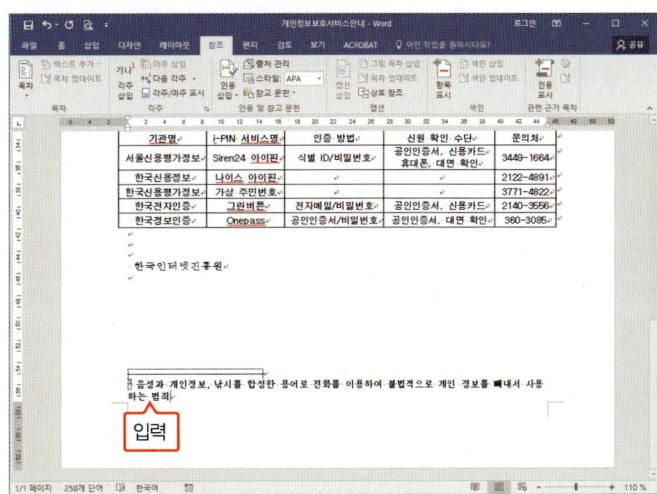

10 중 제목 꾸미기

① 개인정보 유출 침해방지 대책 추진을 드래그하고 ② Ctrl을 누른 채 i-PIN 서비스 제공 본인 확인 기관을 드래그합니다. ③ [홈] 탭-[글꼴] 그룹-[글꼴] 대화상자 표시 아이콘을 클릭합니다.

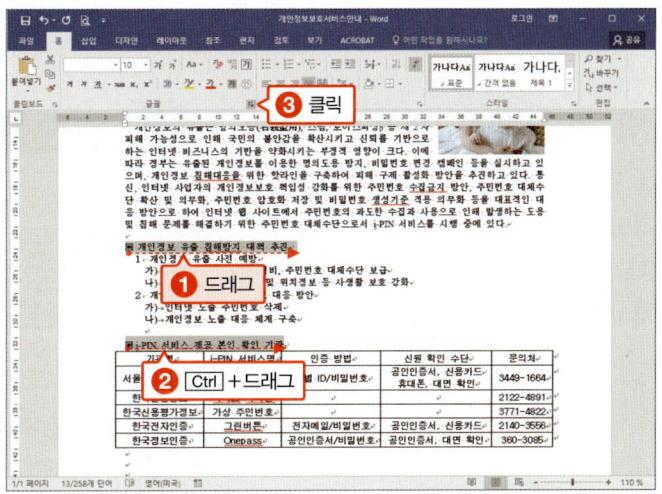

11 ① [글꼴] 대화상자의 [글꼴] 탭에서 [한글 글꼴]-[굴림]을 선택하고 ② [크기]-[18]로 변경합니다.

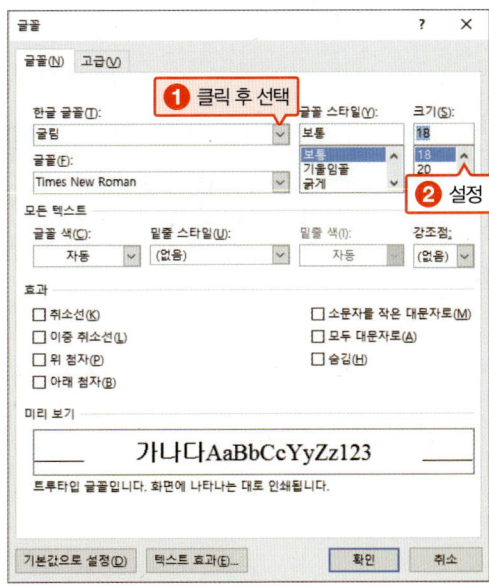

12 ① [고급] 탭을 클릭하고 ② [장평]–[90%]로 설정한 뒤 ③ [확인]을 클릭해 글꼴 설정을 적용합니다.

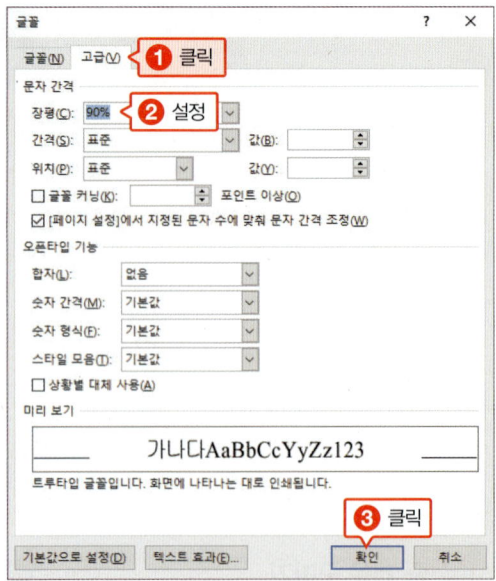

13 표 테두리 변경 및 음영 지정하기

① 테두리를 변경하려는 범위를 블록 설정합니다. ② [표 도구]–[디자인] 탭–[테두리] 그룹–[테두리 스타일]을 클릭하고 ③ [이중 실선 ½pt]를 선택합니다.

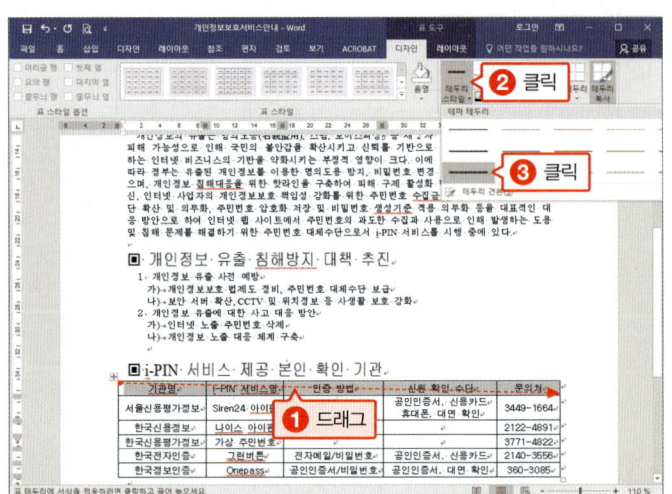

14 ① [표 도구]–[디자인] 탭–[테두리] 그룹–[테두리]를 클릭합니다. ② [아래쪽 테두리]를 선택하고 ③ [위쪽 테두리]를 선택합니다.

선 스타일이 변경됩니다.

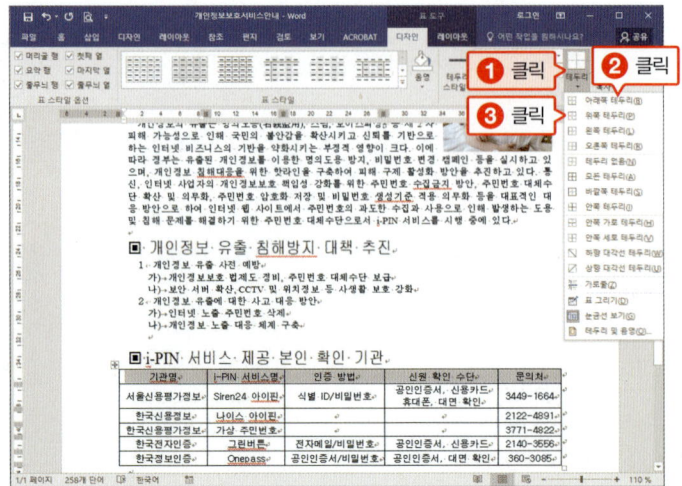

15 ①②③ 표 마지막 행의 아래쪽 테두리도 첫 행과 같은 방법으로 선 스타일을 변경합니다.

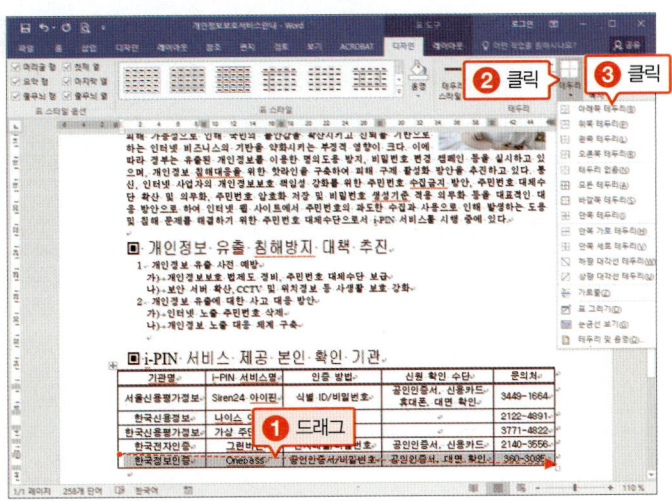

16 ① 표의 첫 행을 다시 블록으로 선택하고 ② [표 스타일] 그룹 – [음영] – [노랑]을 선택합니다.

음영 색이 적용됩니다.

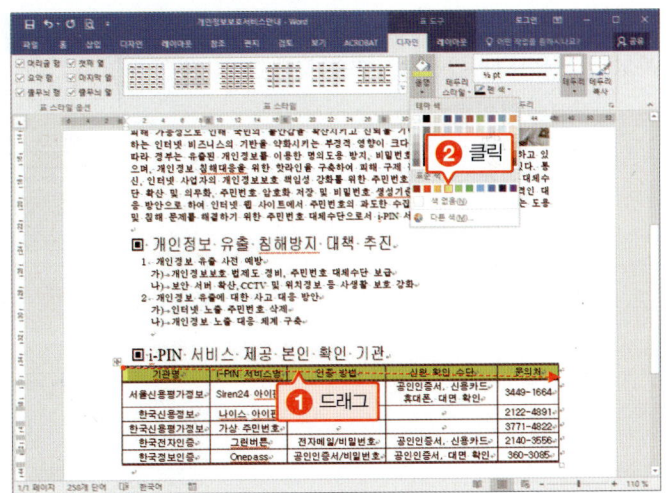

17 표 셀 병합하기

① 그림과 같이 3열의 3개 셀을 선택한 후 마우스 오른쪽 버튼을 클릭합니다. ② 바로가기 메뉴에서 [셀 병합]을 선택합니다. 셀 병합 후 4열의 3행도 3열과 같은 방식으로 병합합니다.

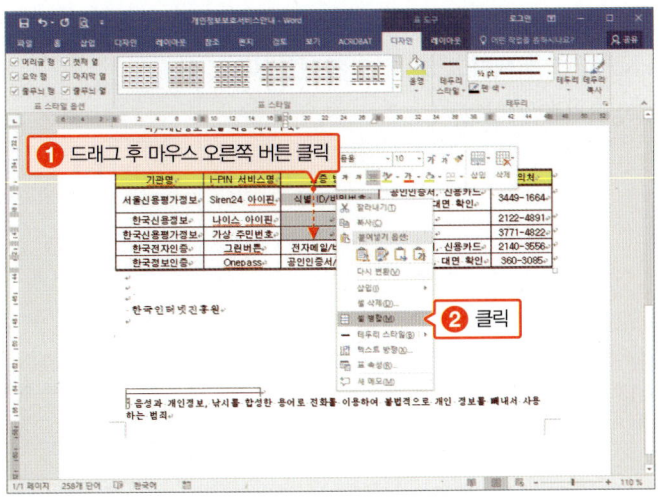

18 문서 하단 발신인 꾸미기

① 한국인터넷진흥원을 블록 설정합니다. ② [홈] 탭-[글꼴] 그룹-[글꼴]을 [굴림]으로 설정하고 ③ [크기]를 [22], ④ [굵게], ⑤ [가운데 맞춤]으로 클릭합니다.

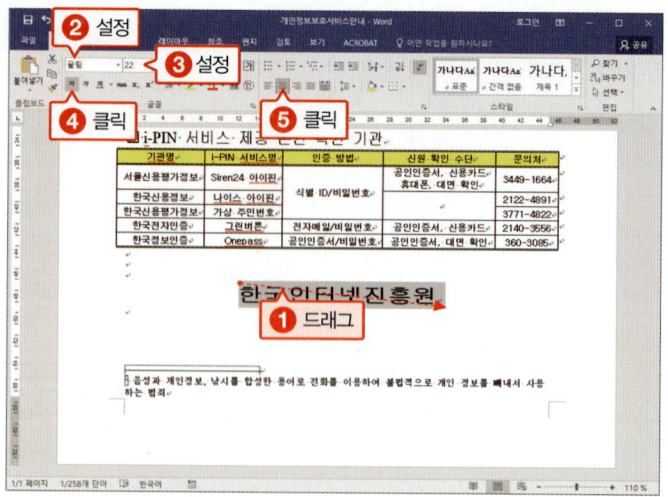

19 ① 한국인터넷진흥원 앞을 클릭하고 ② [삽입] 탭-[일러스트레이션] 그룹-[그림]을 클릭합니다.

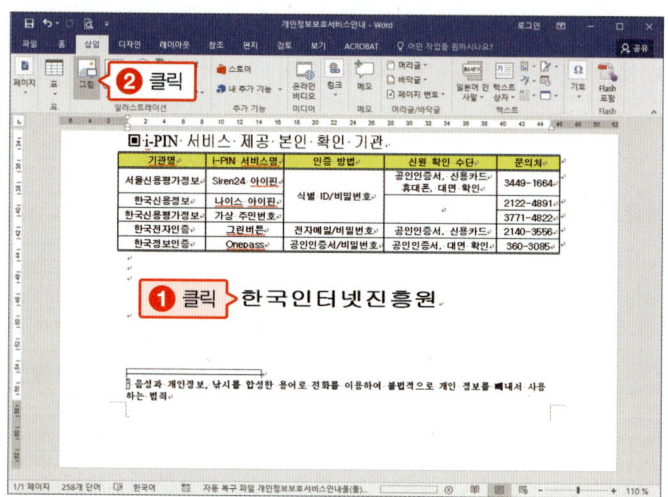

20 ① [그림 삽입] 대화상자에서 kisa.gif를 선택하고 ② [삽입]을 클릭해 그림을 삽입합니다.

21 [크기] 그룹에서 세로를 0.6cm, 가로를 2.02cm로 설정합니다.

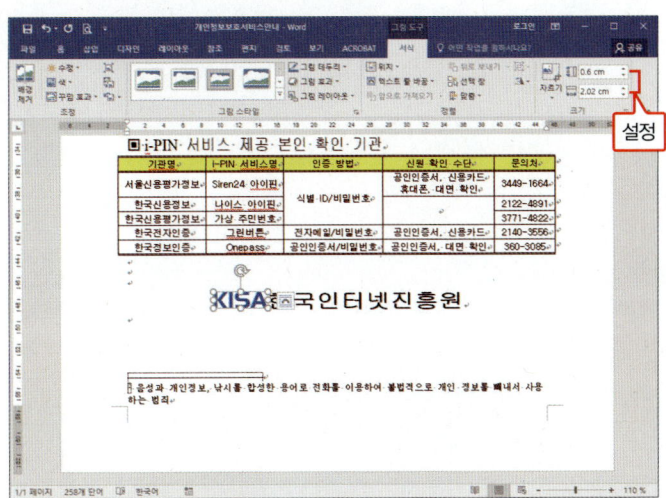

22 다음과 같이 문서가 완성되었습니다.

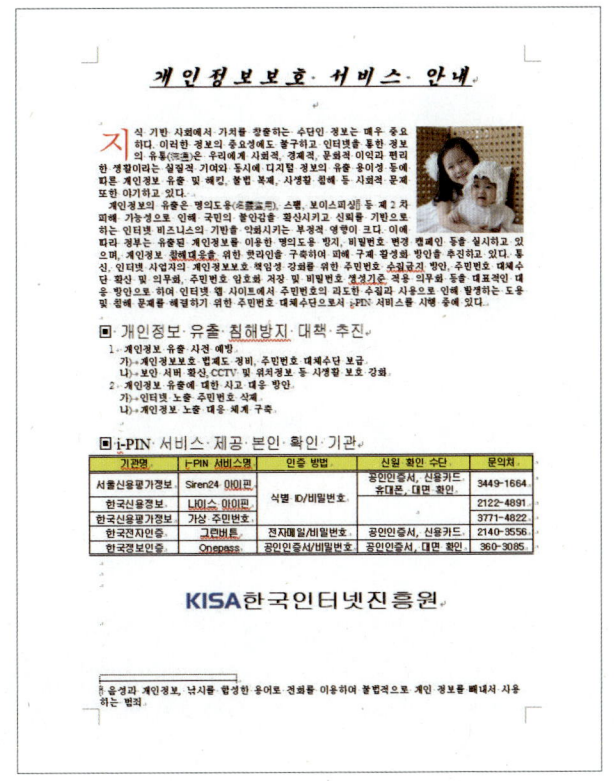

Part

04

한글 NEO

회사에서 바로 통하는 오피스 2016

01

한글 NEO
기본기 다지기

한글 NEO의 기능을 본격적으로 익히기 전에 화면 구성과 각 부분
의 명칭을 익혀 보겠습니다. 한글 NEO를 실행하고 종료하는 방법
부터 환경 설정 및 화면 확대/축소와 보기 옵션, 새 문서를 만들고
저장하는 방법 및 문서에 암호를 지정하고 해제하는 방법 등을 알
아보겠습니다.

HANGUL NEO

한글 NEO 기본 화면 구성 살펴보기

학습 목표 | 한글 NEO의 기본 화면 구성은 다양한 형태로 변경할 수 있습니다. 기본 도구 모음은 펼침 메뉴의 기능 중에서 자주 사용하는 기능만 쉽게 사용할 수 있도록 모아 놓은 것입니다. 먼저 초기 화면 구성에 대해 알아보겠습니다.

한글 NEO 화면 구성 살펴보기

한글 NEO의 작업 창 상단에는 '메뉴 탭'과 '기본 도구 상자', '서식 도구 상자'가 배치되어 있어 사용자가 빠르고 편리하게 명령을 실행할 수 있도록 도와줍니다. 본문의 상단과 좌측에는 문서 편집을 정확하고 세심하게 할 수 있도록 돕는 눈금자가 배치되어 있습니다. 문서 창 하단의 '상황 선'에서는 현재 편집 위치, 보기 설정 등을 확인할 수 있어 간편하게 화면 위치나 확대/축소 비율 등을 변경할 수 있습니다.

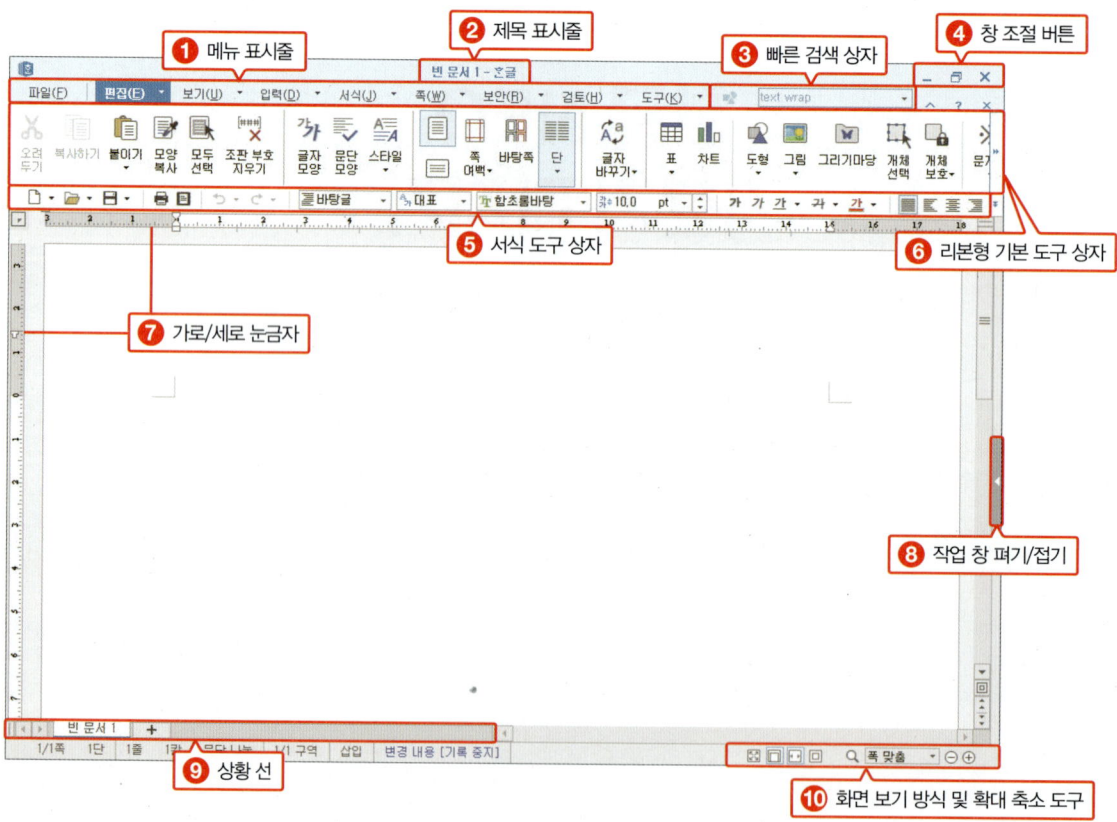

① **메뉴 표시줄** : 탭 방식으로 메뉴가 표시되며, 한글 2007 이전 버전과 같은 펼침 메뉴도 함께 제공됩니다.

② **제목 표시줄** : 현재 작업 중인 문서의 이름이 표시됩니다.

③ **빠른 검색 상자** : 찾기 도구를 이용하지 않고도 문서 내용을 빠르게 찾을 수 있습니다.

④ **창 조절 버튼** : 작업 중인 창을 닫거나 창의 크기를 수정할 때 사용합니다. 최소화, 전체 화면으로 보기, 닫기 중에서 선택할 수 있습니다.

⑤ **서식 도구 상자** : 문서 작성 시 가장 자주 사용되는 새 문서, 문서 열기, 저장, 인쇄 등의 메뉴와 글꼴 서식, 문단 서식 등에 관련된 도구들이 아이콘 형태로 표시되어 있습니다.

⑥ **리본형 기본 도구 상자** : 자주 사용하는 기능이 아이콘 형태로 표시되어 있어 빠르게 메뉴를 찾고 실행할 수 있습니다.

⑦ **가로/세로 눈금자** : 문서의 상하좌우 여백, 도형이나 표의 위치와 크기, 문단 여백 등을 확인할 수 있습니다.

⑧ **작업 창 펴기/접기** : 사전, 개요, 빠른 실행, 쪽, 모양, 클립보드 등의 작업을 할 때 별도의 메뉴를 클릭하지 않고도 빠르게 사용할 수 있습니다.

⑨ **상황 선** : 현재 문서의 페이지 수, 커서의 현재 위치, 문자의 삽입/수정 상태, 변경 내용 기록 등과 관련된 상태가 표시됩니다.

⑩ **화면 보기 방식 및 확대 축소 도구** : 화면 보기 방식을 쪽 윤곽, 쪽 맞춤, 폭 맞춤 중에서 선택할 수 있고, 화면을 확대하거나 축소할 수 있습니다.

바로 통하는 TIP **바로 가기 메뉴에서 도구 상자 접기 펴기**

메뉴 표시줄의 빈 공간을 마우스 오른쪽 버튼으로 클릭하면 그림과 같이 바로 가기 메뉴가 나타납니다. [도구 상자 접기/펴기]를 선택하여 적용할 수 있습니다.

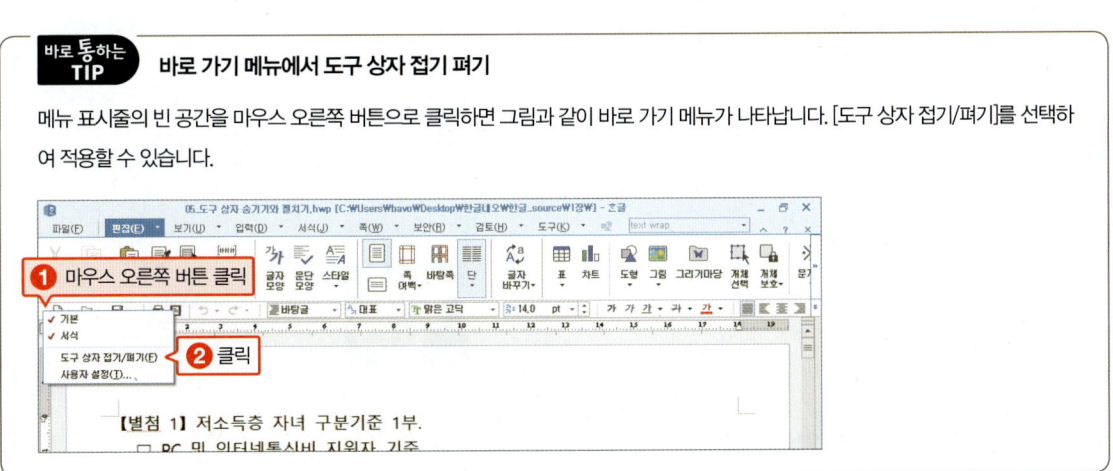

한글 NEO의 새로운 기능 살펴보기

한글은 국내에서 가장 널리 사용되고 인정받는 프로그램입니다. 출시 이후부터 꾸준히 업데이트되면서 오피스 문서 제작을 지원해 왔습니다. 이번 NEO 버전에서는 어떤 새로운 기능이 또 업데이트되었는지 꼼꼼하게 살펴보겠습니다.

동영상 문서 삽입

웹사이트에 게시된 동영상을 문서에 포함하지 않고도 바로 재생할 수 있습니다. Youtube 영상을 삽입하고 재생하기 위해서는 Adobe Flash Player plug-in이 설치되어 있어야 합니다.

편집 화면 회색조 보기

컬러 인쇄가 불필요할 경우 양질의 회색조 인쇄물을 출력할 수 있도록 화면과 미리 보기 화면에서 결과물을 회색조로 볼 수 있습니다.

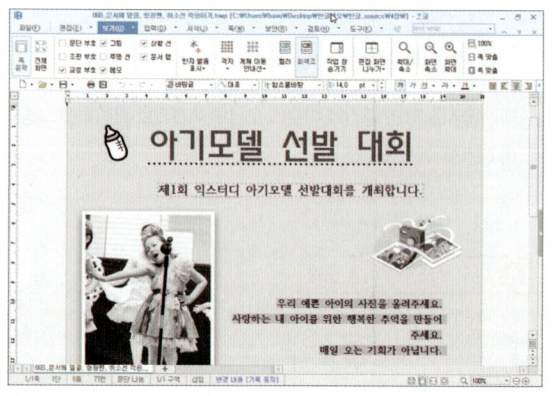

소책자 모양으로 인쇄하기

여러 페이지로 구성된 문서를 소책자로 인쇄할 수 있습니다. 쪽 순서가 자동으로 재배열되어 인쇄됩니다.

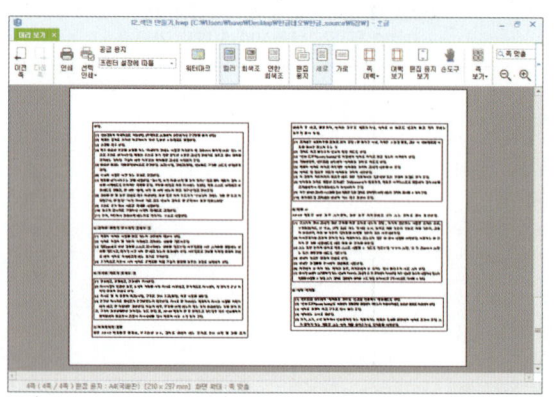

줄 번호 매기기

문서 전체 또는 일부에 줄 번호를 표시
하거나 숨길 수 있습니다. 줄 번호를 사
용하면 문서의 각 줄 앞에 번호가 표시
되어 한 페이지에 포함된 줄 수를 쉽게
확인할 수 있습니다.

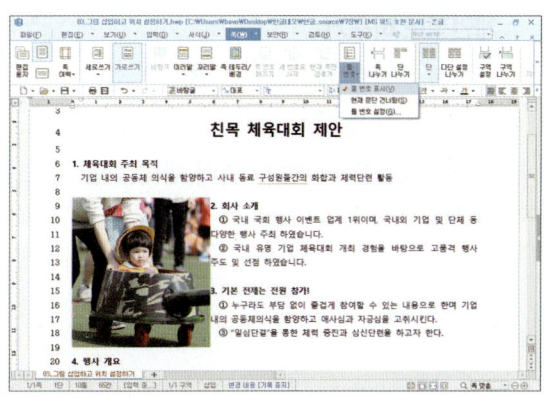

실시간 사전 검색 및 상용구 입력 기능

단어를 입력하는 동시에 단어의 뜻을 검색하고 등록된 상용구를 지체 없이 선택하여 입력할 수
있는 기능이 추가되었습니다. 실시간 사전을 사용하기 위해서는 프로그램을 설치할 때 한컴
사전을 사전 설치해야 합니다. 실시간 상용구 검색 기능 또한 사전 상용구를 등록한 뒤 사용할
수 있습니다.

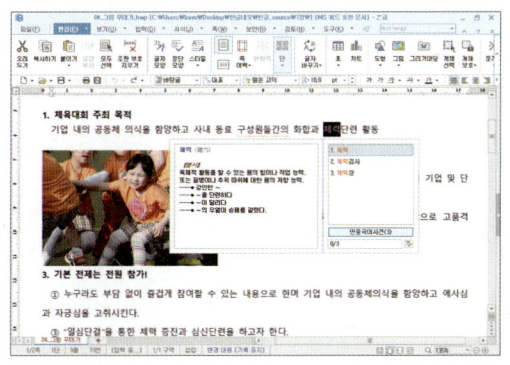

▲ 실시간 사전　　　　　　　　　　　　　　　　▲ 실시간 상용구

다국어 번역 기능

다양한 언어로 번역 기능을 제공합니다.
본문뿐만 아니라 머리말, 꼬리말, 미주,
각주, 메모까지 선택한 글자를 원하는
언어로 번역해 줍니다. 번역 가능한 언
어로는 영어, 일본어, 중국어, 아랍어,
독일어, 스페인어, 러시아어 등이 있습
니다.

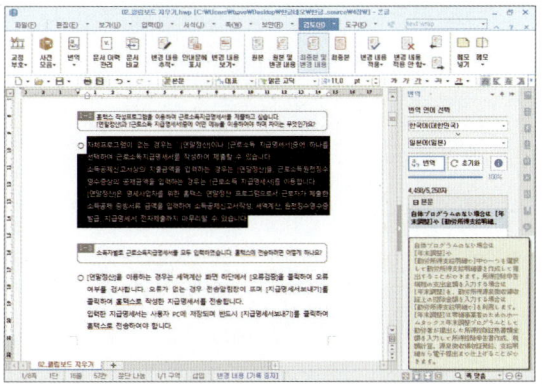

개인정보 바꾸기

문서에 포함된 개인정보를 찾아서 사용
자가 설정한 형태로 간단하고 빠르게 변
환하는 기능을 제공하여 문서 내의 개인
정보를 보호할 수 있습니다.

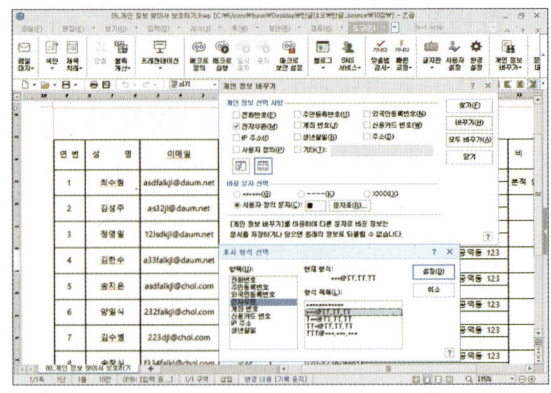

PDF 문서를 오피스 문서로 변환

보안이 되어 있지 않은 PDF 문서를 오피스 문서로 불러와 편집할 수 있습니다.

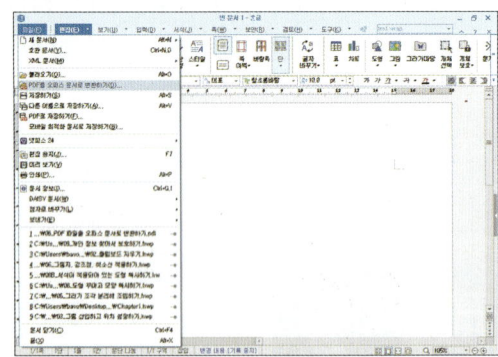
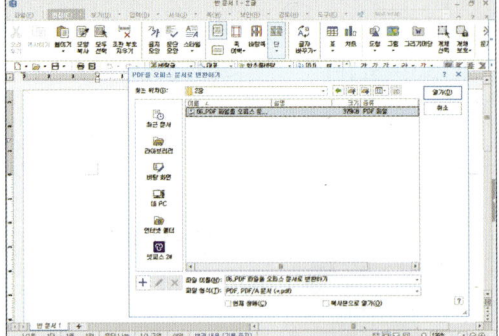

개방형 파일 포맷 지원

KS 표준 문서 HWPX를 지원합니다. 또한 글로벌 문서 표준 ODF와의 파일 호환은 물론, 글로
벌 문서 표준인 OOXML 파일과의 강력한 호환성을 제공합니다.

새 문서 만들어 저장하기

학습 목표 | 한글을 실행하면 빈 문서가 표시되며 바로 새로운 문서를 만들 수 있습니다. 새 문서를 만들고 저장하고 다른 이름으로 저장하는 방법을 알아보겠습니다.

01 새 탭으로 새 문서 만들기(단축키 Ctrl + Alt + T)

새 창을 열지 않고 현재 열려 있는 작업 창에 탭을 추가하여 새 문서를 작성하는 방법입니다. 한 문서 파일에 여러 개의 문서를 탭 형식으로 배열해 다른 문서로의 전환 및 참조를 빠르게 처리할 수 있습니다. 서식 도구 상자에서 [새 문서]의 내림 단추를 클릭하고 [새 탭]을 선택합니다.

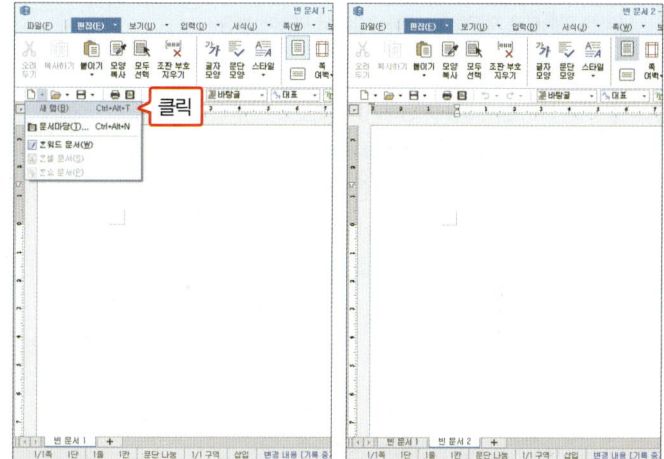

[빈 문서1] 탭의 오른쪽에 새 탭이 추가됩니다.

바로 통하는 TIP [파일] 메뉴-[새 문서]-[새 탭]을 선택해도 되지만 단축키가 더욱 편리합니다.

02 저장하기(단축키 Alt + S)

① 서식 도구 상자에서 [저장하기]를 클릭하고 ② [다른 이름으로 저장하기] 대화상자의 [저장 위치]에서 [내 PC 〉 Desktop]을 선택합니다. ③ [파일 이름]에 **저장하기**를 입력하고 ④ [저장]을 클릭합니다.

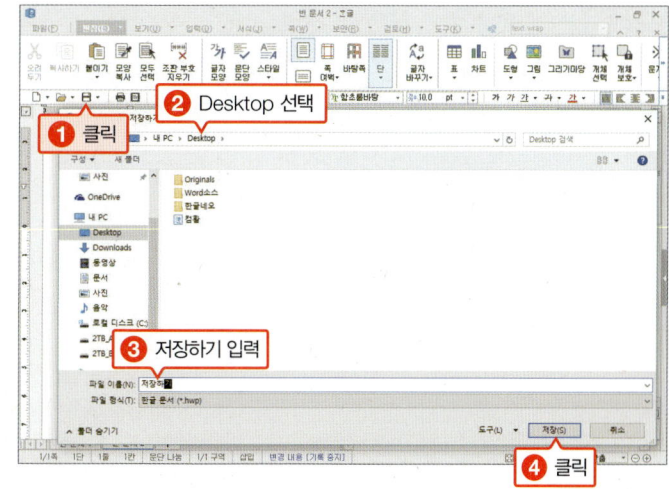

[빈 문서2] 탭이 저장하기.hwp로 저장됩니다.

바로 통하는 TIP 문서를 저장하지 않은 상태로 [파일] 메뉴–[끝]을 선택하거나 단축키 Alt + X 를 눌러서 문서를 종료하면 [끝] 대화상자가 나타나 [빈 문서1] 탭을 저장할지 물어봅니다. 저장 여부를 선택한 후 문서를 닫습니다. 새 탭을 이용하면 문서 창을 여러 개 열지 않고 한 창에서 새 문서를 작성한다는 장점이 있으나 각각의 탭은 별개의 문서이므로 종료 시에는 탭별로 저장해야 합니다.

바로 통하는 TIP **현재 문서를 다른 이름으로 저장하기**

현재 편집 중인 문서 파일을 그대로 두고 작업 내용을 새로운 파일로 저장하려면 [다른 이름으로 저장하기]를 사용합니다. 예를 들어 한글에서 기본으로 제공하는 이력서 서식 문서를 불러와 개인 이력서를 작성했다면 한글에서 불러온 서식 파일을 그대로 두고 별도의 파일로 저장할 수 있습니다.

파일의 저장 위치, 저장할 파일 이름, 파일 형식 등은 [다른 이름으로 저장하기] 대화상자에서 새롭게 설정할 수 있습니다.

① 서식 도구 상자에서 [저장하기]의 내림 단추–[다른 이름으로 저장하기]를 선택합니다(단축키 Alt + V). ② [다른 이름으로 저장하기] 대화상자의 [저장 위치]에서 [내 PC › Desktop]을 선택합니다. ③ [파일 이름]에 **다른이름으로**를 입력하고 ④ [저장]을 클릭합니다.

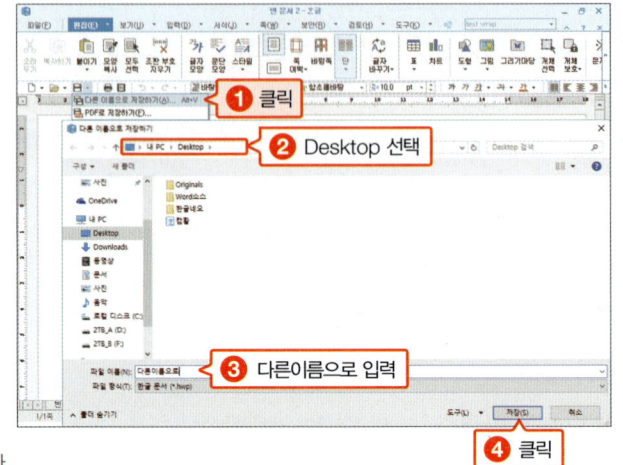

'다른이름으로'라는 파일명으로 저장되면서 문서 탭 이름도 빈 문서 2에서 '다른이름으로'로 변경됩니다.

문서 불러와 암호 지정 및 해제하기

학습 목표 | 이미 저장해 둔 문서는 언제라도 필요할 때 불러와 인쇄하거나 재편집하여 사용할 수 있습니다. 또한 문서에 암호를 지정해 이를 입력해야 문서를 열 수 있도록 설정해 보겠습니다.

실습 파일 | 한글/02_문서 불러와 암호 지정 및 해제하기.hwp

01 문서 불러오기(단축키 Alt + O)

저장한 문서를 다시 편집하기 위해 불러오려면 ① 서식 도구 상자에서 [불러오기]를 클릭합니다. ② 예제 폴더에서 실습에 사용할 '02_문서 불러와 암호 지정 및 해제하기.hwp' 파일을 선택하고 ③ [열기]를 클릭합니다.

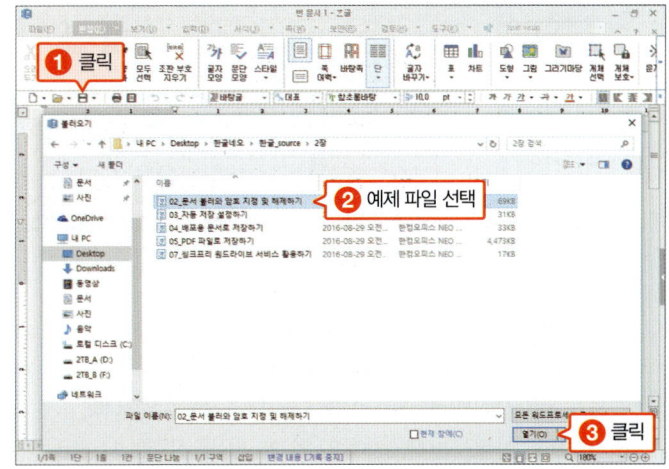

02 사단법인 설립 등기 신청서 양식 문서가 열립니다.

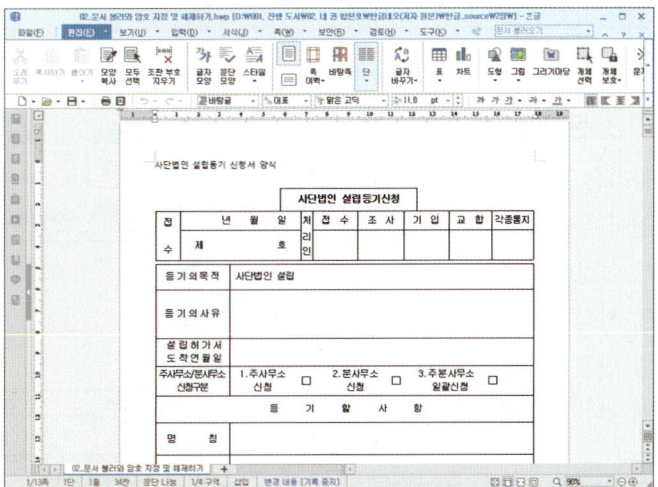

[불러오기] 대화상자 알아보기

[파일] 메뉴-[불러오기]를 선택하거나 단축키 Alt + O, 또는 서식 도구 상자에서 [불러오기]를 클릭하면 [불러오기] 대화상자가 나타납니다. 문서가 저장된 폴더 위치를 지정하여 파일을 찾거나, 불러올 파일의 형식을 지정하여 관련 파일만 표시한 후 문서를 선택할 수 있습니다. 최근에 편집한 문서는 [불러오기] 대화상자의 왼쪽 메뉴 영역에서 [최근 문서]를 클릭해 최근에 사용한 문서를 빠르게 불러올 수 있습니다.

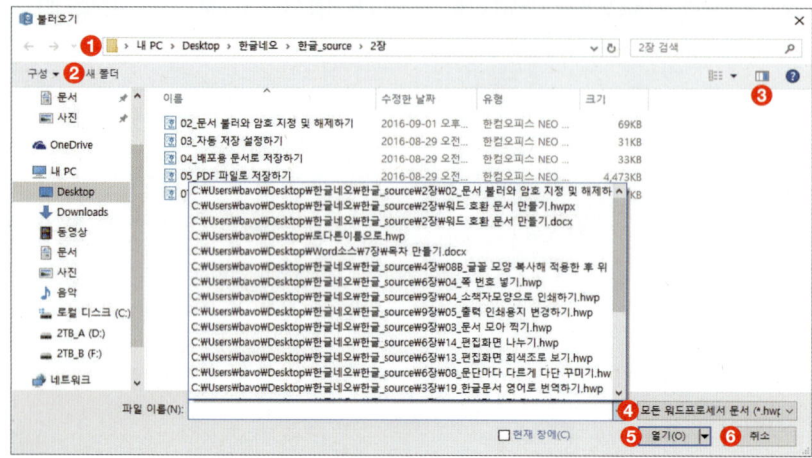

① **찾는 위치** : 문서를 찾을 해당 위치(폴더)를 선택합니다.

② **새 폴더 만들기** : 현재 폴더 아래에 새 폴더를 생성합니다.

③ **보기** : 목록에 파일이 표시되는 방식을 다양하게 지정할 수 있습니다.

④ **파일 형식** : [불러오기] 대화상자에 표시할 파일 형식을 선택합니다. 한글 문서뿐만 아니라 다양한 형식의 문서를 선택할 수 있습니다.

⑤ **열기** : 파일을 선택하고 [열기]를 클릭하면 선택한 문서가 열립니다.

⑥ **취소** : [불러오기] 대화상자를 닫습니다.

O3 문서에 암호 설정하기

불러온 문서 파일에 암호를 지정하여 타인이 무단으로 문서를 열람하지 못하도록 설정해 보겠습니다.

① 서식 도구 상자에서 [저장하기]의 내림 단추를 클릭하고 ② [다른 이름으로 저장하기]를 선택합니다.

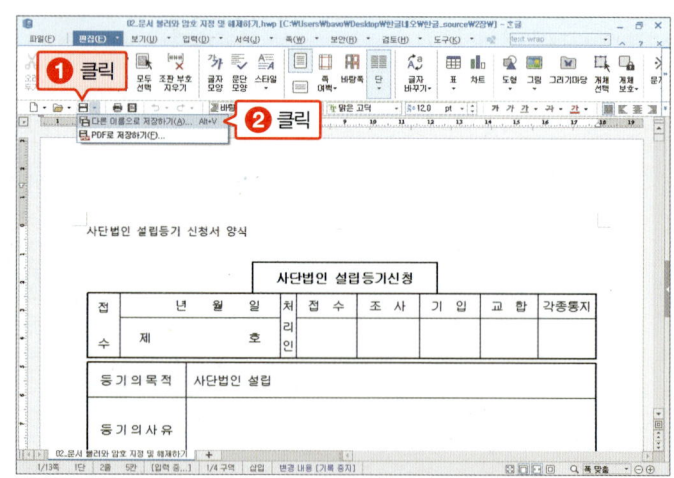

04 ① [다른 이름으로 저장하기] 대화상자의 [저장 위치]에서 [내 PC 〉 Desktop]을 선택합니다. ② [도구]의 누름 버튼을 클릭하고 ③ [문서 암호]를 선택합니다. [문서 암호 설정] 대화상자가 나타나면 ④ [문서 암호/암호 확인]에 **12345**를 동일하게 입력하고 ⑤ [설정]을 클릭합니다.

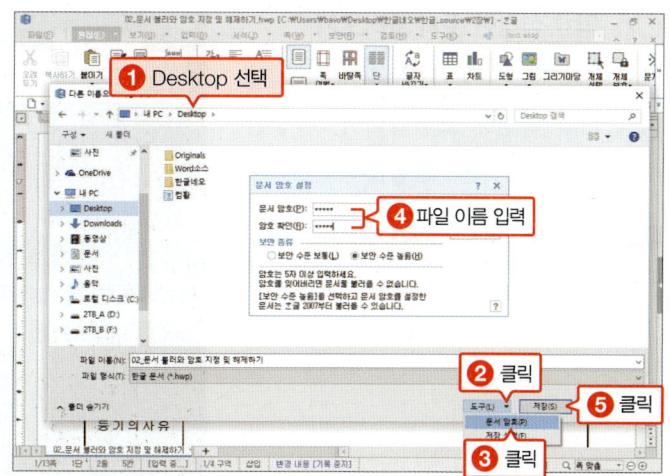

05 [저장]을 클릭해 문서를 저장합니다.

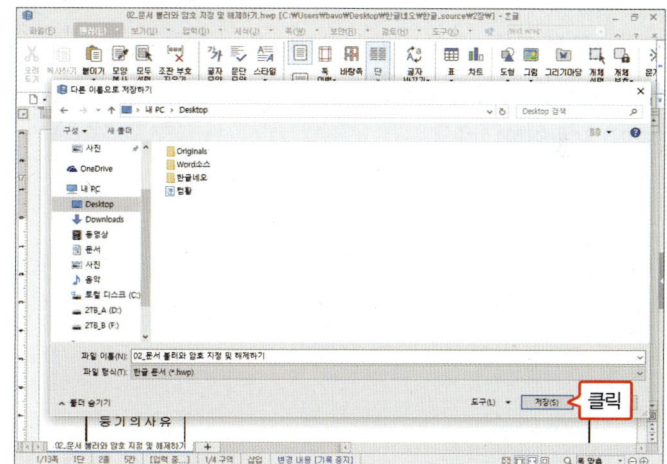

Desktop에 암호가 설정된 02_문서 불러와 암호 지정 및 해제하기.hwp 파일이 저장되었습니다.

[문서 암호 설정] 대화상자 살펴보기

[문서 암호 설정] 대화상자에서 5자 이상 입력하면 암호가 설정됩니다. 입력한 암호를 정확하게 입력하지 않으면 파일을 열 수 없으니 주의해야 합니다.

① **문서 암호** : 암호로 설정할 5자 이상의 문자를 입력하는 항목입니다.

② **암호 확인** : [문서 암호]에 입력한 암호를 다시 한 번 입력하여 암호를 정확히 입력했는지 확인합니다.

③ **보안 종류** : [보안 수준 보통], [보안 수준 높음]을 제공합니다. 한글 2007 이하의 문서에서 파일을 보고 싶다면 [보안 수준 보통]을 선택합니다.

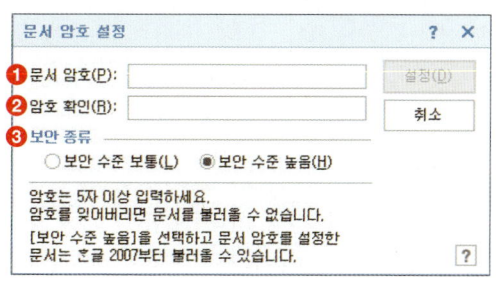

06 암호 설정한 문서 불러오기

암호가 제대로 설정되었는지 문서를 다시 불러와 확인해 보겠습니다. 저장한 파일을 더블클릭하여 실행합니다.

바로 통하는 TIP 서식 도구 상자에서 [불러오기] 메뉴를 이용해도 됩니다.

07 [문서 암호] 대화상자가 나타나면 앞서 설정한 암호인 **12345**를 입력하고 [확인]을 클릭합니다.

입력한 암호가 맞으면 문서가 정상적으로 열립니다. 암호를 잘못 입력하면 오류 메시지가 나타나면서 문서가 열리지 않습니다.

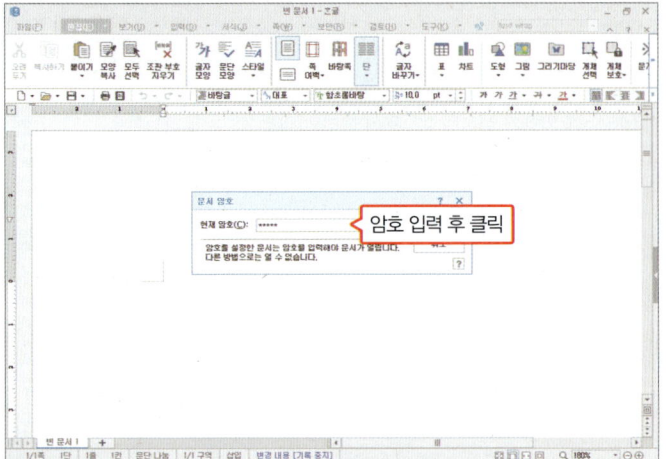

자동 저장 설정하기

학습 목표 | 정전이나 프로그램 이상 때문에 비정상적으로 종료될 경우를 대비해 자동으로 저장하는 기능을 제공합니다. 너무 자주 하게 되면 작업에 방해가 되므로 자동 저장 시간을 적당하게 설정해야 합니다.

실습 파일 | 한글/03_자동 저장 설정하기.hwp

01 문서별로 자동 저장 옵션 설정하기

사용자가 일정 시간 동안 작업하지 않을 때, 혹은 일정 시간마다 무조건 자동 저장하도록 설정하면 예기치 않은 상황으로부터 문서를 보호할 수 있습니다.

① 서식 도구 상자에서 [저장하기]의 내림 단추-[다른 이름으로 저장하기]를 선택합니다. ② [다른 이름으로 저장하기] 대화상자에서 [도구]-[저장 설정]을 클릭합니다.

[저장 설정] 대화상자가 나타납니다.

02 ① [저장 설정] 대화상자에서 [무조건 자동 저장]을 30분, [쉴 때 자동 저장]을 300초로 설정하고 ② [설정]을 클릭합니다.

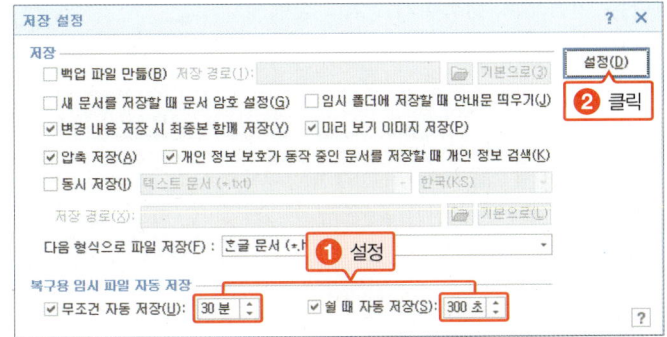

[저장 설정] 대화상자 살펴보기

[저장 설정] 대화상자에서는 문서를 저장할 환경을 미리 설정한 뒤 적용할 수 있습니다.

① **백업 파일 만듦** : 저장할 때 별도로 백업 파일을 같이 저장합니다.

② **새 문서를 저장할 때 문서 암호 설정** : 새 문서로 저장할 때마다 [문서 암호 설정] 대화상자가 자동으로 나타납니다.

③ **임시 폴더에 저장할 때 안내문 띄우기** : 임시 폴더에서 불러온 파일을 임시 폴더에 저장하는 경우 삭제될 수 있으므로 다른 위치에 저장하는 것이 좋다는 안내문을 보여줍니다.

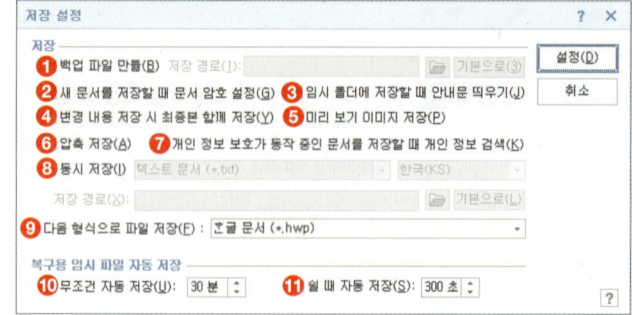

④ **변경 내용 저장 시 최종본 함께 저장** : 변경 내용을 저장할 때 마지막 문서를 함께 저장할 경우 선택합니다.

⑤ **미리 보기 이미지 저장** : [불러오기] 대화상자의 미리 보기 창에 나타난 이미지를 문서에 저장합니다. 이 항목을 선택하면 미리 보기 속도가 빨라집니다.

⑥ **압축 저장** : 문서를 압축해서 저장합니다.

⑦ **개인 정보 보호가 동작 중인 문서를 저장할 때 개인 정보 검색** : 개인 정보 보호가 포함된 문서를 다른 이름으로 저장할 때 문서에 개인 정보가 포함되어 있으면 자동으로 개인 정보를 검색합니다.

⑧ **동시 저장** : 문서를 저장할 때 다른 형식의 파일로 동시에 저장할 수 있습니다.

⑨ **다른 형식으로 파일 저장** : 저장할 문서의 형식을 다르게 변경할 수 있습니다.

⑩ **무조건 자동 저장** : 문서를 작성할 때 일정한 시간마다 무조건 자동 저장합니다. 1~60분 사이의 값을 지정할 수 있습니다.

⑪ **쉴 때 자동 저장** : 문서 작성 중 일정 시간 이상 작업하지 않을 때 자동 저장합니다. 1~360초 사이의 값을 지정할 수 있습니다.

---

03 ① 다시 [다른 이름으로 저장하기] 대화상자에서 [저장]을 클릭합니다. ② [다른 이름으로 저장하기] 경고 창에서 [예]를 클릭합니다.

문서가 저장되고 자동 저장 시간이 설정됩니다. [도구] 메뉴-[환경 설정]을 클릭한 뒤 [환경 설정] 대화상자의 [편집] 탭에서 설정 내용을 확인할 수 있습니다.

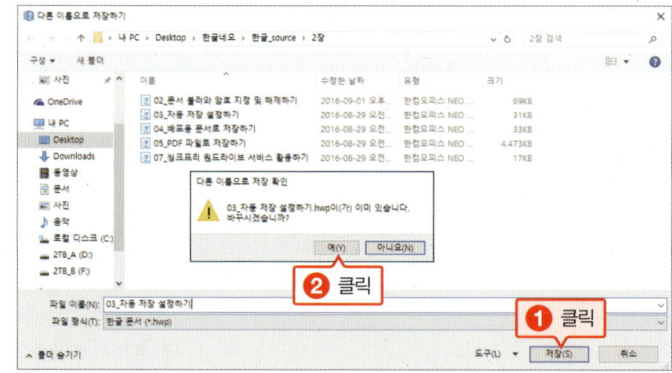

입력 및 기본 편집하기

문서에 특수문자나 단위 기호, 한자 등을 입력하는 방법에 대해 알아보겠습니다. 자주 사용하는 한자 단어를 한자 사전에 등록하는 기능과 실수하기 쉬운 오타와 맞춤법에 어긋나는 단어를 찾아 정확하게 수정하는 맞춤법 검사 기능도 살펴보겠습니다. 이런 기능을 잘 살펴보면 문서를 입력하고 작성할 때 매우 유용합니다.

한자 입력 및 변환하기

학습 목표 | 한글을 한자로 변환하는 방법은 여러 가지가 있습니다. 한글 음을 이용하거나 부수나 획수로 찾기, 한자 사전에서 찾아 변환하는 방법 등 상황에 맞게 편리한 방법을 사용하면 됩니다.

실습 파일 | 한글/04_한자 입력 및 변환하기.hwp   완성 파일 | 한글/04완성.hwp

01 한글 → 한자로 변환하기(단축키 F9)

한글 → 한자, 한자 → 한글 변환은 글자나 단어 단위로 할 수 있습니다. 문서의 제목으로 사용된 계약직 연봉 계약서 중 '계약직'을 한자로 변환해 보겠습니다. 한자로 변환할 단어인 계약직을 드래그해 선택합니다.

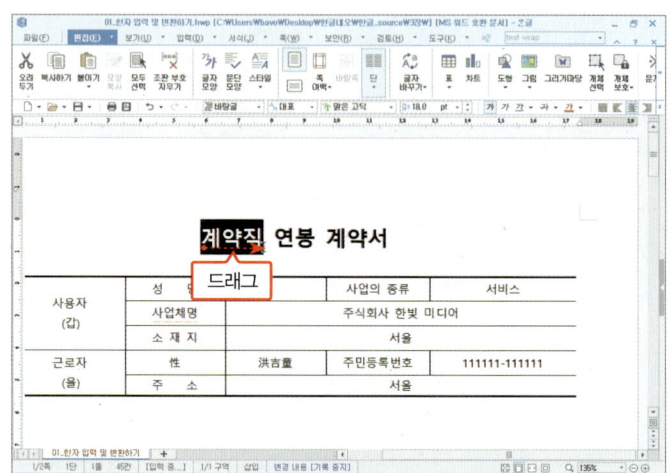

02 한자로 바꾸기

① F9 또는 한자를 누릅니다. ② [한자로 바꾸기] 대화상자의 [한자 목록]에 제시된 한자 중 契約을 선택하고 ③ [바꾸기]를 클릭합니다.

'계약직'이 '契約직'으로 변경됩니다.

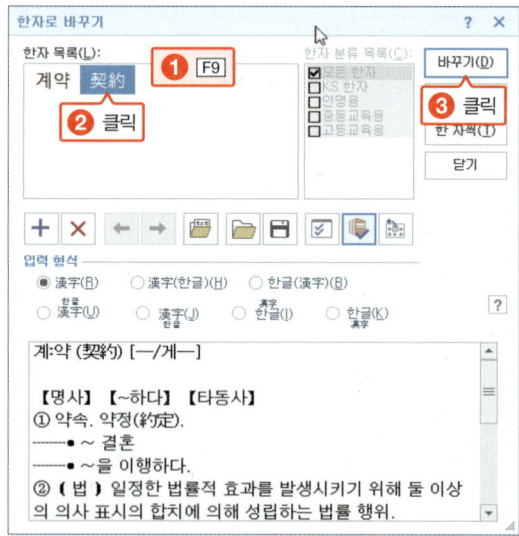

바로 통하는 TIP 한자로 변환할 단어인 '계약직'에서 '계약'만 선택되는 이유는 '계약직'이라는 단어가 사전에 등록되어 있지 않기 때문입니다. 이 단계에서는 한자 사전에 이미 입력되어 있는 '계약'만 변환하고 '직'은 다음 단계에서 일반 한자로 찾아 변환합니다.

O3 사전에 없는 어절을 한자로 변환하기

사전에 등록된 단어가 아닌 '직'은 글자 단위로 따로 변환해야 합니다. [한자로 바꾸기] 대화상자의 [한자 목록]에 '직'이라는 음을 가진 한자가 제시됩니다. [자전 보이기]가 기본으로 선택되어 있으므로 선택한 한자의 뜻을 보면서 알맞은 한자를 선택할 수 있습니다. ① '직분'이라는 의미를 가진 職을 선택하고 ② [바꾸기]를 클릭합니다.

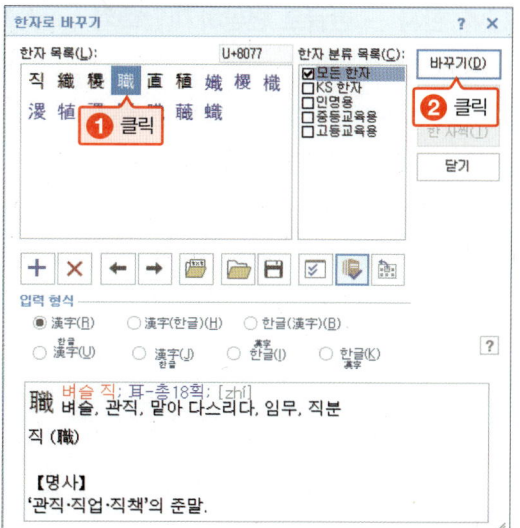

'契約직'이 '契約職'으로 변경됩니다.

바로 통하는 TIP [자전 보이기 🔲]를 클릭하면 창 하단에 자전이 펼쳐집니다.

바로 통하는 TIP **[한자로 바꾸기] 대화상자 알아보기**

한자로 변경할 한글 단어나 글자 뒤에서 한자를 누르면 [한자로 바꾸기] 대화상자가 나타납니다. 선택 가능한 한자 목록을 확인할 수 있으며 입력 형식을 설정할 수 있습니다.

① **한자 목록** : 한자 사전에 수록된 한자 중 선택 가능한 한자가 나타납니다. 한자는 다양한 뜻을 가지고 있으므로 자전에서 뜻을 확인한 후 정확히 선택합니다.

② **바꾸기** : 선택한 한자로 변경합니다.

③ **지나가기** : 선택한 단어를 한자로 변경하지 않고 넘어갈 때 클릭합니다.

④ **한 자씩** : 한자 사전에 등록되어 있지 않아 단어 단위로 제시되지 않을 때는 사용자가 직접 한자를 선택해 한 자씩 변환합니다.

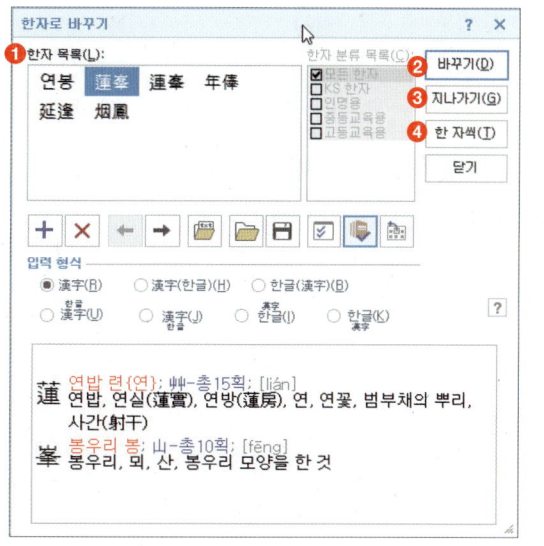

04 한자 → 한글로 변환하기(단축키 Alt+F9)

한자로 입력된 근로자 성명 '洪吉童'을 한글로 변환해 보겠습니다.
① 한글로 변환할 단어인 洪吉童을 드래그합니다. ② [편집] 메뉴-[글자 바꾸기]-[한글로 바꾸기]를 선택합니다(단축키 Alt+F9).

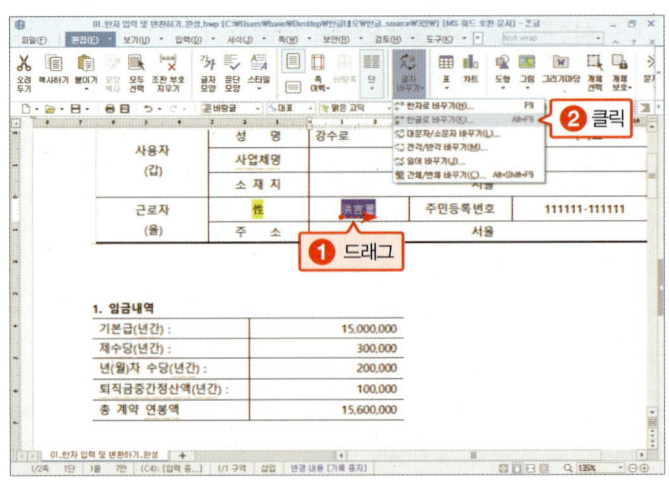

[한글로 바꾸기] 대화상자가 나타납니다.

05

① [한글로 바꾸기] 대화상자의 [바꿀 방법]에서 [漢字를 한글로]에 체크 표시하고 ② [표시 방식]에서 [한글]을 클릭한 뒤 ③ [바꾸기]를 클릭합니다.

'洪吉童'이 '홍길동'으로 변경됩니다.

바로 통하는 TIP [한글로 바꾸기] 대화상자의 [표시 방식]에서 [漢字(한글)]을 선택하면 '洪吉童(홍길동)'으로 한자와 한글이 병기됩니다.

06 [한글(漢字)] 형식으로 변경하기

한글과 한자를 병기해야 할 때가 있습니다. '퇴직금' 뒤에 괄호를 넣고 한자를 함께 표시해 보겠습니다.
① 한글과 한자를 병기할 단어인 퇴직금을 드래그합니다. ② F9 또는 한자를 누르고 ③ [한자로 바꾸기] 대화상자의 [입력 형식]에서 [한글(漢字)]를 클릭한 뒤 ④ [바꾸기]를 클릭합니다.

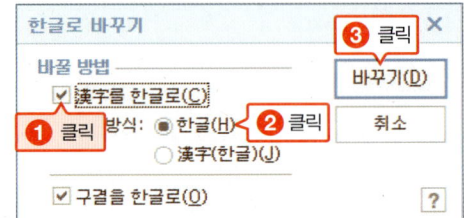

'퇴직금'이 [한글(漢字)] 표시 형식인 '퇴직금(退職金)'으로 변경됩니다.

바로 통하는 TIP [한자로 바꾸기] 대화상자의 [입력 형식]에서 한자의 표기 방식을 선택할 수 있습니다. 한자만 입력하거나 한글과 한자를 병기하거나, 한글이나 한자를 첨자 스타일로 변환해 입력할 수 있습니다.

07 한자 새김 입력하기(단축키 Ctrl +Shift +F9)

[한자 새김 입력]은 한자를 입력할 때 같은 음을 가진 여러 한자 중에서 고르는 것이 아니라 한자의 뜻과 음(새김)을 모두 입력해 찾는 방법입니다. 문서에서 근로자의 '성명' 입력란에 '性'만 입력되어 있습니다. '이름 명'을 새김으로 찾아 한자를 입력해 보겠습니다.

① 性 뒤를 클릭합니다. ② [입력] 메뉴-[한자 입력]의 내림 단추-[한자 새김 입력]을 선택합니다(단축키 Ctrl +Shift + F9).

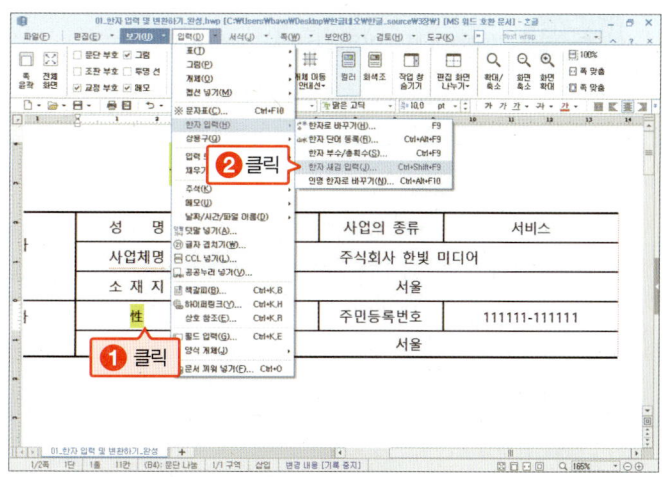

08 ① [한자 새김 입력] 대화상자가 나타나면 [뜻과 음]에 **이름명**을 입력하고 ② [넣기]를 클릭합니다.

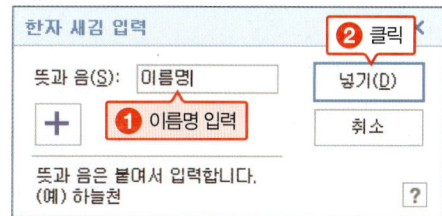

09 새김 입력 확인하기

이름 명에 해당하는 한자인 名이 입력됩니다.

계약직 연봉 계약서

성 명	강수로	사업의 종류	서비스
사업체명	주식회사 한빛 미디어		
소 재 지	서울		
性名	洪吉童	주민등록번호	111111-111111
주 소	서울		

바로 통하는TIP '새김'의 사전적 의미는 '한자를 읽을 때 음만 읽는 것이 아니라 음 앞에 뜻을 풀이해 놓다'라는 것으로, 사용자가 입력하고 싶은 한자의 뜻과 음을 대화상자에 직접 입력하여 문서에 한자를 삽입하는 방법입니다. 뜻과 음을 입력할 때는 붙여서 입력합니다.

바로 통하는 TIP   **총획수와 부수 이용해서 한자 입력하기**

한글에서는 일반 한자 사전에서 한자를 찾는 방식인 총획수와 부수를 이용하는 방법을 통해 한자를 입력할 수 있습니다. 입력할 한자의 음을 정확히 알지 못할 때는 이 방법을 사용해 입력하면 됩니다.

01 총획수로 한자 입력하기

① 한자를 찾을 '일' 뒤를 클릭하고 ② 단축키 [Ctrl]+[F9]를 눌러 [한자 부수/획수로 입력] 대화상자를 실행합니다. ③ 日(해 일)을 입력할 예정이므로 [부수 획수]에서 4를 선택합니다. ④ [부수 목록]에서 日(해 일)을 선택하고 ⑤ [넣기]를 클릭합니다. '일'이 '日'로 변경됩니다.

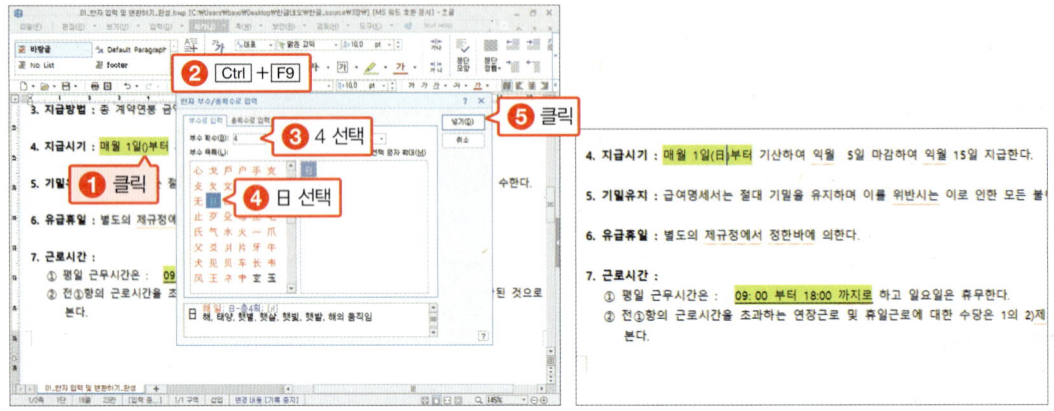

02 부수로 한자 입력하기

① 부수로 한자를 찾을 '익월' 뒤를 클릭하고 ② 단축키 [Ctrl]+[F9]를 눌러 [한자 부수/획수로 입력] 대화상자를 실행합니다. ③ 부수에 羽(깃 우)를 입력할 예정이므로 [부수 획수]에서 6을 선택합니다. ④ 羽(깃 우)를 선택하고 ⑤ [나머지 획수]에서 5를 선택합니다. ⑥ 翊(다음날 익)을 선택하고 ⑦ [넣기]를 클릭합니다. '익월' 중 '익'이 '翊'으로 변경됩니다.

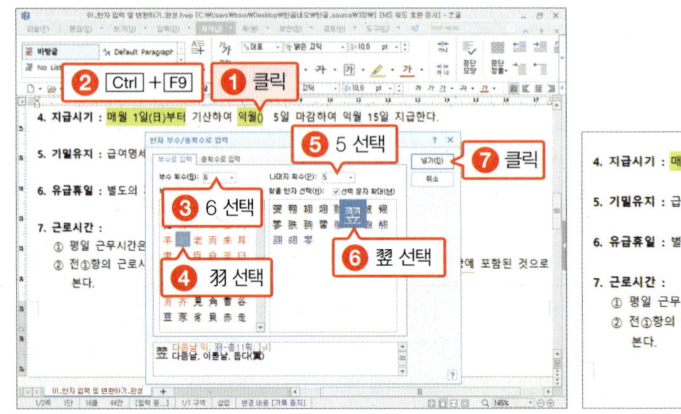

한자 사전에 자주 사용할 단어 직접 등록하기

학습 목표 | 한자 사전이 모든 단어를 포함하고 있지는 않습니다. 따라서 업무 환경에 따라 자주 쓰는 한자를 사전에 등록한 뒤 편하게 사용할 수 있습니다.

실습 파일 | 한글/05_한자 사전에 자주 사용할 단어 직접 등록하기.hwp　**완성 파일** | 한글/05완성.hwp

---

01 한자 단어 등록하기(단축키 Ctrl + Alt + F9)

예제 문서의 근로자 항목에서 한글로 입력된 '가족관계등록부'를 한자로 변환하고 한자 사전에 추가해 보겠습니다.
① '가족관계등록부'를 드래그해 선택합니다. ② [입력] 메뉴의 내림 단추-[한자 입력]-[한자 단어 등록]을 선택합니다(단축키 Ctrl + Alt + F9).

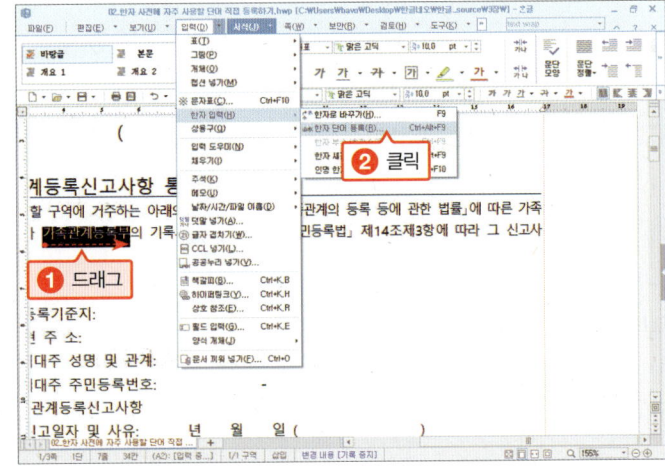

[한자 단어 등록] 대화상자가 나타납니다.

02 [등록할 한자 단어]의 [한글]과 [한자]에 '가족관계등록부'가 입력되어 있습니다.

① [한자 단어 등록] 대화상자의 [등록할 한자 단어]에서 [한자]의 '가족관계'를 드래그해 선택합니다. ② [한자로]를 클릭하거나 F9를 누릅니다.

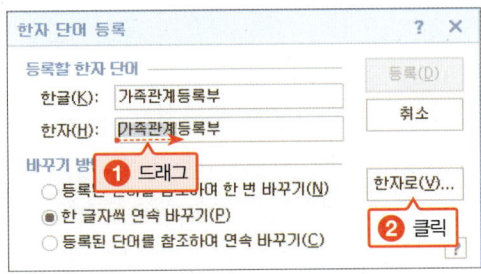

03 [한자로 바꾸기] 대화상자가 나타 납니다. ① [한자 목록]에서 家族關係를 선택하고 ② [바꾸기]를 클릭합니다.

'가족관계'가 '家族關係'로 변환됩니다.

바로 통하는 TIP [바꾸기]를 클릭하면 한 글자씩 변환 됩니다. 단어 범위를 선택하고 [F9]를 누르거나 [한자]를 눌러도 됩니다.

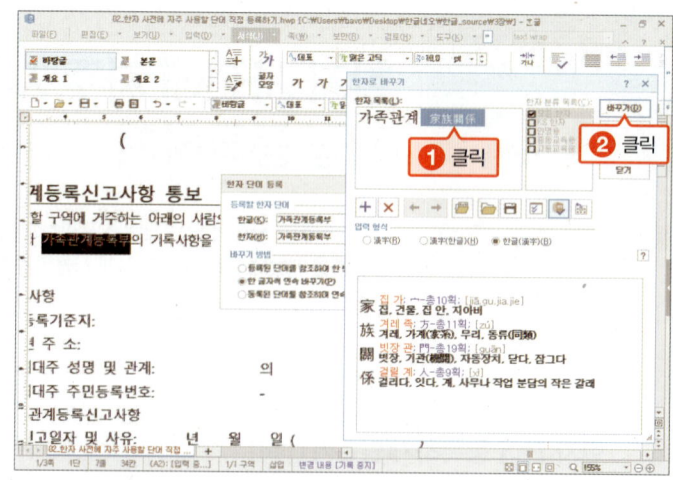

04 등록부 한자 변환하기

① '등록부'를 드래그해 선택하고 ② [F9] 를 누릅니다. ③ '登錄'을 선택하고 ④ [바꾸기]를 클릭합니다. 같은 방법으로 '부'도 '簿'로 변환합니다.

'가족관계등록부'가 '家族關係登錄簿'로 변환됩니다.

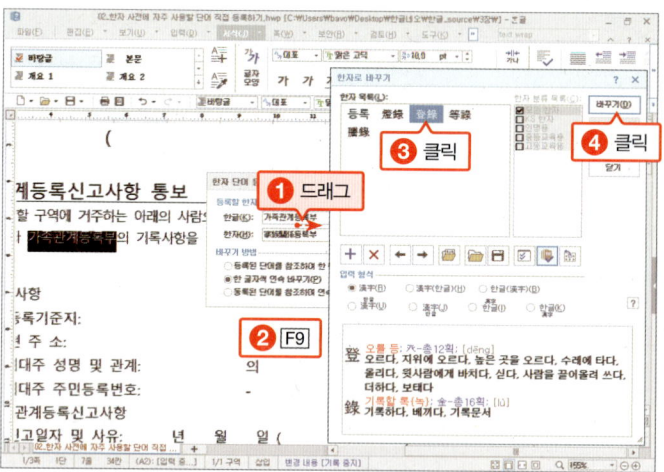

05 한자 단어 사전에 등록하기

[한자 단어 등록] 대화상자로 되돌아와 한자 변환이 완료되었는지 확인하고 [등 록]을 클릭합니다.

한자 사전에 '家族關係登錄簿(가족관계등록부)'가 등록됩니다.

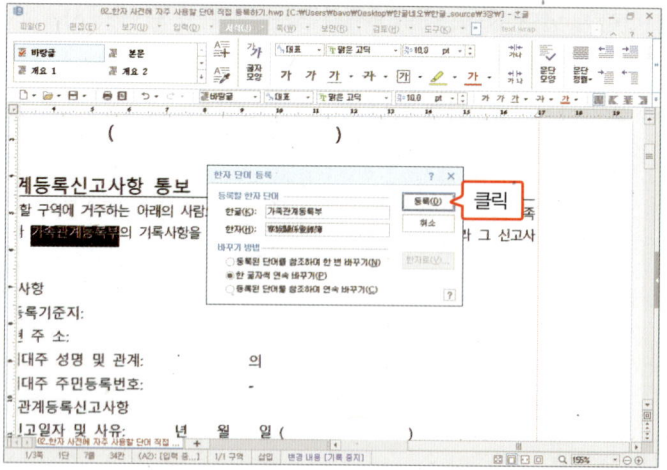

바로 통하는 TIP **[한자 단어 등록] 대화상자 알아보기**

현재 한자 사전에 등록되어 있지 않은 단어를 사용자가 사전에 추가할 때 사용합니다.

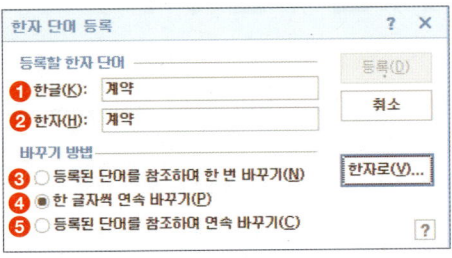 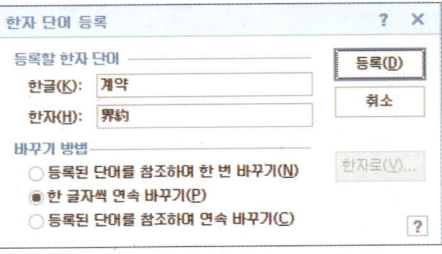

① **한글** : 등록할 한자음을 입력합니다.

② **한자** : 등록할 한자음을 한자로 변환하여 입력합니다. 우선 한글로 단어를 입력하고 [한자로]를 클릭하거나 키보드의 [한자]를 눌러 [한자로 바꾸기] 대화상자를 불러온 후 [한자 목록]에서 한자를 찾아 변환합니다.

③ **등록된 단어를 참조하여 한 번 바꾸기** : [한글] 입력 상자에 입력된 한글을 한자로 바꿉니다. 한 번에 한 글자씩만 변환합니다.

④ **한 글자씩 연속 바꾸기** : [한글] 입력 상자에 입력된 한글을 한자로 바꿀 때 한 번에 한 글자씩 연속적으로 변환합니다.

⑤ **등록된 단어를 참조하여 연속 바꾸기** : [한글] 입력 상자에 입력된 한글을 한자 사전에 등록된 단어를 참조하여 한 단어씩 연속적으로 변환합니다.

06 등록한 한자 사전 사용하기

① 본문의 '가족관계등록부'를 드래그해 선택하고 ② [한자] 또는 [F9]를 누릅니다. ③ [한자로 바꾸기] 대화상자에서 앞서 등록한 家族關係登錄簿(가족관계등록부)를 선택하고 ④ [바꾸기]를 클릭해 한자로 변환합니다.

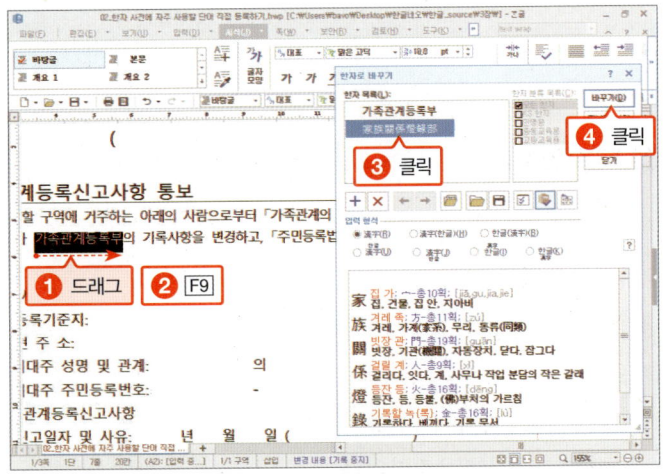

바로 통하는 TIP 한자어를 잘못 등록한 경우에는 [한자로 바꾸기] 대화상자의 [한자 목록]에서 한자를 선택한 후 [단어 지우기 ×]를 클릭합니다. 한자 사전에서 단어가 삭제됩니다.

핵심기능실습 **06**

문자표를 이용해 특수문자 입력하기

학습 목표 | 문서에 특수문자를 입력하는 다양한 방법에 대해 살펴보겠습니다. 특히 [문자표 입력] 대화상자를 이용해 빠르게 특수문자를 찾고 추가해 보겠습니다.

실습 파일 | 한글/06_문자표를 이용해 특수문자 입력하기.hwp   완성 파일 | 한글/06완성.hwp

O1 문자표를 이용해 특수문자 입력하기(단축키 Ctrl + F10)

지출결의서 앞에 특수문자 '■'를 입력해 보겠습니다.
① '지출결의서' 앞을 클릭하고 ② [입력] 메뉴-[문자표]의 내림 단추-[문자표]를 선택합니다.

[문자표 입력] 대화상자가 나타납니다.

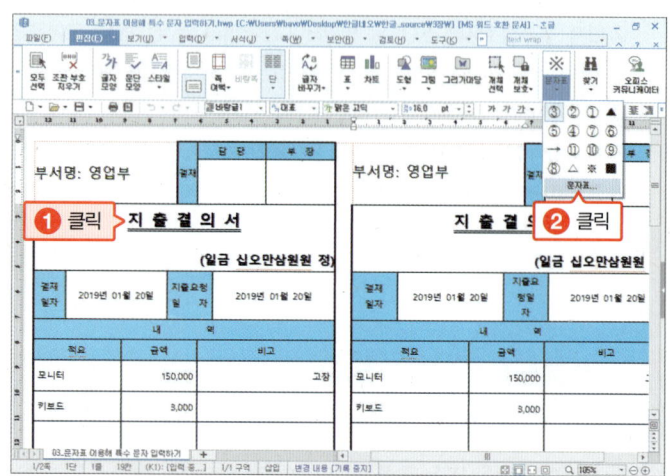

바로 통하는 TIP [입력] 메뉴-[문자표]를 클릭하면 최근에 사용한 문자가 자동으로 입력됩니다.

O2 특수문자 찾기

① [문자표 입력] 대화상자의 [사용자 문자표] 탭-[문자 영역]에서 [기호2]를 선택합니다. ② [문자 선택]에서 '■'를 선택하고 ③ [넣기]를 클릭합니다.

지출결의서 앞에 '■'가 입력됩니다.

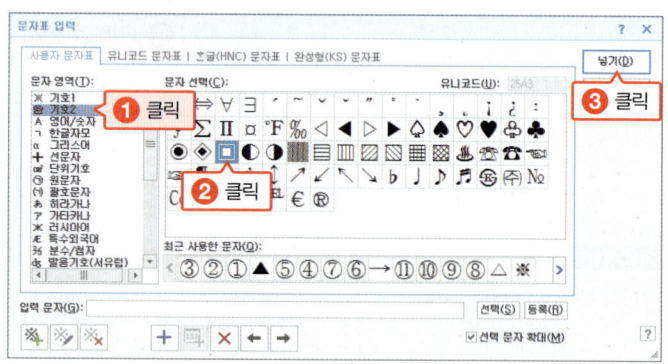

03 원문자 입력하기

적요란의 항목 앞에 원문자 번호를 입력
해 보겠습니다.

① '모니터' 앞을 클릭하고 ② 단축키
Ctrl + F10을 누릅니다. ③ [문자표 입
력] 대화상자의 [사용자 문자표] 탭 - [문
자 영역]에서 [원문자]를 선택합니다. ④
[문자 선택]에서 '①'을 선택하고 ⑤ [넣
기]를 클릭합니다.

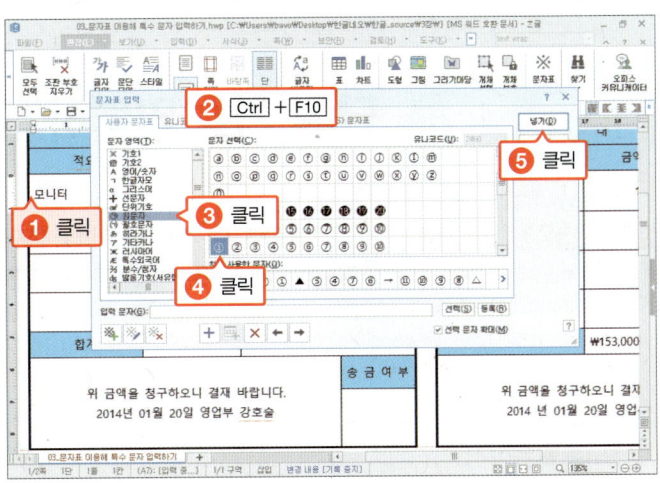

문서에 원문자 '①'이 입력됩니다.

04 화살표 입력하기

비고란에는 화살표 기호를 입력해 보겠
습니다.

① 비고란의 '고장' 앞을 클릭하고 ② 단
축키 Ctrl + F10을 누릅니다. ③ [문자표
입력] 대화상자의 [사용자 문자표] 탭 -
[문자 영역]에서 [화살표]를 선택합니다.
④ [문자 선택]에서 '➡'를 선택하고 ⑤
[넣기]를 클릭합니다.

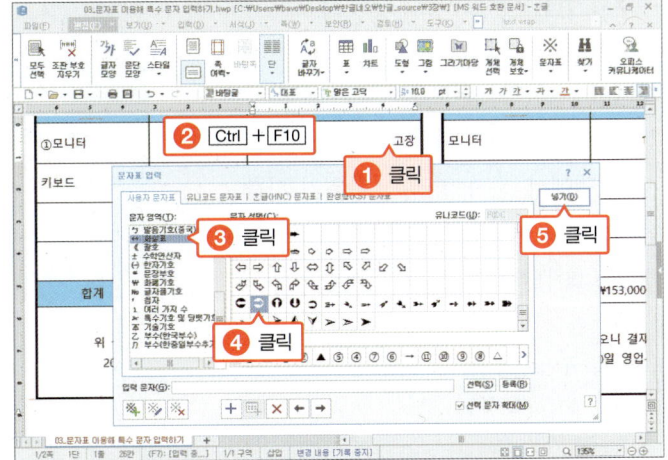

05 입력 확인하기

지출결의서 앞의 ■, 모니터 앞의 ①, 고
장 앞에 ➡ 특수문자가 모두 입력되었습
니다.

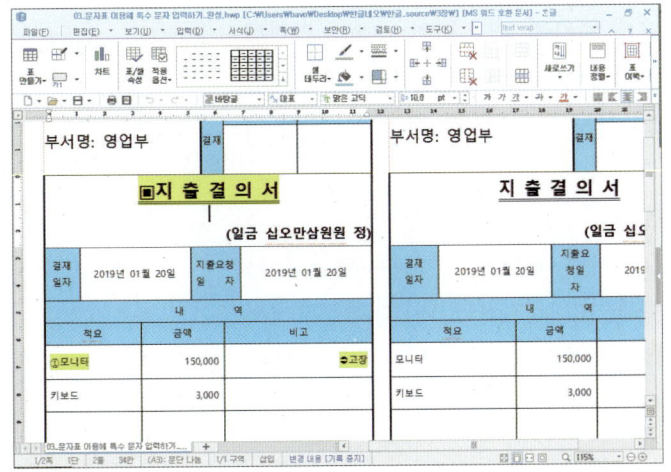

07

단위 기호 입력하기

학습 목표 | 한글에서는 기본 단위 기호를 문자표를 통해 제공하므로 ㎝, ㎠, ㎏과 같은 길이, 면적, 무게 단위, $, ¥과 같은 화폐 단위 등을 쉽게 입력할 수 있습니다.

실습 파일 | 한글/07_단위 기호 입력하기.hwp **완성 파일 |** 한글/07완성.hwp

01 ㎝ 입력하기

단위환산표/환율비교표 문서에서 길이 표의 빈칸에 해당 단위 기호를 입력해 보겠습니다.

① 길이 표에서 ㎝란의 ( ) 안쪽을 클릭하고 ② 단축키 Ctrl + F10을 누릅니다. ③ [문자표 입력] 대화상자의 [사용자 문자표] 탭에서 [문자 영역] - [단위기호]를 선택합니다. ④ [문자 선택]에서 ㎝를 선택하고 ⑤ [넣기]를 클릭합니다.

( ) 안에 ㎝가 입력됩니다.

02 통화 단위 입력하기

단위환산표/환율비교표 문서에서 통화 표의 빈칸에 해당 단위 기호를 입력해 보겠습니다. 통화와 관련된 화폐 단위 도 [문자표 입력] 대화상자에서 찾아 입력할 수 있습니다.

① 통화 표에서 일본 ¥란의 ( ) 안쪽을 클릭하고 ② 단축키 Ctrl + F10을 누릅니다. ③ [문자표 입력] 대화상자에서 [화폐기호]를 선택하고 ④ ¥을 선택한 뒤 ⑤ [넣기]를 클릭합니다.

통화 단위인 ¥이 입력됩니다.

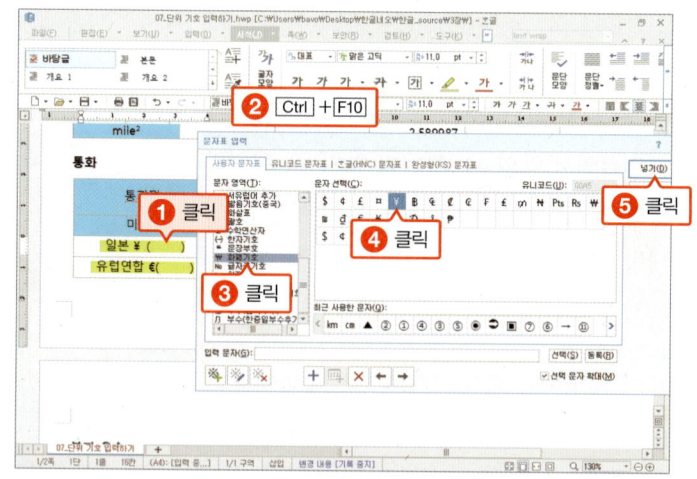

메모 사용하기

학습 목표 | 메모 기능은 문서 작성 중 중요한 단어나 문구에 첨삭을 붙이거나 참고할 만한 내용을 적어 두는 기능입니다. 만약 누군가와 공동으로 작업하는 문서라면 상대방에게 전달할 사항을 남길 때도 사용할 수 있습니다.

실습 파일 | 한글/08_메모 사용하기.hwp   **완성 파일** | 한글/08완성.hwp

01 메모 삽입하기

다른 사용자와 공동으로 작업하는 문서에 메모를 삽입해 전달 사항을 남겨 보겠습니다.
① [쪽 윤곽]을 클릭합니다. ② 본문 첫째 줄의 '갑'을 드래그합니다. ③ 마우스 오른쪽 버튼을 클릭한 후 바로 가기 메뉴에서 [메모 넣기]를 선택합니다.

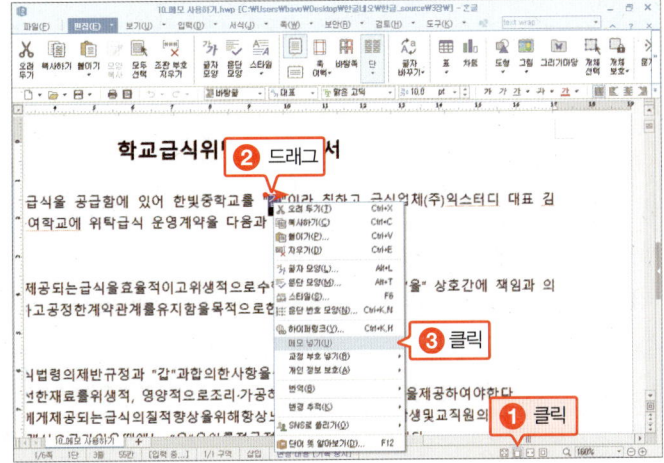

바로 통하는 TIP 메모는 쪽 윤곽이 활성화되어야 볼 수 있습니다. 이미 편집 화면에 쪽 윤곽이 활성화되어 있다면 [쪽 윤곽]은 클릭하지 않습니다.

02 메모에 전달 사항 남기기

메모에 '갑', '을'이 바뀐 것이 아닐까요?를 입력합니다.

해당 위치에 메모가 삽입되었습니다.

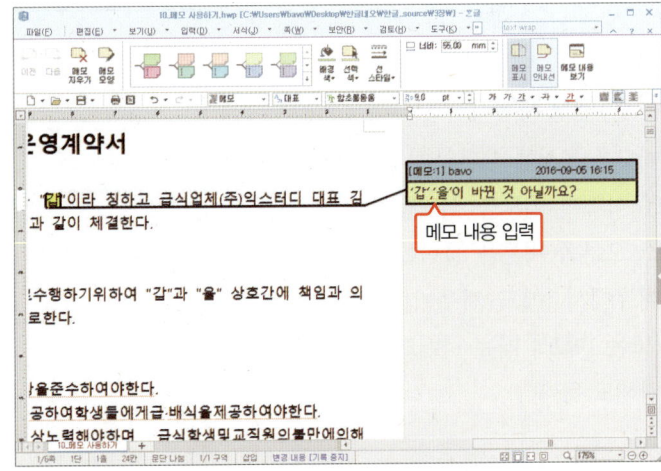

바로 통하는 TIP 메모가 삽입되면 그 위치의 단어와 메모가 안내선으로 연결됩니다. 이로써 메모가 어느 단어에 삽입되었는지 쉽게 확인할 수 있습니다.

03 메모 숨기기

삽입한 메모가 거추장스럽다면 작업하는 동안 숨겼다가 원할 때 다시 표시할 수 있습니다.

① 메모가 표시된 상태에서 내용이 입력된 메모를 선택합니다. ② [메모] 메뉴 - [메모 표시]를 클릭합니다.

메모가 숨겨져 화면에서 사라집니다.

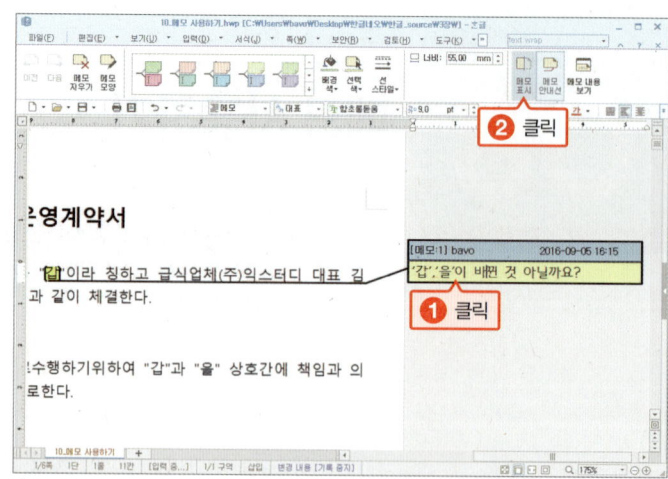

바로 통하는 TIP [메모] 메뉴는 메모를 선택했을 때만 나타납니다.

04 메모 표시하기

숨긴 메모를 간단하게 다시 활성화하는 방법을 살펴보겠습니다.

[검토] 메뉴의 펼침 단추 - [메모 보이기/ 숨기기]를 선택합니다.

숨겨졌던 메모가 다시 화면에 나타납니다.

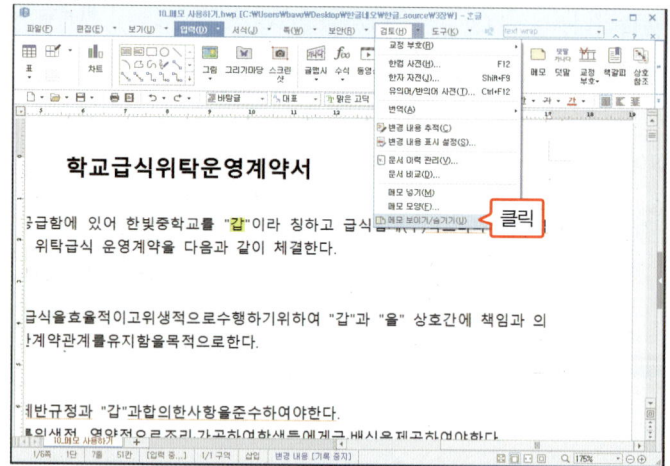

05 메모 지우기

메모를 문서에서 지워 보겠습니다.

① 삭제할 메모를 선택합니다. ② 마우스 오른쪽 버튼을 클릭한 후 바로 가기 메뉴에서 [메모 지우기]를 선택합니다 (또는 [메모] 메뉴 - [메모 지우기]를 클릭해도 됩니다).

삽입되었던 메모가 삭제됩니다.

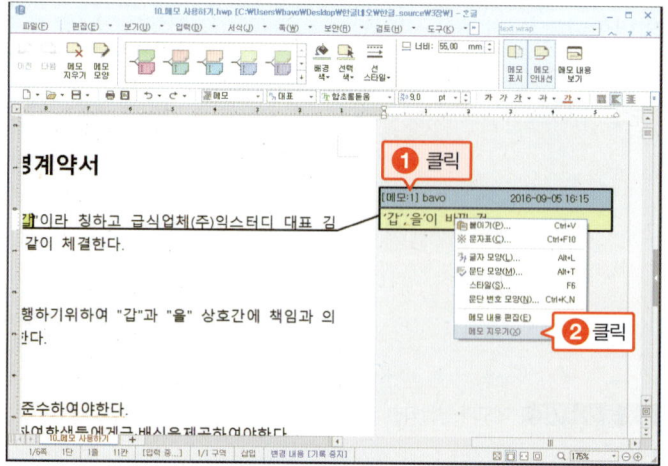

핵심기능실습 09

책갈피/하이퍼링크 이용하기

학습 목표 | 긴 문서를 작성하다 특정 위치로 이동할 때 스크롤만 사용하면 불편한 경우가 많습니다. 책갈피나 하이퍼링크 기능을 이용하면 손쉽게 원하는 곳을 찾거나 그곳으로 이동할 수 있습니다.

실습 파일 | 한글/09_책갈피 하이퍼링크 이용하기.hwp   **완성 파일** | 한글/09완성.hwp

01 책갈피 추가하기(단축키 Ctrl + K, B)

페이지가 많은 문서에서 자주 찾아봐야 할 위치에 책갈피를 표시하여 현재의 커서 위치와 상관없이 해당 위치를 편리하게 찾아갈 수 있도록 설정해 보겠습니다. ① 3쪽으로 스크롤을 내려 '1. 제도개요'를 블록 선택합니다. ② [입력] 메뉴-[책갈피]를 클릭합니다.

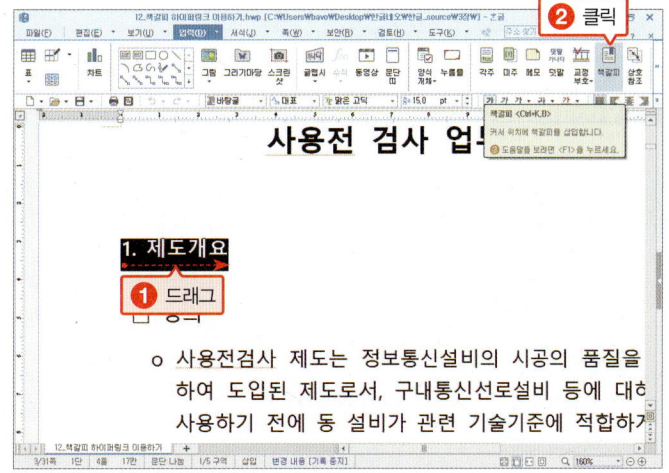

02 [책갈피] 대화상자에서 [넣기]를 클릭합니다.

[책갈피 목록]에 '1. 제도개요' 이름으로 책갈피가 삽입됩니다.

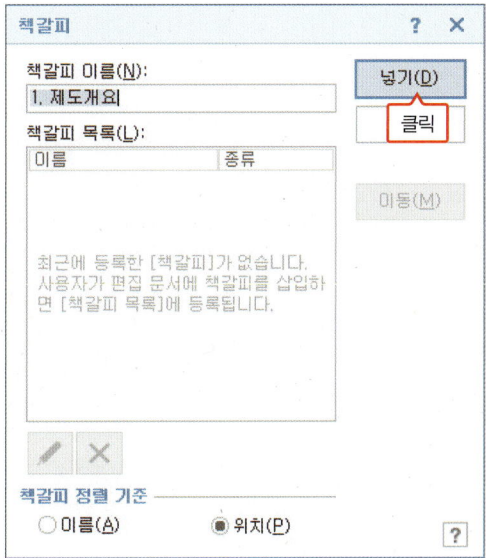

03 다른 페이지에서 책갈피를 추가한 위치로 이동해 보겠습니다.

① 문서의 1쪽으로 이동하기 위해 단축키 Ctrl + Page up 을 누릅니다. ② [입력] 메뉴 – [책갈피]를 클릭합니다(단축키 Ctrl + K , B). ③ [책갈피] 대화상자의 [책갈피 목록]에서 책갈피로 추가해 둔 [1. 제도개요]를 선택하고 ④ [이동]을 클릭합니다.

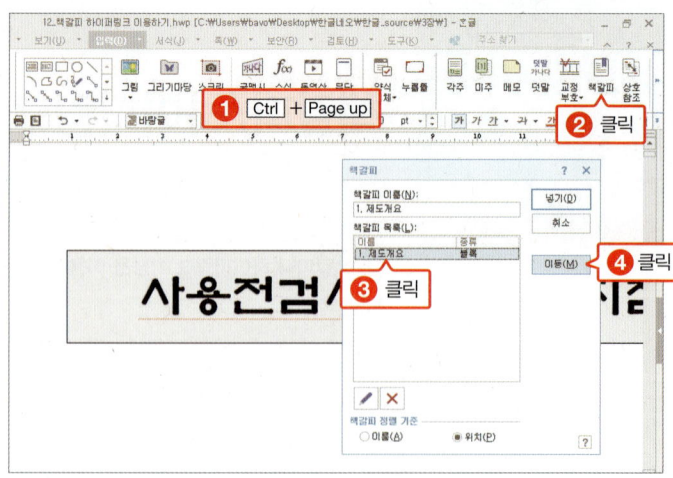

책갈피가 삽입된 3쪽의 '1. 제도개요' 위치로 커서가 이동합니다.

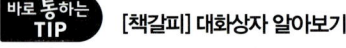 단축키 Ctrl + Page up 을 누르면 문서의 첫 페이지로, Ctrl + Page down 을 누르면 문서의 마지막 페이지로 이동합니다.

바로 통하는 TIP **[책갈피] 대화상자 알아보기**

[책갈피] 대화상자에서는 새로운 책갈피를 추가하거나 기존의 책갈피를 편집, 수정, 삭제할 수 있습니다. 책갈피를 여러 개 추가했다면 이름 혹은 위치 순서로 정렬해서 볼 수 있습니다. 책갈피 목록에서 책갈피 이름을 선택한 후 [이동]을 클릭하면 해당 위치로 커서가 이동합니다.

① **책갈피 이름** : 책갈피로 사용할 이름을 입력합니다.

② **책갈피 목록** : 문서에 추가한 책갈피가 나타납니다.

③ **책갈피 정렬 기준** : 이름 또는 위치 순서로 정렬을 변경할 수 있습니다.

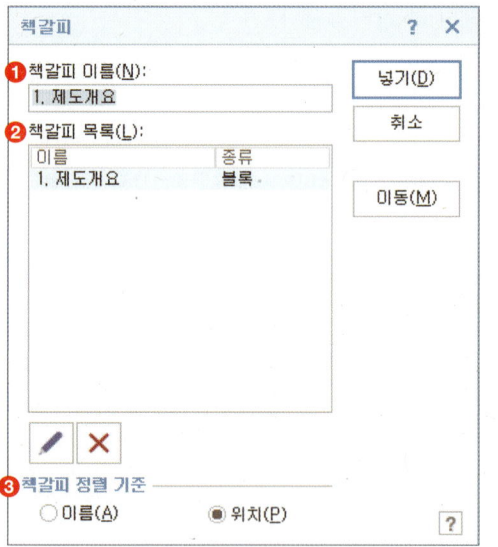

04 하이퍼링크 추가하기

하이퍼링크를 추가한 단어를 클릭하면 작성 중인 문서 내에 설정해 둔 위치로 이동할 수 있을 뿐 아니라 인터넷 웹페이지, 전자우편 프로그램 등으로도 바로 연결할 수 있습니다.

① 2쪽의 목차에서 '제도개요'를 블록 선택합니다. ② [입력] 메뉴-[하이퍼링크]를 클릭합니다.

하이퍼링크 대화상자가 나타납니다.

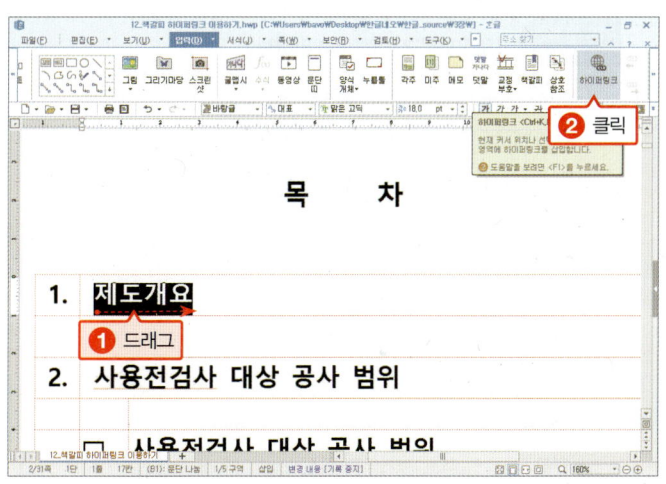

05 하이퍼링크 대화상자

① [하이퍼링크] 대화상자의 연결 대상 선택 창에서 앞서 설정한 책갈피인 [1. 제도개요]를 선택하고 ② [넣기]를 클릭합니다.

책갈피를 설정한 3쪽 본문 '1. 제도개요'로 이동할 수 있는 하이퍼링크가 추가됩니다. 2쪽 목차에서 '제도개요'를 클릭하면 3쪽의 본문에 해당하는 '1. 제도개요'로 커서가 이동합니다.

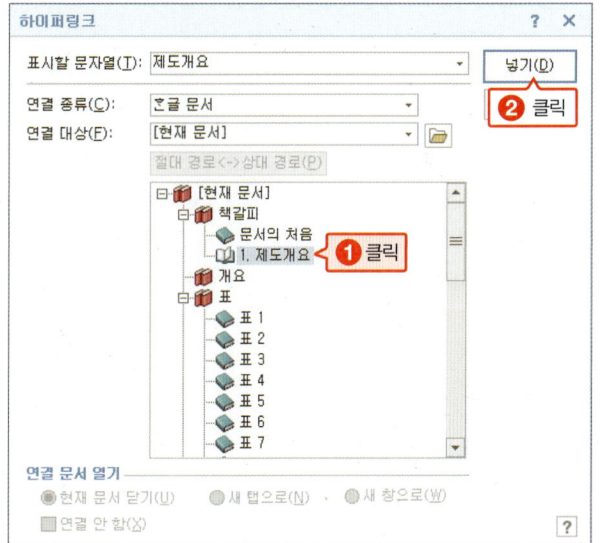

06 하이퍼링크 확인하기

하이퍼링크가 적용된 글자는 그림과 같이 글꼴 색이 파랑색으로 변경되며 밑줄이 나타납니다.

하이퍼링크만 설정되고 방문 이력이 없는 경우에는 글꼴 색이 파란색으로 표시되며, 클릭해서 이동한 이력이 있는 경우에는 보라색으로 나타납니다.

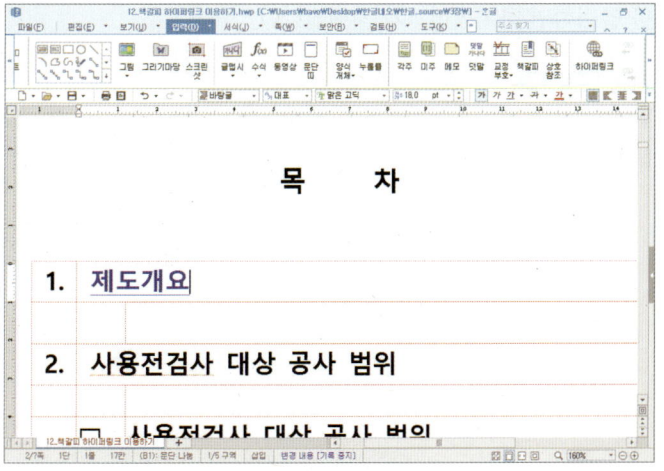

[하이퍼링크] 대화상자 알아보기

블록 설정한 단어나 문구에 하이퍼링크를 설정할 때 나타나는 대화상자입니다. 같은 문서 내에서 이동할 수 있을 뿐만 아니라 외부 문서나 웹사이트로도 쉽게 이동할 수 있습니다.

① **표시할 문자열** : 하이퍼링크를 표시할 문자열을 입력합니다. 문서 내에서 하이퍼링크를 설정한 단어를 블록으로 설정하고 대화상자를 불러오면 블록 설정한 부분이 이름으로 자동 입력됩니다. 이 이름을 변경하면 문서에서도 해당 텍스트가 수정되어 하이퍼링크가 적용됩니다.

② **연결 종류** : 하이퍼링크로 연결할 대상을 선택합니다. 한글 문서, 웹 주소, 전자우편 주소, 외부 어플리케이션 문서(다른 경로에 있는 외부 문서) 중에서 선택할 수 있습니다.

③ **대상 선택 창** : [연결 종류]를 [한글 문서]나 [웹 주소]로 선택한 경우에 대상 선택 창에서 하이퍼링크로 이동할 개체나 주소를 선택할 수 있습니다. [연결 종류]를 [웹 주소]로 선택하면 인터넷 익스플로러의 즐

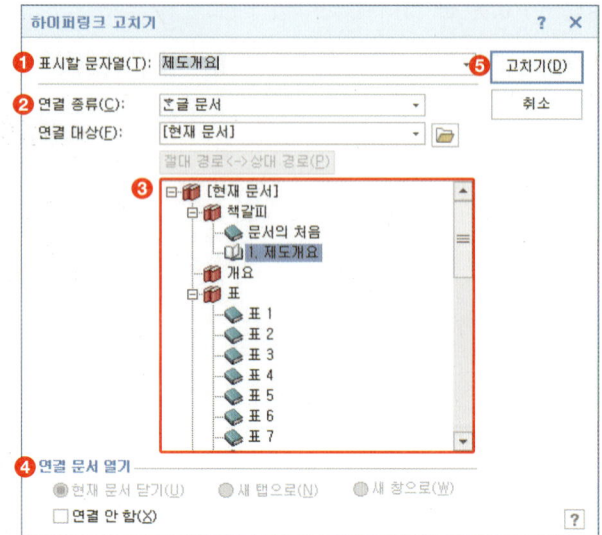

겨찾기에 등록된 웹사이트 목록이 표시되어 간편하게 하이퍼링크를 연결할 수 있습니다.

④ **연결 문서 열기** : 하이퍼링크에 연결된 문서를 여는 방식을 선택합니다. 현재 문서를 닫고 연결된 문서를 불러오거나 새 탭으로, 혹은 새 창으로 문서를 열 수 있습니다.

⑤ **넣기/고치기** : 하이퍼링크를 설정하고 문서에 적용할 때 [넣기]를 클릭합니다. [고치기]는 이미 적용된 하이퍼링크를 수정할 때 사용합니다.

07 하이퍼링크 지우기

① 하이퍼링크가 적용된 단어 위에서 마우스 오른쪽 버튼을 클릭합니다. ② 바로 가기 메뉴에서 [하이퍼링크 지우기]를 클릭하면 하이퍼링크가 지워집니다.

바로 통하는 TIP 하이퍼링크를 고치려면 같은 방법으로 바로 가기 메뉴에서 [하이퍼링크 고치기]를 클릭하면 됩니다.

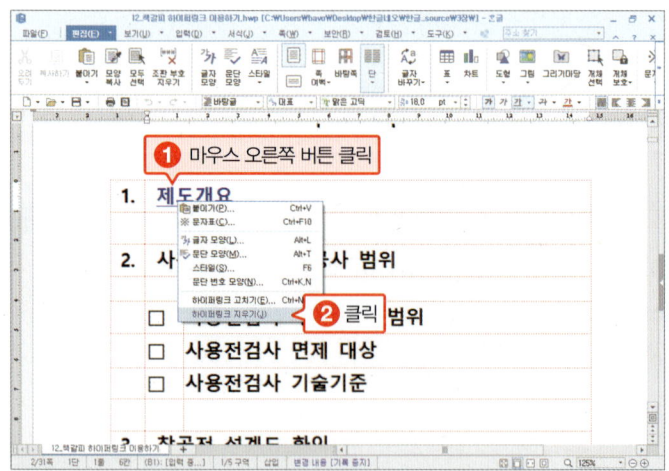

맞춤법 검사하기

학습 목표 | 맞춤법을 쉽게 검사하고 오탈자를 빠르게 찾을 수 있도록 맞춤법 검사기와 맞춤법 도우미를 제공합니다. 이는 사전과 비교해 맞춤법이 어긋날 경우 올바른 단어를 제시하거나 빨간색 밑줄을 표시해 틀린 부분을 확인하도록 도와줍니다.

실습 파일 | 한글/10_책갈피 하이퍼링크 이용하기.hwp   완성 파일 | 한글/10완성.hwp

01 근로 계약서가 작성된 문서에서 맞춤법 검사기를 이용해 오탈자를 찾아 수정해 보겠습니다.
① 문서의 첫 행 '근롱 계약서' 앞을 클릭합니다. ② [도구] 메뉴 - [맞춤법 검사]를 클릭합니다. ③ [맞춤법 검사/교정] 대화상자에서 [바꿀 말]에 근로를 입력하고 ④ [바꾸기]를 클릭합니다.

'근롱 계약서'가 '근로 계약서'로 수정됩니다.

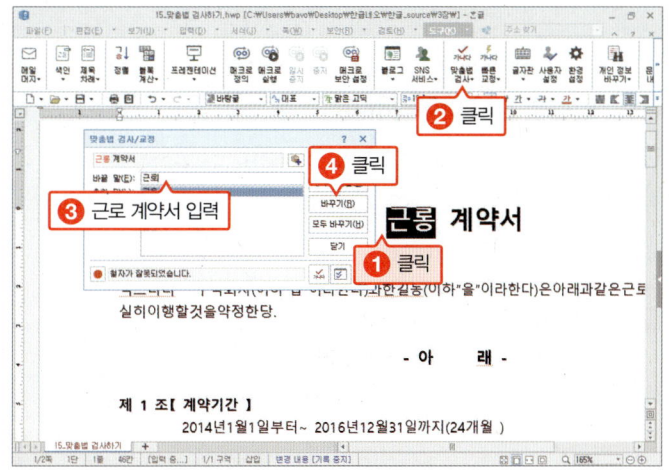

바로 통하는 TIP [맞춤법 검사/교정] 대화상자 알아보기

맞춤법 검사를 실행하면 현재 커서가 놓여 있는 곳부터 문서 끝까지 맞춤법 검사가 실행됩니다. 문서의 일부만 맞춤법 검사를 하려면 블록으로 설정한 후 실행하면 됩니다. 맞춤법에 맞지 않는 단어가 검색되어 [맞춤법 검사/교정] 대화상자가 나타나면 [바꿀 말]이나 [추천 말]에 나타난 단어 중 적합한 말을 선택합니다.

① **시작** : 맞춤법 검사를 시작합니다. 항목이 있으면 [지나감]으로 표시됩니다.

② **바꿀 말** : 맞춤법에 어긋나는 경우 나타납니다.

③ **추천 말** : 맞춤법 사전의 내용을 검색해 맞춤법에 맞는 추천 말을 표시합니다.

④ **계속 지나감** : 맞춤법 검사기에서는 오류로 인식되지만 맞춤법에 맞는 경우 선택합니다.

⑤ **바꾸기** : [추천 말] 목록에서 맞는 말을 선택하고 [바꾸기]를 클릭하면 선택한 단어로 변경됩니다.

⑤ **모두 바꾸기** : 맞춤법에 어긋나는 단어를 모두 바꿉니다.

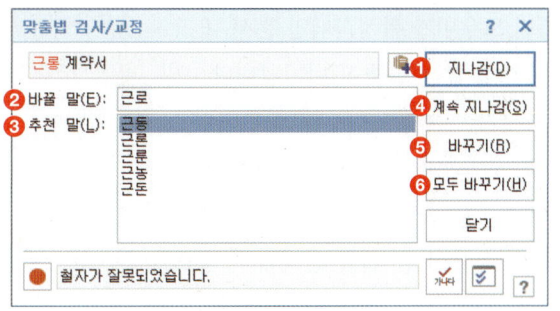

02 맞춤법이 수정되면 자동으로 다음 오류 단어로 이동합니다. 맞춤법 검사에서는 회사 이름 등의 고유 명사도 오류로 인식하는데, 이때는 [지나감]을 클릭해 넘어갑니다. [바꾸기]와 [지나감]을 이용해 문서 전체의 맞춤법을 확인하고 수정합니다.

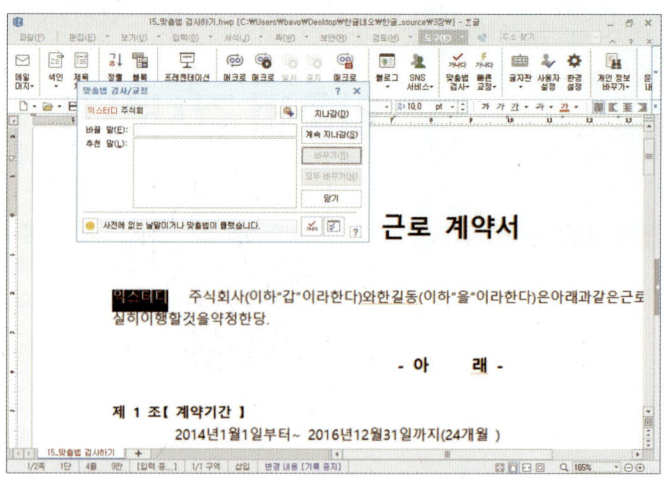

03 맞춤법 검사 마무리하기

맞춤법 검사가 끝나면 [맞춤법 검사기] 경고 창이 나타납니다. [취소]를 클릭해 맞춤법 검사를 종료합니다.

바로 통하는 TIP 현재 커서 위치부터 맞춤법 검사를 시작했으므로 문서의 처음부터 맞춤법 검사를 계속할지 물어봅니다. 계속 검사를 진행하거나 맞춤법 검사를 취소합니다.

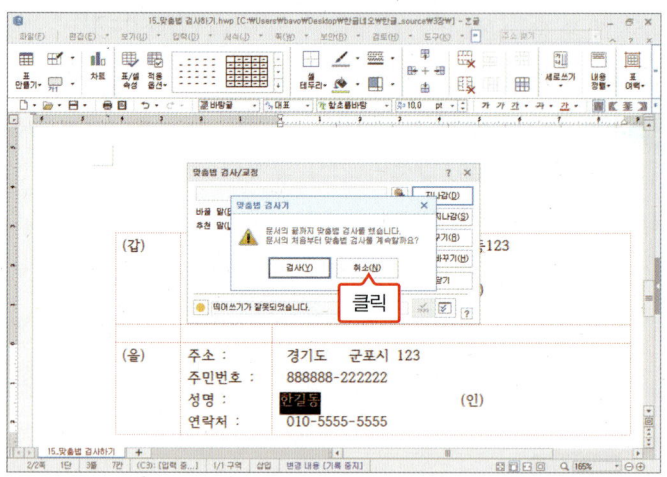

04 맞춤법 도우미 동작 활성화/비활성화하기

맞춤법 도우미가 활성화되면 문서 내 오류 문장에 빨간 밑줄이 나타납니다. 이런 표시가 문서를 보는 데 불편하다면 보이지 않도록 설정할 수 있습니다. [도구] 메뉴-[맞춤법 검사]의 내림 단추-[맞춤법 도우미 동작]을 선택해 체크 표시를 해제합니다.

맞춤법 검사 도우미가 비활성화되면서 오류 문자에 표시된 빨간 밑줄이 사라집니다.

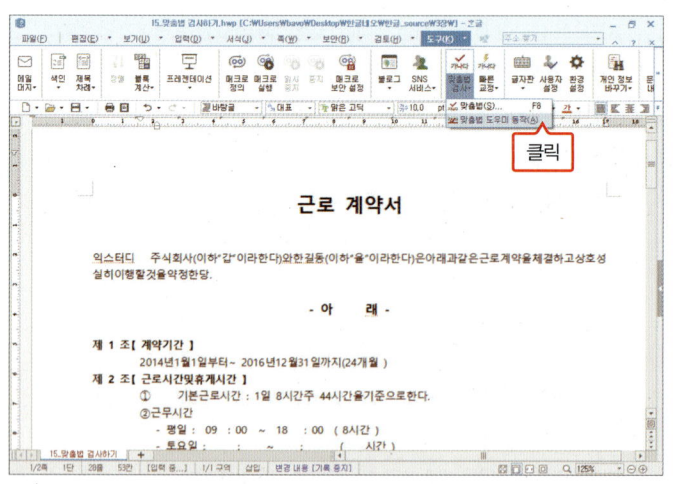

문서 편집과
글꼴 꾸미기

글꼴은 문서를 이루는 기본 요소입니다. 글꼴, 글자 색, 장평, 자간 등을 적절히 조정해야 가독성 있는 문서를 만들 수 있습니다. 또 특정 글자나 단어에 그림자, 강조점, 음영 등을 적절히 사용해 돋보이게 만드는 방법에 대해서도 알아봅니다.

클립보드 사용하기

학습 목표 | 클립보드는 복사하거나 잘라 낸 내용을 잠시 보관하는 임시 기억 장소입니다. 이곳의 내용을 확인하면서 선별해 사용할 수 있으므로 같은 내용을 여러 번, 또는 몇 가지 내용을 번갈 아 복사해야 할 때 무척 편리합니다.

실습 파일 | 한글/11_클립보드 사용하기.hwp   완성 파일 | 한글/11완성.hwp

01 클립보드 작업 창 펴기

예제 문서를 좀 더 쉽게 편집하기 위해 클립보드를 사용해 보겠습니다. [클립보드] 창을 사용하면 저장한 내용을 직접 보면서 문서에 추가할 수 있습니다.
① 문서 우측의 [작업 창 접기/펴기]를 클릭하고 ② 작업 창 도구에서 [클립보드]를 클릭합니다.

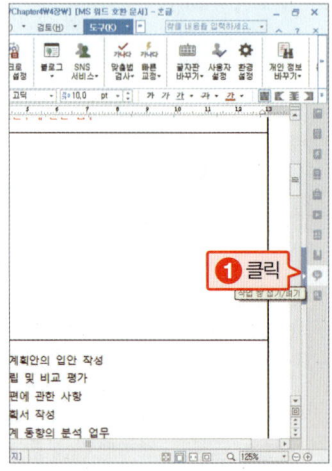
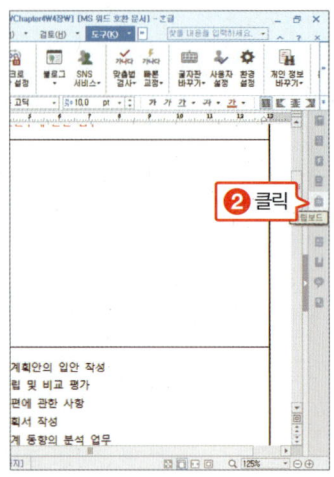

[클립보드] 작업 창이 활성화됩니다.

바로 통하는 TIP **[클립보드] 작업 창 알아보기**

복사할 내용을 차례로 여러 개 저장해 두었다가 원하는 내용을 붙여넣을 때 [클립보드] 작업 창 을 사용할 수 있습니다.

① **작업 창 메뉴** : 작업 창 메뉴를 클릭하면 우측의 작업 창 메뉴를 펼침 메뉴 형태로 별도 표시 해 전환할 수 있습니다.

② **작업 창 고정/자동 숨기기** : 클릭할 때마다 작업 창 고정과 자동 숨기기가 전환됩니다. 고정 상태에서는 작업 창이 항상 열려 있으며, 자동 숨기기 상태에서는 문서 본문을 클릭하면 작 업 창이 자동으로 접히고 마우스를 작업 창 쪽으로 이동하면 작업 창이 펼쳐집니다.

③ **작업 창 접기** : 작업 창을 접습니다.

④ **작업 창 접기/펴기** : 작업 창을 접고 펼 수 있습니다.

⑤ **모두 붙이기** : 현재 클립보드 창에 저장된 내용을 문서에 모두 붙여넣습니다.

⑥ **모두 지우기** : 클립보드 창에 저장된 내용을 모두 지웁니다.

02 블록 설정해 문단 복사하기

예제 문서에서 총무 담당의 분장 업무 중 빨간 글씨로 적힌 내용을 아래쪽 인사 담당 부분으로 이동해 보겠습니다. ① 이동할 문단을 선택하고 ② [편집] 메뉴-[오려두기]를 클릭합니다.

오려 낸 내용이 [클립보드] 작업 창에 복사됩니다.

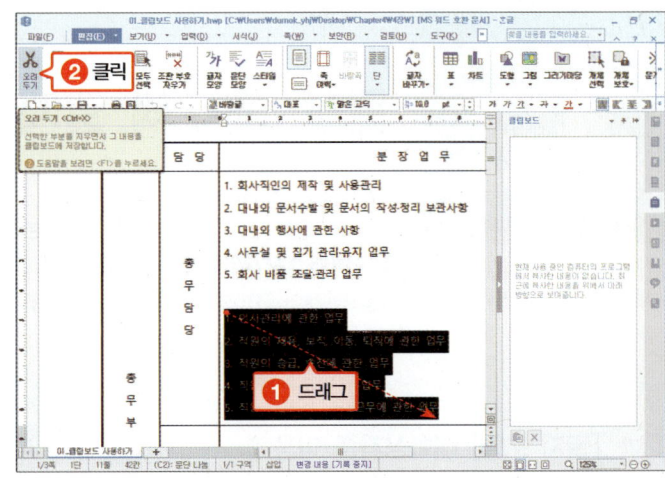

03 문단 붙여넣기

① 인사 담당의 빈칸을 클릭하고 ② [클립보드] 작업 창에서 앞서 복사한 내용을 클릭합니다.

인사 담당란에 오려 둔 내용이 붙여넣어집니다.

바로 통하는 TIP [클립보드] 작업 창을 이용하는 이유는 이곳에 저장된 내용들이 순서대로 보이므로 이전에 복사하거나 오려 둔 내용도 문서에 추가할 수 있기 때문입니다. 바로 직전에 복사하거나 오려 낸 내용은 단축키 Ctrl + V 로 붙여넣을 수 있습니다.

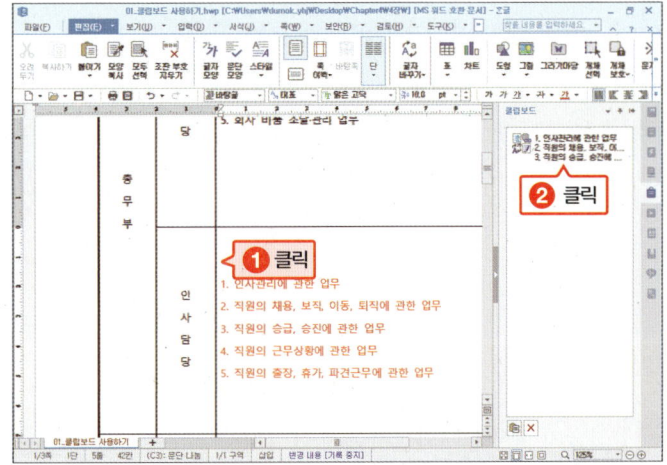

바로 통하는 TIP 마우스로 끌어 문단 이동하기

내용을 단순히 이동할 경우에는 굳이 클립보드를 이용하지 않고 마우스 드래그 앤 드롭으로도 쉽게 실행할 수 있습니다. ① 이동할 문장이나 문단을 블록으로 설정한 후 ② 선택한 영역을 마우스 왼쪽 버튼으로 클릭한 채 이동할 위치로 드래그 앤 드롭합니다.

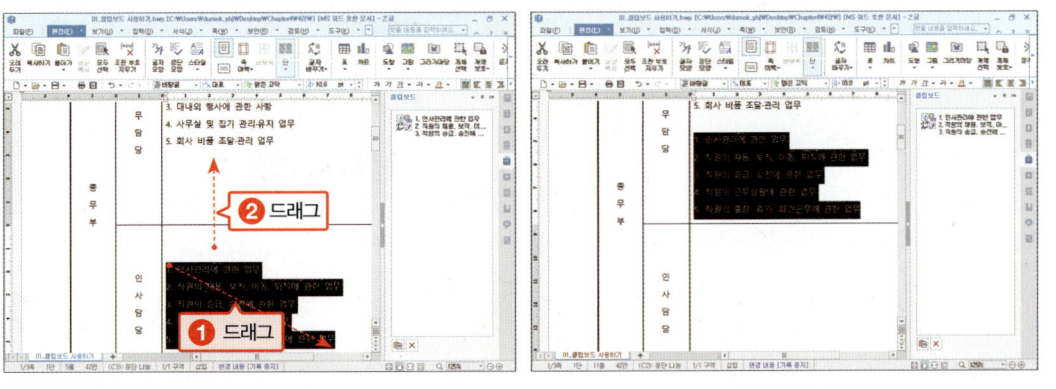

글꼴, 글자 색, 글자 크기 변경하기

학습 목표 | 글꼴 꾸미기는 문서 꾸미기의 기본입니다. [글자 모양] 대화상자, [서식] 메뉴의 도구 등을 이용해 글자 모양을 변경해 보겠습니다.

실습 파일 | 한글/12_글꼴, 글자 색, 글자 크기 변경하기.hwp   완성 파일 | 한글/12완성.hwp

01 [글자 모양] 대화상자를 이용해 글꼴 변경하기(단축키 Alt + L)

문서 제목인 '한빛신문'의 글꼴 서식을 [글자 모양] 대화상자에서 변경해 보겠습니다. 글꼴뿐만 아니라 글자 크기, 색, 속성 등도 바꿀 수 있습니다.
① '한빛신문'을 선택하고 ② [서식] 메뉴의 펼침 단추-[글자 모양]을 선택합니다.

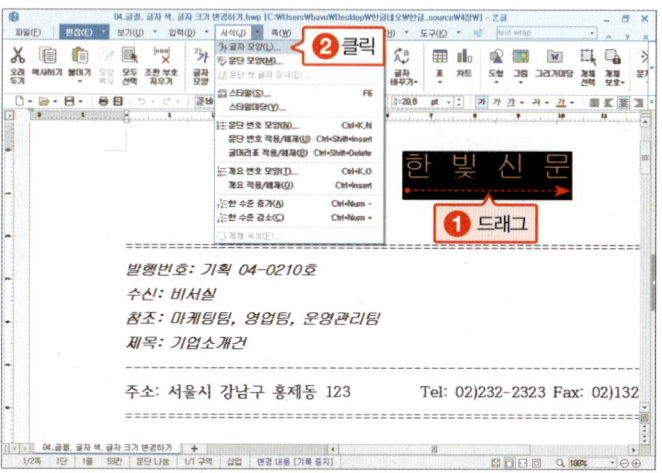

02 [글자 모양] 대화상자에서 ① [기준 크기]를 20pt로 설정하고 ② [글꼴]-[굴림체], ③ [속성]-[진하게], ④ [글자 색]-[검은 바다색]을 선택한 뒤 ⑤ [설정]을 클릭합니다.

글꼴과 속성, 글자 색이 변경되었습니다.

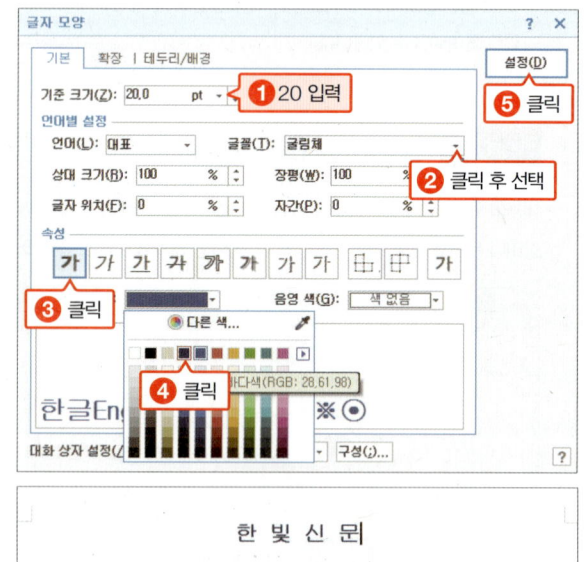

[글자 모양] 대화상자의 [기본] 탭에서는 글꼴, 크기, 장평 및 자간, 색 등을 설정할 수 있습니다. 변경할 글자를 블록 설정한 후 [서식] 메뉴-[글자 모양]을 선택하거나 단축키 Alt+L을 누릅니다. 대화상자 내 미리 보기 화면에서 글자 모양을 확인하면서 다양한 서식을 적용할 수 있습니다.

① **상대 크기** : 기준 크기에 대한 각 언어별 글자 크기를 정합니다. 한 문서 내에서 한글과 영문, 한자를 함께 쓸 때는 글꼴 크기가 서로 다른 경우가 많은데, 이때 각 언어별로 적당한 상대 크기를 정해 놓으면 편리합니다. 기본 기준 크기는 100%입니다.

② **장평** : 크기는 그대로 유지하면서 글자의 가로 폭을 줄이거나 늘려서 글자 모양에 변화를 줄 때 사용합니다.

③ **글자 위치** : 기본 선을 기준으로 글자를 위나 아래로 움직입니다.

④ **자간** : 글자와 글자 사이의 간격을 조절합니다.

⑤ **속성** : 글꼴에 굵기, 기울이기, 밑줄, 외곽선, 그림자, 첨자 등을 설정합니다.

⑥ **대화 상자 설정** : 설정 패턴이 정형화되어 있는 경우 그 값을 파일로 저장해 두었다가 필요할 때 선택하여 사용할 수 있는 기능입니다.

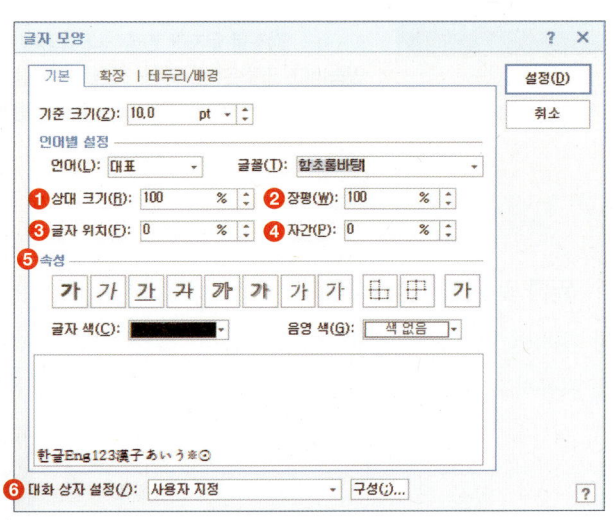

03 [서식] 메뉴의 도구를 이용해 글꼴 변경하기

[서식] 메뉴의 도구를 이용하면 좀 더 빠르게 글자 모양을 꾸밀 수 있습니다.
① 글자 모양을 변경할 범위를 드래그합니다. ② [서식] 메뉴를 클릭하고 ③ [글꼴]-[굴림], ④ [크기]-[11], ⑤ [진하게]를 클릭하고 ⑥ [글꼴 색]-[바다색]으로 변경합니다.

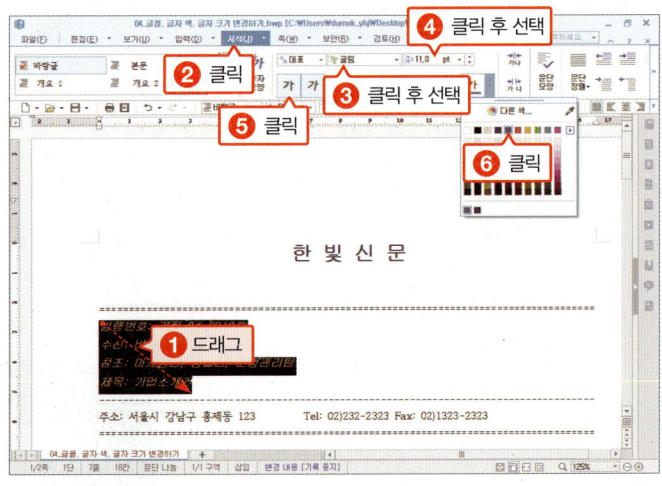

글꼴과 크기, 속성, 색 등이 변경됩니다.

13

밑줄 및 음영 지정하기

학습 목표 | 강조할 글자에 밑줄이나 음영을 지정하면 좀 더 눈에 띄고 보기 좋은 문서를 작성할 수 있습니다. 밑줄은 선, 파선, 점선, 이중 실선 등 종류가 다양하고 색 변경도 가능합니다. 음영과 테두리 색 역시 문서에 어울리게 골라 적용할 수 있습니다.

실습 파일 | 한글/13_밑줄 및 음영 지정하기.hwp　**완성 파일** | 한글/13완성.hwp

O1 밑줄 및 밑줄 색상 적용하기

문서 제목인 '아기모델 선발 대회'에 밑줄을 적용하고 밑줄 색을 변경해 보겠습니다. 제목을 드래그합니다.

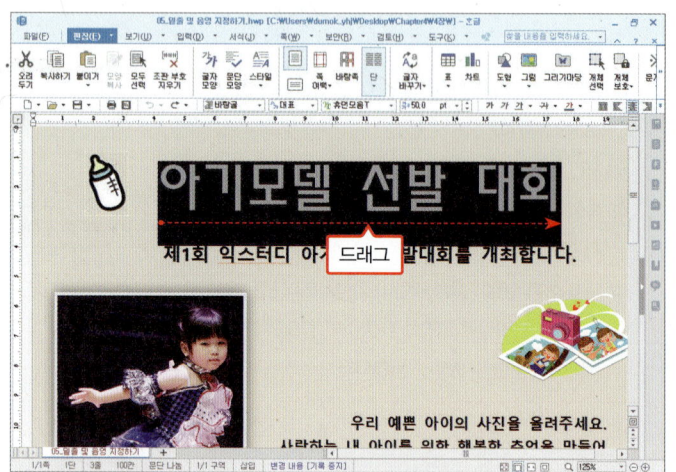

O2 ① [서식] 메뉴-[밑줄]의 내림 단추-[원형 점선]을 선택합니다. ② 다시 [서식] 메뉴-[밑줄]의 내림 단추-[밑줄 색]-[하양 70% 어둡게]를 선택합니다.

문서 제목에 밑줄이 적용됩니다.

바로 통하는 TIP 글자에 다양한 밑줄과 음영을 지정한 예입니다.

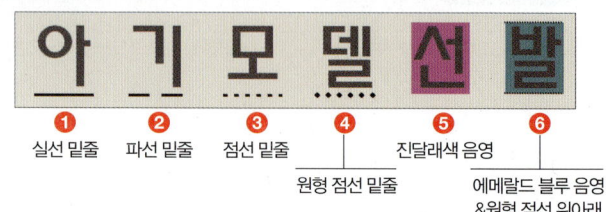

| ❶ 실선 밑줄 | ❷ 파선 밑줄 | ❸ 점선 밑줄 | ❹ 원형 점선 밑줄 | ❺ 진달래색 음영 | ❻ 에메랄드 블루 음영 &원형 점선 위아래 |

03 글자 음영 및 테두리 지정하기(단축키 Alt + L)

문서 본문 첫 번째 줄에 음영과 테두리를 지정해 보겠습니다.
① 본문의 '제1화~개최합니다.'를 드래그하고 ② [서식] 메뉴의 펼침 단추 - [글자 모양]을 선택합니다.

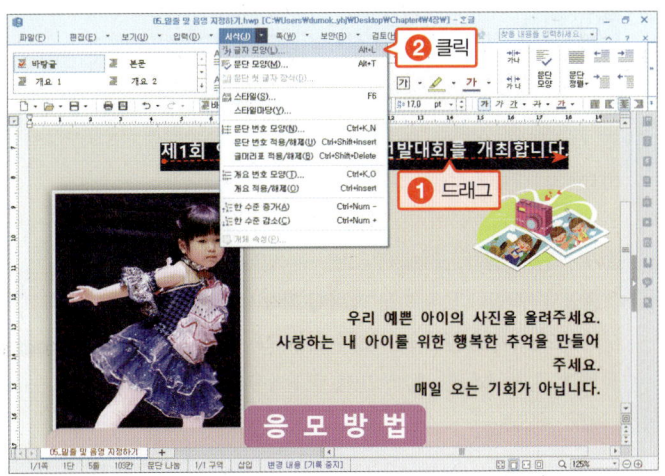

04 글자 모양 변경하기

① [글자 모양] 대화상자에서 [기본] 탭의 [음영 색]을 클릭하고 ② 색상 표에서 [색상 테마]를 클릭합니다. ③ 색상 테마에서 [꿈]을 선택하고 ④ [(RGB: 76, 198, 169) 80% 밝게]를 선택합니다.

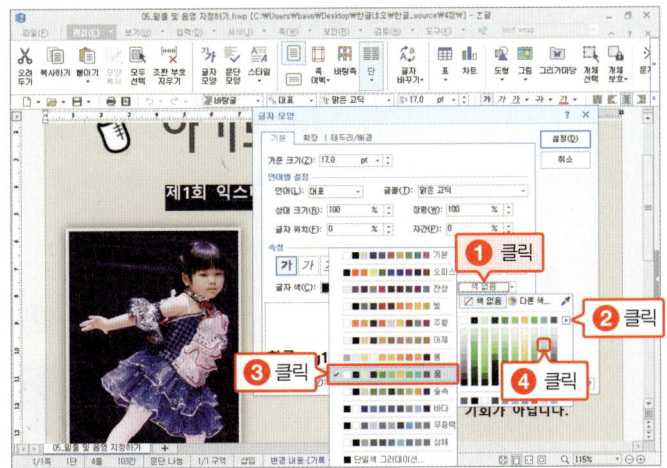

05 테두리/배경 설정하기

① 다시 [글자 모양] 대화상자에서 [테두리/배경] 탭을 클릭합니다. ② [테두리]에서 [종류] - [점선], ③ [굵기] - [0.5mm], ④ [색] - [(RGB: 8, 33, 8) 60% 밝게]를 선택하고 ⑤ 테두리 서식을 적용하기 위해 테두리 모양에서 [모두]를 클릭한 뒤 ⑥ [설정]을 클릭합니다.

본문에 음영 및 테두리가 적용됩니다.

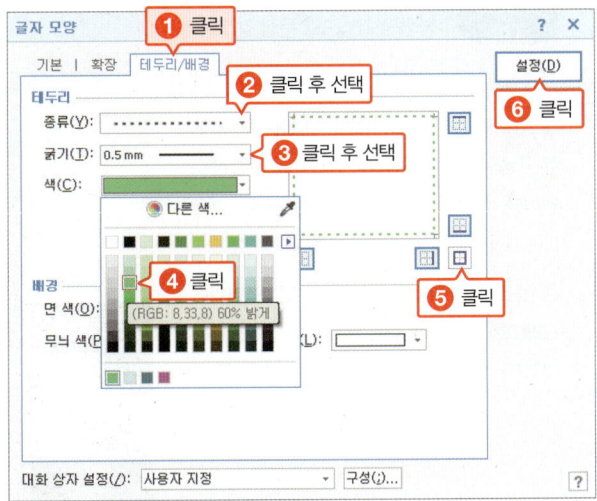

[글자 모양] 대화상자의 [테두리/배경] 탭 알아보기

[글자 모양] 대화상자의 [테두리/배경] 탭에서는 글자에 적용한 테두리의 종류, 굵기, 색 및 무늬 색 등을 설정합니다. 대화상자 내 미리 보기 화면을 확인하면서 다양한 테두리 및 무늬 모양을 선택해 적용할 수 있습니다.

① **테두리** : 글자에 적용한 테두리의 종류, 굵기, 색을 설정합니다.

② **테두리 적용 상자** : 글자에 테두리를 어떤 위치에 적용할지 선택합니다. 위, 아래, 좌, 우를 각각 선택하거나 모든 위치를 한번에 선택할 수 있습니다.

③ **배경** : 글자에 적용한 배경에 면 색, 무늬 색, 무늬 모양을 설정합니다.

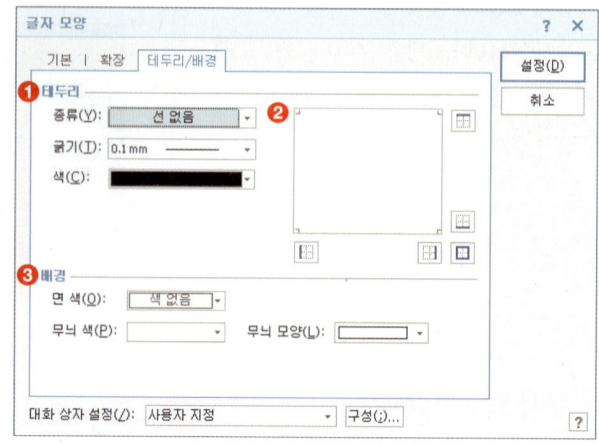

06 음영 및 테두리가 설정되었습니다.

형광펜 기능으로 문장 강조하기

형광펜 기능은 문서의 특정 부분을 강조할 때 사용합니다. 형광펜 기능은 화면에서만 보이고 인쇄는 되지 않습니다.

① 강조할 문단을 드래그합니다. ② [서식] 메뉴-[형광펜]의 내림 단추-[색상 테마]를 클릭합니다. ③ 색상 테마에서 [바다]를 선택하고 ④ [(RGB: 12, 134, 203) 60% 밝게]를 선택합니다.

형광펜을 취소하려면 형광펜이 지정된 범위를 드래그한 후 [형광펜]의 내림 단추-[색 없음]을 클릭합니다.

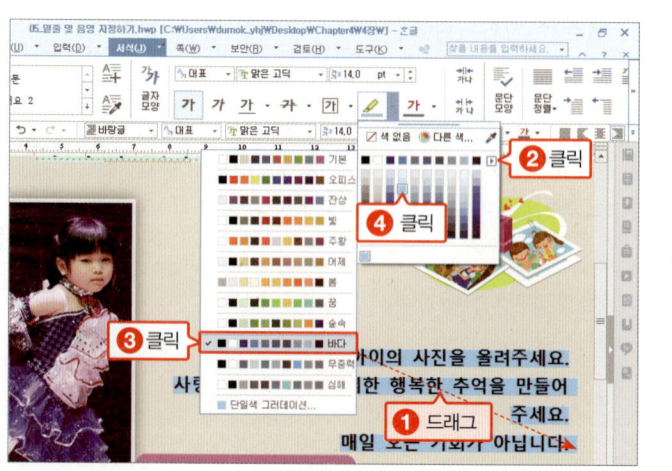

그림자, 강조점, 취소선 적용하기

학습 목표 | 그림자, 강조점 등을 넣어 글자를 강조하거나 작성한 문장에 취소선을 적용해 문서를 꾸며 보겠습니다. 강조점은 글자 위에 점을 찍어 강조하는 역할을, 취소선은 불필요하거나 생략해야 하는 부분을 알려주는 역할을 합니다.

실습 파일 | 한글/14_그림자, 강조점, 취소선 적용하기.hwp   완성 파일 | 한글/14완성.hwp

01 글자에 그림자 지정하기

예제 문서의 글자에 그림자를 적용해 눈에 띄도록 표현해 보겠습니다.
'응모 방법'을 드래그하고 단축키 Alt + L을 누릅니다.

[글자 모양] 대화상자가 나타납니다.

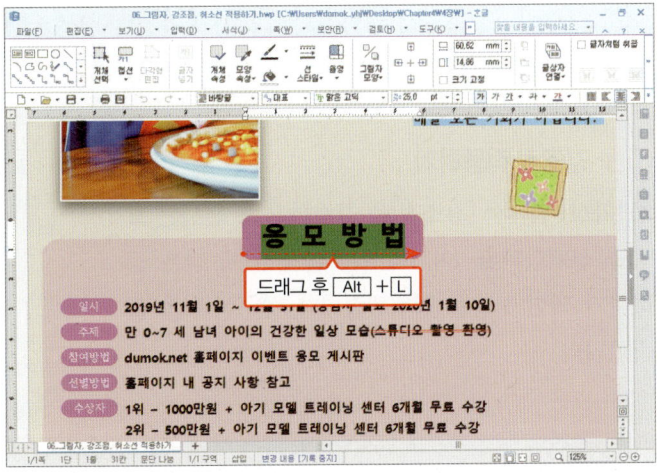

02 ① [확장] 탭에서 [그림자]-[연속]을 클릭합니다. ② [색]을 클릭하고 ③ [색상 테마]를 클릭합니다. ④ 색상 테마에서 [바다]를 선택하고 ⑤ [(RGB: 9, 46, 153) 40% 밝게]를 선택한 뒤 ⑥ [설정]을 클릭합니다.

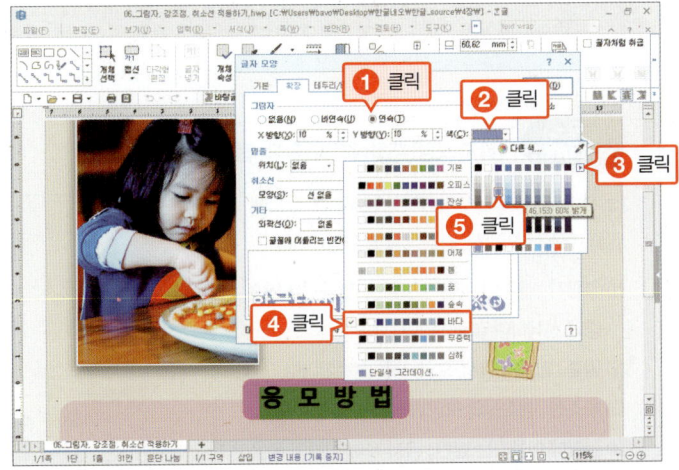

03 그림자가 적용된 모양을 확인합니다.

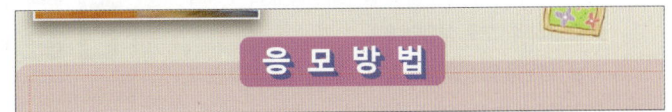

① 비연속 그림자　② 연속 그림자　③ 강조점　④ 취소선

04 글자에 강조점 지정하기

글자가 두드러져 보이도록 강조점을 적
용해 보겠습니다.
'당첨자 발표'를 드래그하고 단축키 Alt
+L을 누릅니다.

[글자 모양] 대화상자가 나타납니다.

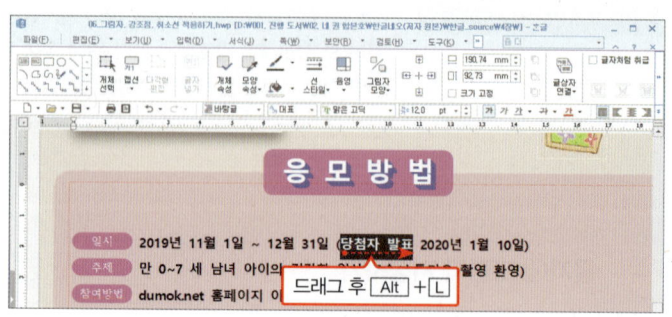

05 강조점 적용하기

① [확장] 탭에서 [강조점]을 클릭하고 ② 원하는 모
양을 선택합니다. 여기에서는 글자 위에 검은 점
하나가 찍힌 모양을 선택했습니다. ③ [설정]을 클
릭합니다.

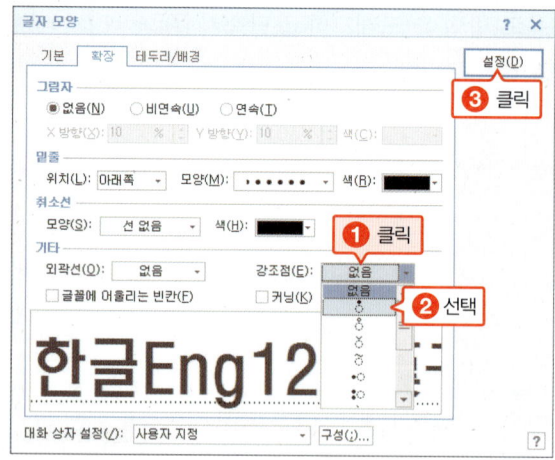

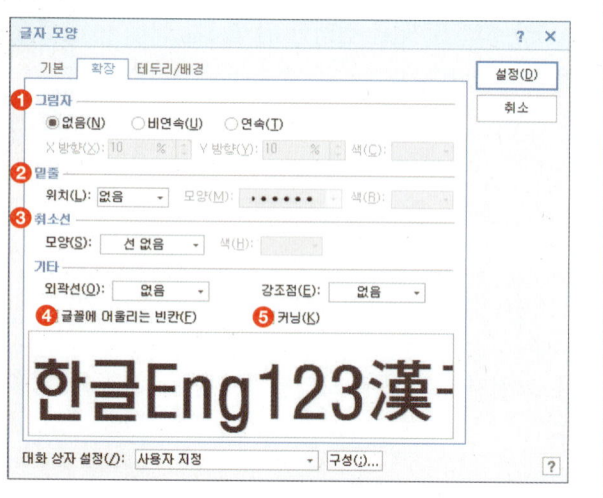

바로 통하는 TIP　**[글자 모양] 대화상자의 [확장] 탭 알아보기**

[글자 모양] 대화상자의 [확장] 탭에서는 글자에 그림자,
밑줄, 취소선, 외곽선, 강조점 등을 설정합니다.

① **그림자** : 글자의 그림자 모양을 [없음], [비연속], [연속]
　중에 선택하여 설정합니다.

② **밑줄** : 밑줄의 위치, 모양, 색을 선택합니다.

③ **취소선** : 취소선의 모양과 색을 선택합니다.

④ **글꼴에 어울리는 빈칸** : 글자 사이 빈칸의 폭을 현재 입
　력하는 글꼴이 가지고 있는 본래의 폭으로 나타냅니다.
　이 항목에 체크 표시가 되어 있지 않으면 빈칸의 폭을
　글자 크기의 1/2로 설정합니다.

⑤ **커닝** : 영문을 입력할 때 연속되는 두 글자 사이의 간격
　을 자동으로 보기 좋게 조정합니다.

06 글자에 취소선 적용하기

글자가 취소되었거나 삭제된 내용이라는 것을 나타내기 위해 취소선을 적용해 보겠습니다.
'(스튜디오 촬영 환영)'을 드래그하고 단축키 Alt+L을 누릅니다.

[글자 모양] 대화상자가 나타납니다.

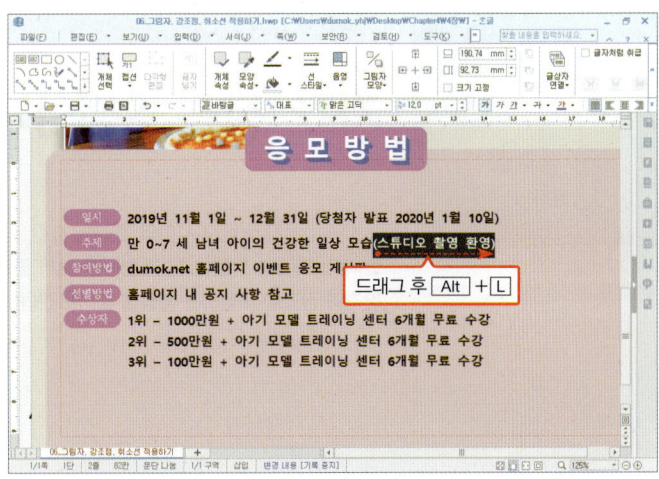

07 취소선 색 변경하기

① [확장] 탭의 [취소선]에서 [모양] – [이중 실선], ② [색]에서 [색상 테마] – [오피스], ③ [빨강]을 선택하고 ④ [설정]을 클릭합니다.

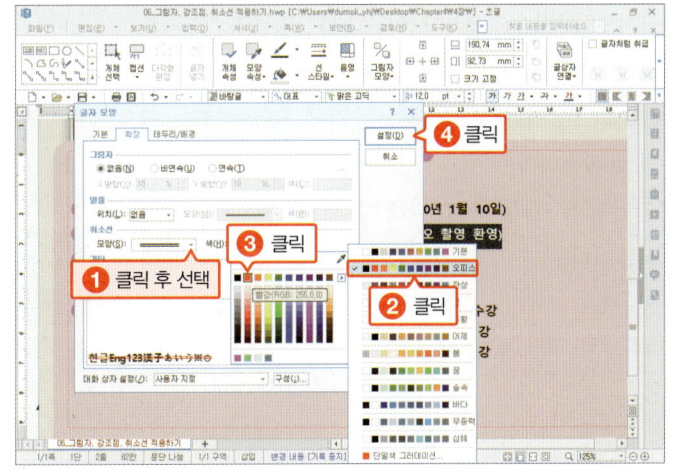

08 취소선이 적용됩니다.

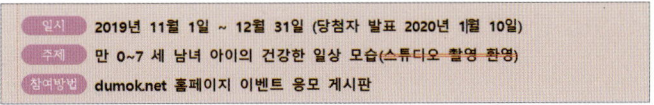

바로 통하는 TIP 취소선을 해제할 때는 취소선이 적용된 범위를 드래그한 후 [서식] 메뉴 – [취소선]을 클릭합니다.

자간, 장평 조정하기

학습 목표 | 글자와 글자 사이의 간격을 자간, 글자의 세로 길이 대비 가로 폭의 비율을 장평이라고 합니다. 자간과 장평을 잘 조절하면 보기 좋은 글꼴 스타일을 문서에 적용할 수 있습니다. 글자 간격과 장평을 조정하는 방법을 알아보겠습니다.

실습 파일 | 한글/15_자간과 장평 조정하기.hwp   완성 파일 | 한글/15완성.hwp

01 자간 넓히기(단축키 Alt + shift + W)

글자의 자간은 [글자 모양] 대화상자에서 정확한 수치를 입력해 조정할 수 있습니다. 문서 제목의 글자 간격을 조정해 보겠습니다.

'위임장'을 드래그하고 단축키 Alt + L 을 누릅니다.

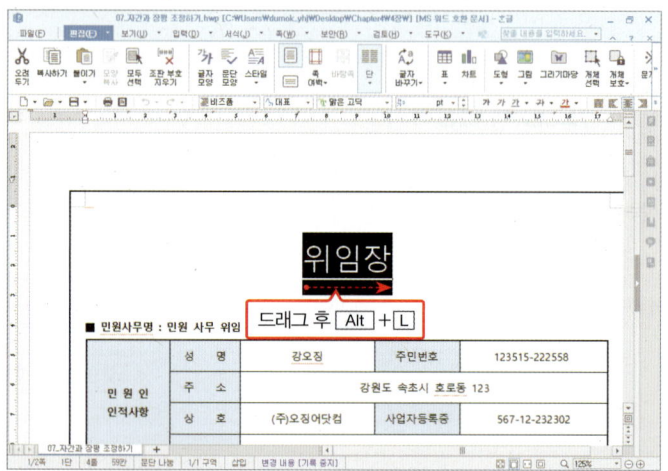

―――――――――――――

[글자 모양] 대화상자가 나타납니다.

02 자간 값 변경하기

① [기본] 탭에서 [자간]을 50%로 설정하고 ② [설정]을 클릭합니다.

―――――――――――――

자간이 넓게 수정됩니다.

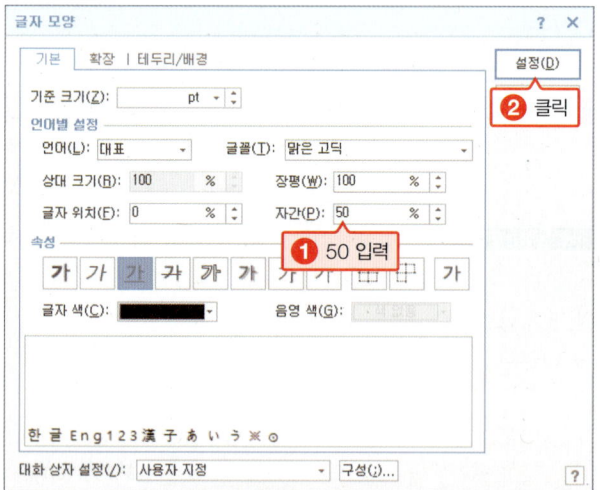

바로 통하는 TIP 자간을 조절한 예입니다. 자간은 글자 크기를 100%로 보고 글자 크기만큼 글자 간격을 띄워 줍니다. 기본 값은 0%이며 −50~50% 사이에서 설정할 수 있습니다.

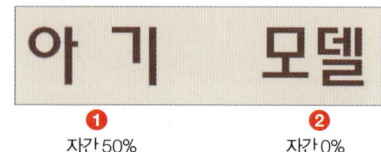

❶ 자간 50%   ❷ 자간 0%

03 도구 모음 이용해 자간 좁히기

도구 모음에서 설정 값을 조금씩 변경하면서 자간을 조정하는 방법도 있습니다. ① '위임장'을 선택하고 ② [서식] 메뉴-[글자 자간 좁게]를 클릭합니다. 도구를 클릭할 때마다 1%씩 자간이 줄어듭니다.

바로 통하는 TIP 단축키 Alt + shift + N 을 누르면 자간이 1%씩 좁아지고 Alt + shift + W 를 누르면 자간이 1%씩 넓어집니다.

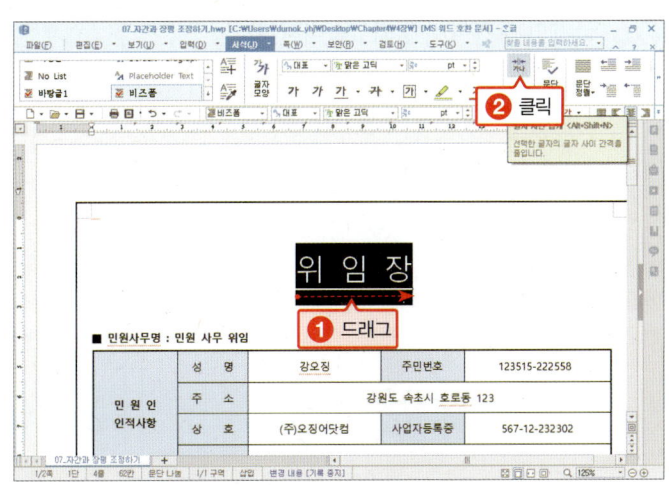

04 장평 늘리기

장평은 한 글자를 기준으로 가로 너비를 늘리거나 줄이는 기능입니다. [글자 모양] 대화상자를 이용해 문서 제목의 장평을 조절해 보겠습니다. ① '위임장'을 드래그하고 ② [서식] 메뉴-[글자 모양]을 클릭합니다.

[글자 모양] 대화상자가 나타납니다.

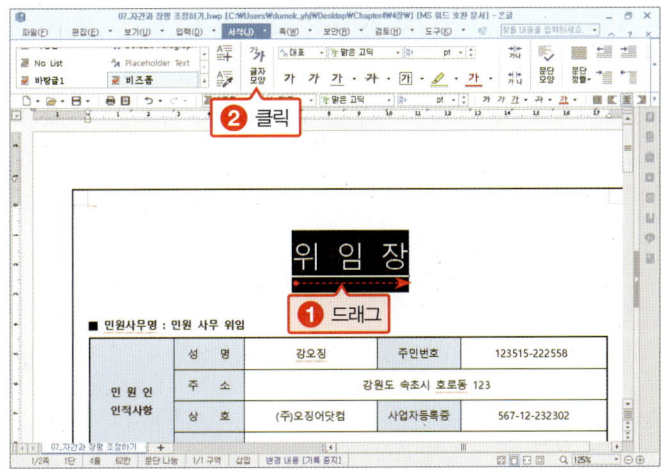

05 장평 값 변경하기

① [글자 모양] 대화상자의 [기본] 탭에서 [장평]을 150%로 설정하고 ② [설정]을 클릭합니다.

바로 통하는 TIP 장평의 범위는 50~200% 사이에서 설정할 수 있습니다.

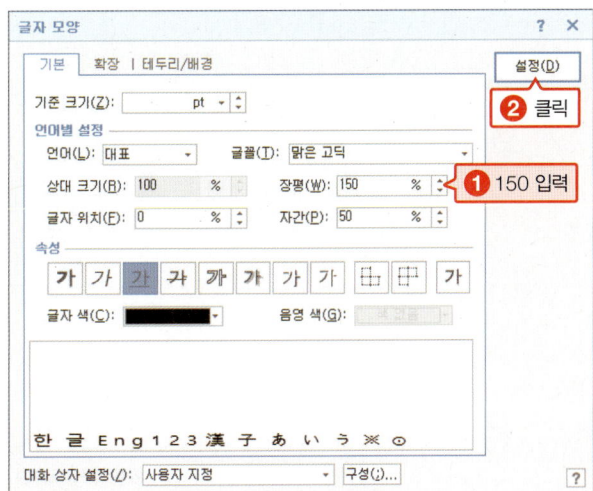

06 글자의 장평이 수정되었습니다.

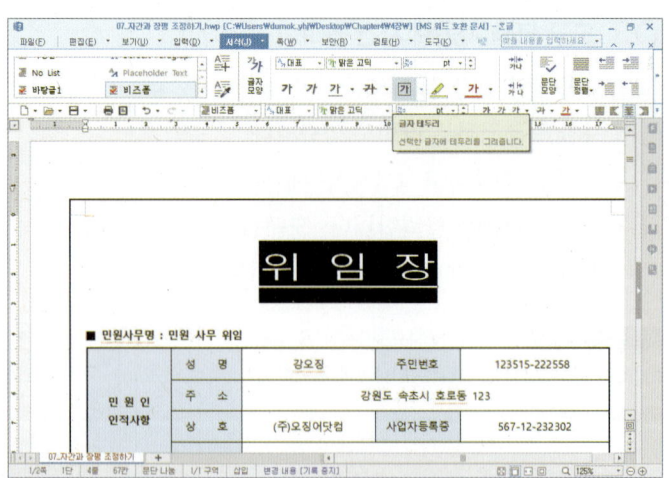

바로 통하는 TIP 장평을 조절한 예입니다. 장평은 글자의 가로 세로 비율을 1:1로 보고 비율에 맞추어 가로 길이를 조절해 줍니다. 기본 값은 100%입니다.

❶ 장평 200% ❷ 장평 100%

16

모양 복사하기

학습 목표 | 모양 복사하기는 글꼴 모양을 복사해 동일한 글꼴로 변환하고 간편하게 스타일 등을 변경할 때 사용합니다.

실습 파일 | 한글/16_모양 복사하기.hwp　완성 파일 | 한글/16완성.hwp

01 글꼴 모양 복사하기(단축키 Alt +C)

예제 문서에서 상위 항목의 제목에 사용한 글꼴 모양을 하위 항목에도 동일하게 적용해 보겠습니다.

① 글꼴 모양을 복사할 '1. 부동산의 표시'를 클릭합니다. 블록 설정을 하지 않고 커서만 위치시킵니다. ② [편집] 메뉴-[모양 복사]를 클릭합니다.

[모양 복사] 대화상자가 나타납니다.

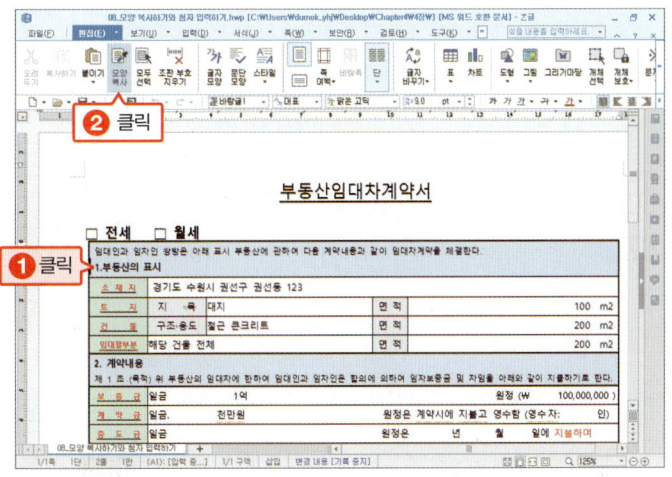

02 ① [모양 복사] 대화상자에서 [글자 모양]을 클릭하고 ② [복사]를 클릭합니다.

글자 모양이 복사됩니다.

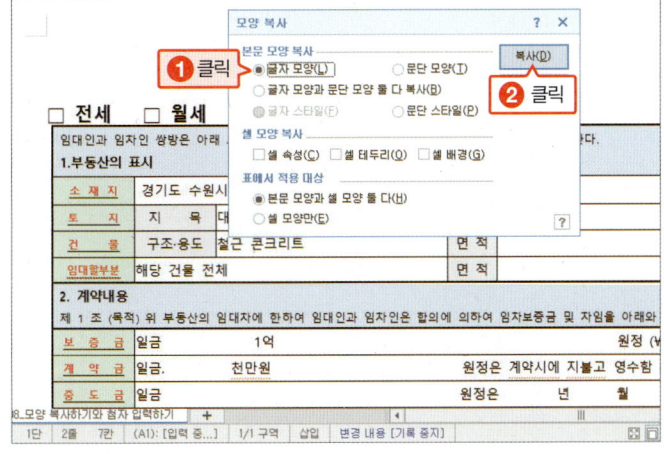

[모양 복사] 대화상자 알아보기

문서를 만들다 보면 같은 스타일을 적용해 글자나 문단을 꾸며야 하는 경우가 많은데, 이때 일일이 서식을 찾아 적용하려면 번거롭습니다. [모양 복사] 기능을 사용하면 본문에 사용된 글자 서식뿐 아니라 문단 서식까지 복사해 원하는 부분에 똑같이 적용할 수 있습니다.

① **본문 모양 복사** : 글자 모양, 문단 모양, 글자 모양과 문단 모양 둘 다 복사, 글자 스타일, 문단 스타일 중 복사할 모양을 선택합니다.

② **셀 모양 복사** : 표 안에서만 사용할 수 있는 옵션으로 커서 위치의 글자나 문단 모양, 스타일뿐만 아니라 현재 셀의 셀 속성이나 선 모양, 셀 배경까지 함께 복사해 다른 셀에 그대로 덮어쓸 수 있습니다.

③ **표에서 적용 대상** : 본문 모양과 셀 모양을 둘 다 복사할지, 셀 모양만 복사할지를 설정합니다.

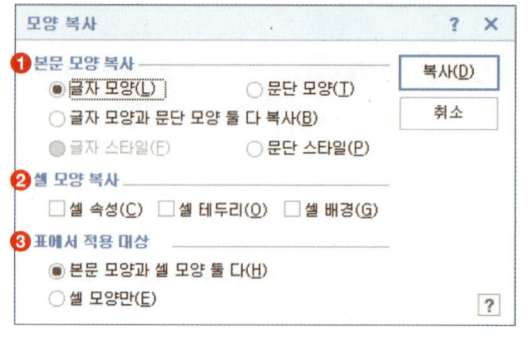

O3 글꼴 모양 붙여넣기(단축키 Alt + C)

① 복사한 글꼴 모양을 적용할 범위를 드래그합니다. ② [편집] 메뉴−[모양 복사]를 클릭합니다(단축키 Alt + C).

'1. 부동산의 표시'에서 복사한 글꼴 모양대로 하위 항목의 글꼴 모양 및 서식 스타일이 변경됩니다.

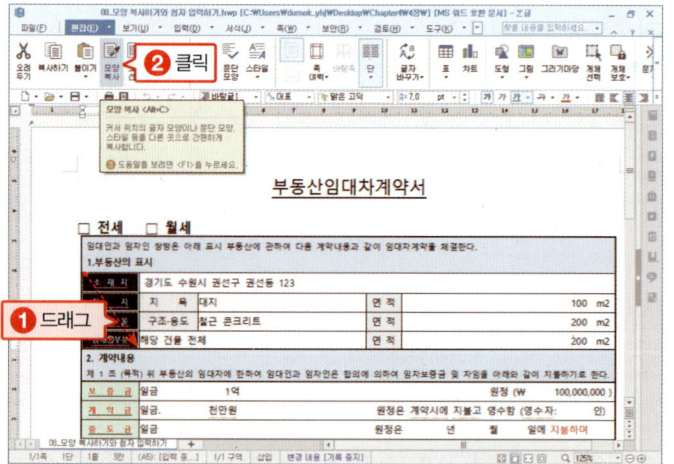

04

문단 꾸미기

워드프로세서로 문서를 작성하는 가장 큰 이유 중 하나는 문단을 꾸며서 통일된 형태의 문서를 완성하는 데 있습니다. 문단 앞에 번호를 넣거나 번호 서식을 간단히 변경하는 기능, 들여쓰기, 내어쓰기, 문단 줄 간격 조정 기능 등을 사용해 문단을 정돈해 보겠습니다. 나아가 특정 문단을 강조하여 체계적이고 통일된 문서를 만드는 방법에 대해서 알아보겠습니다.

줄 간격 및 문단 여백 설정하기

학습 목표 | 문서 내에는 글을 넣을 범위가 한정되어 있습니다. 범위에 넣을 글이 많을 때는 줄 간격을 줄이고 반대일 경우에는 줄 간격을 늘려 편집할 수 있습니다. 줄 간격 및 문단 여백 등을 조절해 문단을 꾸미는 방법을 알아보겠습니다.

실습 파일 | 한글/17_줄 간격 및 문단 여백 설정하기.hwp   **완성 파일** | 한글/17완성.hwp

01 줄 간격 조절하기(단축키 Alt + T)

예제 문서의 첫 번째 페이지의 내용을 화면에 꽉 차게 편집해 보겠습니다.

① 줄 간격을 조절할 세 개 문단을 드래그합니다. ② [서식] 메뉴-[문단 모양]을 클릭합니다.

[문단 모양] 대화상자가 나타납니다.

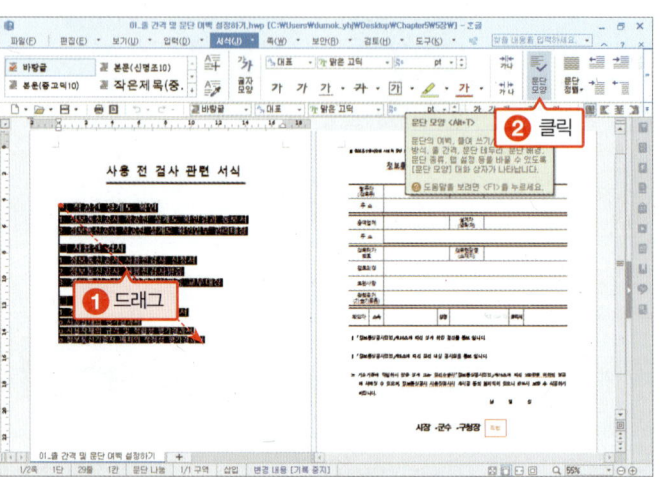

02 줄 간격 수정하기

① [문단 모양] 대화상자의 [기본] 탭에서 [줄 간격]에 **180**을 입력하고 ② [설정]을 클릭합니다.

줄 간격이 넓게 조절됩니다.

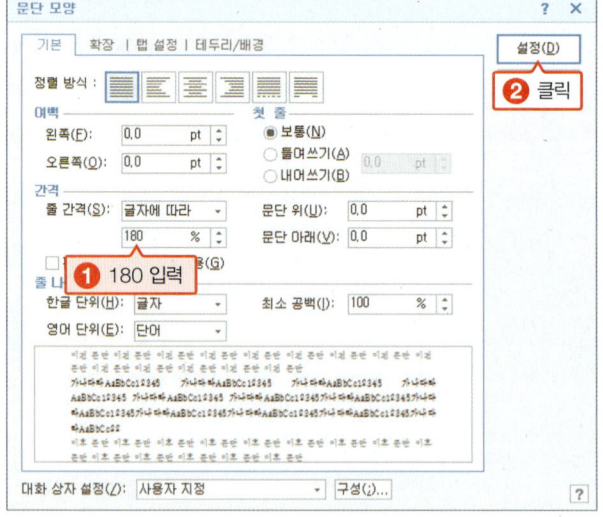

03 수정한 줄 가격이 적당한지 확인합니다.

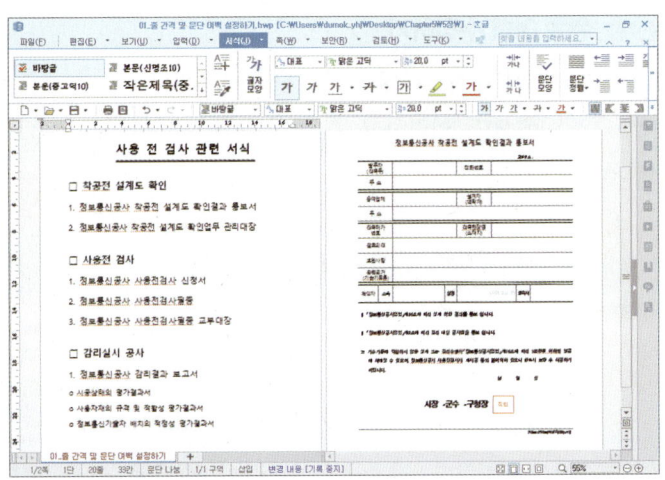

04 서식 도구 상자에서 줄 간격 조절하기

서식 도구 상자의 [줄 간격] 설정 도구에서 직접 줄 간격을 입력해도 됩니다. 줄 간격을 조금 더 넓혀 보겠습니다. 190을 입력합니다.

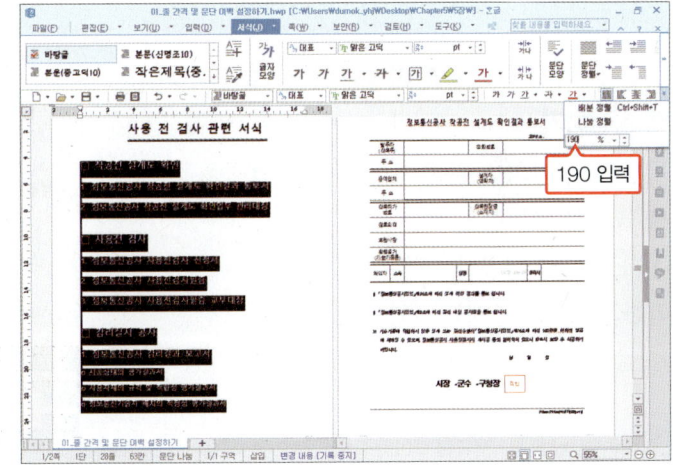

05 [문단 모양] 대화상자를 이용해 문단 여백 설정하기

문단의 왼쪽과 오른쪽 여백을 조절할 수 있습니다. 첫 번째 문단의 하위 항목이 제목보다 들어가 보이도록 왼쪽 여백을 조금 늘려 보겠습니다.
'1. 정보통신공사~관리대장'을 드래그하고 단축키 Alt+T를 누릅니다.

[문단 모양] 대화상자가 나타납니다.

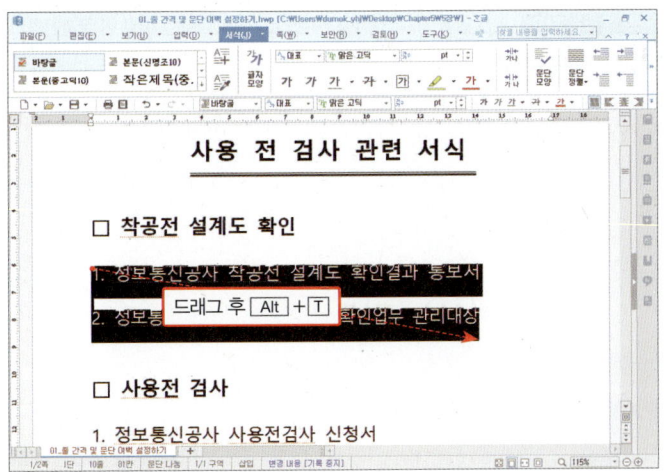

06 왼쪽 여백 수정하기

① [문단 모양] 대화상자의 [기본] 탭에서 [여백]-[왼쪽]에 20을 입력하고 ② [설정]을 클릭합니다.

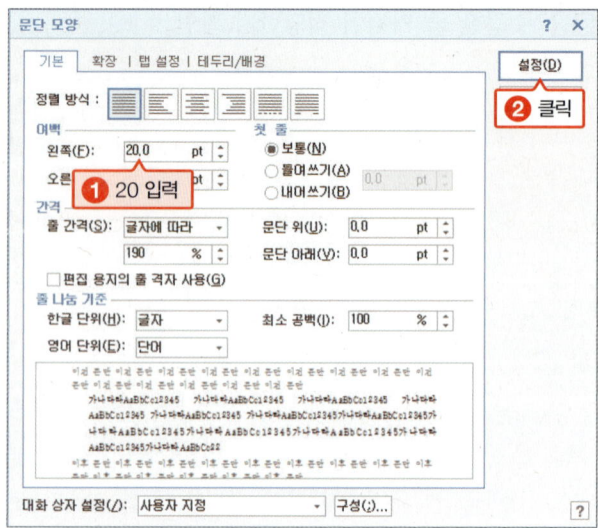

왼쪽 여백이 늘어나서 제목보다 오른쪽으로 더 들어가 보입니다.

07 서식 도구 상자를 이용해 문단 여백 설정하기

두 번째 문단의 하위 항목도 왼쪽 여백을 늘려 보겠습니다.

① '1. 정보통신공사~교부대장'을 드래그하고 ② [서식] 메뉴-[왼쪽 여백 늘리기]를 클릭합니다.

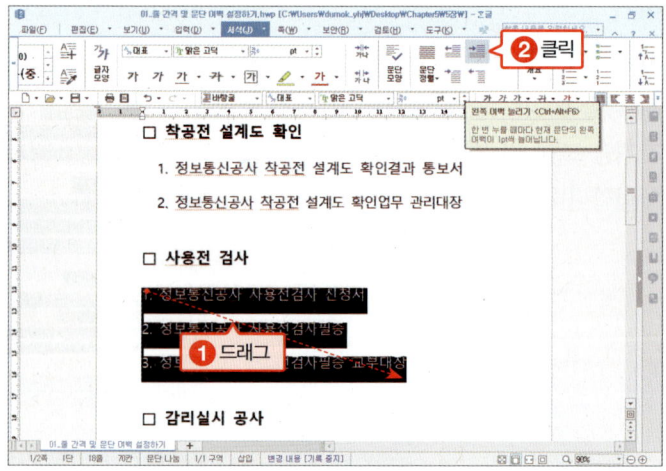

[왼쪽 여백 늘리기]를 클릭할 때마다 1pt씩 왼쪽 여백이 증가합니다.

바로 통하는 TIP 기본 글꼴 크기 10pt를 기준으로 여백 10pt는 한글 한 글자만큼의 여백을 의미합니다. 즉 여백을 20pt로 설정하면 한글 두 글자만큼의 여백이 확보됩니다.

들여쓰기와 내어쓰기

학습 목표 | 문단 첫 줄을 몇 칸 비워 두고 쓰는 방식을 들여쓰기라 하는데 새 문단의 시작을 시각적으로 알리는 역할을 합니다. 이와 반대로 첫 줄을 다른 줄보다 당겨서 쓰는 방식을 내어쓰기라 합니다. 내어쓰기는 주로 번호로 시작하는 문단에서 자주 사용합니다.

실습 파일 | 한글/18_들여쓰기와 내어쓰기.hwp 완성 파일 | 한글/18완성.hwp

O1 문단 첫 줄 들여쓰기(단축키 [Ctrl] +[F6])

예제 문서의 첫 번째 문단에 첫 줄 들여쓰기를 적용해 보겠습니다.
① 첫 번째 문단을 드래그하고 ② [서식] 메뉴-[문단 모양]을 클릭합니다(단축키 [Alt]+[T]).

[문단 모양] 대화상자가 나타납니다.

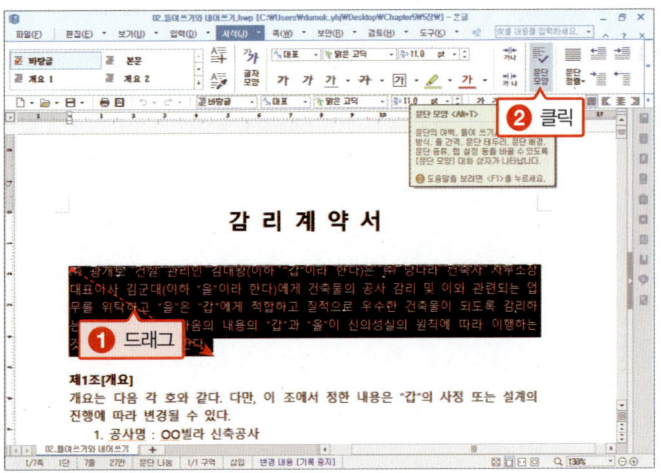

O2 들여쓰기 설정하기

① [문단 모양] 대화상자에서 [첫 줄]-[들여쓰기]를 클릭하고 ② [설정]을 클릭합니다.

첫 줄 들여쓰기가 적용됩니다.

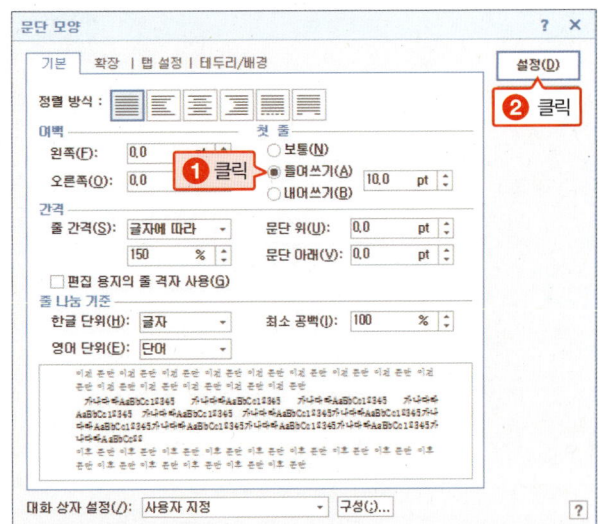

바로 통하는 TIP 들여쓰기 10pt는 글꼴 크기 10pt인 한글 기준으로 한 글자 너비를 의미합니다. 들여쓰기와 내어쓰기는 일반적으로 한 글자씩 적용하므로 기본 값으로 10pt가 설정되어 있습니다. 물론 이 수치는 원하는 대로 설정할 수 있습니다.

03 문단 첫 줄 내어쓰기(단축키 Ctrl + F5)

예제 문서의 첫 번째 문단에 첫 줄 내어쓰기를 적용해 보겠습니다.
① 첫 번째 문단을 드래그하고 ② [서식] 메뉴-[첫 줄 내어쓰기]를 클릭합니다.

클릭할 때마다 1pt씩 내어쓰기가 적용됩니다.

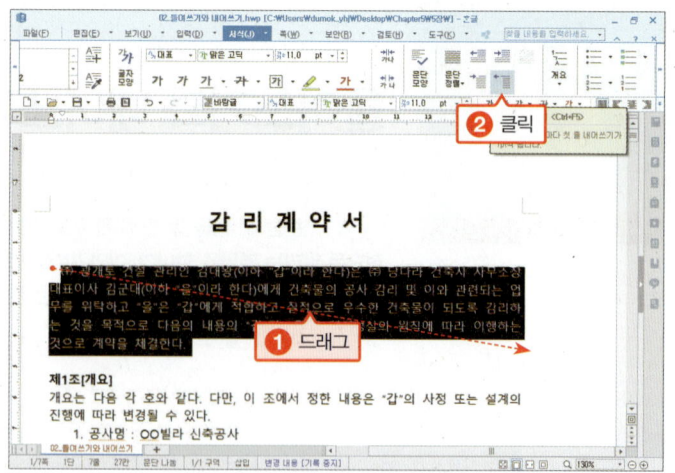

바로 통하는 TIP 들여쓰기와 내어쓰기는 일반적으로 최소 10pt를 지정하므로 [문단 모양] 대화상자에서 설정하는 것이 편리하고, 그 외에 문단 꾸미기와 관련된 세부 설정은 도구 모음이나 단축키를 이용해 조절하는 것이 편리합니다.

04 [첫 줄 내어쓰기]로 20pt를 적용했습니다.

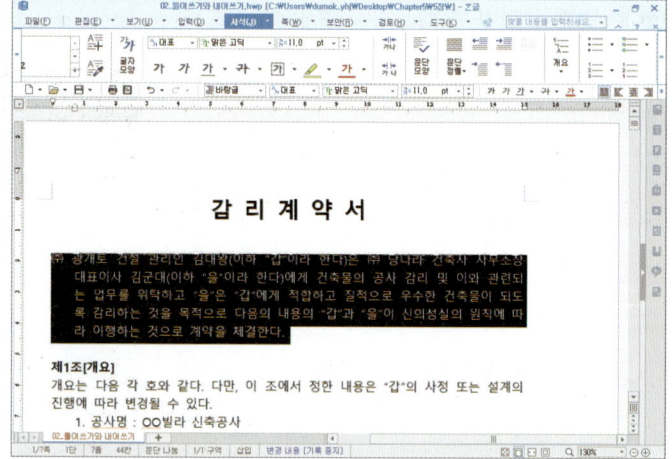

개요 번호와 문단 번호 활용하기

학습 목표 | 개요 번호와 문단 번호를 적용하여 정돈된 문서를 작성해 보겠습니다. 사실 두 요소는 기능적으로 큰 차이가 없습니다. 다만 개요 번호를 사용하면 구역 나누기 기능으로 문서의 구역을 나눴을 때 구역 기준으로 번호를 다시 지정할 수 있습니다.

실습 파일 | 한글/19_개요 들여쓰기와 내어쓰기.hwp **완성 파일 |** 한글/19완성.hwp

01 개요 번호 지정하기(단축키 Ctrl + K, O)

예제 문서는 각 행의 글꼴 모양과 크기 등이 유사하게 편집되어 있어 문서 전체의 개요를 알아보기 어렵습니다. 개요 번호를 적용해 문서 전체의 구조를 한눈에 알아볼 수 있도록 수정해 보겠습니다.

① 개요 번호를 지정할 문서의 첫 번째 행을 클릭합니다. 문장을 블록 설정할 필요 없이 커서만 이동시킵니다. ② [서식] 메뉴의 펼침 단추-[개요 번호 모양]을 선택합니다.

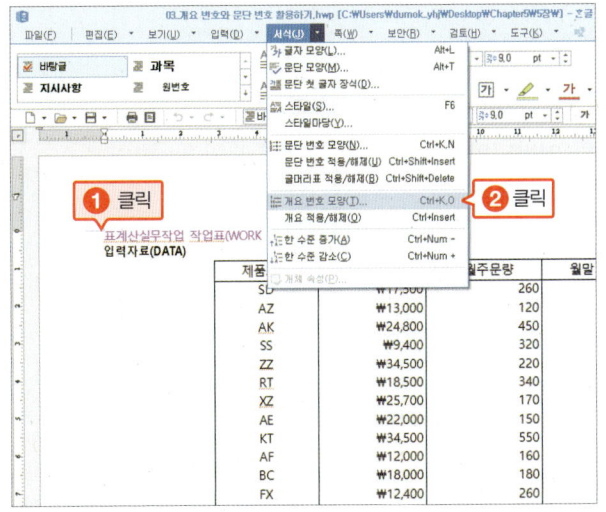

02 ① [개요 번호 모양] 대화상자의 [개요 번호 모양] 목록에서 첫 번째 항목을 선택하고 ② [1수준 시작 번호]를 3으로 설정합니다. [1수준 시작 번호]는 개요 번호가 시작될 번호를 설정하는 항목입니다. ③ [설정]을 클릭합니다.

커서가 있던 문장에 개요 번호 '3'이 적용됩니다.

3. 표계산실무작업 작업표(WORK SHEET) 작성
입력자료(DATA)

제품코드	단가	전월주문량
SD	₩17,500	260
AZ	₩13,000	120

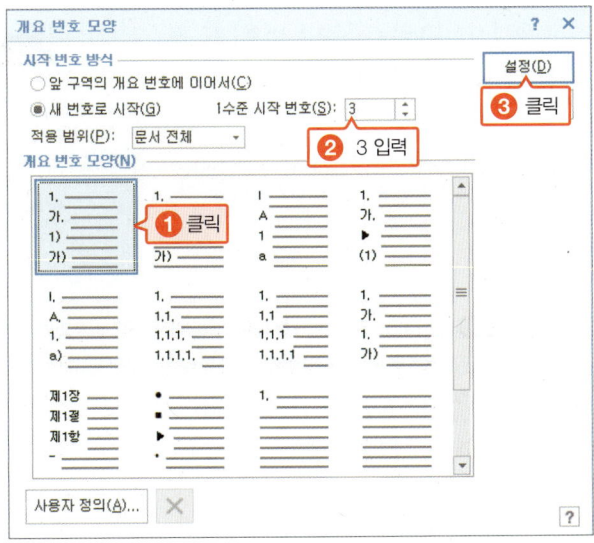

03 개요 번호 수준 변경하기

예제 문서의 두 번째 행에는 첫 번째 행의 하위 수준으로 개요 번호를 표시해 보겠습니다.

① 두 번째 행을 클릭하고 ② [서식] 메뉴-[개요]를 클릭합니다. 앞서 지정한 개요 수준의 다음 번호인 '4'가 자동으로 적용됩니다. ③ 그 상태로 [서식] 메뉴-[한 수준 감소]를 클릭합니다.

04

개요 수준이 한 단계 감소되어 '가'가 입력되었습니다. 개요 수준의 모양은 앞서 설정한 [개요 번호 모양] 테마에 따라 자동 변경됩니다.

3. 표계산실무작업 작업표(WORK SHEET) 작성
가. 입력자료(DATA)

제품코드	단가	전월주문량	월말재고량
SD	₩17,500	260	56
AZ	₩13,000	120	95
AK	₩24,800	450	85
SS	₩9,400	320	320
ZZ	₩34,500	220	95
RT	₩18,500	340	110

05 문단 번호 지정하기

작성조건이 있는 문서 중간 위치로 이동하여 문단 번호를 표시해 보겠습니다.

① '제목서식~이용함'을 드래그해 선택하고 ② [서식] 메뉴-[문단 번호] 도구를 한 번 클릭합니다.

개요 번호가 선택 범위에 적용되어 '1', '2'가 나타납니다.

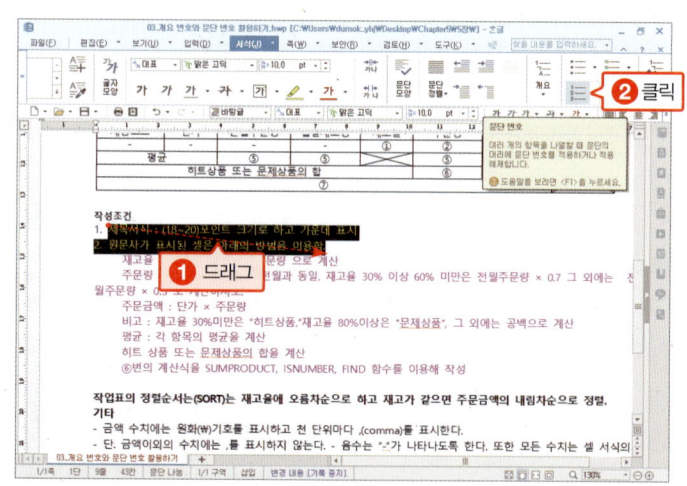

바로 통하는TIP 한 행에만 문단 번호를 적용할 경우에는 개요 번호와 마찬가지로 해당 행에 커서만 이동시켜도 됩니다. 이 경우에는 인접한 두 행에 같은 수준의 문단 번호를 한 번에 적용하기 위해 블록을 설정했습니다.

06 하위 항목에도 문단 번호 표시하기

① '재고율~작성'을 드래그하고 ② [서식] 메뉴-[문단 번호]를 클릭합니다.

문단 번호가 추가됩니다.

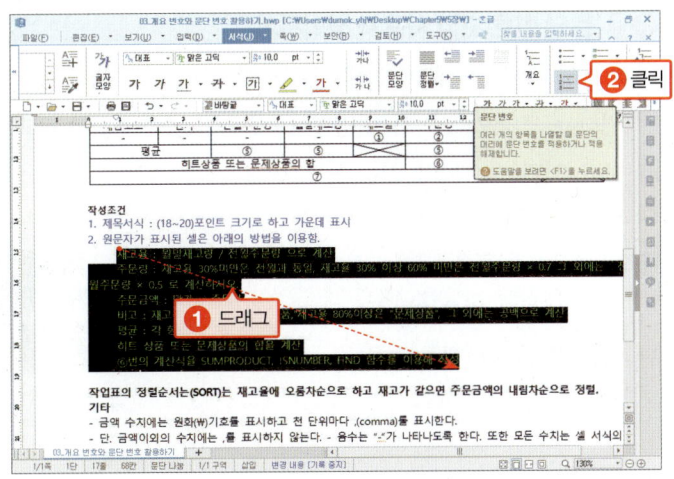

07 문단 번호 수준 변경하기

블록 설정된 상태로 [서식] 메뉴-[한 수준 감소]를 클릭합니다.

문단 번호 수준이 한 단계 감소되어 가, 나, 다 등으로 나타납니다.

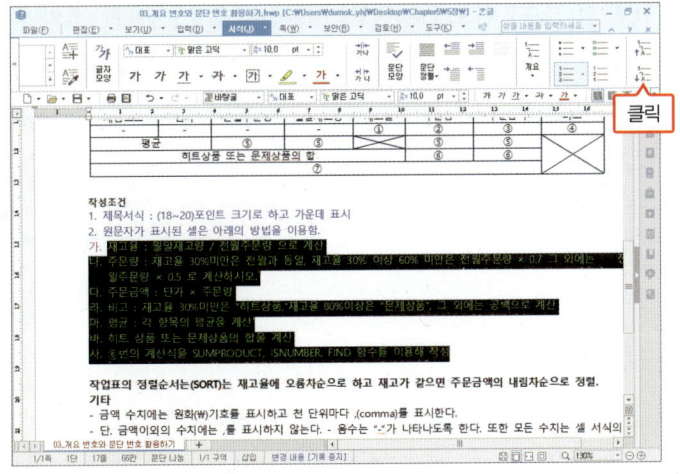

08 문단 왼쪽 여백 설정하기

① [문단 모양] 대화상자를 불러오기 위해 단축키 Alt+T를 누릅니다. ② [문단 모양] 대화상자에서 [여백]-[왼쪽]에 20을 입력하고 ③ [설정]을 클릭합니다.

문단 번호 '2수준'의 왼쪽에 여백이 적용됩니다.

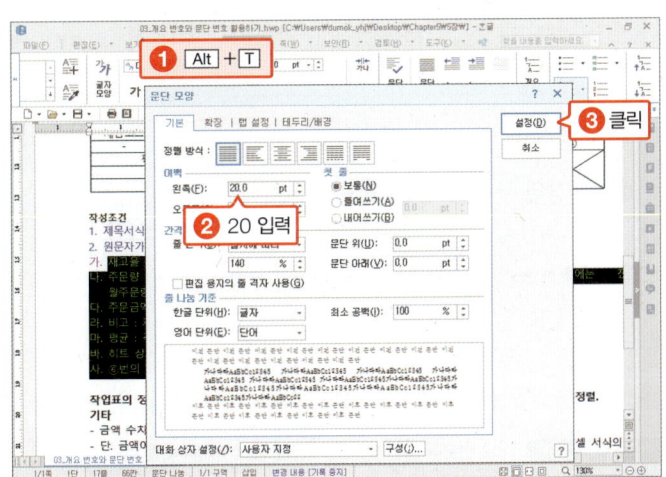

09 문단 번호 모양 사용자 정의하기

번호 모양은 지정된 테마 외에도 사용자가 원하는 모양으로 직접 변경할 수 있습니다. 이미 지정되어 있는 문단 번호의 모양을 바꿔 보겠습니다.

① '재고율~작성'을 드래그하고 ② [서식] 메뉴-[문단 번호]의 내림 단추-[문단 번호 모양]을 선택합니다.

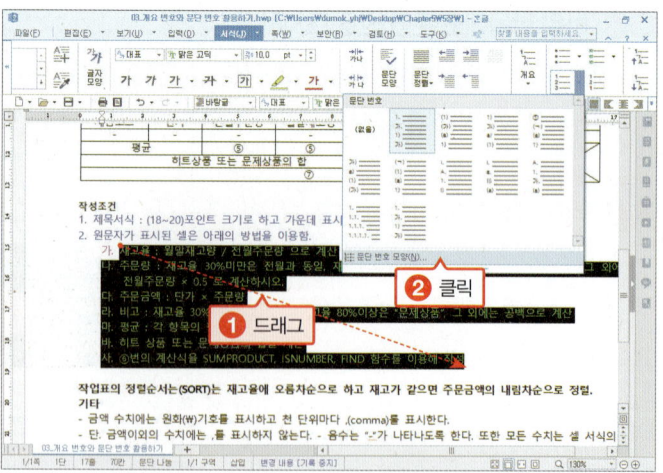

10

① [문단 번호/글머리표] 대화상자에서 [사용자 정의]를 클릭합니다. ② [문단 번호 사용자 정의 모양] 대화상자의 [번호 서식]에서 ^2 뒤의 마침표를 삭제합니다. ③ [번호 모양]을 [①,②,③]으로 설정하고 ④ [설정]을 클릭합니다. ⑤ [문단 번호/글머리표] 대화상자로 돌아와 다시 [설정]을 클릭합니다.

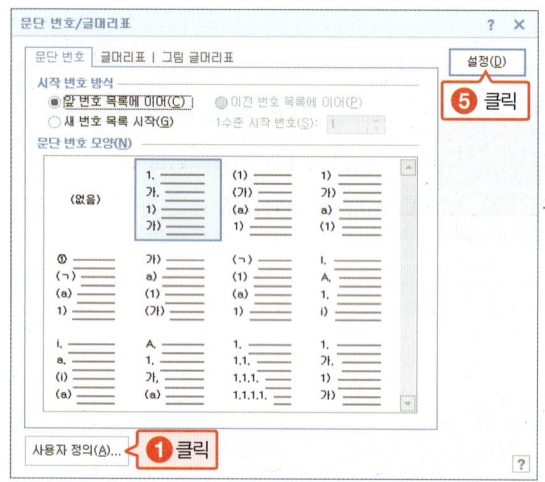

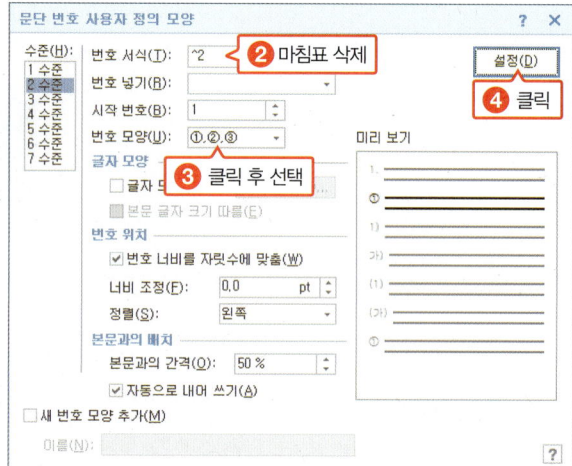

---

11 변경된 문단 모양을 확인합니다.

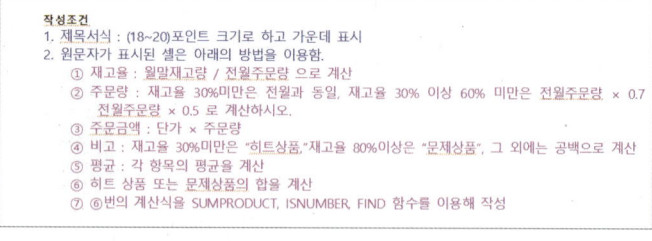

작성조건
1. 제목서식 : (18~20)포인트 크기로 하고 가운데 표시
2. 원문자가 표시된 셀은 아래의 방법을 이용함.
   ① 재고율 : 월말재고량 / 전월주문량 으로 계산
   ② 주문량 : 재고율 30%미만은 전월과 동일, 재고율 30% 이상 60% 미만은 전월주문량 × 0.7
   전월주문량 × 0.5 로 계산하시오.
   ③ 주문금액 : 단가 × 주문량
   ④ 비고 : 재고율 30%미만은 "히트상품,"재고율 80%이상은 "문제상품", 그 외에는 공백으로 계산
   ⑤ 평균 : 각 항목의 평균을 계산
   ⑥ 히트 상품 또는 문제상품의 합을 계산
   ⑦ ⑥번의 계산식을 SUMPRODUCT, ISNUMBER, FIND 함수를 이용해 작성

바로 통하는 TIP 개요 번호나 문단 번호가 지정된 행에서 Enter 를 누르면 같은 수준의 다음 번호가 자동으로 새 문단에 입력됩니다.

③ 주문금액 : 단가 × 주문량
④ 비고 : 재고율 30%미만은 "히트상품,"재고율 80%이상은 "문제상품", 그 외에
⑤ 평균 : 각 항목의 평균을 계산
⑥ 히트 상품 또는 문제상품의 합을 계산
⑦ ⑥번의 계산식을 SUMPRODUCT, ISNUMBER, FIND 함수를 이용해 작성
⑧

스타일 적용하기

학습 목표 | 스타일이란 문서에서 사용되는 다양한 형태의 글꼴, 문단 등을 미리 설정해 놓은 틀입니다. 편집 중인 문서를 일관성 있게 작성하도록 스타일을 적용해 보겠습니다.

실습 파일 | 한글/20_스타일 적용하기.hwp **완성 파일** | 한글/20완성.hwp

01 서식 도구 모음에서 스타일 적용하기

예제 파일인 모집 공고문에는 제목, 글머리표 등의 스타일이 미리 설정되어 있습니다. 설정된 스타일을 문서에 적용해 보겠습니다.

① 제목 스타일을 적용할 '희망퇴직자모집공고'를 클릭하고 ② [서식] 메뉴의 스타일 창에서 [제목] 스타일을 선택합니다.

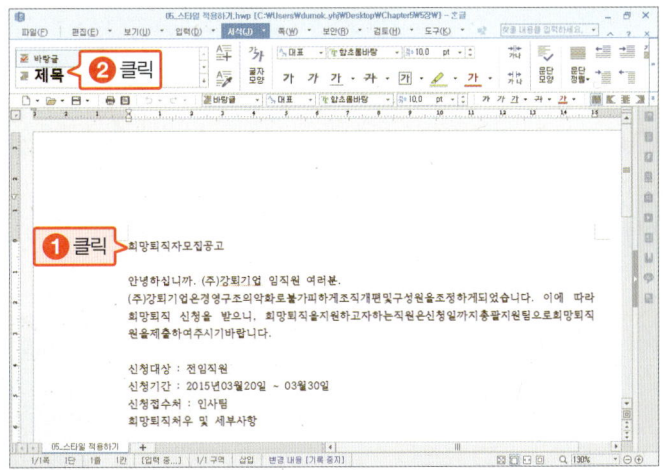

02 문서에 적용된 스타일 확인하기

제목 행에 스타일이 적용되었습니다. [서식] 메뉴의 스타일 창을 보면 적용한 스타일에 음영이 표시되었습니다. 특정 문장이나 문단에 어떤 스타일이 적용되었는지 확인하고 싶다면 스타일 창을 확인합니다.

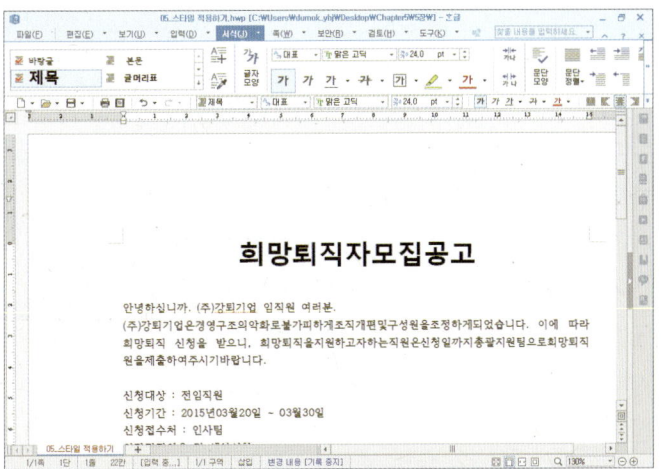

03 작업 창에서 스타일 적용하기

화면 오른쪽의 작업 창에 [스타일] 작업 창을 열어 놓고 스타일을 적용해 보겠습니다.
① 문서 우측의 [작업 창 접기/펴기]를 클릭하고 ② 작업 창 도구에서 [스타일]을 클릭합니다.

[스타일] 작업 창이 활성화됩니다.

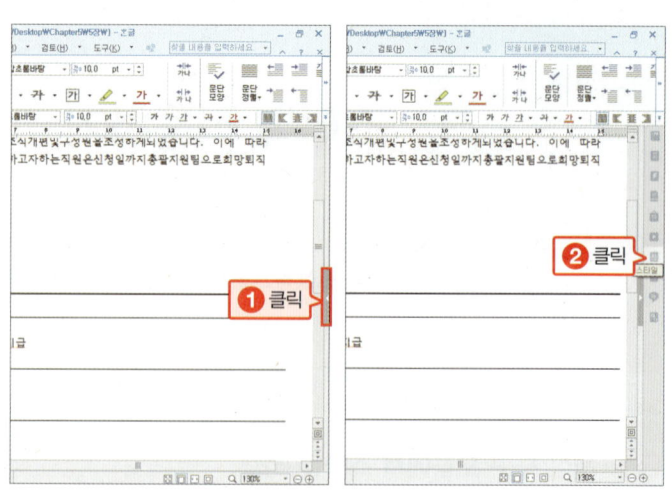

04 ① 스타일을 적용할 첫 번째 열을 드래그하고 ② [스타일] 작업 창에서 [표 안] 스타일을 클릭합니다.

미리 설정된 표 스타일이 문서에 적용됩니다.

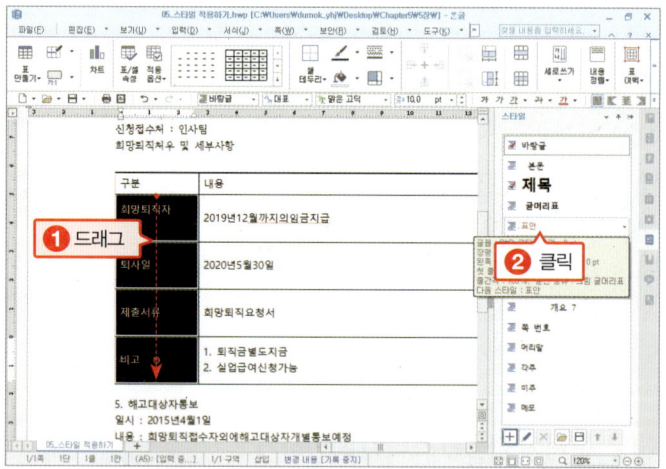

05 단축키로 스타일 적용하기

단축키로도 스타일을 적용할 수 있습니다. [스타일] 대화상자에서 스타일의 단축키를 확인하고 적용해 보겠습니다.
① [서식] 메뉴의 펼침 단추-[스타일]을 선택합니다(단축키 F6). [스타일] 대화상자에는 각 스타일의 상세 정보와 단축키 정보가 나타납니다. 여기에서 적용하려는 글머리표 스타일의 단축키는 Ctrl +4 입니다. ② 단축키를 확인했으면 [취소]를 클릭해 다시 본문으로 돌아옵니다.

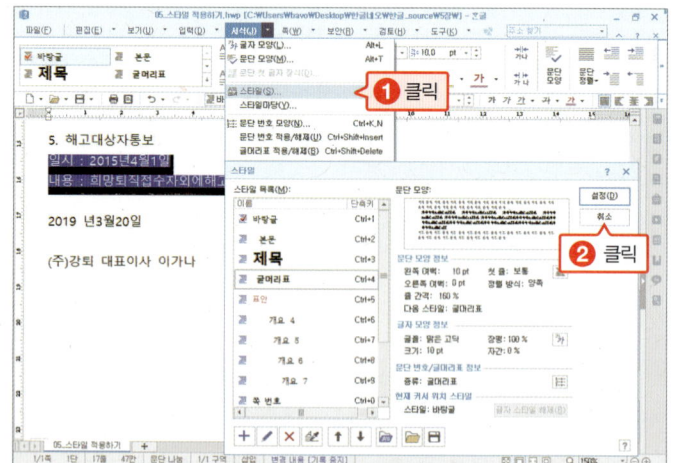

바로 통하는 TIP [스타일 목록]에서 첫 번째 스타일의 단축키는 Ctrl+1입니다. 네 번째에 있는 글머리표 스타일의 단축키는 Ctrl+4입니다. 굳이 [스타일] 대화상자에서 확인하지 않더라도 스타일 단축키는 스타일 순서에 따라 지정된다는 것을 알 수 있습니다.

06 해고대상자통보의 하위 항목에 글머리표 스타일을 적용해 보겠습니다. ① '일시~통보예정'을 드래그하고 ② 단축키 Ctrl+4를 누릅니다.

미리 설정된 [글머리표] 스타일이 문서에 적용됩니다. 문단 전체를 블록으로 설정하지 않아도 해당 스타일이 문단 전체에 적용됩니다.

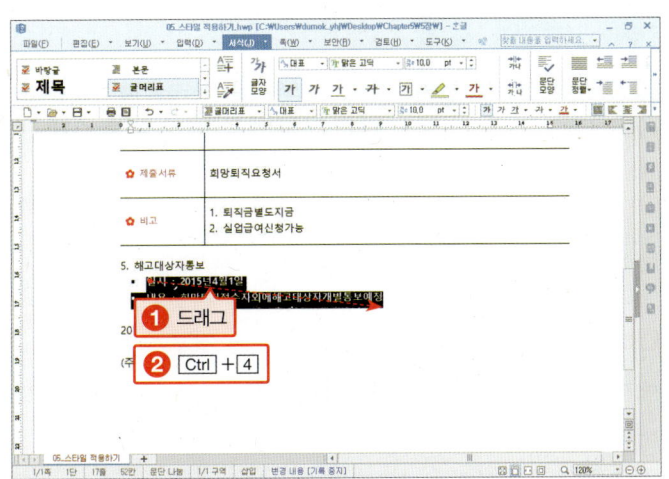

스타일 편집하기

학습 목표 | 스타일을 사용했을 때 가장 편리한 점은 스타일 편집만으로 전체 문서의 해당 스타일 모양을 한꺼번에 변경할 수 있다는 것입니다. 현재 지정된 스타일의 문단 모양과 글자 모양 등을 바꿔 편집해 보겠습니다.

실습 파일 | 한글/21_스타일 편집하기.hwp   **완성 파일** | 한글/21완성.hwp

01 스타일 편집하기

예제 파일인 모집 공고문에는 [제목], [글머리표] 등의 스타일이 미리 설정되어 있습니다. 이 스타일을 편집해 보겠습니다. [서식] 메뉴의 펼침 단추-[스타일]을 선택합니다(단축키 F6).

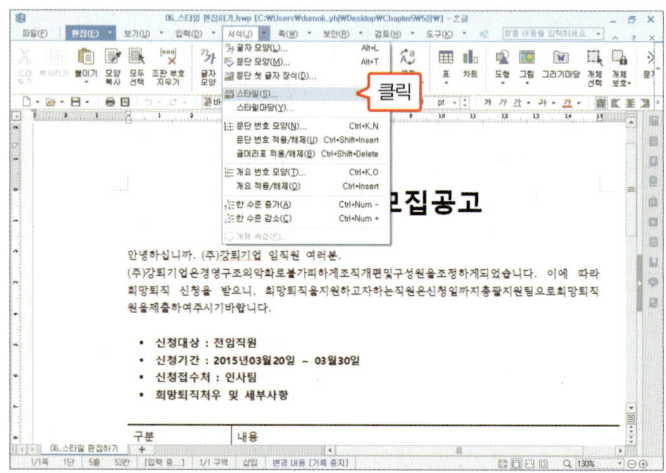

02 문단 모양 변경하기

본문의 '신청대상~세부사항' 부분에 적용된 [글머리표] 스타일을 편집해 보겠습니다. 이미 적용되어 있는 스타일을 편집하기 때문에 이 부분을 블록 설정할 필요 없이 [스타일] 대화상자에서 바로 편집합니다.

① [스타일] 대화상자에서 변경할 스타일인 [글머리표] 스타일을 선택합니다. ② [스타일 편집하기]를 클릭하고 ③ [스타일 편집하기] 대화상자에서 [문단 모양]을 클릭합니다.

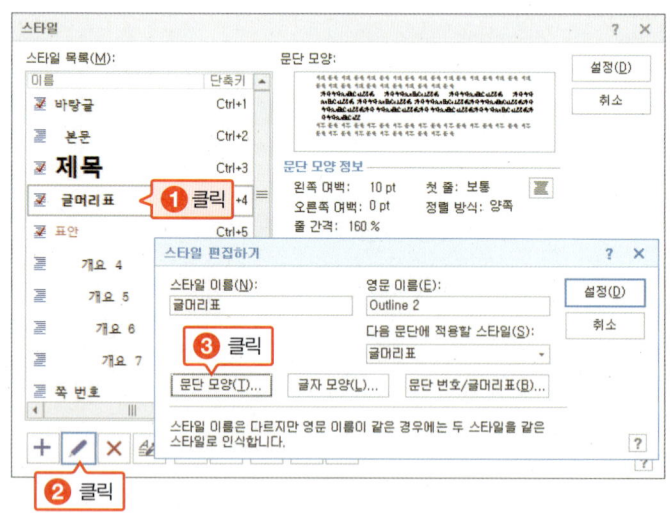

03 문단 모양 스타일 편집하기

[문단 모양] 대화상자가 열리면 글머리표 스타일에 적용된 문단 스타일을 편집합니다. [기본] 탭에서 [여백] – [왼쪽]을 10pt로 변경합니다.

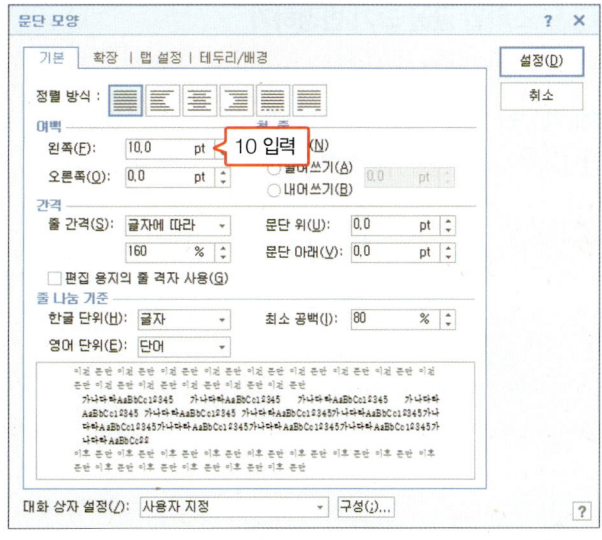

04 문단 테두리 변경하기

① [테두리/배경] 탭에서 [면 색] – [검정 90% 밝게]를 선택하고 ② [설정]을 클릭합니다.

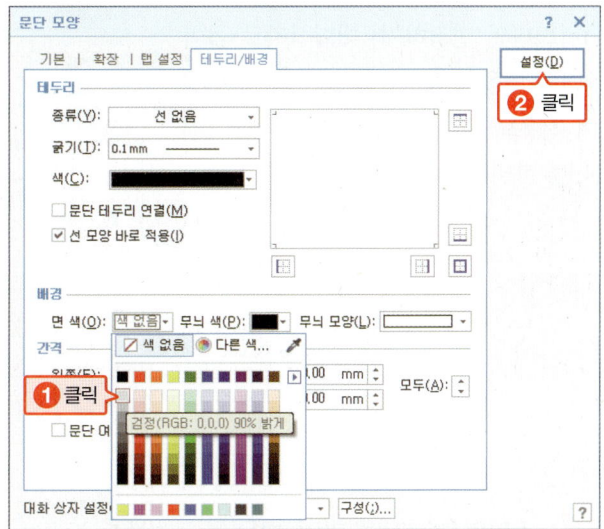

05 스타일 글자 모양 변경하기

다시 [스타일 편집하기] 대화상자로 돌아와 [글자 모양]을 클릭합니다.

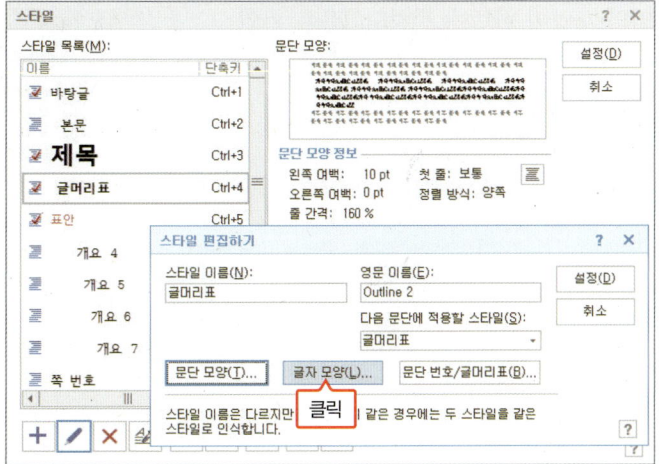

06 스타일 글꼴 크기 변경하기

[글자 모양] 대화상자에서 [글머리표] 스타일
에 적용된 글꼴 스타일을 편집합니다.
① [기준 크기]를 11pt로 변경하고 ② [설정]을
클릭합니다.

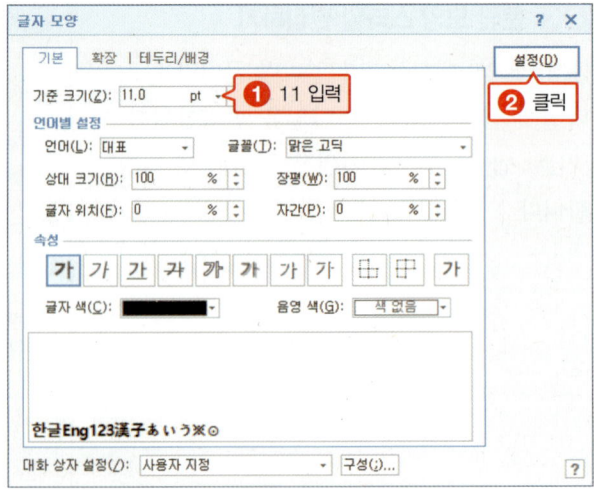

07 스타일 편집 마무리하기

① [스타일 편집하기] 대화상자로 돌아
와 [설정]을 클릭합니다. ② 스타일 변경
이 적용되면 [스타일] 대화상자에서 [취
소]를 클릭해 창을 닫습니다.

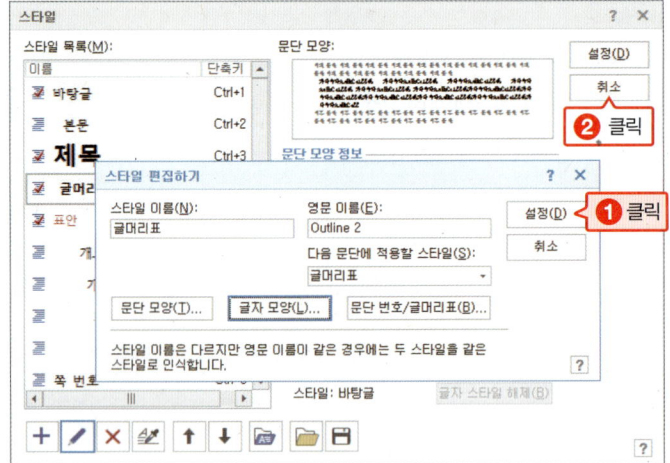

08 스타일 변경 내용 확인하기

스타일을 편집하면 본문에 적용된 스타
일의 모양이 한번에 변경되었음을 확인
할 수 있습니다.

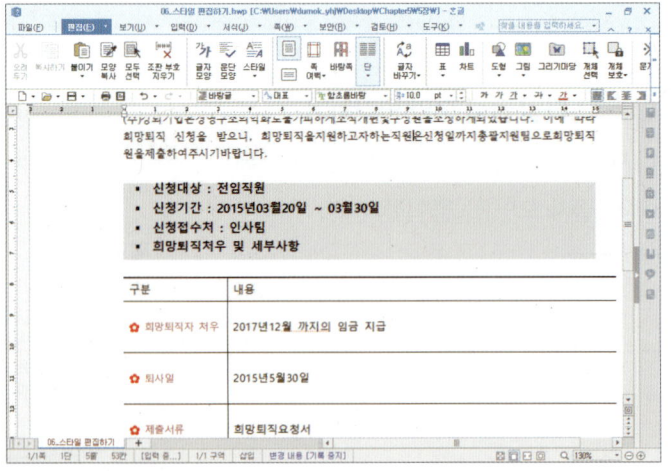

핵심기능실습

22

스타일 추가하기

학습 목표 | 새로운 스타일을 추가하고 단축키를 변경해 보겠습니다. 단축키는 10개까지만 지정할 수 있으므로 가장 많이 사용하는 스타일에 단축키를 할당해 두는 것이 좋습니다.

실습 파일 | 한글/22_스타일 추가하기.hwp   완성 파일 | 한글/22완성.hwp

01 스타일 추가하기

예제 파일에는 [제목], [글머리표] 등의 스타일이 미리 설정되어 있습니다. 이 외에 새로운 스타일을 추가하고 문서에 적용해 보겠습니다.

F6 을 눌러 [스타일] 대화상자가 열리면 [스타일 추가하기]를 클릭합니다.

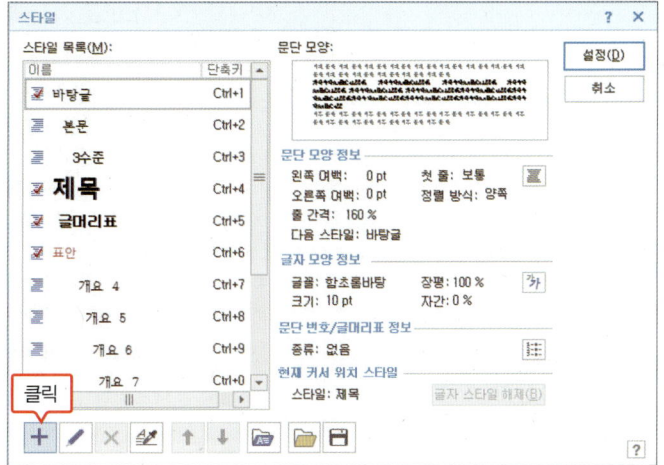

[스타일 추가하기] 대화상자가 나타납니다.

02 스타일 이름 설정하기

① [스타일 추가하기] 대화상자에서 [스타일 이름]에 **3수준**을 입력합니다. ② [스타일 종류] – [문단]을 클릭하고 ③ [문단 모양]을 클릭합니다.

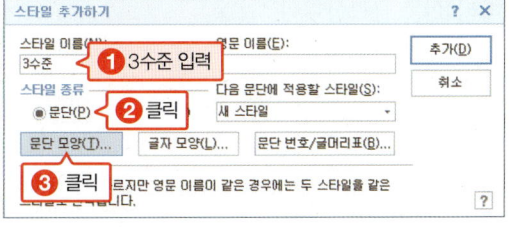

[문단 모양] 대화상자가 나타납니다.

03 [문단 모양] 대화상자에서 문단 스타일 편집하기

① [여백] – [왼쪽]을 30pt로 변경하고 ② [설정]을 클릭합니다.

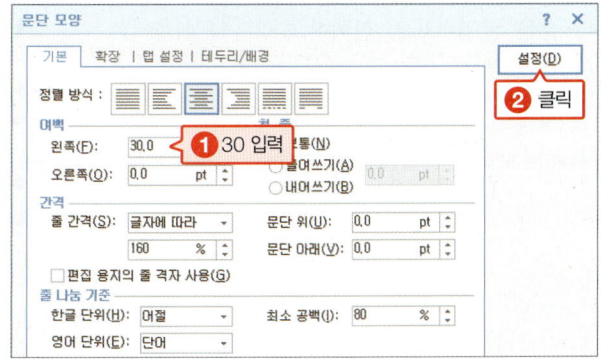

04 글자 모양 수정하기

[스타일 추가하기] 대화상자로 돌아와 [글자 모양]을 클릭합니다.

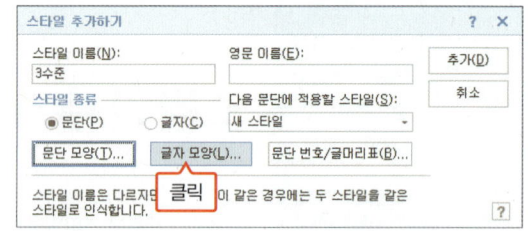

05 [글자 모양] 대화상자에서 글꼴 스타일 편집하기

① [기본] 탭에서 [기준 크기]를 10pt로 변경하고 ② [글꼴]을 [굴림체]로 변경한 뒤 ③ [설정]을 클릭합니다.

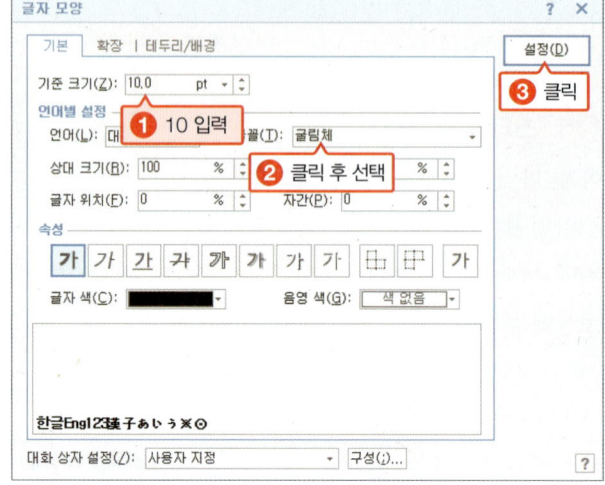

06 글머리표 붙이기

[스타일 추가하기] 대화상자로 돌아오면 [문단 번호/글머리표]를 클릭합니다.

[문단 번호/글머리표] 대화상자가 나타납니다.

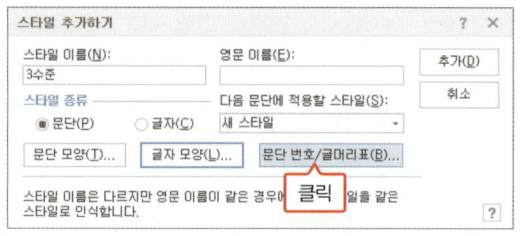

07 글머리표 선택하기

① [문단 번호/글머리표] 대화상자의 [그림 글머리표] 탭에서 스크롤을 맨 아래로 내려 그림과 같은 글머리표를 선택하고 ② [설정]을 클릭합니다.

[3수준] 스타일의 문단 및 글꼴 모양 등의 설정이 완료됩니다.

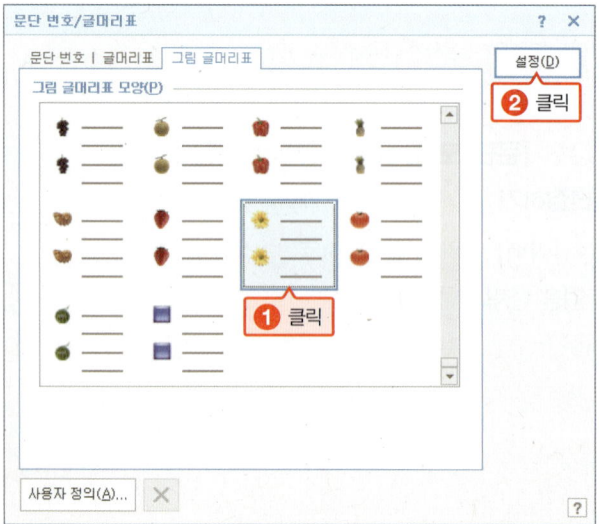

08 설정한 스타일 추가하기

[스타일 추가하기] 대화상자로 돌아와 [추가]를 클릭합니다.

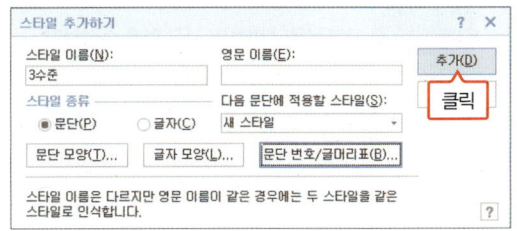

지금까지 설정한 [3수준] 스타일이 스타일 목록에 추가됩니다.

09 스타일 단축키 변경하기

[3수준] 스타일의 단축키를 변경해 보겠습니다.

① [스타일 목록]에서 [3수준] 스타일을 선택하고 ② [3수준] 스타일이 선택된 상태에서 [한 칸 아래로 이동하기]를 클릭합니다. [3수준] 스타일이 한 행 아래로 이동하면서 단축키가 Ctrl+3 으로 변경됩니다. ③ [취소]를 클릭해서 본문으로 돌아옵니다.

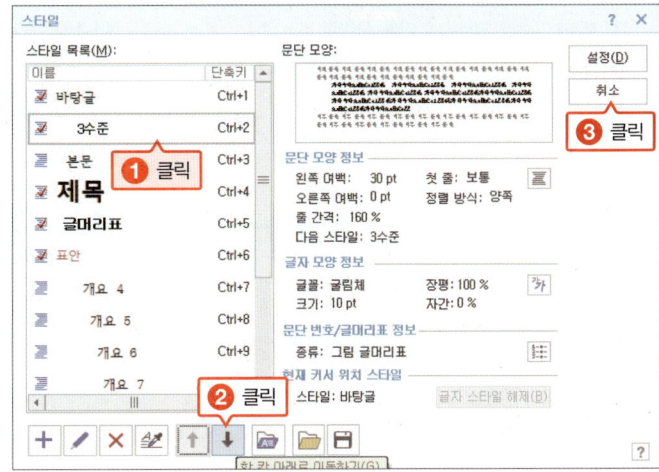

바로 통하는 TIP [스타일] 대화상자에서 [설정]을 클릭하면 본문의 현재 커서 위치에 선택한 스타일이 적용됩니다. 여기에서는 스타일을 적용하지 않기 위해서 [취소]를 클릭했습니다.

10 '해고대상자통보'의 하위 항목에 앞서 추가한 [3수준] 스타일을 적용해 보겠습니다.

'일시~통보예정'을 드래그하고 [3수준] 스타일의 단축키인 Ctrl+3 을 누릅니다.

선택한 본문에 스타일이 적용됩니다.

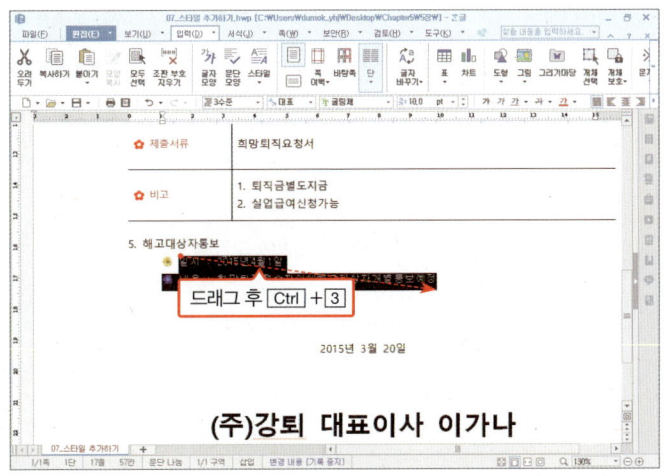

실습 파일 | 한글/22-1_개요 문단 번호의 시작 번호 수정하기.hwp

문서에 개요/문단 번호를 스타일로 적용하면 상위 항목이 바뀌어도 번호가 1부터 시작하지 않고 연번으로 설정됩니다. 예제 문서의 제4조 원 번호가 ①부터 다시 시작하도록 수정해 보겠습니다.

01 제2조의 원 번호 ②에 이어서 ③으로 표시된 제4조 하위 항목의 원 번호를 ①로 수정해 보겠습니다.

① 제4조의 하위 항목 ③ 뒤를 클릭합니다. ② [서식] 메뉴-[문단 번호 새로 시작]을 클릭합니다(단축키 Alt + shift + insert).

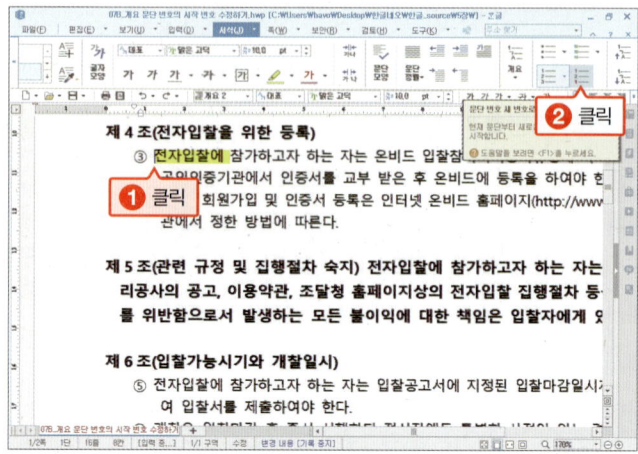

02 제4조의 원 번호가 ①부터 시작하는지 확인합니다.

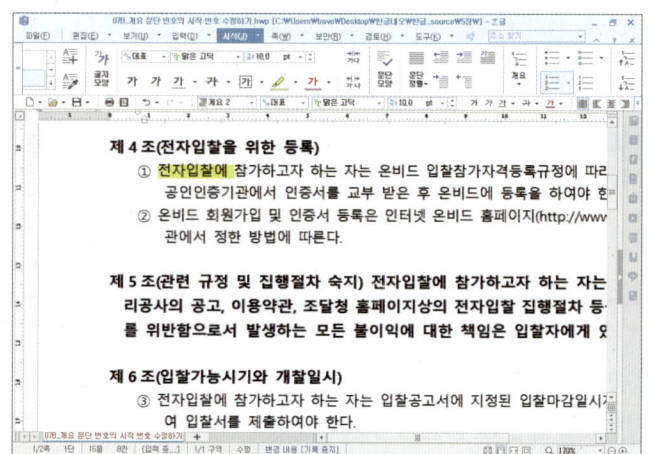

[서식] 메뉴-[문단 번호]의 내림 단추-[문단 번호 모양]을 선택하고 [문단 번호/글머리표] 대화상자에서 1수준 시작 번호를 변경하면 원하는 번호부터 시작하도록 수정할 수 있습니다.

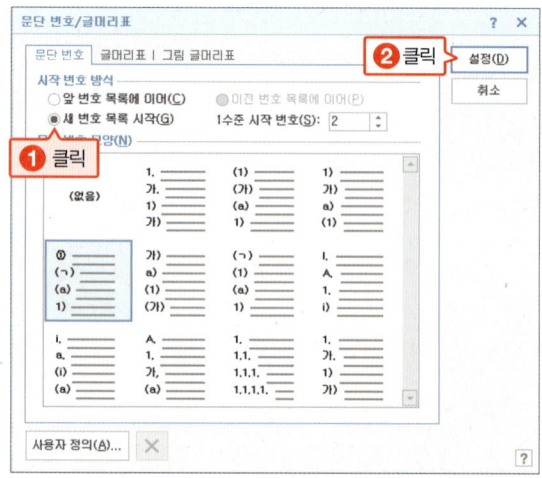

찾기 및 찾아 바꾸기

학습 목표 | [찾기] 기능을 이용하면 단어나 문장, 서식 등을 간단히 찾을 수 있습니다. 뿐만 아니라 [찾아 바꾸기] 기능을 이용해 찾은 내용을 다른 내용으로 간편하게 교체할 수도 있습니다. 이때 한글을 한자로, 한자를 한글로 바꾸는 것도 가능합니다.

실습 파일 | 한글/23_찾기 및 찾아 바꾸기.hwp   완성 파일 | 한글/23완성.hwp

01 여러 단어 찾기/한글로 한자 찾기 (단축키 Ctrl + F)

예제 문서에서 공급, 담보 등의 단어가 어느 조항에 포함되는지 찾아보려고 합니다. 계약서에서는 같은 단어라도 한자를 혼용하는 경우가 많으므로 한자로 표시된 '供給(공급)', '擔保(담보)'까지 함께 찾아보겠습니다.

[편집] 메뉴 – [찾기]의 내림 단추 – [찾기]를 선택합니다.

[찾기] 대화상자가 나타납니다.

02 ① [찾기] 대화상자의 [찾을 내용]에 공급;담보를 입력합니다. ② [선택 사항] 항목의 [여러 단어 찾기], [한글로 한자 찾기]에 체크 표시하고 ③ [다음 찾기]를 클릭합니다.

문서에서 해당 낱말이 포함되어 있는 첫 번째 위치가 나타납니다.

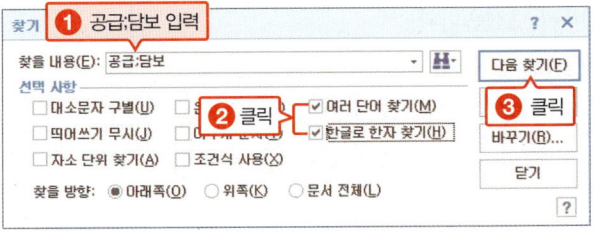

바로 통하는 TIP 여러 단어를 한번에 찾을 때는 각 낱말을 ','나 ';'으로 구분해서 입력한 후 [선택 사항] 항목에서 [여러 단어 찾기]에 체크 표시합니다. [한글로 한자 찾기]는 문서 내에서 음이 같은 한자어를 함께 찾아 주는 기능입니다.

03 문서에 포함된 단어 모두 찾기(단축키 Ctrl + F)

문서에서 찾고자 하는 단어를 하나씩 찾지 않고 전체를 한번에 찾아 표시할 수도 있습니다.

① 단축키 Ctrl + F 를 누르고 ② [찾기] 대화상자의 [찾을 내용]에 **공급;담보**를 입력합니다. ③ [모두 찾기]를 클릭하고 ④ 문서의 처음부터 계속 찾을지 묻는 대화상자가 표시되면 [찾음]을 클릭합니다.

문서 전체를 대상으로 단어가 검색됩니다.

04 찾기 알림 창

몇 건의 단어를 찾았는지 표시되면 [확인]을 클릭합니다. [모두 찾기] 작업이 마무리됩니다. 찾은 단어는 문서에서 형광색으로 나타납니다. [찾기] 대화상자가 열려 있는 상태이므로 찾은 단어를 클릭해 내용을 수정하거나 위치를 확인할 수 있습니다.

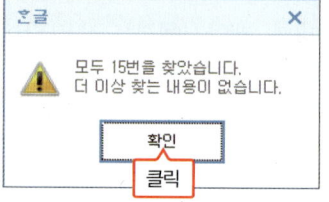

05 문서에서 원하는 내용 찾아 바꾸기(단축키 Ctrl + F2)

계약서에서 '담보'를 찾아 한자 '擔保'로 바꿔 보겠습니다.

① [편집] 메뉴-[찾기]의 내림 단추-[찾아 바꾸기]를 선택하고 ② [찾아 바꾸기] 대화상자의 [찾을 내용]에 **담보**를 입력합니다. ③ [선택 사항]에서 [한글로 한자 찾기]의 체크 표시를 해제하고 ④ [바꿀 내용]에 **담보**를 입력한 후 [한자]를 누릅니다.

[한자로 바꾸기] 대화상자가 나타납니다.

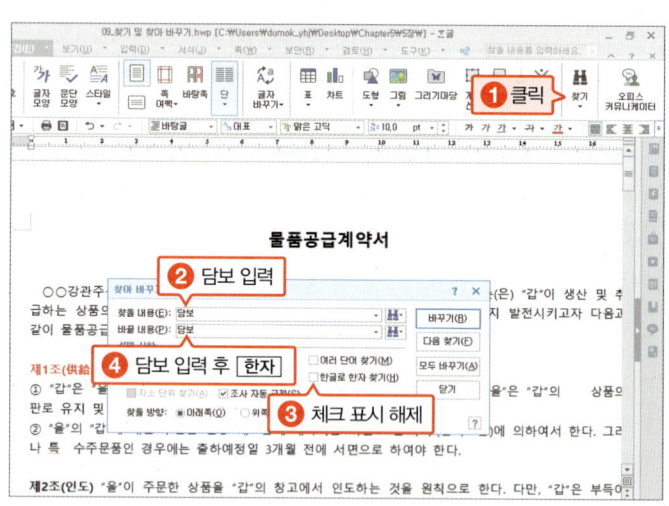

06 바꾸기 대상 한자 입력하기

① [한자로 바꾸기] 대화상자에서 擔保를 선택하고 ② [바꾸기]를 클릭합니다.

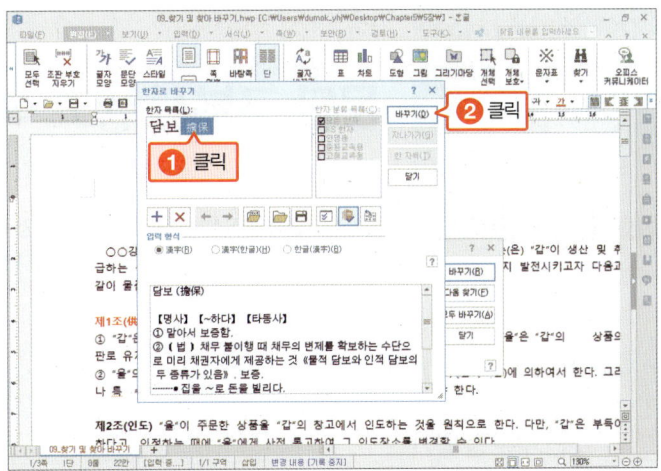

[찾아 바꾸기] 대화상자의 [바꿀 내용]에 擔保가 입력됩니다.

07 바꾸기 적용하기

[찾아 바꾸기] 대화상자에서 [바꾸기]를 클릭합니다. 한글 '담보'를 하나씩 찾아서 한자로 변경합니다.

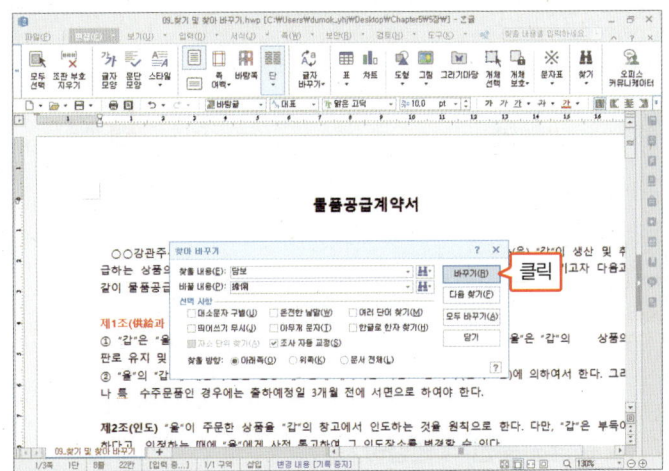

바로 통하는 TIP [모두 바꾸기]를 이용해 한번에 찾아 바꾸기

[찾아 바꾸기] 대화상자에서 [찾을 내용]과 [바꿀 내용]을 입력한 후 [모두 바꾸기]를 클릭하면 문서 안의 모든 단어가 한번에 바뀝니다.

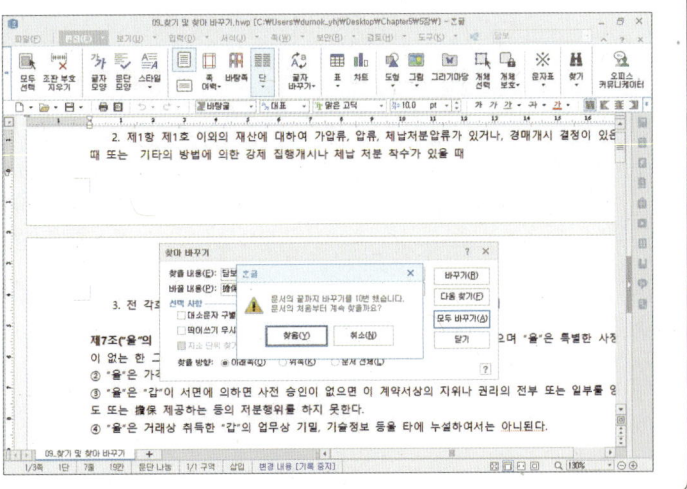

문단 구분선 넣고 색 변경하기

학습 목표 | 문서를 작성하면서 문단 구분이 명확히 표현되어야 할 경우 간단하게 문단 구분선을 넣을 수 있습니다. 이어서 구분선의 스타일을 변경하는 방법을 알아보겠습니다.

실습 파일 | 한글/24_문단 구분선 넣고 색 변경하기.hwp   완성 파일 | 한글/24완성.hwp

01 문단 구분선 넣기

① 문단 구분선을 넣을 본문 위치를 클릭합니다. ② ---를 입력하고 [enter]를 누릅니다.

구분선이 추가됩니다.

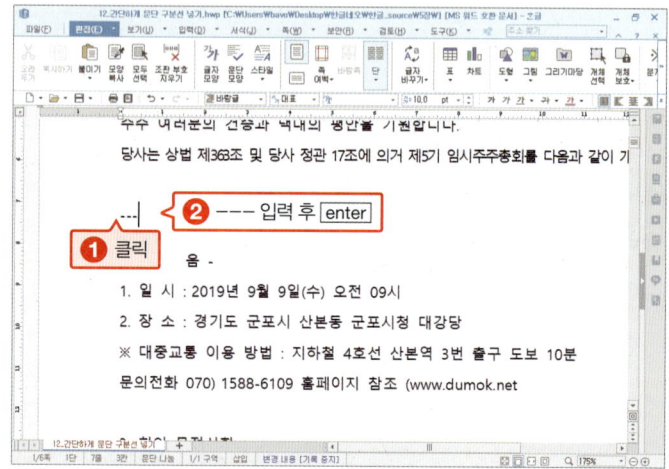

02 문단 구분선 색 변경하기

① 문단 구분선 클릭
② [도형] 탭 – [선색] – [진달래색]을 선택합니다.

문단 구분선 색이 진달래색으로 변경됩니다.

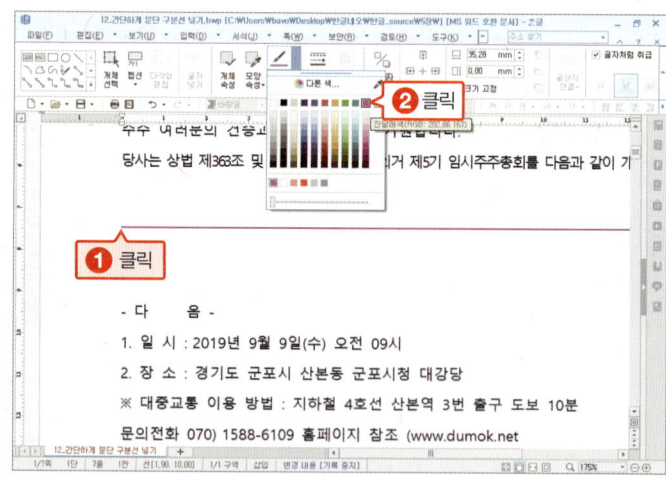

03 문단 구분선 모양 변경하기

① 문단 구분선을 선택하고 ② [도형] 탭-[선 스타일]-[선 종류]-[원형 점선]을 선택합니다.

문단 구분선이 원형 점선으로 변경되었습니다.

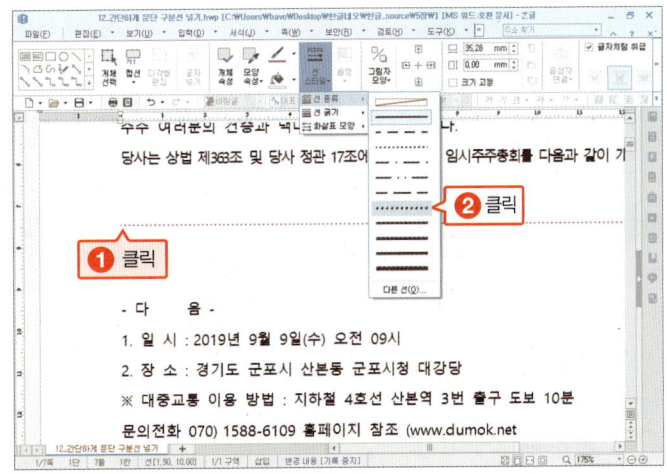

04 문단 구분선 굵기 변경하기

① 문단 구분선을 선택하고 ② [도형] 탭-[선 스타일]-[선 굵기]-[0.5mm]를 선택합니다.

문단 구분선의 선 굵기가 변경되었습니다.

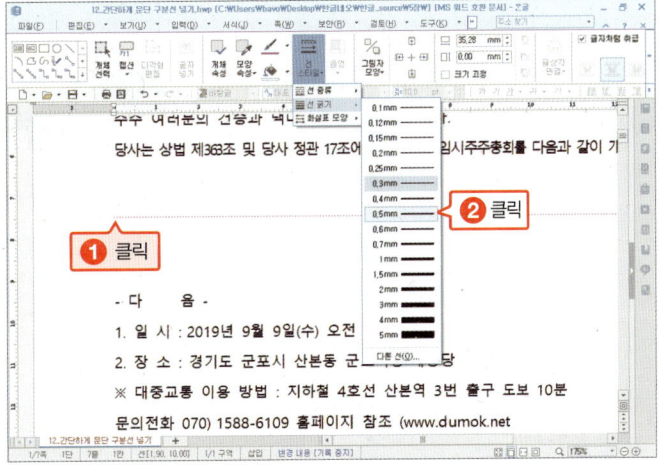

문단 배경과 테두리 꾸미기

학습 목표 | 문서를 작성하다 보면 특정 문단을 강조하고 싶을 때가 있습니다. 문단의 배경이나 테두리를 적용해 문단을 꾸며 보겠습니다.

실습 파일 | 한글/25_문단 배경과 테두리 꾸미기.hwp   **완성 파일 |** 한글/25완성.hwp

O1 문단 배경 꾸미기

① 배경을 변경할 문단을 블록 선택합니다. ② [서식] 탭 - [문단 모양]을 클릭하고 ③ [문단 모양] 대화상자 - [테두리/배경] 탭에서 배경색을 [검정(RGB | 0,0,0) 80%, 밝게]를 선택합니다.

문단 배경색이 적용되었습니다.

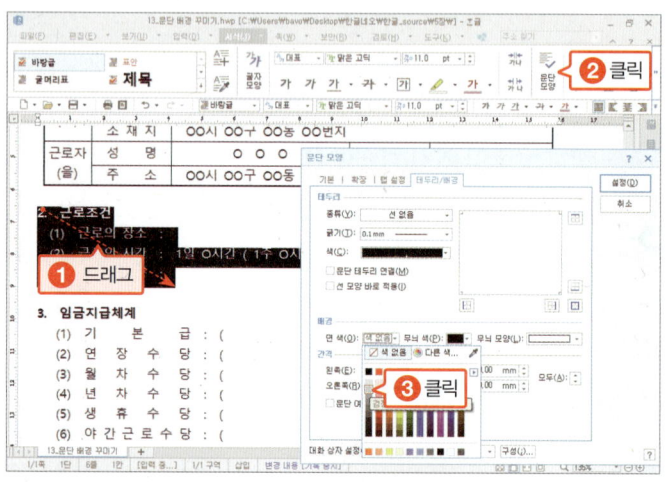

O2 문단 배경과 테두리 꾸미기

① 배경을 변경할 문단을 블록 선택합니다. ② [서식] 탭 - [문단 모양]을 클릭하고 ③ 테두리 종류, 굵기, 색을 알맞게 변경합니다. ④ [문단 테두리 연결]에 체크 표시하고 ⑤ 테두리 [모두]를 클릭하여 적용합니다. ⑥ 임의의 배경색으로 변경하고 ⑦ [설정]을 클릭합니다.

바로 통하는 TIP [문단 테두리 연결]을 체크하지 않으면 문단의 각 줄마다 구분선이 나타납니다.

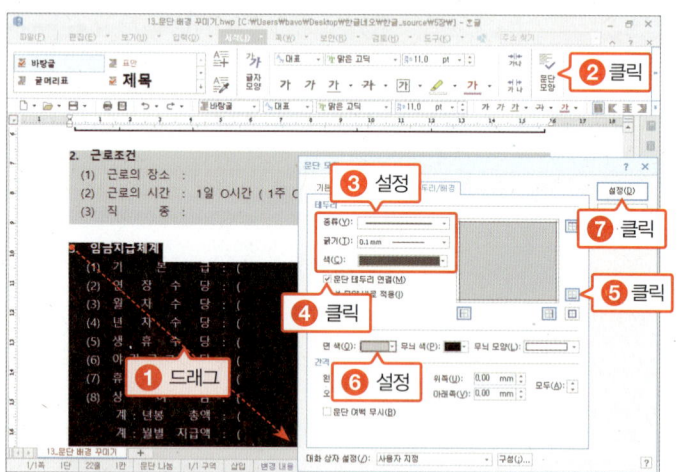

O3 문단 배경, 테두리가 잘 적용되었는지 확인합니다.

```
2. 근로조건
  (1) 근로의 장소 :
  (2) 근로의 시간 : 1일 O시간 ( 1주 O시간 )
  (3) 직    종 :

3. 임금지급체계
  (1) 기  본  급 : (            ) 원
  (2) 연 장 수 당 : (            ) 원
  (3) 월 차 수 당 : (            ) 원
  (4) 년 차 수 당 : (            ) 원
```

쪽 꾸미기

문서를 편집하다 보면 새로운 문서를 끼워 넣거나 문서 중간에서 페이지를 나누고 페이지별로 다른 쪽 번호나 머리글, 바닥글 등을 설정해야 하는 경우가 많습니다. 문서 전체 페이지를 좀 더 쉽고 체계적으로 관리할 수 있도록 쪽 번호를 삽입하고 번호 서식을 변경하거나 다단을 나눠 편집하고 구역을 나누어 페이지 방향을 지정하는 방법 등에 대해서 알아보겠습니다.

26

편집 용지 설정하기

학습 목표 | 작성한 문서를 출력하려면 여백이나 제본 영역, 또는 출력 용지의 방향과 사이즈 등을 미리 설정해야 합니다. 그렇지 않으면 출력했을 때 문서 내용이 잘릴 수 있습니다. 편집 용지는 보통 A4를 기준으로 삼지만 문서에 따라 크기를 변경할 수 있습니다.

실습 파일 | 한글/26_편집 용지 설정하기.hwp **완성 파일 |** 한글/26완성.hwp

01 용지 종류 및 여백 변경하기(단축키 F7)

예제 문서의 용지 종류는 B5로, 편집 용지보다 문서 내용이 크게 작성되어 화면에서 표가 잘려 보입니다. 작성된 문서 내용에 맞게 용지 종류와 여백을 재설정해 보겠습니다. [쪽] 메뉴-[편집 용지]를 클릭합니다(단축키 F7).

[편집 용지] 대화상자가 나타납니다.

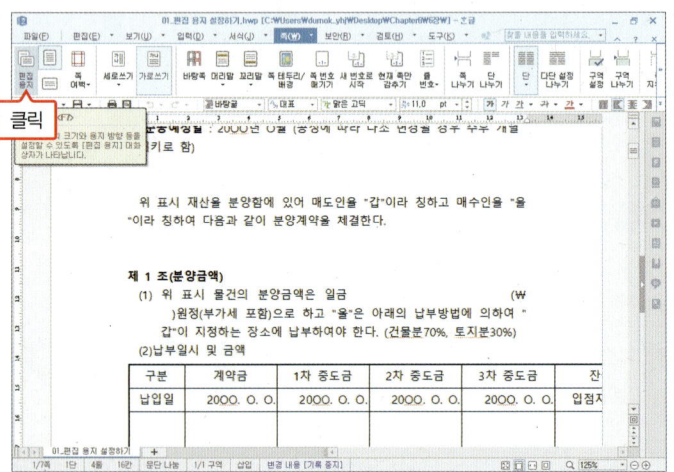

02 편집 용지 설정하기

① [편집 용지] 대화상자의 [기본] 탭에서 [용지 종류]-[종류]를 [A4(국배판)]으로 변경합니다. ② [용지 여백]-[왼쪽]을 20mm, ③ [용지 여백]-[오른쪽]을 20mm로 설정하고 ④ [설정]을 클릭합니다.

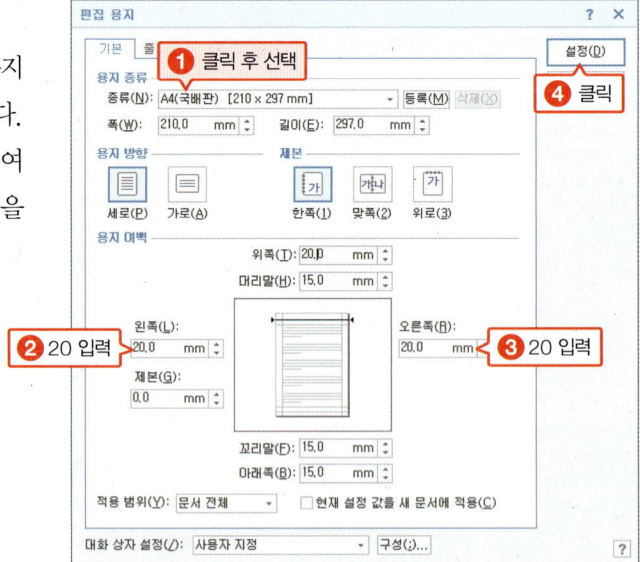

03 편집 용지가 A4로 변경되면서 잘렸던 표의 오른쪽 부분이 화면에 모두 나타납니다.

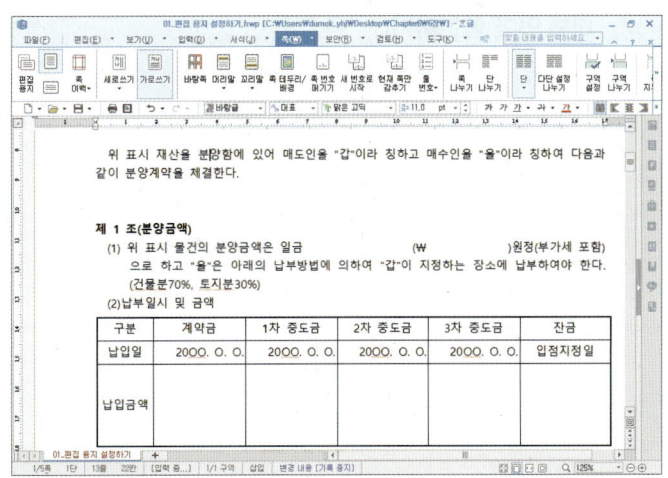

04 제본 영역 만들기

문서를 출력해 제본하면 제본되는 부분이 잘 보이지 않을 수 있습니다. 본문이 가려지지 않도록 제본하려면 추가 여백이 필요하므로 제본할 위치에 여백을 설정해 보겠습니다. [쪽] 메뉴 - [편집 용지]를 클릭합니다(단축키 F7).

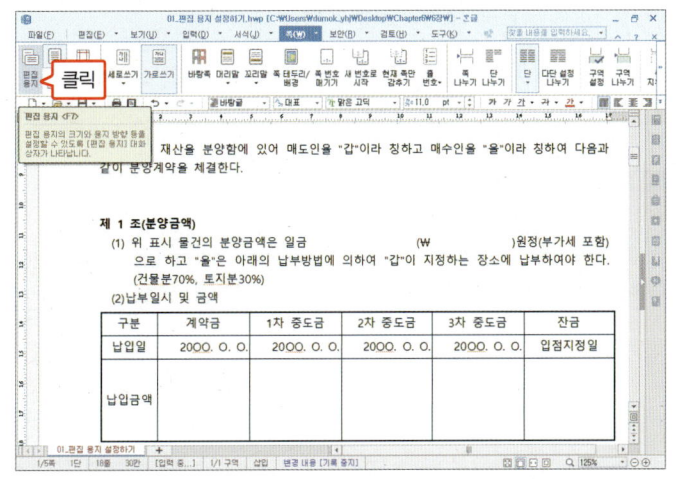

[편집 용지] 대화상자가 나타납니다.

05 맞쪽, 제본 영역 설정하기

① [편집 용지] 대화상자에서 [제본] - [맞쪽]을 클릭합니다. ② [용지 여백] - [제본]을 10.0mm로 설정하고 ③ [설정]을 클릭합니다.

제본 영역에 여백이 설정됩니다.

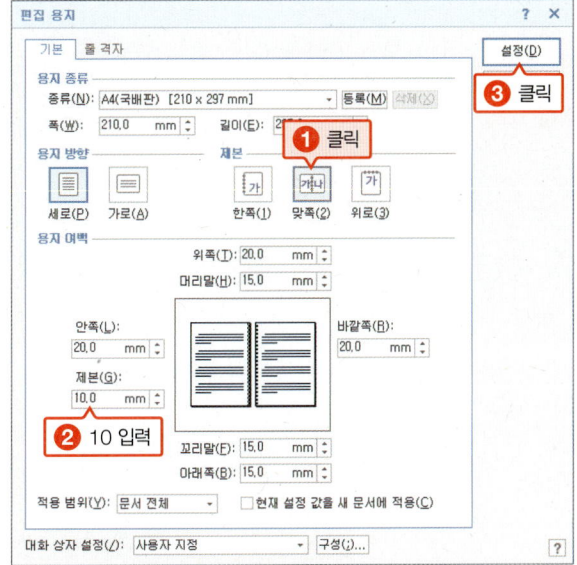

06 제본 영역 확인하기

① 작업 상황선에서 [확대/축소]를 클릭합니다. ② [화면 확대/축소] 대화상자에서 [비율]-[폭 맞춤]을 클릭하고 ③ [쪽모양]-[맞쪽]을 클릭한 뒤 ④ [설정]을 클릭합니다.

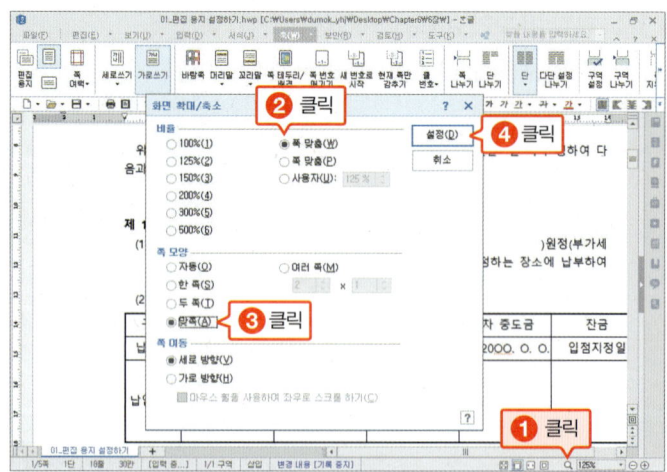

07 맞쪽 부분에 좀 더 여백이 생겨 제본 영역이 확보되었음을 확인할 수 있습니다.

바로 통하는 TIP [제본]-[맞쪽] 옵션으로 문서를 출력해 제본할 경우 문서를 양면으로 인쇄해 묶게 되므로 홀수 페이지는 문서의 왼쪽에, 짝수 페이지는 문서의 오른쪽에 여백이 추가됩니다.

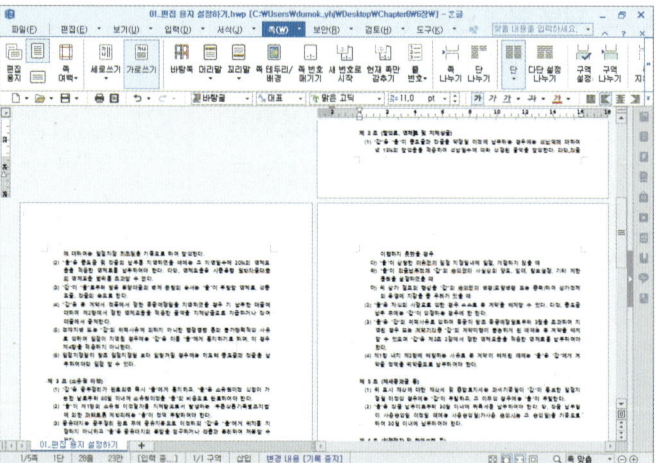

머리말/꼬리말 적용하기

학습 목표 | 인쇄물의 위쪽에는 머리말을, 아래쪽에는 꼬리말을 적용할 수 있습니다. 머리말과 꼬리말은 전체 페이지에 반복해서 표시할 수 있으므로 출력물을 만들 때 문서 제목이나 작성자, 쪽 번호를 표시하는 등 다양하게 응용할 수 있습니다.

실습 파일 | 한글/27_머리말 꼬리말 적용하기.hwp   **완성 파일** | 한글/27완성.hwp

01 머리말 추가하기

예제 문서의 결재란을 머리글 영역으로 옮겨 모든 페이지에서 나타나도록 해보겠습니다.

① 담당자/확인자 결재란을 클릭합니다.

② 단축키 Ctrl+X를 눌러 표를 잘라 냅니다. ③ [쪽] 메뉴-[머리말]-[위쪽]-[모양 없음]을 선택합니다.

머리말 영역이 활성화됩니다.

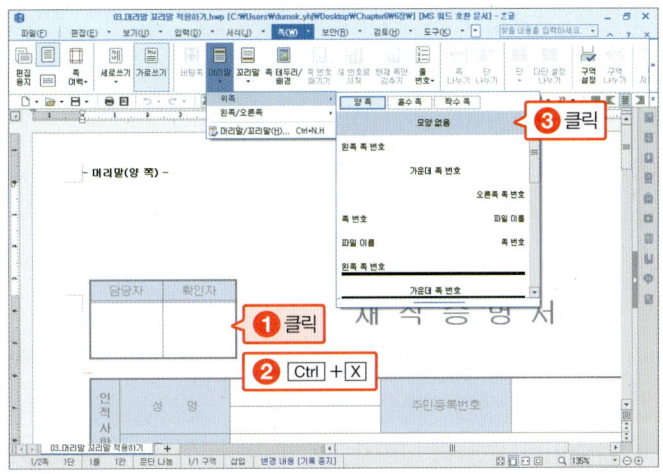

02 표 오려 붙이기

① 단축키 Ctrl+V를 눌러 표를 붙여넣습니다. ② [머리말/꼬리말] 탭에서 [머리말/꼬리말 닫기]를 클릭합니다.

머리말 영역에서 빠져나옵니다.

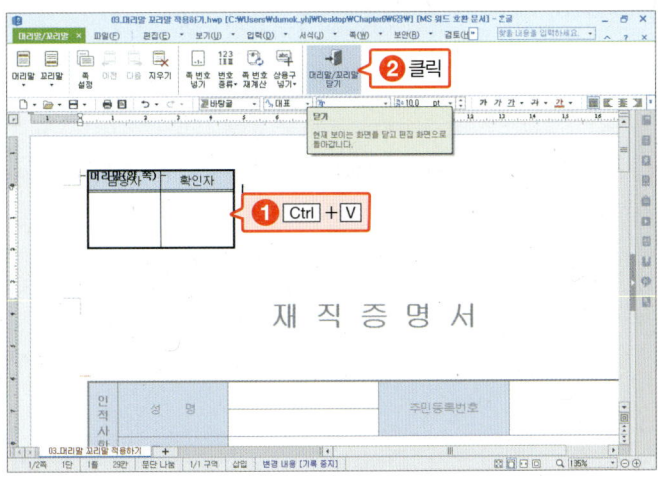

03 머리말 지우기

삽입했던 머리말은 필요에 따라 다시 삭제할 수 있습니다.
① [머리말/꼬리말] 편집 상태로 전환하기 위해 머리말 영역을 더블클릭합니다.
② [머리말/꼬리말] 탭 - [지우기]를 클릭합니다. ③ 현재 머리말을 지울지 물어보면 [지움]을 클릭합니다.

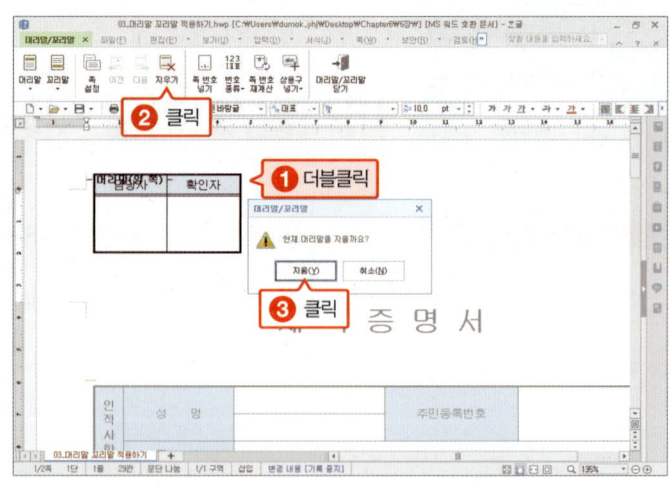

머리말이 지워지면서 자동으로 머리말 영역에서 빠져나옵니다. 결재란을 머리말에 다시 추가하기 위해 단축키 Ctrl + Z 를 눌러 지우기를 취소합니다.

04 꼬리말 추가하기

재직증명서 첫 번째 페이지 아래에 표시된 한빛미디어 이미지가 홀수 쪽에 모두 나타나도록 바닥글을 삽입해 보겠습니다.
① 한빛미디어 이미지를 클릭하고 ② 단축키 Ctrl + X 를 눌러 이미지를 잘라 냅니다. ③ [쪽] 메뉴 - [꼬리말] - [머리말/꼬리말]을 선택합니다.

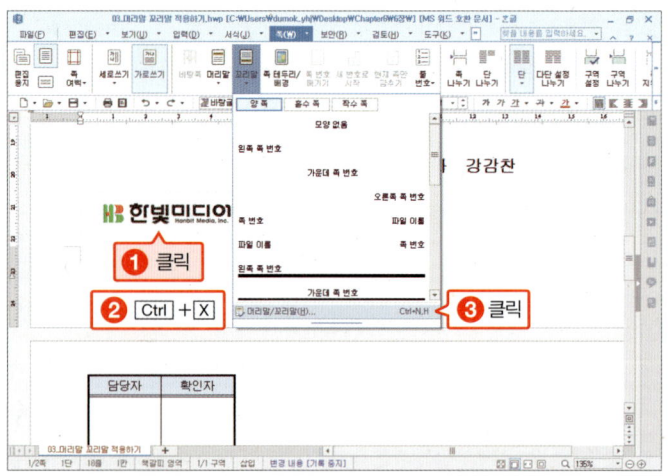

05
① [머리말/꼬리말] 대화상자에서 [종류] - [꼬리말], ② [위치] - [홀수 쪽]을 클릭합니다. ③ [머리말/꼬리말마당] - [없음]을 선택하고 ④ [만들기]를 클릭합니다.

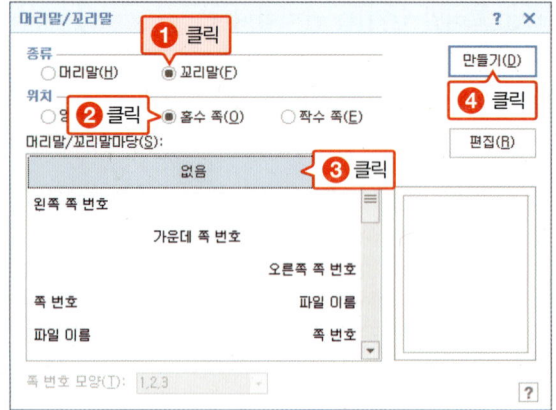

06 바닥글 추가하기

① 꼬리말 영역에서 단축키 Ctrl+V를 눌러 이미지를 붙여넣습니다. ② 이미지를 꼬리말 영역의 오른쪽으로 배치하기 위해 서식 도구 상자에서 [오른쪽 정렬]을 클릭합니다. ③ [머리말/꼬리말] 탭-[머리말/꼬리말 닫기]를 클릭합니다.

꼬리말 영역에서 빠져나옵니다.

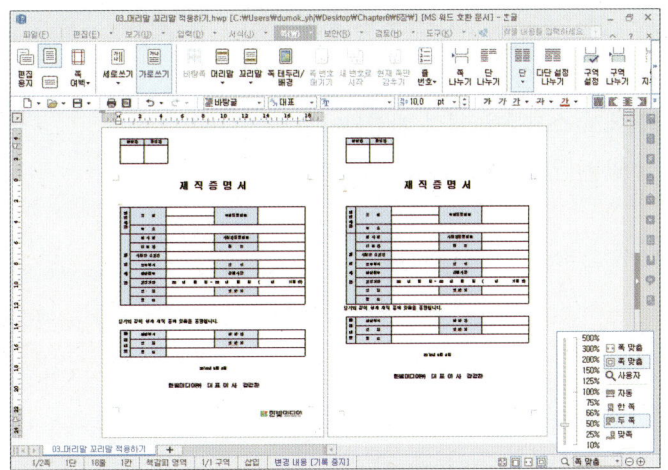

07 홀수 쪽의 오른쪽에만 이미지가 표시되었음을 확인할 수 있습니다.

쪽 번호 넣기

학습 목표 | 문서를 편집할 때 쪽 번호가 자동으로 삽입되도록 설정할 수 있습니다. 쪽 번호와 문서 내용이 겹치지 않도록 머리말이나 꼬리말 영역을 활용해 쪽 번호를 배치하고, 일반적인 숫자 외의 다른 형태로 모양을 변경해 보겠습니다.

실습 파일 | 한글/28_쪽 번호 넣기.hwp   완성 파일 | 한글/28완성.hwp

01 쪽 번호 넣기

개인 정보의 처리에 관한 규정이 들어 있는 4페이지짜리 문서에 쪽 번호를 삽입해 보겠습니다. [쪽] 메뉴-[머리말]-[위쪽]에서 스크롤을 내려 배경색이 포함되어 있는 [왼쪽 쪽 번호]를 선택합니다.

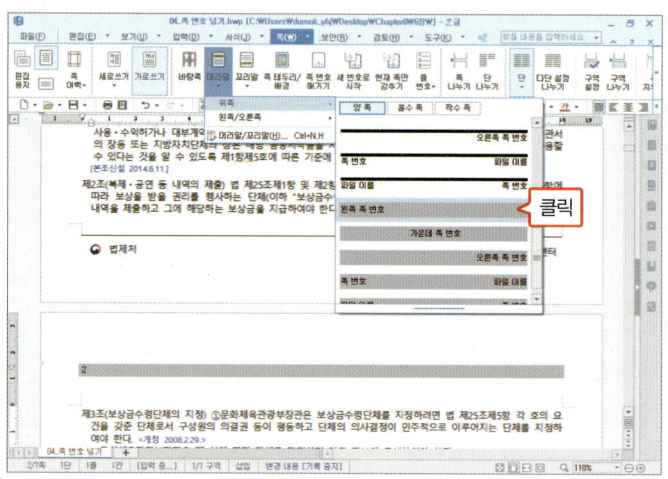

머리말 영역에 쪽 번호가 나타납니다.

02 쪽 번호 모양 변경하기

쪽 번호의 배경을 다른 색으로 바꾸고 번호 모양은 원 번호 형태로 수정해 보겠습니다.

① [머리말/꼬리말] 편집 상태로 전환하기 위해 머리말 영역을 더블클릭합니다. ② Delete 를 눌러 현재 번호를 삭제하고 ③ [머리말/꼬리말] 탭-[번호 종류]-[①,②,③]을 선택합니다. ④ 단축키 Alt +T 를 누릅니다.

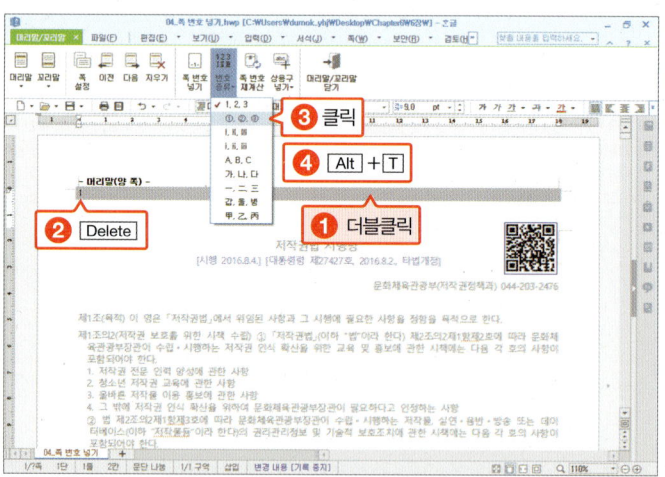

[문단 모양] 대화상자가 나타납니다.

03 문단 모양 수정하기

① [문단 모양] 대화상자의 [테두리/배경] 탭에서 [배경] – [면 색] – [진달래색 60% 밝게]를 선택하고 ② [설정]을 클릭합니다.

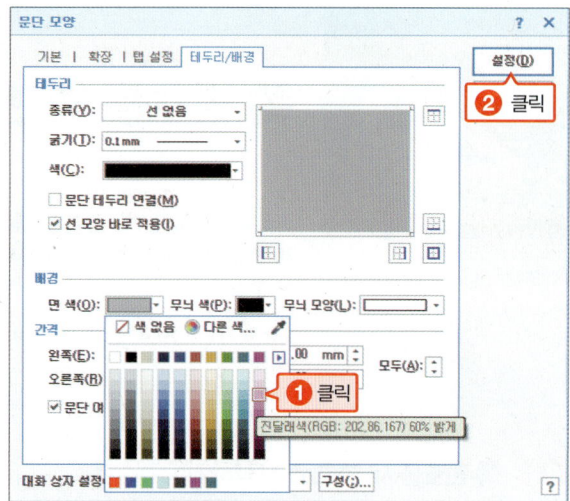

[머리말/꼬리말 닫기]를 클릭해 머리말 영역에서 빠져나옵니다.

바로 통하는 TIP [진달래색 60% 밝게]는 [기본] 테마에 포함되어 있습니다. 현재 테마가 [기본] 테마가 아닌 경우에는 색 목록에서 [색상 테마]를 클릭한 후 테마를 변경합니다.

04 쪽 번호의 모양이 원 번호 형태로 바뀌고 문단 배경색이 진달래색으로 변경되었습니다.

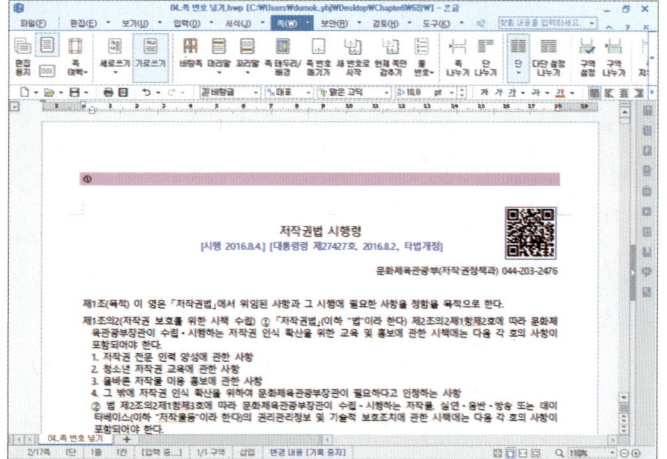

쪽 번호를 새 번호로 시작하기

학습 목표 | 보통 쪽 번호 넣기를 이용하면 문서의 첫 페이지부터 1쪽이 시작됩니다. 1쪽이 아닌 다른 번호부터 시작하게 하거나 문서의 중간부터 쪽 번호를 적용하고 싶다면 [새 번호로 시작] 기능을 이용합니다.

실습 파일 | 한글/29_쪽 번호를 새 번호로 시작하기.hwp   완성 파일 | 한글/29완성.hwp

01 쪽 번호를 새 번호로 시작하기

예제 문서의 머리말 영역에 이미 쪽 번호가 적용되어 있습니다. 문서의 3페이지에서 다시 1쪽부터 쪽 번호가 시작되도록 설정해 보겠습니다. 우선 스크롤을 내리거나 Page down 을 눌러 3페이지로 이동해 커서를 위치시킵니다.
① [쪽] 메뉴-[새 번호로 시작]을 클릭합니다. ② [새 번호로 시작] 대화상자에서 [번호 종류]-[쪽 번호]를 클릭하고 ③ [시작 번호]를 1로 설정한 뒤 ④ [넣기]를 클릭합니다.

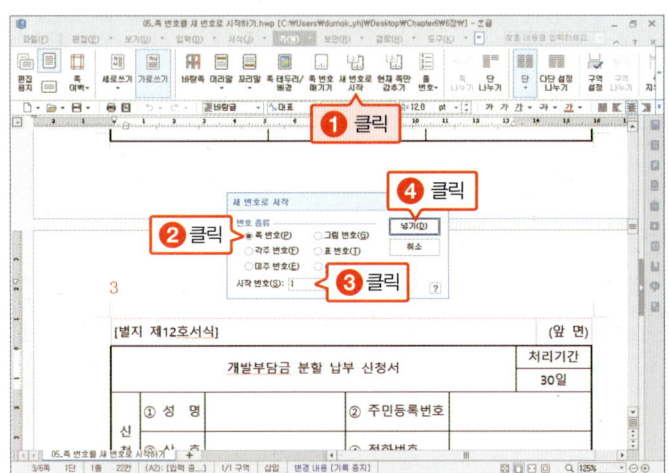

02 실제 3쪽의 쪽 번호가 1로 변경되어 시작합니다.

바로 통하는 TIP 삽입한 쪽 번호를 특정 페이지에서 보이지 않도록 설정하려면 [쪽] 메뉴-[현재 쪽만 감추기]를 클릭한 후 [감추기] 대화상자에서 쪽 번호가 표시된 [머리말] 혹은 [꼬리말]에 체크 표시합니다. [설정]을 클릭하면 해당 페이지의 쪽 번호가 감춰집니다.

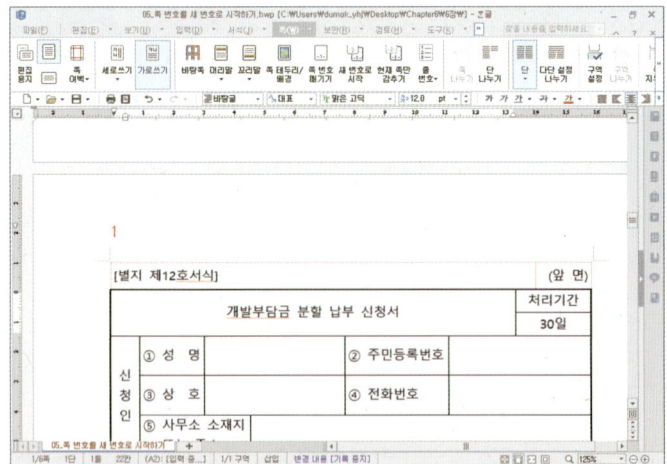

핵심기능실습 30

조판 부호 보기를 이용해 쪽 번호 지우기

학습 목표 | 조판 부호는 문장 수정에 사용되는 일종의 코드입니다. 쪽 번호를 추가하면 쪽 번호가 문서에 표시되지만 사실은 본문에 조판 부호 [머리말]로 존재합니다. 조판 부호를 나타내 삭제할 수 있도록 합니다.

실습 파일 | 한글/30_조판 부호 보기를 이용해 쪽 번호 지우기.hwpp   **완성 파일** | 한글/30완성.hwp

01 조판 부호 표시하고 [새 쪽 번호] 삭제하기

실제 9페이지로 이루어진 예제 문서의 2 페이지를 살펴보면 쪽 번호가 '6'으로 표 시되어 있습니다. 잘못 매겨진 쪽 번호 를 지워 바르게 수정해 보겠습니다.

① [보기] 메뉴의 [조판 부호]에 체크 표 시합니다(단축키 Ctrl+G, C). ② 조 판 부호인 [새 쪽 번호]가 두 개 표시되 면 [새 쪽 번호] 앞에 커서를 위치시키고 Delete 를 누릅니다. ③ 새 번호를 지울 지 물어보면 [지움]을 클릭합니다.

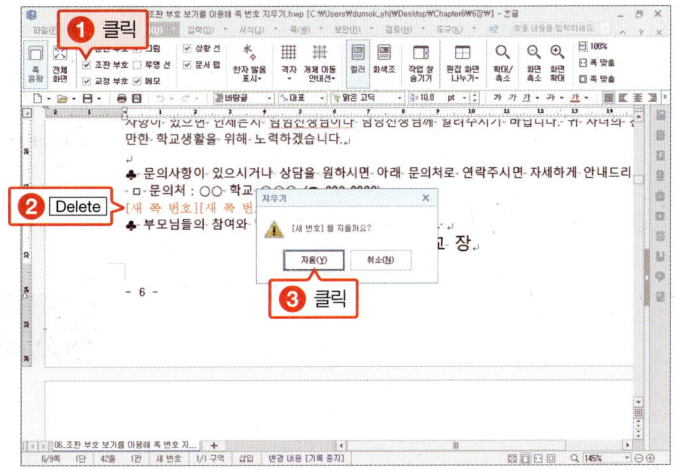

[새 쪽 번호] 조판 부호가 지워집니다. 같은 방식으로 남아 있는 [새 쪽 번호] 조판 부호도 지웁니다.

02 확인하기

문서 중간에 [새 쪽 번호] 조판 부호가 존재하여 쪽 번호가 엉망이었는데, [새 쪽 번호] 조판 부호를 지우면서 쪽 번호 가 '2'로 표시되었습니다.

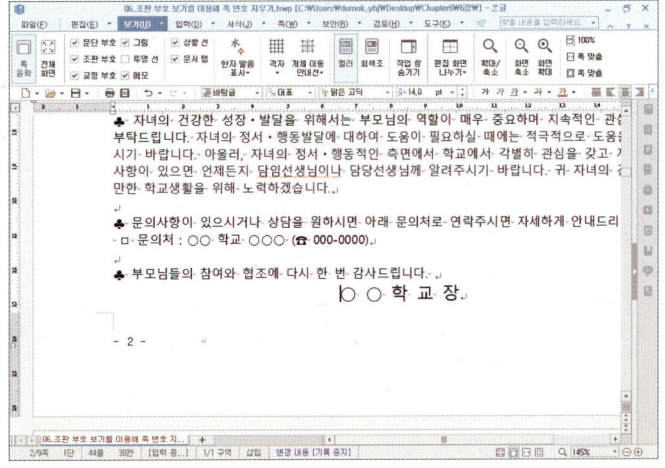

핵심기능실습 31

다단으로 문단 꾸미기

학습 목표 | 다단은 신문처럼 한 면을 여러 단으로 분리하여 표시하는 것을 의미합니다. 일정 범위 안에 있는 문단에 다단을 적용하고 단 구분선도 넣어 보겠습니다.

실습 파일 | 한글/31_다단으로 문단 꾸미기.hwp   **완성 파일 |** 한글/31완성.hwp

---

01 문단 둘로 나눠 다단 만들기

한 문단을 둘로 나눠 다단으로 표시해 보겠습니다.

① 다단을 설정할 범위인 '국내~한다.'를 드래그하고 ② [쪽] 메뉴의 펼침 단추-[다단 설정]을 선택합니다.

[단 설정] 대화상자가 나타납니다.

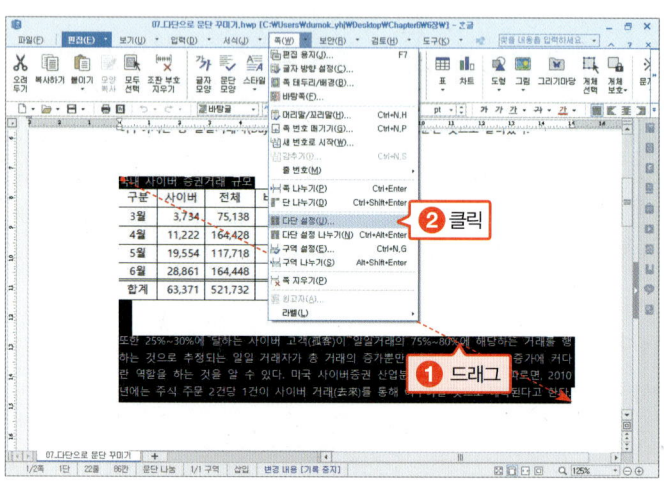

02

① [단 설정] 대화상자에서 [단 종류]-[일반 다단]을 클릭하고 ② [자주 쓰이는 모양]-[둘]을 클릭합니다. ③ [구분선 넣기]-[종류]-[점선]으로 설정하고 ④ [단 너비 동일하게]의 체크 표시를 해제합니다. ⑤ [너비 및 간격]-[단 번호]-[1]의 [너비]를 72.5mm, [간격]을 5mm 로 변경하고 ⑥ [설정]을 클릭합니다.

다단이 적용되어 해당 문단이 2단 구조로 변경됩니다.

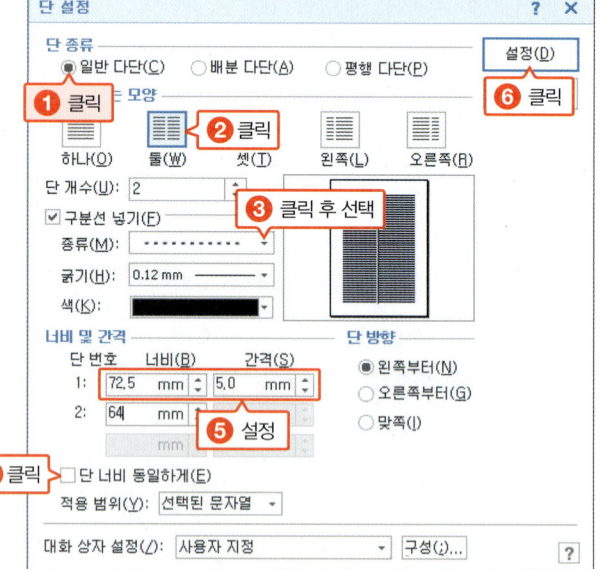

다단의 형식 알아보기

한글에서 제공하는 다단의 형식은 일반, 배분, 평행 다단 세 가지입니다. 일반 다단은 가장 많이 사용하는 형식으로 한 단씩 차례로 내용이 채워지며 한 단이 가득 차야 다음 단으로 내용이 넘어갑니다. 배분 다단은 마지막 줄에서 각 단의 높이가 가능한 같아지도록 각 단에 포함되는 내용의 양을 자동으로 조절합니다. 평행 다단은 한 단의 내용이 다 채워지지 않더라도 [쪽] 메뉴-[단 나누기]를 클릭해 다른 단으로 이동할 수 있습니다. 일반적으로 사전 형식의 용어 설명집처럼 제목과 설명이 번갈아 나열되는 형식의 문서에서 주로 사용됩니다.

▲ 일반 다단: 한 단에 내용이 모두 채워지면 다음 단으로 커서 이동

▲ 배분 다단: 각 단의 높이가 유사하도록 내용 배분

▲ 평행 다단: 커서를 옆단으로 옮기려면 [쪽] 메뉴-[단 나누기] 클릭

03 다단 설정 나누기(단축키 Ctrl + Alt + Enter)

문서의 2페이지에 포함된 내용을 일반 다단으로 분리한 후 단의 특정 부분을 다음 단으로 분리할 때 사용하는 다단 설정 나누기를 적용해 보겠습니다.
① 다단을 설정할 범위를 드래그하고 ② [쪽] 메뉴-[단]을 클릭합니다.

[단 설정] 대화상자가 나타납니다.

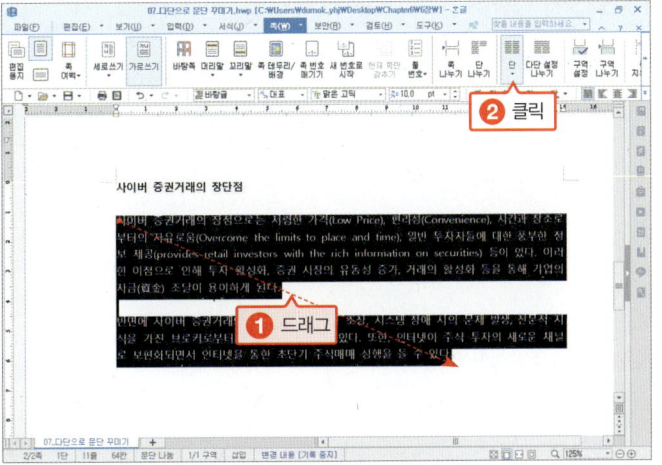

04 단 설정 대화상자로 구분선 넣기

① [단 설정] 대화상자에서 [자주 쓰이는 모양] – [둘]을 클릭하고 ② [단 종류] – [일반 다단]을 클릭합니다. ③ [구분선 넣기]에 체크 표시하고 ④ [설정]을 클릭합니다.

구분선의 종류, 굵기, 단의 너비 및 간격 등은 자동으로 설정된 값입니다. 다단이 적용되어 해당 문단이 2단 구조로 변경됩니다.

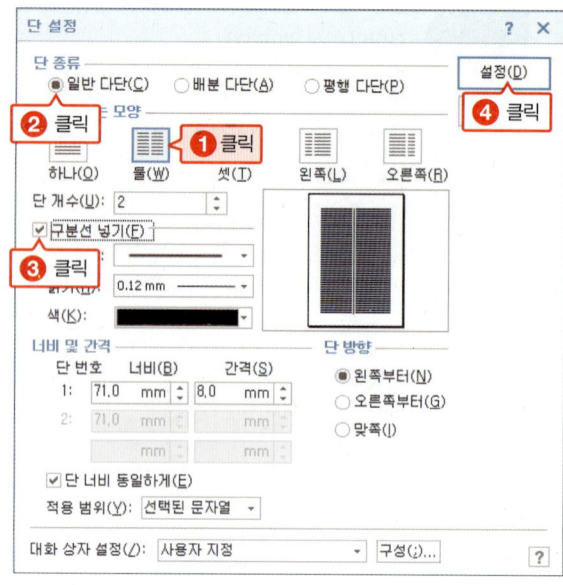

05 두 번째 단의 '반면에' 앞을 클릭합니다.

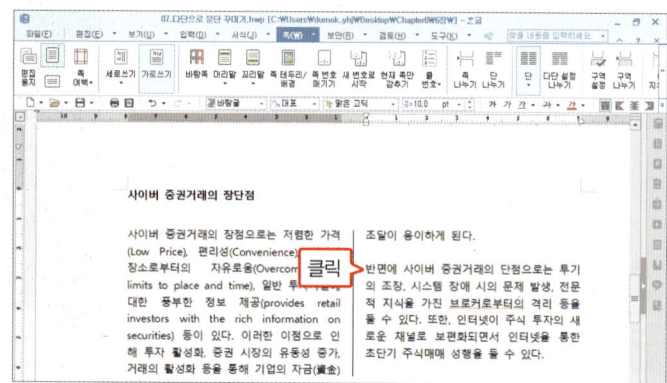

06 [쪽] 메뉴의 펼침 단추 – [다단 설정 나누기]를 선택합니다.

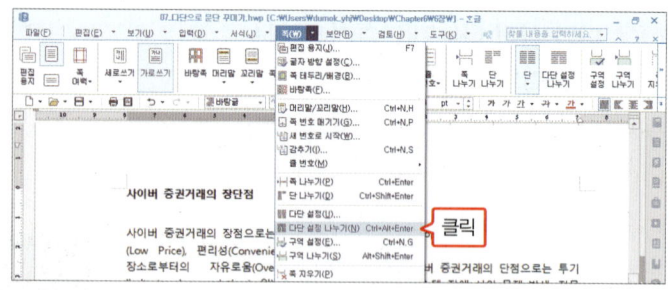

07 다단이 분리되었음을 확인할 수 있습니다.

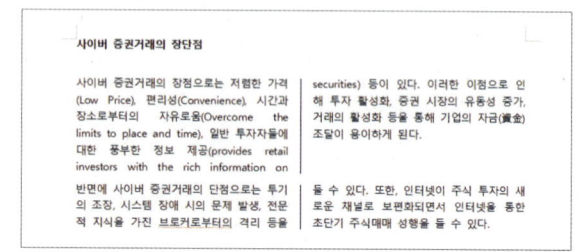

페이지 구역 나누고
구역별로 페이지 방향 변경하기

학습 목표 | 문서 내에서 구역을 나누어 적용하면 각 구역별로 머리글/바닥글, 다단, 배경, 페이지 방향 등을 다르게 적용할 수 있습니다. 문서의 구역을 나누고 각 구역별로 페이지 방향을 다르게 지정해 보겠습니다.

실습 파일 | 한글/32_페이지 구역 나누고 방향 변경하기.hwp **완성 파일** | 한글/32완성.hwp

01 구역을 나누지 않고 용지 방향 변경하기

구역 나누기를 하지 않은 문서에서 세로, 가로 방향을 혼용할 수는 없습니다. 이해를 돕기 위해 구역 나누기 적용 전에 용지 방향을 바꾸면 어떤 결과가 나타나는지 확인해 보겠습니다. 첫 번째 페이지에는 세로 모양의 표가, 두 번째 페이지에는 가로 모양의 표가 삽입되어 있습니다.

① 페이지 방향을 변경할 2페이지의 '물품구매내역' 앞을 클릭하고 ② [쪽] 메뉴-[가로]를 클릭합니다.

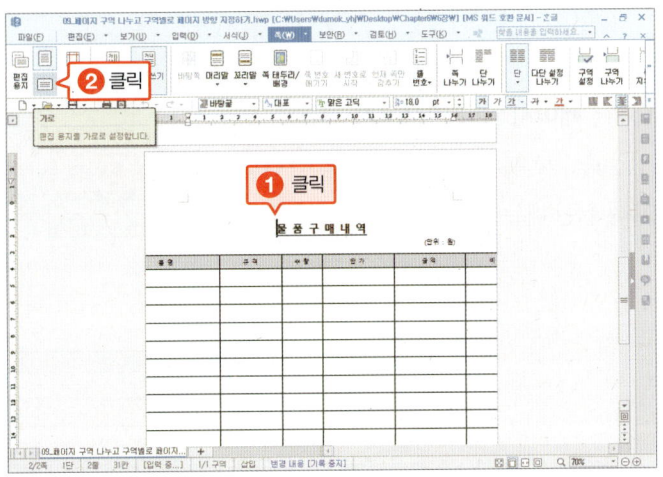

가로 방향 문서로 변경됩니다.

02 첫 번째 페이지와 두 번째 페이지의 표 모양이 한 페이지에 다 들어가지 않아 오히려 어색하게 보입니다. 한 문서 내에서 구역을 나누지 않으면 세로, 가로 방향 문서를 혼용할 수 없음을 확인했습니다. 서식 도구 상자에서 [되돌리기]를 클릭(단축키 Ctrl+Z)해 문서를 이전 상태로 되돌립니다.

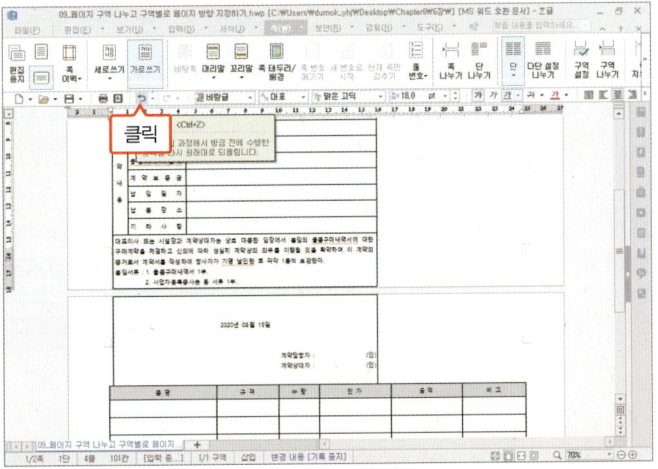

03 구역 나누고 쪽 방향 변경하기

1페이지와 2페이지 사이에 구역을 나누고 1페이지는 세로 방향, 2페이지는 가로 방향으로 표시해 보겠습니다.

① 1페이지 아래를 클릭하고 ② [쪽] 메뉴-[구역 나누기]를 클릭합니다.

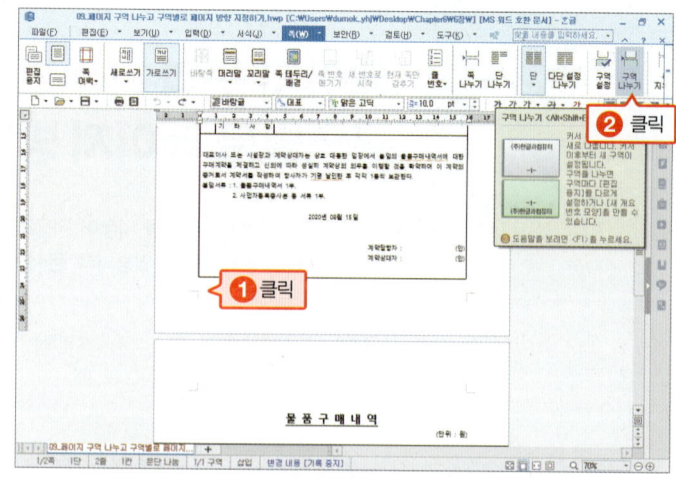

04 페이지 방향 변경하기

① 2페이지 '물품구매내역' 앞을 클릭하고 ② [쪽] 메뉴-[가로]를 클릭합니다.

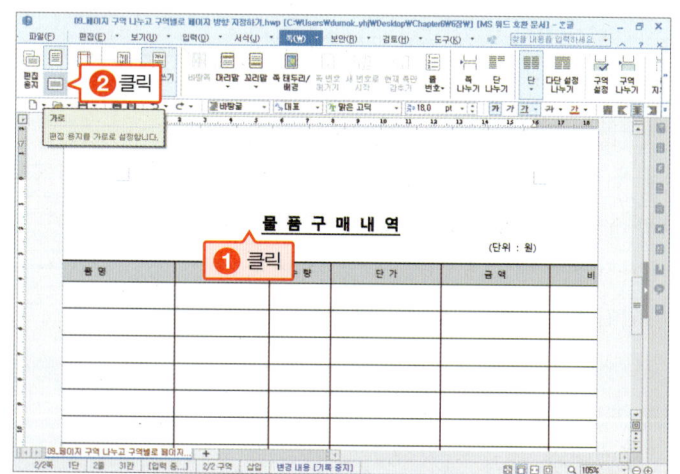

05 세로 방향 문서와 가로 방향 문서가 한 문서 내에 함께 나타납니다.

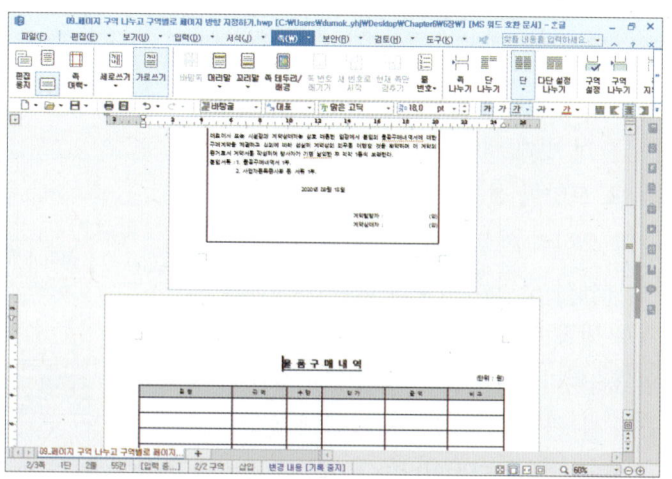

33

각주/미주로 부연 설명 작성하기

학습 목표 | 본문의 어떤 부분에 부연 설명이나 풀이, 또는 인용 내용의 출처 등을 덧붙여야 하는 경우가 많습니다. 이때 해당 부분에 번호를 붙인 뒤 따로 모아서 표시할 수 있습니다. 각 페이지 하단에 표기하는 것을 각주, 문서 끝에 모아 놓는 것을 미주라고 합니다.

실습 파일 | 한글/33_각주 미주로 부연 설명 작성하기.hwp　　완성 파일 | 한글/33완성.hwp

01 각주 작성하기(단축키 Ctrl + N, N)

예제 문서에서 부연 설명이 필요한 단어에 각주를 삽입해 페이지 하단에 표시해 보겠습니다.

① 1페이지에서 '채권자'를 드래그하고
② [입력] 메뉴 – [각주]를 클릭합니다.

페이지 하단에 각주 편집 창이 활성화됩니다.

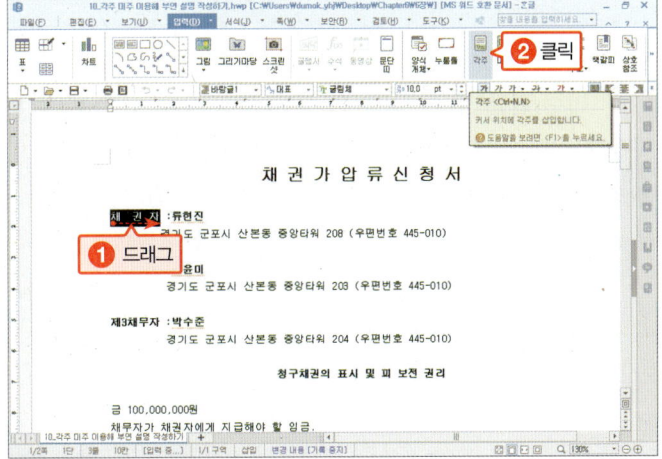

02 각주 편집 창을 클릭하면 부연 설명을 작성할 수 있습니다. **채무자에게 일정한 행위(급부)를 할 것을 청구할 수 있는 권리를 가진 사람**이라고 입력합니다.

각주가 지정된 본문 뒤에는 각주 번호가 나타납니다.

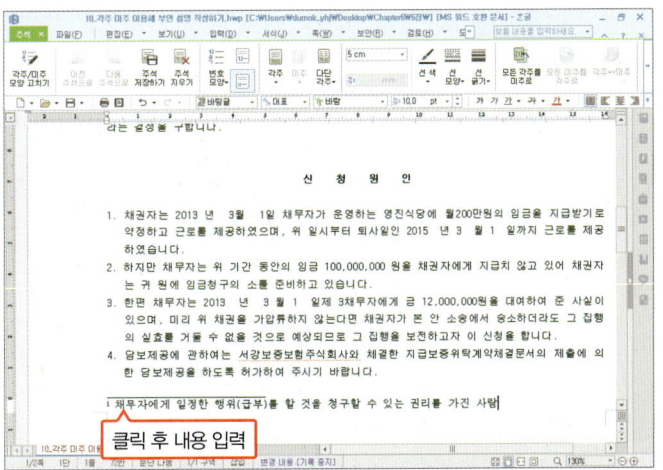

03 미주 작성하기(단축키 Ctrl + N, E)

미주를 삽입해 문서의 맨 마지막 페이지 하단에 표시해 보겠습니다.
① '채무자'를 드래그하고 ② [입력] 메뉴 - [미주]를 클릭합니다.

마지막 페이지 하단에 미주 편집 창이 활성화됩니다.

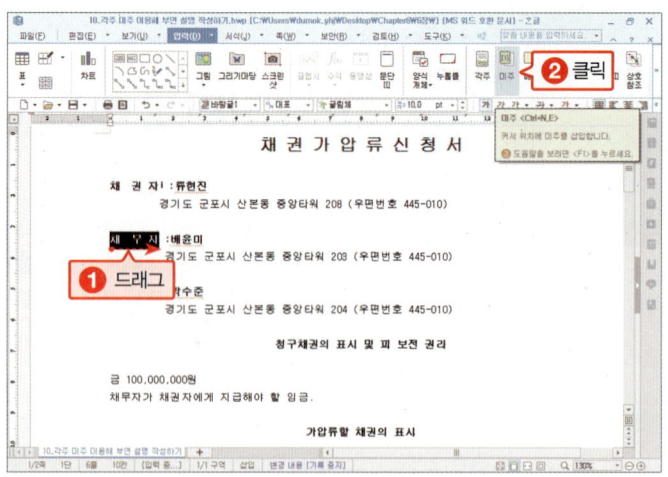

04 미주 편집 창을 클릭하면 부연 설명을 작성할 수 있습니다. **채권자에게 빚을 갚아야 할 의무가 있는 사람**이라고 입력합니다

[주석] 탭의 [닫기]를 클릭해 편집 창을 닫습니다. 미주가 지정된 단어 뒤에는 미주 번호가 나타납니다.

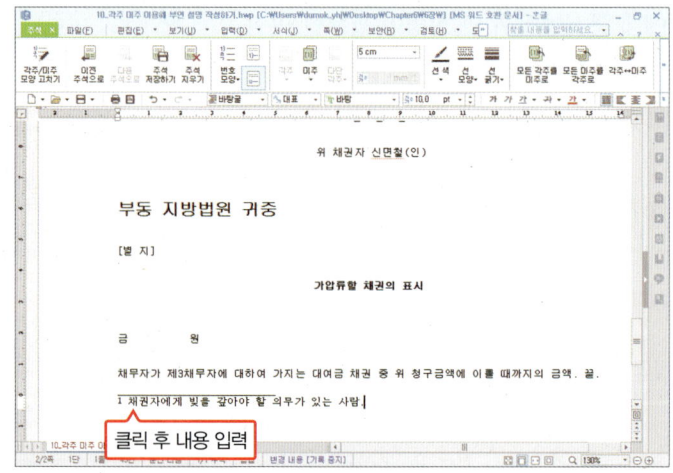

바로 통하는 TIP 각주와 미주가 있는 단어는 다음과 같이 나타납니다.

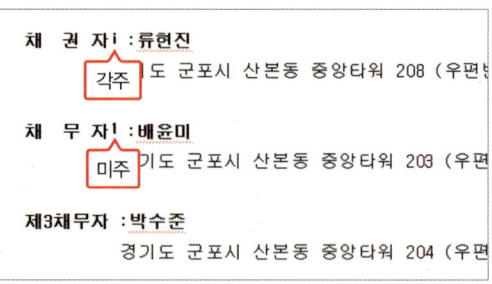

05 각주 모양 고치기

입력한 각주의 모양을 변경할 수 있습니다. 각주를 표시하는 숫자의 앞뒤에 괄호를 넣어 변경해 보겠습니다.

① 페이지 하단의 각주를 클릭하고 ② [주석] 탭 - [각주/미주 모양 고치기]를 클릭합니다.

[주석 모양] 대화상자가 나타납니다.

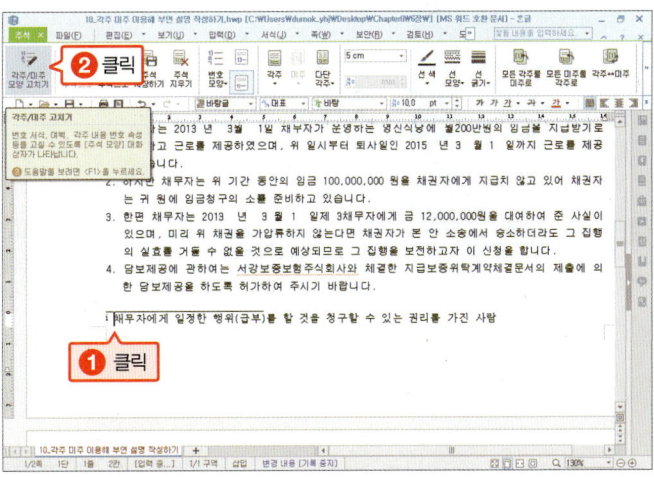

06

① [주석 모양] 대화상자에서 [번호 모양] - [1,2,3]을 선택하고 ② [앞 장식 문자]에 (, [뒤 장식 문자]에)를 입력합니다. ③ [구분선 넣기]에 체크 표시하고 ④ [색] - [진달래 색]으로 설정한 뒤 ⑤ [설정]을 클릭합니다.

각주를 표시하는 번호 모양이 변경됩니다.

바로 통하는 TIP 미주도 같은 방식으로 모양을 고칠 수 있습니다.

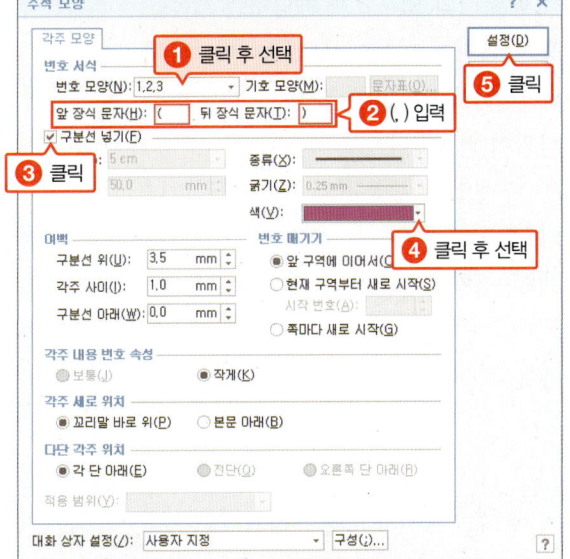

차례 만들기

학습 목표 | 스타일을 기준으로 차례를 만들려면 미리 차례 기준이 되는 스타일이 적용되어 있어야 합니다. 실습 파일에는 [제목], [제목2] 스타일이 미리 적용되어 있으므로 이 스타일을 기준으로 차례를 만들어 보겠습니다.

실습 파일 | 한글/34_차례 만들기.hwp   완성 파일 | 한글/34완성.hwp

01 스타일로 모으기를 이용해 차례 만들기

예제 문서의 장과 조에 해당하는 제목을 묶어 차례를 만들어 보겠습니다. 장에는 [제목1] 스타일이, 조에는 [제목2] 스타일이 적용되어 있습니다.

① '구매업무 처리규정' 앞을 클릭합니다. ② [도구] 메뉴의 펼침 단추 – [차례/색인] – [차례 만들기]를 선택합니다.

[차례 만들기] 대화상자가 나타납니다.

02 ① [차례 만들기] 대화상자에서 [스타일로 모으기]에 체크 표시하고 ② 스타일 목록에서 [제목1], [제목2] 스타일에 체크 표시한 뒤 ③ [표 차례], [그림 차례], [수식 차례]의 체크 표시는 해제합니다. 표, 그림, 수식의 차례도 포함하고 싶다면 해당 항목을 선택합니다. ④ [탭 모양] – [오른쪽 탭]을 클릭하고 ⑤ [채울 모양] – [이점쇄선], ⑥ [만들 위치] – [현재 문서의 새 구역]을 선택한 뒤 ⑦ [만들기]를 클릭합니다.

마우스 커서 위치에 새 구역이 추가되고 차례가 삽입됩니다.

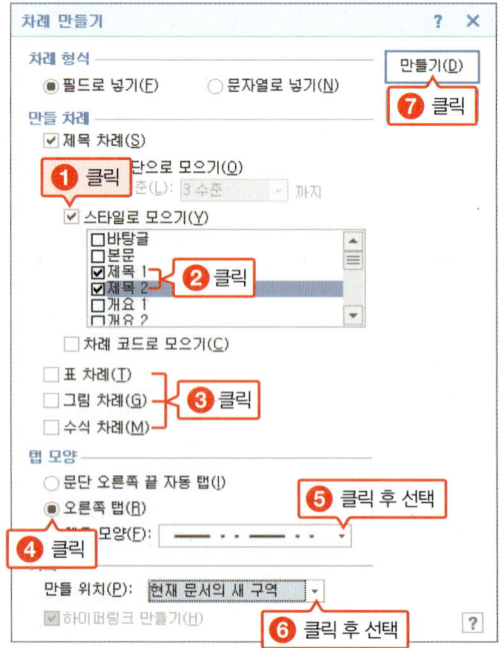

35

편집화면 회색조로 보기

학습 목표 | 다양한 색으로 편집한 문서를 단색 프린터로 출력해야 할 경우 그 결과를 미리 보기 위해 사용하는 기능입니다. 한글 NEO에서 새롭게 선보이는 기능입니다.

실습 파일 | 한글/35_편집화면 회색조로 보기.hwp   완성 파일 | 한글/35완성.hwp

01 컬러 문서 회색조로 보기

[보기] 탭 – [회색조]를 클릭합니다.

문서가 회색조 보기로 전환됩니다.

02 회색조 문서를 컬러 문서로 전환하기

[보기] 탭 – [컬러]를 클릭합니다.

문서가 컬러 보기로 전환됩니다.

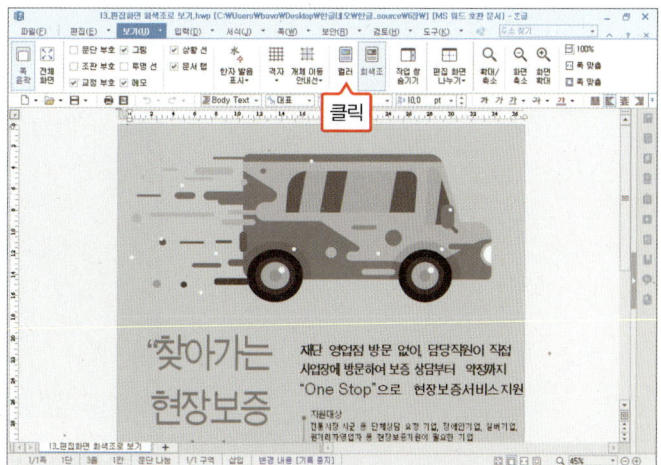

서식 도구 모음에서 [인쇄 미리 보기]를 클릭하면 인쇄
미리 보기 화면으로 전환 됩니다.

인쇄 미리 보기 화면에서도 [컬러], [회색조], [연한 회색
조] 등으로 미리 보기를 변경해 볼 수 있습니다.

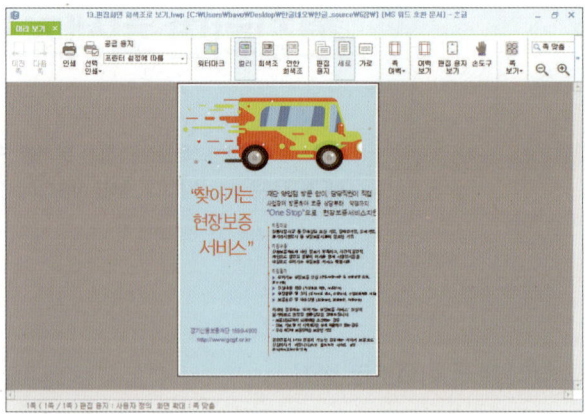

▲ 컬러

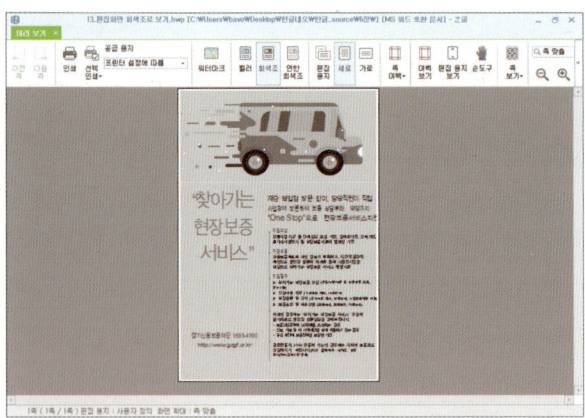

▲ 회색조

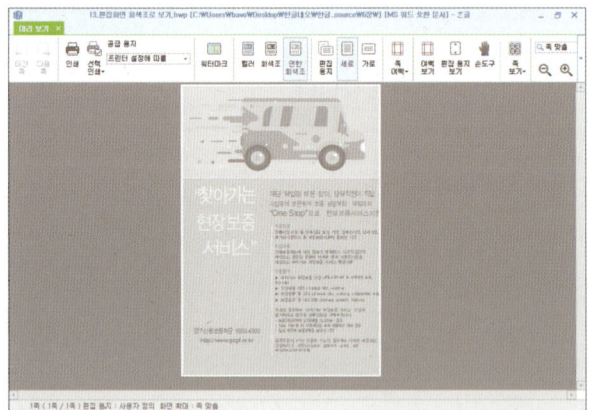

▲ 연한 회색조

06

도형 및 개체 활용하기

문자뿐만 아니라 그림과 도형, 클립아트 등을 삽입하여 적절히 편집하면 눈에 띄면서도 좀 더 화려하고 다채로운 문서로 꾸밀 수 있습니다. 그림이나 도형을 삽입하고 효과를 적용하는 방법 등에 대해서 알아보겠습니다.

그림에 캡션 삽입하기

학습 목표 | 캡션은 그림, 표, 차트 등의 이름이나 번호를 입력하는 기능으로 다른 요소나 본문에 섞이지 않고 개체와 한 몸처럼 동작합니다. 개체와 함께 이동하므로 관리하기가 편리하며, 차례 만들기 기능을 이용해 각 개체의 차례를 별도로 작성할 수도 있습니다.

실습 파일 | 한글/36_그림에 캡션 삽입하기.hwp   완성 파일 | 한글/36완성.hwp

01 그림에 캡션 삽입하기

그림의 위, 아래, 혹은 왼쪽, 오른쪽 등의 위치에 캡션을 삽입할 수 있습니다. 그림의 아래쪽에 캡션을 넣고 이름을 수정해 보겠습니다.

① 캡션을 삽입할 그림을 클릭합니다.
② [그림] 탭-[캡션]의 내림 단추-[아래]를 선택합니다. 그림 아래쪽에 '그림 3'이라고 입력됩니다.

입력된 그림 번호는 문서에 포함된 그림의 개수에 따라서 달라집니다.

02 캡션 이름 변경하기

'그림 3'을 〈샘플 이미지〉로 수정합니다.

03 그림과 캡션의 간격 수정하기

① 그림을 클릭하고 ② [그림] 탭 – [개체 속성]을 클릭합니다. ③ [개체 속성] 대화상자에서 [여백/캡션] 탭을 선택하고 ④ 개체와의 간격을 1로 수정합니다.

개체와 캡션 간격이 3mm에서 1mm로 가까워집니다.

바로 통하는 TIP [개체 속성] 대화상자는 그림을 더블 클릭해도 표시됩니다.

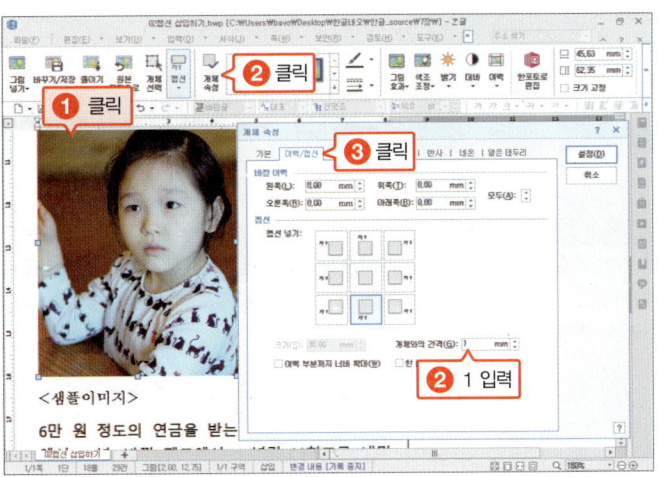

04 표에 캡션 삽입하기(단축키 Ctrl + N, C)

① 표 테두리를 마우스 오른쪽 버튼으로 클릭합니다. ② 바로 가기 메뉴에서 [캡션 넣기]를 선택합니다.

표의 아래쪽에 '표1' 캡션이 삽입됩니다.

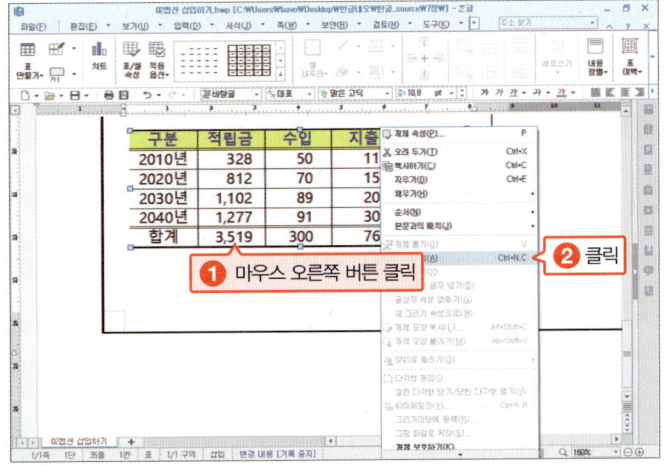

05 캡션 위치 변경하기

① 표 테두리를 더블클릭 또는 표를 선택한 상태에서 [표] 탭 – [표/셀 속성]을 클릭합니다. ② [표/셀 속성] 대화상자의 [여백/캡션] 탭을 클릭합니다. ③ [캡션] – [위]를 클릭하고 ④ [설정]을 클릭합니다.

캡션의 위치가 위쪽으로 변경됩니다. 표 캡션 이름은 02 그림 캡션 이름 변경하기와 같은 방법으로 수정할 수 있습니다.

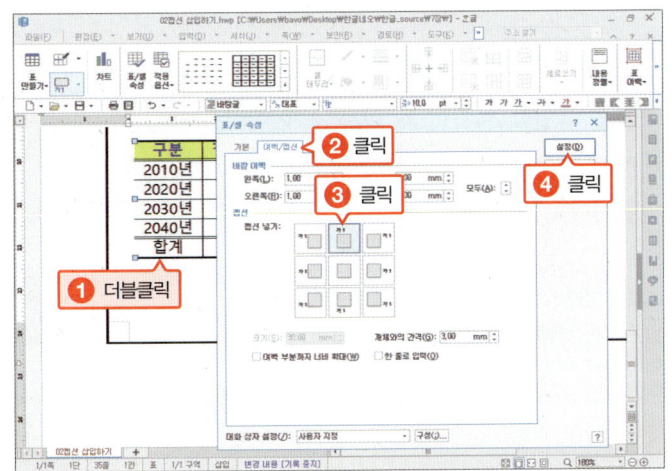

37

그림 삽입하고 위치 설정하기

학습 목표 | 문서 내에 그림을 함께 배치하는 경우가 종종 있습니다. 이때 텍스트와 그림을 잘 어울리게 배치하려면 [그림] 탭의 다양한 옵션을 활용해 그림 크기, 위치, 여백 등을 조정합니다.

실습 파일 | 한글/37_그림 삽입하고 위치 설정하기.hwp   **완성 파일** | 한글/37완성.hwp

01 표에 캡션 삽입하기(단축키 Ctrl +N, I)

예제 문서에 내용과 어울리는 그림을 삽입해 보겠습니다. 문서에 첨부하는 그림은 별도의 파일을 불러와서 사용합니다. ① [입력] 메뉴-[그림]을 클릭합니다. ② [그림 넣기] 대화상자에서 37_사진.jpg 파일을 선택합니다. ③ [문서에 포함], [마우스로 크기 지정]에 체크 표시하고 ④ [넣기]를 클릭합니다.

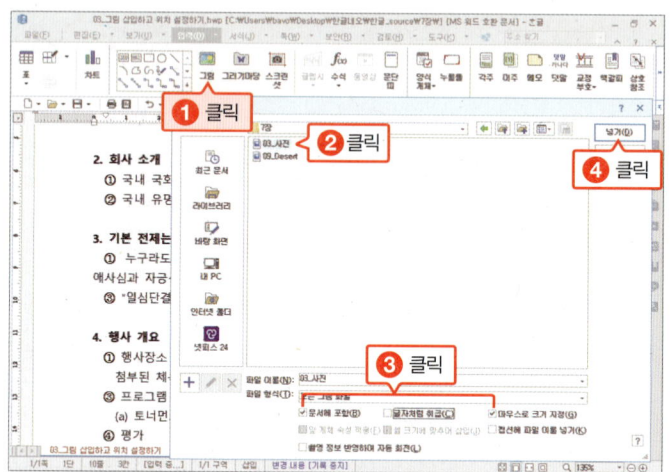

그림을 넣을 수 있도록 마우스 포인터가 + 모양으로 변경됩니다.

바로 통하는 TIP [글자처럼 취급]에 체크 표시가 되어 있으면 이를 해제해야 [마우스 크기 지정]에 체크 표시를 할 수 있습니다.

02 본문에 그림 삽입하기

그림을 삽입할 위치인 2. 회사 소개 아래에서 마우스로 드래그하여 그림을 삽입합니다.

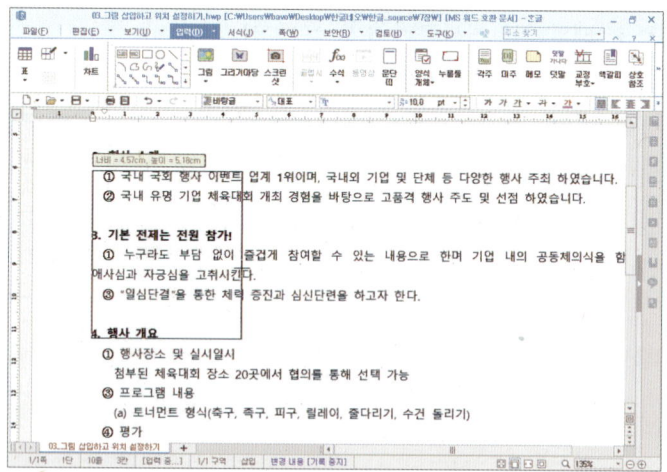

크기에 맞게 그림이 삽입됩니다. 그림을 배치하는 방법은 아직 설정하지 않았으므로 텍스트와 그림의 배치 모양은 저마다 다를 수 있습니다.

03 그림 위치 설정하기

문서에 그림을 배치하는 방법은 다양합니다. 텍스트와 그림이 나란히 배치되도록 설정해 보겠습니다.
① 그림을 클릭하고 ② [그림] 탭 – [배치] – [어울림]을 클릭합니다.

그림을 왼쪽에 삽입했으므로 글 내용은 그림의 오른쪽에 흐르듯 배치됩니다.

바로 통하는 TIP 그림은 기본 값이 어울림으로 설정되어 삽입됩니다.

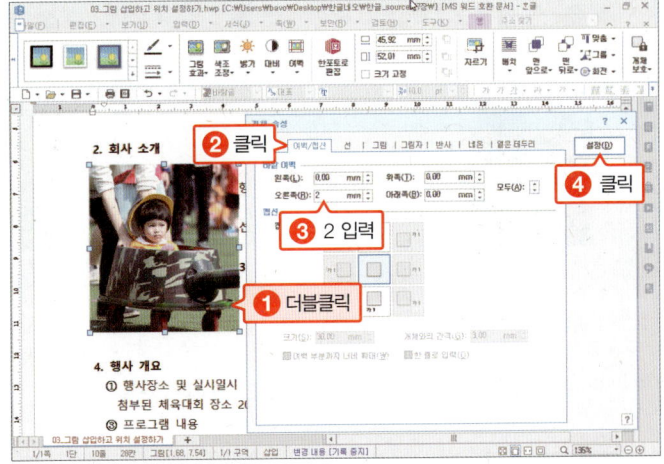

04 그림 여백 설정하기

그림과 글 사이에 여백이 없어 답답해 보입니다. 여백을 설정해 보겠습니다.
① 그림을 더블클릭합니다. ② [개체 속성] 대화상자 [여백/캡션] 탭을 클릭하고 ③ [바깥 여백] – [오른쪽] – 2mm로 변경한 뒤 ④ [설정]을 클릭합니다.

그림의 바깥 오른쪽 여백이 2mm로 변경됩니다.

05 그림과 글 사이에 여백이 설정됩니다.

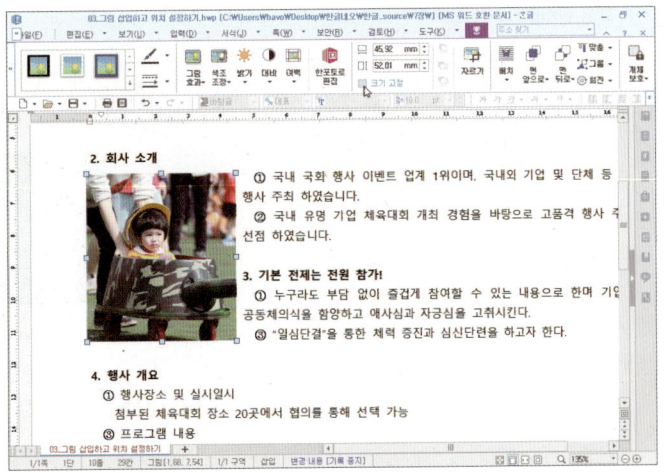

그림 위치 설정하기

문서에 그림을 배치하는 방식에는 [어울림] 옵션 외에 [글자처럼 취급], [자리 차지], [글 앞으로], [글 뒤로] 등이 있습니다. 각 옵션별로 글과 그림의 배치는 다음과 같습니다.

▲ 글자처럼 취급: 그림을 글자와 동일하게 취급합니다.

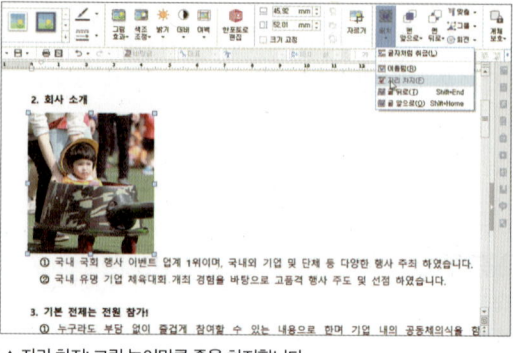

▲ 자리 차지: 그림 높이만큼 줄을 차지합니다.

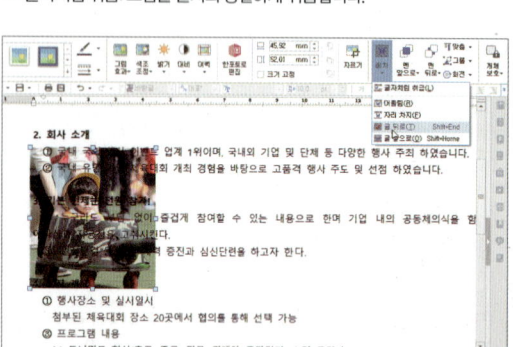

▲ 글 뒤로: 그림이 본문보다 뒤에 배치됩니다.

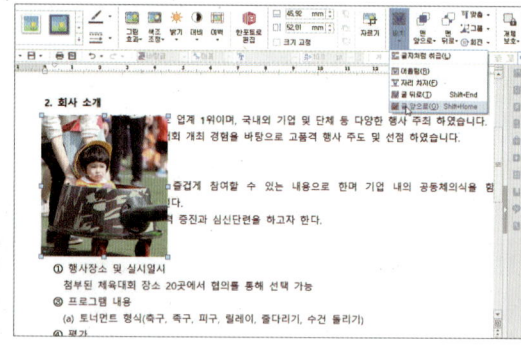

▲ 글 앞으로: 그림이 본문보다 앞에 배치됩니다.

문서에 삽입한 그림을 선택할 수 없을 때

그림 위치를 [글 뒤로]로 설정하면 그림 위로 글이 올라오기 때문에 마우스로 클릭해도 그림이 선택되지 않을 수 있습니다. 이때는 [편집] 메뉴-[개체 선택]을 클릭한 후 그림 위치를 클릭하면 그림이 쉽게 선택됩니다.

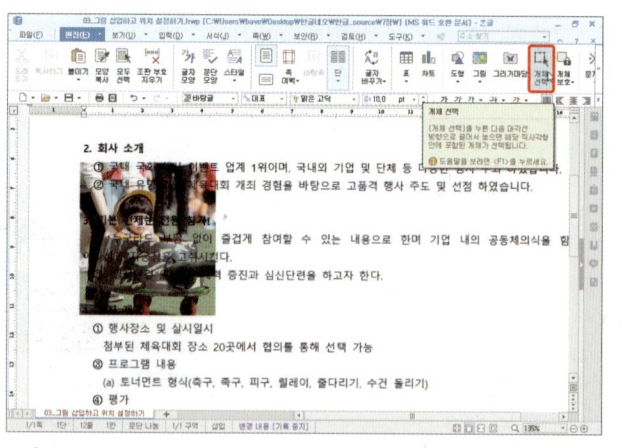

06 도장 그림 속성 변경하기

문서 하단의 도장 이미지를 '대표이사'의 위에 배치해 보겠습니다. 마치 문서에 도장을 찍은 것처럼 도장 이미지 아래로 '인'이라는 글자가 보이도록 설정합니다. ① 도장 이미지를 더블클릭합니다. ② [기본] 탭-[글자처럼 취급]의 체크 표시를 해제하고 ③ [글 뒤로]를 클릭합니다. ④ [설정]을 클릭하여 개체 속성을 변경합니다.

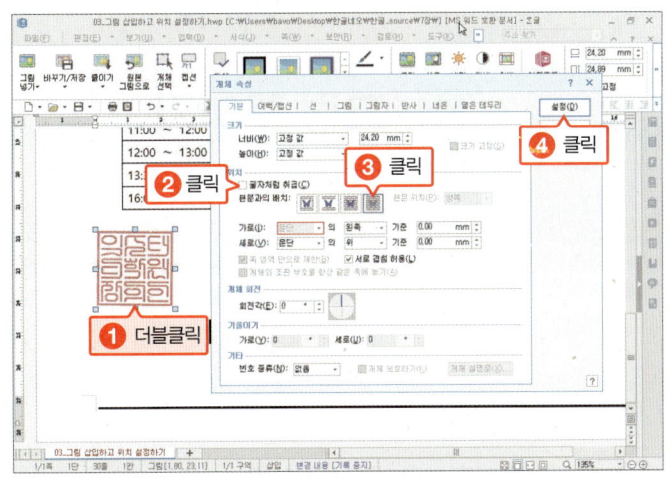

07 도장 그림 배치하기

도장 그림을 마우스로 드래그하여 '인' 위에 배치합니다.

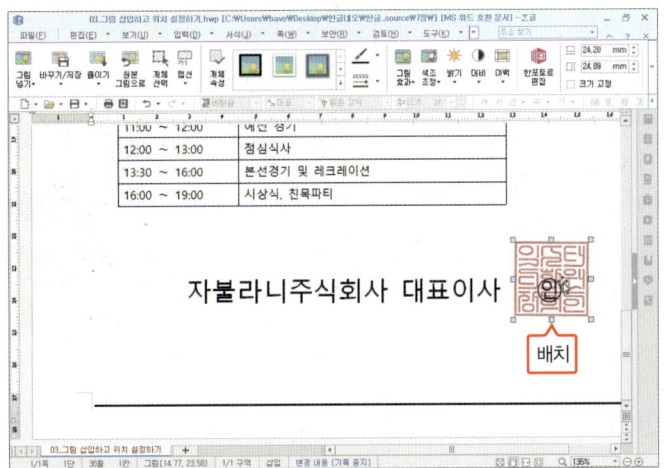

38

그림 꾸미기

학습 목표 | 그림에 테두리를 넣거나 그림자를 표시하는 등의 그림 꾸미기 방법을 활용하면 문서를 다채롭게 꾸밀 수 있습니다. 그림 꾸미기는 간단한 방법으로 보기 좋은 문서를 꾸밀 때 쉽게 사용할 수 있는 방법입니다.

실습 파일 | 한글/38_그림 꾸미기.hwp   완성 파일 | 한글/38완성.hwp

01 스타일 효과로 그림 액자 설정하기

예제 문서에 삽입된 그림에 액자 테두리를 두른 듯한 효과를 설정해 보겠습니다. ① 그림을 클릭합니다. ② [그림] 탭-[스타일 효과]-[회색 아래쪽 그림자]를 선택합니다.

그림의 테두리에 액자 테두리를 두른 것처럼 옅은 그림자 효과가 나타납니다.

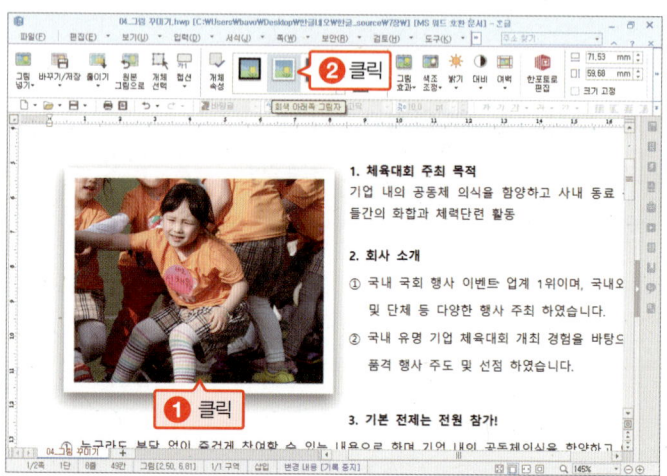

02 그림 액자 테두리 굵기 변경하기

그림을 선택한 상태에서 [그림] 탭-[선 스타일]-[선 굵기]-[1mm]를 선택합니다.

액자 테두리 굵기가 변경됩니다.

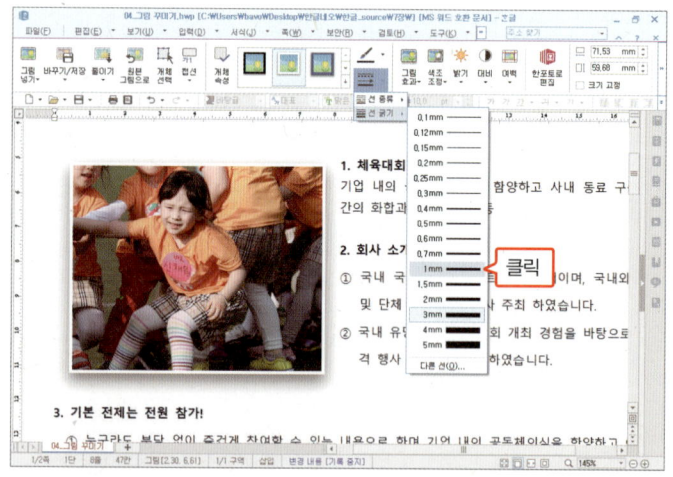

03 그림 액자 테두리 색 변경하기

그림 테두리의 색도 변경할 수 있습니다. 그림을 선택한 상태에서 [그림] 탭-[선 색]의 내림 단추-[빨강 60% 밝게]를 선택합니다.

액자 테두리의 색이 변경됩니다.

바로 통하는 TIP [빨강 60% 밝게] 색은 [오피스] 색상 테마에 있습니다.

04 그림 액자 테두리 그림자 변경하기

그림자의 색, 투명도, 거리, 각도 등을 세밀하게 변경할 수 있습니다.
① 그림을 더블클릭합니다. 그림을 클릭한 후 [그림] 탭-[개체 속성]을 클릭해도 됩니다. ② [개체 속성] 대화상자에서 [그림자] 탭을 클릭합니다. ③ [색]-[파랑 50%], [투명도]를 40%, [흐리게]를 3pt, [거리]를 3pt, [각도]를 45°로 변경하고 ④ [설정]을 클릭합니다.

그림자 스타일이 변경됩니다.

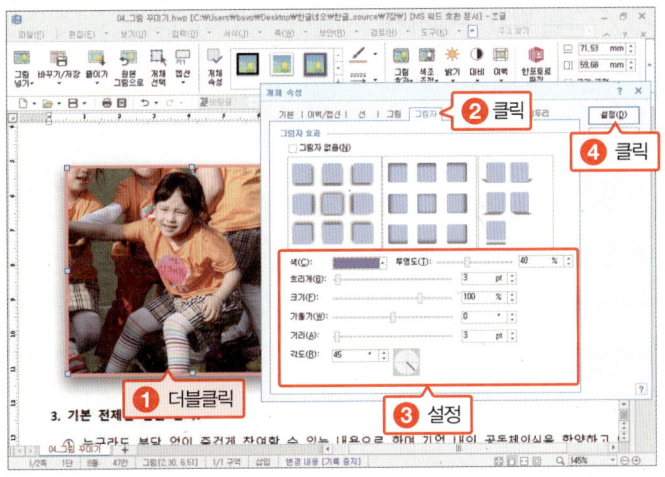

05 그림자 속성 제거하기

① 그림을 클릭하고 ② [그림] 탭-[그림자 효과]-[그림자]-[그림자 없음]을 클릭합니다.

그림자 속성이 제거됩니다.

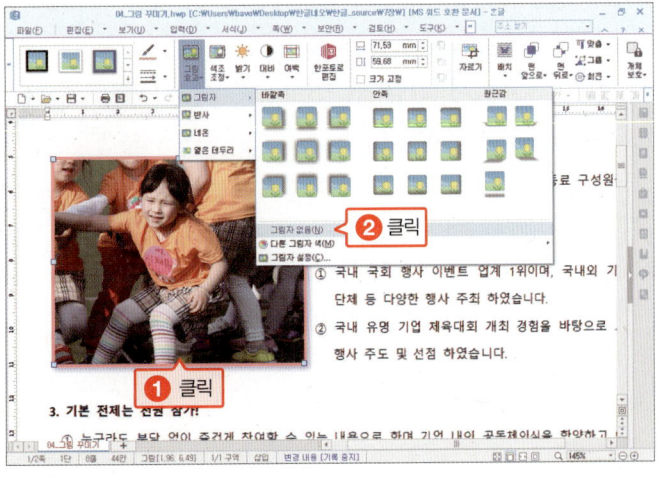

06 그림에 옅은 테두리 지정하기

① 그림을 클릭합니다. ② [그림] 탭-[그림자 효과]-[옅은 테두리]-5pt를 선택합니다.

그림에 옅은 테두리가 적용됩니다.

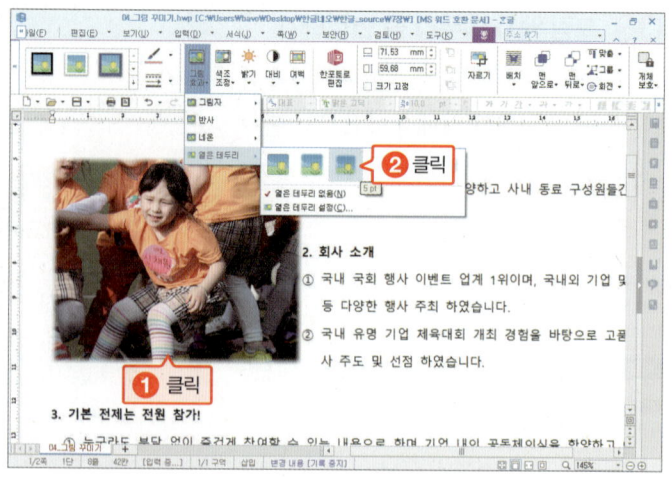

07 그림 밝기 수정하기

그림을 좀 더 밝게 수정해 보겠습니다. ① 그림을 클릭합니다. ② [그림] 탭-[밝기]-[밝게]-[+5%]를 선택합니다.

그림이 밝아집니다.

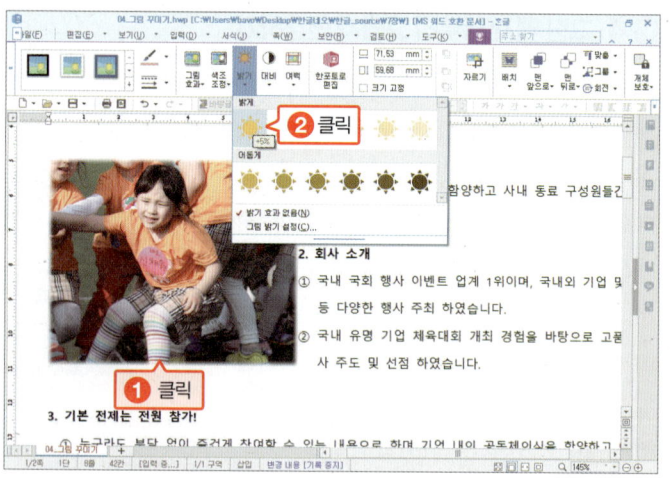

08 그림의 대비 수정하기

그림을 좀 더 선명하게 표현하기 위해 그림의 대비를 수정해 보겠습니다. 그림을 선택한 상태에서 [그림] 탭-[대비]-[높게]-[+40%]를 선택합니다.

그림의 대비가 변경됩니다.

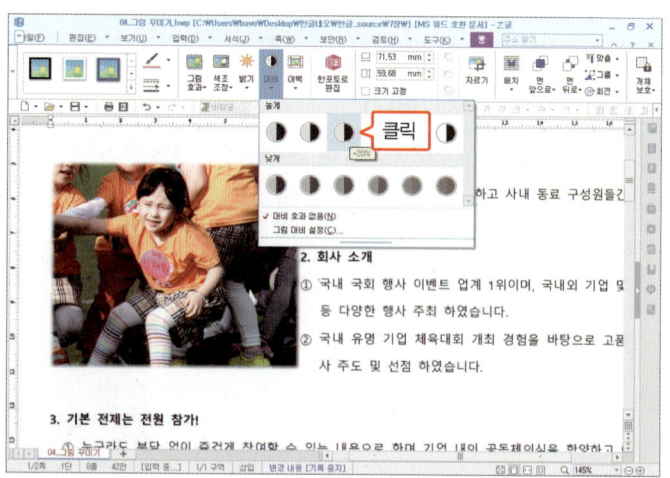

핵심기능실습 39

클립아트 삽입하기

학습 목표 | 클립아트는 조각 그림이라는 의미로, 문서에 간단한 이미지를 추가할 때 유용한 작은 이미지입니다. 그리기마당에 등록된 다양한 클립아트를 이용해 활동적인 문서를 완성해 보겠습니다. 이를 사용하려면 한글 NEO 설치 시에 공유 클립아트를 설치해야 합니다.

실습 파일 | 한글/39_클립아트 삽입하기.hwp   완성 파일 | 한글/39완성.hwp

01 클립아트 삽입하기

예제 문서에 어울리는 클립아트를 삽입해 문서를 꾸며 보겠습니다.

① [입력] 메뉴-[그리기마당]을 클릭합니다. ② [그리기마당] 대화상자의 [공유 클립아트] 탭에서 [선택할 꾸러미]-[학교]를 선택합니다. ③ [신학기-07]을 선택하고 ④ [넣기]를 클릭합니다.

마우스 커서가 그림 입력 상태인 커다란 + 모양으로 변경됩니다.

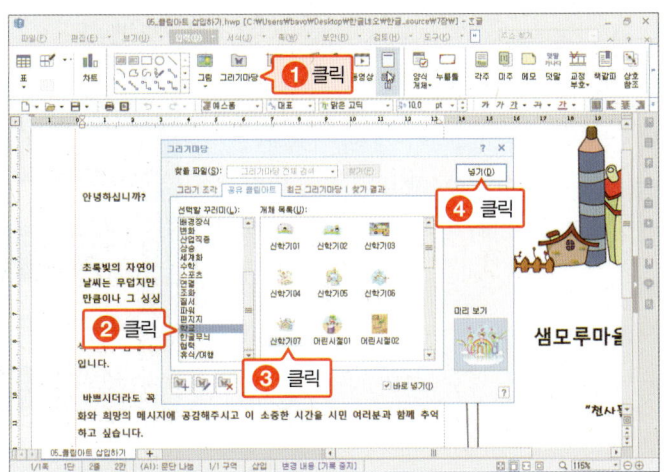

02 클립아트 문서에 삽입하기

마우스를 드래그하여 문서 폭에 맞게 클립아트를 추가합니다.

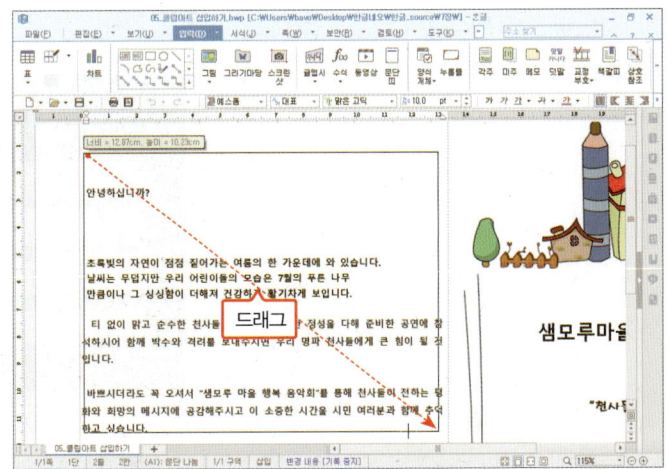

핵심기능실습

40

도형 꾸미고 모양 복사하기

학습 목표 | 다양한 도형을 삽입한 뒤 서식을 지정할 수 있습니다. 한 번 지정한 서식을 복사해 다른 도형에 적용하는 것도 가능합니다.

실습 파일 | 한글/40_도형 꾸미고 모양 복사하기.hwp　**완성 파일** | 한글/40완성.hwp

01 도형 그리기

도형을 삽입한 후 문서에 어울리는 서식을 지정해 보겠습니다.

① [입력] 메뉴-[그리기 개체]-[직사각형]을 선택합니다. ② 첫 번째 도형의 아래에서 드래그하여 직사각형을 그립니다.

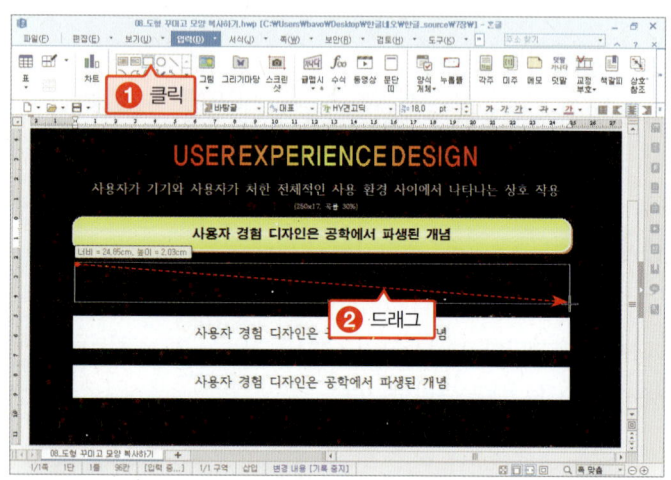

02 도형 크기 설정하기

① 그려 넣은 직사각형의 테두리를 더블클릭합니다. ② [개체 속성] 대화상자의 [기본] 탭에서 [너비]를 250mm, [높이]를 17mm로 변경하고 ③ [설정]을 클릭합니다.

도형의 크기가 250×17mm로 변경됩니다.

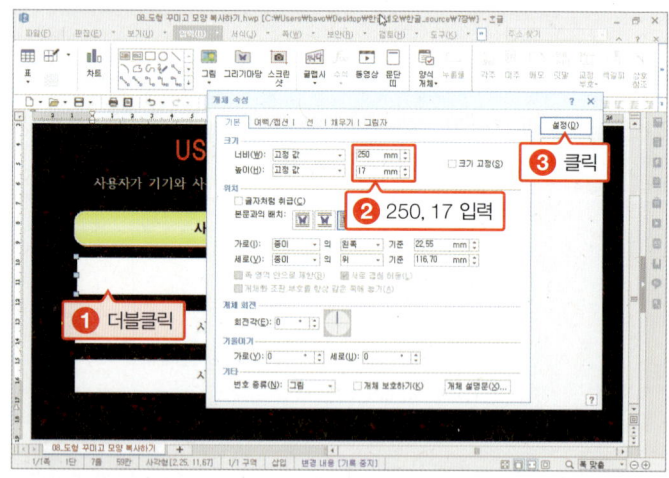

바로 통하는 TIP [개체 속성] 대화상자를 표시하려면 도형의 테두리를 더블클릭합니다. 도형만 삽입되어 있다면 도형을 더블클릭하면 되지만, 도형 안에 텍스트가 입력되어 있다면 반드시 테두리를 더블클릭해야 합니다. 도형의 테두리를 클릭한 후 단축키 P를 눌러도 [개체 속성] 대화상자를 표시할 수 있습니다.

03 선 서식 변경하기

도형의 선 서식을 설정해 보겠습니다.
① [개체 속성] 대화상자 [선] 탭을 클릭하고 ② [선] – [색] – [흰색]을 선택한 뒤 ③ [굵기]를 0.7mm로 변경합니다. ④ [사각형 모서리 곡률] – [곡률 지정]을 클릭하고 30%로 설정합니다.

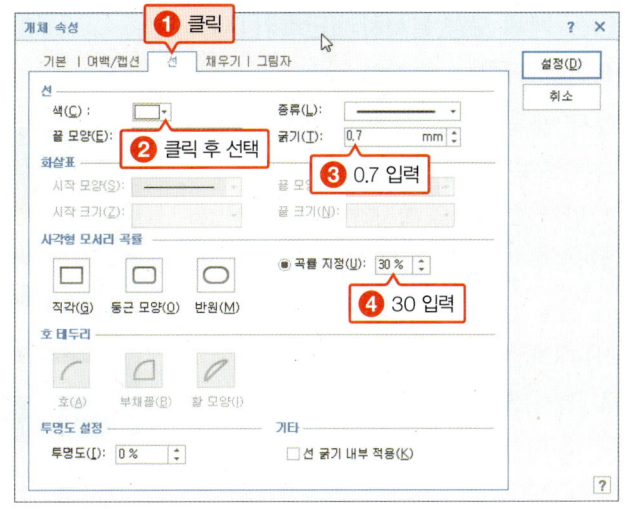

04 도형 채우기 색 변경하기

① [채우기] 탭을 클릭하고 ② [그러데이션]을 클릭합니다. ③ [유형] – [가운데에서]를 선택하고 ④ [시작 색] – [노랑 80%], [끝 색] – [노랑]으로 설정합니다.

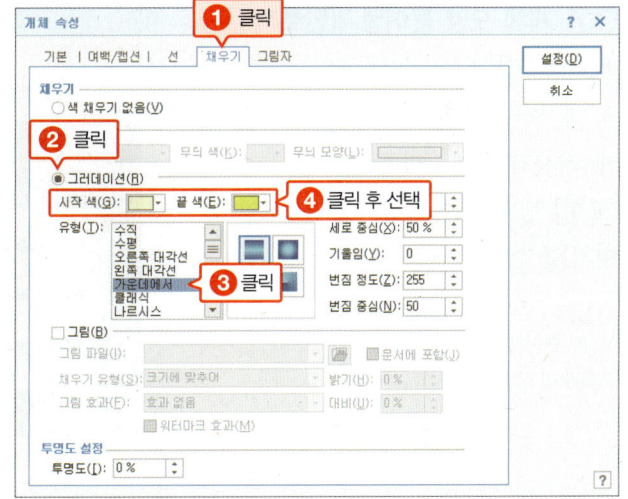

05 도형의 그림자 서식 설정

① [그림자] 탭을 클릭하고 ② [종류] – [오른쪽 아래]를 클릭합니다. ③ [그림자 색] – [주황 40%]로 설정하고 ④ [가로 방향 이동]을 –1.0mm, [세로 방향 이동]을 –1.0mm로 설정합니다. ⑤ [투명도]를 11%로 설정하고 ⑥ [설정]을 클릭합니다.

도형에 선, 채우기, 그림자 서식이 적용됩니다.

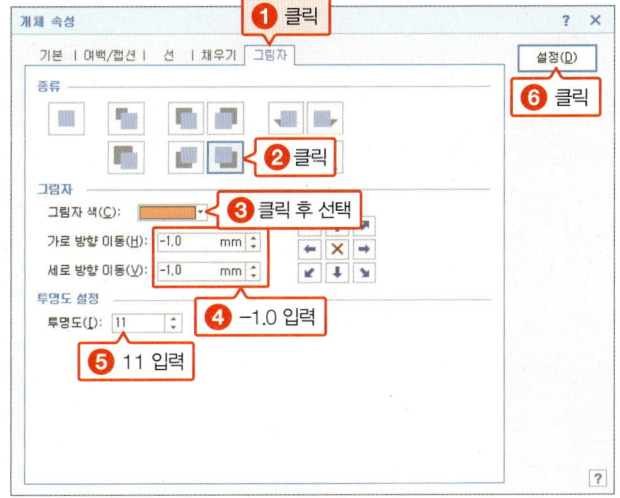

06 개체 모양 복사하기(단축키 Alt +Shift+C)

앞서 만들어 둔 도형의 서식을 복사해 다른 도형에 적용해 보겠습니다.
① 앞서 그려 넣은 직사각형을 클릭하고 ② [도형] 탭-[모양 속성]-[개체 모양 복사]를 선택합니다. ③ [개체 모양 복사] 대화상자에서 모든 항목을 선택하고 ④ [복사]를 클릭합니다.

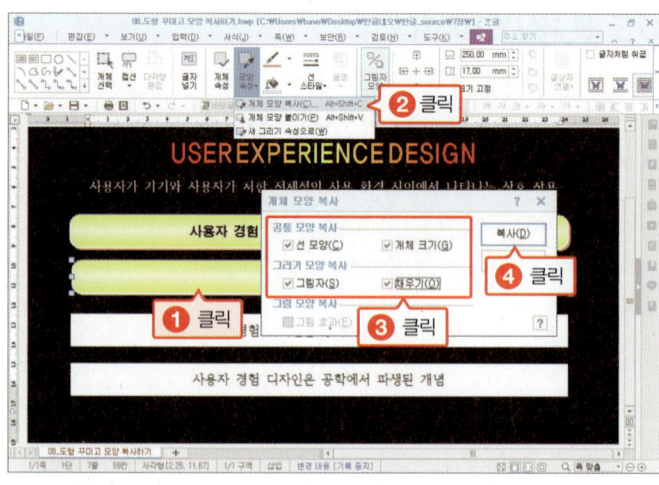

개체 모양이 복사되었습니다.

07 개체 모양 붙여넣기(단축키 Alt +Shift+V)

① 복사한 서식을 붙여넣기 위해 세 번째 직사각형 테두리를 클릭합니다. ② [도형] 탭-[모양 속성]-[개체 모양 붙이기]를 선택합니다.

3번째 도형에 개체 모양이 붙여넣기됩니다. 아쉽게도 테두리 모양은 붙여넣기가 안 됩니다.

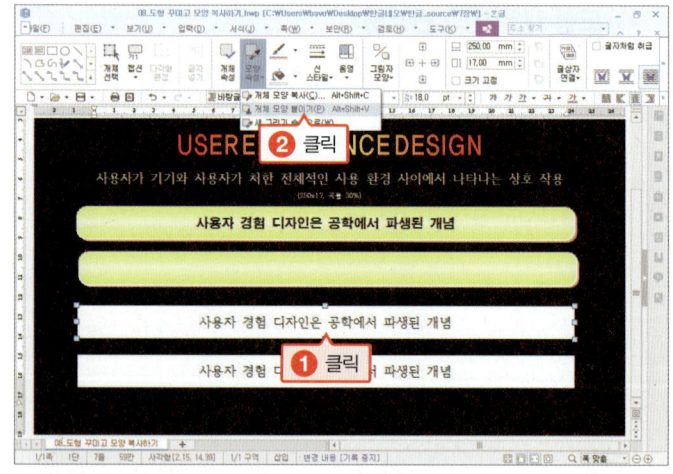

표 꾸미기

워드프로세서의 백미는 단연 표 기능이라 생각합니다. 여러 종류의 데이터를 문서에 삽입해야 할 때 표를 이용하면 가독성 있게 표현할 수 있으며 좀 더 체계적으로 정돈된 문서를 만들 수 있습니다. 표를 만드는 방법, 줄/칸을 삽입하고 삭제하는 기능, 표 안의 문자열을 정렬하고 셀에 테두리와 음영을 적용하여 스타일을 변경하는 기능 등에 대해서 알아보겠습니다. 또 간단한 차트를 문서에 추가하여 내용을 더욱 풍성하게 만드는 방법도 소개합니다.

핵심기능실습

41

표 삽입, 크기 조절, 이동하기

학습 목표 | 문서에 포함된 복잡한 내용이나 수치 자료 등을 한눈에 확인하도록 하려면 표가 매우 유용합니다. 표를 삽입하고 크기를 조절하며 이동하고 삭제하는 등 표를 편집하는 방법에 대해 알아보겠습니다. 또 표를 본문과 어울리게 배치하는 방법에 대해서도 알아보겠습니다.

실습 파일 | 한글/41_표 삽입, 크기 조절, 이동하기.hwp   **완성 파일** | 한글/41완성.hwp

01 [표 만들기] 대화상자에서 표 그리기(단축키 Ctrl + N , T)

예제 문서에서 3줄＊4칸의 표를 하나 더 추가해 보겠습니다. [입력] 메뉴 – [표]를 클릭합니다.

[표 만들기] 대화상자가 나타납니다.

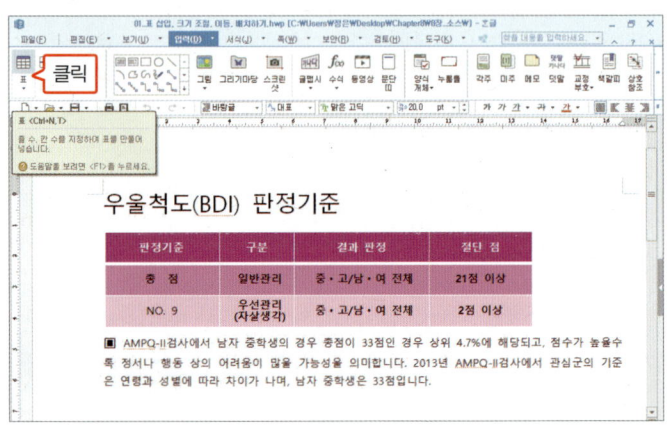

02

① [표 만들기] 대화상자에서 [줄/칸] – [줄 수]에 3, [칸 수]에 4를 입력합니다. ② [마우스 끌기로 만들기]에 체크 표시하고 ③ [표마당]을 클릭합니다.

[표마당] 대화상자가 나타납니다.

03 표마당 선택하기

① [표마당] 대화상자에서 [표마당 목록] – [기본 스타일 1 – 분홍 색조]를 선택하고 ② [설정]을 클릭합니다.

[표 만들기] 대화상자가 다시 나타나면 [만들기]를 클릭합니다. 마우스 포인터가 표 그리기 모양으로 변경됩니다.

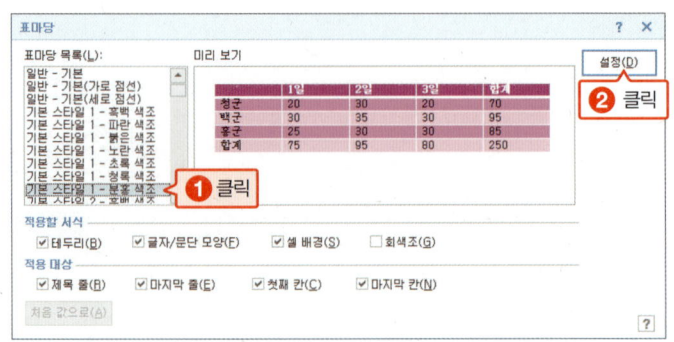

04 표가 시작될 위치를 클릭하고 마우스 왼쪽 버튼을 누른 채 드래그하여 적당한 크기로 표를 그립니다.

표가 본문에 삽입됩니다.

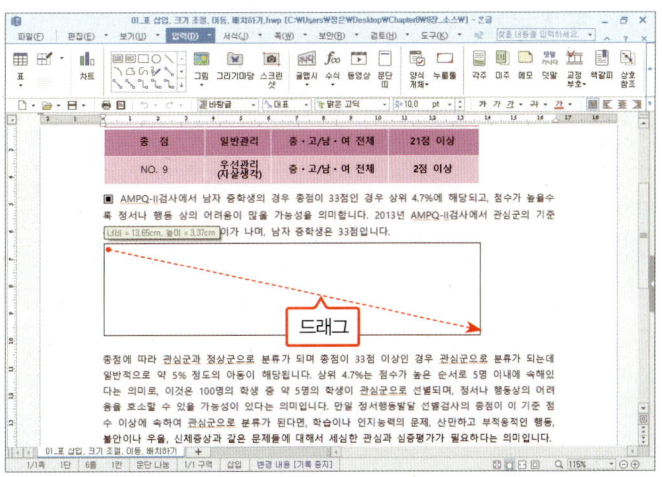

05 표 그리기 도구로 그리기

① [입력] 메뉴-[표]의 내림 단추를 클릭하고 ② 3줄*4칸만큼 드래그한 후 클릭합니다.

마우스 포인터가 표 그리기 모양으로 변경됩니다.

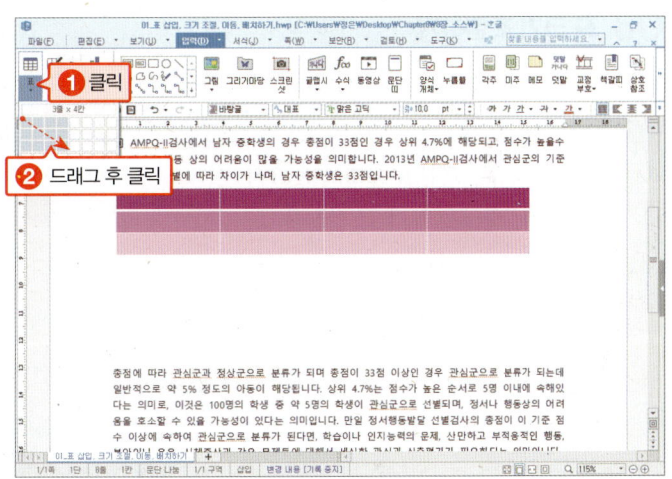

06 표가 시작될 위치를 클릭하고 마우스 왼쪽 버튼을 누른 채 드래그하여 적당한 크기로 표를 그립니다.

표가 본문에 삽입됩니다.

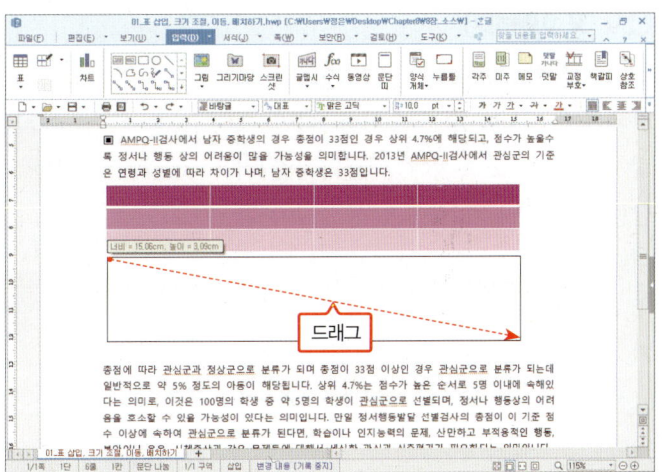

07 표 지우기

삽입한 표를 삭제해 보겠습니다. 표 테두리를 클릭하고 Delete 를 누릅니다.

표가 지워집니다.

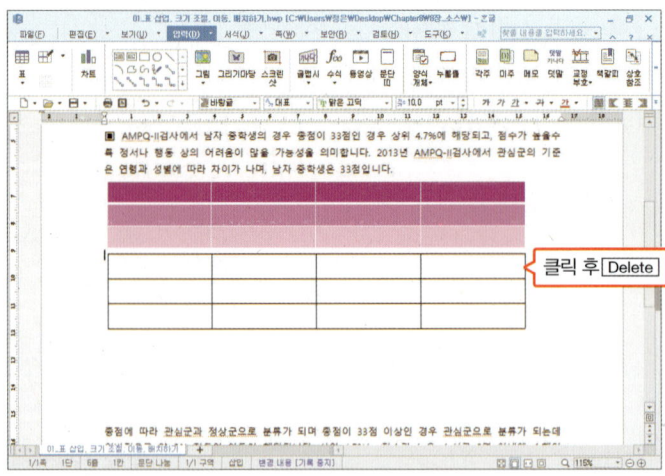

08 표 크기 조절하기

이미 삽입한 표의 전체 크기를 변경해 보겠습니다.
① 표 테두리를 클릭하면 크기 조절점이 활성화됩니다. ② 표 크기 조절점을 드래그하여 적당한 크기로 조정합니다.

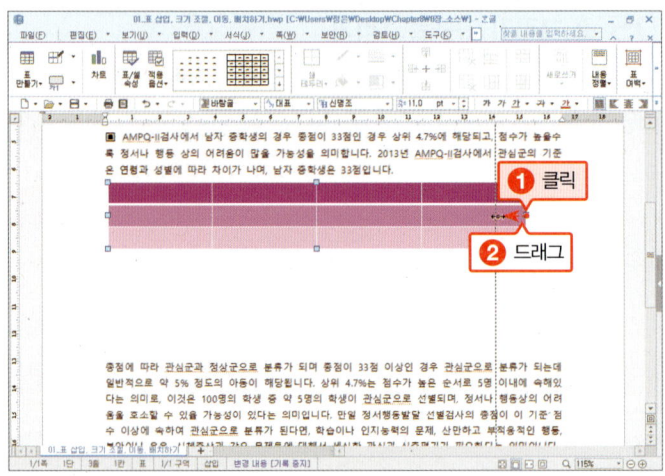

09 표 이동하기

그림이나 클립아트와 마찬가지로 표도 자유롭게 이동할 수 있습니다. 다만 그렇게 하려면 표 속성에서 [글자처럼 취급]에 체크 표시가 되어 있지 않아야 합니다.
① 표 테두리를 클릭하면 마우스 포인터가 이동하기 모양으로 변경됩니다. ② 표를 클릭한 채 원하는 위치로 드래그합니다.

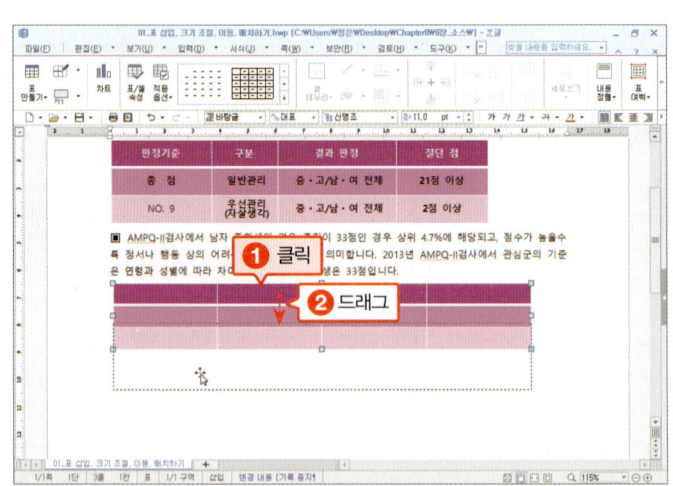

표가 이동됩니다.

줄/칸 삽입 및 삭제하기

학습 목표 | 이미 만들어 둔 표에 줄/칸을 추가해 편집하거나 불필요한 줄/칸을 삭제해야 하는 경우가 있습니다. 표에 줄과 칸을 삽입하고 삭제하는 방법을 알아보겠습니다.

실습 파일 | 한글/42_줄 칸 삽입 및 삭제하기.hwp   완성 파일 | 한글/42완성.hwp

01 줄 삽입하기

표에서 배경색이 노란색인 줄의 아래에 한 줄을 추가해 보겠습니다.
① 노란색 줄에서 임의의 셀을 클릭합니다. ② [표] 탭-[아래에 줄 추가하기]를 클릭합니다.

───────────

노란색 줄의 아래에 한 줄이 추가됩니다. 셀 서식이 동일하게 적용되었음을 알 수 있습니다.

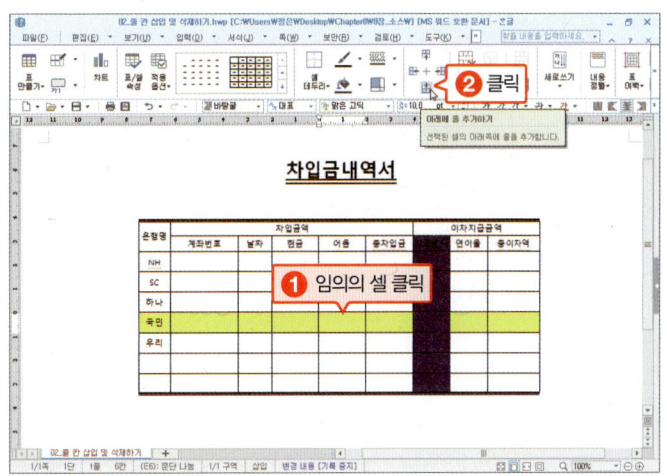

02 칸 삭제하기

표에서 배경색이 남색으로 표시된 칸을 삭제해 보겠습니다.
① 삭제할 칸 중 임의의 셀을 클릭합니다.
② [표] 탭-[칸 지우기]를 클릭합니다.

───────────

'지급일자'에 해당하는 칸이 삭제됩니다.

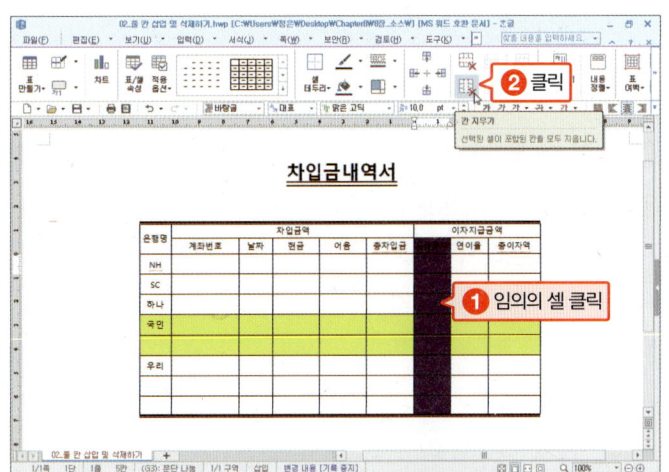

03 줄 삭제하기

새로 추가한 줄을 단축키로 삭제해 보겠습니다.

① 삭제하고자 하는 줄에서 임의의 셀을 클릭하고 ② 단축키 Alt + Delete 를 누릅니다. ③ [줄/칸 지우기] 대화상자에서 [줄 지우기]를 클릭하고 ④ [지우기]를 클릭합니다.

현재 커서가 있는 줄이 삭제됩니다.

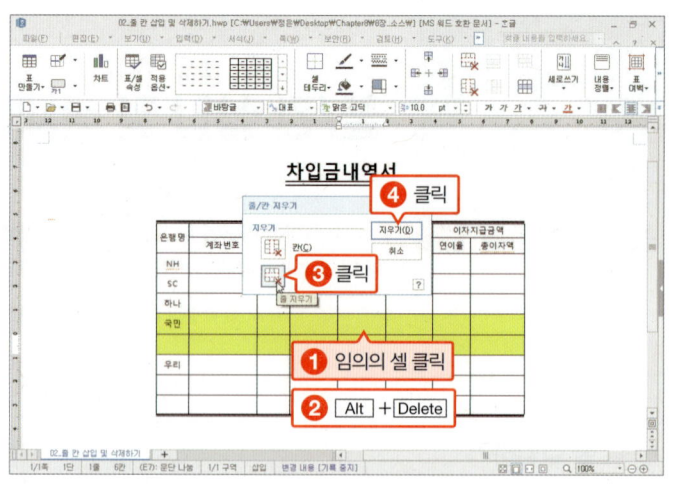

04 Tab 으로 줄 추가하기

표의 맨 아래에 줄을 추가해 보겠습니다. 이때는 마지막 셀을 이용해야 편리합니다.

① 표의 맨 아랫줄 마지막 셀을 클릭하고 ② Tab 을 누릅니다.

표의 맨 아래에 한 줄이 추가됩니다.

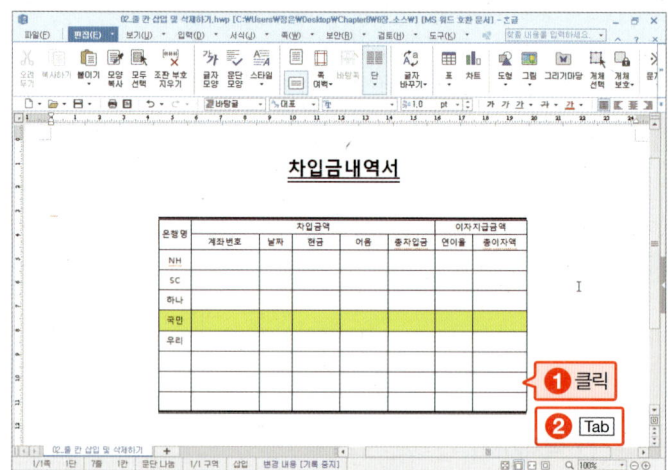

05 줄 더 추가하기

① 새로 추가된 줄의 맨 마지막 셀을 클릭하고 ② Tab 을 누릅니다.

표의 맨 아래에 한 줄이 더 추가됩니다.

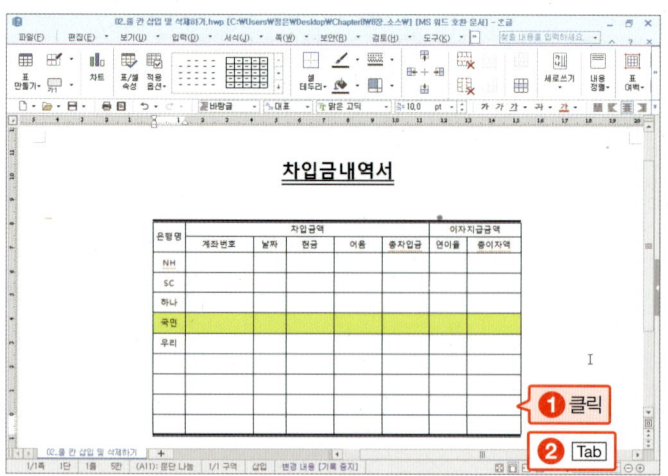

핵심기능실습

43

셀 합치고 나누기

학습 목표 | 셀 합치기는 두 개 이상의 셀을 하나로 합치는 기능이고 셀 나누기는 하나의 셀을 두 개 이상의 셀로 나누는 기능입니다. 셀을 합치고 나누는 방법에 대해서 알아보겠습니다.

실습 파일 | 한글/43_셀 합치고 나누기.hwp   완성 파일 | 한글/43완성.hwp

01 셀 합치기

예제 문서의 표에서 항목별로 분리되어 있는 '요인' 셀을 하나로 합쳐 보겠습니다. ① 합칠 셀 범위를 드래그하고 ② [표] 탭-[셀 합치기]를 클릭합니다.

4개의 셀이 하나로 합쳐집니다.

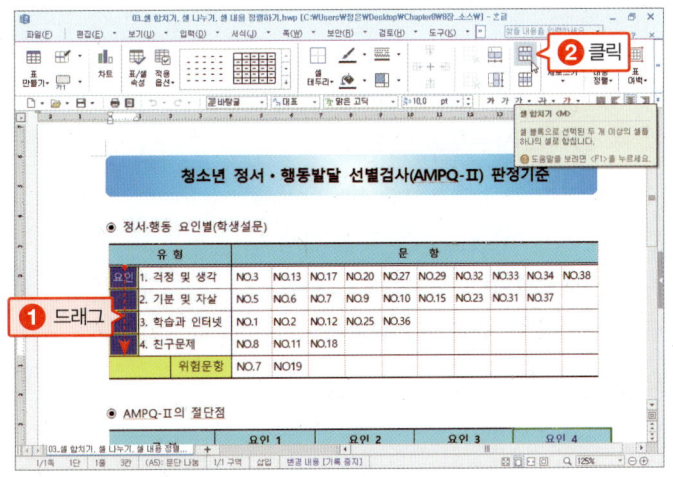

02 단축키 M으로 셀 합치기

'위험문항' 셀 역시 앞 셀과 분리되어 있습니다. 한 셀로 합쳐 보겠습니다. ① 합칠 셀 범위를 드래그하고 ② M을 누릅니다.

두 셀이 하나로 합쳐집니다.

유 형		문 항			
요인	1. 걱정 및 생각	NO.3	NO.13	NO.17	NO.20
	2. 기분 및 자살	NO.5	NO.6	NO.7	NO.9
	3. 학습과 인터넷	NO.1	NO.2	NO.12	NO.25
	4. 친구문제	NO.8	NO.11	NO.18	
	위험문항	NO.7	NO19		

① 드래그 ② M

03 표 지우개를 이용해 셀 합치기

① 표에서 임의의 셀을 클릭하고 ② [표] 탭-[표 그리기]-[표 지우개]를 선택합니다.

마우스 포인터가 표 지우개 모양으로 변경됩니다.

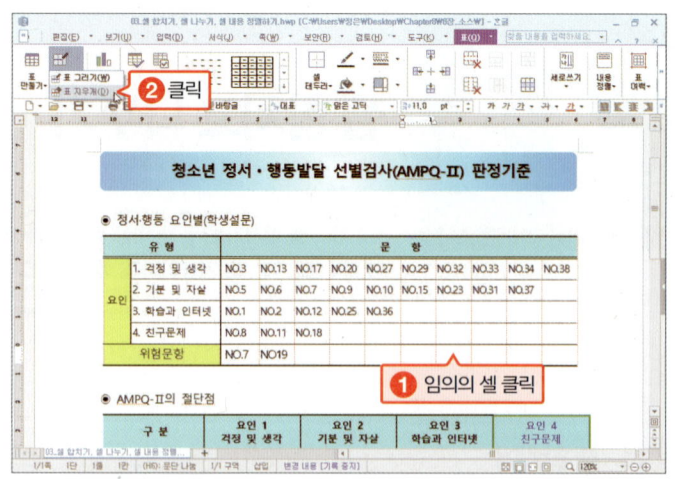

04 경계선 지우개로 지우기

① 지우려는 셀의 경계선을 클릭하고 ② 마우스 왼쪽 버튼을 누른 채 셀 경계 부분을 드래그합니다. 마우스 포인터를 조금씩 움직여 보면 삭제할 셀의 경계선이 분홍색으로 표시되는데, 이때 마우스 왼쪽 버튼을 놓습니다.

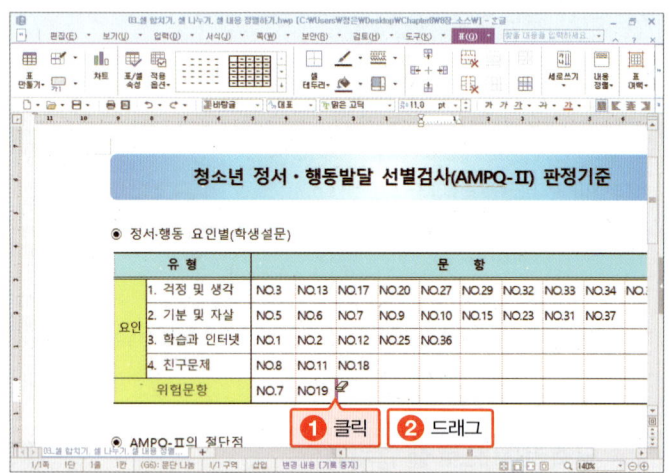

05 셀 경계선이 삭제되어 셀이 합쳐지는 효과가 나타납니다.

바로 통하는 TIP 표 지우개 상태에서는 계속 셀 경계선을 삭제할 수 있습니다. 표 지우개 상태를 해제하려면 표의 바깥을 클릭하거나 [ESC]를 누릅니다.

유 형					
요인	1. 걱정 및 생각	NO.3	NO.13	NO.17	NO.20
	2. 기분 및 자살	NO.5	NO.6	NO.7	NO.9
	3. 학습과 인터넷	NO.1	NO.2	NO.12	NO.25
	4. 친구문제	NO.8	NO.11	NO.18	
위험문항		NO.7	NO19		

06 셀 나누기

두 번째 표에서 '중학생' 셀의 오른쪽 노란색 셀을 두 개로 나눠 보겠습니다.
① 두 개로 나눌 셀을 클릭하고 ② [표]탭-[셀 나누기]를 클릭합니다.

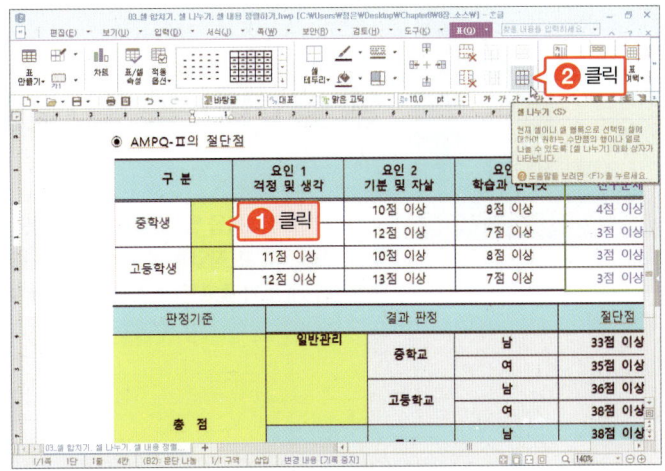

[셀 나누기] 대화상자가 나타납니다.

07 셀 나누기 대화상자

① [셀 나누기] 대화상자의 [줄/칸 나누기]-[줄 수]를 2로 설정하고 ② [선택 사항]의 [줄 높이를 같게 나누기]에 체크 표시한 뒤 ③ [나누기]를 클릭합니다.

셀이 두 칸으로 나눠집니다.

바로 통하는 TIP 나눌 셀을 클릭한 후 F5 를 눌러 셀을 선택하고 단축키 S 를 눌러도 [셀 나누기] 대화상자를 표시할 수 있습니다.

08 표 그리기로 셀 나누기

두 번째 표에서 '고등학생' 셀의 오른쪽 노란색 셀 가운데에 선을 그어 셀을 두 개로 나눠 보겠습니다. 이웃한 셀의 선을 기준선으로 삼아 연장해 그리면 됩니다.
① [표] 탭-[표 그리기]-[표 그리기]를 선택합니다. 마우스 포인터가 펜 모양으로 변경됩니다. ② 노란색 셀과 이웃 셀의 가로선이 만나는 부분을 클릭하고 왼쪽으로 드래그하여 연장합니다.

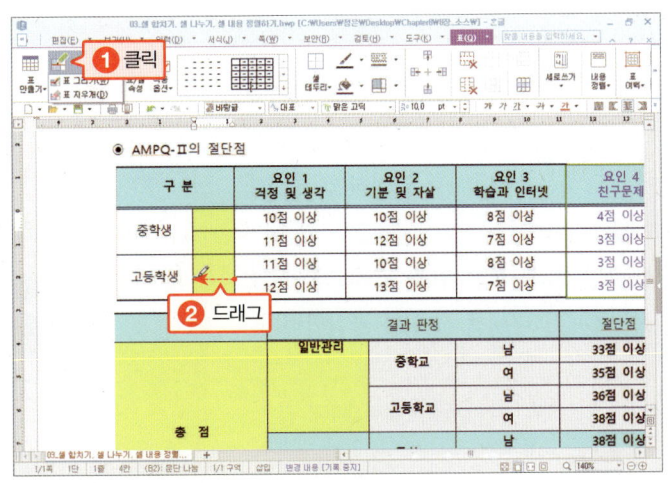

셀이 두 칸으로 나눠집니다.

핵심기능실습 44

셀 높이와 폭 같게 설정하기

학습 목표 | 표에 내용을 입력해 보면 어떤 칸은 내용이 많이 들어가고, 어떤 칸은 적게 들어가는 경우가 있습니다. 표 작업을 마무리할 때 표 내용의 길이에 상관없이 각 칸의 높이나 너비를 일정하게 설정해 보기 좋고 깔끔한 표를 만들어 보겠습니다.

실습 파일 | 한글/44_셀 높이와 폭 같게 설정하기.hwp   **완성 파일 |** 한글/44완성.hwp

01 셀 높이 같게 설정하기(단축키 H)

학교 내 관리체계 표에서 텍스트의 양에 상관없이 셀 높이를 일정하게 설정해 보겠습니다.

① 제목 행을 제외한 표 전체 범위를 드래그하고 ② [표] 탭-[셀 높이 같게]를 클릭합니다.

선택한 모든 셀의 높이가 똑같게 맞춰집니다.

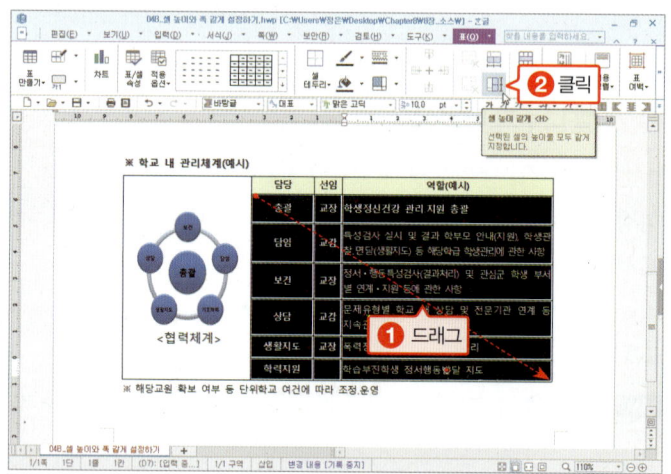

02 셀 너비 같게 설정하기(단축키 W)

학교 내 관리체계 표에서 담당 및 선임에 해당하는 셀 너비를 일정하게 설정해 보겠습니다.

① 담당 열과 선임 열을 드래그하고 ② [표] 탭-[셀 너비를 같게]를 클릭합니다.

선택한 모든 열의 너비가 똑같게 맞춰집니다.

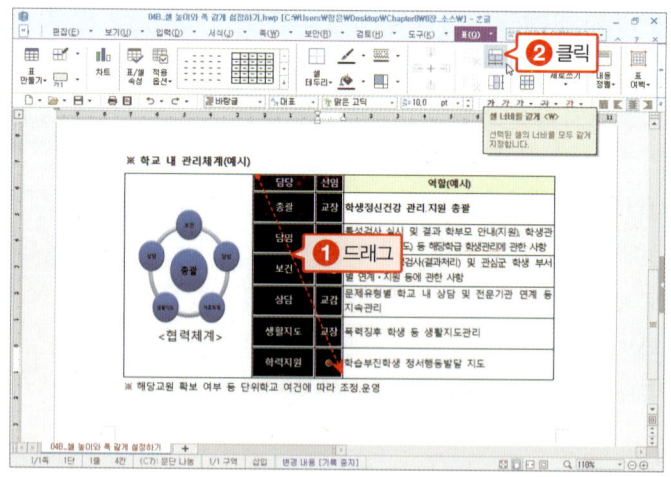

표 나누기, 붙이기,
여러 쪽 지원 기능 이용하기

학습 목표 | 표 작업을 하다 보면 내용이 길어져 다음 쪽으로 넘어가는 경우가 있습니다. 이때 표를 나눠서 다음 쪽에 배치하거나 반대로 앞 장에 이어 붙이는 등 표를 좀 더 보기 좋게 배치하는 방법을 알아보겠습니다.

실습 파일 | 한글/45_표 나누기, 붙이기, 여러 쪽 지원.hwp   완성 파일 | 한글/45완성.hwp

01 표 나누기(단축키 Ctrl + N, A)

예제 문서의 표가 길어서 마지막 칸의 일부가 다음 페이지로 넘어갔습니다. 수요일과 토요일에 해당하는 줄을 기본 표에서 분리해 다음 페이지에 배치해 보겠습니다.

① (수),(토)가 표시된 줄에서 임의의 셀을 클릭하고 ② [표] 탭 - [표 나누기]를 클릭합니다.

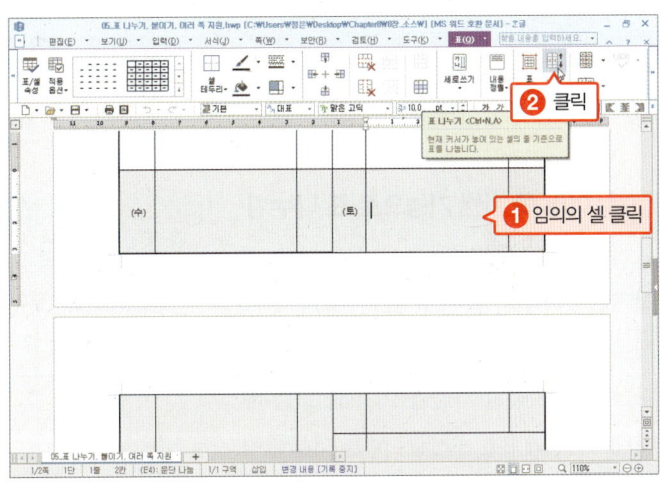

표가 나누어집니다.

02 표 앞에 커서를 두고 단축키 Ctrl + Enter 를 눌러 분리된 표를 다음 페이지로 넘깁니다.

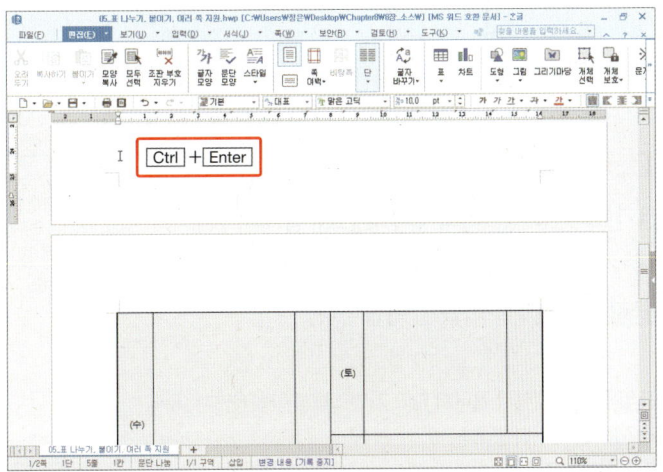

03 표 붙이기(단축키 Ctrl+N, Z)

두 개의 표를 하나로 붙여 연결해 보겠습니다.

① (화), (금)이 표시된 줄에서 임의의 셀을 클릭하고 ② [표] 탭-[표 붙이기]를 클릭합니다.

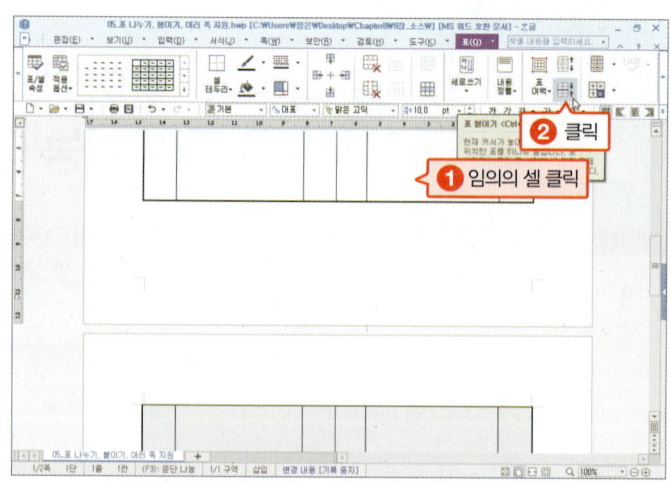

아래쪽으로 분리되었던 표가 위쪽 표에 다시 붙습니다.

바로 통하는 TIP 표 붙이기를 할 때는 서로 붙일 두 표의 칸 수가 동일해야만 합니다. 또한 붙이려면 나눠진 표가 아니라 붙여넣을 표에서 임의의 셀을 클릭해야 합니다.

04 여러 쪽 지원 기능으로 표 나누기

표가 여러 쪽에 걸쳐 표시되는 경우 직접 표를 나누지 않고도 표가 잘리지 않게 여러 쪽에 표시하는 기능이 있습니다. 여러 쪽 지원 기능을 이용해 표를 배치해 보겠습니다. 표 테두리를 더블클릭합니다.

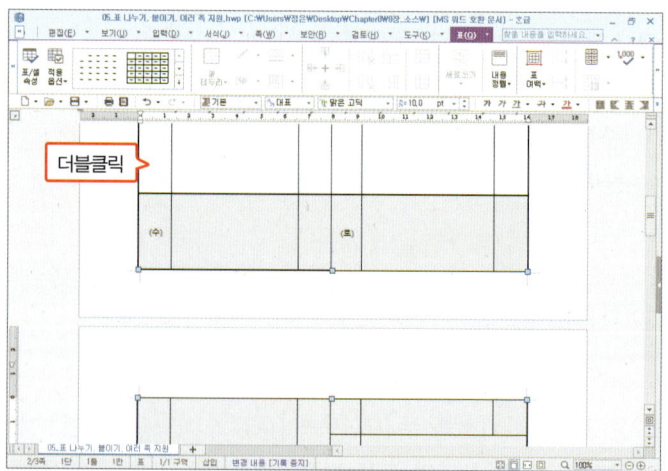

[표/셀 속성] 대화상자가 나타납니다.

05 셀 단위로 나누기

① [표/셀 속성] 대화상자의 [표] 탭에서 [여러 쪽 지원]-[쪽 경계에서]-[셀 단위로 나눔]을 클릭하고 ② [설정]을 클릭합니다.

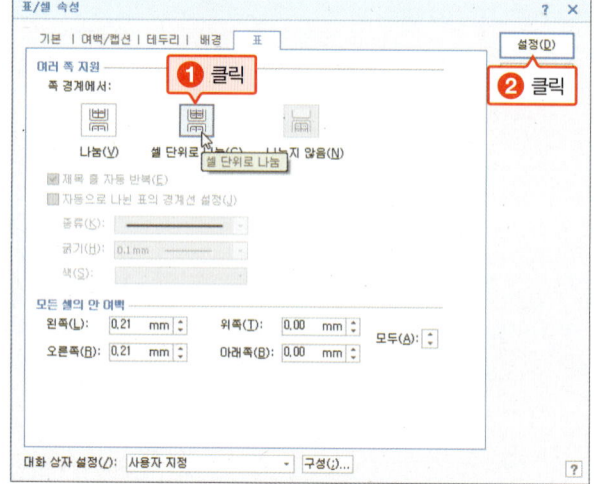

표의 셀이 중간에서 잘리지 않고 자연스럽게 나눠지면서 여러 쪽에 걸쳐 나타납니다.

핵심기능실습

46

표 셀 속성 지정하기

학습 목표 | 표의 특정 부분을 눈에 띄게 강조해야 할 때가 있습니다. 기본 서식 이외의 테두리를 적용하거나 배경색을 변경해 보기 좋게 꾸밀 수 있습니다. 표의 테두리와 배경색을 지정하는 방법을 알아보겠습니다.

실습 파일 | 한글/46_표 셀 속성 지정하기.hwp   완성 파일 | 한글/46완성.hwp

O1 모든 셀 안쪽에 여백 설정하기

1페이지에 수록된 설문 관련 표 모양을 변경해 보겠습니다. 우선 표 테두리와 텍스트 사이에 일정한 여백이 표시되도록 설정합니다. 표 테두리를 더블클릭합니다. 표를 클릭하고 [표] 탭-[표/셀 속성]을 클릭해도 됩니다.

[표/셀 속성] 대화상자가 나타납니다.

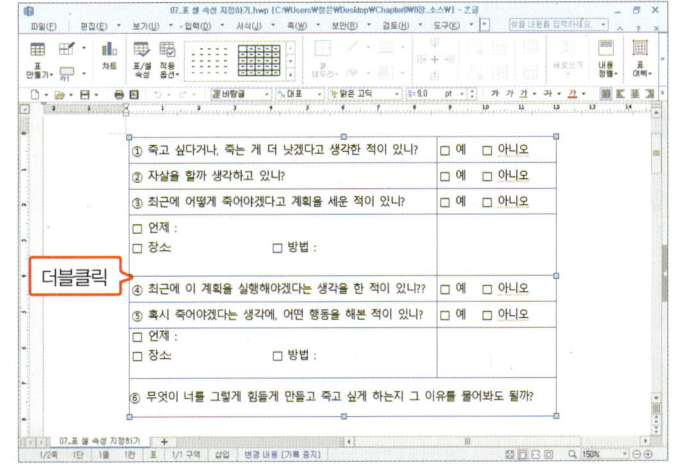

O2 ① [표/셀 속성] 대화상자의 [표] 탭에서 [모든 셀의 안 여백]-[모두]의 ▲를 2번 클릭해 모든 셀의 안 여백을 2mm로 변경하고 ② [설정]을 클릭합니다.

모든 셀의 안 여백이 2mm로 변경됩니다.

바로 통하는 TIP 표 선택 취소는 ESC를 누르거나 문서의 다른 위치를 클릭하면 됩니다.

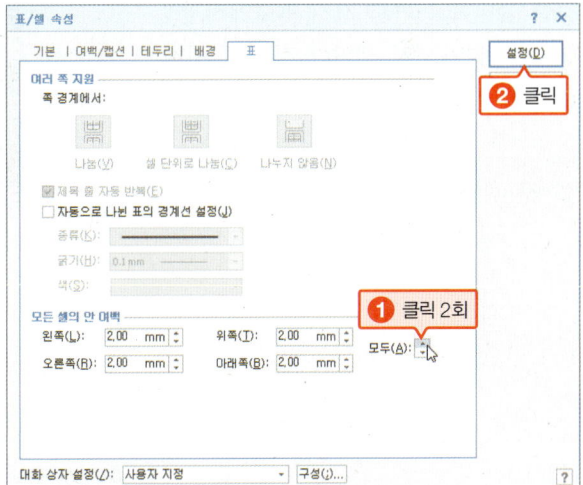

03 셀 배경색 채우기

표의 제목 셀이나 특이 사항이 있는 셀 등을 돋보이게 표시하고 싶다면 배경색을 채우는 방법이 유용합니다. 설문에 대한 답을 표시하는 셀에 배경색을 채워 보겠습니다.

① 배경색을 채울 비연속 셀들을 Ctrl을 누른 채 클릭합니다. ② [표] 탭-[셀 배경색]의 내림 단추-[진달래색 60% 밝게]를 선택합니다.

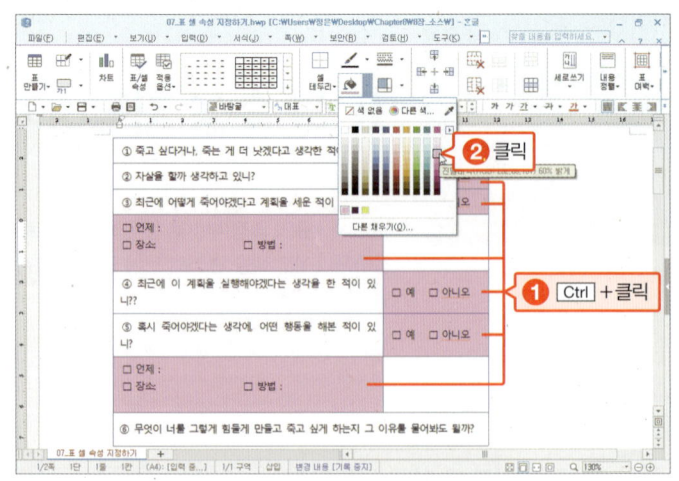

셀 배경색이 적용됩니다.

바로 통하는 TIP 셀 배경색을 채우는 방식에는 [표] 도구 상자에서 바로 적용하는 방법과 [셀/테두리 배경] 대화상자에서 변경하는 방법이 있습니다. 선 테두리를 적용할 때도 이 두 가지 방법을 동일하게 사용할 수 있습니다. [셀 테두리/배경] 대화상자를 이용하려면 Ctrl을 누른 채 배경색을 적용할 셀을 모두 클릭하고 마우스 오른쪽 버튼을 눌러 바로 가기 메뉴에서 [셀 테두리/배경]-[각 셀마다 적용]을 선택합니다.

04 표 안쪽 테두리 색 편집하기

셀 테두리는 [셀/테두리 배경] 대화상자를 이용하여 변경해 보겠습니다.

① 셀 테두리 색을 변경할 표 전체 범위를 드래그합니다. ② 마우스 오른쪽 버튼을 클릭하고 바로 가기 메뉴에서 [셀 테두리/배경]-[각 셀마다 적용]을 선택합니다.

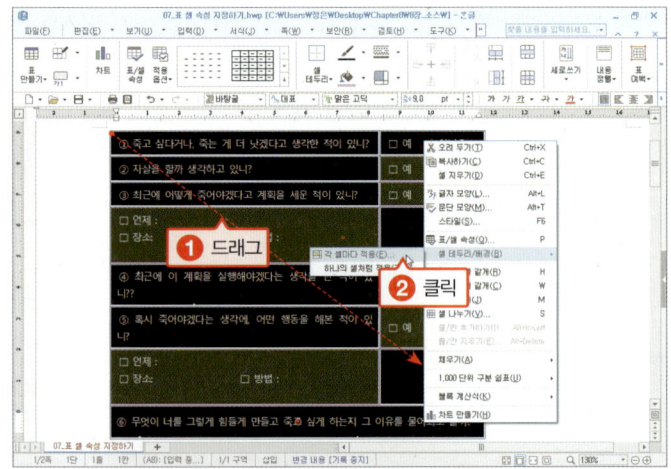

[셀 테두리/배경] 대화상자가 나타납니다.

05 ① [셀 테두리/배경] 대화상자의 [테두리] 탭에서 [테두리]-[종류]-[점선]을 선택합니다. ② [굵기]-[0.3mm], [색]-[진달래색]을 선택하고 ③ [안쪽]을 클릭한 뒤 ④ [설정]을 클릭합니다.

표의 안쪽 테두리가 설정한 모양으로 바뀝니다.

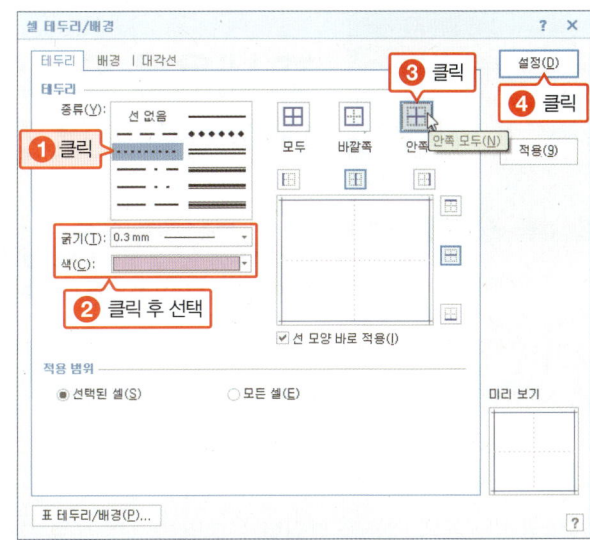

06 표 바깥쪽 셀 테두리 색 편집하기

표의 바깥쪽 테두리에 색을 지정해 보겠습니다.
① 셀 테두리 색을 변경할 표 전체 범위를 드래그합니다. ② [표] 탭-[셀 테두리 색]의 내림 단추-[진달래색]을 선택합니다

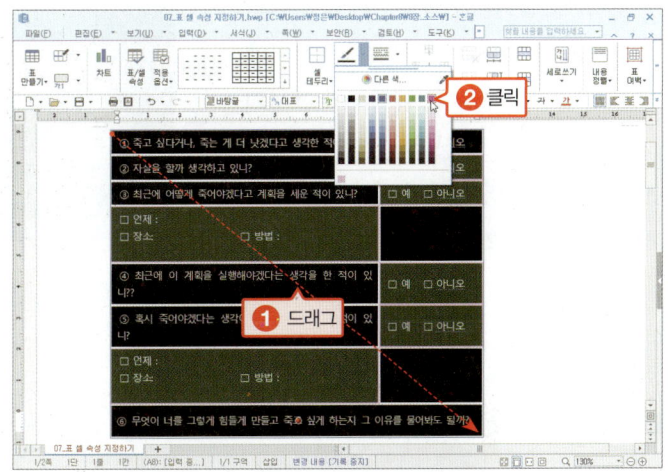

07 [표] 탭-[셀 테두리]의 내림 단추-[바깥쪽 모두]를 선택합니다.

선택 범위 바깥쪽 테두리 선 색이 설정한 색으로 변경되었습니다.

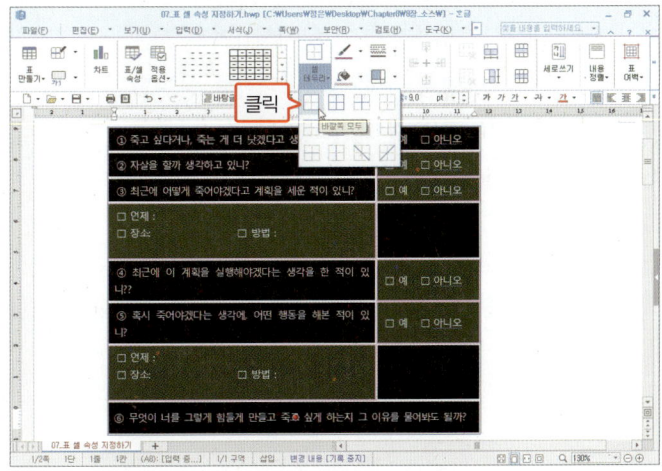

표 내용을 오름차순이나 내림차순으로 정렬하기

학습 목표 | 표에 삽입된 내용을 가, 나, 다 순서나 그 역순으로 정리할 수 있습니다. 숫자의 경우 작은 값이 위에 오도록 정렬하거나 그 반대로 정렬하는 것이 가능합니다. 정렬 기능을 이용하여 표의 내용을 기준에 맞게 오름차순, 혹은 내림차순으로 정리하는 방법에 대해서 알아보겠습니다.

실습 파일 | 한글/47_표 내용을 오름차순이나 내림차순.hwp   완성 파일 | 한글/47완성.hwp

01 표 내용 정렬하기

차입금 내역표의 내용을 차입한 은행명, 미상환액에 따라 정렬해 보겠습니다. '은행명(필드1)'은 오름차순으로 정렬하고, 은행 이름이 동일한 경우 '미상환액(필드9)'을 기준으로 큰 금액부터 표시되도록 내림차순으로 정렬하겠습니다.

① 표에서 은행명 행부터 미상환액 행까지 드래그하고 ② [도구] 메뉴-[정렬]을 클릭합니다.

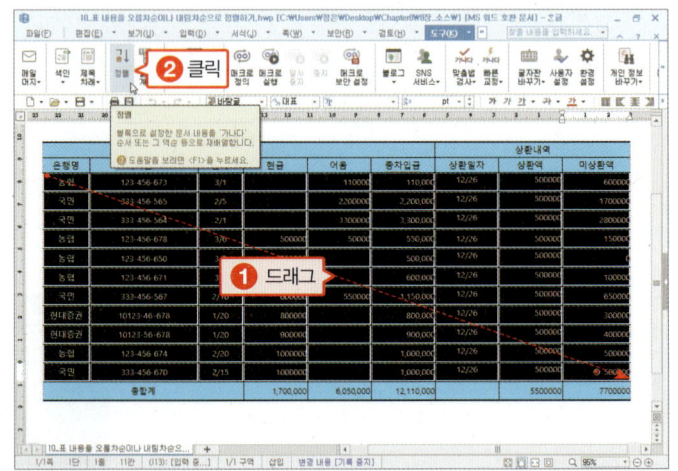

[정렬] 대화상자가 나타납니다.

바로 통하는 TIP 표를 정렬하기 위해 블록을 선택할 때는 실제 정렬해야 할 행만 선택합니다. 예제의 경우, 항목명, 총합계 등은 선택하지 않습니다.

02 정렬 기준 선택하기

① [정렬] 대화상자의 [정렬 기준]에서 [기준 1]은 [위치]-[필드1], [형식-[글자(가나다)]로 설정합니다. ② [기준 2]는 [위치]-[필드9], [형식-[숫자(987)]로 설정하고 ③ [실행]을 클릭합니다.

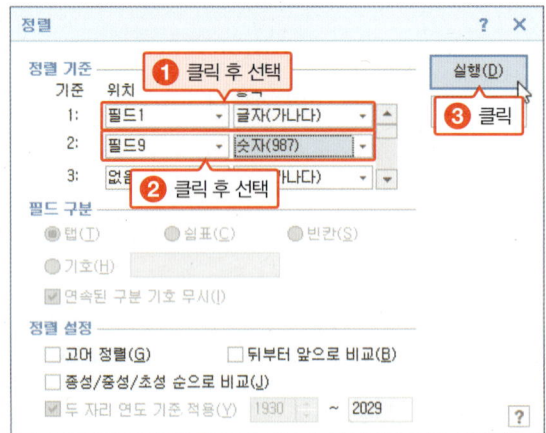

은행명이 우선 기준으로 적용되어 가나다 순서로 정렬됩니다. 은행명이 동일한 경우에는 미상환액이 큰 내역부터 위쪽으로 정렬됩니다.

핵심기능실습 48

표 뒤집기와 키보드로 셀 크기 변경하기

학습 목표 | 이미 만들어 둔 표의 줄, 칸을 뒤집거나 표 내용을 회전하여 배치할 때 표 뒤집기 기능을 사용할 수 있습니다. 일일이 표의 데이터를 옮겨 적지 않아도 한 번에 표 배치를 다시 할 수 있어 편리합니다.

실습 파일 | 한글/48_표 뒤집기와 키보드로 셀 크기 변경하기.hwp   **완성 파일** | 한글/48완성.hwp

01 표 뒤집기

예제 문서의 표에서 후원 연도가 줄로, 후원자가 칸으로 표시되어 있습니다. 이 표의 줄과 칸을 뒤집어 후원 연도를 칸으로, 후원자를 줄로 표시해 보겠습니다. ① 표에서 임의의 셀을 클릭합니다. ② [표] 탭의 펼침 단추-[표 뒤집기]를 선택합니다.

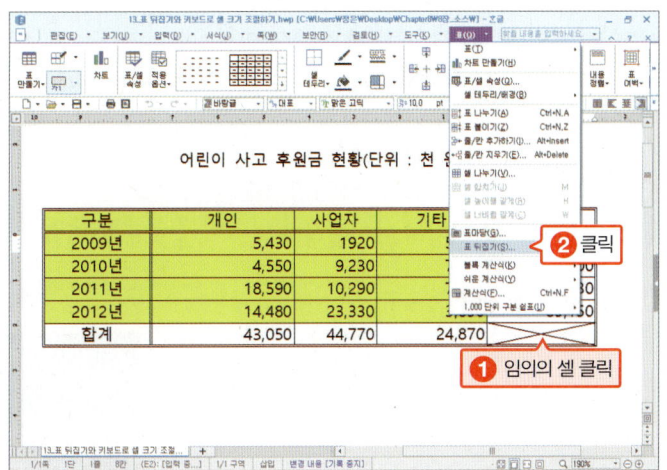

[표 뒤집기] 대화상자가 나타납니다.

02 표 뒤집기 방법 선택하기

① [표 뒤집기] 대화상자에서 [줄/칸 뒤집기]를 클릭하고 ① [뒤집기]를 클릭합니다.

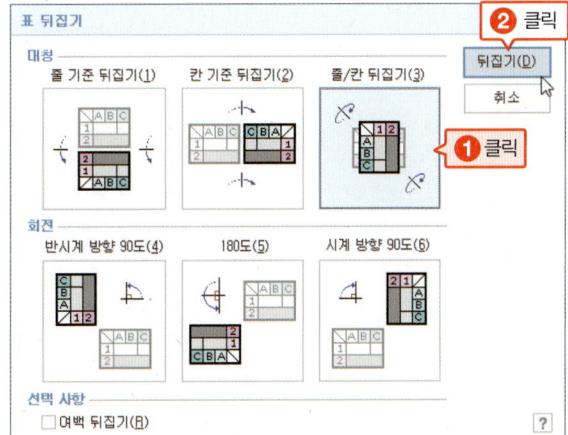

03 키보드를 이용하여 셀 크기 조절하기

표 모양이 정돈되지 않아 어색하게 보입니다. 줄, 칸의 크기와 너비를 조절해 보겠습니다.

① 줄/칸 바꾸기가 완료된 표에서 임의의 셀을 클릭합니다. ② F5를 세 번 눌러 표 전체를 선택합니다.

바로 통하는 TIP F5를 한 번 누르면 표에서 커서가 위치한 해당 셀이 선택됩니다. 두 번 누르면 선택한 셀을 기준으로 화살표 키를 이용하여 표 범위를 선택할 수 있으며, 세 번 누르면 표 전체가 선택됩니다.

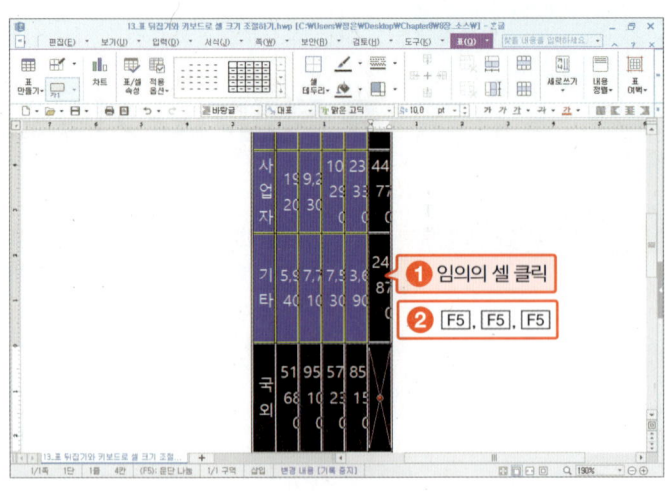

04 Ctrl을 누른 채 키보드의 방향키를 눌러 표의 크기를 적당히 조절합니다.

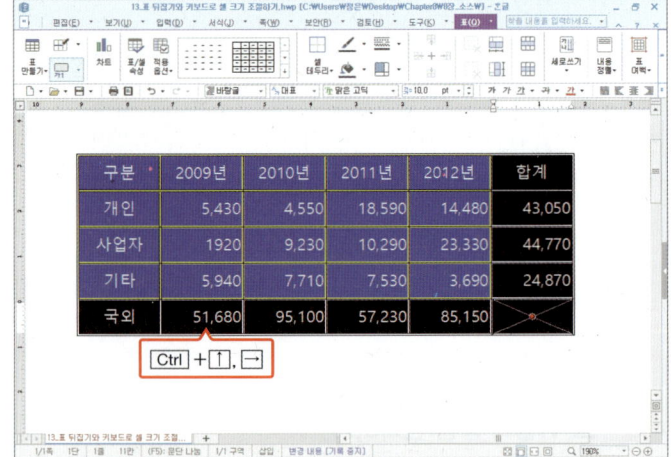

한글 핵심기능으로 실무 문서 완성하기

한글을 실무에서 사용할 때는 한 가지 기능만 사용하는 것이 아니라 복합적으로 다양한 기능을 사용하여 문서를 작성해야 합니다. 한글에서 자주 사용하는 기능을 문서에 적용하여 문서를 완성하는 과정에 대해서 알아보겠습니다.

실습 파일 | 한글/실무활용노트_한빛미디어.hwp
완성 파일 | 한글/실무활용노트완성.hwp

01 제목 서식 변경하기

예제 문서에서 제목이 눈에 띄도록 서식을 변경해 보겠습니다.
① 한빛미디어(주)를 블록 설정합니다.
② [서식] 메뉴-[글자 모양]을 클릭합니다.

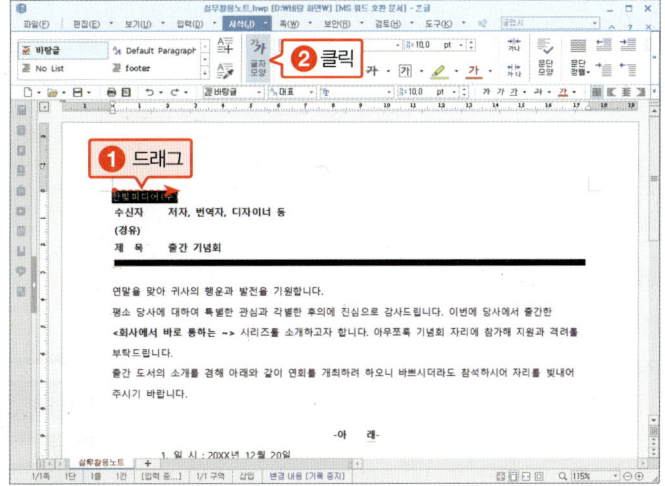

02

① [글자 모양] 대화상자의 [기본] 탭에서 [크기]를 18pt, ② [글꼴]-[맑은 고딕], ③ [속성]-[진하게], ④ [글자 색]-[에메랄드 블루]를 선택한 뒤 ⑤ [설정]을 클릭합니다.

제목이 눈에 띄도록 글자 서식이 변경됩니다.

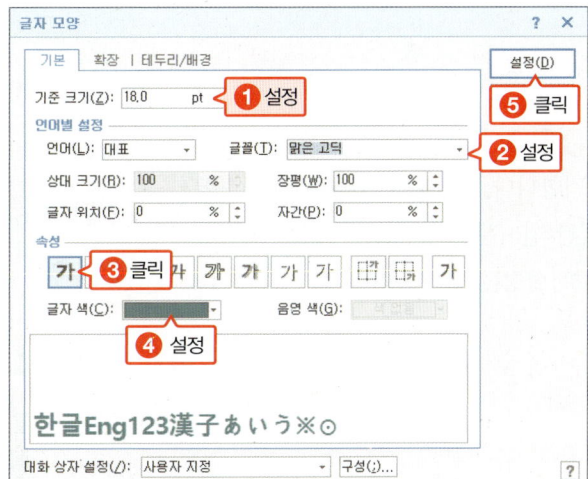

03 문단 서식 변경하기

① [서식] 메뉴-[문단 모양]을 클릭합니다. ② [문단 모양] 대화상자의 [기본] 탭에서 [정렬 방식]-[가운데 정렬]을 클릭하고 ③ [설정]을 클릭합니다.

제목이 가운데로 정렬됩니다.

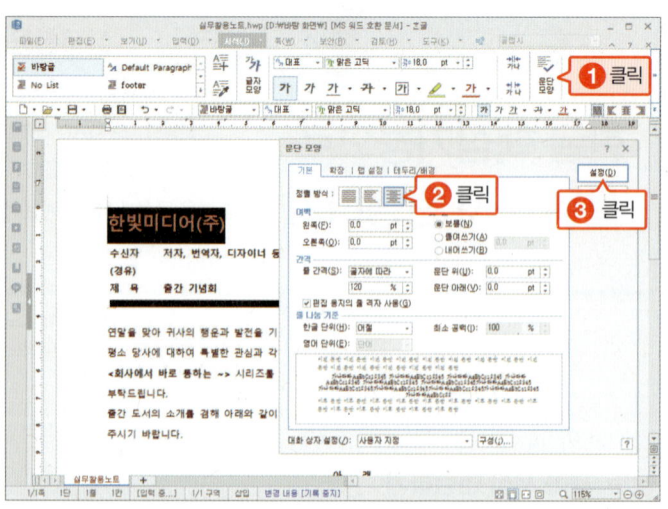

04 문단 번호와 간격 설정하기

본문 내용이 눈에 잘 들어오도록 문단 번호를 설정하고 문단 간격을 조정해 보겠습니다.
① 본문의 '연말~바랍니다.'를 블록 설정합니다. ② [서식] 메뉴-[문단 번호]를 클릭합니다.

본문에 문단 번호가 적용되었습니다.

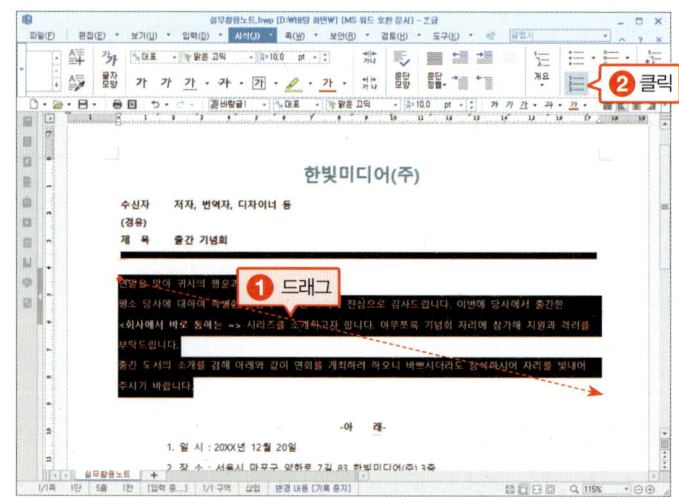

05

① [서식] 메뉴-[문단 모양]을 클릭합니다. ② [문단 모양] 대화상자에서 [간격]-[문단 아래]를 10pt로 설정하고 ③ [설정]을 클릭합니다.

문단 아래에 간격이 설정되면서 내용이 확연하게 구분됩니다.

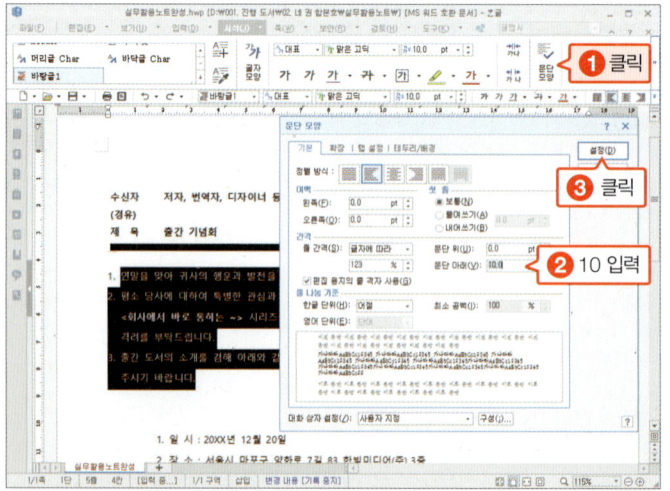

06 약도 삽입하기

예제 문서에 약도를 삽입해 보겠습니다. 여기서는 웹브라우저의 이미지를 스크린 샷으로 바로 문서에 넣어 보겠습니다. 웹브라우저에 http://www.hanbit.co.kr/publisher/contact.html를 입력해 약도가 있는 페이지로 이동합니다.

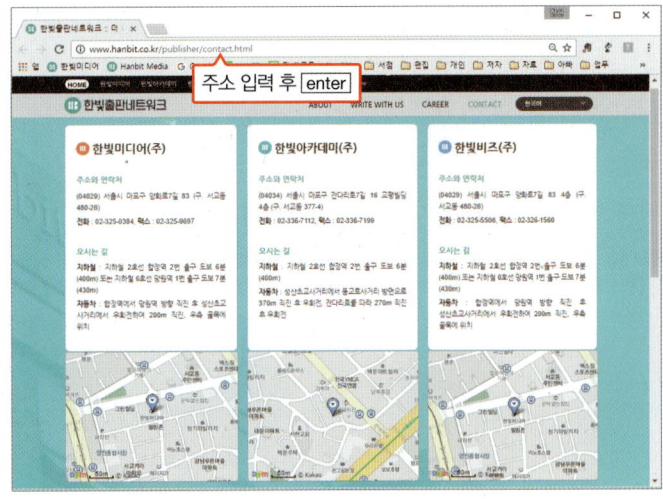

07

① 다시 한글로 돌아와 본문의 '3. 약도' 뒤에 마우스를 위치시키고 ② [입력] 메뉴-[스크린 샷]을 클릭합니다. ③ [스크린 샷] 대화상자가 나타나면 [화면 캡처]를 클릭합니다.

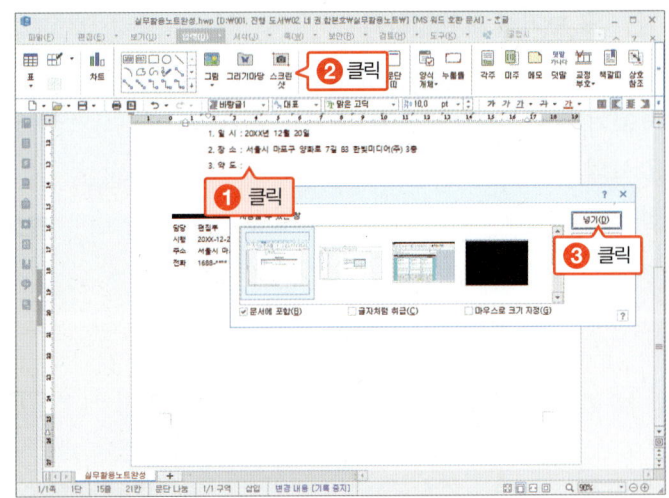

08

앞서 검색한 웹브라우저에서 스크린샷할 수 있도록 화면이 준비됩니다. 마우스로 드래그하여 원하는 부분을 선택합니다.

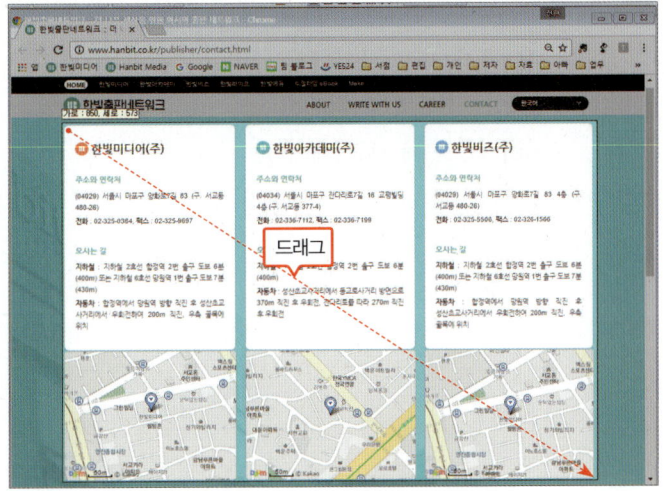

09 이미지 배치하고 서식 설정하기

① 이미지를 클릭하고 '약도' 아래쪽으로 배치한 뒤 ② [그림] 탭-[개체 속성]을 클릭합니다. ③ [개체 속성] 대화상자가 나타나면 [위치]에서 [자리 차지], ④ [가로]를 [문단], [가운데], [0.00mm]로 설정한 뒤 ⑤ [설정]을 클릭합니다.

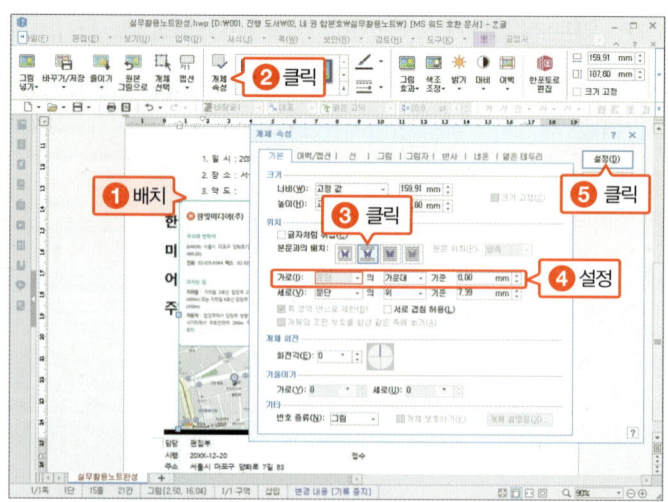

10 표 보기 좋게 편집하기

제목에 해당하는 부분을 강조하고 표를 더 보기 좋게 편집해 보겠습니다.
① 표의 첫 번째 줄을 드래그해 블록 설정하고 ② 단축키 M을 눌러 표를 합칩니다.

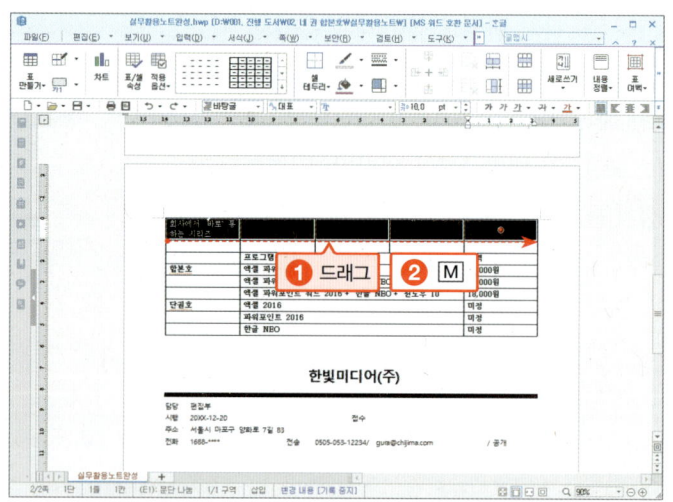

11

① '회사에서~시리즈'를 블록 설정합니다. ② 서식 도구 상자에서 [글꼴]-[나눔 고딕], [글꼴 크기]-[15pt], [글자 속성]-[진하게], [글자 색]-[에메랄드 블루 20% 밝게], [정렬 방식]-[가운데 정렬]을 설정합니다.

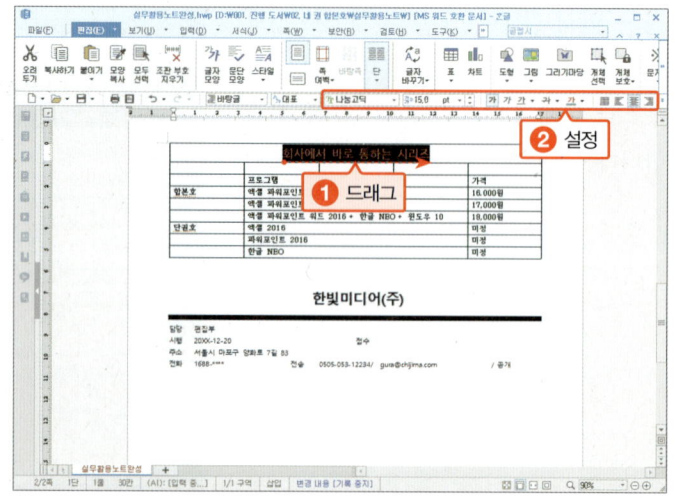

12 ① 표의 첫 번째와 두 번째 행을 드래그해 블록 설정합니다. ② 블록 설정한 표 위에서 마우스 오른쪽 버튼을 클릭하고 ③ 바로 가기 메뉴에서 [셀 테두리/배경]–[각 셀마다 적용]을 클릭합니다.

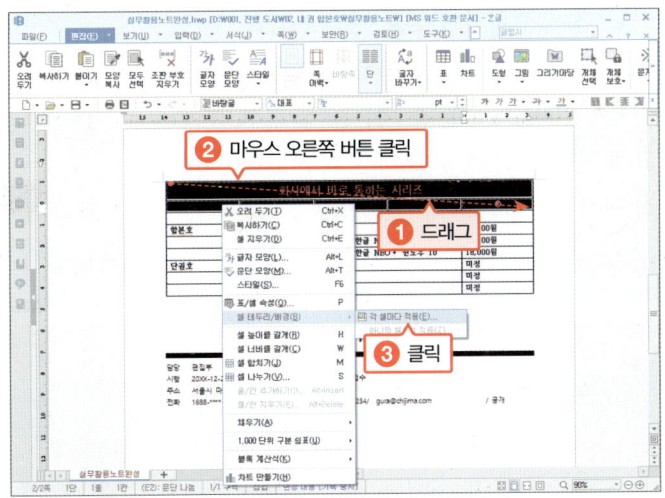

13 ① [셀 테두리/배경] 대화상자에서 [종류]–[선 없음]을 클릭하고 ② [아래]를 제외한 모든 선을 클릭한 뒤 ③ [설정]을 클릭합니다.

두 번째 행 아래 테두리를 제외한 모든 테두리가 투명하게 바뀝니다.

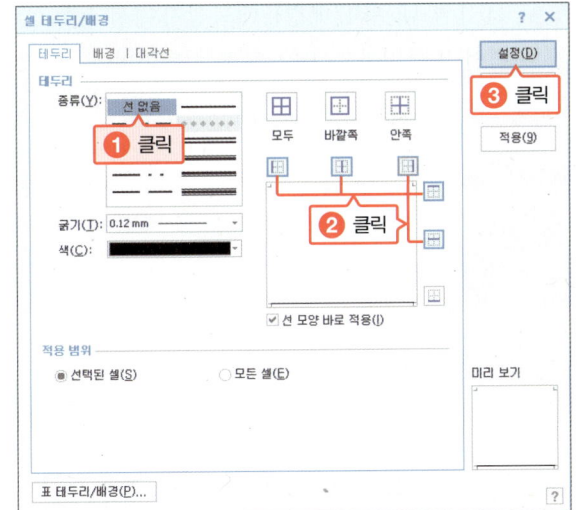

14 ① 그림처럼 합본호 아래 두 행까지 드래그해서 블록 설정한 뒤 ② 단축키 M을 눌러 셀을 합칩니다.

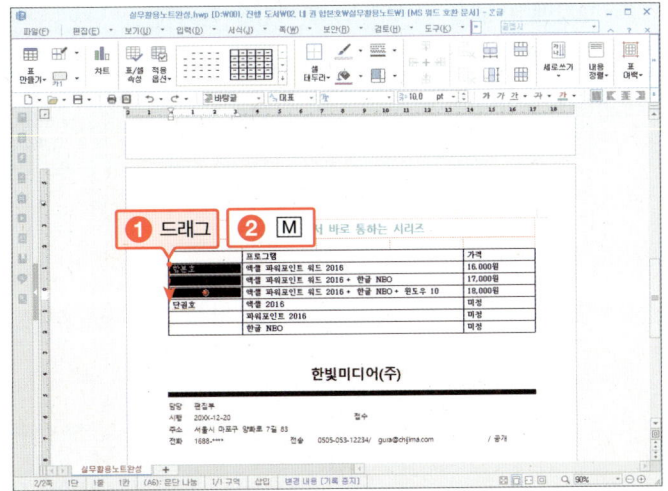

15 ① 그림처럼 합본호 행을 드래그해 블록 설정합니다. ② 블록 설정한 표 위에서 마우스 오른쪽 버튼을 클릭하고 ③ 바로 가기 메뉴에서 [셀 테두리/배경]-[각 셀마다 적용]을 클릭합니다.

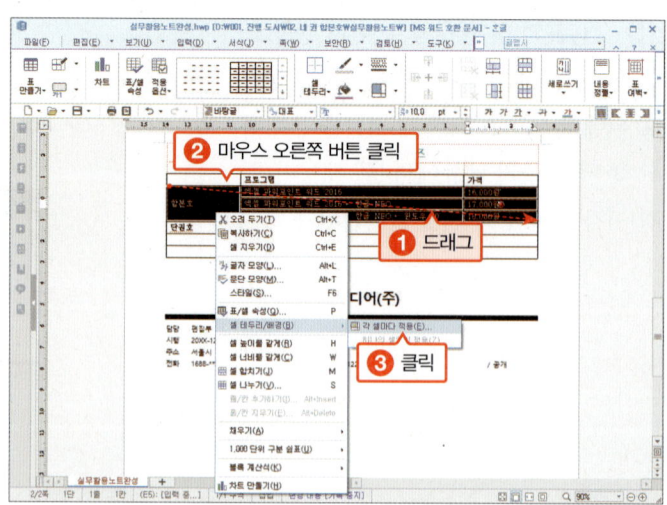

16 ① [셀 테두리/배경] 대화상자에서 [종류]-[점선]을 클릭하고 ② [안쪽]을 선택합니다.

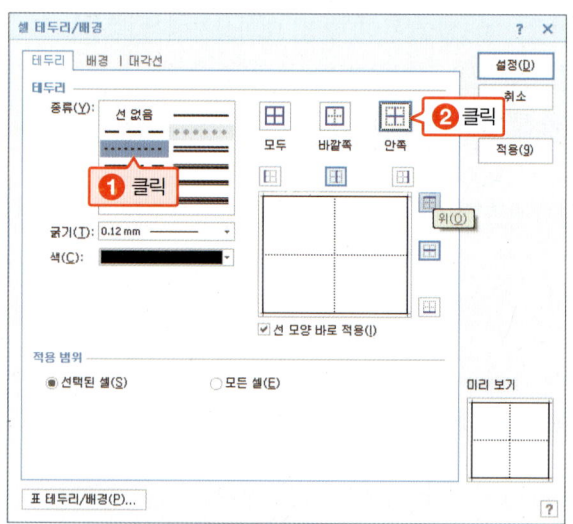

17 ① [배경] 탭을 클릭한 뒤 ② [색]을 클릭하고 ③ [면 색]-[루비색 80% 밝게]를 선택한 뒤 ④ [설정]을 클릭합니다.

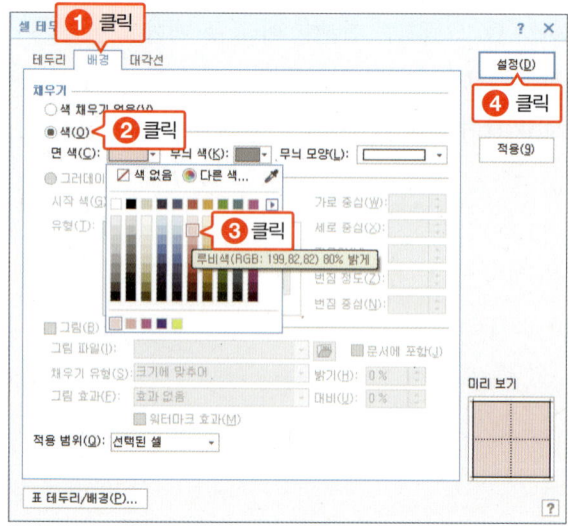

18 같은 방식으로 아래의 단권호 행
도 설정해 줍니다.

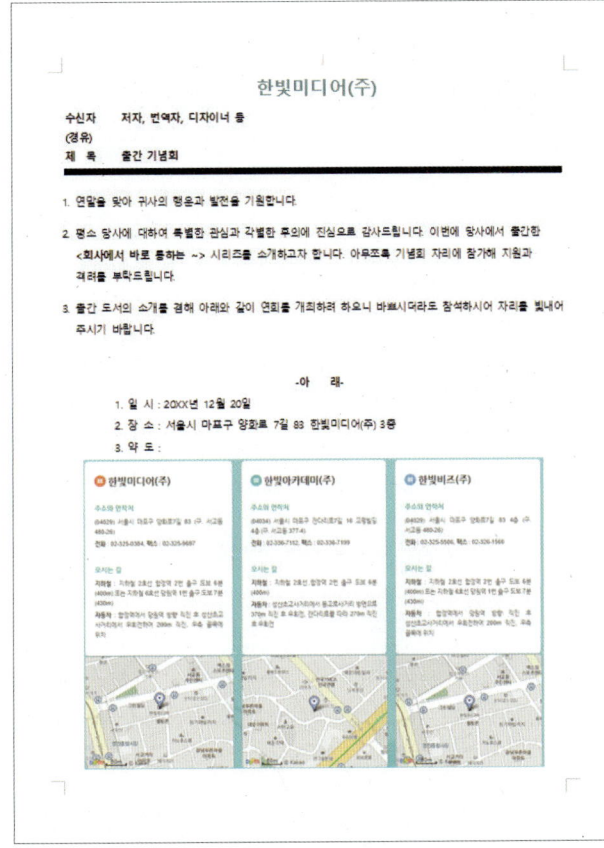

회사에서 바로 통하는 시리즈		
	프로그램	가격
합본호	엑셀 파워포인트 워드 2016	16,000원
	엑셀 파워포인트 워드 2016 + 한글 NEO	17,000원
	엑셀 파워포인트 워드 2016 + 한글 NEO + 윈도우 10	18,000원
단권호	엑셀 2016	미정
	파워포인트 2016	미정
	한글 NEO	미정

19 다음과 같이 문서가 완성되었습니다.

부록

원노트
2016

회사에서 바로 통하는 오피스 2016

Appendix

원노트로 한 걸음 더

원노트는 마이크로소프트의 메모 서비스로 노트에 정보를 기록하거나 여러 사용자의 협업을 돕는 도구입니다. 각종 자료를 수집하고 정리한 뒤 이를 바탕으로 오피스 프로그램을 쉽게 연동해 문서를 작성할 수 있습니다. 원노트는 2016 버전부터 마이크로소프트 사에서 무료로 배포 중입니다. 원노트 홈페이지(www.onenote.com)에서 모든 사용자가 무료로 다운받아 설치할 수 있습니다.

ONENOTE 2016

01

원노트 설치하기

학습 목표 | 원노트 홈페이지에 접속해 직접 설치해 보겠습니다. 윈도우 8 이상에서는 기본적으로 설치돼 있는데 설정에 따라 기본 앱으로 변경해야 할 필요도 있습니다.

01 원노트 홈페이지 접속하기

① 인터넷 브라우저 주소 창에 **www. onenote.com**을 입력해 홈페이지로 이동합니다. 윈도우 8 이상에서는 구 버전 원노트가 기본으로 설치되어 있어 홈페이지에 접속하면 [원노트 열기] 버튼이 활성화됩니다. ② [Windows]를 클릭합니다.

02 Windows용 원노트 다운받기

① 화면 스크롤을 내려 아래쪽의 [무료 다운로드]를 클릭합니다. ② 설치 파일 다운로드가 완료되면 [실행]을 클릭해 설치를 진행합니다.

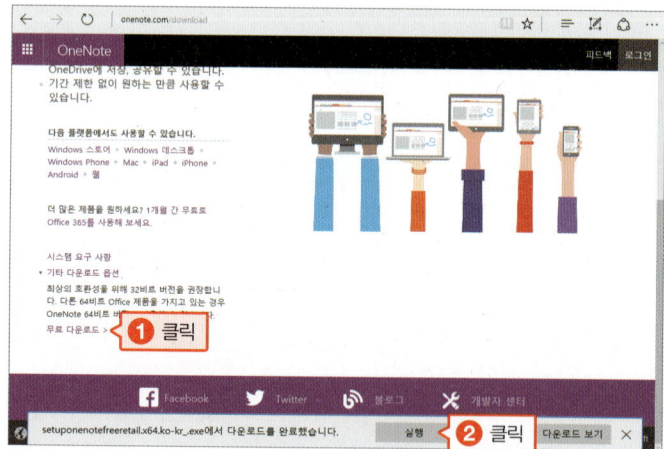

03 원노트 실행하기

① [시작] 버튼을 클릭하고 ② [원노트]를 클릭해 실행합니다.

04 설치 후 초기화하기

설치 후 첫 번째 실행 시에는 윈도우 사용자 계정과 연동을 위한 작업이 진행됩니다.

① [로그인]을 클릭하면 자동으로 윈도우 계정으로 로그인되며 클라우드에 연결됩니다. ② 윈도우 8 이상 버전에는 구 원노트가 설치되어 있어 기본 앱을 변경하라는 오류가 표시되는데 [확인]을 클릭해 화면을 닫습니다.

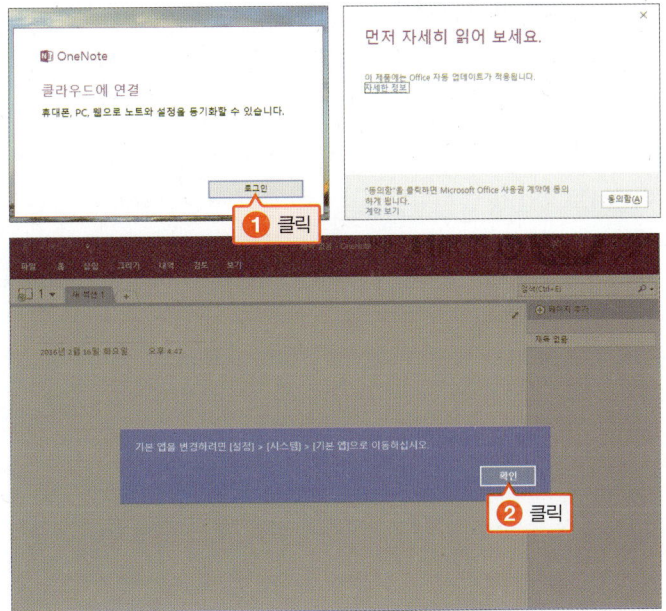

바로 통하는 TIP 기본 앱 변경하기

① 윈도우에서 [제어판→프로그램→기본 프로그램→기본 프로그램 설정]으로 이동하여 [원노트 2016]을 클릭합니다. ② [이 프로그램을 기본 프로그램으로 설정]을 클릭하여 기본 프로그램으로 설정합니다.

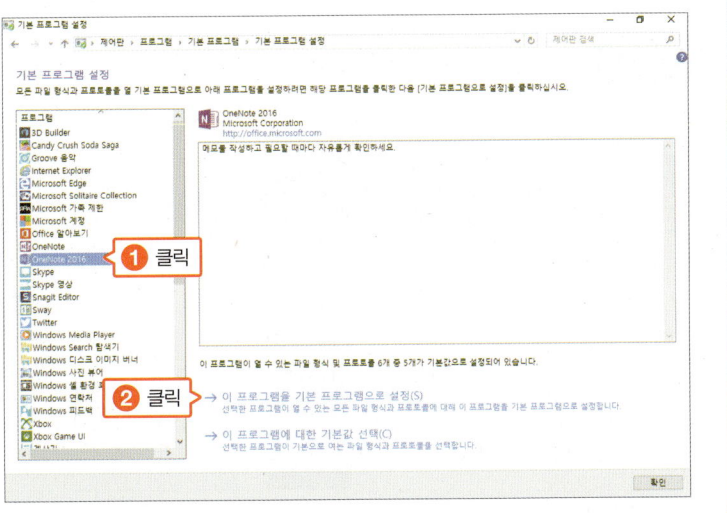

원노트 실행하고 원드라이브 로그인하기

학습 목표 | 원노트는 클라우드 기반 서비스로 문서를 자동 저장합니다. 이를 위해 원노트를 설치하면 사용 중인 윈도우의 계정으로 원드라이브에 로그인됩니다. 만약 계정이 연결되지 않은 윈도우 사용자라면 로그인이 필요합니다.

01 원노트 로그인하기

계정 연결은 오른쪽 위에서 확인합니다. 본인 계정 이름이 표시된다면 원드라이브에 연결되었다는 뜻입니다. 계정 연결이 되어 있지 않다면 [로그인]이 표시됩니다.

① [로그인]을 클릭합니다. ② [로그인] 대화상자에서 [계정]에 이메일 주소를 입력하고 ③ [암호]를 입력한 뒤 ④ [로그인]을 클릭합니다.

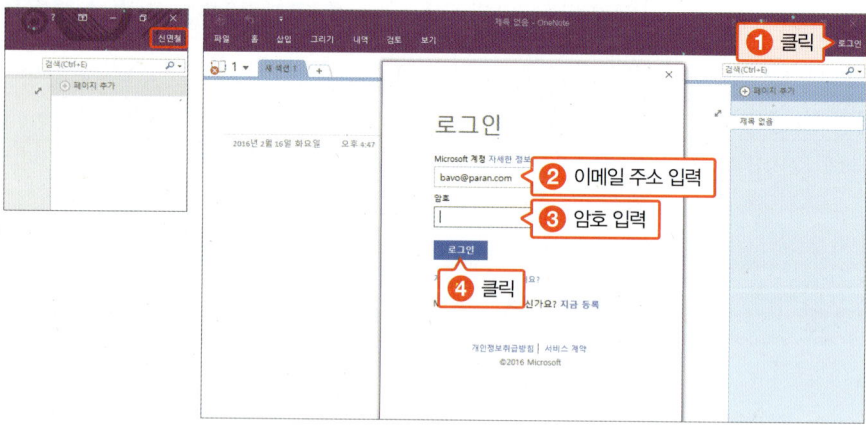

바로 통하는 TIP 설정 및 경우에 따라 로그인 단계가 중복될 수 있습니다.

바로 통하는 TIP 파일 탭을 이용해 계정 연결하기

로그인이 되어 있지 않다면 ① [파일] 탭을 클릭하고 ② [새로 만들기]를 클릭하면 계정에 로그인할 수 있습니다.

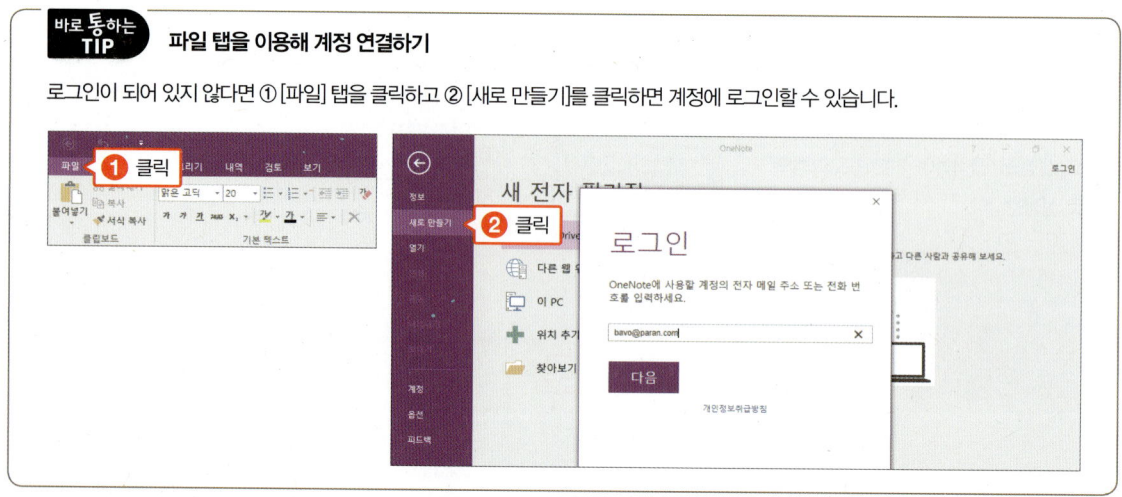

핵심기능실습 03

안드로이드, IOS 기기에서 로그인하기

학습 목표 | 원노트는 원드라이브의 클라우드를 기반으로 작동합니다. 서로 다른 기기에서 같은 마이크로소프트 계정에 로그인하면 원드라이브를 이용해 공동 작업이 가능합니다.

O1 안드로이드 기기에서 로그인하기

Play Store에서 OneNote를 검색해 설치합니다.

앱을 실행하고 [로그인]을 클릭한 뒤 로그인합니다.

원드라이브 계정에 연결되면 PC에서 작업한 노트 내용을 그대로 연동할 수 있습니다.

O2 Apple 기기에서 로그인하기

Apple Store에서 OneNote를 검색해 설치합니다.

앱을 실행하고 마이크로소프트 계정으로 로그인합니다.

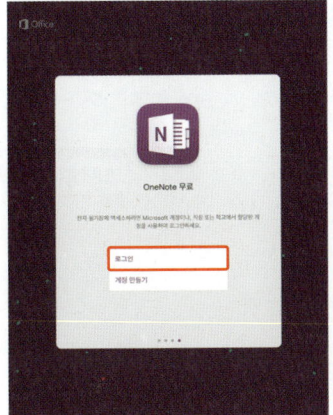

04

원노트의 화면 구성과 기본 구조 살펴보기

학습 목표 | 원노트의 화면 구성과 기본 구조에 대해서 알아보겠습니다.

01 원노트의 화면 구성과 기본 구조

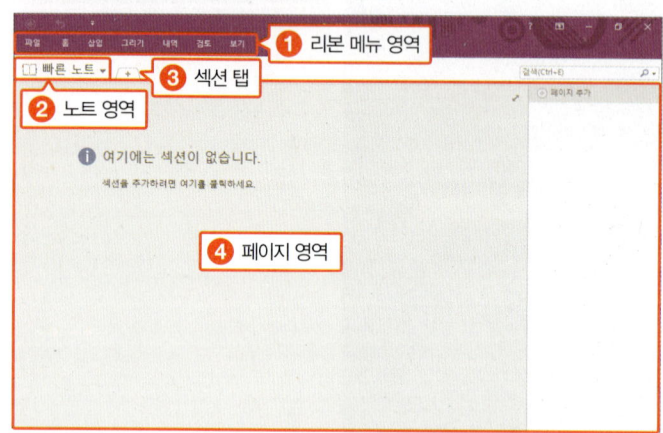
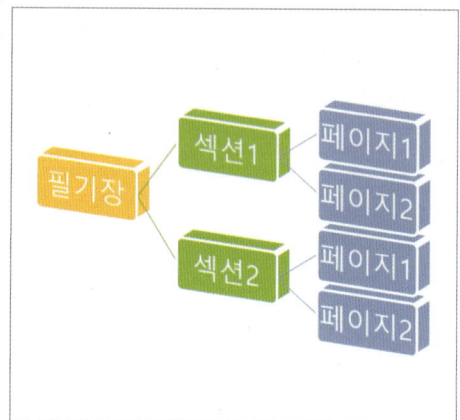

원노트는 종이 노트와 비슷한 구조를 가지고 있습니다.

① **전자 필기장(노트)** : 노트 한 권 단위를 뜻합니다.

② **섹션** : 장 또는 챕터 단위를 뜻합니다.

③ **페이지** : 종이 한 장 단위를 뜻합니다.

02 원노트 리본 메뉴 펼치기

원노트의 리본 메뉴는 기본 닫힘으로 설정되어 있습니다.

[홈] 메뉴를 더블클릭하면 리본 메뉴가 펼쳐집니다.

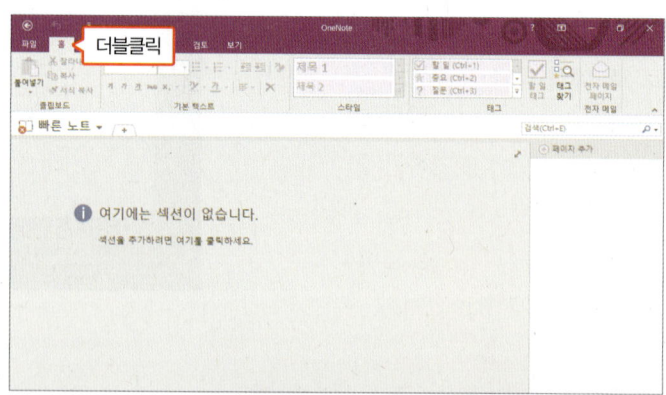

바로 통하는 TIP ① [홈] 탭을 한 번 클릭하고 오른쪽의 [리본 메뉴 고정] 핀을 클릭해도 리본 메뉴를 펼칠 수 있습니다.

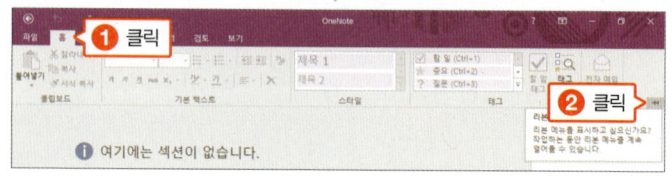

핵심기능실습 05

새 필기장 만들고 섹션 관리하기

학습 목표 | 새 필기장을 만들고 원노트를 다루는 기본기에 대해서 알아보겠습니다. 기본기 과정을
따라 하다 보면 원노트의 구조를 파악하는 데 도움이 됩니다.

01 새 전자 필기장 만들기

① [파일] 탭을 클릭하고 ② [새로 만들기]를 클릭합니다. ③ [전자 필기장 이름]에 필기장 이름을 입력하고 ④ [전자 필기장 만들기]를 클릭합니다.

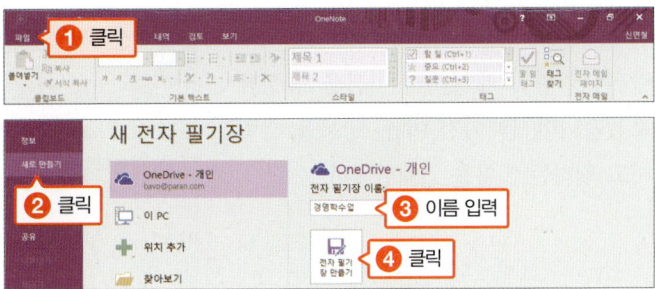

02 전자 필기장의 공유 여부를 묻는 대화상자에서 [취소]를 클릭합니다. 새로운 전자 필기장이 만들어졌습니다.

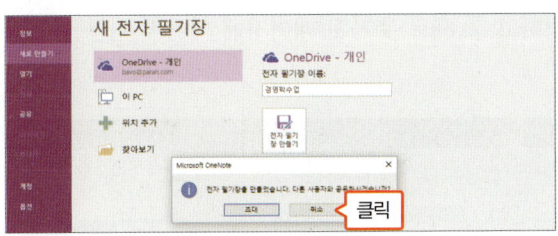
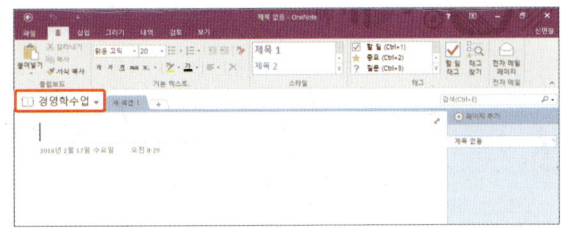

03 섹션 이름 변경하기

① 변경하고자 하는 섹션 탭을 마우스 오른쪽 버튼으로 클릭하고 ② 바로 가기 메뉴에서 [이름 바꾸기]를 클릭합니다. ③ 변경할 섹션 이름을 입력하고 Enter 를 눌러 변경을 적용합니다.

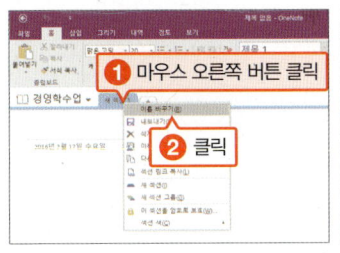
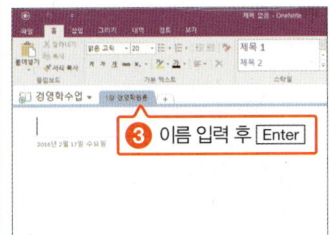

04 섹션 만들기

① [새 섹션 만들기] 도구를 클릭합니다. ② 섹션 이름을 입력하고 Enter 를 눌러 섹션 만들기를 완료합니다.

페이지 관리하기

학습 목표 | 섹션 하위의 페이지 이름 변경, 페이지 삽입, 하위 페이지 추가 및 페이지 수준 변경하기에 대해서 알아보겠습니다.

01 페이지 이름 변경하기

각 섹션 하위 페이지의 이름을 변경해 보겠습니다. [페이지 이름] 항목을 클릭하고 원하는 이름을 입력합니다.

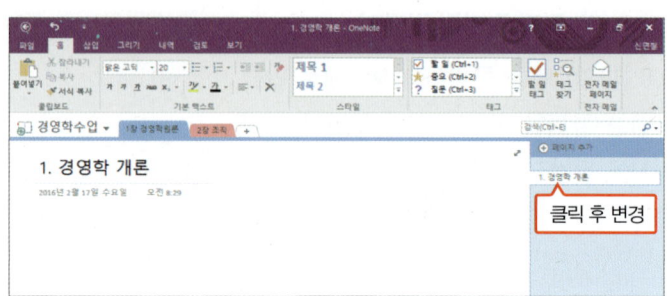

02 페이지 추가하기

섹션 하위에 새로운 페이지를 추가해 보겠습니다.

① 화면 오른쪽의 페이지 창에서 [페이지 추가]를 클릭하고 ② 새로 추가된 페이지에 페이지 이름을 입력합니다.

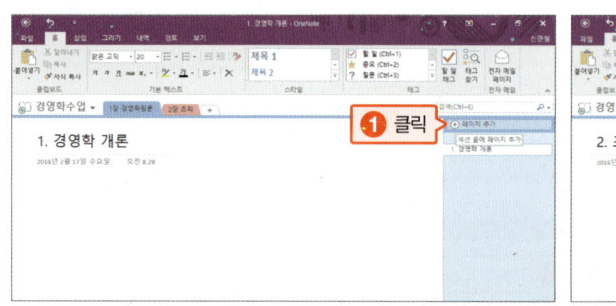
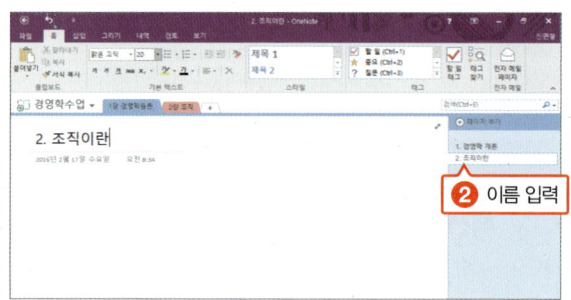

바로 통하는 TIP 페이지 사이에 페이지 삽입하기

마우스를 페이지 사이에 올리면 [페이지 삽입] 도구가 활성화됩니다. 마우스를 움직이면 추가될 위치가 변경되며 이를 클릭하면 해당 위치에 새 페이지가 추가됩니다.

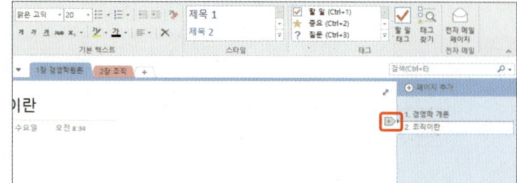
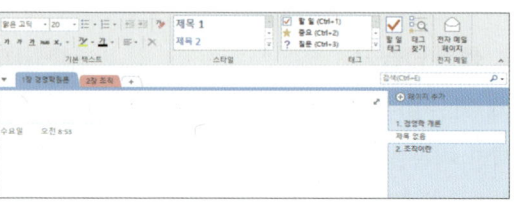

O3 하위 페이지 만들기

① [페이지 추가]를 누른 뒤 ② 그림처럼 1교시, 2교시 페이지를 추가합니다. ③ Shift 를 누른 채로 1교시, 2교시 페이지를 연속으로 선택합니다. ④ 마우스 오른쪽 버튼을 클릭하고 ⑤ 바로 가기 메뉴에서 [하위 페이지 만들기]를 클릭합니다.

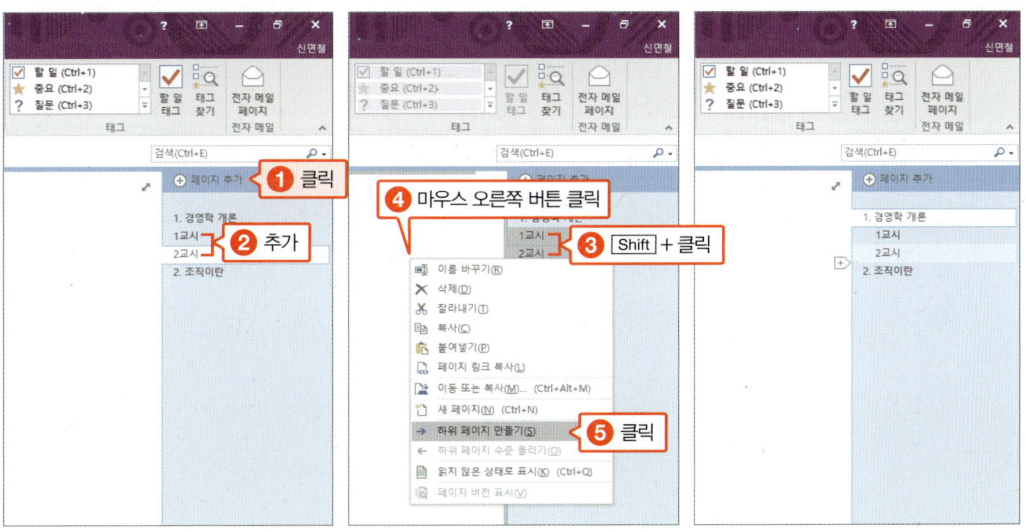

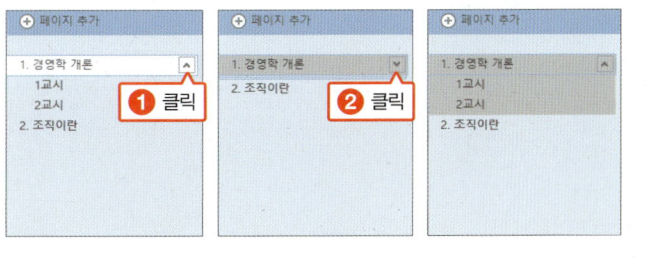

04 페이지 노트선 표시하기

① [보기] 탭-[페이지 설정] 그룹-[노트
선]을 클릭하고 ② [표준 줄 간격]을 클릭
합니다.

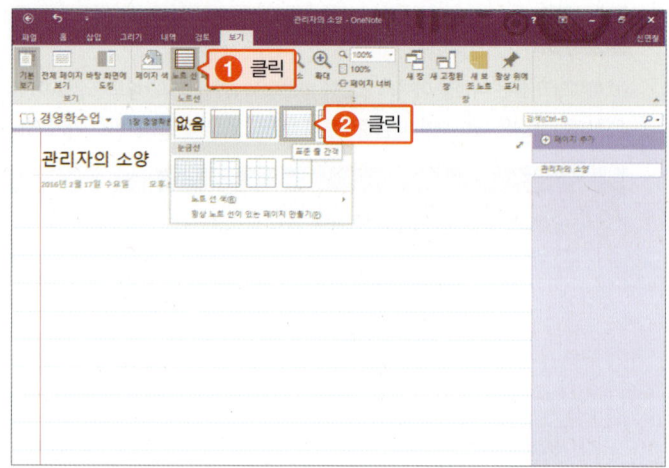

페이지에 노트 선이 표시됩니다.

05 페이지 색 변경하기

① [보기] 탭-[페이지 설정] 그룹-[페
이지 색]을 클릭하고 ② [청록]을 클릭합
니다.

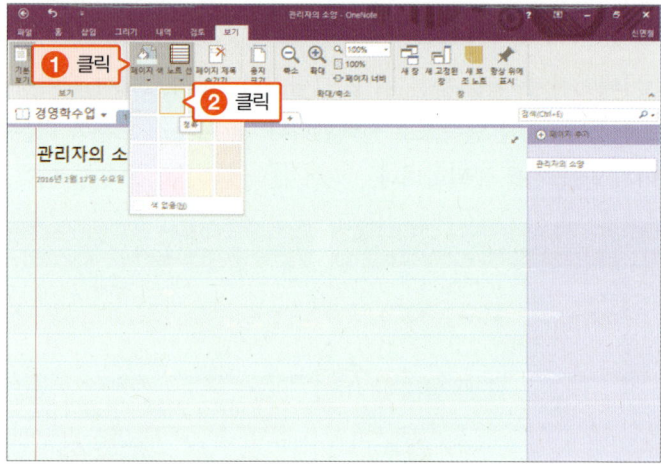

페이지 색이 변경되었습니다.

핵심기능실습
07

스마트 폰으로 원노트 필기하기

학습 목표 | 원노트는 원드라이브를 이용해 서로 다른 기기에서 연결해 사용할 수 있습니다. 집에서 업무를 하다가 이동 중에 스마트 기기로 작업을 이어가거나 회의 중에 스마트 기기로 필기한 내용을 사무실 PC로 편집할 수 있습니다.

01 스마트 기기에서 원노트 필기하기

앞서 스마트 기기에 원노트를 설치했습니다. 원노트의 필기장 저장 위치는 원드라이브를 사용합니다. 즉 클라우드 기반이므로 이동 중이나 서로 다른 기기에서 같은 필기장을 편집할 수 있습니다. 단 모든 기기는 하나의 원드라이브 계정을 사용해야 합니다. 스마트 기기의 원노트를 실행하고 필기 영역을 클릭한 뒤 임의의 내용을 입력합니다.

02 스마트 기기에서 현장 촬영 사진 추가하기

PC에서는 현장 사진을 촬영할 수 없으나 스마트 기기의 카메라를 이용해 사진을 추가할 수 있습니다.
① [삽입] 탭을 터치하고 ② [그림]을 터치합니다. ③ [삽입] 대화상자에서 [사진 캡처]를 터치합니다.

카메라를 이용해 사진을 촬영하면 원노트에 사진이 추가됩니다.

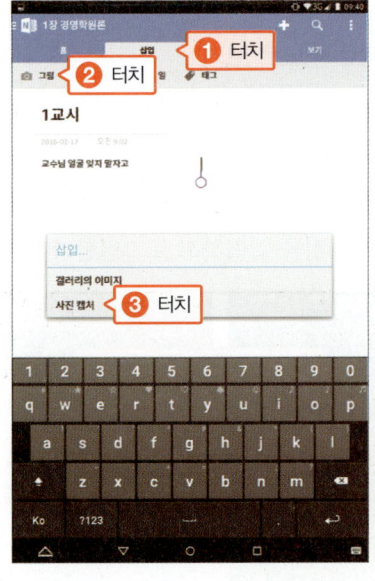

핵심기능실습 08

스마트 기기와 연동하여 활용하기

학습 목표 | 스마트 기기를 이용해 작성한 노트를 바로 PC나 다른 기기에서 사용하기 위해서는 동기화 작업을 진행해야 합니다. 동기화는 일정 간격으로 자동 실행되지만 즉시 다른 기기에서 작성하고 싶다면 직접 진행해야 합니다.

01 스마트 기기 내용 동기화하기

① 오른쪽 위의 [메뉴]를 터치하고 ② [1장 경영학원론 동기화]를 터치하면 클라우드에 현재 노트가 저장되고 다른 기기에서 바로 공유해 편집할 수 있습니다. PC에서 노트가 동기화되었는지 확인합니다.

▲ PC에서 동기화된 상태

02 별도의 설치 없이 웹브라우저로 원노트 보기

만약 해외 출장 중 별도의 프로그램이나 앱 설치가 어려운 경우 웹브라우저에서 바로 원노트를 사용할 수 있습니다. 속도가 다소 느리지만 급한 상황에서는 매우 유용합니다.

① 스마트 기기의 웹브라우저를 실행하고 주소 창에 **onedrive.live.com**을 입력합니다. ② 오른쪽 위의 [로그인/등록]을 터치한 뒤 ③ 원드라이브 계정을 입력하고 로그인합니다.

O3 원드라이브에서 저장된 원노트 파일 열기

① [문서]를 터치하고 ② 저장된 원노트 파일 중 앞서 저장한 [경영학 수업] 파일을 터치합니다.

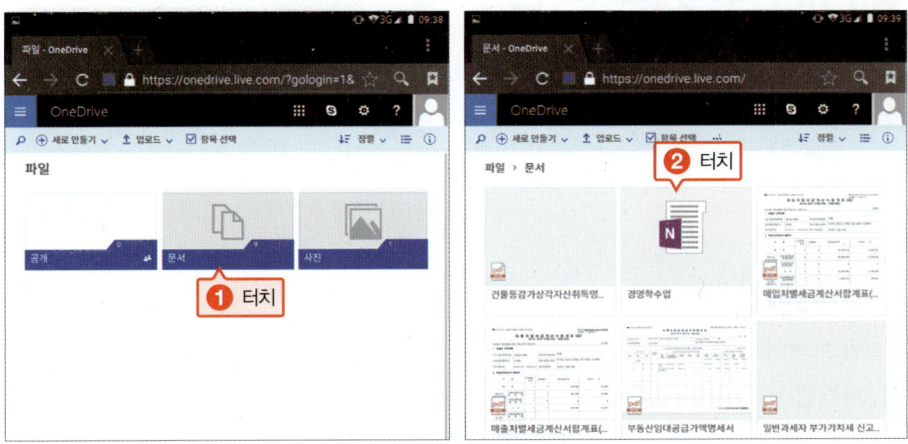

O4 ① [Microsoft OneDrive에서 '경영학 수업' 열기]를 터치하고 ② [전자 필기장] – [1장 경영학 개론] – [1교시]를 순서대로 터치합니다.

1교시 노트가 펼쳐집니다.

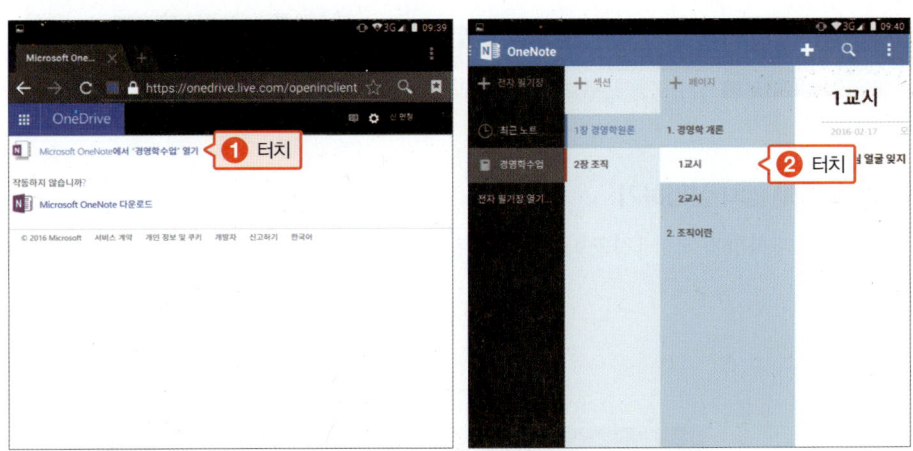

원노트 기본 편집

01 원노트 트레이 도구 이용해 캡처하기

원노트를 설치하면 시스템 트레이에 도구가 활성화됩니다.

① 화면 오른쪽 아래의 [시스템 트레이] 도구를 클릭하고 ② [원노트] 도구를 마우스 오른쪽 버튼으로 클릭합니다. ③ [화면 캡처]를 클릭하고 ④ 화면에 활성화된 창의 일부분을 마우스로 드래그하여 캡처 영역을 설정합니다. [OneNote에서 위치 선택] 대화상자가 활성화됩니다.

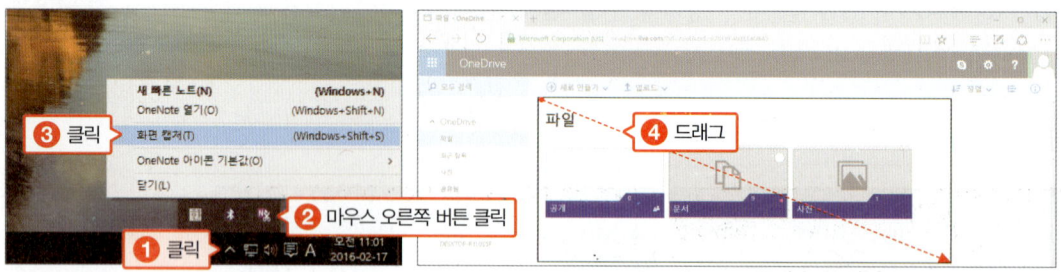

02 원노트에서 위치를 선택해 캡처 삽입하기

① [OneNote에서 위치 선택] 대화상자에서 [경영학수업] 노트 – [2장 조직] 섹션을 클릭하고 ② [선택한 위치로 보내기]를 클릭합니다.

캡처 그림이 원노트에 삽입됩니다.

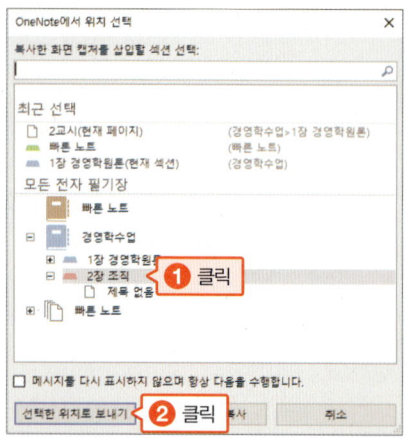

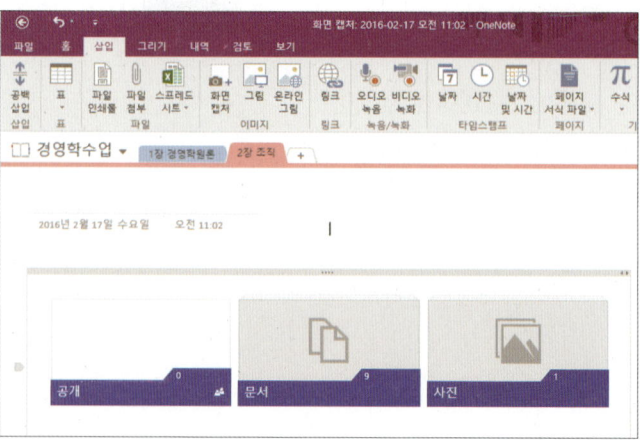

03 표 삽입하기

① 표를 삽입할 임의의 위치를 클릭합니다. ② [삽입] 탭 - [표] 그룹 - [표]를 클릭하고 마우스를 이동하여 적당한 크기의 표를 선택합니다.

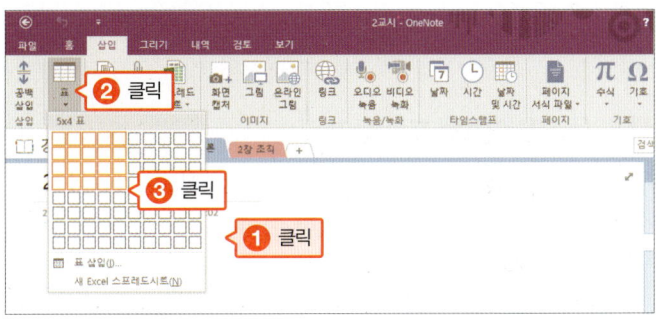

클릭한 위치에 표가 삽입됩니다.

04 표 엑셀 스프레드시트로 변환하기

컴퓨터에 엑셀이 이미 설치되어 있다면 원노트에 삽입한 표를 엑셀에서 직접 편집할 수 있습니다.

① 표에서 임의의 셀을 클릭하고 마우스 오른쪽 버튼을 클릭합니다. ② [Excel 스프레드시트로 변환]을 선택합니다.

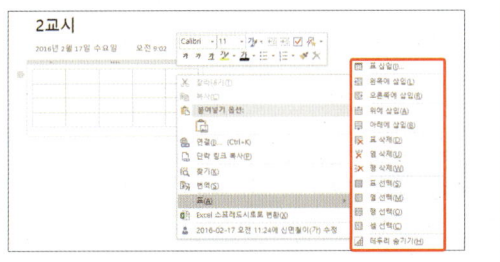 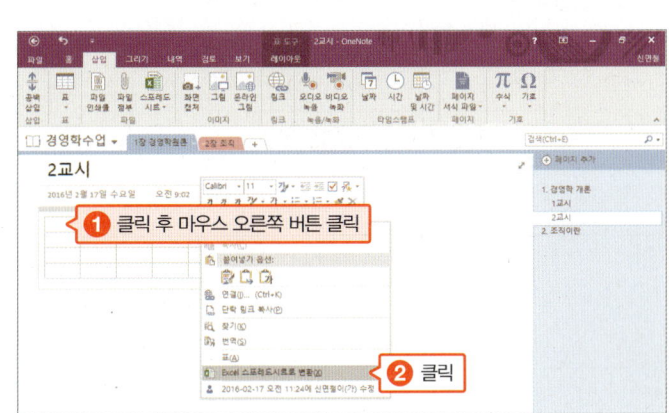

엑셀이 실행됩니다.

05 엑셀에서 편집한 문서 원노트에 적용하기

① 실행된 엑셀에 임의의 데이터를 입력하고 ② [닫기]를 클릭합니다. ③ 대화상자에서 [저장]을 클릭해 엑셀에서 편집한 데이터를 원노트에 적용합니다.

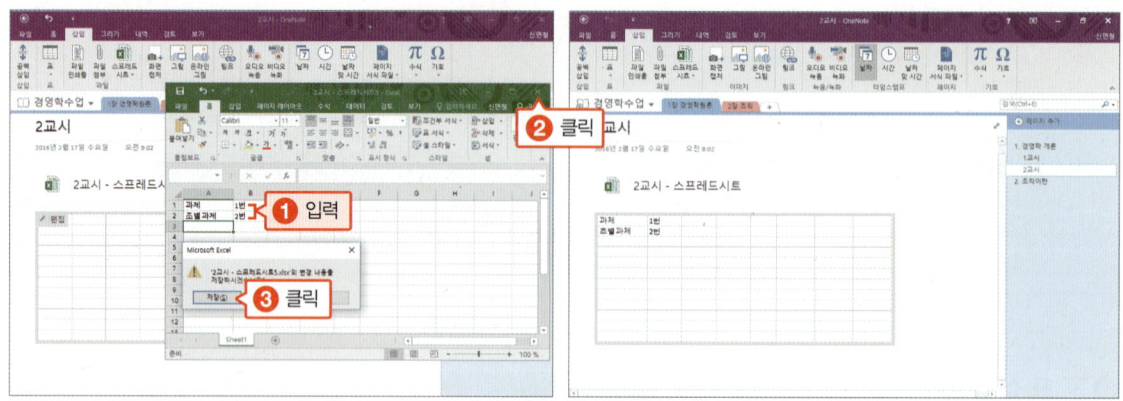

06 Tab 을 이용해 표 만들기

원노트에서는 문자열을 간단하게 표로 변환할 수 있습니다.

① 이름을 입력하고 Tab 을 누르면 입력한 단어가 표의 셀로 입력되고 새로운 열이 생성됩니다. ② Ctrl + Enter 를 누르면 행이 추가됩니다.

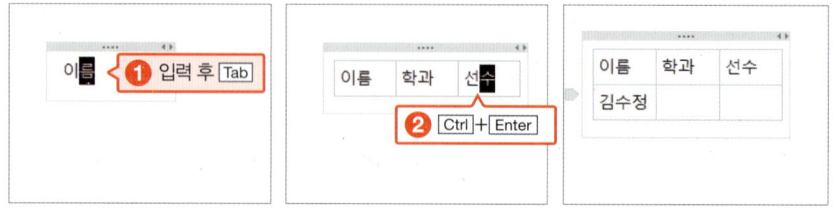

바로 통하는 TIP 간단한 수식 계산하기

원노트는 필기 내용에 수식을 입력해 계산기처럼 사용이 가능합니다.

임의의 위치를 클릭하고 수식을 입력합니다. 수식 끝에 =을 입력합니다. Enter 또는 Space Bar 를 누르면 입력한 수식의 결과가 자동으로 계산됩니다.

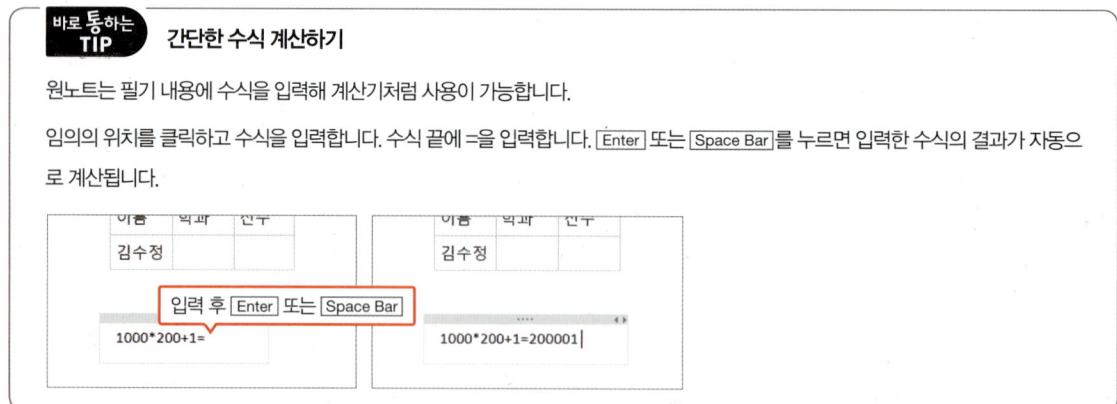

핵심기능실습

10

PC에서 외부 자료 가져다 쓰기

학습 목표 | 원노트에서 직접 자료를 작성해도 되지만 외부 자료를 가져오는 것도 간단합니다.

예제 파일 | 원노트/10_문자 추출하기.one / 10_엑셀 가져오기.xlsx

01 캡처 그림에서 텍스트 복사하기

보안이 설정된 PDF 파일을 캡처한 뒤 원노트로 가져와 그림에서 문자를 추출할 수 있습니다. 정확하게 인식하지는 않지만 실무에서 아주 유용합니다.

① 캡처 그림을 마우스 오른쪽 버튼으로 클릭합니다. ② 바로 가기 메뉴에서 [그림에서 텍스트 복사]를 클릭합니다.

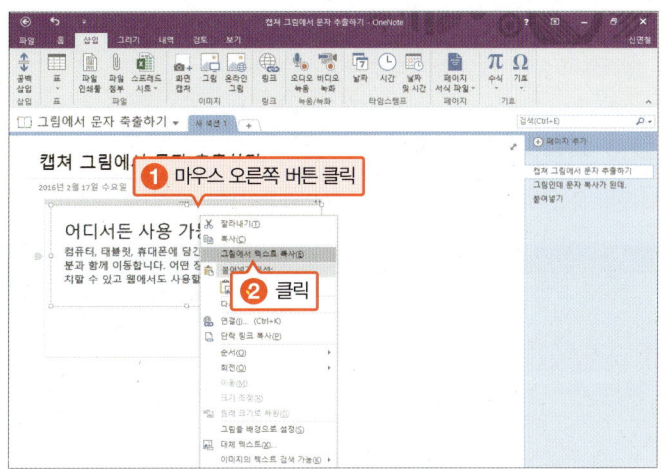

클립보드에 텍스트가 저장됩니다.

02 복사한 텍스트 붙여넣기

① 붙여넣을 임의의 위치를 클릭합니다. ② Ctrl + V를 눌러 앞서 클립보드에 저장한 텍스트를 붙여넣습니다.

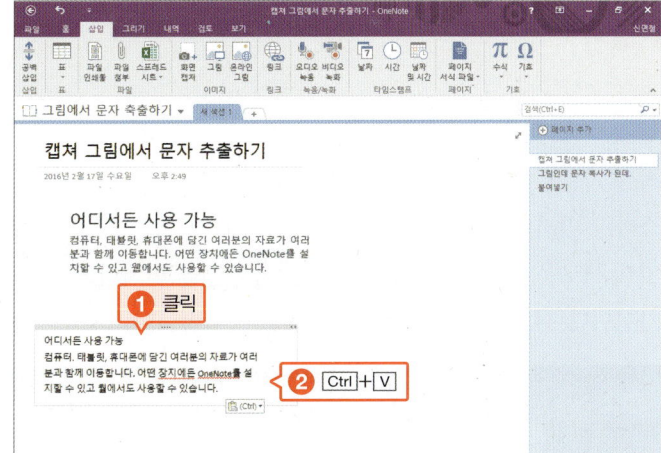

03 엑셀 파일 가져오기

① [삽입] 탭 – [파일] 그룹 – [스프레드시트] – [기존 Excel 스프레드시트]를 클릭합니다. ② [삽입할 문서 선택] 대화상자에서 엑셀 가져오기.xlsx 파일을 선택하고 ③ [삽입]을 클릭합니다.

파일 삽입 대화상자가 표시됩니다.

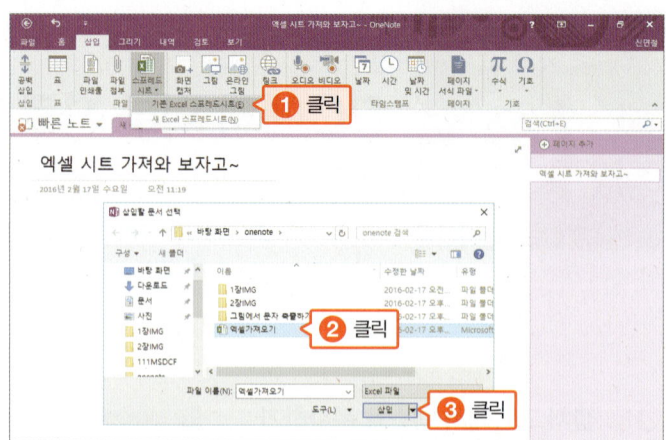

04 삽입할 형태 선택하기

① [파일 삽입] 대화상자에서 [스프레드시트 삽입]을 클릭하면 원노트에 엑셀 문서가 삽입됩니다.

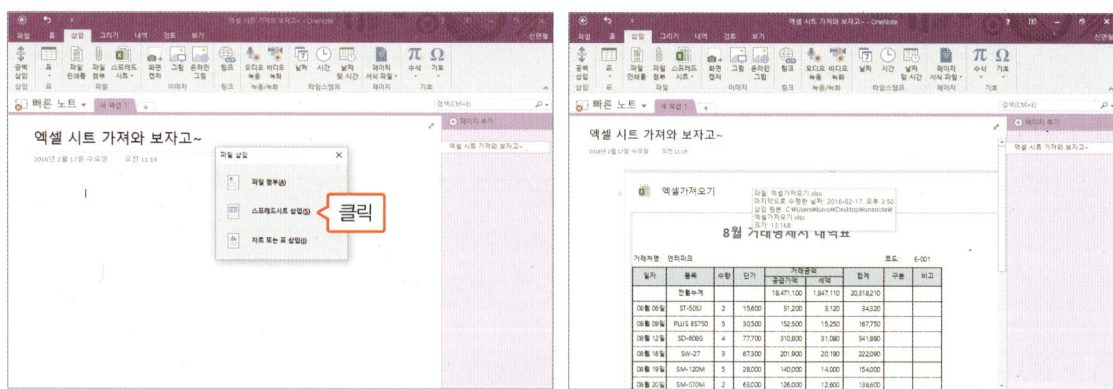

05 스마트 기기로 녹음하기

녹음 기능은 PC보다 스마트 기기를 사용할 때 더욱 편리합니다.
스마트 기기의 원노트를 실행합니다. (여기서는 안드로이드 패드를 이용했습니다.) ① [전자 필기장]을 터치해 새로운 필기장을 추가합니다. ② [섹션]을 터치하고 ③ [페이지]를 터치해 새로운 섹션과 페이지를 추가합니다. ④ [오디오]를 터치해 녹음을 시작합니다.

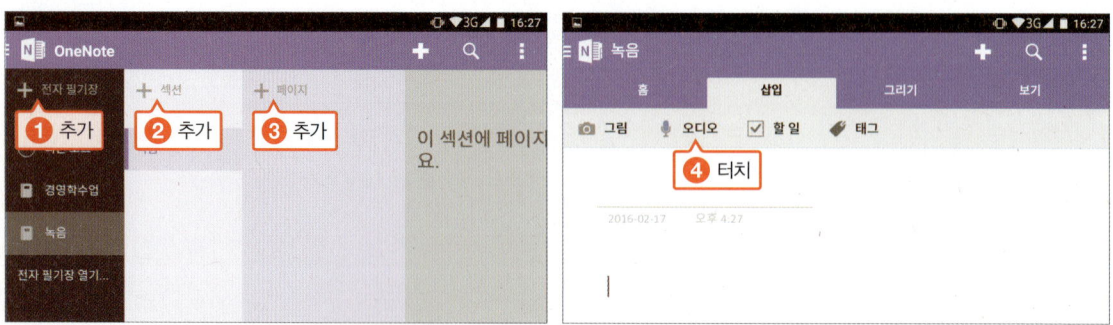

06 녹음 기록 저장하기

화면 아래에 녹음 상태가 표시됩니다. [중지]를 클릭하면 녹음한 오디오가 원노트에 추가됩니다.

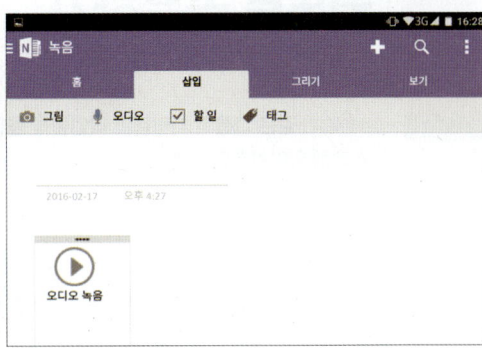

핵심기능실습 11

원노트 공유하기

학습 목표 | 같은 그룹의 사람들과 작업물을 공유하고 협업할 수 있습니다. 원노트를 공유하는 방법에 대해 알아보겠습니다.

01 전자메일을 이용해 설정하고 공유하기

① [파일] 탭을 클릭하고 ② [공유]를 클릭한 뒤 ③ [다른 사용자와 공유]를 클릭합니다. ④ [공유] 항목에 공유하고자 하는 상대방의 이메일 주소를 입력하고 ⑤ [편집] 옵션을 [편집 가능]으로 선택합니다. ⑥ [공유]를 클릭해 요청 메일을 전송합니다.

공유 선택 시 상황에 따라 시간이 오래 걸릴 수 있습니다.

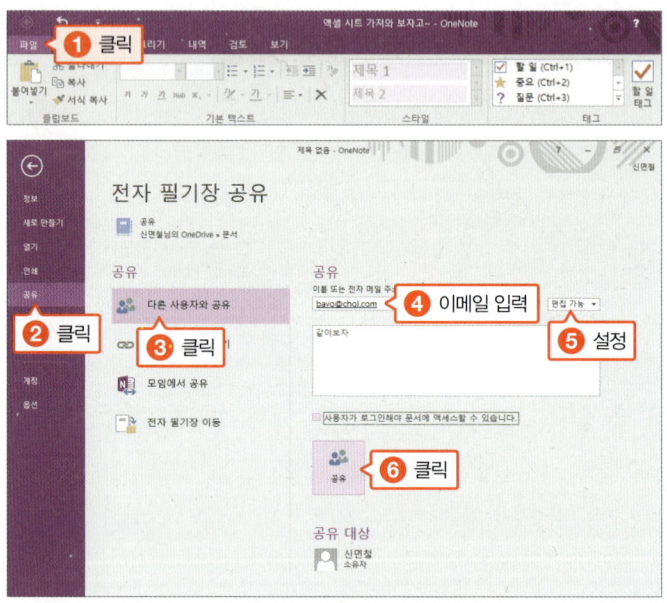

02 추가된 공유 대상 확인하기

공유 창 아래쪽에 표시되는 공유 대상을 확인합니다.

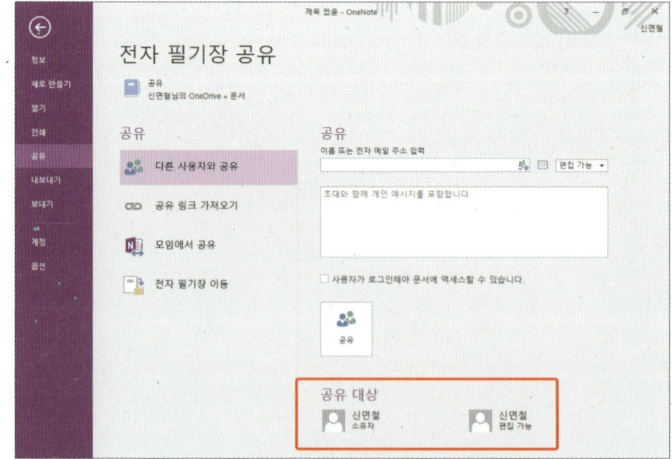

03 공유 수신 메일 확인하기

공유한 이메일 계정에 로그인하여 수신된 이메일을 확인합니다. [원노트에서 보기]를 클릭해 공유를 시작합니다.

웹브라우저용 원노트 Online이 실행됩니다.

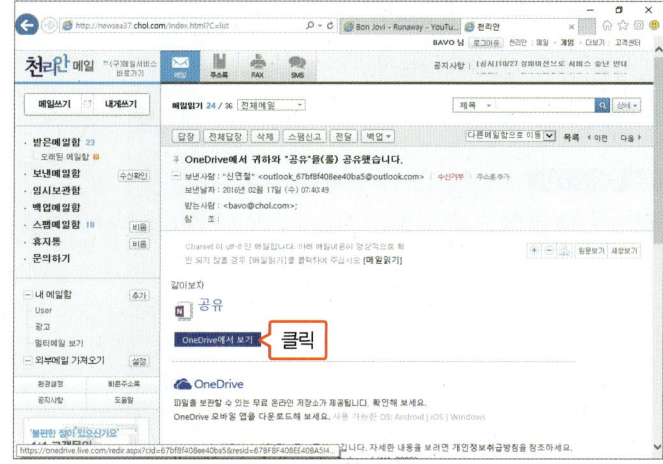

04 공동 작업하기

웹브라우저에서 바로 공동 작업이 시작됩니다

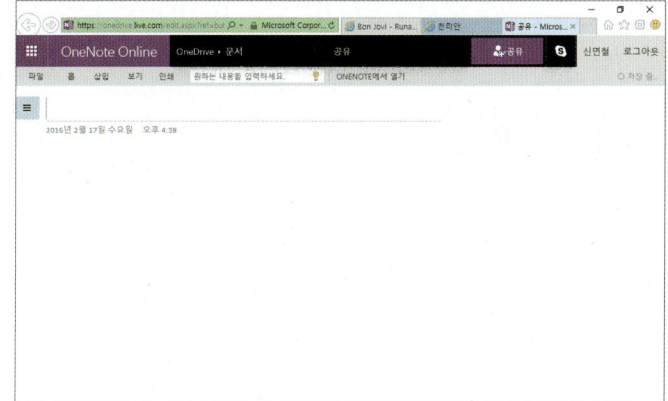

05 공유 링크 만들기

① [파일] 탭 – [공유] – [공유 링크 가져오기]를 클릭하고 ② [편집 링크] – [링크 만들기]를 클릭합니다.

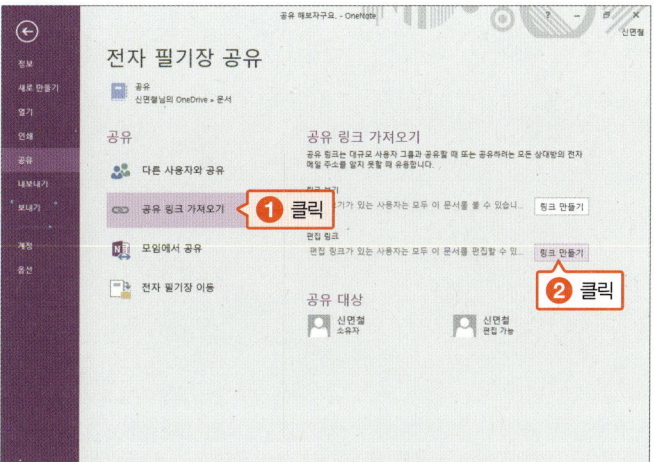

06 공유 링크 주소 복사하기

생성된 공유 링크를 더블클릭하여 전체 선택합니다.

바로 통하는 TIP 링크 주소를 공유할 상대방에게 이메일 등으로 전달합니다.

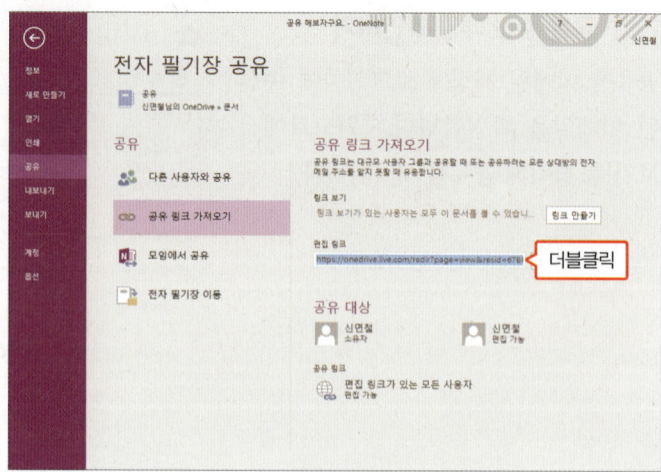

07 공유 링크로 문서 공유하기

수신된 공유 링크를 웹브라우저 주소 창에 복사하고 Enter를 누르면 공유가 시작됩니다.

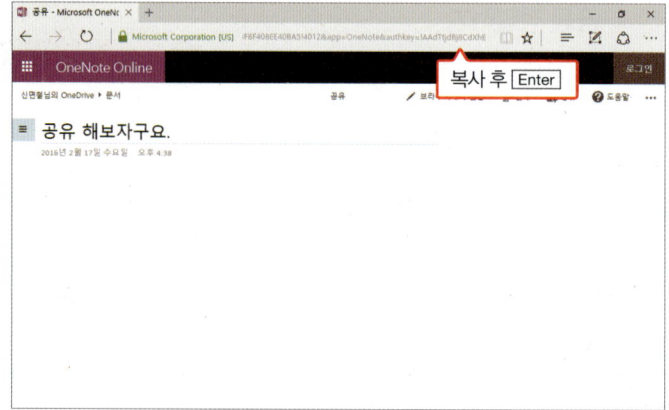

원노트 핵심기능으로 여럿이 함께 과제하기

원노트로 그룹원과 함께 과제를 진행하는 방법에 대해서 알아보겠습니다. 앞서 알아본 기능 중에 공동 작업에 필요한 요소로 구성했습니다. 아무리 실시간 동기화가 가능하다고 하지만, 같은 필기장을 동시 편집하면 위험성이 생길 수 있습니다. 따라서 공동 작업 시에는 각 그룹원이 각각의 섹션이나 페이지를 구분해 사용하는 것을 추천합니다.

실습 파일 | 원노트/실무활용노트_과제하기.one

01 과제 전자 필기장 공유하기

① [파일] 탭을 클릭하고 ② [공유] – [다른 사용자와 공유]를 클릭하고 ③ 이메일 주소를 입력합니다. ④ [편집 가능]을 선택하고 ⑤ [공유]를 클릭하여 공유 메일을 발송합니다.

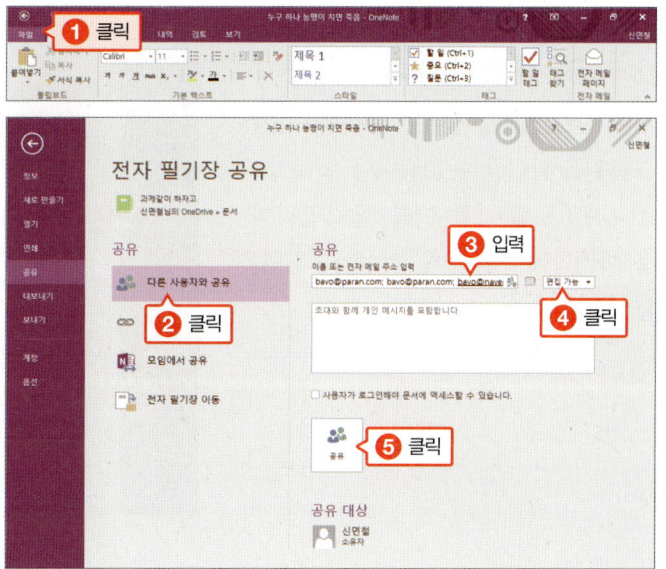

02 원노트 공유 보기

공유 요청을 받은 이메일 계정에 로그인합니다. [OneDrive에서 보기]를 클릭합니다.

원노트 Online이 웹브라우저로 열립니다.

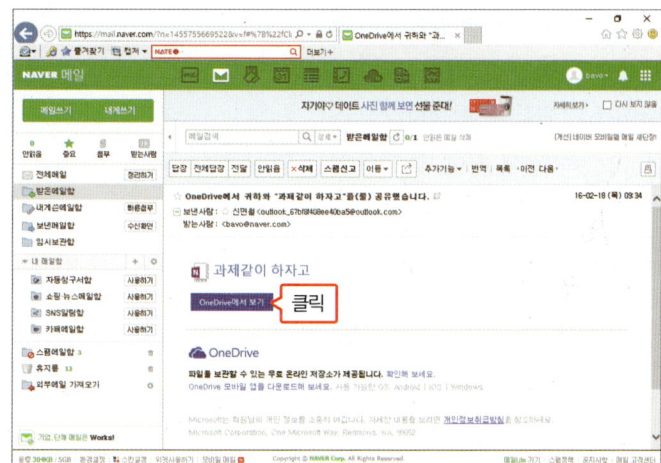

03 원노트 Online 사용하기

웹브라우저에서 원노트 Online를 이용하여 공동 작업을 시작합니다.

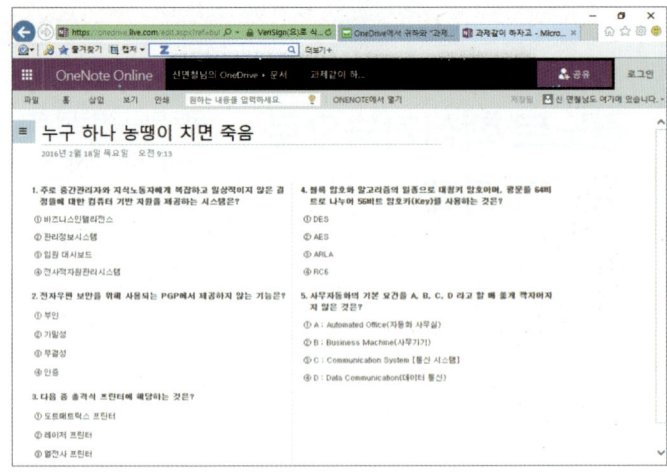

04 공유 대상 확인하기

현재 전자 필기장 공유에 참여하고 있는 그룹원을 확인할 수 있습니다.
① [파일] 탭 - [공유]를 클릭합니다.
② 아래쪽에서 공유에 참여한 그룹원을 확인합니다.

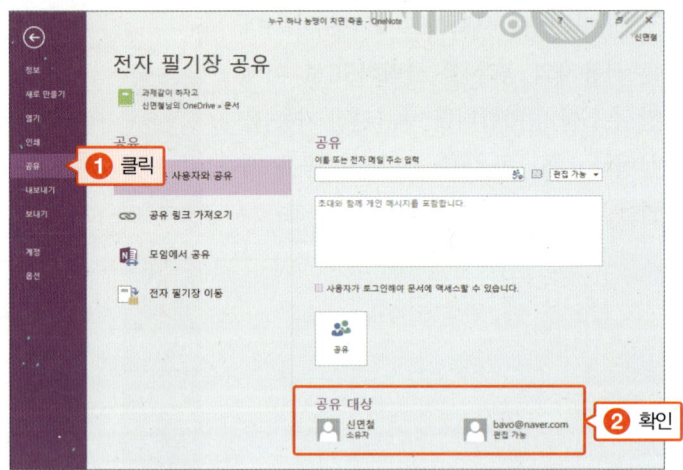

05 캡처 이미지에서 검색하기

원노트에서 주목할 만한 기능으로 일반 텍스트가 아닌 캡처한 이미지 내에서도 단어를 검색할 수 있습니다.
① 오른쪽 검색 창에 찾고자 하는 단어를 입력하고 Enter를 누릅니다. ② 캡처한 이미지 내의 단어가 음영으로 표시됩니다.

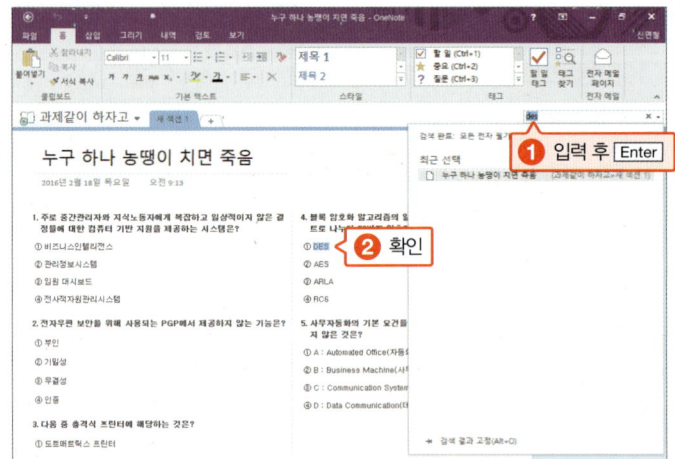

06 전자 필기장 동기화하기

공동 작업을 하다 보면 현재 각 그룹원들의 내용이 업데이트되는지를 확인할 필요가 있습니다.

① 전자 필기장 이름을 마우스 오른쪽 버튼으로 클릭하고 ② 바로 가기 메뉴에서 [이 전자 필기장 지금 동기화]를 클릭하면 수정된 내용이 동기화되어 그룹원들과 함께 볼 수 있습니다.

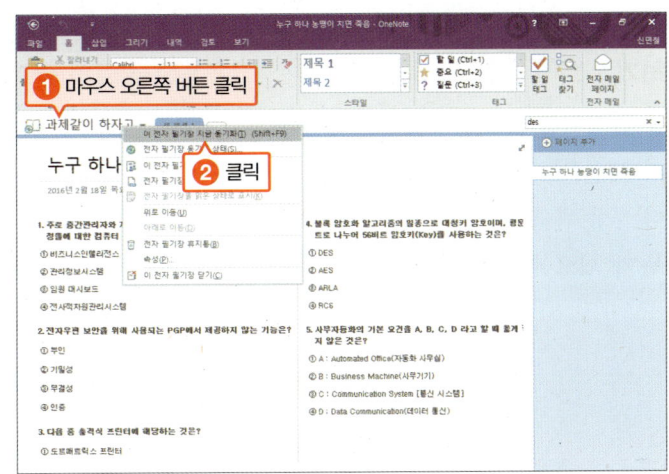

07 섹션 암호화하기

공동 과제를 하다 보면 본인이 사용하는 섹션을 별도로 혼자만 사용해야 할 경우가 있습니다.

① 섹션 탭을 마우스 오른쪽 버튼으로 클릭하고 ② 바로 가기 메뉴에서 [이 섹션을 암호로 보호]를 클릭합니다.

오른쪽에 암호 보호 창이 활성화됩니다. [검토] 탭 – [섹션] 그룹 – [암호]를 클릭해도 됩니다.

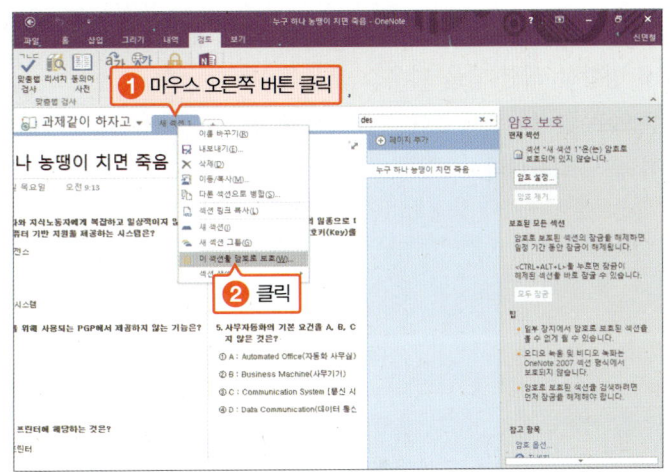

08 섹션 암호 입력하기

① [암호 설정]을 클릭하고 ② [암호 보호] 대화상자에서 [암호 입력], [암호 확인]에 암호를 입력합니다. ③ [확인]을 클릭해 암호를 적용합니다.

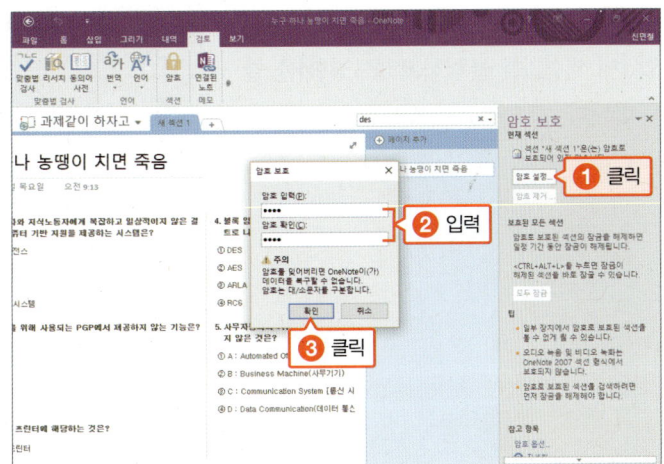

09 섹션 병합 연습을 위해 섹션 추가하기

공동 작업한 섹션을 병합해 보겠습니다. 각 섹션은 페이지로 구분되어 병합됩니다. [새 섹션 만들기]를 눌러 새 섹션을 두 개 새로 추가합니다.

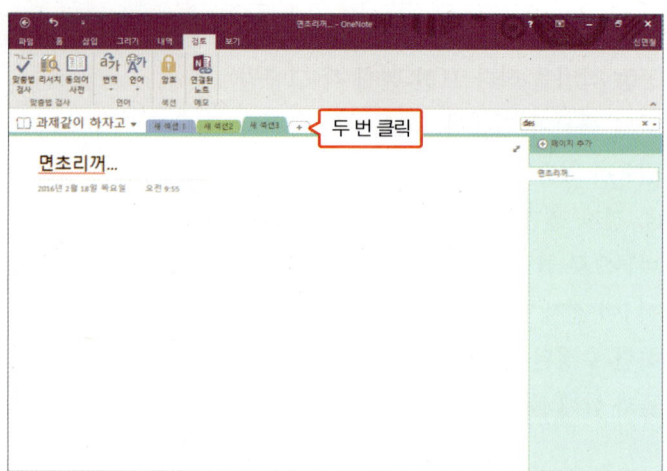

10 섹션 병합하기

① 병합할 섹션 탭을 마우스 오른쪽 버튼으로 클릭하고 ② [다른 섹션으로 병합]을 클릭합니다.

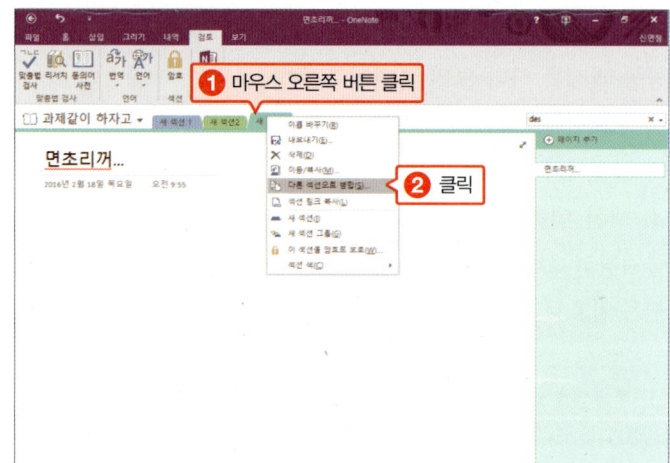

11 ① [섹션 병합] 대화상자에서 병합할 [새 섹션2]를 클릭하고 ② [병합]을 클릭합니다.

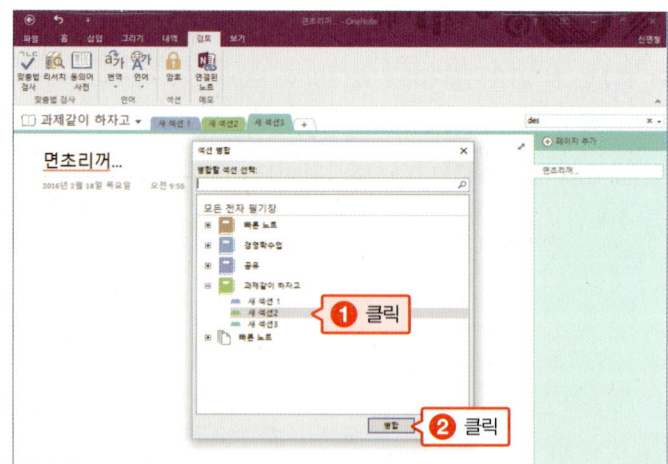

12 ① 경고 대화상자에서 [섹션 병합]을 클릭하고 ② 이어서 대화상자에서 [삭제]를 클릭합니다.

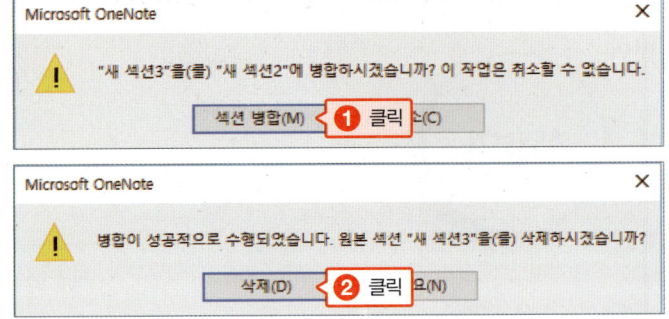

새 섹션3이 새 섹션2에 병합되었습니다.

13 섹션 병합 확인하기

병합 전 각 섹션이 페이지로 구분되어 병합되었습니다.

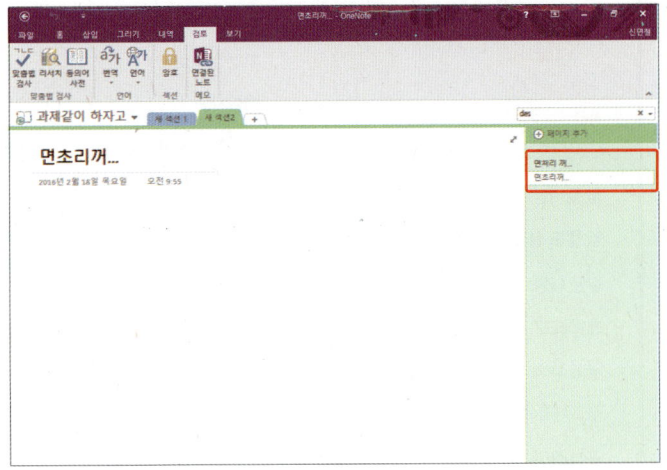

찾아보기

실습 및 완성 파일 다운로드

이 책에 사용된 모든 실습 및 완성 예제 파일은 한빛미디어 홈페이지(www.hanbit.co.kr/media)에서 다운로드할 수 있습니다. 예제 파일은 따라하기를 진행할 때마다 사용되므로 컴퓨터에 복사해두고 활용합니다.

1 한빛미디어 홈페이지
(www.hanbit.co.kr/media)로 접속합니다.
화면 오른쪽 아래에서 [자료실] 버튼을 클릭합니다.

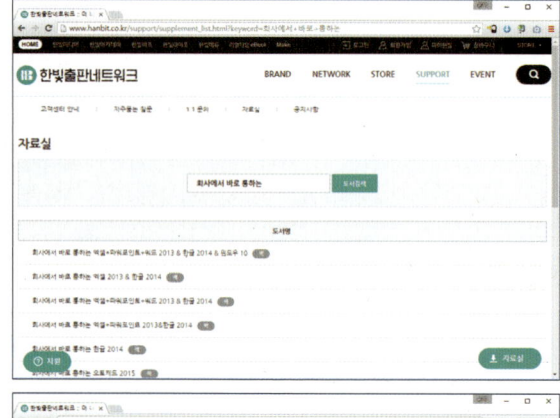

2 자료실 검색 창에 도서명을 입력하고,
찾는 도서의 제목 부분을 클릭합니다.

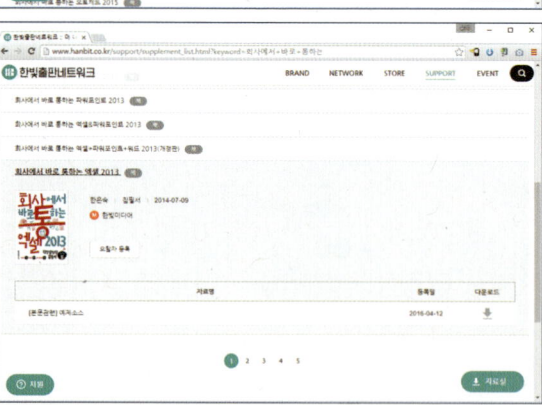

3 선택한 도서 정보가 표시되면 오른쪽에 있는
다운로드 아이콘을 클릭합니다.

- 도서에 따라 예제 파일을 다운로드할 때
  로그인을 요구할 수 있습니다.
- 다운로드한 예제 파일은 일반적으로
  [다운로드] 폴더에 저장되며,
  사용하는 웹브라우저 설정에 따라 다를 수 있습니다.

학습하다 부딪히는 문제가 있다면 한빛미디어 홈페이지(www.hanbit.co.kr/media)에서 화면 왼쪽 아래에 있는
[지원] 버튼을 클릭해 문의하거나 저자 이메일로 보내 쉽게 해결할 수 있습니다.